U0920611

福州年鉴

FUZHOU YEARBOOK

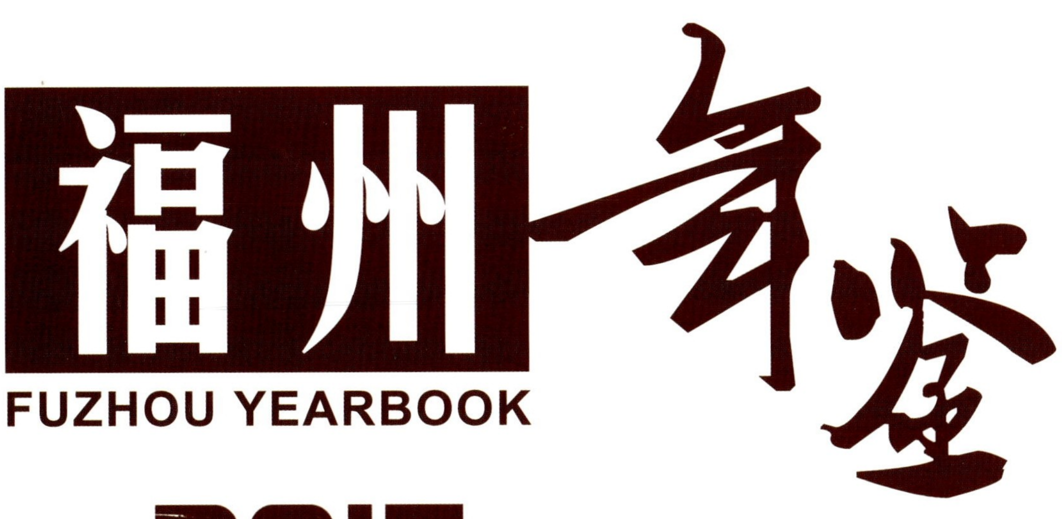

2015

（总第28卷）

《福州年鉴》编纂委员会　编

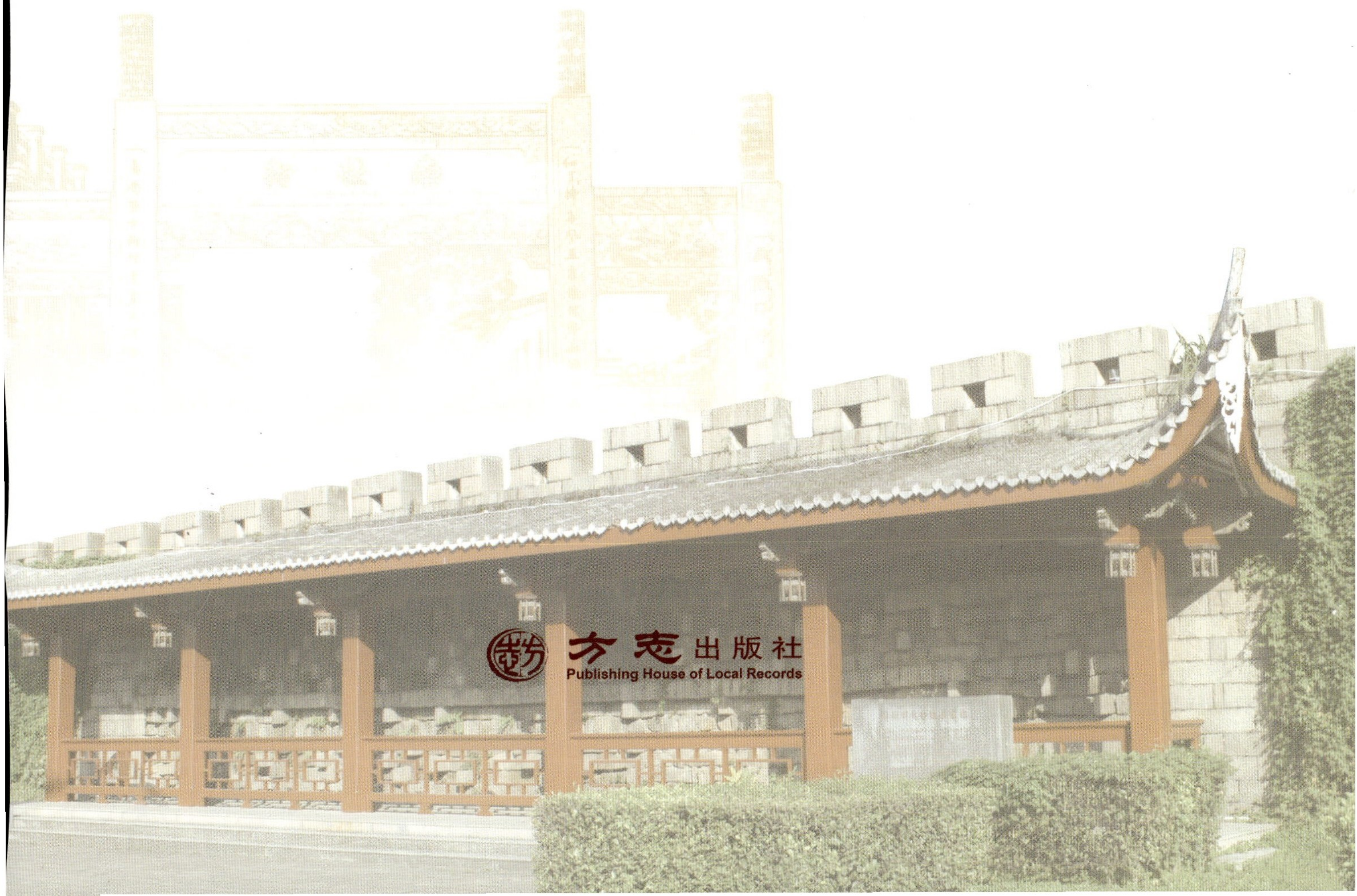

方志出版社
Publishing House of Local Records

图书在版编目（CIP）数据

福州年鉴. 2015/《福州年鉴》编纂委员会编. —
北京：方志出版社，2015.9
ISBN 978 - 7 - 5144 - 1778 - 4

Ⅰ. ①福… Ⅱ. ①福… Ⅲ. ①福州市—2015—年鉴
Ⅳ. ①Z525.71

中国版本图书馆 CIP 数据核字（2015）第 269525 号

福州年鉴（2015）

编　　者：《福州年鉴》编纂委员会
责任编辑：章　瑾

出 版 人：冀祥德
出 版 者：方志出版社
地址　北京市朝阳区潘家园东里 9 号（国家方志馆 4 层）
邮编　100021
网址　http://www.fzph.org
发　　行：方志出版社发行中心
电话　（010）67110500
经　　销：各地新华书店
印　　刷：福州德安彩色印刷有限公司

开　　本：889 × 1194　　1/16
印　　张：32.75
字　　数：1150 千字
版　　次：2015 年 9 月第 1 版　　2015 年 9 月第 1 次印刷
印　　数：0001 ~ 2000 册

ISBN 978 - 7 - 5144 - 1778 - 4　　定价：245.00 元

《福州年鉴》编纂委员会

总顾问： 杨　岳　（中共福建省委常委、中共福州市委书记）
杨益民　（中共福州市委副书记、市政府市长）
周振华　（中共福州市人大常委会党组书记、市人大常委会主任）
周　宏　（中共福州市政协党组书记、市政协主席）

主　任： 陈　晔　（市政府副市长）
副主任： 张　硕　（市政协社会和法制委员会主任）
王小珍　（市地方志编纂委员会副主任）
刘必霖　（市地方志编纂委员会副主任）
叶　红　（市地方志编纂委员会副主任）

委　员： 林　贤　（市政府秘书长）
刘卓群　（市委副秘书长、市委办公厅主任）
赵宝昌　（市人大常委会副秘书长、市人大常委会办公厅主任）
朱汉民　（市政府副秘书长、市政府办公厅主任）
陈向上　（市政协副秘书长、市政协办公厅主任）
梁　栋　（市政府副秘书长）
林裕煌　（市纪委常委、秘书长）
柳　欣　（市委组织部副部长）
杨　凡　（市委宣传部常务副部长）
阮文光　（市委统战部副部长）
齐家麒　（市委政法委常务副书记）
陈继鹏　（市发改委主任）
张大斌　（市经信委主任）
张定锋　（市城乡建委主任）
郑　勇　（市委教育工委副书记、市教育局局长）
任义文　（市科技局局长）
林恒增　（市财政局局长）
黄诗杨　（市委农办主任、市农业局局长）
范建敏　（市商务局局长）
黄济霖　（市投资促进局局长）
蔡福勇　（市市场监督管理局局长）
彭锦华　（市统计局局长）
曾国俊　（市国资委主任）
程文光　（鼓楼区政府副调研员）
黄胜进　（台江区政府副区长）
黄　翔　（仓山区政府副区长）
高颖虹　（晋安区政府副区长）
高兆斌　（马尾区政府副调研员）
叶小斌　（福清市政府副市长）
曾志云　（长乐市政府副市长）
叶　玲　（闽侯县政府副县长）
冯慧钦　（连江县政府副县长）
林从娇　（闽清县政府副县长）
谢　婧　（罗源县政府副县长）
邹勇志　（永泰县政府副县长）

《福州年鉴》编辑部

主　　编： 王小珍

副 主 编： 叶　红

编　　审： （按姓氏笔画顺序）

陈　敏　陈文忠　游孙权

责任编辑： （按姓氏笔画顺序）

苏　颖　吴　燕　邱敏佳　黄　铭

目录翻译： 陈　敏

内文排版： 周　燕

封面设计： 许　邮

彩页排版： 许　邮

《福州年鉴(2015)》撰稿人名单

(按姓氏笔画为序)

丁　琼　丁可锋　王　炜　王　勉　王　翀　王　歌　王　霖　王公略　王东曜　王永强
王庆金　王明新　王学兴　王香花　王珠琴　王晓莉　王绮萍　王鹏丽　文军成　方　炜
方善明　方韶玲　石美琳　占　星　叶　巧　叶　锋　叶伟奇　叶敏英　叶彭清　史中华
白江燕　冯　桦　吕南勋　伍能位　庄亚辉　庄琳芳　刘　仁　刘　琳　刘婷婷　刘新波
刘新斌　齐　娟　江　航　江允英　江艳青　池家激　许　涛　许　悦　苏燕铃　杜武义
李　伟　李　勇　李　敏　李　晴　李少华　李仲才　李孝棋　李财满　李诗婷　李宣庆
李爱娟　李海峰　杨晓翔　杨家铸　肖　涛　肖登峰　吴　敏　吴志琴　吴陆顺　吴陈勇
吴金捷　吴美香　吴家松　吴脩珺　吴镇聪　邱　爽　邱长新　邱钰香　何　云　何　琛
何仲武　余　芳　余荣发　汪文波　沈　洁　沈冰娟　沈晓晴　宋增清　张　丽　张　灵
张　祎　张　春　张　磊　张力勤　张先玲　张兴亮　张清炎　陆　辉　陈　天　陈　今
陈　军　陈　炜　陈　洁　陈　洪　陈　勇　陈　娟　陈　敏　陈　鸿　陈　婉　陈　琼
陈　辉　陈　锋　陈　敦　陈　嘉　陈　燕　陈　璐　陈　巍　陈于庭　陈小平　陈小丽
陈云娟　陈少华　陈成铜　陈自如　陈孝申　陈丽燕　陈迎旭　陈怀慧　陈宏威　陈张玲
陈茂华　陈直华　陈国栋　陈国徽　陈明亮　陈金章　陈玲颖　陈俏彬　陈俊纬　陈剑雄
陈超俊　林　云　林　平　林　东　林　生　林　英　林　怡　林　玲　林　莹　林　晖
林　涛　林　捷　林　硕　林　敏　林　磊　林　燕　林小凤　林木荣　林文亮　林立新
林吓清　林伟民　林志鸿　林秀忠　林希文　林良池　林明忠　林珍彦　林城冰　林剑新
林徐峰　林培斌　林智方　周　邦　周江航　周炜赟　周韶辉　郑　丹　郑　尧　郑　静
郑玉捷　郑龙腾　郑乐鸣　郑永平　郑荣火　郑海云　郑彩蝉　郑颖青　郑鑫欣　胡艳霞
侯永亮　侯存真　施理光　姜　炜　姚　颖　袁建新　翁贤勇　翁锦昕　高　征　高晓燕
郭莉萍　郭燕敏　唐　宜　唐沛钰　唐炎曦　唐夏芸　谈张德　桑　莹　黄　威　黄　闽
黄正洪　黄兰英　黄宁榕　黄庆华　黄启韩　黄金寿　黄绍梁　黄剑峰　黄彩云　曹友权
符　燕　康高艳　梁　瑜　梁　煜　董　颖　程　栩　程龙吟　舒伟涛　曾令锋　曾彩华
温昌经　温贵平　游向东　谢　辉　谢　鑫　谢言志　谢宏峰　谢美梅　谢冠君　蓝巧玲
蓝晋平　赖仕贤　赖庆明　简素玉　詹志勤　蔡晓华　黎　明　黎发明　潘　珍　潘广志
潘鸿杰　薛昭曦　戴　新　戴志雄　魏文忠　魏芳芳　魏善庆

编 辑 说 明

一、《福州年鉴》创刊于1988年，由福州市人民政府主办，《福州年鉴》编辑部逐年编纂，一年1卷。《福州年鉴(2015)》为总第28卷，主要记载2014年度福州市的基本情况、发展变化及年度大事要闻。

二、《福州年鉴(2015)》设有41个栏目、251个分目、1500个条目。全书配有75幅彩页、120张内文照片、97幅图表。主体内容有三个部分：(1)卷首设特载、专文、大事记、市情概貌；(2)主体部分为各类事业；(3)卷末设县(市)区，人物，法规、规章政策选录以及统计资料。

三、本卷继承往年各卷基本篇目基础上有所调整和创新。主要有四：第一，新增"福州市关心下一代工作委员会""福州市慈善总会""福州航空""福州台商投资区""闽台(福州)蓝色产业园""气象事业""首届全国青年运动会""福州市荣誉市民""福州公共文明建设八项'十佳'"等分目。第二，"政法"栏目调整、充实为"法治"栏目，"国防建设""服务业"栏目分别更名为"军事""商贸流通与服务业"。第三，"教育""社会科学"栏目新增福州地区省属高校内容。第四，取消"市委市政府调研课题(选编)"栏目，将其相关内容融入相应的栏目内容中。

四、本卷稿件主要由市直部门、各县(市)区、驻榕部队、省直单位专人撰写并经其主管领导审核。书中涉及的主要数据由于各供稿单位资料来源、统计口径及统计时点不尽相同，可能略有差异，读者在引用相关数据时应以福州市统计局正式公布的统计数据为准。

五、本年鉴配备双重检索系统，书前刊有总目和中、英文目录，书后备有主题分析索引，范围详及条目和图表。

六、本卷的组稿、编纂出版得到全市各级各部门领导的重视与支持，在此，《福州年鉴》编辑部向所有关心、支持和直接参与本卷编纂工作的领导、同志深表谢意与敬意。同时，原福州市地方志编纂委员会主任张硕同志因工作单位调整，不再担任本卷主编，对张硕同志在前期组稿、框架设计等方面所做的工作，编辑部一并深表谢意与敬意。

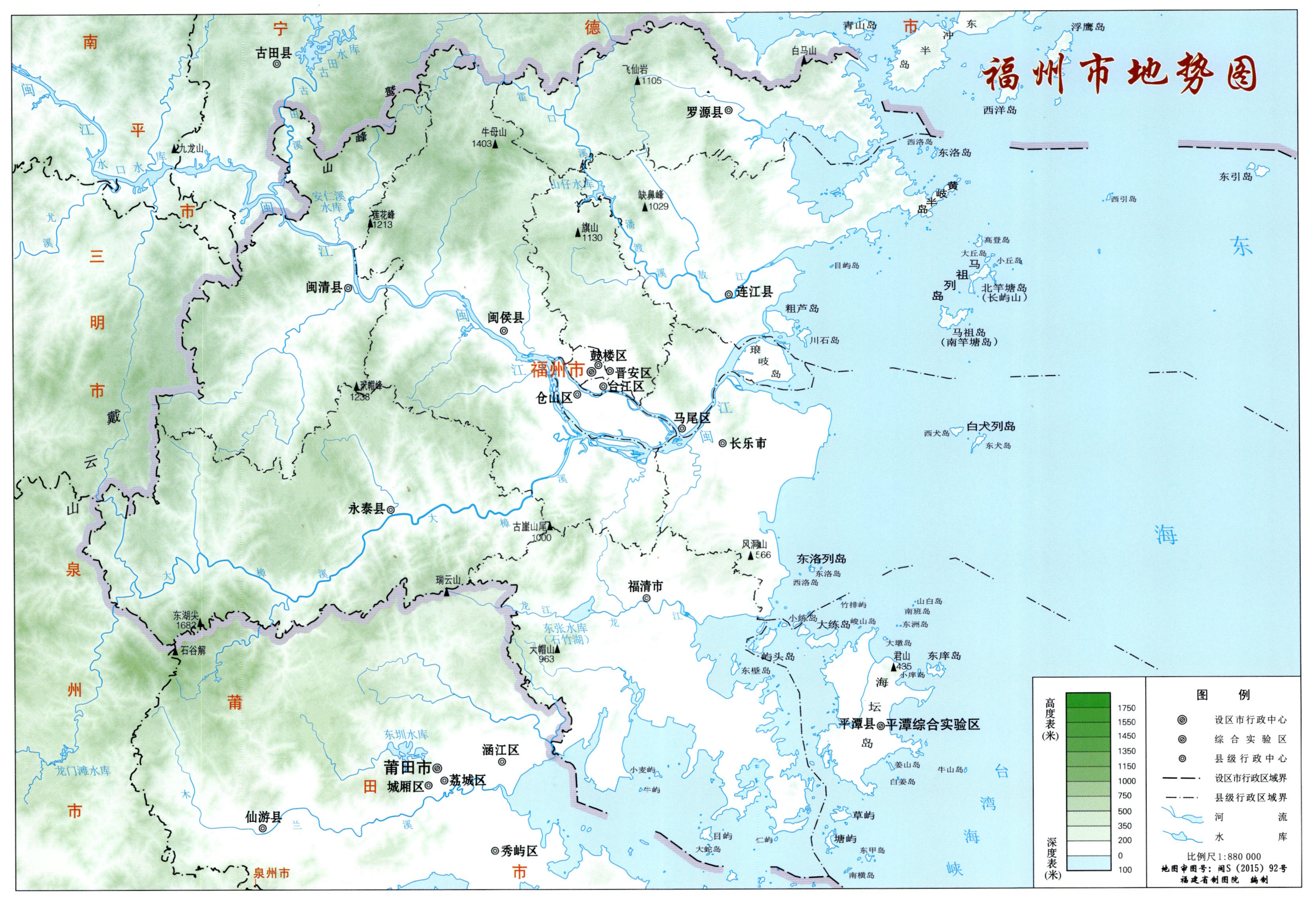
福州市地势图
图例
设区市行政中心
综合实验区
县级行政中心
设区市行政区域界
县级行政区域界
河流
水库
高度表（米）
1750
1550
1450
1350
1150
1000
750
500
350
200
0
100
深度表（米）
比例尺1:880 000
地图审图号：闽S（2015）92号
福建省制图院 编制
福州市
鼓楼区
晋安区
台江区
仓山区
马尾区
长乐市
福清市
闽侯县
连江县
罗源县
闽清县
永泰县
平潭县
平潭综合实验区
莆田市
城厢区
荔城区
涵江区
秀屿区
仙游县
古田县
宁德市
南平市
三明市
泉州市
莆田市
东海
台湾海峡
马祖列岛
白犬列岛
东洛列岛
海坛岛
黄岐半岛
琅岐岛
大练岛
小练岛
东庠岛
东引岛
西引岛
粗芦岛
川石岛
嵛头岛
飞仙岩 1105
牛母山 1403
缺鼻峰 1029
旗山 1130
莲花峰 1213
虎帽峰 1238
古崖山尾 1000
风洞山 566
大帽山 963
东湖尖 1682
君山 435
瑞云山
石谷解
九龙山
白马山
东张水库（石竹湖）
山仔水库
东圳水库
古田水库
安仁溪水库
水口水库
龙门滩水库
戴云山
鹫峰山

宁
德
市
南
平
市
三
明
市
泉
州
市
莆
田
市
兴
化
古田县
闽清县
（梅城镇）
永泰县
（樟城镇）
闽侯县（甘蔗街道）
福州市
鼓楼区
仓山区
晋安区
台江区
福清市
（玉屏街道）
莆田市
涵江区
荔城区
城厢区
秀屿区
黄楮林自然保护区
图　例
设区市行政中心
综合实验区
县级行政中心
街道办事处
镇　、　乡
社区居委会、村委会
设区市行政区域界
县级行政区域界
铁路及火车站
在建铁路
高速公路及互通
在建高速公路
国道及编号
省道及编号
县　道
一般公路
主要街道
一般街道
河　流
水　库
比例尺1:580 000
地图审图号：闽S（2015）92号
福建省制图院　编制

福州市地图
宁德市
三都澳
三都岛
青山岛
浮鹰岛
东冲
西洋岛
东海
东洛岛
东洛
东引岛
西引岛
罗源县
罗源湾
起步镇
凤山镇
松山镇
白塔
鉴江镇
碧里
牛坑
可门
江湾
马鼻镇
透堡镇
坑园镇
安凯
苔菉镇
黄岐镇
黄岐湾
筱埕镇
定海
定海湾
长龙镇
官坂镇
浦口镇
东岱镇
敖江镇
晓澳镇
连江县
粗芦岛
川石岛
马祖列岛
马祖
马祖岛
（南竿塘岛）
北竿塘岛
（长屿山）
高登岛
大丘岛
小丘岛
闽江口
琯头镇
琅岐岛
琅岐镇
猴屿
潭头镇
梅花镇
文岭镇
金峰镇
长乐市
（吴航街道）
湖南镇
福州长乐国际机场
鹤上镇
漳港街道
古槐镇
文武砂镇
江田镇
白犬列岛
西犬岛
东犬岛
东洛列岛
西洛岛
松下镇
城头镇
南岭镇
福清湾
大练岛
大练
屿头岛
苏澳镇
平原镇
芦洋
中楼
流水镇
白青
君山
东庠岛
东庠
海坛湾
海坛海峡
平潭综合实验区
平潭县
岚城
北厝镇
敖东镇
澳前镇
东星
牛山岛
三山镇
高山镇
东瀚镇
沙埔镇
南海
草屿
塘屿
南日群岛
台湾海峡
东海

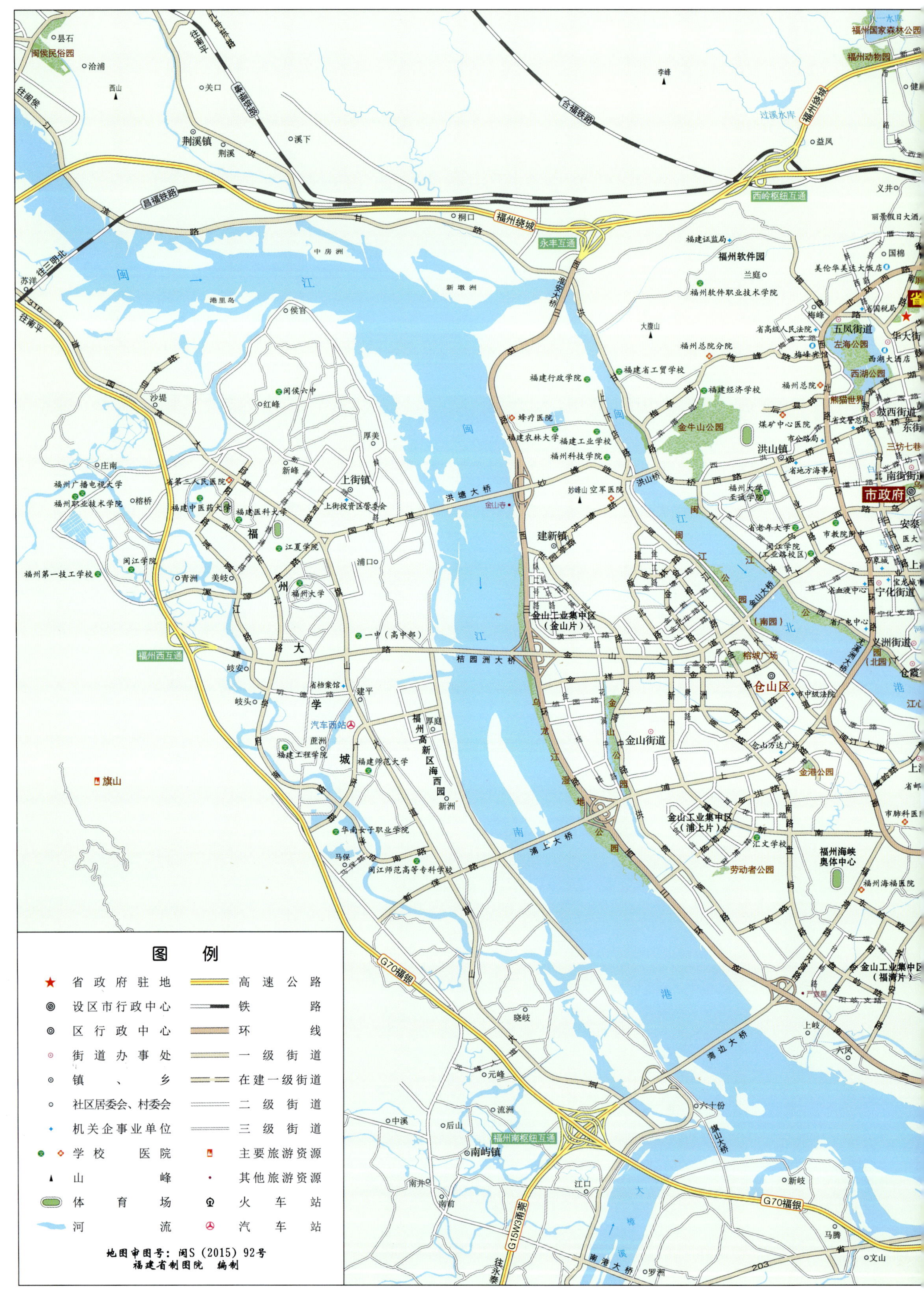
图例
省政府驻地
设区市行政中心
区行政中心
街道办事处
镇、乡
社区居委会、村委会
机关企事业单位
学校 医院
山峰
体育场
河流
高速公路
铁路
环线
一级街道
在建一级街道
二级街道
三级街道
主要旅游资源
其他旅游资源
火车站
汽车站
地图审图号：闽S（2015）92号
福建省制图院 编制
闽一江
闽江
南港
乌龙江
仓山区
市政府
福州绕城
福州西互通
福州南枢纽互通
西岭枢纽互通
永丰互通
G70福银
G15W3甬莞
洪塘大桥
橘园洲大桥
浦上大桥
湾边大桥
旗山大桥
南港大桥
金山大桥
洪山桥
上街镇
建新镇
洪山镇
南屿镇
荆溪镇
金山街道
福州大学城
福州高新区海西园
金山工业集中区（金山片）
金山工业集中区（浦上片）
金山工业集中区（福湾片）
福州大学
福建医科大学
福建中医药大学
福建师范大学
福州海峡奥体中心
福州软件园
金牛山公园
西湖公园
左海公园
闽侯民俗园
福州国家森林公园
福州动物园
旗山
汽车西站
五凤街道
鼓西街道
南街街道
宁化街道
义洲街道
三坊七巷
闽江公园（南园）
闽江公园（北园）
榕城广场
金港公园
劳动者公园
往南平
往三明北
往闽侯
往永泰
316国道
昌福铁路
合福铁路
峰福铁路
温福铁路

福州市城区图
晋安区
台江区
马尾区
福州站
福州南站
福州机场
往福州机场
往宁德
往长乐机场
往莆田
往长乐、福清
温福铁路
福马铁路
福厦铁路
化工互通
国货互通
魁岐互通
福泉高速互通
新店互通
闽江
乌龙江
白眉水库
登云水库
柯坪水库
登云山庄高尔夫球俱乐部
东山苗圃
鼓岭
鼓山
柳杉王公园
涌泉寺
省革命历史博物馆
市委党校
鼓山镇
鳌峰街道
茶园街道
水部街道
王庄街道
岳峰镇
象园街道
新港街道
瀛洲街道
临江街道
仓前街道
下渡街道
对湖街道
仓山镇
三叉街道
东升街道
盖山镇
城门镇
螺洲镇
马尾镇
福兴经济区
仓山科技园
盖山投资区
濂江工业园
马尾科技园管委会
福州经济技术开发区管委会
海峡国际会展中心
中庚喜来登酒店
黄山考场
福建交通职业技术学院排下校区
福建信息职业学校（社园校区）
福州外贸外语学院
省民政干部学校
福建商贸学校
福建警察学院
华威城乡客运站
白湖亭客运站
汽车北站
汽车南站
市体育馆
光明港公园
水上公园
亚峰公园
鳄鱼公园
金鸡山公园
温泉公园
南公园
天马山公园
马限山公园
中国船政文化
马尾大桥（在建）
螺洲大桥
乌龙江大桥
乌龙江特大桥
鼓山大桥
魁浦大桥
闽江大桥
324国道
道庆洲
十中
二十一中
晋安区交通局
省动物研究所
省肿瘤医院
市广电局
市电业局
金融街万达广场
市航道分局
省地质医院
市交巡警支队车管所
福州海关
民义
鹅峰
杨廷
寨顶山
洞田
后山
桂山
琴亭
象峰
秀峰
桂湖
过仑
南洋
鸡冠山
宦夏
潭桥
园中
竹屿
绝顶峰
财泉亭
磨溪
十八景
龙门
快安
快洲
双协
儒江
建坂
中洲
新马
天马山
马尾镇
马限
高湖
浦下
江边
黄山
胪厦
叶厦
跃进
北园
尚保
竹榄
城门
前锦
龙江
吴厝
洲尾
湖际
洋坑
下洋
谢安
安平
梁厝
浚边
清富
胪雷
濂江
高盖山
禄家

数字福州

土　地　面　积：11968平方公里
年末户籍总人口：674.94万人
年末常住总人口：743万人
全社会从业人员：483.54万人
城　镇　化　率：66.9%
地区生产总值：5169.16亿元
第一产业总产值：415.91亿元
第二产业总产值：2352.15亿元
第三产业总产值：2401.10亿元
财　政　总　收　入：780.48亿元
地方财政收入：510.87亿元
地方财政支出：574.81亿元
全社会固定资产投资：4427.59亿元
社会消费品零售总额：3062.94亿元

出　口　总　额：212.38亿美元
进　口　总　额：134.25亿美元
实际利用外资：15.47亿美元
施工房屋建筑面积：7598.91万平方米
竣工房屋建筑面积：833.86万平方米
商品房销售额：1035.01亿元
接待境外旅游人数：90.69万人次
高　等　院　校：32所
中等职业技术学校：53所
文　化　馆：12个
博物馆、纪念馆：15个
公共图书馆：13个
卫生机构数：1908个
卫生机构床位数：31632张

城市道路长度（8米以上）：941.5公里
城市道路面积（8米以上）：2277万平方米
建成区绿化覆盖面积：10894公顷
金融机构年末存款余额（人民币）：9439.39亿元
金融机构年末贷款余额（人民币）：9331.49亿元
储　蓄　存　款　余　额：3393.72亿元
在岗职工年平均工资：58839元
城镇居民人均可支配收入：32451元
城镇居民人均消费性支出：23330元
城镇居民恩格尔系数：32.6%
农村居民人均可支配（纯）收入：14012元
农村居民人均生活消费支出：12166元
农村居民恩格尔系数：37.6%
居民消费价格指数（以上年为100）：101.8

北江滨风貌　（台江区政府办　供）

▲ 5月18日，第十六届海峡两岸经贸交易会在福州海峡国际会展中心开幕。省市领导以及来自中国台湾的嘉宾出席开幕式并参观会场（右二为省委书记尤权，右三为中国国民党荣誉副主席蒋孝严）（包华　摄）

▲ 3月18日，杨岳、杨益民、周振华、方清海等市四套班子领导和省委第一督导组第一组长王美香等赴长乐瞻仰省委南阳旧址（俞松　摄）

▲ 8月16日，由中共福州市委、中共福建省委政策研究室、中共福建省委党校、福建日报社联合主办的"马上就办"理论与实践研讨会在北京召开（市政府驻北京联络处 供）

▲ 12月25日，市委十届九次全会召开，会议讨论市委常委会工作报告，以及《中共福州市委、市政府关于深入贯彻习近平总书记来闽考察重要讲话精神的意见》稿和《中共福州市委关于贯彻党的十八届四中全会精神全面推进依法治市建设法治福州的实施意见》稿，审议通过市委十届九次全会决议（俞松 摄）

1	4
2	5
3	6

1．11月，海峡金融商务区列入省政府批复设立的“海西现代金融中心区”（台江区政府办　供）

2．11月，闽江北岸中央商务区列入省政府批复设立的“海西现代金融中心区”（包华　摄）

3．5月18日，海西动漫创意之都在长乐正式开园（福州日报　供）

4．10月31日，海峡奥体中心体育馆交付使用（包华　摄）

5．12月31日，世欧王庄商业广场建成开业（廖云岚　摄）

6．9月2日，全市重点工程——宝龙万象广场平战结合人防工程正式动工。该项目为国内首个融合式大型人防综合体和全市首个“地下综合体”，总投资22亿元，总建筑面积19.5万平方米（台江区政府办　供）

▲ 1月25日，福泉互通最后一个匝道——A匝道正式建成通车，标志三环路福泉互通全部建成通车（福州日报　供）

► 8月21日，中核集团福清核电站1号机组首次并网成功，正式进入并网调试阶段。图为1号机组核岛外景（福州日报　供）

◄ 11月3日，全省首座特高压变电站——1000千伏特高压榕城站500千伏系统完成启动。该站位于闽侯县大湖乡南侧、新塘村西侧，为1000千伏浙北—福州特高压交流输变电工程的终点站（杨婀娜　摄）

1 | 2
3

1．11月1日，旗山大桥（原名新南港大桥）主线桥正式建成通车（福州日报　供）

2．8月，全市首个楼宇直升机停机坪基本建成，该停机坪位于全市重点工程项目——海峡金融商务区宇洋中央金座楼顶（福州日报　供）

3．4月6日，金山大桥复线桥工程正式启动建设（包华　摄）

10月30日，福州航空开业暨首航仪式在长乐国际机场举行。省委常委、市委书记杨岳，副省长郑晓松，海航集团董事局主席陈峰等出席福州航空开业暨首航仪式。民航华东管理局副书记周正凯宣读并颁发运行合格证书。市长杨益民主持开业暨首航仪式。2012年8月，福州市政府与海航集团签署战略合作框架协议，福州航空项目启动建设。2014年2月12日，福州市与海航合作组建的“福州航空有限责任公司”筹建申请正式获中国民用航空局批复同意。

▼ 10月30日10时，印有福州航空“龙凤呈福”LOGO的波音737-800飞机起飞（福州日报 供）

▲ 10月30日，“有福之州 梦想起航”福州航空开业暨首航仪式在长乐国际机场举行（福州日报 供）

▲ 福州航空首次航班为飞往北京的纪念航班。图为乘客正在登机（福州日报 供）

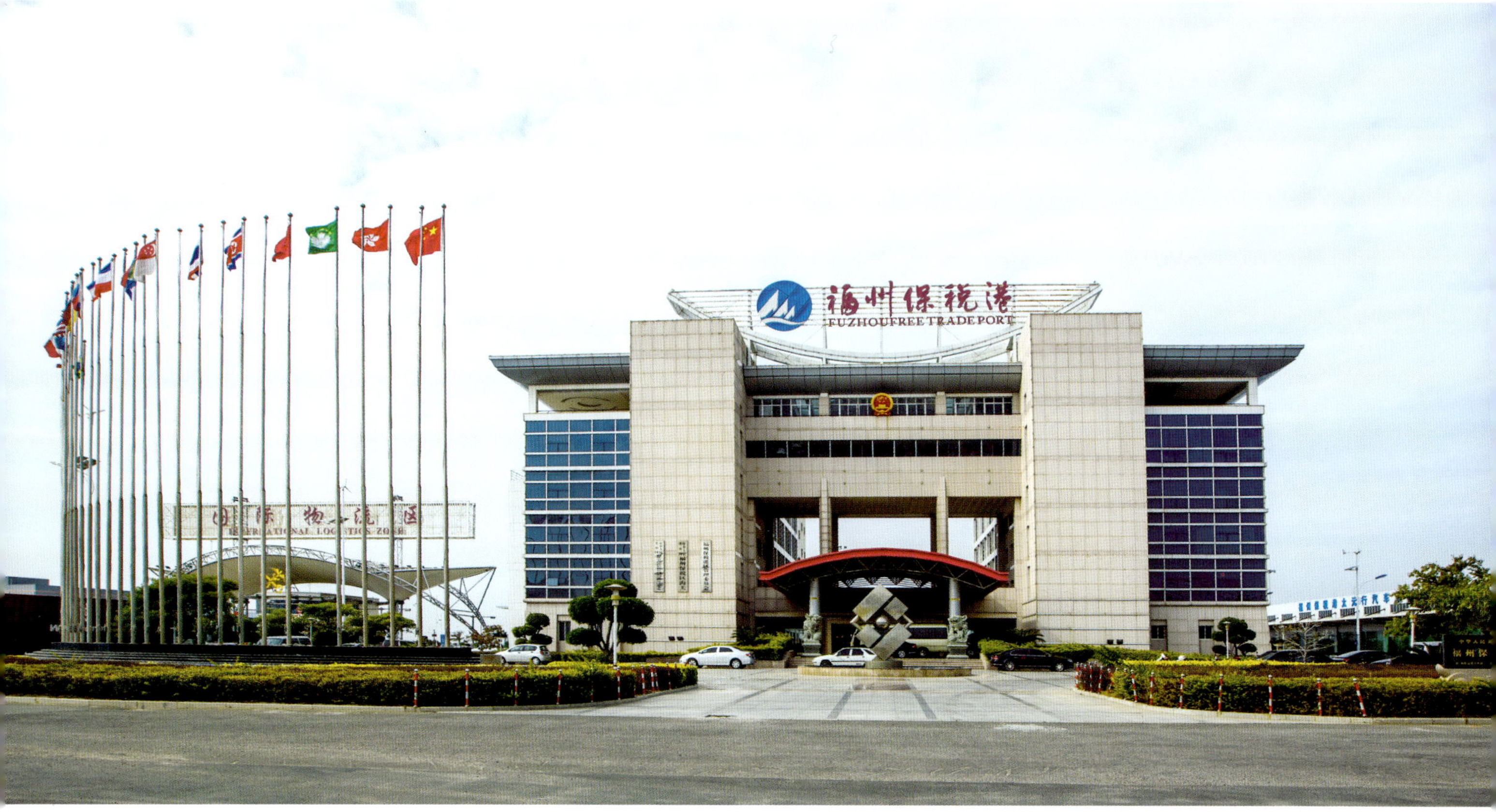
福州保税港
FUZHOUFREE TRADEPORT

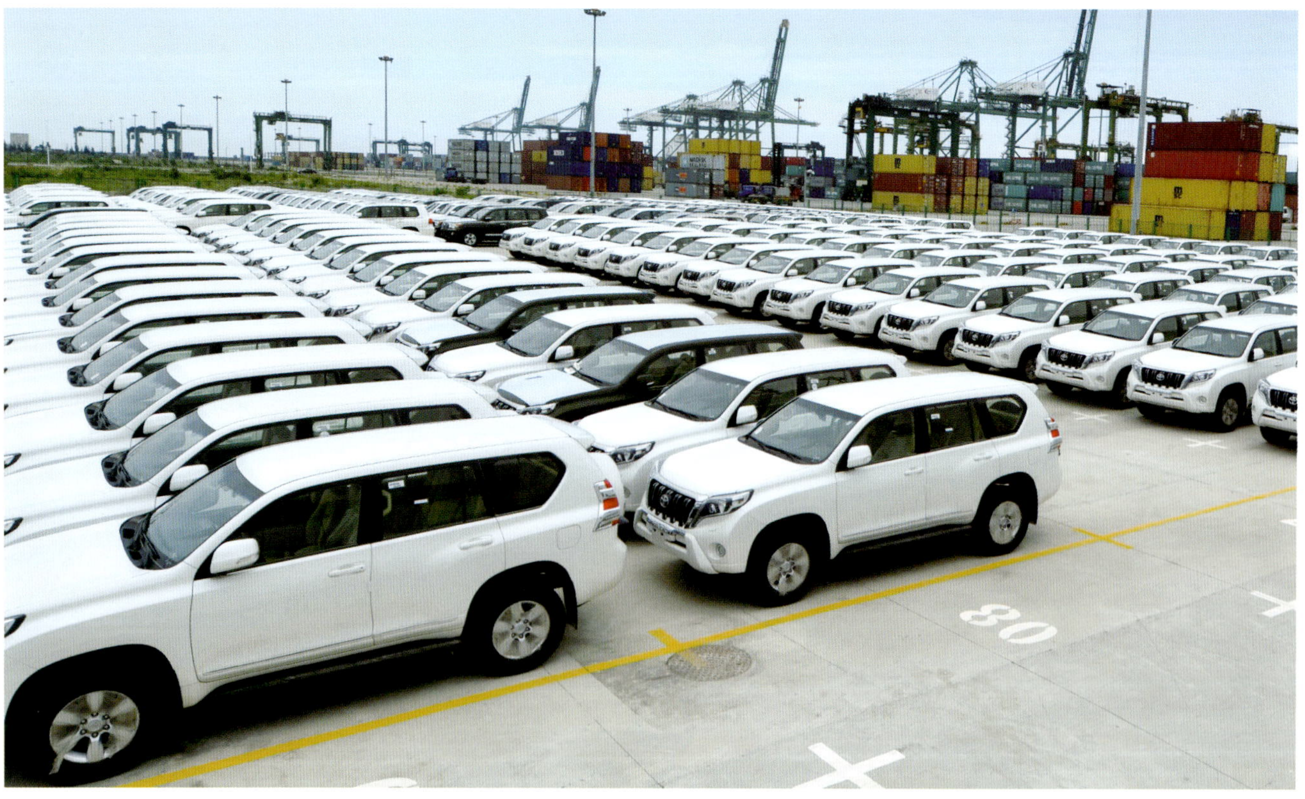

1．4月29日，福州保税港区一期2.43平方公里正式封关运作（杨婀娜　摄）

2．江阴港区外贸整车进口口岸全年到港外贸进口汽车2296辆，进口量在全国新批整车进口口岸中排名第一（廖云岚　摄）

3．7月5—6日，法国勃艮第大区副主席索菲亚带领勃艮第葡萄园竞选世界遗产考察团在福州考察全球重要农业文化遗产——福州茉莉花与茶文化系统，开展农业文化遗产交流活动，并签订合作备忘录（郑帅　摄）

4．10月24日，作为2014年海峡（福州）渔业周的组成部分，主题为“两岸携手增殖放流，共创海洋生态文明”的海峡两岸渔业资源增殖放流活动，在福州海事局马江海事处码头与闽江口川石岛立桩礁附件海域举行（俞松　摄）

5．10月10日，福州市民营企业投资项目推介会在香格里拉大酒店举行，一批民营企业项目上台签约（池远　摄）

▲ 恒申合纤科技有限公司二期2.5万吨氨纶项目于10月建成投产。恒申合纤项目共四期，全部建成后将成为全球最大的综合化纤、纺丝产业生产基地及原料供应基地。图为该项目厂区（长乐市政府办 供）

◄ 11月27日，中以示范农场在福州开园，为国内首个引进、展示以色列成套现代农业生产技术的国际合作项目和以色列政府在国外推动的首个农业综合技术展示农场，农场核心区设在海峡现代农业示范园（杨婀娜 摄）

► 由福建上润精密仪器有限公司牵头的“高精度硅压力传感器技术研究与产业化开发”项目，获国家高技术研究发展计划（“863计划”）立项，为福州市第四个“863计划”项目。图为该项目生产线（福州日报 供）

▲ 位于罗源湾的宝钢德盛引进40万吨级冷轧不锈钢生产线，为全球首条四机架轧酸连线的不锈钢生产线。图为安装完成的生产线（俞松　摄）

► 位于福州经济技术开发区的新大陆科技集团为全球五家之一、国内唯一掌握二维码识读引擎核心技术的企业。图为工作人员于11月2日进行的食品安全相关产品使用演示（郑帅　摄）

◄ 3月24日，福建省鑫港纺织机械有限公司研发出全球首款多梳栉高速经编机（俞松　摄）

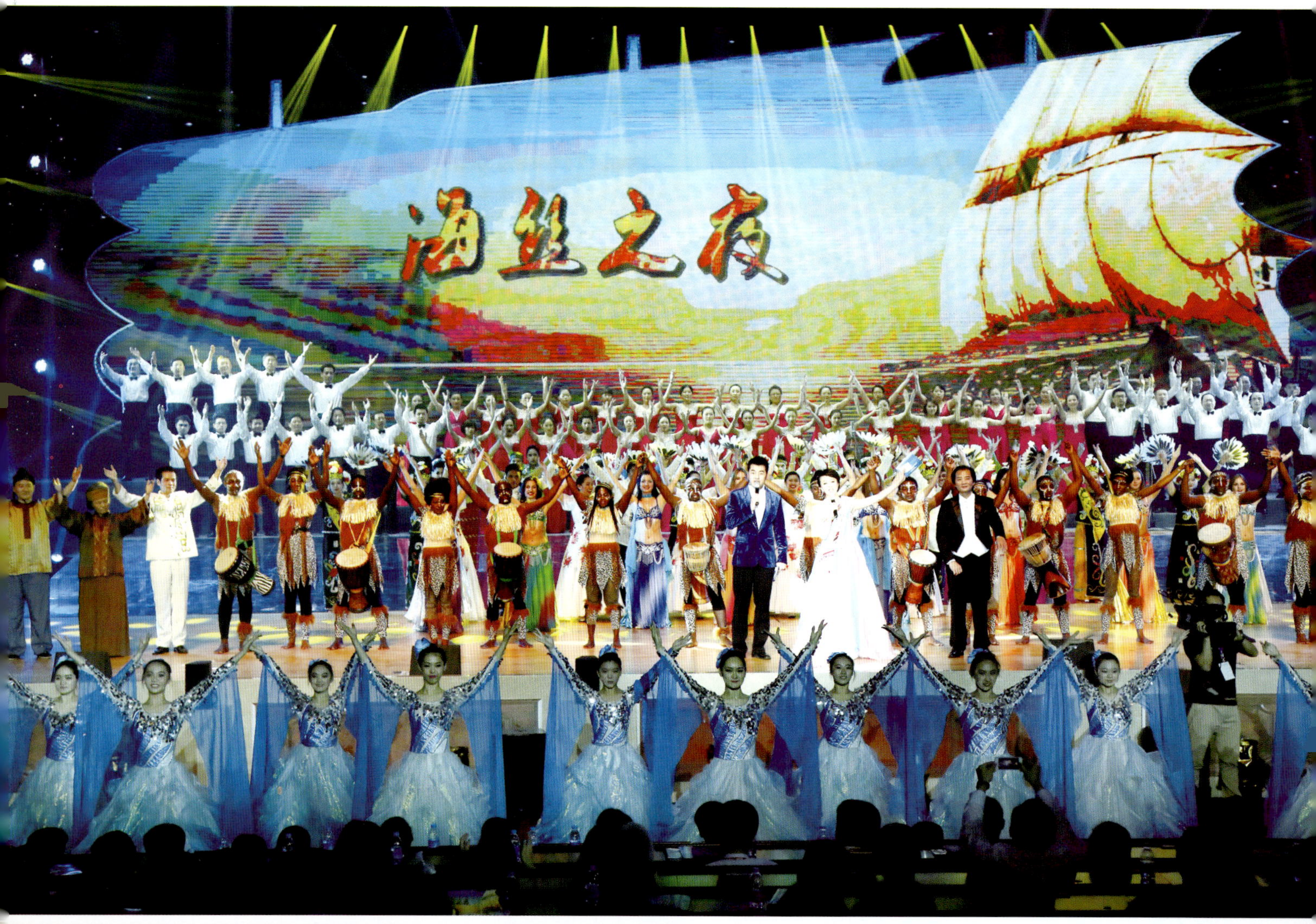

州新区开放开发　在更高起点上加快建设闽江口金三角经济圈

21世纪海上丝绸之路市长（高峰）论坛

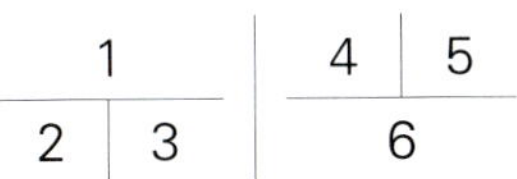

1．5月17日晚，“海丝之夜”文艺晚会在海峡国际会展中心举行（杨婀娜 摄）
2．5月18日，第十六届海峡两岸经贸交易会福州新区重点项目暨“回归工程”项目签约仪式在福州海峡国际会展中心举行（俞松 摄）
3．5月18日，21世纪海上丝绸之路市长（高峰）论坛在福州海峡国际会展中心举行（福州日报 供）
4．6月18日，第十二届中国·海峡项目成果交易会期间，举行“遇见福州·智游智在”——福州市智慧旅游启动仪式，首批福州旅游电子信息触摸屏终端投入使用（俞松 摄）
5．10月23日，2014年海峡（福州）渔业周·中国（福州）国际渔业博览会在福州海峡国际会展中心举行（杨婀娜 摄）
6．5月18—22日，第十六届海峡两岸经贸交易会在福州海峡国际会展中心举行，该届交易会首次设立21世纪海上丝绸之路展示馆（俞松 摄）

▲ 4月13日，第一届全国青年运动会倒计时牌启动仪式在五一广场举行，省委常委、市委书记杨岳，副省长李红共同启动倒计时牌（俞松 摄）

▲ 7月4日，“向阳红09”号船搭载国内第一艘“蛟龙”号深海载人潜水器从福州马尾港启航，前往西北太平洋相关区域，执行2014—2015年试验性应用航次第一段任务。7月1—4日，“向阳红09”号停靠马尾港，并于3日对公众开放参观（福州日报 供）

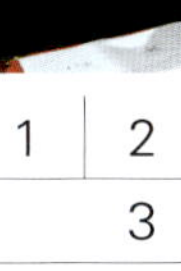

1．7月3日，福州市公务员局与清华大学研究生院签订《共建研究生社会实践福州试点基地协议书》，福州成为清华大学研究生社会实践基地（福州日报 供）

2．9月1日，第十二届全国美术作品展·漆画展区在福州海峡国际会展中心揭幕（福州日报 供）

3．9月18—19日，闽剧《兰花赋》在中共中央党校、国家大剧院上演（池远 摄）

4．10月13日，第八届“书香八闽”全民读书月暨“书香中国万里行·福州站”活动启动仪式在三坊七巷光禄坊公园举办，市委常委、宣传部长何静彦出席启动仪式（叶义斌 摄）

1	2	4
3		5

1．5月18日，以“共筑中国梦，青春两岸情”为主题的闽台青少年文化交流论坛在福州海峡国际会展中心举行（福州日报　供）

2．8月13—19日，第二届福州海峡创意设计周——“福文化”创意设计展在三坊七巷南街展览馆举办。由两岸艺术家、设计师以及创作团队以“福文化”为主题，为福州创作的“you福器”系列作品首次亮相（福州日报　供）

3．5月17日晚，“海丝之夜”文艺晚会在海峡国际会展中心举行。大型情景歌舞《下西洋》拉开晚会序幕（杨婀娜　摄）

4．10月18日，第一届全国青年运动会倒计时一周年暨志愿者招募动员大会在福建师范大学举行（福州日报　供）

5．9月29日，由市社科联、市文新局、台湾中华华夏文化交流协会主办的首届海峡两岸联合祭孔大典在福州文庙举行（福州日报　供）

第一届全国青年
员大会
暨志愿
迎接青运会 争当志愿者
共青团员义务星期六主题活动日
2014.10.1
福州

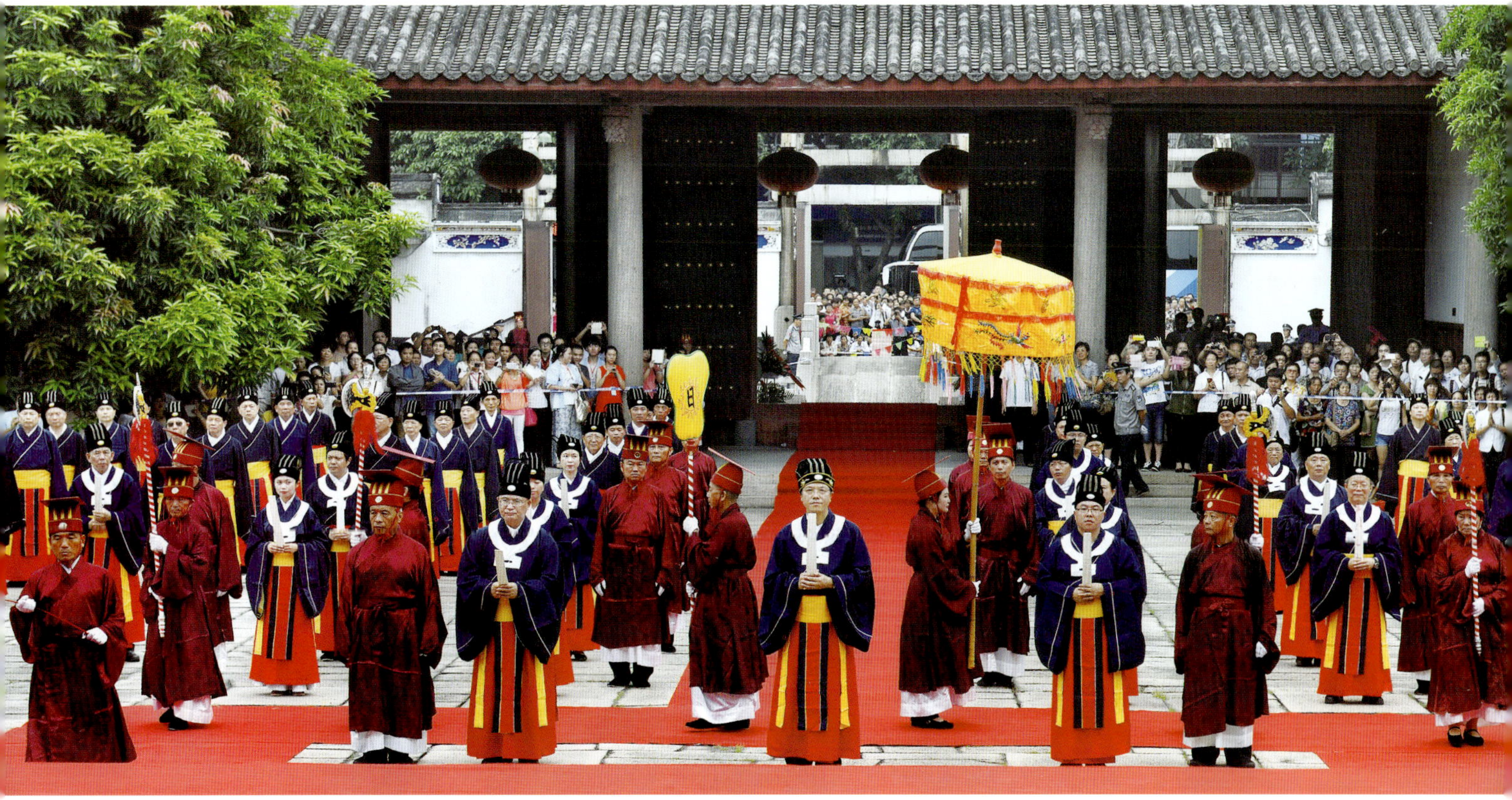

首届丝绸之路国际电影节福州分会场

10月20日，首届丝绸之路国际电影节福州分会场启动仪式在福建大剧院举行，主场活动在陕西西安同期举行。福州分会场开展电影文化交流、电影展映周、新片签约仪式、明星见面会等活动，42部电影参加展映，其中包含11个丝绸之路沿线国家的26部海外影片、港澳台地区5部影片。电影节持续至25日结束。

► 省委常委、宣传部长李书磊，副省长李红，国家新闻出版广电总局电影局局长张宏森，省新闻出版局党组书记、副局长李闽榕，市长杨益民共同为电影节揭幕（包华　摄）

▼ 10月20日，首届丝绸之路国际电影节福州分会场启动仪式在福建大剧院举行（福州日报　供）

1
2 3
4

1. 在福州分会场启动仪式上，导演侯孝贤宣布电影《下西洋》开拍（福州日报 供）

2. 来自欧美的电影团队亮相电影节（包华 摄）

3. 电影节推介影片《伊犁河》的主创团队与观众见面（包华 摄）

4. 张国立、邹静之、黄健中等分别为启动仪式致辞（包华 摄）

2014年中国羽毛球公开赛

11月11—16日，2014年中国羽毛球公开赛——大都会人寿世界羽联超级系列赛顶级赛在福州海峡奥林匹克体育中心体育馆举行，为中国羽毛球公开赛时隔28年再次在福州举办，并将连续4年在福州举办。

▲ 在16日的颁奖仪式上，副市长陈晔、市政府秘书长林贤、市体育局局长黄其钦为男子双打冠亚军颁奖（市体育局 供）

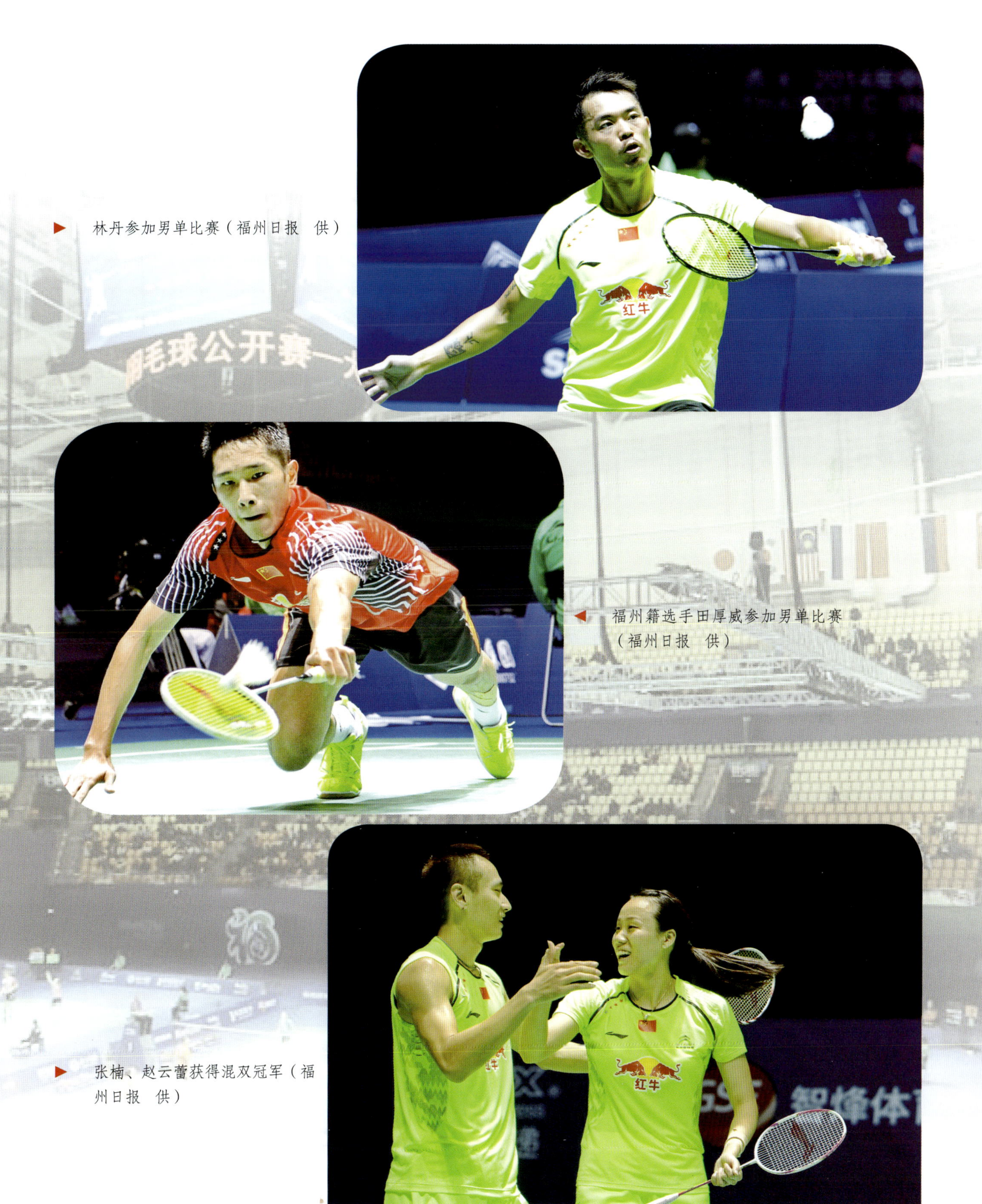

林丹参加男单比赛（福州日报　供）

福州籍选手田厚威参加男单比赛（福州日报　供）

张楠、赵云蕾获得混双冠军（福州日报　供）

1	2
3	
4	

1．5月18—22日，第十六届海峡两岸经贸交易会在福州海峡国际会展中心举行。台湾食品展区吸引众多民众（福州日报　供）

2．7月13—15日，“同圆中华梦”第七届海峡两岸合唱节在福清市举办，海峡两岸22支合唱队伍、1100余人参加（福州日报　供）

3．8月7日，2014年海峡两岸海上联合搜救演练在马尾与马祖附近水域举行。演练实现首次在“两马”水域演练，首次在港外开放水域演练，首次以海上大规模人员疏散逃生为重点（福州日报　供）

4．8月9日，以“海丝起点·青春启航”为主题的第九届两岸青年联欢节暨第二届海峡青年节联欢会在福州海峡国际会展中心举行（福州日报　供）

5
6
7

5. 8月23日，海峡两岸各界纪念甲申海战130周年、甲午海战120周年公祭活动在马尾昭忠祠举行（福州日报 供）

6. 11月22日，由台资洪璞园农业科技有限公司在福清投资建设的农产品常温脱水工厂正式投产，为全省首家利用常温脱水技术加工农产品的企业（廖云岚 摄）

7. 位于闽侯青口的海峡两岸最大汽车合资企业——东南汽车累计产销量突破100万辆，全年上缴税收约100亿元。图为东南汽车生产线（池远 摄）

10月1日，沙滩公园建成并对外开放。一期工程主要包括2.6万平方米大沙滩、2万平方米大草坪、1000平方米大型嬉水池、3500平方米木平台，2个观景平台、19个茅草凉亭等（杨婀娜　摄）

福州市实施三环路绿化等重大绿化项目和20座跨江大桥、高架桥、人行天桥的花化彩化，建成绿道与慢行系统101.3公里，新增城市园林绿地280万平方米。9月28日，福州市被评为全国首批创建生态文明典范城市（台江区政府办供）

2014年，永泰县、马尾区、福清市、长乐市等4个县（市）区和30个乡镇通过国家级生态县（市）区、生态乡镇考核验收。图为永泰县嵩口镇观音潭（赖泽樟　摄）

▲ 江心公园于2013年10月启动改造，2014年完成一期改造提升工程。图为改造中的江心公园（仓山区政府办　供）

► 7月14日，由省环保志愿者协会设立的全市首个旧衣回收箱入驻果岭生活区并投入使用（廖云岚　摄）

▲ 5月26日，2014中国城市规划学会城市生态规划学术委员会年会在福州举行（俞松　摄）

1
2 3
4

1．1月17日，在2014年全省文化科技卫生“三下乡”活动中，吴孟超院士为村民义诊（俞松　摄）

2．9月28日，福州市启动第九届福州读书月活动。活动期间，市图书馆开展“书香进企业”活动（叶义斌　摄）

3．8月26日，福州市符合条件的进城务工人员随迁子女进行电脑派位入学，派位录取结果在福州初教网公布（福州日报　供）

4．9月4日，全国道德模范与身边好人现场交流活动在福州举行，全场观众在道德模范和身边好人代表的带领下共同宣读《道德倡议书》（叶义斌　摄）

栏目	目录页码	总页码
特载	2	1
专文	2	12
大事记	2	22
市情概貌	2	28
中共福州市委	3	48
人民代表大会	4	65
人民政府	4	73
人民政协	6	90
民主党派与工商联	6	94
社会团体	6	103
外事　侨务　港澳台事务	8	118
法治	8	124
军事	9	140
综合经济管理	9	145
财政　税务	10	164
农村经济	11	171
工业	12	181
城市建设与管理	12	189
环境保护	13	198
建筑　房地产业	13	203
交通	13	206
邮政通信与政府信息化建设	14	214
口岸	14	220
园区建设	14	226
民营经济	15	235
商贸流通与服务业	16	238
对外及港澳台经济贸易	16	243
金融业	16	250
科学技术	16	266
社会科学	17	286
教育	17	290
文化　出版　传媒	18	310
卫生　体育	19	328
旅游	19	335
三坊七巷等历史文化街区	20	340
社会民生	20	343
县(市)区	20	350
人物	21	374
福州市2014年地方法规、规章政策(选录)	21	380
统计资料	22	424
索引	22	438

特 载

积极引领经济发展新常态 全力推进福州科学发展跨越发展
——中共福建省委常委、福州市委书记杨岳 2014年12月24日在全市经济工作会议上的讲话(节选) …… (1)
政府工作报告
——福州市人民政府市长杨益民2015年1月13日在福州市第十四届人民代表大会第四次会议上的报告(节选) …… (6)

专 文

习近平总书记到福州市企业社区考察 …… (12)
新大陆科技集团总裁王晶表示:坚定走科技创新之路 …… (12)
军门社区干群:总书记牵挂民生鼓舞民心 …… (13)
2014年市委市政府为民办实事项目完成情况 …… (13)
2014年福州市重点项目建设完成情况 …… (17)
2014年福州市"三维"项目对接工作情况 …… (18)
提升政府公共服务公众满意度研究 …… (19)
表1 公共服务公众满意度测评指标体系 …… (19)
表2 福州市公共服务公众满意度 …… (20)
表3 城乡居民公共服务满意度 …… (20)

大事记

…… (22)

市情概貌

自然资源 …… (28)
地理 …… (28)
资源 …… (28)
气候 …… (29)
概况 …… (29)
气温 …… (29)
表4 2014年福州市各县(市)平均气温、雨量、日照评价 …… (30)
雨量 …… (30)
日照时数 …… (30)
灾害性天气 …… (30)
概况 …… (30)
台风 …… (30)
暴雨 …… (30)
强对流天气 …… (31)
强冷空气与寒潮 …… (31)
低温天气过程 …… (31)
高温 …… (31)
气象干旱 …… (31)
行政区划 …… (31)
概况 …… (31)
表5 2014年福州市县(市)区行政区划一览 …… (31)
人口 …… (32)
概况 …… (32)
人口自然变动 …… (32)
人口机械变动 …… (32)
国民经济和社会发展情况 …… (32)
概况 …… (32)
表6 2014年福州市户籍人口构成 …… (32)
表7 2014年福州市居民消费价格比上年涨跌幅度 …… (33)
农业 …… (34)
工业、建筑业 …… (34)
表8 2014年福州市规模以上工业企业主要产品产量 …… (34)
固定资产投资 …… (34)
表9 2014年分行业固定资产投资(不含农户)情况 …… (35)
表10 2014年房地产开发和销售主要指标完成情况 …… (35)
城乡建设 …… (35)
贸易 …… (35)
旅游 …… (36)

对外经济 ……………………………………………… (36)
交通 ……………………………………………………… (36)
邮电 ……………………………………………………… (36)
金融 ……………………………………………………… (36)
证券 ……………………………………………………… (36)
保险 ……………………………………………………… (36)
教育 ……………………………………………………… (36)
文化 ……………………………………………………… (36)
表11　2014年福州市各类教育教师及学生情况 ………… (36)
科技 ……………………………………………………… (37)
卫生 ……………………………………………………… (37)
体育 ……………………………………………………… (37)
民生保障 ………………………………………………… (37)
生态环保 ………………………………………………… (37)
安全生产 ………………………………………………… (37)
机构及负责人 …………………………………………… (37)

中共福州市委

重要会议及活动 ………………………………………… (48)
概况 ……………………………………………………… (48)
市纪委十届五次全会 …………………………………… (48)
市委政法工作会议 ……………………………………… (48)
党的群众路线教育实践活动动员大会 ………………… (48)
市党政代表团赴陕西渭南、江西吉安学习考察活动 ……… (48)
全市宜居环境建设暨旧屋区改造和“两违”整治行动
电视电话会议 ………………………………………… (48)
全市对台工作会议 ……………………………………… (48)
全市一季度经济形势分析暨绩效管理和五大战役
工作表彰会 …………………………………………… (49)
市委市政府工作检查活动 ……………………………… (49)
上半年经济形势分析会 ………………………………… (49)
第九届两岸青年联欢节暨第二届海峡青年节 ………… (49)
“马上就办”理论与实践研讨会 ………………………… (49)
市委十届八次全会 ……………………………………… (49)
党的群众路线教育实践活动总结大会 ………………… (49)
第一届全国青运会开幕倒计时一周年福州市动员
大会 …………………………………………………… (49)
市委常委(扩大)会议 …………………………………… (49)
贯彻落实习近平总书记来闽考察重要讲话精神
专题调研 ……………………………………………… (49)
市委务虚会议 …………………………………………… (49)
福州市经贸代表团赴美国、加拿大考察活动 …………… (49)
全市经济工作会议 ……………………………………… (49)
市委十届九次全会 ……………………………………… (50)
重要接待 ………………………………………………… (50)
纪检监察 ………………………………………………… (50)
概况 ……………………………………………………… (50)
落实“两个责任” ………………………………………… (50)
案件查办 ………………………………………………… (50)
作风建设 ………………………………………………… (50)
纪律检查体制改革 ……………………………………… (50)
监督检查 ………………………………………………… (50)
预防腐败 ………………………………………………… (51)
“马上就办” ……………………………………………… (51)
绩效管理 ………………………………………………… (51)
效能督查 ………………………………………………… (51)
效能问责 ………………………………………………… (51)
效能投诉办理 …………………………………………… (51)
组织工作 ………………………………………………… (51)
概况 ……………………………………………………… (51)
党的群众路线教育实践活动 …………………………… (51)
干部教育培训 …………………………………………… (52)
干部人事制度改革 ……………………………………… (52)
干部监督管理 …………………………………………… (52)
人才队伍建设 …………………………………………… (52)
基层党组织和党员队伍建设 …………………………… (52)
宣传工作 ………………………………………………… (52)
概况 ……………………………………………………… (52)
理论工作 ………………………………………………… (53)
新闻宣传 ………………………………………………… (53)
文化事业 ………………………………………………… (53)
闽都文化 ………………………………………………… (53)
文化体制改革 …………………………………………… (53)
文化创意产业 …………………………………………… (54)
文化交流 ………………………………………………… (54)
统战工作 ………………………………………………… (54)
概况 ……………………………………………………… (54)
多党合作与政治协商 …………………………………… (54)
非公有制经济工作 ……………………………………… (54)
“回归工程”工作 ………………………………………… (54)
“春风·春雨·光彩”行动 ……………………………… (54)
民族宗教工作 …………………………………………… (54)
港澳台、海外联谊工作 ………………………………… (55)
党外代表人士队伍建设 ………………………………… (55)
精神文明建设 …………………………………………… (55)
概况 ……………………………………………………… (55)
文明城市建设 …………………………………………… (55)
公民思想道德建设 ……………………………………… (55)
农村精神文明建设 ……………………………………… (56)
志愿服务 ………………………………………………… (56)
未成年人思想道德建设 ………………………………… (56)
机关党的工作 …………………………………………… (56)
概况 ……………………………………………………… (56)
思想理论建设 …………………………………………… (57)
基层组织建设 …………………………………………… (57)
群众路线教育实践活动 ………………………………… (57)
党建品牌建设 …………………………………………… (57)
党风廉政建设 …………………………………………… (57)
党员志愿服务活动 ……………………………………… (57)
群团组织工作 …………………………………………… (57)
信访工作 ………………………………………………… (58)

概况 …… (58)
畅通信访渠道 …… (58)
维护信访正常秩序 …… (58)
老干部工作 …… (58)
概况 …… (58)
待遇保障 …… (58)
发挥老干部作用 …… (58)
学习活动场所建设 …… (58)
党校工作 …… (59)
概况 …… (59)
教学工作 …… (59)
科研工作 …… (59)
队伍建设 …… (59)
政策研究 …… (59)
概况 …… (59)
课题调研 …… (59)
协调全面深化改革工作 …… (59)
平台建设 …… (59)
保密工作 …… (60)
概况 …… (60)
保密管理 …… (60)
技术防护 …… (60)
监督检查 …… (60)
宣传教育 …… (60)
党史研究 …… (60)
概况 …… (60)
党史专著 …… (60)
党史宣传 …… (60)
党史资政 …… (61)
革命遗址保护 …… (61)
红色文化开发 …… (61)
档案工作 …… (61)
概况 …… (61)
档案监督管理 …… (61)
档案资源建设 …… (62)
档案服务工作 …… (62)
档案宣传工作 …… (62)
档案库馆建设 …… (62)
民族宗教工作 …… (63)
概况 …… (63)
扶持少数民族乡村发展 …… (63)
民族团结进步工作 …… (63)
宗教事务管理 …… (63)
宗教文化宣传与交流 …… (64)

人民代表大会

综述 …… (65)
重要会议及决定 …… (65)
市十四届人民代表大会第三次会议 …… (65)
市十四届人大常委会会议 …… (65)
关于文明城市建设的决定 …… (66)
监督工作 …… (66)
推进城乡基本公共服务均等化专题询问 …… (66)
加快旧屋区改造专题询问 …… (66)
《福州市物业管理若干规定》实施情况检查 …… (67)
《中华人民共和国职业教育法》实施情况检查 …… (67)
《福州市闽江河口湿地自然保护区管理办法》实施情况检查 …… (67)
《福州市气象探测环境和设施保护规定》实施情况检查 …… (67)
《福州市保护城市中学小学幼儿园建设用地若干规定》实施情况检查 …… (67)
听取和审议市政府关于电梯安全监督管理工作情况的报告 …… (67)
听取和审议市政府关于工商登记制度改革情况的报告 …… (67)
听取和审议市政府关于2014年1—7月国民经济和社会发展计划执行情况的报告 …… (67)
听取和审议市政府关于2014年1—7月预算执行情况的报告 …… (67)
听取和审议市政府关于2013年市本级预算执行和其他财政收支情况的审计工作报告 …… (68)
听取和审议市政府关于排水设施建设与管理工作情况的报告 …… (68)
听取和审议市中院关于人民陪审员工作情况的报告 …… (68)
听取和审议市检察院关于监所检察工作情况的报告 …… (68)
听取和审议市政府关于福州市旅游业发展工作情况的报告 …… (68)
听取和审议市政府关于现代农业发展情况的报告 …… (68)
其他监督工作 …… (68)
代表工作 …… (68)
代表议案办理 …… (68)
代表建议办理 …… (69)
代表履职服务保障 …… (69)
调研宣传工作 …… (69)
调研工作 …… (69)
宣传工作 …… (69)
人事任免 …… (69)
概况 …… (69)
表12 2014年福州市人大常委会及“一府两院”副职以上领导任免名单 …… (70)
表13 2014年福州市人大常委会组成人员和工作机构负责人任免名单 …… (70)
表14 2014年福州市政府工作部门主要负责人任免名单 …… (71)

人民政府

重要会议及活动 …… (73)
市政府常务会议 …… (73)
梁振英率香港经贸考察团到榕调研考察 …… (74)

福州市·平潭综合实验区座谈会 …………………………………… (74)
福州·渭南合作交流座谈会 ………………………………………… (74)
第十六届海峡两岸经贸交易会 ……………………………………… (74)
百名清华大学研究生到榕参加社会实践 ………………………… (74)
全市食品药品安全监管工作电视电话会议 ……………………… (74)
福州市创建国家森林城市动员部署大会 ………………………… (74)
福州市省级生态市建设考核验收汇报反馈会 ………………… (74)
福州市交流考察团赴马祖考察洽谈 ……………………………… (75)
首届全国青运会组委会在榕成立 ………………………………… (75)
2014 海峡(福州)渔业周·中国(福州)国际渔业博览会 ……………………………………………………… (75)
福州航空开业暨首航仪式 …………………………………………… (75)
福州市政府职能转变和机构改革工作会议 ……………………… (75)
政务督查 ……………………………………………………………… (75)
概况 ……………………………………………………………………… (75)
综合性工作督查 ……………………………………………………… (75)
领导批办件督查 ……………………………………………………… (75)
人大代表建议督查 …………………………………………………… (76)
政协委员提案督查 …………………………………………………… (76)
政府信息公开 ……………………………………………………… (76)
概况 ……………………………………………………………………… (76)
深化政府信息公开工作 ……………………………………………… (76)
行政权力运行信息公开 ……………………………………………… (76)
财政资金信息公开 …………………………………………………… (77)
公共资源配置信息公开 ……………………………………………… (77)
公共服务信息公开 …………………………………………………… (77)
公共监管信息公开 …………………………………………………… (77)
公开渠道建设 ………………………………………………………… (78)
主动公开政府信息 …………………………………………………… (78)
依申请公开政府信息 ………………………………………………… (78)
政务微博工作 ………………………………………………………… (78)
行政机关透明度报告 ………………………………………………… (78)
表 15　市直行政机关政府信息公开工作总体测评结果(满分 100 分) ……………………………… (79)
表 16　县(市)区政府信息公开工作总体测评结果(满分 100 分) ………………………………… (80)
行政服务中心建设 ………………………………………………… (80)
概况 ……………………………………………………………………… (80)
行政服务法治建设 …………………………………………………… (80)
服务中心审批制度改革 ……………………………………………… (80)
市民服务中心建设 …………………………………………………… (80)
标准化管理 …………………………………………………………… (80)
审批提速 ……………………………………………………………… (80)
电子政务建设 ………………………………………………………… (80)
代办服务 ……………………………………………………………… (80)
规范运行管理 ………………………………………………………… (81)
机关事务管理 ……………………………………………………… (81)
概况 ……………………………………………………………………… (81)
财务管理 ……………………………………………………………… (81)
办公用房管理 ………………………………………………………… (81)
公务车辆管理 ………………………………………………………… (81)
会议会务管理 ………………………………………………………… (81)
办公集中区管理 ……………………………………………………… (81)
政府采购 ……………………………………………………………… (81)
公共机构节能 ………………………………………………………… (81)
机构编制 ……………………………………………………………… (81)
概况 ……………………………………………………………………… (81)
政府职能转变和机构改革 …………………………………………… (81)
行政审批制度改革 …………………………………………………… (82)
表 17　政府机构改革前后机构对比情况 ………………………… (82)
事业单位分类改革 …………………………………………………… (83)
机构编制监督管理 …………………………………………………… (83)
事业单位登记管理 …………………………………………………… (83)
机构编制资源调配 …………………………………………………… (84)
人事人才 ……………………………………………………………… (84)
概况 ……………………………………………………………………… (84)
海西引智试验区建设 ………………………………………………… (84)
人才高地建设 ………………………………………………………… (85)
公务员管理 …………………………………………………………… (85)
专业技术人员管理 …………………………………………………… (85)
事业单位人事管理 …………………………………………………… (85)
工资收入分配制度改革 ……………………………………………… (85)
人事人才公共服务 …………………………………………………… (85)
军转干部安置 ………………………………………………………… (86)
高校毕业生就业 ……………………………………………………… (86)
人才中介机构管理和人事争议仲裁 ……………………………… (86)
工勤人员岗位考核培训 ……………………………………………… (86)
退休干部管理服务 …………………………………………………… (86)
发展研究工作 ……………………………………………………… (86)
概况 ……………………………………………………………………… (86)
重点课题调研 ………………………………………………………… (86)
政策咨询服务 ………………………………………………………… (86)
地方志工作 ………………………………………………………… (86)
概况 ……………………………………………………………………… (86)
表 18　2014 年全市地方志工作机构出版年鉴情况统计 ………………………………………………… (86)
二轮市志编修 ………………………………………………………… (87)
专志编修 ……………………………………………………………… (87)
旧志整理与出版 ……………………………………………………… (87)
县(市)区志业务指导和审查验收 ………………………………… (87)
《福州年鉴(2014)》编纂 ………………………………………… (87)
推动县(市)区综合年鉴全面开编 ………………………………… (87)
举办年鉴编辑人员培训班 …………………………………………… (87)
地情网站建设 ………………………………………………………… (87)
信息咨询与服务 ……………………………………………………… (87)
全市第四次地方志工作会议 ………………………………………… (87)
考察交流 ……………………………………………………………… (88)
驻北京联络处 ……………………………………………………… (88)
概况 ……………………………………………………………………… (88)
项目招商 ……………………………………………………………… (88)
公务接待 ……………………………………………………………… (88)
信访维稳 ……………………………………………………………… (88)

信息联络工作 …… (88)
驻上海办事处 …… (88)
概况 …… (88)
招商引资 …… (88)
服务榕籍在沪企业 …… (88)
驻深圳(广州)办事处 …… (88)
概况 …… (88)
招商工作 …… (88)
联络工作 …… (89)
商会工作 …… (89)

人民政协

综述 …… (90)
重要会议 …… (90)
政协福州市第十二届委员会第三次会议 …… (90)
市政协十二届常委会 …… (90)
政治协商 …… (91)
全委会议协商 …… (91)
常委会议协商 …… (91)
专题协商 …… (91)
对口协商 …… (91)
民主监督 …… (91)
民主监督员工作 …… (91)
委员视察工作 …… (91)
参与推动重点工作 …… (92)
委员与提案工作 …… (92)
委员工作 …… (92)
提案工作 …… (92)
文史信息工作 …… (92)
文史资料工作 …… (92)
信息工作 …… (92)
交流联谊工作 …… (92)
党派团体工作 …… (92)
界别工作 …… (93)
台港澳侨工作 …… (93)
民族宗教工作 …… (93)

民主党派与工商联

民革福州市委会 …… (94)
概况 …… (94)
参政议政 …… (94)
思想理论建设 …… (94)
组织建设 …… (94)
服务榕台交流 …… (95)
社会服务 …… (95)
民盟福州市委会 …… (95)
概况 …… (95)
参政议政 …… (95)
思想理论建设 …… (95)
组织建设 …… (95)
社会服务 …… (95)
农工党福州市委会 …… (96)
概况 …… (96)
参政议政 …… (96)
思想理论建设 …… (96)
组织建设 …… (96)
对外及对台交流 …… (96)
社会服务 …… (97)
民建福州市委会 …… (97)
概况 …… (97)
参政议政 …… (97)
思想理论建设 …… (97)
组织建设 …… (98)
社会服务 …… (98)
致公党福州市委会 …… (98)
概况 …… (98)
参政议政 …… (98)
思想理论建设 …… (98)
组织建设 …… (98)
海外联谊 …… (99)
社会服务 …… (99)
台盟福州市委会 …… (99)
概况 …… (99)
参政议政 …… (99)
思想理论建设 …… (99)
组织建设 …… (99)
社会服务 …… (99)
服务榕台交流 …… (99)
九三学社福州市委会 …… (99)
概况 …… (99)
参政议政 …… (100)
思想理论建设 …… (100)
组织建设 …… (100)
社会服务 …… (100)
民进福州市委会 …… (100)
概况 …… (100)
参政议政 …… (101)
思想理论建设 …… (101)
组织建设 …… (101)
社会服务 …… (101)
福州市工商业联合会 …… (101)
概况 …… (101)
参政议政 …… (101)
回归工程 …… (101)
商会建设 …… (102)
会员服务 …… (102)
社会服务 …… (102)
榕台交流 …… (102)

社会团体

福州市总工会 …… (103)

概况 ……（103）
职工技能竞赛 ……（103）
职工素质教育 ……（103）
职工权益维护 ……（103）
职工帮扶服务 ……（103）
基层组织建设 ……（104）
共青团福州市委员会 ……（104）
概况 ……（104）
举办第九届两岸青年联欢节暨2014年第二届海峡青年节 ……（104）
志愿者服务工作 ……（104）
青年文明号 ……（104）
青少年思想道德教育 ……（104）
青年就业创业 ……（104）
青少年维权工作 ……（104）
搭建青年婚恋交友平台 ……（105）
团组织建设工作 ……（105）
福州市妇女联合会 ……（105）
概况 ……（105）
推动新“两纲”实施 ……（105）
新时期家庭工作 ……（105）
妇女就业创业 ……（105）
创优评先工作 ……（105）
维护妇女儿童权益 ……（105）
关爱特殊困境儿童 ……（105）
对外妇女儿童工作 ……（106）
基层组织建设 ……（106）
福州市文学艺术界联合会 ……（106）
概况 ……（106）
精品创作 ……（106）
文艺惠民 ……（106）
文艺活动 ……（106）
福州市社会科学界联合会 ……（106）
概况 ……（106）
学术活动 ……（106）
文化活动 ……（106）
社科普及宣传 ……（107）
学会工作 ……（107）
基层社科联建设 ……（107）
福州市科学技术协会 ……（107）
概况 ……（107）
院士专家工作站建设 ……（107）
企业科技工作 ……（107）
科普设施建设 ……（108）
科普工作 ……（108）
校地合作 ……（108）
基层科普行动计划 ……（108）
科普创先争优 ……（108）
科技下乡 ……（108）
青少年科技活动 ……（108）
学术活动 ……（109）
重点调研课题 ……（109）
人才工作 ……（109）
榕台交流与合作 ……（109）
福州市关心下一代工作委员会 ……（109）
概况 ……（109）
思想道德教育 ……（109）
法制宣传教育 ……（109）
关爱青少年身心健康 ……（109）
开展创“五好”活动 ……（110）
青少年科技教育与培训 ……（110）
福州市红十字会 ……（110）
概况 ……（110）
援助帮扶 ……（110）
应急救助培训 ……（110）
社区红十字服务 ……（111）
生命教育进校园 ……（111）
生命工程 ……（111）
创立博爱基金 ……（111）
志愿者服务 ……（111）
榕台交流 ……（111）
福州市慈善总会 ……（111）
概况 ……（111）
慈善“一日捐”活动 ……（112）
关爱军人困难家庭救助 ……（112）
慈善助老工作 ……（112）
“331”慈善救助工程 ……（112）
“慈善情暖万家”活动 ……（112）
“慈善医疗救助”行动 ……（112）
抗震募捐 ……（112）
福州市残疾人联合会 ……（112）
概况 ……（112）
助残工程项目 ……（112）
社会保障 ……（112）
康复工作 ……（113）
就业服务 ……（113）
残疾权益保障 ……（113）
扶残助学 ……（113）
专项调查 ……（114）
宣传文体活动 ……（114）
福州市归国华侨联合会 ……（114）
概况 ……（114）
建言献策 ……（114）
侨资侨智引进 ……（114）
侨胞权益维护 ……（114）
联络联谊 ……（115）
福州市台湾同胞联谊会 ……（115）
概况 ……（115）
榕台交流联谊 ……（115）
台胞参政议政 ……（115）
权益维护 ……（115）
调研工作 ……（115）

福州市个体劳动者协会私营企业协会 …………………………… (115)
概况 …………………………………………………………… (115)
服务会员企业 ………………………………………………… (115)
技术职称评定 ………………………………………………… (115)
扶贫济困工作 ………………………………………………… (116)
创先争优活动 ………………………………………………… (116)
福州市消费者权益保护委员会 …………………………………… (116)
概况 …………………………………………………………… (116)
"3·15"消费者权益日活动 …………………………………… (116)
社会监督检查 ………………………………………………… (116)
商品质量抽检 ………………………………………………… (116)
消费宣传教育 ………………………………………………… (116)
案例举要 ……………………………………………………… (116)

外事　侨务　港澳台事务

外事侨务 ……………………………………………………… (118)
概况 …………………………………………………………… (118)
国外重要代表团访问福州 …………………………………… (118)
使领馆官员团组访问福州 …………………………………… (118)
经贸团组访问福州 …………………………………………… (118)
文化教育交流 ………………………………………………… (119)
市领导出访活动 ……………………………………………… (119)
国际友城缔结活动 …………………………………………… (120)
涉外事务 ……………………………………………………… (120)
因公出国(境)管理 …………………………………………… (120)
服务"5·18"海交会 ………………………………………… (120)
首届"中国福建周" ………………………………………… (120)
建立福州市海外交流协会海外联络站 ……………………… (120)
举办"榕情四海·佳节同庆"系列文艺演出 ……………… (121)
"海外福州人"系列专题片 ………………………………… (121)
派遣研修生 …………………………………………………… (121)
侨资侨智引进 ………………………………………………… (121)
侨务联谊工作 ………………………………………………… (121)
华侨来榕定居 ………………………………………………… (122)
涉侨失依儿童 ………………………………………………… (122)
维护归侨侨眷权益 …………………………………………… (122)
华侨农场体制改革 …………………………………………… (122)
帮扶侨资企业 ………………………………………………… (122)
侨胞捐赠兴办公益事业 ……………………………………… (122)
侨法宣传及社区侨务工作 …………………………………… (122)
港澳事务 ……………………………………………………… (122)
概况 …………………………………………………………… (122)
交流合作 ……………………………………………………… (122)
台湾事务 ……………………………………………………… (122)
概况 …………………………………………………………… (122)
榕台经贸合作 ………………………………………………… (122)
榕台文化交流 ………………………………………………… (123)
第九届两岸青年联欢节暨2014年海峡青年节 ……………… (123)
榕台直航 ……………………………………………………… (123)
媒体交流 ……………………………………………………… (123)
服务台胞 ……………………………………………………… (123)

法　治

地方立法 ……………………………………………………… (124)
福州市茉莉花茶保护条例 …………………………………… (124)
福州市行政服务条例 ………………………………………… (124)
福州市志愿服务条例 ………………………………………… (124)
福州市法律援助条例 ………………………………………… (124)
福州市城乡规划条例 ………………………………………… (124)
福州市园林绿化管理条例 …………………………………… (124)
福州市公共场所控制吸烟条例 ……………………………… (124)
福州市市容和环境卫生管理条例 …………………………… (124)
立法调研项目 ………………………………………………… (124)
政府法制 ……………………………………………………… (125)
概况 …………………………………………………………… (125)
推进依法行政 ………………………………………………… (125)
立法工作 ……………………………………………………… (125)
行政复议 ……………………………………………………… (125)
行政审批制度改革 …………………………………………… (125)
行政执法监督 ………………………………………………… (125)
政法综治 ……………………………………………………… (126)
概况 …………………………………………………………… (126)
维护国家安全和社会稳定 …………………………………… (126)
司法服务保障 ………………………………………………… (126)
平安创建 ……………………………………………………… (126)
社会治安管控 ………………………………………………… (126)
矛盾纠纷预防化解 …………………………………………… (126)
社会治理创新 ………………………………………………… (126)
立体化社会治安防控体系 …………………………………… (126)
网格化服务管理体系 ………………………………………… (127)
平安法治宣传 ………………………………………………… (127)
队伍建设 ……………………………………………………… (127)
审判 …………………………………………………………… (127)
概况 …………………………………………………………… (127)
刑事审判 ……………………………………………………… (127)
民商事审判 …………………………………………………… (127)
涉外涉港澳台审判 …………………………………………… (127)
知识产权案件审判 …………………………………………… (127)
行政审判 ……………………………………………………… (127)
案件执行 ……………………………………………………… (127)
审判监督 ……………………………………………………… (127)
减刑假释 ……………………………………………………… (128)
司法服务 ……………………………………………………… (128)
便民利民举措 ………………………………………………… (128)
司法品牌建设 ………………………………………………… (128)
涉诉信访化解工作 …………………………………………… (128)
司法公开 ……………………………………………………… (128)
审判科技建设 ………………………………………………… (128)
司法改革 ……………………………………………………… (128)
畅通监督渠道 ………………………………………………… (128)

队伍建设 …… (129)
检察 …… (129)
概况 …… (129)
刑事检察 …… (129)
职务犯罪查办 …… (130)
职务犯罪预防 …… (130)
诉讼监督 …… (130)
畅通监督渠道 …… (130)
队伍建设 …… (130)
公安 …… (130)
概况 …… (130)
实施“剑盾”行动 …… (131)
刑事犯罪侦查 …… (131)
十大刑事要案 …… (132)
经济犯罪侦查 …… (132)
经济犯罪要案举例 …… (132)
禁毒工作 …… (133)
特警工作 …… (133)
出入境管理 …… (133)
公安法制 …… (134)
社会治安管理 …… (134)
社区警务 …… (135)
网络安全监察 …… (135)
警卫工作 …… (135)
道路交通管理 …… (135)
典型交通事故案例 …… (136)
消防工作 …… (136)
重大火灾案例 …… (136)
森林公安 …… (136)
边防管理 …… (137)
“110”指挥中心 …… (137)
公安监所管理 …… (137)
公安科技信息通信建设 …… (138)
队伍建设 …… (138)
司法行政 …… (138)
概况 …… (138)
公共法律服务体系建设 …… (138)
司法所规范化建设 …… (138)
人民调解 …… (138)
社区矫正 …… (138)
安置帮教 …… (138)
医患纠纷调解处置 …… (139)
普法宣传工作 …… (139)
律师工作 …… (139)
公证工作 …… (139)
法律援助 …… (139)
司法鉴定 …… (139)
国家司法考试 …… (139)
“12348”法律服务专线 …… (139)

军　事

征兵工作 …… (140)
概况 …… (140)
征兵宣传 …… (140)
廉洁征兵 …… (140)
民兵工作 …… (140)
概况 …… (140)
政治教育 …… (140)
民兵基层党组织建设试点 …… (140)
民兵训练 …… (141)
海上民兵力量建设 …… (141)
民兵高炮分队参加军区考核 …… (141)
抢险救灾 …… (141)
国防动员 …… (141)
概况 …… (141)
国防教育工作 …… (141)
“前卫—5”国防动员指挥演练 …… (141)
年度实兵检验性演习 …… (141)
信息化建设 …… (141)
民兵武器装备存储布局调整 …… (142)
后勤保障建设 …… (142)
双拥共建 …… (142)
概况 …… (142)
拥军支前 …… (142)
拥军优属 …… (142)
拥政爱民 …… (142)
人民防空 …… (143)
概况 …… (143)
人防宣传教育 …… (143)
人防工程建设 …… (143)
指挥通信建设 …… (143)
人防法制建设 …… (143)
武装警察 …… (143)
概况 …… (143)
思想政治工作 …… (144)
执勤处置突发事件 …… (144)
抢险救灾 …… (144)
基层建设 …… (144)
后勤保障 …… (144)

综合经济管理

发展改革工作 …… (145)
概况 …… (145)
起草“两计划一意见” …… (145)
研究编制专项规划及课题 …… (145)
跟踪分析经济运行情况 …… (145)
城市轨道交通建设 …… (146)
工业经济增长 …… (146)
加快发展服务业 …… (146)
招商引资和自贸区申报 …… (146)
发展总部经济 …… (146)
生态文明建设 …… (146)

体制改革 …… （146）
服务“一带一路” …… （146）
推进福州新区发展 …… （147）
福莆宁同城化工作 …… （147）
统计和调查 …… （147）
概况 …… （147）
普查与专项调查 …… （147）
统计改革 …… （147）
统计法制建设 …… （148）
工商行政管理 …… （148）
概况 …… （148）
机构改革 …… （148）
工商登记制度改革 …… （148）
推进国家级广告创意产业园建设 …… （149）
实施商标品牌战略 …… （149）
优化企业登记制度 …… （149）
企业注册登记 …… （149）
市场监管执法 …… （150）
消费维权 …… （150）
国有资产监督管理 …… （150）
概况 …… （150）
国资履职监管 …… （151）
国企改革与发展 …… （151）
重点项目建设 …… （151）
“三维”战略合作 …… （151）
国有资本运作 …… （152）
价格管理 …… （152）
概况 …… （152）
价格总水平调控 …… （152）
平价商店建设 …… （152）
价格补贴政策 …… （152）
商品价格改革与监管 …… （152）
表19　2014年福建省汽、柴油最高零售价格 …… （153）
非商品价费监管 …… （153）
价格监督检查 …… （154）
价格服务 …… （154）
食品药品管理 …… （154）
概况 …… （154）
机构设置 …… （154）
食品安全生产监管 …… （155）
食品安全流通监管 …… （155）
餐饮服务食品安全监管 …… （155）
药品生产监管 …… （156）
药品流通监管 …… （156）
医疗器械监管 …… （156）
保健食品和化妆品监管 …… （157）
稽查案件 …… （157）
检验工作 …… （157）
监测工作 …… （157）
业务培训 …… （158）
食品药品宣传 …… （158）
质量技术监督 …… （158）
概况 …… （158）
创建全国质量强市示范城市 …… （158）
质量创新示范奖 …… （158）
“质量服务进校园” …… （158）
名牌发展战略 …… （158）
实验室资质认定 …… （158）
科技项目成果 …… （159）
标准制修订 …… （159）
战略性新兴产业标准化 …… （159）
现代制造业标准化 …… （159）
标准化试点示范 …… （159）
地理标志产品保护 …… （159）
组织机构代码 …… （159）
计量器具检查检定 …… （159）
机动车安检 …… （159）
特种设备安全监察 …… （159）
安全生产管理 …… （160）
概况 …… （160）
安全生产工作部署 …… （160）
安全生产标准化建设 …… （160）
道路交通安全综合整治 …… （160）
重点行业领域专项整治 …… （160）
打非治违 …… （160）
应急救援能力建设 …… （160）
安全监管基础 …… （160）
安全文化建设 …… （160）
科学管理与服务 …… （161）
审计 …… （161）
概况 …… （161）
开展政策落实情况跟踪审计 …… （161）
土地出让收支和耕地保护情况审计 …… （161）
城镇保障性安居工程审计 …… （161）
财政收支审计 …… （162）
公用经费审计 …… （162）
政府投资审计 …… （162）
民生资金和资源环境审计 …… （162）
经济责任审计 …… （162）
国有企业审计 …… （162）
审计整改 …… （162）
审计信息采编 …… （162）
审计信息化建设 …… （162）
建立审计结果分析工作机制 …… （163）
加强对下级审计机关领导班子考核管理 …… （163）
内部审计 …… （163）
内部审计协会 …… （163）
审计学会工作 …… （163）

财政　税务

财政 …… （164）

概况 …… (164)
科学组织财政收入 …… (164)
支持优化营商环境 …… (164)
支持现代服务业发展 …… (164)
推动高新技术产业发展 …… (164)
保障民生支出 …… (164)
支持农村事业发展 …… (165)
深化财税体制改革 …… (165)
国家税务 …… (165)
概况 …… (165)
落实税收优惠政策 …… (165)
依法行政 …… (165)
税务稽查 …… (166)
风险管理 …… (166)
基础管理 …… (166)
货物劳务税征管 …… (166)
企业所得税征管 …… (166)
国际税收征管 …… (166)
大企业税收征管 …… (167)
出口退税管理 …… (167)
纳税服务 …… (167)
税收宣传 …… (167)
地方税务 …… (167)
概况 …… (167)
落实税收优惠政策 …… (168)
推进行政审批工作 …… (168)
税收稽查 …… (168)
征管改革 …… (168)
风险防控 …… (168)
行业管征 …… (169)
营业税管征 …… (169)
营业税改征增值税 …… (169)
企业所得税管征 …… (169)
个人所得税管征 …… (169)
财产行为税管征 …… (169)
规费征收 …… (169)
纳税服务升级 …… (169)
税收宣传 …… (170)

农村经济

新农村建设 …… (171)
概况 …… (171)
强农惠农政策 …… (171)
农村集体“三资”监管 …… (171)
农村经济组织和制度创新 …… (171)
农村土地承包指导监督 …… (171)
扶贫开发 …… (171)
农产品质量安全监管 …… (171)
现代农业发展模式 …… (172)
概况 …… (172)
农业园区建设 …… (172)
龙头企业 …… (172)
现代设施农业 …… (172)
休闲农业 …… (172)
农业科研与服务 …… (172)
农业服务 …… (172)
科技培训 …… (172)
五新技术推广 …… (172)
农业科研 …… (173)
基层农技推广机构改革与建设 …… (173)
种植业 …… (173)
概况 …… (173)
粮食生产 …… (173)
经济作物 …… (173)
特色农业 …… (174)
植物病虫害防控 …… (174)
农垦业 …… (174)
概况 …… (174)
企业经济 …… (174)
重点项目交地工作 …… (174)
江洋农场扶贫项目 …… (174)
林业 …… (174)
概况 …… (174)
集体林权制度改革 …… (174)
造林绿化 …… (174)
森林资源保护 …… (174)
林业产业 …… (175)
林业科技 …… (175)
湿地和生物多样性保护 …… (175)
创建国家森林城市 …… (175)
畜牧业 …… (175)
概况 …… (175)
产业化经营 …… (175)
重大动物疫病防控 …… (175)
海洋与渔业 …… (175)
概况 …… (175)
海洋综合管理 …… (176)
海洋环境保护 …… (176)
现代渔业经济 …… (176)
安全监管 …… (177)
惠民政策 …… (177)
科技兴渔 …… (177)
依法行政 …… (177)
渔业周·渔博会 …… (177)
渔业合作 …… (177)
水利 …… (178)
概况 …… (178)
水行政工作 …… (178)
水利工程建设 …… (178)
表20　列入2014年为民办实事项目6座一般小(2)型水库除险加固工程 …… (179)

防汛抗旱 …… (179)
概况 …… (179)
雨季灾害 …… (179)
台风灾害 …… (179)
救灾工作 …… (180)

工　业

综述 …… (181)
机械冶金 …… (182)
概况 …… (182)
机械行业 …… (183)
冶金行业 …… (183)
非金属矿物制品业 …… (183)
新能源汽车推广 …… (183)
军民融合产业 …… (183)
电力工业 …… (183)
概况 …… (183)
电力供应 …… (183)
电网建设 …… (184)
新农村电气化建设 …… (184)
技术创新 …… (184)
安全生产 …… (184)
客户服务 …… (184)
医药化工 …… (184)
概况 …… (184)
重点化工项目建设 …… (184)
化工企业搬迁技改 …… (185)
医药企业技术改造 …… (185)
企业安全生产 …… (185)
电子信息产业 …… (185)
概况 …… (185)
企业技术创新 …… (185)
重点项目建设 …… (185)
战略性新兴产业 …… (186)
软件产业 …… (186)
数字家庭产业 …… (186)
物联网产业 …… (186)
两化融合 …… (186)
轻纺塑料 …… (186)
概况 …… (186)
纺织工业 …… (186)
食品业及其他轻工业 …… (186)
塑胶制品业 …… (186)
鞋类及皮革制品业 …… (187)
家具制造业 …… (187)
重点项目 …… (187)
技术进步 …… (187)
企业服务 …… (187)
工艺美术 …… (187)
概况 …… (187)
技艺传承与创新 …… (187)
行业重大活动 …… (188)
市场拓展 …… (188)

城市建设与管理

城乡规划 …… (189)
概况 …… (189)
新区规划 …… (189)
控制性详细规划 …… (189)
专项规划 …… (189)
历史文化名城保护规划 …… (189)
城市重点地段修建性详细规划与城市设计 …… (189)
城市交通市政设施规划 …… (189)
各县(市)规划 …… (190)
规划管理 …… (190)
宜居环境建设 …… (190)
旧屋区改造 …… (190)
清理违法建设 …… (190)
承办大型活动展会 …… (190)
规划宣传 …… (190)
国土资源管理 …… (191)
概况 …… (191)
土地利用总体规划 …… (191)
农村土地整治 …… (191)
国家级开发区土地集约节约利用评价结果更新 …… (191)
地籍管理 …… (191)
不动产登记管理 …… (191)
农村地籍调查 …… (191)
地质灾害防治 …… (191)
矿产管理 …… (191)
执法监察 …… (191)
数字城市地理空间框架建设 …… (192)
福州城市地质调查 …… (192)
打击非法违法采矿专项行动 …… (192)
“一张图”建设项目 …… (192)
市政建设 …… (192)
概况 …… (192)
城区路桥建设 …… (192)
市政设施维护 …… (192)
城市景观整治 …… (192)
内河综合整治 …… (193)
宜居环境建设 …… (193)
供水 …… (193)
供气 …… (193)
供电 …… (193)
供热 …… (193)
污水处理 …… (193)
园林绿化 …… (193)
概况 …… (193)
道路绿化 …… (193)

公园风景区建设 …………………………………… (194)
园林管理 …………………………………………… (194)
市容管理与执法 …………………………………… (195)
概况 ………………………………………………… (195)
市容环境综合整治 ………………………………… (195)
环境卫生管理 ……………………………………… (196)
生活垃圾无害化处理 ……………………………… (196)
建筑垃圾工程渣土管理 …………………………… (196)
环卫基础设施建设 ………………………………… (197)
法规制度建设 ……………………………………… (197)
行政审批和行政处罚 ……………………………… (197)
关爱环卫工人 ……………………………………… (197)

环境保护

综述 ………………………………………………… (198)
环境质量 …………………………………………… (198)
大气环境 …………………………………………… (198)
表 21　2014 年福州市流域水质达标情况 ………… (199)
水环境 ……………………………………………… (199)
声学环境 …………………………………………… (199)
生态创建 …………………………………………… (199)
环境专项整治 ……………………………………… (199)
重金属污染整治 …………………………………… (199)
大气污染防治 ……………………………………… (199)
污染减排 …………………………………………… (200)
水环境综合整治 …………………………………… (200)
固体废弃物处置 …………………………………… (200)
机动车尾气管理 …………………………………… (201)
环境保护管理 ……………………………………… (201)
环境安全保障 ……………………………………… (201)
环境监测 …………………………………………… (201)
环保信息化建设 …………………………………… (201)
环保科研 …………………………………………… (201)
环保宣传教育 ……………………………………… (202)
环保志愿者活动 …………………………………… (202)
环保信访投诉 ……………………………………… (202)

建筑　房地产业

建筑业管理 ………………………………………… (203)
概况 ………………………………………………… (203)
建筑市场 …………………………………………… (203)
工程招投标 ………………………………………… (203)
质量安全监督 ……………………………………… (203)
绿色建筑与建筑节能 ……………………………… (203)
勘察设计管理 ……………………………………… (203)
工程造价管理 ……………………………………… (203)
散装水泥管理 ……………………………………… (203)
城建档案管理 ……………………………………… (203)
房地产监管 ………………………………………… (203)
公共代建工程 ……………………………………… (204)
房地产业管理 ……………………………………… (204)
概况 ………………………………………………… (204)
房地产新政 ………………………………………… (204)
房屋登记业务审批制度改革 ……………………… (204)
市场管理 …………………………………………… (204)
住房保障 …………………………………………… (204)
房屋征收 …………………………………………… (204)
物业管理 …………………………………………… (205)
历史遗留“两权证”登记 …………………………… (205)
建设房屋登记电子化服务平台 …………………… (205)
表 22　2014 年福州市区商品房交易情况 ………… (205)

交　通

公路建设与养护 …………………………………… (206)
概况 ………………………………………………… (206)
重点项目建设 ……………………………………… (206)
农村公路建设 ……………………………………… (207)
管理养护 …………………………………………… (207)
路政管理 …………………………………………… (207)
公路运输 …………………………………………… (207)
概况 ………………………………………………… (207)
客运市场管理 ……………………………………… (207)
货运市场管理 ……………………………………… (207)
城市出租车管理 …………………………………… (207)
机动车维修管理 …………………………………… (208)
运输驾驶从业人员培训管理 ……………………… (208)
公共交通 …………………………………………… (208)
地铁 ………………………………………………… (208)
概况 ………………………………………………… (208)
地铁规划 …………………………………………… (209)
地铁 1 号线建设 …………………………………… (209)
地铁 2 号线建设 …………………………………… (209)
铁路 ………………………………………………… (209)
概况 ………………………………………………… (209)
福州站北站房候车大厅投入使用 ………………… (210)
合福铁路建设 ……………………………………… (210)
福平铁路建设 ……………………………………… (210)
福州可门港铁路支线建设 ………………………… (210)
福州江阴港区海铁联运启动 ……………………… (210)
水路 ………………………………………………… (210)
概况 ………………………………………………… (210)
水路运输行业管理 ………………………………… (210)
闽江游 ……………………………………………… (210)
内河水上交通安全 ………………………………… (210)
船舶与船员管理 …………………………………… (210)
行政执法 …………………………………………… (211)
港口管理 …………………………………………… (211)
概况 ………………………………………………… (211)
港口规划 …………………………………………… (211)

项目前期工作 …………………………………………………… (211)
核心港区建设 …………………………………………………… (211)
港口运输 …………………………………………………… (211)
港口管理体制改革 …………………………………………………… (211)
“平安港口”创建 …………………………………………………… (211)
机场 …………………………………………………… (212)
概况 …………………………………………………… (212)
航空运输 …………………………………………………… (212)
机场安全建设 …………………………………………………… (212)
机场服务 …………………………………………………… (212)
基础设施建设 …………………………………………………… (212)
福州航空 …………………………………………………… (213)
筹建过程 …………………………………………………… (213)
运营服务 …………………………………………………… (213)
基础设施建设 …………………………………………………… (213)

邮政通信与政府信息化建设

邮政 …………………………………………………… (214)
概况 …………………………………………………… (214)
行业发展 …………………………………………………… (214)
中国电信 …………………………………………………… (215)
概况 …………………………………………………… (215)
通信业务 …………………………………………………… (215)
网络运营 …………………………………………………… (215)
信息化服务 …………………………………………………… (215)
客户服务 …………………………………………………… (215)
中国移动 …………………………………………………… (215)
概况 …………………………………………………… (215)
市场拓展 …………………………………………………… (215)
网络建设 …………………………………………………… (215)
通信保障 …………………………………………………… (216)
信息化建设 …………………………………………………… (216)
客户服务 …………………………………………………… (216)
中国联通 …………………………………………………… (216)
概况 …………………………………………………… (216)
市场营销 …………………………………………………… (216)
网络建设 …………………………………………………… (216)
通信保障 …………………………………………………… (216)
信息化建设 …………………………………………………… (217)
客户服务 …………………………………………………… (217)
政府信息化建设 …………………………………………………… (217)
概况 …………………………………………………… (217)
机制建设 …………………………………………………… (217)
应用服务 …………………………………………………… (217)
基础设施建设 …………………………………………………… (218)

口　岸

口岸管理 …………………………………………………… (220)
概况 …………………………………………………… (220)
口岸开放 …………………………………………………… (220)
口岸建设 …………………………………………………… (220)
表 23　2014 年福州口岸客运统计 ………………………… (220)
表 24　2014 年福州海港口岸对台客货直航统计 ……… (220)
表 25　2014 年福州口岸海运统计 ………………………… (220)
口岸航线 …………………………………………………… (221)
口岸通关 …………………………………………………… (221)
福州海关 …………………………………………………… (221)
通关制度改革 …………………………………………………… (221)
重点项目建设 …………………………………………………… (221)
海关税收 …………………………………………………… (221)
闽台口岸合作交流 …………………………………………………… (221)
海关进出口监管 …………………………………………………… (221)
检验检疫 …………………………………………………… (222)
概况 …………………………………………………… (222)
进出境货物检验检疫 …………………………………………………… (222)
进出境集装箱检验检疫 …………………………………………………… (222)
卫生检疫 …………………………………………………… (223)
涉台检验检疫 …………………………………………………… (223)
产地证签发 …………………………………………………… (223)
边防检查 …………………………………………………… (223)
概况 …………………………………………………… (223)
服务口岸经济发展 …………………………………………………… (223)
改革创新社会管理 …………………………………………………… (224)
口岸管理技术创新 …………………………………………………… (224)
网上便民服务平台 …………………………………………………… (224)
海防管理 …………………………………………………… (224)
概况 …………………………………………………… (224)
平安海域创建 …………………………………………………… (224)
军警民联防 …………………………………………………… (224)
参加海峡两岸接力横渡台湾海峡活动海上安保 ………… (224)
完成 2014 年海峡两岸海上联合搜救演练……………… (225)
打击走私 …………………………………………………… (225)
概况 …………………………………………………… (225)
综合治理 …………………………………………………… (225)
专项行动 …………………………………………………… (225)
宣传工作 …………………………………………………… (225)
冻库调研 …………………………………………………… (225)
缉私立案 …………………………………………………… (225)

园区建设

福州经济技术开发区 …………………………………………………… (226)
概况 …………………………………………………… (226)
基础设施建设 …………………………………………………… (226)
招商引资 …………………………………………………… (226)
项目建设 …………………………………………………… (226)
福清融侨经济技术开发区 …………………………………………………… (226)
概况 …………………………………………………… (226)
基础设施建设 …………………………………………………… (226)
招商引资 …………………………………………………… (226)

项目建设 …… (226)
科技创新 …… (226)
后勤保障服务 …… (227)
福州高新技术产业开发区 …… (227)
概况 …… (227)
基础设施建设 …… (227)
招商引资 …… (227)
科技创新 …… (227)
人才引进培育 …… (227)
福州保税港区 …… (227)
概况 …… (227)
投资环境建设 …… (228)
福州保税港区封关运作 …… (228)
海铁联运业务启动 …… (228)
汽车整车进口口岸 …… (228)
进口食品交易市场 …… (228)
元洪投资区 …… (228)
概况 …… (228)
基础设施建设 …… (228)
招商引资 …… (228)
项目建设 …… (228)
管理服务 …… (228)
青口投资区 …… (229)
概况 …… (229)
基础设施建设 …… (229)
招商引资 …… (229)
项目建设 …… (229)
福州软件园 …… (229)
概况 …… (229)
重点项目建设 …… (229)
招商引资 …… (229)
人才服务 …… (229)
百度91 无线网络有限公司 …… (229)
滨海工业集中区 …… (230)
概况 …… (230)
数字福建产业园启动区建设 …… (230)
翔孚国际物流园一期建设 …… (230)
恒申合纤二期氨纶项目投产 …… (230)
中储粮松下中转库一期通过验收 …… (230)
基础设施建设 …… (230)
管理服务 …… (230)
罗源湾经济开发区 …… (231)
概况 …… (231)
基础设施建设 …… (231)
重点项目建设 …… (231)
招商引资 …… (231)
罗源湾滨海新城 …… (231)
福兴经济开发区 …… (231)
概况 …… (231)
基础设施 …… (231)
招商引资 …… (231)
项目建设 …… (231)
福州台商投资区 …… (231)
概况 …… (231)
规划蓝图 …… (232)
基础设施建设 …… (232)
重点项目建设 …… (232)
招商引资 …… (232)
连江经济开发区 …… (232)
概况 …… (232)
基础设施建设 …… (232)
招商引资 …… (232)
重点项目建设 …… (232)
金山投资区 …… (232)
概况 …… (232)
基础设施建设 …… (232)
项目建设 …… (233)
江阴工业集中区 …… (233)
概况 …… (233)
江阴港城总体规划 …… (233)
基础设施建设 …… (233)
招商引资 …… (233)
重点项目建设 …… (233)
港区建设 …… (233)
银河国际汽车园 …… (234)
化工新材料片区 …… (234)
闽台（福州）蓝色经济产业园 …… (234)
概况 …… (234)
基础设施建设 …… (234)
招商引资 …… (234)
项目建设 …… (234)

民营经济

综述 …… (235)
民营行业 …… (235)
概况 …… (235)
机械制造业 …… (235)
冶金行业 …… (236)
医药行业 …… (236)
石化行业 …… (236)
电子信息行业 …… (236)
轻工纺织行业 …… (236)
教育 …… (236)
医疗 …… (237)
民营经济服务平台 …… (237)
商务服务平台 …… (237)
就业平台 …… (237)
寻机发展平台 …… (237)
培训平台 …… (237)
帮扶平台 …… (237)

商贸流通与服务业

综述 …… (238)
物流业 …… (238)
会展业 …… (238)
餐饮业 …… (238)
典当业 …… (238)
拍卖业 …… (238)
副食品商业 …… (238)
家庭服务业 …… (239)
粮油贸易 …… (239)
概况 …… (239)
粮食储备管理 …… (239)
粮食安全保障体系建设 …… (239)
现代粮食流通产业发展 …… (239)
粮食市场监管 …… (239)
烟草 …… (239)
概况 …… (239)
营销网络建设 …… (240)
专卖市场管理 …… (240)
企业管理 …… (240)
石油 …… (240)
概况 …… (240)
业务拓展 …… (240)
“车e族”推广 …… (241)
安全管理 …… (241)
油品数质量管理 …… (241)
油品升级 …… (241)
供销合作 …… (241)
概况 …… (241)
烟花爆竹安全经营 …… (241)
农资供应服务 …… (241)
“新网工程”建设 …… (241)
项目建设 …… (241)
为农服务平台搭建 …… (241)
农村社区综合维修服务体系建设 …… (241)
再生资源回收利用体系建设 …… (242)
资产管理和运作 …… (242)

对外及港澳台经济贸易

利用外资及港澳台资 …… (243)
概况 …… (243)
外商及港澳台商投资项目 …… (243)
中国(福建)自由贸易试验区(福州片区) …… (243)
服务外包 …… (243)
重大利用外资项目 …… (243)
招商引资活动 …… (243)
海交会和投洽会 …… (244)
对外及港澳台投资与劳务合作 …… (244)
概况 …… (244)
劳务输出 …… (244)
对外及港澳台贸易 …… (244)
概况 …… (244)
文化产品出口 …… (244)
表26 2014年福州市出口额3000万美元以上商品情况 …… (245)
表27 2014年福州市主要出口市场情况 …… (247)
表28 2014年福州市进口额3000万美元以上商品情况 …… (247)
表29 2014年福州市主要进口市场情况 …… (248)

金融业

综述 …… (250)
银行业 …… (251)
概况 …… (251)
中国人民银行福州中心支行 …… (251)
中国农业发展银行福建省分行营业部 …… (253)
中国工商银行福建省分行营业 …… (253)
中国农业银行福建省分行营业部 …… (254)
中国银行股份有限公司福州地区直属支行 …… (255)
中国建设银行福建省分行 …… (255)
邮储银行福州市分行 …… (256)
福建省农村信用社联合社福州办事处 …… (257)
兴业银行 …… (258)
中信银行福州分行 …… (258)
中国光大银行福州分行 …… (258)
招商银行福州分行 …… (259)
中国民生银行股份有限公司福州分行 …… (259)
华夏银行福州分行 …… (260)
平安银行福州分行 …… (260)
浦发银行福州分行 …… (261)
福建海峡银行 …… (262)
浙江稠州商业银行福州分行 …… (262)
证券期货业 …… (262)
概况 …… (262)
上市公司 …… (262)
证券期货经营机构 …… (263)
直接融资 …… (263)
场外市场建设 …… (263)
保险业 …… (263)
概况 …… (263)
中国人民财产保险股份有限公司福州分公司 …… (263)
中国人寿保险股份有限公司福州分公司 …… (264)
中国太平洋人寿保险福州中心支公司 …… (264)
中国太平洋财产保险股份有限公司福州中心支公司 …… (265)

科学技术

综述 …… (266)

科技创新体系建设 …… (266)
行业技术创新中心建设 …… (266)
现代农业技术创新基地建设 …… (267)
科技企业孵化器建设 …… (267)
生产力促进体系建设 …… (267)
科学技术经费 …… (268)
表30　2014年福州市科学技术支出占市本级财政一般预算支出比例 …… (268)
表31　2014年福州市科学技术支出使用情况 …… (268)
高新技术产业化 …… (268)
高新技术企业 …… (268)
创新型企业 …… (268)
表32　2014年福州市获国家火炬计划重点高新技术企业名单 …… (269)
表33　2014年福州市新获批省创新型企业名单 …… (269)
表34　2014年国家级火炬计划项目 …… (269)
表35　2014年省级火炬计划项目 …… (270)
火炬计划与高新技术研究开发计划 …… (270)
农业科技推广 …… (270)
农业科技园区 …… (270)
星火计划 …… (271)
表36　2014年国家级星火计划项目 …… (271)
表37　2014年省级星火计划项目 …… (271)
表38　2014年市级星火计划项目 …… (271)
科技成果管理 …… (273)
科学技术奖励 …… (273)
表39　2014年福州市获省科学技术奖项目 …… (274)
表40　2014年福州市科技进步奖项目 …… (275)
技术市场管理 …… (278)
产学研活动 …… (278)
技术市场建设 …… (278)
技术合同认定 …… (279)
知识产权保护 …… (279)
知识产权示范城市建设 …… (279)
企事业知识产权工作 …… (279)
扶持与培育自主知识产权 …… (279)
专利行政执法 …… (280)
知识产权宣传与培训 …… (280)
知识产权强县工程 …… (280)
表41　2014年各县(市)区专利申请量与授权量统计 …… (280)
表42　2014年第十六届中国专利奖福州市获奖项目 …… (281)
表43　2014年获福建省专利奖福州市获奖项目 …… (281)
表44　2014年第三届福州市专利奖项目 …… (281)
表45　2014年福州市新入选福建省知识产权优势企业的名单 …… (282)
表46　2014年福州市知识产权示范企业 …… (283)
科学普及 …… (283)
科技政策宣传培训 …… (283)
科普宣传活动 …… (283)
气象事业 …… (283)
概况 …… (283)
气象防灾减灾 …… (283)
公共气象服务 …… (283)
气象现代化建设 …… (284)
气象预测报体系建设 …… (284)
气象观测网络系统建设 …… (284)
气象科技与创新 …… (284)
部门合作 …… (284)
防震减灾 …… (284)
概况 …… (284)
地震监测预报 …… (284)
动物园宏观观测点视频监控系统建设 …… (285)
地震灾害防御 …… (285)
防震减灾宣传教育 …… (285)
地震应急救援 …… (285)
地震应急避难场所建设 …… (285)
社区地震应急与救援志愿者队伍组建 …… (285)
“闽动－2014”地震应急救援联动演练 …… (285)

社会科学

综述 …… (286)
表47　2014年度福州市获国家社会科学基金项目立项课题 …… (286)
表48　2014年度福州市获福建省社会科学规划项目立项课题 …… (286)
表49　2014年度福州市中国特色社会主义理论体系研究基地立项项目 …… (287)
学术活动 …… (287)
闽都文化学术研讨会 …… (287)
海峡汉服文化节 …… (287)
“诚信福州”建设理论研讨会 …… (288)
“闽都海洋文化”研讨会 …… (288)
海峡两岸联合祭孔典礼 …… (288)
第六届中国(福州)船政文化研讨会 …… (288)
社科研究成果 …… (288)
市委党校研究成果 …… (288)
闽江学院研究成果 …… (288)
职业技术学院研究成果 …… (288)
市社科院研究成果 …… (289)
市政府发展研究中心研究成果 …… (289)
福州大学研究成果 …… (289)
福建师范大学研究成果 …… (289)
福建中医药大学研究成果 …… (289)
福建江夏学院研究成果 …… (289)

教　育

综述 …… (290)
表50　2013年教育先进人物 …… (291)
学前教育 …… (291)

概况 …… (291)
0—3 岁婴幼儿早期教育 …… (291)
片区管理 …… (291)
教育管理 …… (291)
教科研活动 …… (291)
初等教育 …… (291)
概况 …… (291)
小学招生 …… (291)
初中招生 …… (291)
随迁子女教育 …… (292)
农村薄弱校委托管理试点 …… (292)
少数民族教育 …… (292)
中等教育 …… (292)
概况 …… (292)
教育均衡工作 …… (292)
普通高中特色建设 …… (292)
普高中外合作办学 …… (292)
特殊群体管理 …… (292)
普通高中会考 …… (292)
科技实践活动 …… (292)
表 51 2014 年青少年科技创新大赛、机器人比赛及高中学科竞赛获全国三等奖以上名单 …… (293)
特殊教育 …… (293)
概况 …… (293)
特殊教育试点与评估工作 …… (293)
特殊教育提升计划 …… (293)
中等职业教育与成人教育 …… (293)
概况 …… (293)
中职招生就业 …… (293)
职业教育综合改革试点 …… (294)
职教基础能力建设 …… (294)
职业教育内涵发展 …… (294)
成人教育 …… (294)
社区教育品牌评选 …… (294)
终身教育活动 …… (294)
表 52 2014 年福州市中职学校教师参加全国教学竞赛获奖情况 …… (294)
表 53 2014 年福州市参加全国职业院校技能赛获奖学生及指导教师名单 …… (295)
高等教育 …… (295)
概况 …… (295)
高校内涵发展 …… (295)
市属高校两个协作中心成立 …… (295)
民办高校教师养老保险改革试点 …… (295)
高招工作 …… (296)
自学考试 …… (296)
福州大学 …… (296)
表 54 2014 年在榕普通高校(34 所)一览表 …… (296)
福建农林大学 …… (297)
福建医科大学 …… (298)
福建师范大学 …… (300)
福建中医药大学 …… (300)
福建工程学院 …… (302)
福建江夏学院 …… (303)
闽江学院 …… (304)
福州职业技术学院 …… (305)
闽江师范高等专科学校 …… (306)

文化　出版　传媒

公共文化 …… (310)
概况 …… (310)
新福州人歌手大赛 …… (310)
“相约九日台”文化惠民演出 …… (310)
第八届福州市合唱音乐周 …… (311)
非遗校园行 …… (311)
乡镇及农村基层文化工作者培训 …… (311)
文化惠民“六进”活动 …… (311)
“激情广场大家唱”活动 …… (311)
市图书馆 …… (311)
市少儿图书馆 …… (311)
专业文艺 …… (311)
概况 …… (311)
表 55 2014 年福州市专业文艺省级以上获奖情况分类表 …… (312)
廉政闽剧《兰花赋》启动全省巡演 …… (316)
闽剧文化艺术周 …… (316)
福州美术活动 …… (316)
文化市场 …… (316)
概况 …… (316)
文化市场综合执法 …… (316)
非物质文化遗产 …… (317)
概况 …… (317)
海峡两岸民俗文化节 …… (317)
非遗摄影大赛 …… (317)
闽剧艺术指导组成立 …… (317)
“非遗校园行”活动 …… (317)
非遗网站投入使用 …… (317)
文化交流活动 …… (317)
概况 …… (317)
海外文化交流活动 …… (317)
两岸文化交流活动 …… (317)
内地文化交流活动 …… (317)
文博事业 …… (317)
概况 …… (317)
名城保护 …… (318)
名村名镇保护 …… (318)
入选第三批中国传统村落名单 …… (318)
“福州与海上丝绸之路学术研讨会”召开 …… (318)
第六批市级文物保护单位 …… (318)
怀安窑址考古勘探 …… (318)
金斗桥东侧空地考古发掘 …… (318)

水下考古 …… (318)
福州市全国第一次可移动文物普查 …… (318)
文博展览 …… (318)
海上丝绸之路宣传展示工作 …… (318)
新闻出版 …… (319)
概况 …… (319)
出版管理 …… (319)
扫黄打非 …… (319)
文化创意产业 …… (319)
版权管理 …… (319)
新华书店 …… (320)
福州日报社 …… (320)
概况 …… (320)
政治建设宣传报道 …… (320)
经济建设宣传报道 …… (321)
文化建设宣传报道 …… (321)
社会建设宣传报道 …… (322)
生态文明建设宣传报道 …… (322)
对台对外宣传报道 …… (322)
上宣工作 …… (323)
报业体制改革 …… (323)
报业机制改革 …… (323)
单一纸媒传播向全媒体传播转型 …… (323)
报业经营从传统广告发行向多元产业转型 …… (323)
从单一内容服务向多元服务转型 …… (323)
广播电影电视 …… (324)
概况 …… (324)
新闻宣传报道 …… (324)
栏目节目创优 …… (325)
上宣外宣工作 …… (325)
媒体融合发展 …… (325)
技术升级改造 …… (325)
体制机制改革 …… (325)
首届丝绸之路国际电影节福州分会场活动 …… (326)
主流媒体看福州 …… (326)
概况 …… (326)
春节期间宣传报道 …… (326)
全国两会宣传报道 …… (326)
第十六届海峡两岸经贸交易会宣传报道 …… (326)
海峡两岸合唱节宣传报道 …… (327)
海峡青年节宣传报道 …… (327)

卫生　体育

卫生事业 …… (328)
概况 …… (328)
新型农村合作医疗 …… (328)
基层医疗卫生服务 …… (328)
基本公共卫生服务 …… (329)
公立医疗机构综合改革 …… (329)
疾病预防与控制 …… (329)
卫生应急 …… (330)
妇幼保健 …… (330)
中医药事业 …… (330)
医疗服务能力 …… (330)
卫生人才队伍建设 …… (330)
卫生信息化建设 …… (331)
卫生监督执法 …… (331)
爱国卫生月活动 …… (331)
健康场所试点项目 …… (331)
城区除“四害” …… (331)
农村改厕 …… (331)
体育事业 …… (331)
概况 …… (331)
群众体育 …… (331)
竞技体育 …… (332)
体育场所 …… (333)
体育宣传 …… (333)
首届全国青年运动会 …… (333)
概况 …… (333)
场馆建设改造 …… (333)
配套建设环境整治 …… (333)
市场开发 …… (333)
竞赛组织 …… (334)
活动筹备 …… (334)
志愿者服务 …… (334)
新闻宣传 …… (334)
赛时保障体系 …… (334)

旅　游

综述 …… (335)
资源开发 …… (335)
资源规划 …… (335)
项目建设 …… (335)
项目招商 …… (335)
景区管理 …… (335)
乡村旅游 …… (335)
表 56　2014 年福州市 A 级旅游景区名单 …… (336)
海峡旅游 …… (336)
旅游服务 …… (336)
旅游公共服务 …… (336)
星级旅游饭店 …… (336)
旅行社 …… (336)
导游队伍 …… (336)
表 57　福州市五星级、四星级饭店名单 …… (337)
表 58　福州市金牌和 AAAAA 级、AAAA 级旅行社名单 …… (337)
宣传营销 …… (337)
媒体宣传营销 …… (337)
“走出去、请进来”营销 …… (338)
旅游节庆活动营销 …… (338)

智慧旅游 …… (338)
旅游管理 …… (339)
安全管理 …… (339)
服务质量管理 …… (339)
旅游法制建设 …… (339)
国庆黄金周旅游数据监测 …… (339)

三坊七巷等历史文化街区

综述 …… (340)
街区规划 …… (340)
上下杭规划 …… (340)
福州历史文化名城保护规划 …… (340)
保护修复 …… (340)
拆迁工作 …… (340)
工程建设 …… (341)
文化宣传 …… (341)
主题文化活动 …… (341)
民俗节庆活动 …… (341)
宣传活动 …… (341)
旅游开发 …… (341)
景区建设 …… (341)
旅游营销 …… (342)
旅游接待 …… (342)
新增景点 …… (342)
历史名人勤廉馆 …… (342)
尤氏民居 …… (342)
福建省海峡民间艺术馆 …… (342)

社会民生

人民生活和市场价格 …… (343)
居民收支 …… (343)
居民消费价格 …… (343)
工业生产者出厂价格 …… (343)
房地产价格 …… (343)
劳动就业 …… (343)
概况 …… (343)
就业工作 …… (344)
职业培训和技工教育 …… (344)
劳动关系维权 …… (344)
社会保障 …… (344)
概况 …… (344)
社会保险 …… (344)
住房公积金管理 …… (344)
计划生育 …… (345)
概况 …… (345)
实施“单独二孩”政策 …… (345)
宣传教育和计生督查 …… (345)
提高计生服务水平 …… (345)
流动人口服务管理 …… (345)
利益导向机制建设 …… (345)
开展“生育关怀”行动 …… (345)
综合治理性别比偏高问题 …… (345)
行业作风建设 …… (345)
民政 …… (345)
概况 …… (345)
优抚安置 …… (346)
社会救助 …… (346)
救灾工作 …… (346)
社会福利 …… (346)
基层政权和社区建设 …… (347)
老区建设 …… (347)
老龄事务 …… (347)
殡葬管理 …… (347)
婚姻收养登记 …… (347)
区划地名管理 …… (347)
民间组织登记管理 …… (347)
边界管理 …… (347)
福利彩票销售 …… (348)
表 59　2014 福州市新成立社会团体一览 …… (348)

县(市)区

鼓楼区 …… (350)
概况 …… (350)
经济建设 …… (350)
城区建设与管理 …… (350)
社会事业 …… (351)
高新技术产业 …… (351)
表 60　2014 年鼓楼区街道(乡镇)基本情况一览 …… (351)
台江区 …… (352)
概括 …… (352)
经济建设 …… (352)
城区建设与管理 …… (352)
社会事业 …… (352)
表 61　2014 年台江区街道基本情况一览 …… (353)
仓山区 …… (353)
概况 …… (353)
经济建设 …… (353)
城乡建设与管理 …… (354)
社会事业 …… (354)
表 62　2014 年仓山区街道(乡镇)基本情况一览 …… (355)
晋安区 …… (355)
概况 …… (355)
经济建设 …… (355)
城乡建设与管理 …… (356)
社会事业 …… (356)
表 63　2014 年晋安区街道(乡镇)基本情况一览 …… (357)
马尾区 …… (357)
概况 …… (357)

经济建设 …… (357)
城乡建设与管理 …… (357)
社会事业 …… (358)
表 64　2014 年马尾区街道(乡镇)基本情况一览 …… (358)
福清市 …… (359)
概况 …… (359)
经济建设 …… (359)
城乡建设与管理 …… (359)
社会事业 …… (359)
园区建设 …… (360)
福清核电 …… (360)
表 65　2014 年福清市街道(乡镇)基本情况一览 …… (360)
长乐市 …… (361)
概况 …… (361)
经济建设 …… (361)
城乡建设与管理 …… (361)
社会事业 …… (362)
数字福建(长乐)产业园 …… (362)
表 66　2014 年长乐市街道(乡镇)基本情况一览 …… (363)
闽侯县 …… (363)
概况 …… (363)
经济建设 …… (363)
城乡建设与管理 …… (364)
社会事业 …… (364)
中科(福州)数据产业园 …… (364)
表 67　2014 年闽侯县街道(乡镇)基本情况一览 …… (365)
连江县 …… (365)
概况 …… (365)
经济建设 …… (365)
城乡建设与管理 …… (366)
社会事业 …… (366)
表 68　2014 年连江县乡镇基本情况一览 …… (367)
闽清县 …… (367)
概况 …… (367)
经济建设 …… (367)
城乡建设与管理 …… (368)
社会事业 …… (368)
表 69　2014 年闽清县乡镇基本情况一览 …… (369)
罗源县 …… (369)
概况 …… (369)
经济建设 …… (369)
城市建设 …… (370)
社会事业 …… (370)
基础设施工程 …… (371)
“畲风海韵”旅游产业 …… (371)
表 70　2014 年罗源县乡镇基本情况一览 …… (371)
永泰县 …… (371)
概况 …… (371)
经济建设 …… (371)
城乡建设与管理 …… (372)
社会事业 …… (372)
中国·永泰 2014 世界温泉小镇及养生论坛 …… (373)
2014 年永泰旅游文化嘉年华活动 …… (373)
第九届亚洲国际青少年电影节 …… (373)
表 71　2014 年永泰县乡镇基本情况一览 …… (373)

人　物

2014 年在榕工作的院士 …… (374)
2014 年福州市先进人物 …… (374)
福州市荣誉市民 …… (376)
福州公共文明建设八项“十佳” …… (377)

福州市 2014 年地方法规、规章政策(选录)

编者按 …… (380)
地方法规 …… (380)
福州市茉莉花茶保护规定 …… (380)
福州市行政服务条例 …… (381)
福州市志愿服务条例 …… (383)
政府规章及政策 …… (384)
福州市人民政府令
第 61 号 …… (384)
福州市人民政府令
第 62 号 …… (387)
福州市人民政府关于地铁 2 号线工程征地拆迁和管线迁改的公告
榕政〔2014〕4 号 …… (391)
福州市人民政府关于公布规范性文件清理结果的决定
榕政〔2014〕7 号 …… (391)
福州市人民政府关于印发《福州市人民政府重大行政决策若干规定》的通知
榕政〔2014〕8 号 …… (392)
福州市人民政府关于印发福州市大气污染防治行动计划实施细则的通知
榕政综〔2014〕27 号 …… (393)
福州市人民政府关于印发《福州市自主知识产权奖励办法》的通知
榕政综〔2014〕68 号 …… (397)
福州市人民政府印发关于培育发展龙头企业促进经济稳定增长的实施意见(试行)的通知
榕政综〔2014〕126 号 …… (398)
福州市人民政府关于贯彻省政府推动工业稳增长促转型十一条措施的实施意见
榕政综〔2014〕131 号 …… (401)
福州市人民政府关于印发福州市农副产品平价商店管理实施办法的通知
榕政综〔2014〕139 号 …… (403)
福州市人民政府关于完善价格补贴联动机制的补充

通知
榕政综〔2014〕140 号 …………………………………… (404)
福州市人民政府关于印发加强农村金融服务若干意见的通知
榕政综〔2014〕152 号 …………………………………… (405)
福州市人民政府印发关于加快福州江阴港区建设的若干意见的通知
榕政综〔2014〕163 号 …………………………………… (407)
福州市人民政府关于印发《福州市市场主体信用信息征集及公示办法》的通知
榕政综〔2014〕165 号 …………………………………… (409)
福州市人民政府关于印发福州市市场主体住所(经营场所)经营条件若干意见的通知
榕政综〔2014〕172 号 …………………………………… (411)
福州市人民政府关于贯彻《福建省非机动车管理办法》的实施意见
榕政综〔2014〕178 号 …………………………………… (411)
福州市人民政府印发关于推动非上市企业进入场外市场挂牌融资工作若干意见的通知
榕政综〔2014〕195 号 …………………………………… (412)
福州市人民政府关于加快发展养老服务业的实施意见
榕政综〔2014〕215 号 …………………………………… (413)
福州市人民政府关于公共租赁住房和廉租住房并轨运行的实施意见
榕政综〔2014〕221 号 …………………………………… (416)
福州市人民政府关于进一步优化建设工程招标投标工作的通知
榕政综〔2014〕233 号 …………………………………… (418)
福州市人民政府关于推进排污权有偿使用和交易工作的意见
榕政综〔2014〕250 号 …………………………………… (419)
福州市人民政府关于印发福州市引进高层次优秀人才办法的通知
榕政综〔2014〕303 号 …………………………………… (421)
福州市人民政府关于贯彻福建省人民政府“创建农产品质量安全示范省”意见的通知
榕政综〔2014〕324 号 …………………………………… (422)

统计资料

…………………………………………………………………… (424)

索　引

…………………………………………………………………… (438)

Contents

Special Issue

Actively lead the economic development of the new normal, efforts to promote scientific development by leaps and bounds in Fuzhou
——*Extracts of CPC Fujian provincial Party committee member, Fuzhou municipal Party committee secretary Yang – yue's speech on the City Economic Working Conference in December 24,2014* …… (1)
Government work report
——*Extracts of Fuzhou city mayor Yang Yi – min's report on the fourth meeting of the fourteenth session of the people's Congress in January 13, 2015* …… (6)

Special article

General Secretary Xi Jinping visits businesses and communities of Fuzhou …… (12)
The President of Fujian Newland Computer Co., Ltd. Wang Jing said: firmly take the road of technological innovation …… (12)
Cadres and the masses of Junmen community said: General Secretary encouraged the people concerned about people's livelihood …… (13)
Completion of the tangible things project for citizen of the municipal city hall in 2014 …… (13)
Key project completion of Fuzhou in 2014 …… (17)
Three – dimensional project docking of Fuzhou in 2014 …… (18)
Promotion of public satisfaction with the government's public service …… (19)

Memorabilia

…… (22)

City profile

Natural resources …… (28)
Climate …… (29)
Disastrous weather …… (30)
Administrative divisions …… (31)
Population …… (32)
National economy and social development …… (32)
Agencies and persons in charge …… (37)

CPC Fuzhou Municipal Committee

Important meetings and activities …… (48)
Important reception …… (50)
Discipline inspection and supervision …… (50)
Organizational work …… (51)
Propaganda work …… (52)
The United Front Work …… (54)
The construction of spiritual civilization …… (55)
The authority of the party's work …… (56)
The petition work …… (58)
Veteran cadre work …… (58)
The work of Party School …… (59)
Policy Research …… (59)
Confidential work …… (60)
Party history research …… (60)
Archives work …… (61)
Nationalities and religious …… (63)

People's Congress

Summary …… (65)
Important meetings and decisions …… (65)
Supervision work …… (66)
Representative work …… (68)
Research publicity …… (69)
Personnel appointments and removals …… (69)

People's Government

Important meetings and activities …… (73)
Government supervision …… (75)
The disclosure of government information …… (76)

Administrative service center construction …………………… (80)
Office management …………………………………………… (81)
Organization …………………………………………………… (81)
Personnel and Talent ………………………………………… (84)
The development of research work ………………………… (86)
Local chronicles work ………………………………………… (86)
Fuzhou's Beijing liaison office ……………………………… (88)
Fuzhou's Shanghai office …………………………………… (88)
Fuzhou's Shenzhen(Guangzhou) office …………………… (88)

People's Political Consultation

Summary ……………………………………………………… (90)
Important meetings …………………………………………… (90)
Democratic consultation …………………………………… (91)
Democratic supervision ……………………………………… (91)
Members work and proposal work ………………………… (92)
Literature information work ………………………………… (92)
Communication and fellowship …………………………… (92)

The democratic parties and the association of industry and commerce

The RCCK Fuzhou Committee ……………………………… (94)
The NLD Fuzhou Committee ………………………………… (95)
The Agriculture – industrial party Fuzhou Commission ……………………………………………… (96)
The CDNCA Fuzhou Committee …………………………… (97)
China Zhi Gong Dang Fuzhou Commission ………………… (98)
TSL Fuzhou Committee ……………………………………… (99)
Jiu San Society Fuzhou Committee ………………………… (99)
Fuzhou Committee of the China Association for Promoting Democracy ………………………………… (100)
Federation of industry and commerce of Fuzhou ……… (101)

Social organizations

Federation of trade unions of Fuzhou …………………… (103)
Communist youth league of Fuzhou committee ………… (104)
Women's Federation of Fuzhou …………………………… (105)
Federation of literary and art circles of Fuzhou ………… (106)
Federation of social sciences of Fuzhou ………………… (106)
Association for science and technology of Fuzhou ……… (107)
Working committee for the care of the next generation of Fuzhou ……………………………………… (109)
Red Cross Society of Fuzhou ……………………………… (110)
Charity federation of Fuzhou ……………………………… (111)
Federation of the disabled of Fuzhou …………………… (112)
Federation of returned overseas Chinese of Fuzhou …… (114)
Federation of Taiwan compatriots of Fuzhou …………… (115)
Association of individual workers association of private enterprise of Fuzhou ………………………… (115)
Fuzhou consumer protection committee ………………… (116)

Foreign affairs, Hong Kong, Macao and Taiwan Affairs

Foreign affairs ………………………………………………… (118)
Hong Kong and Macao affairs ……………………………… (122)
Taiwan affairs ………………………………………………… (122)

Rule of law

Local legislation ……………………………………………… (124)
Govepnment Legality ………………………………………… (125)
Politics and law, Comprehensive management of social management …………………………………… (126)
Trial …………………………………………………………… (127)
Prosecution …………………………………………………… (129)
Police …………………………………………………………… (130)
Judicial administration ……………………………………… (138)

Military

Recruitment …………………………………………………… (140)
Militia ………………………………………………………… (140)
National defense mobilization ……………………………… (141)
The double – support construction ………………………… (142)
People's air defense ………………………………………… (143)
Armed police ………………………………………………… (143)

Comprehensive economic management

Development and reform work ……………………………… (145)
Statistics and surveys ……………………………………… (147)
Industrial and commercial administration ……………… (148)
The state – owned assets supervision and management …………………………………………… (150)
Price management …………………………………………… (152)
Drug and food supervision ………………………………… (154)
Production safety management …………………………… (158)
Quality and technical supervision ………………………… (160)
Audit …………………………………………………………… (161)

Finance and tax

Finance ………………………………………………………… (164)
State Taxation ………………………………………………… (165)

Local Taxation …… (167)

Rural economy

The construction of New Rural …… (171)
Patterns of modern agricultural development …… (172)
Agricultural scientific research and service …… (172)
Planting …… (173)
Agricultural reclamation …… (174)
Forestry …… (174)
Animal husbandry …… (175)
Ocean and fishery …… (175)
Water conservancy …… (178)
Flood and drought control …… (179)

Industry

Summary …… (181)
Mechanical metallurgy …… (182)
Electric power industry …… (183)
Medicine and chemical industry …… (184)
Electronic information industry …… (185)
Plastics textile industry …… (186)
Industrial art …… (187)

City Construction and management

Urban and rural planning …… (189)
Land and resources management …… (191)
Municipal construction …… (192)
Landscaping …… (193)
City appearance Administration and law enforcement …… (195)

Environmental protection

Summary …… (198)
Quality of environment …… (198)
Environmental special improvement …… (199)
Environmental conservation management …… (201)

Construction and real estate

Construction …… (203)
Real estate …… (204)

Transportation

Road construction and maintenance …… (206)
Road transportation …… (207)
Subway …… (208)
Railway …… (209)
Waterway …… (210)
Port management …… (211)
Airport …… (212)
Fuzhou Airlines …… (212)

Postal communication and government information construction

Postal service …… (214)
China Telecom …… (215)
China Mobile …… (215)
China Unicom …… (216)
The construction of government information …… (217)

Port

Port administration …… (220)
Fuzhou Customs …… (221)
Inspection and quarantine …… (222)
Frontier inspection …… (223)
Coast defense administration …… (224)
Combat smuggling …… (225)

Park construction

Fuzhou economic and technological development zone …… (226)
Fuqing Rongqiao economic and technological development zone …… (226)
Fuzhou high and new technology industries development zone …… (227)
Fuzhou bonded port area …… (227)
Yuanhong investment zone …… (228)
Qingkou investment zone …… (229)
Fuzhou software park …… (229)
Bin – hai concentrating industrial area …… (230)
Luoyuan economic development zone …… (231)
Fuxing economic development zone …… (231)
Fuzhou Taiwanese investment zone …… (231)
Lianjiang economic development zone …… (232)
Jinshan investigation area …… (232)
Jiangyin concentrating industrial area …… (233)
Blue economic industrial park of Fujian and Taiwan …… (234)

Private economy

Summary …… (235)

Private industry ······ (235)
Service platform of private economy ······ (237)

Commodity circulation and services industry

Summary ······ (238)
Grain and oil trade ······ (239)
Tobacco ······ (239)
Petroleum ······ (240)
Supply and marketing cooperation ······ (241)

International and Hong Kong, Macao and Taiwan's business and economy

Utilizing foreign, Hong Kong, Macao and Taiwan's capital ······ (243)
Investment in foreign countries and labour cooperation ······ (244)
International and Hong Kong, Macao and Taiwan's trade ······ (244)

Financial industry

Summary ······ (250)
Banking ······ (251)
Securities and futures industry ······ (262)
Insurance ······ (263)

Science and technology

Summary ······ (266)
Construction of Science and technology innovation system ······ (266)
High and new technology ndustrialization ······ (268)
Popularization of Agricultural science and technology ······ (270)
Scientific and technological achievements management ······ (273)
The technology market management ······ (278)
Intellectual property protection ······ (279)
Scientific popularization ······ (283)
Meteorological undertaking ······ (283)
Earthquake prevention and disaster reduction ······ (284)

Social science

Summary ······ (286)
Academic activities ······ (287)
Research achievement of social science ······ (288)

Education

Summary ······ (290)
Preschool education ······ (291)
Elementary education ······ (291)
Secondary education ······ (292)
Special education ······ (293)
Secondary vocation education and adult education ······ (293)
Higher education ······ (295)

Culture, publication and media

Public culture ······ (310)
Professional culture ······ (311)
Cultural market ······ (316)
Intangible cultural heritage ······ (317)
Cultural exchange ······ (317)
Cultural relic and museum career ······ (317)
Press and publication ······ (319)
Fuzhou Daily Agency ······ (320)
Broadcast, movie and television ······ (324)
Watching Fuzhou by major media ······ (326)

Health and sports

Health service ······ (328)
Sports undertakings ······ (331)
The first national youth games ······ (333)

Tourism

Summary ······ (335)
Resource development ······ (335)
Tourism service ······ (336)
Advertising and marketing ······ (337)
Tourism management ······ (339)

Historical and cultural blocks such as Three Lanes and Seven Alleys

Summary ······ (340)
Blocks Planning ······ (340)
Protection and restore ······ (340)
Cultural propaganda ······ (341)
Tourism development ······ (341)
New tourist attraction ······ (342)

Social life

People's livelihood and market prices ………………… (343)
Employment ……………………………………………… (343)
Social security ………………………………………… (344)
Birth control …………………………………………… (345)
Civil affairs ……………………………………………… (345)

County(city) and district

Gulou District ………………………………………… (350)
Taijiang District ……………………………………… (352)
Cangshan District …………………………………… (353)
Jin'an District ………………………………………… (355)
Mawei District ………………………………………… (357)
Fuqing City …………………………………………… (359)
Changle City …………………………………………… (361)
Minhou County ……………………………………… (363)
Lianjiang County …………………………………… (365)
Minqing County ……………………………………… (367)
Luoyuan County ……………………………………… (369)
Yongtai County ………………………………………… (371)

Person

Academicians working in Fuzhou in 2014 ……………… (374)
Advanced persons of Fuzhou in 2014 …………………… (374)
Honorary citizens of Fuzhou ………………………… (376)
Eight "Top Ten" of Fuzhou public civilization construction ……………………………………………… (377)

Excerption of local laws and regulations, regulatory policies of Fuzhou in 2014

Editor's note ………………………………………………… (380)
Local laws and regulations ………………………………… (380)
Government regulations and policies …………………… (384)

Statistical data

……………………………………………………………… (424)

Index

……………………………………………………………… (438)

积极引领经济发展新常态 全力推进福州科学发展跨越发展

——中共福建省委常委、福州市委书记杨岳2014年12月24日在全市经济工作会议上的讲话(节选)

这次会议的主要任务是,全面贯彻落实习近平总书记来闽考察重要讲话精神和中央、全省经济工作会议精神,总结2014年经济工作,部署2015年工作任务,动员全市上下凝心聚力、抢抓机遇、振奋精神、开拓进取,努力保持经济平稳较快增长,全力推进福州科学发展跨越发展。

一、全面认识新常态,切实把思想和行动统一到中央和全省经济工作会议精神上来

12月9—11日,中央经济工作会议在北京召开。习近平总书记、李克强总理在会上发表重要讲话,从全局和战略的高度,科学分析当前国内外经济形势,深刻阐述了全国经济发展进入新常态的“九个趋势性变化”和“四个转向”,全面部署明年经济工作的总体目标要求和五个方面任务,并对加快推进改革开放、加强党对经济工作的领导提出新要求,为做好2015年各项工作指明方向、提供遵循。18日召开的全省经济工作会议,贯彻中央经济工作会议精神,对做好2015年全省经济工作作出部署,尤权书记在会上作重要讲话,强调要把思想和行动统一到中央经济工作会议的决策部署上来,科学研判全省经济发展的形势,明确目标要求,做好2015年经济发展的重点工作,切实提高各级党委领导经济工作能力和水平。中央和全省经济工作会议内容丰富、要求明确,要认真学习,深刻领会,切实把思想和行动统一到中央和省委、省政府的部署要求上来,努力在新常态中谋求新作为、实现新发展。

2014年以来,全市贯彻中央和省委、省政府的决策部署,把握中央支持福建加快发展等重大机遇,推进稳增长、调结构、促改革、惠民生等各项工作,经济社会发展取得新的成效。一是科学发展跨越发展扎实推进。深入学习贯彻习总书记系列重要讲话精神、来闽考察重要讲话精神和国务院支持福建加快发展的意见,研订制定加快科学发展跨越发展的行动计划。推进福州新区规划编制、申请报批、项目建设、体制创新等各项工作,特别是支持申请设立福州新区写入中央文件,省政府正式向国务院申报设立福州新区,标志福州新区进入全面推进的新阶段。二是经济运行保持平稳。出台支持龙头企业加快发展、推动工业稳增长促转型、促进民营经济发展等一揽子政策措施,发挥“三驾马车”协同拉动作用,经济实现平稳较快增长,预计全市地区生产总值同比增长10.5%左右,固定资产投资同比增长18%左右,地方公共财政收入同比增长10.5%左右。三是产业升级步伐加快。围绕强工业、壮三产、优农业的发展方向,工业支柱产业和园区经济做大做强,现代服务业和都市现代农业加快发展,产业龙头带动作用进一步增强,质量效益不断提升。四是改革开放效应凸显。融入“一带一路”和自贸区试点工作,做好深化改革、扩大开放“两篇文章”,推进自贸区申报建设,全力打造21世纪海上丝绸之路战略枢纽城市,政府行政审批、投融资体制、市场监管体制等重点领域改革取得新进展,简政放权工作走在全省前列,改革红利和开放活力不断释放,发展环境进一步优化。五是民生事业持续改善。加大民生投入,办好民生实事,全力推进城乡环境综合整治,推动公共服务均等化,创新社会治理,就业保持稳定,保障性安居工程提前完成省下达目标任务,人民群众幸福指数逐步提升。同时,经济运行中依然存在一些问题,主要是:经济稳增长压力加大,投资支撑后续乏力,外需市场低迷不振,消费潜能激发迟缓,“三驾马车”拉动不均衡;经济结构亟待优化,产业竞争力不够强,支柱产业、龙头企业还不够多;项目建设的用地、融资等要素瓶颈制约突出,缓解资源环境约束任务艰巨,城乡、区域发展不平衡,公共服务不均衡,民生工作尚有较大提升空间,等等。

展望2015年,中央和省委对宏观形势作了科学分析研判,必须立足宏观背景,保持清醒头脑,辩证看待利弊,切实增强加快发展的信心和决心。要正确认识新常态,保持定力、顺势而为。当前,世界经济复苏一波三折,充满变数,国际货币基金组织预测2014年世界经济增长3.3%,较半年前预测下调0.4个百分点,同时把2015年经济增长预测下调至3.8%。国内经济正在向形式更高级、分工更复杂、结构更合理的阶段演化,增长速度正从高速增长转向中高速增长,经济发展方式正从规模速度型粗放增长转向质量效益型集约增长,经济结构调整正从增量扩能为主转向存量增量并存的深度调整,经济发展动力正从传统增长点转向新的增长点,经济发展进入新常态。当前和今后一个时期,全市经济发展一定要围绕新常态这个总特征来认识和把握,自觉用新常态审视经济形势、谋划经济工作,努力在新常态下抢占先机、挖掘潜能、提速发展。要牢牢把握新使命,奋力发展、实现跨越。科学发展跨越发展既是省会站位全局、服务全省的政治任务,也是福州自身加快发展、弯道超车的内在要求。一定要站在国家和全省发展大局的战略高度,深刻认识科学发展跨越发展这一重大使命的重要性、紧迫性,自觉将其作为统领各项工作的中心任务、主题主线,切实把发展计划实施好、落实好,努力实现新跨越,为全省发展多做贡献。要积极抢抓新机遇,坚定信心、乘势而上。当前,福州发展正处于一个千载难逢的历史机遇期、发展黄金期。随着国务院支持福建加快发展意见的实施,必将给福州发展带来更多的政策、项目、资金;随着全面深化改革的推进以及"一带一路"战略、自贸区建设等深入实施,必将推动开放型经济发展进入新阶段;随着福州新区开放开发的稳步推进,必将催生更多发展商机,加速打造新的发展增长极。特别是2014年全市GDP即将突破5000亿元大关,从国内外城市发展经验看,经济总量跨过这个门槛,产业结构将加速向高级演进,消费将加速扩张升级,创新驱动日益成为强劲动力,经济发展将迈向增速加快、质量提升、效益提高的快速发展期。因此,既要正视经济下行的压力、弯道超车的难度,更要看到福州发展蓄积的势能、省会跨越面临的良机,倍加珍惜机遇,切实用好机遇,真正把大好机遇转化为发展优势,集聚成跨越气势,实现福州科学发展跨越发展。

二、主动适应新常态,扎实推进明年经济持续健康发展

根据中央和省委的部署,2015年全市经济工作的总体要求是:全面贯彻党的十八大,十八届三中、四中全会和中央经济工作会议精神,深入学习贯彻习近平总书记系列重要讲话和来闽考察重要讲话精神,落实省委九届十二次全会和全省经济工作会议的部署要求,主动适应经济发展新常态,坚持稳中求进工作总基调,以提高经济发展质量和效益为中心,以加速推进福州新区开放开发为重点,深化改革开放,强化创新驱动,加快转型升级,持续改善民生,在更高起点上加快建设闽江口金三角经济圈,努力为建设机制活、产业优、百姓富、生态美的新福建做出新贡献。按照这一总体要求,2015年经济发展的预期目标是:地区生产总值同比增长10.5%左右,固定资产投资同比增长18%左右,地方公共财政收入同比增长10.5%左右,居民消费价格涨幅控制在3%左右。

确定这样的指标,特别是把2015年经济增长预期目标定为10.5%左右,高于全省0.5个百分点,是综合各方面因素、经过审慎分析研究做出的。从长远发展看,这是实现跨越发展目标、保持较快发展速度的客观要求,是体现省会责任担当、服务全省大局的必然要求,也是衔接"十三五"规划、率先全面建成小康社会的内在要求。从现实条件看,今后几年改革和政策红利将逐步显现,重大项目有望提速布局,全市投资强度仍可保持较高水平,消费和出口需求也还有较大增长空间,福州发展迎来一个多重效应的集中释放期,发展动能、势能持续增强。有这些支撑基础,2015年经济增长10.5%左右是可能的,通过加倍努力也是一定能够实现的。具体工作中,要突出"稳"、着力"进"、强化"活"。"稳"就是要稳住发展速度,稳定市场预期,确保经济平稳运行,增长、就业、物价不出现大的波动;"进"就是要促进创新驱动更强劲、经济结构更优化,做到调速不减势、量增质更优,推动经济发展跃向中高端水平;"活"就是要放活市场、用活政策、激活动力,把改革的步伐迈得更大,把开放的大门打得更开,把创业的环境营造得更好。其中,"稳"是前提和基础,"进"是目的和方向,"活"是动力和条件,三者互为支撑、相辅相成,辩证统一于推动福州科学发展跨越发展的全过程。

一要增强发展动力,推动经济稳定增长。实践证明,稳增长需要投资、消费、出口"三驾马车"均衡发力、协调拉动。要继续强力攻投资。现阶段,全国经济发展正处于投资拉动为主转向消费拉动为主、外需拉动转向内需拉动的变化过程。在这一逐步、渐进的过程中,投资对稳增长的关键性作用不可忽视、不容松懈,必须牢牢抓住、持续加力。2014年前三季度合肥市之所以GDP增速比福州市快2.1个百分点,关键就在于固投同期高出福州1100亿元,接近4200亿元。面对艰巨的发展压力,面对趋紧的外部环境,一定要使出比以往更大的气力,采取比以前更强力的举措,千方百计掀起新一轮大抓项目、大上项目、上大项目热潮,确保2015年固投保持较快增长。要突出重大项目,抓实抓好行动计划项目、新区建设项目、"三维"项目等重大项目盘子,按照前期项目抓进度、新建项目抓开工、建成项目抓成效的要求,突破项目审批、征地拆迁等难题,明确时间节点,落实推进主体,压实工作责任,力促项目早开工、早竣工、早见效。要瞄准重点领域,针对基础设施、制造业、房地产这三大块投资占全市投资总量大头的客观现实,全力突破长乐机场二期、轨道交通2号线和6号线、福清核电5—6号机组、滨海大通道等一批基础设施领域重大项目,全力抓好申远新材料、中航通用航空、巴陵石化、中景石化等一批制造业领域重大项目,全力推动房地产投资稳健增长,为2015年固投增长夯实"基本盘"。要扩大社会投资,在大力争取信贷资金、扩大直接融资规模、构建融资杠杆、善于巧借"东风"的同时,调整举债融资方式,推行政府与社会资本合作的PPP模式,引导和鼓励民间投资参与公共基础设施和公共事业的投资运营,真正汇天下资金为我所用。要坚持"招大商、引强企",强化对县(市)区引进重大项目的绩效考核和督查问责,着力引进一批高利税、高附加值、高科技含量的大项目好项目,为扩大投资规模提供支撑。要千方百计促消费。消费拉动经济增长的基础性作用,在市场主体投资意愿不强的特定背景下,显得更加突出、更为重要。广州市的固投与福州市相当，却实现3倍于福州市的经济总量，很重要支撑就在于其消费动力澎湃强劲，2013年反映消费水平的社零高出福州市4202亿元。要千方百计扩大消费规模，提升消费层次，更好地挖掘和释放省会消费潜力。要培育消费热点，紧紧抓住国家实施六大领域消费工程的有利契机，加快培育养老健康家政、信息、旅游、住房、绿色、教育文体等新的消费增长点，特别是要利用建设国家数字家庭应用示范产业基地和首批信息惠民国家试点城市契机，扩大信息消费领域的电子商务消费，加大政策扶持，完善配套服务，优化产业环境，努力以“电商换市”打造“电商强市”。要扩大县域消费，特别是福清、长乐、闽侯、连江等经济体量相对较大的县（市），要结合自身发展，深挖消费潜能，拓展消费空间，提升消费水平。要稳定房地产消费，全面落实“闽八条”和市里出台的政策举措，协调银行部门落实好信贷政策，提振房地产市场信心，扩大房地产市场消费，促进房地产业健康发展。要多措并举稳出口。2015年伴随着美国等发达国家经济逐步复苏，中韩、中澳等一轮新的自贸区启动，关税减免效应将进一步显现。福州市外贸依存度达42%，外贸出口对经济增长的拉动度为2个百分点，出口作为拉动经济增长的“压舱石”作用明显，必须继续采取措施稳步发展。要着力开拓市场，在抓好欧美日等传统市场的同时，加快拓展丝路经济带和自贸区等新兴市场，广泛开展产销对接、展会展览，帮助企业多接单、接长单，确保传统市场不失守、新兴市场抢份额。要强化政策刺激，坚决落实好中央和省里促进外贸稳定增长的一系列政策措施，结合福州实际研究出台更有针对性的举措，引导企业优化出口产品结构，提升出口竞争力，促进重点产业、重点企业出口稳定增长。要增创服务优势，进一步优化通关、退税、出口信保等服务，加快建设“一达通”等外贸综合服务平台，以更加优质高效便利的服务促进外贸平稳增长。

二要突出发展引擎，加速福州新区建设。国务院55号文件明确提出支持申请设立福州新区，标志福州新区开放开发已经成为国家战略，为申报国家级新区奠定坚实基础。2015年必须以此为新的起点、新的契机，乘“势”而上，趁“热”打铁，全面落实新区建设行动计划，通过大规模建设、高强度推进，确保福州新区建设快出成效。要有序推进、重点突破。坚持规划先行，抓紧推进新区城市总规、土地利用总规以及各类专项规划修编工作，切实发挥好规划引领作用。要密切跟踪申请报批进展情况，及时沟通，及时对接，力促报批工作尽快完成。要突出重点区域，依托新区内现有的17个开发区、工业园区，加快北部、中部、南部三大片区建设，力求起步区、先行区率先突破、形成态势，借此形成以点带面、全面推进的新区大开发、大建设格局。要项目带动、换挡提速。项目建设是拉开新区建设架势的重要抓手，也是保持新区发展后劲的重要支撑。2015年初步安排新区年度项目建设投资2000亿元。要紧扣“项目落地、启动建设、竣工投产”三个节点，倒排时间，倒逼进度，扎实推进。要优先破解项目瓶颈制约，全面落实新区建设例会制度，探索实施新区重点项目前期代办、绿色通道、市县联动、首问责任和考核奖惩等工作机制，及时协调解决新区项目推进中遇到的资金、用地、征迁等问题，做到“一个项目、一名领导、一个班子、一抓到底”。要充分利用新区成立效应，着眼于区域协作和国际合作，主动谋划项目，加强客商对接，继续策划推介一批支撑性重大基础设施项目、标志性重大公共服务项目、引领性重大产业项目，吸纳聚集一批央企、跨国公司和优势企业进驻。要创新机制、打造环境。福州新区之“新”，关键在机制活、支撑在环境优，否则，新区建设就没有后劲，没有活力，没有特色。要按照“小政府、大服务”的思路，充分借鉴已获批的11个国家级新区可复制的经验，积极推行大区域、大部制、扁平化管理，积极争取国家部委和省里支持，抓紧推进设立新区管理机构，健全管理体制，探索实行“负面清单”制度，推动投资便利化和要素流动无障碍化，着力打造国际化的营商环境。要以市场化理念推动新区建设，按照“谁投资、谁受益”原则，推动投融资多渠道和市场运作多元化，发挥市四大投资集团的功能作用，加强与央企、民企、外企、金融机构和战略投资者合作，引导和鼓励各类市场主体参与新区建设，走出一条新区开发建设新路子。

三要把握发展关键，致力产业优化升级。强化产业支撑，推进产业转型发展。要围绕构建现代产业体系，坚持抓龙头、铸链条、建集群，推动传统产业高端化、高新技术产业化、新兴产业规模化，打造具有福州特色的产业升级版。二产要突出抓增量、重高端、强龙头。工业是经济发展的主导力量，稳增长的重头戏之一，就是要加快发展工业经济，力促工业总量做大、实力做强。要坚定不移地实施“工业优先”战略，加强工业运行的定向调度，加大政策、资金和技术的扶持力度，确保工业稳定增长，力争2015年新增1个千亿产业集群、5家百亿企业。要结合实施产业龙头促进计划，以44家省级工业制造业龙头企业为依托，以71项列入省级工业新增长点项目、56项市级以上龙头工业项目为重点，推动现有龙头企业做大做强、更多工业项目投产达效。要瞄准大数据、平台经济、移动互联网等新兴业态，大力发展云计算、物联网、节能环保、新材料、新能源等战略性新兴产业和高新技术产业，抢占新一轮发展制高点。要以产业链和专业园区招商为抓手，特别是围绕产业链上下游核心环节和缺失项目，加快引进一批体量大、关联度高、产业链长的重大项目，重视扶持链条延伸上的中小微企业发展壮大，进一步完善产业链条，推动产业集聚发展，加速壮大块状经济、园区经济，打造一批千亿产业园区“集团军”。三产要突出重扶持、增业态、促集聚。服务业速度偏慢、比重偏低、贡献率不高，这是福州市产业发展亟待解决的一个问题。要强化政策扶持，落实近年来国家密集出台支持服务业发展的一揽子政策措施，大力实施服务业倍增战略，细化落实即将出台的《关于加快发展现代服务业的意见》，推动第三产业发展提速、业态提升、比重提高，力争明年服务业增速超过GDP增速。要培育新兴业态，以国家授予福州市现代物流示范城市、电子商务示范城市、智慧旅游城市等为依托，以推进两岸电子商务试验区建设、鼓楼区国家服务业改革试点工作为契机，大力发展金融保险、旅游会展、现代物流、总部经济、电子商务、文化创意、科技服务、健康服务、服务外包等高成长性服务业和新兴服务业，培育新的支柱性产业和产业增长点。要突出集聚发展，加快编制现代服务业集聚区发展规划,引导现代服务业企业向中心城区、先进制造业集中区域、现代农业产业基地集聚,加速打造“两江四岸”等现代服务业集聚区,推动服务业专业化、集约化、规模化、特色化发展。一产要突出抓科技、促流转、育主体。农业是全面建成小康社会这个木桶的一块“短板”,必须下大力气加以解决。要围绕发展都市现代农业,在守住耕地红线、稳定粮食生产的基础上,大力发展设施农业、循环农业、高优农业和休闲观光农业,加速推动农业发展方式转变、产业结构优化。要强化农业科技支撑,鼓励企业、农民专业合作社、专业大户等加强特色农产品的技术研发,培育和创建更多的中国驰名商标、省级著名商标,推动优势区域品牌进一步做强做响。要依法有序推进农村土地经营权流转,适度发展农业规模经营,为推进农业产业化、标准化、集约化发展奠定基础。要高度重视新型农业经营主体培育,深入开展农民合作社规范化创建活动、新型职业农民素质提升工程、示范家庭农场创建活动,切实解决好“谁来种田、谁来推进农业产业化”的问题。需要强调指出的是,不论是做强二产、做大三产,还是做优一产,创新驱动始终是关键要素。在经济发展新常态下,这种“熊彼特动力”显得尤为重要。要大力实施创新驱动战略,以创建国家创新型试点城市、国家知识产权示范城市为载体,突出产业化创新,增强企业创新主体地位,破除体制机制障碍,以创新驱动引领经济提质、增效、升级。特别是要以打造适宜大众创业、万众创新的营商环境和制度环境为切入点,加强高新区、软件园等载体建设,加快引进和培育各类创新人才、创业团队,积极鼓励技术创新、产品创新、管理创新和商业模式创新,着力推动创新要素、资源、人才、项目向省会集聚,促进科技创新市场化、资本化和产业化。

四要着眼增创优势,全面深化改革开放。2015 年,抓改革、促开放的任务重、要求高,一定要以更强决心、更大力度、更实举措抓好明年重点领域和关键环节改革,实施新一轮高水平对外开放,努力增创省会发展新优势,推动经济社会发展再上新台阶。要把打造服务型政府作为深化改革的着力点。稳步推进 13 个领域 71 项重点改革任务,抓好市里已出台各项改革举措的落实,做好中央、省里重大改革举措的上接下衔,推出一批具有省会特色的改革举措,下大力气在两岸交流合作、新型城镇化、公共服务市场化等领域试出经验、试出成效。要把深化政府自身改革作为重中之重,围绕打造市场环境和开放环境,发挥福州新区试验田效应,积极探索、先行先试,在行政审批、市场监管体制等方面率先突破。要以行政服务中心标准化、规范化、网络化建设为抓手,持续提升行政效能和服务水平。要把搭建载体平台作为扩大开放的支撑点。从历史和现实情况看,一个地区能否搭好并用好开放平台,对其经济社会发展至关重要。要主动融入国家“一带一路”战略,积极打造丝绸之路国际电影节、21 世纪海上丝绸之路博览会等开放载体,抓好互联互通基础设施、经贸合作、人文交流等领域的项目建设,加快建设 21 世纪海上丝绸之路战略枢纽城市。要抓住福建自贸区获批的有利契机,一方面抓紧研究借鉴上海自贸区运作模式,遵循先复制再创造的原则,不等不靠、积极探索,创新运作、全面推进,加快形成具有福州特色的自贸区模式;另一方面要着眼完善功能、提供支撑,进一步抓好福州经济技术开发区、福州保税港区等各大片区的软硬设施建设,抓好投资、贸易、通关、航运、金融等关键领域改革试点,更好地深度参与世界城市分工和全球产业合作,努力提高引进外资和对外投资的质量效益。要把凸显品牌特色作为对台工作的聚焦点。实施品牌战略,做足品牌优势,放大品牌效应,是不断扩大对台吸引力和影响力的关键。要突出产业对接,积极融入“两岸产业搭桥计划”,推进台商投资区、台湾农民创业园等涉台园区建设,建立健全榕台双向互动长效机制,开辟重大台资项目行政审批绿色通道,构建吸引力更强、功能更完备的“两岸交流合作前沿平台”。要突出民间交往,充分发挥地缘人缘文缘商缘优势,加快培育“环马祖澳”等海峡旅游品牌,用好三坊七巷、马尾船政等对台交流基地,拓展提升海峡青年节活动内涵,加快推进海峡青年交流基地建设,促进海峡两岸合唱节、“两马”同春闹元宵等一批传统文化交流品牌更加深入人心,不断深化两岸人民“一家亲”的情感共鸣。

五要注重整体协调,推进城乡区域融合发展。统筹城乡区域协调发展,是优化经济发展空间格局的重要内容,也是推动科学发展跨越发展的必然要求。要着眼发挥省会中心城市的龙头引领作用,力促城乡一体化、区域同城化发展。要强化中心城区核心引领。中心城区作为一座城市的核心,“领头羊”作用发挥得如何,很大程度上影响全市经济持续快速发展。要继续实施城市“东进南下、沿江向海”发展战略,重点抓好马尾新城等重点组团和县域城关建设,进一步拉开城市框架、拓展城市空间;特别是要以举办第一届全国青运会为契机,充分释放体育赛事对城市建设发展的巨大带动效应,进一步加大力度推进环境综合整治和旧屋区改造工作,加速城市道路、污水管网、地下空间等建设改造,2015 年城区要新改建污水管网 130 公里以上,不断增强城市综合承载能力。要积极推进福清、长乐、闽侯、连江四县(市)与中心城区无缝对接、融合发展,不断扩大城市体量,放大发展能量。要加快福州大都市区构建步伐。福州大都市区建设是省委省政府作出的重大战略部署。我们要认真贯彻省里要求,着眼于壮大福莆宁大都市圈综合实力,以更大力度、更实举措推进福莆宁岚同城化,推动基础设施共建共享、产业发展合作共赢、公共事业协作共管,促进闽东北区域协同发展、共同繁荣,加快打造海峡西岸核心区和沿海地区重要经济增长极。当前,关键要发挥基础设施建设的先导和支撑作用,尽快打通城市群间的“动脉血管”,为进一步密切区域协作、拓展发展腹地创造有利条件。要推动新型城镇化健康发展。城镇化是一个长期的历史过程,必须立足实际、着眼长远,尊重规律、尊重自然,科学有序、稳妥推进。要以“人的城镇化”为核心,推进农业转移人口市民化,实现就业方式、人居环境、社会保障等由“乡”向“城”转变;以产城融合为支撑,通过产业发展促进人口集聚,为新型城镇化提供内生动力和坚实保障;以系统规划为重点,积极推进市县“多规合一”,形成一本规划一张蓝图,持之以恒加以落实。要强化以点带面、整体推进,加快青口、江阴培育“小城市”,推进各具特色的小城镇和美丽乡村建设,打造一批精品镇村,提升城乡品质形象。

特别是要组织实施“新农村幸福家园工程”，推动道路硬化、垃圾集中处理、卫生户厕改造、污水处理、文体休闲娱乐等农村公共设施建设改造，进一步改善农村生活条件、改变农村整体面貌，提高公共服务水平。

六要围绕发展目的，着力保障改善民生。未来五年，福州将处于人均GDP从1万美元向2万美元跃进的关键阶段，城市居民收入从5000美元到9000美元提升的重要时期。经验表明，这一时期交织着产业结构的优化、人口结构的改变和社会结构的重组，对社会形态提出更高要求，倒逼全市必须逐渐从关注经济功能向追求发展共享过渡，提高人民群众的幸福指数。要按照保住底线、严守中线的要求，尽力而为、量力而行，加强和改善民生工作，努力让群众共享改革发展成果。要保基本兜底线。实施更加积极的就业政策，千方百计增加就业岗位、扩大就业规模，重点做好高校毕业生、下岗失业人员和困难群众的就业工作，努力缩小城乡、区域、群体之间的待遇差距，构建橄榄型收入分配结构。要围绕织实织密民生安全网，抓好养老、医疗保险参保工作，进一步完善最低生活保障、临时救助、灾后援助等相关制度，不断提高社会保障的层次和水平。要健全扶贫开发机制，持续深化山海协作、对口帮扶，综合运用“加减乘除法”，实施科学扶贫和精准扶贫，提升扶贫开发工作实效。要增供给促均衡。坚持政府主导，建立基本公共服务财政支出增长长效机制，加快向民资外资开放非核心非优势公共服务领域，鼓励社会资本参与，努力构建更加公平、优质、高效的公共服务体系。要统筹城乡、区域民生事业发展，解决人民群众最关心最迫切的基础教育、基本医疗、文化体育等公共服务均等化问题，努力实现基本公共服务覆盖城乡、区域均衡、全民共享。要按照省里深化医改试点方案安排，推进公立医院综合改革等试点工作，促进全市医疗资源总量扩充、配置优化。要深化教育体制改革，优化城乡教育资源均衡配置，推进素质教育、快乐教育，不断提高办学质量和水平，让广大学生健康成长、全面发展。要优生态添福利。生态环境是最普惠的民生产品，是福州最具优势的绿色福利。要以创建国家生态市、国家森林城市为抓手，精心构建分布合理、植物多样、景观优美的城市绿地和廊道网络，推进重点流域及内河水环境综合整治，建设绿城花城水城。要严把准入关口，严防环境污染，进一步完善生态投入、监测、补偿、修复等机制，加强饮用水源保护和大气、土壤污染防治，实现空气质量“保十争五”，让老百姓充分享受青山绿水、蓝天白云和清新空气。要重治理保稳定。深化“平安福州”建设，加强和创新社会治理，大力推广网格化服务管理模式，以法治思维做好重点信访问题和社会矛盾纠纷排查调处，持续抓好食品药品安全监管、安全生产事故防范、严打违法犯罪等各项工作，维护省会和谐稳定，为改革发展营造良好社会环境，为人民群众创造舒心生活环境。

2015年是“十二五”规划收官之年，研究提出关于制定福州经济社会发展“十三五”规划的建议，是2015年市委工作的一项重大任务。市发改委及各有关部门要深入调研，提前谋划今后一段时期重大项目和重要改革工作，为制定好“十三五”规划做好准备。近期，市政府要集中精力组织各县（市）区抓好国务院意见已经明确支持的重大项目以及可能新生成的重点项目，做好需要中央支持的相关重大项目的梳理、协调和申报工作，力促更多重大项目早对接、早落地。各级各部门要切实按照中央和省市的统一部署，主动沟通对接国家部委、省直有关部门，推动市域范围重点规划、重大项目尽可能纳入国家和省里布局，为今后发展赢得有利条件。

三、积极引领新常态，不断提高各级党委领导经济工作能力和水平

经济发展进入新常态，对各级党委领导经济工作的思维、能力、素质和作风都提出新的更高要求。一定要与时俱进，注重学习研究，把握经济规律，积极引领新常态，切实提高领导经济工作水平。

一要强化领导责任。党委对经济工作的领导，主要在于把方向、抓重点、谋大势。各级党委要加强党领导经济工作的制度化建设，自觉贯彻中央和省、市委决策部署，加强对重大经济问题的调查研究，定期研判分析经济形势，把时间和精力更多地放在制定发展规划、重大政策上，放在解决事关本地发展的重点问题、关键症结上。要强化舆论引导工作，充分发挥市属媒体的积极作用，主动掌握和运用新媒体，更加注重把握大众心理，更加有效引导社会预期，更有针对性地开展解疑释惑工作，推动重大决策、重点项目顺利实施，为改革发展营造良好舆论环境。要充分调动各方面的积极性、主动性和创造性，形成一心一意谋发展、协调一致搞建设的工作合力。

二要提升能力水平。当前，经济形势纷繁复杂，新常态下经济发展呈现许多新的特征、新的趋势，各级领导干部对此要有更深刻的认识，更深入的思考，努力提升驾驭和推动经济发展的能力水平。要增强领导经济工作的专业化能力，完善知识结构，提升专业素养，加强实践锤炼，进一步打破视野上的局限，冲破观念上的束缚，突破认识上的障碍，不断提高战略思维、科学决策、工作创新能力，真正成为统筹推进经济工作的行家里手。要提高领导经济工作的法治化水平，增强法治意识，严格依法办事，带头学法、用法、守法，自觉运用法治思维来深化改革、推动发展、化解矛盾、维护稳定，善于通过法治方式妥善解决好征地拆迁、环境保护等涉及群众切身利益问题，使各项工作于法有据、程序周全，经得起历史检验。

三要着力攻坚克难。改革发展总会遇到这样那样的困难和问题。从某种意义上说，“难”也是一种新常态。各级领导干部必须带着问题拱，迎着困难上，顶着压力干，努力在破解问题、化解矛盾中展示新作为、作出新业绩。要守土有责、敢于担当，不回避责任，不上交矛盾，不推诿扯皮，多想能行的办法，少说不行的理由，对负责的工作想方设法完成，对肩扛的任务不折不扣落实。要大力弘扬“马上就办”优良作风，大力发扬“钉钉子”精神，大力推行一线工作法，身先士卒、扑下身子、沉在一线，去发现问题、解决问题，去推动工作、推动发展。

四要强化督查问责。督查问责是工作的“推进器”、压力的“传导器”和落实的“跟踪器”。要实施“项目式”督查，抓住牵动全局的决策部署、经济发展的主要工作、事关长远的重大任务，到事到人到岗抓督查，推进督查工作制度化、常态化、科学化，确保“督”有力度、“查”有标准。要推进“菜单式”问责，紧紧咬住时间节点、关键环节,一条一条对账,一事一事对标,确保“有错无为皆问责、不换状态就换人”的机制落到实处,真正以实干论英雄、以发展论英雄、以绩效论英雄,推动全市上下形成苦干实干、创业兴业的良好风气。

政府工作报告

——福州市人民政府市长杨益民2015年1月13日在福州市第十四届人民代表大会第四次会议上的报告(节选)

一、2014年工作回顾

(一)经济持续稳步增长。预计全市生产总值突破5000亿元,同比增长10.5%左右,经济总量迈上新台阶;一般公共预算总收入780.48亿元,同比增长13.3%,一般公共预算收入510.87亿元,同比增长12.5%,均提前一年完成“十二五”规划任务;固定资产投资(不含平潭)4128亿元,同比增长18%;出口总额205亿美元,同比增长6%;按验资口径实际利用外资15.47亿美元,同比增长8.1%;社会消费品零售总额2982.1亿元,同比增长14.2%。实施480项重点项目建设,完成投资1750亿元,为年度计划的109.3%。

(二)产业优化升级步伐加快。全市规模以上工业增加值1831亿元,同比增长12%。产业布局加速向南北“两翼”拓展,“两翼”地区工业总产值占全市比重达54%。完成工业投资1175亿元,同比增长13.4%,天辰耀隆己内酰胺等63个工业重点项目建成投产。现代服务业提质发展,海西现代金融中心区获批设立,一批城市综合体建成开业,举办69场大型展会,全市接待游客3996万人次,福州被国家列为海峡两岸电子商务试验区、电子商务与物流快递协同发展试点城市。开辟福州至纽约空中航线,福州航空公司正式成立。实现高新技术产业产值3400亿元,新增省级以上创新型企业29家,新认定市级以上企业技术中心21家、院士(专家)工作站32家,国家半导体照明国际创新园落户福州。闽都人才聚集工程与中国福州海西引智试验区建设深入推进,人才工作体制机制创新和政策扶持力度加大,福州与北京师范大学等10所高校签署全面合作协议,新引进省“百人计划”以上高层次人才14人、人才团队9个。

(三)改革创新活力增强。国企改革不断深化,16个市直部门与所管辖的107家企业完全脱钩。首批推出73项总规模853亿元的项目吸引民间投资,PPP试点等新型投融资模式有效运用。城区道路清扫保洁、道路绿地养护全部实行市场化运作。福州成为全省保留市级行政许可事项最少的城市,并率先实施全国首部市级行政服务地方性法规。市行政服务中心获中国“质量之光”质监改革创新示范奖,市民服务中心基本建成。政府机构改革基本完成,事业单位分类改革稳步实施。推进财税、教育、文化、卫生、户籍等制度改革。农村综合改革向纵深拓展,土地股份合作经营、林权流转等试点工作有效开展。

(四)大开放格局加速形成。福建自贸区福州片区获国家批准设立。融入国家“一带一路”战略,举办21世纪海上丝绸之路市长(高峰)论坛、首届丝绸之路国际电影节等一批重大活动,中国—东盟海产品交易所上线试运营,与印尼等东盟国家合作新建境外综合渔业基地、养殖基地初具成效。罗源湾口岸扩大开放获批。新签约对接“三维”项目413项、总投资3618亿元,履约率79%;新批千万美元以上外(台)资项目29项。举办“5·18”海交会、海峡青年节、海峡两岸合唱节、海峡渔业周·渔博会等对台特色交流活动,引进台资金融机构等工作实现新突破。支持平潭开放开发,渔平高速公路延伸线等项目建成。福莆宁同城化步伐加快,对口支援和山海协作工作有效开展。榕港榕澳合作和侨务、外事、异地商会等工作取得新成果。

(五)福州新区开发建设取得突破。基本编制完成福州新区发展规划、空间发展规划纲要、水资源论证和环境影响评价。推进三江口、琅岐岛以及长乐航空新城、福清海港新城等重点区域建设,新区300项重点项目完成投资约1100亿元,为年度计划的110%。新开工建设滨海大通道、东部快速通道和江阴港8~9号码头泊位等一批项目,建成福清核电1号机组、江阴港铁路支线等一批项目。

(六)宜居城市建设成效显著。新改扩建城市道路80公里,完成城区路网7个节点改造。在全省率先推行定制公交车,新增更新公交车445辆、出租车1677辆,新辟优化公交线路131条。地铁1号线8个区间实现双线贯通,2号线启动建设。实施三环路绿化等重大绿化项目和20座跨江大桥、高架桥、人行天桥的花化彩化,新改扩建16个公园,建成绿道与慢行系统101.3公里,新增城市园林绿地280万平方米。内河综合整治持续推进,江北城区70%河道实现去黑除臭,完成左海清淤工程。开展道路交通安全综合整治、老旧住宅小区综合整治、“两违”治理等专项整治,数字城管系统实现五城区全覆盖。节能减排攻坚力度加大,创建国家生态市、国家森林城市活动深入开展,全市空气质量位居全国74个重点城市前列,市级集中式饮用水源地水质达标率为100%,福州经济技术开发区通过国家生态工业示范园区考核验收,4个县(市)区和30个乡镇通过国家级生态县(市)区、生态乡镇考核验收,福州被评为全国首批创建生态文明典范城市。

(七)城乡一体发展协调推进。全市农林牧渔业总产值713亿元,同比增长4.3%,产值亿元以上农业产业化龙头企业突破百家,福州茉莉花与茶文化系统入选全球重要农业文化遗产。实施21个重大水利项目建设,综合治理水土流失面积9240公顷。持续改善农村生产生活条件,新建改造农村公路222公里,新建农村户用沼气池1000口,新建改建农村无害化卫生户厕2050户,新建空白村卫生所71个,新解决41万农村人口饮水安全问题,完成“造福工程”搬迁5020人。推进省、市试点小城镇建设,一批美丽乡村精品示范村建设成效明显,闽侯孔元村入选中国最美休闲乡村。

(八)各项社会事业全面发展。新改扩建10所中小学、10

所公办幼儿园，新增中小学学位5450个、学前教育学位3150个，均衡教育、在线德育、体艺美育、幸福教育等工作走在全省前列。提升医疗卫生服务水平，建成肺科医院负压病房楼等项目，组建精神卫生医疗联合体。县级公立医院综合改革全面启动。公共文化服务不断拓展，文化惠民“六进”活动持续深化，首批24个街区24小时自助图书馆建成投入使用，闽剧《兰花赋》晋京展演取得成功。茉莉花茶窨制工艺、咏春拳等入选国家级非遗代表性项目名录。推进首届全国青运会筹备工作，海峡奥体中心、运动员村以及各新建、改造比赛场馆基本建成。举办世界杯龙舟赛、中国羽毛球公开赛、环福州·永泰国际公路自行车赛等一批大型体育赛事，福州市运动员在亚运会、青奥会上取得优异成绩，在省运会上获金牌数、团体总分、破纪录数三项第一。计生服务水平稳步提高，“单独二孩”政策稳妥实施，全市人口自然增长率控制在9.3‰以内。开展社会福利、社会救助、社会慈善等工作，居家养老服务工作入选“中国社会治理创新范例”。民族宗教、新闻出版、广播影视、社会科学、地方志、妇女儿童、老龄、残疾人等事业加快发展。双拥共建、国防动员、民兵预备役建设、海防、人防等工作扎实推进。

（九）民生工作不断加强。全市各级财政用于民生支出452.27亿元，占一般公共预算支出的79.2%。年初确定的市级25件71项为民办实事项目件件有落实。城镇新增就业14.54万人，转移农业富余劳动力5.04万人，城镇登记失业率2.42%，城镇居民人均可支配收入32390元，同比增长9.2%，农村居民人均可支配收入14020元，同比增长11.2%。城乡基本养老保险制度实现全覆盖，城乡低保、农村“五保”和城乡居民医保财政补助标准进一步提高。基本建成保障性住房1.18万套，配租配售等制度不断完善。市场物价保持稳定，居民消费价格总水平上涨1.8%，主要食品安全检测指标总体达标。“平安福州”建设成效明显，公众安全感达92.72%，生产安全事故发生起数和死亡人数分别同比下降7%、18.8%。信访、行政复议、法律援助、社区矫正、青少年事务社工等工作不断加强。

（十）政府工作作风切实改进。党的群众路线教育实践活动和“四个万家”等活动深入开展，各级领导干部深入基层、企业约86万人次，全市会议、文件简报数量和“三公”经费支出分别同比下降23.7%、17.8%和29%，市级考核检查项目压缩80%。机关效能建设向纵深拓展，媒体直播民主评议等活动受到群众好评。政府信息化建设水平不断提升，在全国主要城市电子政务发展排名中福州位居第五位。行政监察、审计监督等工作力度持续加大。执行人大及其常委会决定决议，自觉接受人大及其常委会的法律监督、工作监督和政协的民主监督，大力支持政协开展协商民主活动。提请市人大常委会审议地方性法规草案6件，制定政府规章和规范性文件23件。办复531件省、市人大代表建议和562件省、市政协提案，满意率分别为98.2%和99.8%，办结率均为100%。

在看到成绩的同时，也必须正视当前福州发展中存在的困难和问题，主要是：经济总量不够大、产业结构不够优、创新驱动能力不够强，缺乏产业大项目和战略性新兴产业支撑；空间、资源、环境刚性约束趋紧，环境保护和生态建设任务较为艰巨；城市规划建设管理水平有待进一步提升，停车难、交通拥堵现象亟须缓解，地铁等市政项目建设进度滞后；社会保障水平还不够高，教育、医疗、文化等资源均衡化问题需要加快解决；一些干部服务意识不强，仍然存在推诿扯皮、本位主义、“庸懒散拖”以及不作为、乱作为等问题。对此，必须切实采取有效措施，认真加以解决。

二、2015年工作安排

2015年是全面深化改革的关键之年，是全面推进依法治市的开局之年，也是全面完成“十二五”规划的收官之年和推动福州科学发展跨越发展的重要一年。根据市委统一部署，2015年政府工作总体要求是：全面贯彻落实党的十八大和十八届三中、四中全会精神，深入学习领会习近平总书记系列重要讲话和来闽考察重要讲话精神，主动适应经济发展新常态，抢抓中央支持福建加快发展的重大战略机遇，坚持稳中求进，以提高经济发展质量和效益为中心，以加速推进福州新区开放开发、自贸区建设和打造21世纪海上丝绸之路战略枢纽城市为重要平台，深化改革开放，强化创新驱动，加快转型升级，持续改善民生，推进依法治市，在更高起点上加快建设闽江口金三角经济圈，努力为建设机制活、产业优、百姓富、生态美的新福建作出新贡献。

2015年全市经济社会发展主要预期目标是：地区生产总值同比增长10.5%左右；一般公共预算收入同比增长10.5%左右；固定资产投资同比增长18%左右；出口总额同比增长6%；按验资口径实际利用外资同比增长6%；社会消费品零售总额同比增长13%；居民消费价格总水平涨幅控制在3%左右；城镇居民人均可支配收入同比增长9.5%，农村居民人均可支配收入同比增长10.5%；城镇登记失业率控制在4%以内；人口自然增长率控制在9.5‰以内；完成单位生产总值能耗、化学需氧量、二氧化硫、氨氮、氮氧化物等年度节能减排任务。

2015年大事多，做好各项工作意义重大、责任重大。要抓住中央支持福建加快发展这一重大战略机遇，确保完成“十二五”规划，全面推动福州科学发展跨越发展；要加速推进福州新区开放开发，抓好自贸区建设，加快打造21世纪海上丝绸之路战略枢纽城市，增创福州发展新优势；要当好东道主，办好首届全国青运会；要全力创建国家生态市，为全省建设生态文明先行示范区做出省会城市更大的贡献。为实现上述预期目标和主要任务，重点抓好八个方面工作：

（一）大力实施福州科学发展跨越发展行动计划

科学编制“十三五”规划。突出福州特色，加强经济转型升级和优化产业布局、基础设施布局、城市布局、区域布局等重大战略问题的研究。科学制定全市“十三五”发展规划纲要，明确福州未来发展的思路、目标和任务。编制各专项规划，形成协调衔接、成龙配套的规划体系。深化重大项目规划与论证，生成一批关系发展全局、关系民生的重大项目。

全面推进福州新区开放开发。做好福州新区申报国家级新区各项工作,争取福州新区开放开发尽快上升为国家战略。加快新区总体规划以及综合交通等专项规划编制,推进新区“多规合一”前期规划研究。创新新区运行机制,实施“小政府、大服务”的大部制、扁平化管理。大力加快北部、中部、南部三大片区建设,形成新区大开发、大建设格局,争取完成固定资产投资2000亿元以上。全面推进环南台岛滨江休闲路、滨海大通道、东部快速通道、马尾大桥、琅岐环岛路等一批重大项目建设,动工建设道庆洲大桥、海峡文化艺术中心等一批重大项目。

认真实施项目带动战略。实行项目分级管理、分类推进,提高项目开工率、投产率,初步安排市级重点项目598项,年度计划投资1982亿元。坚持招大商、招好商,强化“三维”对接和专业化招商,形成“签约一批、开工一批、投产一批”的滚动发展态势。突破项目征地拆迁瓶颈制约,加快解决重大项目交地和历史遗留的逾期交地问题,全力保障项目用地。加强政银企对接,创新融资方式和渠道,强化重大项目建设资金保障,争取委托省里发行地方债券,做好PPP试点等工作。着力保障重点项目用砂需求,推广应用机制砂,建设一批机制砂生产基地。

大力强化基础设施支撑。推进在建的福平铁路等4条铁路建设,建成合福铁路福州段、可门港铁路支线、福州东(樟林)货车车辆段,争取动工建设松下港铁路支线,抓好福(州)马(尾)铁路改造等前期工作。加快在建的绕城公路东南段等4条高速公路建设,建成京台高速建瓯至闽侯段、沈海复线宁德至连江段。争取动工建设江涵大桥,加快外郊快速环线新规划路段等项目前期工作。进一步加快福州海港、空港发展,推进江阴、罗源湾、松下等港区大型深水码头泊位以及长乐机场二期建设,争取福州港口年货物吞吐量突破1.2亿吨、长乐机场年旅客吞吐量突破1000万人次。推进福清核电2~6号机组、永泰抽水蓄能电站、神华煤港电一体化等能源项目建设。加快闽江下游南港防洪、葫芦门水库、霍口水库等水利工程建设,动工建设江北城区山洪防治工程。

(二)全力开创改革开放新局面

持续深化市场导向的各项改革。全面完成新一轮政府机构改革,推进事业单位分类改革。进一步提升市行政服务中心服务水平,建立行政审批项目动态清理机制,市民服务中心建成并投入使用。强化国有资产经营管理,实施四家投资集团权属企业的改制重组和整合。大力支持非公经济健康发展,在项目投资、融资服务、财税政策、土地使用等方面一视同仁,鼓励和引导民间资本以多种形式进入基础产业、社会事业、特许经营等领域。继续推行政府购买服务,实施垃圾收运、内河整治管养等领域的市场化运作。推进不动产统一登记。加快农村土地承包经营权和集体建设用地使用权、宅基地使用权、农村房屋所有权、林权等确权登记发证,推进流转、抵押等机制建设。全面推行市、县两级全口径预算管理。

大力推进自贸区建设。立足改革创新,坚持先行先试,高起点、高水平谋划和推进自贸区建设发展,加快信息化平台等建设,率先推行各类投资便利化、贸易自由化政策。凸显对台和海洋特色优势,争取在两岸交流交往中走在前列,重点建设先进制造业基地、“海丝”建设重要平台、两岸服务贸易与金融创新合作示范区。完善自贸区功能规划和产业布局,加强投资管理体制、贸易监管、金融服务等方面创新,打造符合国际惯例的良好营商环境,加快形成具有福州特色的自贸区运作模式。

积极打造21世纪海上丝绸之路战略枢纽城市。拓展与“海丝”沿线国家和地区在投资、贸易、基础设施、技术等领域的合作,做大做强中国—东盟海产品交易所,加快建设毛里塔尼亚综合渔业基地二期、几内亚比绍综合渔业基地和印尼、缅甸养殖基地等项目。进一步办好丝绸之路国际电影节、亚洲合作对话——共建“一带一路”工商大会等活动,申办21世纪海上丝绸之路博览会、海上丝绸之路国际旅游节,推动“海上丝绸之路:福州史迹”申报世界文化遗产,打造一批“海丝”人文交流品牌。加强电子信息产品、船舶、家具及装饰品、钟表等重点出口商品基地建设,对接中韩、中澳等自由贸易协定,巩固传统国际市场,开拓出口新兴市场。鼓励有条件的企业“走出去”发展。进一步维护侨益、发挥侨力,强化与海内外重点客商以及华侨华人社团的联系,做好新华侨华人、华裔新生代工作,引导海内外乡亲“回归”发展。争取外国领馆入驻福州。

不断加强对台交流合作与区域协作。进一步推进榕台在先进制造业、现代农业以及金融、电子商务等产业的深度对接合作,加快台商投资区、台湾农民创业园等园区发展,打造海峡两岸电子商务经济合作试点城市。开通黄岐至马祖客运航线,加快构建环马祖澳旅游区。加强台胞协调服务和权益保障平台建设。深化榕台科技、教育、文化、卫生、体育以及宗教文化、“祖地文化”等领域的全方位交流,办好“5·18”海交会、海峡青年节、海峡两岸合唱节、海峡渔业周·渔博会等一批对台特色交流活动,规划建设海峡青年交流基地,加快建设闽台(福州)文化产业园。不断深化与港澳在金融、物流、旅游、文化创意等领域的务实合作。加强泛珠三角、闽浙赣皖、闽东北区域协作、山海协作,办好泛珠省会城市市长联席会议等活动,继续抓好对口援疆援藏援宁工作。加快福莆宁在交通建设、产业发展、公共服务等领域的同城化步伐。

扎实推动与平潭联动发展。谋划推进福建自贸区福州片区与平潭片区的互动联动和差异化发展。主动争取平潭综合实验区政策辐射,促进平潭与周边地区有机联动发展。支持平潭重大项目建设,推进闽江北水南调(平潭引水)、长平高速公路等项目建设。继续在科技、教育、卫生、社保、人才培训、干部交流等方面为平潭提供良好服务,实现医保管理服务同城化。

(三)加快构建经济升级版

提速发展都市特色现代农业。实施“粮安工程”,确保粮食种植面积稳定在10.67万公顷(160万亩),力争完成22万吨现代化仓容建设任务。发展特色优势农业和品牌农业,进一步打响福州茉莉花茶、金鱼、鱼丸等品牌,推进茉莉花茶产业园、金鱼产业园等一批园区建设。发展设施农业、生态农业、休闲观光农业和林下经济,加强农田水利基础设施建设,新增设施农业200公顷。引导和规范土地有序流转，发展壮大一批农业龙头企业，加快培育一批专业大户、农民专业合作社、家庭农场等新型农业经营主体。扶持品种改良和良种引进，培育一批适合本地种植的良种。筹建市农业科学研究院，完善农业科技推广和服务保障体系。

努力壮大先进制造业。实施产业龙头促进计划，抓好申远新材料、美得石化、巴陵石化、福清触控面板、马尾船政（连江）特种船舶、科立视二期等150个项目建设，建成中石油渤海装备福建钢管项目一期、中景石化、中江石化、景丰科技等60个项目，争取新增120家规模以上企业，新增1个千亿产业集群、5家百亿企业。加快新设立园区基础设施建设，引导现有工业园区向专业化、特色化、规模化方向发展，抓好软件园五期等项目建设，打造一批千亿产业园区。全面加强机械、纺织、冶金、建陶等传统产业的技术改造，实施100项重点技改项目。鼓励企业通过上市等方式实现增资扩产、发展壮大。实施商标、品牌和质量强市战略，支持企业收购国际知名品牌，加快培育一批名牌产品。

切实提升服务业发展质量。抓好鼓楼区国家服务业综合改革试点，打造“两江四岸”等现代服务业聚集区，培育壮大总部经济、楼宇经济。不断拓展商贸、家庭和健康服务等生活性服务业，推进大东街口商圈改造提升，加快台江苏宁广场二期、万宝商圈地下人防工程等一批城市综合体建设。结合市区夜市摊点整治，打造一批各具特色的“美食一条街”、美食园。鼓励和引导各县（市）加快城关服务业提升步伐。提速发展冷链物流、绿色物流、电子商务物流等现代物流业。大力发展电子商务，推进国家电子商务示范城市建设，加快阿里巴巴“一达通”项目运营和京东电商园、海峡电子商务产业基地二期等项目建设。着力申报服务外包示范城市。加快建设海西现代金融中心区，引进一批有影响力的金融机构，支持发展基金、小额贷款公司、风险投资公司、股权投资公司，鼓励开展资产证券化等金融创新。抓好贵安、桂湖、龙祥岛、东壁岛、三江口、云顶等一批大型旅游项目建设与运营，推进“三坊七巷”创建国家AAAAA级旅游景区、鼓岭创建国家级旅游度假区，打造国内外知名的养生休闲度假旅游城市。办好中国国际体育用品博览会等一批大型展会。发展壮大福州航空公司，不断扩大航线覆盖面。

积极培育高新技术产业和战略性新兴产业。发展互联网经济，推进物联网、云计算、大数据等产业发展，加快数字福建（长乐）产业园等项目建设。发展轨道交通制造、通用航空制造、智能装备制造等产业，启动建设长乐MS760飞机制造、中航国际通用航空飞机制造等项目。继续支持生物与新医药、新材料、新能源、节能环保等产业发展。鼓励企业加大研发投入，争取新增省级以上创新型企业20家，新认定市级以上企业技术中心、工业设计中心20家，支持办好中科院海西研究院等一批创新机构，力争全市高新技术产业产值突破3800亿元。加大知识产权运用和保护力度。发挥中国福州海西引智试验区政策优势，实施闽都人才聚集工程，加强与国内外知名高校、科研院所、榕籍院士的合作，办好海峡两岸（福州）大学生创业创新大赛等活动。

不断做大做强海洋经济。围绕推进“海上福州”建设，加快闽台（福州）蓝色经济产业园、海峡现代渔业经济区远洋渔业加工区等项目建设，发展壮大八大“蓝色产业”。开发海洋牧场，探索陆上工厂化海水养殖，支持罗源、连江稳妥有序推进罗源湾养殖退养和渔民转产转业。发展远洋捕捞和海产品精深加工。科学保护和开发海域、海岸、海岛资源，开展市级海洋功能区划、无居民海岛保护和利用规划修编。支持福州港整合资源、开辟航线，加强与内陆地区在港口方面的合作。

（四）持续推进新型城镇化和城乡融合发展

着力增强中心城市承载服务功能。加快中心城区路网、过江桥梁等基础设施建设，新改扩建城市道路80公里、燃气管网70公里、市政供水管网140公里，建成海峡奥体中心片区配套道路等新建项目和福湾路、金鸡山隧道、金山大桥复桥、化工路、远洋路等提升改造项目。新增更新公交车350辆，新辟优化公交线路20条，改造公交候车亭100个，投放“预约出租车”500辆，继续推广公共便民自行车。新增公共停车泊位1000个以上，每个城区至少新建1个立体停车库。全面提速地铁建设，实现1号线全线贯通，加快2号线建设，力争启动6号线建设。

努力实现城市环境面貌明显改观。加强海峡奥体中心、火车北站、火车南站等片区环境整治，推进“三边三节点”和“四线”可视范围景观提升。启动实施旧屋区改造473万平方米。综合整治100个以上老旧住宅小区，进一步规范住宅小区物业管理。全面完成飞凤河、台屿河等6条内河整治，启动清富河、流花溪等7条内河整治。新改扩建飞凤山奥体公园、南公园、江心公园等10个公园，新建温泉公园—金鸡山公园生态廊道、左海—金牛山森林步道等城市绿道和慢行系统30公里，打造建新大道等3条亮丽景观大道，提升闽江两岸等灯光夜景工程。实施绿荫行动计划，加大榕树在园林绿化上的应用。推进建筑工业化生产和绿色建筑发展。全面拓展“智慧城市”管理服务平台应用，持续治理“两违”、非法采砂、渣土车违规、交通拥堵等突出问题，提升城市网格化、数字化、精细化管理水平。

扎实推进新型城镇化和美丽乡村建设。鼓励各县（市）因地制宜发展壮大特色产业，做大做强县域经济。实施“大城关”战略，促进县（市）城关扩容提质、更新改造。加快新型城镇化规划编制，开展“多规合一”试点，加强省、市试点小城镇建设和青口、江阴“小城市”培育试点。深化户籍制度改革，推行居住证制度。推进各具特色的美丽乡村建设，争取建成130个美丽乡村、12个美丽乡村精品示范村。组织实施“新农村幸福家园工程”，按照“十个一”标准建设9个示范村。加大科学扶贫、精准扶贫力度，深化县（市）区对口协作，继续帮扶闽清、永泰等欠发达县和老少边贫岛地区发展。开展“春风·春雨·光彩”“榕商联村”等扶贫济困活动，实施“造福工程”搬迁4000人。

（五）积极建设生态文明先行示范区

完善生态文明制度。加快环境总体规划编制，科学划定生态保护红线，严格落实环保监管“一岗双责”和分级管控制度。完善生态补偿和资源有偿使用制度，推进水权、排污权有偿使用和交易试点,探索开展碳排放权交易。造林绿化约6466.67公顷(9.7万亩),扩大重点生态区位非国有商品林赎买试点。完成国家生态市、省级森林城市创建任务,开展创建国家级生态县(市)区、生态乡镇等活动,推广绿色消费、低碳出行的生活方式,开展低碳社区试点工作,办好中国生态文明论坛福州年会。加强生态环境法治建设,健全企业环保失信追责和环境损害赔偿制度,打击各类环境违法行为。

推进节能减排攻坚。加强源头管控,实行能耗强度、碳排放强度和能源消费总量控制。实施30项重点节能项目、300项重点减排项目,支持闽清加快完成建陶业整体煤改天然气工程。发展绿色经济、循环经济、低碳经济,持续开展生活垃圾分类等循环利用试点。完善环保基础设施,推进红庙岭垃圾焚烧发电厂二期、洋里污水处理厂四期以及地下垃圾转运站等垃圾、污水处理设施建设,新改建污水管网130公里以上。

强化环境重点治理。实施大气污染监督网格化管理,坚决治理工业废气、机动车尾气、施工和道路扬尘、垃圾焚烧、餐饮油烟等污染,保持空气质量位居全国74个重点城市前列,努力实现"保十争五"的目标。开展闽江、敖江、龙江、大樟溪等重点流域水环境综合整治,加强畜禽养殖、石板材等重点行业污染治理。强化对重金属、危险化学品、核设施和放射源安全监管,提高突发环境事件应急处置能力。继续治理"青山挂白"、乱建坟墓,推进闽江河口湿地等自然保护区生态保护与修复,加强水土资源流失治理和节约集约利用。

(六)统筹协调发展各项社会事业

办好首届全国青运会。组织青运会开闭幕式、赛事活动和市场化运作,做好安保、后勤保障、志愿服务等工作。推动"全民健身与青运同行",办好中国羽毛球公开赛、国际沙滩排球巡回赛、环福州·永泰国际公路自行车赛、全球华人篮球邀请赛等一批大型赛事,新建15个城市社区多功能运动场、250条健身路径,继续打造以健身步道和绿道为主的10分钟健身圈,掀起全社会关心支持青运会、推动全民健身的热潮。

促进教育优质发展。加快学校基本建设,新改扩建10所中小学、10所公办幼儿园,新增中小学学位5000个、学前教育学位2000个,采取政府购买服务方式扩大普惠性幼儿园覆盖面,加快解决被拆迁中小学回迁安置问题。推进素质教育,践行幸福教育。健全城区义务教育招生机制,完善小升初招生、中招政策,加大教育资源配置向农村特别是边远、贫困、民族乡村倾斜力度,力争实现全市义务教育县域内基本均衡发展。推动4所普通高中达标升级。提升高校建设内涵。深化校企融合,推进中高职一体化发展,完善现代职业教育体系。规范、拓展学生托管工作。提高师德水平和业务能力,启动实施学前教育师资队伍学历提升五年计划。规范发展民办教育。扶持发展特殊教育、终身教育,加快建设学习型城市。

提高医疗卫生服务水平。深化医药卫生体制改革,全面推进县级公立医院综合改革,启动城市公立医院综合改革。进一步增加医疗资源,动建市妇幼保健院新院等项目。完善公共卫生服务体系,提高疾病预防控制、卫生应急和卫生监督执法能力。加快组建中医、肝病等医疗联合体,促进优质医疗资源共享。改造提升16家乡镇卫生院、社区卫生服务中心和56个村卫生所,加强基层医疗卫生人才队伍、医疗用房建设和设备配备。强化临床重点专科建设。逐步推行医师多点执业。支持和规范社会资本办医。大力扶持中医药事业发展。加大医患纠纷调处力度。广泛开展爱国卫生运动。进一步提高基层计划生育服务能力,促进人口长期均衡发展。

增强城市文化软实力。深化市歌舞剧院等国有文艺院团体制机制改革,加快国有经营性文化单位转企改制。继续实施文化惠民工程,推进第二批26个街区24小时自助图书馆等项目建设,建成海峡图书馆、海峡妇女儿童活动中心等一批重大项目,申报国家公共文化服务体系示范区。切实加强历史文化名城保护,加快朱紫坊、上下杭、烟台山、冶山等历史文化街区(风貌区)保护修复。科学合理开发永泰嵩口、长乐琴江等历史文化名镇(村)资源。大力弘扬闽都文化,强化文物保护和非物质文化遗产传承创新。加强文艺精品创作,促进哲学社会科学、新闻出版、广播影视、文学艺术等事业繁荣发展。认真编纂福州市志和年鉴。鼓励发展文化产业,加快中国船政文化城、海峡非物质文化遗产生态园、中国漆文化产业园等建设。培育和践行社会主义核心价值观,加强社会公德、职业道德、家庭美德和个人品德教育,提升城乡居民文明素质,支持发展志愿服务。

(七)切实保障和改善民生

多渠道促进就业创业。完善就业再就业各项政策和公共就业创业服务体系,做好高校毕业生、农村转移劳动力、就业困难人员和退役军人等重点群体就业援助工作,争取城镇新增就业13.3万人,转移农业富余劳动力4.6万人,城镇失业人员再就业8500人,实施职业技能培训4.3万人次。推行工资集体协商,加强劳动关系三方协调、劳动争议仲裁和劳动保障监察,维护劳动者和企业合法权益,构建和谐劳动关系。

全面增强社会保障能力。实施城乡居民社会养老保险一体化,提高城乡居民基础养老金、城乡低保、农村"五保"和城乡居民医保财政补助标准,推进城乡居民基本医疗保险制度整合,完善对被征地、收海农民的多元保障机制。新开工建设1.3万套保障性住房,基本建成1.1万套保障性住房,同时加快解决被拆迁群众逾期安置问题。发展养老服务业,构建以居家养老为基础、社区服务为依托、机构养老为支撑的养老服务体系。保障妇女权益,关心青少年发展,发展社会福利、社会救助、社会慈善和残疾人事业,加快市级社会福利中心、福乐家园等建设。抓好"菜篮子"工程建设,新建蔬菜基地400公顷,保障农产品供应量足、价稳、质优。继续实施"食品放心工程",坚决治理"餐桌污染",强化食品生产、流通、销售全流程安全监管,保障广大人民群众食品安全。

不断推动社会治理创新。做好村(居)基层自治组织换届选举工作,促进村(居)服务规范化、标准化建设。深化"平安福州"建设,创新立体化社会治安防控体系,严密防范、依法打击各类违法犯罪活动。健全重大决策社会稳定风险评估机制,加大社会矛盾纠纷调处力度,进一步畅通和规范群众诉求表达渠道。加强全民普法,弘扬宪法精神。做好法律服务和法律援助工作。强化道路交通、液化气、校园等重点行业、重点领域、重点部位安全监管和隐患排查治理，坚决防范和遏制重特大事故发生。支持工会、共青团、妇联等人民团体广泛参与社会治理。推进社会组织孵化基地建设，培育发展和规范管理社会组织。发挥市民公约、乡规民约等社会规范在社会治理中的积极作用。提升流动人口服务管理水平，做好社区矫正、刑满释放人员安置帮教和青少年事务社工等工作。开展政务诚信、商务诚信、社会诚信建设，着力建设“诚信福州”。促进民族乡村经济社会发展，维护宗教领域和谐稳定。做好防震减灾、科普、气象、保密等工作。加快建立军民融合发展机制，进一步提高军转安置和优抚工作水平，加强国防教育、国防动员、国防后备力量建设和海防、人防、反走私等工作，争创双拥模范城八连冠。

（八）努力打造人民满意的法治政府和服务型政府

进一步依法认真履职尽责。严格依照法定权限和程序行使权力、履行职责，建立权力清单、责任清单、负面清单等制度。健全公众参与、专家论证、风险评估、合法性审查等科学民主决策制度，不断提高政府科学决策水平。倡导“敢为、能为、有为”精神，敢闯敢试、敢于担当、敢于负责，做到“想干事、会谋事、敢担事、能成事”。弘扬“马上就办”的优良作风，全面提高政府执行力和机关效能、服务质量，坚决纠正不作为、乱作为，坚决克服“庸懒散拖”，破除“熟人经济”和本位主义思想。

进一步提高依法行政水平。牢固树立法治意识，坚持领导干部带头学法、模范守法，健全行政机关工作人员学法用法制度。完善行政执法程序，细化、量化行政裁量标准，确保严格规范公正文明执法。提高政府立法质量，推行政府法律顾问制度。支持司法机关依法独立公正行使职权。依法主动自觉接受人大及其常委会的法律监督、工作监督和政协的民主监督，加强与各民主党派、工商联和各人民团体、社会各界人士的沟通联系，提高办理人大代表建议、政协提案的满意率、落实率。推行政务公开、政府信息公开，主动接受广大人民群众的监督。

进一步强化为民服务意识。巩固拓展党的群众路线教育实践活动成果，深入开展“四个万家”等活动，察民情、知民意、暖民心，不断密切与群众的血肉联系。针对群众关注的热点难点问题，为群众办实事、解难题、谋福祉。持续整改“四风”问题，坚决纠正损害群众利益的不正之风，推进公务用车制度改革、“三公”经费公开等工作。执行廉政准则，全面加强惩治和预防腐败体系建设，强化行政监察和审计监督，严肃查处各类违法违纪行为，确保人民赋予的权力始终用来为人民谋利益。

（编辑　黄　铭）

习近平总书记到福州市企业社区考察

——节选自《福州日报》2014 年 11 月 3 日 1 版，新华社记者，《福建日报》记者兰锋、胡斌，《福州日报》记者黄戎杰报道，标题系编者按

11 月 1 日至 2 日，习近平在省委书记尤权等陪同下，来到平潭综合实验区和福州市，深入口岸、码头、企业、社区考察，就推动经济社会发展、推进依法治国、推进作风建设进行深入调研。

1 日下午，习近平来到位于福州经济技术开发区的新大陆科技集团考察。这家科技企业是习近平在担任福州市委书记期间于 1994 年支持创立的。他详细听介绍、看产品、问市场、观实验，重点了解企业自主创新情况。他对企业在二维码芯片、食品安全智能溯源、环保科技等方面拥有 600 多项自主知识产权的产品和技术表示赞赏，肯定企业的成长过程是一个很好的创业创新故事，希望他们牢牢扭住科技创新和成果快速产业化，牢牢扭住产业发展前沿，牢牢扭住占领国际市场。

福州市军门社区是一个以党建创新推动社会管理工作的模范社区。习近平来到这里，听取网格化管理和社区党建工作介绍，肯定他们的工作有创新、有特色。看到一群孩子正在老师辅导下开展科普活动，习近平上前观看，得知这是社区为放学较早的孩子开办的“4 点钟学校”，他对他们的做法表示赞许，鼓励孩子们从小热爱科学、立志成才。在居家养老服务站，习近平同老人们握手交谈，询问他们身体怎么样、饭菜可不可口、每天交多少钱，祝他们健康长寿。习近平还到居民邱沛霖家中看望，听取一家人对社区工作的意见，叮嘱当地的同志一定要管好菜篮子，推行教育资源均衡化，把社区居民的愿望了解透、关切回应好。得知总书记来了，社区居民纷纷围拢过来，习近平走上前去向他们问好，祝他们日子越过越幸福。

习近平指出，社区虽小，但连着千家万户，做好社区工作十分重要。社区的党组织和党员干部天天同居民群众打交道，要多想想如何让群众生活和办事更方便一些，如何让群众表达诉求的渠道更畅通一些，如何让群众感觉更平安、更幸福一些，真正使千家万户切身感受到党和政府的温暖。社区在全面推进依法治国中具有不可或缺的地位和作用，要通过群众喜闻乐见的形式宣传普及宪法法律，发挥市民公约、乡规民约等基层规范在社会治理中的作用，培育社区居民遵守法律、依法办事的意识和习惯，使大家都成为社会主义法治的忠实崇尚者、自觉遵守者、坚定捍卫者。

新大陆科技集团总裁王晶表示：坚定走科技创新之路

——选自《福州日报》2014 年 11 月 5 日 2、3 版，记者陈敏灵报道

“很高兴习近平总书记来我们企业考察。令我感触最深的，就是习总书记对创新和民生的高度关注。”虽然已过去几天，但一谈起当天的情景，福建新大陆科技集团总裁王晶女士仍很激动，“接下来，我们将认真学习习总书记的重要讲话精神，砥砺奋进谋发展，坚定走‘科技创新、实业报国’的发展道路，不辜负总书记的殷切希望和嘱托。”

1 日下午，习近平总书记来到位于福州经济技术开发区的新大陆科技集团考察。这家企业是习近平在担任福州市委书记期间于 1994 年支持创立的。经过 20 多年的发展，已成为全省物联网和环保科技领域的技术领军企业，是全球五家、中国唯一掌握二维码识读引擎核心技术的企业。

看展厅、进实验室，习总书记详细听介绍、看产品、问市场、观实验。“总书记对自主创新以及食品安全、环保等民生领域的关注，给我留下深刻印象。”王晶说，听完食品安全智能溯源体系相关设备和技术的介绍后，习总书记很高兴，询问食

品安全检测仪是如何运行的，并亲自操作了仪器。习总书记还问，外国这样一套设备要卖到什么价格，“我回答，国外的大设备要七八十万元，我们的只要三万元，而且便携，可随时检测”。

“习总书记肯定了我们的成长过程，说这是一个很好的创业创新故事。”王晶告诉记者，考察中，习总书记对企业在二维码芯片、食品安全智能溯源、环保科技等方面拥有600多项自主知识产权的产品和技术表示赞赏，希望企业牢牢扭住科技创新和成果快速产业化，牢牢扭住产业发展前沿，牢牢扭住占领国际市场。

王晶回忆道，离开新大陆科技集团前，习总书记还不忘鼓励企业。他说：“你们20年前谈办企业的情景还历历在目。企业从小到大，成长为综合高技术企业，今天身临其境，感慨颇多。创新是国家和企业发展的必由之路，福建要多一点创新的企业。”

“这是新大陆成长过程中，习总书记的第三次亲切关怀。”回忆起前两次的关怀，王晶的激动之情溢于言表。

“第一次是在企业创立之初。”王晶说，当时企业面临重重困难，关键时刻，时任福州市委书记的习近平为企业加油鼓劲，让企业坚定走上了“科技创新，实业报国”的成长之路。“他把我们叫到办公室，听完我们的创业思路后表示很认可。习书记说了两点，一是支持我们创业，二是叮嘱我们一定要坚守创新，坚持实业，遇到再大的困难也要扛过去。”

第二次是2001年5月新大陆科技园奠基时。时任福建省委副书记、省长的习近平发来贺信，希望企业争做民营高科技企业的榜样，将园区建成一流的科技园区。

“次次关怀，都让我们深受鼓舞、倍感振奋！”王晶说，习总书记此次莅临及鼓励，让全体员工斗志昂扬。未来，公司将沿着填补空白、赶超同行、领先国际的科技创新路径，继续实现实业报国理想。

军门社区干群：总书记牵挂民生鼓舞民心

——选自《福州日报》2014年11月6日2版，记者许含宇报道

1日，习近平总书记来到鼓楼区军门社区考察工作，看望慰问社区居民。总书记来到大家中间时，军门社区居民沉浸在惊喜、兴奋和幸福中。回忆习总书记来到社区时的情景，几天来，社区干群依然难掩喜悦。

军门社区是一个以党建创新推动社会管理工作的模范社区，社区为孩子们开办的“4点钟学校”，为双职工家庭解决了孩子的接送难题。习总书记到来时，社区共建单位志愿者俞冰正在辅导孩子开展科普活动。“总书记一来，孩子们欢快地迎上去，总书记的眼神透着慈祥。”俞冰向记者讲述起当时的情景，“习总书记肯定社区的做法，并鼓励孩子们从小热爱科学、立志成材。”俞冰说，他对习总书记的讲话特别有体会，因为“4点钟学校”对培养孩子的动手能力、创新能力大有裨益，符合现行的教育理念。

家住安泰中心5号楼508室的吕云娥是一名有60年党龄的老党员，1994年她就来到榕城安享晚年。今年81岁的她仍然精神矍铄，得益于居家养老服务站细心、周到的照顾。“在服务站，习总书记同我们握手交谈，询问我们身体怎么样、饭菜可不可口、每天交多少钱，并祝我们健康长寿。”回想起习总书记在居家养老服务站嘘寒问暖的场景，吕云娥很是高兴。“如今，站里的老年人时常围坐在一起，大家聊聊天、下下棋，别提有多开心了。”吕云娥说，“习总书记的到来，是对福州养老事业的很大推进，相信政府会进一步加大养老服务体系建设，会有越来越多的老人能像我一样幸福！”

社区退休老党员邱沛霖的家是习总书记深入军门社区考察时入户走访的家庭。“总书记详细询问家里每个人的情况，问我们有什么期待，言语之间牵挂的是百姓的冷暖。”邱沛霖说，相信党委和政府会想出更多为民、利民的好办法、新举措，造福于民。

“习总书记深入社区考察时的讲话入脑入心、动情实在。”军门社区党委书记、主任林丹全程陪同习总书记在军门社区的考察。林丹表示，作为社区工作者，日常工作都直接和老百姓打交道，服务群众更是没有最好、只有更好。“我们需要静下心、躬下身，踏踏实实、勤勤恳恳地干好每一件事，尤其要站在群众的立场上去考虑问题，多为群众办好事、解难事。”

“习总书记的到来就是对社区干部工作的关心和肯定。”林丹表示，下一步，军门社区将牢记总书记嘱托，继续推进网格化管理、135党建、四点钟学校、居家养老服务等多项工作，为老百姓安居乐业、打造和谐幸福社区作出更大努力。

2014年市委市政府为民办实事项目完成情况

一、建成市民服务中心

项目选址五一广场（福建大剧院）南侧，累计完成投资1.8亿元，基本建成市民服务中心（地上5层、地下2层）。

二、加强“菜篮子”和“食品放心工程”建设

（一）超额完成新建或改造提升菜市场（含农贸市场、生鲜超市）38个（完成任务的190%）。

（二）治理餐桌污染，建设“食品放心工程”。市食品安全监管部门组织联合执法9385次，出动人员28157人次，查处案件561起，涉案金额169.25万元。

全年全市主要食品安全检测指标达标。其中，生猪“瘦肉精”尿样检测合格率100%；主要水果农药残留快速检测合格率100%；蔬菜农药残留快速检测合格率99.94%，原粮卫生指标抽检合格率100%；水产药物残留养殖环节抽检合格率99.43%；市、县城区市政管网末梢水质抽检合格率99.73%；县级以上集中式饮用水源地水质达标率100%；瓶（桶）装饮

用水生产企业产品抽检合格率94.9%;加工食品(含酱油、鱼露、食醋、豆制品、食用油等)卫生市场抽检合格率97.84%;生鲜牛奶抽检合格率100%;生鲜乳三聚氰胺抽检合格率100%。

(三)新建蔬菜基地400公顷,其中,福清市150公顷,长乐市约66.67公顷,闽清县约53.33公顷,闽侯县约83.33公顷,罗源县约6.67公顷,永泰县40公顷。

(四)超额落实出栏生猪81.1万头(完成任务的133.3%),其中,福清市17.3万头,长乐市1.4万头,闽侯县31.7万头,连江县11.7万头,永泰县1.4万头,闽清县2.9万头,罗源县6.7万头,马尾区4万头,晋安区4万头。

三、实施造福工程

超额完成造福工程1207户约5020人。其中,闽侯县460户2132人,连江县70户242人,罗源县197户744人,闽清县450户1804人,福清市30户98人。

四、加强渔港建设和渔民培训

(一)加快渔港建设。完成规划内6个二级渔港立项工作(连江县苔菉后港、苔菉北茭、筱埕屿仔尾、坑园下屿、苔菉茭南及长乐市松下长屿二级渔港)。其中,连江县苔菉后港二级渔港完成主体工程;长乐市松下长屿二级渔港完成总投资的81%;连江县苔菉北茭二级渔港开工,进行沉箱制作。

(二)免费实施渔民综合技能培训,超额完成渔民综合技能培训136期16189人(完成任务的539.6%)。其中,市级68期8798人,晋安区1期102人,长乐市8期807人,福清市11期1103人,闽侯县2期248人,连江县9期1791人,罗源县7期813人,永泰县3期258人,闽清县6期543人,马尾区4期711人,远洋船东协会17期1015人。

五、推进水利基础设施建设

(一)除险加固一般小(二)型水库6座,投入600万元,包括永泰县洋头水库、罗源县黄土水库、闽清县大垅水库、福清市马头底水库和丹坑底水库、连江县北斗垅水库。

(二)解决福清市、闽侯县、罗源县、连江县和闽清县等5个县(市)41万人口饮水安全问题(完成任务的205%),投入20192.1万元。

六、加强老年活动场所建设

(一)建设市级老年活动中心。在市工人文化宫等现有大型市民活动中心内整合场地作为老年人活动中心,并对图书馆、公园、老干部活动中心等活动场所进行改造提升,面向全社会老年人开放。

(二)提高五城区居家养老服务中心(站)运营补助标准,从每年4万元提高到每年5万元。

七、完善城区路网

(一)建设环南台岛滨江休闲路。工程总投资106亿元,累计完成投资10.027亿元。全线工程有13个项目19个标段(新榕公司2个标段,负责会展中心至解放大桥段;交建集团7个标段,负责淮安至湾边大桥段;城乡建总10个标段,负责上下店路延伸段及南江滨东大道魁浦大桥至绍岐段),其中10个标段进场施工,9个标段进行施工图审查、工程量清单、选址、设计及控制价财政评审等工作。

(二)建设马尾大桥及南北互通。工程总投资35.3亿元,累计完成投资4.66亿元。完成北接线钢栈桥(约200米),进行桩基施工。

(三)拓宽改造金山大桥。工程总投资2.3亿元,累计完成投资1.45亿元。进行桩基和承台施工。

(四)建设福州东部快速通道一期工程。项目起点琯头岭隧道连江侧至琯头互通A1合同段3.5公里在建,其余路段(29.46公里)完成BT招标和监理招标,进行控制性工程用地征迁和临时便道施工。

(五)建设福州滨海大通道。项目规划建设302.6公里,计划2017年年底建成通车。建成34公里,在建61.1公里,前期工作207.5公里。

(六)新建福马路上下三环匝道,实施上三路、鹭岭路等道路“白改黑”工程。

1. 福马路上下三环匝道工程总投资5500万元,累计完成投资2832万元。下行匝道通车,上行匝道进行桩基、承台和墩柱施工。

2. 完成4条道路“白改黑”工程:投入763万元,完成长乐中路(国货东路—晋连路)“白改黑”,长540米、宽40米、面积21600平方米;投入215万元,完成观井路(解放大桥—上腾路)“白改黑”,长387米、宽16米、面积6192平方米;投入2690万元,完成上三路(六一南路—三县洲大桥)“白改黑”,长2000米、宽31米、面积62000平方米;投入768万元,完成鹭岭路(闽江大道—南二环)“白改黑”,长492.2米、宽22.5米、面积11075平方米。

(七)改造道路交通节点,对华林北大路口(西湖宾馆门口)周边路网、五四路永安街路口慢行系统进行改造,在华林路五四路口地铁围挡区域建设贝雷桥,启动建设东街省立医院门前人行天桥、二环则徐路口立交桥。

1. 华林路北大路口(西湖宾馆门口)周边路网改造工程完成施工图设计,进行招投标和征迁工作。

2. 五四路永安街路口慢行系统改造工程开展施工。

3. 东街省立医院门前人行天桥工程总投资875万元,累计完成投资160万元。进行围挡施工。

4. 二环则徐路口立交桥工程总投资2亿元,累计完成投资1.15亿元。进行桩基、墩柱施工。

八、发展城市公共交通

(一)超额完成新增更新公交车445辆(完成任务的111.25%)。超额完成新辟或优化公交线路131条(完成任务的655%)。超额完成改造公交站台113个(完成任务的113%),投入914万元。新建公交首末站2个,其中投入6610万元,建成金山公交中心停车场;投入5051万元,建成马尾青洲公交站。

(二)新建公共便民自行车站点180个,另有220个站点进入招投标程序。

九、加大“四绿”工程建设力度

(一)超额完成植树造林约5113.33公顷(完成任务的127.8%)。其中,绿色城市约606.67公顷,绿色村镇800公顷,绿色通道40公顷,绿色屏障3306.67公顷。

（二）光明港公园北岸六一路至福光路桥、南岸长乐路至鳌峰小区建成开放，实现约10公里的慢行系统贯通。

（三）完成南江滨堤外公园三期园路、护坡、绿化等配套建设，投入3400万元。

（四）完成浦上大道示范段改造提升工程；三环路绿道建设项目完成吴山村、竹揽村、磨洋河、义井溪、鼓山村、三环福峡路口、义井村铁路沿线、华膺重工、农大西大门、福泉互通等地块绿化建设43.8万平方米。

（五）完成塔头路、群众东路、道山路、古西路、台江路、茶亭街、长乐南路、瀛洲环岛、五四北琴亭互通桥梁及三环路7座人行天桥（农大、樟林、李园等人行天桥）的花化彩化；完成六一路（台江至国货路段）、西二环原一技校地块和省广电前地块、天棋路口、长乐中路、螺洲互通CF匝道花槽等绿化提升改造。

十、加快保障性安居工程建设

新开工建设保障性住房13667套（完成任务的174%），其中廉租住房360套，公共租赁住房2740套，城市棚户区改造10275套，垦区棚户区改造292套。

建成保障性住房10462套（完成任务的130.8%），其中廉租住房325套，公共租赁住房2020套，限价商品住房4597套，城市棚户区改造3188套，垦区棚户区改造332套。

十一、实施老旧住宅小区综合整治

超额完成326个老旧住宅小区整治，投入2.65亿元，其中鼓楼区90个，台江区61个，仓山区31个，晋安区116个，马尾区28个。

十二、推进水土流失治理

完成永泰县、闽清县、连江县、闽侯县、罗源县、福清市、长乐市、晋安区、仓山区和马尾区等10个县（市）区水土流失治理9240公顷（完成任务的308%），投入7638万元。

十三、继续推进一批内河综合整治

（一）完成茶亭河（东西河—工业路段）综合整治施工，投入800万元。

（二）基本完成陆庄河（杨南街段）综合整治施工，投入110万元。

（三）完成洋里溪（福马路—光明港段）综合整治施工，投入2100万元。

（四）实施左海西湖连通工程。投入4000万元（完成年度任务的100%），完成项目一期工程（含左海清淤、驳岸改造和周边管网建设），并启动二期建设（水道连通、桥梁建设和步行道完善）。

（五）实施南台岛内河综合整治。

1. 投入3100万元，基本完成龙津河综合整治施工。

2. 金港河上游段全长150米，计划投资608.96万元，开展整治施工。

3. 牛浦河全长1500米，计划投资1.37亿元，完成整治400米，进行金源地产段平整施工。

4. 飞凤河全长980米，计划投资1.3亿元，完成整治150米，进行畅光燃气站段施工。

5. 台屿河上游段并入奥体14号地块同步实施征迁，进行联建新苑段（约600米）施工。

6. 阳岐河与台屿河全长917米，计划投资3178.94万元，开展征迁和同步施工。

十四、促进教育均衡发展

（一）超额完成新增学位5450个（完成任务的109%），其中仓山区1350个，马尾区1620个，连江县600个，罗源县1080个，长乐市800个。

（二）新增学位3150个（完成任务的105%），其中闽侯县360个，连江县990个，闽清县540个，福清市360个，长乐市270个，马尾区630个。

（三）实施城乡低保家庭幼儿园保教费补助。省市补助349.3万元（省级补助资金285万元、市级补助资金64.3万元），落实全市幼儿园在园低保家庭幼儿、孤儿和残疾儿童，每年每生的保教费补助提标至2000元。

（四）建成中等职业教育公共实训基地（一期），投入1.23亿元，地址闽侯县上街镇，规划建筑面积3.19万平方米，含2栋实训楼、1栋食堂和2栋学生宿舍楼。

（五）启动中小学社会综合实践基地（一期）建设。项目选址永泰县塘前乡赤鲤村，总征地约44.87公顷，规划总建筑面积6.92万平方米（其中一期工程征地21.76公顷，规划建筑面积5.3万平方米），计划总投资4.8亿元。一期工程完成总评审批、用地报审、立项和林地指标，开展征地和一期工程设计勘察招标工作。

十五、提升公共卫生服务能力

（一）提高基本公共卫生服务政府补助标准，从每人每年30元提高到每人每年35元。

（二）加强精神病专科床位建设。精神病专科床位建设有2家医院，其中罗源县精神病防治院项目进行基础施工，永泰县精神病防治院项目申请立项。

（三）提升村卫生所服务能力。市级投入203.5万元为村卫生所配备电脑、打印机、读卡器等设备；省级补助1675套设备配送至各村卫生所；全市2193个村卫生所全部接通村卫生所信息系统，实现村级社保卡就诊一卡通，方便村民持社保卡就医。

（四）建设危重症孕产妇监护室。落实2所市级网络单位（市一医院床位6张、市二医院床位4张）和7所县级网络单位（闽侯县医院床位4张，连江县医院、闽清县医院、永泰县医院、罗源县医院、福清市医院和长乐市医院床位各2张）建成危重症孕产妇监护室。

十六、实施文化惠民工程

（一）扶持非物质文化遗产地方剧种剧团公益性演出，按照政府购买服务的方式，剧团面向当地群众提供免费或低票价的文艺演出。超额完成293场公益性演出（完成任务的586%），其中福州市闽剧艺术传承发展中心46场，福州市曲艺团提供63场，长乐市闽剧团26场，闽侯县闽剧艺术传承发展中心158场。

（二）超额建成68个乡镇综合文化站文化信息共享服务点（完成任务的136%），投入340万元，其中鼓楼区1个，仓山区5个，晋安区2个，福清市16个，长乐市11个，闽侯县6个，连江县14个，马尾区、永泰县和罗源县各3个，闽清县4个。

十七、建设一批体育健身场所和设施

(一)超额建成20个城市社区多功能运动场(完成任务的133.3%),其中晋安区3个,台江区、仓山区、马尾区、福清市、连江县和闽清县各2个,鼓楼区、长乐市、闽侯县、永泰县和罗源县各1个。每个城市社区多功能运动场建设面积740平方米以上,具备开展篮球、气排球、羽毛球等活动功能,并配建1套13件室外全民健身路径器材。

(二)建设5个城市社区室内健身房,即鼓楼区洪山镇凤湖社区、台江区后洲街道中亭街社区、仓山区对湖街道程厝社区、马尾区琅岐闽琅社区、闽侯县廷坪乡。每个健身房的场地面积80平方米以上,配置电动跑步机等20件左右室内健身活动器材。

(三)实施"一起动起来"全民健身活动,开展40个全民健身运动项目,超额组织活动318场(完成任务的159%),参与人数100万人。

(四)超额新建更换健身路径345条(完成任务的172.5%),其中闽侯县72条,连江县40条,仓山区35条,晋安区和长乐市各30条,马尾区45条,福清市和罗源县各25条,永泰县20条,台江区13条,闽清县10条。

十八、继续提高城乡居民社会保障水平

(一)提高农村低保标准,由现行的家庭年人均收入1900元提高到不低于2100元。

(二)提高新型农村合作医疗保险政府补助标准,从每人每年300元提高到每人每年340元。

(三)提高城镇居民基本医疗保险政府补助标准,从每人每年300元提高到每人每年340元。

(四)提高城乡医疗救助基金政府筹集标准,从每人每年130元提高到每人每年200元。

十九、建设旅游交通标志工程和海西旅游服务中心

(一)建设旅游交通标志工程(二期),投入430万元,建成18个景点219面旅游交通标志。

(二)建设集"智慧旅游"平台、游客综合服务、旅游宣传推介、旅游交通集散、旅游商品展示、旅游产品体验等功能于一体的海西旅游服务中心,项目主体工程建成,省中旅集团进行内部装修施工并完成服务大厅装修。

二十、提高污水处理能力

建设洋里污水处理厂厂区及厂外管网三期工程。

1. 厂区工程总投资4.03亿元(不含拆迁),累计完成2.63亿元,占总投资的65.3%。进行控制中心装饰施工和厂区道路、围墙、地下管线及绿化扫尾施工。

2. 厂外管网三期工程总投资5.8亿元,累计完成3.32亿元(占总投资的57%),完成管道建设76.6公里。进行国货路段和福光南路段施工。

二十一、实施助残工程

(一)超额扶持700户残疾人家庭开展就业创业,投入350万元。其中,鼓楼区和晋安区各35户,台江区和罗源县各50户,仓山区40户,马尾区15户,福清市130户,长乐市65户,连江县70户,闽清县60户,闽侯县和永泰县各75户。

(二)超额完成儿童康复救助529人,其中鼓楼区65人,仓山区80人,马尾区6人,晋安区48人,福清市145人,长乐市34人,台江区和连江县各33人,闽侯县27人,罗源县19人,闽清县15人,永泰县18人,市高新区6人。

(三)建设福清市省级公办福乐家园。项目位于福清市龙江街道苍霞村,建设用地1.004公顷,总建筑面积10040平方米,项目总投资3500万元,累计完成投资640.9万元。设计、环评、地质灾害评估、供地等前期手续均办理完成,年内动工建设,进行地质勘探和"三通一平"平整土地工作。

(四)超额完成1700户贫困重度残疾人居家托养任务,投入340万元。其中,鼓楼区和台江区各70户,仓山区100户,马尾区25户,晋安区65户,福清市335户,长乐市120户,连江县170户,闽侯县和永泰县各200户,罗源县140户,闽清县205户。

(五)为贫困残疾人免费发放护理床300台,其中市本级13台,鼓楼区和台江区各25台,仓山区和闽侯县各26台,马尾区、晋安区、福清市、长乐市、连江县、罗源县各20台,闽清县和永泰县各30台,市高新区5台。

二十二、完善计划生育奖励扶助政策

对城镇年满60周岁的非国家机关、国有企事业单位的独生子女父母(第一类补助对象)每人每月发给100元奖励金;对符合独生子女和农村二女计划生育家庭奖励扶助条件并纳入低保的父母(第二类补助对象)每人每月增加100元奖励金。省市投入2658.76万元,落实24447人享受计划生育奖励补助任务,其中第一类补助对象24202人,第二类补助对象245人。

二十三、实施农村公路建设和道路交通安全隐患整治

(一)超额建成农村公路222公里(完成任务的222%),投入17442万元。建成连江港里大桥并落实撤渡,投入460万元。超额完成新增更新农村客车73辆(完成任务的146%),投入1058万元。

(二)完成农村公路安保工程903.51公里(完成任务的129%),投入6519.8万元。超额完成普通公路危桥改造19座(完成任务的106%),其中永泰枝柄桥、沿前桥、岭头桥、下溪桥、岐峰桥,连江岚下一桥、象屿桥、关头桥、龙山桥、新村桥,福清北山顶桥、棉亭一桥、新局桥、长沟桥,闽清茶口中桥、上汾小桥重建,福清龙田二桥和闽侯溪口中桥加固,长乐顶头桥上部拆除重建。动工建设陆岛交通码头两座,即长乐长屿陆岛交通码头、罗源碧里牛澳陆岛交通码头。

(三)完成道路交通安全隐患整治242处,其中市公路局193处,长乐市6处,马尾区1处,罗源县和闽侯县各14处,福清市、晋安区和闽清县各4处,连江县2处。

二十四、健全视频监控系统等"平安福州"服务平台

(一)实施"平安福州"视频监控系统续建工程

1. 落实"平安福州"视频监控平台建设任务。平台研发部署实时图像预览、录像回放、预案配置和云台控制等基础应用功能,并优化机动车车牌识别、电动自行车车牌识别、人脸检测抓拍、智能行为分析、视频智能检索等视频智能化功能。至年底,共享平台接入各类高清探头5797路,联网平台接入各类探头1.08万路。

2. 落实续建三期工程3000路拟建监控点的勘查和确认工作，进行可行性研究报告编制与报审工作，计划于2015年一季度完成项目招投标，下半年完成视频监控探头安装部署工作，实现联网运行。

（二）拓展福州公安智能交通控制中心应用功能

1. 完成更换61台老旧信号机项目、更换62个路口信号灯灯具项目、100个路口增设流量设备项目、更换134个路口UPS项目；通过机房增设机柜，调整存储设备，整合服务器等资源，完成公安智能控制中心机房扩容项目。

2. 完成城区2条快速路、96条主干道、47条次干道751路标清视频升级为高清视频事宜。

3. 完成在浦上大道、福飞路、金山大道等13条进出城道路增设57路高清视频事宜，实现实时监控进出城道路通行状态。

（三）建设三环高清视频监控系统

完成三环路隧道、桥梁等重点路段76处高清视频设置以及主干线揽铺设、监控点位定点、监控平台开发等内容，计划于2015年6月全面完成三环高清视频监控建设，实现全程无缝高清视频监控。

二十五、支持驻榕部队改善生产生活

（一）支持驻榕部队建设10个科技、文化拥军项目，投入100万元。

（二）支持驻榕部队建设示范培训中心1个、生活服务中心3个，农副生产基地5个，投入100万元。

（三）实施"四个一好"（即一个好食堂、一个好菜地、一个好猪圈、一个好饮水）项目15个，投入75万元。

（张兴亮）

2014年福州市重点项目建设完成情况

一、重点项目安排情况

市发改委（重点办）会同各县（市）区、市直相关部门筛选一批各领域、各行业的重大建设项目列入市级重点项目计划，作为全市各级各部门重点服务、协调和推动的重中之重项目。全年安排市级重点项目480项，总投资12801.93亿元，年度计划投资1601.04亿元，项目数、总投资、年计划投资分别同比增长60%、37.9%、73.3%。

其中，按阶段分，在建项目260项，总投资7253.02亿元，年度计划投资1214.71亿元；计划新开工项目132项，总投资2470.54亿元，年度计划投资386.33亿元；预备前期项目88项，总投资3078.37亿元。

按行业分，农林水利行业项目21项，总投资249.79亿元，年度计划投资26.23亿元；交通行业项目49项，总投资1451.41亿元，年度计划投资149.25亿元；能源行业项目12项，总投资1315.14亿元，年度计划投资104.4亿元；城建环保行业项目54项，总投资2001.07亿元，年度计划投资331.74亿元；工业科技行业项目101项，总投资1875.92亿元，年度计划投资265.18亿元；商贸服务行业项目127项，总投资2921.9亿元，年度计划投资379.91亿元；社会事业项目35项，总投资364.1亿元，年度计划投资98.13亿元；旧屋区改造及保障房行业项目50项，总投资1544.42亿元，年度计划投资197.71亿元；旅游行业项目25项，总投资997.21亿元，年度计划投资38.4亿元；文化创意行业项目6项，总投资80.95亿元，年度计划投资10.1亿元。

二、重点项目进展情况

至11月，市级重点项目提前1个月完成年度投资任务，全年累计完成投资1847.35亿元，达到年度计划投资的115.4%。具体情况如下：

（一）260项在建重点项目全年累计完成投资1401.23亿元，达到年度计划投资的115.7%，晋安世欧王庄旧屋区改造、福建恒捷纺织连江生产基地、长乐恒申合纤等75个在建重点项目相继建成或部分建成投产。

（二）132项计划新开工重点项目全年累计完成投资446.12亿元，达到年度计划投资的114.3%，连江申远己内酰胺、台江上下杭历史文化街区保护修复工程、长乐榕威实业纺织科技园等95个计划新开工重点项目陆续动工或部分动工建设，福清清荣大道提升改造、福清嘉捷电子、长乐景丰科技等3个计划新开工重点项目进展较快，实现当年开工当年投产、投用。

（三）88项预备前期重点项目开展前期工作，连江县敖江下游幕浦片、洪塘片防洪排涝工程，福州港松下港区松下作业区16号、17号泊位及配套设施，万宝商圈平战结合地下人防工程，福州市红庙岭垃圾焚烧发电厂二期，罗源铝材加工基地工程等5个项目提前动工建设。

三、重点项目建设成效显著

一是重点项目支撑带动作用强。年内市级重点项目完成投资1847.35亿元。特别是福州滨海大通道、福清核电站、京台线建瓯至闽侯公路福州境内段、神华福建罗源湾储煤发电一体化项目、福州市轨道交通1号线（一期）工程、城区内河综合整治等46个项目，均为年度完成投资超10亿元的交通、工业、能源、城建、商贸服务业等行业的大型和特大型项目（年度投资超过20亿元的17个，10亿～20亿元的29个），年度完成共计投资972.43亿元，占市级重点项目完成投资总额的52.6%。

二是建成重点项目发挥效益。交通方面，江阴铁路支线，福州港松下港区山前作业区18号、19号泊位及配套设施等项目建成投入运营。工业方面，福清天辰耀隆己内酰胺项目、软件园五期产业区、福清宏港纺织等22个项目建成或部分建成投产，项目总投资额超300亿元。能源方面，福清核电站1号机组投入商业运行，年上网电量可达70多亿千瓦时，与同等规模的煤电站相比，相当于减少标煤消耗约250万吨，减少二氧化碳排放约600万吨，减少二氧化硫排放约5.8万吨，减少氮氧化物排放约3.7万吨，相当于造林约1.6万公顷。商贸服务业方面，台江金座大厦、晋安东二环泰禾城市广场、福清万达广场、升龙大厦等项目部分建成投入使用。社会民生方面，福州外语外贸学院长乐新区、马尾综合体育馆、台江福机新苑限价房建设等项目建成或部分建成。

三是新动工项目加快推进。年内计划新开工重点项目动工或部分动工95项，项目总投资额超过1800亿元(其中总投资超过20亿元的21项，10亿~20亿元的24项)，年度完成投资接近400亿元。连江申远己内酰胺项目，总投资400亿元，全部建成后预计年产值可达250亿元，生产国内进口依存度高的高端己内酰胺，该项目还由世界500强企业——法国液化空气集团配套建厂，专门提供氢气、合成氨以及氮气等原料。福清利嘉中心、永泰东部温泉旅游、台江富力中心、二环至三环链接线提升改造部分项目、长乐永硕龙庭湾城市综合体、晋安融侨悦城等项目进入主体施工。福清市环城路安置房建设、清富片区棚屋区改造、仓山霞镜新城(奥体14号地)、福清宇邦纺织生产等项目开展基础施工。

四是前期项目取得新突破。长乐海湾新城城市综合体项目完成征地拆迁补偿、海湾新城详规修编等工作，涉及158公顷林地获国家林业局审批。福州市轨道交通6号线项目，国家发改委委托中咨公司对建设规划进行评估，市铁(轨)办根据专家意见牵头设计单位对第二轮建设规划及6号线方案进行调整优化，建设规划调整后通过中咨公司专家组评估，环保部对建设规划环评专题出具会审意见。福州国际航空二期建设项目，省政府下达1亿元项目前期工作经费补助资金全部到位；项目填海工程由业主报省发改委备案；海洋功能区划调整方案与部队进行沟通协调；提前开展项目建设用地选址报批工作，组织对项目预可研报告的论证评审。台江太平汀州和苍霞旧屋区改造项目经过半年多时间征收工作，已签协议4937户，占总数的97.5%。福建华电可门电厂三期2×1000兆瓦火电项目“路条”由省发改委上报到国家能源局，环保部同意完成环评各项工作后上报审批，工程初步设计通过电规总院审查，主机设备合同签订，并进行开工前的准备工作。

四、推动重点项目建设的工作举措

(一)抓项目分工。市四套班子领导成员根据职责分工，全部参与挂钩联系重点项目，并作为项目协调推进工作第一责任人，对项目的前期报批、施工建设的全过程进行跟踪、协调和服务，做到“一个项目、一位领导、一抓到底”，确保从更高层面上加大重点项目建设的推动力度。重点项目各相关单位，定期前往项目建设一线，掌握实际情况，督促参建单位优化施工组织，加大人员、资金、设备投入，反馈、协调解决存在困难和问题，确保各项目如期推进。

(二)抓问题协调。一是落实重大项目协调推进例会的协调机制，由市发改委(重点办)定期征集、筛选并申报需例会解决的重大项目议题，市委书记、市长、常务副市长作为例会召集人，每次至少1名领导主持召开例会，研究协调重大项目推进中存在的问题，全年组织召开25场周协调例会，对100多个重大项目进行协调。二是落实市行政审批服务中心审批代办服务机制，促进前期审批取得新进展，马尾大桥、三坊七巷保护修复工程南街项目等16个项目委托开展审批代办工作。三是落实重大项目在建服务团推动机制，帮助解决存在的问题，开展9次协调服务活动，推进地铁1号线、阳光假日广场、苏宁广场等项目的建设工作。四是落实省、市、县三级联动机制，梳理上报需省、国家支持审批的各类问题50多个，连江海西国际农产品现代物流园、福清融港大道、环南台岛滨江休闲路等一批项目用地、用林报批问题得到及时解决。

(三)抓宣传报道。市发改委(重点办)在2013年每季度安排1次报纸通报项目情况的基础上，2014年加密到每月采用1个主题，在报纸、电视上分别进行宣传报道，先后在福州日报刊发《我市重点项目建设喜迎开门红》《发展引擎动力足——上半年市级重点项目建设顺利实现“双过半”》《重点项目助力推动　首届青运蓄势待发》等12期专题报道，在福州电视台播发《走进大项目　服务心连心》《年中经济观察——平稳开局　重点项目挑大梁》《青运会新建比赛场馆陆续封顶》等12期专栏新闻。

(四)抓建章立制。市发改委(重点办)在总结“五大战役”考核评比办法运作经验的基础上，拟订《福州市重点项目建设考核评比办法》，对重点项目和固定资产投资的考核内容和评分权重进行适当调整，新增对县(市)区GDP完成情况的考评，以激励县(市)区增强争先晋位意识，推动市级重点项目实施，加快推进福州新区开放开发，促进全市主要经济指标任务完成，实现福州科学发展、跨越发展。

(五)抓项目储备。为实现2018年福州科学发展跨越发展的行动计划预期目标，进一步推动重大项目建设，明确各县(市)区、相关市直部门2014—2018年行动计划重大项目任务，按照市委、市政府的工作部署，市发改委(重点办)牵头组织各相关单位，开展2014—2018年行动计划重大项目方案编制工作，从项目龙头、产业龙头、企业龙头等方面着手，汇总整理出981个重大项目，总投资20494.82亿元。其中，农林水利行业项目51个，总投资661.45亿元；交通行业项目110个，总投资3296.78亿元；能源行业项目21个，总投资1372.21亿元；城建环保行业项目93个，总投资1740.34亿元；工业科技行业项目192个，总投资3419.32亿元；商贸服务行业项目238个，总投资4749.04亿元；社会事业行业项目100个，总投资668.79亿元；旧城区改造及保障房项目142个，总投资3590.87亿元；旅游行业项目23个，总投资835亿元；文化创意项目11个，总投资161亿元。

(六)抓要素保障。市发改委(重点办)开展市管省重点项目和市重点项目融资需求调查，组织部分省重点项目建设单位参加省重点项目融资对接会，并配合完成福州新区重点项目银企对接会筹备工作，帮助解决重点项目融资问题。继续开展重点项目建设用砂协调工作，保障重点项目建设，牵头市交建集团、城乡建总两家国有供砂单位，推进机制砂实验基地和外购河砂调研、勘察工作，拓展重点项目建设用砂来源。

(福州市发展与改革委员会)

2014年福州市“三维”项目对接工作情况

一、“三维”项目储备多

至年底，全市“三维”项目库储备项目835项，累计意向投资总额10313亿元。其中，央企项目62项，投资额3758亿元；外企项目356项，投资额1797亿元；民企项目417项，投资额4758亿元。主要从汽车制造业、文化旅游产业、电子商务行业、养老养生产业、高新技术产业、航空产业等6个重点方面入手，提高产业项目比重，促进结构调整、经济转型。加快推进万润新能源汽车动力总成产业基地项目建设，力争将其打造成为全国最大的新能源汽车动力总成产业基地之一。重点引进华侨城大型文化旅游综合项目、港中旅城市避暑休闲项目、福州海洋生物博物馆、恒大集团福州海洋文化旅游城、融侨集团双龙温泉旅游度假区等文化旅游产业项目。引进电子商务龙头京东商城集团的东南营运总部及现代服务业产业园项目，争取实现电子商务行业跨越式发展。对接晋承鼎盛晋安区泉头村高端养生养老等项目突出生态文化主题，推进传统商业房地产向养老养生健康地产转型。对接北京嘉寓门窗幕墙生产基地项目、新加坡联合环境公司环保产业项目等高新技术产业项目，力争在高新技术龙头引领方面取得新突破。

二、“招大引强”成效大

在第十六届“5·18”海交会福州新区重点项目暨“回归工程”项目签约仪式上，全市签约福州新区重点项目55项、“回归工程”项目30项、海上丝绸之路基金等专场签约项目4项，总投资超1500亿元。结合福州市产业发展特点优势，谋划、制定全市“招大引强”项目计划和督办方案，引进一批“旗舰型”“航母型”企业，辐射带动吸引更多的相关企业、配套项目进入福州集聚发展。至年底，全市梳理“招大引强”项目158个，总投资2703亿元，其中央企45项，总投资1207.96亿元；民企52项（主要为百强民企），总投资1186.39亿元；外企41项（主要为世界500强），总投资39.08亿美元；台湾百大企业20项，总投资70.67亿元。

三、项目落地快

破解项目动建前的用地报批、征迁交地等要素制约，完善园区基础配套，利用现有优惠政策，推动当前具备开工条件的项目尽快落地动建。上海城开琅岐综合项目、中防联博地下人防工程项目、富力闽侯综合商住等项目正式动工建设，台江富力中心项目开盘销售，万润新能源汽车动力总成项目进行试生产，北京中兴富邦出租车停车亭建设项目进入招拍挂程序，华侨城文化旅游综合体、首开集团螺洲丽景等项目前期工作取得重大进展；对接推进港中旅北峰城市避暑休闲度假项目、京东集团区域总部及现代服务业产业园等一批重大项目。

（福州市投资促进局）

提升政府公共服务公众满意度研究

一、福州市公共服务公众满意度评价指标体系设计

调查借鉴国内外公共服务公众满意度研究的成果，结合《国家基本公共服务体系“十二五”规划》，立足福州市实际情况，从政府公共服务供给满意度和政府自身建设满意度两方面进行评价。

在指标体系上，设立1个公共服务公众满意度总指标，政府公共服务供给满意度、政府自身建设满意度2个一级指标，其中政府公共服务供给满意度评价下设12个二级指标，政府自身建设满意度下设4个二级指标（见表1）。

表1　公共服务公众满意度测评指标体系　单位：分

总指标	一级指标	二级指标
公共服务公众满意度	政府公共服务供给满意度	就业公共服务满意度
		基本住房保障满意度
		基本公共教育满意度
		基本医疗卫生满意度
		公共文化体育满意度
		社会保险满意度
		基本社会服务满意度
		残疾人服务满意度
		环境保护满意度
		社会治安安全度
		基础设施建设满意度
		公共交通满意度
	政府自身建设满意度	政府效能满意度
		信息公开满意度
		政府信用满意度
		公众参与程度

测评结果以“公共服务公众满意度”总指标来体现，满分为100分，最终分值是公众对政府公共服务供给满意度、政府自身建设满意度两个维度分值的平均。分值越高表明公众对政府公共服务的认可度越高。其中，政府公共服务供给满意度通过问卷调查直接获取，政府自身建设满意度则是以下设的4个二级指标通过简单算术平均取得。

调查问卷选项分值设定：“很满意”100分，“比较满意”80分，“基本满意”60分，“不太满意”40分，“很不满意”20分，“不了解”不纳入汇总。

二、福州市公共服务公众满意度调查结果

（一）福州市公共服务公众满意度总体状况

福州居民对公共服务的总体评价较好，为72.8分（见表2）。其中，公众对政府公共服务供给的满意度得分为74.6分，高于其对政府自身建设的满意度（71.1分）。这与近年来福州市政府重视改善民生，加强民生财政投入有重大关系。

从公共服务供给项目看，公众对社会治安评价最高，满意度得分78分，其次为基本公共教育满意度77.2分、就业公共服务满意度（74.4分）。除社会治安及教育外，公众对其余项目的评价得分均低于政府公共服务供给的平均水平，其中公共交通（70分）、基本医疗卫生（67.5分）以及基本住房保障

表 2　　福州市公共服务公众满意度

指　标	得分
公共服务公众满意度	72.8
一、政府公共服务供给满意度	74.6
就业公共服务满意度	74.4
基本住房保障满意度	66.9
基本公共教育满意度	77.2
基本医疗卫生满意度	67.5
公共文化体育满意度	73.9
社会保险满意度	72.9
基本社会服务满意度	70.9
残疾人服务满意度	72.2
环境保护满意度	74.0
社会治安安全度	78.0
基础设施建设满意度	73.4
公共交通满意度	70.0
二、政府自身建设满意度	71.1
政府效能满意度	70.0
信息公开满意度	70.8
政府信用满意度	70.0
公众参与程度	73.4

表 3　　城乡居民公共服务满意度

指　标	城镇	农村
公共服务公众满意度	73.1	72.4
一、政府公共服务供给满意度	74.6	74.7
就业公共服务满意度	74.9	73.9
基本住房保障满意度	66.4	67.5
基本公共教育满意度	76.4	78.2
基本医疗卫生满意度	66.7	68.6
公共文化体育满意度	74.6	72.9
社会保险满意度	71.6	74.8
基本社会服务满意度	70.6	71.4
残疾人服务满意度	72.6	71.7
环境保护满意度	73.2	74.5
社会治安安全度	76.7	79.0
基础设施建设满意度	74.0	72.6
公共交通满意度	68.9	71.4
二、政府自身建设满意度	71.7	70.2
政府效能满意度	71.6	67.9
信息公开满意度	71.1	70.4
政府信用满意度	70.7	69.1
公众参与程度	73.5	73.4

(66.9 分)等问题则成为公共服务公众满意的难点,满意度评价最低。

(二)分城乡公共服务公众满意度

城镇居民公共服务满意度得分为 73.1 分,高于农村居民(72.4 分)。

在公共服务供给方面,城乡居民满意度评价基本相同,满意度评价分别为 74.6 和 74.7 分。分项目看,农村居民对社会保险、公共交通、社会治安、基本医疗卫生、基本公共教育、环境保护、基本住房保障、基本社会服务等方面的评价明显优于城镇居民(见表 3),说明近年来政府对“三农”工作的重视对农村居民的满意度评价产生积极影响。尽管现阶段仍面临诸如社会保险保障标准低、城乡办学条件、医疗资源分布存在差距等困难,但“新农合”“农居保”“农村清洁家园行动”“客车村村通”等工作的开展,让广大农村居民感受到公共服务供给的改善和变化。此外,农村居民对就业公共服务、文化体育、残疾人服务、基础设施建设的评价均低于城镇居民,说明城乡公共服务的均衡化发展还有许多值得思考和突破的领域。

在政府自身建设方面,城镇居民满意度优于农村居民,满意度评价分别为 71.7 和 70.2 分。分项目看,农村居民对政府效能、信息公开、政府信用、公众参与等的评价均低于城镇居民,其中政府效能满意度评价最低,与城镇居民的差距也最大,农村基层政府的建设情况成为农村居民满意度评价的薄弱环节之一。

(三)分群体公共服务公众满意度

1. 女性公共服务满意度(73.0 分)略高于男性(72.6 分)。女性对公共服务供给总体水平以及政府自身建设满意度评价分别为 74.7 和 71.3 分,分别高于男性 0.3 和 0.4 分。

在公共服务项目中,女性对弱势群体更为关注,对残疾人服务以及社会救助等基本社会服务表现出更高的要求,满意度评价低于男性(见图 1)。同时女性在社会治安、就业、交通等公共服务领域的评价也明显低于男性,在一定程度上可以理解为在目前的服务水平下,女性对社会治安、公共交通资源、就业信息资源、就业技能培训等方面的需求大于男性。

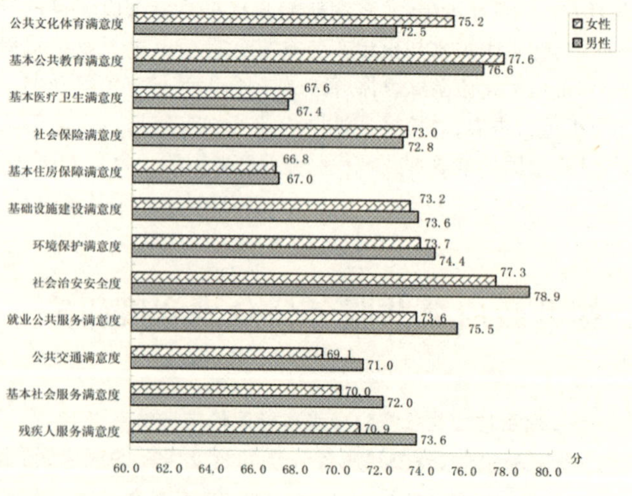

图 1　不同性别受访者公共服务公众满意度

2. 21～50岁受访者公共服务满意度评价较低。20岁以下年轻受访者满意度最高，其余受访者对公共服务的评价随年龄层次的上升而递增(见图2)。21～50岁受访者作为社会中坚力量满意度评价均低于平均水平，这部分群体是社会财富的主要创造者，无论是自身还是其家人，都处于享受公共服务的各个阶段，对各项服务有着相对直观的认识和体验，因此要关注这个群体的多元化需求，为社会稳定发展奠定良好基础。此外，在各项服务项目中，60岁以上受访者对基本医疗卫生的满意度评价最低仅67.2分，表明高龄受访者对基本医疗卫生的诉求较高。

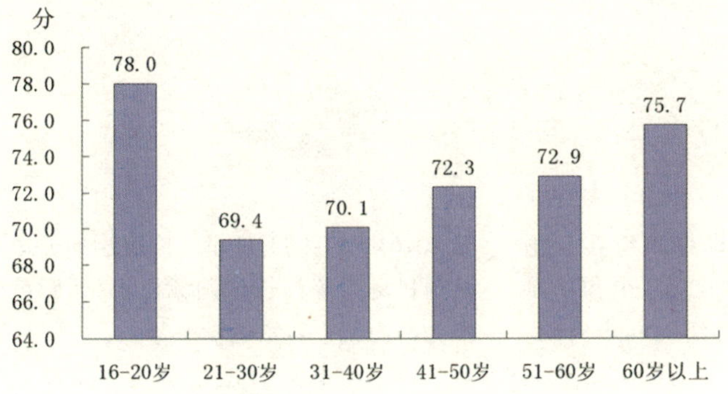

图2　不同年龄受访者公共服务公众满意度

3. 公众对公共服务的评价随文化层次的上升而递减。即学历越高，满意度越低(见图3)。小学及以下文化程度受访者满意度最高为74.5分，大学本科及以上学历受访者作为学历精英阶层对公共服务的诉求最高，满意度评价最低，为70.7分。

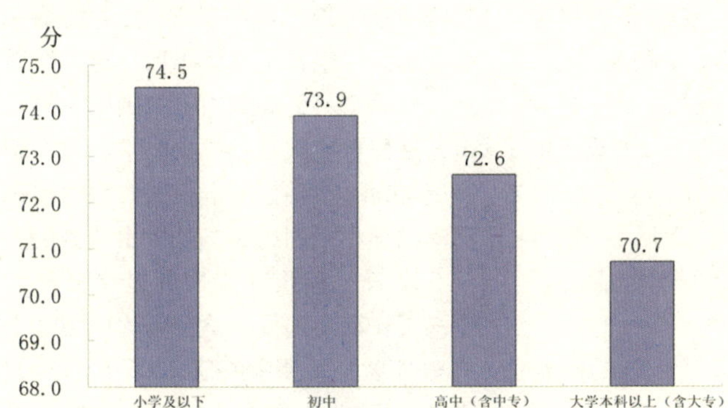

图3　不同文化程度受访者公共服务公众满意度

4. 在职人员公共服务公众满意度高于失业待业人员。调查显示，失业待业受访者公共服务满意度最低，仅67分，其对基本社会服务、基本医疗卫生以及基本住房保障的需求表现最为迫切。在职人员中，供职于党政机关的受访者满意度最高。学生、离退休人员等其他群体受访者满意度高于平均水平(见图4)。

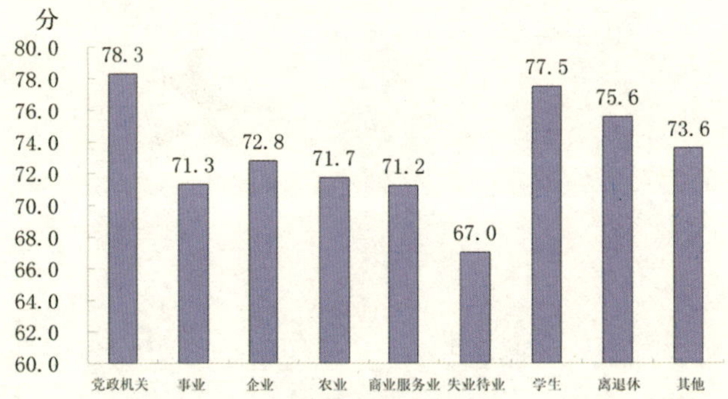

图4　不同职业受访者公共服务公众满意度

5. 中等收入群体满意度高于平均水平。调查显示，由学生、家庭主妇等组成的无固定收入受访者满意度最高，其他有固定收入受访者满意度随收入的提高大体呈“倒U型”分布，即月收入不足1000元的受访者与月收入在4000元以上的受访者满意度评价较低，低于中等收入群体也低于平均水平，其中月收入超过5000元的受访者满意度评价最低(见图5)，说明高收入群体对公共服务的期望值较高，同时低收入群体受自身职业、文化程度等多重因素的制约，对现有公共服务资源的供给享有程度有限。

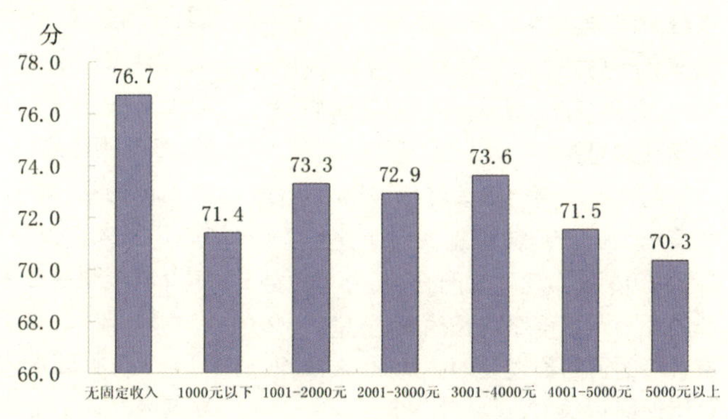

图5　不同收入受访者公共服务公众满意度

(节选自福州市政府办公厅、国家统计局福州调查队联合课题组的《提升政府公共服务公众满意度研究》)

(编辑　黄　铭)

1月

1日　琅岐闽江大桥正式通车。该桥于2010年9月24日开工建设，桥长2675米，采用双塔等高斜拉桥方案，双向6车道，大桥主跨680米，主塔高223米，为福州同类桥梁第一高塔。

同日　马尾大桥正式动工建设。该桥位于南台岛东端北侧，全长6.4公里，横跨闽江，连接南台岛与马尾区，工程全线南起环岛路，经福泉高速、南江滨路、闽江、北江滨路、福马铁路、福马路后，与机场高速对接。

同日　环南台岛滨江休闲路——南江滨东大道及延伸段正式动工建设，计划于2015年实现环状闭合，成为全省最长的环岛路。该路总长约60公里，含环南台岛的道路红线及两侧约30米范围，总用地面积约17.6平方公里。

4—7日　政协第十二届福州市委员会第三次会议在福州海峡国际会展中心召开，会议审议通过市政协十二届三次会议决议。

5—8日　福州市第十四届人民代表大会第三次会议在福州海峡国际会展中心召开。会议表决通过《关于福州市人民政府工作报告的决议》等6项决议。

9日　由市政协主办，市委宣传部、三坊七巷管委会等单位承办的福州市纪念严复诞辰160周年活动在三坊七巷光禄坊公园举办。《严复书法》《严复的一生》新书首发式同时举行。

17日　2014年全省文化科技卫生“三下乡”集中服务活动在闽清县云龙乡后垅村举行，全省9个设区市和平潭综合实验区的集中服务活动同步启动。中国科学院院士、国家最高科学技术奖获得者、肝胆外科专家吴孟超率专家团队现场义诊咨询。该次活动也是全省首次有院士参加的“三下乡”活动。

19日　天泽·奥特莱斯城市广场项目动工建设。该项目位于南通物流园，计划建筑面积120万平方米。

24日　香港特别行政区行政长官梁振英率领香港经贸考察团到福州考察，参加闽港经贸交流会。省委常委、市委书记杨岳，副省长郑晓松，市长杨益民，市人大常委会主任周振华，市政协主席方清海等拜会考察团一行。

25日　福泉互通最后一个匝道——A匝道正式建成通车，标志三环路福泉互通全部建成通车。

26日　位于闽侯县城新区的闽都民俗园正式开园。该园占地12公顷，于2010年11月动工，为全省最大的民俗文化公园。

2月

12日　中央第五督导组组长邢元敏一行到福州开展调研座谈，对福州市开展第二批群众路线教育实践活动进行检查指导、听取意见建议。

同日　福州市与海南航空股份有限公司合作组建的“福州航空有限责任公司”筹建申请正式获中国民用航空局批复同意，筹建期限自2014年2月12日至2016年2月11日止。拟筹建的公司基地机场为福州长乐国际机场，经营范围为国内航空客货运输业务。

14日　长乐显应宫网络全景漫游系统正式上线，该系统由中国文物保护基金会历史文化专家委员会的专业团队制作，为全省首家采用数字化技术，运用三维全景成像技术的旅游景区。

17日　福州市深入开展党的群众路线教育实践活动动员大会召开。省委常委、市委书记、市委党的群众路线教育实践活动领导小组组长杨岳，省委第一督导组第一组长王美香出席开班式并讲话。省委第一督导组组长宋闽旺对福州市开展教育实践活动提出要求。市委副书记、市长、市委党的群众路线教育实践活动领导小组副组长杨益民主持会议。

22日　福州曜阳国际老年公寓在连江贵安动工建设。该公寓为中国红十字总会事业发展中心于2006年启动的养老项目，并先后在北京、扬州、杭州等地投建运营。该项目建成后将捐出一定比例房屋，为伤残军人、劳动模范、见义勇为人士提供公益养老服务。

3月

2日　全省首个志愿服务信息化管理智能平台——“微时刻”智能志愿者综合管理平台APP(智能手机第三方应用程序)发布上线。该平台由台江区团委、牵手阳光社会服务中心及“微时刻”研发团队联合发布，志愿者可利用手机实现志愿服务报名、签到等。

8日　十二届全国人大二次会议新闻中心举行记者发布会，环保部首次发布2013年74个城市空气全年质量标准状况，福州市空气质量排名全国第四，在省会城市中排名第三。

18日　市级领导干部党的群众路线教育实践活动集中学习在市委党校举行开班式。省委常委、市委书记杨岳，省委第一督导组第一组长王美香出席开班式。开班动员结束后，杨岳、杨益民、周振华、方清海等市级领导干部和省委第一督导组第一组长王美香等前往福建省革命历史纪念馆参观“力量之源、胜利之本”——党的群众路线和作风建设主体展览，并赴长乐瞻仰省委南阳旧址。

同日　福州邮政速递邮件处理中心正式投用。该中心位于长乐国际机场附近，日处理邮件12万件，承接全省及周边7个省区的对台邮件经转。

21—24日　由福州市政府和中国工艺美术协会共同主办的第四十九届全国工艺品交易会在福州海峡国际会展中心举办。展场面积4万平方米，有国际标准展位近2000个，1200余家企业、700余名工艺美术大师参展。

29日　中国福建·首届国际观鸟博览会在福州森林公园举行。该活动由福建省青年联合会、福建省野生动植物资源保护协会主办，为中国大陆首次举办的国际观鸟博览会。

4月

6日　渔平高速公路延伸线主体工程全部完成，实现大桥全线贯通。该项目路线总长约6公里，全线采用双高速公路标准建设，设计行车时速80公里。

10日　市委常委会召开，研究全面深化改革工作，成立福州市全面深化改革领导小组，省委常委、市委书记杨岳任组长，市长杨益民、市人大常委会主任周振华、市政协主席方清海、市委副书记周宏任副组长。领导小组下设经济社会事业体制改革、民主法治领域改革、文化体制改革、社会治理体制改革、“三农”和生态文明体制改革、福州新区开放开发体制改革、榕台交流与对外开放体制改革、党的建设制度改革、纪律检查体制改革等9个专项小组。

11日　全市首个定制公交网络平台——“5i84”电子商务平台正式上线。该平台由福州康驰新巴士有限公司推出，市民可通过官方网站、热线电话和微信平台参与定制公交线路的征集。

13日　第一届全国青年运动会倒计时牌启动仪式在福州五一广场举行，省委常委、市委书记杨岳，副省长李红出席并共同启动倒计时牌，市长杨益民主持启动仪式。

22—27日　世界沙滩排球巡回赛“融侨杯”福州公开赛在南江滨沙滩排球场举行，福州籍运动员薛晨与搭档夏欣怡获女子组第三名。该赛事由国际排球联合会主办，中国排球协会、福建省体育局、福州市政府联合承办。

26日　福州新区发展规划研讨会在北京召开。全国城市规划、区域发展相关领域专家学者参会，研讨福州新区功能定位、空间布局、规划建设，以及服务国家战略、凸显对台特色、彰显生态文明等方面内容。省委常委、市委书记杨岳，市长杨益民出席并讲话。

28日　鼓岭论坛暨海上丝绸之路走进非洲·中非产业经济合作峰会在福州开幕，“民营企业如何‘走出去’主题对话”“闽商好企业路演”等活动同期举行。

29日　国务院批准设立的第十四个保税港区——福州保税港区（一期）在福州港江阴港区正式封关运作。港区位于福清江阴半岛，规划总面积9.26平方公里，封关运作的一期面积为2.43平方公里。

同日　在意大利罗马举行的联合国粮农组织全球重要农业遗产理事会和研讨会上，福州茉莉花种植与茶文化系统入选“全球重要农业文化遗产”。

5月

6日　“海上丝绸之路·21世纪对话：中非渔业合作项目说明会暨中非渔业合作基地（中国琅岐）项目启动仪式”在马尾琅岐经济区举行，同时签署中非渔业总部基地琅岐项目战略合作意向书。

8日　福州市、莆田市、宁德市人力资源和社会保障局及平潭综合实验区社会事业局共同签署“福莆宁岚基本医疗保险管理服务同城化合作项目协议”。

13日　省政府公布第一批9个省级历史文化街区名单，福州的三坊七巷历史文化街区、上下杭历史文化街区和朱紫坊历史文化街区入选。

16日　福州·渭南合作交流座谈会召开，渭南富平县、蒲城县、渭南高新区分别与福州闽侯县、连江县、福州高新区签订友好合作协议。

17日　马尾马祖旅游服务中心在马尾东江滨公园揭牌，为全国首个由海峡两岸合作建设的游客服务中心。

18—22日　第十六届海峡两岸经贸交易会在福州海峡国际会展中心举行。该届海交会突出“海上丝绸之路”主题，首次设立21世纪海上丝绸之路映像馆和日用精品展区。活动期间，福州市签约外资及港澳台资项目110项，利用外资及港澳台资28.18亿美元。

18日　21世纪海上丝绸之路市长（高峰）论坛在福州海峡国际会展中心举行。来自国内外和地区的政府官员和社会各界知名专家学者540余人参会，16名城市负责人和专家、企业家在会上发言，省委常委、市委书记杨岳，市长杨益民出席论坛并讲话。

同日　第十六届海峡两岸经贸交易会福州新区重点项目暨“回归工程”项目签约仪式在福州海峡国际会展中心举行，签约福州新区重点项目55项，“回归工程”项目30项，总投资超1000亿元。

同日　巴基斯坦投资环境推介会在福州海峡国际会展中心举行。巴基斯坦驻广州总领事在会上介绍该国概况、经贸环境及金融、税收、土地、劳动资源等方面的投资优惠政策。福州市IT、建筑、纺织、海洋渔业等行业的数十家企业出席推介会。

同日　第九届中国（福建）消费品全球采购交易会在福州海峡国际会展中心举行。70余家采购商和150余家福建供货企业参会，涵盖食品饮料、日用百货、文化用品、包装材料、纸张及纸制品、工艺品、电子产品、酒类、乳品、食用油、纺织品等11大类700余种商品。

同日　以“共筑中国梦，青春两岸情”为主题的闽台青少年文化交流论坛在福州海峡国际会展中心举行。论坛签署“闽台青少年文化交流合作备忘录”“共同创建闽台青少年（闽都）文化交流基地意向书”等多项协议。

同日　中国—东盟海产品交易平台在马尾正式揭牌。该平台为中国—东盟海上合作基金支持项目,包括中国—东盟渔业产业园和东盟海产品交易所等项目。

同日　海西动漫创意之都在长乐正式开园。该动漫创意产业园区由网龙公司投资建设,占地约70公顷。

26日　2014年中国城市规划学会城市生态规划学术委员会年会在福州举行。该届年会以“绿色榕城　生态福州”为主题,由中国城市规划学会城市生态规划学术委员会主办,福州市城乡规划局承办,福州市规划设计研究院协办。

同日　在深圳举行的第四届全国生态旅游文化产业发展高峰论坛上,发布“2014中国深呼吸小城100佳”,福清市名列第六十二位。

28日　海峡两岸工程技术交流与合作论坛举行,国家外专局为“国家软件与集成电路人才国际培训(福州)基地”“中国国际人才市场海西(福州)市场”授牌。

31日—6月27日　全国职业院校技能大赛在天津主赛区和全国12个分赛区举行。福州市派出40名选手代表福建省参加10类20个项目比赛,并获一等奖3项、二等奖4项、三等奖10项。

6月

1日　福平铁路平潭海峡公铁两用大桥首桩灌注成功,标志大桥基础施工正式启动。该桩位于平潭海峡人屿岛上,桩深18米,直径2米。该桥为国内首座公铁两用跨海大桥,起点位于长乐市松下镇,终点位于平潭岛。

18—21日　第十二届中国·海峡项目成果交易会在福州海峡国际会展中心举行。福州市对接项目726项,总投资281.9亿元。

18—21日　第三届中国·福州海峡版权(创意)产业精品博览交易会在福州海峡国际会展中心举行。该届版博会首次设立版权精品中心展区和家居创意设计展区。

18日　2014年全国企业家活动日暨中国企业家年会在福州召开,国务委员王勇出席会议并讲话。大会由中国企业家联合会、中国企业家协会主办,主题为“以改革求突破,以创新促升级——中国企业家的时代责任”。

同日　“遇见福州·智游智在”——福州市智慧旅游启动仪式在福州海峡国际会展中心举行,包括旅游电子信息触摸屏终端在内的智慧旅游服务系统正式亮相。首批100台福州旅游电子信息触摸屏终端将在全市三星级以上酒店、AAA级以上景区、游客咨询服务中心和机场、火车站等公共场所投入使用。

19日　全市首批志愿服务记录机构启动仪式暨社区志愿服务工作现场会在军门社区举行。40家志愿服务机构成为全市首批志愿服务记录机构。

20日　2014年“福州好人大家评”大型评选活动启动,评选对象分为助人为乐好人、见义勇为好人、诚实守信好人、敬业奉献好人、孝老爱亲好人等5类。

26—27日　市委常委班子召开3个半天的专题民主生活会。省委常委、市委书记杨岳代表市委常委班子作对照检查,省委第一督导组第一组长王美香作点评,省委书记尤权参加会议并讲话。

7月

1日　洋里污水处理厂正式投产运行。该项目分4期工程,总投资约8.4亿元,主体工程于2013年10月27日动工建设。

同日　福州市公交行业首批反恐安全员正式上岗,在市区二环路以内的8条线路涉及的213辆公交车和13个公交首末站以及20个公交停车场(含临时占道停放路段),配备安全员622名,负责巡查运营公交车、公交场站。

2日　以“丝路联通梦想　媒体共促发展”为主题的丝绸之路经济带媒体合作论坛在北京人民大会堂开幕。论坛由人民日报社主办,省委常委、市委书记杨岳在论坛上作《打造21世纪海上丝绸之路战略枢纽城市》的主旨演讲。

3日　市公务员局与清华大学党委研究生工作部签订“共建研究生社会实践福州试点基地协议书”,福州成为清华大学研究生社会实践基地,实践基地挂靠单位设在市公务员局。

4日　“向阳红09”号船搭载国内第一艘“蛟龙”号深海载人潜水器从福州马尾港启航,前往西北太平洋相关区域,执行2014—2015年试验性应用航次第一段任务。1—4日,“向阳红09”号停靠马尾港,并于3日对公众开放参观。

同日　全市首次重大自然灾害(地震)红十字应急救援桌面推演在永泰举行。

6日　福州市与法国勃艮第大区农业文化遗产交流会暨合作备忘录签约仪式在福州举行,福州海峡茶业交流协会与勃艮第葡萄园竞选世界遗产协会共同签署农业文化遗产合作备忘录。5日,以法国勃艮第大区副主席索菲亚为首的勃艮第葡萄园竞选世界遗产考察团在农业部相关部门负责人陪同下,考察全球重要农业文化遗产——福州茉莉花与茶文化系统,并开展农业文化遗产交流活动。

同日　市海洋与渔业局在连江定海湾组织开展菲律宾蛤仔(俗称花蛤)增殖放流活动,为全市首次在天然海域开展蛤仔人工增殖放流活动。

7日　中国建筑海峡(闽清)绿色建筑科技产业园项目签约仪式在闽清县举行。闽清县政府与中建海峡建设发展有限公司就项目投资合同、BT意向协议进行签约,闽清县规划管理办公室和上海同济城市规划设计研究院签订建筑产业园规划编制委托合同。

7—11日　由省委常委、市委书记杨岳率领的福州交流访问团随福建省交流考察团赴台,开展以“走亲访友、合作交流、共同发展”为主题的参访交流活动。

8日　“海上丝绸之路·21世纪对话”中非海洋经济论坛暨第二届中国非洲渔业合作研讨会在琅岐经济区举行,签署发表中非渔业合作琅岐岛宣言书。该活动由福州经济技术开发区管委会、中非渔业联盟、美国中华总商会、福建海洋研究所、联合国工业发展组织中国投资促进处联合主办。

14日　由省环保志愿者协会设立的全市首个旧衣回收箱,入驻果岭生活区并投入使用。

15日　中国音乐家协会向福清市

授予“中国音乐家协会合唱基地”的牌匾。

16日　杨瑞廷南洋水师军用海图捐赠仪式在马江海战纪念馆举行。该套海图共11卷，绘制于19世纪，为前南洋水师“济安”“飞云”两舰督带杨瑞廷参加马江海战时所用。

21日　省委、省政府出台《关于深化对台交流合作推动平潭科学发展跨越发展的意见》，要求平潭发展要与福州新区主动对接，强化平潭优惠政策的辐射效应，使福州新区成为平潭发展的腹地支撑，推动两地融合发展。

22日　省委常委、市委书记杨岳主持召开市委常委（扩大）会，传达学习中央政治局常委、国务院副总理张高丽到闽考察重要讲话，中央第九巡视组巡视福建反馈意见以及省委常委（扩大）会议精神，研究福州市初步贯彻意见。

同日　两岸青年新闻讲习所在三坊七巷福建民俗博物馆成立，为海峡两岸首个青年新闻讲习机构。

23日　15时30分，第10号台风“麦德姆”在福清市高山镇沿海登陆，为年内首个直接登陆福州的台风。

同日　福州市“关爱军人困难家庭救助活动”捐赠暨救助仪式举行，福州成为全国率先启动“关爱军人困难家庭救助”项目的城市。

26日　马尾区入选省旅游局公布的全省首批10个智慧城市旅游工作试点县（市、区）。

8月

1日　《福州市茉莉花茶保护规定》施行。规定共26条，对福州茉莉花种植、茉莉花茶加工制作、茉莉花茶品牌进行保护。

同日　福建省夏秋征兵体检开检，福州市在全省率先采用二维码识别，实现征兵体检信息化，取消纸质体检表。

4日　市委常委会议召开，传达学习中共中央总书记、国家主席、中央军委主席习近平到闽看望慰问部队官兵、双拥模范代表时的重要指示精神以及省委常委会议精神。省委常委、市委书记杨岳主持会议。

同日　全球单线产能最大的己内酰胺项目在福清江阴经济开发区正式投入运营。该项目先期总投资45亿元，将年产20万吨己内酰胺。

同日　2014年海峡两岸暨港澳地区定向公开赛暨“一起动起来——全面健身与青运会同行”活动在鼓岭开幕。海峡两岸及港澳地区的35支代表队、200余名定向运动爱好者参加比赛。

7日　2014年海峡两岸海上联合搜救演练在马尾与马祖附近水域举行。演练实现首次在“两马”水域演练，首次在港外开放水域演练，首次以海上大规模人员疏散逃生为重点。

7—9日　首届海峡两岸大学生实体建构大赛在福州海峡国际会展中心举行，来自海峡两岸8所高校15支团队的100名大学生参赛。合肥工业大学获得金奖，浙江工业大学、福州大学、台湾成功大学获得银奖，华侨大学、山东建筑大学、台湾淡江大学获得铜奖。

9日　以“海丝起点·青春启航”为主题的第九届两岸青年联欢节暨第二届海峡青年节联欢会在福州海峡国际会展中心举行。

11日　国务院公布《第四批国家级非物质文化遗产代表性项目名录》，福州咏春拳和花茶制作技艺（福州茉莉花茶窨制工艺）入选。

13—19日　第二届福州海峡创意设计周——“福文化”创意设计展在三坊七巷南街展览馆举办。由两岸艺术家、设计师以及创作团队以“福文化”为主题，为福州创作的“you福器”系列作品首次亮相。

16日　由中共福州市委、中共福建省委政策研究室、中共福建省委党校、福建日报社联合主办的“马上就办”理论与实践研讨会在北京召开。“马上就办”是习近平总书记20世纪90年代在福州工作期间提出倡导的思想理念和工作作风，来自全国党建理论研究部门、中央主要新闻单位的领导和专家学者参加会议，围绕“马上就办”主题展开研讨。

21日　17时8分，中核集团福清核电站1号机组首次并网成功，正式进入并网调试阶段。7月24日，1号机组反应堆实现首次临界，标志福清核电反应堆正式启动进入运行阶段。

同日　福州市实施“春蕾计划”20周年纪念活动举行，活动授予15个单位（个人）特殊贡献奖，授予25个单位（个人）慈善爱心奖。

23日　海峡两岸各界纪念甲申海战130周年、甲午海战120周年公祭活动在马尾昭忠祠举行。省委常委、市委书记杨岳，市长杨益民，东海舰队原司令员赵国钧等现退役将军，伍世文等台湾退役将军，沈葆桢六世孙沈吕汀以及来自海峡两岸的海战英烈后裔、船政后裔、驻榕部队官兵等社会各界人士参加活动。

25日　中央第三巡回督导组副组长刘上洋一行到福州，调研督导福州市教育实践活动开展情况。省委常委、市委书记杨岳，省委第一督导组第一组长王美香陪同调研。巡回督导组一行赴闽侯县调研，并听取福州市、闽侯县教育实践活动开展情况汇报。

30日　银河朗业（中国）国际租赁有限公司落户福清，为全省首家专门从事飞机租赁业务的公司。

9月

1日　福州电子商务产业园正式动工建设，计划于2016年8月31日前建成投入使用。该产业园位于仓山区福湾工业园，总占地面积约16.53公顷，建筑面积35万平方米，总投资超10亿元，建成后将成为全省规模最大的电子商务产业园。

同日　第十二届全国美术作品展·漆画展区在福州海峡国际会展中心揭幕。该届展览分13个画种展区，漆画为首次独立设展的分展区，展出308件入选作品。

2日　经国家人防办批准立项的全市重点工程——宝龙万象广场平战结合人防工程正式动工。该项目为国内首个融合式大型人防综合体和全市首个“地下综合体”，总投资22亿元，总建筑面积19.5万平方米，预计2016年5月完工。

3日　在中宣部组织的“最美人物”颁奖仪式上，鼓楼区东街街道军门社区党委书记兼社区主任林丹，与来自北京、上海、四川等省市的10名社区干部、居民，被授予“最美社区人”称号，为全省唯一的获奖者。

10日　省委常委、市委书记杨岳主持市委常委会，传达学习习近平总书记在听取兰考县委、河南省委,张德江委员长在听取上杭县委、福建省委党的群众路线教育实践活动情况汇报时的重要讲话和省委常委会精神,研究福州市贯彻意见。

11日　银河国际汽车园项目主体工程在江阴工业区港前大道北侧动建。该项目总建筑面积120万平方米,建设进口汽车贸易交易综合经营示范区、第三方物流功能区等8个功能区。

同日　全省首宗填海项目用海使用权在连江县拍卖成功,该宗出让海域位于连江县晓澳镇百胜村中部海域,为废弃的围垦养殖区。

同日　由市商贸服务业局主办,市餐饮烹饪行业协会承办的"首届福州地方风味小吃评选"活动在福州大饭店举行,109种小吃入选2014年度福州市风味小吃名点,41家企业获评风味小吃名店。福州小吃老字号传承人带徒合同签约仪式同时举行。

13日　沈葆桢保台建台140周年纪念大会在福州举行,来自海峡两岸的沈葆桢后人及当年赴台驱日的福建水师将士后人参加。纪念沈葆桢保台建台系列活动于3月启动,并举办"寻找1874年抗日戍台将士之后"等5项活动。

14日　海峡两岸各界公祭福建戍守台湾将士活动在马尾举行。来自两岸的嘉宾、戍台将士后裔代表及驻地官兵等500余人在马尾亭江镇闽安村虎头山,公祭百年前在戍守台湾时牺牲的将士。

16日　市委十届八次全体(扩大)会议召开。会议审议《关于进一步加快福州科学发展跨越发展的行动计划》《福州新区建设行动计划(2014—2020年)》《福州市加快生态文明先行示范区建设的贯彻实施意见》,通过《中共福州市第十届委员会第八次全体会议决议》。

20日　福州市第四届"公共文明建设"系列"十佳"评比活动结果揭晓,评出八大类"十佳"共80人,包括十佳交通警辅、十佳公交驾驶员、十佳出租车司机、十佳环卫工人、十佳导游(讲解)员、十佳园林养护工、十佳新福州人、十佳供电工人。

21日　由中国文联、中国音协主办的第九届中国音乐"金钟奖"合唱比赛在苏州结束,福清侨乡合唱团获铜奖第一名,为全省参赛合唱团取得的历史最好成绩。该团也是所有参赛队中唯一的业余团队。

28日　2014年城市发展与生态平衡高层论坛暨首批创建生态文明典范城市(园区)发布仪式在北京举行,福州市获全国首批创建生态文明典范城市称号,市环保局获"2014推进创建生态文明城市先锋单位"称号。

同日　由市社科联、市文新局、台湾华夏文化交流协会主办的首届海峡两岸联合祭孔大典在福州文庙举行。

30日　福建省、福州市公祭烈士仪式在福州文林山革命陵园举行。

30日—10月4日　2014年中国海峡两岸(闽侯)第一届根艺美术博览会在闽侯根雕产业创意园举办。近500家参展商、8000余件根雕作品参展,成交额近8000万元。活动期间举办闽侯县"中国根艺之乡"牌匾颁发仪式,闽侯·中国根艺美术产业示范基地、福州市非物质文化遗产项目传承示范基地授牌仪式,中国根艺美术界最高奖项"刘开渠根艺奖"评选活动。

10月

1日　福州沙滩公园一期向市民试开放。公园位于三环路西北段,洪塘大桥下,西邻乌龙江,东近妙峰山。

同日　位于连江可门经济开发区的全球最大己内酰胺项目——申远己内酰胺项目正式动建。该项目占地近400公顷,总投资400亿元,计划建设年产100万吨聚酰胺一体化项目。

13日　由中国儿童少年基金会"安康计划——儿童安全教育工程"捐赠的全省首批3间"安全体验教室",分别落户福州教育学院第四附属小学、福州实验小学、鼓楼实验小学,并正式启用。

15日　新版榕城通IC卡可在全国49个城市刷卡乘坐公交车,其中包含省内福州、厦门、龙岩、泉州、莆田、晋江6个城市。

16日　福州市党的群众路线教育实践活动总结大会召开。会议学习贯彻习近平总书记在中央党的群众路线教育实践活动总结大会上的重要讲话精神,总结福州市教育实践活动,对巩固拓展教育实践活动成果、加强党的作风建设、推进从严治党作出部署。

17日　第一届全国青年运动会组织委员会成立暨动员大会在福州举行。以"福"字为设计主体的会徽、吉祥物"榕榕"、主题口号"福之州,青之运"等同日发布。

18日　第一届全国青年运动会倒计时一周年暨志愿者招募动员大会在福建师范大学举行,福州市将面向15所在榕高校定向招募赛会志愿者6000人。

20日　首届丝绸之路国际电影节福州分会场启动仪式在福建大剧院举行,主场活动在陕西西安同期举行。福州分会场开展电影文化交流、电影展映周、新片签约仪式、明星见面会等活动,42部电影参加展映,其中包含11个丝绸之路沿线国家的26部海外影片、港澳台地区5部影片。电影节持续至25日结束。

23日　2014年海峡(福州)渔业周·中国(福州)国际渔业博览会在福州海峡国际会展中心举行,福州首届金鱼文化节、海峡两岸渔业交流合作研讨会、国际渔业合作圆桌会议同期举行。

30日　福州航空开业暨首航仪式在长乐国际机场举行。省委常委、市委书记杨岳,副省长郑晓松,海航集团董事局主席陈峰等出席福州航空开业暨首航仪式。民航华东管理局副书记周正凯宣读并颁发运行合格证书。市长杨益民主持开业暨首航仪式。

同日　海峡奥体中心体育馆交付使用,并进入赛前器材调试阶段。体育馆由比赛场地、热身场地、看台、各种辅助用房及二层联系平台组成,其中看台有座位1027个,主赛场可容纳5个羽毛球场,热身场地可容纳8个羽毛球场。

31日　全市首条疏港铁路——江阴铁路支线正式开通运营。该支线的正线总长19.29公里,总投资22.7亿元,为全线电气化货运铁路,于2009年3月动建,2014年3月28日全线贯通,9月1日正式通车。

11月

1日　旗山大桥(原名新南港大桥)主线桥正式建成通车。该桥于2011年

5月22日动建，起点位于福州高新区南屿镇六十份洲互通，终点止于海峡农副产品批发物流中心A号路，全长2.6公里，总投资5.6亿元。

同日　社会智库中郡经济发展研究所发布第十四届全国县域经济与县域基本竞争力百强县名单，福清市、闽侯县、长乐市入选，分别列第五十三、七十一、九十五位。

2日　福建省第十五届运动会在漳州市闭幕。福州市代表团派出637名运动员，参加25个大项461个小项的比赛，获得金牌232枚、奖牌546.5枚、总分7203分，金牌数和总分均名列各参赛队之首，并被大会授予体育道德风尚奖。

3日　市委常委（扩大）会议召开，传达学习习近平总书记来闽考察重要讲话和省委常委（扩大）会议精神，研究福州市初步贯彻意见。1—2日，中共中央总书记、国家主席、中央军委主席习近平在福建调研期间，考察位于福州经济技术开发区的新大陆科技集团、福州市军门社区。

同日　全省首座特高压变电站——1000千伏特高压榕城站500千伏系统完成启动。该站位于闽侯县大湖乡南侧、新塘村西侧，占地15.03公顷，为1000千伏浙北—福州特高压交流输变电工程的终点站。

6—8日　第十六届中国连锁店展览会在福州海峡国际会展中心举行，展出面积近8万平方米，设置9个零售、商用设施设备等综合展示区。

7日　福建省区域和企业评价中心发布"2014年度福建省县域经济实力十强"评价结果，福清市、闽侯县、长乐市、连江县入选。

同日　福州市召开学习贯彻习近平总书记视察军门社区重要讲话精神，深化"135"社区党建工作模式会议。

11日　福州地铁2号线工程BT合同正式签约，由中国交通建设股份有限公司以BT方式承建，为福州市首次采用BT模式加快融资修建地铁。

11—16日　2014年中国羽毛球公开赛——大都会人寿世界羽联超级系列赛顶级赛在福州海峡奥林匹克体育中心体育馆举行，为中国羽毛球公开赛时隔28年再次在福州举办，并将连续4年在福州举办。23个国家和地区的224名选手参赛，中国队获得女双、混双项目金牌。

14—16日　2014年第三届环福州·永泰国际公路自行车赛举行，伊朗车手夺得总冠军。

26日　第三批中国传统村落名录公布。福州市的罗源县中房镇深坑村、永泰县嵩口镇月洲村、永泰县嵩口镇中山村、永泰县盖洋乡盖洋村、福清市南岭镇大山村食莱厝村等5个村落入选。

27日　福州首条洲际航线开通，为东方航空的福州—上海—纽约航班。

同日　中以示范农场在福州开园，为国内首个引进、展示以色列成套现代农业生产技术的国际合作项目和以色列政府在国外推动的首个农业综合技术展示农场，农场核心区设在位于晋安区新店镇的海峡现代农业示范园，示范基地设在福清市和建阳市。

同日　以"青春·梦想"为主题的未来影像——第九届亚洲国际青少年电影节暨首届海峡两岸文创嘉年华系列活动开幕式在永泰县举行。电影节设置"亚洲国际青年影像盛典""亚洲国际青少年影像作品""海峡两岸微电影"3个单元，62部电影作品入围。

28日　2014年中国国际友好城市大会颁奖典礼在广州举行，福州市获"国际友好城市交流合作奖"。

12月

1日　福州首批100辆纯电动公交车在117路、126路公交线路上投入使用。作为配套工程的全市首座公交充电站——国家电网齐安充电站同时投入运营。

2日　福州经济技术开发区通过国家生态工业示范园区验收，为全省首个获批通过的国家生态工业示范园区。

同日　世界闽侨文化交流联合会成立发布会暨福建办事处揭牌仪式在福州举行。该会由旅美闽侨发起，为在美国注册成立的非营利性和非政府性的文化艺术服务组织。

5日　福州市台胞权益保障中心法官工作室揭牌，为全国首家台胞权益保障法官工作室，服务对象为在榕台胞、台企以及涉台机构。

18日　全市首条社区公交线路开通，起讫站点为贵安水世界、贵安新天地。

23日　闽东北经济协作区市委（工委）书记、市长（主任）联席会议在三明召开。闽东北五市（福州、宁德、三明、南平、莆田市）一区（平潭综合实验区）党政主要领导参加。会议审议并通过《2014年闽东北经济协作区工作报告》和《闽东北经济协作区市委（工委）书记、市长（主任）三明联席会议纪要》。

25日　市委十届九次全会召开，会议讨论市委常委会工作报告，以及《中共福州市委、市政府关于深入贯彻习近平总书记来闽考察重要讲话精神的意见》稿和《中共福州市委关于贯彻党的十八届四中全会精神全面推进依法治市建设法治福州的实施意见》稿，审议通过市委十届九次全会决议。

26日　第二届福州最美文化村（社区）评选活动主办方在福州举办颁奖典礼，福清溪头村、长乐青山村、晋安宜夏村、永泰赤水村、闽清斜洋村、闽侯孔元村、连江天竹村和鼓楼军门社区、鼓楼中山社区、晋安象园社区入选。

30日　台湾合作金库银行福州分行揭牌，注册资本6亿元，为全省首家台湾银行分行和台湾合作金库银行在大陆的第三家分行。

同日　鳌峰洲花鸟市场正式关闭。11月20日，鳌峰洲花鸟市场开始搬迁至福州国艺花鸟工艺品综合市场。新市场位于齐安路，占地10公顷。

31日　世欧王庄商业广场建成开业。该广场位于世欧王庄综合体，商业面积30万平方米。

（编辑　黄　铭）

市情概貌

自然资源

【地理】 福州市是福建省省会，位于福建省中部东端，介于北纬25°15′～26°39′、东经118°08′～120°31′之间。东临台湾海峡，西靠三明市、南平市，南邻莆田市，北接宁德市。东西最大横距128公里，南北最大纵距145公里，总面积11968平方公里。南部为福州盆地的大部分；北部为山地，从西南向东倾斜；西部为中低山地；东部丘陵平原相间。山地、丘陵占全区土地总面积的72.68%，其中山地占32.41%，丘陵占40.27%。鹫峰、戴云两山脉斜切南北，闽江横贯市区东流入海。

（市方志委）

【资源】 *土地资源* 土地面积118.58万公顷（不含平潭）。其中，耕地15.18万公顷，园地5.5万公顷，林地68.93万公顷，草地1.13公顷，城镇村及工矿用地9.52万公顷，交通运输用地2.36万公顷，水域及水利设施用地11.75万公顷，其他土地4.21万公顷。

矿产资源 境内已发现各类矿产56种（包括亚矿种）。优势矿产以砂、石、土、地热为主，金属矿产储量偏少，高品位矿少。已开发能源矿产仅1种（地热）。已探明列入福建省矿产资源储量表的固体矿产17种，其中金属矿有6种，非金属矿11种。已探明资源储量的矿区和已开发利用的矿山以非金属矿为主。开发利用的矿产有11个矿种，主要矿种为饰面用花岗岩、建筑用花岗岩和建筑用凝灰岩、叶蜡石（寿山石）、地热、砂、高岭土。饰面用花岗岩主要产于罗源、连江、福清等县（市）；建筑用花岗岩、凝灰岩主要产于福清、连江、闽侯、永泰等县（市）；叶蜡石储量居全国首位，主要产于晋安区，闽清、罗源、福清等县（市）也有开采。产自晋安区北峰山区的雕刻用叶蜡石（寿山石）最为珍稀，其品种达100余种，至今已有1000余年的开发历史；寿山村的“田黄石”和峨嵋村的“芙蓉石”是寿山石的上品，名扬国内外，寿山石于1999年8月被推选为“国石”候选石之首。福州市地热资源丰富且有特色，27个地热田（点）分布于福州市城区和永泰、闽侯、闽清、连江、福清等县（市）。境内地热资源埋藏浅、水温高、水质好，自古有“闽中温泉甲天下”之美誉，福州市于2010年12月获“中国温泉之都”称号，永泰县、连江县获“中国温泉之乡”称号。闽江流域福州境内砂矿资源丰富，已查明资源储量达4亿吨。高岭土矿主要产于闽清县，为建筑陶瓷、电陶瓷的主要原料。

（市国土资源局）

水力资源 2013年，地表水资源量85.75亿立方米，地下水资源量27.77亿立方米，地下水与地表水不重复计算量0.29亿立方米，水资源总量86.04亿立方米，人均水资源拥有量1240立方米。全市年供水总量31.04亿立方米；年用水总量31.04亿立方米，同比增长2.1%，其中农业用水量11.33亿立方米、工业用水量13.02亿立方米、城镇公共用水量1.89亿立方米、居民生活用水量3.51亿立方米、生态环境用水量1.29亿立方米。水质评价河长500公里，其中符合和优于《地表水环境质量标准》（GB 3838－2002）Ⅲ类水河长430公里，超标（Ⅳ、Ⅴ类）河长70公里，污染主要分布在闽江水口库区以及支流梅溪闽清河段，主要超标项目为溶解氧、氨氮和总磷。

（市水利局）

森林资源 林地面积62.64万公顷，林业用地面积74.36万公顷（其中生态公益林31.51万公顷，商品林42.85万公顷）。林木总蓄积3549万立方米，森林蓄积量3275万立方米。森林覆盖率55.6%，在全国省会城市位居第二。有国家级森林公园5个、省级10个，省级以上森林公园经营面积1.6万公顷。湿地面积约20.68万公顷，其中近岸与海岸湿地15.82万公顷，河流湿地1.5万公顷，湖泊湿地236.75公顷，沼泽湿地25.04公顷，人工湿地3.32万公顷。沿海防护林面积8.08万公顷，基干林带722.94千米。油茶林1.71万公顷，竹林5.62万公顷，经济林6.88万公顷，花卉面积0.42万公顷。

（市林业局）

海洋资源 全市海域面积10573平方公里（含平潭，下同），海域辽阔，海岸线绵长，潮间带滩涂面积641.96平方公里；大陆岸线长度920公里，约占全省1/3，其中乡级以上海岛海岸线长度390公里。岛礁864个，约占全省1/3；海岛

总数为 864 个，占全省的 39%，其中，无居民海岛 830 个，有居民海岛 34 个(包含目前由台湾省管辖海岛 7 个)。0～10 米等深线浅海面积 1314.1 平方公里，10～20 米等深线浅海面积 1404.64 平方公里。有 100 多种经济价值较高的海洋鱼类，1580 种海洋生物种类，每年创造约全省 1/3 的海洋经济总量，多项海洋产业产值、海产品产量居全省首位；罗源湾、福清湾、兴化湾是全省的三大深水良港。

(市海洋与渔业局)

气　候

【概况】　2014 年，福州市气候属一般年景。年平均气温 20.5℃，比常年平均高 0.6℃，属偏高；平均年雨量 1440.1 毫米，比常年平均少 2.6%，属正常；平均年日照时数 1710 小时，比常年平均多 4.9%，属正常。

【气温】　全市年平均气温 20.5℃，比常年平均高 0.6℃，属偏高；是 1981 年以来第七偏高年份，见图 1；各月平均气温变化见图 2。各县(市)年平均气温为 19.6～20.9℃，比常年平均高 0.2～0.8℃，罗源、连江、平潭属正常，其余县

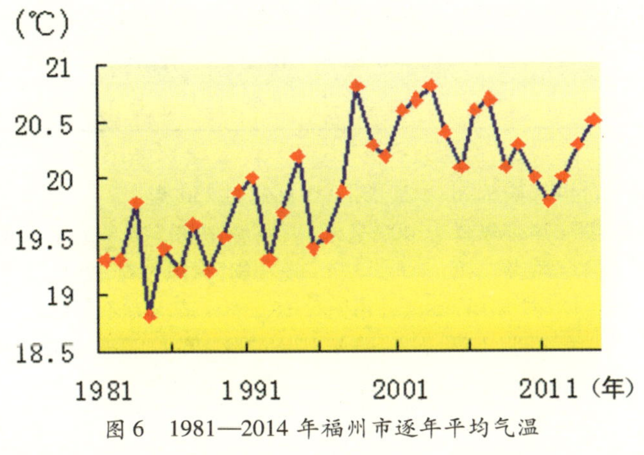

图 6　1981—2014 年福州市逐年平均气温

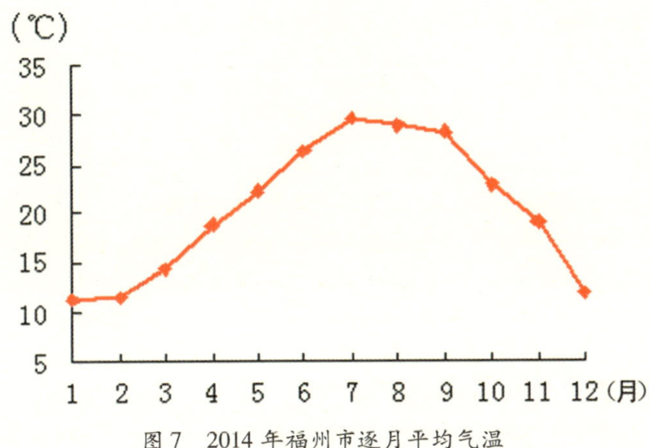

图 7　2014 年福州市逐月平均气温

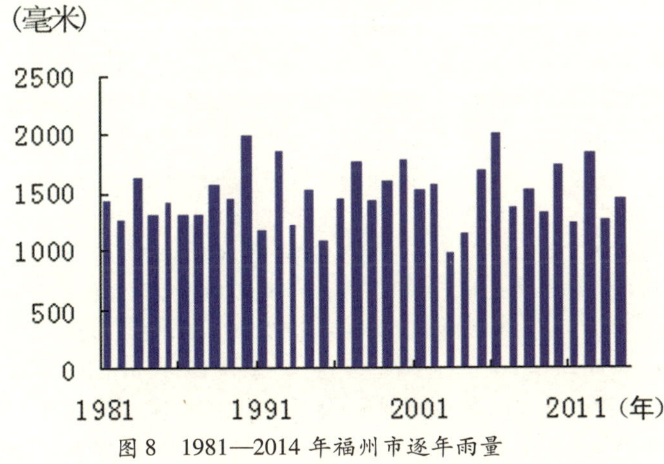

图 8　1981—2014 年福州市逐年雨量

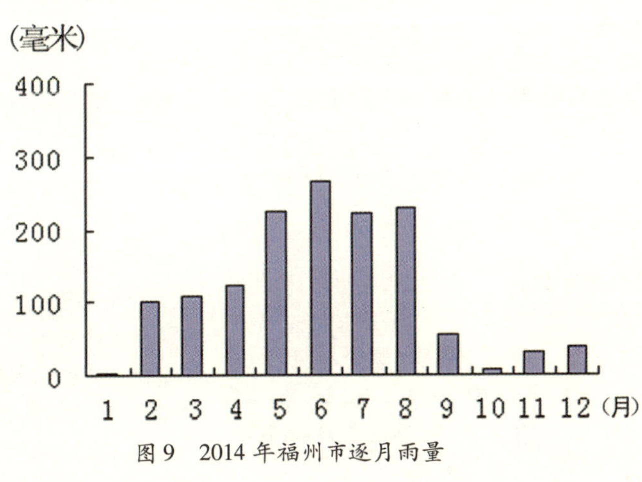

图 9　2014 年福州市逐月雨量

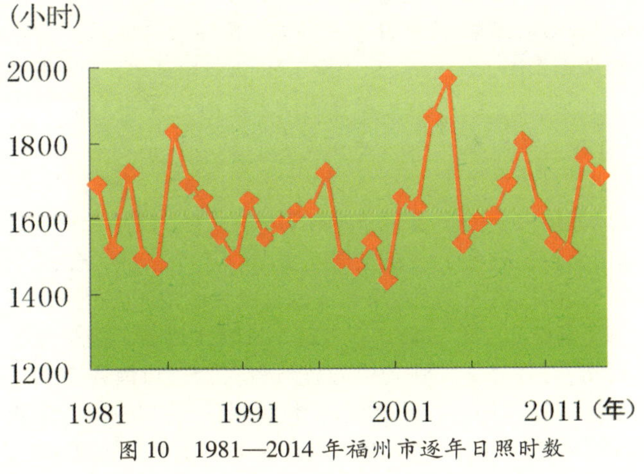

图 10　1981—2014 年福州市逐年日照时数

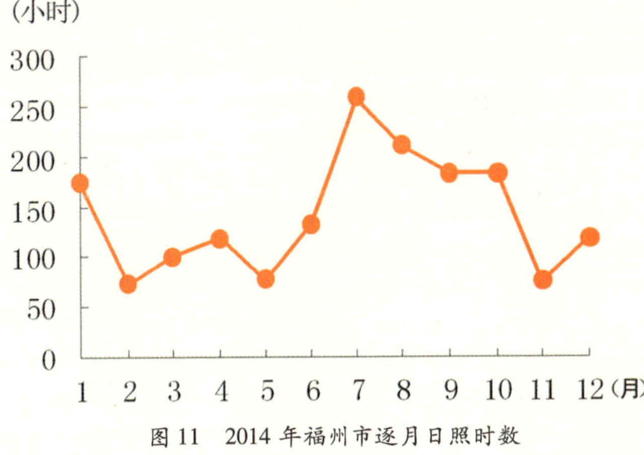

图 11　2014 年福州市逐月日照时数

表4　**2014年福州市各县(市)平均气温、雨量、日照评价**

	闽清	闽侯	永泰	罗源	连江	长乐	福清	平潭	福州市区	全市平均
平均气温(℃)	20.8	20.6	20.4	19.9	19.6	20.7	20.9	20.6	20.8	20.5
距平(℃)	0.6	0.6	0.5	0.4	0.2	0.8	0.8	0.5	0.6	0.6
评价	偏高	偏高	偏高	正常	正常	偏高	偏高	正常	偏高	偏高
雨量(毫米)	1505.0	1486.3	1333.6	1901.4	1638.7	1402.5	1139.4	926.2	1628.0	1440.1
距平百分率	3.9	3.9	-12.3	13.7	4.9	-3.3	-25.8	-28.6	16.9	-2.6
评价	正常	正常	偏少	偏多	正常	正常	显著偏少	显著偏少	偏多	正常
日照时数	1814.2	1692.7	1789.2	1767.3	1758.4	1697.7	1647.3	1631.1	1591.7	1710.0
距平百分率	10.8	5.0	7.2	10.5	12.2	2.0	-4.6	0.0	1.8	4.9
评价	偏多	正常	正常	偏多	偏多	正常	正常	正常	正常	正常

(市)偏高,见表4。1月23日受强冷空气影响,永泰县最低气温达-2℃,为年度全市的低温极值。7月11日闽清最高气温达39.2℃,为年度全市的高温极值。

【雨量】　全市平均年雨量1440.1毫米,比常年平均少2.6%,属正常,见图3;各月雨量分布见图4。各县(市)年雨量差异大,平潭、福清分别为926.2毫米和1139.4毫米,属显著偏少;永泰为1333.6毫米,属偏少;其余县市在1402.5~1901.4毫米之间,属正常或偏多,见表1。6月18日闽清日雨量达135.5毫米,是全年全市日雨量之最。

【日照时数】　全市平均年日照时数1710小时,比常年平均多4.9%,属正常,见图5;各月日照时数分布见图6。各县(市)年日照时数为1591.7~1814.2小时,其中闽清、罗源、连江属偏多,其余县(市)正常,见表1。

(郑颖青)

灾害性天气

【概况】　2014年,影响福州市的灾害性天气主要有台风、暴雨(不含台风暴雨)、强对流天气、强冷空气与寒潮、低温天气过程、高温、气象干旱等,其中6月18—23日的暴雨洪涝和10号台风"麦德姆"影响较重,其他类型气象灾害较轻。

【台风】　全年有4个台风影响福州市,分别为第7号"海贝思"(热带风暴级)、第10号"麦德姆"(强台风级)、第15号"海鸥"(台风级)和第16号"凤凰"(强热带风暴级)。其中,"海贝思"(影响时间6月16—17日)为早台风,受其影响,6月16日部分县(市)出现大雨到暴雨;"麦德姆"(影响时间7月21—24日)登陆福清,对福州市造成严重影响;"海鸥"(影响时间9月14—16日)和"凤凰"(影响时间9月19—22日)对福州市的主要影响是沿海大风,降水不明显。

第10号台风"麦德姆"于7月18日2时在菲律宾以东洋面生成,生成后向偏西方向移动,19日14时起转向西北方向移动,最强时近中心最大风力14级(42米/秒,强台风级),23日15时30分在福清市高山镇登陆,登陆时最大风力11级(30米/秒,强热带风暴级)。"麦德姆"的特点为:移动路径稳定,降水强度强,强降水主要位于台风中心的两侧和倒槽中。受"麦德姆"正面袭击影响,22日夜里起福州市沿海普遍出现11~12级偏北大风,个别高山站和海岛站出现13级以上大风,最大的为连江目屿岛风速49.8米/秒(15级);台风登陆后全市沿海普遍有10~11级偏南大风。沿海各县(市)城区出现8~10级大风,最大的为晋安,风速28.9米/秒(10级)。强降水集中在23日,部分县(市)有暴雨或大暴雨,局部特大暴雨。过程累积雨量全市有222个自动气象站雨量超过100毫米,69个站超过250毫米,9个站超过400毫米,以罗源中房577.8毫米为最大。整个"麦德姆"台风过程,全市12个县(市)区、152个乡镇均有不同程度受灾,受灾人口17.57万人,房屋倒塌233间,转移4.3万人,直接经济损失3.72亿元。

【暴雨】　全年暴雨(不含台风暴雨)主要有6次。(1)2月9日,受低层切变和地面冷空气影响,部分县(市)出现大雨到暴雨,福州市区、连江和平潭出现暴雨。(2)受低层切变和地面冷空气影响,4月24日夜里,部分县(市)出现强降水,闽清、闽侯、福州市区12小时雨量超过80毫米。(3)受地面冷空气和低层切变影响,5月17日白天,中北部县(市)普降大雨到暴雨,闽侯、福州市区、连江出现暴雨。(4)6月18日,受高空槽和低层切变影响,部分县(市)出现暴雨,闽清县城出现大暴雨。15~16时,闽侯青龙山、长乐罗联1小时雨量超100毫米。19日,永泰东部、闽侯南部和长乐中部再次出现暴雨或大暴雨。18—19日,全市42个乡镇受灾,受灾人口47792人,转移5432人,倒塌房屋157间,死亡3人,直接经济损失21693万元。(5)6月23日,受低层切变线影响,7个县(市)出现暴雨,局部乡镇出现大暴雨。(6)8月上、中旬,受西南季风影响,午后到夜里频繁出现强对流天气过程。降雨持续时间长、范围广、短时雨强大,福州市区多处低洼地带积水受涝;小流域山洪暴涨;水口水库20日1时50分最大出库流量1.19万立方米/秒，为1995年以来同期最大流量洪水过程。主要暴雨过程出现在8月2—3日、8—9日、11—13日、17—20日和28日。最强过程出现在8月11—13日，12日部分县（市）出现大雨到暴雨，局部乡镇出现大暴雨；自动站3天有111个站次暴雨，10个站次出现大暴雨，3天累积雨量最大为罗源鉴江267.8毫米。13日因短时强降水，洪水冲毁闽清台山桥防洪堤抢险工程便道800米，冲毁护堤抛石600立方米，造成经济损失30万元；桔林乡10户居民房屋被水淹没，5户房屋墙体滑坡、崩塌，水田被淹0.23公顷，多处公路滑坡，造成经济损失19.5万元。

【强对流天气】 （1）受西南气流和低层切变影响，3月27日罗源中房、西兰出现小冰雹。（2）3月29日受高空槽东移影响，全市普遍出现7～9级雷雨大风，以长乐营前出现29米/秒（11级）为最大；闽清坂东、闽侯上街、福州金山和福清县城、东张、少林等地出现冰雹，最大直径达19毫米。（3）全年发生雷灾事故9起，导致7人死亡，1人受伤，经济损失22.36万元；雷灾事故主要集中在6月，单月发生雷灾事故6起。

【强冷空气与寒潮】 （1）1月13—16日，受冷空气影响，气温明显下降。最低气温降幅闽清、闽侯、永泰3县达8.6～10.1℃，沿海县（市）降幅为5.2～7.7℃；过程极端最低气温内陆和沿海北部0.6～2℃，沿海中南部县（市）为4.4～7.1℃。（2）12月16—18日，受冷空气影响，气温明显下降。闽清、永泰和罗源达寒潮标准，48小时降温幅度达10℃以上；18日早晨闽清、永泰、闽侯和罗源最低气温均低于2℃；闽清达1℃。

【低温天气过程】 受冷空气影响，1月21—23日气温明显下降，22—23日内陆和沿海北部的大部分乡镇最低气温达0℃以下，闽清和永泰城区两天最低气温均低于0℃。

【高温】 年内除平潭外，各县（市）均出现7天以上日最高气温≥35℃的高温天气，其中闽清、永泰≥35℃的高温日数达66～71天，闽侯、福州≥35℃的高温日数达44～46天。≥35℃高温段主要出现在7月1—13日、7月31日至8月10日、8月24—30日和9月6—10日。闽清、永泰、闽侯、罗源和福清5县（市）出现1～4天≥38℃的高温天气，≥38℃的高温日数总体较少；但8月1日福清最高气温达38.4℃，为历史罕见（仅次于1978年8月1日）。

【气象干旱】 （1）2013年12月19日至2014年2月4日，降水持续偏少；除闽侯和罗源外，其余县（市）均出现小旱；2月5日后降水增多，旱情解除。（2）8月底至9月初开始（长乐、平潭于8月21日开始，福州市区于10月1日开始），大部分县（市）降水持续偏少；闽清和福清干旱持续至12月初，达到特旱级别；长乐、闽侯、平潭达到中旱；连江、永泰、福州市区出现小旱；部分县（市）的旱情于9月中、下旬缓解，12月初旱情全部解除。

（郑颖青）

行政区划

【概况】 福州市简称榕，辖鼓楼、台江、仓山、晋安、马尾5个区，闽侯、连江、罗源、闽清、永泰、平潭6个县及福清、长乐2个县级市。总面积11968平方公里。市人民政府驻鼓楼区乌山路96号。2014年，全市辖43个街道、99个镇、45个乡（含连江县马祖乡）、2个民族乡；441个社区居委会、2388个村民委员会。

表5　**2014年福州市县（市）区行政区划一览**

县（市）区名称	面积（平方公里）	街道、乡（镇）名称	社区居委会（个）	村委会（个）
鼓楼区	35	东街、南街、安泰、水部、温泉、鼓东、鼓西、华大、五凤街道，洪山镇	69	—
台江区	18	茶亭、洋中、后洲、新港、瀛洲、苍霞、义洲、上海、宁化、鳌峰街道	52	—
仓山区	142	仓前、下渡、临江、三叉街、对湖、上渡、金山、东升街道，建新、盖山、仓山、城门、螺洲镇	64	102
晋安区	567	茶园、王庄、象园街道，新店、岳峰、鼓山、宦溪镇，寿山、日溪乡	66	113
马尾区	281	罗星街道，马尾、亭江、琅岐镇	12	62
福清市	1518	玉屏、龙山、龙江、音西、宏路、石竹、阳下街道，东张、海口、龙田、高山、渔溪、城头、江镜、三山、江阴、港头、沙埔、东瀚、上迳、新厝、镜洋、一都、南岭镇	46	438
长乐市	658	吴航、航城、营前、漳港街道，梅花、金峰、潭头、玉田、江田、古槐、鹤上、首占、文武砂、湖南、文岭、松下镇，罗联、猴屿乡	22	231

续表5

县(市)区名称	面积(平方公里)	街道、乡(镇)名称	社区居委会(个)	村委会(个)
闽侯县	2136	甘蔗街道,白沙、尚干、祥谦、青口、南通、南屿、上街、荆溪镇,竹岐、洋里、鸿尾、大湖、小箬、廷坪乡	27	292
连江县	1168	凤城、晓澳、浦口、琯头、敖江、东岱、东湖、丹阳、马鼻、透堡、官坂、黄岐、筱埕、苔菉、长龙、坑园镇,潘渡、蓼沿、下宫、安凯、江南、马祖乡,小沧畲族乡	34	243
罗源县	1187	凤山、鉴江、松山、起步、中房、飞竹镇,白塔、西兰、洪洋、碧里乡,霍口畲族乡	7	189
闽清县	1466	梅城、坂东、池园、梅溪、白樟、白中、塔庄、东桥、雄江、金沙、省璜镇,云龙、上莲、三溪、下祝、桔林乡	20	271
永泰县	2241	樟城、嵩口、梧桐、葛岭、城峰、清凉、长庆、同安、大洋镇,塘前、富泉、岭路、赤锡、洑口、盖洋、东洋、霞拔、盘谷、红星、白云、丹云乡	11	255
平潭县	371	潭城、苏澳、澳前、北厝、流水、平原、敖东镇,岚城、中楼、白青、南海、屿头、大练、东庠、芦洋乡	11	192

(市民政局)

人　口

【概况】　2014年,全市总户数195.32万户(数据不含平潭,下同),总人口数632.15万人(含持证人口),较上年增加8.49万人,平均每户3.24人。其中,市区总户数65.79万户,总人口数197.43万人;七县(市)总户数129.53万户,总人口数434.72万人。60周岁以上老年人口105.03万人,占总人口16.61%,较上年多5.24万人。男女比例:男性324.6万人,占51.35%;女性307.55万人,占48.65%;男比女多17.05万人,比幅较上年略有缩小。其中,市区男性98.26万人,女性99.17万人,女比男多9111人;七县(市)男性226.34万人,女性208.38万人,男比女多17.96万人。

【人口自然变动】　全市出生人口10.75万人,较上年少3416人,人口出生率17.12‰,比上年的17.92‰低0.8‰。死亡人数2.89万人,较上年多5089人,人口死亡率4.6‰,比上年的3.85‰高0.75‰,人口自然增长7.85万人,人口自然增长率12.51‰。市区人口出生2.4万人,人口出生率12.22‰,死亡人数7491人,人口死亡率3.82‰,人口自然增长1.65万人,人口自然增长率8.4‰。七县(市)人口出生8.35万人,人口出生率19.74‰,死亡人数2.14万人,人口死亡率4.02‰,人口自然增长6.21万人,人口自然增长率14.67‰。市区人口自然增长率较七县(市)低6.27‰。

【人口机械变动】　全市迁入人口11.67万人,迁出人口11.04万人,迁入多于迁出6310人,人口迁移增长率1‰。其中,市区迁入6.67万人,迁出5.64万人,迁入多于迁出1.03万人,人口迁移增长率5.24‰;七县(市)迁入5.01万人,迁出5.4万人,迁出多于迁入3972人,人口迁移负增长率0.94‰。

(陈茂华)

表6　2014年福州市户籍人口构成

指　标	年末数(人)	比重(%)
户籍总人口	6749436	100.00
男性	3462989	51.31
女性	3286447	48.69
0~18岁	1284285	19.03
18~35岁	1816891	26.92
35~60岁	2541214	37.65
60岁以上	1107046	16.40

说明:表格数据来自市统计局,数据含平潭

国民经济和社会发展情况

【概况】　2014年年末,全市户籍总户数207.32万户(户籍、人口数含平潭,下同),户籍人口674.94万人,其中市区户籍人口197.43万人。全市常住人口743万人,其中市区常住人口306.1万人,人口自然增长率7‰。

初步核算,全市地区生产总值5169.16亿元,同比增长10.1%。其中,

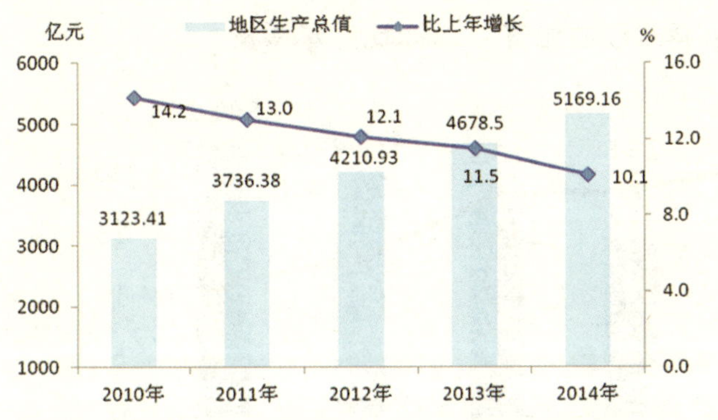

图 12　2010—2014 年地区生产总值(GDP)及其增长速度

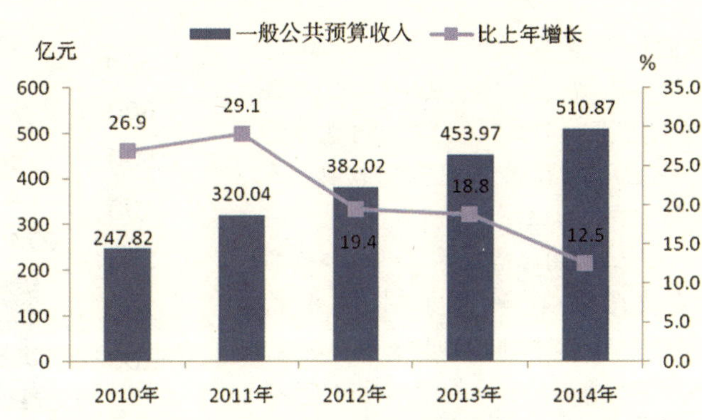

图 13　2010—2014 年一般公共预算收入及其增长速度

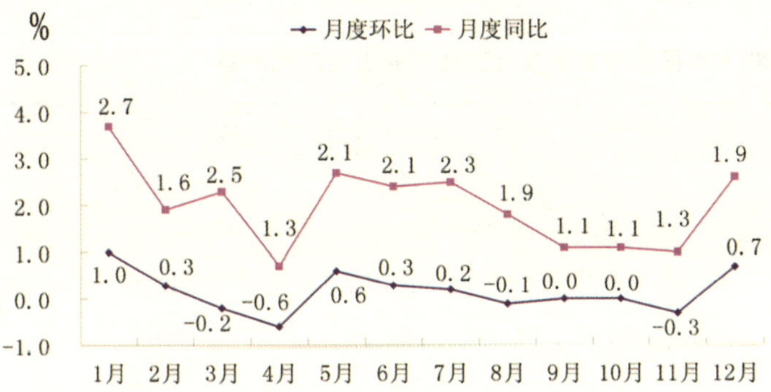

图 14　2014 年居民消费价格月度涨跌幅度

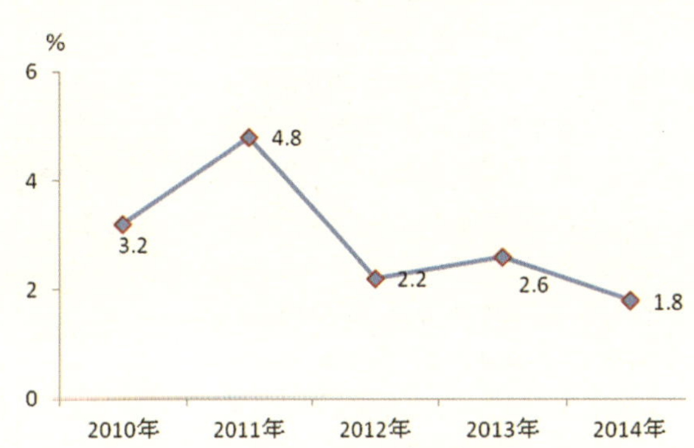

图 15　2010—2014 年居民消费价格涨跌幅度

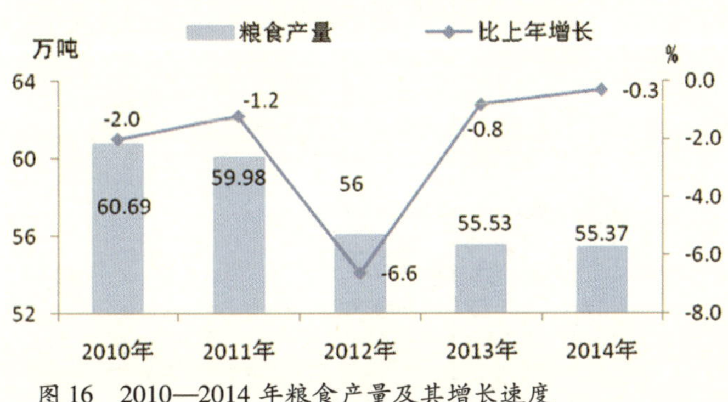

图 16　2010—2014 年粮食产量及其增长速度

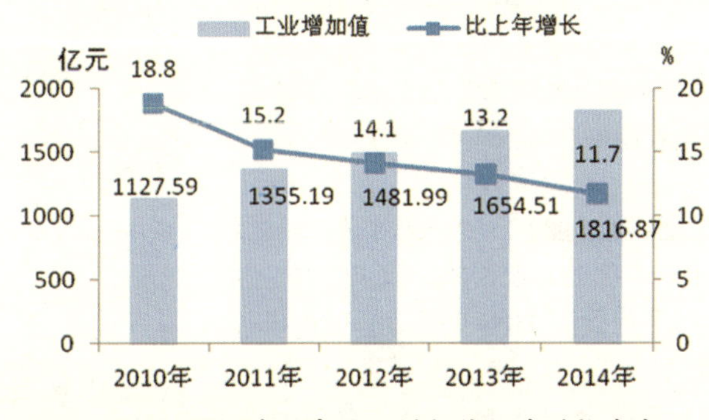

图 17　2010—2014 年全部工业增长值及其增长速度

第一产业增加值 415.91 亿元,同比增长 4.6%;第二产业增加值 2352.15 亿元,同比增长 11.5%;第三产业增加值 2401.10 亿元,同比增长 9.4%。三次产业比为 8.05:45.5:46.45。

全市一般公共预算总收入 780.48 亿元,同比增长 13.3%,其中一般公共预算收入 510.87 亿元,同比增长 12.5%。在一般公共预算收入中,税收收入 427.4 亿元,同比增长 9%。全年一般公共预算支出 571.02 亿元,同比增长 7%。

价格水平稳定。全年居民消费价格比上年上涨 1.8%,其中,食品价格上涨 2.9%。工业生产者出厂价格同比下降 1.5%。

表 7　**2014 年福州市居民消费价格比上年涨跌幅度**

指　标	全市(%)
居民消费价格	1.8
食品	2.9
烟酒	-0.9
衣着	3.0
家庭设备用品及维修服务	0.3
医疗保健和个人用品	1.2
交通和通信	0.1
娱乐教育文化用品及服务	0.6
居住	2.3

【农业】 农林牧渔业总产值730.77亿元,同比增长4.7%,其中,农业产值200.48亿元,同比增长3.9%;林业产值22.93亿元,同比增长12.8%,牧业产值72.68亿元,同比下降2.1%,渔业产值412.44亿元,同比增长5.9%,农林牧渔服务业产值22.24亿元,同比增长3.8%。全年粮食播种面积10.4万公顷,比上年减少0.1万公顷;粮食总产量55.37万吨,同比下降0.3%。

食用菌干鲜混合产量15.35万吨,同比增长5.9%;茶叶产量2.48万吨,同比增长13.1%;蔬菜产量342.23万吨,同比增长5.7%;水果产量49.64万吨,同比增长9.2%;肉蛋奶产量38.2万吨,同比下降4.2%;水产品产量218.74万吨,同比增长5.3%。

有市级农业产业化龙头企业239家,全年销售额660亿元。国家级农业标准化示范区13个、省级农业标准化示范区17个、市级农业标准化示范区24个。福建农业名牌15项,7项农产品获得国家地理标志登记保护。各种休闲农场163家,农家乐273家,带动就业8900人,全年接待游客780万人次。有57家现代农业技术创新基地。

【工业、建筑业】 全部工业增加值1816.87亿元,同比增长11.7%。工业固定资产投资1168.63亿元,同比增长12.7%。

规模以上工业十大行业增加值1288.47亿元,同比增长11.6%。其中,化学纤维制造业同比增长35.4%、农副食品加工业同比增长15.9%、非金属矿物制品业同比增长14.1%、黑色金属冶炼和压延加工业同比增长13.9%、纺织业同比增长13.2%、计算机、通信和其他电子设备制造业同比增长8.9%、皮革、毛皮、羽毛及其制品和制鞋业同比增长8.2%、电气机械和器材制造业同比增长7.3%、电力、热力生产和供应业同比增长5.2%、汽车制造业同比下降2.6%。

全年有总承包和专业承包资质建筑业企业845家,全社会建筑业增加值541.1亿元,同比增长11%。

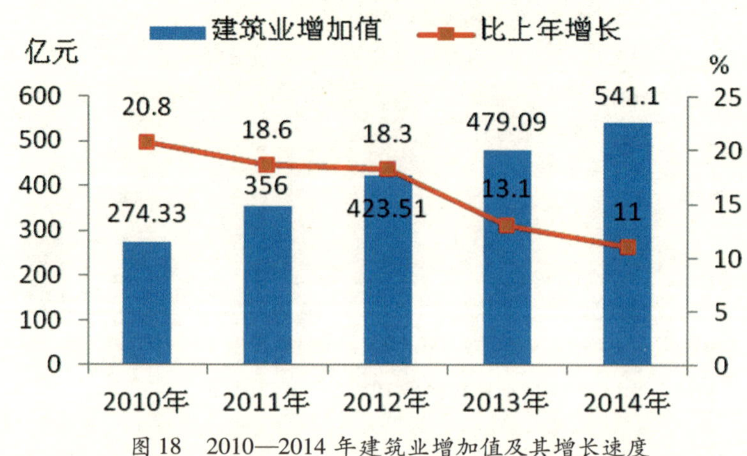

图18 2010—2014年建筑业增加值及其增长速度

表8 **2014年福州市规模以上工业企业主要产品产量**

产品名称	单位	绝对数	比上年增长(%)
发电量	亿千瓦时	447.35	2.8
#火力发电	亿千瓦时	339.15	-4.3
水力发电	亿千瓦时	73.90	15.8
食用植物油	万吨	68.38	63.5
纱	万吨	241.66	12.5
化学纤维	万吨	247.28	16.7
人造板	立方米	326079.00	-1.8
皮革鞋靴	万双	8014.69	0.6
塑料制品	万吨	99.03	-4.0
水　泥	万吨	750.64	-11.5
花岗石板材	万平方米	14254.97	9.7
钢	万吨	770.64	12.9
钢　材	万吨	851.08	-1.6
铝　材	万吨	64.01	23.0
汽　车	万辆	9.30	-33.2
显示器	万台	3076.95	-7.6
打印机	万台	121.22	-7.0

【固定资产投资】 固定资产投资4388.62亿元,同比增长14.9%。民间投资稳步增长,有力拉动全市固定资产投资增长10.2个百分点,在固定资产投资中占比提高,占全市固定资产投资55.6%。三次产业投资结构持续优化,第一产业投资额56.9亿元,同比增长39.9%;第二产业投资增长,投资额1219.95亿元,同比增长16.5%;第三产业投资占据主导位置,投资额3111.77亿元,同比增长14%。

加快推进重点项目建设。推进三江口、琅岐岛以及长乐航空新城、福清海港新城等重点区域建设。新开工建设滨海大通道、东部快速通道和江阴港8号、9号码头泊位等一批项目,建成福清核电1号机组、江阴港铁路支线等一批项目。

房地产开发投资1455.07亿元,同比增长15%。推进保障性安居工程,完成投资额129.33亿元,同比增长32.1%,全年保障性安居工程在建面积833.35万平方米,竣工216.49万平方米。

表9　2014年分行业固定资产投资(不含农户)情况

行　业	投资额(亿元)	比上年增长(%)
总计	4388.62	14.9
农、林、牧、渔业	56.90	39.9
采矿业	2.47	491.9
制造业	774.73	1.5
电力、燃气及水的生产和供应业	391.43	43.2
建筑业	51.32	391.1
批发和零售业	133.98	28.2
交通运输、仓储和邮政业	466.81	12.3
住宿和餐饮业	50.59	23.7
信息传输、软件和信息技术服务业	75.60	-14.8
金融业	17.48	-40.5
房地产业	1592.11	11.1
租赁和商务服务业	63.38	-0.4
科学研究和技术服务业	11.93	-22.8
水利、环境和公共设施管理业	434.18	41.4
居民服务、修理和其他服务业	7.44	-14.5
教育	51.81	-5.6
卫生和社会工作	31.08	22.4
文化、体育和娱乐业	115.95	72.5
公共管理、社会保障和社会组织	59.43	-21.2

表10　2014年房地产开发和销售主要指标完成情况

指　标	单位	绝对数	比上年增长(%)
投资完成额	亿元	1455.07	15.0
#住宅	亿元	926.58	7.1
房屋施工面积	万平方米	7598.91	10.6
#住宅	万平方米	5108.45	3.0
商品房销售面积	万平方米	965.60	-23.2
#住宅	万平方米	816.25	-26.1

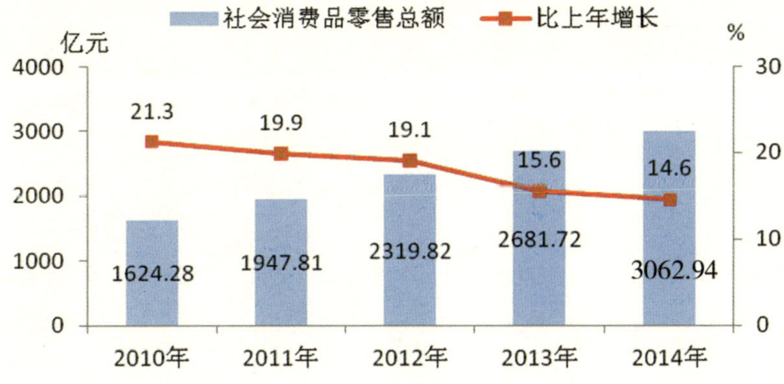

图19　2010—2014年社会消费品零售总额及其增长速度

【城乡建设】　市区面积1786平方公里,其中建成区面积253.82平方公里。年末城镇化率66.9%,比上年提高1个百分点。年末城市道路总长度(8米以上)941.5公里,道路面积(8米以上)2277万平方米;新建改造农村公路222公里,建设完成904公里农村公路安保工程,新增更新农村客车78辆,年末建制村通客车率97.4%。新增更新公交车445辆,新辟公交线路18条,优化公交线路109条,年末有公交线路331条,公交车4351辆,全年公交车客运总量68135万人次;新投入使用出租车900辆,有各类出租车6345辆。市区有自来水厂15座,综合生产能力230.5万吨/日,全年供水总量47000万吨,其中市区生活用水7600万吨。全年市区液化气供气总量5.71万吨,其中家庭用气2.13万吨;天然气供气总量18895万立方米,其中市区家庭用气4778万立方米。全社会用电量361.32亿千瓦时,同比增长7%,其中居民用电76.59亿千瓦时,同比增长9.1%;工业用电209.46亿千瓦时,同比增长5.5%。建成区新增绿地面积280公顷,年末建成区绿地面积10031公顷,绿地率39.5%;建成区绿化覆盖面积10894公顷,绿化覆盖率42.9%。建成城市公园10座,新增公园绿地面积100公顷,城区有公园84座,公园绿地面积3054公顷,人均公园绿地面积12.9平方米。

【贸易】　社会消费品零售总额3062.94亿元,同比增长14.6%。乡村市场商品零售额增幅领先城镇市场,全市城镇市场消费品零售额2901.65亿元,同比增长14.3%;农村市场消费品零售额152.29亿元,同比增长21.2%。全市限额以上企业和个体户实现商品零售额1780.62亿元,同比增长19.4%。

建设改造社区便利店100家,升级改造城乡农贸市场(含农改超)38个。全市有大中型专业批发市场49个,总面积215.56万平方米;连锁经营企业124家,连锁网点3315个。

全市有会展场馆2个,场馆面积8.45万平方米。举办各类展会69场,其中全国性展会11场,全年展览面积82.9万平方米。举办“5·18”海交会、海峡青年节、海峡两岸合唱节、海峡渔业周·鱼博会等对台交流活动。

【旅游】 入选首批国家智慧旅游试点城市,闽都文化、温泉养生、海峡度假、生态旅游等特色旅游品牌逐步形成。全市有A级旅游景区35家,其中AAAA级旅游景区13家。全年接待境内外游客4114.07万人次,同比增长16.3%,其中境外游客90.69万人次,国内游客4023.38万人次;实现旅游总收入468.03亿元,同比增长16.1%,旅游外汇收入12.45亿美元。有星级酒店56家,客房10593间。

【对外经济】 新批合同外资项目126项,新批合同外资金额14.64亿美元,同比下降28.8%;实际利用外资(按验资口径)15.47亿美元,同比增长8.1%。全年进出口总额346.1亿美元,同比增长10.4%,其中进口总额133.7亿美元,同比增长11.1%;出口总额212.4亿美元,同比增长9.9%。

新批境外投资项目57项,新批境外协议投资总额13.78亿美元,同比增长78.8%,其中中方协议投资额12.49亿美元,同比增长68%。对外劳务合作营业额6055万美元,同比增长26.5%,年末劳务合作在外人员7260人,同比增长13%。

【交通】 境内公路总里程11393公里,其中高速公路总里程493公里;高速铁路总里程275公里;福州港生产性泊位114个,其中万吨级以上泊位46个;福州空港国内航线(含港澳台)74条、国际航线9条,新开辟福州—珠海—昆明、福州—义乌—合肥、福州—临沂—天津、福州—舟山—合肥、福州—浦东—纽约等5条航线。全年公路货物运输量781692万吨,同比增长1.5%;水路货物运输量4822万吨,同比增长18%;民航货邮吞吐量12.14万吨,同比增长10.1%,其中货邮出港量7.04万吨,同比增长8.3%。公路旅客运输量12700万人次,同比增长4.6%;水路旅客运输量150万人次,同比增长1.9%;民航旅客吞吐量935.34万人次,同比增长4.8%,其中旅客出港量480.76万人次,同比增长4.8%。全年港口货物吞吐量11942.63万吨,同比增长13.7%,其中外贸货物吞吐量5332.45万吨,同比增长9.7%;集装箱吞吐量221.76万标箱,同比增长12.1%。对台客运直航进出旅客16.29万人次,同比增长12.9%;对台直航集装箱吞吐量34.5万标箱,同比增长3.7%;榕台空中直航旅客吞吐量36.40万人次,同比增长20.6%,货邮吞吐量0.77万吨,同比增长17.1%。

【邮电】 邮政业务总量6.06亿元,同比增长7%,邮政业务收入7.66亿元,同比增长7.8%;电信业务总量167.1亿元,电信业务收入108.1亿元。全市有邮政局(所)237处,固定电话用户194.6万户,移动电话用户894.6万户,其中3G电话用户287.1万户,互联网宽带接入用户207.95万户。

【金融】 全市有金融机构(不含保险和证券机构)58家,比上年末增加4家,其中银行业存款类金融机构43家,银行业非存款类金融机构1家,其他金融机构14家;各类金融机构营业网点1429个,比上年末增加75个;有4家外资金融机构在福州设立分行。年末全市金融机构存款余额(本外币,下同)9731.03亿元,比上年末增长8.7%,其中储蓄存款余额3483.72亿元,同比增长5.7%。全市金融机构贷款余额9766.85亿元,同比增长19.7%,其中中长期贷款余额6415.64亿元,同比增长21.2%。

【证券】 境内上市公司29家,总市值5934.33亿元,同比增长62.35%;证券公司2家,证券营业部99家,股民资金开户总数183.57万户,其中全年新开户数10.72万户,全年股票、基金交易额27033.76亿元,同比增长58.75%;期货公司3家,期货营业部23个,全年期货交易额38088.23亿元。

【保险】 全市有各类保险营业网点400个,外资保险机构在福州设立11家分公司和2个代表处。全年保险业务保费收入181.30亿元,同比增长23.2%,其中,财产险保费收入62.84亿元,同比增长14.6%;人身险保费收入118.46亿元,同比增长28.2%。保险业务赔付支出62.68亿元,同比增长23.7%,其中,财产险赔付支出35.14亿元,同比增长21%;人身险赔付支出27.54亿元,同比增长27.4%。

【教育】 新建和改扩建中小学28所、公办幼儿园21所;拆除重建、加固改造校舍15万平方米,创建"义务教育标准化学校"14所,扩容中小学学位5450个。全市有高等学校32所。

【文化】 推进"海丝"申遗工作,继续联合广州等八大城市举办"跨越海洋——中国'海上丝绸之路'九城市文化遗产精品联展",先后在蓬莱、北海、广州、漳州和泉州等城市巡展。深化文化惠民"六进"活动,闽剧《兰花赋》晋京展演。茉莉花茶窨制工艺、咏春拳等入选国家级非遗代表性项目名录。健全公共文化服务网络,年末全市有文化馆12个、群艺馆1个、艺术表演团体9个,艺术表演团体演出2629场次;影院33个;博物馆、纪念馆15个,收藏文物3.25万件;公共图书馆13个,总藏书399.1万

表11　**2014年福州市各类教育教师及学生情况**　单位:人

	专任教师	在校学生	招生数
高等学校	19639	320844	90196
#研究生	11411	19751	6466
中等职业技术学校	4690	122777	38029
高中	8095	101435	33409
初中	16082	196638	65300
小学	26303	499302	95993
幼儿园	13260	256812	103152

册,图书流动点247个;乡镇综合文化站172个,农家书屋2195个。市级广播电台1座,自办广播节目11套;电视台1座,自办电视节目6套。年末广播综合人口覆盖率98.4%,电视综合人口覆盖率99.1%,行政村有线电视联网率83.7%。有线电视用户174.25万户,有线电视入户率90.3%;数字电视用户104.17万户,数字电视入户率54%。

【科技】 全市有高新技术企业368家,行业技术创新中心42家;国家创新型试点企业4家,国家创新型企业3家,省级创新型(试点)企业186家;共实施星火计划项目33项,其中国家级3项;火炬计划项目60项,其中国家级11项;1项科技成果获得省科技奖一等奖、9项成果获二等奖、12项成果获三等奖;3项科技成果获得市科学技术进步奖一等奖、13项成果获二等奖、46项成果获三等奖。全年登记各类技术合同1700项,技术合同成交金额1.3亿元。

【卫生】 建成肺科医院负压病房楼等项目,组建精神卫生医疗联合体。县级公立医院综合改革全面启动。年末全市有卫生机构1908家,其中医院107家,与上年末持平;卫生机构床位3.16万张,同比增长1.5%,其中医院床位2.55万张,同比增长2.3%;卫生技术人员4.88万人,同比增长5.1%,其中医生1.78万人,同比增长5.7%。全市有社区卫生服务中心49个,卫生技术人员1497人;社区卫生服务站120个,卫生技术人员1038人;乡镇卫生院123个,卫生技术人员4794人。年末新型农村合作医疗参加人数338.06万人,参合率99.99%,比上年提高0.01个百分点。

【体育】 举办世界杯龙舟赛、中国羽毛球公开赛、环福州·永泰国际公路自行车赛等一批大型体育赛事,福州运动员在亚运会、青奥会上取得优异成绩,在省运会上获金牌数、团体总分第一,破纪录数3项;在第十五届省运会上,福州运动员取得232枚金牌、171枚银牌、143.5枚铜牌。举办2014年全国徒步大会开幕式暨"中国体彩杯"福建·福州"红红火火过大年"第十届十万人健步行活动和2014年第八届海峡两岸健身大会暨"中国体彩大乐透杯"福建·福州第八届海峡两岸登山活动等一系列群众体育活动。完善全民健身公共服务体系建设,年末全市有体育场馆471个,体育场馆面积345.75万平方米;全民健身路径3991条,比上年增加606条。全年举行县以上群众性体育竞赛活动318项。

【民生保障】 城镇居民人均可支配收入32451元,同比增长9.4%。农村居民人均可支配收入14012元,同比增长11.2%。

创新社会保险政策体系,在全省首推企业退休人员领取养老金资格属地认定,实施城乡居民养老保险一体化。企业退休人员养老金、城乡居民基础养老金等进一步提高。年末社会养老保险参保人数411.59万人,其中,城镇企业职工基本养老保险参保人数148.86万人,城乡居民养老保险参保人数209.51万人,被征地农民养老保障参保人数34.71万人,机关事业单位养老保险参保人数18.51万人。城镇基本医疗保险参保人数277.81万人,其中城镇职工基本医疗保险参保人数145.37万人,城镇居民基本医疗保险参保人数132.44万人。失业保险参保人数112.45万人,领取失业保险金人数5191人。生育保险参保人数108.13万人;工伤保险参保人数127.15万人。全年保障城市低保对象8866户、15436人,发放城市低保金8654.16万元;保障农村低保对象41283户、77221人,发放农村低保金25801.29万元;保障农村五保对象7666人,发放农村五保金5797.28万元。

城镇新增就业14.54万人,失业人员再就业8946人,就业困难人员再就业4193人,转移农业富余劳动力5.04万人,年末城镇登记失业率2.42%。年末全市经工商注册登记的个体工商户20.93万户,同比增长19.2%,从业人员45.22万人,同比增长22.7%;城镇个体私营从业人员105.39万人,同比增长11.8%。

【生态环保】 5个县(市)区通过国家级生态县(市)区评估,8个县(市)区获省级生态县(市)区命名,累计完成118个国家级、125个省级生态乡镇和1873个市级生态村创建。有自然保护区9个,其中国家级2个。全年植树造林总面积8914.73公顷,年末森林覆盖率达55.36%。城区环境空气达标率92%,综合指数排名持续居全国大中城市前列。区域环境噪声57.8分贝,交通噪声68.7分贝,均呈较优状态。重点流域水环境水质总体保持良好,闽江(福州段)干流水质功能区达标率100%,较上年提升1.4个百分点,敖江(福州段)干流水质功能区达标率100%,龙江流域水质功能区达标率95.8%,6个市级饮用水水源地水质达标率100%,县级以上饮用水水源地水质达标率99.77%。工业固体废物综合处置利用率达99.96%,危险废物全部实现无害化处理,全市垃圾无害化处理率100%。

【安全生产】 发生各类生产安全事故共349起,同比下降9%;死亡130人,同比下降22.9%;受伤327人,同比下降3.9%;直接经济损失150.5万元。全年发生生产经营性火灾事故869起,比上年减少23起;未造成人员死亡;直接经济损失556.9万元,同比下降68.7%。

注:1."国民经济和社会发展情况"分目(下同)所列数据均为初步统计数,部分合计数或相对数由于单位取舍不同而产生计算误差,均不做机械调整;2.地区生产总值、增加值、工业增加值、建筑业增加值和农林牧渔业总产值按现价计算,增长速度按可比价格计算;3.未包括马祖列岛。

(沈晓晴)

机构及负责人

中共福州市委员会领导班子名单

书　记:杨　岳

副书记:杨益民

　　　　周　宏

常　委:骆安生

　　　　陈元邦

　　　　徐启源

　　　　陈大强

　　　　陈为民

　　　　何静彦

吴贤德
洪　波
黄忠勇
姜　波(挂职)
秘 书 长:徐启源
副秘书长:刘卓群
张源生(挂职)
吴建铭(援藏)
游　昕
叶　谊

福州市人大常委会领导班子名单

主　任:周振华
副主任:陈　奇
鄢　萍
柯有民
徐诗文
陈建平
林厚新
秘 书 长:郑云春
副秘书长:赵宝昌
米　伟
庄　严
张新怿

福州市人民政府领导班子名单

市　长:杨益民
副市长:陈大强
吴贤德
姜　波(挂职)
徐凡新
严可仕
陈　晔
林　飞
秘 书 长:林　贤
副秘书长:朱汉民
陈希治(兼)
胡孝辉
江　海(兼)
刘晓强(兼)
罗蜀榕
王振松
陈宗胜
郭建国
梁　栋
黄建新
林兰玫

福州市政协领导班子名单

主　席:方清海
副主席:雷成才
范美先
郑建闽
林治良
张献勇
林　雄
王长鹰
郑新清
林绍彬
秘 书 长:吴建成
副秘书长:陈向上
江立强
林　敦

福州市中级人民法院

院　长:许先丛
副院长:黄贤光
欧阳春
林志雄
赵彦邦

福州市人民检察院

检 察 长:叶燕培
副检察长:王　矗
顾　颀
董良馨
盖宣闽
张　捷
鼓山人民检察院
检 察 长:叶爱国
副检察长:陈　勋
林　跃
张治清

中共福州市委机构及负责人名单

市纪律检查委员会
(与市监察局合署办公)
书　记:骆安生
副书记:陈　旭
连世潮
张秀榕
常　委:林子波
鄢　荣
肖敦颖
林裕煌
秘书长:(空缺)

市委办公厅
(市委政策研究室,市委、市政府接待办公室,机要局,保密局)
主　任:刘卓群
副主任:高明保
张其顺(试用期)
政策研究室
主　任:戴清泉
副主任:朱宗瑜
接待办
主　任:刘晓强
副主任:丁如丹
郑晓春
机要局
局　长:朱秀兰
保密局
局　长:王贤伟

市委组织部
(市委非公有制企业工作委员会挂靠市委组织部)
部　长:陈元邦
副部长:柳　欣
郭荣贵
陈　燕(兼)
林　舫
程小马
市委非公有制企业工委
书　记:郭荣贵

市委宣传部
部　长:何静彦
副部长:杨　凡(常务)
余作尧
鲍　闽
张学勇
潞　江

市委统一战线工作部
部　长:黄忠勇
副部长:张性魁
莫雪平
程　辉

市委政法委员会(市社会管理综合治理委员会办公室)
书　记:陈为民
副书记:徐凡新(兼)
齐家麒(常务)

陈钦华
郭家彬
叶仁佑
秘书长:丁　萍

综治办
主　任:齐家麒(兼)
副主任:余永俤(援疆)
陈　长
张忠健

市委台湾工作办公室（市政府台湾事务办公室）
主　任:蓝　锋
副主任:汪孝敏
许春保

市委机构编制委员会办公室（市政府机构编制办公室）
主　任:陈涌华
副主任:高　颐
林仁健

市委市直机关工作委员会
书　记:周　宏(兼)
常务副书记:王　聪
副书记:陈一飞
林　敏

市委老干部局
局　长:陈　燕
副局长:倪为民
高锦利

市委精神文明建设办公室(市精神文明建设指导委员会办公室)
主　任:张学勇
副主任:曾　玉
林家枢

市委信访局(市政府信访局)
局　长:陈宗胜
副局长:郭汉平
金昌铭

市机关效能建设领导小组办公室
主　任:林　贤(兼)
副主任:林子波(常务)(兼)
陈武光
伍南腾

福州市人大常委会机构及负责人名单

市人大常委会法制委员会
主　委:林智明
副主委:张　诚

市人大常委会办公厅
主　任:赵宝昌
副主任:许海霖

市人大常委会研究室
主任:丘志强
副主任:杨永生(试用期)

市人大常委会人事代表工作室
主　任:吕　英

市人大常委会法制工作委员会
主　任:张　诚

市人大常委会内务司法工作委员会
主　任:梁文仪
副主任:许铭忠
黄修钗
叶　勇

市人大常委会财政经济工作委员会
主　任:王培德
副主任:连国平
唐庆机
张　航

市人大常委会城建环境工作委员会
主　任:陈　巍
副主任:陈　津
林　强
周开诚(试用期)

市人大常委会华侨(台胞)工作委员会
主　任:张修强
副主任:郭　云
王询斌

市人大常委会农村经济工作委员会
主　任:姜卫平
副主任:杨健浩

市人大常委会教科文卫工作委员会
主　任:吴三八
副主任:官君璧

福州市人民政府机构及负责人名单

市政府办公厅(挂市海防委员会办公室、市爱国卫生运动委员会办公室、市双拥工作领导小组办公室牌子)
主　任:朱汉民
副主任:林　雯
郭春曦
高　宇
王闽华

海防办
主　任:朱汉民(兼)
副主任:李光宝
陈　明

爱卫办
主　任:朱汉民(兼)
副主任:林　怡

双拥办
主　任:陈希治
副主任:王建荣
陆炳成

市发展和改革委员会（加挂物价局牌子）
主　任:陈继鹏
副主任:李占卫
黄敬池
王韶红
林开华
林鲤晟
连建华
林　津(试用期)

物价局
局　长:李占卫

经动办
主　任:陈继鹏
常务副主任:梁　毅

重点办
主　任:林鲤晟
副主任:王石融
蔡峻林

市经济信息化委员会
主　任:张大斌
副主任:牛建春
林端雄
王国晓
吴银恕
翁云疆

市城乡建设委员会
主　任:张定锋
副主任:陈　路
郑　鸿
吴正颜
总工程师:林宝钧

市交通运输委员会（加挂城市交通战备办公室牌子）
主　任:许用贵
副主任:林昌达
刘起宏
陈志武

王文胜(兼)
交战办
主　任:许用贵
副主任:李元群
市金融工作办公室
主　任:江　海
副主任:俞　敏
秦　凡
市投资促进局
局　长:黄济霖
副局长:王熙云
曾秋玲
市教育局(市教育工作委员会)
书　记:黄忠勇
副书记、局长:郑　勇
副书记:许荔萌
副局长:严　星
陈　红
黄　林
陈　亮
市科学技术局
局　长:任义文
副局长:郑寿平
王建忠
薛　博
市民族与宗教事务局
局　长:林阿善
副局长:杨国富
饶春贵
市公安局
局　长:徐凡新
副局长:林　祥
张　鸿
冯　明
黄作璋
陈红卫
黄敦蒲
肖申华(挂职)
打私办
副主任:罗　锋
市监察局
局　长:张秀榕
副局长:肖永健
兰鸣伟
市民政局(挂市革命老根据地建设办公室牌子)
局　长:张维船
副局长:尤典真
赵艺萍(试用期)
老区办
主　任:刘建平
老龄办
主　任:张维船(兼)
市司法局
局　长:唐新文
副局长:林　松
方振荣
柯家欣
市财政局
局　长:林恒增
副局长:林贞华
李小荣
韩芝玲
蒋爱玉
陈龙建(挂职)
金晖辉
市人力资源和社会保障局(加挂市公务员局牌子)
局　长:林　中
副局长:孙鲁闽
冯　音
熊玉平
高远忠
市国土资源局
局　长:林　锋
副局长:彭永麒
张仁灿
李　仲
聂晓梅
总规划师:张　武
市环境保护局
局　长:孙　利
副局长:赵炳荣
汪家升
总工程师:许爱琼
市城乡规划局
局　长:陈　勇
副局长:黄宇清
张　帆(挂职科技副局长)
总工程师:彭　冲
总规划师:吴建青
市住房保障和房产管理局
局　长:李　凡
副局长:张海舟
高学良
市城市管理委员会(挂市城市综合执法局牌子)
局　长:林　颖
副局长:江玉坤
金德荣
市安全生产监督管理局
局　长:陈仁德
副局长:林万震
林　晞
刘承勇
总工程师:叶　军
市农业局(市委农村工作领导小组办公室)
局　长:黄诗扬
副局长:郑华琼
石允淦
陈文辉
黄　菁
黄礼滨
李　鹏(驻村干部领队)
丁中文(挂职科技副局长)
汤　浩(挂职科技副局长)
市林业局
局　长:蔡劲松
副局长:张顺恒
冯　平
廖胜彪
范国成(挂职科技副局长)
市水利局
局　长:黄文希
副局长:陈谋祥
陈济斌
巫贤成
总工程师:林　凯
市海洋与渔业局
局　长:林心銮
副局长:陈珍光
陈　钰
陈佳丁
杭　琥
市商贸服务业局(加挂市支前办公室牌子)
局　长:范建敏
副局长:李克亭
林　周
严周文

梁　勇
沈鹭滨
杨　辉

支前办
主　任:范建敏(兼)
副主任:樊新江

市市场监督管理局(加挂市食品药品监督管理局、工商局、质量技术监督局、食品安全办公室等牌子)
局　长:蔡福勇
副局长:陈　敏
陈建荣
朱金淡
颜耀鹏
李振强
高　峰
林雪兰
叶　明(兼)
蔡晓峰
食品安全总监:周　璇

市粮食局
局　长:赵时可
副局长:陈春恩
陈　颖

市文化广电新闻出版局(加挂市文物局牌子)
局　长:陈　惠
副局长:赵　洵
卢　玲
陈炳荣
陈思源

文物局
局　长:吴聿建

市卫生和计划生育委员会
主　任:郑道新
副主任:于　萍
郑维忠
缪　伟
刘惠珍
叶　明
吴锦忠(在榕高校服务团)
杨晓煜

市体育局
局　长:陈光华
副局长:高慧萍
刘　丹
黄　毅
李　艳(挂职)

市审计局
局　长:林良云
副局长:郑生明
刘小红
林光明
总审计师:翁国荣

市统计局
局　长:彭锦华
副局长:朱　政
金昌勇
总统计师:曹寿全

市旅游局
局　长:潘　威
副局长:李春茂
林小玲
沈岳阳

市机关事务管理局
局　长:刘晓强
副局长:刘延梅
林春贵
陈起平
总会计师:赵善才

市政府外事侨务办公室
主　任:林汉隽
副主任:张　萍
马亚明
张素燕

市人民防空办公室
主　任:陈燕敦
副主任:郑清辉

市国有资产监督管理委员会
主　任:曾国俊
副主任:蔡立福
王　刚

市政府驻北京联络处(加挂市人民政府[北京]招商中心牌子)
主　任:陈晓晖
副主任:洪　斌
林鲤晟(兼)

市政府驻上海办事处
主　任:林　麟

市政府驻深圳(广州)办事处
主　任:林发希

福州市政治协商委员会机构及负责人名单

市政协办公厅
主　任:陈向上
副主任:王栋梁(试用期)

市政协调查研究室
主　任:曹　波
副主任:陈小刚

市政协提案委员会
主　任:余　松
副主任:官　兵

市政协经济建设委员会
主　任:王国华
副主任:吴震诚
石建辉
刘若兰
袁诚勇

市政协教科文卫体委员会
主　任:汪芷江
副主任:林忠武

市政协港澳台侨和外事委员会
主　任:郑建平
副主任:陈小凡

市政协社会和法制委员会
主　任:高孔霖
副主任:俞昌林

市政协民族和宗教委员会
主　任:石　亮
副主任:邱孝魁

市政协文史资料和学习宣传委员会
主　任:郑新俊

市政协人口资源环境委员会
主　任:张丰年
副主任:王荔仙

民主党派与工商联机构及负责人名单

民革福州市委会
主　　委:林　锋

民盟福州市委会
主　　委:林治良
专职副主委:刘福莲

农工党福州市委会
主　　委:郑新清
专职副主委:陈向红

民建福州市委会
主　　委:王宗华
专职副主委:倪　真

致公党福州市委会
主　　委:鄢　萍
专职副主委:陈京香

李　晋

台盟福州市委会

主　委:郑建闽

副主委:甘海疆

九三学社福州市委会

主　　委:林绍彬

民进福州市委会

主　委:陈　奇

副主委:李松铨

福州市工商业联合会

主　席:雷成才

副主席:张性魁

张翠芳

张　强

林　升

福州市社会团体机构及负责人名单

福州市总工会

主　席:陈元邦

副主席:郑湘国

崔兆英(兼)

金　纶

张　薇

崔　华

经审委

主　任:程　靖

共青团福州市委员会

书　记:郑立敏

副书记:林　巍

谢志成

陈　忠

福州市妇女联合会

主　席:孙晓岚

副主席:崔兆英

陈小玲

张　薇(兼)

娄月琴

福州市科学技术协会

主　席:付贤智

副主席:刘晓明

杨信增

陈　华

福州市文学艺术界联合会

主　席:鄢　萍(兼)

副主席:张苏飞

武夏红

田　磊

福州市归国华侨联合会

主　席:蓝桂兰

副主席:付小苑

余岸明

林良明

福州市社会科学界联合会

主　席:林　山

副主席:刘义萍

福州市台湾同胞联谊会

会　长:甘海疆

副会长:林鸿榕

中国国际贸易促进委员会福州市委员会(中国国际商会福州商会)

会　长:潘邦瑞

副会长:吴毓青

陈晓玲

林连华

福州市人民对外友好协会

会　长:杨　岳(兼)

副会长:(空缺)

福州市残疾人联合会

理 事 长:郑永登

副理事长:邱松青

叶　青

徐世元

福州市计划生育协会

专职副会长:黄　升(常务)

王　锋

福州市红十字会

会　长:严可仕(兼)

副会长:胡晓强(常务)

胡树林

胡经民

福州市中华职业教育社

主　任:陈今明

副主任:陈美华

福州市法学会

会　长:陈为民(兼)

专职副会长:吴　钢

秘书长:吴　钢(兼)

福州市直属副处级以上事业单位

中共福州市委党校(市行政学院、市社会主义学院)

市委党校(市行政学院)

校(院)长:陈元邦

副校(院)长:陈志昇(常务)

游伯笙

林秀玲

唐为民

市社会主义学院

院　长:陈志昇

副院长:游伯笙

林秀玲

唐为民

中共福州市委党史研究室

主　任:阮文光

副主任:张和琛

福州市档案局(馆)

局　长:林香平

副局长:蔡光荣

宋美榕

福州市社会科学院

院　长:郑新清

副院长:张兰英

福州日报社

社　长:鲍　闽

副社长:黄秀泉

楼卫东

中共福州市委干部理论教育讲师团

团　长:王春生

福州市农业科学研究所

所　长:郭建铭

福州市蔬菜科学研究所

所　长:陈文辉

福州市人民政府发展研究中心

主　任:郑　立

副主任:姚瑞强

福州市地方志编纂委员会

主　任:张　硕

副主任:王小珍

刘必霖(援藏)

福州市地震局

局　长:戴　黎

福州市仲裁委员会

主　任:薛海玲

秘书处副秘书长:黄尚斌

福州市行政服务中心管理委员会(加挂市公共资源交易服务中心牌子)

主　任:黄建新

副主任:鲍一高

周建国

福州市土地发展中心(市地产开发总公司)

主　任:谢　侹
副主任:陈韩德
刘　锋
潘建平(试用期)

福州市国有房产管理中心
主　任:任志强
副主任:陈永辉
肖贤荣

福州市住宅发展中心
主　任:张志强
副主任:陈可传

福州住房公积金管理中心
主　任:兰仰金
副主任:刘心欣
蔡　颖
郑宗沐

福州市房屋登记中心
主　任:林京洪
副主任:邓世清
林礼岑

福州市供销合作社联合社
主　任:杨　光
副主任:林洪锦
周志坚

福州市园林局
局　长:杨　晓
副局长:陈锵艳
陈志光
谢祥财(挂职)

福州市三坊七巷管理委员会
主　任:陈忠霖(兼)
副主任:杨　勇(常务)
盖文玲
林金其
凌　敏

福州市"数字福州"建设领导小组办公室
主　任:曾伟东(试用期)

闽江学院
党委书记:王新民
党委副书记:陈　曦
刘元芳
纪委书记:詹　林
副 院 长:庄毓敏(聘任,主持行政工作)
赵麟斌
金德凌
陈伙金
狄俊安

福州职业技术学院
党 委 书 记:陈承茂
党委副书记、院长:林承超
党委副书记:林福荣
副　院　长:金昌余
刘松林
詹碧卿
纪 委 书 记:沈锦华

闽江师范高等专科学校
校　　长:林治良(兼)
党委书记:陈荣生
党委副书记、纪委书记:陈　新
副 院 长:张昌勋
程季平
黄耀荣

福州市知识产权局
局　长:何朝晖

福州市第一技工学校(省机械工业技术学校)
校　长:张美青
副校长:母安明
刘伟诚
余　丰
陈学祥

福州市第二高级技工学校
校　长:张礼旺

福州市工业学校
校　长:陈　欣

福州市民用建筑统建办公室
主　任:张志强
副主任:林国良
张　怡

福州市规划设计研究院
院　长:高学珑
副院长:桂兴刚

福州市政工程管理处
主　任:王家荣

福州市环境卫生管理处
处　长:林长盛

福州五一广场管理处
主　任:陈　文

福州市城市管理综合行政执法支队
支队长:唐　庄
政　委:程明星

福州市道路运输管理处
处　长:王镜秋(试用期)

福州市水路运输管理处(福州市地方海事局)
处　长:颜永忠

福州市公路局
局　长:林著惠

福州市交通综合行政执法支队
支队长:林昌达(兼)
政　委:林启明

福州市海洋与渔业技术中心
主　任:陈国生

福州市海洋与渔业执法支队
支队长:王　林
政　委:朱　斌

福州市文化市场综合行政执法支队
支队长:吴　跃
政　委:赵民儿

福州市国土资源综合行政执法支队
支队长:尚文彬
政　委:程　鹏

福清江镜华侨农场
场　长:林道标

福清东阁华侨农场
场　长:庄瑞顺

福州市妇幼保健院
院　长:阮能健

福州市卫生局卫生监督所
所　长:林　强(试用期)

福清卫生学校
校　长:吴　敏

福州市疾病预防控制中心
主　任:张晓阳

福州市第一医院(红十字医院)
院　长:张　帆

福州市第二医院
院　长:朱　琪

福州结核病防治院(肺科医院)
院　长:王　琳

福州市神经精神病防治院
院　长:张　忠

福州市中医院
院　长:张峻芳

福州市传染病医院
院　长:刘景丰

福州市皮肤病防治院
院　长:王　林

福州市第八医院(福州铁路中心医院)

院　长:江　波

福州市体育运动学校

校　长:郭志农

福州市业余科技大学

副校长:黄兆津

福州市建筑设计院

院　长:林兴年

福州市城镇集体工业联合社

主　任:陈　彪

副主任:陈子平

福州广播电视台

台　长:唐　希

副台长:刘　屏

陈建斌

总工程师:林钦华

总会计师:黄一峰

福州市投资管理公司

总经理:陈进宝

中共各县(市)区委员会　县(市)区人大　人民政府　政协负责人名单

中共鼓楼区委

书　记:杭　东

副书记:陈　斌

陈忠霖

常　委:俞章华

黄良平

胡道坦

林　峰

张晓容

李瑞琨

朱向东

徐金泰

鼓楼区人大常委会

主　任:李　力

副主任:林文华

严孝义

鼓楼区人民政府

区　长:陈　斌

副区长:胡道坦

翁华锋

陈　辉

陈明东

陈晓彬

林　诚

孙　琰(挂职)

黄坚瑜

鼓楼区政协

主　席:林碧芬

副主席:柯岩辉

谢裕波

中共台江区委

书　记:张　忠

副书记:陈曾勇

何长嘉

常　委:邓万铣

陈高英

李　辉

黄建雄

吴　勤

吴声龙

严立武

李　强

台江区人大常委会

主　任:林培清

副主任:郑功敏

宋晓非

卓小明

台江区人民政府

区　长:陈曾勇

副区长:黄建雄

郑则传

吴晓云

陈　锦

黄胜进

刘征颍(挂职)

张统廉

台江区政协

主　席:林品光

副主席:王建东

陈　飞

陈子湘

中共仓山区委

书　记:(空缺)

副书记:杨新坚

常　委:苏　畅

翁国平

林　宇

邓祥云

潘仰武

张　宙

陈　峰

仓山区人大常委会

主　任:张为民

副主任:陈玉莲

张玉俤

刘玉卿

陈　甦

仓山区人民政府

区　长:杨新坚

副区长:邓祥云

王晶晶

林　莉(挂职)

姚　伟

吴文华

张敬明

魏辅彧

陈谟雄(挂职)

仓山区政协

主　席:(空缺)

副主席:魏道航

中共晋安区委

书　记:林　峰

副书记:朱训志

郑章干

常　委:赵　坚

童桂荣

魏晓辉

陈华辉

郭　勇

陈信英

郑德志

林存武

晋安区人大常委会

主　任:林圣婉

副主任:王乃平

林菊容

许国政

晋安区人民政府

代区长:朱训志

副区长:童桂荣(常务)

金昌钦

林　坦

林文福(援宁)

林　澄

张里岩

张则铭

叶晓兰

高颖虹(挂职)

晋安区政协

主　席:刘昌棋

副主席:黄　玲
张秉洁
郑喜明
张秋英

中共福州经济技术开发区、马尾区委

书　　记:许毅青
马尾区常委:郑　毅
王苏闽
李利民
陈秋伸
雷连鸣
张　林
开发区党委委员:王苏闽
李利民
陈秋伸
雷连鸣
倪晓嵘

马尾区人大常委会

主　任:沈　甦
副主任:吴　强
李　贞
王　峪

福州经济技术开发区管委会

主　任:许毅青
副主任:高洪霖
杨木泽
倪晓嵘
陈　禹

马尾区人民政府

区　长:许毅青
副区长:高洪霖
李利民(常务)
雷连鸣
游　力
刘晓东
刘　宇
张麒蛰(挂职)
林群慧

马尾区政协

主　席:施敏华
副主席:郭龙生
侯爱平
林海鹰

中共福清市委

书　记:陈春光
副书记:许南吉
罗若谷
常　委:刘　迟
陈金友
叶友琛
陈存枫
陈　丹
胡世才
陈恒东

福清市人大常委会

主　任:王德玉
副主任:陈建文
林茂清
朱育平
严　萍

福清市人民政府

市　长:许南吉
副市长:叶小斌
俞大军
张永森
陈向群
黄霄辉
何玉金
林　泓(挂职)

福清市政协

主　席:游美兴
副主席:陈力奇
吴　敏
吴华云

中共长乐市委

书　记:王绍知
副书记:王　松
何杰民
常　委:林建国
吴文琪
邓　岚
池至清
晁　旭
陈增国
朱余泉
陈　峥(挂职)
王命发

长乐市人大常委会

主　任:张礼强
副主任:黄玉钗
郑宽挺
魏义锋
林春营

长乐市人民政府

市　长:王　松
副市长:林建国(常务)
林秀燕
吴翔天
郑子毅
陈航星
林　忠
王建刚(在榕高校服务团)
曾志云

长乐市政协

主　席:延建霖
副主席:陈　真
曹以强
宋丽晶
林少惠

中共闽侯县委

书　记:赵学峰
副书记:严金官
常　委:许舜举
江智文
陈乐森
陈长泽
任建川
林建善
李　充
陈政宝
杜　微

闽侯县人大常委会

主　任:胡光礼
副主任:林善匡
郑铭魁
曾小榕

闽侯县人民政府

县　长:严金官
副县长:林建善
张建彬
张　旗
林琼华(科技,省下派)
郑学锦
叶　玲
陈道清(挂职)
林坤泉
黄声福(挂职)
陈祥波

闽侯县政协

主　席:王彦强
副主席:周　敏

吴文英(兼职)

中共连江县委

书　记:关瑞祺

副书记:周应忠

张金潮

常　委:李雄平

林承祥

杨洪华

吕　斌

彭国华

苏　建

黄齐秋

孙祥光

连江县人大常委会

主　任:邱德光

副主任:李承辉

连江县人民政府

县　长:周应忠

副县长:孙祥光

吴德泉

林贤清

张发春

冯慧钦

吴能森(在榕高校服务团)

黄文华

陈坚斯

连江县政协

主　席:林伦健

副主席:林　竹

林　文

董俊光

中共闽清县委

书　记:陈铁晗

副书记:肖　华

郭海阳

常　委:林　健(常务)

黄　钢

郑子记

陈诸凯

张光增

林志斌

郭有旭

闽清县人大常委会

主　任:郑子升

副主任:王　强

陈孝贤

陈婉霞

黄　坚

闽清县人民政府

县　长:肖　华

副县长:林　健(常务)

李荣寿

郑仕平

江家良

林从娇

黄　斌

赵春荣

林雪标(挂职)

闽清县政协

主　席:毛行青

副主席:华秀敏

张　文

陈　峰

叶林生

中共罗源县委

书　记:吴兰铮

副书记:邓达木

王命瑞

常　委:陈敏鸿

蔡　文

刘毅宙

董志干

吴盛洲

兰可明

黄元祥

郑　勇

罗源县人大常委会

主　任:雷光秀

副主任:王永春

邱清崇

周在勤

易建勤

罗源县人民政府

县　长:邓达木

副县长:蔡　文(常务)

何瑞强

林高星

姚　强

谢　婧

杨大粉(挂职)

郭　挺(科技、挂职)

赖时铿

罗源县政协

主　席:何宗乐

副主席:姚建传

于红旗

李恒炎

中共永泰县委

书　记:林　强

副书记:李新贤

吴晓杰

常　委:陈家恬

陈日官

赖颂辉

林从宇

洪长春(挂职)

罗晓晖

刘用全

吕运祥

祝海辉

永泰县人大常委会

主　任:吴秋惠

副主任:冯常胜

侯文辉

江晓鸣

陈振杰

永泰县人民政府

县　长:李新贤

副县长:林从宇

王寿钦

曾海方

黄修瑜

伍世代(在榕高校服务团)

王礼灯

邹勇志

许以章

黄　展(挂职)

魏秀惠(科技、挂职)

张青雅(科技、挂职)

永泰县政协

主　席:王德冠

副主席:江惠文

官升玲

陈永青

福州市园区管理机构及负责人名单

福州保税港区管委会

(挂福州保税区管委会牌子)

主　任:阮孝应

副主任:李　平

黄武闽

陈　昱

福州高新技术产业开发区管委会

副主任:李永祥(常务)

唐　寅

吴　力

陈　辉

任　巍

林　蔚

福州台商投资区管委会

主　任:黄　超

副主任:张发春(兼)

林桂强

福州市鼓岭旅游度假区(市鼓山风景名胜区)管委会

主　任:(空缺)

副主任:林贻亮

马建明

福清融侨经济技术开发区管委会

主　任:翁芳明

副主任:林云明

余颖凌

林聪仁(科技、挂职)

蔡和斌

福州市江阴工业集中区管委会

主　任:游通铃

副主任:颜美春

詹金瑞

林峭立

施家雄

福州市元洪投资区管委会

主　任:王建生

副主任:陈　嘉

林友华

项箴雄

林在明(科技、挂职)

黄　侠

闽台(福州)蓝色经济产业园管委会(筹)

主　任:罗若谷(兼)

副主任:林道标

张　彪

福州市滨海工业集中区管委会

主　任:林福明

副主任:李平行

林建华

郑敏光

陈家登

卓国鸿

黄雨涛(援宁)

王洪安

陈宝贵

福州临空经济区管委会(筹)

主　任:何杰民(兼)

副主任:陈立武

黄华贤

福州市青口投资区管委会

主　任:许舜举

副主任:程道龙

林松旺

陈　榕

林碧莹

赵　勇

福州市软件园管委会

主　任:(空缺)

副主任:陈　晖

刘丹青

刘珍昌

琅岐经济区管委会

主　任:杨木泽

副主任:张依俤

刑鼎斌

张如福

(林立新)

(编辑　黄　铭)

中共福州市委

重要会议及活动

【概况】 2014年，市委先后召开十届八次、九次全会，审议《关于进一步加快福州科学发展跨越发展的行动计划》《福州新区建设行动计划（2014—2020年）》《福州市加快生态文明先行示范区建设的贯彻实施意见》《中共福州市委、福州市人民政府关于深入贯彻习近平总书记来闽考察重要讲话精神的意见》《中共福州市委关于贯彻党的十八届四中全会精神全面推进依法治市建设法治福州的实施意见》等文件；在北京举行“马上就办”理论与实践研讨会；开展市委市政府工作检查1次。

【市纪委十届五次全会】 1月25日召开。会议审议通过市纪委工作报告。省委常委、市委书记杨岳强调，全市各级各部门要学习领会、贯彻落实十八届中央纪委三次全会和省纪委九届五次全会精神，加强作风建设，为福州科学发展跨越发展提供政治和纪律保证。

【市委政法工作会议】 2月13日召开。会议表彰2009—2012年度“平安福州”建设先进集体和个人，通报2013年县（市）区综治责任制落实情况，对2014年全市政法工作作出具体部署，并向各县（市）区委书记、县（市）区长颁发2014年福州市党政领导综治责任书和信访工作责任状。省委常委、市委书记杨岳就坚持党的绝对领导、维护省会安定稳定、建设“平安福州”、打造过硬政法队伍提出要求。

【党的群众路线教育实践活动动员大会】 2月17日召开。省委常委、市委书记、市委党的群众路线教育实践活动领导小组组长杨岳要求全市各级各部门学习领会中央和省委动员部署会议精神，推动群众路线教育实践活动深入开展、取得实效。省委第一督导组第一组长王美香出席会议并讲话，宋闽旺组长对福州市开展教育实践活动提出要求。

【市党政代表团赴陕西渭南、江西吉安学习考察活动】 2月18—21日进行。省委常委、市委书记杨岳，市长杨益民率领福州市党政代表团赴陕西渭南、江西吉安学习考察，并与两市举行交流座谈会，签订战略合作框架协议。

【全市宜居环境建设暨旧屋区改造和“两违”整治行动电视电话会议】 2月25日召开。省委常委、市委书记杨岳总结全市城乡环境综合整治的工作成效和存在问题，强调要从城乡联动、着力提升、加大整治三方面推进宜居环境建设。市长杨益民对宜居环境建设工作作出部署。

【全市对台工作会议】 4月17日召开。省委常委、市委书记杨岳对进一步做好新时期对台工作提出四点要求：一要统一思想，提高认识，切实增强做好对台工作的责任感和使命感；二要把握机遇，深化融合，持续提升榕台经贸合作水平；三要注重亲情，厚植感情，巩固扩大榕台交流交往成果；四要加强领导，强化

2月18—19日，省委常委、市委书记杨岳，市长杨益民率领福州市党政代表团赴陕西省渭南市学习考察 （黄立新 摄）

保障，确保对台工作任务落到实处。

【全市一季度经济形势分析暨绩效管理和五大战役工作表彰会】 4月18日召开。会议通报一季度经济运行总体情况，表彰2013年绩效管理优胜单位以及五大战役、重点项目建设先进集体和个人。省委常委、市委书记杨岳从新区、改革、产业、投资、民生等五方面提出要求。市长杨益民就下一阶段经济工作作出部署。

【市委市政府工作检查活动】 5月10—15日进行检查。检查组前往12个县（市）区，实地察看产业发展、城乡建设、社会事业、民生保障以及小城镇、新农村建设等领域的76个项目。16日召开总结会。省委常委、市委书记杨岳，市长杨益民在会上讲话。

【上半年经济形势分析会】 8月1日召开。会议传达省委上半年经济形势分析会精神，分析全市上半年经济运行情况，并对下半年经济重点工作作出部署。省委常委、市委书记杨岳要求各级各部门要从投资拉动、外贸出口、产业龙头、深化改革、改善民生等五方面突破，推动全市经济社会平稳健康发展。市长杨益民对下半年经济工作作出部署。

【第九届两岸青年联欢节暨第二届海峡青年节】 8月9—10日举行。活动以"中国梦·中华情"为主旋律，以"海丝起点·青春启航"为主题，安排大会、文化交流、公益交流等16项活动。中华全国台湾同胞联谊会会长汪毅夫，省委常委、市委书记杨岳，国台办副主任龚清概，团中央书记处书记周长奎，民革中央副主席郑建邦会见参会的两岸嘉宾代表。

【"马上就办"理论与实践研讨会】 8月16日在北京举行。会议邀请全国党建研究会副会长高世琦，全国党建研究会顾问郑科扬，人民日报社副总编辑陈俊宏，中央党校校务委员、科研部主任梁言顺和中央组织部党建研究所、中央宣传部理论局、中央党史研究室宣教局，以及《求是》《光明日报》《党建》等中央主要新闻单位的领导和专家学者，研讨"马上就办"提出的历史背景和丰富内涵，并结合学习贯彻习近平总书记系列重要讲话精神，共同探讨加强"马上就办"理论研究和实践探索的思路举措。省委常委、市委书记杨岳，市长杨益民出席会议。

【市委十届八次全会】 9月16日召开。会议讨论市委常委会向市委全会作的书面工作报告，审议《关于进一步加快福州科学发展跨越发展的行动计划》《福州新区建设行动计划（2014—2020年）》《福州市加快生态文明先行示范区建设的贯彻实施意见》，通过《中共福州市第十届委员会第八次全体会议决议》。省委常委、市委书记杨岳就进一步推动福州科学发展跨越发展，强调要站位全局，增强责任，以勇于担当的气概实现科学发展跨越发展；明确目标，突出重点，以先行先试的举措推动科学发展跨越发展；振奋精神，真抓实干，以更加优良的作风保障科学发展跨越发展。

【福州市党的群众路线教育实践活动总结大会】 10月16日召开。会议学习贯彻习近平总书记在中央党的群众路线教育实践活动总结大会上的重要讲话精神，总结全市教育实践活动，对巩固拓展教育实践活动成果、加强党的作风建设、推进从严治党作出部署。省委常委、市委书记杨岳，省委第一督导组第一组长王美香出席会议并讲话。

【第一届全国青运会开幕倒计时一周年福州市动员大会】 10月18日召开。会议对第一届全国青运会最后冲刺阶段的各项筹备工作进行再动员、再部署、再落实。省委常委、市委书记杨岳强调，全市要围绕国家体育总局和省委、省政府的总体部署，圆满完成青运会各项筹备工作。

【市委常委（扩大）会议】 11月3日召开。会议传达学习习近平总书记来闽考察重要讲话和省委常委（扩大）会精神，研究福州市初步贯彻意见。会议强调，一要学习领会，强化责任使命；二要研究谋划，推动贯彻落实；三要宣传引导，营造浓厚氛围；四要迅速行动，做好当前工作，为建设机制活、产业优、百姓富、生态美的新福建做出新的贡献。

【贯彻落实习近平总书记来闽考察重要讲话精神专题调研】 11月6—13日进行。省委常委、市委书记杨岳，市长杨益民，市人大常委会主任周振华，市政协主席方清海等市四套班子领导分赴各地，围绕福州新区开放开发、产业优化升级、"三农"工作、"一带一路"建设、从严治党等13个专题，采取实地调研、听取汇报、座谈交流等方式，与基层干部群众共同探讨谋划贯彻落实习近平总书记来闽考察重要讲话精神、全力推动福州科学发展跨越发展的思路举措，并形成调研报告14篇。

【市委务虚会议】 12月3日召开。会议总结全年工作，谋划2015年工作思路。省委常委、市委书记杨岳强调，全市各级各部门要科学判断省会福州当前所处的历史方位，审视福州发展亟待解决的紧迫问题，明确下一步工作思路举措，在更高起点上推动省会各项事业发展。

【福州市经贸代表团赴美国、加拿大考察活动】 12月6—13日进行。代表团先后访问美国塔科马市、旧金山、波士顿和加拿大多伦多等城市，考察美国英特尔公司、美国联合技术公司、加拿大宏利金融集团等世界500强企业，看望美国、加拿大榕籍侨领和企业家代表，签署福州市与塔科马市《关于进一步加强友好交流的谅解备忘录》。

【全市经济工作会议】 12月24日召开。会议指出，要全面贯彻落实习近平总书记来闽考察重要讲话精神，按照中央和全省经济工作会议的部署要求，适应经济发展新常态，保持经济平稳较快发展，全力推进福州科学发展跨越发展。省委常委、市委书记杨岳强调，要推动经济稳定增长，加速福州新区建设，致力产业优化升级，全面深化改革开放，推进城乡区域融合发展，着力保障改善民生。市长杨益民对做好2015年经济工作作出具体部署。

【市委十届九次全会】 12月25日召开。会议讨论市委常委会工作报告，以及《中共福州市委、福州市人民政府关于深入贯彻习近平总书记来闽考察重要讲话精神的意见》和《中共福州市委关于贯彻党的十八届四中全会精神全面推进依法治市建设法治福州的实施意见》，审议通过市委十届九次全会决议。省委常委、市委书记杨岳强调，要全面深入贯彻落实习近平总书记来闽考察重要讲话精神，加快推进省会科学发展跨越发展；坚持走中国特色社会主义法治道路，全面推进法治福州建设；坚持党要管党、从严治党，着力营造风清气正的政治生态。

(林吓清)

重要接待

1月29日至2月5日，全国政协副主席、工商联主席王钦敏在福州、福清调研，市政协主席方清海，市委常委、统战部部长黄忠勇，市政协副主席、工商联主席雷成才分别陪同相关活动。

2月1—6日，国务院原副总理吴仪考察福耀玻璃有限公司、三坊七巷、涌泉寺等，省委常委、市委书记杨岳，市长杨益民，市委常委、秘书长徐启源分别陪同相关活动。

3月21日上午，全国人大常委会原副委员长周铁农考察三坊七巷，市人大常委会副主任陈奇陪同考察。

4月14日上午，原国务委员唐家璇一行考察三坊七巷，副市长陈晔陪同考察。

5月6日，省委常委、市委书记杨岳，市人大常委会主任周振华在西宾悦华酒店拜会全国人大常委会原副委员长许嘉璐。

5月12日下午，全国人大常委会原副委员长盛华仁考察三坊七巷，市人大常委会副主任陈奇、副市长林飞陪同考察。

6月17—18日，十届全国政协副主席王忠禹考察鼓山、三坊七巷，市政协主席方清海陪同考察。

7月18—19日，中共中央政治局常委、国务院副总理张高丽视察福清核电、福建戴姆勒奔驰有限公司、马尾科立视项目等，省委常委、市委书记杨岳，市长杨益民，市委常委、秘书长徐启源陪同视察。

10月9日中午，省委常委、市委书记杨岳，市人大常委会主任周振华在芳沁园拜会全国人大常委会原副委员长许嘉璐。

11月1日下午，中共中央总书记、国家主席、中央军委主席习近平视察新大陆科技集团、军门社区居家养老及4点钟学校，并到居民家中看望等，省委常委、市委书记杨岳，市长杨益民，市委常委、秘书长徐启源陪同视察。

12月4日，全国人大常委会原副委员长彭佩云考察三坊七巷等，省委常委、市委书记杨岳，市人大常委会主任周振华，市人大常委会副主任柯有民陪同相关活动。

(郑永平)

纪检监察

【概况】 2014年，全市各级纪检监察机关落实党风廉政建设党委主体责任和纪委监督责任，开展纪律检查体制改革，加大案件查办力度，突出纪检监察主责主业。全年立案查处违纪违法案件822件，给予党纪、政纪处分816人，移送司法机关处理114人。

【落实“两个责任”】 年内市委出台《关于落实党风廉政建设党委主体责任和纪委监督责任的实施意见》，明确“两个责任”内容和追究办法；定期召开党风廉政建设和反腐败工作会议，市领导带队检查考核党风廉政建设责任制落实情况。市纪委通过开展责任制落实情况“回头看”、在媒体开设“两个责任”访谈专栏、完善检查考核机制、落实“一案双查”等，推动各级领导干部落实责任。年内73名党员领导干部因党风廉政建设责任制落实不力受到责任追究，其中给予党政纪处分26人。

【案件查办】 全市纪检监察机关受理检举控告类信访件6105件(次)，立案查处违纪违法案件822件、同比增长10.04%，其中县处级干部案件19件、同比增长58.33%，乡科级干部案件107件、同比增长25.88%；结案率96.9%，给予党纪、政纪处分816人，移送司法机关处理114人，为国家和集体挽回经济损失3555万元。查处“一把手”案件74件，占案件数9%；查处工程建设和土地管理领域案件131件，占案件数15.9%。完善初查初核、调查取证、案件审理、申诉复查等程序，健全线索处置管理、大案要案协作、办案安全责任、典型案件总结评析会等制度，加强纪律处分执行情况的监督。注重案后整改，对37件重大典型案件开展一案一整改。

【作风建设】 查处违反“中央八项规定”精神的问题236起；处理298人，其中党政纪处分71人；在新闻媒体通报曝光32批110起典型问题。加强对省委巡视组发现的问题整改落实和反馈工作，制订“问题清单”，督促限时反馈。精简考核项目，市级考核检查项目从87项减至17项，全市各类会议、文件简报数量和“三公”经费支出分别同比下降23.7%、17.8%和29%。创新民主评议政风行风工作，建成“福州民评网”。

【纪律检查体制改革】 成立市纪律检查体制改革专项小组。整合机构职能，执纪监督部门和执纪监督人员分别占总数的70.1%和74.7%。对全市纪检监察机关参加的议事协调机构进行两轮清理，市县两级纪检监察机关精简议事协调机构1720个，精简率90.2%，市纪委监察局参加的议事协调机构保留15个。规范纪检监察机关主要负责人工作分工，明确派驻纪检组、监察室职能定位。转变监督方式，加大对党员干部在推进福州新区开放开发、“廉洁地铁”、“廉洁青运”、生态市建设、防抗台风等履职情况监督执纪问责力度，各级纪检监察机关开展各类执法监察366次，发出监察建议、工作整改意见183项。

【监督检查】 将工作重点从配合职能部门开展业务检查，转变为对政府和相关部门履职的监督，加强对市委、市政府实施《海西发展规划》、闽江口金三角经济圈建设、福州新区建设、“廉洁地铁”、“廉洁青运”等重大决策执行情况的监督检查。各级纪检监察机关通过各类执法监察活动，提出工作建议173项，发出监察建议书12件，发现案件线索15条，立案调查12件，给予党政纪处分16人。年内对教育系统依法行政情况进行综合监察，查处案件3件3人；在全省组织开展的违法占地和违法建设综合治理专项行动中，对24名参与“两违”的党员领导干部予以立案调查，给予党政纪处分13人；开展安全生产责任事故责任追究，全市纪检监察机关参与事故调查28起，15名纪检监察对象被追究相应的党政纪责任，移送司法机关处理6人。

【预防腐败】 召开领导干部廉政教育大会，将廉洁从政教育纳入全市各级各部门党委（党组）中心组学习内容，在全市各级党校、行政学院和干部培训机构的各类培训班中开设廉政教育课程。先后7批对190名新任处级领导干部开展任前廉政法规知识测试工作，对新提任或转任领导职务的179名处级干部进行任前廉政谈话。定期在媒体或内部通报违纪违法典型案件，编发《警示录》，举办廉政主题辩论赛和“清廉福州”书画摄影展；挖掘本土廉政文化资源，福州三坊七巷历史人物勤廉馆建成并对外开放；廉政闽剧《兰花赋》在全市巡演并晋京演出。（曾令锋）

【“马上就办”】 市机关效能建设领导小组印发《关于深化“马上就办”行动方案》；举办“深化‘马上就办’”专题培训班，将相关材料汇编成册；推进7家省级、29家市级“马上就办”示范点建设；督查简政放权，市直相关部门继续取消、调整、下放审批权限，保留市级行政许可项目73项，取消审批事项15项，下放行政事权66项。市效能办拟制清单目录范本，列举公文办理、行政管理与服务等9个事项，对具体内容、办事流程、办结时限等6个要素予以明确。

【绩效管理】 在年初公布的2013年度省对设区市政府绩效考评结果中，福州市继2012年度后再获第二名，其中察访核验仅扣0.4分，为全省第一；公众评议排名全省第五位；指标考核排名全省第四位。调整绩效管理考评办法，对列入限制开发区域的闽清县、永泰县取消地区生产总值考核，实行农业优先和生态保护优先的绩效考评；对市直单位实施分党群部门、综合与管理类政府部门、执法与服务类政府部门三大类进行考核。从投资方向、投资规模、科技含量、建设工期、综合效益5个层面，首次对纳入市委市政府工作拉练检查项目开展现场评价。健全绩效考评奖惩机制，将省对市考评情况与县（市）区、市直单位绩效成绩挂钩，市纪委、市委组织部主要领导约谈绩效总评成绩靠后的主要领导。

【效能督查】 围绕省、市重大决策部署以及市委、市政府确定的重大项目建设、市科学发展跨越发展行动计划、新区建设重点任务等工作开展监督检查。开展12轮全市机关作风明察暗访。组织对市直部门政务公开工作及基层单位电话公开工作进行专项督查；会同市行政服务中心管委会对各级行政服务中心、便民服务中心（代办点）进行监督检查。全市机关效能建设机构办理市委、市政府转办件117件，派出督查人员2548人次，督查项目857项，发出效能督办单74份，整改通知书527份，效能督查建议书53份。

【效能问责】 年内重新修订《福州市机关及其工作人员效能问责实施细则》。市机关效能建设领导小组印发《关于深入治理“庸懒散拖”的意见》，整治不作为、乱作为、效率低、服务差、办事不透明、纪律松散、作风不实、精神不振等8个方面典型问题。建立效能问责线索移送制度，发动各单位移送效能问题线索。全年发出效能督办单74份，整改通知书527份，效能督查建议书53份，通报机关效能问题11批次，通过媒体公开曝光典型案例11批次；效能问责406人次（单位），其中涉及执行力低下问题152人次（单位），涉及机关作风问题254人次。

【效能投诉办理】 全市机关效能投诉机构受理投诉1586件，时限内办结率99.9%。办理省机关效能投诉中心转办件91件，时限内办结率100%。全市“12345”系统受理群众投诉件235946件次，同比增长9.9%，群众基本满意率95.15%；印发“12345”督查情况通报5期，给予相关责任单位、责任人处理36人次。

（陈自如）

组织工作

【概况】 2014年，中共福州市委组织部以“四个万家”为主要载体，组织推进党的群众路线教育实践活动，制定“1+10”规章制度。加强领导班子思想政治建设和党员干部队伍作风建设，深化干部人事制度改革，实施闽都人才集聚工程，推进固本强基工程。

【党的群众路线教育实践活动】 坚持以“四个万家”为主要载体推进教育实践活动，福州市“四个万家打通群众路线”和闽清县“党建项目推进富民强村”两个案例入选全国党的群众路线工作法100例。建立各级领导干部直接联系服务基层群众工作机制，实现党员干部进社区和走村入户的“全覆盖”。全市各级干部下基层86.05万人次，建立各种挂钩帮扶联系点5万个，解决基层和群众实际问题24.4万个，化解矛盾纠纷63914起。全市召开座谈会9369场，收集各类意见建议45097条。市委率先召开市委常委班子专题民主生活会，各级各部门相继召开专题组织生活会并开展民主评议党员工作。全市288204名党员参加专题组织生活会。开展建章立制工作，制定《中共福州市委关于市委常委会改进作风的意见》等“1+10”规章制度，出台市委领导班子整改方案、全市“四风”突出问题专项整治方案，组织开展“百个群众关注问题”活动。启动规章制度废改立工作，全市废止制度466个，修订完善制度1207个，新建立制度1132个。开展“四风”突出问题专项整治工作，查处“吃拿卡要”“庸懒散拖”问题

238 起 329 人,查处“走读”乡镇干部 39 人,清理清退“吃空饷”261 人。

【干部教育培训】 开展学习贯彻中共十八届三中全会和习近平总书记系列讲话精神的学习教育,分期对 1730 余名县处级干部进行集中轮训。全年举办各类培训班 48 期、培训 5369 人次,其中落实上级调训任务 320 人次,依托市委党校举办各类主体班次 25 期、培训 1049 人次,选送 259 名领导干部和企业高管到清华大学等国内著名高等院校合作办学,选送 116 名领导干部赴台学习,21 名领导干部录取到福州大学工商管理硕士(MBA)在职研究生(双证)班学习,选派 20 名干部到吉安、渭南等地挂职学习,完成 3 年选派 100 名年轻干部到广州、杭州、南京等地挂职学习任务。

【干部人事制度改革】 制定出台《关于加强干部队伍建设的若干意见》《关于市管干部选拔任用“两个提前”办法》《关于市委组织部领导干部谈心谈话制度》《市直单位主要领导定期考核评价办法》等制度。推进新一轮政府机构改革工作及领导班子选配。全年办理处级领导干部任免 571 人次,安置师团职军转干部 61 人,市委全会闭会期间对 54 名市直单位主要领导进行测评。加强和改进优秀年轻干部、后备干部培养选拔工作,推进“四个双向挂职”工程和年轻干部成长“墩苗计划”,选拔 11 名乡镇(街道)党(工)委书记到市直单位担任副处级职务;选派 11 名市直单位优秀年轻干部交流担任乡镇(街道)党政正职。加强选调生、大学生村干部培养管理,全年两批次公开遴选 101 名基层公务员到市直机关工作。

选调生工作　1997—2014 年,全市累计接收选调生 1096 人;年内有 922 人,其中党政类 625 人,公安类 93 人,法院类 100 人,检察院类 104 人。现有的选调生中,博士选调生 26 人,硕士选调生 94 人;大学生村干部(选调生)转录选调生的 261 人。年内继续完善选调生信息数据库;加强选调生教育培训工作,明确将选调生培训工作纳入全市干部培训总体计划。

【干部监督管理】 加强干部选拔任用监督,清理规范干部选拔任用有关文件,开展整治“三超两乱”、“裸官”、领导干部违规兼职等“7+3”专项整治工作。完善“一报告两评议”,对党委(党组)主要负责人履行干部选拔任用和整治用人上不正之风工作职责情况进行评议,2013 年对市委干部选拔任用的总体评价满意度分值为 96.4 分。推行干部选拔任用工作全过程纪实,建立立项督查、案件直查以及“程序空转”、“带病提拔”倒查制度。组织开展全市 1700 余名县(处)级以上党员领导干部报告个人相关事项工作,随机抽查核实 91 名领导干部的个人相关事项报告。全年委托市审计局对 18 名领导干部进行经济责任审计。

【人才队伍建设】 推进闽都人才聚集工程建设,全市 13 名专家入围第十一批国家“千人计划”企业创新长期项目面试答辩,推荐 20 人(团队)申报国家“万人计划”,32 人入选省“海纳百川计划”,其中 23 人入选省第一批特支人才“双百计划”,9 人入选省第一批优秀人才“百人计划”。加强海西引智试验区建设,制定《福州市专家服务团选派管理暂行办法》,在全国率先实行“台港澳专家证”制度,32 名获证专家可享受市民待遇,授予 16 名境内外高层次优秀人才“荣誉市民”称号。落实已签订的市校合作协议,协调落实百名清华大学博士(硕士)研究生到榕社会实践、短期挂职。在马尾区开展全省人才强县试点工作,加大对省级扶贫开发工作重点县永泰县和老区县罗源县的人才支持力度。

【基层党组织和党员队伍建设】 推动县、乡党委书记抓基层党建工作述职评议全覆盖。制定《关于加强基层服务型党组织建设的实施意见》。深化“135”社区党建工作模式,规范社区工作服务站建设,在全市 419 个社区开展在职党员进社区认领困难群众“微心愿”活动,征集“微心愿”7889 个,被认领 6041 个。落实“168”农村党建工作机制,推动全市 502 个软弱涣散基层党组织基本完成整顿转化。开展农户综合信用等级评定试点工作。拓展非公有制企业党建“365”模式、“中心+基地”、“党员诚信店”等品牌效应,评选表彰福州市第二批“党员诚信示范店”25 家,推动落实“企村结对”帮扶资金 1477 万元,帮扶项目 131 项。推广党代表(党员)工作室,建立党代表工作室 229 个。加强基层党组织带头人队伍建设,组织 334 名基层党组织书记参加示范培训班,开展 3 批 266 名村(社区)党组织书记参加异地挂职锻炼,从优秀村(社区)主干中考录 23 名基层公务员,聘用 46 名乡镇(街道)事业单位工作人员。全年发展党员 5397 人。组织开展纪念建党 93 周年系列活动和新中国成立 65 周年慰问活动,国庆前夕走访慰问老干部、老党员 2035 人,发放慰问金、慰问品 142.28 万元。

乡镇干部队伍　至 2013 年年底,福州市 130 个乡镇有乡镇干部 5672 人,其中处级干部 9 人,占 0.16%;正科级干部 501 人,占 8.83%;副科级干部 1188 人,占 20.94%;普通公务员(指科员、办事员、试用期人员及其他)1162 人,占 20.49%;事业人员 2812 人,占 49.58%。从学历结构看,乡镇党政班子成员层面,研究生及以上学历占 4.49%,大学学历占 65.02%,大专学历占 25.52%,中专及以下学历占 4.95%;乡镇普通公务员层面,研究生及以上学历占 1.2%,大学学历占 60.67%,大专学历占 21.94%,中专及以下学历占 16.18%;乡镇事业人员层面,研究生及以上学历占 0.32%,大学学历占 28.7%,大专学历占 42.1%,中专及以下学历占 28.98%。

(陈剑雄)

宣传工作

【概况】 2014 年,中共福州市委宣传部以学习宣传贯彻党的十八大和十八届三中、四中全会精神以及习近平总书记系列重要讲话和来闽考察重要讲话精神为主线,组织开展 60 余场重大宣传。申办“丝绸之路国际电影节”,福州市参与创作的大型电视剧《原乡》和电视纪录片《船政学堂》获第十三届中宣部“五个一工程”奖,花茶制作技艺和咏春拳两个项目入围第四批国家非遗项目公示名单，成功举办第十二届全国美展·漆艺展，福州市获评"国家级文化和科技融合示范基地"，网龙公司入选全国文化企业30强。制定《福州市培育和践行社会主义核心价值观实施意见》。市委宣传部被中宣部评为"舆情信息工作先进单位"。

【理论工作】 开展党的十八届三中、四中全会精神以及习近平总书记系列重要讲话、来闽考察重要讲话精神宣讲工作。成立中共福州市委宣讲团，面向福州市党委（党组）中心组成员、机关党员干部、学校师生、企业干部职工等开展1000余场宣讲活动。组织特聘讲师、业余讲师团成员赴基层开展各类专题宣讲2.5万场次，印发理论普及资料200余万份。组织"福建自贸试验区福州片区文化建设研究"和"福州建设'海丝'战略枢纽城市的潜力、优势与战略重点研究"等重大课题研究。组织开展2014年市社会科学研究规划课题申报、评审工作，开展主题为"宣传贯彻福建省社会科学普及条例·培育践行社会主义核心价值观"的社会科学普及宣传周活动。福州市中国特色社会主义理论体系研究基地课题完成立项24个，结项34个。

【新闻宣传】 组织各级各类媒体开展福州新区开放开发、"海上丝绸之路"、"党的群众路线教育实践活动"、福州文明持续文明等60余场重大宣传。全年中央、省属新闻媒体对福州市各类正面报道15000余篇（条），其中人民日报68篇，新华社660余篇，中央电视台各频道新闻200余条、专题片22部（集）。重大主题报道取得突破，《人民日报》头版头条刊登"马上就办"主题报道，并在当日报上另有专版介绍。组织"书记去哪儿""行走新丝路""网络媒体县区行""网媒记者走基层"等主题采访活动，开设"福州群众路线网"专题网站，举办"中国梦·我的梦"微征文微视频大赛、"寻找最美乡村"、"最美福州人"等活动，建立福州市互联网舆论管理联席会议制度，建设福州市互联网舆情监测系统，收集网络舆情开展舆论引导。福州市网络形象在全国省会城市及计划单列市中排名第六，获得"十佳城市奖"。

在澳大利亚《大洋日报》开辟《今日福州》固定专版，每周1期；在台湾《民众日报》开辟《看福州》固定专栏，每周两个半版；形成福州市境外落地媒体"六报一网五栏目"的新格局，每周向海外出版13个海外版，播出120分钟广播电视节目。联合中央电视台、香港无线电视美洲台、台湾东森电视公司策划拍摄播出《历史名城福州》等60期，与福建电视台综合频道联合发起策划拍摄的6集电视纪录片《船政学堂》，被列入国家人文纪录片工程项目，评为2014年中国电视纪录片十佳，实现福州本土题材影视作品获国家"五个一工程"奖零的突破。实现重大经贸节会新闻发布常态化，在福建省率先建立市级及市级以上工业园区新闻发言人制度。制定《关于进一步健全完善新闻发布制度的实施意见》，组织海交会、海峡青年节、首届全国青运会等各类新闻发布会（通气会、答记者问）42场。

【文化事业】 申请与陕西西安轮值举办"丝绸之路国际电影节"，并举办首届"丝绸之路国际电影节"福州分会场活动。海峡两岸民俗文化节被国台办确定为"2014年国家对台重点文化交流项目"。福州评话《孝义巷传奇》和福州伬艺《秦楼月春回坊巷》获全国曲艺大赛入围奖，舞蹈《还我一片净土》获第六届华东专业舞蹈比赛创作三等奖，福清侨乡合唱团获第九届中国音乐"金钟奖"铜奖。在福建省第七届文艺百花奖评选、福建省"武夷奖"青年演员比赛、福建省第26届戏剧会演剧本征文等省级赛事上，福州市获奖总数均居全省首位。编制《福州市中心城区公共文化设施布局专项规划》，市博物馆完成陈列改造更新工程，市图书馆新馆完成主体结构封顶，市艺术学校新校区二期工程正式立项，第一批24台城市街区24小时自助图书馆投入使用。市文联完成换届，设立福州市文艺事业发展基金，出台《中共福州市委关于进一步加强和改进新形势下文联工作的实施意见》。承办在闽清县云龙乡举行的2014年福建省文化科技卫生"三下乡"活动启动仪式，筹集资金、物品900余万元，在福清市一都镇举办2014年福州市文化科技卫生"三下乡"活动启动仪式，筹集资金、物品265.64万元。

【闽都文化】 编制完成《福州历史文化名城（名街、名镇、名村）保护近期规划》《福州市非物质文化遗产项目传承示范基地评选及管理暂行办法》，加快朱紫坊、上下杭历史文化街区、烟台山历史文化风貌区文物保护修复工程建设，推动编制嵩口、闽安、琴江等国家级历史文化名村名镇保护规划。组织开展地铁屏山站、新店古城遗址和怀安窑址等考古发掘、勘探和调查工作。出台《福州市非物质文化遗产项目传承示范基地评选及管理暂行办法》，评选出福州市第一批非遗项目传承示范基地25家，19人入选省级第三批非遗传承人名单。出版《船政文化概论》《闽都作家文丛（第二辑）》《海峡诗人》《福州百名女摄影家作品集》等作品。举办"海上丝绸之路"文化遗产专题展、屏山地铁站考古成果展等专题展览。"纪念沈葆桢抚台140周年——《船政与台湾》特展"在台湾高雄举办。举办第六届中国（福州）船政文化研讨会。

【文化体制改革】 成立深化文化体制改革专项工作小组，明确改革发展重点任务及分工机制。整合福州市文化新闻出版局、广电局，组建福州市文化广电新闻出版局。加强文化领域简政放权，市本级行政审批事项减少幅度达36%，下放34家文化娱乐场所的管理权限，变事前审批为事中、事后监管。第三届版权（创意）产业精品博览交易会、第十二届全国美术作品展览·漆画展、"相约九日台"周末音乐会等活动探索进行市场化运作。深化福州市属媒体体制机制改革，撤销原有"福州广电集团"建制，成立"福州广播电视台"和"福州广电传媒集团公司"。推进福州日报社改革发展工作，福州晚报印刷厂完成改制任务，福州日报社与福建荟源国际展览有限公司合作成立福州报业荟源会展有限公司。市文投集团成立福州文体产业开发运营有限公司，为举办首届全国青运会提供后勤保障。开展工艺美术产业调研工作，完成"福州漆文化品牌建设"改革试点的前期策划工作。

【文化创意产业】 前三季度，全市文化产业实现增加值186.32亿元，同比增长10.8%。福州市获得国家级文化和科技融合示范基地称号，全市有国家级文化产业园区5个，国家级文化产业示范基地2个。7家文化企业被商务部确定为2013—2014年国家文化出口重点企业。7家企业获“2013年度省文化企业十强”称号，6个项目被评为“2014年度省文化产业十大重点项目”。研究制定《福州市文化改革发展工作职责分工和工作机制》，完成福州市第二批文化创意产业示范企业和示范基地的评选工作，示范企业和示范基地分别有25家和8个，制订出台推进福州文化和科技融合示范基地建设的实施意见。推进中国船政文化城、福清永鸿文化旅游城、海峡非物质文化遗产生态园、闽台(福州)文化产业园长乐拓展区等重点文化产业项目建设。

【文化交流】 举办第十六届海交会海丝沿线国家文艺交流晚会、第七届海峡两岸民俗节、元宵灯会、第七届海峡两岸合唱节等大型文化活动。首次赴法国举办船政文化主题展，邀请海峡两岸船政后裔、知名人士参加海峡两岸各界公祭甲申中法海战、甲午中日海战英烈活动，策划组织“榕情四海 佳节同庆”对外文化交流综合项目，通过赴美国、加拿大举办文艺演出、图片展、电视周、经贸推介及赠送外宣品等方式向华人华侨和当地民众宣传展示福州市开放发展良好形象。加强闽台文化产业交流合作，举办第三届福州海峡版博会、第十二届全国美术作品展漆画展和中国海峡第一届根艺美术博览会等系列活动，举办以福文化为主题的第二届福州海峡创意设计周。

(陈孝申)

统 战 工 作

【概况】 2014年，福州市统一战线对接“回归工程”合同项目46项、协议(意向)项目7项，总投资额538.95亿元；在市“两会”提出议案、提案356份；向中央统战部、省委统战部和市委办公厅报送信息1753条，其中《聋哑教育教材18年未更新，建议重新编写》受到中央政治局委员、国务院副总理刘延东批示；全市统战信息工作获全国统战信息工作二等奖，在全国62个直报点中位列第14名；1篇调研成果获2014年度全国统战理论政策研究创新成果三等奖，实现福州市统战调研成果获全国奖项零的突破。党外干部安排使用率、“回归工程”工作和党外人士建言献策履职率纳入县(市)区绩效管理考核指标体系。

【多党合作与政治协商】 召开市委与市各民主党派、工商联季谈会4次；建立民主党派市委会直接向中共市委提出建议的“每月直报”工作机制，全年通过“每月直报”机制提出55条关于文明城市创建工作意见建议。完善“分解立项、跟踪督查”机制，转化落实市各民主党派、工商联在季谈会上及“每月直报”机制所提意见建议。支持市各民主党派、工商联围绕全面深化改革等中心工作开展126项课题调研，其中市委重点课题17项。组织党外人士实地考察地铁1号线、高新区海西园等重点项目，赴贵州贵安新区考察新区建设。市“两会”上，各民主党派、工商联和无党派人士提出议案、提案356份，其中被列为重点提案15份。

【非公有制经济工作】 开展中小微企业科技创新、民营企业投资公共建设项目情况和民营企业投资养老、医疗产业调研。与市工商联举办基层行业商会专职人员培训班，有53名企业家参加的“福州市非公经济代表人士(北京大学)高级研修班”。全年组建成立福州松溪商会、永春商会、芗城商会、顺昌商会、肇庆商会等5个在榕异地商会。至年底，全市有70家异地商会，拥有会员企业7650家，个人会员13210个，会员企业资产总额4674.7亿元，营业总额8372.1亿元。完成宜昌、长沙、南宁、桂林、济南福州商会和福州温州、南安商会换届工作，召开福州市异地商会(武汉)工作交流会。

【“回归工程”工作】 召开市委市政府与企业家季谈会、福州市异地商会新春座谈会、福州市异地商会(武汉)工作交流会，宣传福州促进民营经济发展新政策；“5·18”海交会期间，与市工商联组织异地商会企业家参加“中非产业经济合作峰会”、“千人企业家大会”和福州东部新城总部经济推介会。全年征集并对接“回归工程”项目53项，总投资额538.95亿元，其中，合同项目46项，投资额487.65亿元；协议(意向)项目7项，投资额51.3亿元；最大项目为投资额65亿元的福建泰铭新世纪科技有限公司新型彩板项目。会同市效能办、市政府督查室等部门开展回归工程签约项目进度督查工作。至2014年年底，2013年签约的49项回归项目中已投产12项、竣工3项、动建17项，进入前期阶段15项，2个项目因建设用地规划指标问题未落实，签约项目履约率96%；年内签约46项合同项目中，有5项竣工，12项动建，29项进入前期阶段。

【“春风·春雨·光彩”行动】 引导非公有制经济人士参与“榕商联村”活动，全年实施农村道路、学校、饮水、公园和扶贫助学等“榕商联村”项目39项，帮扶资金460.7万元，其中开展助学活动两项：善能助学计划帮扶福州220名贫困小学生，帮扶金额13.2万元；感恩助学活动帮扶90名困难大学生，帮扶金额18万元。组织北京福州商会企业家赴罗源县福湖村考察帮扶项目，开展福州企业家向雅安地震灾区捐赠款使用的工作。市各民主党派依托“烛光行动”“同心光明行动”“律师进社区”等载体，开展扶贫济困、助学义诊、科普宣传等社会服务活动63场(次)，发放慰问金(品)23万元、免费药品3.95万元，捐赠书本、体育器材3.23万元。牵头开展2012—2013年度全市社会各界捐赠公益事业数据收集、审核把关、汇总统计等工作，收集公益捐赠数据2706项，参与捐赠的企业(单位)和个人1758家(人)，实际到位捐赠公益事业金额13.136亿元。

【民族宗教工作】 赴甘肃等福州少数民族主要输出地实地调研、开展对接，召开专题会议研究完善福州城市少数民族流动人口管理服务办法。协调落实市委《关于进一步加快少数民族乡村发展的意见》，推动罗源县福湖村等少数民族乡村帮扶工作，支持连江县举办"三月三"畲乡文化节。

完善"三级"宗教工作网络，召开全市宗教工作会议1次，不定期召开宗教工作联席会议和专题会议21场，处置宗教领域维稳问题15件，协调处理西禅寺刑事案件善后等事宜。加强宗教团体建设，支持筹建区级宗教团体，支持福清市基督教两会自办养老院。指导鼓楼、台江等县(市)区依法取缔境外基督教组织非法传教活动。

【港澳台、海外联谊工作】 召开两次全市侨台联席会议，研究涉侨涉台品牌活动塑造等工作。召开市政协港澳委员、海联会常务理事(深圳)座谈会，引导榕籍乡亲和社团支持特区政府依法施政。1万余名台湾信众组团到榕参加第四届福清石竹山梦文化节，56名澳门榕籍"新生代"到榕参加"寻根之旅——澳门青少年夏令营"，全年接待港澳台与海外乡亲团组等28个1300余人。加强与港澳台地区，东南亚、欧洲等国家地区同乡社团的联络联谊，赴港澳参加"澳门第二届陈靖姑文化节"、香港侨民互助会成立庆典等活动；组织福州基层商会参访团、民营企业家参访团赴台参访，促进榕台工商界交流合作；组团参加第十一届世福恳亲大会、西班牙福建华商会成立两周年庆祝大会，与世福总会签署合作协议，依托其60余个属会设立引资引智海外联络站，促成西班牙福建华商会会长投资纺织项目的落地。协调解决台江上下杭侨房拆迁、华侨寻根谒祖、历史遗留的侨房纠纷等信访问题30余件(次)，协助世福总会荣誉会长张仕国制定闽清白中中学奖学奖教基金管理办法、管理该基金50万元，促成张仕国捐资建设闽清白中中学篮球场。指导市台联、市留学生同学会开展常务理事、理事增补工作，支持归国留学人员企业与香港贸易发展局联合主办"透过香港—走向国际"香港服务业研讨会、参加中国(福建)—非洲经贸合作专题推介会等活动，指导市留学生同学会开展永泰大洋镇义诊、晋安区爱心助学等社会服务活动。

【党外代表人士队伍建设】 通过制订活动方案、召开动员部署会议、设立联络办公室、申请专项经费等，指导推动市各民主党派开展坚持和发展中国特色社会主义学习实践活动；举办福州市统一战线庆祝新中国成立65周年摄影作品展；举办学习交流会促进以"四信"为主要内容的非公有制经济人士理想信念教育实践活动。在市社会主义学院举办有45人参加的第七期党外干部培训班。制发《关于进一步加强福州市非公有制经济代表人士队伍建设的实施意见》，建立2000人的非公经济代表人士人物库；核对更新2008年确认身份的无党派人士信息，新确认29名处科级干部(11名处级、18名正科级)为市级无党派人士。

召开市委组织部、统战部与民主党派负责人、无党派代表人士座谈会，商讨加强党外代表人士队伍建设；民主党派市委会各派1名机关干部参与全市重点项目督查工作。选派市直部门2名正科级党外干部担任乡镇街道行政主官，实现福州党外干部担任乡镇街道行政正职的突破；促成下派第四批5名党外科级干部赴乡镇(街道)挂职锻炼。全年有2名党外干部提任或转任市政府组成部门行政正职，5名党外干部提任或转任、兼任市直单位正职，3名党外干部提任市直单位正、副处级职务，转任市人大党外副秘书长、市法院党外副院长各1人，3名民主党派专职副主委提任正处级职务，12名提任或转任县(市)区政府、人大、政协领导班子党外副职；增补市工商联执委3人、常委2人。2名非公经济人士获评"第四届全国非公有制经济人士优秀中国特色社会主义建设者"，占全省获奖人数一半。

(何仲武)

精神文明建设

【概况】 2014年，全市开展文明城市、文明单位(行业)、文明村镇等群众性精神文明创建活动，福州市蝉联"第四届全国文明城市"称号，福清市入选新一轮全国县级文明城市提名城市。推进文明城市建设工作立法，公布实施《福州市人民代表大会常务委员会关于文明城市建设的决定》，颁布实施《福州市志愿服务条例》。开展"我们的节日"主题活动，承办"全国深化'我们的节日'主题活动座谈会"。推动道德模范、身边好人学习宣传和推荐评选，承办"全国道德模范和身边好人现场交流活动"，6人入选中国好人榜。

【文明城市建设】 制定《文明城市综合整治专项活动方案》，开展市容市貌、交通环境、交通秩序、店铺场馆、各类市场专项整治。开展骑行检查创建活动，领导带头以骑自行车、步行等方式，前往城市背街小巷、城乡接合部、老旧小区等检查文明创建工作。出台《进一步加强文明城市建设督查工作实施方案》，推动市直相关部门和城区建立本地区、本部门的督查队伍和工作机制，定期开展督查。开展"月测评"工作，全年开展12批(次)挂牌督导活动，234个(次)单位被红、黄牌警告，3个单位受到效能告诫、扣发奖金、取消评先资格等相应处理。将文明城市建设工作纳入2014年度市委市政府对各县(市)区的绩效考评内容。组织人大代表、政协委员、民主党派成员，开展文明城市建设巡访督查行动。开展省市共建省会文明城市活动，组织文明社区共建、文明交通共建、文明窗口共建、优美环境共建、志愿服务共建和道德教育共建等活动。开展新一届各级文明单位和省级文明行业总评工作，召开文明单位现场观摩会，开展"为民服务创先争优""创文明行业、建满意窗口"活动，鼓东街道庆城社区、市地税局、福州出入境检验检疫局、市质量技术监督局、市直机关工委、市气象局、福州教育学院附属第一小学、中国工商银行福州南门支行、福清海关、闽侯县国家税务局被授予"第四届全国文明单位"称号。

【公民思想道德建设】 开展"讲文明树新风"公益广告宣传，在各类媒介刊发公益广告；开展公益广告有奖征集和评选活动，开展"德进万家"公益宣传活动。开展“我推荐、我评议身边好人”活动,组织“福州好人大家评”,全年6人入选中国好人榜、19人入选福建好人榜。制定落实《福州市帮扶礼遇道德模范和“身边好人”实施办法》,帮扶道德典型人物。推进诚信制度化建设,出台《福州市市场主体信用信息征集及公示办法》,实施《关于加强诚信建设打造“诚信福州”工作方案》,签署《“构建诚信 惩戒失信”合作备忘录》,推动建立产品质量、环境污染、依法纳税、企业信用、劳动用工等诚信“红黑榜”发布制度,构建奖励诚信、约束失信工作机制,开展“诚实劳动、诚信经营”“诚信经营示范(街)店”等创建活动。在传统节日开展“我们的节日”主题活动,承办全国深化“我们的节日”主题活动现场会。推进文明旅游工作,制定实施《福州市提升出境旅游文明素质实施方案》《清新福州·文明旅游行动方案》,开展“清新福州·文明旅游行动”“爱旅游·行文明”等活动。开展“争当文明市民”系列主题活动,开展第四届“公共文明建设”系列“十佳”评比宣传、“榕城十大最美家庭”评选、文明餐桌行动等活动。开展第九届福州读书月活动,举办“相约阅读”“悦读分享”“公益助读”“阅读成长”四大板块39项系列读书活动,承办“书香中国万里行·福州站”暨第八届“书香八闽”全民读书月活动启动仪式、“红沙发”系列访谈、闽都文化论坛和媒体集中采访等活动。发挥道德讲堂等各类讲坛作用,开展道德宣讲活动。加强网络文明传播工作,成立市精神文明宣传教育信息中心,组建由2672人组成的网络文明传播志愿者队伍,参与中央及省文明办重大网络传播活动,开展“微故事”“‘微’语颂书香”等特色传播活动,“节俭养德”网络传播活动专题获中国文明网好稿二等奖。

【农村精神文明建设】 开展农村精神文明创建活动,表彰文明示范村、星级文明户、文明集市、农村文化活动广场等“四个一批”示范点,马尾区亭江镇亭头村、福清市阳下街道溪头村、长乐市梅花镇梅新村、闽清县梅城镇被授予“第四届全国文明村镇”称号。推动农村乡风民风建设,加强村规民约工作,组织“厅堂悬挂家训,培育文明家风”征集传播活动,推进“美德在农家”“先进文化进祠堂”等活动,开展第二届“最美文化村(社区)”评选活动。推动城乡共建,加强对县(市)文明创建工作的指导,在福清、长乐、永泰、连江开展文明城市(县城)创建调研,组织模拟测评。100余个市直党政机关、企事业单位与欠发达村建立帮扶关系。

【志愿服务】 在全省率先颁布实施《福州市志愿服务条例》。制定下发《福州市志愿服务制度化实施意见》和《福州市社区志愿服务方案》,挂牌建立40个省级志愿服务记录试点,完成试点记录员培训,加快推进招募注册、培训管理、星级认定、激励反馈等机制建设。加强两岸志愿服务交流,结合开展第二届海峡青年节,邀请60余名台湾志愿者到榕,共同举办“寻找神话之鸟——中华凤头燕鸥”两岸青少年志愿者生态保护共同行动。以关爱空巢老人、留守儿童、农民工和残疾人为重点,开展“邻里守望·情暖榕城”主题志愿服务活动。开展“迎接青运会,文明我先行”等活动。依托社区志愿服务工作站,开展“党员进社区、认领微心愿”“点靓社区、美丽榕城”等志愿服务品牌活动。年内263个社区建立社区志愿服务站,登记注册的志愿者近40万人。在武汉百步亭召开的全国社区志愿服务制度化建设现场会上,福州加强基层社区志愿服务制度化的经验作典型推广。

【未成年人思想道德建设】 组织“我的中国梦”主题教育实践活动,开展“清明祭英烈”、“六一”期间“学习和争做美德少年活动”、“七一”期间“童心向党”歌咏和“十一”期间“向国旗敬礼”等活动。组织“小手拉大手,文明路上一起走”2014年福州市中小学生文明礼仪教育实践,开展“文明礼仪我知晓”“我为文明来践行”等活动。组织开展“先进典型进校园”巡讲、“家训家风伴我成长”家教故事征集等活动。推进城市(乡村)学校少年宫规范化建设,培育自建乡村学校少年宫示范学校,加快城市学校少年宫试点建设。推进未成年人心理健康辅导站建设,加强市级辅导站建设,实现各县(区)心理健康辅导站全覆盖。加快推进福州数字青少年宫拓展为全省德育数字化平台,开展“文明小博客”“我们的节日”等网上活动。

(郑玉捷)

4月3日,全国深化“我们的节日”主题活动座谈会在福州召开 (俞松 摄)

机关党的工作

【概况】 2014年,福州市直机关党的工作突出围绕市委中心工作,实施机关党的建设“1263”机制和“五大工程”建设,开展“基层组织建设年”“党建调研月”等活动。全年征集调研论文126篇,向省机关党建研究会报送6篇调研论文，其中1篇获一等奖，2篇获三等奖。市委市直机关工委获第四批“全国文明单位”称号。

【思想理论建设】 组织机关党员干部学习党的十八届三中、四中全会和习近平总书记来闽来榕考察重要讲话和省委、市委全会精神。在市直机关开展向“人民满意的公务员”“人民满意的公务员集体”和吴孟超、盖军衔等先进人物学习活动，组织2.3万余名机关党员参加“时代楷模”人选学习、推荐活动。开展市直机关党员干部“我为福州新区建设建一言献一策”“读书引领进步、服务新区建设”“我荐一本好书”和市直机关读书征文等活动，征集建言献策文章1266篇、荐书文章165篇。开设“市直机关大讲坛”系列专题辅导授课，召开市直机关学习型党组织暨干部读书座谈会，推广宣传市委组织部、市检察院、市质量技术监督局、市农业局等单位读书活动的经验。全年编印《福州机关党员学习文选》12期15.84万册，《福州机关党员学习文选》面上铺开考学模式被推荐入选为全省学习型党组织建设先进案例。市委市直机关工委主编、海峡出版社出版和发行的机关党员干部学习丛书《理论学习你问我答1000题》一书，由省委组织部向中组部推荐作为全国党员干部培训课程候选用书。

【基层组织建设】 在市直机关全面推行“1263”工作机制，编发《市直机关党建工作文件汇编》，开展创“五好”党支部活动，市直机关“三会一课”规范开展党支部达95%以上，整改和提升20个软弱涣散党支部。协调筹建第一届青运会临时党委，指导新区办、市民服务中心建立党组织，完成因机构改革而涉及的机关党组织撤销和组建工作。指导基层单位开展按期换届、党费收缴等工作；重新编印《机关党建实务》；全年举办发展对象培训班3期，培训发展对象260人，发展机关党员356人。年内慰问生活困难党员480人，发放慰问金24万元。

【群众路线教育实践活动】 制定下发《在群众路线教育实践活动中发挥机关党组织作用的通知》，指导市直单位党组织开展党的群众路线教育实践活动；举办党的群众路线教育实践活动党组织书记培训班，市直单位128名党组织负责人参加培训。推进市直机关基层党组织开展专题组织生活会，基层党组织全部按工委要求召开专题组织生活会，党员全部参加民主评议。落实党员领导干部双重组织生活会，在党的群众路线教育实践活动中，100%的市直党员领导干部参加基层支部生活，90%的机关党委承担本单位教育实践活动日常工作，95%以上的单位落实学习教育“五个一”活动。

9月23日，市直机关工委举办市直机关“我为新区建设建一言献一策”活动启动仪式　（市直机关工委　供）

【党建品牌建设】 加强对市行政服务中心“马上就办”、福州供电公司“双培养一输送”等74个机关党建品牌的指导。继续开展“十佳党建品牌”推荐评选活动。开展省市和市直机关“一先两优”推荐表彰，5个基层党组织和8名个人获省“一先两优”荣誉，6个党组织和16名个人获市“一先两优”荣誉。市直机关表彰先进基层党组织59个，优秀党员60人，优秀党务工作者60人。

【党风廉政建设】 推动落实党风廉政建设主体责任和监督责任，在市直机关开展“深化作风建设，推进履职尽责”为主题的调研及征文活动，发放《市直机关作风建设调查问卷》1.8万份，征集意见建议96条。组织3场450名机关干部参加2014年“让人民满意”媒体直播民评活动现场评议。组织市直各机关党组织开展“为民务实清廉”为主题的廉政教育活动和以“清廉福州”为主题的书画摄影大赛暨作品展活动。加强“一案一整改”，全年受理各类案件25件，信访件3件。

【党员志愿服务活动】 在市直机关开展在职机关党员干部进社区认领“微心愿”活动，8136名机关在职党员中有7892人认领“微心愿”。开展“邻里守望，情暖榕城”学雷锋系列志愿服务活动，组织机关党员干部在共建社区、党员居住地社区开展志愿服务活动。引导市直机关103支党员志愿服务队参与创建全国文明城市工作，开展“文明市民，机关带头”“迎接青运会，文明我先行”等系列文明礼仪宣传教育活动，与市机关事务管理局联合开展“俭以养德，向我看齐”主题活动。编发“精神文明建设专刊”和“福州市直机关干部职工文明礼仪、诚信教育暨创建文明城市基本知识专辑”等学习材料，开展“福州市直机关干部职工创建文明城市知识竞答”活动。持续开展“我为党旗添光彩”无偿献血公益活动，1202名党员干部、团员青年献血34.85万毫升。

【群团组织工作】 推荐全国巾帼建

功标兵1人,推荐18个窗口参加市级、省级、全国级巾帼文明岗申报。开展市直机关在职干部职工第二期医疗互助活动,114个市直单位和8个县(市)区总计859家单位4万余名在职干部职工参加,年内发放医疗互助金128.59万元。举办市直机关第二十届“双拥杯”羽毛球比赛、第四届福州市直机关运动会和首届中韩群众体育乒乓球邀请赛、第三届市直机关青年交谊会等活动,在东部办公区推广工间操活动。

(林　玲)

信访工作

【概况】　2014年,福州市加强初信初访办理和首办责任制,探索联合接访机制,加强进京非正常上访依法处置等工作。推进领导干部接访下访工作,市、县、乡三级领导干部接待群众来访6184批15191人次;受理信访事项3641件,办结化解3351件,占92.03%;推动信访积案化解,年内省级交办福州市216件信访积案,其中,非涉法涉诉类141件,办结化解率93.6%;涉法涉诉类全部移送政法机关办理,办结化解率73.3%。全年市信访局接待群众来访2975批8087人次;办理国家投诉办转办件492件,同比下降39%;办理“省长信箱”邮件3916件,同比增长41.7%;办理群众来信5570件次(联名信441件),同比下降17.88%;办理市“12345”平台批转、审核群众网络诉求件235946件次,群众基本满意率为95.15%。

【畅通信访渠道】　首办责任制　市信访联席会议、信访联席办、信访局先后下发《关于进一步规范和完善办信工作的通知》《关于进一步加强初访办理工作的实施意见》《关于落实初访和首办责任的通知》,加强初信初访办理和首办责任制,规范信访部门、职能部门的首办流程,提高初信初访化解效率和群众对信访事项办理满意率。

引导群众逐级走访　市信访局印发《市信访局落实〈国家信访局进一步规范信访事项受理办理程序引导来访人依法逐级走访的办法〉实施细则的通知》,明确群众来访登记、转办受理及不予受理的具体情况,加强宣传疏导,引导群众依法逐级主张权益。开展对职能部门信访事项实际办理情况的督导工作。

联合接访　市信访联席会议制定《关于联合接访工作机制》,从2014年起,在市、县两级建立职能部门进驻信访部门开展联合接访。年内首批参与联合接访的4家市直部门工作人员进驻市信访局开展工作,对参加联合接访的市直相关单位进行动态管理。

听证评议和专案评审　市信访联席会议发出《关于印发〈福州市信访事项听证评议实施细则〉(试行)的通知》,规范工作流程,全年完成34件信访事项公开听证评议。市信访联席办从市人大法工委、市监察局、市政府法制办及9家市直相关单位中选定分管领导及业务人员,建立市级信访积案和疑难信访事项评审员库,全年开展专案评审77件。

【维护信访正常秩序】　在党的十八届四中全会、全国“两会”及重大活动期间,市信访联席办、市信访局牵头开展信访问题矛盾纠纷排查化解工作,加强进京非正常上访依法处置,对不到指定接待场所反映问题而进行聚集闹事的违法犯罪行为,由政法机关依法处理。

(邱长新　林　晖)

老干部工作

【概况】　2014年,福州市县两级老干部局服务管理老干部2488人,其中离休干部1646人(抗日战争时期参加革命工作的216人,解放战争时期参加工作的1430人),厅级退休干部70人,“5·12”退休干部772人。年内走访慰问全市离休干部1765人,各级财政拨专款88.2万元。

年内,市老年大学与海峡两岸和平统一促进会联合举办“两马同根、书画同源”诗书画影展,服饰表演《中国的月亮》在第十一届台湾世界中老年音乐艺术舞蹈服饰艺术大赛上获4个奖项,舞蹈《梦回昙石山》在第四届中国老年艺术节上获银奖;与东南眼科医院联合开展“关爱眼健康,传递敬老情”义诊活动。

【待遇保障】　政治待遇　全年召开通报会、学习报告会、座谈会、各类读书班,组织老干部学习全国“两会”精神、党的十八届四中全会精神;组织300余批次近万人次离退休干部参观考察;组织全市离退休干部参加第二批党的群众路线教育实践活动;与市委组织部联合开展离退休干部党支部建设情况调研。开展全国离退休干部先进集体和先进个人推荐评选工作,1人被授予“全国离退休干部先进个人”称号。

生活待遇　年内重点检查易地安置离休干部医疗保障、提高离休干部高龄护理费、调整“5·12”退休干部护理费标准以及企事业单位离休干部、“5·12”退休干部死亡抚恤金标准落实情况。向市直单位离休干部、“5·12”退休干部、副厅级以上退休干部发放慰问金(品)53万元;走访慰问9名省内易地安置的离休干部及离休干部遗偶,在主要节日走访慰问老干部及老干部遗偶3126人次,发放慰问金(品)160余万元,为市直单位183名离休干部无工作遗偶发放慰问金及医疗补助31万元。全市增设14个社区作为服务老干部联系点;市政府保留市保健办市区办公地点,方便老干部医药费报销;市经委拨专款开通离退休服务中心大楼电梯;鼓楼区、仓山区、闽侯县、闽清县建立老干部亲情联系日制度;长乐市发放老干部健康优惠卡。

【发挥老干部作用】　全年市级老领导提出意见和建议70条,市直有关部门均予以反馈;市老干部民生工作志愿督导组按期换届;部分市级老领导参与规范老干部社团兼职工作;29名老干部担任市委党的群众路线教育实践活动领导小组督导组组长。市关工委开展“老少共筑中国梦”主题教育活动,资助大中小学生5700余人,发放助学金549.4万元。

【学习活动场所建设】　老干部活动中心　市政府常务会议专题研究同意调

增市老干部活动中心大楼修缮经费378万元，二期修缮工程竣工验收。闽清县、永泰县新建老干部活动中心并于年内投入使用。

老年大学 市委常委会专题研究同意增加市老年大学校舍和人员编制。市老年大学设立仓山金洲社区分校，与市委组织部配合上传远程教育视频150余个。

（李　敏）

党校工作

【概况】 2014年，中共福州市委党校举办各种轮训班、培训班、专题研讨班114期，受训学员12023人次。继续开办中青年干部培训班，汇编出版《学习与借鉴——挂职手记》。出版《党校教研》16期。智慧校园建设方案通过市相关部门的立项审批。

【教学工作】 全年举办各种轮训班、培训班、专题研讨班114期，受训学员12023人次，其中常规主体班17期，专题研讨班11期。继续开办中青年干部培训班，年内福州市选派92名中青年干部组成挂职中青班，赴珠三角、长三角地区省会城市挂职学习锻炼，结束挂职后回到市委党校进行学习研讨、交流总结，学员挂职锻炼的调研成果汇编成《学习与借鉴——挂职手记》文集。

探索建立组织部、党校、参训学员联动的培训需求调研机制。下半年起，市委组织部干教处在调训学员时，同时要求调训单位的参训学员填报"培训需求调查问卷"，调查问卷的内容侧重学员的岗位需求和个人需求。党校根据参训学员的需求，结合组织需求，制订教学计划。制定《培训质量分析工作规程》，定期组织全体教师召开教学质量分析会。

【科研工作】 市委党校申报省社科课题5项，立项1项；申报省中特理论基地课题8项，立项3项；申报省委党校中特理论基地课题17项，立项11项；申报市中特理论体系基地课题12项，立项6项，连续9年为市基地课题立项数最多的单位。

推进主体班学员调研成果和教研人员科研课题的转化，年内出版《党校教研》16期。福州市纪念邓小平诞辰110周年征文活动中，市委党校有8篇论文被评为优秀，并获得唯一的"单位组织奖"。举办以"献计献策，推进福州科学发展、跨越发展"为主题的2014年度"市情论坛"。

【队伍建设】 选派7名干部参加各类主体班学习，安排4名教师到基层乡镇街道跟班调研半年，选派1名教师赴高校1年作为访问学者，选派2名教师赴中央党校师资班培训；选派4名教师赴重点大学培训，选派2名教师参加专题研讨班赴台培训。充实外聘师资库，年内有外聘教师156人。

组织召开全市党校校长座谈会和县区党校常务副校长工作会议；春季、秋季学期分别召开县区党校教学统筹工作会议；举办福建省党校教育研究会福州分会2014年年会，年会收到党校教育研究论文32篇；组织县区党校33名教师参加2014年度全市党校师资培训班；分批安排县区党校年青教师和行政教辅人员到校跟班学习听课。

（王鹏丽）

政策研究

【概况】 2014年，中共福州市委政策研究室编发《福州调研》《福州政研专报》《决策参考》《报刊资料索引》《报刊专送件》等189期，《闽都通讯》《福州城市科学》《福州城市研究》等22期；起草市委重要文件7份；撰写调研报告14篇，其中7篇次获得市委领导批示，5篇被省委政研室《调研文稿》采纳刊发；编印《2013年福州调研文集》。

【课题调研】 围绕年度重点课题、市委领导交办课题以及经济社会发展重点难点问题组织开展调查研究，形成"全面深化改革""国家级新区开发建设""发展滨海旅游"等调研成果。跟踪中央政策动态，结合福州实际完成《建议抓住21世纪海上丝绸之路建设机遇提升福州新区战略定位建设战略枢纽城市》《发挥福州优势加紧对接运作全力配合做好中国（福建）自由贸易试验区申报工作》等调研。

开展"推进我市新型城镇化""强化大气污染防治""加快民营经济发展""加快电子商务产业发展""永泰县开展水权交易改革试点"等多个课题研究，其中《关于加快电子商务产业发展的建议》等引起市领导重视并得到批示。

跟进市委关于学习贯彻习近平总书记来闽考察重要讲话精神的部署要求，组织开展专题调研活动，推动形成《加快福州新区开放开发的对策建议》等调研报告14篇，牵头组织年度思路调研活动，起草全市工作思路。

开展全市重点课题调研的组织协调工作，"健全完善协商民主机制""加强作风建设提高工作执行力"等14篇市级重点课题，以及"创新型城市建设""道路交通安全管理"等19篇市直部门重点课题全部完成。配合市委统战部完成市各民主党派、工商联年度重点调研的选题推荐和成果编辑刊发工作。

【协调全面深化改革工作】 牵头起草《市全面深化改革领导小组专项工作小组重点改革任务》《市全面深化改革领导小组2014年工作要点》《市委常委挂钩联系改革试点方案》等系列改革文件。统筹市改革联络办公室日常工作，起草相关文件、汇报材料、讲话稿等11篇，组织安排相关会议5场，编发各类改革交流信息20余期。

【平台建设】 推动政策咨询研究会、城市科学研究会换届筹备工作，起草研究会《工作总结暨下一步工作建议》《关于换届工作的请示》等材料，制定《福州市委政策研究室、福州市政策咨询研究会特聘研究员工作规则》。加强与国内各领域知名专家学者的交流联系，拟新聘请专家学者为特聘研究员。组织特约研究员参与福州新区开放开发、全面深化改革、新型城镇化等重要课题、重大决策的调研和论证工作。

（林徐峰）

保密工作

【概况】 2014年,福州市国家保密局召开保密工作会议两次、各县(市)区国家保密局局长会议一次、海峡论坛保密工作会议一次。组织全市16家单位29人参加省国家保密局在漳州举办的第二期涉密网络管理人员培训班,举办全市保密干部业务培训班。

【保密管理】 7月,市国家保密局召开保密绩效管理专题工作会议,调整充实保密绩效管理考评细则;印发《关于保密工作实行绩效管理有关事项的通知》,并分别对县(市)区和市直单位开展解释、督查和指导工作。年内12个县(市)区和纳入绩效管理范围的74家市级机关单位基本完成自查自评工作。

【技术防护】 启动全市"互联网文件检查监控系统"建设工作,技术方案进入专家评审阶段。10月,组织开展定密管理工作,开展全市党政专用电话安装使用的统计摸底工作。组织开展保密技术防护专用系统"三合一"系统的安装配备工作,至11月,全市1/4的市直机关单位的涉密计算机安装该系统。投资3.5万元购买手机信号屏蔽仪等保密安全检查防护设备,为市委全委(扩大)会议等涉密会议提供手机信号屏蔽服务工作。至11月,全市阻断内部计算机违规外联66个单位90台次。推进全市涉密信息系统的测评工作,完成涉密载体印制的保密资格审查,参与福州市党政专用通信管理工作。

【监督检查】 年内配合市邮政局完成快递邮政保密监督工作;会同公安、纪检、教育等部门,对市、县高考保密室进行考评验收。3月,开展计算机信息系统安全保密专项检查工作,要求各县(市)区和市直各单位开展安全保密自查工作;4月8—28日,与市国家安全局、数字办联合对罗源县、马尾区和市气象局等22家县(市)区和市直单位进行抽查。4月,开展涉密中央文件保密管理专项检查工作。5月,开展2013年度保密数据普查统计工作,完成全市1018个单位的保密工作数据统计、审核工作。9月10—25日,开展非涉密网络保密管理专项检查。11月,统计全市各级各单位智能电视使用情况;协助市委办公厅完成重大接待活动的保密工作。

【宣传教育】 7月,举办全市保密干部业务培训班,市直单位270余人参加培训,并进行结业测试、颁发保密岗位培训证书。9月,开展保密法宣传月活动,发送保密知识宣传短信5.47万条,发放保密宣传材料8.47万份,组织机关干部职工学习894场,举办保密培训班87期。全年在各单位组织保密知识授课60余场次,受训人员5300人。

(陈云娟)

5月27日,中共福州市委保密委员会召开2014年市委保密委(扩大)会议
(福州市国家保密局 供)

党史研究

【概况】 2014年,市委党史研究室推进党史专著的资料征集、编纂和出版工作,开展革命遗址的调研、保护和开发利用。加强党史宣传,参与承办"力量之源、胜利之本——党的群众路线和作风建设主题展"。开展"重走长征路"和纪念邓小平诞辰110周年理论研讨会活动。指导党史资政课题研究。

【党史专著】 推进《中国共产党福州史(1949—1978)》(原名《中共福州地方史(1949—1978)》)、《中共福建党史人物(社会主义时期)》第三卷、《福州党史人物辞典(1998年1月—2013年12月)》、《中国共产党福州市鼓楼区历史》第一卷(1921—1949)、《福清党史人物(社会主义时期)》等丛书的编纂。4—12月,出版发行《中共台江地方史(1949—1978)》《中共台江历史大事记(2000—2013)》《中共福清历史(1949—1978)》《中共福清历史大事记(2012.6—2014.7)》。修订《中共福清历史》第一卷,编写《中共福清历史》第三卷、《福清红色文化资源》等。开展《福州市抗战时期人口伤亡和财产损失》资料的搜集、整理和编撰。4—8月,开展"纪念邓小平同志诞辰110周年理论研讨会"论文征集和组织研讨活动,出版《纪念邓小平同志诞辰110周年理论研讨会论文集》。

【党史宣传】 3月18日,由市委党的群众路线教育实践活动领导小组、省委党史研究室主办,省革命历史纪念馆、市委党史研究室承办的"力量之源、胜利之本——党的群众路线和作风建设主题展"开展仪式在福建省革命历史纪念馆举行;3月31日,连江县开展走进"红色透堡"党史学习教育活动;8月21日,组织党史系统党员干部职工赴晋安、连江、罗源开展"重走长征路"活动;11月11日,组织参观福建省军区、预备役高炮师军史馆。9—10月,闽清县、罗源县分别举办"庆祝中华人民共和国建国65周年——闽清县革命斗争史”专题展和“纪念红军抗日先遣队攻克罗源城80周年”摄影展。台江区、闽清县、罗源县分别完成《永不消逝的红色电波——记中共闽浙赣省委福州太平山联络总站》《烽火映红梅》《走遍罗川之“红色丰余”》党史电视专题片的摄制开播。

【党史资政】 编辑出版《福州党史》季刊4期，发表文章114篇，共49.8万字；全市编辑报送党史信息518条，被《福建党史工作》内刊采用23条。指导县(市)、区开展资政课题研究，鼓楼区撰写资政课题11篇；福清市编辑《福清党史》14期；闽清县编辑《资政参考》5期；罗源县出版《资政参考》，并撰写完成《关于进一步做好中央支持原中央苏区发展政策的对接落实报告》。

【革命遗址保护】 3—5月，赴鼓楼、台江、仓山、马尾调研革命旧址9处，通过查找民主革命时期文献资料，走访知情人和亲历者，对1926年4月建党至今的中共福州地方党组织机构沿革、历任领导人、主要活动地址及现状进行梳理和考评，甄选出可供进一步保护和开发利用的革命旧址两处。6月9日，协调并陪同省委党史研究室工作组赴晋安、连江、罗源开展红军北上抗日先遣队途经地的旧址调研工作。

【红色文化开发】 2—8月，推动在省革命历史纪念馆附近规划建设海西红色广场，拟制《建设海西红色广场建议方案》，并确定建设用地。3—4月，连江县举行土地革命时期杨而菖英烈纪念园(馆)落成典礼，开辟“红色透堡——连江县党的群众路线教育实践活动党史教育基地”宣传栏。7月30日，完成永泰县洑口乡紫山村中共闽赣省委旧址史迹陈列展项目施工并进行验收。8月，协助处理鸡角弄革命烈士纪念设施建设，完成纪念设施碑文撰稿。8月21日，连江县举办“中国工农红军北上抗日先遣队途经连江史迹陈列展”开展仪式，对红军北上抗日先遣队茶亭战斗、汤岭古驿道红军伤病员临时救助点、桃源宿营地等3处遗址进行立碑纪念。8月，闽清县建成革命史迹陈列室7处，作为闽清县首批党史教育基地。

(吕南勋)

档案工作

【概况】 2014年，福州市有各级综合档案馆13个，专业档案馆3个，专职工作人员210人。全年接收档案259306卷(册)、144330件，其中福州市档案馆接收5563卷(册)、1741件。全市档案馆馆藏总量为6074355卷(册)、298944件，其中福州市档案馆馆藏总量为435158卷(册)、275527件。年内永泰县档案馆通过晋升国家二级档案馆的验收。市档案局举办2014年福州市档案人员持证上岗培训班，培训178人；为市交建集团、自来水公司100余名档案工作人员开展档案业务短训；完成676名档案工作人员岗位资格证书验证工作。市档案学会参加省科协第十四届学术年会档案分会场研讨会，承办福州、南平、三明、宁德、平潭片区档案学术研讨会，选派会员赴台参加“档案与族谱之征集与鉴定”学术研讨会与“海峡两岸姓氏文化与谱牒档案图文展”。

8月21日，市委党史研究室组织党员干部赴晋安、连江、罗源开展“重走长征路”活动 (市委党史研究室 供)

【档案监督管理】 执法检查 市档案局对100余家市直单位进行年度档案工作质量和安全检查。配合省档案局开展“5·18”海交会档案管理执法检查，联合市城建档案馆对台江三迪·联邦大厦、晋安桂湖生态温泉城、万科·上海新村等9家在建重点建设项目开展档案执法检查工作，对万典、蓝泰、科易等9家档案服务机构开展监督检查。

档案常规管理 市档案局开展行政权力清理工作，确定保留行政处罚权、行政强制权、行政监督检查权等15项行政权力，列入第一批市直部门行政权力清单；与市国资委联合转发《企业文件材料归档范围和档案保管期限规定》，指导市属国有企业编制企业文件材料归档范围和档案保管期限表；与市实践办联合印发《关于做好第二批党的群众路线教育实践活动文件材料收集归档工作的通知》《关于做好第二批党的群众路线教育实践活动档案工作的通知》等文件，指导各部门各单位实践办开展党的群众路线教育实践活动各种载体文件材料的收集整理和归档工作。起草《第一届全国青年运动会福州市执行委员会档案工作方案》，指导青运会档案材料的收集、整理和归档。开展政府机构改革中的档案管理工作，提前介入掌握即将撤销和职能调整部门档案的基本情况，印发《福州市档案局关于做好市政府机构改革中档案管理工作的通知》。晋安区档案局开展2014年区直单位档案工作检查；仓山区档案局开展工商、质监部门行政管理体制调整中的档案处置工作;福清市档案局指导街镇、市直单位整理档案23.58万卷(件),指导福清供电公司、国电、核电等企业档案规范化管理;连江县档案局开展国有企业文件材料归档范围和档案保管期限表的编制修订工作,指导福州百洋食品等民营企业规范建档。

“三重”档案工作　对全市重要会议、重大活动、重点建设项目档案工作进行指导、监督和检查,指导新区建设档案收集业务,参与服务福州地铁工程等重点建设项目和青运会、海交会、海峡青年节等重大活动的档案工作,针对青运会工作举办档案专题讲座1期。市档案局参加福州福银高速公路南连接线工程项目、福清高山56WM风电场项目工程档案专项验收工作;连江县档案局完成黄岐中心渔港档案专项验收,参加工程项目竣工验收;永泰县档案局对县文体综合大楼等7个重点建设项目档案工作进行指导及验收,并接收档案进馆;仓山区档案局对仓山区海峡奥体中心项目征迁指挥部、烟台山管委会进行档案工作业务指导。市城建档案馆核发“福州市建设项目档案审查意见书”150项,出具市政基础设施工程档案移交清单20项;制作台江上下杭、地铁工程录像档案1000分钟,照片档案2600张。

【档案资源建设】　档案接收征集　完成各县(市)区档案馆收集档案范围实施细则的审批工作,市档案局接收市直单位到期进馆档案5792卷、1771件,指导接收福州工艺美术经理部等8家企业档案进馆4246卷,征集各类资料1625册,接收闽侯、晋安档案馆的房地产全文和目录档案数据库。6月,开展以“保护和抢救福州历史老照片”为主题的福州市老照片征集活动,市民捐赠各类照片2000余张、各类资料书籍145册,收集到1929年的福州协和中学旧影、1949年的中共闽粤赣边区第一地委第四次执委扩大会全体代表合影、福州首批棚屋区改造的台江建海新村新旧照片等老照片。台江区档案局拍摄并征集上下杭历史街区、苍霞—太平汀州旧城改造影像资料,征集到民国时期台江中孚药行的药学手稿、日记等档案;仓山区档案局联合区委宣传部、文体局开展烟台山历史风貌区老照片征集工作,征集到近代领事馆旧址、安澜会馆、孙中山与福建同盟会会员合影等老照片;马尾区档案馆接收“两马”闹元宵档案309件,收集马尾新城建设档案资料,组织拍摄马尾名人名居、名树、古建筑等影像资料;连江县档案馆接收民事诉讼档案、公证档案和退役军人档案,建立完善民生档案专题数据库。市城建档案馆接收、整理建设项目档案2600盒、4600卷;市国土资源档案馆接收征地档案288宗、地籍档案7600宗;市房地产档案馆完成房屋登记各类档案接收、整理、编目、入库139933件,完成档案装订106216件。

档案信息化建设　市档案局年内扫描各类档案2.1万页,录入新增目录5.7万条。“福州市政务电子文件档案接收管理中心”建设完成机房装修、硬件系统安装调试,系统软件安装调试工作,进行系统试用测试。长乐市档案局依托长乐数字档案馆在线利用平台在线接收镇街、市直单位的电子文件;永泰县档案馆接收60家单位2013年度电子文件7600余份;闽清县档案局开展县电视台录像带的数字转换及接收工作;罗源县档案局在全县推广使用文档一体化档案管理软件。市城建档案馆完成“福州市数字城建档案管理系统”项目可行性研究报告,在“城市建设档案信息管理系统”输入城建档案卡片2600张;市国土资源档案馆接收新发证电子档案8400宗;市房地产档案馆完成新业务档案扫描51871件。

档案编研工作　市档案馆与福建师范大学闽台研究中心合作,对福建省第三批5个福州历史文化名镇名村进行调查,于5月出版《福州古村镇历史与文化》,全书约24万字,收录200余幅照片。长乐市档案局编辑出版《长乐市档案志》。

【档案服务工作】　全年接待档案利用3.1万人次,调阅档案5.2万卷(件),其中市档案馆接待档案利用者4649人次,调卷26214卷,复印6.7万张。市档案馆开展预约查档、函电代查、代理查档、网络咨询等便民服务。每月定期开展“档案局长接待日”活动,与省、市、县(市)区三档案馆合作推出档案“异地查询、跨馆服务”等便民措施。台江区档案馆与民政部门、街道社区建立联动机制,帮助因年久无法查询到婚姻档案的市民出具婚姻证明;马尾区档案馆接收闽侯、晋安档案馆中涉及马尾区的婚姻档案,解决该区10余个村村民异地查档的困难;长乐市档案馆与市民政局实现婚姻档案信息资源共享;连江县档案馆向县台办提供反映海峡两岸(黄岐半岛与马祖岛)由对立走向合作交流的档案资料,为县政府解决坑园、官坂等乡镇滩涂纠纷提供相关滩涂划界档案;罗源县档案馆提供馆藏档案资料协助申报革命苏区县。市城建档案馆全年接待查档800人次,调阅档案2000卷;市国土资源档案馆接待查档5501人次;市房地产档案馆受理对外查询服务68758件,为房屋登记工作查档11661件。

【档案宣传工作】　市档案局在三坊七巷、西湖公园及多个社区举办《留得住乡愁,记得住乡情——梦系福州之苍霞篇》照片展、福州老照片展等展览,发放档案宣传资料,开展档案咨询服务,指导市民建立家庭档案。鼓楼区档案局联合区委宣传部举办“迎国庆·中国梦”书画展、“档案杯”网络摄影比赛作品展及摄影讲座;台江区档案局联合区政协、党史办组织专家创作以台江苍霞棚屋区改造为题材的现代闽剧剧本《广厦梦》。

【档案库馆建设】　市档案局邀请市级各专业档案馆、公安局、检察院、中院、社保中心等档案数量较多的19家市直单位召开档案库房建设调研会,研究提出全市档案库房需求及统筹规划建设档案库房的意见。各县(市)区加快档案库馆建设,闽侯县档案新馆建成投入使用;永泰县划拨专项经费30余万元保障县档案馆晋升国家二级综合档案馆;福清市档案新馆进行二次装修;马尾区档案新馆完成主体封顶;罗源县档案新馆项目完成工程造价预算编制、施工招标及监理招标;连江县档案新馆项目完成选址和规划平面图初步设计论证。

(李爱娟　陈　辉)

民族宗教工作

【概况】 2014年,福州市民族宗教工作贯彻落实市委、市政府《关于进一步加快少数民族乡村发展的实施意见》,推动少数民族乡村赶超发展。开展民族团结进步创建活动,提升城市民族工作水平。出台《关于进一步加强宗教团体、宗教活动场所规范化建设管理的若干意见(试行)》。年内,市民宗局获"第六届全国民族团结进步模范集体"表彰,连江县民族经济发展促进会1人获"第六届全国民族团结进步模范个人"表彰。福州雪峰崇圣禅寺、九门局九仙君道院获"第二届全国创建和谐寺观教堂先进集体"表彰,福清市西大基督教堂1人获"第二届全国创建和谐寺观教堂先进个人"表彰。

【扶持少数民族乡村发展】 协调落实连江小沧畲族乡和罗源霍口畲族乡2个民族乡的帮扶资金各400万元,市级财政安排少数民族地区发展补助专项款349.5万元,争取中央及省级扶持资金500余万元;完成连江县安凯乡镇安村村部建设项目,推进因新设立或异地造福搬迁而未建村部的2个民族村开展规划、选址等;配合完成全市民族自然村通村公路硬化情况摸底调查工作;协调推动10个民族村开展全省美丽乡村建设;推进少数民族村"造福工程"建设,落实搬迁对象比照救灾安置的优惠政策,完善配套设施建设。全年下拨"造福工程"补助款248.4万元,造福搬迁少数民族群众345人。扶持晋安、罗源、连江、永泰等县(区)11个民族村发展毛竹林垦复、特色中药种植、油茶种植和名贵花草苗木种植等经济项目。举办"全市少数民族村主干培训班",针对毛竹复垦、经济作物种植等内容,培训全市民族村村干部50人。协调增加拨付民族中学和普通中学民族班少数民族学生助学金27.38万元,惠及少数民族初中生457人、每人每年增加400元,高中生182人、每人每年增加500元;增拨民族村小学生助学金231.4万元,惠及学生2314人,每人每年1000元;依托连江县实验小学开设少数民族学生班,首次招收少数民族新生45人;年内福州民族中学少数民族考生高考本科上线率92.5%;福清华侨中学和长乐华侨中学的首届内地新疆高中班完成4年学业,76名学生全部被高校录取。推动福州民族中学普及推广蹴球、陀螺、高脚竞速和板鞋竞速等少数民族传统体育项目。11月,福州市代表团在第八届福建省少数民族传统体育运动会中获金牌2枚、银牌2枚、铜牌8枚,并获体育道德风尚奖和优秀组织奖。

指导连江县和罗源县举办畲族传统节日"三月三"文化节,开展"一家亲"民俗活动暨第二届八井畲家拳展演、畲族民俗风情歌舞展演、畲族民俗文化物品展出、畲乡图片展览、畲族传统美食展、畲族山寨古民居探花府游览观光、畲族传统山歌群众集体对唱、畲族传统鼓乐婚嫁习俗互动等活动。争取中央和省级民族特色村寨保护与发展专项资金150万元,对列入国家民委民族特色村寨建设的5个试点村开展古民居修缮保护和民俗博物馆建设。长乐市航城街道琴江满族村和连江县东湖镇天竹畲族村入选首批"中国少数民族特色村寨"命名挂牌名录。协调50万元中央农村文化建设专项资金投入6个民族村文化中心建设。争取省财政安排福州市高山族专项扶持资金12万元,帮扶8名高山族群众。9月,开展市民宗局机关干部"一对一"挂钩联系少数民族贫困生(贫困户)活动,局领导每人挂钩联系1个民族村和1名少数民族贫困学生(贫困户),机关干部每人挂钩联系1名少数民族贫困学生(贫困户)。

【民族团结进步工作】 开展第七个民族团结进步宣传月活动,在出租车车顶LED滚动播出宣传标语,在《福州日报》开设宣传专栏,举办民族团结进步进社区活动和法制宣传教育现场咨询活动,在鼓楼区西峰小学围墙制作宣传展板(宣传墙),9月29日在永泰县"周周乐"群众文化广场开展少数民族文化展演活动。活动月期间发放宣传材料1万余份;协调省立医院10名医务人员赴罗源霍口山垅湾畲族村开展义诊活动,为200余名少数民族群众提供医疗咨询和服务,赠送价值3000元的药品;协调食品药监和卫生部门为82名回族餐饮从业人员提供免费体检、办理健康证;开展在榕新疆籍少数民族流动人员服务管理调研工作。

【宗教事务管理】 开展宗教活动场所数据库、财务管理基本信息登记、主要教职认定备案试点等专项工作。制定出台《关于进一步加强宗教团体、宗教活动场所规范化建设管理的若干意见(试行)》,规范宗教团体制度建设,建立宗教团体和宗教活动场所重大事项报告制度,加强财务检查监督,落实"安全工程"管理等。"在宗教活动场所内新建改建建筑物"转变管理方式并入建设联审,新增"涉及宗教团体的筹备设立、成立登记、变更登记、注销登记前的审查"项目。

第八届福建省少数民族传统体育运动会上,福州市参赛项目《铃卜情》获表演项目金奖 (市民宗局 供)

11 月,组织召开全市宗教活动场所主要教职人员任职备案工作动员部署会议,全市宗教团体和宗教活动场所负责人代表 100 余人参加会议。审核各县(市)区民族宗教局上报的 33 个天主教场所 14 名主要教职人员备案资料。指导罗源县佛教协会和闽侯县基督教"两会"完成换届工作,成立晋安区基督教三自爱国会和基督教协会;举办为期 1 周的全市宗教教职人员培训班,培训市、县宗教团体秘书长以上人员 100 余人。全市 24 名宗教界人士被华东神学院、福建神学院、金陵协和神学院 3 所宗教高等院校录取。

9 月,开展以"公益助学　五教同行"为主题的宗教慈善周助学活动,现场募集善款 57 万余元,资助 76 名少数民族贫困学生,其中,大学生每人 5000 元,高中生每人 2000 元,初中生每人 1500 元,小学生每人 1000 元。开展义诊两场,由西禅寺出资近 100 万元为就诊的 1500 名市民免费施药,福州市基督教"两会"义诊队为 200 余名偏远山区的少数民族群众配送药品近 1 万元。指导福州开元寺设立市区首家由宗教机构发起创办的地方性非公募基金会"福州开元志业文教慈善基金会",首批筹措的 15 万元爱心物资捐往连江县小沧乡东风畲族村、市儿童福利院、市社会福利院以及部分贫困户、残疾人。

【宗教文化宣传与交流】　指导宗教界举办第十七届南国牡丹节暨书画展、第二届佛教青年僧伽高峰论坛、"海上丝绸之路与福州开元寺"学术座谈会、第二届基督教"和谐之声"音乐会等多场宗教文化活动;指导福州元帅庙成立"福建师范大学宗教学硕士点教研基地";指导出版全省首个县域宗教刊物《连江·道教缘》。指导举办以"中华九仙,福佑两岸"为主题的第四届中华梦乡福清石竹山梦文化节、"两岸宫庙叙缘交流会"、首届"两岸白马王文化节"、"弘扬临水文化,两岸共享平安"为主题的陈靖姑文化节、首届榕台斗堂文化及禅和曲音乐节、榕台道教古榕文化节等多场次宗教文化交流活动;指导市道协组织道教界人士赴台湾参加两岸"会香祈福"活动;指导市佛协参加 2014 年中国福州国际佛事用品展览会;指导市道教协会与台中道教会签订友好交流备忘录。

(郭莉萍)

(编辑　黄　铭)

人民代表大会

综 述

2014 年，福州市人大常委会审议地方性法规草案 8 项、通过 4 项，开展立法调研 20 项；开展执法检查 5 项、专题询问 2 项，听取审议“一府两院”专项工作报告 27 项，备案审查规章和规范性文件 22 件；作出决定、决议 9 项；任免地方国家机关工作人员 141 人次。

全年组织代表参与各类活动 2940 人次。组织办理市十四届人大三次会议主席团交付审议的 5 件议案和代表提出的 499 件建议，代表对建议办理答复情况表示满意或基本满意的 490 件（占总件数的 98.2%）。

重要会议及决定

【市十四届人民代表大会第三次会议】 1 月 5—8 日在福州海峡国际会展中心举行，出席会议代表 470 人，出席市政协十二届三次会议的全体政协委员、市政府组成人员和市直机关团体负责人列席会议。20 名公民旁听大会。

会议听取市长杨益民作的《福州市人民政府工作报告》、市发改委主任陈继鹏代表市政府作的《关于福州市 2013 年国民经济和社会发展计划执行情况及 2014 年计划草案的报告》（书面）、市财政局局长林恒增代表市政府作的《福州市关于 2013 年预算执行情况及 2014 年预算草案的报告》（书面）、市人大常委会主任周振华作的《福州市人民代表大会常务委员会工作报告》、市中院院长许先丛作的《福州市中级人民法院工作报告》、市检察院检察长叶燕培作的《福州市人民检察院工作报告》。经审议，会议决定批准上述 6 项工作报告。会议补选郑云春为市十四届人大常委会秘书长，选举孙晓岚、张性魁、张修强、林智明、欧建、郑立敏、梁捷能为市十四届人大常委会委员，表决通过林智明为市十四届人大法制委员会主任委员。

【市十四届人大常委会会议】 第十六次会议 1 月 2 日召开。会议审议《福州市第十四届人民代表大会第三次会议选举和表决人选办法（草案）》，审议人大常委会代表资格审查委员会关于个别代表的代表资格的审查报告，表决福州市人民代表大会常务委员会公告（草案），补选省十二届人大代表。会议还进行人事任免。

第十七次会议 2 月 26 日召开。会议听取市政府关于城乡环境综合整治工作情况的报告；听取市政府关于中医药事业发展情况报告；审议市人大常委会主任会议关于提请审议《福州市人大常委会 2014 年立法计划（草案）》的议案；审议市政府关于提请审议《福州市城乡规划条例（草案）》的议案；听取和审议市十四届人大三次会议主席团交付市人大常委会审议的代表提出的 5 件议案办理意见的报告，并作出相关决定；审议市政府关于提请授予贾力等 16 人“福州市荣誉市民”称号的议案。会议还进行人事任免。

第十八次会议 4 月 24—25 日召开。会议学习贯彻十二届全国人大二次会议精神；听取市政府关于推进城乡基本公共服务均等化、旧屋区改造、民族村安全饮用水等工作情况的报告；听取和审议市政府关于电梯安全监督管理工作情况的报告；审议《福州市法律援助条例（草案）》《福州市行政服务条例（草案）》《福州市茉莉花茶保护规定（草案修改二稿）》；听取和审议市人大常委会执法检查组关于《福州市物业管理若干规定》《中华人民共和国职业教育法》执法检查情况的报告。会议还进行人事任免。

第十九次会议 6 月 26—28 日召开。会议对推进城乡基本公共服务均等化、加快旧屋区改造工作进行专题询问；听取市政府关于开展规范交通行为专项行动、食品安全、预算公开、榕台经贸合作等 4 项专项工作报告；听取和审议市政府关于工商登记制度改革情况的报告；审查批准市政府关于 2014 年地方政府债券资金分配方案；审议市政府关于提请审议《福州市志愿服务条例（草案）》《福州市园林绿化管理条例（草案）》的议案；审议《福州市行政服务条例（草案修改稿）》《福州市城乡规划条例（草案修改稿）》；听取和审议市人大常委会执法检查组关于《福州市闽江河口湿地自然保护区管理办法》执法检查情况的报告;审议市人大常委会主任会议关于提请审议《福州市人民代表大会常务委员会组成人员守则(草案)》的议案;审议市人大常委会代表资格审查委员会关于个别代表的代表资格终止的报告,表决福州市人民代表大会常务委员会公告(草案)。会议还进行人事任免。

第二十次会议 7月15日召开。会议听取市人大常委会代表资格审查委员会关于个别代表的代表资格终止的报告,表决福州市人民代表大会常务委员会公告(草案)。

第二十一次会议 8月27—29日召开。会议听取和审议市政府关于2014年1—7月国民经济和社会发展计划执行情况、2013年市本级决算(草案)及2014年1—7月预算执行情况、2013年市本级预算执行和其他财政收支情况的审计工作情况、排水设施建设与管理工作情况等4项专项工作报告;听取和审议市中院关于人民陪审员工作情况的报告;听取和审议市检察院关于监所检察工作情况的报告;听取市政府关于首届全国青年运动会筹备工作情况的报告;审议市政府关于提请审议《福州市公共场所控制吸烟条例(草案)》的议案;审议《福州市志愿服务条例(草案修改稿)》《福州市法律援助条例(草案修改稿)》《福州市园林绿化管理条例(草案修改稿)》《福州市行政服务条例(草案修改二稿)》;听取和审议市人大常委会执法检查组关于《福州市气象探测环境和设施保护规定》执法检查情况的报告;审议市人大常委会主任会议关于提请审议《福州市人民代表大会常务委员会议事规则(修订草案)》《福州市人民代表大会常务委员会主任会议议事规则(修订草案)》的议案;审议市人大常委会代表资格审查委员会关于个别代表的代表资格的审查报告。会议还进行人事任免。

第二十二次会议 9月9日召开。会议审议市人大常委会代表资格审查委员会关于个别代表的代表资格的审查报告。

第二十三次会议 10月22—24日召开。会议审议市人大常委会主任会议关于提请审议《福州市人民代表大会常务委员会关于文明城市建设的决定(草案)》的议案;听取市政府关于重点项目建设、为民办实事、化解产能过剩、公安执法规范化建设等4项专项工作报告;听取和审议市政府关于旅游业发展工作情况和现代农业发展情况的报告;听取和审议市人大常委会关于市十四届人大三次会议代表议案办理情况的报告;听取和审议市政府、市中院、市检察院关于市十四届人大三次会议代表建议、批评和意见办理情况的报告;审议市政府关于提请审议《福州市市容和环境卫生管理条例(草案)》的议案;审议《福州市公共场所控制吸烟条例(草案修改稿)》《福州市法律援助条例(草案修改二稿)》;听取和审议市人大常委会执法检查组关于《福州市保护城市中学小学幼儿园建设用地若干规定》执法检查情况的报告。会议还进行人事任免。

第二十四次会议 12月5日召开。会议审议市人大常委会主任会议关于提请审议《福州市人民代表大会常务委员会关于召开福州市第十四届人民代表大会第四次会议的决定(草案)》的议案;审议市人大常委会代表资格审查委员会关于个别代表的代表资格的审查报告。会议还进行人事任免。

第二十五次会议 12月29日召开。会议对推进城乡基本公共服务均等化、加快旧屋区改造两项工作开展专题询问;听取市政府关于第三次全国经济普查工作情况的报告;听取市政府关于政府职能转变和机构改革方案的说明;补选省十二届人大代表。会议还进行人事任免。

【关于文明城市建设的决定】 10月24日,市十四届人大常委会第二十三次会议审议通过《福州市人民代表大会常务委员会关于文明城市建设的决定》。围绕文明城市建设的目标和任务,从加大宣传力度、增进人民福祉、健全长效机制、广泛深入动员等四个方面,对各级各部门及广大人民群众在建设文明城市方面提出要求。

监督工作

【推进城乡基本公共服务均等化专题询问】 4月24日,市十四届人大常委会第十八次会议听取市政府关于推进城乡基本公共服务均等化工作情况的报告。6月27日,市十四届人大常委会第十九次会议围绕基本教育、医疗、文化、就业、社会保险、计划生育、住房保障等工作,就城乡基本公共服务情况进行专题询问。12月29日,市十四届人大常委会第二十五次会议再次就该项工作情况开展专题询问,了解上半年专题询问相关事项落实及完成情况,并在深化城乡基本公共服务制度改革、城乡基本公共服务规划一体化、财政投入和资金保障、城乡基本公共服务多元化供给机制等方面提出意见、建议。

【加快旧屋区改造专题询问】 4月24日,市十四届人大常委会第十八次会议听取市政府关于旧屋区改造工作情况的报告。6月27日,市十四届人大常委会第十九次会议围绕城区旧屋区改造计

12月29日,市十四届人大常委会第二十五次会议召开,对城乡基本公共服务均等化、加快旧屋区改造工作开展专题询问 (市人大常委会研究室 供)

划、实施情况、存在问题等方面开展专题询问。12 月 29 日,市十四届人大常委会第二十五次会议再次就该项工作情况开展专题询问,了解上半年专题询问相关事项落实及完成情况,并在规范化管理、统筹旧屋区改造与新区发展、考虑被征收人的实际需求、历史建筑保护修复等方面提出意见、建议。

【《福州市物业管理若干规定》实施情况检查】 3 月 25—28 日实施检查。强调加强对各级政府尤其是乡镇(街道)管理人员以及社区、业主委员会成员的培训;对城镇未就业人员和农村富余劳动力开展职业技能培训,引导其进入物业行业。督促尽快出台相关配套文件,明确部门职责。加大乡镇(街道)对物业管理活动的协调作用,落实物业管理联席会议制度。加强行业监管,指导合理收费;配足物业管理用房,解决县(市)物业企业代收代垫水费问题。调整住宅专项维修资金缴存比例,督促欠缴资金尽快到位;及时向业主委员会移交住宅专项维修资金银行账户;尽快建立住宅专项维修资金紧急使用制度。探索在新建住宅小区适当提高配套项目建设标准。结合综合整治,解决小区内公用管线下地等问题;建立健全已改造小区长效管理机制,探索、推广适合旧住宅小区物业管理的新方式。

【《中华人民共和国职业教育法》实施情况检查】 3 月 27—28 日实施检查。强调要出台全面深化职业教育改革的实施意见。加大财政投入,适当提高预算内生均公用经费标准,促进公共实训基地的建设和共享共用。规划全市职业教育发展。深化人事改革,放宽招聘高技能教师的限制,落实教师到企业实践制度。推动中高职一体化办学。出台政府促进校企合作实施办法,鼓励探索校企合一的办学实体模式。扶持民办职业教育发展,提高民办教育发展专项资金投入职业教育的比例,实现民办校在享受免学费财政补助、教师职称评定等方面与公办校的平等待遇,探索社会力量参与办学的新机制。

【《福州市闽江河口湿地自然保护区管理办法》实施情况检查】 6 月 3—5 日实施检查。强调市政府要加快制定《福州市湿地保护规划(2014—2025 年)》,实施分类管控的红线制度。协调林业、环保、规划、国土、海洋与渔业、水利、港口航道等相关行政管理部门建立联合执法工作机制,建立全市湿地专门保护管理机构。加大湿地保护资金投入力度,加快湿地保护人才培养。研究扩建闽江河口湿地国家级自然保护区,建立与之相适应的管理机构。加快闽江河口湿地自然保护区周边污水处理厂项目建设。加强湿地资源的科学利用,选择湿地保护与可持续利用相融合的项目。

【《福州市气象探测环境和设施保护规定》实施情况检查】 7 月 29 日至 8 月 1 日实施检查。强调要重视气象探测环境保护专项规划编制实施工作,加快完成全市所有气象台站的规划编制实施工作。加强气象探测环境保护工作的组织领导,落实保护区范围内建设项目审批前置工作。科学论证气象台站迁移问题,加快推进正在迁移的气象台站建设进度。推广相关县(市)保护气象探测环境的成功经验,对气象探测环境保护问题比较突出的县(市)督促抓好整改。

【《福州市保护城市中学小学幼儿园建设用地若干规定》实施情况检查】 9 月 16—23 日实施检查。强调要严格执行规划,禁止将规划预留教育建设用地改作他用,确需调整应依法严格审批;落实配建中小学幼儿园与建设项目"三同时"的规定。严把土地使用权出让、规划审批、竣工验收、权属登记各个关口,确保教育部门参与到学校选址定点、建设项目总平面图和配建学校设计方案审查以及竣工验收的全过程。对需征迁学校依法优先就地、就近按原面积予以安置,并与建设项目同步无偿移交。对中小学幼儿园建设用地存在的产权移交、征迁安置等历史遗留问题进行专题研究。

【听取和审议市政府关于电梯安全监督管理工作情况的报告】 强调市政府及相关部门要加大对电梯安全监管法规和知识的宣传教育。加强信息公开,及时曝光隐患严重的电梯。要督促电梯使用单位落实安全主体责任;规范电梯维保市场秩序;加快人才培养,提高电梯安全管理从业人员的专业技能。质监等相关责任部门要履行电梯安全监管职责,加强部门联动,形成监管合力。各级政府要加大电梯安全工作力度,结合旧屋区改造工程,解决老旧电梯安全技术评估和大修、改造资金短缺问题;建立电梯安全地方政府救助机制,探索建立电梯维保资金保障机制,加快落实电梯维修资金紧急使用制度。

【听取和审议市政府关于工商登记制度改革情况的报告】 强调加强政府主导作用,加大改革推进力度;加强市场监管工作,尽快出台相关政府规章或者规范性文件,建立健全市场监管责任机制;加强部门联动,形成监管合力;加快构建全市统一的市场主体信用信息共享平台,推进诚信体系建设;注重宣传引导;加强改革工作保障,加快人才培养。适时对试点区域相关改革措施进行评估,总结经验,确保按时完成全市工商登记制度改革工作。

【听取和审议市政府关于 2014 年 1—7 月国民经济和社会发展计划执行情况的报告】 要求市政府及相关部门要深化简政放权,优化管理服务。发挥固定资产投资对稳增长的关键作用,突破土地征迁、项目审批等瓶颈制约,促成建设项目早落地、快投产;加强项目谋划和储备。加快推进产业转型升级,发展高新技术产业和新兴产业,扶持龙头企业,推动重点园区软硬件提升。加快传统零售业改造提升,拓展新型消费方式,培育电子商务、第三方物流等新兴产业,发展总部经济、楼宇经济,保持房地产市场发展。加强外经贸工作,鼓励企业改善出口产品结构,扶持服务外包、跨境电商等新型业态发展,推进产业链招商。扶持实体经济发展,加强行业分类指导,帮助企业解决融资、用工、销售等难题。改善民生,做好就业创业和社会保障工作。

【听取和审议市政府关于 2014 年 1—7 月预算执行情况的报告】 要求市政府及财税等部门要发挥财政政策的导向作用和财政资金的杠杆作用,全力推进福州新区开放开发;加大对实体经济的支持和服务力度。加强预算约束,强化对支出的管理。加强对预算执行的动态监控,定期对支出情况进行梳理分析,对当年确定不能执行的项目,要按规定程序调整预算;对需待年底评审验收后再支出和跨年度使用的资金,要建立预拨清算制,探索滚动预算管理。强化财政监督职能,加强绩效管理;健全政府债务管理和风险预警机制。编好2015年预算,清理规范专项业务费预算,从严控制一般性支出;加强项目库建设和项目前期准备工作。推进财税体制改革,完善全口径预算管理体系,试编政府综合财务报告,完善市对下转移支付制度,推进预决算信息和"三公"经费公开工作。

【听取和审议市政府关于2013年市本级预算执行和其他财政收支情况的审计工作报告】 要求市政府要重视审计查出问题的整改工作,重点查找管理漏洞和制度缺陷。财政部门要结合审计工作报告提出的问题,完善预算编制和预算管理工作。各相关部门对审计查出的问题,要认真整改,重视和加强内审工作,特别是资金量大的部门要建立内审制度,要加强对所属二、三级单位的财务管理。审计部门要深化预算执行审计,加大对民生支出、重点专项资金、转移支付、政府性债务等的监督力度;加快绩效审计,提高财政资金使用效益。加强审计查出问题整改情况的跟踪督查;推进审计结果公开。加强审计队伍建设,推进计算机联网审计;提升审计层次,加大对经济运行中突出矛盾和潜在风险的揭示力度。

【听取和审议市政府关于排水设施建设与管理工作情况的报告】 强调要结合内河整治、旧屋区以及雨水、污水管网的改造,加强污水管网的接驳,全面解决污水直排内河问题。解决项目建设对排水设施的破坏问题。排查管网基础设施现状,建立污水管网数字化信息系统。加快编制和实施城市排水防涝专项规划及地下管网完善性规划。增加财政投入,提高城市排水防涝设施建设、改造和维护资金的比例,加强泵站管理人员的配置。理顺排水管理体制,推广政府购买服务的经验。

【听取和审议市中院关于人民陪审员工作情况的报告】 强调全市法院要加强人民陪审员的组织领导工作。严格人民陪审员提请同级人大常委会确定程序,把好人民陪审员选任准入关。完善人民陪审员业务培训和激励机制。强化工作保障,落实陪审经费财政专项拨款。

【听取和审议市检察院关于监所检察工作情况的报告】 强调检察机关要履行监所检察各项职责,维护被监管人员合法权益。推进减刑、假释、暂予监外执行专项检察活动,着重监督"三类罪犯"刑罚执行情况,完善刑罚变更执行同步监督机制。完善犯罪嫌疑人羁押期间表现纳入量刑建议工作制度。加强对羁押期限的监督,督促久押不决案件及时结案。重视对社区矫正的监督工作,加强监所检察队伍建设。

【听取和审议市政府关于福州市旅游业发展工作情况的报告】 强调要加快旅游核心品牌建设,推进三坊七巷创建国家AAAAA级景区,加快福建船政文化城建设,扩大闽都文化品牌影响力;加强"中国温泉之都"品牌支撑;培育乡村旅游产品。加大招商引资力度,加快"三维项目"建设,推动有实力的旅游企业落户福州。拓展营销方式,丰富市民体验活动;加快旅游交通标识系统、游客服务中心等基础设施建设,实施旅游商品品牌建设工程;完善旅游电子信息系统建设。加强区域合作,加大福莆宁旅游同城化步伐,开拓国内外相对薄弱的客源市场;加快推进"环马祖澳旅游区"建设,简化赴台办证手续。加强人才队伍建设,发展旅游职业教育,完善旅游从业人员管理体制,畅通高层次人才引进通道;健全旅游监管机构,加强旅游市场监督检查。

【听取和审议市政府关于现代农业发展情况的报告】 强调市政府及相关部门要推动现代农业加快发展,提升现代农业发展的整体规模、效益和水平。推进农业园区建设,培育龙头企业,打造品牌农业。加强农业生态环境治理,发展现代循环农业,发展特色农业、生态农业。加大农业新技术、新品种的引进推广力度,培育新型职业农民,加强基层农业科技人员培训工作。推动农村金融改革创新,打造现代农业投融资平台,引导多元化的社会资金参与现代农业建设。拓展农业功能,推进休闲农业与乡村旅游一体化发展。推进土地确权登记工作,加快发展适度规模经营的家庭农场。

【其他监督工作】 市人大常委会会议还听取市政府关于第三次经济普查、城乡环境综合整治、重点项目建设、食品安全、为民办实事、首届全国青年运动会筹备、榕台经贸合作、民族村安全饮用水、公安执法规范化建设、开展规范交通行为专项行动、化解产能过剩、中医药事业发展等工作情况的报告,向政府及相关部门提出意见建议。开展福州新区开放开发、预算管理制度改革、税制改革、农村产权制度改革、公交事业发展、城乡环境整治、老旧小区整治、道路街景改造、湿地保护、新农村建设、春耕备耕、防汛备汛、冬春修水利等视察调研,对推进相关工作提出意见建议。

代表工作

【代表议案办理】 *关于制定出台《福州市水权交易实施办法》的议案* 市人大常委会农经委和财经委组织开展专题调研,召开多场由市直相关部门和议案领衔代表参加的征求意见会。调研认为,目前国内水权交易处于探索阶段,尚未出台具体规定和相关标准,部分省市开展的"水权交易"多是地方自发以协商方式进行的探索,并非真正意义上的水权交易。从兄弟省市探索水权交易的实践经验以及对福州市水资源现状的调研分析来看,目前水权交易立法工作缺乏上位法的法律支撑和实践基础,在永泰县开展水权交易试点并正式制定《福州市水权交易实施办法》的条件并不具备。建议待国家法律法规或福建省相关地方性法规出台后,开展水权交易试点,推动水权交易立法工作。

关于制定出台《福州市养犬管理条例》的议案 市人大常委会内司委和城

环委会同市政府法制办及相关部门开展立法调研。调研认为,通过贯彻省政府办公厅《关于加强养犬管理工作的意见》和市政府《关于开展无序养犬专项整治的通告》,全市养犬管理还存在一些问题,一定程度上干扰居民正常生活秩序。由于养犬管理工作涉及执法主体多元,在部门管理责任、居民养犬行为规范、民间动物保护组织定位以及法律责任等方面还有待明确和厘清,需要进一步进行立法前调研论证。建议继续深入调研,待条件成熟时出台具有较强操作性和针对性的地方性法规。

关于修订《福州市大气污染防治办法》的议案　市人大常委会城环委就现行《福州市大气污染防治办法》及全市大气污染防治情况多次组织座谈和现场调研。调研认为,《福州市大气污染防治办法》自2002年施行以来,对加强全市大气污染防治工作起到重要的推动作用,但已不能够适应新形势下城市大气污染防治工作的需要,部分条款亟待修改完善。鉴于环境保护部起草《中华人民共和国大气污染防治法(修订草案送审稿)》,国务院法制办公室正在征求意见中,福建省也于1月出台《福建省大气污染防治行动计划实施细则》。建议待相关上位法修订颁布实施后,再将《福州市大气污染防治办法》适时列入立法修订计划。

关于制定《闽菜文化保护条例》的议案　市人大常委会财经委同教科文卫委多次听取商贸服务业局等部门的情况汇报,通过座谈会、走访企业等方式,调研闽菜文化发展的现状、存在问题,对立法必要性、可行性及立法范围、主要内容、难点等进行研究。调研认为,闽菜文化历史悠久,但闽菜文化保护现状却不尽人意,对发展和传承闽菜文化的措施不够有力,闽菜文化研究相对滞后,有必要结合福州实际制定闽菜文化保护的地方性法规,进一步加大闽菜文化保护力度。建议将制定《闽菜文化保护条例》列入2015年立法计划。

关于对《福州市保护城市中学小学幼儿园建设用地若干规定》实施情况开展执法检查的议案　9月中旬,市人大常委会开展对《福州市保护城市中学小学幼儿园建设用地若干规定》实施情况的执法检查,形成执法检查报告提请市十四届人大常委会第二十三次会议审议,并形成市人大常委会审议意见,交市政府研究处理。

【代表建议办理】　市十四届人大三次会议期间,代表提出建议、批评和意见(以下简称建议)共499件,其中478件交市政府办理,4件交市中院办理,2件交市检察院办理,6件交市人大常委会办公厅办理,27件交相关党群机关和组织办理。499件建议中有部分建议由多个部门共同办理,并从中确定15件重点建议由市人大常委会领导牵头,实行对口督办。5—6月,市人大常委会组织代表走访部分承办单位;7月,召开"市人大代表建议办理工作座谈会";8月,开展"代表建议督办月"活动,对建议办理工作开展集中督促检查,对22件建议进行"回头看"检查,对30件建议办理"不满意件"进行督办。通过督办,10件有承诺事项的代表建议得到解决或基本解决,12件得到一定程度的改善或推进,21件建议办理"不满意件"的代表反馈意见转为满意或基本满意。市十四届人大三次会议期间提出的499件建议办复率达100%,代表对答复情况表示满意或基本满意的490件,满意率98.2%。

【代表履职服务保障】　举办两期代表培训班,256名市人大代表参加培训。邀请相关领域和熟悉情况的代表参与立法、监督工作,邀请代表列席常委会会议、参加执法检查、专题询问、视察调研等活动。全年有47名市人大代表列席常委会会议,2940多人次参加执法检查、视察调研等履职活动。完善代表履职档案,建立代表履职台账,建设"福州市人大代表工作管理平台"。

调研宣传工作

【调研工作】　在全市人大系统开展"人大监督工作的实践与创新"课题研究,向省人大推荐《福州市规范性文件备案审查工作的实践与思考》《评议工作在实践和创新中走向深入》《浅析县(市)区人大开展专题询问存在的问题与解决对策》《基层人大开展专题询问工作的实践与探索》《关于完善规范性文件备案审查工作制度的思考》《关于人大工作评议的几点思考》《提升工作思路　增强监督实效》《专题调研"最后一公里"工作的探析》等8篇调研论文,其中,获二等奖1篇,三等奖2篇,优秀奖5篇。开展"提高民生保障水平""新形势下农村民主决策中出现的问题与对策""推进行政审批制度改革和行政执法体制改革情况""加强道路建设与促进交通安全畅通"等课题调研,组织撰写调研报告。

【宣传工作】　宣传报道市人大常委会会议、主任会议等各类会议和市人大常委会开展的立法调研、执法检查、工作调研、代表视察、代表建议办理等人大相关工作。全年在市属媒体刊发新闻报道227篇,播出新闻内容186条;在福州电视台《关注》栏目开设"见证履职——人大代表履职风采"专题节目,以"聚焦百姓真实问题、见证代表履职过程"为主线制作播出6期代表履职节目,在《福州日报》"代表视线"栏目刊发相关报道30余篇。在省人大好新闻评比中,全市作品获二等奖1件、三等奖2件,报送福州电视台的节目首次获奖。

人事任免

【概况】　2014年,市人大常委会依法任免地方国家机关工作人员141人次,其中,接受市人大常委会组成人员辞职和任免市人大常委会机关工作人员13人次,任免政府组成人员54人次、审判人员47人次、检察人员27人次。

表 12　**2014 年福州市人大常委会及“一府两院”副职以上领导任免名单**

时间	被任免人员	通过任免会议	任免职务
4 月 25 日	林　飞	市十四届人大常委会第十八次会议	任命为福州市人民政府副市长
6 月 28 日	姜　波	市十四届人大常委会第十九次会议	任命为福州市人民政府副市长
6 月 28 日	施　平	市十四届人大常委会第十九次会议	免去福州市中级人民法院审判员、审判委员会委员、副院长
8 月 29 日	赵彦邦	市十四届人大常委会第二十一次会议	任命为福州市中级人民法院审判员、审判委员会委员、副院长
10 月 24 日	杨玉勋	市十四届人大常委会第二十三次会议	免去福州市人民检察院副检察长、检查委员会委员
12 月 5 日	林瑞良	市十四届人大常委会第二十四次会议	免去福州市人民政府副市长
12 月 29 日	陈大强	市十四届人大常委会第二十五次会议	免去福州市人民政府副市长

表 13　**2014 年福州市人大常委会组成人员和工作机构负责人任免名单**

时间	被任免人员	通过任免会议	决定任免职务
1 月 2 日	陈　巍	市十四届人大常委会第十六次会议	任命为福州市人大常委会城建环境工作委员会主任,免去福州市人大常委会华侨工作委员会(台胞工作委员会)主任
1 月 2 日	张修强	市十四届人大常委会第十六次会议	任命为福州市人大常委会华侨工作委员会(台胞工作委员会)主任
1 月 2 日	陈公文	市十四届人大常委会第十六次会议	接受辞去市十四届人大法制委员会主任委员、市十四届人大常委会委员职务,报市十四届人大三次会议备案
1 月 2 日	王秋宁	市十四届人大常委会第十六次会议	接受辞去市十四届人大常委会委员职务,报市十四届人大三次会议备案
1 月 2 日	何杰民	市十四届人大常委会第十六次会议	接受辞去市十四届人大常委会委员职务,报市十四届人大三次会议备案
2 月 26 日	丘志强	市十四届人大常委会第十七次会议	任命为福州市人大常委会研究室主任
6 月 28 日	陈家炎	市十四届人大常委会第十九次会议	免去福州市人大常委会农村经济工作委员会主任;接受辞去市十四届人大常委会委员职务,报市十四届人大四次会议备案
6 月 28 日	钱庭勋	市十四届人大常委会第十九次会议	接受辞去市十四届人大常委会委员职务,报市十四届人大四次会议备案
6 月 28 日	林　锋	市十四届人大常委会第十九次会议	接受辞去市十四届人大常委会委员职务,报市十四届人大四次会议备案

续表 13

时间	被任免人员	通过任免会议	决定任免职务
12 月 29 日	姜卫平	市十四届人大常委会第二十五次会议	任命为福州市人大常委会农村经济工作委员会主任
12 月 29 日	张秀榕	市十四届人大常委会第二十五次会议	接受辞去市十四届人大常委会委员职务和市十四届人大常委会代表资格审查委员会委员职务，报市十四届人大四次会议备案

表 14　**2014 年福州市政府工作部门主要负责人任免名单**

时间	被任免人员	通过任免会议	决定任免职务
1 月 2 日	俞建春	市十四届人大常委会第十六次会议	免去福州市司法局局长
2 月 26 日	林兰玫	市十四届人大常委会第十七次会议	任命为福州市食品药品监督管理局局长
2 月 26 日	吴建成	市十四届人大常委会第十七次会议	免去福州市农业局局长
4 月 25 日	唐新文	市十四届人大常委会第十八次会议	任命为福州市司法局局长
4 月 25 日	林汉隽	市十四届人大常委会第十八次会议	任命为福州市人民政府外事侨务办公室主任
4 月 25 日	张大斌	市十四届人大常委会第十八次会议	任命为福州市人民政府国有资产监督管理委员会主任
4 月 25 日	陈　燕	市十四届人大常委会第十八次会议	免去福州市广播电影电视局局长
4 月 25 日	游晓东	市十四届人大常委会第十八次会议	免去福州市人民政府外事侨务办公室主任
4 月 25 日	连国平	市十四届人大常委会第十八次会议	免去福州市人民政府国有资产监督管理委员会主任
6 月 28 日	林　贤	市十四届人大常委会第十九次会议	任命为福州市人民政府秘书长
6 月 28 日	瞿理明	市十四届人大常委会第十九次会议	免去福州市人民政府秘书长
6 月 28 日	林　锋	市十四届人大常委会第十九次会议	任命为福州市国土资源局局长
6 月 28 日	郑建闽	市十四届人大常委会第十九次会议	免去福州市国土资源局局长
8 月 29 日	张定锋	市十四届人大常委会第二十一次会议	任命为福州市城乡建设委员会主任
8 月 29 日	李月健	市十四届人大常委会第二十一次会议	免去福州市城乡建设委员会主任
8 月 29 日	林治良	市十四届人大常委会第二十一次会议	免去福州市科学技术局局长
8 月 29 日	郑新清	市十四届人大常委会第二十一次会议	免去福州市统计局局长
8 月 29 日	左美俊	市十四届人大常委会第二十一次会议	免去福州市交通运输委员会主任
12 月 29 日	张大斌	市十四届人大常委会第二十五次会议	任命为福州市经济和信息化委员会主任，免去福州市经济委员会主任、福州市人民政府国有资产监督管理委员会主任
12 月 29 日	许用贵	市十四届人大常委会第二十五次会议	任命为福州市交通运输委员会主任

续表 14

时间	被任免人员	通过任免会议	决定任免职务
12 月 29 日	郑道新	市十四届人大常委会第二十五次会议	任命为福州市卫生和计划生育委员会主任,免去福州市卫生局局长
12 月 29 日	任义文	市十四届人大常委会第二十五次会议	任命为福州市科学技术局局长
12 月 29 日	张秀榕	市十四届人大常委会第二十五次会议	任命为福州市监察局局长
12 月 29 日	江　海	市十四届人大常委会第二十五次会议	任命为福州市金融工作办公室主任,免去福州市投资促进局局长
12 月 29 日	林　中	市十四届人大常委会第二十五次会议	任命为福州市人力资源和社会保障局局长,免去福州市公务员局局长
12 月 29 日	孙　利	市十四届人大常委会第二十五次会议	任命为福州市环境保护局局长
12 月 29 日	林　颖	市十四届人大常委会第二十五次会议	任命为福州市城市管理委员会主任
12 月 29 日	黄诗杨	市十四届人大常委会第二十五次会议	任命为福州市农业局局长
12 月 29 日	范建敏	市十四届人大常委会第二十五次会议	任命为福州市商务局局长,免去福州市对外贸易经济合作局局长
12 月 29 日	黄济霖	市十四届人大常委会第二十五次会议	任命为福州市投资促进局局长
12 月 29 日	蔡福勇	市十四届人大常委会第二十五次会议	任命为福州市市场监督管理局局长,免去福州市商贸服务业局局长
12 月 29 日	陈　惠	市十四届人大常委会第二十五次会议	任命为福州市文化广电新闻出版局局长
12 月 29 日	陈光华	市十四届人大常委会第二十五次会议	任命为福州市体育局局长
12 月 29 日	彭锦华	市十四届人大常委会第二十五次会议	任命为福州市统计局局长
12 月 29 日	陈燕敦	市十四届人大常委会第二十五次会议	任命为福州市人民防空办公室主任
12 月 29 日	曾国俊	市十四届人大常委会第二十五次会议	任命为福州市人民政府国有资产监督管理委员会主任
12 月 29 日	连世潮	市十四届人大常委会第二十五次会议	免去福州市监察局局长
12 月 29 日	卢　林	市十四届人大常委会第二十五次会议	免去福州市人力资源和社会保障局局长
12 月 29 日	纪建平	市十四届人大常委会第二十五次会议	免去福州市环境保护局局长
12 月 29 日	林　辉	市十四届人大常委会第二十五次会议	免去福州市市容管理局局长
12 月 29 日	杨　凡	市十四届人大常委会第二十五次会议	免去福州市文化新闻出版局局长
12 月 29 日	黄其钦	市十四届人大常委会第二十五次会议	免去福州市体育局局长
12 月 29 日	吴　强	市十四届人大常委会第二十五次会议	免去福州市人民防空办公室主任
12 月 29 日	林兰玫	市十四届人大常委会第二十五次会议	免去福州市食品药品监督管理局局长

(郑乐鸣)

(编辑　黄　铭)

重要会议及活动

【市政府常务会议】 2014年，市政府召开25次常务会议，由市长杨益民主持。

1月16日，第1次常务会议审议《福州新区空间发展规划纲要》，研究福州市第二医院征用周边医疗规划用地、福州市蜜饯厂实施终止经营职工分流安置等事项。

2月24日，第2次常务会议研究工商登记制度改革试点工作实施方案、宜居环境建设以及开展违法占地和违法建设综合治理、2014年市级重点项目安排、公共文化服务体系建设等事项。

3月22日，第3次常务会议审议《福州市促进自主知识产权奖励办法》《福州江阴港城总体规划（2012—2030）》，研究1—2月全市经济运行情况。

4月8日，第4次常务会议审议《福州市机动车驾驶员培训管理办法》，传达全国计生工作电视电话会议和全省计生工作会议精神，并研究其他事项。

4月21日，第5次常务会议审议《福州市高技能人才队伍建设暂行办法》《福州市重点项目建设考核评比办法》《福州市法律援助条例》《福州市行政服务条例》，研究建设国家丝绸之路经济带和21世纪“海上丝绸之路”战略枢纽城市行动方案、第十六届海交会筹备工作等事项。

4月29日，第6次常务会议审议《福州市入选国家“千人计划”、“万人计划”和省“海纳百川”计划高层次人才配套奖金发放暂行办法》《福州专家服务团成员选派管理暂行办法》，研究市政府领导工作分工调整、福州市入选国家“千人计划”和省第三批“百人计划”专家配套奖金方案等事项。

5月23日，第7次常务会议审议《关于贯彻省政府推动工业稳增长促转型十一条措施的实施意见》《福州市推进菜市场建设管理实施办法》《关于加快福州市公交行业发展的若干意见》，研究贯彻落实国务院和省政府促进外贸稳定增长措施、创建国家森林城市、2014年度绩效管理工作等事项。

5月26日，第8次常务会议审议《关于进一步支持市属公立医院改革发展的若干意见》，研究1—4月全市经济运行情况、培育发展龙头企业促进经济稳定增长有关政策意见、大气污染整治专项行动方案等事项。

6月4日，第9次常务会议审议《福州市人民政府关于加强农村金融服务的若干意见》，研究参加第十二届中国·海峡项目成果交易会、巩固提升绩效管理工作等事项。

6月18日，第10次常务会议审议《福州市志愿服务条例》《福州市园林绿化管理条例》《福州市重大项目模拟审批实施办法（试行）》，研究福州市全面深化行政审批制度改革实施方案等事项。

7月1日，第11次常务会议研究福州市工商登记制度改革实施方案等事项。

7月11日，第12次常务会议审议《福州市电子商务中长期发展规划（2014—2020）》，研究促进民营经济加快发展等事项。

7月29日，第13次常务会议审议《关于加快养老服务业的实施意见》，研究安全生产工作等事项。

8月25日，第14次常务会议审议《福州市人民政府重大行政决策若干规定》《福州市公共场所控制吸烟条例》，研究1—7月全市经济运行情况、福州市参加第十八届“9·8”投洽会筹备工作等事项。

9月9日，第15次常务会议审议《关于提升福州市燃气行业安全监管水平的实施意见》，研究福州市安全生产标准化建设提升工程三年行动实施方案、福州市地质灾害搬迁实施方案等事项。

9月19日，第16次常务会议审议《关于优化重点项目审批服务工作的意见》；分析1—8月全市经济运行情况，并研究促进经济稳定增长的政策与措施；研究强化大气污染防治工作、促进内贸稳定发展、促进外贸出口增长、扶持花卉苗木产业发展等事项。

9月30日，第17次常务会议审议《关于加强财政性投资建设项目资金管理的规定》《关于规范市属国有企业资产租赁管理的办法》，研究福州市县级公立医院综合改革实施方案、2014海峡(福州)渔业周·中国(福州)渔业博览会总体方案等事项。

10月16日,第18次常务会议传达省委省政府关于金融工作、近期经济工作专题会议精神,并就落实省委省政府工作要求作出研究部署;审议《福州市市容和环境卫生管理条例(修订稿)》《市政府和市政府办公厅实行地区封锁的规范性文件清理意见》,研究社会治安防控体系建设等事项。

11月4日,第19次常务会议传达学习习近平总书记来闽考察重要讲话和省委、市委常委(扩大)会议精神,审议《福州市生态保护红线划定工作方案》,并研究其他事项。

11月14日,第20次市政府常务会议审议《关于进一步改进作风提升服务企业工作能力的具体办法》,研究1—10月全市经济运行情况及重大项目实施进展情况等事项。

11月18日,第21次常务会议审议《关于进一步加强重要流域保护管理切实保障水安全的若干意见》,传达第十一届国家高新区主任联席会议精神,并研究其他事项。

11月27日,第22次常务会议审议《关于推进我市公共法律服务体系建设的实施意见》,研究调整节日食品券发放标准等事项。

12月11日,第23次常务会议审议《福州市统购普通商品房、安置房、回购安置协议指导意见(试行)》《关于优化工业园区及海域内建设项目环评审批工作的意见》,研究市级社会福利中心项目建设、推荐全国疾病预防控制先进集体和先进个人、推荐全国海洋系统先进集体和先进工作者等事项。

12月22日,第24次常务会议审议《加快推进福州市绿色建筑发展的实施意见》《关于进一步加强涉企收费管理减轻企业负担的实施意见》《闽江(福州段)及两侧道路危险化学品运输管理办法》,并研究其他事项。

12月31日,第25次常务会议审议市十四届人大四次会议《政府工作报告(讨论稿)》《福州市2014年国民经济和社会发展计划执行情况及2015年计划草案(讨论稿)》《福州市2014年预算执行情况和2015年预算草案的报告(讨论稿)》,研究2015年市委市政府为民办实事项目建议征集筛选工作、举办2015年元宵灯会有关工作等事项。

【梁振英率香港经贸考察团到榕调研考察】 1月24日,香港特区行政长官梁振英率领香港经贸考察团在福州市调研考察。省委常委、市委书记杨岳,副省长郑晓松,市长杨益民,市人大常委会主任周振华,市政协主席方清海等拜会考察团一行。考察团先后参观考察网龙网络有限公司、福州城市规划馆和三坊七巷等。

【福州市·平潭综合实验区座谈会】

2月12日,福州市·平潭综合实验区座谈会在平潭召开,共商合作共赢发展思路,探讨联合推动自由贸易试验区申报共建事宜。省委常委、福州市委书记杨岳强调,进一步深化两地合作,要把握新机遇,共建新平台,创造新优势。省政府党组成员,平潭综合实验区党工委书记、管委会主任李德金及福州市长杨益民分别在座谈会上发言。座谈会由平潭综合实验区党工委副书记、管委会副主任尤猛军主持。福州市委常委、副市长吴贤德通报相关合作思路设想。

【第十六届海峡两岸经贸交易会】 5月18日在福州海峡国际会展中心开幕。交易会突出"共建21世纪海上丝绸之路"主题,展区面积8.3万平方米,设展位3847个。来自23个国家和地区的159个重点来宾团组、近2万名海内外客商应邀参加活动,有42.8万人次参展、参观展会。

活动期间,举办21世纪海上丝绸之路市长(高峰)论坛、21世纪海上丝绸之路映像展、东盟海产品交易所揭牌仪式、海上丝绸之路走进非洲·中非产业经济合作峰会。项目签约289项,总投资2155.63亿元,其中:央企项目12项,总投资209亿元;外资项目110项,总投资55.63亿美元,利用外资28.18亿美元;民企项目167项,总投资1607.29亿元。

【百名清华大学研究生到榕参加社会实践】 7月3日,举行百名清华大学博士(硕士)研究生到榕社会实践启动仪式。清华大学派出社会实践、短期挂职、博士实践服务团3支队伍,有106名博士、硕士研究生在福州市开展为期6周的社会实践,为清华大学开展研究生社会实践活动以来,在同一时间向同一地方派出学生数量最多的一次。仪式上,市公务员局、清华大学党委研究生工作部签订"共建研究生社会实践福州试点基地协议书"。

【全市食品药品安全监管工作电视电话会议】 7月28日上午,在收听收看全省食品药品安全监管工作电视电话会议后,福州市召开全市食品药品安全监管工作电视电话会议,市长杨益民出席会议并讲话。会议强调:一要提高食品药品安全意识,加强食品药品安全监管;二要深化食品药品监管体制改革,进一步完善食品药品监管体系,加强食品药品从生产源头到消费环节的全过程、全方位监管;三要实施"食品放心工程"3年行动方案,开展食品安全专项整治,推进食品药品监管群防群治,建立健全食品药品生产经营者首负责任制和质量安全责任追究制。

【福州市创建国家森林城市动员部署大会】 8月20日,福州市召开创建国家森林城市动员部署大会。市长杨益民到会并讲话,强调要力争2016年基本达到国家森林城市建设标准,2017年通过国家验收;突出抓好国家森林城市创建重点工作;通过高起点规划,加快构建森林城市建设新格局;谋划和实施一批重大项目;结合开发利用福州山水资源和闽都文化;推动森林城市建设与经济社会发展的有机结合。副市长严可仕在会上部署安排创建国家森林城市的有关工作。

【福州市省级生态市建设考核验收汇报反馈会】 8月27日,福州市省级生态市建设考核验收汇报反馈会召开。省委常委、市委书记杨岳,省环保厅厅长庄稼汉出席会议并讲话。市长杨益民汇报福州市创建省级生态市工作情况。考核验收组对福州市创建省级生态市工作进行全面考核验收,认为福州市基本达到省级生态市考核要求，同意通过验收，经整改后上报。

【福州市交流考察团赴马祖考察洽谈】 8月28—30日，市长杨益民带领福州市交流考察团赴马祖开展交流洽谈活动。考察团实地考察马祖福澳码头、白沙码头等基础设施和旅游产业项目，并与当地政要、民意代表和工商界人士等进行座谈，研讨拓展福州与马祖两地旅游合作、文化交流以及推进福州企业赴马祖投资旅游观光休闲产业等事宜。考察期间，两地共同举行交流考察洽谈暨旅游合作座谈会，福州市旅游协会与马祖观光协会、马祖观光产业升级策进会共同签署“深化福州与马祖旅游市场合作战略框架协议”。

【首届全国青运会组委会在榕成立】 10月17日上午，第一届全国青年运动会组织委员会成立暨动员大会在福州市举行。省委书记尤权，国家体育总局局长、第一届全国青运会组委会主任刘鹏出席大会，并共同为会徽、吉祥物、主题口号揭幕。会后，刘鹏一行在省委常委、市委书记杨岳，副省长李红的陪同下，视察福州海峡奥林匹克中心和海峡国际会展中心。

【2014年海峡(福州)渔业周·中国(福州)国际渔业博览会】 10月23—26日在福州举行。该届渔业周·渔博会设置8个专业展区，展示面积4.6万平方米，布设标准展位2300个，其中商业展位1658个(境外展位410个)。活动吸引境内外312家企业和协会参展，展会展品1600多种，涉及水产养殖、海洋捕捞、水产加工、休闲渔业和渔具、渔需设备等产业。期间举办了“福州金鱼”论坛、“首届福州金鱼文化节”、“我最喜爱的金鱼”大众评选等活动。

【福州航空开业暨首航仪式】 10月30日，福州航空开业暨首航仪式在长乐国际机场举行。省委常委、市委书记杨岳，副省长郑晓松，海航集团董事局主席陈峰等出席福州航空开业暨首航仪式。民航华东管理局副书记周正凯宣读并颁发运行合格证书。市长杨益民主持开业暨首航仪式。上午10点36分，印有福州首家本土航空公司——福州航空“龙凤呈福”LOGO的波音737－800飞机从长乐国际机场首航飞往北京。

10月30日，“有福之州　梦想起航”福州航空开业暨首航仪式在长乐国际机场举行　〔福州(元翔)国际航空港有限公司　供〕

【福州市政府职能转变和机构改革工作会议】 12月31日召开。省委常委、市委书记杨岳，市长杨益民出席会议并讲话，市委副书记周宏主持会议。

省委常委、市委书记杨岳强调，加快政府职能转变和机构改革，更好地发挥政府作用，促进政府治理能力提升，一要统一思想认识，二要突出转变职能，三要提升服务效能。市长杨益民就政府机构改革方案主要内容进行说明，要求以职能转变为核心推进政府机构改革，重点加强简政放权、强化监管、优化服务；实施政府机构改革方案，优化职责配置，做好衔接融合，加强制度建设；严肃机构改革各项纪律，严格机构编制管理，严肃组织和财经纪律。

(庄琳芳)

政务督查

【概况】 2014年，福州市落实督办省、市领导批示件11857件，办理市政府主要领导批示件3263件，督办市委市政府为民办实事项目25项71件。全年编发《政务督办》37期，约谈单位责任人58次131人，黄牌警告8家单位，红牌警告25家单位。

【综合性工作督查】 加强对全年召开的25次市委市政府重大项目建设例会、25次市政府常务会议及5次市长办公会议的294个议题523个事项逐件、逐项跟踪督办，督查“不落实”情况。督办市委市政府为民办实事项目25项71件，月查月报，件件落实到位。组织开展或配合相关部门开展重点项目督办，清理“重点项目”征迁交地症结，治理违法建设、交通乱象、违章摊点，落实无物业小区整治、城乡环境综合整治、水土流失整治、“旧屋区”改造、福州新区各类工业园区建设调研、罗源湾水产养殖退养转产、滨海大通道建设、外郊快速环线建设、老干部民生(公交、卫生)项目督办等260(件)次。

(张兴亮)

【领导批办件督查】 全市政府系统办理政府领导批示件11857件(含省委、省政府领导批示件16件)；办理市政府主要领导批示件3263件，其中批办件1338件，批阅件318件，直转件1607件，反馈率99%。市政府督查室指定专人负责上级部门批转和市政府主要领导批示件办理，做到非急办件每日交办完毕，急件随到随送，每月办理落实情况以政务督查形式予以通报。规范办理时限，紧急事项即办即报，非急办件一般在7个工作日内办结反馈，情况特殊需延长查办时间的一般不超过15个工作日。加强审查办理反馈报告,对反映事实情况不清、采取措施不力或处理意见不当的,要求承办单位重新办理反馈。加强跟踪督办,对超出规定时限未办结的批示件及时进行催办;对未办结件采取现场查看、回访核查等形式进行连续跟踪;对“批而不办,办而不实”的,进行约谈,责令整改,限时办结。继续将市政府主要领导批示件的落实办理情况列入对市直机关和各县(市)区的绩效考核范畴。

(林珍彦)

【人大代表建议督查】 全市政府系统承办人大代表建议486件,其中主办478件、协办8件,均全部办复。代表对建议办理情况表示满意或基本满意的473件,满意率99%;不满意的5件,占1%。

在政府系统主办的478件代表建议中,所提问题已解决或基本解决的有236件,占49.4%;正在解决或列入计划逐步解决的有192件,占40.2%;因政策、财力或客观条件限制暂时无法解决的有37件,占7.7%;相关部门留作参考的有13件,占2.7%。

【政协委员提案督查】 全市政府系统承办政协提案515件,分解成1561件次,交由90个承办单位办理,承办单位均在规定时限内办理并答复提案者,办复率100%。其中,所提问题已解决或基本解决的有224件,占43.49%,比上年提高3.48个百分点;正在解决或列入计划逐步解决的有270件,占52.43%;因政策、财力或客观条件限制暂时无法解决的有21件,占4.08%。委员对办理工作表示满意或基本满意的达99.6%。

(陈　敏　林明忠)

政府信息公开

【概况】 2014年,全市各级政府及其工作部门主动公开政府信息23892条,受理政府信息公开申请1183件,答复办结1180件。新增仓山区、罗源县专门的工作机构,全市成立专门工作机构的县(市)区增至10个,其他县(市)区及市直各部门依托办公室,确定专门人员负责政府信息公开工作。全年有政府信息公开单位701家,政府信息公开专职工作人员4人,兼职工作人员814人。举办业务培训班16场,1209人次参加培训。连续第4年对行政机关政府信息公开工作情况开展社会评议,市社科院、市数字办联合课题组发布《2013年度福州市行政机关透明度报告》。2月,中国社科院公布《中国政府透明度指数报告(2013)》,福州市政府在49个较大的市政府中排名第四位。

【深化政府信息公开工作】 扩大政府信息公开范围　一是主动公开国民经济和社会发展规划及专项规划、城市总体规划、重要地区控制性详细规划及土地利用规划等各类规划信息。二是公开涉及社会公众利益的重大公共政策、产业政策和重要事项,重点公开住房保障、促进就业、旧区改造、教育发展、医疗保障、食品安全、养老保障、环境保护等相关政策。三是加大政府投资项目和重大建设项目信息公开力度,每月发布为民办实事项目、政府重点建设项目进展情况。

信息解读工作　利用政府网站、政务微博、微信等各类媒体发布政策解读信息,在“中国福州”门户网站政府信息公开专栏下设立“政策解读”二级子目录,年内发布政策解读类信息156条,自2007年以来累计发布政策解读类信息636条。通过《福州日报》、《福州晚报》、电视台、广播电台等向社会公开新政策,并通过组织开展政风行风热线、“中国福州”门户网站专访以及“让人民满意”民主评议活动,加强政策解读工作。

政务舆情处置　跟踪热点舆情动态,及时发现、回应涉榕舆情信息。各级各部门通过政务微博服务平台了解舆情,建立咨询投诉类问题4小时响应机制,及时辟谣并发布权威信息。

重大决策制订过程信息公开　制定出台《福州市人民政府重大行政决策若干规定》,要求须作出重大行政决策的事项,须由市政府按相关规定报请市委研究确定后启动决策调研等程序。重大行政决策一般应当经过决策调研论证、公众参与、方案协调、合法性审查、集体讨论决定、决策结果公开等6道程序。凡涉及人民群众切身利益的重大行政决策事项,决策承办单位应通过当地的报纸、电视或政府门户网站等向社会公布决策备选方案,并征求各民主党派、社会团体、人大代表、政协委员、专家学者和公民、企业法人等方面的意见和建议。公开征求意见的时间不少于5个工作日。除依法应当保密的事项外,重大行政决策的结果均向社会公开。年内各县(市)区政府均制订出台重大行政决策制度。

【行政权力运行信息公开】 依法行政类信息公开　行政机关职责、领导简历和分工、内设机构、职权目录、联系方式,以及调整、变动情况全部公开。建立各级政府及其工作部门权力清单制度,公布第一批15家市直部门(市经委、市教育局、市民政局、市财政局、市人力资源和社会保障局、市公务员局、市国土资源局、市环保局、市市容管理局、市人防办、市科技局、市地震局、市审计局、市档案局、市贸促会)行政权力清单,公开权力运行流程图。

行政审批信息公开　市行政服务中心管委会制定《福州市推进行政审批信息公开工作方案》,公开取消、下放、清理以及实施机关变更的行政审批项目信息。推进行政许可办理信息公开,加强行政审批事项、依据、条件、程序、数量、期限、需要提交材料目录以及办理情况的信息公开工作。利用福州市网上审批服务系统,将全市各单位的行政审批信息全部集中公开、网上办理。所有行政审批信息在“中国福州”门户网站、市行政服务中心大显示屏即时滚动播放。

行政处罚信息公开　全市45个执法部门5204项行政处罚事项、处罚依据、处罚标准、处罚结果以及执法人员的资格等信息全部公开。加大制售假冒伪劣商品和侵犯知识产权行政处罚案件信息公开力度,除依法需要保护的涉及商业秘密和个人隐私的案件外,对适用一般程序查办的制售假冒伪劣商品和侵犯知识产权行政处罚案件,主动公开案件名称、被处罚者姓名或名称,以及主要违法事实和处罚种类、依据、结果等。

【财政资金信息公开】 推进财政预算、决算和“三公”经费公开。一是通过“中国福州”门户网站公开市本级预算报告,2014年新增公开“市本级地方政府基金收支预算表”。二是推进市直部门预决算公开,经财政部门批复的各市直部门预算表全部公开。除24个涉密或暂不宜公开单位外,其余99个预算部门对外公布本部门预决算信息。三是加大“三公”经费公开力度。市本级“三公”经费预算汇总数于10月底对外公开。除涉密或暂不宜公开单位外,93个市直部门公开“三公”经费预算汇总数。所有县(市)区均公开“三公”经费预算汇总数。

推进财政预算执行和其他财政收支审计信息公开。加强同级财政预算执行和其他财政财务收支情况审计工作,开展公用经费使用情况专项检查,实施审计前主动公开审计项目(单位)、审计重点内容、审计纪律等信息。公开经各级人大及其常委会审议通过的审计工作报告。编制《2013年福州市审计结果汇编》。结合审计项目的整改检查,对各责任单位的整改情况进行监督,适时公开审计发现的问题整改情况。

【公共资源配置信息公开】 *征地信息、国有建设用地使用权和矿业权出让信息公开* 一是推进征地拆迁信息公开,重点公开农用地转用和土地征收审批结果。公开征地告知书、征收土地公告、征地补偿安置方案公告和政府征地转发批文。建立征地信息查询制度,方便公众查询拟征土地的用途、位置、征地批复、范围、补偿标准、安置等相关信息。全年发布征地告知书130宗,征收土地公告、征地补偿安置方案公告23宗,政府征地转发批文56份。二是加大国有建设用地使用权信息公开力度。公开土地供应计划、出让公告、成交信息和供应结果,方便公众查询出让地块基本情况、出让方式、出让成交时间、竞得人、成交价等信息。全年发布6次公开出让国有建设用地使用权公告,公告17幅地块出让信息,公告12幅地块成交结果信息。三是加强矿业权出让信息公开。修订《福州市采矿权招标拍卖挂牌管理办法》。采矿权出让前在网站、交易大厅、《福州日报》或市级以上其他主流报刊同时发布公告。公开交易结果,公示期不少于10个工作日。

农村土地(用海)承包经营权流转信息公开 重点公开流转面积、流向、用途、流转价格等信息。加强林业用地承包经营权流转信息公开,福州市林权宗地地理信息管理系统正式投入使用。

国有土地上房屋征收与补偿信息公开 市住房保障和房产管理局网站新设相关信息公开专栏,完善信息查询检索功能,定期通报公开旧屋区改造推进情况,重点公开太平汀洲、苍霞等项目的评估机构选定情况、征收决定等信息,公布全市43家房屋征收实施单位和28家征迁估价机构名单通讯录。

保障性住房信息公开 市住房保障和房产管理局网站新设“住房保障”和“安居工程建设”专栏,公开保障性住房政策及政策解读信息,保障性住房开工及建设进展情况,公共租赁住房和廉租住房资格审核结果,上下杭地块廉租住房对象登记结果,各类保障性住房租金标准和补贴标准等信息。

政府采购信息公开 更新维护电子化招投标系统平台网站,指定专人负责发布政府采购相关信息。年内福州市政府采购信息网主动公开政府采购项目信息1376条,政府采购动态信息140条,政府采购办事指南信息3条;通过政务微博发布政府采购相关信息485条。

工程建设项目及信用信息公开 由市发改委牵头推进全市工程建设项目及信用信息公开工作。全年发布工程建设项目信息和信用信息36034条。

【公共服务信息公开】 *高校招生信息和财务信息公开* 实施高校招生阳光工程,加强市属高校财务信息公开工作,公开市属高校预决算等财务信息和教育收费信息。

特殊类型招生政策及考生信息公开 推进民办教育信用信息公开,探索建立虚假信息警告制度,公布2014年民办学校年检合格名单、市区具有招生资格的民办学历制学校名单和收费标准等信息,公布具有办学资质的培训机构名单以及无证培训机构“黑名单”。

科技管理和项目经费信息公开 建立科技计划项目库和网上申报系统,面向全社会公开征集需求和项目建议,围绕科技规划确定的重点任务凝练、储备科技计划项目,为编制年度科技计划项目指南提供依据。从项目指南发布到项目立项均通过福州科技信息网向社会征集和公布。

就业信息公开 主动公开全市促进就业方面的规划、政策、措施和实施情况。通过各主流媒体发布全市劳动用工情况、高技能人才享受奖励待遇等信息,并利用各种招聘活动发布用工岗位信息。推广“摇一摇找工作”“微就业”手机公共就业服务平台,每天发布2万多条有效岗位信息,近20万用户下载使用。

社会保障信息公开 设立信息公开查询点,定期公开发布社会保障工作政策法规、动态。启用“12333”公共服务平台个人网上办事大厅,为公众提供养老、医疗、工伤、生育、失业保险、就业登记、社会保障卡等各项人力资源社会保险业务查询及自助服务。

【公共监管信息公开】 *环境信息公开* 一是公开环境空气质量和水环境质量信息。公开福州市环境空气质量状况和福州市在全国74个省会城市及大中城市空气质量排名情况,实时发布福州市区五四北路、紫阳、师大、杨桥西路、快安、鼓山等6个空气监测点的6项污染物监测数据和空气质量指数AQI值,公开各县(市)区环境空气质量指数AQI值。公开水环境质量状况,公布闽江、敖江、大樟溪等重点流域断面地表水水质状况,以及福州市集中式饮用水水源地水质状况。按时公布环境质量状况季报和年报。二是公开建设项目环境影响评价信息及验收信息。公开建设项目环境影响评价文件受理情况、审批结果、验收结果和环境影响评价报告书简本,年内进一步公开建设项目环境影响和竣工环境保护验收批复文件、建设单位或地方政府作出的环境保护措施承诺文件,全年主动公开276条建设项目环境影响评价信息。三是公开污染源环境监管信息。每日公布福州市国家重点监控企业废水、废气自动监控情况,公开全市排污许可证发放情况和排污费征收信息、福州市国家重点监控企业污染源监督性监测信息、全市清洁生产审核情况、固废行政审批情况、重金属污染防控信息。公开环境监察执法、环境违法案件及查处情况。四是公开主要污染物减排信息。公开2013年度主要污染物总量减排数据以及2013年福州市环境统计有关主要污染物排放、工业源污染物排放、生活源污染物排放等信息。

安全生产事故信息公开　公开2起较大生产安全事故、7起实行挂牌督办的一般生产安全事故调查处理信息，通报事故原因，公布事故调查报告和责任追究处理结果。建立预警预防信息发布和事故应急处置救援信息公开机制，扩大预警预报受众范围。

国有企业财务相关信息公开　“中国福州”门户网站增设“国资监管”信息公开专栏，公布市属国有资产状况和国有资产监督管理工作情况，公开内容包括所出资企业生产经营总体情况，国有资产保值增值、经营业绩考核总体情况，所出资企业国有资产有关统计信息等。

食品药品安全信息公开　市食品药品监管局、市卫生局在单位网站首页设立“食品安全”信息公开专栏，公布食品安全类通知公告、工作动态、政策法规、监管执法等信息。发布福州市2014年食品安全宣传周大型宣传活动，公开餐饮单位信用信息，餐饮服务许可证办事指南和办理流程，每月食品安全监督检查情况，企业药品经营许可证申领、变更、延续注册、注销情况，各类食品、药物警戒快讯，各类药物使用损害风险，食品安全行政执法等信息。完成食品药品监管法制建设信息以及网上非法售药整治、医疗器械整治等专项行动信息公开工作。7月，针对一些地区发生食用织纹螺食物中毒问题，发布织纹螺食用警示，并公开各地区开展织纹螺专项检查结果。

信用信息公开　通过“福建省工商系统市场主体信用信息公示平台”向社会公开全市工商系统行政处罚信息、企业登记等信息。启动建设“福州市市场主体信用信息共享平台”，依法公开行政机关在行政管理中掌握的信用信息。市食品药品监管局建立《食品药品“黑名单”制度》，并向社会公布“黑名单”。

【公开渠道建设】　改版“中国福州”门户网站政府信息公开专栏，新建环保、安全生产和三公经费等专栏。全市各级政府及其工作部门通过门户网站主动公开政府信息23892条，网站政府信息公开专栏或网页访问量1292.34万人次。市档案馆政府信息公共查阅场所累计接收、保存市本级政府信息公开单位报送的政府公开信息37341条(份)，其中2014年产生的政府公开信息4095条(份)。全市各级政府信息公共查阅场所接待现场查阅政府信息的社会公众29414人次。通过政务微博、政府公报、报刊广播电视、新闻发布会等形式主动公开政府信息。

【主动公开政府信息】　主动公开政府信息23892条，其中，市、县(市)区、乡镇(街道)各级政府公开7953条，各级政府工作部门主动公开政府信息15939条。历年累计主动公开政府信息202737条，其中，各级政府累计公开68348条，各级政府工作部门累计公开134389条。

主动公开政府信息的主要类别有：机构职能类信息3337条，占13.97%；政策、规范性文件类信息1572条，占6.58%；规划计划类信息900条，占3.77%；行政许可类信息2071条，占8.67%；重大建设项目、为民办实事类信息770条，占3.22%；民政扶贫救灾、社会保障就业类信息978条，占4.09%；国土资源、城乡建设、环保能源类信息1492条，占6.24%；科教文体卫生类信息1331条，占5.57%；安全生产、应急管理类信息3035条，占12.7%。

【依申请公开政府信息】　收到政府信息公开申请1183件(市本级政府收到104件，下级政府收到165件，各级政府工作部门收到914件)。其中，当面申请294件，占24.85%；以网上提交表单形式申请393件，占33.22%；以电子邮件形式申请18件，占1.52%；以信函形式申请478件，占40.41%。历年累计收到政府信息公开申请5361件，其中市本级政府收到359件，下级政府收到476件，各级政府工作部门收到4526件。申请数量居前的事项主要为土地征用与补偿、拆迁许可和补偿安置、城市规划和建设、建设项目立项审批、食品安全、工商管理等，受理申请数量较大的部门有市国土局、市住房保障和房产管理局、市规划局、市工商局、市发改委、市公安局、市质监局等。

经审查，受理政府信息公开申请1183件，已答复1180件，3件正在办理。其中，“同意公开”695件，占58.9%；“同意部分公开”52件，占4.41%；“不予公开”33件，占2.8%；“非政府信息、政府信息不存在或者不属于本部门所掌握的信息”400件，占33.89%。“不予公开”的政府信息申请内容主要涉及城市规划、城市建设、拆迁安置等方面。

【政务微博工作】　年内有2批23家市直单位开通政务微博，“福州发布”政务微博群成员单位增至100家，基本覆盖与群众生活关系密切的行政机关、公用企事业单位；发布内容突出“政务”特色，以政务新闻类信息为主，生活服务类信息为辅。至年底，“@福州发布”主微博累计发布微博信息14059条，微博“粉丝”超67万人。出台《福州发布政务微博信息审核发布与诉求件办理细则》，明确政务微博发布程序，健全编发、审核、诉求件办理工作机制，每日对各成员单位微博发布情况进行巡查，并定期进行通报。全年组织4场政务微博培训班。

【行政机关透明度报告】　《2013年度福州市行政机关透明度报告》由市社科院、市数字办联合课题组对全市所辖12个县(市)区政府和60个市直行政机关信息公开工作(透明度)进行调研与测评后形成。其中，对县(市)区政府调研评测指标包括6个部分，总分100分，分别为政府信息公开指南编制情况、政府信息公开目录设置情况、编制公布政府信息公开年度报告情况、依申请公开政府信息情况、环境保护信息公开情况、行政审批信息公开情况；对市直行政机关调研评测指标包括6个部分，总分100分，分别为政府信息公开指南编制情况、政府信息公开目录设置情况、编制公布政府信息公开年度报告情况、主动公开政府信息报送公共查阅场所情况、依申请公开政府信息情况、相关领域信息公开情况。

调研显示，政府信息公开制度实施进一步加强，各县(市)区政府在本级政府网站均设置“政府信息公开”专栏，市直行政机关和各县(市)区政府均按时编制公开政府信息公开年度报告；政府信息目录编制更加规范，信息公开更加及时，信息链接有效性进一步提高；政府信息公开工作人员的公开意识与业务熟练程度进一步增强。

表15 市直行政机关政府信息公开工作总体测评结果(满分100分)

市直机关	总得分	市直机关	总得分
市旅游局	95.0	市统计局	78.5
市文化新闻出版局	94.5	市人力资源和社会保障局	77.5
市食品药品监督管理局	94.0	市公安局	76.0
市对外贸易经济合作局	93.0	市经济委员会	76.0
市市容管理局	92.0	市园林局	76.0
市城乡规划局	92.0	市土地发展中心	75.0
市水利局	92.0	市房屋登记中心	74.5
市质量技术监督局	92.0	市监察局	73.0
市教育局	91.5	市供销合作社联合社	73.0
市农业局	90.5	市地方税务局	72.5
市卫生局	90.5	市交通运输委员会	72.0
市发展和改革委员会	90.0	市商贸服务业局	71.5
市广播电影电视局	90.0	市无线电管理局	70.0
市城乡建设委员会	89.5	市住房公积金管理中心	69.5
市工商行政管理局	88.5	市体育局	69.0
市人民防空办公室	88.0	市林业局	68.5
市粮食局	88.0	市财政局	65.5
市科学技术局	86.5	市机关事务管理局	64.5
市民政局	85.0	市人民政府国有资产监督管理委员会	64.5
市物价局	85.0	市住房保障和房产管理局	62.5
市公务员局	83.5	市知识产权局	62.0
市海洋与渔业局	83.0	市审计局	58.0
市安全生产监督管理局	83	市人民政府外事侨务办公室	56.0
市环境保护局	82.5	市国有房产管理中心	51.5
市档案局	82.5	市高新区管委会	50.5
市司法局	81.5	市保税区管委会	46.0
市地震局	81.5	市住宅发展中心	41.5
市城镇集体工业联合社	80.0	市民族与宗教事务局	41.0
市人口与计划生育委员会	80.0	市投资促进局	33.5
市国土资源局	79.0	市人民政府台湾事务办公室	27.5

表16　县(市)区政府信息公开工作总体测评结果(满分100分)

县(市)区	总得分
仓山区	67.0
福清市	67.0
连江县	66.0
台江区	65.5
鼓楼区	64.0
闽清县	63.0
罗源县	59.0
晋安区	56.0
长乐市	53.0
永泰县	43.5
马尾区	42.0
闽侯县	37.5

(叶伟奇)

行政服务中心建设

【概况】　2014年,福州市行政服务中心入驻49个审批服务部门及单位,行政审批和公共服务事项294项,其中40个部门及单位常设受理窗口,9个部门纳入综合窗口。全年受理申请78.11万件,办结77.97万件,当场办结63.41万件,当场办结率81.33%,平均每个工作日受理3124件。

福州市公共资源交易服务中心完成政府采购709项,预算金额7.73亿元,成交金额6.49亿元,节约率16.05%;建设工程615项,总标的178.79亿元,中标金额161.42亿元,降低率9.7%;土地矿产交易公开出让13个地块,成交金额146.38亿元;产权交易204个项目,底价5.52亿元,成交价7亿元,增值率26.7%。

【行政服务法治建设】　《福州市行政服务条例》经省十二届人大常委会第十一次会议审议通过,于12月1日起正式实施。该条例对行政服务定义、场所功能、机构职责进行明确,对行政服务申请与办理、建设与管理、考核与监督工作作出规定,为全国地市级第一部关于行政服务工作规范化、制度化运行的地方性立法。12月24日,市行政服务中心举办全国第一个"行政服务条例宣传日"活动。

【服务中心审批制度改革】　优化入驻市行政服务中心审批服务事项,由367项精简至294项,审批环节不超过3个,审批时限压缩均压缩在法定时限的30%以内,修改56个事项的设立依据及75项申请材料的收件依据,合并、取消各类申请材料1200余份;完善联合审批机制,推进解决500余项历史遗留审批事项。

【市民服务中心建设】　推进市民服务中心改建项目工程,成立市民服务中心项目现场指挥部,建立周例会、周报制度,每月向市政府报告项目进展情况,派驻专人入驻项目工地现场,现场协调解决问题。项目建设主体工程于10月27日全面封顶,市行政服务中心管委会于年底前完成市民服务中心内部功能区域划分、入驻事项梳理、人员培训、建章立制、信息化建设等前期各项准备工作。

【标准化管理】　修订实施711项服务行为规范标准,以市、县、乡、村四级行政(便民)服务平台为载体,以行政服务四大标准体系为架构,以人才保障、持续提升、信息化与标准化融合三大机制为抓手,以《福州市行政服务条例》立法为支撑,形成"4431"福州模式的行政服务标准化体系,实现行政审批服务标准化、规范化、格式化、公开化。基层行政(便民)服务中心(代办点)规范化建设,年内全面实现标准化管理。12月24日,举办全国第一个"行政服务标准化建设开放日"活动。市行政服务中心标准化建设工作获中国"质量之光"质监改革创新示范奖,为全国唯一获该奖项的行政服务中心。

【审批提速】　制定《福州市优化重点项目审批服务工作的意见》,对省、市重点项目,政府投资的民生类、公益类项目,福州新区建设项目,实行"简化手续、压缩时限、优化流程、会商预审、并联审批、信息共享"措施,建立"5+X"会商、协调推进等工作机制,形成业主前期工作并联、会商与预审工作并联、部门间审批事项并联的"三并三联"审批模式,将重点项目前期审批流程涉及的项目决策、规划审批、施工许可3个阶段26个审批事项,调整为7组并联审批,审批时限由原有的155个工作日压缩为40个工作日,提速74%。

【电子政务建设】　推进电子证照试点工作,在网上审批系统中引入电子证照应用模块,通过纸质证照电子化的方式,实现证照信息的电子化归档管理和共享应用。初步搭建"一表制"审批系统,为企业提供跨部门、跨系统、跨层级的审批"一门式"受理和"一站式"服务。进一步完善市、县、乡三级审批联动工作网络建设,将网上审批系统向街道(乡镇)便民服务中心延伸,初步建立市、县、乡三级联动的行政审批系统和网络平台,实现申请人的网上申报、审批部门的在线审批、上下中心的协同审批。完善掌上政务服务平台(官方微信),推出微信二维码推送、取号及微信预置等服务。加快标准化与信息化融合,与省标准化研究院配合,建立标准化建设数据库,实现标准化文件从新增、修改到注销全过程信息化。

【代办服务】　设立重大项目审批代办服务窗口,制定出台《福州市重大项目审批代办实施意见》，组建律师服务团队，建立代办员队伍，协助项目单位办理投资项目审批申报及相关工作，全年委托代办和跟踪服务事项49个。定期开展新入驻人员培训工作，举办厦航优质服务报告会、电子证照应用知识培训以及各类与审批工作相关的业务培训班。

【规范运行管理】 实现审批服务事项（除涉及国家安全及秘密事项外）100%入驻市行政服务中心、审批权限100%授权窗口负责人、入驻市行政服务中心事项100%集中网上审批系统监管。完善入驻部门及事项，协调推进福州海关、福州检验检疫局和贸促会入驻窗口，市国税局办税服务大厅以整体形式入驻中心投入运行。建立入驻窗口单位领导带班轮值工作机制，每月开展“入驻单位领导接待日”活动，通过现场办公、调查研究、指导工作，协调解决超时未办结件事项等问题。完善月度评先评优考核办法，修订出台《2014年入驻福州市行政服务中心单位（窗口）及其工作人员考核办法》。开展行政审批服务“畅通工程”，治理“庸懒散拖”，全年处理各类诉求件230件，效能问责违规人员15人次，其中效能告诫2人次、诫勉教育13人次。

（林希文）

机关事务管理

【概况】 2014年，福州市机关事务管理局开展办公用房超标准专项整治工作，推进公务用车制度改革，规范公务用车使用管理，完善市直机关东部办公区建设，完成海峡青年节等市级重大活动和重要会议的服务保障。年内获评“全国节约型公共机构示范单位”称号。

【财务管理】 推进公务卡结算，压缩一般性和“三公”经费支出，完成市委办公厅、市政府办公厅等20家单位的工资、公积金、医保支出和项目经费保障。提升国有资产集中统一监管水平，联合市财政局等部门，完善国有资产调配和运行机制，加强内部固定资产日常管理审核把关。完成全市党政机关礼品礼金登记、收缴及处置工作。

【办公用房管理】 市本级完成4万多平方米超标办公用房的整改工作，协同相关部门清查公共场所内经营用房。严控办公用房维修改造项目，合理调配现有资源，核准9家单位房屋维修改造申请和房产核销申请，调剂解决8家单位办公用房。

【公务车辆管理】 组织检查60余家市直单位落实公务用车使用管理规定情况，市直单位认定的违规车辆均按中央和省里的要求处理完毕。调整核定市本级14家单位、县（市）区31家单位的车辆编制，批准购置一般公务用车5辆、特种用车23辆，报废旧车126辆。加强公务车辆统一保险、定点维修工作，258家机关事业单位接受车辆维保监督。推进进行公务用车制度改革前期调研工作，协同相关部门共同拟制公车改革初步方案。

【会议会务管理】 完成春节团拜会、“5·18”海交会、“9·8”投洽会、省市领导工作检查、省委主要领导到榕调研、市委全会等200多场市级重要会议、重大活动的服务保障工作。其中，第二届海峡青年节期间，市机关事务管理局作为后勤服务保障总牵头单位，完成会议材料制作、分发，活动场地安排，车辆、食宿、经费保障等任务，为1500余名海内外嘉宾及两岸青年提供住宿餐饮服务，为海峡青年（福州）峰会、青年联欢会等16项主体活动提供现场服务，调集保障车辆近150辆，派遣车辆达470余车次。福州人民会堂管理处全年完成各种会议任务350余场次。

【办公集中区管理】 以乌山机关大院、东部办公区安全保卫工作为重点，完善和落实防火、防盗、防洪、防台、防突发事件等应急处置预案，组织开展安全检查和反恐演练。加强环境综合整治，规范办公集中区机动车通行和停放秩序，不定期开展市直单位保卫、消防、卫生检查，完成爱卫防病和除“四害”工作，协助信访部门劝导上访群众。完成乌山机关大院29号楼、综合楼维修改造，完成市政府空调机噪音改造、第二会议室音响更新，全年维修水电设施、办公场所1600余次。推进东部办公区建设及入驻单位服务保障，食堂、超市、银行、通信、车库、文体医疗等便民服务设施均建成投入使用。

【政府采购】 实行采购项目逐项逐级负责制和岗位分离制，实现采购工作操作流程与监管全程自动化，开辟市重点项目、民生项目采购绿色通道。全年完成公开招标采购项目129项，节约资金2015.66万元，节支率21.45%；网上竞价项目317项，节约资金197.64万元，节支率5.54%。

【公共机构节能】 将公共机构节能列入市精神文明考核内容，组织创建第一批全国节约型示范单位3家、第一批省级节约型示范单位2家。开展节能巡展，组织参观“6·18”建筑节能博览会。配合市节能办、效能办等单位，开展节能目标任务完成情况检查考核，完成全市2013年能耗数据统计、汇总、分析和上报，完成全市名录库系统建设，掌握各级各类公共机构基本情况和用能状况。

（程　栩）

机构编制

【概况】 2014年，福州市推进政府职能转变和机构改革、行政审批制度改革和事业单位分类改革，政府部门机构编制由45个精简至38个。出台《福州市全面深化行政审批制度改革实施方案》，公开15个市政府直属部门（单位）行政权力清单。开展事业单位改革摸底工作，完成事业单位预分类。

【政府职能转变和机构改革】 大部制建设　以转变政府职能为核心，推进大部门制改革，加强卫生和计划生育、文化新闻出版和广电影视、人社和公务员管理、内外贸、涉农管理、教育管理、市场监管、城市管理等八大领域的改革，组建卫生和计划生育委员会、文化广电新闻出版局、商务局、市场监管局、城市管理委员会、金融工作办公室,重新组建人力资源和社会保障局,农业局和农办、教育局和教委均实行一个机构、两块牌子。

理顺政府部门职责关系　整合相同或相近职责,对所有市政府工作部门职能进行梳理,研究提出各部门之间划入、划出和加强的职责96条,确定各整合部门、职能调整部门主要职责。调整市政管理、规划执法、地下管网、新材料、金融服务、库区移民管理等单位隶属关系,理顺部门管理职能。兼顾上下衔接,在规定限额内采取机构挂牌的办法解决市与省、市与县的工作对口衔接。

机构控制　严控机构数和精简编制、职数,由改革前45个部门减少至38个,净减7个机构。精简人员编制,全市政府工作部门精简编制111人,精简率5.1%,减少处级领导职数41人。推行内设机构大处室模式,理顺部门内部分工、整合相近业务处室、归并公共处室49个,调整职责并更名40个,减少部门内设机构正职领导职数22人。

突出省会重点　为加强城市管理综合协调和监督检查职能,整合市容管理局和城乡建委以及城乡规划局相关城市管理和监督方面的职责,组建市城市管理委员会;结合福州构建海西现代金融中心的部署,加强和发挥金融业对福州发展的支撑作用,整合市投资促进局、市发展和改革委员会、市经济委员会、市商务局的金融工作职责,组建市金融工作办公室。

【行政审批制度改革】　出台《福州市全面深化行政审批制度改革实施方案》,推进审批机制改革,实行审批"一个窗口对外"和"审批与监管分离",将分散的审批职能集中整合到审批处室、审批处室集中到行政服务中心、审批项目集中到网上审批系统,实现行政许可和公共服务事项除涉及国家安全及秘密外100%入驻中心、审批服务事项100%授权到位和审批服务事项100%集中网上审批系统办理。

精简审批项目　通过取消、下放、整合和转变管理方式,取消市本级非行政许可审批事项。经清理,保留市级行政

表17　政府机构改革前后机构对比情况

序号	改革后	改革前
一、整合组建的部门		
1	市人民政府办公厅	市人民政府办公厅
		市人民政府法制办公室(副处级)
2	市发展和改革委员会	市发展和改革委员会
		市物价局(副处级)
3	市农业局(市委农村工作领导小组办公室)	市农业局
		市委农村工作领导小组办公室
4	市卫生和计划生育委员会	市卫生局
		市人口和计划生育委员会
5	市教育局(市委教育工作委员会)	市教育局
		市委教育工作委员会
6	市人力资源和社会保障局	市人力资源和社会保障局
		市公务员局
7	市商务局	市商贸服务业局
		市对外贸易经济合作局
8	市文化广电新闻出版局	市文化新闻出版局
		市广播电影电视局
9	市市场监督管理局	市食品药品监督管理局
		市工商行政管理局
		市质量技术监督局
二、新组建的部门		
10	市金融工作办公室	
三、职能调整的部门		
11	市经济和信息化委员会	市经济委员会
12	市城乡建设委员会	市城乡建设委员会
13	市城市管理委员会	市市容管理局
14	市投资促进局	市投资促进局
四、职能基本未调整的部门		
15	市住房保障和房产管理局	市住房保障和房产管理局
16	市城乡规划局	市城乡规划局
17	市交通运输委员会	市交通运输委员会
18	市科学技术局	市科学技术局
19	市民族与宗教事务局	市民族与宗教事务局
20	市公安局	市公安局
21	市民政局	市民政局
22	市司法局	市司法局
23	市财政局	市财政局
24	市国土资源局	市国土资源局

续表 17

序号	改革后	改革前
25	市环境保护局	市环境保护局
26	市安全生产监督管理局	市安全生产监督管理局
27	市林业局	市林业局
28	市水利局	市水利局
29	市海洋与渔业局	市海洋与渔业局
30	市粮食局	市粮食局
31	市体育局	市体育局
32	市审计局	市审计局
33	市统计局	市统计局
34	市旅游局	市旅游局
35	市机关事务管理局	市机关事务管理局
36	市人民政府外事侨务办公室	市人民政府外事侨务办公室
37	市人民防空办公室	市人民防空办公室
38	市人民政府国有资产监督管理委员会	市人民政府国有资产监督管理委员会

许可项目 73 项、取消审批事项 15 项、下放行政事权 66 项、调整市级行政职权 111 项，与上一轮审批制度改革相比精减 74%。开展省里下放 39 项职权的承接工作。

规范审批服务　颁布实施《福州市行政服务条例》，为全国地市级第一部针对行政服务工作规范化、制度化运行的地方性法规。推进审批服务标准化建设，制定并实施服务行为规范标准 711 项，形成以《福州市行政服务条例》立法为支撑的“4431”福州模式行政服务标准化体系，并通过省级评估验收。

提高审批效率　实现全部行政许可事项审批环节不超过 3 个，行政服务和公共服务事项审批环节不超过 2 个，简单事项实行“一审一核、即审即办”，窗口即办率平均达 80% 以上。压缩时限，实现全部审批事项办理承诺时限平均压缩至法定时限 30% 以内，为全省最短。为重大项目企业登记开通“绿色通道”，采取同步申报、容缺收件和一体运作的办法，将登记时间缩短为 5 个工作日。精简材料，减少收文资料以及不必要的重复资料，清理申请材料及收件依据。

优化重大项目审批流程　制定《福州市优化重点项目审批服务工作的意见》。省、市级重点项目审批时限由原有的 155 个工作日压缩至 40 个工作日，提速 74%。推行政府投资项目审批代办服务，成立重大项目审批代办服务窗口，制定出台《福州市重大项目审批代办实施意见》。

公开权力清单　会同市行政服务中心管委会、法制办和市直部门（单位），12 月底在全省 9 个设区市率先公布第一批 15 个市政府直属部门（单位）行政权力清单。

【事业单位分类改革】　规范事业单位机构　开展全市（含县区）5192 家事业单位的机构编制、经费渠道、主要职责等事项摸底工作。对职能萎缩、名存实亡和长期不开展业务的事业单位进行整合撤并，撤销 10 个，收回事业编制 114 人。参与省《福建省事业单位分类指导目录》的编制工作，合理划分事业单位类别，并按照省初步目录基本完成事业单位预分类。

行业体制改革　深化医疗卫生体制改革，加强乡镇卫生院机构编制管理和基层医疗卫生队伍建设。配合推动县级公立医院改革。加快经营性文化事业单位改革，推进公共文化事业体制机制创新，将福州广播电视集团更名为福州市广播电视台，剥离其经营性职能，实行事企分开，并收回事业编制 85 人。

事业单位体制机制创新　落实事业单位以 2012 年总量进行控编的要求，对一些需要成立机构或增编的单位，若能通过外聘人员或政府购买服务等社会化方式予以解决的，不予新设机构、新增编制。推广“管理与作业分离，作业内容社会化，人员单独造册、只出不进”的新型管理模式。市政工程管理处和市绿化工程处进行分离改革，核定管理层事业编后，收回编制 417 人。

【机构编制监督管理】　规范公务员招录、军转干部安置、选调（聘）大学毕业生审核制度，落实全市机关、事业单位的实名制管理工作，完成用编审批 640 余次，同比减少用编审批 180 余次。开展机构编制核查，实现“四清”（机构清、编制清、领导职数清、实有人员清），完成“两对应”（具体机构设置与按规定审批的机构相对应、实际配备人员和财政供养人员与批准的编制和职数相对应）。配合组织部门开展专项检查工作，建立超职数配备领导干部工作台账，推动消化整改。加速推进党政群机关及事业单位中文域名注册工作，全年开通政务域名 755 个、公益域名 2670 个。启动党政机关、事业单位网站开办审核、资格复核和网站标识管理工作，规范组织机构网上名称管理。

【事业单位登记管理】　调研民政、卫生、教育、科技和人社等多家行业主管部门，了解全市民办非企业单位现状，探讨各类事业单位统一登记的可行性，并提出相关政策建议。对全市已登记的 3600 多家事业单位法人证书情况进行梳理，重点对 22 家设立登记类事业单位基本情况进行摸底，掌握全市登记管理机关开展事业单位监督管理基本情况。

全年受理 159 家单位 194 项变更登记，其中单位名称变更 10 家、经费来源变更 2 家、举办单位变更 3 家、宗旨和业务范围变更 8 家，受理 6 家事业单位的设立登记，3 家事业单位的注销登记，完成福建省平潭国有防护林场和市鼓岭旅游度假区管理服务中心的登记管辖移交工作。

全市事业单位网上登记覆盖率超75%,区一级的覆盖率达100%。完成事业单位法人证书年检工作,市直事业单位法人网上年检申报率达100%。

【机构编制资源调配】 行政单位机构编制调整　调整公检法系统机构编制,将市公安局反恐怖工作处改为反恐怖支队;行动技术支队更名为技术侦察支队;治安七大队挂"打击食品药品犯罪侦查大队"牌子,职责调整为打击食品药品犯罪侦查工作;市公安局上街分局更名为市公安局上街(高新区)分局,闽侯县公安局南屿派出所成建制划转市公安局,由上街(高新区)分局代管;设立市公安局地铁分局。市检察院增设案件管理办公室、未成年人刑事检察处;林业检察处更名为生态资源检察处。市中院增设审判管理办公室、宣传处;立案庭分设为立案一庭、二庭;干部教育处和法官培训处整合为干部教育培训处;林业审判庭更名为生态资源审判庭。推进纪检体制改革,市纪委、监察局参照省纪委、监察厅机关内设机构调整方案进行调整。为适应全面深化改革和简政放权的要求,市委编办设立体制改革处;规范行政服务中心机构设置,将行政服务中心、市民服务中心、公共资源交易中心3个平台统一交由市行政服务中心管委会管理,构建"一委三中心"管理体制,并将市行政服务中心管委会由事业单位调整为市政府派出机构,加挂福州市市民服务中心管委会牌子。

事业单位机构编制资源配置　核对在校学生数,按标准重新核定教职工编制6429人。将市职教中心并入市职业教育公共实训基地。增加闽江师范高等专科学校教务处内设机构并相应增加领导职数,核定该校5个教学机构党总支书记领导职数。对福州教育研究院进行"三定"。调整市委党校内设机构规格并重新核定领导职数。重新核定市三坊七巷管委会的主要职责,剥离原有的事务性职能,突出历史文化街区的保护、规划和街区业态监管等管理职能,理顺管委会与开发公司的职能定位。重新制订市广播电视台"三定"方案。福州市救助管理站加挂"福州市救助申请家庭经济状况核对中心"牌子,并增加相应编制。组建公安局网上视频巡逻队伍,增加文职人员。将福建雄江黄楮林国家级自然保护区管理处、福建闽江河口湿地国家级自然保护区管理处机构规格升格为相当副处级,并获批。

(李宣庆)

人事人才

【概况】 2014年,福州市面向社会考试录用公务员(含参公管理人员)586人,从基层一线遴选公务员102人,公开聘用事业单位工作人员5719人,安置军转干部239人,举办专场招聘会、公益性招聘会等119场,提供岗位12万个,市属高校毕业生初次就业签约率64%,新增国家"千人计划"2人,省"百人计划"12人、9个团队,省"外专百人计划"2人,享受国务院政府特殊津贴4人。

【海西引智试验区建设】 引智计划　实施引智试验区"外专百人计划""海外高端人才团队计划""高端外专产业项目合作计划""国际化创新人才培养计划""海外人才特聘岗位计划"五大引智计划,首批7人入选试验区"外专百人计划"、4个项目入选"高端外专产业项目合作计划"、3个团队入选"海外高端人才团队计划",给予119.6万元资金扶助。选送园林、环保、规划设计系统3个团组70名高层次专业技术人员赴新加坡培训,并给予10%~30%的市级配套培训经费资助;选拔14名高层次专业技术人才以自选机构、自选导师、自选课题的方式赴境外研修,并给予研修经费资助。建立台港澳专家证制度。在全国首创"台港澳专家证"制度,台港澳专家持证在福州市享受(租住)商品房、人才公寓、看病就医、办理社保、驾照、银行开户、贷款等方面优惠政策。全年有50人获得台港澳专家证,其中台湾专家45人,香港专家4人,澳门专家1人。

人才交流　承办第十届中美工程技术研讨会,举办海创周等系列重大国际人才交流活动,吸引150多名国内外著名博士专家到榕智力交流,达成创业合作意向60余项。举办第二届"海峡青年节"两岸青年人才创业项目交流对接会、第二届"海峡青年节"、"海西校园行"演讲大会,吸引84家台湾企业、107位名湾商业人才到榕与63家企事业单位对接。起草《关于吸引台湾大学生来榕实习实践和创业就业的优惠政策》及实施方案。

平台建设　建立并启用总面积1.7万平方米的福州留学人员创业园(闽侯园),面向入驻企业提供创业启动资金和为期三年的场地使用权限,前两年场地租金全免,第三年按市场价的50%交纳租金,年内有46家留学人员企业入驻,注册资金1.6亿元,项目负责人及技术

由清华大学、中国科学院等专家组成的中方专家组与美洲中国工程师学会的专家组赴福州市代表性企业进行调研　(市公务员局　供)

骨干具有硕士以上学历人员150多人，发放第一批、第二批留学人员创业启动资金600万元。同时在福州留学人员创业园内设立福州国际人才项目孵化器，12家外籍高层次人才企业入驻，注册资金3500万元；建成国家软件与集成电路人才国际培训（福州）基地，建设经费270余万元，总面积2000余平方米，设有EDA实验室、单片机开发室、嵌入式实验室等，培养100多名软件和集成电路专技人才；建成中国国际人才市场海西（福州）分市场，选址福州市人才储备中心，展厅面积1500多平方米，设有118个展位。举办2014年海峡两岸人才交流合作大会，118家台资企事业单位参会。

【人才高地建设】 修订完善《福州市引进高层次优秀人才办法》，提高人才配套补贴标准；开展高层次人才推荐工作，全市新增国家“千人计划”2人，省“百人计划”12人、9个团队，省“外专百人计划”2人，享受国务院政府特殊津贴4人；组织清华大学76名博士研究生、27名硕士研究生到榕进行为期6周的社会实践活动，为清华大学开展研究生社会实践活动以来，在同一时间向同一个地方派出学生数量最多的一次；开展引荐高层次优秀人才奖励工作，首批奖励引荐人才39人、引荐单位3家，发放奖金155万元；奖励第三批引进高层次优秀人才（团队）31人、8个团队，发放配套补助、安家补贴1400多万元；启动创业创新人才租房补贴发放工作，为首批149名符合条件的人员发放租房补贴48万多元；开展第一批人才公寓申购工作，初定人选100人，分为55万元、41万元、31万元3个层次一次性发放购房补贴；为2013年引进的28名高层次优秀人才审核返还个人所得税233万元。

【公务员管理】 *招考录用* 近4万人报名在榕参加2014年全省公务员统一招考笔试。全市政府系统可录用419人，年内办理录用416人。首次邀请人大代表、政协委员、媒体记者巡视公务员笔试现场，健全阳光招考工作机制；组织福州市特巡警专项招考，计划招录147人，年内办理录用115人。

公开遴选 出台《福州市市级机关公开遴选公务员工作暂行办法》，首次建立机关单位从基层一线选拔、培养公务员的遴选机制，上、下半年各开展1次遴选，遴选102人。

职位管理 办理市直机关、事业单位科级职数审核及任职资格审查673人，审核通过市安全生产监督管理局、市体育局、市住房保障和房产管理局等3个单位3个职位的竞争上岗方案，完成政府系统公务员（含参公人员）登记745人。

考核培训 推广公务员岗位考核信息平台，在全市50家单位试运行。完成市直机关公务员（含参公人员）上、下半年和年度考核工作，报送考核9760人，其中优秀1612人、称职7634人、基本称职1人、不称职5人、不定等次439人、未参加考核69人。组织公务员初任培训班两期，培训2013年度新录用公务员579人。

评先表彰 表彰奖励市直机关2011—2013年连续3年年度考核优秀并记三等功166人（含工勤人员）；评选、推荐表彰2014年先进集体126个、先进个人538人，其中推荐国家级先进集体14个、先进个人27人，推荐省级先进个人135人，评选市级先进集体120个、先进个人393人；开展全市清理评比表彰项目工作，保留29项，取消71项。

治理“吃空饷” 开展“吃空饷”问题集中治理工作，查出各类“吃空饷”人员50人，其中行政编制11人，事业编制39人；查处“吃空饷”资金216.68万元。

【专业技术人员管理】 *职称评审* 开展中等职业学校（含技校）教师职称制度改革，设置正高级、高级、讲师、助理讲师4个教师等级，实行评聘结合、按岗推荐，全市有1人获得首批中小学正高级职称。全年各系列委托省里评审305人，市里组织评审3321人，532人获得高级职称、3158人获得中级职称，2人通过特殊评审取得中级及以上职称。全市累计成立55个评委库，入库人员4528人。

继续教育 组织28名高层次专业技术人才赴国内外访学进修，选派10名高层次专业技术人才赴境外培训。完善专技人员继续教育网络培训平台，网络培训7532余人次。举办专技人员公共培训班81期，现场培训7165人次。批准各基地继续教育办班266期，培训24509人次。开展专技人员继续教育证书验证工作，审验近6万人。

专技人员下基层 规范专技人员下基层工作，全市累计有104名专业技术人员到基层服务，30名对口协作县专技人员到市属单位交流培训。

【事业单位人事管理】 *人员公开招聘* 全市各类事业单位全年计划招聘工作人员5719人，年内办理聘用4510人；审核78家单位综合招考方案、面试方案，协助20家单位调整岗位设置；首次邀请省直单位、宁德市等31名市外考官参加事业单位招考面试工作；组织17家事业单位向社会公开招聘189名高层次紧缺急需人才。

岗位设置管理 完善事业单位岗位管理制度，批准179家事业单位岗位设置、变更方案；完成市直159家单位、26766人，各县（市）区2876家单位、86787人第二轮岗位聘任。

【工资收入分配制度改革】 完成全市机关事业单位在职人员工资及离退休人员18万人的待遇基础数据采集测算工作；继续落实、完善事业单位实施绩效工资的各项政策，调整市城建干校等4家单位绩效工作总量；核定210家事业单位绩效工资总量，32家单位人均绩效工资标准高于托底水平。

【人事人才公共服务】 组织永泰县、闽清县紧缺急需人才专场招聘会，闽东北协作区第四届高层次人才交流大会，第六届女大中专毕业生专场招聘会等5场大型公益招聘会；开展赴厦门大学、吉林大学等10所省内外高校招聘活动，率企事业单位赴武汉参加“2014年福建·武汉高层次紧缺急需人才洽谈会”及“在汉教育部直属高校2015届高校毕业研究生双向选择大会”，累计提供岗位4.6万个。调整21个储备专业（含增减），储备人员生活补助标准由每人每月360元增至每人每月480元，全年储备649人，有479名储备人员就业、升学，发放生活补贴92万余元。全年办理档案调入8791份、调出2513份，毕业生报批1493人。启动市人事人才公共服务中心档案室扩建，完成市人才储备中心大楼整修改造工程。提升福州人事人才网服务水平,升级人事代理业务管理系统,全年网站访问总量近148万次,日均4000余次,5000余多家次用人单位发布3万余条人才需求信息,网上注册并通过审核求职人员超过3万人,企业会员649家。

【军转干部安置】 实行军转干部"阳光安置",完成2013年省下达的239名军转干部接收安置任务,其中计划安置186人,自主择业53人;完成32名随军家属随调安置工作;按时、足额发放自主择业军转干部退役金,开展个性化培训和职业介绍,推荐就业10余人;落实企业军转干部各项维稳解困政策,发放企业退休军转干部生活困难补助、医疗补助等各项补助1068万元。

【高校毕业生就业】 2014年,福州市属高校毕业生总数为1.5万人,初次就业签约率64%,就业率97%,自主创业应届毕业生235人;招募189名高校毕业生到基层服务,其中选调生86人、大学生村干部73人、省级"三支一扶"高校毕业生11人、服务社区高校毕业生19人。在永泰县同安镇、闽清县云龙乡建立农村实用人才服务站;举办海峡西岸人才招聘会114场,提供工作岗位7.4万个。鼓励高校毕业生到中小企业就业,全年发放毕业生和企业社保补助85万元,毕业生求职补贴20万元,见习生活补贴78万元,创业培训补贴27万元。鼓励高校毕业生自主创业,省市共建2000平方米的高校毕业生创业孵化基地,评审选出24个创业项目入驻,带动150余名大学生就业创业;帮扶5名西藏籍高校毕业生到榕就业。

【人才中介机构管理和人事争议仲裁】 开展清理整顿人力资源市场秩序专项行动,加强人才中介机构日常巡查和年检工作,核发新增人才中介机构许可证2家,注销许可证1家,年末全市有人才中介机构26家。举办全市人事争议仲裁暨公务员申诉业务培训班,处理人事争议仲裁案件1起、公务员申诉案件2起。

【工勤人员岗位考核培训】 规范机关事业单位工勤人员升级考核的报名、培训、考试等工作,组织971余人报名参加工勤人员等级考核。

【退休干部管理服务】 市直单位退休干部公用经费标准由每人每年400元提高到600元;完善福州"银色人才网",充实银色人才信息库,开展离退休专业技术人员"三下乡"活动,举办退休干部健康专题讲座、登山等活动,参加退休干部超1万人次;整修市退管中心活动场所,扩大活动场地,增设学习室、书画室、健身休息室等,全年到市退休干部管理中心活动的离退休干部5余万人次。

(黄启韩)

发展研究工作

【概况】 2014年,市政府发展研究中心完成市委、市政府下达任务60余项,完成市政府重点调研课题8项;撰写调研报告、署名文章、领导讲话等重要文稿30余篇,其中《大力发展我市传统特色农产品文化的研究》《福州农村养老困境及几点建议》《南京地铁可持续发展的经验和启示》《我市高峰期"打的难"的调查与思考》等获得市领导批示。年内编发《研究报告》24期(专报件10期,参阅件14期),《福州经济》6期;编印《2014年福州发展研究》文集。

【重点课题调研】 完成《一年来国家出台政策综述及对接建议》《我市房地产业趋势分析及初步对策建议》《南京促进文化与金融合作的实践和启示》《我市职业教育应予重视的问题及对策》等10项专报件重点课题。完成《健全我市城乡一体化体制与政策研究》《加快推进福州民办养老机构发展的建议》《福州低成本健康产业发展的研究》《八大国家级新区产业发展特点的启示》等14项参阅件重点课题。

【政策咨询服务】 参与福建自贸区福州总体方案申报工作;完成福州贯彻国家海上丝绸之路战略建议稿,对市发改委海上丝绸之路建设方案提出修改意见;根据市委部署,发展研究中心作为市政府专题组主要成员执笔完成《加快我市产业优化升级的对策建议》课题报告;办理落实市委《关于市委老领导相关意见建议事项的通知》交办的事项,完成《对我市房地产发展的思考与建议》反馈件;根据省市领导在《闽籍重点侨商在福建投资情况与相关政策建议》批示精神,完成《榕籍侨商对福州经济的影响及相关建议》;完成福州千人企业家大会省领导讲话草拟工作;陪同清华博士实践服务团赴马尾、长乐、福清等地调研考察;完成闽浙赣皖福州经济协作区第十六次市长联系会市长发言材料修改稿;参与起草市政协常委会建议案《强化福州新区产业支撑的对策建议》。

(占　星)

地方志工作

【概况】 2014年,召开全市第四次地方志工作会议,会议对全市5年来的地方志工作进行总结,并对全市地方志工作提出新的要求。召开《福州市志

表18　2014年全市地方志工作机构出版年鉴情况统计

书　名	创刊时间	卷号	主办单位	承办单位	出版单位	出版时间	字数(万字)
福州年鉴	1988	2014	福州市人民政府	福州市方志委	方志出版社	2014.9	124
永泰年鉴	2000	2014	永泰县人民政府	永泰县方志委	福建省地图出版社	2014.11	50
长乐年鉴	2014	2014	长乐市人民政府	长乐市方志委	福建省地图出版社	2014.9	76.8

(1995—2005)》总评会,编纂出版《福州年鉴(2014)》。召开县(市)区地方志机构主任联席会议两场次,审议出台《福州市县(市)区地方志书评议及审查验收管理办法》。

【二轮市志编修】 1月14—15日,福州市召开《福州市志(1995—2005)》总评会。11月10日,市方志委提请市政府成立《福州市志》审查委员会,对《福州市志》进行市级审查验收。至年底,《福州市志》全部完成总评会后的修改,返回原承编单位进行资料确认。

【专志编修】 《船政志》完成总纂初稿,经省内外和台湾专家评审,正在进行进一步总纂和修改。5月,副市长陈晔到市方志委进行工作调研时对《船政续志》的立项工作给予支持,市方志委已开展《船政续志》编纂的前期准备工作。

【旧志整理与出版】 6月,罗源县方志委整理出版清康熙版《罗源县志》,该书为罗源县历史上最重要的方志之一,编纂者为时任罗源知县王楠。

【县(市)区志业务指导和审查验收】 市方志委完成《长乐市志》的审查验收,接收《永泰县志》《福清市志》《闽侯县志》《闽清县志》进入审查验收,对《马尾区志》《仓山区志》《晋安区志》进行篇目审定。

【《福州年鉴(2014)》编纂】 10月,完成《福州年鉴(2014)》出版,全书124万字,设42个栏目、253个分目、1418个条目,配有57张彩页照片、99张内文照片、105幅图表。2014卷对篇目调整创新,“三坊七巷”栏目更名为“三坊七巷等历史文化街区”,“民营经济”栏目的“发展的政策环境”分目更名为“民营经济服务平台”;“服务业”栏目的“商贸经济”分目拆分为“综述”“传统服务业”“现代服务业”3个分目。12月29日,《福州年鉴(2015)》组稿会议暨2014卷优秀文稿表彰会议召开,表彰《福州年鉴(2014)》的10篇优秀文稿的12名撰稿人。

【推动县(市)区综合年鉴全面开编】 2013年年底,全市在已编纂出版《永泰年鉴》的基础上,新增长乐市启动年鉴开编工作,并于2014年出版《长乐年鉴(2014)》;台江区于2014年年初启动《台江年鉴(2014)》的编纂工作。9月,市方志委在市政府办公厅下发相关文件的基础上,委领导分别带队走访各县(市)区方志委(办),与各县(市)区政府分管领导和方志委(办)工作人员进行座谈,从年鉴开编机制、经费、人员以及召开组稿会、制订年鉴篇目等方面进行业务指导,协调解决困难和问题;举办年鉴业务培训班1期,对各县(市)区年鉴撰稿人进行业务培训;建立进度周报制度,跟踪了解各县(市)区年鉴进度情况。

根据副市长陈晔在福州市第四次地方志工作会议上提出年内县(市)区全面开编综合年鉴是必须完成的任务的要求,年底全市各县(市)区综合年鉴全部开编。

【举办年鉴编辑人员培训班】 11月26日,市方志委在福清市举办2014年福州市地方志系统年鉴编辑业务培训班(第二期)。全市11个县(市)区以及平潭综合实验区地方志机构负责人、编辑约50人参加培训。培训班开设4个专题讲座,从全书框架、装帧设计及具体栏目编写等方面进行培训,并组织讨论交流。

【地情网站建设】 福州地情网站设30个一级栏目和85个二级栏目,全年发布各类信息556条。地情资料全文数据库新增《福州年鉴(2013)》1部123.2万字,网站8个专题全文数据库有83部志书和21期期刊共计6400.5万字。至年底,福州市有永泰、长乐、鼓楼、闽侯4个县(市)区开通地情网站,占全市县(市)区总数的1/3。

【信息咨询与服务】 支持福州市闽都文化研究会建立文史资料馆,帮助征集与闽都文化相关的文献资料,以志书(资料)交换、无偿捐赠形式提供各时期编纂的综合志书、年鉴共24套给闽都文化研究会。配合闽江学院附中师生查阅地名资料,完成其对状元境、蒙古营等公交站地名源流的查找。配合市纪委完成对雷州市纪委来函查询陈瑸事迹,为雷州市清官文化展示提供资料。

【全市第四次地方志工作会议】 11月28日,福州市召开第四次地方志工作会议。省方志委主任冯志农强调要贯彻落实全国和全省会议精神,推进依法修志,全面落实“一纳入、八到位”。要提速提质,按期完成修志编鉴任务。副市长陈晔强调要充分认清形势,把握历史机遇,增强做好地方志工作的责任感和使命感。要强化精品意识,构建文化品牌,做好福州志鉴编修工作。

1月14—15日,福州市召开《福州市志(1995—2005)》总评会 (黄铭 摄)

11 月 28 日,福州市召开第四次地方志工作会议　(黄铭　摄)

【考察交流】　2 月 10—13 日,市方志委主任张硕参加福建省方志委与北京市方志委在北京市召开的方志馆建设研讨会。7 月 1—3 日,市方志委副主任王小珍参加在哈尔滨举办的第二十四次全国城市年鉴研讨会。8 月 19—22 日,《福州年鉴》编辑部工作人员参加第十四期全国年鉴编纂高级研讨班。12 月 7—16 日,市方志委主任张硕随同省方志委主任冯志农赴美国、加拿大访问,收集存于美、加两国图书馆的福建省古籍志书,并为《福州华侨华人志》征集资料。

(张　灵)

驻北京联络处

【概况】　2014 年,福州市政府驻北京联络处发挥首都的政策优势、资金优势、人才优势,提升项目招商、公务接待、信访维稳等工作水平。年内促成 7 个项目在福州落地、7 个项目签约、3 个意向合作项目。

【项目招商】　促成中交集团在榕设立中交福建区域总部项目、中交隧道掘进机制造和高端装备生产制造研发基地项目、福州地铁 2 号线等 7 个项目;配合与国家发改委的沟通对接工作,开展福州新区在京研讨会的会务、后勤保障与联络沟通工作;配合组织福州企业家与清华大学科技研发部进行交流对接,促成福州与中节能集团医疗废物应急处置项目、高新区低碳产业园项目等 7 个项目合作;促成与保利集团签署福州新区小城镇建设、旧城改造和文化产业等 3 个意向合作项目,总投资约 380 亿元。组织带领北京福州商会到榕参加海交会,安排北京企业家和在京榕籍企业家参观福州高新科技园区、参加企业家大会、参观"海上丝绸之路"展览等活动。

【公务接待】　制订优化公务接待、公务用车等相关管理制度,重点保障市委、市政府领导在京重大公务活动的后勤工作,协助市相关部门完成相关国家部委拜访工作,并协助在京举办"福州新区规划研讨会""马上就办"研讨会和闽剧《兰花赋》晋京展演等大型活动。

【信访维稳】　依法处置非正常上访 810 人次,比上年减少 497 人次,降幅达 38.03%。7 月起,组织选派信访重点区县和公安部门的 8 名后备干部到京挂职锻炼。十八届四中全会和亚太经合组织(APEC)领导人会议期间非正常上访实现"两降三零":人次降低、省内位次降低,非正常上访人员的"每日清零""零重复访""集中劝返场所零滞留"。

【信息联络工作】　通过参加北京各省市驻京联络处信息协会活动,并与各地驻京机构建立常态化联系,向市委市政府报送信息 200 余条,内容涉及经济、民生、热点政策以及其他经验做法等。前往在京地方行业商会调研,召开机关和直属单位座谈会,书面向市直相关单位征询,征求意见建议 10 条。

(陈国栋)

驻上海办事处

【概况】　2014 年,福州市政府驻上海办事处加强与上海相关部门的联系,寻找招商引资、经济合作商机。为到沪学习交流考察和出访中转的福州团组开展前期沟通联络、知名客商邀请、酒店安排和接送工作。

【招商引资】　通过搜集大型跨国企业的动态投资信息,联络跨国集团驻中国总部,上门拜访并介绍福州市产业概况、发展机会及投资软硬环境。上海红坊文化发展有限公司在福州投资成立的福州海峡创意产业园,于 5 月正式开园,园区一期项目基本建成,二期项目建设计划开工。

【服务榕籍在沪企业】　上海有福州籍企业约 3500 家,从业人员 8 万多人。办事处通过上海市福州商会走访了解企业的现状、发展需求,主动与企业进行互动沟通,帮助会员企业与上海市综合经济部门沟通协调,并引导会员企业参与福州公益事业。

(吴金捷)

驻深圳(广州)办事处

【概况】　2014 年,福州市驻深圳(广州)办事处组织广东知名企业考察团赴榕实地考察 15 批,促成招商引资项目签订投资框架协议两个,促成肇庆市福州商会成立。加强信息搜集工作力度,每 1～2 天通过网络报送一次信息到福州市政府办公厅信息处和广州市协作办综合调研处,纸质版的《广深信息快报》每月 3 期,每期 220 份,发给市领导、市直有关部门领导、各县(市)区领导。

【招商工作】　走访有意向赴福州投资的大中型企业,走访广东省高科技产业商会、深圳台商协会等商会组织，推介福州投资环境，并通过商会平台寻找有意对外投资的企业。开拓中介招商、网络招商等新型招商模式，赴深圳、广州、中山、东莞、佛山、珠海等地开展小分队招商，走访大中型企业52家。组织15批广东知名企业考察团赴榕实地考察。在“5·18”海交会上，两个招商引资项目与市政府签订投资框架协议，其中深圳宝能集团拟投资150亿元，金地集团拟投资200亿元。

【联络工作】 加强对福州企业、在粤榕籍乡亲的服务工作，帮助在粤榕籍乡亲解决实际困难。加强与各国驻广州总领事馆的联系，走访拜会美国、英国、法国、俄罗斯、瑞典、挪威、韩国等国驻广州总领事馆总领事，介绍福州的基本情况和经济发展情况，寄送“5·18”海峡两岸经贸交易会、“6·18”中国·海峡项目成果交易会、“9·8”中国国际投资贸易洽谈会活动邀请函，邀请赴榕参观考察。年内驻深圳（广州）办事处被深圳市政府评为“2014年度全国各地驻深办事处先进单位”，被广州市政府评为“2014年全国各地驻穗机构先进单位”。

12月15日，市长杨益民参加在广州举办的第十届泛珠三角区域省会城市市长论坛 〔驻深圳（广州）办事处 供〕

【商会工作】 利用商会平台推动“回归工程”项目，组织在粤榕籍乡亲回榕参加“5·18”海峡两岸经贸交易会、“6·18”中国·海峡项目成果交易会、“9·8”中国国际投资贸易洽谈会等活动。推动商会参与福州公益事业，深圳市福州商会全年捐款约500万元。推动新商会的筹建工作，肇庆市福州商会于9月13日成立，推动深圳市黄金玉石珠宝商会筹建工作，筹备开展港澳地区商会组织协调工作。

（谢 鑫）

（编辑 黄 铭）

综　述

2014年，政协福州市委员会召开全体委员会议1次，常务委员会议6次。组织开展2次常委会议的议政协商，6次专委会的专题协商，12场政协界别的对口协商；完成“强化福州新区产业支撑”“加快福州大都市区建设带动福莆宁平同城化发展”“推进行政审批制度改革决策落实”等9个重点调研课题；组织2次全体委员视察，4场政协常委专题视察，40场专项视察；组织开展30余场界别活动，560人次参加；提出提案606件，提案办理答复523件，提案所提问题已经解决或基本解决的228件，占43.6%。征编出版《14个沿海城市开放纪实·福州卷》《烟台山史话》《福州茉莉花茶》。年内组织评选表彰2012—2014年度“优秀提案”“提案办理先进单位”和“先进工作者”，80件提案入选“优秀提案”。

重要会议

【政协福州市第十二届委员会第三次会议】　1月4—7日在福州召开。会议审议并同意方清海、雷成才分别代表政协福州市第十二届委员会常务委员会所作的常务委员会工作报告和提案工作情况的报告。会议期间，委员列席市十四届人大第三次会议，听取并赞同市长杨益民代表市政府所作的《政府工作报告》，赞同市计划和预算报告；听取并赞同市中院、市检察院工作报告；同意邓达木辞去政协福州市第十二届委员会秘书长职务，选举吴建成为秘书长；审议通过市政协十二届三次会议决议。

【市政协十二届常委会】　第十次会议　1月4日，在市政协十二届三次全体会议期间召开。会议协商通过市政协十二届委员会秘书长候选人名单（草案）、《中国人民政治协商会议第十二届福州市委员会第三次会议选举办法（草案）》、《中国人民政治协商会议第十二届福州市委员会第三次会议大会选举总监票人、监票人名单（草案）》，同意提交大会酝酿并选举。

第十一次会议　1月6日，在市政协十二届三次全体会议期间召开。会议听取大会秘书长关于市政协十二届三次会议决议（草案）讨论情况汇报，审议市政协十二届三次会议决议（草案），同意提交大会审议通过。

第十二次会议　3月25日召开。会议传达学习贯彻全国政协十二届二次会议精神；通报市政协2014年主要工作安排；听取全市重点项目建设情况汇报；审议通过政协福州市第十二届委员会部分专门委员会副主任任职名单，邱幸青任市政协经济建设委员会副主任，翁桂香任市政协教科文卫体委员会副主任，

1月4—7日，政协第十二届福州市委员会第三次会议在福州海峡国际会展中心召开
（福州市政协　供）

游晓东任市政协港澳台侨和外事委员会副主任，俞昌林任市政协社会和法制委员会副主任；会议安排视察马尾新城建设情况。

第十三次会议　6月30日召开。会议围绕“强化福州新区产业支撑的对策建议”开展协商议政；组织常委视察福州市城市规划展示馆、闽江北岸中央商务区及三迪·联邦大厦项目、宝龙万象广场平战结合人防工程、福州软件园动漫二期建设项目。会议审议通过政协福州市第十二届委员会部分专门委员会副主任任免名单、政协福州市第十二届委员会不再担任常务委员名单，石建辉任市政协经济建设委员会副主任；因年龄原因，免去胡慧玲的市政协社会和法制委员会副主任职务，王玉琴不再担任政协福州市第十二届委员会常务委员。

第十四次会议　9月26日召开。会议学习传达市委十届八次全体（扩大）会议精神；围绕“加快福州大都市区建设，带动福莆宁平同城化发展”开展专题协商；会议审议通过政协福州市第十二届委员会部分专门委员会副主任任免名单、政协福州市第十二届委员会不再担任常务委员名单；因年龄原因，免去刘德洪的市政协文史资料和学习宣传委员会副主任（正处长级）职务，刘少华、贤青不再担任政协福州市第十二届委员会常务委员。

第十五次会议　12月30日召开。会议学习传达中共福州市委十届九次全体（扩大）会议精神；协商《政府工作报告》（征求意见稿）；听取市政府关于市政府系统办理市政协十二届三次会议以来提案情况的通报；审议政协福州市第十二届委员会常务委员会工作报告（讨论稿）；审议政协福州市第十二届委员会常务委员会关于十二届三次会议以来提案工作情况的报告（讨论稿）；审议各专门委员会工作报告（书面）；通过政协福州市第十二届委员会不再担任常务委员名单（草案），同意庄严、江国强、李肖琴、邱连生、郑云坚、翁桂香、郭海阳、高孔霖等8人不再担任政协福州市第十二届委员会常务委员，并报市政协十二届四次会议备案；会议通过政协福州市第十二届委员会委员调整名单（草案），增补林巍、崔兆英、潘丽珠等3人为政协福州市第十二届委员会委员；郑云坚不再担任政协福州市第十二届委员会委员；会议协商政协福州市第十二届委员会常务委员候选人名单（草案），王国华、林巍、郑建平、徐杰、崔兆英、潘丽珠等6人作为政协福州市第十二届委员会常务委员候选人，并将候选人名单（草案）提交市政协十二届四次会议酝酿、选举；审议通过关于召开政协福州市第十二届委员会第四次会议的决定及相关文件；审议通过关于授权主席会议审议市政协十二届常委会第十五次会议未尽事宜的决定。

政治协商

【全委会议协商】　在市政协十二届三次全体会议的大会发言和小组讨论上，围绕在更高起点上加快建设闽江口金三角经济圈主题，提出福州新区开放开发、全面深化改革、新型城镇化、城市管理、社会事业等16个方面74条意见建议。市政府将委员建议和大会发言分解给市发改委、经委、城乡建委等52个部门，督促研究办理、落实反馈。

【常委会议协商】　围绕加快福州新区开放开发的决策部署，选择“强化福州新区产业支撑”议题开展常委会议协商。围绕加快福州大都市区建设的战略部署，选择“加快福州大都市区建设带动福莆宁平同城化发展”议题开展重点调研，提交常委议政协商。委员提出的壮大福州经济总量、科学搭建城市骨架、调整行政区划等建议，纳入福州新区建设行动计划。

【专题协商】　选择城市交通、科技创新、技能人才、社会组织、民族乡村、内河截污等6个方面议题，组织相关界别委员与市政府开展专题协商。在“规范出租车营运管理”专题协商中，提出强化行业监管、鼓励资源整合、改善运营环境等建议，得到市政府和出租车运管部门吸纳；在“加强企业技能型人才培养”专题协商中，提出加快职教改革、创新服务机制、强化人才培养等建议，被吸纳到市政府专题会议纪要；在“加快少数民族乡村建设”专题协商中，提出加大政策落实力度、强化长效帮扶机制、落实民族村少数民族小学生助学金等建议，促成连江县实验小学民族班的设立；提出提升内河整治效果实现水清河畅的建议，促使加大全市内河截污投入。加强科技企业孵化创新平台体系建设、发展服务性社区社会组织等专题协商的建议，得到市政府和相关职能部门的重视或采纳。

【对口协商】　依托各专委会，组织界别委员就内河整治、老旧小区长效治理、屋顶绿化、优化税收环境、工商登记、村医队伍建设等具体问题，与市城建、房管、国税、工商、卫生等部门开展12场对口协商。通过协商，推动省、市国税部门延续相关农产品加工企业增值税优惠政策，市卫生局为全市在岗乡村医生增发补助，福州海关开通2条驻机场的行李检查通道，闽江北区山洪防治工程建设进入实质操作。组织部分政协委员参与《福州市城市内河管理办法》《福州市行政服务条例》《福州市志愿服务条例》《福州市法律援助条例》等地方性法规的立法前协商。

民主监督

【民主监督员工作】　组织担任民主监督员的政协委员400人次，到30余个部门开展监督活动130余场，提出各类意见建议100余条，其中改进仓山万达等路口交通标线设置、使用玄武岩沥青进行道路“白改黑”建设、改进建筑企业技术人员报备制度、简化企业资质申报程序等建议得到采纳。

【委员视察工作】　组织委员500多人次参加55场视察活动。围绕福州新区建设和经济社会发展，组织委员视察“智慧城市”综合管理服务平台、闽江北岸商务区、福州软件园动漫项目等，开展“政协委员督查文明城市创建工作”和“政协委员把脉福州金融”系列视察活动，为文明城市建设和金融服务小微企业发展建言献策。围绕民生关注热点，视察中小餐馆卫生监管、污水管网接驳、生态农业建设等。在视察中提出的100多条意见建议,通过信息专报、提案等形式,报送市委、市政府决策参考。

【参与推动重点工作】 按照中共福州市委部署,市政协9名副主席分别担任122个项目的市责任领导,同时建立召开“市政协领导挂钩联系市重大项目推进会”制度;2名副主席分别参与全国首届青运会福州执委会和三江口建设指挥部的相关工作。市政协参与市深化重点领域改革要点的拟定,参加市全面深化改革领导小组和专项小组的相关具体工作。组织开展“推进行政审批制度改革决策落实”“健全完善协商民主工作机制研究”的调研,就行政审批制度改革和协商民主机制建设中的难点问题、对策建议,向市委作专题汇报,纳入市委决策参考。配合文明城市建设,市政协组织省、市、区政协委员开展6场次“政协委员督查文明城市创建工作”活动。配合开展招商引资工作,促成港澳台委员、海外特邀委员组团参加“5·18”海交会和“6·18”海峡两岸项目成果交易会。

委员与提案工作

【委员工作】 加强委员业务培训,举办委员暑期读书班,举办“福州新区空间发展规划纲要”“南海问题与国家未来海上安全”等委员专题学习讲座。设立市政协委员县(市)区联络组,方便县(市)区政协与本辖区内市政协委员的沟通联络;完善委员服务与管理平台,建立委员履职档案。市政协领导先后走访100余名市政协委员,召开多场委员座谈会,帮助委员企业协调解决融资、审批、债务纠纷、搬迁等问题。

【提案工作】 提出提案606件,其中市政协十二届三次会议期间提出提案567件,闭会期间提出提案39件。经审查,立案523件,其中委员提案393件,政协参加单位和专门委员会提交集体提案130件。立案提案分解成1569件次,交由94个承办单位办理;不予立案的83件,作为委员来信或社情民意转送相关部门研究参考。立案提案均在规定时限内办理并答复提案者,办复率100%。提案所提问题已经解决或基本解决的228件,占43.6%;正在解决或列入规划逐步解决的274件,占52.4%;因条件所限,暂时难以解决的21件,占4%。委员对提案办理结果表示满意的占54.5%,表示基本满意的占45.1%,委员对承办单位初次答复不满意的8件提案,经再次办理,其中6件委员表示满意。523件提案提出的1726条意见建议,其中1467条被党政部门采纳,吸收转化为市委、市政府及其相关部门的决策部署、发展规划、政策举措和工作计划,采纳率85%。

4月9日,召开市政协领导挂钩联系2014年市级重点项目推进会
(福州市政协 供)

精选摘抄有代表性的50件提案,呈请市委领导阅批,得到承办部门重视。加大提案办理协商力度,与市政府联合召开提案办理推进会,联合督办10组32件重点提案。扩大提案办理协商参与面,跟踪提案办理进度,试行提案办理结果网上评价机制。年内组织评选表彰2012—2014年度“优秀提案”“提案办理先进单位”和“先进工作者”,80件提案入选“优秀提案”。

文史信息工作

【文史资料工作】 完成《14个沿海城市开放纪实·福州卷》的征编工作,全书40余万字,图片200余幅,由中国文史出版社出版。征编出版文史文化丛书《烟台山史话》,全书20余万字,图片200余幅。征编出版《茉莉韵》,全书36万余字,图片200余幅。征编出版“三亲”文史资料选集(内刊)《福州文史资料》第32辑,30余万字;编辑出版《福州文史》季刊4期;编辑印发委员《学习资料》6期约40万余字。举办委员学习专题讲座5场;在福州电视台策划编播24期“政协之声”专题片;在《福州日报》刊登“政协之窗”专题报道12篇,2个专题系列报道专版。

【信息工作】 编发《福州政协信息》普刊10期,增刊1期,《福州市政协社情民意专报件》63期。反映的社情民意信息,被全国政协办公厅采用4条;被省政协采用并转报省委、省政府的有315条,其中“开展‘华籍证’试点,保护涉侨儿童在华权益”“设立审理劳动纠纷绿色通道”等信息得到省领导批示23人次;市本级编报的63条社情民意信息,得到市领导批示77人次。关于规范道路停车泊位收费、解决星语学校建设用地等20余条建议,被相关部门采纳。

交流联谊工作

【党派团体工作】 加强与各民主党

派、工商联、人民团体的联系，各民主党派、工商联和人民团体提交集体提案124件，反映的社情民意信息被采用280余篇，提交调研报告40余篇，参加常委会议协商、专题协商和对口协商100余人次。

【界别工作】 完善界别召集人会议制度，各界别以调研视察为主要途径，组织开展界别活动88场，参与委员960余人次，反映界别意愿与诉求。医卫界别推动两家社区卫生服务中心纳入市一医院医联体。

【台港澳侨工作】 组织开展台港澳侨系列联谊活动，参与协助举办第五届海峡两岸船政文化研讨会、第四届榕台小学生书画交流展、2014年榕台青年夏令营、美国华裔青少年“寻根之旅”夏令营，以及赴港澳拜会福州社团、乡亲等活动。港区政协委员参与“反暴力、反占中、保普选、保和平”行动，支持香港特区政府依法施政。

3月25日，市政协十二届常委会第十二次会议会前视察马尾新城建设情况
（福州市政协　供）

【民族宗教工作】 通过召开“加快少数民族乡村建设”专题协商会、专题调研等方式，加强与宗教团体、民族宗教代表人士的沟通与联系，反映少数民族同胞和信教群众诉求。组织民族界委员对《中共福州市委、福州市人民政府关于进一步加快少数民族乡村发展的意见》文件贯彻落实情况开展调研视察，形成落实文件的建议，促成连江县落实在实验小学开办1个民族班。联合市基督教“两会”到民族乡村开展义诊，协助落实宗教房产政策遗留问题。

（李　伟）

（编辑　黄　铭）

民革福州市委会

【概况】 2014年，民革福州市委会下辖5个工委，3个总支，46个支部，党员993名。其中：大学以上学历470人，占47.3%；中高级职称605人，占60.9%。新发展党员10人，其中中级职称4人，高级职称2人。担任市级以上人大代表、政协委员16人次。

【参政议政】 在全国政协会议上，《让官员"政治秀"更靠谱》被选为小组发言材料。在福建省政协十一届二次大会上，《加强闽台海洋经济合作的建议》被列为团体提案，《关于构建福州平潭联合对台自由贸易区，打造福州国际大都市的建议》被作为委员个人提案。在福州市"两会"上，提交提案、建议32件，其中建议8件，提案24篇。《关于依托地铁辐射，营造繁华商圈促进消费的建议》被选为政协大会发言；《加强两岸电子商务合作，推进福州新区开放开发》被选为重点督办提案。

完成调研文章9篇。其中《借鉴台湾经验 加快福建乡村旅游发展》获福建省海西建言献策论坛一等奖，《打造海上丝绸之路枢纽城市，助推福州新区开放开发》《进一步加快榕台医保领域合作，构建两岸交流合作前沿平台》被《福州调研》刊用。

报送社情民意信息102条。其中《福建省统一战线各界人士坚决拥护党中央对周永康立案审查决定》等7篇信息被中央统战部采用，《关于尽快推动5G通信关键技术研究与产业发展建议》等5篇信息被民革中央采用，《关于〈不动产登记条例〉的若干建议》等5篇信息被中共福建省委办公厅采用，《关于创新农村征地补偿模式的建议》等3篇信息得到市领导批示。

【思想理论建设】 选送12名党员参加省社会主义学院、市委党校的培训，举办暑期骨干党员、新党员培训班。举办暑期读书班，邀请专家做祖统工作和参政议政等专题讲座。加强参政党理论研究，撰写理论文章11篇，其中《社会主义核心价值观视域下的和谐政党关系》《坚持协商民主，发展人民政协事业，促进中国特色社会主义民主发展》和《进一步提升高校民主党派参政议政能力的思考》被民革省委采用，并入选福州市政协理论汇编。开展"坚持和发展中国特色社会主义学习实践活动征文"，征集20多篇稿件。推动陈绍宽故居的保护利用，开展民革前辈史料的抢救性收集，编撰出版《福州民革60周年》画册。

【组织建设】 增补8人为促进祖国和平统一委员会委员，增补10人为经济工作委员会委员。做好鼓楼区工委、晋安区工委的调整，成立福州职业技术学院支部。

推荐民革党员1人任正处级职务、2人拟任副处级职务、4人任正科级职务、1人任副科级职务。

8月，民革中央副主席郑建邦和福州民革机关干部合影 （詹杰 摄）

【服务榕台交流】 接待台湾国民党云林县竞选总部知名人士并座谈;与“台湾张北两岸法律事务所”加强联系;走访台资企业,与台籍职工座谈交流,了解和反映他们的需求;协助邀请原台湾海军人士到榕参加“纪念沈葆桢保台建台140周年”“海峡论坛第五届海峡两岸船政文化研讨会”及“甲午海战140周年纪念”等活动。就如何推动闽台两地居民医疗保险制度的对接等问题,组织党内专家学者先后赴市医保中心、海西高新技术开发区等单位开展调研,并形成调研报告。

【社会服务】 与太平洋社区和琴湖社区续签3年文明共建协议书,组织部分民革书法家、医务工作者为社区群众提供义诊服务100多人次,书写春联200余副。组织部分医卫界、法律界民革党员赴闽侯竹岐乡叶洋村、里洋村开展“三下乡”活动,为村民提供免费义诊、法律咨询服务,接诊人数达200余人,并赠送常用药品。开展“博爱·牵手”活动,关爱未成年人。参与捐出机关一天办公经费,工作人员捐出一天工资的“慈善一日捐”活动。开展为社会弱势群体开展法律咨询、调解、代理,法律社区矫正等法律援助活动。

(王晓莉)

民盟福州市委会

【概况】 2014年,民盟福州市委会下辖福清、长乐2个县级市委会,5个区级工委,2个总支,71个基层支部。盟员1785人,平均年龄55岁。中高级职称占70.2%,教育、科技、文化界占74.8%。新发展盟员74人,平均年龄37.4岁,其中中高级职称以上占41.9%;教育、科技、文化界占43.0%。担任各级人大代表23人,政协委员96人,各级特约监督员21人。

获评民盟中央“民盟社会服务工作先进集体”称号,福建民盟社情民意信息工作组织一等奖、中共福州市委统战系统信息工作三等奖。下属法律支部、市直机关二支部获评民盟中央先进基层组织;下属科技一支部、华侨中学支部、盟市委机关支部、福清二中支部获评民盟福建省先进基层组织。1名盟员被评为民盟中央“民盟社会服务工作先进个人”称号,5名盟员分别获评民盟福建省委、福州市政协、中共福州市委统战系统信息工作先进个人。

7月3日,民盟福州市委2014年参政议政工作推进会召开,市政协副主席、民盟市委主委林治良参加 (民盟福州市委会 供)

【参政议政】 市“两会”期间,提交集体提案14件,个人提案19件,人大代表建议案41件。在市政协十二届三次会议上,盟市委的大会发言《加快发展高端服务业》获评政协重点提案。盟员委员提案《加快科技企业孵化器发展,完善我省区域创新体系建设》获评福建省政协2013—2014年优秀提案。《关于保障未成年犯九年制义务教育权益的建议》等3件集体提案及《关于把福州新区打造成两岸文化交流合作特区的建议》等3件盟员委员提案获评市政协2012—2014年优秀提案。

完成中共福州市委重点调研课题3个,盟省委调研课题3个,其中《关于推进福州市义务教育均衡发展的建议与对策》获评2013年市重点课题优秀调研成果三等奖。

向盟省委、市政协、市委统战部报送信息352条,简讯5条。被各级单位采用89条,其中《党外人士对最高人民法院、检察院工作报告的反映》被中央统战部采用,《关于解决好农民住房问题的建议》《对推行行政“联动式”并联审批制度的建议》被中央统战部《零讯》采用。《加快司法外部监督制度改革》被中共福建省委常委、政法委书记苏增添批示,《关于进一步提升我市数字城管水平的建议》《关于推进福建省未管所未成年犯义务教育工作常态化的几点建议》获市长杨益民批示。

【思想理论建设】 选送骨干盟员8人次参加中央统战部、中央社会主义学院、民盟福建省委会举办的培训班。100多名盟员参加盟市委会举办的暑期骨干培训班、新盟员学习班。参加市政协、市委统战部等单位举办的培训讲座近200人(次)。提交市委统战理论研究论文3篇,市政协理论研究论文5篇,民盟福建省委会理论研究论文3篇。

【组织建设】 成立民盟仓山区烟台山支部和民盟经济二支部。下基层支部开展创“达标支部”活动200余次。走访38个对口联系单位和市属基层支部所在单位党组织。

【社会服务】 为解决福建省未成年犯管教所九年制义务教育办学问题,推动成立福州市育萌学校,并向学校赠送价值2000多元的图书400多册,派1名盟员为未成年犯作国学讲座;盟闽剧院支部为未管所定期开展艺术指导。赴福清三山中学开展“农村教育烛光行动——福清助学行”活动。联合民盟仓山区工委到梁厝小学等6所边远学校走访慰问,向18位教师发放慰问金1万元。在尤溪县西滨镇双洋村举办美丽乡村义诊活动,接诊患者近200人,发放健康教育宣传资料1000多份。赴鼓楼区开智学校开展献爱心、关爱智障儿童活动,赠送价值3000多元的文体用品。春节前到新夏社区走访贫困市民家庭,送去慰问金5000元。

(王 翀)

农工党福州市委会

【概况】 2014年,农工党福州市委会下辖1个县(市)委会,5个区工委,6个总支,62个基层支部。党员1569人,新发展党员54人,平均年龄57岁,中高级职称占83.5%,医卫界占57.5%,教育界占23.9%。担任各级人大代表24人,政协委员80人,14人在政府部门担任副科级以上职务,27人担任各级特约监督员。

获评农工党福建省委2013年度社情民意信息标兵单位、福州市政协系统2013年度社情民意先进单位。8人评为2013年度农工党福建省社情民意信息工作先进个人,1人被评为2013年度福州市统战信息工作先进个人,3人被农工党福建省委会评为2013年度党务工作先进个人。

【参政议政】 向福州市政协提交集体提案13件,并在大会作《以福州新区发展为契机、建设琅岐生态休闲慢岛》的发言。《关于加快扶持民营养老院建设的建议》《加快推进我市村卫生所建设,满足农村居民就医需要的建议》提案被列为重点提案;《大力发展我市低碳经济,加快省会中心城市生态文明建设的建议》中的有关建议被列为县(市)区领导班子绩效考核的重要内容。《关于尽快制定医疗纠纷处理意见(草案)》被福建省人大立案。

完成调研文章17篇。其中,2篇为中共福州市委重点课题,2篇为农工党福建省委重点课题。《关于进一步推动健康服务产业,促进福州市经济转方式发展的调研》等2篇调研文章被《福州调研》刊载。《关于提升闽江口金三角经济圈生态文明水平的若干建议》获农工党全省优秀调研论文一等奖,《关于发展省会城市低碳经济,加强生态城市建设的调研和思考》获二等奖,重点课题调研论文1篇获中共福州市委办公厅优秀调研论文二等奖。

报送社情民意信息195条。其中,中央部门采用14条,省级部门采用125条,市级部门采用98条。被国家、省市领导人批示19人次。《党外人士呼吁聋哑教材近二十年未更新》获中共中央政治局委员、国务院副总理刘延东批示,《加快我市健康服务业发展的建议》获中共福州市委书记杨岳批示,《我市新农合可持续发展的几点建议》获福州市市长杨益民批示,《中小学周边小饭桌安全隐患期盼合力化解》获福州市政协2013年度好信息一等奖。

市农工党主委郑新清(右)与斯里兰卡加勒市市长(左)交换建立友好城市意向书 (王珠琴 摄)

【思想理论建设】 结合《农工党员知识读本》学习和“中国农工民主党与福建事变”资料片观后感,在《福州农工》刊登17篇学习心得。以农工党中央机关旧址、福建事变纪念馆、党史长廊等为学习教育基地,组织150多名党员开展以“牢记农工党的历史,继承优良传统”为主题的参观学习活动。通过宣传“光明使者”赵广健、“最美医生”叶寒辉等党员的先进事迹和东南眼科支部等基层组织的先进事迹,开展树立先进典型,学习先进事迹活动。选送党员12人次参加福建省社院、福州市委党校、农工党福建省委和市政协组织的培训班。举办新党员培训班和骨干党员读书班,培训党员200人次。

向福州市政协报送理论文章5篇,其中《健全社会主义协商民主制度进程中民主党派参政议政机制探究》《浅析如何更好地发挥精英群体的参政议政优势》《关于进一步发挥民主党派、无党派人士民主监督作用的探讨》入选市政协第九次理论研讨会论文选编。

【组织建设】 增补3名市委会委员,其中1名专职副主委。完成闽侯县综合支部等4个支部的换届选举工作。年内,有10名党员被任用,其中,处级干部2人,科级干部7人,新任医院副院长1人,担任乡(镇)长1人,1人被选派到杭州市拱墅区挂职任副区长。

【对外及对台交流】 由福州市政协副主席、市委会主委郑新清带领福州团赴斯里兰卡、印度尼西亚等地参加首届“中国福建周”活动,开展经贸和文化交流。副主委朱琪带领13名省中医药研究促进会专家赴台湾参加“第八十四届国医节暨第六届台北国际中医药学术论坛”，开展学术交流活动。

加强对外宣传报道，提供人物风采、信息动态，被农工中央刊物采用2篇，农工党福建省委会刊物刊登13篇，市政协等采用53条。

【社会服务】 春节期间，到宁化、莒蒲等7个社区慰问困难群众，发放慰问品、慰问金4.31万元。开展以环境保护和健康宣传为主题的“第七届环境与健康宣传周”活动和“第二十六届科学与和平周”活动。组织31场次进社区、学校开展义诊，捐资捐药1.87万元，捐书150多册，体育器材110套，发放宣传资料2600多份，服务群众5900人次。联合市政协经建委、农工党市一医院总支前往闽清县白樟镇为上百名群众义诊咨询，为5户当地困难群众送上2500元的慰问金。下属市一总支与市统计局联合开展“爱心妈妈”帮扶活动，为闽清贫困女童捐款1800元。开展爱心助学活动，向福州市儿童福利院、永泰同安村小学捐赠各类图书1700册，捐赠体育器材、儿童用品价值5000余元。依托东南眼科医院开展2014年福建省规模最大的贫困白内障患者复明公益行动，为100名贫困白内障患者免费实施白内障手术；赴马祖、西藏开展“光明援助行动”，筛查各类眼病患者158人，完成白内障复明手术等17例，无偿资助20多万元医疗设备和常用药品。

（邱　爽）

民建福州市委会

【概况】 2014年，民建福州市委会下辖1个县级市委会，5个区级工委，5个专委会，30个基层支部。会员996人，平均年龄54.1岁，经济界人士占81.7%，大专以上学历占83.6%。发展会员32人，平均年龄34.1岁，其中经济界人士25人，硕士研究生以上学历6人。担任各级人大代表16人，政协委员69人，特邀、特约监督员42人。

获评民建福建省委2013—2014年度新闻宣传工作先进单位一等奖，4名会员获“新闻宣传工作先进个人”称号。被市委统战部评为2013年度全市统战信息工作二等奖、2014年度全市统战信息工作一等奖、1名会员被评为先进工作者。被市政协评为政协系统信息工作一等奖，1名会员被为评先进工作者。被评为2014年度全省民建社情民意信息工作先进单位一等奖、7名会员获2014年度全省民建社情民意信息工作先进工作者。获“全省民建社会服务工作先进单位二等奖”。

【参政议政】 向市政协大会提交13篇集体提案。其中，大会发言《关于进一步创新我市金融服务助推小微企业发展的建议》《关于借鉴美国养老社区老年人公寓建设的建议》被列为2014年重点提案。《关于规范鼓楼区沿街店铺管理的建议》《关于加强对我区住宅小区消防通道规范化管理的建议》被鼓楼区人大常委会评为2013年度人大代表好建议。《关于城区市容美化和环卫工作错峰作业的建议》被福州市人大列为重点督办件。《关于在我市主城区推广屋顶绿化的建议》等6件提案被评为福州市政协2012—2014年度优秀提案。

围绕福州市新区建设、土地利用、现代服务业发展、金融服务创新、闽江口金三角经济发展、工业技术创新等热点进行调研，形成《关于在福州新区推广清洁生产的建议》等3篇调研文章。其中，《进一步创新金融服务，缓解中小企业融资难的建议》被《福州经济》2014年第4期、《闽都通讯》2014年第7期刊载。《弘扬“马上就办”精神　进一步优化软环境　提升福州新区核心竞争能力》获评“马上就办”理论征文优秀论文，并在《福州日报》2014年10月9日刊登。

报送各类社情民意信息317篇，其中被省、市政协、市委办采用188篇，8篇获得省市领导批示。《关于尽快推动我市推行大气污染防治网格化管理的建议》《福建省钢材出口暴露的问题亟须引起重视》得到副省长张志南的批示，《琅岐居民出岛难问题亟待解决》等得到中共福州市委书记杨岳批示。33篇信息被民建省委评为2014年度全省民建社情民意好信息。

【思想理论建设】 举办暑期骨干培训班、新会员学习班，培训会员70多名。邀请研究员林永健作《当前省市经济社会发展的重点问题》专题讲座。选送骨干会员18人次参加民建中央、中共福建省委统战部、福建省社会主义学院、民建省委会、中共市委组织部、中共市委统战部、中共福州市委党校举办的培训班。开展参政党理论探讨与建设，撰写《新形势下民主党派基层组织建设的实践与思考》获民建全省基层组织征文二等奖；《新形势下民主党派基层组织建设的实践与探索》《发挥协商民主的政治优势·促进中国特色的民主政治建设》论文，分获2013年度全市统战理论研究优秀成果二等奖和三等奖。《发挥政协优势，做好新形势下群众工作》《浅谈“和合”思想在

12月26日，民建马尾工委举行“马尾民建会员之家”揭牌仪式（林宇　摄）

协商民主中的作用》入选福州市第九次政协理论研讨会论文选编。

【组织建设】 完成机关支部、闽江学院支部和鼓楼企业支部换届工作,增补2名副主委和4名委员,以充实“企业家委员会”领导力量。《创建后备干部队伍“一静二动三化四能力”的管理模式》在民建全国市级组织建设研讨会上作典型发言。民建福清市委会和马尾区工委“会员之家”挂牌成立。完成民建中央会员信息库基本信息采录。

【社会服务】 开展以“奉献爱心、回报社会”为主题的“社会服务月”活动,在助学助困、义诊、法律咨询等公益活动取得良好社会效应。民建鼓楼区工委在洪山镇为社区居民提供法律咨询、理财投资咨询与医疗服务。鼓楼工委赴永泰赤锡中心小学开展捐资助学活动,捐赠助学金1.3万元。民建仓山工委赴仓山金浦老龄公寓慰问孤寡老人,捐款捐物1万元。民建马尾工委赴福建省闽侯县上街镇溪源村善恩园孤儿院进行慰问,捐款6000元。“同心基金”募得捐款5万元。春节期间先后到永泰东洋村和台江十三桥社区,为困难户送上1.5万元慰问金和慰问品,7名会员获“全省民建社会服务先进个人”称号。

(林 燕)

致公党福州市委会

【概况】 2014年,致公党福州市委会有县(市)委会1个,工委会5个,支部34个,党员826人,平均年龄54.8岁,其中新发展党员19人,女党员363人,中上层人士占77.7%,中高级以上职称占70.3%。担任各级人大代表19人、政协委员74人,在政府机关和司法部门担任副科级以上职务19人。

获评“致公党中央先进集体”“致公党福建省委会2013年度调研和提案工作先进集体”“2013年度反映社情民意工作先进集体”“福州市政协系统信息工作先进单位”“2013年度全市统战系统反映社情民意工作先进集体”等称号,14人次获市级以上单位表彰。

9月5日上午,省政协副主席、致公党省委主委、省教育厅副厅长薛卫民,市人大常委会副主任、致公党省委副主委、致公党市委主委鄢萍为闽清致公小学“致公图书室”“致公电脑室”揭牌

(致公党福州市委会 供)

【参政议政】 向福州市政协十二届三次大会提交集体提案18件,并在大会作《发挥侨海优势,助推福州新区公用事业大发展》的发言。《关于我市内河整治的几点建议》被市政协列为重点提案,并由福州市长杨益民和时任福州政协主席方清海督办。《关于把我市三环沿线提升为延续性的绿色生态廊道的建议》被市政协列为重点提案。《整合资源,充分发挥第三方检测机构在食品监管中的作用》《关于培育和发展我省民办博物馆的建议》被致公党福建省委会选为省政协十一届二次大会集体提案,前者作为重要提案摘报,并被福建省政协列为重点提案。

完成调研文章38篇。其中,2篇为中共福州市委重点课题,1篇为致公党福建省委会重点课题。《发挥我省华侨华人优势,建设21世纪海上丝绸之路》被中共福建省委作为“海西论坛”发言材料并获评优秀论文一等奖,并在《调研内参》上发表;《福建沿海水下文化遗产保护现状、存在问题及其对策》被《福建省社会主义学院学报》刊载;《关于构建海峡两岸(福州)科技中介服务平台的调研》《大力发展邮轮经济,助力福州新区腾飞》分别获评“2013年福州市重点课题优秀调研成果”二、三等奖;《发挥致公侨海优势,服务“闽江口”金三角经济圈建设发展的建议》获评“2013年致公党中央论文竞赛优秀论文奖”。

上报社情民意信息216条,被中共中央统战部、致公党中央采用7条,省级部门采用53条,市级部门采用109条。其中《开展“华籍证”试点,保障涉侨儿童在华权益》《着力减轻生产经营企业成本负担,逐步提高实体经济防抗风险能力》获中共福建省委领导批示,《福州新区开放开发亟待强化计划性和约束力》《关于提升我市内河水质的建议》等16条信息获中共福州市委领导批示。

【思想理论建设】 选送骨干党员25人次参加中共省委、市委党校、省(市)社会主义学院、致公党中央和省委“一周课堂”培训。召开暑期读书班和参政议政培训班,培训党员80人次。参加市委统战部及市政协组织的各类学习、研讨会及“致公讲坛”“天和论坛”讲座等,培训党员100多人次。向致公党中央、致公党福建省委会、福州市政协和中共福州市委统战部提供思想理论建设文章6篇,其中《新媒体时代的协商民主研究》先后获评“2013年致公党中央理论研究优秀论文”和“2013年福州市统战理论研究优秀论文奖”。

【组织建设】 增补常委1人,委员2人,完成福清市委会换届工作。年内,1名党员被选拔到县(市、区)政府任实职,1 名被提拔为正科级领导。

【海外联谊】 接待来访的华侨华人及港澳台同胞 50 余人次,包括台湾国际洪门中华总会、香港福建社团联会访问团、香港新界各界人士访闽团等在内。致公党福州市委会领导班子成员、海外联谊委员会委员等多次出访日本、美国、菲律宾、印度尼西亚等国家和台湾地区。承办海外华裔青少年"中国寻根之旅"夏令营(福州站)活动。

【社会服务】 以海西"春风·春雨·光彩"行动为平台,参与下乡义诊、扶贫助困及"送教下乡"等活动 10 余次,服务对象近 1500 人次。为"致公小学"先后捐赠价值 7 万元的电脑 20 台,价值 2 万元的图书 400 册,成立"致公图书室""致公电脑室"。与 12 名优秀贫困学生结对子,为其每人每月提供 200 元助学金。建立鼓楼区乐天泉社区致公学校、台江苍霞社区致公学校,开设预防心血管疾病、法律知识等多个精品课程。开展义诊、上门关爱孤残老人、免费进行家电维修等"志愿行动在社区"系列活动。

(陈　锋)

台盟福州市委会

【概况】 2014 年,台盟福州市委会有鼓楼、台江、仓山、晋安 4 个基层组织,盟员 112 人,新发展盟员 13 人,平均年龄 51 岁,具有中高级职称 44 人。担任各级人大代表 4 人,政协委员 31 人。

接待台湾客人 5 批 62 人次,为台商提供各类咨询服务 8 人次,走访慰问台商 108 人次,捐助公益事业 2 万余元。获"台盟中央地市级组织参政议政先进集体""福州市文明单位"称号。

【参政议政】 台盟市委会机关及盟员在全国以及省、市"两会"上提交提案、议案、建议 42 件。完成 4 项重点调研,其中《关于吸引台湾百大企业来榕投资的调研》作为福州市委重点调研课题,刊登在《福州调研》。《关于借鉴台湾经验,推动福州都市现代农业发展的调研》被选送为 2015 年市政协大会发言。《两岸青少年交流的现状及对策建议》获评全国台联 2014 年度台湾民情研究会优秀课题成果二等奖。《对台湾少数民族群体开展工作的思考建议》参加台盟中央中青年骨干台情研究会作为发言材料。

报送社情民意信息 190 条,其中 40 条被中央、省、市有关部门采用,4 条获各级领导批示。

【思想理论建设】 学习市委贯彻落实中央统战部《关于加强新形势下党外代表人士队伍建设的意见》实施意见精神;结合"同心"思想,开展社会主义核心价值体系建设学习活动。组织中青年盟员参加台情学习,交流学习心得,撰写有关参政议政、台情研究、对台交流,反映社情民意等理论与实践相结合研究论文。组织盟市委参议政顾问及课题组成员,分赴晋安区宦溪镇、闽侯县白沙湾、南平、龙岩等地开展实地调研,走访台资企业经营者,收集实际信息,反映亟待解决的问题。

【组织建设】 1 名机关干部参加台盟中央中青年骨干台情研究班,1 名盟员参加市委党校第七期党外干部培训班,5 名青年盟员参加台盟福建省委骨干盟员培训班。发展 13 名台胞入盟,年发展数创历年新高。

【社会服务】 参与"春风行动",在结对子的福屿社区和连江县小沧乡为困难群众送上春节慰问品。在"三八"妇女节、"5·18"海交会及全国助残日期间,组织盟员和所联系台胞、盟市委学雷锋志愿者服务队成员赴市第二福利院、市精神病疗养院开展慰问帮扶活动,送上衣物,并与市第二福利院签订"携手共游、缤纷视界"项目的认领协议。

【服务榕台交流】 接待中国台湾成功大学建筑系福建古民居考察团一行 28 人,历时 10 天走访福州、宁德、三明、南平等地的古村落。邀请台南黎明中学的 31 名师生以首届榕台青年夏令营参加对象的身份重返榕城,参加第 11 届"跨越海峡·相约榕城"榕台青年夏令营。协办第五届海峡两岸船政文化研讨会,与会嘉宾和船政名杰后裔就"福州船政与中国海防建设"展开学术探讨。节日期间,与福州市台联共同慰问在榕盟员、台商、台生并邀请各类乡亲参与联谊活动。

(谈张德)

九三学社福州市委会

【概况】 2014 年,九三学社福州市委

"三八"妇女节期间,台盟市委会组织妇女工作委员会和女盟员赴福州市精神病疗养院开展慰问和帮扶工作 (郑捷　摄)

会下辖2个县级市委会,5个工委,1个基层委员会,39个支社。社员657人,其中,高级职称319人,占48.6%;中级职称260人,占39.6%。14人担任各级人大代表,67人担任各级政协委员,25人担任各级特约监督员。

获评九三学社福建省委会“2013—2014年度参政议政先进集体”二等奖,“2013年度全市统战系统信息工作先进集体”一等奖,4人被评为九三学社中央参政议政先进个人,多人获“2013年度省科学技术进步奖”三等奖、“福州市十佳医生”、福州市“三八红旗手”等荣誉称号。

【参政议政】 提交大会发言、提案、议案163件,其中全国政协15件、省政协6件。向福州市政协十二届三次会议提交党派提案15件,在大会作《创建国家生态园林城市,筑造幸福宜居福州》的发言。其中,《把鼓山登山古道作为绿道建设的建议》等2件提案和《关于进一步加强食品药品监督管理的建议》等3件提案被市政协列为2014年重点提案。在福州市十四届人大三次会议上提交议案、建议21件,其中《关于修订〈福州市大气污染防治办法〉议案》被市人大列为大会议案。

完成调研论文9篇。其中,2篇为中共福州市委重点调研课题,4篇为九三学社省委会调研课题,1篇为福州市政协理论研究会文章,2篇为市委统战部理论研究会文章。《福州城市交通拥堵问题探析》获2013年市重点课题优秀调研成果三等奖。

报送社情民意信息216条,被中央统战部采用7条,九三学社中央采用5条,省政协采用56条,省委办采用4条,市政协采用4条、市委办采用81条。《进一步完善司法救助制度的几点建议》等13条信息获得省、市领导批示。《完善审判配套机制,化解涉拆信访》等6条信息被九三学社省委会评为“好信息”。《红凤菜有肝毒性应提醒市民慎食》被市政协评为优秀社情民意信息二等奖。《创新推动中小微企业发展的建议》等3条信息被市政协评为优秀社情民意信息三等奖。

【思想理论建设】 制定社市委“关于中国特色社会主义学习实践活动”的实施方案,举办读书班,开展学习实践活动近30场。24名社员参加中共市委党校和省、市社会主义学院以及和省委举办的干部学习培训班。邀请九三学社中央学习实践活动宣讲团成员许进作专题讲座。开展“九三学社中央坚持和发展中国特色社会主义论坛”征文活动。撰写统战理论文章《新形势下加强民主党派基层组织凝聚力建设的若干思考》分别获得福建省和福州市统战理论研究优秀成果一等奖,《营造政治文明良好氛围,推进协商民主制度建设》获得市统战理论研究优秀成果三等奖。《做好社情民意信息工作,服务协商民主政治》被市政协理论收编。

【组织建设】 届中调整增补2名市委会委员、2名常委,推荐9名人选作为下届领导班子后备干部。向中共市委统战部报送后备干部及代表人士29名,其中1名社员提任副处级职务、1名转任政府部门副处级实职、1名转任乡镇街道正职。

【社会服务】 对晋安区华美、砌池社区10个贫困户进行春节扶贫慰问。与市第二福利院签订“爱心协议”并捐款。与社省委、闽侯基层委员会联合在闽侯县荆溪镇关东村举办第19个“国际爱眼日”宣传义诊活动暨学雷锋志愿者活动,开展白内障、青光眼疾病检查和眼病预防知识宣传,免费发放老花镜、眼药水和眼科知识宣传资料。与晋安区有关部门在鼓山镇沃尔玛超市广场开展以“科学生活、创新圆梦”为主题的科技活动周科普宣传、健康咨询活动。福清市工委组织福清市医院18名医生、护士前往上迳镇油塘村开展2014年春季健康咨询和爱心义诊。仓山区工委组织市二医院医生为社区医师作慢性病知识辅导,并为企业职工开展义诊。连江支社赴透堡镇参加种植“同心林”。

(吴陈勇)

4月9日,市政协副主席、九三学社福州市委会主委林绍彬带领九三学社界别市政协委员赴福清市开展设施农业课题调研　(市九三学社福州市委会　供)

民进福州市委会

【概况】 2014年,民进福州市委会下辖5个工委,3个总支,37个支部,会员751人,新发展26人,平均年龄37.7岁。其中,中高级职称638人,占85%;教育、文化界597人,占79.5%。担任各级人大代表16人,各级政协委员55人,各级特约监督员6人。

获评民进福建省委“2013年度信息工作先进单位”一等奖,10个支部获评民进福州市委会“先进基层组织”称号,1名会员获评“民进全国组织建设先进基层个人”称号,1名会员获评“2014年

5月30日，市民进副主委李松铨赴晋安岭头小学学前班捐赠3000多元图书绘本
（邱蔚蓝　摄）

民进全国新闻宣传优秀通讯员”称号，2名会员获评“福建省民进先进信息工作者”称号，53名会员获评“民进福州市委会先进会员”称号。下辖长乐总支获“民进全国组织建设先进基层组织”称号。

【参政议政】　向市政协十二届三次会议提交14件集体提案，并在大会上作《推进网格化社会服务管理，建设数字福州、智慧福州》大会发言。其中，《呼吁加快自闭症学校建设》《对福州市行道树建设的几点建议》列为2014年度市政府领导督办的政协重点提案。集体提案《呼吁加快自闭症学校建设》受到市政府的重视，在市长杨益民主持召开的2014年第5次常务会议上，议定将福州职业技术学院仓山校区地块用于建设福州星语（自闭症康复）学校，并将学校建设列为2014年教育基本建设项目。组织课题组赴厦门、宁德等地调研，完成调研报告或论文13篇。其中，《关于建立多元化的城镇化建设资金保障机制的探讨》《加快推进福州科技服务业可持续发展的对策建议》2篇调研报告列为中共福州市委重点课题并被《福州调研》刊载；8篇列为民进福建省委会调研课题；3篇作为市政协理论研究会、中共福州市委统战部理论研究会论文。《培育发挥战略性新兴产业，推动福州经济转型提升》获评2013年福州市重点课题优秀调研成果二等奖；《我省特殊教育现状的调查研究》获2014年度福建统一战线建言献策论坛优秀调研论文三等奖；《借鉴荷兰经验发展我省现代农业》等5篇调研论文入选《2014年福建民进调研论文集》。

报送信息151条。其中，中央统战部采用1条，省政协等省级单位采用12条，市委办等市级部门采用19条。“我市旅游基础设施建设存在不足待改善”“乡镇小学生托管乱象亟待整治管理”2条信息得到市政府领导批示。

【思想理论建设】　开展“坚持和发展中国特色社会主义”学习实践活动。组织支部支委、骨干成员及机关工作人员参观长汀、瑞金革命旧址和马尾昭忠祠。组织市委会领导班子成员、支部主委和骨干会员参加市政协、中共福州市委统战部组织的学习报告会，参加民进中央“坚持和发展中国特色社会主义先进会员事迹巡回宣讲”大会。先后选派17人（次）参加各级培训班、研讨班和进修班学习。编辑出版《福州民进》6期，《福州民进工作简报》12期。向有关媒体发稿42篇，其中全国级媒体采用29篇，省级媒体采用1篇，市级媒体采用5篇。

【组织建设】　制定《民进福州市委2014年组织建设工作方案》《民进福州市委会关于评选2013—2014年度先进支部、先进会员的意见》。完成福州七中支部、福州外国语学校支部换届工作，增补鼓楼工委1名副主委。先后向福建省公务员师资库、向中共福州市委推荐后备干部人才，向市青年联合会推荐优秀会员15人（次）。

【社会服务】　春节期间，到浦下社区慰问10家困难户及社区干部，并赠送慰问金及年货价值6000元。到福州市第二福利院看望慰问孤残儿童，赞助其开展“携手共游，缤纷视界”公益活动。向宁德霞浦特教学校捐赠5000元，向连江县苔菉中心小学18名贫困生赠送助学金9000元。为晋安区岭头小学学前班赠送3000多元图书绘本，向罗源白塔乡中心小学捐赠一批优秀图书。

（黄庆华）

福州市工商业联合会

【概况】　2014年，福州市有民营企业逾10万户，个体工商户近20万户；非公有制经济人士38万人，其中工商联会员2.58万名（不含省外市级异地商会会员），较2013年增加2169人，同比增长9.1%。6家会员企业入选2014年“中国民营企业500强”，6家会员企业入选“中国民营企业制造业500强”，3家会员企业入选“中国民营企业服务业100强”。

【参政议政】　向人大、政协大会提交提案、议案60多件。通过“走基层、找问题、促发展”调研活动，走访36家异地商会和行业协会，62家会员企业，召开36场座谈会，收到各类诉求及建议59条。对混合所有制经济、商会可持续发展、小微企业生存状况、养老产业发展现状、民营企业“五险一金”缴纳情况等热点、难点问题，开展调研，形成《福州市民营经济发展报告（2014）》等6篇重点课题调研报告。

【回归工程】　征集回归意向项目101项，总投资额911.09亿元，其中合同项目75项，投资额633.321亿。优选投资额5亿元以上的合同项目30个,在“5·18”海交会举行的“福州新区重点项目和‘回归工程’项目签约仪式”上签约437.85亿元。在签约合同项目中,到年底已有3项投产、4项竣工、18项动工兴建、47项进入前期工作阶段,签约项目履约率达100%。

【商会建设】 推荐6家县级工商联参评福建省“五好”县级工商联。召开“福州市工商联基层组织工作会议”,选送部分基层工商联新任专职领导参加省工商联举办的培训学习。根据榕籍在外企业和异地在榕企业发展情况,组建南京、海口、肇庆、黑河4家异地福州商会以及邵武、永春、松溪、芗城、顺昌、仙游、东阳8家福州异地商会。组建市装饰建材商会、市家居建材商会、市石材商会、市陶瓷商会、市管道建材商会、市婚庆产业商会、市民营企业商会、市农业产业化龙头企业商会等8家行业商会,截至年底有异地商会73家,行业商会26家。指导市家居用品商会等7家在榕基层商会成立党支部,基层商会党组织覆盖率逾50%。所有在榕异地商会、行业商会均通过民政部门社团年检;16家异地商会被评为AAA级社会组织;5家异地商会被评为AAAA级社会组织;太原福州商会、福州泉州商会被评为AAAAA级社会组织。

【会员服务】 通过诉求反映平台,征集企业各类意见建议100多条。近1000家企业的产品和服务在福州新闻网的“商务服务平台”上得到持续推介和展示。组织1200多家企业参与各类招商推介和经贸交流活动。召开异地商会企业家新春座谈会,市委、市政府向异地榕商通报福州市经济社会发展情况;通过银企合作平台,以“城市商业合作社”“商会宝”等方式,为26家行业商会、61家异地商会争取450亿元授信额度,缓解企业融资难。

【社会服务】 通过“榕商联村”公益帮扶平台,北京福州商会、市建材装饰商会和北京中商天骄国贸有限公司捐建畲族文化广场及公共文教设施;温州、三明等11家在榕异地商会与福州市11名下派驻村干部开展资金帮扶、项目合作、技术培训,带动村民增收致富。截至年底,首期已签约14项“榕商联村”帮扶项目中,有12项已竣工并交付使用,履约率达90%;11家异地商会通过捐助当地榕籍贫困生圆上学梦、捐建多媒体互动阅读教室改善当地教育条件;5家在榕异地商会企业家党员通过“百名榕商与百名五老”进行结对帮扶;三盛集团等企业还帮助罹患乳腺癌的贫困女职工申请光彩基金救助。

【榕台交流】 主办第二届“海峡青年节”以“青年携手、共赢电商”为主题的“两岸青年企业家产业发展与合作论坛”,来自海峡两岸电子商务相关的商会、协会和社团组织以及台湾政、商、学界嘉宾600多人参与活动,签署5项投资项目合作协议。福州海峡电子商务公司与台湾企业共建“两岸支付通平台”,福建天翼投资公司与台湾农会及相关企业合作建立食品电商销售平台。11月,组织民营企业赴台考察,落实“两岸青年企业家产业发展与合作论坛”达成合作意向。福建天翼投资有限公司先后与台湾客家文化产业协会和高雄农会分别签订“共建海峡两岸榕台客家文化产业平台框架协议”“共建海峡两岸榕台农副产品产业平台框架协议”。

(余　芳)

(编辑　苏　颖)

社会团体

福州市总工会

【概况】 2014年，全市新增基层工会658家，会员13.21万人。企业工会建会率95.07%，已建会企业职工入会率97.46%。新评选命名500个“工人先锋号”“五一先锋岗”先进集体。推荐福州市职工技术创新先进集体50个，先进个人97人，标兵10人。选送263项优秀职工创新成果参加第九届“6·18”海峡两岸职工创新成果展。创建劳模工作室71个，68.02%的镇、街工会配备工会专职工作人员。

获“全国工会贯彻落实工资集体协商三年规划先进集体”“全国推动厂务公开民主管理工作先进单位”等全国性荣誉称号。

【职工技能竞赛】 在重点工程项目、环卫、园林、物业、公交、高新区软件、茶产业、税务系统、汽车制造业等行业，开展以“中国梦·劳动美”为主题的劳动竞赛、技能竞赛12场(次)，8万余人参加。在福州各县(市)区总工会、产业工会及基层工会开展3277场职工劳动技能竞赛，31万人参加。

【职工素质教育】 举办“中国梦·劳动美——讲述劳模的故事”、“我与共和国共成长——讲述劳模的故事”、企业家劳模学习贯彻“习总书记给福建企业家回信”座谈会等活动。

在工人文化宫举办职工新年音乐会、职工新春文艺晚会、“五一”职工文化节、“海丝扬帆·劳动圆梦”庆祝新中国成立65周年文艺晚会等130多场。成立劳动者艺术团、劳动者书画院，并集体创作出20米山水画长卷《美丽中轴线》。

【职工权益维护】 推动“1+4”社会化职工维权机制向福州县(市)区延伸。开展工资集体协商“要约行动”，培育一批工资集体协商新典型。全市企业工会建立集体合同制度，工资集体合同签订率95.6%，企业职代会建制率95.7%，厂务公开建制率97.6%。开展创建厂务公开民主管理示范单位活动，选树典型示范单位100多家，其中64家获福建省厂务公开先进单位，13家获福建省厂务公开示范单位，8家获全国厂务公开先进单位。开展欠薪专项整治行动，发挥“12351”职工维权热线作用，参与劳动关系矛盾纠纷调解，帮助处理侵犯职工权益案件。

【职工帮扶服务】 以困难职工、困难劳模、新福州人，环卫、殡葬等特殊行业职工为重点，打造“春送岗位、夏送清凉、金秋助学、冬送温暖”“幸福福州·共建共享”等关爱职工系列品牌活动。“两节”期间，慰问困难职工、困难劳模2.58万人次。举办“情暖返乡路”优秀新福州人免费返乡动车专列、“圆优秀

9月18日，福州市物业行业职工技能竞赛在福州福晟物业举行
（李润钊 摄）

新福州人蓝天梦”返乡免费包机、慰问留榕过年建设者、新福州人新春看福州等特色活动。开展“关爱职工·夏送清凉”防暑降温慰问活动,慰问职工8万多人。举办第五届“建有福之州,做有福之人”新福州人集体婚礼。建立全市环卫职工爱心服务站(点)141个,爱心商铺190个。

【基层组织建设】　全年安排支持基层工会预算3929.76万元,占总支出预算的57.79%。按照“培育一批示范单位,提升一批先进单位,转变一批落后单位”的工作思路,选树100家“职工之家”建设示范单位。与全市历年4887名市级以上劳模实现“全接触”。

(陈丽燕)

8月9日,第二届海峡青年节(福州)峰会在海峡会展中心举行授旗仪式

(周畅　摄)

共青团福州市委员会

【概况】　2014年,福州市有团组织2.5万个、团员42.69万人。全市43个街道实现社区建团,建团率100%,新建43个青少年工作阵地及21个社工站点。开展闲散青少年群体服务项目10多个,接触联系青少年1万多人次。“12355”青少年服务台选报的“未成年人‘一台四服务’个案帮扶制度”,被中央综治办、共青团中央、中国法学会评为“未成年人健康成长法治保障”制度创新最佳事例之一。

【举办第九届两岸青年联欢节暨2014年第二届海峡青年节】　8月,参与举办第九届两岸青年联欢节暨第二届海峡青年节,邀请海峡两岸52所高校学生、20所中学(职校)和99个青年社团组织的1800多名青年社团负责人和青年学生代表参加。承办两岸大学生实体建构大赛、海峡青年(福州)峰会、“青春创想秀”暨两岸大学生社团活动策划、首届两岸大学生起点营等子活动,邀请两岸青年加入“海峡青年”官方微信平台进行互动交流。

【志愿者服务工作】　组织7.4万人次青年志愿者为“温暖春运返乡路”、“青春雷锋·阳光助残”、文明城市创建、世界沙滩排球巡回赛、“5·18”海交会、首届“丝绸之路国际电影节”、永泰国际自行车赛和2014中国羽毛球公开赛提供志愿服务。开发运行“青年志愿者信息管理系统”,实现对青年志愿者、志愿服务组织和志愿服务项目的信息化管理。建成位于三坊七巷、火车北站等首批5个“青年志愿服务驿站”。

承接第一届全国青年运动会福州赛区的志愿服务工作。开通“悦动福州”志愿者微信公众平台和官方网站。拍摄“青运会志愿者招募宣传片”。开展青运会志愿者主题系列宣传活动,编印《青运会志愿者通用知识培训年教材》。组建15个“青运会志愿者高校招募培训基地”,有4.8万名青年志愿者报名,选拔出6600名赛会志愿者、1万名城市志愿者和1.5万名社会志愿者。

【青年文明号】　建立福州市青年文明号网站,开展青年文明号岗位优质服务示范月活动。组织40多家各级青年文明号集体的370多名青年参加为期15天的青年文明号服务春运统一行动,累计提供志愿服务时间近4万小时,服务来往旅客上百万人。

【青少年思想道德教育】　组织全市少先队员在“六一”开展“红领巾相约中国梦——今天我入队,争当好队员”活动。开展福州市纪念建队65周年少先队鼓号队交流展示活动和“美在00后——我为社会主义核心价值观代言”主题队日活动。引导4.6万人次青年网友通过文字、图片、视频、动漫等方式,参加“我为核心价值观代言”和“我和国旗合个影”活动。

【青年就业创业】　联合市公务员局共同建立“海峡青年创业园”,推荐优秀青年创业项目入驻园区。在福州各县区团委、高校及社会窗口建立40个服务站,推出52期创业能量坊、创业门诊、创业下午茶、企业“面对面“、创业交流会、创业培训班等系列创业主题俱乐部活动,参与活动青年2200人(次),帮助1300名青年走上创业路。协助青年企业协会举办专场招聘会、企业进校园专场推介会等,推荐1200多个青年参加就业见习。

【青少年维权工作】　组织5万多名青少年参加法制宣传活动,发放法制宣传资料近20万份,帮扶青少年300多人。开展“轻松备考12355与你同行”阳光行动,发放中高考减压调查问卷6000多份。开展创建“青少年维权岗”活动,获全国级“青少年维权岗”创建单位1家,省级“青少年维权岗单位”创建单位2家;其他行业系统获评全国级“青少年维权岗”创建单位3家,省级“青少年维权岗单位”创建单位9家。

【搭建青年婚恋交友平台】 联合“世纪佳缘”旗下“爱真心”婚恋交友网站，为适龄青年男女搭建婚恋交流平台，定期编制《福州青年婚恋交友分析报告》。

【团组织建设工作】 下发《关于进一步健全完善基层党建带团建工作机制的实施意见》，健全基层联系点制度、团代表密切联系团员青年制度、基层团组织与团员青年谈心制度、团工作调研制度等4项机制。启动数字化团建工作，开展团组织、团员登记录入工作。实施大学生村官培养“两年行动计划”，成立大学生村官团支部，并由大学生村官兼任村团支部第一书记、乡镇团委副书记。

（齐　娟）

福州市妇女联合会

【概况】 2014年，市妇联有基层组织2841个，其中县（市）区妇联、市直机关妇工委13个，市直机关妇委会71个，乡镇妇联129个，街道妇联43个，社区妇联417个，村妇代会2138个，村妇联30个。帮助443户创业妇女申请贷款3187万元，帮扶贫困妇女、儿童1425人。

评选全国级巾帼文明岗8个，省级巾帼文明岗35个，市级巾帼文明岗92个。培育全国级和省、市级巾帼示范基地36个。推荐评选表彰全国级和省、市级巾帼文明岗、最美家庭、五好文明家庭（标兵户）、市级三八红旗集体、三八红旗手（标兵）、优秀巾帼志愿者、巾帼志愿服务工作先进集体等先进典型。

【推动新“两纲”实施】 各县（市）区妇联“两节”期间走访慰问50名贫困妇女儿童，发放慰问金2.5万元。帮扶城乡贫困“两癌”（宫颈癌、乳腺癌）妇女191名，发放救助善款77.7万元。开展“妇女健康关爱月”、“母亲健康1+1”公益募捐、“光彩·粉红丝带”行动等活动。抓好全国儿童友好家园项目试点——鼓楼开元社区等3个全国级、省级“两纲”项目点的定期督导工作。加强各县（市）区社区及村级家长学校的创建工作，全市建立社区家长学校398个，组建率94.99%；建立村级家长学校1518个，组建率70%。

【新时期家庭工作】 落实《市妇联关于开展新时期家庭工作的意见》，打造12个“家庭建设示范基地”。推动福州各县（市）区建立家庭关爱服务中心27个。举办公益沙龙家庭教育活动和家庭教育公益巡回讲座113场。开展寻找“榕城最美家庭”“家庭美德之星”活动，举办家风家训评议会886场，最美家庭故事会892场。推荐全国级和省、市级“最美家庭”33个、“家庭美德之星”10名。开展“社区助老”“邻里守望”“爱心帮教”等巾帼志愿服务活动。刊印《三坊七巷名人家风家训》，制作《家有好女》宣传片。

【妇女就业创业】 举办福州市新农村建设女性大讲堂及“专家快车农村行”培训班20期，培训1995人。举办女性就业创业招聘会38场次，实现就业1.44万人。开展“海西农村妇女创业发展专项资金”小额信贷贴息活动，帮助443户创业妇女申请贷款3187万元。组织女企业家与创业女大学生参与“6·18”海峡项目成果交易会。

【创优评先工作】 评选全国级巾帼文明岗8个，省级巾帼文明岗35个，市级巾帼文明岗92个。举办福州市第17期“巾帼文明岗”培训班，组织参训人员赴中国船政文化博物馆及电信福州分公司东街营业厅进行实地学习。开展“巾帼建新功·共筑中国梦”——女大学生创业论坛活动，选树“福州市女大学生创业之星”26人。选派300名与农业相关的女性从业人员、科普带头人、科普工作者和农村妇女干部参加“全国农村妇女科学素质网络知识竞赛”。

【维护妇女儿童权益】 出台《市规划局关于加快公共场所母婴室建设的实施意见》。开展“送法进高墙”“送法上门·情暖金秋”等活动。召开以婚姻家庭为主题的案例研讨会。参与反家庭暴力立法调研，成立婚姻家庭纠纷人民调委会（调解室），接待信访件1405件（次），办结率100%。深入村（居）开展普法、反邪教、禁毒、反性侵等主题宣传活动90多场，建有妇女议事机构、组织1850个，妇女互助组2037个，组建由2496名妇女组成的信访代理、协理员队伍。

【关爱特殊困境儿童】 援建“春蕾爱心书屋”“留守流动儿童之家”15个。“两节”期间，慰问100名特殊困难儿童，发放慰问金5万元。福州各县（市）区妇联及市离退休女干部联谊会资助“春蕾女童”1034人，结对捐资金额99.05万元。

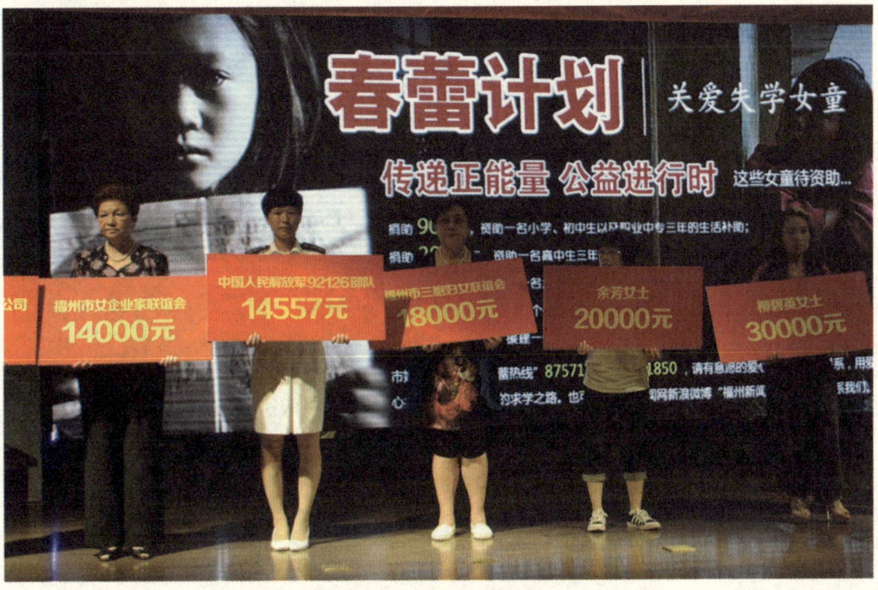

8月21日，市妇联开展实施“春蕾计划”20周年活动（市妇联儿童部　供）

【对外妇女儿童工作】 赴台交流访问,对接台北市、台中市、高雄市等相关妇女组织、妇女团体和教育机构。参与“恒爱行动——百万家庭亲情一线牵”援疆公益活动,捐赠8万元援建奇台县“妇女之家”。邀请海峡两岸女大学生和榕城亲子家庭共同参与环保创意DIY活动。组织在榕女台胞共植“海峡巾帼林”。

【基层组织建设】 新培育省、市级先进(优秀)妇女之家示范点55个,在机关、事业单位成立“妇女之家”35个。与市委组织部联合举办妇女干部研修班和基层妇干培训班,培训妇干300余名。新发展市女书法家协会会员成为市妇联团体会员。鼓楼军门社区、福清溪头村、长乐梅新村,成为全省妇女干部教育培训基地。

(黎　明)

福州市文学艺术界联合会

【概况】 2014年,福州市文联由作家协会、音乐家协会、美术家协会、书法家协会、曲艺家协会、摄影家协会、戏剧家协会、民间文艺家协会、舞蹈家协会、漆艺研究会等10个文艺家协会组成,新增挂靠的团体有福州市硬笔书法家协会、福州市剪纸协会和福州语歌曲协会。有会员5500余人,其中省级会员近1000人,国家级会员近400人。

【精品创作】 推荐作品参与全国性、区域性文艺展事、赛事,获省级以上文艺奖项138项。其中《花事千年》获第十二届全国美展银奖;林传生书法作品获第五届中国书法兰亭奖佳作奖;《帕米尔秋天的私语》获中国(太原)国际摄影大奖赛金奖;《佛光》《花开富贵》《马蹄莲》获全国工艺美术百花奖金奖;《旧时光》获中国古建筑摄影大展银奖。在福建省第七届百花文艺奖中,有18件作品获奖。在《八闽丹青奖——福建省美术双年展》及第十二届福建省音乐舞蹈节等活动中也屡获奖项。

【文艺惠民】 举办各类文艺惠民活动500多场。开展福州名家艺术大讲堂、福州救助弱势群体公益拍卖、文化艺术周优秀剧目展、书画作品走进后湾、书香翰墨义务写春联等文艺活动,以及“诗歌快闪”“墨香飘万家”“拍摄全家福”等文艺惠民品牌活动。鼓楼、福清、连江等地设立特色文艺示范基地,以推进“一县一品”特色文艺示范基地建设。

【文艺活动】 参加省文联举办的“我的中国梦·闽台新童谣”大赛,21位选手获奖。开展福州首届广场舞健身舞蹈大赛,倡导“我健康、我快乐”的娱乐精神。举办第三届海峡两岸舞蹈节,来自海峡两岸的50多支队伍、1600多人参赛。邀请台湾文艺家方秀云到榕讲座。举办海峡两岸陶瓷艺术作品交流展、海峡两岸青年书画联展、闽都书法论坛交流研讨活动。参加沿海14个对外开放城市中国画巡展、贵州安顺美术作品联展。编辑出版马祖民间民俗文化交流采风成果文集。

(郑龙腾)

1月,市文联在工人文化宫开办“2014春之声”陶瓷展(卢佳伦　摄)

福州市社会科学界联合会

【概况】 2014年,市社科联新成立2个研究会、1个促进会,1个学会获AAAA级、5个协会获AAA级社会组织称号。开展5场学术文化活动;举办社会科学普及宣传周活动;出版“福州社科普及读本”系列第二辑《话说闽江》;开展福州市第八届社科优秀成果表彰。中国船政文化博物馆、林则徐纪念馆被授予“全国人文社会科学普及基地”称号。

【学术活动】 4月9日,表彰福州市第八届社科优秀成果,表彰一等奖、二等奖、三等奖、佳作奖成果47项。

4月26—27日,与省社科联、省文史馆、市委文明办、市文新局、市台联、省侨联青委会等联合主办第二届海峡汉服文化节,包括台湾社团在内的近百家全国汉服社团及与汉服相关的传统文化产业企业参加活动。

6月16日,与市委文明办、市诚信促进会联合举办“诚信福州”建设理论研讨会征文活动,征集论文50多篇。

9月28日,与市文新局、台湾中华华夏文化交流协会联合主办首届海峡两岸联合祭孔大典,来自海峡两岸嘉宾400多人参加,同时举办海峡两岸祭孔文化座谈会。

9月10日,制定颁布《福州市社会科学研究规划课题管理办法(试行)》,并依此展开课题的申报。

【文化活动】 4月23日,参与市闽都文化研究会在台北市举办的第三届闽都文化学术研讨会,以“闽都文化与台湾”

10 月 18 日，在台江茶亭公园开展社会科学普及宣传周活动 （吴家松 摄）

为研讨主题，就船政文化与台湾关系、闽都文化与台湾教育发展的关系、闽都文化与台湾关系进行探讨，来自海峡两岸20 所高校与研究机构的学者交流 31 篇学术论文。

9 月 19 日，参与市闽都文化研究会、省炎黄文化研究会共同主办的“闽都海洋文化”研讨会，与会专家学者围绕闽都文化与海上丝绸之路、明代福州造船历史考证、船政文化研究、发展海洋新兴产业、建设“海上福州”等议题展开研讨。参与出版历史街区文化研究专著《朱紫名坊》。

【社科普及宣传】 4 月 30 日，福州社科普及读本第二辑《话说闽江》出版，作为全国党员教育培训教材参评中组部举办的“第二届全国党员教育培训教材展示交流”。

10 月 18—24 日，开展“2014 年社会科学普及宣传周”活动，在台江茶亭公园举行主会场启动仪式，向社区、学校赠送社科书籍，进社区进农村开展百场社会科学专题报告会和科普活动。在市科普基地闽都大讲坛、林则徐纪念馆、船政文化博物馆、市档案馆举办“3820”工程成就展、林则徐史绩展、《福建的海洋文化》《清朝状元林鸿年》讲座等活动。组织近 400 家单位 2000 多名社科工作者、志愿者、乡镇街道宣传员及社区工作人员参与社会科学普及宣传活动。投入38 万元举办大型专题报告会、讲座 22 场，免费开放社会科学普及基地、人文社科类展馆 30 多家，制作展板、挂图 700 多面，发放社科书籍、各类宣传资料 13 万余份，受众近 10 万人次。组织 18 万多人参加省社科联组织的八闽社会科学普及网首届社会科学知识有奖竞答活动，市社科联被评为最佳组织单位。

【学会工作】 新成立市比干文化研究会、市寿山石雕刻艺术研究会、市曾子文化促进会。市审计学会被评为 AAAA 级学会，市档案学会、市人力资源和社会保障学会、市家庭教育研究会、市陈靖姑文化研究会、市房地产估价协会被评为 AAA 级学会。指导市审计学会、市老年学会、市监察学会进行换届；审核通过市闽都文化研究会、市党建研究会领导的变更；资助市传统文化促进会、市人口学会、市老年学学会举办学术活动。市华侨历史学会《关于增设行人、非机动车等候区遮阳棚的建议》等 2 篇文章获省社科联举办的“推动福建科学发展跨越发展百项建言活动”三等奖。市诚信促进会与多家单位联动，建立诚信系统、“红黑榜”发布制度、奖励诚信约束失信的工作机制。市人口学会编写《福州市人口学会志》。市税务学会组织《福建省非公有制经济税收效应分析研究》等多个课题的研究，在国家级刊物上发表论文 8 篇，在省级报刊发表论文 25 篇。市老年学学会举办“老年人权益、尊严与责任”论坛，来自全国的专家学者对老龄化社会产生的各种社会问题展开研讨。

【基层社科联建设】 成立仓山区、福清市、晋安区社科联，全市基层社科联达 9 家。落实《基层社科联工作人员跟班学习制度》。与马尾区社科联联合举办“海丝之路与福州社科宣传工作”专题调研活动。

（吴家松）

福州市科学技术协会

【概况】 2014 年，福州市科协所属市级学会 77 个，企业科协 229 个（其中新成立 11 个）。全市本级预算内科普经费 1180.65 万元，市级人均科普经费 1.61 万元，同比增长 5.33%。福州县（市）区科普经费 1003.3 万元，同比增长 11.80%。新成立市中西医结合学会心血管内科分会、福州市医学会病理学分会，福州市祥坂小学、闽江学院附属中学成立校园科协。

【院士专家工作站建设】 促成李德发、黄路生、张钹等 3 位中科院院士分别与福建新正阳饲料科技有限公司、福清市永诚畜牧有限公司、祥兴（福建）箱包集团有限公司合作建立 3 个院士工作站，并签订合作项目。评审认定第四批院士（专家）工作站 32 个，其中院士工作站 6 个、专家工作站 26 个。建站企业与院士团队共开展 142 个项目研发攻关，累计项目总投资 22.21 亿元人民币。福建新大陆环保生物科技有限公司院士工作站荣膺 2013—2014 年度全国“讲理想、比贡献”活动先进院士专家工作站。

【企业科技工作】 组织“院士专家八闽行”送服务到福州活动，邀请中国工程院院士刘秀梵、夏咸柱、罗锡文分别到大北农生物技术公司、罗源益升食品有限公司、海峡（福州）大熊猫研究交流中心及福建农林大学考察，针对企业提出的“兽用疫苗新产品及其生产技术研发”“食用菌自动化栽培建设”等对接项目进行现场指导。全年促成 279 个院士专家项目与企业对接成功,组织193位专家对203家企业开展服务。

【科普设施建设】 完成五一广场科普画廊改造工程,并在五一广场南部新建3面总长约40米的LED显示屏与智能滚动屏三位一体的科普画廊。与市园林局合作,在福州花海公园新建1座电子科普画廊、1座太阳能科普画廊。

【科普工作】 编印《榕城科普读本》之《福州园林植物(乔木篇)》《福州园林植物(灌木篇)》。与福州电视台合作,播放《科普新说》电视节目。举办福建省流动科技馆福州站巡展活动,组织福州县(市)区800余所学校10万多名学生参观。科普大篷车完成展教活动28场,受众2.3万人。

在花海公园与省科协联合举办福建省暨福州市全国科普日主场活动,组织273个部门和单位近2000名科普工作者、志愿者开展近百场科普活动,发放科普资料19万多份,受益城乡群众26万人次。会同市科技局、市委宣传部、市委组织部,联合举办2014年"科技·人才活动周",并在万象城广场中央第五街举办启动仪式。联合福建省气象学会开展气象主题科普活动;与福州大学等4所高校团委、福建海源三维打印高科技有限公司合作,举办"现代智能机械展示活动";与福建格通电子信息科技有限公司共同举办"体验智能家居——展望未来生活"主题活动;福州科技馆全年观众超过10万人次。

【校地合作】 推进福州市与复旦大学、北京师范大学开展全面合作,签订"福州市人民政府 复旦大学全面合作协议""福州市人民政府 北京师范大学全面合作协议"。落实福州市与福州大学战略合作框架协议,促成福州大学与连江县签订战略合作框架协议,其中包括与福州百洋海味食品有限公司、福建福州亿达食品有限公司、官坞海洋开发有限公司和福州捷丰海珍品开发有限公司等企业分别签订水产品加工废弃物的高值化利用、海带深加工食品研发、海带提取物的加工、可常温保存的即食鲍鱼加工关键技术合作项目。

【基层科普行动计划】 开展市级"基层科普行动计划"评选工作,安排90万元专项经费用于益民惠农的奖补,评出科普益民示范社区9个、农村专业技术协会5个、农村科普示范基地11个、农村科普带头人9人。组织申报省级、国家级"基层科普行动计划",其中包括福清市农村专业技术协会等5个农村专业技术协会,仓山区闽榕茶业有限公司千亩生态茉莉花基地等2个农村科普示范基地,仓山区金山街道金环社区等3个科普示范社区,以及连江县筱埕镇逻廻村江铭福等2人分别获全国"基层科普行动计划"先进单位和个人,获奖补资金210万元。仓山区花卉协会等4个农村专业技术协会、福州弥高仙茶叶有限公司科普示范基地等3个农村科普示范基地、鼓楼区五凤街道白龙社区等5个社区、吴礼春等2人分获福建省"基层科普行动计划"优秀项目和个人。

【科普创先争优】 鼓楼区福屿社区青少年科学工作室等2个工作室被评为第六届"福建省青少年科学工作室"达标单位;长乐市吴航街道三峰社区等3个工作室被评为良好单位;福清市玉屏街道步行街社区工作室等6个工作室被评为鼓励单位,获得奖补经费。评选、命名24个社区(村)为第八届福州市科普示范社区(村),并予以表彰。

【科技下乡】 参加2014年全市科技、文化、卫生"三下乡"启动仪式暨集中示范活动,捐赠《生活中的科学》《衣食住行与生态文明》《科普惠农》等科普读物3000多册(份),捐款5万元,开展科普宣传、咨询、服务等活动近20场(次)。市、县(市)区两级农函大举办农村实用技术培训班374期,培训新型农民2.5万人次。组织市级学会和县(市)区科协实施15个"学会联村送科技"项目。

【青少年科技活动】 组队参加第29届福建省青少年科技创新大赛,有30个项目获奖,其中一等奖12项。晋级全国青少年科技创新大赛的6个项目全部获奖,其中一等奖2项。举办第30届福州市青少年科技创新大赛,参赛项目(作品)654个,评出优秀项目215项,优秀实践活动36项,优秀科幻画作品170幅,优秀科教作品33件,优秀科技教师10名,优秀组织单位10个。联合市教育局,举办福州市第十届青少年电脑机器人竞赛,全市72所中小学组成166支代表队参加竞赛,评出一等奖25队、二等奖51队、三等奖71队。其中,福建师大附中代表队被推荐晋级全国竞赛,并获"VEX机器人工程挑战赛"高中组冠军。

联合市教育局、省科技馆举办以"生态文明,低碳生活"为主题的"2014年福州市青少年科学素养竞赛"活动,

9月20日,省、市科协联合在福州花海公园开展全国科普日活动 (史寅 摄)

评出网下现场竞赛活动一等奖25个，二等奖39个，三等奖62个，组织奖10个。联合市教育局，举办第20届全国青少年信息学奥林匹克联赛（NOIP2014）福建·福州赛区竞赛，评出294名竞胜者（高中组137名，初中组157名），有174名选手成绩突出，入围省级复赛。组织开展全市教育工作者科技教育论文评选活动，评出一等奖15篇，二等奖20篇，三等奖30篇，推荐15篇优秀论文参与第23届全省教育工作者科技教育论文评选活动，8篇获奖。举办首届福州市青少年科技教育学术沙龙，编印《2013—2014年度优秀科技教育论文汇编》100余册。

【学术活动】 举办“福州市科协2014年学术年会”，征集论文1000多篇，筛选117篇，汇编《福州市科协2014年学术年会论文集》。年会主会场邀请福建省人大常委会环境与城乡建设工作委员会副主任阮学智，复旦大学城市生态规划与设计研究中心主任、环境与工程系教授、博士生导师王祥荣，中国台湾师范大学环境教育研究所教授、所长汪静明等3位专家作主题演讲。晋安区、福清市、长乐市等3个区县科协，市医学会、市气象学会、市蜜蜂学会、市电机工程学会等17个市级学会，福州外语外贸学院科协等基层科协组织承办21个学术年会分会场。

【重点调研课题】 开展22项课题调研，编印26期《专家建言》，其中《发挥滨海优势 打造旅游品牌》等6篇先后被《福州调研》《福州经济》《城市科学》等采用，《福州市中心城区地下空间开发报告》得到市委书记杨岳等领导的批示，并要求市人防办、市城市规划设计研究院结合该课题，研究利用地下空间缓解交通压力事宜。

【人才工作】 推荐20名优秀科技人员参加运盛青年科技奖、紫金科技创新奖和福建省优秀科技工作者的评审，其中，中邮科通信技术股份有限公司无线分公司总经理兼总工张健荣、福州市儿童医院陈瑞敏获第六届紫金科技创新奖；中邮科通信技术股份有限公司射频产品事业部总经理、工程师陈群峰获第21届运盛青年科技奖；福州市经济作物站推广研究员许长同获第4届福建省优秀科技工作者；福建一丁芯光通信科技有限公司技术总监李景虎入选第三届福州青年五四奖章（标兵）；福建金源纺织董事长郑洪入选第三届福州青年五四奖。组织福建省高校6名在读博士生参加中国科协第12届博士生学术年会，其中福建农大博士生吴林坤喜获优秀论文奖，是福建省历届博士生首获此项殊荣的个人。

【榕台交流与合作】 联合台湾自然科学博物馆、台湾马祖经贸文化交流协会等台湾民间科技社团，分别举办2014年“榕台中学生自然探索夏令营”、第七届“两马”青少年科技创新作品巡回展、“福州市青少年科技教育研讨会”。组织“海峡两岸大学生创意文化交流考察团”和“福州市‘榕台’现代农技推广合作交流团”赴台开展交流活动。参与举办“2014年第二届福州海峡创意设计周——‘福文化’海峡两岸大学生创意设计展”活动，邀请台北教育大学17名师生到榕交流。

（王香花）

福州市关心下一代工作委员会

【概况】 2014年，福州市有关工委组织3537个，成员2.14万人，其中“五老”（老干部、老教师、老劳模、老专家、老战士）1.53万人，“六大员”（报告员、校外辅导员、帮教员、心理咨询服务员、科技员、网吧义务监督员）1.55万人。全市各级关工委建立关爱基金50个，累计基金1741万元，资助大中小学生5700多人，发放助学金549.4万元。仓山区、连江县关工委等12个单位，获评第二届“关爱明天·普法先行”青少年普法教育活动全国先进单位。林兴才等3人获全国先进个人称号。

【思想道德教育】 组织“五老”到校园、社区、农村、企业，开展“老少共筑中国梦”为主题的宣讲教育活动。马尾区关工委杜进兴制作的课件《我的中国梦》得到中国关工委主任顾秀莲的高度评价，并在《中国火炬》杂志、省电视台、福州日报、福州晚报等多家媒体给予多次报道。省、市关工委联合教育部门下发《关于播放〈我的中国梦〉课件的通知》，全市各中小学校播放《我的中国梦》课件1560场，29万多人观看。编写100个小故事，制成教学课件，开展教育活动。以多媒体为主要宣传手段，围绕爱国、敬业、诚心、友善4个专题，筹建《社会主义核心价值体系教育课件》总库，为学校、共青团、少先队和基层关工委教育活动提供服务。

【法制宣传教育】 开展青少年普法教育活动，配合“法治福州”“平安福州”，开展“未成年人零犯罪学校”创建活动。到农村、社区、学校开办普法宣传教育讲座，开展文化活动、安全知识培训及法律知识竞赛。仓山区、连江县关工委等12个单位，获评第二届“关爱明天·普法先行”青少年普法教育活动全国先进单位。林兴才、叶伦腾、陈美好等获全国先进个人称号。赴福清东瀚镇慰问“五失”少年儿童，送去慰问金和法制宣传书籍；赴福州监狱开展传统美德报告活动，向120名青年服刑人员发放《弟子规》，弘扬传统文化。全市关工委有“五老”网吧监督员1046名，开展明察暗访和监督工作，为青少年身心健康成长营造良好的社会环境。

【关爱青少年身心健康】 开展“大手拉小手”“老少一帮一”结对帮扶活动，关爱外来工子女、留守儿童、失足青少年等“五失”青少年群体，帮助其解决实际困难，促进健康成长。与《福州晚报》、晋安区妇联联合举办外来工子女夏令营，外来工子女均免费参加。重庆市綦江区关工委组织20多名留守儿童赴闽开展“留守儿童探亲活动”，市关工委为孩子们开通火车站绿色通道，协助举行家长见面会。与市教育局联合主办的家长网络学校，坚持每月举办一场家庭教育网络讲座，“儿童性健康教育”讲座，上线听课的家长突破4000人。全市有99所学校组织家长上线听课学习，参加学习的家长突破1.5万人次。

鼓楼区东街街道大根社区“四点钟”学校为社区特困家庭、外来工子女免费补习。军门社区和区人社局创办全市首家公办托管中心,设置食堂、教室、休息室等区域,为双职工家庭孩子提供寄膳、课业辅导等服务。开展青少年心理健康教育服务进学校、进社区、进家庭活动。与连江县关工委联合开展以“心语润心田、助力中高考”为主题的心理健康教育活动,为430多名初三、高三学生进行考前心理辅导。仓山区关工委青少年心理咨询中心在四十中举办中小学生心理健康咨询活动,对全区心理健康专兼职老师进行授课,开设初三学生青春期心理辅导课。马尾区关工委到中小学开展心理健康教育巡回活动和咨询服务工作,为青少年心理健康提供贴心服务。

【开展创“五好”活动】 出台《福州市创建“五好”基层关工委具体标准》《福州市机关、事业单位和国有、民营企业关工委建设基本要求》等文件,解决基层工作存在的薄弱环节和新出现的难点,推动基层关工委工作实现制度化、经常化,落实创“五好”计划。与市委督查室、财政局联合开展专项督查,确保全市2592个村(社区)关工委经费全部列入村级组织运转经费保障机制;对主持关工委日常工作的老干部补贴,基本达到每人每月不少于100元。

【青少年科技教育与培训】 设立7个“夕阳红青少年科技教育服务示范基地”,制定《“夕阳红”科技服务团工作基本要求》,对服务团建设进行规范。依托学校、科技馆、青少年宫设立青少年实践基地,开展“讲政治、育新人、学科技、奔小康”活动,培育“种子工程”。开展各种特色培训,帮助农村青年掌握就业技能,创设就业平台。闽侯贞华南山种子基地的农村青年种植脐橙,注册“贞华南山”品牌。罗源长兴菇业培训基地对青少年开展食用菌技术培训。永泰县关工委“夕阳红”科技服务团举办油茶、红芽芋、大棚菜、茶叶园林新技术等农技培训班9期,受训青年农民达1000多人次。仓山区关工委联合教育局、科协在区教师进修校附一小举办“创新发展、全民行动”科技节活动。与市科协、市教育局等单位联合开展海峡两岸青少年科技文化交流活动。台江区关工委组织马祖参赛团师生参观区青少年活动中心,与台江区第六小学师生开展课外活动交流。

(陈　今)

福州市红十字会

【概况】 2014年,市红十字筹募款物4178多万元,救助弱势群体1.56万多人次,1386名次获大病救助金1236万余元,102名获急危险重伤病员救助金110万余元,37名白血病患儿获得“小天使彩票公益金”117万元,为317名贫困学生发放助学金58万余元。

【援助帮扶】 开展“红十字博爱送万家”活动,筹集款物150多万元,慰问城乡困难家庭3500户。为敖江镇贫困患者魏某募集款项48万余元。副市长、市红十字会会长严可仕带领福州市红十字会及财政、卫生、民政等部门领导到永泰、闽侯等地给弱势群体送去慰问品和慰问金。与市政协、市委宣传部、市直党工委、市审计局、市机关局、市计生协、市农工党、九三学社等部门,联合开展“三下乡”、慰问“生育关怀”对象和挂钩扶持村困难群众及麻风病院、福利院等病残老人。援建新疆奇台县备灾救灾仓库和南平顺昌县水毁桥梁项目。为革命老区长汀县“五老”贫困人员送去价值12万的慰问物资。

闽侯县红十字会为失地农民和外来务工困难家庭送去慰问金,为多名患者募集医疗费用13.3万元。鼓楼区红十字会通过博爱超市,将价值10多万元的风雪衣送给社区困难居民。连江县与山东、江西、辽宁、新疆等省、区红十字会相互沟通,资源共享。长乐市红十字会实施“55221”救助工程,分别对500名学生、500名残疾人、200名孤老、200名因病致贫人员以及100名孤儿给予人道救助。

【应急救助培训】 应急救护培训　在福建交通职业技术学院、福州电业局亿力培训中心,以及福清、闽侯红十字医院建立应急救护培训基地。举办讲座137场,受众2.11万人。在市委党校主体班、专题班举办应急救护普及培训15班次。在市直机关党工委、市财政局、市电业局、市老年大学、闽江学院、福州职业技术学院、福建省女子监狱和奔驰公司、清禄鞋业、香格里拉大酒店等单位举办培训班50期,培训2915人。

水上救援训练　整合社会救援力量,添置救生设备,组建市红十字(龙祥)水上训练救援志愿服务队,开展培

市关工委领导到闽侯县科技基地调研　(市关工委　供)

训演练。派员参加在福州和台湾举办的海峡两岸水上救生培训。

备灾救灾仓库建设　动工兴建位于闽侯荆溪镇永丰村，占地 0.81 公顷，总投资人民币 1850 万元的备灾救灾仓库。

应急救援演练　联合市教育局、市消防支队等单位在闽侯县职业中专学校，举行大型逃生救生演练。在永泰县举行地震应急救援桌面推演，对震灾中常见的生活用品短缺、断水、断电、人员伤亡、疫情等灾情进行 13 个场景模拟，全市五区七县(市)的红十字工作人员和冠名红十字医院的人员参与演练。

【社区红十字服务】　全市 50% 以上的社区各建有 1 支应急救护志愿服务队和 1 个以上红十字应急救护志愿服务基地。鼓楼区依托便民服务点成立“社区红十字应急救护志愿服务队”，开展“暑期红十字救护知识大讲堂”。鼓楼开元、西湖和中山社区代表福州市在海峡两岸社区红十字志愿服务研讨会和海峡两岸红十字博爱论坛上进行经验交流。

【生命教育进校园】　在全市 47 所先行学校开展与家庭和社会开展优势互补、资源共享的生命教育活动。在全市大、中、小学开展“感动生命的故事”征文，收到征文 2600 多篇。福清市 3 所学校获红十字体验式生命教育示范校称号。

【生命工程】　无偿献血　与福建省献血办、福建省血液中心到福州 7 县(市)开展无偿献血宣传。全年，献血人数 8.04 万人次，其中，全血 7.21 万人次，献血量 12.89 万单位；捐献成分血 8321 人(次)，1.38 万单位。获无偿献血特别贡献奖 3 人、全国和省“无偿献血星级志愿者”称号 13 人。

捐献造血干细胞　在“5·8”世界红十字日和“6·14”世界献血日期间，开展造血干细胞知识宣传，动员 256 人次参与捐献。鼓楼区杨超俐与一加拿大病患配型成功。采集 46 人份高分辨血样，6 人成功实现捐献，其中闽侯县 5 人。

遗体器官捐献　联合市委文明办、福建圆满生命投资有限公司、福建医科大学等单位，在三山陵园人生广场举行遗体和器官捐献者追思悼念活动。全年报名登记捐献遗体器官 91 人，实现遗体捐献 26 人，器官捐献 4 人。1 月 18 日，93 岁高龄的原副市长孙明实现捐献遗体遗愿。1 月 26 日，两岁男孩小邦邦病逝，其父捐出其眼角膜。6 月 14 日，重庆籍孙胜均因车祸脑死亡，其家属捐出其 1 个肝脏、2 个肾脏和 1 对眼角膜给 9 名患者。福清市实现两例人体多器官捐献，连江何运华、罗源邱惠端分别捐献遗体。志愿捐献者孙明、陈黎明、毛净、林宜宝、蒋宏杰先后登上“福州好人榜”。

5 月 8 日，市红十字会在闽侯县职业中专学校举行大型逃生、救生演练

(叶诚　摄)

【创立博爱基金】　与直机关党工委、福州东南眼科医院等单位，建立“福建三特爱心基金”和“福州红十字光明基金”。鼓楼区红十字会与区工商局、区个体协会联合建立“红十字博爱救助基金”。

【志愿者服务】　全市登记在册的红十字志愿者 3.04 万人，志愿服务 7.76 万人次。组建红十字志愿者队伍 278 支，参与志愿服务总时数约 12.15 万小时。福州市红十字会机关志愿服务队、潘晓惠以及鼓楼区红十字会王珊分别获省、市文明委“学雷锋志愿服务”先进集体和先进个人称号；农工党福州市委会红十字志愿服务队等 4 个志愿者组织和郑巧汀等 18 人分别受到省红十字会表彰。

【榕台交流】　与台湾新北、马祖红十字组织达成临床用血和造血干细胞互捐、急危险重病人互救、弱势群体互助、救援救助物资互通、红十字各阶层人士互动的“五互”合作。全年，接待台湾来访团组 13 批次，通过“两马”“两门”绿色通道双向护送因病、因故滞留人员 16 人，并为平潭海难人员亲属寻回滞台骨灰遗物。2 月，马祖红十字会会长曹尔忠率团到访，与福州市红十字会达成多项合作协议，并组织人员参加“海峡博爱论坛”“海峡社区志愿服务”研讨及水上救生演练。

(林　怡)

福州市慈善总会

【概况】　福州市慈善总会从 2007 年成立至 2014 年年底，全市慈善认捐善款总额 24.26 亿元，其中市本级 13.91 亿元、各县(市)区 10.35 亿元。到位金额 21.44 亿，其中市本级 11.3 亿元、各县区 10.13 亿元。

2014 年，全市慈善认捐 2.28 亿元，其中市本级 1.21 亿元、各县(市)区 1.07 亿元。到位 2.36 亿元，其中市本级 1.25 亿元、各县(市)区 1.10 亿元。慈善救助金支出总额 2.26 亿元，其中市本级 1.23 亿元、各县市区 1.03 亿元。救助 38.93 万人，其中市本级 17.39 万人、各县市区 21.54 万人。

10月11日,市"慈善一日捐"活动在市委大院举行启动仪式

(市慈善总会　供)

福州市慈善总会再次获得2014年度中国慈善透明榜样"卓越组织"称号。

【慈善"一日捐"活动】　10月11日,中共福建省委常委、福州市委书记杨岳与"四套"班子领导,以普通一员身份带头开展"一日捐",各机关、事业单位和市民踊跃参与。全市"一日捐"捐款1663.43万元,其中市本级1193万元、各县(市)区470.43万元。12月18日,《福州日报》12版全版公布2014年"一日捐"社会捐赠明细表,接受社会监督。

【关爱军人困难家庭救助】　6月20日,市双拥办、市民政局和市慈善总会联合发出《开展关爱军人困难家庭救助活动的意见》,明确资金筹集办法,落实救助对象257人,其中,家庭患重大疾病的有222人,致残、受灾的35人,每人每年救助5000元,发放救助款132.5万元。

【慈善助老工作】　市慈善总会从2007年开始与鼓楼区慈善总会长期联合开展慈善助老服务工作,通过设立10个助老服务站,先后聘请18个助老服务员,每天上门免费为70岁以上孤寡老人清理卫生、换洗衣服、购物、看病取药等服务,截至2014年年底,累计帮助497人。年内,帮助36人。

2014年,在罗源、连江、永泰建设10座"慈善助老安居楼",安置145名孤寡老人。其中,与省慈善总会合作的有6座,市慈善总会投入60万元;市慈善总会单独修建4座,投入282万元改造建设资金。

【"331"慈善救助工程】　2007—2014年,"331"慈善救助工程共救助农村孤儿、孤寡老人、贫困高中生1.19万人,救助金从原来每人每年1000元上调为2014年每人每年1200元。2014年,救助1156人,发放救助金138.72万元。

【"慈善情暖万家"活动】　在元旦、春节期间,开展慈善情暖万家慰问活动,走访包括孤寡老人、类似孤儿、贫困学生、特困户、残疾人、光荣院老战士等3.86万困难户,发放慰问金、慰问物资2788.5万元。

【"慈善医疗救助"行动】　与东南眼科医院合作,开展"慈善复明"行动,为300名贫困白内障患者免费手术。组织医疗队到闽侯、罗源、马尾等县区的村居、山区、海岛为1000多名疑似白内障患者提供免费筛查。开展特罗凯、拜科奇、安维汀、倍泰龙4个慈善赠药项目,免费发放药品5239盒,价值5537.31万元,受益人数8292人次。

【抗震募捐】　8月3日,云南省昭通市鲁甸县发生6.5级地震,市慈善总会随即在新闻媒体上公布接收救灾款的账号、开户行、联系电话、传真号,并采取多种形式,组织各方面力量开展赈灾募捐活动,收到社会赈灾款20.2万元,并通过中华慈善总会用于当地抗震救灾。

(李孝棋)

福州市残疾人联合会

【概况】　2014年,全市有残疾人39.3万人。设有盲人协会、聋人协会、肢残人协会、精神残疾人及亲友协会、市智力残疾人及亲友协会5个专门协会。有残疾人综合服务设施11家、康复训练服务机构21家,就业服务机构13家、托养服务机构(福乐家园)15家、福乐社区康复站18个、社区康复室27间、辅具适配站4个、福乐书屋12所、福乐健身站14个。

【助残工程项目】　4项"助残工程"列入省委、省政府,市委、市政府为民办实事项目。1. 残疾儿童抢救性康复训练救助项目:对530名脑瘫、听障、自闭症、智障4类贫困残疾儿童进行抢救性康复训练,每人每年补助1.5万元。2. 创业就业扶持项目:扶持700名(市级200名、省级500名)贫困残疾人种植养殖、创业就业,每人每年补助5000元。3. 居家托养项目:为1700名(市级300名、省级1400名)重度残疾人提供居家托养补助,每人每年补助2000元。4. 辅助器具项目:为贫困重度残疾人免费适配护理床300台。

【社会保障】　全市2.18万名残疾人享受低保,9068名残疾人享受多项优惠政策。建立重度残疾人生活困难救助制度,将全市所有听力、语言和多重重度残疾人纳入生活困难救助补助范围,困难救助金每人每月150元。政府承担重度残疾人、城乡低保残疾人的城镇居民基本医疗保险和新型农村合作医疗保险个人缴费。按福州市上年度城镇在岗职工平均工资25%,给予已参加基本养老保险的城镇贫困残疾人个体户以补贴。为就业年龄段、持二代证的残疾人办理意外伤害保险，按每人每年20元的标准投保。市财政补助福州五城区和永泰、罗源、闽清县6.87万名参保残疾人每人每年10元保费。

【康复工作】 为530名符合救助条件的残疾儿童提供每人每年1.5万元的康复训练救助。为1220名贫困精神病患者提供每人每年500元的药品救助。为140名贫困精神病患者提供每人每年4000元的一次性住院补助。为1454名贫困白内障患者实施复明手术，每例(单眼)补助1500元。为18名残疾患者装配电子耳蜗，救助儿童肢体矫治手术8例，矫形器24例。扶持14家定点康复机构购置价值40万元的康复教学器材。新建1家自闭症儿童康复机构和1家聋儿语训康复机构。为18个乡镇(街道)的"福乐社区康复站"扶持一次性建设经费5万元，为社区康复站(室)添置40套康复训练器材。与福州神康医院共同创办"福州神康康复中心"，并开展"与爱同行"精神障碍患者防治康复公益行动，同时派出医疗专家小组赴马尾、鼓楼、晋安、仓山、台江、连江等地，为农村和社区精神病患者开展义诊，筹集爱心款项80万元，为部分村(居)贫困精神障碍者送医送药或给予减免住院费。

全年，有3万人次残疾人享受到社区康复服务或配置康复辅助器材。完成省残联2013年度残疾人事业专项彩票公益金康复项目辅具配发任务，为肢残人发放轮椅、助行器、座便椅、拐杖、手杖、坐垫等20余种239件。为有就学需求的低视力青少年适配助视器并提供康复训练服务。为104名残疾人进行专业评估适配并提供康复训练指导服务。为162名0—6岁有需求的贫困残疾儿童适配儿童轮椅、坐姿椅、站立架、助行器1430台。为福州各县(市)区视力一、二级残疾人配发盲人听书机700台、盲表收音机组合400套。为156位肢残者安装假肢、矫形器。市残联与省、市辅具中心联合举办"推广辅具适配技术，让我们服务更专业"第四届闽台残疾人文化周福州辅具适配研讨会。举办残疾人辅助器具(盲人用品)适配业务培训班。开展爱心公益助残(辅具)活动和"阳光伴我行"儿童轮椅捐赠活动，为福清市、闽清县、永泰县脑瘫儿童资助轮椅45辆。

【就业服务】 完善市残疾人就业服务指导中心门户网站等残疾人就业信息平台，每月举办一期市级残疾人就业招聘会，全年举办两场大型残疾人就业招聘活动。以"集中就业、个体就业、居家就业、社区就业"等形式为2111名残疾人实现就业。全市残疾人就业服务机构免费为残疾人提供职业介绍和就业服务，全年推荐4200多人(次)残疾人就业，有1075个单位安置残疾人就业。补助6个残疾人公益性岗位和7个"爱心报刊亭"15.44万元。举办残疾人技能培训47期，培训2288人。举办福州市第二届残疾人职业技能竞赛，有12支代表队90名选手参加5大类13个项目的比赛。选送43名残疾人参加福建省第五届残疾人职业技能竞赛，获团体总分第一名。规范盲人按摩行业管理，开展盲人医疗按摩培训和考试工作。福清市融祥红薯种植专业合作社被评为省级"福乐种养基地"，并获得扶持资金25万元。3家福利企业获省康复扶贫贷款贴息款18万元。

6月20日，省第五次全国自强模范与助残先进事迹首场福州报告会在怡山大厦举行 (郑海云 摄)

【残疾权益保障】 *残疾人维权服务* 编印《福州市残疾人联合会服务指南(2014)》，开展法制宣传活动。成立市残疾人法律救助协调领导小组，长年聘请法律顾问，为市残联机关和残疾人提供法律咨询与帮助。与市相关执法、信访部门联合处理涉及残疾人权益的来信、来访42件和"12345"投诉件79件，及时处理残疾人上访与矛盾纠纷。

残疾人免费乘车和残疾人机动轮椅车补贴发放 残疾人凭第二代"中华人民共和国残疾人证"免费乘坐福州市内公交车。为2206名符合条件的下肢残疾人发放每人每年260元的残疾人机动轮椅车燃油补贴。为福州五城区729部残疾人机动轮椅车统一投保，每年每辆车50元。为鼓楼、台江、仓山、晋安四城区372名享受低保待遇的机动轮椅车主发放每人每月100元的交通补贴。

实施残疾人家庭危房改造和家庭无障碍改造 推进无障碍城市建设、改造，巩固福州市创建全国无障碍城市建设成果。福清市被推荐为"十二五"期间创建全国无障碍环境县级示范市。推进贫困残疾人危房改造(安居工程)项目，为城乡690户特困残疾人家庭改善居住条件，每户补助5000元；为934户贫困残疾人实施家庭无障碍改造，每户平均补贴3500元。

【扶残助学】 全年发放助学金380.75万元，用于对福州市1335名残疾人及残疾人子女考入高中和中专、大专、本科、硕士、博士的(全日制)每年分别给予不低于2000元、3000元、3500元、4000元、4500元的补助。为20名家庭困难的残疾儿童享受普惠性学前教育提供每人每年3000元资助。

【专项调查】 开展残疾人"基础管理建设年"活动及福州市残疾人基本服务状况和需求专项调查。举办乡镇(街道)、村(居)"残疾人联络员专项调查"培训班,培训联络员214人。为171个乡镇、2601个村培训调查员1769人,核查上报行政区划单位和残联机构共884个、镇村两级联络员2411人、持二代证残疾人10.94万人(含平潭县1.33万人),注销70479本(含平潭县1515本)不符合条件领取的《残疾人证》,核查率达到99.8%。

【宣传文体活动】 推动福州电视台《新闻110午报》频道开设周末手语新闻栏目。推荐4篇消息和6篇电视专题参加中国残联2012—2013年度残疾人事业好新闻评选和第十一届残疾人专题节目展播活动。组织参加省残联"中国梦·我梦最美"征文比赛,获三等奖1个。组织参加"中国梦·我的梦"全国残疾人网络摄影大赛。开展全国助残日活动,组织残疾人、残疾人工作者和助残志愿者代表及社会各界群众代表等300人,听取"第五届全国自强模范和助残先进事迹报告会"报告。更新市残疾人在线网站,发布信息285篇,被省残联采用243篇。开通福州市残联新浪和腾讯政务微博,发布信息各262条。与市体育局联合举办"残疾人社会体育健身指导员培训班",培训90名体育健身指导员。组队参加第七届全省残运会,组建全省聋人男女篮球队,参加2014年全国聋人篮球锦标赛。新建10家"福乐健身站"和5家"福乐书屋"。

(郑海云)

福州市归国华侨联合会

【概况】 福州市是全国重点侨乡之一,有约300万海外乡亲(其中新侨100万),分布在世界160个国家和地区,有

"6·1"前夕,市侨联赴福清看望不幸在国外遇害侨胞的亲属并慰问侨界失依儿童

(唐宜 摄)

260多个重点华侨华人社团,国内归侨侨眷约200万,其中归侨4万。

2014年,福州市侨联有会员159人,主席、副主席(含兼职)19人,常委50人。被聘海外及港澳荣誉职务117名,其中荣誉主席7名、港澳顾问26名、海外顾问40名、海外委员44名。有基层侨联组织699个,福州县(市)区和3个华侨农场均建立侨联组织,重点侨乡的乡镇(街道)、村(居)也建有侨联组织。有团体会员6个,包括华侨历史学会、归侨之家、法律顾问委员会、青年委员会、缅甸归侨联谊会和越柬老归侨联谊会。全市各级侨联引导侨胞捐资4464.95万元,建设35项公益事业。

【建言献策】 全年各级侨界代表委员提出议案、建议86件,提案124件。市政协十二届三次会议期间,省委常委、市委书记杨岳,市长杨益民等市领导与出席会议的海外侨领、港澳台委员座谈,陈清泉、张仕国等10多位市侨联海外顾问、委员建言献策。开展"我为美丽中国、美丽福建、美丽福州献一策"活动,收集建议28条。《加快推进上下杭保护修复,努力打造具有台江特色的历史文化街区》获福建省侨联"献一策"活动最高奖(一等奖),市侨联被授予"活动组织奖"。《侨乡空巢老人养老的现状与对策建议》在省侨联九届五次全委会上作交流发言。开展重点课题《涵养侨力资源服务福州新区开放开发的研究》的组织调研,其调研报告被市委刊用;《福州贫难侨的基本状况和对策建议》获市统战系统调研成果优秀奖;《关于进一步做好新移民跨国寄养子女工作的建议》被市政协评为2012—2014年度"优秀提案"。

【侨资侨智引进】 引导侨商参与"5·18"海交会、"6·18"项交会、"9·8"投洽会、"渔博会"等省、市大型经贸活动,配合市委、市政府举办各类招商推介会20余次,引进项目13个,投资总额4.57亿美元。引导、联系海内外侨商500余人次考察福州投资环境;组织侨资企业家参加福州市企业家大会;多次拜访到榕参展的外国经贸官员和侨界参展商;接待阿根廷华人超市工会考察团、意大利巴斯利卡塔大区华人华侨联谊总会访问团等5批侨商,对接洽谈奶牛养殖、医疗养老等项目并达成初步投资意向。组织侨商赴济南、洛阳、西安等地参加"中国侨商西部行"等经贸活动。

【侨胞权益维护】 通过法律援助中心侨联工作站平台和涉侨纠纷人民调解中心,妥善处理涉侨纠纷。接待侨界群众来信来访500余人(次),处理信访100余件(次)。12月3日,联合省、市、鼓楼区法院,在五一广场开展"12·4"首个"国家宪法日"暨侨法宣传咨询活动。筹集资金22.5万元慰问贫困归侨、侨界人士483人次。开展"金秋助学"系列活动,发放"索高广场侨心助学金""魏可英助学奖学金",为35名贫困侨生发放12.95万元奖、助学金。多次携带慰问金赴福清慰问在南非、汤加相继

遇害的7名福清籍侨胞在国内的家属。走访侨界“失依”儿童20人，发放慰问款物8万元。为连江县东岱镇洋西村筹资35万元用于加固水库和整修村容。开展“百侨帮百村——共建美丽乡村”活动，帮扶23个村，到位帮扶资金57.33万元。

【联络联谊】 接待海外、港澳台社团20个500余人次，接待重点侨领90人次。参加海外社团庆典活动，出访西班牙、匈牙利、德国、菲律宾、英国、土耳其、缅甸、印尼等国家，推介福州新区和“海丝”战略枢纽城市建设情况。拓展新侨联谊区域，与巴布亚新几内亚、苏里南、厄瓜多尔、马绍尔等国家的8个新侨社团建立联系机制。

承办中国侨联“亲情中华·相聚福州”“亲情中华·相聚福清”及2014年首场“走基层·进侨乡”慰侨演出，组织侨乡乡亲2000多人和来自21个国家、地区的100多位海外嘉宾观看演出。承办2014年“亲情中华·汉语桥”冬令营，组织53名来自马来西亚的华裔青少年开展为期10天的活动，学习汉语、书法、武术、象棋等中华传统文化。协助省侨联做好省华侨文化交流中心在三坊七巷的开馆工作，并组织在榕侨领和侨界人士参观首期展览。组织侨联委员和侨界人士共植“侨心林”“侨青林”。配合新加坡福州会馆举行新马小学生现场华文创作精英赛(福建省外围赛)，福州十邑2.6万名学生参加，40名学生获奖。

(唐 宜)

福州市台湾同胞联谊会

【概况】 2014年，福州市有台胞1863人，其中担任各级人大代表、政协委员33人。接待台湾同胞77人(次)，组织各种联谊活动8次，走访慰问困难台胞100多户500多人。拨给229名老龄、困难台胞专项资金34.05万元。

推进“入岛交流”，参与两岸海峡论坛、两岸少数民族丰收节、两岸青少年夏令营、海峡青年节等大型对台交流项目。对台胞到大陆寻祖、探亲、访友、求医、旅游做好宣传、接待和服务工作。对台胞到大陆经商、投资、建厂、求学、兴办公益事业及开展科技、文化、学术、经贸、体育交流等活动进行牵线搭桥。协调解决台胞反映的住房、拆迁、入学、改籍、社保、医保、就业、民事纠纷等问题。

【榕台交流联谊】 “三八”期间，与市妇联联合举办两岸姐妹共植“海峡巾帼林”活动。作为主办单位之一，举办第二届海峡汉服文化节。“5·18”海交会、“6·18”项交会和美食节期间，接待“台湾中国统一联盟妇女部”福建参访团，拜访在榕台湾商工统一促进会知名人士。接待台湾工商建设研究会一行5人。促成台湾台商协会知名人士参观考察平潭综合实验区。与市政协、台盟、教育局联合在福州二中举办“榕台两岸中学生夏令营”。赴台参与第七届海峡两岸少数民族丰收节。与省台联、台北扶轮社在寿山乡联合举办第三届爱心助学越野赛活动。与两岸文化经济发展协会共同举办“台湾民俗风情节”。在重要节日开展联谊活动，参加台胞、台商、台生有600余人。

【台胞参政议政】 参与市政府纠风办开展的民主评议政风行风和特邀监察员工作，参与市法院涉台案件特邀调解工作。11名台籍人大代表、政协委员分别参加福州市第十四届人民代表大会第四次会议和福州市政协十二届四次会议，分别向大会提交《关于订立福州市住宅专项维修资金管理实施细则的建议》《加强青少年涉台知识教育的建议》等提案、议案7件。

【权益维护】 开展接访下访活动，处理台胞来访来信来电。帮助长乐市台胞陈美云解决因租赁仓库发生的纠纷，获得赔偿。帮助岛内台胞郭绍荣找到失联66年现居宁德的堂兄郭绍贞，郭绍荣专程从高雄到福州送“心系台胞·情暖人心”牌匾。重新采集汇总在榕定居台胞信息，开展台胞困难群体和老龄群体的摸底、统计、建档等工作，了解核实台胞享受社会保障、社会救助、家庭生活困难情况并建立台胞数据库。

【调研工作】 完成《当前开展台湾青年学生工作的新形式、新方法、新途径》《地方台联开展常住大陆台胞工作的有效途径和方式》《进一步做好大陆台胞权益和服务保障工作的思考与建议》《新形势下台联工作如何做到有为有位》《两岸青少年交流的现状及对策建议》等课题调研。其中《两岸青少年交流的现状及对策建议》获2014年度全国台联台湾民情研究会优秀课题成果二等奖；《借鉴台湾经验，推动福州休闲农业发展的策略研究》选入省政协大会发言材料；《两岸关系和平发展新形势下台联组织如何有所作为》被中央党校《中国党政干部论坛》采用。上报《关于在福州新区成立“海峡两岸青年创业基金”的建议》《关于在福州市创建“两岸青年创业园”的思考和建议》建议信息。开展涉台文物保护情况调研。组织市政协台联界委员和机关工作人员赴台企考察农场乡村休闲旅游发展态势。举办2014年暑期读书班，90余名在榕台胞参加。组织29名台籍党员、台联理事、台胞骨干赴革命老区龙岩上杭县、江西瑞金参观。

(叶彭清)

福州市个体劳动者协会私营企业协会

【概况】 2014年，福州市个体劳动者协会、私营企业协会分别有个体会员17.31万户，从业人员36.09万人，私营企业会员8.84万家，从业人员100.02万人，在私企中发展中共党员10人。

【服务会员企业】 建立会员短信平台，向会员群发短信1万多条。为帮助会员企业了解、掌握工商制度改革的有关政策，培训企业400多家。7月，新成立福州商务秘书公司，为入驻会员企业提供注册地址、记账、报税等项服务，吸引企业80多家，注册资金21.92万元。

【技术职称评定】 走访会员企业200多家，印制《福州市私营企业职称评定须知》3000多份。为1333名职工报名

1 月 14 日,台江区个私协捐资 10 万元用于罗湖县中房镇深坑村修路
(尤臻晖　摄)

参加职称评定,573 名获初级技术职称,387 名获中级技术职称。

【扶贫济困工作】 云南鲁甸发生地震期间,向灾区捐款 30 万元,支持当地工商部门恢复灾后重建。1 月 14 日,台江区"个私协会"向罗湖县中房镇深坑村捐款 10 万元,帮助建设村道 500 米。福清市"个私协会"对辖区内 33 户烈军属、残疾人、特困人员赠送 1.65 万元慰问金。

【创先争优活动】 10 月,组织会员参加"关于开展 2014 年福建家具建材装饰品'优质示范经销商'和'优质示范经销商评选活动'"。私营企业连江远嘉食品有限公司和福州日兴水产品有限公司获"福建省企业知名号"称号。

(李少华)

福州市消费者权益保护委员会

【概况】 2014 年,围绕"新消法·新权益·新责任"的年度主题,开展宣传落实新《中华人民共和国消费者权益保护法》(简称《消法》)教育实践活动。全年受理消费者投诉 1992 件,解决案件 1977 件,结案率 99.25%。为消费者挽回经济损失 287.81 万元,其中涉及欺诈行为得到的加倍赔(补)偿有 55 件,赔(补)偿金额 3.8 万元。

电子电器类、社会生活类、交通工具类位居投诉前 3 位,分别占投诉总量的 21.94%、14.41%、9.59%。质量问题、合同问题、售后服务纠纷位居投诉性质前 3 位,分别占投诉总量的 46.99%、15.71%、11.9%。

【"3·15"消费者权益日活动】 3 月 15 日,与省、市有关部门在福建会堂举办纪念"新消法·新权益·新责任"—"3·15"国际消费者权益日纪念会。现场开展消法实施 20 周年消费维权成果和话说新消法图片展。播放"让消费者更有力量""新消法新亮点""家居装修的喜与忧"电视专题片。省人大常委会副主任刘群英、副省长郑晓松、省政协副主席陈绍军、市人大常委会副主任陈奇、副市长陈晔、市政协副主席郑新清等领导为新成立"福建省消委会家居装修装饰设计专业委员会"授牌。举行"绿色低碳消费,建设共同美丽家园"签名活动仪式。市消委会作客《政风行风》热线,接受消费者咨询、投诉,现场受理投诉 14 件。

【社会监督检查】 在商场、超市,组织志愿者消费开展"践行新《消法》体察活动",抽验食品 20 批次,检验合格率达 95%。参与第 16 届海交会活动监管,推行"先行赔付",并受理消费投诉 24 起,挽回经济损失 1.68 万。联合市工商局加强水产品批发市场巡查,建立企业约谈机制,提升市场消费维权效能。参与"十八坂"商贸旅游节联动执法活动,规范摊点摆设,整治商贸经营秩序。

【商品质量抽检】 联合省工商局商品检验分局对城区流通领域销售的冷冻饮品和化妆品进行随机采样检测。抽查 3 家冷冻饮品经销单位 16 个批次冷冻饮品,检验合格率 100%。抽查 6 家化妆品经销单位 40 个批次化妆品,检验合格率 90%。针对问题,及时提出处置与整改建议,并向消费者发布消费提示。

【消费宣传教育】 在新闻媒体发布"2014 年十大侵权案例"和 38 篇新闻报道,发布警示、提示、忠告 158 篇。在超市、商场、企业举办 10 场"新消法"讲座,培训 800 多人次。为创建全国"质量强市"示范单位,向市质监局提供创建质量强市的相关文书和材料。在工商系统百家案例(事例)评选活动中,向市工商局法规处提供维权案例 10 篇。

【案例举要】 1 月 2 日,林先生在市消委会网上投诉称:其购买的手机按键失灵送售后修理,"售后服务"以手机已过保修期不予维修。经查询,该手机保修期遇法定假日顺延,仍在其保修期内。经调解,"售后服务"为其更换一部手机。

1 月 13 日,陈先生投诉闽清县某瓦片店,其购买的低于市场价 0.29 元/片的青瓦片近半数互相粘连无法打开,要求商家退货。商家先是以瓦片瑕疵已提前告知为由,不予退货,后经调解,质量存在严重缺陷的瓦片作退货处理,退还 2715 元。

3 月 20 日,颜先生向市消委会投诉某网站,称其在该网站团购的汽车,付款后没有收到所购汽车,也一直未能跟卖家取得联系,要求履行约定发货。汽车厂称其做的 3000 元订购汽车广告被黑客改成"团购"。"某网"必须承担广告信息被修改的责任。经调解,"某网"退还 3000 元。

9月17日，消委会在福州新天成化妆品批发市场对化妆品进行抽检比较试验。图为抽检的样品　　（林恒静　摄）

7月5日，陈女士投诉长乐某电器商场，称其购买的彩色电视在安装后发现不用调频道就可以观看，而且电视机的条形码和包装箱上的不一致的情况，商场已涉嫌欺诈，经双方商谈，退货款并赔偿5110元。

8月2日，陈女士投诉平潭某大型酒店，称其在网上预定团购房间，无法兑现团购价，要求酒店兑现承诺。酒店提出：这是陈女士入住后才上网团购的，不符合网上团购预约。然而，网上发布的团购信息中没有必须预约的规则。经调解，退还两者差额180元。

10月5日，黄先生投诉长乐某种子店。称其购买的“闽薯1号”马铃薯种子收成时，发现个粒小、裂纹多，且有斑点，与2012年购买的同品牌薯种对比差距极大。经了解，商家误将“兴佳2号”马铃薯种子售给农户。经调解，商家补偿农户30391元。

11月2日，吴先生投诉平潭某五金水暖店，称其购买的储水罐出现漏水问题，商家更换储水罐内的浮球后仍然漏水，要求修复储水罐漏水。商家表示只退浮球费65元。经调解，商家对储水罐再次进行检查，查出止水阀故障，并加以更换。

（陈成铜）

（编辑　苏　颖）

外事侨务

【概况】 2014年,福州市人民政府外事侨务办公室接待外宾团组76批752人次,其中副总理级以上外宾1批46人次、副部级以上外宾5批104人次、友城来访团组10批65人次。在教育、医疗、经贸、远洋渔业、冷链物流、污水处理、光电节能等领域与国际友好城市开展21次洽谈,签订3个校际友好交流协议书,达成远洋渔业、冷链物流、LED节能、水产品开发、自来水技术交流、经贸交易等多个合作项目。批准因公出国(境)702批1424人次,为150家非公企业183人向外交部申请APEC商务旅行卡,申请数量同比增长30%。处置各类涉外事件37起,完成福州市劳工在喀麦隆失踪、宏东远洋渔业公司渔船在东太洋沉没等重大涉外事件的处理工作。接待重点华侨华人55批次700人次,完成福州市海外交流协会第六届理事会换届工作,举办两期海外华裔青少年夏(冬)令营活动,在加拿大、美国分别举办"榕情四海·佳节同庆"系列活动。受理华侨回国定居申请11055件,占全省总受理量的90%;办理"三侨子女"身份证明311份;协调处置涉侨信访件500多件。

市外侨办获外交部颁发的"因公护照管理服务贡献奖",全国友协颁发的"国际友好城市交流合作奖"。

【国外重要代表团访问福州】 2月22—23日,法国外交部部长洛朗·法比尤斯和夫人马尚·贝莱女士(法国旗帜基金会主席)一行6人,以私人身份访问福州。全国友协领导、法国驻广州总领事馆总领事白屿淞陪同访问。23日中午,市长杨益民、副市长陈晔会见代表团一行。在榕期间,客人参观中国船政文化博物馆,马尾造船厂和三坊七巷。

4月9日,德国莱法州州长玛卢·德莱尔率莱法州政府代表团一行30人访问长乐。

4月12—13日,东帝汶民主共和国总理夏纳纳·古斯芒一行46人访问福州。客人一行参观三坊七巷,考察福建海峡水产品交易中心,了解福州远洋渔业的实力和成果。市长杨益民、副市长陈晔、市外侨办主任林汉隽等陪同参观考察。

9月9日,加纳大阿克拉省省长尼·拉耶·安非特-阿格鲍一行20人访问福州。在榕期间,市长杨益民会见客人一行。

9月18日,新加坡总理公署部长兼外交部和环境及水源部第二部长傅海燕一行15人访问福州。在榕期间,市长杨益民等市领导会见客人一行。

10月30日—11月3日,韩国江原道知事崔文洵率代表团一行48人访问福建省福州市等地,并于11月1—2日在三坊七巷举办"江原之日"系列活动,开展经贸、旅游、教育项目对接、图片展、文艺演出等活动。

12月4日,捷克奥洛穆克州州长伊瑞·罗扎博瑞尔一行7人访问福州。客人一行参观三坊七巷、永辉超市集团、新大陆科技集团公司等。

【使领馆官员团组访问福州】 1月13—14日,哈萨克斯坦、塔吉克斯坦、乌兹别克斯坦、吉尔吉斯斯坦等4国驻华大使访问福州。客人一行参观福建海源机械股份有限公司,就机械设备出口中亚地区进行洽谈。

5月18—19日,新任印尼驻华大使苏更·拉哈尔佐访问福州,参加第十六届海峡两岸经贸交易会,出席21世纪海上丝绸之路市长高峰论坛。市长杨益民会见客人一行。

7月17日,法国驻华大使馆大使白林和法国驻广州总领事馆总领事白屿淞一行访问福州,参观仓山区法国文学家保罗·克洛代尔故居。

8月22日,新加坡驻华大使馆大使罗家良一行访问福州,拜会市长杨益民,了解福州经济社会发展情况。

【经贸团组访问福州】 5月16—19日,参加第十六届海峡两岸经贸交易会、出席21世纪海上丝绸之路市长高峰论坛的经贸团组有:美国塔科马市玛丽莲·斯特里克兰一行3人,圭亚那乔治敦市副市长帕特丽夏·切斯-格林一行3人,伊朗吉兰省拉什特市市长莫哈迈德·哈利利、伊朗外交部驻吉兰省办公室主任阿克巴·加法利及伊朗驻广州总领事阿里礼萨·萨拉利扬一行5人。

5月16—21日，阿根廷圣克鲁斯省机构事务部部长赫克托·吉尔马丁与里奥加耶戈斯市副市长帕特丽夏·卡丽娜·皮塔卢加一行4人访问福州，参加第十六届海峡两岸经贸交易会，出席21世纪海上丝绸之路市长高峰论坛。

5月17—19日，参加第十六届海峡两岸经贸交易会，出席21世纪海上丝绸之路市长高峰论坛的经贸团组有：波兰科沙林市副市长安杰伊·基尔策克先生、副市长托马斯·索比尔那杰先生和市政经理、市废物处理办公室主任阿格涅斯卡·坎斯女士等一行3人；马来西亚诗巫市市长拿督张泰卿一行4人。

6月7日，法国空客中国区总裁一行4人访问福州，了解福州轨道交通发展规划，探讨未来合作可能。

6月9日，柬埔寨奉辛比克党干部考察团一行15人访问福州，了解福州市经济社会发展情况。

9月1日，丰田通商株式会社海外地域统括部部长村上英明一行6人访问福州，了解福州市经济社会发展情况。在榕期间，市长杨益民会见客人一行。

10月21—24日，缅甸青年非政府组织负责人、大学师生和智库等机构的青年代表组成的缅甸青年精英考察团一行20人访问福建省、福州市。在榕期间，客人一行考察网龙公司和福清的新农村建设情况，并参观三坊七巷。

10月29—31日，韩国全罗南道议长明炫官率议会代表团一行26人访问福建省、福州市。在榕期间，客人一行考察福建海峡水产品交易中心、水产品加工生产线、东盟海产品交易大厅，参观三坊七巷。

11月21日，伊朗伊斯兰联合党干部考察团一行20人访问福州，考察中国—东盟海产品交易所。

11月21日，菲律宾媒体智库考察团一行16人访问福州，考察中国—东盟海产品交易所、海峡水产品交易中心、三坊七巷等。

【文化教育交流】　3月17日，日本笹川日中友好基金会主任研究员胡一平一行3人访问福州，参观台江瀛洲街道滨江社区和义洲街道浦东社区并座谈交流。

3月25—28日，俄罗斯鄂木斯克市议会副主席阿列克谢·索金率领经贸文化代表团一行11人访问福州。在榕期间，客人一行举行鄂木斯克市经贸、教育项目推介会，并签署两市学校间交流合作协议等。

5月21—23日，日本冲绳县商工劳动部长下地明和一行8人访问福州。在榕期间，客人一行拜会省外办领导，商议“福建—冲绳友好会馆”的管理问题，就深化友城交流、推动旅游和文教合作等事宜交换意见。22日，客人祭拜琉球人墓园，参观琉球馆和三坊七巷。

5月29日，美国纽约市布鲁克林区区长埃里克·亚当斯一行8人访问福州。在榕期间，客人一行分别与鼓楼区及长乐市领导，以及部分长乐美国侨领进行座谈，并参观三坊七巷、长乐华侨博物馆。

10月19日，法国外交部部长法比尤斯在法国驻华使馆举行法国海军军官日意格塑像的交接仪式，副市长林飞应邀率团出席仪式。

10月23日，法国旗帜基金会主席马尚·贝莱女士受外长法比尤斯委托访问福州，参加法国海军军官日意格塑像安放仪式。

【市领导出访活动】　3月25日—4月3日，副市长陈晔应美国国际姐妹城市协会、墨西哥特拉韦里阿潘市政府、墨西哥ANDROMEDA公司、秘鲁福州商会邀请，率团赴美国、墨西哥、秘鲁，参加“2014年中美友城大会”，洽谈经贸合作项目，并看望榕籍华侨华人。

4月8—15日，市委常委、副市长吴贤德应印尼三林集团、新加坡国际企业发展局邀请，率团赴印尼、新加坡推介第十六届海峡两岸经贸交易会，洽谈相关经贸合作项目，拜访侨团。

5月21—30日，市人大常委会副主任鄢萍应波兰科沙林市市政府、瑞士瑞中经济协会、爱沙尼亚工商协会邀请，率团访问波兰、瑞士、爱沙尼亚，进行友好访问，推进落实科技项目。

6月11—20日，市长杨益民应印尼三林集团、东帝汶总理特任经济资政办事处、韩国光阳市政府邀请，率团赴印尼、东帝汶、韩国洽谈远洋渔业等相关经贸项目，推进与韩国光阳市友好合作事宜，看望榕籍华人华侨，并进行投资项目推介。

8月18—25日，市政协副主席郑新清应斯里兰卡文化艺术部、印尼中爪哇省政府邀请，率团赴斯里兰卡、印尼参加首届“中国福建周”活动，并开展友城结好、经贸推介等活动。

9月13—20日，副市长林飞应泰国德钜集团有限公司、澳大利亚肖尔黑文市政府邀请，率团赴泰国、澳大利亚开展经贸项目洽谈、友城交流等活动。

5月18日下午，市长杨益民在福州香格里拉大酒店会见应邀到榕参加海交会活动的新任印尼驻华大使苏更·拉哈尔佐　（王海　摄）

9月20—29日，市委常委、常务副市长陈大强应荷兰欧中科技发展中心、匈牙利赛格德市政府、以色列经济部邀请，率团赴荷兰、匈牙利、以色列洽谈经贸项目，开展友城交流。

10月4—13日，副市长严可仕应斯里兰卡与中国友好协会、世界大都市协会及印度海德拉巴市政委员会、孟加拉国农业发展局邀请，率团赴斯里兰卡、印度、孟加拉参加第十一届世界都市大会，洽谈农业渔业等合作项目。

10月13—20日，市政协副主席王长鹰应美国塔科马港务局、美国高意公司、加拿大欧阳氏集团邀请，率团访问美国、加拿大，开展经贸洽谈活动。

10月14—23日，市政协主席方清海应马达加斯加渔业部、纳米比亚渔业协会联盟、毛里求斯工商联合会邀请，率团访问马达加斯加、纳米比亚、毛里求斯，洽谈远洋渔业合作项目，进行投资推介，开展友城交流。

10月20—29日，市政协副主席范美先应SFC新能源AG公司、中芬金桥创新中心、鄂木斯克市政府邀请，率团访问德国、芬兰、俄罗斯，开展经贸交流活动。

11月12—19日，市委常委、统战部长黄忠勇应印尼吉祥山基金会、缅甸福州三山同乡会邀请，率团赴印尼、缅甸参加世界福州十邑同乡总会第十一届恳亲大会、缅甸福州三山同乡会成立105周年庆典大会，并洽谈华侨投资项目。

11月21—30日，市人大常委会副主任陈建平应德国中小企业联合会、丹麦欧登塞市政府、瑞典斯堪尼亚商用车有限公司邀请，率团访问德国、丹麦、瑞典，洽谈经贸合作项目。

11月28日—12月7日，市委副书记周宏应苏里南自然资源部、秘鲁三构投资公司、香港中诺集团邀请，率团赴苏里南、秘鲁、香港进行渔业双边交流及项目洽谈，推介“2015中国国际(福州)渔业博览会”。

12月6—13日，省委常委、市委书记杨岳，市委常委、副市长姜波应美国塔科马市政府、加拿大宏利金融集团邀请，率团访问美国、加拿大，开展友城交流、经贸洽谈等活动。

12月17—24日，市委常委、副市长、公安局局长徐凡新应中华人民共和国驻南非共和国大使馆、南非自由省警察署、印尼东爪哇福清商会邀请，率团访问南非、印尼，拜会华人华侨社团，加强经贸合作。

【国际友城缔结活动】 正式与阿根廷里奥加耶戈斯市签约结为友好城市；获批与俄罗斯鄂木斯克市结为友好城市；已上报外交部待批与印尼三宝垄市缔结友好城市；与美国奥斯汀市、斯里兰卡加勒市、纳米比亚温得和克市、马达加斯加塔那那历佛4市新签友城结好意向书，结为友好城市数为历年之最。

【涉外事务】 完成年度涉外文书核查工作，处置37件各类涉外事件。妥善处置在喀麦隆中国劳工事件、宏东远洋渔业公司渔船沉没事件、中国货轮被墨西哥扣留事件等一批影响较大的涉外事件。

接待来自10多个国家的外国驻华使领馆团组29批89人次。法国、印尼、新加坡、哈萨克斯坦、塔吉克斯坦、乌兹别克斯坦、吉尔吉斯斯坦、巴布亚新几亚等8位驻华大使以及马来西亚、巴基斯坦、科威特等国驻华总领事先后访问福州市，拜会市领导，了解福州改革开放和经济、社会发展情况。

【因公出国(境)管理】 审核、审批因公出国(境)702批1424人次，其中，批准福州市非公企业因公渠道出国(境)510批827人次。颁发新版因公电子护照300本，新版通行证400本。送办外国签证245批2962人次，签证成功率达100%。为福州150家非公企业183人次向外交部申请APEC商务旅行卡。

【服务“5·18”海交会】 5月18—22日，第十六届海峡两岸经贸交易会暨第十一届中国福建商品交易会在福州举行。本届海峡两岸经贸交易会增加“21世纪海上丝绸之路市长(高峰)论坛”、“海丝之夜”文艺晚会等两场重大活动。市外侨办承担参会嘉宾邀请、活动组织协调等工作，先后邀请到美国塔科马市市长玛丽莲·斯特里克兰、圭亚那乔治敦市副市长帕特丽夏·切斯-格林、波兰科沙林市副市长安杰伊·基尔策克、阿根廷里奥加耶戈斯市副市长帕特丽夏·皮塔卢加、伊朗拉什特市市长莫哈迈德·哈利利、马来西亚诗巫市市长拿督张泰卿等6个国际友好城市市长(副市长)到榕出席“21世纪海上丝绸之路市长(高峰)论坛”，并在论坛上发言。邀请来自马来西亚、泰国、菲律宾等国的优秀文艺团体38人到榕参加“海丝之夜”文艺晚会，并在晚会上献艺。本届海峡两岸经贸交易会，市外侨办邀请到外国使领馆、国际友城、驻华机构、侨商团组43个，约350名前来参展、参会。

海交会期间，参会的外宾、侨商开展各类经贸推介、考察、洽谈等活动。巴基斯坦驻广州总领馆举办巴基斯坦投资环境推介会，福州市建筑、纺织、物流、海洋渔业、网络科技等行业近30家企业出席推介会活动；国际友城塔科马市代表团拜访福州市教育局、五矿有色金属公司、鸿博集团，就开设中美合作班、教师互派交流、赴美投资进行洽谈，并达成合作意向；国际友城圭亚那乔治敦市代表团走访福州市空手道协会，拜访春伦茶叶公司，就加强武术交流、茶叶贸易进行洽谈，并达成合作意向；国际友城里奥加耶戈斯市代表团考察福州百洋和名城集团等渔业企业，并与福州9家渔业公司举行座谈，进行渔业、畜牧业推介；伊朗拉什特市代表团与市外侨办举行会谈，就加强福州与拉什特市友好交流与合作进行洽谈，并签署会谈纪要。

【首届“中国福建周”】 8月18—25日，市政协副主席郑清新率经贸文化代表团一行40人赴斯里兰卡科伦坡市、印尼中爪哇省等地参加首届“中国福建周”活动。

活动期间，代表团一行先后访问斯里兰卡加勒市、印尼三宝垄市。加勒市市长希尔瓦在市政厅会见代表团一行，并与福州市签署建立友好城市关系意向书。三宝垄市市长亨得拉·普里哈迪在市政厅设宴欢迎福州市代表团一行，并希望在经济文化方面与福州加强合作。

【建立福州市海外交流协会海外联络站】 市外侨办启动福州市海外交流协会海外联络站建设工作，着手建立覆盖全球榕籍华侨华人的引资引智联络站，以机制创新带动海外榕籍华侨华人资源的整合，形成对外开放与合作的民间资源网络。11 月 14 日，在印尼雅加达，利用第十一届世界福州十邑同乡恳亲大会召开之机，由市委常委、统战部长黄忠勇向世界福州十邑同乡总会授予“福州市海外交流协会海外联络站”的牌匾，建立首家引资引智联络站。12 月 11 日，在加拿大多伦多，在市委书记杨岳见证下，市委常委、副市长姜波向加拿大闽商总会授予“福州市海外交流协会海外联络站”牌子，建立第二家引资引智联络站。

【举办“榕情四海 · 佳节同庆”系列文艺演出】 12 月 10—17 日，应加拿大 Easycan Inc、美国 ICN 电视联播网的邀请，由市外侨办、市委宣传部、市文新局组织经贸文化代表团赴美国、加拿大，举办“榕情四海 · 佳节同庆”系列文艺演出活动，洽谈相关经贸文化合作项目。当地时间 12 月 11 日下午至 13 日下午，“榕情四海 · 佳节同庆”迎新年文艺晚会先后在加拿大多伦多和美国纽约举行，中国驻多伦多总领事房利、安大略省公民移民及国际贸易厅厅长陈国治、安省议员董晗鹏、加拿大密西沙加市前市长麦考莲，以及加拿大、美国闽籍华侨华人、友好人士代表和当地主流社会人士近 700 人参加活动。福州市艺术家表演一批富有传统文化特色的节目，如福州方言清唱《福州名牌歌》，闽剧优秀剧目选段，传统伬唱等。中国驻多伦多总领事房利登台即兴演唱《红灯记》选段，加拿大闽商总会、美国福建同乡会、美国福建公所乡亲也参与晚会互动节目。

【“海外福州人”系列专题片】 “海外福州人”是福州市外侨办会同市委宣传部与中央电视台中文国际频道《华人世界》栏目合作推出的系列专题片。2014 年 7 月 1 日开拍后，在 2 个月内，市外侨办先后组织赴新加坡、马来西亚、美国、加拿大等国家和香港、澳门地区拍摄，采拍 14 位知名海外福州人。

【派遣研修生】 4 月，选派闽江学院日语教师邱晓玫作为 2014 年度国际交流员，赴日本长崎县南岛原市工作 1 年。

【侨资侨智引进】 3 月 21—22 日，正大集团农牧食品企业中国区副董事长姚民仆一行到榕考察中国—东盟海产品交易所并与市建委举行座谈。副市长陈晔、林瑞良分别陪同客人一行考察、座谈。

4 月 16 日，副市长陈晔会见菲律宾世界黄氏总商会带领的美国 A&S 国际工程设计公司专家团一行 7 人。

12 月 6 日，福建省委常委、福州市委书记杨岳出席福州市与美国塔科马市签署两市进一步加强友好交流的合作备忘录仪式 （杜维广 摄）

4 月下旬，微模式科技公司 CEO 陈绪文走访软件园，了解福州市招商引资的各项优惠政策等有关情况，并于 5 月初在福州软件园完成注册落地事宜。

5 月 19 日，副市长林飞会见返榕参加“5 · 18”海交会的榕籍海外重点侨领、企业家代表。

6 月 18 日，美国 A&S 国际工程设计公司一行 5 人再次到榕，并在第十二届中国 · 海峡项目成果交易会期间与福州市签订关于引进福州市污水处理系统及污水管道维修业务美国先进技术的意向书。

10 月 29 日，副市长姜波会见回榕考察的泰国福州会馆回乡商务考察团一行 22 人，参观马尾航政文化博物馆、中国东盟海产品交易中心、保税区和三坊七巷等。

11 月 14 日，世界福州十邑同乡总会在印尼雅加达召开第十一届恳亲大会，1500 多名榕籍乡亲参加大会。大会期间，举行福州市海外交流协会“海外联络站”授牌仪式，市委统战部部长、福州市庆贺团团长黄忠勇参加授牌。

12 月 7—15 日，市外侨办组织恒升集团、味民集团 2 家企业参加在印尼、马来西亚、柬埔寨举行的“福建经贸推介会”活动。在印尼、马来西亚推介会上，味民集团董事长黄卫民作为企业代表上台推介发言。

【侨务联谊工作】 接待重点华侨华人 55 批次 700 多人次。先后向巴西、意大利、英国、马来西亚、南非、阿根廷、西班牙、荷兰、法国、印尼、奥地利、新加坡等国家和地区的 20 多个社团庆典活动发电贺电。协助办好《玉融乡音》《闽侯乡音》《涌泉乡音》《吴航乡讯》《青芝乡讯》等 8 种乡刊，发行量 60 多万份，发往海外 40 多个国家和地区。

7 月 15—29 日，市外侨办与省侨办联合举办“2014 年海外华裔青少年中国寻根之旅夏令营 · 福州营”，来自美国的 22 名榕籍青少年在福州开展寻根问祖、学习参观活动。

12 月 20—31 日，市外侨办与省外侨办联合举办“2014 年海外华裔青少年中国寻根之旅冬令营 · 福州营”，来自印尼、新加坡的 36 名榕籍青少年到榕

"寻根"、学习。

【华侨到榕定居】 全年,累计受理华侨到榕定居申请11555件,其中华侨定居申请4812件、非华侨定居申请6743件,占全省总受理量近90%。

【涉侨失依儿童】 近年来,由于部分国家和地区的治安形势严峻,福州市出国人员在国外意外身亡的事件时有发生,部分儿童在事故中失去主要经济来源。2014年,市外侨办就涉侨失依儿童的生活和教育保障问题,到重点侨乡福清江阴镇、渔溪镇等村居进行调研。对全市80名失依儿童,开展专项补助。同时,开展"关爱工程""春雨行动"等系列活动,推动全市失依儿童帮扶工作的开展。

【维护归侨侨眷权益】 扶助贫难侨 市外侨办争取到省侨办和市财政补助资金72.96万元,对全市608名散居社会贫困归侨进行固定补助。争取上级侨办和市财政补助资金19万元,对全市贫困归侨进行临时补助。筹措资金23万元,对全市贫困归难侨实行补助及开展"春节"慰问。做好93名关停并转企业归侨退休职工享受特殊补贴的申报和发放,全年累计发放补贴款11.42万元。

侨务信访工作 接待来信来访1000多人(件)次。主要问题集中在:旧城改造的拆迁安置、补偿问题;落实侨房政策;散居农村的归侨侨眷宅基地、承包地、祖坟地的纠纷;出入境定居以及其他日常信访等。

"三侨子女"身份证明认定 为归侨、侨眷办理各种身份证明,到考生相对集中地的福清市为全市参加普通高校和成人高考的归侨子女、华侨子女、归侨学生出具"三侨"子女高考升学证明311份。

【华侨农场体制改革】 按市委常委会、市政府常务会议研究意见11月1日起,江镜、东阁华侨农场划归属地福清市政府管理,长龙华侨农场划归属地连江县政府管理,由福州市外侨办将各华侨农场人员、资产等分别移交福清市、连江县政府。

【帮扶侨资企业】 4—5月,市外侨办联合省政协、省侨办开展"福建省侨资企业发展环境"调研工作,向51家侨企发出"福建省侨资企业投资与经营环境评价调查问卷",了解侨企对福州的投资软、硬环境满意程度,同时对提出的意见建议给予协调解决。

组织重点侨资企业参加国务院侨办组织的"侨商宁夏行""侨商广西行""侨商吉林行"活动;福建省侨办组织的侨商赴漳州考察活动和"2013年福建省稳定外贸增长政策——侨资企业专题报告会";江苏南通市政府举办的南通海安开发区投资环境推介会;甘肃省玉门市人大举办的项目推介会等活动。

【侨胞捐赠兴办公益事业】 2014年,福州市华侨捐赠项目146多项,金额1.1亿元。其中,捐赠教育事业37项2900万元,卫生事业3项558万元,文体事业20项3191.5万元,生产生活设施31项1576万元,社会事业55项1401.9万元,其他1372.6万元。

【侨法宣传及社区侨务工作】 到闽侯县荆溪镇、白沙镇举办两场侨法宣传暨送温暖专家义诊活动;在福清市、闽侯县设立两个侨法宣传角,发放侨法宣传材料300份。福清市江阴镇屿礁村获国务院侨办授予的"全国社区侨务工作示范单位"称号。

(林木荣)

港澳事务

【概况】 2014年,市港澳办加强与港澳特区政府及各有关部门的沟通联络,做好港澳地区政府官员、知名企业负责人及社会各界名流的报批及接待工作。组织社区干部赴港参加社区管理培训班,拓宽福州市与港澳的合作领域,促进港澳客商、民间社团参与福州的经济建设。全年审批390批765人次因公出访港澳,办理香港居民身份确认57份。

【交流合作】 1月24日,香港特别行政区行政长官梁振英率领经贸考察团一行140人到榕考察,了解福州经济社会发展情况。省委常委、福州市委书记杨岳,副省长郑晓松,市长杨益民,市人大常委会主任周振华,市政协主席方清海会见客人一行,先后考察网龙网络有限公司、福州城市规划馆、三坊七巷。

7月30—31日,香港特别行政区政府驻粤经济贸易办事处邓家禧一行4人访问福州。副市长林飞会见客人一行,并就加强榕港合作与交流进行探讨。

12月12日,香港特别行政区政府驻粤经济贸易办事处和市港澳办在榕联合举办"2014年榕港交流会"。在榕港资企业、港籍学生、福州十邑同乡会代表近150人参加交流会,市政协副主席林雄参加交流会。

(林木荣)

台湾事务

【概况】 2014年,全市组织324个团队1559人次赴台。接待台湾中上层人士到访团组14批300多人次。台湾合作金库银行福州分行、彰化银行福州分行、华南银行福州分行获中国银监会批准筹建,其中台湾合作金库银行福州分行已揭牌正式运营,成为福建首家台湾银行在福州设立的分行。

台胞张俊一、林允武被授予"福州荣誉市民"称号;台胞左自生入选省第三批"百人计划"专家;华映科技(集团)股份有限公司董事长唐远生入选在闽优秀台湾人才。

【榕台经贸合作】 榕台产业对接 全年新批准台资项目39个(含第三地转投资),合同台资3.06亿美元,实际到资1.88亿美元;榕台贸易总额为20.38亿美元,进口额15.23亿美元,出口额5.15亿美元。商务部批准福州市2家企业赴台投资设点、1家企业对台湾子公司增资。全市新批台资农业项目4项,合同台资1324万美元,比上年增长94.42%。主动对接台湾"六海一空一区"(自由经济示范区即台北港、基隆港、台中港、苏澳港、安平港、高雄港、桃园航空城自由贸易港区和屏东农业生技园区）。协调福州市高新区、保税港区、台商投资区等涉台园区，提出榕台园区对接方案，并组织相关园区赴台对接。在马尾区设立首个由海峡两岸共同打造的马尾马祖旅游服务中心，提高对海峡旅游、"两马"旅游的奖励标准，增加对旅行社包船赴马祖、赴台旅游的奖励。

涉台经贸活动　第十六届海峡两岸经贸交易会签约台资项目26项，利用台资7.58亿美元。设置21世纪海上丝绸之路展示馆、机电展区、食品展区、日用精品展区、旅游文化展区5大展区，3847个展位，总面积8.3万平方米，有17个台商团组100多人到榕参会。有601家台湾企业参展，比上年增长18%。2014海峡（福州）渔业周·中国（福州）国际渔业博览会台湾展区面积5000平方米，有65家台湾企业参展，设展位220个。举办"海峡两岸渔业合作交流会""海峡两岸渔业资源增殖放流启动仪式"等活动。

【榕台文化交流】　制定并实施"2014年榕台一家亲"双向交流计划，举办涉台交流活动项目34个，组团赴台交流项目50个。举办第六届"海峡论坛""海峡两岸船政文化对台交流"活动、第十二届"两马"同春闹元宵、第七届"海峡两岸民俗文化节"、海峡两岸祭孔大典、海峡两岸公祭甲申马江海战、甲午海战英烈等系列对台交流活动。

赴台举办"船政文化与台湾"特展、"第三届闽都文化研讨会"；落实第五届"海峡论坛"惠台政策；海峡（福州）大熊猫研究交流中心护送3只小熊猫赴台，赠给台北市动物园。

【第九届两岸青年联欢节暨2014年海峡青年节】　8月，由国务院台湾事务办公室、中华全国青年联合会、中国国民党革命委员会中央委员会、台湾民主自治同盟中央委员会、中华全国台湾同胞联谊会、中国高等教育学会、福建省人民政府主办的"第九届两岸青年联欢节暨2014年海峡青年节"在福州举行。活动以"中国梦·中华情"为主旋律，突出"海丝起点·青春启航"主题，紧扣青年"创想、创新、创业"主线，安排16个活动项目，其中主场活动项目6项〔船政文化与海上丝绸之路研讨会、"海丝起点·青春启航"两岸青年联欢会、海峡青年（福州）峰会、首届两岸学生活动营、考察活动等〕，专场活动项目11项（两岸青年文化创意展、福州美食非物质文化遗产展示与台湾风味小吃展示活动、第五届海峡两岸商会经济暨两岸青年企业家产业发展与合作论坛、两岸青年人才创业交流及"海西校园行"演讲活动、"青春创想秀"暨第二届两岸大学生社团活动策划大赛、第七届海峡两岸合唱节、两岸青年篮球邀请赛及两岸青少年五人制足球邀请赛、两岸青少年志愿者"生态保护共同行动"、两岸青年职业技能竞赛、海峡两岸大学生实体建构大赛、海峡两岸金门籍青少年国学夏令营），内容涵盖青年创业就业、人才交流、体育竞赛及公益性、文化展示、职业竞技等方面。

来自两岸青年社团负责人和青年学生代表1700多名参加活动，其中台湾嘉宾863人，比上年增加200多人，包括台湾大学、台湾"清华大学"等52所高校学生、20所中学（职校）和99个青年社团、组织。活动期间有70余家境内外媒体200多名记者参与活动报道，刊播各类新闻报道1600多篇（条），相关专题专版30多个，近百家网站进行转载和报道，近40万网民参与"海青节"微信微博的网上互动。活动期间，中央政治局常委、全国政协主席俞正声向本次活动表示祝贺，对参加活动的两岸青年表示问候与祝福。福建省委书记尤权会见到榕参加活动的中国国民党知名人士蒋孝严。

【榕台直航】　*空中直航*　福州至台北松山、桃园、台中、高雄等4条空中客运直航常态化航线每周客运有24个航班48个往返架次。全年福州空港往返台湾航班2792航次，运送旅客36.55万人次。

通邮工作　3月，全国首个邮政EMS样板式处理中心在长乐建成使用，借助邮航福州—台北—福州每周五班的航线，使得福州—台北两地快件实现"次日递"。全年经福州水陆路的邮政总包303.74吨，空运邮货量125.78吨。

海上直航　"两马"航线继续全年运送旅客4.21万人次；福州至高雄港、台中港、基隆港等港口海上货运直航常态化运营，全年集装箱运输35.5万标箱，散杂货运745.56万吨。

【媒体交流】　邀请台湾东森电视事业股份有限公司、联合报系、旺旺中时媒体集团3家台湾主流媒体作为第二届"海峡青年节"协办单位。同时，邀请台湾东森电视台、联合报、中国时报、旺报、TNN台湾网、民众日报、台湾导报、台湾民众日报、台湾商报、前锋日报、奇峰广播电台等16家台湾媒体的20多名记者参与第二届"海峡青年节"的采访报道。以上16家台湾媒体和中国新闻社、东南广播公司、福州日报、福州晚报等大陆媒体开展"两岸媒体福州行"活动，安排参观访问长乐民营企业福建锦江科技有限公司、福州市临空工业区、长乐显应宫，马尾台资企业华映科技集团，并采访福州市副市长林飞，对榕台交流交往成就、福州新区建设以及福州打造21世纪海上丝绸之路战略枢纽城市等进行集中采访。邀请联合报、中天电视台等台湾媒体到榕以"魅力东方"节目，"走进福州"专题片等形式，面向台湾民众对福州市社会经济发展和福州新区建设、"海上丝绸之路"、产业园区发展、闽都文化、名胜美食等进行全面采访报道。

【服务台胞】　经国务院台湾事务办公室批准"福州市台胞协调服务中心"加挂"福州市台胞权益保障中心"牌子；福州市中级人民法院在福州市台胞协调服务中心内设立法官工作室，选派法官定期为台胞、台企提供法律咨询服务，及时排解矛盾纠纷。福州市中级人民法院召开涉台审判特邀调解员聘任大会，台商蔡圣等3人受邀担任福建省高院、福州市中院涉台案件特邀调解员。全年，中心受理台商、台胞投诉求助案件121件，办结114件，办结率94.2%；受理台商子女就学及中考加分证明62人；召开政策咨询、培训讲座8场，为台资企业转型升级、台商子女就学等提供服务。

（杨家铸）

（编辑　苏　颖）

地方立法

【福州市茉莉花茶保护规定】 市十四届人大常委会第十二次和第十三次会议分别于2013年8月和10月进行一审、二审。2014年4月25日,市十四届人大常委会第十八次会议审议通过,报请省人大常委会批准。5月22日,经省第十二届人大常委会第九次会议批准,由市人大常委会颁布于8月1日起施行。该条例对茉莉花种植的划区定界、基地建设以及茉莉花茶加工制作、标准工艺、品牌推广等方面作出规定。

【福州市行政服务条例】 4月,经市政府常务会议研究同意,提请市人大常委会第十八次会议审议。6月,市十四届人大常委会第十九次会议进行二审。8月29日,市十四届人大常委会第二十一次会议审议通过,报请省人大常委会批准。9月26日,省第十二届人大常委会第十一次会议批准,由市人大常委会颁布于12月1日起施行。该条例为全国设区市率先对行政服务规范进行立法,对行政服务事项的申请与办理、行政服务场所建设与管理、行政服务部门及工作人员的考核与监督等方面进行规范。

【福州市志愿服务条例】 6月,经市政府常务会议研究同意,提请市十四届人大常委会第十九次会议审议。8月29日,市十四届人大常委会第二十一次会议审议通过,报请省人大常委会批准。9月26日,省第十二届人大常委会第十一次会议批准,由市人大常委会颁布于12月1日起施行。该条例对志愿服务机构、志愿服务组织的职责、志愿者的权利和义务、志愿服务的规范管理、保护和激励等方面作出规定。

【福州市法律援助条例】 4月,经市政府常务会议研究同意,提请市十四届人大常委会第十八次会议审议。8月,市十四届人大常委会第二十一次会议进行二审。10月24日,市十四届人大常委会第二十三次会议审议通过,报请省人大常委会批准。11月28日,省第十二届人大常委会第十二次会议批准,由市人大常委会颁布于2015年2月1日起施行。该条例在法律援助工作的管理机制、设置法律援助的条件和范围、规范法律援助的申请和受理以及法律援助的实施和保障等方面作出规定,降低法律援助门槛,扩大法律援助范围,简化法律援助申请渠道。

【福州市城乡规划条例】 2月,经市政府常务会议研究同意,提请市十四届人大常委会第十七次会议审议。6月,市十四届人大常委会第十九次会议进行二审。该条例草案对规划审批、规划管理、危房改造、信息公开、部门职责等条文进行修订。

【福州市园林绿化管理条例】 6月,经市政府常务会议研究同意,提请市十四届人大常委会第十九次会议审议。8月,市十四届人大常委会第二十一次会议进行二审。该条例修改草案对法规适用范围、园林绿化科研及技术推广、园林绿化建设、审批和报备、主管部门的管理和监督责任、损害园林绿化行为等条文进行修订。

【福州市公共场所控制吸烟条例】 8月,经市政府常务会议研究同意,提请市十四届人大常委会第二十一次会议审议。10月,市十四届人大常委会第二十三次会议进行二审。该条例草案对控烟范围、禁烟场所、部门职责、执法处罚等方面作出规定。

【福州市市容和环境卫生管理条例】 10月,经市政府常务会议研究同意,提请市十四届人大常委会第二十三次会议审议。该条例草案对法规适用范围、责任区制度、临时性广告以及市容管理中的难点问题、违法行为处罚等条文进行修订。

【立法调研项目】 市人大常委会开展湿地保护管理办法、邮政若干规定、奖励和保护见义勇为人员办法、学前教育管理条例、轨道交通管理办法、海洋环境保护规定、养犬管理条例、城市渣土管理办法、旅游条例、大樟溪水资源保护办法、水权交易实施办法、闽菜文化保护条例等立法调研，并对修订福州市经济技术开发区条例、劳动争议处理若干规定、城市部分社会事业设施建设和保护规定、大气污染防治办法、城市古树名木保护管理办法、绿化保护带若干规定、城市公园管理办法、风景名胜区管理条例等法规进行调研，待调研论证、条件成熟时安排审议。

（郑乐鸣）

政府法制

【概况】　2014年，福州市政府提请审议地方性法规草案6件，出台规章和规范性文件23件，对2014年8月31日之前现行有效的市政府及市政府办公厅发布的规范性文件进行清理，决定废止和宣布失效18件，修改52件，继续有效229件。向上级行政机关和权力机关报备23件规章和规范性文件；审查市直部门和各县（市）区政府报备的规范性文件119件。加强行政复议应诉工作，全年办理185件行政复议案件，应诉案件73件。对入驻行政服务中心的841项行政审批服务事项的办事指南再次进行梳理，合并、取消各类申请材料1200余份，修改56个事项的设立依据和75项申请材料的收件依据。对27个行政执法部门提出修改、调整行政职权和行政处罚裁量标准的意见进行审核。

【推进依法行政】　一是制定出台《关于贯彻落实福建省2014年推进依法行政建设法治政府工作要点的通知》，从完善行政决策程序、提高制度建设水平、转变政府职能、强化监督和问责等方面对全年推进依法行政工作作全面部署，并落实牵头部门和责任单位，将推进依法行政工作任务具体分解到各个单位。二是坚持领导干部学法用法制度，政府常务会议和部门局务会议定期安排法律知识学习。三是依托政府绩效管理制度，开展依法行政考核工作，对县（市）区政府和市直部门开展依法行政工作情况进行全面考核。制定出台《福州市人民政府重大行政决策若干规定》，对重大行政决策的内容和程序予以规范，把公众参与、专家论证、合法性审查、集体讨论决定确定为重大行政决策必经程序，必要时进行社会稳定风险评估。各县（市）区政府均制定出台重大行政决策制度。

【立法工作】　组织起草并提请市人大常委会审议《福州市行政服务条例》《福州市志愿服务条例》《福州市公共场所控制吸烟条例》《福州市法律援助条例》《福州市市容和环境卫生管理条例（修订）》《福州市园林绿化管理条例（修订）》等6件地方性法规草案。制定出台《福州市驾驶培训管理办法》《福州市民用船舶和船员民兵动员征用暂行规定（修订）》《关于培育发展龙头企业促进经济稳定增长的实施意见（试行）》《福州市试点区域工商登记制度改革工作实施意见》《关于公共租赁住房和廉租住房并轨运行的实施意见》等23件规章规范性文件，同时全部向上级行政机关、同级权力机关报备。全年审查市直部门和各县（市）区政府报备的规范性文件119件。

对2014年8月31日之前现行有效的市政府及市政府办公厅发布的规范性文件进行清理，决定废止和宣布失效18件，修改52件，继续有效229件，清理结果向社会公布。

【行政复议】　一是畅通行政复议渠道，受理、依法办理行政复议案件。全年办理185件行政复议案件，其中受理123件，不予受理38件，其他处理24件。案件数量为2013年的2倍，案件集中于土地房屋征收和政府信息公开两大领域。二是采用听证和调解等方式，提高行政复议工作质量和效率。全年因调解成功申请人撤回申请而终止审理的有9件，占结案总数的10.11%。三是完成行政应诉工作。市政府应诉案件73件，市政府法制办及相关市直部门代表市政府应诉，促进行政争议妥善化解。

【行政审批制度改革】　简政放权　一是梳理市级行政审批事项，取消审批事项15项，下放行政事权66项，调整市级行政职权111项，保留市级行政许可项目73项。保留的市级行政审批项目与上一轮简政放权后保留的287项相比，减少214项，下降74.6%，成为年内全省行政审批事项最少的设区市。二是对入驻行政服务中心的841项行政审批服务事项的办事指南再次进行梳理，尤其是对事项的设立依据、申请材料及收件依据，对照现行有效的法律、法规和规章进行审核，取消所有部门自行设立的行政许可事项，删除兜底性条款和模糊性用语，市直部门制定的规范性文件也一律不得作为法律依据适用。通过梳理，合并、取消各类申请材料1200余份，修改56个事项的设立依据和75项申请材料的收件依据。

并联审批　行政服务中心专设企业登记并联审批窗口，并联审批窗口实行“一窗式服务”“一表制审批”，一次性告知企业所需申请材料，一次性受理申请，一次性领件。优化重点项目审批流程，制定《福州市优化重点项目审批服务工作的意见》，将重点项目前期审批流程涉及的项目决策、规划审批、施工许可3个阶段26个审批事项调整为7组并联审批，其中8项审批事项实行提前预审，审批时限由155个工作日压缩为40个工作日。

代办审批　成立市重大项目审批代办服务中心，指派代办员无偿协助项目单位办理投资项目审批申报及相关工作。建立“5+X”会商机制，项目单位可自主选择全程或部分委托代办，为重点项目审批提供全程高效代办服务。出台《福州市行政服务条例》，从行政服务建设、管理、申请、办理、监督等方面对行政机关和公用企事业单位办理行政许可、非行政许可审批和其他公共服务事项的行为予以规范。

【行政执法监督】　推行行政权力清单制度，在全市部署开展建立行政权力清单制度，要求各清理单位对现有正在行使的行政权力事项再次进行梳理，提出取消、转移、下放、整合、保留等清理意见，并逐条逐项分类登记，编制行政权力清单。调整行政职权，市政府法制办对27个行政执法部门提出修改、调整行政职权和行政处罚裁量标准的意见进行审核，增减其行政职权，调整和修订行政处罚裁量标准。开展行政执法案卷评查，以查促改,对检查中发现的问题逐一反馈,并发出整改意见书。

(魏善庆)

政法综治

【概况】 2014年,福州市各级政法委以开展教育实践活动、社会治理体制改革和司法体制改革为抓手,持续推动平安福州、法治福州和政法队伍建设。市综治办协调解决群众反映强烈、影响社会和谐稳定的突出问题,提升平安建设科学化、现代化水平,全市公众安全感达92.72%。

【维护国家安全和社会稳定】 加强反恐专业队伍建设,将反恐工作纳入综治责任制考评体系,建立完善扁平化实战指挥机制、紧急警情快速处置机制等快速反应机制,处置涉恐涉爆案(事)件。建立政法宣传舆论引导工作联席会议、互联网和各大平面媒体涉榕舆情的巡查等制度,完善维稳情报信息会商研判通报机制。

【司法服务保障】 加强政法部门政务微博、网上公众服务平台建设,依托现代信息手段推动审判、检务、警务公开。深化涉法涉诉信访改革,建立涉法涉诉救助金、特殊疑难信访问题专项基金。加快政法机关司法信息化建设,完善提升"点对点"网络执行查控机制,推广远程视频接访、远程提讯系统等信息化手段,降低司法成本。

【平安创建】 以网格化服务管理、社会稳定风险评估、维稳预警预防机制、立体化治安防控体系建设、社会组织培育发展等重点项目为抓手,扩大平安创建的覆盖面。落实铁路沿线治安工作"一把手"责任,首次由市委政法委书记与各县(市)区委政法委书记签订铁路护路联防工作责任书(状),各县(市)区把护路工作任务分解落实到沿线乡镇(街道)、村(居)。

【社会治安管控】 启动打黑除恶、"亮剑扫毒"、清剿火患、打拐、追逃等系列行动,整治城乡接合部等治安难点,推进解决电信诈骗、"黄赌毒"等突出治安问题,遏制刑事犯罪的高发态势。加强社会治安综合治理工作责任捆绑问责机制,继续对四城区盗窃警情高发的乡镇(街道)和派出所进行捆绑问责,城区盗窃警情6年来首次下降,反映社会治安恶性程度重要标志的八类暴力案件发案数在连续8年下降基础上,2014年再降至10.2%。

【矛盾纠纷预防化解】 建立重大决策社会稳定风险评估机制;成立重大决策社会稳定风险评估工作领导小组,社会稳定风险评估纳入市委常委会议和市政府会议决策程序,制订重大决策社会稳定风险评估考核办法,编制福州市社会稳定风险评估工作步骤、流程示意图和档案资料明细,出台重大固定资产投资项目社会稳定风险评估办法,建立重大项目建设社会稳定风险保证金制度等6个配套制度。推进县级人民调解中心和司法所规范化建设,在全省率先将村级人民调解委员会工作经费纳入当地财政预算。初步建立以县(市)区调处中心为主导,以基层人民调解为支撑,以专业性、行业性人民调解组织为辅助的覆盖全市的人民调解组织网络。加大"公调、检调、诉调"对接指导力度,受理"三大"对接案件1021件,调解成功981件,成功率96%。开展全市性矛盾纠纷集中排查调处专项活动,排查矛盾纠纷1.5万余件,调处成功1.46万余件,调处成功率97.3%。开展各级领导干部接访下访活动,推动网上信访、视频接访工作,加强对进京非正常上访预防和处置工作的考评和通报。

【社会治理创新】 4月,市社会治理体制改革专项小组正式成立,形成以市委领导总牵头,四套班子领导分工负责各改革专题组,35个职能部门协作推进改革任务的工作平台和架构,解决群众反映强烈的社会治理难点和热点问题。对吸毒人员问题突出的地区实行分级挂牌整治制度,加大反毒禁毒力度。总结推广连江县青塘村和晋安区红光村"以外管外"经验,创新流动人口管理新模式。推进社区矫正视频监控系统升级改造,配备256名安置帮教司法协理员,依托社会企业建立过渡性安置基地。培育"台江区社会组织服务中心",承接社会组织孵化培育工作。

【立体化社会治安防控体系】 推进信息化综合应用平台建设,建成六大类公安智能卡口132个,完成率95%。推进"平安福州"视频监控系统建设,完成2789路视频监控探头部署安装,完成率118%。健全群防群治网络,梳理确定48家省级、130家市级、3233家县级治

6月4日,市委常委、政法委书记陈为民前往晋安区王庄街道开展"四个万家"活动,调研社区网格化建设情况 (市委政法委 供)

保重点单位并督促落实安防措施。开展“护校安园”专项行动，设立校园警务室391个，治安岗亭588个，“护校岗”811个。组织公共交通安全检查整改工作，在市区主要公交线路配备622名公交安全员。

【网格化服务管理体系】　推进网格化服务管理工作，所有街道和社区均完成网格化服务管理平台建设，乡镇和村级网格化服务管理平台建设完成率分别为83%和53.3%。拓展服务领域，推动基层将养老服务、医疗保健、家政服务等综合服务管理项目纳入网格化平台。

【平安法制宣传】　规划出台《法治福州建设纲要(2014—2020年)》，将“法治福州”建设纳入福州“五位一体”建设全局。开展法治福州建设宣传月活动，举办“12·4”国家宪法日专题宣传晚会和以“弘扬宪法精神，建设法治中国”为主题的大型法治现场咨询活动。以“六五普法”等为主题，整合综治、反邪教、禁毒、防盗防骗等各类主题组织开展送法宣传活动，建成一批法治主题公园等法治文化设施。开展“百名法学家百场报告会”活动和“法治福州”论坛主题征文等法学研讨交流活动。

【队伍建设】　培育宣传政法干警先进事迹，举办“最美基层法官”等评选活动；开展轮训、练兵活动。完善惩治和预防腐败体系，开展“正风肃纪、公正廉洁”专项督查，查纠“四风”、执法司法作风、“庸懒散”等方面的问题。

（陈　璐）

审　判

【概况】　2014年，福州市两级法院受理各类案件103290件，审执结86291件，结案率83.5%，其中市法院受理各类案件22190件，审执结19418件，结案率87.5%。推进“民事审判暖民心工程”建设，开展涉民生案件专项执行活动，为“两违整治”“侵绿整治”提供司法支持。加强队伍建设和基层基础建设，推进司法改革。全市法院系统有22个集体、265人次受到市级表彰；51个集体、89人次受到省级表彰；1个集体、4人次受到国家级表彰。市法院少年庭获评“全国法院少年法庭工作先进集体”称号。

【刑事审判】　审结各类刑事案件9463件，判处罪犯13498人，其中市法院审结1359件，判处罪犯2119人。审结杀人、抢劫、强奸、拐卖妇女儿童等案件397件，审结涉毒案件808件。审结生产销售有毒有害食品、假药、劣药案件30件，并针对医疗机构向不具备资质的生产者购买医疗器械的问题提出司法建议。审结贪污、贿赂、渎职等案件142件，受理上级法院指定管辖的大案4件。审结各类破坏市场经济秩序案件447件，其中1件为海关缉私总局挂牌督办的特大走私电子产品案，涉案金额1.8亿元。保障刑事被告人的合法权益，为42名符合法律援助条件的被告人指定辩护人。完善刑事审判庭前会议规则，按照疑罪从无原则，宣告无罪11人。

【民商事审判】　审结各类民商事案件50096件，其中市法院审结7061件。审结金融、证券、借款合同纠纷9914件，涉案金额108.5亿元。针对金融领域风险问题的司法建议得到省委主要领导的批示，省法院将市法院总结的涉保证金裁判标准在省内加以推广。审结劳动争议、消费者维权、人身权益保护、婚姻家庭、继承等纠纷15032件。审结涉军案件12件，开展拥军共建活动70余场。建设“民事审判民心工程”，在民事审判部门设立便民窗口，为群众提供快捷问询、庭审安排、出具生效证明等司法服务2600余次。

【涉外涉港澳台审判】　审结涉外、涉港澳台侨民商事案件2789件，其中市法院审结384件。办理涉外、涉港澳台司法文书送达、调查取证2841件，认可外国和台湾地区民事判决21件。协助台湾地区检察署向大陆居民发送遗属补偿金，被最高法院作为典型案例予以发布。延伸涉台司法服务平台，在市台办台胞权益保障中心设立法官工作室。

【知识产权案件审判】　审结专利权、商标权、著作权等各类知识产权案件636件，其中市法院审结484件。推进网络知识产权保护工作；发布知识产权审判白皮书，在福州海峡工业设计创意园为高新企业开展法律咨询。与福州海关、市工商局等单位加强诉调对接，一审知识产权案件调撤率67.6%。

【行政审判】　审结各类行政案件1597件，其中市法院审结780件。城市管理巡回法庭审结市容管理类案件42件。加强对新类型行政纠纷的应对处理，所审结的1起信息公开案件，入选“全国法院政府信息公开十大案例”。

城市管理行政审判　城市管理巡回法庭实行“审执一站式”运作模式，针对城市管理过程中出现的违法建筑、破坏城市设施、破坏市容环境卫生等问题，开展专业化城市管理行政审判，加强非诉行政案件的执行，开展诉前调解和诉讼协调。全年审结城市管理行政案件115件，其中市法院审结79件。在审结的案件中，拆违类、市容卫生管理类占城市管理案件比重较大；五城区城市管理巡回法庭案件量差异较大，晋安、仓山案件数量较多。

【案件执行】　执结各类执行案件14447件，执行标的额24.2亿元。办理财产保全961件，同比增长43.22%。落实失信被执行人名单曝光制度，将1768名被执行人在网络、报纸、电视等媒体上公布。率先开通网络司法拍卖，拍卖包括房屋、土地、车辆、玉石等62件标的物，成交总额5.06亿元，为全省各设区市法院最高，节省拍卖佣金2532.05万元。与公安、车管、房产、国土等部门和21家银行建立“点对点”网络执行查控机制，并可在部分银行实现自动冻结；全年查询到银行存款148928件，涉及标的金额26.7亿元，网上冻结被执行人存款7740.4万元；查询车辆、房产、国土信息2338件。

【审判监督】　审查申诉和申请再审案件1798件，审结再审案件266件，改判77件。对长期未结案件进行通报、督办和催办,通报长期未结诉讼案件441件,督促办结相关案件268件,各类案件法定审限内结案率97.59%,生效裁判服判息诉率97.4%。

【减刑假释】 审结减刑、假释案件8884件。收缴罚金、没收财产4562万元。规范职务犯罪、破坏金融管理秩序和金融诈骗犯罪、组织(领导、参加、包庇、纵容)黑社会性质组织犯罪等“三类罪犯”的减刑假释,邀请人大代表、政协委员旁听“三类罪犯”庭审,审结上述案件366件,不予减刑66件。

【司法服务】 在未成年犯管教所开展回访帮教,帮助60名失足青少年复学、就业。继续开展“春蕾计划”,并在仓山区菖蒲社区开展法律咨询、金秋助学等系列活动。市法院获得福州市“春蕾计划”20周年慈善爱心奖称号。针对容留未成年人上网引发的刑事案件发出司法建议,促使有关部门检查整顿网吧126家次,取缔13家,处罚9家。加强普法宣传,全市法院开展“六一”校园法律知识竞答、“远离犯罪、平安暑假”等“法律六进”活动311场次。

【便民利民举措】 完善速裁规则、制作文书模板,市法院速裁合议庭审结各类简易案件1610件,结案率100%,平均结案周期13天。与市司法局共同制定《关于法律援助驻点法院工作的规定》,在全市法院诉讼服务中心推广法律援助驻点。全市法院提供法律援助90件,涉及标的额618万元。执结涉民生案件875件,到位标的额4073.47万元。集中打击抗拒执行的犯罪行为,将10名拒不履行生效判决、裁定的被执行人移送公安机关追究刑事责任。

【司法品牌建设】 发挥“知识产权法律服务站”职能,在科技企业孵化区设立服务点7处,为高新技术企业提供法律咨询12次。台江法院创设的轻微刑事案件快速审理机制,实现刑事案件的“繁简分流、分类办理”,审结各类轻微刑事案件566件,当庭宣判率100%,息诉服判率94.7%,平均审理天数10天。罗源法院设立医患纠纷巡回法庭,调解医患纠纷13起。“维护妇女儿童合法权益合议庭”等11个司法品牌入选全省法院司法品牌项目,市法院获评“全省法院司法品牌建设先进单位”称号。

【涉诉信访化解工作】 通过“12345”福州便民呼叫中心网络平台办理群众诉求件119件,现场接待来访群众2807人次,批示转办案件1584件,省法院交办的190件第三批清积案件已化解182件,化解数居全省各设区市法院之首,化解率95.79%。全年进京访案件同比下降22.8%。推进远程视频接访工作,6月,市法院与最高法院、省法院、连江法院四级同步处理1起省内首例、全国首批远程视频接访案件。

5月22日,市法院速裁合议庭调解一起民事纠纷 (市法院 供)

【司法公开】 主动公开庭审流程,市法院建成数字法庭9个,实现对庭审活动的同步记录、传输与存储。落实生效裁判文书的网上公开,上网率99.27%。应用“12368”平台公开执行流程,向当事人发送短信告知案件信息3939条,收到咨询短信18条,举报被执行人财产短信9条。

【审判科技建设】 加强远程视频提讯系统建设,在市第二看守所、省女子监狱、闽江监狱、榕城监狱建成相关系统并投入使用。增设高清摄像设备,拓宽网络带宽,实现对庭审、接访过程以及主要审判区域的监控,并对派出法庭、诉讼服务中心等窗口单位进行实时监控。建成全市法院警车GPS系统并纳入全省统一平台。两级法院的执行部门配备执行外勤单兵系统,实现执行现场指挥调度和执法过程的全程记录需求。配备专业安防处突车辆。

【司法改革】 市法院、仓山、长乐、闽清法院作为全省司法体制改革试点法院,开展改革探索。市法院初步完成调研摸底、统计分析等基础工作,人员分类管理、审判权运行机制改革等5项具体改革方案在征求意见中。仓山法院实现合议庭自主裁判;长乐法院探索人民法庭办案责任制改革;闽清法院选任首批主审法官3人,组建以主审法官为核心的审判团队。

【畅通监督渠道】 人大监督 向市人大常委会作人民陪审员工作和代表建议件办理工作专项报告,落实人大决议和常委会审议意见,办理代表建议件4件,满意及基本满意率达100%。编发《榕法简报》4期,定期通报工作情况。邀请市人大代表视察法院、旁听庭审、现场调研247人次,邀请10名代表担任人民法院监督员。

政协民主监督 邀请4名政协委员担任人民法院监督员。征求政协委员对法院信息化建设、廉政建设、司法巡查、警示教育等工作的意见和建议,邀请政协委员视察法院、听取汇报、现场指导。

检察监督及社会监督　市法院受理检察机关抗诉的各类案件33件，审结25件，其中维持7件，改判、发回重审13件，检察机关撤回抗诉5件。落实新闻发布例会制度，配备专职新闻发言人。院领导和部门负责人走访挂点社区195人次。

【队伍建设】　推动和谐征迁，参与“两违”专项整治，市法院举办“清违法律实务培训班”，邀请国务院、最高法院专家授课，各县区主管“清违”工作的负责人、城建工作人员和全市行政审判工作人员参加培训。举办“全市法院预备法官培训班”“全市法院纪检监察培训班”“全市法院商事审判暨审判监督业务培训班”以及6期人民陪审员培训班，累计217人次参训；选送25人参加国家法官学院培训；选送188人参加省法院培训。与高校开展人才交流培训；选派5名干部到基层法院任职，对两级法院29名年轻干部进行双向挂职锻炼。

建设两级法院举报网站，立案查处基层法院干警4人，其中2人受到政纪处分，另2人被移送司法处理。

（陈　洪）

检　察

【概况】　2014年，福州市两级检察院加强开展查办发生在群众身边、损害群众利益职务犯罪等专项工作，加大办理涉及危害市场经济秩序、生态环境、知识产权等案件的力度。两级检察院批准逮捕各类犯罪嫌疑人7360人，起诉1.15万人。年内市检察院增设未成年人刑事检察处和案件管理办公室。全市建成11个乡镇、社区检察室和9个巡回检察室，就地受理信访举报、提供法律服务、监督司法活动。组织评选全市检察机关反贪污贿赂、侦查监督等“十佳精品案件”。

全市两级检察院有15个集体和38名个人受到省级以上表彰。市检察院连续3年获评全国检察宣传先进单位。福清市检察院被最高检察院记集体一等功，鼓楼区、晋安区检察院获全国查处侵

12月26日，福州市检察机关举办首届立案监督与侦查活动监督“精品案件”评选活动　（市检察院　供）

权盗版案件有功单位一等奖，派驻榕城监狱、女子监狱和福清看守所、长乐看守所检察室获评全国一级规范化检察室。鼓楼、仓山、福清、长乐、闽清等地检察院接访窗口获评全国“文明接待室”称号。

【刑事检察】　全市两级检察院批准逮捕各类犯罪嫌疑人7360人，同比增长2%；起诉1.15万人，同比下降1%，其中市检察院批准逮捕226人、起诉427人。推进打黑除恶、打击宗教极端活动和打盗抢、扫毒害等专项行动，起诉黑社会性质组织犯罪嫌疑人24人，起诉“全能神”邪教犯罪嫌疑人6人，起诉杀人、绑架、强奸犯罪嫌疑人251人，起诉抢劫、抢夺、盗窃犯罪嫌疑人2521人，起诉毒品犯罪嫌疑人1559人。起诉破坏市场经济秩序案件442件671人，其中，起诉传销、集资诈骗和非法吸收公众存款案件56件108人，起诉侵犯知识产权案件66件85人。加强食品医疗领域法律监督，起诉销售病死猪肉、毒豆芽等案件23件65人，起诉非法行医、制售假药等案件16件17人，查处食品医疗监管部门职务犯罪6件8人。加强对自然资源的司法保护，起诉闽江非法采砂案件7件26人，起诉破坏森林、耕地等案件13件15人，推动落实“补植复绿”558.67公顷。介入调查水源地污染、内河非法排污等问题，督促公安机关立案侦查7件11人，查处生态环境监管部门渎职犯罪4件4人。落实宽缓刑事政策，作出无社会危险性不捕425人、相对不起诉834人，对239件刑事和解案件决定不起诉。

案件审查　听取犯罪嫌疑人辩解和辩护人意见，排除49件案件中的非法证据，自行补充侦查关键证据22件次，监督纠正错误的司法鉴定意见9件。参与庭前会议37场，组织证人出庭作证58人次，提请侦查人员、鉴定人出庭说明情况75人次。监督纠正违规取证等问题17件，建议更换侦查人员67人次，从中查处一起刑讯逼供案件。接待律师查询、阅卷3073人次，办理当事人和辩护人提出的妨碍行使诉讼权利的控告申诉16件。

化解矛盾纠纷　将化解矛盾贯穿于执法办案全过程，移送人民调解中心调处轻微犯罪、民事申诉等案件177件。全市两级检察院领导班子成员接待群众来访2769人次，走访群众850人次，办理涉检信访1775件，市检察院正副检察长牵头化解17件信访积案。针对医患纠纷、电信欺诈、校园安全等问题，发出社会治理检察建议126件。核查社区矫正对象5459人，监督纠正脱管、漏管等问题30件，督促收监执行22人。提起强制医疗诉讼10件，促使6名涉案精神病人被强制医疗。教育挽救涉罪未成年人，完善社会调查、亲情会见等制度，决定不批捕57人、不起诉58人，作出附条

件不起诉39人。推行未成年人轻罪记录封存等制度,促成46名失足青少年重返校园或就业。市检察院增设未成年人刑事检察处,台江、仓山、晋安、罗源等地检察院协同社会力量建成涉罪未成年人管护培训基地。

【职务犯罪查办】 全市两级检察院立案侦查贪污贿赂案件142件218人,其中百万元以上大案12件;立案侦查渎职侵权案件33件53人,人数同比增长13%。查办工程建设领域职务犯罪75件98人,查办“违法占地、违法建设”背后的职务犯罪20件33人。提供行贿犯罪档案查询12906批次。与纪检监察机关协调配合,查办处级干部11人。开展查办发生在群众身边、损害群众利益职务犯罪案件专项工作,查处涉农惠民领域职务犯罪121件177人,其中查处农机购置、作物推广等环节职务犯罪8件24人。根据指定管辖起诉湖北省政协原副主席陈柏槐滥用职权、受贿案件。查办执法不严、司法不公背后的职务犯罪,查处行政执法人员41人、司法人员13人。查办惩治行贿犯罪,对40名行贿人追究刑事责任,涉案金额累计1009万元。开展“依靠群众惩治职务犯罪”举报宣传活动,查核举报线索935件,向38名举报有功人员发放奖励金8万元。抓获在逃职务犯罪嫌疑人9人。

落实职务犯罪案件上提一级审查逮捕制度,市检察院依法审查基层检察院报捕职务犯罪嫌疑人103人,决定不批捕9人。推行人民监督员制度,组织人民监督员监督评议基层检察院拟撤案、不起诉的职务犯罪案件20件。

【职务犯罪预防】 面向党政机关和企事业单位开展廉政宣教412场,协同党校举办廉政党课75场。展播廉政公益海报80幅,评选全市检察机关优秀廉政公益海报30幅。马尾、连江、闽清等地检察院推动建成以行政执法人员和乡镇村居干部为主要对象的警示教育基地,福清、闽侯等地检察院运用微电影开展廉政宣教。向发案单位提出预防建议185件,评选全市检察机关典型案例剖析报告17份。针对财政补贴、环境整治、金融监管等领域开展专项预防;针对粮食直补、水源保护、信贷发放等热点问题,组织36项预防调查,提供预防咨询265次,排查廉政风险150项。

【诉讼监督】 刑事诉讼监督 会同公安机关完善刑事案件信息互通机制,依法督促立案127件、撤案108件,决定追加逮捕316人、追加起诉62人。建成行政执法和刑事司法信息共享平台,督促行政执法机关移送刑事案件142件。开展刑事拘留适用等专项监督,督促纠正适用强制措施不当等问题137件。加强捕后羁押必要性审查,督促解除羁押措施139人。完善简易程序案件和二审开庭案件出庭监督等制度,督促纠正庭审程序不当等问题25件。提出和提请刑事抗诉27件,在法院审结的15件中,市中院改判8件、发回重审2件。公诉案件提出量刑建议率91%。两级检察院检察长通过列席审判委员会对95件案件发表意见。

监管活动监督 开展减刑、假释、暂予监外执行和保外就医专项检察,核查职务犯罪、金融犯罪、涉黑犯罪“三类罪犯”刑罚变更情况,监督纠正违规减刑、假释31人,督促对9名暂予监外执行、保外就医罪犯收监执行。鼓山地区检察院出庭监督减刑、假释案件258件。排查审前未羁押但被判处监禁刑的案件,督促收监执行29人。加大监管活动巡察力度,办理在押人员控告申诉320件,督促纠正生产劳动、食品卫生等方面违规监管问题121件。查处涉嫌职务犯罪的监管人员4人。

民事行政检察 推广设立面向律师事务所、企业的民事行政检察联系点,办理民事行政申诉479件,其中市检察院办理163件。提出和提请民事抗诉17件、行政抗诉3件,在法院审结的13件中,省高院调解结案2件,市中院改判1件,基层法院改判2件。通过释法说理促成当事人服判息诉433件。调查核实民事行政诉讼违法违规情形,督促纠正侵害诉讼权利等问题46件,发现并移送诈骗、伪造证据等犯罪线索6件。加大民事执行监督力度,督促纠正怠于执行、错误执行等问题150件。加强行政检察,督促行政机关执行行政裁判12件,针对行政机关违规执法、怠于履职等问题发出检察建议59件,督促行政机关通过诉讼等方式挽回国有资产437万元。

【畅通监督渠道】 内部监督 开展“正风肃纪、公正廉洁”专项督察。市检察院续聘10名检务督察专员,不定期暗访督察检察人员纪律作风。应用检察业务软件,实时监控办案全过程,评查案件2523件,预警通报办案程序、时限等方面可能出现的问题287件。

人大监督 向市人大常委会专项报告监所检察等工作。按时办结市人大代表建议件2件。建立基层检察院同步联系市县两级人大代表等制度,邀请市人大代表305人次视察监所检察、生态环境检察等10项检务活动,发送《检察之窗(手机报)》19期。市检察院班子成员牵头走访195名市人大代表,当面通报工作、听取意见。

政协民主监督和社会监督 向市政协通报检察工作,邀请市政协委员65人次视察检务活动,听取委员意见、建议。每周在福州电视台播放一期《检察之窗》纪实片,面向乡村、社区举办26场检察开放日活动,邀请人民群众参与15场刑事申诉公开审查和涉检信访公开答复活动。市检察院和6个基层检察院开通检察微信、微博。

【队伍建设】 市检察院干警中本科以上学历的占干警总数的96%,检察官中具有研究生以上学历和法律硕士学位的占21%。开展中青年干部挂职锻炼工作,市检察院选派4名干部分别到市委政法委、平潭县院、闽清县驻村、连江乡镇挂职锻炼。借助国家检察官学院福建分院等培训资源,举办职务犯罪侦查、民事行政检察等14场实训活动,并与西南政法大学刑事侦查学院、福建农林大学文法学院共建教学科研基地。推进“两提升五过硬”建设,并针对司法作风不够严谨等问题开展专项整治。

(黄兰英)

公 安

【概况】 2014年,全市公安机关健全完善反恐责任体系、常态动中备勤、长效应急指挥系列工作机制，完成326批次重大警卫和172场重大活动安保任务。全市违法犯罪类警情同比下降10.9%，城区盗窃警情实现6年来首次下降，城区路面“两抢”警情同比下降17%，影响群众安全感的八类暴力案件破案率73.7%，发案数同比下降9.6%。推进社会管理创新，加快“平安福州”视频监控系统、公安智能卡口、公安检查站等防控体系建设。建立完善执法质量捆绑问责、全网执法办案、网上网下监督、规范执法场所管理机制，制定公安执法制度48项，开展执法考评203次，考评案件2.4万起。

市公安局反恐怖工作处改为队建制，更名为反恐怖支队；增设县（市）区公安机关巡特警队13个；原市公安局行动技术支队更名为技术侦察支队；原上街公安分局更名为上街（高新区）公安分局。东街派出所入选全国公安机关爱民模范集体，1人入选全国“我最喜爱的人民警察”，获评全国公安机关执法示范单位2个、全省公安机关执法示范单位36个以及省级“青年文明号”集体3个。

【实施“剑盾”行动】　6月至年底，在全市开展社会治安综合整治“剑盾”行动。市公安局出台行动方案，实行全警动员，形成合力。期间，破获各类刑事案件2.4万余起，抓获刑事作案成员7667人，摧毁犯罪嫌疑团伙74个、成员246人，八类暴力案件破案率73.7%。破获毒品刑事案件1211起（部督8起，省督7起），起诉涉毒犯罪嫌疑人951人，查获吸毒人员5163人。组织全市路面执法统一行动19次，查处严重交通违法1.4万余起；督促整改火灾隐患和消防违法行为2.4万余起，临时查封113家，查令“三停”145家，罚款932.3万元。整治枪爆违法犯罪活动，收缴枪支139支、子弹20.4万发、管制刀具1186把以及炸药、雷管等一批危险物品。结合行动，各地建立城乡社区警务机制。划分895个警务网格，配齐专职社区民警749人、驻村民警528人和协勤人员2928人。

全市派出所调解社会矛盾纠纷1.2万余起，防止群体性上访30余起。每天投入1000余名巡防力量，加密31个执勤点和38条重点线路的武装巡控。新建和改造治安卡口10个，形成环福州治安防护圈。

【刑事犯罪侦查】　全市刑侦部门破获各类刑事案件3.23万起，其中现行案件2.89万起（破案率33.2%）；抓获刑事作案成员1.27万人，同比增长4.9%；提请逮捕、移送起诉犯罪嫌疑人6890人、1.08万人；摧毁犯罪嫌疑团伙103个，成员330人。快速侦破八类暴力案件，破案率73.7%，其中发生命案85起，同比增长6.2%，破获82起，破案率96.47%，另破获年前积案3起；伤害案件立案1032起，破案877起，破案率85%。

“猎狐捕鼠”　3—11月，开展以打击扒窃、入室盗窃、偷盗“三车”（摩托车、电动车、助力车）、电信诈骗等多发性侵财犯罪为重点的“猎狐捕鼠”专项行动。破获各类侵财案件绝对数2.33万起（年内案件2.12万起，同比增长9%），提起公诉犯罪嫌疑人1998人；破获电信诈骗案件592起，同比增长261%，冻结被骗款459万余元，返还群众456万余元。6月上旬，市公安局启动以防范电话、短信、网络诈骗为主题的宣传月活动。

“打黑除恶”　梳理分析敲诈勒索、寻衅滋事、非法拘禁、组织卖淫等9类典型案件，侦办涉黑团伙案3件，抓获犯罪嫌疑人51人；从中破获各类刑事案件120余起；缴获仿制枪支2支，子弹40余发。

网上追逃　以年前境内逃犯为重点，落实分色预警追逃工作机制。市公安局先后两次组建研判专班追捕网上逃犯。全市抓获年前在逃犯罪嫌疑人711人，抓获率58.62%。推进“猎狐2014”专项行动，按缉捕对象逐人成立境外缉捕专班，采取政策劝投和精确抓逃，从阿联酋、刚果（金）、加拿大、萨摩亚等国家和地区抓获福州市逃往境外的犯罪嫌疑人14人。

打拐、缉枪　涉拐案件立案537起，破案441起，破案率82.1%，打击处理涉拐嫌疑人223人，解救被拐儿童172人、妇女23人。2月19日，网安支队协助抓获部督“703网络特大贩卖婴儿专案”犯罪嫌疑人24人，解救被拐卖儿童10人；3月，破获贩卖婴儿案17起，抓获犯罪嫌疑人18人。涉枪案件立案64起，破案55起，破案率85.9%；缴获各类枪支145支，其中仿制枪支59支、气枪及其他自制枪支86支；打击处理涉枪违法犯罪嫌疑人115人，起诉69人。

刑事技术手段　勘验、录入现场5.25万起，现场勘验率66.9%，其中杀人放火、爆炸投毒、入室盗窃等十类案件发案现场8750起，勘查率100%；通过

6月20日，市公安局官网组织微博访谈活动，宣传防范电信诈骗知识
（市公安局　供）

DNA 技术“认定”案件 1178 起,占勘验十类案件数 13.5%;通过指、掌纹技术“认定”案件 1756 起,占全部破获案件数 70%。

【十大刑事要案】 黑社会性质犯罪组织案 2月中旬,刑侦支队、福清市公安局摧毁以倪某为首的黑社会性质犯罪组织,抓获其成员 12 人,缴获自制式来福枪 1 支和一批砍刀、镀锌管等作案工具,从中深挖破获各类刑事案件 30 余起。该组织自 2011 年 12 月以来,在福清多个新建小区内对建材生意垄断经营,暴力打压同行经营者,涉嫌实施故意伤害、非法拘禁、寻衅滋事、非法持枪等数十起刑事案件。

特大绑架案 3 月 6 日中午,福清林某接到陌生男子电话,称其妻郑某被绑架并勒索赎金 500 万元。福清市公安局于 3 月 7 日在平潭抓获犯罪嫌疑人何某,并敦促施某投案自首,解救人质。经查,2 人于 3 月 6 日在福清某小区车库将受害人郑某绑架至平潭县一山洞内,遂拨打电话欲勒索巨款。

恶性驾车杀人案 4 月 28 日,闽侯县青口镇发生恶意驾车撞人案件。闽侯县公安局在 203 省道截停驾车肇事的犯罪嫌疑人林某时,其手拿打火机欲点燃瓶装油状物。在现场消防员的高压水枪配合下,民警抓获林某新,并收缴车上汽油 10 余公斤、斧头 1 把及鞭炮等。查明该人因婚姻问题情绪失控,驾驶租赁的轿车从青口镇往尚干镇方向,沿途连续撞人,致 7 人死亡、12 人受伤。

特大贩毒案 4 月,马尾区民警发现一男子多次前往广东购买冰毒等到福州市区贩卖。禁毒支队联合马尾区公安局,于 5 月 21 日在福州市区抓获购毒归来的陈某等 12 名吸贩毒嫌疑人;5 月 29 日在广东揭阳抓获贩毒上线房某、郑某,缴获冰毒等各类毒品 3000 余克及运毒车辆 1 辆。

走私制毒物品案 5 月,禁毒支队接公安部线索通报,有人在福清将麻黄碱等制毒物品走私至境外。8 月 1 日,专案组分别在福州、厦门、福清等地抓获李某等 5 名犯罪嫌疑人,缴获制毒物品麻黄碱 12.5 千克、康泰克颗粒 6.3 千克。10 月 28 日,在福清抓获另外 2 名同伙成员,从而摧毁该跨国作案团伙,并从中带破刑事案件 6 起。

拐卖儿童案 7 月 17 日,刑侦支队、晋安公安分局联合专案组在福州汽车北站购票处查获犯罪嫌疑人叶某及 1 名被拐婴儿童。经审讯,在云南、广西和漳州、南平等地抓获 11 名犯罪嫌疑人。查明该团伙自 2013 年以来,在上述地区先后拐卖 7 名儿童。被拐卖儿童现均获救。

系列盗销电动车犯罪团伙及特大制假证件案 7 月 20—28 日,刑侦支队专案组在晋安公安分局等协作下,摧毁以蒲某为首的系列盗、改、制、销电动车犯罪团伙,以及涉嫌制假证、销赃犯罪团伙,抓获其成员 28 人。收缴被盗电动车 10 辆并捣毁该特大制假证窝点,缴获假电动车合格证 4700 余份,各类假毕业证、房产证等 2200 余本,印章图章 1300 余枚、发票 486 张,以及电脑、打印机、激光雕刻机、过塑机等制假设备。

特大网络赌博案 9 月 16 日,福州公安边防支队联合市公安局治安支队在福州、北京等地同时行动,摧毁 1 个特大网络赌博团伙案,抓获犯罪嫌疑人 25 人,缴获仿真手枪 1 支,扣押涉案现金 66 万元、银行卡 181 张,冻结银行存款 300 余万元。经查,该团伙累计涉案金额逾 2 亿元。

特大入室盗窃案 10 月 13 日,林某发现其家中被盗走瓷器、寿山石、木雕工艺品等古董,价值近 100 万元。晋安公安分局于 10 月 16 日抓获犯罪嫌疑人吴某,并追回全部赃物。

特大伪造国家机关证件印章案 12 月 18 日,网安支队联合鼓楼公安分局出动警力 150 余人次,先后在福建、河南、四川、湖南、江西、北京等地对假证件印章案展开收网行动,抓获涉嫌犯罪集团成员 12 人,缴获作案电脑 13 台、电脑硬盘 4 块、U 盘 6 个、手机 16 部、银行卡 10 张。据查,该团伙伪造、入侵的国家政府机关网站达 400 余个,涉及中央部委及全国 29 个省(市)、自治区的财政厅、局,人力资源与社会保障局、住房与城乡建设局和各类高等院校等。

【经济犯罪侦查】 破获各类经济犯罪案件 987 起(其中破年前案件 280 起),抓获犯罪嫌疑人 678 人,移送起诉 598 人;挽回经济损失 5600 余万元。

破获非法集资案件 128 起,涉案金额 49 亿元,抓获犯罪嫌疑人 85 人,为受害人挽回经济损失 4000 余万元。其中,晋安经侦大队在辽宁省警方的协助下,于 9 月 12 日抓获犯罪嫌疑人李某。该人以深圳某股权投资基金管理有限公司福建分公司总经理名义,以高额利息引诱 438 人上当,非法吸收公众存款 3066.5 万元。

开展社会治安综合整治“剑盾”行动和“猎狐 2014”专项行动。全市公安经济犯罪侦查部门破获信用卡诈骗案件 187 起,缴获假币 58.9 万元。破获传销案件 13 起。经侦部门抓获负案在逃人员 105 人,其中境内逃犯 91 人,境外逃犯 14 人。3 月,经侦支队参与公安部组织的“白鹤”行动,破获福州伯爵大酒店等 5 家商户涉嫌酒店 POS 机预授权套现案,于 3 月 11 日抓获陈某等 6 名犯罪嫌疑人,捣毁套现窝点 3 个,缴获涉案信用卡 100 余张等物品。福清市公安局在当地侨界人士协助下,劝返和缉捕 5 名逃犯。11 月下旬,经侦支队在北京市昌平区将潜逃两年多、涉嫌合同诈骗 4200 万元的郑某抓获归案。

开展规范执法对照检查,分别查摆出涉法等存在问题 128 条,其中接处警 51 条、立案 59 条、涉案财物 14 条、执法办案场所 4 条,逐案(件)落实责任人整改到位。支队法制员同时还对区县经侦部门受理的 245 起案件进行抽查。

【经济犯罪要案举例】 2 月 13 日,经侦支队根据省纪委移送的有关合同诈骗的线索,提请逮捕犯罪嫌疑人陈某等 3 人。经查,2008—2012 年,陈某等所在的某食品公司以虚假合同、虚假股东出资银行到资证明和发票复印件等资料,向有关部门申请省级工商发展产业调整振兴项目等 7 个专项资金补助,骗取财政资金 476 万元,分别转入股东陈某等的个人账户内,涉嫌合同诈骗。

5 月 7 日,市公安局经侦支队破获特大虚开发票案,抓获叶某等 3 名犯罪嫌疑人。经查,从 2010 年以来,叶某等人在没有实际货物交易的情况下,分别向福建省六建集团等公司项目负责人陈某等人开具福建省增值税普通发票、福建省货物销售普通发票、福建省国家税务局通用机打发票1000余张，总金额约4亿元，并按照开票金额约1.5%的比例收取“手续费”，从中获利600余万元。叶某等3人涉嫌虚开发票罪被逮捕法办。

8月10日，马尾经侦大队破获省督办非法吸收公众存款案，抓获主要犯罪嫌疑人陈某。据查，陈某以投资生意、炒外汇等名义，以高息为诱饵，向马尾区等地多人借款，非法吸收公众存款金额1亿余元，并将部分钱款用于个人高档消费，部分转借他人从中赚取差额利润，造成受害群众经济损失7005万元。罗源县公安局经侦大队破获生产、销售假烟案，相继在宁德、福州等地抓获李某等8名犯罪嫌疑人。李某等人从2013年8月以来，租用罗源县中房镇一山上空地作为生产假烟的基地，购进卷烟机、接装机等制假设备和大量烟丝进行加工，生产假冒“中华”“芙蓉王”等品牌卷烟，案值228万余元。（曹友权）

【禁毒工作】 破获毒品刑事案件1656起(公安部督办的目标案件11起，省公安厅督办目标案件15起)，抓获毒品犯罪嫌疑人1944人，缴获各类毒品1785.69千克，查获吸毒人员7705人次。破案数、抓获涉毒犯罪嫌疑人数、查获吸毒人员数、强制隔离戒毒数均居全省第一。7—12月，组织实施“除毒害”打击整治专项行动，破获毒品刑事案件1234起，起诉毒品犯罪嫌疑人951人，缴获各类毒品135.5千克。8月1日，市公安局禁毒支队与福清市公安局联手破获公安部督办的跨国走私制毒物品案，在境内抓获犯罪嫌疑人5人，缴获制毒物品麻黄碱46.13千克；在新西兰抓获犯罪嫌疑人3人，缴获制毒物品麻黄碱200千克。9—10月，实施“大清查、大收戒、大管控”会战，排查吸毒人员底数。9月中旬至10月，市综治办、市禁毒办组成联合督导组，对吸毒问题突出的19个乡镇、街道(市级挂牌15个，县级挂牌4个)，实施阶段性督导检查。10—11月，“亮剑扫毒”会战行动冲刺阶段，破获毒品刑事案件759起，抓获毒品犯罪嫌疑人884人，查处吸毒人员3262人次，缴获各类毒品104.7千克。市公安局在职能部门推广应用公安禁毒情报研判系统，全年在该系统录入涉毒线索1851条，收录可疑人员1720人，破缴毒品公斤以上案件13起，破获3人以上团伙案件5起。全年强制隔离戒毒1113人；社区戒毒、社区康复1172人；成立社区戒毒社区康复工作站82个，配备禁毒专职社工166人。

加强禁毒宣传。春节前夕，市禁毒办联合有关部门在马尾清禄制鞋厂开展“学习禁毒知识，增强守法意识”禁毒宣传活动。市禁毒办会同鼓楼区禁毒办，在兰庭丞相坊小区开展“邻里守望，情暖榕城”禁毒宣传。6月3日，省、市禁毒办联合林则徐基金会在国家禁毒教育(福州)示范基地——福州市林则徐纪念馆举行“纪念虎门销烟175周年暨‘守望生命·共创无毒’——禁毒宣传社区行”启动仪式。“6·26”国际禁毒日，全市开展禁毒法律咨询活动11场2000余人次。

【特警工作】 全年完成中国羽毛球公开赛等各项警卫保卫任务112场次，出动警力1.39万人次。元旦、春节和省市“两会”及五一节期间，特警支队与武警福州市支队在城区重点部位实行联合武装动中备勤，分别出动特警7887人次、武警官兵4344人次；盘查可疑人员1576人次、可疑车辆1229辆次，检查可疑物品794件；缴获管制刀具4把、弩枪1支，取缔现行违法犯罪活动2起，抓获现行犯罪嫌疑人2人，处置突发事件1起，处理纠纷139起，实施救助群众、答复咨询等1643件。5—12月，特警与市公安局机关民警夜间在五四华林路口、泰禾广场等9个城区重点部位进行武装车组联合执勤，同时支队启动全警全装全时待命，随时应对突发事件。6月26日晚，仓山区盖山镇齐安路某体育用品商店发生劫持人质案。支队突击小组到达现场后，与劫持人反复谈判无效，根据现场指挥部指令，狙击手击毙持刀劫持人质的犯罪嫌疑人，解救人质。

7月4—6日，福州支队参加全省公安特警跨区域拉动，与宁德、武夷山市公安特警联合检查各类车辆1239辆次，比对身份信息1.09万人次，查获无证驾驶、酒驾、超速行驶等违法行为20起。12月4—11日，特警支队组织100名队员赴罗源驻训演练，配合罗源县公安局开展抓捕任务，完成相关科目训练。组织实施“榕剑2号”反恐演练；承办由中国防爆安检技术委员会主办的第十三届安全排爆技术研讨会。

年内购置越野突击车7辆，巡逻车16辆以及通信指挥车等设备。排爆实验室挂牌成立。全市13个县(市)区公安机关均成立巡特警队，配备巡特警队员和协警队员，开展24小时武装动中备勤工作。

【出入境管理】 办理各类出入境证

12月30日，市公安局举行“榕剑2号”反恐实战演练（市公安局 供）

件116.76万件次,同比增长39.5%,其中因私出国(境)108.58万人次(公民因私出国24.41万人次,内地居民往来港澳地区65.6万人次,大陆居民往来台湾18.57万人次),办理出入境通行证2417件次,办理各类外国人证件、签证、居留许可1.67万件次;窗口办理台湾居民签注、证件2.4万件次;长乐国际机场口岸落地签注办证3.25万件次,"两马"(马尾、马祖)直航办证签注6342件次。

在普通护照审核、审批、签发管理中,对申请人提供虚假材料或有关证件不规范的不予签发500件,申请往来港澳台、赴港澳定居或从事劳务不批准的491人。查处3家企业以虚假材料骗取商务签注的违法行为,取消7家企业商务备案资格。查处外国人非法入境11起35人、非法就业18起56人。台湾居民非法居留231起231人次。

推出便民利民新措施,简化办证申请材料;办证时限从15个工作日缩至9个,签注从10个工作日缩至6个;在晋安区行政(市民)服务中心增设出入境办证服务窗口;为出国(境)奔丧、探望危重病人、就学就业日期临近办证等8375余人次,实行特事特办。

【公安法制】 市公安局法制处向各业务单位发出《关于定期通报网上执法办案情况的通知》,全市公安机关法制部门发布1955份网上执法办案监督,通报各类执法问题案件4.58万起。案件考评率99%,问题整改率99%。3次组织多警种联合对各办案场所执行"四个一律"(即被审对象一律直接带入办案区,一律先行人身检查和信息采集,一律有人看管,一律有视频监控并记录)情况进行专门检查,分别检查办案中心15个,派出所"四区八室"196个,信息采集室211间,询问室233间,讯问室298间,候问室211间,监控探头2069个,发现与整改各类问题3500条(次)。开展季度执法质量阶段考评,对13个县级公安机关和8个市公安局直属办案单位抽查其办理的706起刑事、行政案件,发现执法问题3321个,并通报考评结果。市、区县(市)公安法制部门组织执法质量考评203次,考评案件2.47万起,发现与纠正执法问题6.09万个。开展各类专项执法检查114次;办理个案督办件211起;审核各类案件2.64万起,发现与纠正执法问题2.13万个。实现执行过错问责,对负有责任的民警、法制员、审核领导予以通报批评194人、打招呼110人、谈话11人、告诫4人。组织开展参加全国、全省公安机关执法示范单位申报评选活动,仓山公安分局、马尾快安派出所获评全国公安机关执法示范单位,36个单位获评全省公安机关执法示范单位。

执法业务培训 举办各类执法培训177场,参训人员9607人,派出教员授课355次。各级公安民警1581人参加全省基本级和中级执法资格考试,278人参加全国高级执法资格考试。127名市县两级公安局领导班子成员参加中级考试,通过103人,通过率81.1%;执法科所队的领导参考1189人,通过1088人,通过率91.5%。

行政复议应诉 受理行政复议案件344起,办结306起;办理诉讼案件102起,其中一审审结78起,二审审结24起;受理、办结刑事不予立案复议案件8起;受理、办结刑事不予立案复核案件9起;办理国家赔偿案件5起,其中不予国家赔偿4起,决定赔偿1起、金额5820元;受理、办结国家赔偿复议案件4起。

法制执法服务 市公安机关法制部门审核各类合同29份,提供法制咨询1.73万人次,协助其他部门办理案件108起;组织执法调研56次,解决执法问题122个,为领导提供执法建议2508条;参与疑难案件研究466起,书面批复疑难案件68起;分别清理、审核、制定执法制度103件。

公安信访 开展公安局长接访343场,接待群众1160批1728人次,其中市公安局领导接访24场,接待群众192批231人次;市公安局信访窗口接待上访群众920起2369人(其中集体访16起961人)。办理省长信箱144件,厅长信箱1313件,"12345"系统诉求件3.36万件;受理、办结信访复查45件。重点信访案件27起,办结19件,办结率70.4%;中央巡视组交办信访件5批187件,办结160件,办结率85.61%。

(宋增清)

【社会治安管理】 开展"缉枪治爆"专项行动检查涉爆单位1728家次、涉枪单位635家次,摸排涉爆涉枪重点人员377人。检查烟花爆竹批发企业32家次,零售网点3256家次。查破涉爆案件661起、涉枪案件73起,抓获涉爆涉枪嫌疑人734人;收缴各类枪支241支,子弹20.53万发,炸药193.15公斤,非法烟花爆竹4.68万件,黑火药2.2公斤,雷管354枚,索类爆炸物品20米,炮弹9枚,仿真枪115支,管制刀具2034把,弩13把;兑现群众举报奖励金64人27万余元。在全市"剑盾一号"行动中出动警力1.2万余人次,清缴各类枪支22支,抓获处理违法犯罪人员972人,各类逃犯46人。

打击从事制假售假的"黑作坊""黑工厂""黑市场""黑窝点"为重点的"打四黑除四害"和涉"黄赌毒"等违法犯罪活动。破获"四黑四害"刑事案件83起(部督6起、省督18起),其中食品案件27起,药品案件18起,环境污染案件14起,烟草案件18起,其他假冒伪劣商品案件6起。查获涉赌案件3187起(刑事案件268起)、涉黄案件808起(刑事案件105起),查处娱乐场所涉毒案件39起,抓获吸贩毒人员79人。

打击非法采砂行为,协同水利部门开展非法采砂专项整治,查破涉砂各类刑事案件12起,抓获犯罪嫌疑人56人,捣毁非法砂场、采砂点63处,查扣非法采砂、运砂船16艘,铲车11部、运砂车104辆,砂石5万余立方。

加强旅馆业实名、实情、实数、实时登记,处罚未如实登记的741家次,取缔无证经营旅馆121家,行政拘留38人;通过旅馆业系统抓获网上在逃人员247人。

创新公共交通安全防范,对市区二环路以内路途经重点防范目标的8条公交线路213辆公共汽车配备622名安全员,在公交车、公交站点和换乘站点轮班执勤。

指导处置群体性事件149起7389人次。协调处置群体性非正常上访90批3731人次。维护医疗机构安全秩序和医护人员人身安全,出动警力7424人次。接访医患纠纷投诉186件(涉及死亡纠纷78件),其中受理156件,办结

121件。民警到场应急处置重大医患纠纷52起104场,促使当事人放弃非分诉求41件,调处成功率87%。查处涉医违法犯罪案件9起,抓获违法犯罪嫌疑人19人。排查、整改医疗机构内部安全隐患311处,督促增设保安力量50人,增设治安岗位10个,培训保安人员71次。

【社区警务】 受理制发居民身份证30.14万张,办理临时居民身份证2.92万张;受理加快证件21.36万张,普通证制发时限由60天缩短为20个工作日。在长假期间,各窗口受理居民身份证452人,制发证411张。利用人像比对进行身份信息核查工作,分别比对办证人员照片信息20.8万人次,发现异常信息1678人次,从中核查出属一人多户的33人,一人多证号1人,冒名顶替骗领身份证的14人,照片采集错误56人。对于冒领证件的13人给予行政处罚,并收缴其骗领的身份证;删除错误相片69人次,注销双重户口23人。

登记流动人口204.1万人,出租户16.64万户。开展规范办理暂住证专项整治活动,注销不实暂住登记的流动人口5.31万人,清理"超人居""零人居"等暂住地址1776个(处)。在全省率先推行人群管理"一人一档"建设、监控探头建设和建立"三簿"(即协管员、民警各设走访记录簿,派出所监控探头记录簿)制度等3种管理方法。

开展户口登记清理整顿。注销重复户口525人;摸排无户口人员4.01万人,解决3.6万人。核查出无相片人员5.68万人,注销户口1397人,受理身份证2416张。复核出生申报中四类人员的申报材料,摸排相关人员3.72万人,完成其中1.1万人的材料核查工作。与市侨办联合下发通知,将华侨到榕定居的审批权限下放至马尾区及各县(市),并简化程序。审核回国定居人员7243笔,审批户籍迁移和项目更正6.59万笔。推广网上办理的便民举措,有2789人通过微信功能申办户籍项目。

全市派出所排查矛盾纠纷2.62万起,调处化解2.6万起,防止和制止群体性上访、械斗事件62起,防止民事转刑事案件3起,劝回非正常上访人员382人。处置精神病人肇事91起、送医就诊162人。

配合社区开展网格化管理,全市已划分警务网格895个,调配专职社区民警749人、驻村民警528人、协勤人员2328人。组织命名第三批以优秀网格民警姓名命名的警务室9个,全市累计有16个被命名的警务室。新创等级派出所27个,累计评定高等级派出所94个(一级22个、二级72个),占派出所总数的47.4%。

【网络安全监察】 发现、处置网上有害信息15.8万条,报送信息2.06万条,编报内刊679期。落地调查653人;约谈处置389人,其中提请逮捕2人,治安处罚32人,教育训诫355人。检查网吧1.55万家次,处罚违法违规网吧143家次,移送工商部门处理黑网吧32家;在网吧抓获在逃人员73人。

破获各类涉网案件664起,其中部督案件6起,省督案件11起;抓获犯罪嫌疑人1306人。其中,自办案件216起,抓获犯罪嫌疑人549人;协破案件448起,抓获犯罪嫌疑人757人(命案44人,CCIC撤逃113人)。完成涉网案件电子勘查185宗,办理本地协查729件,外地市协查774件。2月25日,网安支队联合刑侦支队破获省督重大诈骗案,在厦门市抓获犯罪嫌疑人3人。网安支队联合仓山公安分局破获特大黑客入侵网吧收银系统盗窃案,抓获犯罪嫌疑人8人。3月19日,网安支队与晋安公安分局破获由公安部督办的非法经营伪基站案。4月17日,网安支队在广东省东莞市抓获2006年命案在逃的犯罪嫌疑人。

妥善处置网上舆情。先后对"闽侯'4·28'恶性撞人案""福州'5·27'西洪路持刀伤人案"等271起网上舆情进行处置,发布引导帖文4.51万篇。4月6日,某网民在微博上扬言要杀人,并寻求制作爆炸物方法。网安支队、福清市公安局查明该网民预谋杀人的犯罪事实,并在其住所缴获仿64式钢珠手枪1支、射钉枪2支、弓弩1支及一批易制毒制爆的化学药品等。

【警卫工作】 完成重要警卫任务326批次,主要有:5月5—10日,全国政协副主席、农工党中央常务副主席刘晓峰到榕考察。6月18日,十届全国政协副主席、中国企业家联合会会长王忠禹出席"6·18"活动。7月17—19日,中共中央政治局常委、国务院副总理张高丽到福州科立视公司、福清核电项目、福建奔驰公司等单位调研。7月30—31日,中共中央总书记、国家主席、中央军委主席习近平到福州看望慰问部队官兵和双拥模范代表,并接见驻福州部队师以上领导干部。11月1—2日,中共中央总书记、国家主席、中央军委主席习近平在省委书记尤权、省长苏树林陪同下,到平潭综合实验区、福州经济技术开发区的新大陆科技集团和鼓楼区军门社区考察。

全年出动警力数千人次,分别完成省市人大、政协"两会",第十六届海峡两岸经贸交易会,第十二届中国·福建商品交易会,第十二届海峡项目成果交易会,第六届海峡论坛暨首届福州商会会长峰会,2014年全国企业家活动日暨中国企业家年会,2014年环福州(永泰)国际公路自行车赛,国际龙舟世界杯赛,2014年中国羽毛球公开赛——大都会人寿世界羽联超级系列赛顶级赛,海峡青年节,福州元宵灯会等重要会议和大型商贸、文体活动及群众娱乐活动172场的安保任务。

【道路交通管理】 全年发生道路交通事故2757起,死亡449人,受伤3208人,直接财产损失253.4万元。"四项指数"较上年全面下降,其中起数同比下降0.83%,死亡人数同比下降3.23%,受伤人数同比下降3.17%,直接财产损失同比下降8.4%。

交通安全综合整治"三年行动" 行动始于2012年,年内将重点车辆源头监管作为防范事故的主要工作。会同工商、交通部门开展六项联合整治,查处机动车违法占道销售1910起、非机动车违法停车4.09万起、残疾车非法营运156起、路口拦车乞讨叫卖和散发物品1464起、垃圾车闯禁行57起、违法销售电动车41起、违法停车2189辆。全年快速处理轻微交通事故9.8万余起。

道路交通事故隐患整治 排查出临

水临崖路段643处,急弯陡坡路段187处。市、县两级财政投入资金5467万元,整治242处道路隐患路段,设置警示标志牌3万余面、警示柱桩1.31万个。全市在国道、省道和重要集镇路段设立150余个联合执法点,查处交通违法行为310万余起。设立道路交通安全管理站147个,配备乡镇专职交通安全员814人,设立农村交通安全劝导站440个。

交通安全设施建设　设置交通标志牌1.5万余面,交通护栏156公里,施划标线140.1万平方米,道路停车泊位9866个。建设269个路口地磁和64个路段微波流量检测设备,设置387个信号灯路口UPS应急电源。应用1327个高清视频,电子警察398个,高清卡口379个,高空视频监控网系统65个,实现可视化管控交通。

智能交通建设　智能交通控制中心实时调整交通信号配时方案,完成50个路口123次远程排堵保畅,优化55个路口信号灯配时。调整信号灯放行方式,将153个路口信号灯由单边放行调整为对称放行,路口利用率由1个方向增加到2个方向;将50个全屏灯路口调整为单边放行,消除左拐与直行冲突,在84个信号灯路口设置行人专用相位。推进智能管控车辆检验,在全省率先启用PDA智能查验终端,车辆检验时间由30分钟缩至10分钟。

【典型交通事故案例】　2月17日2时许,一轿车行经六一路莲宅新村附近的斑马线时,将2名横穿过路的行人撞飞倒地,2人经抢救无效身亡。肇事司机逃逸。

2月22日16时许,陈某驾驶轿车至连江县浦口镇东苔线官岭路段时,与赵某驾驶的轿车相撞,赵某轿车翻入海中,致车上3名乘员死亡,赵某跳车逃生。

3月28日13时20分,彭某骑电动车载其子,在仓山区福峡路先与集装箱货车刮擦后,又被路过的集装箱车辆碾压,致母子2人当场死亡。

7月3日2时许,林某驾车至西二环路象山隧道口时,失控撞上路中隔离花圃后腾空侧翻并起火。附近执勤的民警拦停过路的园林喷水车灭火帮助救人,车内2人身亡、2人受伤。据查,车祸由司机醉酒所致。

10月3日10时50分,一辆越野车途经台江区群众路时在非机动车道上失控,撞倒骑电动车女子,将人车卷入车底推行,后又冲上人行道撞飞一行人,碰上台阶时车往后滑行,致被撞2人一死一重伤。

10月30日8时20分,一辆101路公交车行经鼓楼区仙塔街与城守前路交叉路口的斑马线附近时,一辆并行的自行车突然左转弯,公交车刹车不及,将骑车的男子撞飞,男子后经抢救无效身亡。

【消防工作】　发生火灾1798起,死亡9人,受伤3人,直接财产损失1289万元。接警5134起,出动车辆8261辆次,出动警力5.22万人次,抢救被困人员2013人,处置520起电梯救援,抢救财产价值1.86亿元。

开展"清剿火患"集中行动,全市消防部门检查单位2.4万家,发现火灾隐患3.1万处,临时查封184处,责令"三停"208家,拘留29人。对全市1042个消防控制室进行集中治理。对19起未审先建、未验先开业的违法行为从严、从重处罚。对113家重大火灾隐患单位和12处区域性火灾隐患进行立案,完成销案79家。

推进消防基础建设21个工程项目,全年总投资3.06亿元,总建设规模7.67万平方米。投资1500万元对福州消防指挥中心进行升级改造,实现各区县(市)"119"集中接警、调警。主城区新增213个市政消火栓,全市消火栓增至4481个。完成350兆数模通信系统建设。

征招政府专职消防员158人,消防文职人员46人;任命2名政府专职消防员为中队执勤副队长,5人为执勤中队长助理。组织大型综合演练9次、消防比武竞赛4次,组织中队消防官兵、战训岗位人员进行专业集中培训。

加强消防安全宣传,贯彻市委宣传部《关于加强全市消防安全宣传教育意见》,组织开展"119"消防日、生命通道体验等主题活动,组织主流媒体开展"火灾隐患随手拍"等专题报道活动。动员全市1499所中小学校74.4万学生开展"消防安全第一课""假期消防作业"等活动,印发5000份《火场逃生宝典》分发到全市消防重点单位。在全市3200余辆公交车上播放消防安全公益广告、安全知识。全年在各级新闻媒体刊发消防稿件2178篇。

【重大火灾案例】　5月15日零时14分,仓山区浦上工业区一家厂房发生火灾。该厂房库藏日用品多为易燃物,大火从1楼烧起,快速向上蔓延烧及5楼。市公安消防支队出动22辆消防车、120名官兵前往灭火。6小时后将火扑灭,无人员伤亡。

6月26日12时许,台江区鳌港停车场内一家物流仓库起火。消防部门派出25辆消防车到场灭火。仓库14间库房均为简易铁皮结构和用木板搭起的阁楼,现场过火面积约300平方米。

7月11日19时许,仓山区火车南站附近一家管材厂厂房发生火灾。起火的厂房为单层砖木、局部二层钢结构,内藏放塑料、边角料等易燃物。消防支队出动19辆消防车、110名消防员赶赴现场。21时许,大火被扑灭。

9月14日4时许,仓山区长安路1栋4层民房发生火灾。仓山消防部门出动3辆消防车灭火。消防官兵从3楼救出4名租客,其中一男性租客因藏在床底时吸入过多浓烟,经抢救无效死亡。火因为电动车充电器起火。

11月20日15时许,晋安区福新路一家公司仓库发生火灾,大火扩散至附近20家店面,部分居民被困逃到楼顶。消防部门出动46辆消防车、240余名官兵,首次动用云梯车营救出被困居民45人,紧急疏散280余人。3小时后大火被扑灭,过火面积950平方米。

12月11日10时许,鼓楼区西洪路1座2层砖木结构的老宅发生火灾。11辆消防车、50余名消防人员赶到现场灭火,抢出液化气瓶2个,安全疏散10余人。11时许,大火被扑灭。

【森林公安】　受理各类森林案件441起,查处397起,其中刑事案件立案132起,破获88起,抓获犯罪嫌疑人107人(负案在逃49人),提请逮捕19人,移送审查起诉85人;查处治安案件25起,行政拘留15人次；查处林政案件284起，处罚305人次。收缴省级以上野生保护动物628只(条)，制品806公斤，挽回经济损失873万元。接处警救助出警300余次，救助放生蟒蛇、白鹇、穿山甲、猫头鹰及其他野生动物100余只(条)。查处涉林矛盾纠纷信访件29件，化解办结26件。

森林火灾刑事案件立案48起，破获19起；受理森林火灾治安、林政案件23起，查处23起，行政拘留12人。4—5月，永泰森林分局开展破火案专项行动，破获失火刑事案件8起，追逃犯罪嫌疑人2人，行政拘留3人，罚款1人。查处野外违章用火林政案件7人。中秋节期间，福清市组织警力在公园等43处，收缴“许愿灯”435个，消除因点燃蜡烛可能引发的森林火灾事故隐患。

查处非法占用林地刑事案件16起，破获11起。整治各类建设工程未批先占和少批多占、违法开垦、蚕食林地、建房建坟及毁林占地案。5月8日，《福州日报》等媒体以“闽侯白沙大片山林遭钩机破坏至少2万棵树被砍伐”为题，曝光揭露白沙镇汶溪村“柳垅”山场毁林占地案，闽侯森林分局于6月3日抓获犯罪嫌疑人。12月9日，福清市森林分局查处南田村毁林111株、取土3133平方米的案件，处罚涉案人员6.26万元。

开展打击破坏野生动物资源专项行动，清查市区农贸市场、酒店、饭店、餐馆等重点场所，查获大批蛇类、山麂等野生动物活体、冻体。4月28日，福清森林分局查获非法经营野生动物的窝点，缴获野生动物447条(只)，其中眼镜蛇433条、山麂1只、野兔1只；抓获犯罪嫌疑人1人。11月29日，群众反映福州大学城新洲村草地再现大面积鸟网捕鸟，闽侯上街林业执法部门联合行动，核查拆除捕鸟网9张，当场烧毁8张，其面积达1000平方米。协助北京市森林公安局调查取证2起收购、出售珍贵、濒危野生动物及制品案件；配合宁德市侦办一起蟒蛇特大案，抓获涉案人员。

打击盗滥伐林木违法犯罪活动，立案44起，破案33起，其中非法采伐国家重点保护植物案立案6起，破案4起。5月29日，人民网报道“长乐海峡奥林匹克高尔夫球场违法毁林卖地盖别墅”，长乐森林分局于9月12日抓获台籍犯罪嫌疑人。7月11日，闽侯森林分局侦破非法加工珍贵树木红豆杉案，刑事拘留犯罪嫌疑人。（陈茂华）

【边防管理】 市公安边防支队刑事案件立案1222起，破获547起，破案率44.76%；受理治安案件2972起，查处2740起；抓获违法犯罪嫌疑人3173人。组织实施打击成品油走私、偷渡活动和“亮剑扫毒”会战等专项行动。收缴成品油1765吨、冻品51.3吨；查获偷渡案件25起135人，越南人“三非”(即非法入境、居留、就业)案件5起33人；查破涉毒案件331起374人，缴获各类毒品5308.5克；查获非法经营卷烟1.7万条，涉案金额1300万元；查处涉爆案件77起，收缴仿制枪支6支、子弹80余发及黑火药等一批涉爆物品。

市公安边防部门配合福清、长乐市公安机关组织武装巡逻135次；配合完成警卫中央领导在榕考察、“两会”、“5·18”海交会、“两马”闹元宵等安保任务58场以及参与抗风救灾，出动警力4.4万人次、车辆1.7万台次。基层派出所化解矛盾纠纷566起，消除群体性事件苗头等影响社会稳定因素18起，配合当地政府处置发生在福平高铁、华东造船厂、海西水产加工基地等重点工程的7起阻挠施工事件。

推进治安防控基础建设，马尾、罗源、福清、长乐等地配备辅警198人，建成沿海视频探头149路和违法违规船舶暂扣点6个。市财政部门为船管站和亭江拘留所等建设、改造项目拨专款提供经费保障。年内整合船管站48个，建设示范船管站8个。警务信息化建设完成支队—大队—所队三级网络拓扑直连直通，34个基层单位公安网带宽提速至千兆，所有基层单位IP地址实现双倍扩容；并配发单兵和车载设备10套、高清执法记录仪60部。

边防支队全年派出7批109人参加总队培训，组织民警轮训6批501人，岗位抽查抽考22批730人次，视频拉动演练45次2250人次；组织47名新入警大学生、毕业学员等分别到支队执法实践基地实习；基层34名法制员全部参加公安业务培训。市边防支队参加总队第七届军事业务竞赛获团体总分第一、2个团体第二和6个比武单项冠军，机动大队一中队在全省机动部队跨区拉动驻训获得季军。

【“110”指挥中心】 全年接处警159.02万起，其中处置群体事件378起，疏导交通堵情1.02万起，协调社会联动7523起。“110”指挥中心年内实现运用有线无线指挥、发送短信等方法下达警情处置指令；应用PGIS警用指挥地理信息系统就近向派出所巡逻勤务、特警路面武装巡逻、全市148个布控堵截卡点调动警力、车辆。全市城区派出所有GPS巡逻车38辆、76名民警昼夜轮流上路值勤；城区分局各有一支15人的巡特警队负责路面武装巡逻；市公安局特警支队在市区12个重要部位、线路的9个点武装执勤。举办规范接处警、管控系统二级平台应用、重大紧急警情应急快速处置、PGIS警用指挥地理信息系统应用等4种专业培训，参训民警400余人次。

开展警情倒查与接处警回访工作。指挥中心对全市90.4万起有效警情进行电话倒查，发现属于警情反馈不规范、类型定性不准确等问题警情9.3万起。同时对接处警中报警人回复“不满意”的7060条短信、7719个投诉电话由专人进行逐起电话回访，或采取回听接派警录音、查验GPS巡逻车轨迹或专人到派出所督查，发现属于有警不出的51起、出警不及时的45起，予以通报批评并责令整改。

【公安监所管理】 全市有看守所、拘留所、戒毒所、收教所和精神病收容所21个，年内羁押的各类违法犯罪人员以及其他收容人员月均量约6000人次。各所分别进行20余次消防预案、50余次“防脱逃、防暴狱、防冲监”预案的演练，每月定期召开对被监管人员的动态分析会，发现、解决安全隐患400余起。监所内发现、转递案件线索700余条，破获案件255起，抓获犯罪嫌疑人268人。

维护在押人员的合法权益，为在押人员印发双语版“在押人员权利义务告知书”；推行律师电话、网上预约会见制度；实行双向或单向视频会见；定期向在押人员家属通报其在押人员消费、健康、医疗等信息;畅通被监管人员就医“绿色通道”,日常巡诊8万人次,出所就医1000人次,收治艾滋病患者30余人,新入所在押人员健康“五项检查”1.5万人次。

各监所单位的对外窗口多渠道听取法院、检察院、辩护律师、被监管人员家属以及所在社区等对看守所工作的意见,收到各类意见、建议100条,并从医务护理、监控信息和在押人员就医难、投劳难等12个方面问题进行整改。针对10月4日福清市看守所发生在押人员在监室自缢死亡的责任事故,福州市公安局作专门通报。福清市投资513万元改造看守所监控系统并通过工程验收。年内为监管支队增加1名副支队长;为市第一看守所艾滋病在押人员监区的医务人员增加卫生补贴费;为第二看守所增配女民警;永泰县看守所为内设管理教育、巡视监控、综合保障三个中队配上正副职队长各1人。

【公安科技信息通信建设】 推进执法规范化建设项目的技术支持与服务工作,全市公安机关“四区八室”执法场所的同步录音录像系统新建121套,由313名民警担负执法办案场所信息管理系统的日常保养维护职责。

环福州立体技防网年内新建788路,原计划建设的3000路探头全部完成;第二期工程应建探头为2980路,年内建成2553路,并完成项目初验;开展第三期工程前期准备工作。同时,建成市、县两级视频信息综合平台,接入各类探头1.08万路;为市公安局本部、5个分局、市区48个派出所三级图侦中心(室)配备191名监控员,负责视频巡逻和指挥研判。建设治安防控体系的公安智能卡口,在市际、县际城区出入口等处建设智能卡口293个,完成率211%。改造升级城区旧的治安卡口,确定的11个项目建成10个。 (曹友权)

【队伍建设】 举办新警、文职、司晋司培训班10期1279人,警务实战专项训练培训班98期7979人。罗源县和闽侯县公安局代表市公安局参加全省公安机关依法使用武器警械专项训练暨综合对抗考核比武获第二名。

落实市、县公安机关反腐倡廉“两个责任”,自查自纠违法违纪案件起数、人数均同比增长43.75%。查处民警违法违纪案件23起23人。实现党员干部“零持有”会员卡。

(宋增清)

司法行政

【概况】 2014年,福州市有司法所173个,司法助理员372人;公证处13家,执业公证员108人(含实习公证员);律师事务所130家,执业律师1291人;法律援助中心13家,法律援助工作人员58人;司法鉴定机构22家,司法鉴定人202人;基层法律服务所47家,基层法律服务工作者245人。

全市司法行政系统有15个集体、11名个人受到省部级以上表彰,6个集体、17名个人受到厅局级表彰,其中市法律援助中心获评“全国青少年维权岗”称号,罗源县司法局、市法制宣传领导小组办公室获“全国‘六五’普法中期先进集体”称号,仓山区司法局、连江县司法局获“全国青少年普法教育先进单位”称号,市司法局、马尾区司法局、长乐市司法局获评中华全国人民调解员协会“人民调解宣传工作先进集体”称号。

【公共法律服务体系建设】 市司法局草拟《关于加快推进公共法律服务体系建设实施意见》,并由市政府办公厅下发《福州市人民政府办公厅转发市司法局关于推进全市公共法律服务体系建设实施意见的通知》。该意见对法律服务中心建设、公共法律服务工作站建设、公共法律服务点(窗口)建设及公共法律服务专线和公共法律服务电子网络平台建设等作出规范,提出到2015年年底,全市全面推开公共法律服务体系建设,到2020年,基本建成“政府主导、司法行政牵头、部门联动、社会协同”的覆盖城乡、优质均等的公共法律服务体系。鼓楼、闽侯、连江公共法律服务体系试点工作相继开展。

【司法所规范化建设】 全市有145个司法所创建“福建省规范化司法所”。配备司法助理员372人、副科级司法所长140人,编制使用率、副科级所长配备率分别为89.4%、80.9%。推进县级司法局业务用“十二五”规划项目建设,罗源、连江县司法局建成并启用。3月5日,在福清召开司法所规范化建设现场观摩会,福州市、各县(市)区司法局共57人参加活动,对司法所工作台账、卷宗等内务档案和信息系统建设情况进行观摩。

【人民调解】 排查各类矛盾纠纷9442件,调处1.6万件,调处成功1.58万件,调处成功率98.75%。完善“大调解”工作机制,落实人民调解机制改革工作路线图、时间表。2次组织开展全市性集中排查调处专项活动。全市公调、检调、诉调机制对接案件1021件,调解成功981件。落实公调对接派驻制,进驻派出所(边防所)的调解室118个。成立专业性、行业性调委会176个,其中环保、国土等18个群众关注、矛盾突出的行业实现全覆盖。会同财政部门制定经费保障意见,人民调解工作指导经费、调委会补助经费、调解员补贴经费列入财政预算。

【社区矫正】 累计接收社区矫正服刑人员1.69万人,年内在矫人员4802人。就重大事项报告、责任追究等执法环节制订配套制度,开展执法大检查,抽查102个司法所执法工作情况。对接“数字福州”项目,投入73万元升级改造社区矫正监控管理系统,增加远程监控、实时录像等功能。率先配备人像识别系统、执法记录仪、专用电动车,探索建立新一代电子监控系统。加强理论研究,编印《社区矫正研究论文集》《执法手册》《矫正理论教育》等8本书籍。在福清市试点心理矫正机制,建成4个心理咨询室,进行心理矫治74人次。开展入矫阶段集中教育41期2007人次。开展优秀司法协理员评选,表彰10名优秀司法协理员,1人入选2014年度“感动福建十大人物”候选人。

【安置帮教】 新增刑满释放人员

5948 人,安置率 99.2%,帮教率 99.5%。落实刑满释放人员“必接必送”制度,全市从监所接回刑满释放人员 2956 人。配备安置帮教司法协理员 251 人,其中新招聘 96 人。依托企业建立过渡性安置基地 87 家,全市刑满释放人员中 235 人获得低保、454 人落实承包田、635 人接受职业技能培训、468 人接受临时救助。

【医患纠纷调解处置】　接访医患纠纷投诉 389 件,立案 287 件,结案 253 件,结案率 89%,赴现场应急处置重大医患纠纷 170 起 367 场次,当事人 20 人以上的群体性案件 50 起。

【普法宣传工作】　起草《“法治福州”建设纲要(2014—2020 年)》,并提请市委、市政府正式下发。市县两级开展首个国家宪法日暨全国法制宣传日、法治福州建设宣传月等系列活动,举办首个国家宪法日法制宣传专题晚会。会同市委宣传部、市人大常委会办公厅等单位,举办“弘扬宪法精神　建设法治中国”大型法治现场咨询活动。联合福州电视台《攀讲》栏目,举办“攀讲来了——法制宣传进社区”系列活动,定期走进社区、学校、机关、企业开展不同主题的法治宣传活动。组织“加强法制宣传,推进两违综合治理”“送法进乡村、送法进海岛、送法进高墙”和“关爱留守妇女儿童防拐反邪反性侵”等普法活动 80 场。在《法制今报》《福州日报》《福州晚报》及福州电视台《新闻 110》栏目开辟“六五”普法和司法行政专栏,利用全市公交的士、户外阅报栏 LED 屏进行滚动式普法宣传。全市建成法治文化公园、广场、长廊 40 个,法治宣传栏 2513 个,村居(社区)法治宣传教育中心 2389 个。加强司法行政宣传报道工作,创办《福州司法》刊物,中央、省、市媒体采用福州市司法行政新闻稿件 4447 篇(件),同比增长 50.8%。组织开展依法治理专项创建活动,创建“全国民主法治示范村”7 个、“全省民主法治示范村”68 个、市级“民主法治村(社区)”471 个。

8 月 26 日,市司法局联合福州电视台组织开展“攀讲来了——法制宣传进社区”活动　　(市司法局　供)

【律师工作】　有律师事务所 130 家,执业律师 1292 人,担任政府、企事业单位法律顾问 1403 家,办理各类案件 1.65 万件。新设立律师事务所 13 家,完成律师变更执业机构、执业证换证等工作。组织全市律师参与涉法信访接待工作,办理信访案件 809 件,接待信访群众 1340 人次。鼓楼区全面启动律师进社区工作。市律协制定出台《实习律师考核工作规则》,对 79 名实习律师进行面试考核。

【公证工作】　办理各类公证约 21.6 万件,其中国内民事公证 52179 件,经济公证 3403 件,涉外公证 147717 件,涉台公证 11068 件,涉港澳公证 1101 件,收费 5015 万元。开展年度公证质量检查,抽查 14 个公证处 1550 个卷宗。规范市公证处窗口统一受理,加强调查核实、出证审批、质量检查的审核把关。

【法律援助】　推动法律援助地方立法,《福州市法律援助条例》于 2014 年 12 月 9 日颁布。办理法律援助案件 10803 件,接待群众来电来访 30605 人次。加强法律援助驻点基层法院工作,驻点法院转交法律援助案件730件,标的金额 4300 余万元。市法律援助中心承接青运会法律保障工作,参加专项会议 32 场,办理法律服务项目 40 个,解答法律咨询 978 件;开展刑事法律援助实证研究、刑事诉讼速裁试点工作,与高校共建教学实践基地。

【司法鉴定】　办理各类司法鉴定业务 2.72 万件。对全市 22 家鉴定机构进行年度考核。召开全市司法鉴定工作会议,聘请司法鉴定行风监督员,建立司法鉴定信访投诉值班制度。

【国家司法考试】　组织 2014 年国家司法考试考务工作,福州考区报名人数 4216 人,实际参考 3366 人,成绩合格 789 人,上线率 23.4%,考务工作评比为全省第一。发放法律职业资格证书 628 本,年度备案法律职业资格证书 800 本。

【“12348”法律服务专线】　全市“12348”法律服务专线接待来电来访 17633 人次,市属接待数占 47.16%。回复“12345”便民呼叫系统诉求 391 件,办理各类举报投诉 72 件。

(张　祎)

(编辑　黄　铭)

军事

征兵工作

【概况】 2014年，福州市针对征兵政策调整、兵员质量要求提高、大学生比例提升等特点，调整动员部署方案，召开大学生征兵宣传动员大会和征兵形势分析会，运用多种媒体开展征兵宣传。通过动员部署征兵方案，兑现优待政策，完成全年征兵任务，实现"保质量、保廉洁"目标，兵员总体质量高于往年。

【征兵宣传】 开展多种形式征兵宣传，召开大学生征兵宣传动员大会，全市组织征兵宣讲活动100余场次。4月上旬，市县两级开展征兵工作调研，并召开征兵形势分析会；5月，针对机构设置、宣传发动、组织登记等内容，组织兵役登记试点。全市各类报刊发表征兵信息25篇，通过手机发送各类征兵信息约265万条，印发征兵宣传手册31272册，张贴兵役登记公告24356份，给适龄青年发信8834封。

【廉洁征兵】 将廉洁征兵、接兵纳入绩效考核体系，健全"五个公开"（政策规定、数量指标、条件标准、程序步骤和征接兵纪律）、"五公布"（上站体检人员、"双合格"人员、预定新兵、定兵人员名单，举报电话和举报信箱）的公示制度，健全和完善"三个参与"（纪检监察部门全程参与、新闻媒体广泛参与、应征青年积极参与）的监督体系；健全完善持证上岗、形势分析、集中办公、集体定兵、轮岗回避、责任追究"六项机制"。年内市征兵办未收到违规举报。

民兵工作

【概况】 2014年，全市民兵工作以作战任务为牵引，突出力量编组，加快训练转变，推进民兵组织整顿工作，重点组建海上民兵队伍。建立健全两级应急指挥机构联合值班、军地情报信息共享和每日呼点、每周讲评、每月通报机制，整治5个一类民兵哨所，优化4类突发情况应急处置预案，与公安、海警、海事等8家单位签订涉钓情报协作协议。全年出动民兵参与抢险救灾21次。

【政治教育】 3月，警备区领导和人武部主官分两期参加军区、省军区理论集训，警备区办班集训20名副团职干部，全区官兵同步跟学跟训。针对民兵外出打工多、人员流动大、教育难落实的实际情况，利用"榕兵一号"民兵教育平台，克服教育中人员虚编、组织虚拟、教育虚无、管理虚散、训练虚报等问题，开展民兵思想政治教育工作。

【民兵基层党组织建设试点】 年内警备区开展民兵基层党组织建设试点工作，协调市委召开专题议军会，成立由警备区、市委组织部、人力资源和社会保障局组成的军地联合试点工作领导小组。

10月，福州警备区组织全市民兵应急分队开展拉动演练（福州警备区　供）

将民兵基层党组织建设划分为应急连常态编建、作战分队重点编建、技术保障分人独立编建、村居民兵平时预建、单艇单哨划分小组编建等5种类型。9月29—30日，警备区组织全区24名民兵应急连党支部正、副书记集中培训。

【民兵训练】　实战化训练　7月，警备区围绕动员集结、组织指挥、机动展开等内容，对5个区（县）民兵应急分队进行远程拉动，人员出动率96.6%。10月，组织区部两级指挥所带民兵分队拉动演练，历时5天共1468人参演。

专武干部集训　4月9—21日，组织全区新任职专武干部集训，92人参训，进行18个课目的学习训练。经考核验收，参训人员全部合格，总评成绩82.1分，优秀率15%，良好率68.9%。

民兵基地化训练试点　3月，警备区依托福清龙翔国防教育基地，组织福清人武部开展试点工作，编写反恐维稳、森林灭火、抗洪抢救3本共26个课目教案，制作《基地化训练组织与实施》教学录像片1套。3月19日，召集市县两级政府分管领导和各人武部主官组织试点观摩。

冲锋舟操作手训练　5月15—21日，警备区组织228名冲锋舟操作手开展技能集训；21日，对66名操作手进行离靠岸、水上打捞、水上过障3个课目的抽考。

【海上民兵力量建设】　在全市组建海上民兵队伍，成立海上动员力量建设领导小组，在警备区司令部设立办公室，具体负责组建工作的组织实施。落实船运团编配，设立团机关，辖5个船运中队、4个团直属队。修订《福州市民用船舶和船员民兵动员征用暂行规定》，军地联合下发《加强动员力量建设工作的通知》，明确海上民兵建设任务、工作重点、保障措施等。协调经费1000余万元，由市、区两级财政编列，其中指挥中心建设和软件运营服务费约204.55万元，由市财政列支，其余经费由各县（市）区财政列支。

【民兵高炮分队参加军区考核】　6月，警备区组织鼓楼区民兵高炮营指挥所和1个高炮连，参加军区竞赛考核，历时45天，出动人员115人，投入经费250余万元。在考核竞赛中，福州防空群获总评第二名、指挥技能第一名、理论第三名，参训高炮营被军区评为“民兵预备役高炮分队优胜单位”。

【抢险救灾】　全年出动民兵2860余人次，参与抢险救灾21次。7月，在防抗“麦德姆”台风中，动员集结民兵610人，出动民兵217人，转移群众200余人，解救群众3人，转移物资50余吨，堵塞管涌14处，搬运沙袋3万余立方。8月9日，晋安日溪皇帝洞景区突发山洪，晋安区民兵解救被困群众9人，搜寻遇难者人5人。

（蔡晓华）

国防动员

【概况】　2014年，福州市启动民兵武器装备存储布局调整工作，完成调整方案制订；组织参加“前卫—5”省国防动员指挥所演练；指导平潭人武部对人员、装备、资产等进行清查，完成警备区与平潭人武部的交接工作以及平潭人武部领导关系调整工作。市委、市政府、警备区召开各县（市）区武委会主任述职报告会，部署全市国防动员工作；警备区指导各县（市）区人武部召开乡（镇）街道武装部政治教导员任命大会，全市159名乡（镇）街道党（工）委书记被任命为基层武装部政治教导员。

【国防教育工作】　8月，在市委中心组理论学习扩大会上，组织观看《甲午甲午》资料片。9月，市委市政府和警备区成立第十四个全民国防教育日活动领导小组，在“五一”广场组织开展国防教育文艺演出、武器装备操作演示、高新武器装备模型展示、队列操表演、国防教育图片展、国防教育影视片展播、国防教育现场宣传讲座等系列活动。鼓楼、马尾、长乐、闽清、罗源人武部协调县（市）区委组织全县副科长以上干部、专武干部、民兵干部观看《甲午甲午》资料片。台江人武部全年为辖区学校、社区和企业开展国防教育20余次，邀请国防大学教授为全区副科以上干部、学校校长作国防形势报告。马尾人武部协调驻军600余人参加“海峡两岸纪念甲午海战公祭”活动、“两岸各界公祭福建戍守将士”活动。

推进马尾船政文化国防教育主题公园、福清市龙翔国防教育基地、林则徐纪念馆、闽侯军博园等国防教育重点基地建设，增加拓展训练、兵器操作、模拟射击、游戏竞赛等国防教育项目，添置退役坦克、各型枪炮、通信电台等装备。全市24个省级国防教育基地接待参观62万人次。林则徐纪念馆、马尾船政博物馆、罗源人武部被评为省级国防教育先进单位。

【“前卫—5”国防动员指挥演练】　7月，组织市县两级国防动员指挥机构，参加“前卫—5”省国防动员指挥所演练，历时4个月，先后召开专题会议6次，研究部署动员演练任务。7月4—6日参加正式演练，完成平战转换、动员筹划、组织实施和复员4个阶段的演练，市委常委、警备区常委和市直相关部门、市国动委8个办公室、卫生系统、各县（市）区共760人全程参演。

【年度实兵检验性演习】　10月，警备区组织全区指挥所演习和民兵应急分队野战化拉动演练，重点突出战备等级转换、侦观与报知、指挥信息系统运用、重要目标防卫、反敌小股袭扰等课目演练。10月21日，组织作战能力中期检验评估静态部分检查；22—23日，组织指挥所演习；24—25日，组织民兵应急连野战化拉动演练。警备区机关和12个人武部及所属民兵应急连共1468人参演，动用各类武器装备和物资器材1430余件、车辆94台。

【信息化建设】　完善警备区至人武部指挥信息系统，联通连江黄歧哨所至警备区作战值班室的视频，实现三级指挥联通。推进“榕兵一号”系统建设，警备区、各人武部组织招聘13名信息管理员，从事系统维护工作；4次组织鼓楼、永泰人武部在省军区教导大队、省军区司令部进行“榕兵一号”演示。警备区牵头会同市人防办和政务网管理部门，加快市国防动员指挥所至县国防动员指挥所的通信与指控系统、警备区与人防办指挥中心、演练专用视频系统、国动委专用网络等建设，组织指挥所政务内网扩容和信息系统引接，保障省、市、县三级信息系统联调联试。完成警备区作战值班专用视频和指控系统建设方案制订。

【民兵武器装备存储布局调整】 警备区研究确定“一整修”(区本级战坂仓库10个库房)、“一保留”(闽侯1个“部库合一”人武部)、“十一新建”(五城区、福清、长乐、连江、闽清、罗源、永泰11个人武部兵器室)的调整规划。投入235余万元，用于战坂仓库10个库房整修改造、人武部兵器室建设、避雷设施检测、安防设施更换、枪柜制作。连江人武部完成武器弹药调整，鼓楼、晋安、台江、马尾人武部完成兵器室基础建设。

【后勤保障建设】 3月，组织警备区机关后勤和台江人武部相关人员参观泉州晋江人武部和三明宁化人武部现代后勤建设试点成果。台江人武部协调区政府投入80余万元用于试点专项建设，并于11月19日召开现代后勤规范化建设现场观摩会。依托罗源、福清人武部试行民兵误工补助采取“银行代发”的方式。投入49.4万元用于解决警备区仓库用水、用电问题，投入165万元用于改造仓库生活楼和食堂建设。

双拥共建

【概况】 2014年，福州市出台《福州市军民融合深度发展实施方案(2015—2017年)》，开展“百村百连结对子、军民融合促发展”活动，106对共建对子以共建“三型”党组织为目标，共同推进军地基层组织建设、新农村建设等工作。探索建立“关爱军人困难家庭求助基金”，全市投资、贴补资金2.73亿元支持部队建设和国防工程建设，投入抚恤补助经费7435万元、医疗补助经费847万元。驻榕部队参加地方抢险救灾400余次，参加地方建设18处，提供便民义诊3000余人次。

【拥军支前】 6月12日，市双拥办、市民政局、市慈善总会联合出台《关于开展关爱军人困难家庭求助活动的意见》，建立“关爱军人困难家庭求助基金”，用于福州市辖区驻军单位现役军人中的特困家庭求助工作，市财政每年拨款100万元予以支持，年内筹集资金535万元。市政府投入1000万元建设文林革命纪念广场以及爱国主义教育陈列馆。9月30日，省、市领导及社会各界群众1000余人在文林山革命纪念馆参加全国首个烈士公祭日活动。

整合科技资源，加强科技拥军基地建设，安排科技文化拥军专项经费200万元。市菜科所组织科技人员到驻闽部队指导科学种菜，为驻闽部队举办培训班25期，培养蔬菜生产骨干1000余人。市图书馆开展“送图书进军营”活动，为驻榕部队各图书流通点配送图书1000～3000册，共计5万余册，并随时免费轮换。

【拥军优属】 全年召开军地协调会、军地联席会议、涉军问题专题协调会等100余场次，协调涉军投诉件163件，制定下发《福州市军人随军家属就业安置办法》，规范随军家属就业安置工作，将随军家属补贴提高至每人每月600元。市本级安置随军家属31人，推荐随军家属就业65人，协调安排部队子女入学、转学79人，并为符合中招优待条件的63名军人子女进行加分，为享受同等优先照顾的72名军人子女进行优先照顾。全年接收安置军转干部239人，接收安置军休干部70人，其中计划安置186人，自主择业53人；接收退役士兵、转业士官2174人；接收安置军休干部70人，并投入468万元用于改善军休所环境和文娱设施。

年内市本级向南京军区领导机关及空军领导机关和海军舰队领导机关官兵赠送慰问金1063万元，向福州预备役高炮师和鼓楼区人武部赠送慰问金8万元。市委组织部、双拥办和警备区政治部走访慰问111个“百村百连结对子、军民融合促发展”的部队基层单位和民兵哨所，向每个基层单位发放慰问金1万元。

【拥政爱民】 推进军民融合深度发展工作，市委常委会研究通过《福州市军民融合深度发展实施方案(2015—2017年)》，并结合福州市“十三五”总体规划，确立融合建设项目。组织参加地方抢险救灾，全年驻榕部队出动官兵约1万人次、车辆2300余台次，参加地方抢险救灾400余次，扑灭森林火灾200余起，转移危险区域和被困遇险群众6万余人次，加固海堤158处、渔排2500余个。开展公益服务活动，驻榕部队出动官兵约1万人次、车辆机械1800台

11月18日，福州市召开军民融合深度发展需求提报协调会 (福州警备区 供)

次，参加地方重点工程建设、水利工程建设18处，结对帮扶352户，捐资助学237人，扶残济困418户，便民义诊3000余人次，植树造林133.33公顷，派出校外辅导员1500余人帮助学校开展军训。

（史中华）

人民防空

【概况】　2014年，福州市人防系统办理修建防空地下室设计审核项目259项，审批防空地下室面积150.66万平方米，竣工验收面积46.9万平方米；保障并参加“前卫—5”国防动员指挥演练，参与核事故应急救援演习。年内万宝平战结合人防工程综合体开工建设。

【人防宣传教育】　向各级党委、政府、军事机关和其他相关部门赠阅《中国人民防空》《福建人防》1.68万册。重新编印并发放4.6万册《中小学防空防灾知识读本》到五区和福清、长乐及闽清等地中学，全市159所初中开展防空防灾知识教育，全年受教育学生8.3万人次。制作《防空与防灾》5集系列动画片，配发至全市中小学。安排省市机关、党校、人民团体等各级领导干部43期1255人到市委党校在市人防办开设的“教学实践”基地接受防空防灾知识教育。5月25日举办全市中学生防空防灾知识竞赛活动，60所中学180名学生参加。7月17日开展人防知识师资培训，福州市属和各县（市）区初级试点中学的人防课程任教老师及相关人员110人参加。年内730篇（幅）稿件、图片被《中国人民防空》《福建人防》等市级以上报刊及网站采用。年内发表研究性文章22篇；编发《福州人防》工作简报4期；福州人防网站累计刊登福州人防系统工作动态147条，图片资料156幅；开通人防微博，在新浪微博、腾讯微博发布信息659条，有“粉丝”5万余人。

结合“4·21”全市防空警报试鸣活动，在全市4500辆的士车顶LED显示屏投放滚动字幕，在部分写字楼、南门兜、东方百货LED大屏上播放人防宣传画，并在3000辆公交车上的移动视频播放试鸣通告。增加乌山北坡纳凉工程相关设施，配合市委宣传部开展道德讲堂、福州评话、影视宣传播放等活动。

【人防工程建设】　办理修建防空地下室设计审核项目259项，审批防空地下室面积150.66万平方米，审批易地建设206项，收取人防易地建设费5946.57万元。新受监项目103项，面积45.1万平方米；在监项目309项，面积313万平方米。验收防空地下室104项，竣工验收面积46.9万平方米。推动万宝平战结合人防工程综合体的开工建设，完成广场顶板施工。加强城市轨道交通1号线各站点人防质量监督，加强地铁人防工程防护设备质量监管，召开地铁人防设备质量监管专题工作会议；烟台山防空洞加固工程完成工程土建、水电安装工程施工；配合完成综防系统人防工程建设模块数据录入及地理位置标识；完成全市防空避难场所资料更新；完成104个人防工程新标牌设置安装工作。

12月31日，市人防办举行《防空与防灾》动画片首播仪式（市人防办　供）

【指挥通信建设】　“091”工程主楼、机动指挥所及综合楼全部封顶。“1238”工程完成各项前期准备工作，开展施工招投标。年内测试警报1.28万台次，检修维护通信警报设备350台次。4月，组织各县（市）区人防办警报管理人员开展设备操作维护培训；4月21日，组织全市防空警报试鸣，在连江可门发电厂开展重要经济目标防空防灾演练，全市警报器鸣响率100%，覆盖率达95%以上。人防机动指挥所开展训练80余次，参训960余人次，安全行驶2000余公里。保障并参加“前卫—5”国防动员指挥演练。3次参加由市环保局组织的省“融安—2014”核事故应急演习，配合完成福建省、福州市、福清市、福清核电厂四级核应急指挥中心上下联动。

【人防法制建设】　解答“12345”热线中涉及人防警报、人防工程使用和管理等问题。答复人大代表关于减免基督教堂人防建设费的建议；征集、反馈对省人防条例修正案的意见并起草意见稿；研究战时人防条例的制订要求，拟制上报《战时人民防空条例》草案。组织安排市人防办65名工作人员参加市司法局举办的年度法律知识学习和网络考试。市人防办与多个县（区）人防办联合执法，处理违法案件6起。

（邱钰香）

武装警察

【概况】　2014年，武警福州市支队完成执勤、长途押解、押运、植树造林等任务386起，参与“榕城1号”“榕剑2号”演练，参与抢险救灾工作。一中队被武警部队评为“执勤先进中队”，1名基层干部被武警部队评为“优秀教练员”,1名士官被武警部队评为“中级反恐狙击人才”。

【思想政治工作】 开展主题教育、形势任务教育、经常性思想教育和“战斗力标准大讨论”活动。参加“四会”优秀政治教员授课竞赛,支队2名选手分获总队授课竞赛第一名和第四名。理论研讨成果《着眼强军新要求,锤炼过硬基本功》被《政工导刊》评为优秀论文。新闻报道在省级报刊媒体上稿100多篇。主题教育经验做法被《武警政工》刊发。支队动漫创作《超级战士》获第五届全军动漫比赛三等奖,《武装战警》获第五届武警部队动漫创作优秀奖。

【执勤处置突发事件】 在福州城区、平潭综合实验区建立抢险救援排和应急班。完成省市“两会”、元宵灯会安保、中央巡视组住地警卫、联勤武装巡逻、赴闽清植树造林、长途押解、押运等任务386起。

1月4—8日,福州市召开十四届人大第三次会议和政协十二届第三次会议,支队出动60名官兵,完成闽江饭店和西湖宾馆人大代表住地、梅峰宾馆政协委员住地和海峡国际会展中心“两会”主会场安全保卫任务。

2月10—14日,福州市元宵灯会在南后街、闽江公园北园、闽江公园南园、光明南路同时举办,支队出动执勤兵力2000人次,处置突发情况3起,排除险情8处,协助找回走散儿童和老人6人。

3月4日起,支队每日出动27名兵力,担负福州市区23个、各县市17个重要路段的联勤武装巡逻任务。

3月10—15日,支队抽调300名官兵驻扎闽清坂东镇,完成50公顷8.5万株植树造林任务。

4月6日,支队参与由福州市反恐应急处举行的“榕城1号”演练。

6月9—12日,首届国际龙舟联合会世界杯在福州浦下河畔举行,支队出动官兵,完成安保任务。

11月15—16日,2014年国际公路自行车赛在福州(永泰)举行,支队派出官兵担负安全保卫和机动备勤任务。

12月30日,支队参加由市公安局组织的“榕剑2号”反恐实战演练。

【抢险救灾】 2月2日,闽清县一陶瓷厂1辆装有工业废水车辆侧翻,工业废水流入河中。支队派出处置分队,向4个河段5000平方米的河面投放棉被、毡油纸、活性炭,于3日5时完成治污任务。

2月28日15时23分,福清市龙山方向突发山林火灾。支队派出支援分队完成扑救任务。

6月19日下午,受强降雨的影响,闽清县梅溪镇发生多处山体滑坡。支队派出支援分队完成抢险救援任务。

9月15日,平潭综合实验区一电力公司发电机组爆炸自燃,引发平原镇山林火灾。支队派出支援分队经16个小时,扑灭火情8处,开挖隔离带2公里,完成灭火任务。

【基层建设】 制定《党委常委分片负责、机关干部“一对一”挂钩帮建基层实施方案》,修订《按纲建队绩效考评实施办法》,完成总队“三个办法”演示,召开支队从严治警现场会;推进集中文印室建设,定制国产非智能低端手机配发干部和公勤人员,规范网络信息和涉密载体的管理。

【后勤保障】 开展专业兵培训和岗位练兵活动,组织召开伙食管理现场会,完成所属中队兵器室升级改造,建立远程医疗服务系统,投入资金购置维修野战器材,与目标单位、银行、医院等签订应急保障协议,开展模块化训练和合成训练;完成新机关奠基和基层大、中队营区的改造迁建工作。

(许　涛)

(编辑　黄　铭)

发展改革工作

【概况】 2014年，福州市发展改革工作继续制订年度国民经济和社会发展计划，开展每月经济形势分析和固定资产投资分析工作；制订分解年度经济考核指标，分解落实目标责任制，跟踪年度计划执行情况，促进主要经济指标平稳较快增长；起草市委十届八次全会“两计划一意见”文件，并分解落实主要目标任务；启动“十三五”规划编制前期工作，拟定宏观发展环境研究、“智慧城市”建设研究、新型城镇化路径研究、生态文明先行示范区建设研究、融入国家“海丝战略”等12个前期调研课题；发挥市重点项目建设总牵头单位职责，落实重大项目协调周例会制度、在建重大项目服务团制度、重点项目挂钩督办制度等工作机制，推进轨道交通、铁路建设、国家高速公路网、海西高速公路网及国省道、港口、重大能源项目建设力度，重点项目建设超额完成年度投资任务；优化产业结构，夯实工业经济增长基础，加快发展服务业，加快生态文明建设；出台融入丝绸之路经济带和21世纪海上丝绸之路建设战略的实施意见，结合重点产业发展规划，确定50个重大项目，打造交通、经贸、人文三大枢纽，打造21世纪海上丝绸之路战略枢纽城市；全面拉开福州新区建设战役；推进福莆宁同城化和闽东北翼、闽浙赣皖经济协作区发展；完成《福州市新型城镇化规划（2014—2020）》，青口镇、江阴镇被列为全省中心镇开展“小城市”培育的试点；继续简政放权，推进经济社会事业体制改革，深化医药卫生体制改革；加强民生建设，促进社会事业全面发展。

【起草“两计划一意见”】 代拟《中共福州市委、福州市人民政府关于进一步加快福州科学发展跨越发展的行动计划》《福州新区行动计划（2014—2020年）》《福州市加快生态文明先行示范区建设的实施意见》，并提交市委十届八次全会讨论审议通过。分解落实“两计划一意见”主要目标任务。其中：产业项目449项，总投资9832亿元；基础设施项目271项，总投资6124亿元；社会事业项目125项，总投资672亿元；旧城区改造及保障房项目111项，总投资3101亿元，共涉及60多个责任单位和12个县（市）区政府。

【研究编制专项规划及课题】 拟定宏观发展环境研究、“智慧城市”建设研究、新型城镇化路径研究、生态文明先行示范区建设研究、融入国家“海丝战略”等12个前期调研课题。完成《福州市建设国家丝绸之路经济带和21世纪“海上丝绸之路”战略枢纽城市的行动方案》《环兴化湾区域发展规划》《福莆宁同城化总体规划》《福州市新型城镇化规划（2014—2020）》《福州市电子商务中长期规划》《福州市都市公共交通专项规划》《福州市高速公路规划（修编）》《福州港罗源湾港区下屿作业区岸线规划》《福州港闽江口内港区琅岐作业区岸线规划》《福州港闽江口内港区筹东作业区BP岸线规划》《2014—2015年省级预算内投资职业教育基础能力建设规划》等编制。同时开展农业转移人口、龙头企业等有关问题的研究，完成《福州市加快生态文明先行示范区建设的贯彻实施意见》《关于培育发展龙头企业促进经济稳定增长的实施意见（试行）》《福州市贯彻落实省委、省政府办公厅〈关于有序推进农业转移人口市民化八条措施〉实施意见（第三稿）》《市、县级残疾人康复和托养设施建设方案（2014—2016年）》《2014—2016年省级预算内投资县级医院能力提升工程》等政策文件。

【跟踪分析经济运行情况】 针对重点项目建设、固定资产投资完成情况以及项目建设征迁等问题，召开重大项目建设协调推进例会25场，对福州汽车客运南站等100个项目推进中遇到的征地拆迁、资金筹措等问题进行有效协调，闽都大酒店、斗池路等项目取得突破性进展。完成地区生产总值5169.2亿元，同比增长10.1%。固定资产投资完成4388.6亿元，同比增长14.9%。社会消费品零售总额2992亿元，同比增长14.6%，位居全省第一。一般公共预算总收入780.5亿元，同比增长13.3%，一般公共预算收入510.9亿元，同比增长12.5%。

【城市轨道交通建设】 全市完成铁路投资28.38亿元,江阴港铁路支线建成通车,合福铁路福州段开始联调联试。能源建设取得新进展,福清核电1号机组投入运行,神华煤港电一体化、罗源华能火电厂开工建设。轨道交通加快建设,组织启动城市轨道交通线网和第二轮建设的规划编制,第二轮建设规划已上报国家发改委审批。开展城市轨道交通2号线及1号线(二期)工程初步设计报批及开工前期准备工作,初步设计获省发改委批复。牵头启动1号线延伸段及6号线过江段方案深化研究工作,研究方案通过专家评估会。开展6号线工程可行性研究工作,启动3号线工程可行性研究工作。编制完成城市现代有轨电车线网规划初稿,并上报市政府审批。推进公路和市政路桥建设,加快绕城公路东南段、马尾大桥、滨海大能道、东部快速通道等项目建设,推动金山大桥复桥等169项市政路桥项目建设。

【工业经济增长】 每月跟踪20家大企业、重大制造业龙头项目、工业固投等进展情况,及时发现苗头性、趋势性问题,进行分析研究和决策服务。总结2010—2014年重点产业振兴和技术改造专项实施情况,开展产业项目结构优化调整、钢铁项目等产能过剩行业清理整顿工作,及时上报进展情况,促进产业结构优化调整。全市规模以上工业增加值1837.9亿元,同比增长12.1%。产业布局加速向南北“两翼”拓展,“两翼”地区工业总产值占全市比重达54%。完成工业投资1168.6亿元,同比增长12.7%,天辰耀隆己内酰胺等63个工业重点项目建成投产。推进电子商务示范城市建设。落实福州市《关于加快推进电子商务产业发展的实施办法(试行)》,开展国家电子商务试点专项的申报、筛选、审核工作,推进海峡电子商务基地二期、福清盛荣电子商务物流园等电子商务园区和重大项目建设。

【加快发展服务业】 加快培育鼓楼区一批主导产业突出的集聚区和总部企业集聚区,打造“三坊七巷”“都市温泉”两张名片,完善优化中央商务区、核心商务区平台功能,进一步扩大福州软件园、洪山科技园、白马河沿线文化创意产业园3个核心创意园区规模。海西现代金融中心区获批设立,世欧广场等一批城市综合体建成开业,成功举办69场大型展会,全市接待游客3996万人次,福州被国家列为海峡两岸电子商务试验区、电子商务与物流快递协同发展试点城市。

【招商引资和自贸区申报】 编制形成《2014年福州市重点招商项目册》,服务“5·18”海峡两岸经贸交易会和“9·8”厦门投资贸易洽谈会等招商活动,吸引跨国公司、台湾百大企业、行业龙头到榕投资兴业。拓展“6·18”海峡项目成果交易会平台功能,对接项目726项,总投资额281.9亿元。学习借鉴上海等地区自贸区申报材料,结合福州实际,草拟《福州市推进自贸区建设有关工作方案(初稿)》。

【发展总部经济】 落实相关扶持政策,经市政府同意兑现总部企业奖励金额8648.64万元,涉及19家总部企业。推进福州航空公司成立,首批已开通8条国内航线,客座率达79.4%。促进东方航空成功开辟福州至纽约首条美洲航线。

【生态文明建设】 组织资源节约和环境保护中央预算内项目、节能低碳与循环经济省级预算内投资专项贴息项目、重点流域水环境综合整治省级预算内项目等申报工作,组织申报3批次,上报项目12项,下达7项3批次共计1250万元资金。开展低碳社区试点组织申报工作,配合开展鸿博光电、阳派木制品2个节能环保中央预算内项目的专项稽查工作。配合市生态办开展省级生态市创建工作,开展第三产业占GDP比例、城市化水平2个建设指标的建档工作;配合市节能办开展节能检查工作,分赴各县(市)区开展2013年度节能目标责任评价考核;参与开展2014年全国节能周和全国低碳日宣传活动;与省经济信息中心联合举办“应对气候变化、低碳发展和碳排放交易等知识”专题讲座;配合环保部门开展大气污染防治、重金属污染防治、减排等环保相关工作。

【体制改革】 经济社会事业体制改革 4月,成立福州市全面深化改革领导小组,市发改委作为市经济社会事业体制改革专项小组联络员,承担12个专题工作小组之间的各项沟通联系工作,对各项改革工作进度进行督促和检查。国有企业组织优化、“四大投”资源整合重组、政府全口径预算、新型城镇化试点(福清、长乐)、工商登记制度改革、政府机构改革、福莆宁岚基本医疗保险管理服务同城化等12个方面的改革初见成效。

简政放权 市发改系统下放审批事项4项,并采取周末提前办结、急件当天办结等办法,审批环节简化到3个环节,办理时限压缩至3个工作日以内。根据市委编办、市行政服务中心管理委员会《关于开展行政权力自查清理填报行政审批事项和行政权力清单的通知》的部署要求,以及固定资产投资、招标投标、节约能源等有关法律法规、规章规定,对现有的行政审批事项进行全面梳理,编制行政权力清单。开展工程建设领域专项整治工作,对2012—2014年市发改委批复的项目在项目决策、招投标等工程建设领域进行排查,依法对存在的问题进行处罚纠正。对于新报批的项目,按照《福建省招标投标条例》及其配套规定,以及国家有关法律法规核准招标事项,督促项目单位按照基本建设程序开展项目前期工作及招标工作。

医药卫生体制改革 开展社会办医政策落实情况自查,推进公立医院改革,3月,闽侯和连江列入国家县级公立医院综合改革第二批试点县。推广便民惠民服务,促进中医药事业协调发展,开展基层中医药能力提升工程督查评估及医改监测数据填报工作。参加全省医改工作推进会,草拟《福州市2014年深化医药卫生体制改革重点工作任务》,统筹推进医药卫生体制改革。

【服务“一带一路”】 加快建设江阴港区等海上通道、福州长乐机场二期工程等空中通道、京台、莆炎等高速公路陆路通道。在江阴港区重点建设中印(尼)合作专属园区,支持福建海峡银行在东盟开展业务,为“走出去”企业提供金融服务，并引导全市金融机构在境外设立分支机构。

【推进福州新区发展】 组织开展新区课题调研和规划编制，完成《福州新区发展规划》及相关专题规划研究编制；开展国家级新区优惠政策研究，从财税、金融、国土、海洋等方面储备政策。加强新区领导和管理机构建设，推行扁平化管理模式。制订福州新区开放开发体制改革专项小组工作方案，在推进新区先行先试、加快区域融合与对外开放、促进产业转型升级、推动重点区域开发建设等方面加强探索创新。组织实施《福州新区建设行动计划（2014—2020年）》，推动三江口、琅岐岛及长乐航空新城、福清海港新城等重点区域建设。推动年初制订的新区300项重点项目建设，2014年完成投资1154.26亿元，占年度计划投资的115.39%。

【福莆宁同城化工作】 配合做好福莆宁同城化调研工作，推进《福莆宁同城化总体规划》的编制工作。2014年闽东北经济协作区重点协作项目共33项，总投资2101.45亿元，年度计划投资205.3亿元，完成投资245.34亿元，占年度计划的119.5%。在对永泰、闽清、罗源、连江等县对口办摸底调查的基础上，审核汇总市对口协作资金补助项目，安排资金帮助永泰、闽清、罗源、连江等结对县搭建产业集聚平台，扶持产业转移和开发园区建设。

（黄宁榕）

统计和调查

【概况】 2014年，福州市统计工作较好地完成各项常规统计和专项调查任务，实事求是地反映全市经济社会发展情况。定期编印《福州统计月报》《福州市情》《福州统计年鉴》等统计资料；4月在《福州日报》发布《2013年福州市国民经济和社会发展统计公报》；推进经济运行分析和专题调研工作，按照“本·源·道·力”的统计新流程，提高对数据的诠释解读、分析研究能力。全年撰写各种统计分析77篇，向省局、市两办报送信息300多条，被采用的270多条，被市委评为2013年度福州市党委系统信息工作先进集体。开展2013年度县（市）区政府绩效管理有关指标数据的科学采集和考核评分工作，参与改进2014年度县（市）区绩效评估指标体系、评估办法、计算方案。支持企业申报名牌产品、著名商标、政府质量奖等工作，为企业提供产量、产值等证明近300份。

开展调研分析及方法制度研究，确定并完成提升政府公共服务公众满意度研究、农民收入新增长点研究、长乐纺织业发展情况调查、福厦总部经济发展情况调研、福州商业地产发展研究、大学毕业生就业意向调查、社区卫生服务满意度调查、农产品价格调控分析等15项重点调研课题；开展公众安全感调查、公众环保满意度调查、县（市）区政府及市级机关单位绩效管理公众评议调查、福州市服务企业状况调查等专项调查。同时开展居民收支调查、居民消费价格调查、工业生产者价格调查、房地产价格调查、农产品生产价格调查、畜禽监测调查、固定资产投资价格调查、限额以下商业调查、规模以下服务业调查、规模以下工业调查、采购经理调查、产品市场占有率调查、贸易行业调查等各项常规抽样调查。

【普查与专项调查】 第三次全国经济普查 全市8032名普查员、普查指导员参与完成。落实机构组建、经费落实、宣传培训、单位核查、PDA登记、数据审核和数据上报等各项任务。

人口抽样调查 对全市163个抽中调查小区、近4万名常住人口开展逐户逐人调查登记，推算全市及各县（市）区常住人口在数量、分布、构成以及居住方面的最新情况。

企业用工情况调查 全年共开展3次。一季度抽取45家调查单位、上半年和下半年分别抽取31家调查单位，摸清当前企业用工情况，准确判断就业形势，为政府制订有关政策提供参考依据。

文化产业调查 充实名录信息，建立包括法人单位、个体经营户和产业活动单位在内的全部文化及相关产业调查单位库。通过采取企业调研等方式，监测和分析研究全市文化产业发展状况，撰写统计分析报告。

市党政机关服务企业状况调查 组织福州市六大行业的企业开展问卷调查，共发放问卷1146份，收回有效问卷1094份，问卷回收率达95.5%，形成福州市党政机关服务企业状况调查报告。

其他专项调查 组织开展工业、能源、投资、贸易、农村、人口、社科、服务业等专业2013年统计年报和2014年定期统计报表工作。会同市效能办组织开展2013年政府绩效考核评估工作；组织开展高新技术产业、农业产业化龙头企业调查，少数民族乡、村社会经济调查，妇女、儿童“两纲”监测统计及海洋经济专项调查工作。

【统计改革】 电子商务和服务外包统计工作 配合福建省搭建电子商务与服务外包统计公共服务平台（简称“正统网”），市统计局建立覆盖县（市）区、产业园区的平台管理员队伍，组织管理员开会培训，演示平台系统功能，培训平台系统操作，布置平台建设及运营工作。同时利用掌握的企业名录信息，会同市外经局和市电子商务协会，组织企业入驻平台。至年底，入驻企业近千家，居全省首位。

实施乡镇统计联网直报制度 组织基层统计人员开展业务培训，协调解决乡镇统计专用计算机、网络、人员等联网直报所需的各项基础条件。同时在闽清县全县开展乡镇联网直报试点工作，并将试点过程中的好经验、好做法在全市范围内推广。年内通过国家统计局农村司的检查验收。

固定资产投资统计报表可行性测试评估 5月，福州市作为国家固定资产投资统计报表可行性测试评估调研点，组织召集15家企业的统计人员召开座谈会，并采纳企业人员就指标名称、数据基础、报表编排、报表设计等方面的内容设置提出的意见建议。

一体化改革 正式发布城乡居民人均可支配收入数据，开展50%样本轮换和样本校准工作。

联网直报 在全市范围内开展工业生产者价格调查、规模以下服务业调查网络直报工作；完成畜禽监测样本普查，并在福清市试点开展部分畜禽监测联网直报;开展规下工业调查目录企业样本轮换及网络直报准备工作。

实施“三经普”个体户抽样调查　制订《福州市第三次全国经济普查个体经营户抽样调查实施方案》《福州市个体经营户抽样调查数据质量控制办法》,加强与各级普查机构的协作。

小微企业及个体户跟踪调查　抽选部分2014年3—7月新设立的小微企业和个体经营户进行跟踪调查,摸清工商登记制度改革实施后新设立小微企业和个体经营户的成长情况。

【统计法制建设】　市统计局与鼓楼区南街街道小柳社区联合开展“统计法进社区”活动;组织专业处室对罗源县15家企业开展劳动工资专项统计执法检查工作,其中对2家企业分别给予警告和罚款5000元的行政处罚;采取集中送审、实地察看等形式对晋安区(54家、2个乡镇)、闽清县(53家、2个乡镇)开展经济普查专项统计执法检查工作,共检查107家单位;联合省统计执法人员联合对福清市经济普查数据进行核查;开展“一套表”联网直报工作中违法违规和不规范报送行为整治工作。

福州调查队发放统计调查行政义务告知书2600余份;开展调查数据质量、基层基础和统计执法3项检查;开展“9·20”统计开放日、12月4日“国家宪法日”及12月8日《中华人民共和国统计法》颁布纪念日等宣传活动。

年内有765人参加统计从业资格考试,331人参加统计职称考试,1907人参加继续教育,参加统计从业资格考试及继续教育人员均居全省前列。全市统计系统共检查单位数878家,立案查处统计违法案件28起。其中予以警告26起、通报9起、罚款13起,罚款金额达7.18万元。

(王珠琴　谢美梅)

工商行政管理

“3·15”期间举办工商开放日系列活动(市市场监督管理局　供)

【概况】　2014年,全市新增内资企业503户,注册资本87.27亿元;新增私营企业25979户,注册资本1336.88亿元;新增个体工商户40062户,资金数额34.78亿元;新增农民专业合作社384户,出资总额13.67亿元;新增各类外商投资市场主体484户,注册资本6.15亿美元。至年底,全市各类市场主体总数突破34万户,其中实有内资企业10687户,注册资本1115.06亿元;实有私营企业114898万户,注册资本6490.29亿元;实有个体工商户209318户,资金总额107.98亿元;实有农民专业合作社1676户,出资总额55.31亿元;实有各类外商投资市场主体4845户,注册资本143.14亿美元;实有台资企业785户,注册资本9.74亿美元。查处各类违法违规案件4462件,罚没入库1926.47万元。

【机构改革】　上半年完成食药监管体制改革工作,全市工商系统20%行政编制人员划转到食药监部门。加强与食安办、食品药品监管等部门的协调配合,依法查处食品药品、医疗器械、保健食品违法广告,做好食品市场主体登记管理工作,查处食品领域商标侵权、不正当竞争等违法行为。12月26日,福建省工商局与福州市政府签订交接议定书,福州市工商系统管理体制正式从省以下垂直管理,调整为福州市县两级政府分级管理。同时,根据省委省政府、市委市政府关于职能转变和机构改革的统一部署,在全省率先开展工商、质监、食药监“三合一”大部制改革,组建福州市市场监督管理局。

【工商登记制度改革】　2013年12月1日,市工商局在全省率先开展工商登记制度改革,于12月2日在平潭综合实验区发放第一批新版营业执照。3月28日,在经济技术开发区、高新技术产业园区等4个区域,启动第二阶段改革试点;8月1日,根据省工商局统一部署,工商登记制度改革在全市范围全面推开,并推出一系列改革举措。

实行“先照后证”　8月1日在全市范围内实行。除涉及国家安全、公民生命财产安全,以及设立银行、证券公司、保险公司、限制类外商投资企业等七大类17小项主体设立需要取得前置审批外,不再实行先主管部门审批、后工商登记的制度,即实行后置管理,全年先后登记“先照后证”企业1.5万家。

实行注册资本认缴登记制　除暂不实行注册资本认缴登记制的27类行业外,其他公司一律实行注册资本认缴登记制,取消公司注册资本最低限额,不限制公司设立时股东出资额和出资方式,不再限制股东缴纳出资期限。营业执照不再登记实收资本,公司登记时,无需提交验资报告、无需登记实收资本。公司股东对其认缴出资额、出资方式、出资期限自主约定,并记载于公司章程。

实行年度报告公示制　将原来的企业年度检验制度改为企业年度报告公示制度,企业在规定的期限内,通过福建省工商系统市场主体信用信息公示平台向工商机关报送年度报告,并向社会公示,任何单位和个人均可查询。至12月30日,全市累计有53231户内外资企业通过公示平台成功申报并公示2013年年报。

【推进国家级广告创意产业园建设】 福建海西国家广告产业园区(福州园)包括闽台AD广告创意园、闽侯广告研发制造园和长乐海西创意谷闽台广告合作总部基地等“一园三区”,总占地面积189.4公顷,中央财政累计拨付扶持资金3250万元。2月,福建海西广告产业园(福州园)顺利通过国家广告产业园专家组评估验收,正式进入国家广告产业园区行列。6月,海西国家广告产业园区(福州园)第一区“闽台AD创意产业园”被认定为福州市级科技企业孵化器,获福州市第二批文化创意产业(园区)示范基地称号,并申报国家级科技企业孵化器。10月,会同市财政局制订《福建海西国家广告产业园区(福州园)奖励(补助)办法》,落实广告产业园优惠扶持政策,园区软硬件设施及各项配套措施进一步完善,有效带动全市广告文化创意产业的发展。至年底,全市共有各类广告企业2395家,注册资本达298亿元,分别同比增长63.5%和80.6%。

【实施商标品牌战略】 贯彻落实新《中华人民共和国商标法》和商标品牌工作措施,推进“商标工作指导站”建设,构建起“市工商局—县区工商局—工商所—商标企业(商标管理员)”四级纵向创牌指导培育平台及“市工商局—行业协会(商标协会)—商标代理机构(会员单位)—商标企业(商标管理员)”四级横向创牌帮扶服务平台。全市新增注册商标1.26万件,新增驰名商标5件、省著名商标86件、知名商标125件,地理标志证明商标5件、商标马德里国际注册27件。全市实有有效注册商标7.34万件,同比增长16.69%,其中,驰名商标48件(台湾商标4件),著名商标650件,知名商标844件,地理标志证明商标18件,商标马德里国际注册224件,分别同比增长11.63%、9.61%、21.79%、28.57%和27.27%。

【优化企业登记制度】 简化住所(经营场所)登记手续 市政府印发出台《福州市市场主体住所(经营场所)经营条件若干意见》。申请人提交其住所(经营场所)的合法使用权证明(符合物权法及市政府相关规定)即可予以登记,在具备基本办公条件的情况下,允许将同一地址登记为多家公司的住所。同时,参考香港等地经验,鼓励商务秘书公司等做法,由商务秘书公司为企业提供住所登记、记账报税、法规咨询等商务秘书配套服务,降低部分不需要具体住所的企业及大学生、回国海归人员创业门槛,促进创业就业。

推行外资企业“直接登记制” 9月起,在全市范围内开始施行鼓励类、允许类项目企业的外商投资企业“直接登记制”。将外资企业设立审批、登记环节减少为1个,符合法定条件的外资企业审批、登记周期由法定的40个工作日缩短为3—5个工作日。全年通过“直接登记制”登记外资企业263户。

推行“三证一章合一”登记制 逐步推行营业执照、组织机构代码证、税务登记证及企业公章三证一章合一的登记制度。由市行政服务中心组织牵头,采取“一窗受理、一表填报、内部流转、同步审批,限时办结,统一发放”模式,实现营业执照、公章刻制、组织机构代码证、税务登记证等审批服务便捷提速。

落实企业帮扶举措 深化“四个万家”活动,开展企业大走访,通过动产抵押、商标质押、股权出质等方式帮助企业实现融资222.92亿元。

【企业注册登记】 实施工商窗口事务“预约服务制”,实现市局与城区工商登记窗口(除开发区外)信息化预约和现场预约相结合的模式,全年共为企业和公众办理预约服务1.86万余次。深化外资企业全程电子化年检,网上年检率达95.54%。

个体经济 全市实有个体工商户20.93万户,同比增长19.17%;资金数额107.98亿元,同比增长40.58%;新开业个体工商户40062户,同比增长16.51%;资金数额34.78亿元,同比增长51.88%;注销、吊销个体工商户6990户。在个体工商户总户数中排名前5位的是批发和零售业、住宿和餐饮业、居民服务和其他服务业、制造业、交通运输、仓储和邮政业,分别为14.64万户、2.31万户、2.26万户、0.6万户和0.32万户,各占总户数的69.95%、11.04%、10.8%、2.87%和1.53%;从事第一、二、三产业个体户分别为1378户、6163户和20.18万户,分别占个体工商户总数的0.61%、2.96%和96.43%。

私营经济 全市实有私营企业114898户,同比增长25.84%;注册资金6490.29亿元,同比增长46.71%;从业人员83.75万人,同比增长5.58万人,增长7.14%;注册资金亿元以上的私营企业911户,同比增长37.62%;1000万元~1亿元的私营企业15605户,同比增长57.84%;500万元~1000万元的私营企业14371户,同比增长32.86%,100万元~500万元的私营企业28176户,同比增长49.9%。从事第一、二、三产业的户数分别是3351户、20111户和91436户,分别占私营企业总数的2.92%、17.51%和79.57%。

内资企业 全市新增内资企业503户,实有内资企业10687户,其中国有企业1649户,集体企业3230户,内资公司5436户,其他企业372户。在总户数中排列前5位的是批发和零售业、金融业、制造业、租赁和商务服务业、建筑业,分别有3149户、1669户、1176户、991户和804户,各占总户数的29.47%、15.62%、11.01%、9.28%和6.88%。全市内资企业注册资本1115.06亿元,同比增长14.79%。

农民专业合作社 全市实有农民专业合作社1676户,同比增长29.03%;出资总额55.61亿元,同比增长45.1%;成员总数25603个,同比增长42.78%,其中农民成员24314人,同比增长42.38%。出资总额1000万元~1亿元的有147户、500万元~1000万元的有234户、100万元~500万元的有676户,分别同比增长51.55%、35.26%、32.29%。

外商与中国港澳台商投资企业 实有各类外商投资市场主体4845户,其中外商投资企业4564户,同比增长5.75%;法人企业累计投资总额264.60

亿美元、注册资本143.14亿美元、外方认缴额117.61亿美元，分别同比增长6.73%、6.35%、6.24%。企业法人户均注册资本461.61万美元，同比增长2.35%。实有台资企业785户，同比增长18.76%；投资总额14.97亿美元，同比增长18.67%；注册资本9.74亿美元，同比增长13.42%；实有台湾个体工商户250户，同比增长20.78%；资金数额3499万元，同比增长26.37%。外商投资企业(含分支机构)三大产业实有户数所占比重分别为1.97%、39.81%、58.22%，三大产业注册资本比重分别为3.19%、59.38%、37.43%。从分布情况看，企业法人户数位居前5的国家或地区分别是：香港地区1237户、台湾地区785户、美国202户、日本178户、英属维尔京群岛170户。从新登记情况看，全市新设各类外商投资市场主体484户，其中外商投资企业482户，同比增长33.15%；法人企业新增投资总额9.59亿美元、注册资本6.15亿美元、外方认缴额4.79亿美元，同比分别下降57.07%、45.12%、51.54%。全市新设台资企业186户，占全市外商投资法人企业新设总数的68.89%，同比增长126.83%。台资企业新增投资总额14383万美元、注册资本14240万美元、外方认缴额7821万美元，分别同比增长40.17%、84.24%、38.25%。注吊销企业96户，同比下降28.36%，其中注销92户(法人企业43户，分支机构49户)。

【市场监管执法】 创新监管模式 由市政府牵头，组建市场主体信用体系建设领导小组，由工商、公安、税务、质检、法院、发改委等16个成员单位协同推进全市市场主体信用信息平台建设。制订出台《福州市市场主体信用信息平台建设工作方案》和《福州市市场主体信用信息征集及公示办法》等工作制度，牵头市药监局等成员单位拟制《福州市市场主体信用信息目录》。探索实行失信惩戒机制，向福州市公安局、检察院、法院、中国人民银行福州中心支行等部门和金融机构征集整理各部门有关严重违法“黑名单”管理措施，为建立全市相对统一的市场主体约束机制、实现“一处违法，处处受限”监管目标奠定基础。推行市场主体抽查制，制订出台市场主体抽查实施办法，探索工商所市场监管由巡查制改为抽查制。

公平竞争执法 开展“八闽红盾出击”系列专项执法行动，建立大要案攻坚机制、执法联动机制、办案激励机制等“三项机制”，突出不正当竞争、制假售假、安全生产等领域专项治理。全年查办案件立案4462件，罚没入库1926.47万元，其中，罚没5万元以上大要案72件，查处商业贿赂案件40起，罚没135.98万元；不正当竞争案件209起，罚没339.24万元；“傍名牌”案件29起，罚没38.21万元；查处服务领域各类违法案件443起，案值461.26万元，其中公共服务类案件46起。开展流通领域商品质量监管，组织对家用电器、手机电池、水龙头、服装、铝合金和人造板等商品共计243批次进行检测，对41个批次检测不合格商品及时查处。

商标广告监管 利用移动互联网技术和云计算数据管理技术，建立“福州市商标品牌保护系统”，构建企业、消费者、行政执法机关“三位一体”的商标品牌保护系统平台。完善打击侵犯知识产权和制售假冒伪劣商品行动常态工作机制，全市工商系统共出动执法人员5495人次，检查经营主体15877户，立案查处侵犯知识产权和制售假冒伪劣商品案件196起，罚没188.2万元，移送司法机关案件3件。围绕关系人民群众身心健康和违法问题易发高发领域，以药品、医疗服务、医疗器械、保健食品、房地产等领域违法虚假广告为重点，开展电视、广播、互联网以及非法集资等虚假违法广告专项整治行动。落实整治违法广告联席会议制度，探索采用“反广告”形式整治虚假违法广告。全年立案查处各类违法广告案件352件，罚没238.46万元，处理各类投诉件775件。

电子商务监管 推进国家电子商务示范城市电子商务诚信交易试点建设，成立网络监管分局，在基本完成网监实验室等前期硬件设施建设基础上，上线试运行“网络商品交易监管系统”，实现从市场预警、巡查监控、案件查处等方面对全市网络市场的科学监管，同步采集网络经营主体数据1.13万家，向福州辖区内的网络经营主体发放电子标识1024件，查办各类网络违法案件236件。完成电子商务诚信交易监管体系建设前期调研，成立专家组，开展电子商务诚信交易监管“一法三规”(《福州市网络商品交易行为监督管理办法》《网络商品经营者信用等级划分规范》《网络交易平台服务经营者信用等级划分规范》《工商管理部门电子数据取证规范》)拟制工作。

其他专项整治 牵头开展“查处无证无照经营八闽出击”专项行动，全市工商系统共立案查处1150起，罚没326.86万元，抄告无证无照经营信息1645条，引导办照4501户。组织开展市场主体信用优异认定工作，按照企业申请、协会推荐、公开公示、评审认定等程序，全市共认定省级信用优异经营户72户、市级信用优异经营户45户。开展打击整治传销集中行动，全市共捣毁传销窝点47个，教育遣返459人，立案查处15起，追究刑事责任46人。仓山区、罗源县通过省级“无传销城市”考评验收。

【消费维权】 全年“12315”系统平台共受理消费者咨询投诉举报246341件，同比增长16.75%，其中：咨询212717件，投诉29530件，举报4094件，为消费者挽回经济损失2227.86万元。建立健全“诉转案”工作机制，开展数据情报分析研判，指导市场监管、执法办案、消费预警等工作，全市工商系统通过“诉转案”查处案件119起，案值132万元，罚没110余万元。扩大“12315”覆盖面，全市建立“12315”维权站点3661个，受理消费投诉8100件，和解率达91%。开展新《中华人民共和国消费者权益保护法》宣传和“12315社会开放日”活动，开展各类宣传活动32场，参加人员29615人次，发放宣传材料48985份。

(伍能位)

国有资产监督管理

【概况】 2014年，福州市人民政府国有资产监督管理委员会履行出资人职责企业(简称"所出资企业")资产总额1214.07亿元,同比增长25.8%;国有权益498.88亿元,同比增长17.2%;营业收入160亿元,同比增长14.9%;利润总额13.8亿元,同比增长13.9%;上缴税金11.53亿元,同比增长21.9%;实现融资207.11亿元,承接省、市重点项目367项,完成项目投资375亿元,占年度投资计划的106%。所出资企业的资产总额、归属于母公司的所有者权益和净利润、利润总额、上缴税金比增数均高于全省国企的平均比增数,位居省内各设区市前茅。

鼓励企业尝试采取"市场化薪酬、契约化管理"方式引进、选聘经营管理、专业技术人才,探索建立职业经理人制度。先后2次选送54人"走出去"参加福州市在清华大学和台湾举办的企业高管培训班。

【国资履职监管】 国资监管 落实推进简政放权,修订投资监督管理办法,对企业主业范围内的控股投资项目授权集团决策,由各投资集团董事会研究决定;提请市政府重新修订、发布《福州市国有企业资产租赁管理办法》,下放企业资产租赁审批权限给各集团,市国资委不再审批租赁项目;完善业绩考核办法,合理调整年度业绩考核指标,将所出资企业调整为投资类、产业类和建设类进行分类考核,按企业类别相应设置年度及任期业绩考核指标,解决年度考核不科学问题。强化市国资委所出资企业对指标设置不合理权属企业的业绩考核和负责人薪酬管理。监管资产流转过程,把握资产评估关,组织国有产权进场交易5宗,办理资产评估核准备案项目7项,涉及资产评估值15.32亿元。继续开展开展产权登记管理工作,下发117条整改通知;落实国资系统国有资本经营预算管理,督促所出资企业将2013年度利润按规定比例上缴市级国库,实际上缴8083万元,比预算增长55.9%。强化内审实务,提升内审人员专业水平。继续推行企业重大事项法律审核制度工作。

外派监事会 修订完善《2013年所出资企业监事会工作考评细则》。每月审阅所监督企业财务快报,及时了解大额资金变动情况以及企业其他财务状况;列席企业董事会、总经理办公会、党委会,及时了解企业的重大决策、重大项目安排,对企业重大决策程序的合法性、合规性和执行落实情况进行监督。完成福州国有资产投资控股有限公司、福州聚春园集团有限公司、福州市农工商(集团)总公司2013年度监督检查,发现企业在法人治理结构、内控制度建设、会计核算与财务管理、建设项目管理、重大决策、重大投资项目等方面存在问题33个,提出13条整改建议意见。

【国企改革与发展】 政企脱钩工作 组织推进政企脱钩工作。完成市属国企、集体企业和自收自支事业单位的全面摸底调查工作。梳理汇总和分析固定资产结构、负债结构以及人员结构等情况,为落实政企脱钩方案提供依据。修改完善政企脱钩运作方案,并通过市委常委会和市政府常务会议审议,下发实施,涉及16个市直部门与所管辖的107家企业。

业务板块整合 城投集团构建业务版块产业链,通过BT等方式,打通保障房投资、房地产开发、施工、物业管理、建材贸易等业务版块产业链,保障投资项目的建设进度、质量和安全。国投集团重点打造城市建设和房地产开发、公用及民生事业保障、商贸物流、资本运作四大板块。交投集团按照"突出核心,集中管理,优化整合,多元发展"思路,优化调整五大业务板块管理权限,以"资产所有权和管理决策权分离"原则推进五大板块整合。完成交通置业板块整合,推进交通建设板块整合,将榕城一卡通公司出资人变更为交建集团,海峡出租、公交出租驾驶员在招聘、培训、服务站共享等方面初步实现资源共享。文投集团推进三坊七巷景区品牌打造,创建鼓岭国家级旅游度假区,构建福州国旅"政府大型会议活动专业招待商""中高端旅游主题定制服务"主营业务,盘活体育资产,实现电影板块平稳过渡。

企业管控架构 城投集团通过法人治理控制和管理控制两条线对所有投资项目进行管控,督促投资企业完善法人治理结构,对有董事及监事席位的企业,委派董事、监事来代表集团行使股东权利;加强对新增经营性项目、对外合作或担保项目、资本运作和审计工作管控。国投集团梳理整合内部资源,制订《集团资金集中管理办法》;新榕公司、水务公司相应健全财务管理制度,集中管控资金,降低资金使用成本,提高资金使用效率。交投集团完善组织机构设置,建立各类企业管理制度。文投集团采用战略管控型的集团管理模式,明确集团本部与下属子公司功能定位,确保集团本部及各所属企业在规定权限内有效运作。

企业成本管理 推进落实四大投资集团全面预算管理,城投集团建立集团账务中心,对集团资金统一管控、统筹运作,提高资金预算管理水平。国投集团成立全面预算领导机构,建立全面预算管理制度,编制全面预算管理报表、预算执行情况分析报告,掌握企业经营变化。交投集团强化资金集中管理,归集成员企业收入和闲置资金逾10亿元,内部资金调剂3.84亿元。

【重点项目建设】 对接临空经济产业园、闽台蓝色经济产业园、台商投资区、城区内棚户区改造等项目,推进省市重点项目、民生与公用事业工程建设。城投集团下属建发集团承建的后坂新城一区、小柳景苑、东兴新苑、首山丽景一、二期等保障性住房建成。城乡建总公司完工东浦路、上下店路延伸段、华林路晋安河桥、火车北站北广场等8个项目。水务公司承建的洋里污水处理厂三期工程投产运行、红庙岭垃圾渗沥液处理工程竣工。交建集团承接的渔平高速公路延伸线按期建成通车。京台、沈海复线、绕城高速公路东南段先期开工段等在建项目均按序推进。文投集团承建的海峡非物质文化遗产生态园项目动工建设;三坊七巷保护修复工程进入扫尾阶段。地铁1号线完成秀山站等14个站点主体结构施工(封顶),盾构区间总里程完成21公里;2号线完成橘园洲站、厚庭站的雨水管、自来水、电力迁改。马尾新城建设公司集中力量开发三江口组团仓山片区,完成投资25.39亿元,其中海峡文化艺术中心动工建设。

【"三维"战略合作】 支持福州市航

空业和混合所有制经济发展,参与“福州航空”组建,按照筹建工作需要积极调整《股东出资协议》和公司《章程》,提出构建福州航空公司法人治理结构的建议意见,促进“福州航空”筹建取得有效进展,10月30日顺利实现首航,开通上海、西安等8条航线。交建集团与省港务集团拟联合引入中国远洋集团,共同投资建设江阴港液散区4—5号泊位、17—18号码头;在市政府与中国医药集团签订战略合作框架协议前提下,福州国投控股公司拟与央企国药控股公司就医药销售领域进行合作。

【国有资本运作】 国有企业上市培育 福建海峡环保有限公司成功引入上海瑞力投资基金管理有限公司等4家战略投资者,完成IPO股改工作,并向证监会福建监管局正式申请上市辅导备案,获正式受理。督促4家投资集团按照上市的条件,构建上市资产板块。

推进国企直接融资 通过发行企业债、中期票据、私募债、短期融资券等融资产品在债券市场上融资,缓解重点项目建设与企业发展资金问题。注册通过103亿元直接融资额度,到位资金38亿元。其中城乡建总、建发集团分别注册通过68亿元、20亿元保障房私募债;交建集团注册通过15亿元短期融资券。推进交建集团拟发行10亿元企业债。

(王学兴)

价格管理

【概况】 2014年,福州市价格管理围绕“居民消费价格总水平涨幅控制在3.5%左右”的控价目标,福州市及福州市区居民消费价格总水平分别上涨1.8%、1.7%。涨幅均低于全国(2.0%)、全省(2.0%)平均水平。加强价格调控监管,市场价格总水平区间运行、适度可控,价费环境平稳有序。

【价格总水平调控】 福州市CPI涨幅在全省9个设区市中列第9位,福州市区涨幅在全国36个大中城市中列第31位。从环比看,全年CPI呈震荡回落走势,1—4月环比由高位步步走低,5月明显回升,6—11月连续下行,12月再度回升。各月总体走势分布涨多于降,有6个月环比上涨,其中1月份涨幅最大为1.0%;有4个月环比下降,其中4月降幅最大,下降0.6%;有2个月环比持平。从同比看,全年CPI在2013年年末下跌的基础上震荡走低,整体在低位波动,其中最高涨幅在1月份,同比上涨2.7%;最低涨幅在9月、10月,同比上涨为1.1%。从结构上看,2014年居民消费价格总水平1.8%的涨幅中,翘尾因素0.55个百分点,新涨价因素1.28个百分点,贡献率分别为30%和70%。全年构成居民消费价格总水平的八大类商品同比平均“七涨一跌”:衣着类上涨3.0%,食品类上涨2.9%,居住类上涨2.3%,医疗保健和个人用品类上涨1.2%,娱乐教育文化用品及服务类上涨0.6%,家庭设备用品及维修服务类上涨0.3%,交通和通信类上涨0.1%,烟酒类下降0.9%。

【平价商店建设】 根据《福州市人民政府关于印发福州市农副产品平价商店管理实施办法的通知》,福州市区开展农副产品平价商店建设试点。平价商店建设坚持政府引导、企业运作、产销对接、稳价惠民,平价商品实行目录管理,在市场价格平稳时期,原则上经营的蔬菜类目录品种价格应低于市场平均价格20%以上,肉、禽、蛋类目录品种价格应低于市场平均价格10%以上,粮、油类目录品种价格应低于市场平均价格5%以上。价格异动时期,平价商店应按市政府价格协商机制有关规定承担稳价惠民工作。按照规定,价格调节基金用于扶持平价商店建设的资金规模原则上每年不应低于上年度征收基金总额的15%,纳入年度预算安排,主要用于扶持平价商店初期建设、租金补贴及执行政府调控协议价而产生的经营费用和价差损失等。市物价局依托民天生鲜、禾盛粮油2家国企进行平价商店建设先行试点,全年共对第一批31家门店正式授牌。

【价格补贴政策】 农产品“绿色通道”政策 多次组织现场检查鲜活农产品高速公路通行费减免执行情况,累计通行“绿色通道”车辆51.39万辆,免征通行费9606.82万元。

价格补贴联动机制 7月起,市、县价格补贴统一测算补助标准,增加各县(市)受益人口11万人左右。价格补贴资金纳入同级财政预算。领取失业保险金人员价格补贴所需资金由失业保险基金支付;市属高校家庭经济困难学生的价格补贴资金由市级价格调节基金支付;其他人员价格补贴资金扣除省级补助资金后五城区由市级价格调节基金支付,闽清县、永泰县由市、县财政各承担50%,其余各县(市)由各县(市)财政足额安排。年内继续在春节、中秋两节向低收入群体发放节日食品券,发放金额1100多万元,受益3.7万人次。

价格调节基金征收管理 全市征收40118万元,同比增长60.54%,其中,市级征收22742万元,同比增长32.64%;县级征收17376万元,同比增长121.55%。

价格监测预警 重点监测粮食、食用油、蔬菜、肉禽蛋奶、食盐等居民基本生活必需品和交通运输、停车收费、景点门票、旅游服务等商品和服务价格,对全市9大类600多个品种的重要商品和服务价格实施价格监测,完成1500多项监测上报任务。

【商品价格改革与监管】 电水气价格改革 实施罗源县一般工商业用电同价方案实施。继续对石材加工集中区外的建筑饰面石材加工企业和所有建筑饰面石材矿山企业实行差别电价,促进节能减排,全年累计征收差别电价3.5亿元。对福州地区供水企业状况开展调研,推进实施以居民生活用水阶梯水价、非居民用水超定额累进加价和提高水资源费为重点的水价改革。调整连江塘板水利工程供水价格,促进水资源费征收。

成品油价格监管 贯彻执行国家发改委、省物价局调整成品油价格政策,年内成品油价格调整18次,4升14降。

医药价格机制改革 督促医疗机构、有关药品生产经营企业开展药品公示。核定福州市第二类疫苗流通各环节的进销加价率和医院自制剂价格核定工作。7月10日,县级公立医院医药价格

表 19　　**2014 年福建省汽、柴油最高零售价格**　　单位:元/升

序号	日期	车用 90 号汽油(Ⅳ)	车用 93 号汽油(Ⅳ)	车用 97 号汽油(Ⅳ)	车用 0 号柴油(Ⅳ)	车用 -10 号柴油(Ⅳ)
1	1 月 10 日	7.06	7.58	8.10	7.20	7.63
2	1 月 24 日	6.96	7.48	7.99	7.09	7.51
3	2 月 26 日	7.11	7.64	8.16	7.26	7.70
4	3 月 26 日	7.01	7.54	8.05	7.15	7.58
5	4 月 24 日	7.13	7.66	8.18	7.27	7.71
6	5 月 9 日	7.09	7.62	8.14	7.23	7.66
7	5 月 23 日	7.14	7.68	8.20	7.29	7.73
8	6 月 23 日	7.27	7.81	8.34	7.43	7.87
9	7 月 21 日	7.09	7.61	8.13	7.23	7.66
10	8 月 18 日	6.94	7.46	7.79	7.07	7.49
11	9 月 1 日	6.87	7.38	7.88	6.98	7.28
12	9 月 16 日	6.76	7.27	7.76	6.87	7.28
13	9 月 29 日	6.69	7.19	7.67	6.79	7.19
14	10 月 17 日	6.47	6.95	7.42	6.85	6.93
15	10 月 31 日	6.29	6.75	7.21	6.65	7,05
16	11 月 14 日	6.14	6.60	7.05	6.50	6.89
17	12 月 12 日	6.02	6.47	6.90	6.16	6.53
18	12 月 26 日	5.63	6.05	6.46	5.73	6.07

改革工作启动,到 12 月底结束。县级公立医院医疗服务价格调整以设区市为单位,所有县级公立医院作为一个整体统筹考虑,以公立医院 2013 年医院药品、耗材加成差价为基数,按省定分担比例,综合考虑取消药品、耗材加成及医保支付能力、群众就医负担、经济社会发展水平等因素合理确定。福州市县级公立医院医疗服务价格调整方案经市政府同意并报省医改办审批后,12 月 24 日市物价局会同市卫生局、市人社局下发《关于县级公立医院医疗服务价格调整有关问题的通知》,规定从 12 月 28 日起实施药品、耗材零差率的县级公立医院执行"福州市县级公立医院医疗服务价格调整表"。调整表上调诊查、护理、床位、手术、中医特色以及其他体现医务人员技术劳务价值的医疗服务项目价格,降低大型医用设备检查治疗和检验类项目价格。调整医疗服务项目 2843 项,其中:取消挂号费、空调降温费、空调取暖费 3 项,增加便民门诊 1 项,价格上调 2731 项,下降 108 项。县级公立医院实行药品(不含中药饮片)和耗材零差率,医院由此减少的合理收入通过调整医疗服务价格补偿 82%、财政补偿 15%、医院分担 3% 的办法予以补偿。

涉房价费监管　组织开展在售楼盘商品房"一房一标价"执行情况检查,对 4 家商品房销售明码标价不规范的房地产经营者进行查处,罚款 15 万余元;开展房地产中介服务收费执行情况检查,查处 3 家违法收费的房地产中介服务经营者,实施经济制裁 70 余万元。放开房地产经纪收费管理;放开除政府投资项目及政府委托服务以外的建设项目前期工作咨询、工程勘察设计、招标代理、工程监理 4 项服务收费标准;放开住房置业担保收费标准、房地产档案保管服务收费标准。撤销房地产价格评估机构资质认定的行政许可事项以及网站的相关公示内容。暂定福州市国有产权交易机构产权交易服务收费标准,产权交易佣金收费标准为:100 万元以下(含 100 万元)按资产交易总额(下同)2.5%,101 万元~200 万元 2%,201 万元~500 万元 1.5%,501 万元~1000 万元 1%,1001 万元~3000 万元 0.6%,3000 万元以上 0.3%。

【非商品价费监管】　行政事业收费　重点审验收费单位在执行国家及省、市有关收费文件精神落实情况,主要审验收费许可证是否有效,是否按规定办理变更或注销手续;是否按规定对收费项目及标准进行公示;是否按规定的收费项目、收费标准、收费范围实施收费;收费单位代办费的收入、支出情况;是否按规定使用收费票据等情况。组织参加省物价局统一布置福州、厦门、南平等地市开展行政事业性收费交叉年审试点工作。全市共审验 964 个收费单位,审验率 100%,审验合格单位 939 个,占 97.4%,不合格单位 25 个,占 2.6%。其中,福州市本级审验 175 个收费单位,合格及基本合格单位 173 个,占 98.86%,不合格单位 2 个,占 1.14%。

节假日高速公路通行费免征政策　福州辖区高速公路免费通行车辆全年共计 370.03 万辆次,免征金额约 1.767 亿元。

"阳光价费"工作　该项活动由省物

价局自2013年9月开始,在全省范围内推广。福州市按照典型引路,示范带动方式,推进“阳光价费”活动,经推荐,福州市共有15个单位通过省物价局、省财政厅、省减负办验收,成为省级“阳光价费”公示示范单位。分别为:福州第三中学、福建广电网络集团股份有限公司福州市分公司、福州市商品检验检测中心、福州市环境监测站、福州市房屋登记中心、福州市仲裁委员会、闽江学院、福州对外贸易职业中专学校、福州市晋安公证处、福州第十五中学、福州市连江海峡水业有限公司、长乐市卫生局卫生监督所、长乐市吴航中心幼儿园、永泰县动物卫生监督所、福建广电网络集团股份有限公司永泰分公司。

教育收费　调整部分民办学校学费(元/学年·生),其中,福州时代中学由9800元调整至13000元,福州三牧中学由9500元调整至12500元,福州华伦中学由9800元调整至12500元,华南实验中学由9500元调整至11000元,福州励志中学由7500元调整至10500元,福州黎明中学初中由8800元调整至9800元、高中由9800元调整至10800元。

交通运价　对福州北站至闽清等23条新增线路、福州北站至六盘水等14条变更线路的非农村客运线路最高票价进行公布。制订机场至华威城乡客运站等3条机场专线班车旅客运输票价向社会公布。暂定福州市安全技术检验费及排气检测费标准,机动车安全技术检验费每车次95元;排气检测收费标准:双怠速法及自由加速法检测线检测每车次20元,简易瞬态工况法(轻型汽油车检测线检测)每车次70元,加载减速工况法(轻型柴油车检测线检测)每车次70元,加载减速工况法(重型柴油车检测线检测)每车次90元。

【价格监督检查】　价费专项检查　重点开展涉企收费、商业银行收费、商品房销售价格、房地产中介服务收费、物业管理服务收费等价费专项检查。配合参与国家发改委、省物价局组织的全国性商业银行收费、教育收费和全省脱硫电价交叉专项检查。全市查处价格违法案件102起,查处违法所得498.70万元,实施经济制裁145.21万元。

市场价格巡查　加强对粮油副食品、蔬菜、成品油、常用药品、物业管理服务、停车服务、银行金融服务、零售商业服务、商品房销售等重要民生商品与服务价格的巡查力度。在元旦、春节、五一、中秋、国庆等传统节日,以及“5·18”海峡两岸经贸交易会、“6·18”海峡项目成果交易会和海峡论坛等重大经贸文体活动召开期间,加强对旅游景区、交通运输以及餐饮住宿领域的价格监管。成立文明城市建设督查工作组,结合日常价格巡查开展文明城市建设督查工作,重点督查市区各类停车场、超市、商场、农贸市场明码标价和收费公示执行情况。

价格举报投诉受理　省、市、县(区)三级“12358”举报管理信息系统联网运行,受理价格举报、咨询件6996件,市物价局受理“12345”群众价格诉求件314件,主要涉及车辆停放收费、物业管理服务收费、交通运输价格、零售商业明码标价、医药价格、房地产销售价格等领域。

【价格服务】　价格成本监审和调查　完成20项成本监审项目,包括私立学校生均教育成本、羽毛球等体育场地活动成本和传染病医院制剂、经济适用房等定调价成本监审,核减金额5760余万元。开展生猪、蔬菜、奶牛、蛋鸡、早晚稻等成本调查和农资购买情况及农户种植意向的调查工作。

价格认证　完成刑事案件涉案财物价格鉴定3385件,标的金额7230万元,市县两级价格认证机构涉案财物价格鉴定无一例提请复核裁定。开展涉案物品价格鉴证工作,办理非刑事案件涉案物品价格鉴定185件,标的金额达2.2亿元。开展价格争议调解处理工作,福州市两级价格认证中心统一加挂“价格争议调解处理工作室”牌子,在价格矛盾易发领域建立工作站点,在超市、商场、行政服务中心、停车场等场所设置价格争议调解处理工作站17个。全年受理价格争议调解处理50件,成功调解47件,调解内容包括损坏公私财物、火灾损失、服务价格纠纷等。涉税财物价格认定工作取得初步成效,完成福州市鼓楼、台江、仓山、晋安四城区4529个小区的单元住宅标准房价格认定工作,并提供给福州市存量房评估系统运行使用,实现应用房地产评估技术加强存量房交易税收征管,未发生1起争议事件。协助纪检监察机关开展涉纪财物价格认定工作,完成10件涉纪财物价格认定工作。

(王明新)

食品药品管理

【概况】　2014年,新组建的市食品药品监督管理局1月29日挂牌,并任命行政班子;3月3日,福州市人民政府出台《关于改革完善全市食品药品监督管理体制的实施意见》;3月27日,市食品药品监督管理局“三定”方案印发实施;5月15日之前,5区7县(市)食品药品监督管理局“三定”方案全部印发实施;7月31日,全市1个设区市局、12个县(市)区食品药品监督管理局和59个基层食品药品监督管理所均挂牌,任命或明确班子主要成员,从工商、质监划转的工作人员到位,在继续履行药品全过程监管的基础上,开始履行生产和流通环节的食品安全监管职责;9月15日,卫生划转人员到位,开始履行餐饮服务环节食品安全监管职责。在全省率先出台《福州市食品药品监管事权划分办法(试行)》。明确市、县(市)区两级食品(含食品添加剂)、药品、医疗器械、保健食品、化妆品监管事权,出台《福州市食品药品监管事权划分办法(试行)》,明确市、县(市)区两级食品(含食品添加剂)、药品、医疗器械、保健食品、化妆品监管事权。

【机构设置】　福州市食品药品监督管理局为福州市人民政府工作部门,正处级。内设办公室(审批办)、综合协调处、食品生产安全监管处、食品流通安全监管处、餐饮服务食品安全监管处、药品生产监管处、药品流通监管处、医疗器械监管处、保健食品化妆品监管处、人事教育处等10个处室和1个直属分局。机关行政编制56名(含纪检监察3名、直属分局10名),机关工勤人员事业编制6名。成立福州市食品药品综合行政执法支队,为局所属正科级事业单位;下设直属一大队和直属二大队,相当副科级;核定事业编制35名。设立福州市食品药品检验所，为局所属相当正科级事业单位；核定事业编制72名，其中行政管理人员4名、专业技术人员61名、工勤人员7名；主要承担本行政区域内食品、药品、保健食品、化妆品、医疗器械与药品包装材料的检验检测工作，食品生产许可认证技术审查及药品零售企业经营质量管理规范（GSP）认证工作；药械不良反应监测报告工作。机构改革中，从市工商局划转17名行政干部、从市质监局划转3名行政干部和5名事业干部、从市卫生局卫生监督所划转20名参公干部、从县药检所收回8名事业干部，市局分流到区局10名行政干部。

【食品安全生产监管】 出台《福州市食品药品监督管理局关于调整食品生产许可审批权限的实施方案》，明确过渡衔接期间食品生产许可工作流程及职责分工，建立业务工作QQ群，通过QQ、电话以及现场指导等方式，及时指导各县（市）区局有序开展食品生产许可工作，发放食品生产许可证21张。组织福州市桶装饮用水问题企业质量约谈会，要求问题企业强化食品安全责任意识、持续保持必备的生产和卫生条件、加强检验能力建设。对第二季度抽检不合格的桶装水企业进行回头看检查，保证企业整改到位。

在食品生产环节重点查处5类食品生产违法行为：一是无资质生产加工食品的违法行为；二是生产条件重大变化未办理许可手续擅自生产的违法行为；三是非法添加和使用非食品原料的违法行为；四是制售假冒伪劣食品的违法行为；五是生产加工条件恶劣的违法行为。共出动人员1127人次，检查获证食品生产企业351家次，责令整改48（家），立案查处获证食品生产企业26家。开展食品加工小作坊分类整治专项行动，摸排食品生产加工小作坊155家次，查处无证黑作坊2个。

【食品安全流通监管】 全市持有“食品流通许可证”的经营者4.85万户，其中企业9832户，个体工商户38760户，农业专业合作社12户。全市从事食品批发的经营者2136户，从事批发兼零售的经营者7025户，从事零售的经营者39366户。各县（市）区食品流通许可证核发由县（市）区食品药品监督管理局负责，有条件的县（市）区局可委托食品药品监管所发放，同时继续沿用工商部门的许可证核发程序和做法，确保改革过渡期间“食品流通许可证”正常核发。7—12月，各级食品药品监督管理部门共核发“食品流通许可证”2791份。全年，检查各类食品经营户8976户次，立案查处流通环节食品安全案件95件，罚没金额100.1万元，查处不符合食品安全标准的食品1.34万公斤；在流通环节抽检食品458批次，检出问题食品2批次，检测合格率99.5%；共利用快速检测设备检测食品1865批次，合格率100%。先后处置鲎中毒、台湾问题地沟油食品、织纹螺中毒、问题品客薯片等多起食品安全舆情。

规范婴幼儿配方乳粉经营活动，对辖区内婴幼儿配方乳粉经营者进行逐户复查，建立健全辖区婴幼儿配方乳粉经营者主体档案目录和信用档案。全市乳制品经营户12846户。其中，不含婴幼儿配方乳粉经营单位10305户，含婴幼儿配方乳粉2541户。要求经营者在销售场所划定专区或独立的柜台、货架，用于摆放、销售婴幼儿配方乳粉，根据经营者设立的专柜或专区的空间大小设置提示牌，并由专人负责婴幼儿配方乳粉专柜专区的食品安全工作。召集永辉、沃尔玛、家乐福、新华都、麦德龙、兴福兴、世纪联华、大润发、乐购、蓝天10家大、中型超市食品安全负责人，召开婴幼儿乳粉经营单位座谈会，要求连锁超市按照新要求进行有针对性的整改。全市规范清理不符经营条件婴幼儿配方乳粉经营主体8户，取缔无证无照婴幼儿配方乳粉经营户1户。开展标签标识专项监督检查，重点检查标签标识是否存在标注不规范、虚假标识、夸大标识，宣传产品具有疾病预防及治疗功能，使用引人误解、具欺骗性或暗示性的文字、图形、符号误导消费者，以及使用与他人相同或相似的涉嫌“山寨”食品包装标签等问题。

开展肉及肉制品专项整治，要求凡是未经检验检疫或经检验检疫不合格的肉品一律不得进入市场销售，查扣未经检验检疫合格的猪肉1212千克，立案查处3起肉品违法经营案件，罚没15万元。开展食用油市场以及打击非法经营“地沟油”专项执法整治行动，检查食用油经营户1177户次，查扣地沟油680千克，立案查处违法经营案件6件。开展打击流通环节违法添加非食用物质和滥用食品添加剂专项整治执法行动，检查食品添加剂经营户304户，立案查处流通环节违法添加非食用物质和滥用食品添加剂、违法销售食品添加剂案件3件，罚没金额2.84万元。

【餐饮服务食品安全监管】 开展餐饮服务单位调查摸底工作，全市持证餐饮服务单位18144家，其中五城区及市局直属分局直管单位12077家，7县（市）餐饮服务单位6067家。按类别分：第一类餐饮服务单位（含特大型餐馆、大型餐馆、供餐人数300以上的食堂）437家；第二类餐饮服务单位（含中型餐馆、快餐店、供餐人数300以下的食堂）3533家；第三类餐饮服务单位（含小型餐馆、小吃店、饮品店）14152家；第四类餐饮服务单位（建筑工地食堂）2家；第五类餐饮服务单位（集体用餐配送单位）14家；第六类餐饮服务单位（中央厨房）6家。

餐饮许可工作执行国家食品药品监督管理总局颁布的《餐饮许可管理办法》，不再执行原省卫生厅出台的《福建省餐饮服务许可管理办法》。出台《福州市食品药品监督管理局开展餐饮服务食品安全监督量化分级管理 构建餐饮服务食品安全“笑脸工程”实施方案》，对全市范围内持证餐饮服务单位进行量化等级评定，从餐饮服务单位许可管理、人员管理、场所环境、设施设备、采购贮存、加工制作、清洗消毒、食品添加剂和检验运输9方面进行量化评定，评出动态等级和年度等级（其中：动态等级为每次监督检查结果的评价，分为优秀、良好、一般3个等级，分别用大笑、微笑和平脸3种脸谱表示；年度等级为综合全年动态等级结果，分为优秀、良好、一般3个等级，分别用A、B、C三个字母表示），并向社会公示，统一设计制作“福州市餐饮服务食品安全公示栏”，公示内容做到“六统一”，餐饮服务许可证、年度等级和动态等级、从业人员健康证明、食品安全承诺书、本单位食品安全管理员、投诉举报电话统一。引导大众“寻笑脸就餐”,激励餐饮服务单位“争笑脸”,加强自我管理。全市餐饮服务单位食品安全量化公示覆盖率逾95%。

在五城区开展“餐饮服务食品安全示范街”创建活动,每个城区各完成2条示范街的建设。在鼓楼区开展混合业态食品经营许可证“三证合一”改革试点和“小饭桌”监管试点,对教育部门通报的校外托管“小饭桌”进行量化评分,并将结果反馈给教育部门,在各学校予以公示,引导学生选择分数高的“小饭桌”就餐,实行自然淘汰。在福州香格里拉大酒店和福建师范大学后勤服务集团饮食服务中心开展食品质量安全授权人制度试点工作。完成市委、市政府及市政府各部门主办的香港新界人士访闽团、电影节、渔博会、自行车赛、羽毛球公开赛、市两会等10次市级重大活动及省局交办的鲤鱼洲国宾馆重要接待任务、省两会等9次省级重大活动餐饮服务食品安全保障任务。

开展节日期间餐馆、校园及其周边、学校及托幼机构“餐桌污染”,农村餐饮服务食品安全及中型餐馆以上大型宴席专项检查等整治活动,取缔无证经营户46家,查处不合格食品350多千克,立案查处违法案件41起,罚没金额达19.4万元。

【药品生产监管】 根据《福建省食品药品监督管理局2014年度全省药品GMP认证跟踪检查计划》,完成对福州海王福药制药有限公司、福建省福抗药业股份有限公司等6家企业药品生产质量管理规范(简称GMP)认证跟踪检查并上报省局。分类指导辖区药品生产企业按新修订的药品GMP进行改造,至年底,全市5家高风险药品生产企业全部通过国家新版GMP认证,7家药品生产企业通过省局新版GMP认证。对4家中药饮片实施中药饮片生产备案管理。完成辖区内4家医疗机构制剂的再注册,省第二人民医院、省医科大学附属第一医院医疗机构制剂品种的申报,省人民医院、省协和医院的医疗机构制剂的调剂均受理。

检查全市2家特殊药品生产企业均未生产;使用特殊药品生产复方制剂的药品生产企业有7家,购进特殊药品原料的企业有6家,购进计划均经省局备案或审批,对购进的特殊药品原料能按规定贮存、使用,在生产过程中实施监控投料。生产含麻黄碱类复方制剂生产企业对购买方资质进行严格审查,销售过程中无现金交易行为。麻醉药品和一类精神药品经营企业4家,分布在鼓楼区、台江区、仓山区;二类精神药品、肽类激素、药品类易制毒类化学品经营企业分布在五区七县。机构改革后,特殊药品经营企业实行属地管理,各县(市)区食品药品监督管理局均能按规定的要求进行监管,监管次数达到省局规定要求。未发现特殊药品账物卡不符和流弊现象。

【药品流通监管】 严格新开办药品流通企业准入门槛,按照新版药品经营质量管理规范(简称GSP)规定药品零售企业的企业负责人、质量负责人要有执业药师资格,并且必须在职在岗;计算机管理系统及储存设施必须与经营规模相适应,储存条件必须符合药品说明书的要求。对改造、变更经营场所的企业,其设施设备也必须达到新开办企业的要求;到期换证的企业必须符合新版GSP的要求。对取得药品经营许可证的零售企业,要求在3个月内通过GSP认证。市局设药品专员具体负责全市药品零售企业GSP认证工作,督促及抽查县(市)区局组织认证,通过新版GSP认证的药品零售企业26家。根据批发企业原GSP证书的到期时间,督促企业列出GSP认证时间表,报市食品药品监督管理局备案,按期认证,年内通过省局新版GSP认证的批发企业53家。

根据机构改革和事权划分情况,调整分配“三品一械”电子监管平台上县(市)区局监管人员的操作权限,保证辖区内的企业新增、变更均能及时录入网络平台。督促通过新版GSP认证的药品批发企业及时与“三品一械”网络平台对接,将其药品的购进、销售、库存、报损等信息同步网络平台,监管企业的药品流通经营行为。3月,在查看企业药品流向时,发现辖区1家批发企业在短时间销售大量的含特殊药品复方制剂,经调查后立案查处。部署开展药师在岗情况、处方药凭处方销售情况、含特殊药品复方制剂购销管理情况等专项检查,出动执法人员1000多人次,检查企业1500多家次,现场当场警告4家次,限期责令改正50多家次。省食品药品监督管理局在全省范围内遴选10家大型的药品批发企业为基本药物配送企业,其中福州市占6家,市食品药品监督管理局监督配送企业开展药品供应工作,要求基本药物配送企业做到“三统一”,即统一采购、统一配送、统一定价。在福州市区选出30家守法经营、信誉良好、服务意识强的药店作为新一批家庭过期药品回收点,回收后由市食品药品监督管理局监督集中销毁。各定点回收药店统一悬挂“福州市家庭过期药品回收定点单位”,统一设置“家庭过期药品回收箱”,对回收的过期药品实行专人负责、专册登记、专柜存放。

【医疗器械监管】 全市有医疗器械生产企业85家,其中一类生产企业7家;医疗器械经营企业1172家,新增144家;一类医疗器械产品有效注册证73张,新增19个,变更注册10个,备案2个;撤销福州易得康医药科技有限公司4个产品的医疗器械注册证,注销福州易得康医药科技有限公司3个产品和苏比克(福州)药械科技有限公司5个产品的医疗器械注册证。配合省食品药品监督管理局开展新办和换证生产企业现场审查工作,完成换证9家,新开办2家,变更生产场所2家,增加生产范围2家;完成生产企业体系考核现场审查17家次,生产企业质量规范考核现场审查12家;完成生产企业管理者代表备案工作14家。开展无菌和植入性医疗器械监督检查工作,出动检查人员1852人次,检查企业单位893家(次),其中抽查生产企业24家(次)、经营企业179家(次)、使用单位714家(次),警告、责令改正70家、复查99家(次)。6月,市食品药品监督管理局将医疗器械审批事项和监管职能下放至县(市)区食品药品监督管理局,市局主要派员到县(市)区局指导行政许可现场验收工作。

3—8月,开展医疗器械“五整治”专项行动,召开全市生产企业动员会,下发专项行动实施方案，发放宣传材料500多份，组织68家生产企业自查自纠，深入基层指导督促县（市）区局开展"五整治"专项行动，共出动检查人员1836人次，核查注册申请真实性品种27个；检查企业单位612家次（其中生产企业31家次，经营企业236家次，使用单位345家次）；处理投诉举报20件；警告、责令改正37家；查办各类案件17件，处罚金额87828元。开展注射用透明质酸钠专项检查，现场检查35家经营企业和126家使用单位，对1家未能提供任何记录的美容门诊部处以5000元罚款。开展义齿生产、使用环节的专项检查，检查义齿使用单位153家，义齿生产企业8家，对3家存在违规行为的使用单位予以警告，责令整改，对4家存在较严重违规行为的使用单位，按《药品医疗器械流通管理办法》予以处罚，罚没金额共计2万元。

【保健食品和化妆品监管】 对全市保健食品、化妆品生产经营企业资料档案进行整理，将保健食品化妆品日常监管任务下放至县（市）区食品药品监督管理局。按照"现场验收操评分表"标准对新开办、经营场所变更等保健食品经营企业进行现场验收，确保企业在卫生管理、环境布局、索证索票、产品贮存、销售等环节符合要求。对照非特殊用途化妆品网上备案的技术标准、操作流程等要求，指导各县（区）局开展国产非特殊用途化妆品网上备案信息管理工作。

组织全市保健食品生产企业质量受权人摸底、统计工作。对申请企业质量受权人的，严格按任职条件和标准，开展质量受权人申报、延续、变更的资质材料前期初审，并上报省局审核备案。出台《福州市保健食品化妆品质量安全责任人约谈制度（试行）》。根据省局委托，对福建绿植源生化科技有限公司、福州蓝夸克化妆品有限公司2家化妆品生产企业延证情况进行复核检查；对福建南海岸生物工程股份有限公司、福万生物技术有限公司、福建龙华药业有限公司、福建仙芝楼生物科技有限公司4家保健食品生产企业申请注册检验、产品抽样进行现场核查、抽样。开展保健食品"标识标签"专项监督检查，重点检查声称具有辅助减肥、降压、降糖、降血脂等品种，重点检查是否标识生产企业证照、地址、生产日期及全成分等内容。

【稽查案件】 将"12331"投诉举报平台延伸至各县（市）区局，举报、诉求就地解决，全年接听投诉举报和咨询电话3200多个，其中受理举报537个。与公安、卫生等部门建立信息交流和执法联动机制，开展各类专项整治行动18次，出动执法人员1.2万多人次，检查食品药品企业1.2万余家次，立案386起，结案295起，罚没款476.51万元。其中，福州市本级共立案67起，结案63起，罚没款270.42万元，入库款163.91万元（有两起案件分期缴纳罚款）；五区七县（市）共立案319起，结案232起，罚没款206.09万元。同时向公安机关移送涉嫌犯罪的案件共17起，其中5起为生产加工、经营有毒有害（不符合食品安全标准）食品案件（其中3起使用工业松香家禽褪毛案现场直接移交公安机关）；12起为认定假药案件。案件数按类别划分，其中食品案件175起，药品案件149起，医疗器械案件30起，保健食品案件3起，化妆品案件5起。案件数与2013年同期相比较，总案件数增加158起，其中食品案件数（福州市食药监系统于6月16日正式承接食品监管职能）增加175起，药品案件增加10起，医疗器械案件数减少22起，保健食品案件数减少7起，化妆品案件数增加2起。

7月30日深夜至31日早晨，市食品药品监督管理局根据群众举报，联合市公安局治安支队成功捣毁位于仓山、晋安、闽侯等地多处利用工业松香进行家禽脱毛作业的"黑作坊"，现场查获已加工鸡鸭500余只，抓获犯罪嫌疑人10名。经检测，现场查获的松香及已加工鸡鸭均含有松香类物质，案件涉嫌构成生产有毒、有害食品罪。

8月24日晚11点左右，鼓楼区发生消费者食用鲎疑似中毒事件。执法人员开展调查，在北大路北大市场林某水产摊位处查获173只活体鲎，并对嫌疑人林某进行询问，确认2013年10月工商局工作人员曾向其发放过《关于禁止销售和经营中国鲎及其他鲎类的通告》，告知市场内的各经营摊主。10月15日，经福建海洋与渔业司法鉴定中心鉴定此批活体鲎为具有毒性的圆尾鲎，属于国家为防控疾病等特殊需要明令禁止生产、销售的。林某涉嫌构成犯罪，被批准逮捕。

【检验工作】 全年完成药品检验1021批次，其中完成监督性抽验670批（含承检省所监督任务200批、基本药物抽验130批、胶囊及明胶铬含量专项检验18批），全检246批，检出不合格17批；委托检验351批，其中接受泉州市食品药品监督管理局泉州台商投资区分局委托监督性抽验40批与省所委托的酚氨咖敏片溶出度质量考察89批；快检方面完成1569批，检出阳性60批；保健食品完成109批，检出不合格3批。参加省所及中检院组织实验室能力验证活动4项，均取得优良成果。承接食品生产许可事项中技术审查工作，在材料审查和现场核查上采取AB角互查，综合抽查的方式。完成食品企业生产许可审核59家78个单元。

【监测工作】 药械监测工作列入市政府绩效考核内容，根据各区、县（市）的人口比例，将监测工作量化为6项具体指标（药品报告总数、新的和严重数、严重数，器械报告总数、严重数，其他）。出台《福州市药品不良反应死亡及疑似药品群体不良事件控制程序》《福州市医疗器械不良事件监测工作制度》。快速血糖检测仪列为2014年度医疗器械不良事件重点监测品种，收集相关报告125份。全年上报药品不良反应报告10526份，每百万人口1559份，完成率124%。其中：新的、严重的报告3100份，完成率129%；严重的报告807份，完成率208%。上报医疗器械不良事件报告3242份，完成率160%，其中严重的报告805份，完成率259%。全市共完成药物滥用报告2024份、化妆品不良反应报告41份。对24例疑似虚假与重复报告进行核实，所有报告均真实存在。重置4份因操作失误而重复上报的报告。收到福州市第一医院死亡病例1份，按要求进行现场调查和分析评价，并形成报告及时上报省局和省中心。调查处理3起疑似群体性不良事件，研究资料上报给国家和省药品评价机构。

【业务培训】 组织全市128名食品监管人员学习食品生产企业巡查知识,食品生产许可工作流程、许可数据信息管理、不合格食品后处理流程、委托加工备案管理等,聘请省质检院的专家到场讲解GB7718、GB28050、GB2760等相关食品安全标准知识,并介绍食品安全风险防控知识。组织全市餐饮监管人员54人参加省局组织的餐饮监管培训,组织2次全市性餐饮监管人员培训,培训人员900多人次;组织餐饮服务从业人员培训22期,人员1300多人次。8月7日、28日,分别举办保健食品和化妆品监管知识培训,要求落实属地责任职责,掌握监管底数,日常监管做到格式化、痕迹化、标准化。

年内选派从事药品流通监管的人员参加国家、省局举办的GSP认证员培训班,170人通过培训。组织药品批发企业(连锁总部)的质量负责人、质量管理员培训,参训135人。组织药品零售企业(连锁门店)的企业负责人、质量负责人培训6期,参训1035人。举办零售药店GSP认证员培训班,培训173人,主要讲解新版《药品经营质量管理规范》的条款、认证材料的收集、现场如何进行检查等内容,并结合GSP认证进行实地演练。召开全市医疗器械监管人员的培训会议,学习《医疗器械监督管理条例》及配套规章,讲解医疗器械监管要求。组织药械监测专业技术培训7场,培训对象为各区、县(市)局的审评人员和各辖区内医疗机构,培训内容包括药品/器械报告审核、ADR分析与关联性评价、药械不良反应监测综合知识、药械不良反应系统操作等相关知识,参训人员600余人。

【食品药品宣传】 6月10日,由市食安办、市食品药品监督管理局共同主办的2014年福州市食品安全宣传周启动仪式在万象城广场举行,市食品药品监督管理局、市卫生局、市农业局、市海洋渔业局、市工商局、市质监局、市市容局、市粮食局、福州出入境检验检疫局9个食安办成员单位在活动现场设立展位,接受群众咨询投诉。全年举办“福州食药监开放日”活动3期,邀请市民代表、民评代表、媒体代表等近150人参加。12月5日,市食品药品监督管理局参加“让人民满意”媒体直播民主评议政风行风活动。参与市直有关部门联合组织的“3·15”消费者权益日、省(市)局联合举办的“12331”食品药品安全投诉举报热线启动仪式,并邀请部分保化生产经营企业参与,发放保健食品宣传小册、宣传单。开通食品药品监管政务微博和食品安全宣传网页,刊发各类食品药品信息1384条。

(周韶辉)

质量技术监督

【概况】 2014年,福州市质监局开展全国质量强市示范城市、全国知名品牌示范区、全国质检系统依法行政示范单位、全国文明单位“四大创建活动”,推进标准化工作、计量检查、特种设备监察等各项工作。

【创建全国质量强市示范城市】 1月,国家质检总局正式批复福州市成为第二批“全国质量强市示范城市”创建城市。3月,市质量强市办组织召开福州市创建“全国质量强市示范城市”新闻发布会,新华社、中央人民广播电台、中新社、新华网、凤凰网等30余家主流新闻媒体参会。市质监局、福州检验检疫局联合发布《福州市2013年度产品质量状况分析报告(摘要)》。市质量强市办联合市委宣传部制订印发《宣传工作方案》,以“质赢天下,福泽九州”的城市质量精神为主题,通过电梯轿厢、出租车LED、公交车LED、户外大型LED显示屏、建筑围挡、社区外墙等媒介宣传福州市城市质量精神。

【质量创新示范奖】 12月26日,在北京人民大会堂举行2014年中国“质量之光”颁奖表彰会,福州市4个项目获2014年中国“质量之光”质量创新示范奖,分别是:质监改革创新示范——福州行政服务中心推行政务服务标准化;质监理论创新示范——福建省福州市质监局调研组耕种海天蓝色经济实验田;质量管理创新示范——福建唐力电力设备有限公司“微笑天使”服务;质量管理创新示范——福耀玻璃工业集团股份有限公司用认证提升品质。

【“质量服务进校园”】 市质监局、福州大学阳光学院共同在福州大学阳光学院科技报告厅举行合作备忘录签字仪式。根据《合作备忘录》,双方将本着“资源共享、优势互补、讲求实效、服务发展”的原则,在质量教育学科建设、质量专业课题研究、质量专业人才培养、质量文化建设宣传、质量公共技术服务平台建设5方面开展全面合作。

在省内率先启动市级中小学质量教育社会实践基地申报工作,6月20日市产品质量检验所正式获“福建省中小学生质量教育社会实践基地”授牌。市质监局、市教育局联合选择部分试点中小学校,与福州市现有的6家质量教育基地对接开展质量教育活动,了解中小学生的质量教育需求,编制产品质量安全知识教材,共同探索建立基地和学校共同开展质量教育社会实践的长效机制,推动提升质量教育基地建设水平,1000多名中小学生参加活动。

【名牌发展战略】 组织申报福建名牌产品、福州市产品质量奖。全省804项产品获得“福建名牌产品”,福州市149项产品获评,项目总数位居全省第一,其中福建省长乐市长源纺织有限公司获“皓光+图形牌涤纶纱”等9项名牌产品,为获名牌产品数量最多的单个企业。

联合市经委共同推动全市企业争创省、市政府质量奖,3家企业申报第四届省政府质量奖,10家企业申报第二届市政府质量奖。组织30家企业参与卓越绩效评价准则企业自评师公益培训。

推进“全国知名品牌创建示范区”创建工作,福清、长乐、马尾均通过申报材料审查。“三坊七巷”新申报“全国知名品牌创建示范区”。

【实验室资质认定】 开展资质认定获证实验室自查备案工作,组织专家现场抽查10家实验室。市质监局下属检验所通过CNAS实验室认可和省质监局食品检验机构资质评审暨实验室资质认定评审，全年获食品及相关产品 1120 项、非食品 416 项的检验资质。

【科技项目成果】 总局科技项目《易燃、易爆、有毒类电子工业用硅烷、锗烷气体检测新技术研究》，省局科技项目《乙烯、丙烯中微量烃类杂质的中心切割气相色谱分析方法研究》，市科技局科技项目《高危险性电子工业用气体 SiH4、GeH4 检测新技术研究》通过验收；在研总局科技项目 2 项，在研省局科技项目 2 项，总局技改技装专项 2 项；正在制订的国家标准 1 项，正在制订的地方标准 3 项，正在修订的地方标准 1 项。

【标准制修订】 全市企事业单位参与制订修订国际标准 3 项，国家标准 79 项，行业标准 77 项，地方标准 20 项；完成国际标准 1 项，国家标准 13 项，行业标准 16 项，地方标准 10 项。4 项获评“2014 年福建省标准贡献奖”。

【战略性新兴产业标准化】 推动战略性新兴产业标准化试点项目建设，探索建立适应战略性新兴产业发展的标准体系，推动福建和盛塑业有限公司等 4 家战略性新兴骨干企业获批省级标准化良好行为企业试点。指导春伦公司获批成立国家茶叶标准化技术委员会花茶标准化工作组，并申报《花茶加工技术规范》国家标准。

【现代制造业标准化】 重点指导省级标准化示范园区福州市元洪投资区和福清融侨经济技术开发区按计划开展建设并通过评估确认；指导第二批 5 家实施技术标准战略试点企业按计划开展建设；完成全市 4 家省级标准化良好行为试点企业评估确认工作；新获批 4 家标准化良好行为企业试点项目。

【标准化试点示范】 组织市农业标准化工作领导小组成员单位开展“农业标准化提升工程”，对全市已建的 12 个国家级、12 个省级农业标准化示范区进行全面检查梳理，上报撤销 2 个，存优去劣促提升。推进在建的 1 个国家级、5 个省级农业标准化示范区建设和 5 个国家级、6 个省级服务业标准化试点项目建设，其中福州市社会福利院以 95 分高分通过省局组织的专家评估验收。新获批 2 个国家级社会管理和公共服务标准化试点。

【地理标志产品保护】 培育连江海带开展申报地理标志产品的前期调研、摸底、资料收集工作，并向国家质检总局申报嘉儒蛤、永泰山茶油地理标志产品保护。落实茶口粉干、连江鲍鱼地理标志产品的后续监管工作，《地理标志产品 连江鲍鱼》地方标准通过省局组织的专家审定。引导符合条件的生产企业广泛使用地理标志产品保护专用标志，提高地理标志保护产品的效益。

【组织机构代码】 6 月 1 日，各类组织机构代码新办证及换证的办理期限由 3 个工作日改为自受理之时起满 2 个小时后办结，各类组织机构代码现场年度验证改为网上年度申报。年内完成市本级新赋码 16091 个，换证 14861 本，换证完成率 92.88%。

【计量器具检查检定】 与省计量院共联合开展计量服务进社区活动 8 场次，提供生活使用计量器具的检定、校准和维修等服务，免费检测血压计近 1000 台件。推进“计量惠民生、诚信促和谐”双十工程建设。签订医院、超市和市场诚信计量承诺书 92 份。开展民用“三表”计量专项监督检查。重点查处民用三表未经首次检定就安装使用的违法行为。开展定量包装商品净含量监督抽查。全年抽查 102 家流通及生产企业 371 批次日常食品及消费品，平均合格率达 98.1%。受理商品净含量方面投诉 3 起均妥善处理。

联合国家城市能源计量中心（福建）完成 12 家企业的能源计量审查工作。全年新增综合能耗万吨标煤及需采集数据的企业 11 家。推动 8 家企业与设备改造公司签订改造合同。

联合市商贸服务业局、省计量院，整合市、县两级质监行政执法力量；对集贸市场计量专项整治；定期开展市场计量监督，对全市集贸市场电子秤常规实行两次/年的免费检定，首次对全市售卖水果蔬菜等生鲜小店万台电子计价秤实行免费检定。

【机动车安检】 开展机动车安全隐患大检查。配合市交警支队车管所在福州辉捷机动车检测有限公司组织召开全市安检机构规范化建设现场会，对安检机构的场所布置、设施配置、管理制度、管理规定等软硬件要求做统一，推动全市安检机构的全面建设。开展机动车安检机构分类监管现场评审，对全市 29 家安检机构开展定等分级。重点围绕安检机构的检验资质、技术能力、行为规范、内部管理及社会评议 5 方面进行分项细化逐一考评。对福建东南汽车工业有限公司新生产的轻微型客车、轿车开展“新生产机动车环保达标”检查，未发现问题。

【特种设备安全监察】 电梯安全　强化电梯维保质量安全监督，引导电梯维保单位落实质量安全主体责任，7 月印发《福州市电梯维保单位质量信用分级管理办法（试行）》，对电梯维保单位的质量信用等级实行动态管理，并在网站上公示“安全质量信用优良”和“信用风险很大”两类电梯维保单位名单，便于公众辨识维保单位优劣。与市消防支队建立质监、消防及电梯维保单位在电梯困人情况下的调度和救援工作机制，由市质监局统筹建立覆盖全市的电梯维保单位网格化救援体系，完善与设备代码关联的电梯地理信息、物业安全管理和维保单位信息，并向消防部门提供查询端口，消防部门在接到求助电话后，统一调度，可以先期通知并确认该电梯的安全管理员、电梯维保单位及附近的二级救援单位是否能及时赶赴现场救援。

气瓶数字化管理　全市在用工业和民用气瓶佩戴永久性条码，车用气瓶张贴电子标签；所有气瓶信息录入全省统一动态监管平台；气瓶在充装、检验环节的记录全部电子化；液化石油气钢瓶的充装实行充装系统与气瓶条码自控连锁，凡非自有瓶、不合格瓶，超期未检瓶等均无法正常充装。年内全市佩戴条码气瓶 75.6 万只，并上传监管平台，多数液化石油气充装站采购（改造）配备与条码连锁的充装秤。

（董　颖）

安全生产管理

【概况】 2014年,福州市发生四类生产安全事故349起,死亡130人,受伤327人,直接经济损失150.5万元,同比分别下降9.1%、23.5%、1.5%、49.7%。发生两起较大道路交通事故,同比减少5起,下降71.43%。生产经营性事故四项指标全面下降。重点开展安全生产基层基础规范化建设、企业安全生产标准化建设提升工程、道路交通安全综合整治、"六打六治"打非治违专项行动、重点行业领域安全专项整治与隐患排查治理等工作。

【安全生产工作部署】 市委、市政府出台福州市安全生产"党政同责、一岗双责"规定,强化福州市安全生产责任体系建设。市安全生产委员会、市安全生产委员会办公室、市安全生产监督管理局下发加强安全生产工作的文件578份,健全完善工作例会、信息交流、调度统计、总结报告、宣传报道、检查督导6项制度,对安全生产事故控制指标实施动态监控,每月通报分析、半年督查推进、年度考核点评,对事故多发地区和单位进行警示通报,先后约谈事故多发、安全生产形势严峻的3个县(市)区政府领导和1家央企负责人,督促落实安全生产责任。

【安全生产标准化建设】 市政府制订《福州市安全生产标准化建设提升工程三年行动实施方案》,市财政确定827万元专项经费。组织全市标准化建设提升工程三年行动宣传贯彻部署会、业务培训会、座谈会以及工业系统安全生产标准化建设工作会议。年内全市大中型企业达标601家,达标率21.7%,其中:冶金、有色、建材、机械、轻工、纺织行业大中型企业达标290家,达标率31%;小微企业达标455家,达标率28%。

【道路交通安全综合整治】 制订出台《福州市道路交通安全综合整治"三年行动"2014年工作措施》,持续开展31项交通专项整治,突出抓"五类十项"严重交通违法行为整治,受到国家公安部交管局和福建省公安厅交警总队通报表扬。强化道路交通隐患整治和重点车辆源头管控,道路交通事故隐患路段整治任务完成242处,完成率100%;农村公路安保工程完成903.513公里,完成率129.07%;普通公路危桥改造项目完成20座,完成率111.11%;城市道路危桥改造项目完成2座,完成率100%;128辆非专用校车更换任务完成131辆,完成率102.34%;摩托车带牌销售率100%;危化车、校车、客车、渣土车安装使用卫星定位装置100%。年内福州市道路交通事故死亡人数同比下降3.23%,比3年(2010—2012年)道路交通事故平均死亡人数下降36.76%,发生一次死亡3人以上较大事故2起,同比减少3起,无发生一次死亡10人以上重大道路交通事故。

【重点行业领域专项整治】 制订《福州市实施企业安全生产黄牌警告暂行办法》,对连续发生生产安全事故或者存在重大安全隐患的企业实行黄牌警告和重点管理。创新安全监管方式,将"四不两直"(不发通知、不打招呼、不听汇报、不用陪同和接待,直奔基层、直插现场)暗访暗查、随机抽查互查纳入常态化管理体系,引入第三方安全专业技术力量,推进落实"专家查隐患、群众共监督、企业重整改、政府抓监管"的工作流程,提高隐患排查整治实效。危险化学品安全方面:加强对福州市78家重大危险源企业的安全监管,对25家企业重大危险源实施联网监控;推进涉危工艺装置自动化改造,6家危险化学品生产企业完成涉危工艺自动化改造。消防安全方面:深化"网格化"和重点社会单位"户籍化"管理,发动"清剿火患"战役,整治火灾隐患及消防违法行为21.8万(起)处,责令"三停"176家,查封危险部位和场所197处,行政拘留49人。瓶装燃气安全方面:查处"黑气"店点72个,查扣钢瓶1971只,行政拘留33人。渔业安全方面:检查港口1274个次,登临检查渔船7044艘次,责令整改763起,将53艘渔船列入"黑名单"并公告,查处非法采砂案件67起,收缴罚没款584万元。民爆物品方面:查处涉爆案件661起,抓获涉爆嫌疑人666人,收缴炸药193.2千克、非法烟花爆竹46820件、黑火药2.2千克、雷管354枚、索类爆炸物品20米。

【打非治违】 出动检查人员50716人次,打击非法违法行为387804起,责令改正、限期整改、停止违法行为14073起,责令停产、停业、停止建设生产经营单位262家,暂扣或吊销有关许可证、职业资格322个,行政拘留700人,行政处罚2281.64万元。8—12月,开展"六打六治"打非治违专项行动,出动执法人员17524人次、专家439人次,检查企事业单位和场所10254家次,开展跨地区跨部门联合执法332次,实施暗查暗访1025次,打击各类非法违法行为8206起,责令停产整顿8家,关闭取缔5家,追究刑事责任6起。

【应急救援能力建设】 投入1500万元推动江阴化工应急救援基地建设。6月25日,福州市安全生产委员会举行"福州市2014年安全生产领域遭受恐怖袭击应急救援演练暨观摩会",参演人数100多人,出动车辆20多台。"安全生产月"期间,福州市组织、指导各类应急预案演练3400多场,参演人员95万多人,投入经费1000多万元,修订预案400多件。

【安全监管基础】 福州市出台《关于加强园区安全生产监管工作的意见》,重点开展乡镇(街道)安全生产基层基础规范化建设和工业园区(开发区)安全监管机构规范化建设活动,从机构队伍、委托执法、管理档案、装备保障等10个方面进行统一规范与指导;推进村(社区)安全协管员队伍建设,落实安全协管员的工资补助和培训经费,初步建成市、县、镇、村、企业五级安全监管网络。建成集重大危险源监测预警、视频会议、应急指挥调度、行政执法、日常安全监管功能于一体的福州市"数字安监"信息管理系统,将安全监管纳入信息化、网格化管理轨道。

【安全文化建设】 在《福州日报》《福州晚报》开设"安全生产之窗"专版专栏,在500多个小区楼宇电梯口和300

多个LED屏上反复宣传新“安全生产法”十大亮点。印发新“安全生产法”宣传图3万份广泛张贴在各村居、学校、工地和企业宣传栏。组织拍摄安全生产微电影《支点》,在五一广场全彩大屏、市区公交车及县(市)区电视台播放,制作2000份光盘发放到有关部门和企业。设立安全发展大讲堂,依托市委党校开设安全讲堂,将安全生产法律法规政策和知识纳入培训范围。组织“百镇、千村、万企”安全大培训,按期培训福州市173个乡镇(街道)的安全生产分管领导和安全监管人员、29678名企业从业人员。汇编《生产安全事故典型案例》,发动市、县安监干部开展安全监管课题研究,形成《2014年安全生产工作思路和重点课题研究成果汇编》。联合福州大学课题组,研究《福州市创新安全生产综合监管方式》课题,被《福州调研》采用。

【科学管理与服务】 推行一线工作法,市安全生产监督管理局领导定点挂钩1—2个县(市)区分片包干。建立大中型央企、省企联席会议制度,定期召开会议,主动走访服务。开展“百名干部连百企,服务发展保安全”活动,组织福州市安监系统133名干部结对266家企业,进企业,送服务,促发展、保安全。成立安全生产专家委员会,组织非煤矿山、危化品、道路交通等行业领域65名专家,提升服务安全生产决策、服务安全监管执法和服务企业水平。

(福州市安全生产监督管理局)

审　计

【概况】 2014年,福州市完成审计和审计调查项目(单位)322个,占年度计划294个的109.52%。审计查出应上缴财政、归还原渠道资金、调账处理等审计处理处罚金额13.14亿元,移送有关部门处理事项9件,涉及金额6902.41万元,促进增收节支和挽回损失6.92亿元,推动建立健全规章制度和整改措施24项。年内,福州市审计局党组书记、局长林良云被国家人力资源和社会保障部、国家审计署授予2010—2014年度“全国审计机关先进工作者”,市审计局机关党委专职副书记丁贤明被中共福建省委授予“全省优秀党务工作者”,市审计局机关妇委会获“福建省三八红旗集体”称号,审计统计工作在全省审计系统考核中名列第一名。

【开展政策落实情况跟踪审计】 围绕22个方面65项“稳增长、促改革、调结构、惠民生、防风险”的政策措施,对全市12个县(市)区政府和市本级50个责任部门落实情况进行跟踪审计。对审计发现的一些责任部门政策措施落实不到位、项目进度缓慢、资金使用效益不高和政策目标未实现等方面问题进行纠正和处理。

【土地出让收支和耕地保护情况审计】

8—11月开展该项审计。审计对象和范围:2008—2013年土地出让收支和建设用地审批、征收、供应、使用以及耕地保护等情况,主要涉及各级政府及所属的国土、规划、财政、发展改革、农业、林业、住房城乡建设、海洋、税务、工商、公安等部门,并延伸审计相关用地和土地整治项目实施单位。审计内容和重点:土地出让收支管理和耕地保护的措施及成效;土地出让收支的收、支、余规模情况;土地出让的收入、支出及管理(收入方面重点关注欠征、少征、减免、返还以及空转、虚增问题,支出方面重点关注有无挤占、挪用和超范围安排支出,以及侵占民生利益的问题,管理方面主要关注账户管理、预算管理、专项计提等问题);建设用地审批、供应、使用情况;耕地保护责任落实及土地整治、占补平衡工作实施等。审计署采取统一调配、统一指挥、异地交叉的审计方式,调配全国2.25万名审计人员,对全国31个省、市、自治区中的200个地市和700个县进行审计。福州市本级和福清、长乐、闽侯、连江、马尾等5个县(市)由审计署深圳特派办组织169名审计人员进行审计,福州市审计局负责后勤服务保障工作。根据异地交叉审计的统一安排,审计署抽调福州市审计机关120名审计人员赴泉州市进行审计。

【城镇保障性安居工程审计】 2013年12月至2014年1月,市审计局组织58名审计人员对市本级(含五城区)和7个县(市)镇保障性安居工程进行第二次跟踪审计,延伸调查88个单位(企业)、15个街道办(乡镇)、12个居(村)委会、179户家庭。2013年全市筹集保障性安居工程资金72.11亿元,完成投资额

12月25日,市审计局党组书记、局长林良云被国家人力资源和社会保障部、国家审计署授予“全国审计机关先进工作者”

(市审计局　供)

93.89亿元,完成开工任务28636套,基本建成18630套,竣工面积107.81万平方米,廉租和公租住房出租、限价房和棚户区住房出售面积387.39万平方米,基本解决3.92万户中低收入家庭11.6万人的住房困难。对保障性安居工程专项资金使用管理不规范、保障性住房分配和使用管理不规范、工程建设程序履行不到位等方面问题进行处理和纠正。整改问题金额1.31亿元,调整清退49套保障性住房,投入闲置房使用127套,出台和完善相关管理制度10项,加强工程项目质量管理31项。

【财政收支审计】 完善以预算执行审计为主线、全口径政府预算资金为主要内容、财政专项为重点的财政审计大格局。对123个部门(单位)进行预算执行与决算审计,其中,市级部门预算执行审计22个;县级部门67个,乡镇(街道)政府财政决算审计34个。查出主要问题金额71.61亿元,对发现的预算编报不真实不完整、未按规定征收缴纳收入、资金滞留闲置等问题进行处理和纠正。

【公用经费审计】 市审计局结合预算执行审计,对20个市直部门的公务接待费、因公出国(出境)经费、车辆购置和运行费、会议费等公用经费进行专项审计检查。审计的20个部门,除公车购置与运行费支出因单位淘汰更新车辆以及新组建单位公务需要增加外,其余的公务接待、因公出国(境)费、会议(培训)费、差旅费支出分别下降56.94%、4.60%、9.58%、17.35%。对审计发现的公务接待费支出审批手续不完整、公车超编制使用、向下属单位转嫁摊派公车运行费、超标准报销出国(境)费用、扩大范围列支接待费、会议费等问题进行处理和纠正,并提出加强预算管理、完善经费管理使用、加快公车改革等3点审计建议。

【政府投资审计】 对第一届全国青年运动会场馆建设项目、闽江调水江阴支线供水工程、福州市三环路二期TW1.2工程、援疆发展建设工程等重大建设项目进行审计和跟踪审计。审计工程项目40项,总投资30.61亿元,完成投资额25.78亿元。查出主要问题金额8991.62万元,核减投资额(工程款)3892.02万元,处理和纠正建设项目工程超(概)预算、招投标弄虚作假、挤占挪用和损失浪费等行为。鼓楼、仓山、晋安、福清、长乐、闽侯、连江、罗源、永泰等9个县(市)区政府投资审核中心,对2492个工程项目进行造价审计,送审资金116.79亿元,净核减11.3亿元。

【民生资金和资源环境审计】 对机关事业养老保险基金、社会抚养费征收管理、城区内河综合整治、水土流失综合治理、保洁经费和垃圾处理费、重大水利资金管理使用情况等22个重点民生资金和资源环境项目进行审计和审计调查,查出主要问题金额9.80亿元。针对一些部门单位存在的贯彻落实市委、市政府惠民利民政策措施方面不够及时到位,项目实施和资金管理使用不规范、配套不到位,工程手续不完整等问题,提出完善制度和机制的审计建议意见,促进整改落实。

【经济责任审计】 对113个部门的124位党政领导干部和国有企业领导人员进行经济责任审计,其中:离任审计67人,占54.03%;任中审计57人,占45.97%。审计查出主要问题金额19.99亿元,其中应负直接责任2.01亿元、主管责任9.41亿元、领导责任8.57亿元。移送有关部门处理事项9件13人,涉及金额6902.41万元。同时,在省审计厅授权对武夷山市委书记、市长经济责任审计中尝试和探索领导干部自然资源资产审计。

【国有企业审计】 对福州市农工商(集团)总公司、城乡建设发展总公司、三坊七巷保护开发有限公司、公交集团有限责任公司和聚春园集团有限公司等9个单位(项目)进行审计和审计调查。查出主要问题金额8.00亿元,移送有关部门处理事项2件1人,涉及金额2144.14万元,促进整改落实问题金额3.242亿元。对审计发现的大宗物资采购、房产租赁和工程承包未严格履行招投标程序,以及对外投资管理不善、工资总额超定额、以业务招待费名义变相发放职工福利、套取大额现金用于饭店业务采购等方面的问题进行处理和纠正。

【审计整改】 实行审计结果通报制度,市审计局向市委办公厅、市人大办公厅、市政府办公厅、市政协办公厅、市纪委、市委组织部、市监察局、市政府督查室、市效能办等相关部门通报50个部门单位的审计结果与整改情况。加大审计整改督查力度,组织力量对2011—2013年审计(调查)的239个项目(单位)和2014年市本级预算执行和其他财政收支审计整改情况进行全面跟踪检查,共上缴财政、减少财政拨款或补贴、归还原渠道资金、调账处理、清理收回土地出让金及核减投资额等24.61亿元,制订完善各类规章制度67项。审计发现的39起案件线索及其他问题移送有关部门查处后,13人被依法依纪处理。

【审计信息采编】 采集、编报《福州审计信息》和《审计要情专报》53期197条,被市级以上党政部门和新闻媒体采用的有121条,采纳率61.42%。其中《审计为政府建设项目节约投资资金六千多万元》《市审计局探索自然资源资产审计》《福州市顺利完成对口援疆资金和项目跟踪审计工作》被市委市政府、《中国审计报》《中国审计》等采用,市局投资处撰写的《福州市高度重视保障性安居工程审计整改工作》被福建省审计厅评为好信息。年内审计信息工作在全省审计系统考核中名列第二,并分别被《中国审计报》和《中国时代经济出版》评为全国审计通联宣传工作先进单位。

【审计信息化建设】 完成审计指挥系统升级改造,实现实时音频、视频、数据等信息沟通和业务与管理会商、远程教育、视频会议、异地协同工作等应用。制订福州市审计信息化工作意见和计算机审计重点推动项目计划,组建计算机数据分析团队,实行审计项目"双主审"制(即每个审计组一个配备业务主审和一个计算机技术主审),强力推广运用"总体分析、系统研究、发现疑点、分散核实"的数字化审计方式,有效地提高审计质量和效率。年内全市有37个项目被省厅评为AO应用实例奖,市审计局在全省审计系统信息化工作考核中名列第一。

【建立审计结果分析工作机制】 研究出台加强审计综合分析工作的意见,对审计综合分析工作机制、文书载体、格式内容、报告质量、报告时限等作出明确规定,要求按时对审计所发现的各种问题进行汇总、分类、归纳,提炼出带有普遍性、典型性、倾向性、苗头性的问题,找出产生问题的原因,从体制、机制、制度和管理上提出有效解决问题的建议意见,为市委、市政府和相关主管部门决策提供依据,并要求审计综合分析报告要做到:反映情况"准",原因分析"透",措施建议"实"。年内全市提交审计专题和综合性分析报告101份,有80多份(其中市局40份)被各级政府批示或采用。

【加强对下级审计机关领导班子考核管理】 研究制订协管县(市)区审计机关领导班子和领导干部考察工作方案,对12个县(市)区审计机关领导班子建设情况进行考察,并将考察结果情况通报给所在地党委和政府,提出进一步加强领导班子建设、作风建设、业务能力建设和干部教育培养等意见建议,引起所在地党委和政府领导的重视,先后有3个县(市)区提拔使用审计干部3人,交流轮岗领导6人。

【内部审计】 全市内部审计机构104个,其中专职机构33个。内审人员331人,其中专职人员134人。完成审计项目(单位)1323个,其中,财务审计146个,效益审计108个,经济责任审计323个,内部控制评审25个,信息系统审计15个,基本建设审计117个,其他审计589个。审计总金额4.06亿元,提出建议意见被采纳的有2809条。

【内部审计协会】 6月13日,福州市内部审计协会召开第二届会员代表大会,选举产生第二届的理事会、常务理事会、会长、副会长和秘书长。8月21—22日和10月16—17日,市内审协会分别举办2期内审人员业务培训班,参加培训人员380人,学习培训《行政单位财务规则》《事业单位财务规则》《行政事业单位内部控制规范(试行)》《中国内部审计准则》《福建省内部审计工作规定》。至年底,市内审协会单位会员和个人会员283个,其中会员单位68个、个人会员215名。

【审计学会工作】 福州市审计学会组织全市审计科研人员对"深化审计转型,实现财政审计全覆盖的途径""自然资源资产审计""经济责任审计转型创新思考""数据化审计模式实践探索""构建公共资金绩效审计评价指标体系""国有企业资本资产审计""国家审计准则实施与审计风险防范问题的研究""投资审计风险与防控""部门公共资金审计全覆盖"9个重点课题进行研究。

4月18日,召开第八届会员代表大会,选举产生第八届理事会、常务理事会、会长、副会长和秘书长。至年底,市审计学会有单位会员和个人会员327个,其中会员单位27个、个人会员300名。

(陈直华　方韶玲　林城冰)

(编辑　吴　燕)

财　政

【概况】　2014 年，全市(含平潭，下同)一般公共预算收入 510.87 亿元，比 2013 年增长 12.5%，完成预算的 101.1%；加上划中央收入 269.61 亿元，一般公共预算总收入 780.48 亿元，同比增长 13.3%。支出 574.81 亿元(含省专款和上年结转等支出，下同)，比 2013 年增加 40.97 亿元，同比增长 7.7%。政府性基金收入 525.23 亿元，同比增长 3.1%，完成预算的 93.8%；支出 494.92 亿元，减少 20.01 亿元，下降 3.9%。社会保险基金收入 95.32 亿元，同口径增加 18.3 亿元，同比增长 23.76%，完成预算的 104.1%；支出 68.26 亿元，同口径增加 11.64 亿元，同比增长 20.5%。

市本级一般公共预算收入 188.31 亿元，同比增长 10.9%，完成预算的 100.9%；加上划中央收入 99.27 亿元，一般公共预算总收入 287.58 亿元，同比增长 11.5%，完成预算的 101.6%。当年预算支出 106.34 亿元，完成调整预算的 80.4%，加上省专款和上年结转等支出 24.12 亿元，支出共计 130.46 亿元，下降 11.1%。政府性基金收入 246.72 亿元，同比增长 11.8%，完成预算的 117.6%；支出 191.85 亿元，减少 7.25 亿元，下降 3.6%。社会保险基金收入 66.16 亿元，同口径增加 12.98 亿元，同比增长 24.4%，完成预算的 104.1%；支出 44.45 亿元，同口径增加 7.98 亿元，同比增长 21.9%。

【科学组织财政收入】　密切财税库银的沟通协作，实现财库信息实时交换，初步建成综合治税系统。有针对性地加强非居民企业所得税监管、土地增值税清算和房屋租赁等税收征管，争取股权转让和限售股减持等其他一次性税源。密切关注财税新政与专项扶持政策，全年争取上级专项补助资金 55 亿元、地方政府债券 10.13 亿元。争取国开行低息贷款 176.65 亿元，推进新一轮棚户区加快改造。

【支持优化营商环境】　推进“营改增”，继续免征小微企业增值税和营业税，兑现小微企业所得税减半优惠政策，向企业让利 23.31 亿元。减轻外贸企业税收负担，全年出口退税 94.55 亿元。调整完善 15 项财税扶持政策，兑现各类产业扶持资金 9.92 亿元。运用贷款贴息、融资担保风险补贴、风险补偿等，解决中小企业融资问题。

【支持现代服务业发展】　拨付 0.91 亿元，推动福州总部经济和金融业发展提速。拨付 0.41 亿元，加大对软件骨干企业、上规模企业和小微企业扶持力度，支持创建中国软件名城。拨付 0.23 亿元，支持电子商务、服务外包等现代服务业加快发展。拨付旅游专项经费 8000 万元，同比增长 60%，支持发展“海丝”旅游、温泉旅游、生态旅游、休闲旅游等特色项目。

【推动高新技术产业发展】　拨付 0.57 亿元，加快企业技术改造、扩大先进产能，支持产学研工业重点项目，促进企业技术进步和科技成果转化。落实高新技术税收优惠政策，给予新认定 59 家高新技术企业扶持奖励。拨付 0.38 亿元，支持创建知识产权示范城市，支持企业技术中心、行业技术创新中心和各类科研工作站建设。拨付近 1 亿元，通过推进高新园区建设、设立专家服务基层工作站等方式贯彻人才强市战略，奖补高科技人才。

【保障民生支出】　财政支出达 452.27 亿元，同比增长 12.9%，占一般公共预算支出的比重达 79.2%，比 2013 年提高 4.9 个百分点。统筹资金 31.56 亿元，支持办好 2014 年市委、市政府确定的 25 件 71 项为民办实事项目。

扩大养老保险和低保覆盖面，提高城乡居民基础养老金、新农合和城乡居民医保及基本公共卫生服务政府补助标准。拨付 2.15 亿元，改善公立医院诊疗条件，提升基层医疗机构硬件设施，推进县级医院综合改革试点。拨付 0.47 亿元，为低收入群体及高龄群众发放过节费和免费食品券，缓解困难群众生活负担。拨付 1.05 亿元，落实就业创业扶持政策。拨付 11.37 亿元，推进公共租赁住房建设。

拨付 4.77 亿元，新改扩建 10 所中小学、10所公办幼儿园,启动建设金山八期小学等12所新布点学校,推进教育资源合理配置。投入65亿元,完成海峡奥体中心"一场三馆"和运动员村建设,支持首届全国青运会筹备工作。安排0.14亿元,支持首批24个街区24小时自助图书馆建成投入使用,举办两岸民俗文化节、海峡两岸合唱节等文化交流活动。拨付0.61亿元,支持举办世界杯龙舟赛、中国羽毛球公开赛等大型体育赛事。

拨付5.84亿元,推进景观改造和环境综合整治,改善居民居住条件。拨付5.64亿元,对陆庄河、茶亭河、洋里溪等40条内河实施综合整治。拨付9.64亿元,完成环南台岛绿道建设、三环路绿化以及南江滨堤外公园建设。拨付14.16亿元,支持轨道交通建设和国家"公交都市"创建,继续实施公交免空调费和优惠群体乘车等惠民政策,扩大公共便民自行车覆盖面,改善百姓出行条件。

【支持农村事业发展】 拨付1.85亿元,支持设施农业、休闲观光农业、特色农业等农业综合开发项目,扶持培育农业龙头企业,支持各类现代农业科技园区建设,促进农业园区化、产业化、科技化;支持完善疫情防控和预警监控体系,增强农业防灾抗灾能力。拨付0.50亿元,支持"海上福州"经济发展战略,推动海洋新兴产业、现代海洋服务业和现代海洋渔业加快发展。

拨付1.09亿元,新建改造农村公路222公里,支持危桥改造、公路安保养护及国省道建设,完善农村路网体系。拨付2.14亿元,加强水利基础设施建设和病险水库除险加固,实施水土保持、土地开发整理和沿海土地整治。拨付1.06亿元,加强大气污染防治和重点流域水环境整治,实施上下游森林生态效益补偿和造林绿化,支持创建国家森林城市。

拨付0.74亿元,推进村级"一事一议"公益项目和集中连片建设,支持创建"美丽乡村"精品示范村等。拨付0.32亿元,支持农村环境综合整治,实施农村家园清洁行动,兴建镇村垃圾处理设施。拨付0.14亿元,推进农村文化建设,改善村级公共文化设施,继续实施农村电影"2131"工程,保障农村广播电视全覆盖。

【深化财税体制改革】 完善全口径政府预算体系,实施国有资本经营预算,实现市本级预算管理"全覆盖"。扩大预算公开范围、细化公开内容,99个市直部门公开部门预算,各级"三公"经费预算全面公开。完善基本支出定员定额管理体系,提升部门预算编制水平。盘活财政存量,建立财政结余结转资金定期清理机制。强化政府债务管理,防范偿债风险。

推进预算绩效管理,144个项目纳入绩效目标管理,市本级绩效管理覆盖率达41.2%。修订出台会议费、差旅费、培训费、出访经费管理办法,大幅压缩"三公"经费等一般性支出,全市"三公"经费比2013年下降29%。清理规范财政专户资金,推动公务卡结算一级预算单位全覆盖,国库集中收付制度进一步完善。开展"小金库"专项治理和支农专项资金检查。加强政府采购监督管理,采购质量和效益不断提高。推广增量助审机构管理模式,财政评审数量与质量同步提高。

简化行政权力清单,压缩行政职权项目达36%。进一步规范行使自由裁量权,依法办理行政复议和行政诉讼。全面推进绿化养护、环卫保洁等向社会购买公共服务,全市共支出2.98亿元。实行海砂资源有偿使用市场化,推进排污权有偿使用和交易。

(林 敏)

国家税务

【概况】 2014年,福州市国家税务局组织入库税收收入426.19亿元,同比增收39.75亿元,同比增长10.29%,超计划12.59亿元。其中直接收入391.69亿元,同比增收24.14亿元,同比增长6.57%;免抵调库34.50亿元,同比增收15.61亿元,同比增长82.64%。实现地方公共预算总收入280.07亿元,同比增收38.48亿元,同比增长15.93%。实现市本级地方公共预算收入36.56亿元,同比增收8.75亿元,同比增长31.46%。收入总量在全省仅次于厦门,居第二位,其中直接收入居第一位。全年海关代征税款71.76亿元,同比减收5.58亿元,下降7.22%。

管征各类纳税人16.06万户,同比增加2.04万户,同比增长14.55%。其中企业10.85万户,个体工商户5.21万户;一般纳税人3.50万户。

【落实税收优惠政策】 落实出口退(免)税和其他各类减、免、退税近300亿元。主要包括:落实企业所得税优惠政策,全市企业享受2013年度减免税额、减免所得额、免税收入、加计扣除、抵免税额等各类企业所得税优惠163.33亿元,同比增长40.2%。落实企业研发费用,加计扣除196户9.85亿元,同比增加31户,扣除额同比增长28.10%,连续6年保持快速增长。落实营改增政策,累计减税17.82亿元,其中试点企业减税12.62亿元,非试点纳税人因增加抵扣范围减轻税收负担5.2亿元。落实小微企业税收优惠政策,对月销售额不超过3万元的增值税小规模纳税人暂免征收增值税,为5万多户50.78万户次合计减免增值税2052.90万元。为1.56万户小微企业减免所得税额4267万元,政策落实面达100%,户数同比增长174.04%,减免税额同比增长90.15%。落实"6%和4%两档增值税征收率统一调整为3%"的简并征收率政策,为591户减税8523.83万元。

【依法行政】 完成台江区国税局、连江县国税局和长乐市国税局3个依法行政试点单位创建工作,全部通过省国税局检查验收。制定福州市国税局行政审批事项公开目录并进行公告,推进公开行政审批事项及税收执法权力清单工作。发布税务行政处罚裁量权基准适用指导意见,规范自由裁量权。全年审理并全部审结重大税务案件51件,涉及税款3.44亿元、罚款3809.39万元,其中维持初审意见48件,改变处理意见3件。全年收到税务行政复议申请7件,受理5件,其中驳回1件、维持2件、申请人自愿撤回申请1件。组织开展执法自查工作,重点对5个基层局开展执法督察,发现问题151户、少缴税款58.2

万元。组织对省国税局下发和市国税局选取的4878条疑点信息进行核查,查补税款、滞纳金、罚款267万元,退税107.6万元。查出执法过错901条,给予批评教育、书面检查、通报批评277人次、经济惩戒874人次。

【税务稽查】 全年检查企业364户,查结343户,合计查补收入2.87亿元,外贸出口企业补回退税8327万元。选案准确率96%,稽查查补入库率95%。开展打击出口骗税税收专项检查,对“4·28”专案24户企业查补收入9842万元,对“8·22”专涉案企业23户查补收入2872.92万元。对“1·20”涉案238户企业开展全面检查,发现企业取得假发票1720份,涉案金额3.43亿元。开展房地产企业税收专项检查,企业自查补税3711万元,检查补税1902.59万元,大部分企业风险等级分值有较大下降。对铁路运输、邮政服务业以及营改增企业涉及的餐饮发票开展专项检查整治。受理信函和上门举报204件、网上举报84件、纳税服务热线举报投诉29件,到期结案率94%。通过拍卖、强制划缴等措施追缴入库收入6302万元,同比增长339%。开展清理积案工作,清理378户,完成总量的91%。

【风险管理】 取消管户制度,实行专业化管理、风险管理、信息管税的新模式总体保持平稳运行,机构人员职责调整基本到位,纳税服务新格局基本形成。全年市、县两级“风控中心”推送评估任务3190户次,评估补税7.04亿元。利用“网络爬虫技术”自主研发互联网涉税信息监控平台,抓取、分类储存股权转让交易等信息逾222万条,将全市持有上市公司限售股的管征企业纳入税收风险监控,其中监控福建外运汽车维修公司连续减持福耀玻璃原始股,补税3700万元。

【基础管理】 加强欠税管理,向各基层局发出“欠税管理指引”“欠税人多处经营CTAIS查询情况表”,对所有尚未有效送达催缴文书的欠税人以邮寄方式送达“限期缴纳税款通知书”。采取收缴欠税人发票、停止发售发票、强制执行等措施追缴欠税。4次对1.37万户次欠税人进行公告。规范全市税务登记流程,协调国地税办理共管户税务登记。福州行政服务中心国地税联合窗口共办理单位纳税人设立登记1.62万户、跨县(区)移户936户、衔名发票印制256户次。加强普通发票管理,共审批印制普通发票1085.68万份、企业衔名发票1.15亿份。开通网络发票管理系统4.37万户,实际开票2.83万户,共开具发票1089.89万份,开票总金额845.07亿元。为单位和个人鉴定普通发票374批次2.55万份。应用“一户式税收征管档案系统”受理涉税事项23.79万件,扫描归档资料172.97万页,归档比例达83.93%。

福州国税开展“便民办税春风行动”微访谈(市国税局 供)

【货物劳务税征管】 1月1日和6月1日分别对153户邮政电信与铁路运输企业、114户电信企业推行营改增。对124户营改增企业开展风险专项评估,补税、进项税额转出、加收滞纳金合计1793.97万元。开展营改增物流快递行业税收管理调研,摸清物流快递行业646户,其中物流业513户,快递业133户,补征增值税98.76万元。推行农产品加工企业增值税管理办法与进项税额核定扣除办法,共有359户农产品加工企业纳入两个办法管理。对551户开展增值税发票专项评估,补缴税款、加收滞纳金、冲减留抵税金等合计805.87万元,调整以前年度亏损3516.73万元。开展出口不退税货物专项核查,对45户补征2013年度税款56.34万元;对2014年度出口不退税292户企业涉及出口销售额1.04亿美元,通知纳税人及时办理退税。

【企业所得税征管】 全年入库企业所得税227.49亿元,同比增长8.6%。企业所得税预缴率从2013年67%提升到78%。开展2013年度企业所得税汇算清缴工作,应参加汇算清缴54745户,已参加汇算清缴54666户,汇算面99.86%,同比增长0.02%,汇算清缴所得税66.12亿元。落实各项企业所得税审核、审批制度,把好税收优惠、税前扣除关,对2619户次企业申报备案的优惠事项进行审核,发现有问题55户,调增应纳税所得额1495万元,补缴企业所得税及滞纳金201万元;对306户企业申报的资产损失进行审核,调减亏损3892万元。建立“政策性搬迁”“重组特殊性税务处理”等事项的后续管理电子台账,全面掌握2008年以来各单位发生的涉税案源。对75户红色预警的房地产企业开展重点评估,补税2.69亿元。对金融企业开展专项评估,查补银行所得税6390万元。

【国际税收征管】 组织入库国际税收13.83亿元,同比增长91.29%,其中非居民税收入库12.35亿元,同比增长80.56%;反避税入库1.47亿元,同比增长138.94%。关注重大股权转让和重点企业非居民税收管理。91无线公司股权转让案件取得重大突破，已预缴税款5.83亿元，入库税款创下全市非居民税收新纪录。日立数字映像（福州）公司对外支付大额技术开发费补税2900多万元。香港民生超市直接转让永辉超市股份入库税款9000万元。对8户企业开展非居民股息红利专项检查，补税1746.7万元。4户企业反避税结案，经国家税务总局批准新立案2户，待上报立案2户，开展反避税案件调查3户。开展国际税收交换情报工作，向美、日、韩、加、澳5国提供287条电子自动情报，对1户涉及哈萨克斯坦企业的合同执行情况进行调查核实，向英属维尔京群岛发出企业股权变更核查请求。

【大企业税收征管】　组建福州市国税局大企业税收管理局，建立大企业税收管理新机制，探索大企业个性化服务。召开大企业座谈会，走访重点企业，与部分大企业先期建立联系员制度，与福州永辉等5家重点大型企业签订税收遵从协议。开展大企业税收风险管理。选择4个行业29户大企业开展税务风险内控调查和行业税收风险识别工作，总结59个税收风险识别点。对工商银行和福建茶叶进出口有限责任公司股权转让事项进行税收审计，发现并引导企业规范宣传费用、管理费用等管理。组成11个审计小组对中国石油天然气集团公司等7家企业集团在福州的20户成员企业开展全流程税收风险管理，补税3588.66万元。对欧浦登（福建）光学有限公司等4户重点企业开展税收风险应对，查补510万元。

【出口退税管理】　全市出口企业4562户，其中外贸企业2051户、生产企业2511户，全年办理出口退（免）税129.05亿元，同比增长14.81%。推出多项促进外贸稳增长措施，允许外贸企业1个月内多次申报出口退税；增加送国库退税次数，做到每周退库一批；应用“出口退税远程综合服务系统”，出口企业可以直接在网上办理退税预审；将“一对一”帮扶的出口企业由45家扩大到56家。与外经贸部门、外贸中心集团等合作开展退税新政策宣讲和风险提示，举办3期退税培训讲座，培训企业近1600户次。落实零税率退税政策，办理出口退税832万元。落实出口企业延期申报政策，受理21家企业延期申报。组织开展外贸企业防范骗税内控机制建设经验交流，发现并督促45户存在不符信息的外贸企业及时更正。开展出口退税日常核查，发出函调2010份，涉及退税款4.66亿元。开展出口退税遗案清理，处理各类历史遗留问题30户次，涉及退税款1400万元。

【纳税服务】　取消29项进户执法项目、26种纳税人填报的涉税文书报表。5月19日启用全省首个国税“中心办税服务厅”整体入住市级行政服务中心，实现“一门式”服务。在全市办税服务厅实现免费WiFi全覆盖。10月1日推行《全国县级税务机关纳税服务规范》，做到全市纳税服务流程统一、标准统一、绩效统一。推行车购税委托代征试点，车主在首批10家4S店就能办理缴纳车购税所有手续并当场领到凭证。12月在全市推行网络发票申请领用系统，纳税人通过网上申请、快递送货的方式实现足不出户领取发票。联合地税部门完成10.07万户纳税人2012—2013年度纳税信用等级评定工作，其中A级纳税人620户，参评面达100%。应用“任务管理与服务回访系统”强化下户监管，全年共审批下户7509次，成功回访6284次，总体满意率达99.67%。通过“12366”纳税服务热线、“12345”便民服务热线受理公众咨询、举报、投诉497件，及时回复率100%。

【税收宣传】　开展全国第23个税收宣传月活动，举办税收热点“微访谈”活动，与福州电视台联合制作播出税收热点访谈节目《出口退税，福州经济的“助推器”》，编印《税法解读》赠阅A级纳税人，评选发布2013年度全市纳税百强榜，开展“以案说法”系列宣传。在市级以上报刊、电视、广播发表新闻稿件213篇。通过市局门户网站发布信息1629条，网站访问量达90.20万人次，平均日点击数2471人次，在全省国税系统名列第一。通过“@福州国税”新浪、腾讯微博发布信息496条，答复问题54条，“粉丝”达18.09万人，在全国税务系统位居前列。年底开通福州国税官方微信。

（魏文忠）

地方税务

【概况】　2014年，福州市地税系统组织入库税费583.47亿元，同比增加50.02亿元，同比增长9.38%。其中税收全年累计入库401.81亿元，同比增加32.62亿元，同比增长8.84%；各项费金全年累计入库140.93亿元，同比增加14.68亿元，同比增长11.63%。组织财

12月4日，市地税局参加国家宪法日暨全国法制宣传日活动

（来源：福州市地方税务局网站）

政总收入400.78亿元,同比增加26.38亿元,同比增长7.05%,其中,组织地方财政收入326.59亿元,占全市地方财政收入的63.93%。

全年管征各类纳税人17.18万户,其中内资企业10.82万户,港澳台商投资企业2368户,外商投资企业2029户,个体经营户4.81万户。

【落实税收优惠政策】 全市4508户企业享受小型微利企业所得税优惠政策,预缴减免企业所得税1818.34万元;全市2.42万户(次)纳税人享受小微企业免征营业税优惠政策,免征营业税税额1402.25万元。落实"闽八条"税收优惠政策,受理房产新政减免契税354件,减免契税357.52万元,受理房产新政减免营业税883件,减免营业税2070.73万元,个人所得税478.7万元。

【推进行政审批工作】 制定《2014年全市地税系统依法行政工作要点分解表》,确定依法行政10个方面45项工作内容,规范税收行政权力运行。开展税收规范性文件合法性审查,共审核把关税收规范性文件及相关材料26份(其中会签税收文件16份),审核合同协议及涉税证明42份。明确下户执法留痕化管理;分类梳理进户执法项目,核实依据和层级,核查清理出总局制定的进户执法项目6项,全部取消,福州市局本级制定的项目3项,清理2项,各县(市)区局不再另行制定进户执法项目。改进催报文书送达方式,采取门户网站公告送达。简化征收方式认定和定额核定环节,除需要变更的情形外,统一由基层征管科通过系统批量处理沿用上年度认定结果。

【税收稽查】 对基层局贯彻落实组织收入原则情况、税收规范性文件合法性情况、发票管理情况和注销清算税收管理情况开展复查,发现问题281户次,应补缴税费138.72万元,提出督察建议29条。开展出租汽车行业税收管征、私房租赁委托代征,贯彻落实小微企业和促进消费税收优惠政策等专项督察。

查补入库税款4.87亿元,查处企业319户,其中查补入库税款4.75亿元、滞纳金647.77万元、罚款560.47万元,处罚率5.62%、选案率156.52%、结案率100%。对"1·20"虚开发票专案和省局稽查局下达的两批次339户涉案企业进行检查,合计涉案金额23.36亿元,发现3147份假发票共计5.73亿元,自查入库5449.65万元。

【征管改革】 打破乡镇区域界限,在市、县(区)、乡(街)行政(便民)服务中心、国税局、主要商圈部署64台多功能自助终端,实行集中办税,方便纳税人办理涉税事项。

实行"行业+属地+个体"或"行业+属地"等税源管理模式。各县(市)区局将房地产、建安行业集中1—2个分局(所)实行专业化管理,各区局的个体户和私房租赁委托代征集中1个分局管理。改革后,全市地税系统共设置行业局(所、科)22个,属地局(所、科)49个,个体局(所、科)7个。

在按户管理基础上有效剥离税管员权力事项,将全面日常检查、企业所得税汇算的重点抽查、土地增值税清算和审核、纳税评估、大企业税收风险管理与纳税评估相关的事项等列入风控系列的职责,实行派单制;税管员负责纳税人单一或部分涉税事项的日常检查,并具备相应的处罚权,明确税管员具体工作事项及标准化流程。

在市稽查局探索分行业专业化稽查,按行业分为若干检查科(组),将风险分析监控机构推送的任务和纳税评估后移交的涉嫌偷逃骗税案件作为稽查重点,实现专业化稽查和审理。

将外税局1个管理科职能调整为专司国际税收管理,在全市建立1支50人的国际税收工作团队。持续关注股权交易个人所得税、重点税源企业企业所得税、服务业营业税等收入情况,强化非居民公司境内所得扣缴所得税的管征和反避税管理。通过对股权转让信息开展营业税、企业所得税、个人所得税的核查比对,实现增收2亿多元。

6月1日,上线运行存量房评估系统,并提前设定争议处理的应急预案,引导纳税人如实申报交易价格。至12月31日,福州市区个人住宅类存量房权属转移申报交易套数1.19万套,评估后调增价格12.33亿元,调增税额1.55亿元。运行期间零争议、零投诉,实现存量房交易税收征管工作的平稳过渡。

在鼓楼局于全省率先推行个体工商户"定额早知道"的基础上,在全市办税服务厅全面推行"定额早知道"软件。该软件通过纳税人自行选择所在区域路段、企业类型、所属行业、建筑面积等信息进行定额测算,从而测算出应缴相关税费数据,实现税收阳光核定。

【风险防控】 依托省级数据大集中平台,组织开发"税收风险管理"平台,实现流程管理、留痕管理、监控管理和评价管理等全方位的税收风险自动化管理。各级地税机关成立风险专职机构,推行"控评分离、评查结合、先评后查、促进遵从"的监督管理办法,按照税收风险等级,实行分级审议、分级推送。至12月底,处理低风险数据11.63万条,查补税费款1019.04万元,推送16个项目3814条中风险数据,评估税费4.5亿元。对高风险的房地产行业,推送至稽查局进行立案稽查。

【行业管征】 房地产业 组织税源调查和预测分析,加强工程建设跟踪巡查,控管税源;落实房地产交易税收管理"一体化",加强与市房地产交易登记中心配合,严格执行"先税后证"制度;推广并应用房地产估价技术加强存量房交易税收征管。全年房地产税收累计入库185.14亿元,逆势增收9.40亿元,同比增长5.35%。

建筑业 建立重点税源监控台账,重点工程征管资料实行一户一档,对立项、招标、施工实行全程跟踪监控。强化"以票控税",全程监控窗口代开发票、分包发票验证、已纳税处理等方面。建立部门协作和信息交换机制,加强建安一体化管理。全年建筑业税收入库62.76亿元,增收10.55亿元,同比增长20.22%,其中通过加强对"外管证"筛查比对管理等措施带来税款约4.3亿元。

金融业 加强与人民银行、银监会、工商局等部门联系,及时获取金融业各项经济指标和新开办银行分支机构的信息,增强组织收入的有效性。把小额贷款公司、财务公司、担保公司、典当行等资金流通较为隐蔽的新型金融业态作为监控重点，对企业外部融资、集资利息支付等实施动态跟踪，规范企业申报行为，提高企业纳税遵从度。开展金融业专项评估检查，定期开展行业内横向税负比较和历史申报数据的纵向分析，及时分析增减因素，着力提高税源管理质量。

【营业税管征】 入库144.88亿元，同比减少0.13亿元，减收0.09%。其中：受房地产市场成交量下降的影响，房地产业入库54.66亿元，减收9.31亿元，下降14.55%；在基础设施建设等重点工程项目的带动下，建筑业入库37.09亿元，增收4.69亿元，同比增长14.49%；受银行业贷款规模总体扩大和保险业投资经营范围拓宽的影响，金融保险业入库32.52亿元，增收6.06亿元，同比增长22.90%。

【营业税改征增值税】 1月1日完成铁路运输业和邮政服务业“营改增”工作，涉及试点企业142户，涉及的年营业税款约1970万元；6月1日完成电信业“营改增”工作，涉及试点企业258户，涉及年营业税款约3.9亿元。配合开展营改增企业财政扶持资金的结算工作，对在“营改增”过渡扶持期内税负增加的企业，于5月底前配合财政、国税等部门完成全部资金清算工作，全市有76家企业完成财政扶持资金清算，财政应返还金额2731.13万元。开展生活服务业、建安、房地产等行业的“营改增”调研，加强收入分析预测，做好试点扩围准备。

【企业所得税管征】 入库54.63亿元，同比增收13.66亿元，同比增长33.35%。通过评估比对，组织建安企业查补入库所得税14.52亿元，同比增收5.12亿元，增幅54.45%；组织房地产企业入库所得税21.39亿元，增收4.93亿元，增幅29.95%。开展企业所得税汇算清缴工作，应结算企业2.58万户，全部实行自核自缴，比2013年同期增加813户，汇算清缴入库18.19亿元，增收7.02亿元，同比增长62.85%。

【个人所得税管征】 入库51.49亿元，同比增收6.21亿元，同比增长13.71%。

开展年所得12万元个人所得税申报工作。运用网络科技手段，通过微信平台、“税企通”等扩大宣传范围；利用“同城通办”等平台，在办税服务大厅设立专门的年所得12万元以上的纳税人申报受理窗口或服务区，全年6.02万名年所得12万元以上的纳税人依法进行纳税申报，同比增长25%，共申报年所得额159.65亿元，应纳税额20.4亿元，应补税额327.19万元，补缴税款同比增收158.19万元。

启用新版个人所得税完税证明。委托福州市邮政局邮寄2013年度个人所得税完税证明24.18万件，涉及6149家行政机关、企事业单位，其中福州市区19.13万件(4423家单位)、八县5.02万件(1712家单位)、省内301件。

加强股权激励个人所得税跟踪管理力度。针对公司股权激励行为，事前紧密跟踪、及时掌握相关动向，事中加强风险控制、明确政策，完善后续管理，辅导扣缴义务人准确计算税款并及时入库。全年共代扣代缴股权激励工薪所得个税入库2.54亿元，同比增收1.61亿元，增量贡献率36.5%，拉动个税同比增长3.5个百分点。

开展年金优惠新政的推广工作。以年金备案工作为抓手，加大优惠政策宣传力度，对相关企业逐户通知，逐户辅导，逐户落实。同时通过筛查，发现137家企业不符合年金优惠新政。全年共备案年金企业497家，登记备案的年金计划参与人数8.34万人，递延年金个税1030万元。

【财产行为税管征】 全年入库166.32亿元，同比增加13.10亿元，同比增长8.55%。

土地增值税 实行分类预征政策，加强预征及后续管理，全年预征入库41.17亿元；全面开展2011年1月1日至2013年10月31日在建、在售和新开工的项目税源摸底，成立专门的土地增值税清算审核(评估)小组，借助社会中介力量，加大重点税源大户的清算工作，全年完成约80个土地增值税清算项目，清算入库21.47亿元，同比增长55.94%；对土地增值税4项开发成本实行预警值管理，完善预警指标。对房地产开发项目实行全面监控，全年入库土地增值税60.44亿元，增收7.74亿元，同比增长14.7%。

房产税和土地使用税 强化部门协作，全面掌握纳税人相关经营信息，及时核查征管盲区，实行动态管理，全年入库房产税14.36亿元，同比增收321万元，同比增长0.22%，入库土地使用税6.67亿元，同比减收1.59亿元，下降19.2%。

房产税土地使用税 加强私房租赁房产税、土地使用税的管征，房产税入库14.42元，同比增收5.13万元，同比增长55.16%；土地使用税入库8.31亿元，同比增收3.80亿元，同比增长84.42%。

耕契两税 加强与国土、房管部门的协调和配合，执行“先税后证”制度；抓大宗土地交易的税源管理，密切关注国土部门的土地出让情况，形成管理台账，及时掌握税源情况，全年入库耕契两税38.95亿元，同比增收4.83亿元，同比增长14.14%。

城建税和教育费附加 加强与国税部门配合，重点审核生产企业出口货物免抵增值税是否按照规定征收附征税费的实际差异并开展税款追补工作，完成966户企业的两税比对，其中176户企业应补缴附加税费1233.38万元，补征入库833.87万元。

【规费征收】 通过通报低于预警值未自查整改的缴费单位清单，比对个税系统明细数据、企业缴纳年金信息和养老保险数据库，夯实缴费基数，及时调整行业基数预警值，扩大参保覆盖面，强化重点费源监控，提高社保费的精细化管理水平，全年征收入库基本养老险费60.22亿元(含省直征局3.54亿元)，同比增加6.63亿元，同比增长12.37%(其中灵活就业人员费款征收4.35亿元)。

【纳税服务升级】 5月，在闽清局试点开展“涉税事项业务流程再提速”工作，推行257项业务前台受理与后台审核“二合一”，成立窗口内控组，为纳税人减少后台审核事项7229项，减少审核环节1.6万个,涉税流程平均提速1倍以上,95%涉税事项实现即时办结。10月1日,“12366”热线线路从6条增至12条,同时新增房产税、土地使用税申报2个专家席,全年热线来电总量达15.09万人次,转接人工接听率75.29%。优化国地税联合登记,针对工商注册资本登记制度改革,在市行政服务中心增设3个国地税联合登记窗口,推行“窗口受理、内部流转、限时办结、窗口出件”的一窗式办理模式,提供“预约服务、延时服务、导税服务、回访服务”等个性化服务,全年办理各类事项4.04万件,开展10场领导接待日活动,福州地税先后获“福州市五一先锋岗”“福州市青年文明号”等称号。成立纳税人维权中心,制定《福州市地方税务局纳税人维权中心工作规则》。全年受理纳税服务投诉13件,均办结并整改到位。完善纳税人学校,将实体课堂与网络学校相结合,实现在线课件资料下载和分类专题培训辅导,全年举办10期培训。

11月11日,闽侯县地税局纳税人学校开班

(来源:福州市地方税务局网站)

升级“福州地税”微信公众账号,集政策宣传、办税服务、业务咨询、问题反馈等功能于一体,实现纳税人掌上办税;定期推送期刊、发布最新税收资讯、宣传税收政策,全年关注人数达2776人。在闽清局试点开通流动办税服务车,采取固定停驻与预约服务相结合的服务形式,实现现场办理相关涉税事项服务,接待纳税人201人次,发售发票2.25万份。运用二维码技术探索窗口申报减负,4月在罗源局以契税申报工作为试点,实现窗口申报信息采集系统通过二维码识别技术,快速读取数据免录入,单笔业务操作时间从20分钟缩短至5分钟,成功受理契税申报户5930户,征收税款9107万元。推广自助办税服务,新增27台多功能自助终端机,台江局、马尾局、福清局、闽清局、长乐局分别开设24小时自助办税服务区合计14个,全年市局自助办税服务终端共提供纳税人服务5.79万人次。

【税收宣传】 与省地税局联合举办中学生税收主题班会;联合市司法局、市依法治市领导小组办公室共同举办“福州市大学生税法知识竞赛”。利用官方微信、政务微博平台,推送一些原创作品;通过公交车LED显示屏,滚动播放优化服务、提速增效的举措;与连江著名剪纸艺人孙长利合作,举办税收宣传剪纸展;与闽清县摄影协会联合举办摄影活动,对“便民办税春风行动”进行摄影系列宣传报道;组织自行车兴趣小组沿街骑行发放税收宣传材料活动。

(郭燕敏)

(编辑　吴　燕)

农村经济

新农村建设

【概况】 2014年，围绕“四化同步”和城乡发展一体化战略目标，研究落实稳增长调结构促改革的各项措施，开展“三农”体制改革、农业现代化、精准扶贫、新农村建设等各项工作，推动全市农业农村经济持续向好发展。全市第一产业增加值429亿元，同比增长4.6%；农民人均纯收入14012元，同比增长11.2%，再次超过城镇居民收入增长水平。培育打造福清溪头村、长乐汶上村、闽侯孔元村、闽清后垅村和晋安前洋村等5个精品示范村，其中孔元村获评“中国最美休闲乡村”。

【强农惠农政策】 2014年，全市水稻种植保险投保面积6.59万公顷，参保总金额1187.5万元，市级财政投入补贴资金59.37万元；全市共发放种粮农民农资综合补贴资金9319.56万元，使用农机购置补贴资金349.3万元；筹措新农合资金13.86亿元。

【农村集体“三资”监管】 拟定福州市《农村集体“三资”管理规范化建设活动方案》，明确工作目标、范围、标准和要求；督促指导各地规范农村基层党风网——“三资”公开工作，加强农村“三资”网络监管，对乡镇发出调查整改意见69份、涉及395个村，整改率达100%；督促指导县乡两级规范农村集体会计委托代理操作，开展“三资”清查，完善财务公开，开办3期农村集体“三资”管理知识讲座；开展农村集体资产改革工作调研，推荐仓山区金山街道燎原村、晋安区新店镇溪里村作为省级试点。

【农村经济组织和制度创新】 评定16家市级农民专业合作社示范社；对28家农民专业合作社开展以财务管理为重点的督促指导，对7家农民专业合作社开展非法集资风险防范工作调研；组织开展家庭农场有关信息调查，对69家家庭农场建立信息库；组织推荐2家农民专业合作社申报国家级示范社、11家农民专业合作社分别申报省级农民专业合作社示范社和承担省级规范化建设项目，完成本年度市级农民合作社示范社项目指南编制。

【农村土地承包指导监督】 9月4日，召开全市农村土地承包经营权确权登记颁证推进会，下发《关于印发福州市农村土地承包经营权确权登记颁证工作方案的通知》，并确定罗源县飞竹镇和闽清县雄江镇2个乡（镇）、闽侯县白沙镇新坡村等12个村为省、市试点单位并率先开展工作，市县联合举办10期业务培训，培训人数近1200人；组织并深入16个乡镇、19个村、5家合作社开展农村土地撂荒和土地流转工作调研，拟订福州市耕地撂荒和农村土地流转情况调查报告，代拟《关于进一步推进农村土地流转防止耕地撂荒抛荒的意见》并以市政府办公厅名义下发实施；开展创新农村土地流转模式工作调研，协同闽侯、罗源、闽清、永泰、连江等地农业部门对6家土地股份合作、土地托管进行典型培育。

【扶贫开发】 开展第五轮扶贫济困春风行动，通过自立增收、造福搬迁、整村推进三大帮扶工程实现减贫1.67万人，占农村贫困人口的22.08%。推进山海协作工程，帮扶8个省级扶贫开发重点县，帮扶数量位列全省第一。累计实施4批党员干部驻村任职工作，每批任期3年，为驻点村筹集各类帮扶资金21亿元，村均投入95.6万元；实施各类帮扶项目3.6万余项，村均16项。省市县三级选派四批3001名党员干部到2196个村担任村党组织第一书记或书记，在全省率先实现“全市所有行政村驻村干部全覆盖”。

至2014年年底，省、市、县三级累计投入造福工程资金近20亿元，帮助1.7万户7.2万人迁入基础设施较为完善的中心村、集镇周边和工业园区所在地。

【农产品质量安全监管】 全市县、乡级的农产品质量安全流动监测纳入全省农产品质量安全监测信息平台。全市完成种子标签抽查938个，合格率98%；农药质量执法抽检54批次，农药标签抽查1800个，合格率98%；肥料质量执法抽检20批次，肥料标签抽查620个，合格率97%；兽药质量执法抽检33批次，兽药标签抽查1800个,合格率97.7%;基本完成对全市128家兽药、饲料生产经营企业的农资生产经营主体、农资商品准入备案资料的审核录入。

福州市被列为全国第四批肉菜流通追溯体系建设试点城市。市区肉品追溯系统覆盖27个肉类批发企业、6个配送中心、12个冻库、84个生鲜超市、36个农贸市场、128个肉品专卖店、227个团购单位、34个肉类加工厂。全市产地检疫生猪155.65万头,牛、羊1.18万头,禽类65.34万只,病害死动物无害化处理率100%。共屠宰检疫生猪110.93万头,牛、羊5.44万头,禽78.31万只,病害死动物无害化处理率100%。

推进"三品一标"和农业标准化示范区建设。全年新增无公害农产品产地认定企业72家,无公害农产品产品认证企业32家、57个产品,新增绿色食品产品认证企业12家、20个产品,新增有机食品1家、3个产品。

现代农业发展模式

【概况】 2014年,市委、市政府出台《关于推进都市现代农业发展的意见》,市政府印发《福州市都市现代农业发展规划》,成立市政府主要领导任组长的都市现代农业发展领导小组,市委办公厅、市政府办公厅印发《2014年都市现代农业发展行动计划实施方案》《福州市2014年度绩效管理工作实施方案》,将"都市现代农业发展指数"列入市政府对县(市)政府绩效考核内容,园区建设和设施农业占考核总分的40%。市政府办公厅下发《关于报送加快推进现代农业发展情况的通知》,对现代农业发展情况实行"月统计,季通报"制度。10月22日,福州市第十四届人大常委会第二十三次会议听取并审议市政府关于福州市现代农业发展情况的报告。

【农业园区建设】 全年"一区两园"计划新扩建重点项目27个以上,年度计划投资8亿元,年内建成49个,完成投资9.53亿元,占年度计划的119%,新增产值8.41亿元。其中,国家现代农业示范区计划项目6个以上,年度计划投资1亿元,建成8个,完成投资1.85亿元,占年度计划的185%;台湾农民创业园计划项目1个以上,年度计划投资1亿元,建成5个,完成投资1.35元,占年度计划的135%;福建农民创业园及示范基地计划项目20个以上,年度计划投资6亿元,建成36个,完成投资6.33亿元,占年度计划的105%。

【龙头企业】 加大农村金融创新和服务扶持力度,培育罗源益升食用菌公司等现代农业经营模式试点。市级农业龙头企业增至239家,其中省级以上龙头企业增至55家,市级以上龙头企业总销售收入(含交易额)达640亿元,同比增长10.3%,10亿元产值企业超10家,亿元以上产值企业超百家。全市有2家龙头企业在国内上市,有13家企业被确定为2014年福州市重点上市后备企业。

【现代设施农业】 市政府把发展设施农业作为优化产业结构、促进农民增收的重要举措,全力予以推动,连续多年列入为民办实事项目,对新(扩)建钢制大棚蔬果项目给予奖励性资金补助。2014年设施蔬果建成36个,面积687.33公顷,完成投资3.15亿元,占年度计划的105%;设施食用菌建成4个,新建面积16公顷,完成投资4030万元,占年度计划的100%;设施畜禽建成11个,完成投资6030万元,占年度计划的172%。

至2014年年底,全市累计发展设施农业1.77万公顷,总投资68.5亿元,建成智能控温集约化育苗6个1.2万平方米。

【休闲农业】 围绕打造"依山、泮水、沿江、滨海"四大都市休闲农业产业带,发展生态休闲农业。把农产品营销、节庆活动、农事体验、休闲结合起来,拓展多功能农业,提升农业社会影响力。建成各种休闲农场163家,农家乐273家,总投资规模达190亿元,带动就业近万人,年游客量近800万人次,年营业收入18亿元左右。闽侯县被评为全国休闲农业示范县;全市3个乡镇被评为福建省休闲农业示范乡镇,3家企业成为全国休闲农业示范点,18家企业成为省级休闲农业示范点,15家企业成为市级休闲农业示范点。

农业科研与服务

【农业服务】 2014年,开展春季农业暨粮食生产服务与督导工作,组织市、县、乡三级百名专家服务团、千名农技员,印发万册《春季农业生产服务指南》,深入基层开展万次"三服务"活动。全市各地开展科技下乡、现场咨询指导和举办科技培训等活动近350场(次),共接受技术咨询3.5万人次,发放科技书籍、农业技术资料近10万份;组建机耕服务队2635个,农机维修服务队617个,维修农机具123029台次,投入农机具71275台(套)。

【科技培训】 举办畜牧兽医、农业机械、种植业和农村经管等初、中、高级农业专业技术人员继续教育培训班6期,受训人员达1164人。组织部分中、高级农业专业技术人员参加市公务员局及省农业厅举办的高级研修班。全市集中培训农技人员840人,共招聘大学毕业生18人、专升本17人、定向委培生3人。完成"百万中专生计划"招生166人,开设专业6个。至年底,在校生人数共801人。完成2011级学员的毕业验收工作,全市有8个专业294名农广校学员取得毕业资格,毕业率达86%。完成农民科技教育培训6000多人次。

【五新技术推广】 新品种 建立省级、市级各类优质、专用、高效农作物新品种核心示范片点48个,展示新品种130个次,建立核心示范片686.67公顷、示范片面积3166.67公顷、推广农作物新良种面积17.35公顷。

新技术 开展粮食高产创建活动,建立13个部级万亩示范片,总面积9544.87公顷。建立水稻、马铃薯、花生等粮油作物高产示范片1.088万公顷。全市落实再生稻留桩任务3400公顷,建立千亩级示范片4片268.67公顷,建立百亩级示范片4片143.33公顷,"种、桩、肥、水”关键性技术辐射推广面积2249.67公顷。

新肥料　开展测土配方施肥基础数据的整理，为“12316”信息平台服务三农提供22105个土样点的数据，指导测土配方施肥技术应用7.4万公顷。完成2014年福州市推广商品有机肥试点示范申报工作。各项目县建立1—2个示范点，每个示范点面积逾6.67公顷，主要为从事蔬菜、果树、茶叶等农业生产种植大户、家庭农场、农业企业和农民专业合作社。抓标准农田建设项目，在闽侯、福清等县(市)建设标准农田100公顷。

新农药　重点推广应用10种新农药，推广面积60.5万亩次，建立示范片64个、面积达3.55万亩次，举办培训33期、受训2522人次，发放资料9251份。

新机具　在各县(市)区举办新技术、新机具现场会、演示会、推广会16次，举办培训班6期，培训人员856人，印发各种宣传材料约2000份。开展新机具推介与赠送活动，向全国种粮大户福清市嘉农农机农民专业合作社、长乐市丰茂农机专业合作社分别赠送1台履带式搬运机，总价值2万余元。

【农业科研】　申报国家科技支撑计划项目1个、国家农业科技成果转化项目3个、省星火科技项目等省级农业科技项目14个，组织实施市级农业科技项目35个。新认定省级“育繁推一体化”种业龙头企业3家，引进、试验、示范推广农作物新品种7.33万公顷，农作物优质专用率达84.6%、农作物良种覆盖率达98.1%。

【基层农技推广机构改革与建设】
一是基层农技推广服务体系建设项目。2011—2014年基层农技推广服务体系建设项目7个县(市)，合计总投资2083.5万元，到位资金中央投资1204万元，省级补助430.5万元，县级财政配套237.7万元，用于7个乡镇新建用房，41个乡镇改扩建用房，111个乡镇购置仪器设备。年内使用1013.4万元，完成4个乡镇的新建业务用房共计800平方米，20个乡镇的改扩建业务用房3424.8平方米，共计购置仪器设备约2442台(套)。二是全国基层农技推广补助项目。年内补助项目共选聘专家96人，技术指导员457人，科技示范户4093人，辐射带动农户40970人，建立科技试验示范基地20个，建设农民田间学校45所，建立12316手机农务通1047个，建设农业科技网络书屋786个。

种植业

【概况】　2014年，主要农产品持续增产，其中蔬菜面积11.33万公顷，产量325万吨，同比增长0.5%；果树面积4.8公顷，产量45万吨，同比增长5.0%；茶叶面积1万公顷，产量2.2万吨，同比增长5%；食用菌总产量30.6万吨(鲜品计)，同比增长9.6%；产值16.7亿元，同比增长9.3%。

【粮食生产】　完成粮食播种面积10.83万公顷，其中水稻播种面积6.54万公顷，杂粮播种面积4.29万公顷。粮食总产65.09万吨，平均单产401千克，同比增加5千克。全市15公顷以上水稻种植大户1322户，种植面积1.07万公顷，6.67公顷以上水稻种植大户428户，66.67公顷以上水稻种植大户13户。

【经济作物】　蔬菜　调整优化布局，推进冬种蔬菜和高山反季节蔬菜生产，闽侯种植大白菜、小白菜、甘蓝等叶菜类666.67公顷和反季节空心菜设施栽培200公顷，长乐市种植蚕豌豆666.67公顷和白萝卜、西芹等冬菜4000公顷，福清种植甘蓝、西芹、芋头等出口创汇蔬菜4000公顷，连江种植蚕豆、莴苣、西兰花等2333.33公顷。

水果　建立6666.67公顷闽江两岸橄榄标准化生产产业带。更新换代品种，重点推广加工优良品种惠圆1号和2号，鲜食品种清榄1号和2号，推广橄榄矮化嫁接新技术和品种更新换代333.33公顷；以品种结构为中心，以简化修剪技术为重点，建立6666.67公顷樟溪两岸李梅标准化产业带；建立3333.33公顷南亚热带晚熟龙眼、荔枝标准化生产产业区；建立3333.33公顷中亚热带南方落叶果树早熟优质品种生产区，推广南方早熟优质翠冠梨、台湾梨、台湾水蜜桃、台湾春蜜1号水蜜桃、早熟油桃等。

茶叶　重点打造福州茉莉花茶产业。扩大茉莉花种植约66.67公顷；组织参加青岛、济南、福州、武夷山茶博会，展示福州茉莉花茶——全球重要农业文化的形象；“福州茉莉花茶”地理标志证明商标获福建省首届“十佳地理标志商标”称号；与福建农林大学合作创建“福州茉莉花茶”行业创新中心，开展产业技术研发3项。加速品种与生产结构调整，绿茶品种推广早芽和适制高档绿茶

7月6日，举行福州市与法国勃艮第大区农业文化遗产交流会暨合作备忘录签约仪式。图为来自法国勃艮第大区的女嘉宾学习制作茉莉花串　（福州日报社　供）

的榕春早、元宵绿、九龙大白、春波绿、梅占等,同时新植和改植以观音系列品种为主的乌龙茶品种。组织3家企业实施省级现代茶产业项目,投入500万元,获省级补助170万元,完成茉莉花茶清洁自动化包装生产线、智能化全自动包装机控制处理系统、新型自动化茶叶温控萎调系统、新型碳纤维远红外地暖,红茶连续自动化生产线等现代茶产业项目的建设。

食用菌　全市有食用菌标准化示范区国家级3个、省级8个、国家地理标志1个、省名牌产品3个、省著名商标5个、省名牌农产品8个,涌现出“仙芝楼”“菇品世家”“大春”“旺成”“西岸”“东星”等一系列知名品牌。

【植物病虫害防控】　各县均聘请农民植保员,全市投入使用44盏病虫测报灯,于5月初全部投入使用,实行“五天一汇报”,及时掌握虫害数据。全市发布病虫情报124期、9225份,病虫情况电视预报27期,手机短信49期、13640条。福清、闽侯农作物病虫预警与控制区域站建成并投入使用,永泰、长乐、罗源正在建设中。全市农作物主要病虫发生553万亩次,较2013年下降3.32%。开展农作物病虫害防治539.33万亩次,挽回粮食损失达13640吨,农作物病虫害造成损失有效控制在3%以内。属中等偏轻发生。

(张清炎)

农垦业

【概况】　2014年,福州市农工商(集团)总公司(市属企业)实现营业收入2456万元,国民生产总值13225.26万元,上缴税金234.88万元,企业职工年人均收入2.72万元,茶叶产量375吨,水果产量217吨,生猪4000头,出栏肉猪6000头,禽463吨。

【企业经济】　市农工商种禽公司先后引进父母代蛋种鸡6批次,数量10万套试养,产蛋率最高达98.3%,90%以上产蛋率可持续5个多月,各项生产性能均领先于国内同行业水平。公司因国家重点项目温福铁路建设需要,完成搬迁并重新进入市场,鸡苗质量获认可。

【重点项目交地工作】　市鳝溪农场为三环路绿化景观提升工程F段项目提供土地0.47公顷。福州市红星农场配合市、区政府开展海峡商贸城的征迁工作,完成土地移交逾6.67公顷。

【江洋农场扶贫项目】　市江洋农场完成2012年苗木基地工程建设及2013年饲料加工项目,进入验收阶段;油茶基地项目实施方案通过专家评审。

(张　春)

林　业

【概况】　2014年,全市林业总产值251.07亿元,同比增长5.5%,其中第一产业63.69亿元、第二产业168.05亿元、第三产业19.33亿元。有林地面积62.64万公顷,林业用地面积75.38万公顷(其中生态公益林31.51万公顷,商品林43.87万公顷)。林木总蓄积3549万立方米,森林蓄积量3275万立方米。森林覆盖率55.6%,在全国省会城市位居第二。有国家级森林公园5个(五虎山森林公园晋升为国家森林公园)、省级10个,省级以上森林公园经营面积1.6万公顷。湿地面积约20.3万公顷,其中近岸与海岸湿地15.62万公顷、河流湿地1.5万公顷、湖泊湿地236.75公顷、人工湿地3.14万公顷。沿海防护林面积8.08万公顷,基干林带662.6千米。油茶林1.71万公顷、竹林5.75万公顷、经济林7.04万公顷、花卉面积0.42万公顷。

【集体林权制度改革】　新增林权初始登记发证宗地704宗,新增登记发证面积1.44万公顷,发放林权证1076本;注销登记224宗,面积5638.11公顷;变更登记174宗,面积2968.20公顷;更正登记6宗,面积150.33公顷。试投入使用林权宗地地理信息系统(GIS),市级财政安排100万元重点扶持5个县级林权流转服务平台、9个乡级林权管理服务平台建设。全市投保面积71.17万公顷,其中生态林31.19万公顷、商品林39.98万公顷,投保率达95%。新增林权抵押登记85宗,抵押登记森林面积3202.33公顷,抵押贷款7966万元。全市涉林农民专业合作社达291家。评定5家农民专业合作社为2014年度市级林业类示范社,3家专业合作社获批2014年度省级规范社建设项目。全市有市级示范社11家,省级规范社8家,省级示范社2家。在闽侯县竹岐乡罗洋村、鸿尾乡汉头村开展林权流转试点。在永泰县开展重点生态区位非国有商品林赎买试点,实施国家赎买280公顷。将14项林业审批事项审核压缩为8项,占用征收林地审核审批由25个工作日缩短为10个工作日。全市建设项目占用征收林地审核同意242宗,使用林地1030.75公顷。

【造林绿化】　完成造林绿化面积10174.3公顷,占总任务的146.8%。“四绿”工程完成5394.3公顷,占任务的104.8%。完成森林抚育1.1183万公顷、封山育林7400公顷。林木种苗完成育苗12.13公顷,培育苗木794.5万株,主要造林树种苗批合格率、良种使用率均达90%以上。全民义务植树月期间,共开展义务植树活动200余场,参加人员约10万人。新建义务植树基地8处,面积22.1公顷。开展全省第二批树王评选活动,永泰县同安镇1棵油杉被评为“油杉王”。

【森林资源保护】　全市实施各种森林病虫害监测面积84.82万公顷,监测覆盖率97.25%,测报准确率96.3%,均高于省定指标。防治森林病虫害1.22万公顷,防治率86.3%。清理松枯死木2.14万株,清理完成率100%。组织开展“绿盾2014”林业植物检疫执法检查行动,检查通信、电力、高速公路、广电、园林绿化系统单位和种苗花卉基地103家。

开展野生动物保护执法专项行动、“缉枪治爆行动”、打击破坏野生动物资源违法犯罪“2014天网行动”、打击毁林占用林地乱建坟墓、建房“两违”等违法犯罪等专项行动。全市查处各类森林案件476起，其中，森林刑事案件88起，治安案件25起，林政案件363起，挽回经济损失873万元。全市共受理人民群众来信、来访239件，调结林权纠纷4起，面积56.08公顷。

全市发生森林火灾7起、受害森林面积80.2公顷，分别占省定“双控”指标的10.79%和11.73%，没有发生重大以上森林火灾。

【林业产业】 全市涉林企业达1015家，其中省级龙头企业3家、市级龙头企业9家。“6·18”海峡项目成果交易会实现项目成果对接7项，总投资1493万元，预期经济效益5730万元。在第十届海峡两岸林业博览会暨投资贸易洽谈会上，福清佳家农业综合开发有限公司岭下牌铁皮石斛、福建天恩达红木家居有限公司天恩达牌云腾四海茶桌、福建岁昌生态农业开发有限公司顶鼎牌灵芝口服液、顶鼎牌顶灵芝鸡蛋、灵芝孢子粉胶囊、灵芝切片6种产品获第十届林博会金奖。

出台《福州市人民政府关于扶持花卉苗木产业发展的意见》和《2014年福州市扶持花卉苗木产业发展财政专项资金项目申报指南》，成立福州花卉苗木行业协会，吸纳101家企业入会。组织申报7个“省级现代农业(花卉)生产发展资金项目”，申报资金总额600多万元。福州市选送展品在花博会上获37个奖项，其中花王1个、金奖2个。全市省级林下经济示范县达到4个，新增福清市、永泰县为2014年度省级林下经济示范县，省级财政给予每个示范县200万元扶持发展资金。争取市财政200万元专项资金重点扶持发展林下种植和养殖示范基地建设，全市共建立21个省级、14个市级林下经济示范基地。

推进五虎山国家森林公园申报工作，国家林业局批准设立“福建五虎山国家级森林公园”，福州国家级森林公园数量达5个，面积超过1万公顷。

【林业科技】 在福清市举行送科技下乡活动，现场开展林业实用技术、政策法规咨询200多人次，发放林业技术手册300份、林业科普资料500份，赠送苗木800多株。在“6·18”海峡项目成果交易会上对接项目4项，征集企业技术需求3项。组织、筛选全市27名新型农民参加新型职业农民专科学历教育，涉及林业和园林2个专业。筛选“千年桐在福州市生态公益林恢复中的应用”“福州市滨海沙地不同树种稳定碳氮同位素研究”“五节芒林地免‘炼’造林耕作技术推广”3项科技项目申报林业科技专项项目。

【湿地和生物多样性保护】 开展湿地规划编制工作，完成《福州市湿地保护规划(初稿)》。市人大开展《福州市闽江河口湿地自然保护区管理办法》执法检查，制定《福建闽江河口湿地互花米草综合治理与植被恢复建设项目实施方案》。推动闽侯塔礁洲湿地公园建设、福清兴化湾鸟类自然保护小区申报省级自然保护区。开展第二次野生植物资源摸底调查，完成永泰藤山与闽清黄楮林自然保护区调查试点工作。

【创建国家森林城市】 8月20日，召开全市创建国家森林城市动员部署大会，市长杨益民到会并讲话，强调各级各部门要全面落实国家森林城市创建的各项工作，力争2016年基本达到国家森林城市建设标准，2017年顺利通过国家验收。7月2日印发《福州市创建国家森林城市工作实施方案》，12月18日省级森林城市建设总体规划通过专家评审，12月16日国家林业局批复同意福州市创建国家森林城市。

(吴志琴)

畜牧业

【概况】 全市肉蛋奶总产量达37.3万吨，其中肉类产量21.5万吨，蛋类产量14.4万吨，奶类产量1.4万吨。全市生猪存栏139.9万头，同比下降8.32%；年出栏240.2万头，同比下降8.5%；能繁母猪15.6万头，同比下降19.93%。牛出栏1.4万头，羊出栏12.1万头，家禽出栏1964.2万只。

【产业化经营】 推进畜禽标准化规模养殖。创建1家国家级生猪标准化示范场，7家省级畜禽标准化示范场。各县(市)区对辖区内的养殖户进行全面清点，通过逐乡、逐村、逐户拉网摸底，摸清底数，建立档案；落实可养区内拟保留场名单，全市存栏250头以上生猪规模养殖场有790家，其中存栏250～499头生猪养殖场218家，存栏500～1500头340家，存栏1500头以上232家。福丰农业发展有限公司获省农业厅补助资金100万元，新建标准化猪舍3000平方米，并配套自动饲喂和饮水系统。组织省级设施蛋鸡项目和市级设施畜禽等项目申报工作，福建千里洋种禽有限公司争取省级设施蛋鸡项目补助50万元，总投资301万元，建设3栋2400平方米标准化蛋鸡舍并配备自动化设施。

扶持优质特色畜禽业发展。优质肉鸡和蛋鸡2个项目获省财政补助150万元，推动优质特色的鸽业、肉牛、肉羊、肉鸡和蛋鸡规模化、标准化发展。

开展畜禽养殖污染整治工作，全市拆除禁养区内养猪场2306家，拆除面积206.33万平方米，补偿资金2.66亿元。

【重大动物疫病防控】 开展春秋两季重大动物疫病集中强制免疫，全面落实“月免疫日”制度，对新补栏的畜禽和需加强免疫的畜禽及时实施补免和强化免疫工作。全市累计免疫高致病性禽流感4865.5万羽、牲畜口蹄疫606.56万头、猪瘟557.91万头、高致病性猪蓝耳病554.23万头。

(张清炎)

海洋与渔业

【概况】 2014年，福州市确权发放海域使用权证书60本，面积1365.0111顷，征收海域使用金1.52亿元。全市海洋经济总产值2547亿元，同比增长17%。海洋经济增加值1020.7亿元，同比增长17%，占全市GDP19.7%。其中，渔业经济总产值979亿元，占全市海洋经济总产值38.4%。

全市水产品总产量218.7万吨，同比增长5.3%，占全省的31%；全市渔业总产值412.4亿元,同比增长5.9%,占全市大农业的56%。

【海洋综合管理】 用海管理 江阴工业集中区东部片区建设用海规划、台商投资区罗源湾项目用海获国家海洋局批准;推进牛头湾作业区、琅岐岛东部海域等区域用海规划报批、福州新区和福州自贸区涉海项目建设等重点项目用海审批;闽台(福州)蓝色经济产业园、连江海峡现代渔业经济区等重大项目获国家海洋局支持。

海域资源市场化配置 连江县晓澳镇百胜村安置小区项目和罗源滨海新城游艇码头项目海域使用权成功出让,开创全省填海项目使用权和福州市旅游用海招拍挂工作的先例。连江、长乐海域两个区块面积1658公顷的海域采砂临时用海使用权,以7742.36万元的总价成交,超出标准海域使用金5877.11万元,实现海域资源的增值保值。

无居民海岛管理 编制《福州市无居民海岛保护与利用规划》,为无居民海岛永续利用和生态修复提供依据。依法规范管理无居民海岛开发利用,推进无居民海岛整治修复,扶持洋屿岛旅游综合开发项目。完善海岛立碑管理,开展第二批80个海岛立碑验收工作。组织推选无居民海岛旅游开发推介项目,全省首批20个无居民海岛旅游招商项目,福州市占7个。

服务"海上福州"建设 申报闽台(福州)蓝色经济产业园为福建省第一批海洋产业示范园区。新申报财政部、国家海洋局海洋经济创新发展区域示范项目10个,包括宏东食品有限公司的高纯度海洋纯天然硫酸软骨素联产功能蛋白新技术及产业化项目、胜田食品有限公司的南方海参高值化综合加工关键技术及其系列产品产业化项目等,申请中央投资1.5亿元,项目总投资约5.5亿元。宏东公司建设"远洋渔业总部"项目被列入省海洋经济前期重大项目,计划总投资14.3亿元。指导福清东瀚物流园区、闽台(福州)蓝色经济产业园、福州台商投资区等重大项目优化用海方案,完成与新修编省级海洋功能区划的衔接;专人跟踪对接申远己内酰胺、中石油(福建)LNG码头、恒大滨海旅游综合体、马尾新城等重大涉海项目。

【海洋环境保护】 海洋环保责任制目标考核居全省第二,海水水质达到或优于二类海水水质标准比例达62.1%。

涉海工程监测监管 开展海洋环评46宗,环评率达100%;加强倾废区管理,牵头罗源湾15家企业开展三沙湾临时倾废区选划工作;推进海洋工程环境跟踪监测,组织专家评估审定涉海工程跟踪监测方案10宗。

海洋环境综合整治 在罗源濂澳、连江下屿等地继续开展海漂垃圾清理,推进全市海漂垃圾整治试点工作;在连江、福清两地推广新型环保养殖材料和养殖模式,推进海洋渔业生产环境整治工作;罗源湾岐头—北山沿岸海岸带环境整治项目主体工程顺利验收,北山村生活污水COD、N、P削减达50%以上。

海洋生态修复养护 落实"百姓富、生态美"专项行动。开展渔业增殖放流活动11场,投放大黄鱼、鲢鱼、海蜇、菲律宾蛤仔和长毛对虾等海、淡水苗种2.3亿尾(粒)。对山仔水库放养生态鱼项目进行放流效果跟踪监测评估,结果表明,放养生态鱼对控制山仔水库蓝藻泛滥趋势效果显著,福州市第二水源生态安全得到保障。

【现代渔业经济】 水产养殖业 推进标准化池塘改造、设施养殖和水产苗种基地建设,新建的福清宏峰泰二期工厂化养殖车间、连江县南国风和鑫海水产育苗场、罗源县的长盛水产育苗场等,都是高起点设施渔业。出台《福州市水产良种场认定管理办法》,福清市云鑫水产养殖有限公司等10家企业被认定为首批市级水产良种场。

水产加工业 全市水产品加工总量142.74万吨、产值259.69亿元,分别同比增长10.7%、9.7%,分别占全省的45%、38%。13家企业获评省级海洋产业龙头企业,7家获评"省级(企业)工程技术研究中心"。13个项目在"6·18"海峡项目成果交易会上对接成功,渔业周签约金额突破150亿大关。推动建立华威水产品电商平台,构建"从渔场到餐桌"的农产品直通体系。中国—东盟海产品交易所上线试运营;马尾水产品交易中心年交易量约150万吨,交易额近300亿元。

远洋渔业 全市远洋渔业产量23.63万吨,产值31.24亿元,分别同比增长3.7%和41%,分别占全省89%和92%。全市外派远洋渔船441艘,比2013年新增46艘,同比增长11.6%,占全省的89.5%。新开辟印尼瑟兰岛、金马安、巴淡岛和缅甸维桑海域4个境外养殖基地。推进远洋渔船更新改造,至年底,全市106艘项目渔船全部开工建造,其中累计建成投产78艘,待投产16艘,在建12艘,累计完成项目固定资产投资14.88亿元,占全市项目总投资的87.97%,项目完成情况位居全省首位。

连江县海带精加工生产线 (市海洋与渔业局 供)

休闲渔业　推进闽侯金鱼产业园建设，打造集养殖、展示、观光、旅游、营销等于一体，在国内具有较大影响力的高端金鱼产业园。开展市级休闲渔业示范基地创建活动，首批打造观赏鱼示范基地、休闲渔业垂钓示范基地、滨海渔事体验、渔村文化示范基地4种类型共10家市级休闲渔业示范基地。继续抓省厅“水乡渔村”休闲渔业品牌建设工作，累计认定20家“水乡渔村”基地。

品牌渔业　打造“10+1”（十大渔业品牌+福州金鱼）福州渔业特色品牌，马尾“琅岐红鲟”获批地理标志证明商标，“连江鲍鱼”获评国家地理标志保护产品，福清、连江各新增1个中国驰名商标。

【安全监管】　水产品质量安全　加大无公害产地认定和产品认证，全面开展源头治理，全市共抽查水产苗种38批次，产地水产品345批次，开展捕捞水产品监测30批次，市场水产品质量安全风险监测80批次，海水贝类卫生监测100批次，药残快检设备配备走在全省前列；全市认定无公害水产品产地9家、认定面积235.42公顷，认证产品10个、产量7205.8吨；继续推进水产品质量安全追溯体系建设，开展试点企业的质量安全可追溯工作。福建顺亿水产开发有限公司、福建省鼎才农业开发有限公司获“农业部水产健康养殖示范场”称号。至年底，全市23家单位获农业部健康养殖示范场称号。

渔业生产安全　全市60马力以上渔船开展标准化建设全部完成。年内发生渔业安全生产事故2起，比2013年减少4起，未造成人员死亡和失踪。

海洋生态环境安全　开展常规预报和海洋灾害预警报，编制完成《福州市海洋观测网建设项目实施方案》。筹建市海洋与渔业应急指挥中心，为灾害预警、指挥调度等工作提供保障。开展罗源湾海水质量监测通报12项海洋与渔业环境监测常规性工作，每月通报罗源湾海水水质状况。完善赤潮监视监测体系，开展赤潮灾害应急演练。开展海洋事故环境灾害应急监测。安排病害防控经费70万元，在福清、连江、罗源、闽清等县（市）设立14个刺激隐核虫、对虾白斑病毒病监控点，开展渔业病害监测预警工作，及时编制病害预测月报。

防台防汛　制定下发《关于做好2014年防汛备汛工作的通知》和《防台风应急预案》。全年执行6次防台风任务，组织渔船回港避风31635艘次，撤离人员27167人次，台风期间无安全事故。落实渔业设施防汛备汛责任制，对全市渔船渔排情况及相关防台风责任人进行摸底，并向社会公布。

渔港建设　申报渔港建设项目10个，全部获立项审批，4个项目动工建设，其中完成主体工程1个。黄岐中心渔港通过竣工验收，福清三山泽湖二级渔港获经营许可，为全市首家具有经营许可证的渔港。

【惠民政策】　燃油补贴　落实机动渔船燃油补贴申报审核工作，全市7080艘渔船获得国家燃油补贴资金36999.93万元。

渔业保险　渔工投保23275人，投保渔船1605艘，投保率100%，共计签单保费约3536万元；处理理赔案件120起，赔款974万元。

海洋与渔业培训　落实渔民综合知识与技能培训工作，全市共举办各类培训班136期16189人，超额完成计划任务223.76%。

渔船更新改造　完成国家海洋渔船更新改造项目渔船23艘，拨付金额7018.62万元，占补助资金的24.8%。

【科技兴渔】　自主创新和成果转化　利用“6·18”海峡项目成果交易会平台，引导海洋与渔业企业与有关高校、科研部门对接，13个海洋与渔业科研项目对接成功。全市6个项目申报2014年福建省海洋经济创新区域示范项目，总投资达2.54亿元。

海域动态监管　市海域动态监管中心成为省内首家获得海洋测绘资质的市级监管中心。按季度开展对罗源湾重点在建用海项目、区域用海规划项目的动态监视监测，编制监视监测报告。

海洋经济统计　成立福州市海洋经济运行监测与评估中心，制定《福州市推进海洋经济运行监测与评估系统建设的实施方案》，经市政府研究同意组织实施，初步建立福州市海洋经济统计及监测体系。

【依法行政】　行政审批　开展行政权力清理，梳理市海洋与渔业局行政权力260项。将入驻市行政服务中心行政审批服务项目整合至10项，下放2项，将5个审批环节缩减至2个，办结时限普遍压缩至法定时限的30%；完善办事指南，规范办事规程，剔除兜底性条款。年内入驻市行政服务中心海渔局窗口共受理行政审批事项1179件，全部在规定时限内办结，办结率100%，群众满意率100%。

海洋监察　深化“海盾”“碧海”等专项执法行动，共查办非法采砂案件70起，收缴罚没款694万元；查办违法围填海案件12起，收缴罚没款1.12亿元。

渔政执法　开展港口执法检查行动842次，检查港口1274个次；开展水上执法检查行动166次，查获违规作业渔船137艘；立案查处各类渔业违法案件166起，收缴罚没款130.1万元；完成伏休工作。推进渔船检验执法监督“三大行动”，普查渔船7952艘，排查渔船安全风险隐患1161艘。

【渔业周·渔博会】　委托福建荟源国际展览公司作为承办执行单位。2014海峡（福州）渔业周·中国（福州）国际渔业博览会设置福建建设“21世纪海上丝绸之路”渔业成果形象展区、台湾展区、远洋渔业展区·水产养殖展区、水产加工展区、福州金鱼及观赏鱼展区·休闲渔业展区、罗源湾海洋世界展区等8个专业展区。展示面积4.6万平方米，布设标准展位2300个（其中商业展位1658个，同比增长51%），共有24个国家和地区312家企业和协会参展，其中境外展位达410个。展品达1600多种，展会期间人流量达30万人次，到会专业采购商和交易商4500多人，现场展销、交易、签约金额达189.3亿元。

【渔业合作】　推进福州打造“海上丝绸一带一路”重要枢纽城市。拓展与东盟、非洲、南美洲等沿海国家的渔业交流合作，推进榕台水产养殖交流合作、经贸往来以及4对渔业乡镇对接工作。加强

举行2014年海峡两岸渔业资源增殖放流活动（市海洋与渔业局 供）

与山东、大连、舟山等海洋渔业重要省市的交流合作，推进互利共赢。

（林 莹）

水 利

【概况】 2014年，福州完成水利建设总投资28.302亿元，占计划的114.56%，同比增长13.32%。各县（市）区完成投资分别是：福清市3.645亿元、连江县3.184亿元、罗源县2.83亿元、长乐市2.55亿元、马尾区2.22亿元、闽清县1.383亿元、闽侯县1.215亿元、永泰县0.914亿元、晋安区0.081亿元。福州市闽江下游防洪工程建设公司、城区水库管理处、闽江下游管理处完成投资及其他市级工程项目完成投资10.28亿元。

推进闽清水利工程管理体制改革试点县工作，出台《闽清县小型农田水利工程设施管护办法》，组建农民用水户协会20个，完成小型水利产权制度改革78处。全市建设完成乡镇水利工作站136处，覆盖乡镇147个，落实编制395个，新建经民政部门登记发证的农民用水户协会44个。

【水行政工作】 水资源管理保护 开展《2013年福州市水资源公报》《福州市水资源保护规划》编制工作，完成“福州市水资源管理系统”建设。组织编制《2015—2017年闽江下游（福州段）河道采砂规划》《闽江下游（福州段）2014年度河道采砂计划实施方案》，年内闽江下游开采河砂年度指标196万立方米。依法查扣违法采运砂船舶153艘次、违法运砂车辆45部次，拆解违法采砂船舶29艘，清理非法堆砂场16场次，上缴财政罚款1265万元。

招投标工作 12月8日起，福州市水利工程电子招标投标交易平台正式启用，功能主要包括招标公告网上审批、标书网上售卖、投标文件网上制作、网上投标、网上开标、电子评标等，实现招标投标全流程电子化。全年公开招标水利工程项目161个，总交易额7.442亿元。

行政审批 进行审批制度改革，将入驻福州市行政服务中心行政审批事项整合为行政许可项目3项（18小项）、公共服务类项目3项，审查审批流程经压缩减至受理、审核、办结3个环节；时限压缩至法定审批时限的30%以内。福州市本级办结审查审批项目104项，收取水土保持补偿费726.34万元，水资源费232.20万元。

【水利工程建设】 重大水利工程 21项在建重大水利工程完成投资19.19亿元，占年度任务的133.8%，其中列入2014年省、市重点水利工程的福州市闽江北港南岸防洪工程（壁头—乌龙江大桥段）完成投资2.44亿元，占计划的203.2%；闽清葫芦门水库及供水工程完成投资6600万元，占计划的137.5%；福建省平潭及闽江口水资源配置（一闸三线）工程完成投资1.07亿元；永泰长庆溪整治工程等6项工程已完工。7项新开工工程福州市中心城区防山洪与内河生态补水工程、闽江防洪工程福州段（二期闽清段）、闽江防洪工程福州段（三期永泰段）、罗源湾开发区松山片区大小获片防洪排涝工程、福州市闽江下游马尾亭江防洪防潮工程（一期）、福州市闽江北港驳岸整治一期工程、永泰县富泉溪综合整治工程共完成投资1.096亿元；推进3项重点突破前期工程（天台水库、闽江防洪工程福州段（四期闽侯段）、闽江南港南岸防洪五期工程建设。

冬春水利建设 2013—2014年，冬春水利建设投入劳动力2387万工日，占计划104.2%；完成土石方2466万立方米，占计划的104.46%；完成水毁修复工程275处，占计划的106.1%。其中新增灌溉面积193.33公顷，改善灌溉面积5406.67公顷，新增除涝面积1340公顷，新增节水灌溉面积1780公顷，新建塘坝4座、新增蓄水能力9.12万立方米。推进2014—2015年冬春水利建设，年内投入劳动力1959万工日，占计划的73.6%；完成土石方2120万立方米，占计划73.4%；完成水毁修复工程263处，占计划的74.9%。其中新增灌溉面积133.33公顷，改善灌溉面积3533.33公顷，新增除涝面积66.67公顷，新增节水灌溉面积1200公顷，新建小型水库1座，新增蓄水能力32.1万立方米。

农村饮水安全工程 解决41.0182万农村居民及0.36万学校师生饮水不安全问题，项目涉及闽侯、福清、罗源、连江、闽清等5个县（市）35个乡镇（农场），项目总投资20122.3万元，其中中央预算内投资12084.9万元，省级配套资金3210.8万元，市县级投资及群众自筹4826.6万元。完成投资20192.1万元，占计划的100.3%。

农田水利建设 完成闽侯县第三批中央财政小型农田水利重点县三年（2011—2013年）建设任务，年内完成投资2736.97万元，占计划100%；完成闽清县第四批小农水重点县第二年度建设任务，完成投资2134.60万元，占计划

100%；长乐市第五批全国农田水利重点县建设任务完成投资2079万元，占计划72.32%。完成福清市佳家农业节水灌溉和长乐市茂丰农业节水灌溉2个水利科技推广示范基地建设任务，完成投资55万元。完成长乐市雪美农业开发有限公司和闽侯福州品众农业发展有限公司设施农业节水灌溉示范项目。年内省水利厅下达福州市节水灌溉任务面积3666.67公顷，完成3766.67公顷（其中水利部门2133.33公顷），占计划102.7%。完成福清市东张琳鹏山地水利示范工程和晋安区日溪汶石下湖大湾山地水利示范工程建设。

中小河流治理　全市中小河流治理项目主要集中在福清市中小河流重点县的7个项目区，完成投资4225万元。17个宜居环境建设小流域治理项目，完成投资1.99亿元，占年度计划101.53%。完成福建省水利厅下达福州市的8条河道清水工程任务［仓山区吴山河整治工程、晋安区日溪乡点洋溪小流域综合治理工程、马尾区魁岐平原河道整治工程（二期）、连江县敖江支流梅洋溪小流域整治工程、福清市虎溪阳下奎岭项目区河道整治工程、永泰县长庆溪流域治理工程、闽侯县小箬乡尚格溪河道综合整治工程、闽清县梅溪流域治理工程］，计划总投资9668.3万元，完成投资10492.5万元，占计划108.5%。

水利设施加固改造工程　完成小型水库除险加固28座，其中6座一般小（2）型水库是为民办实事工程，完成投资4429.88万元，占计划97.36%。实施新一轮海堤强化加固工程，二期加固海堤2条总长7.68公里，完成投资2502万元，占计划86.19%；三期加固海堤2条6.92公里，完成投资2342万元，占计划102%。继续推进11座大中型水闸除险加固项目，其中大型2座：松山水闸、柯屿西闸；中型9座：松山纳潮闸、过桥山垦区西闸、柯屿垦区东闸、江镜华侨农场五孔闸、洋屿港水闸、营前水闸、矮桥仔水闸、东岱新十二孔水闸、岱云水闸。实施农村水电站实施增效扩容改造项目10座，完成投资2687万元，占计划25.40%。完成34项各类新建、扩建、加固等水利工程的质量监督工作。

水土流失治理　完成水土保持综合治理9240公顷，占计划136%，其中水利部门完成投资4048万元，完成水土流失治理任务5786.67公顷（含3000公顷为民办实事项目），占计划100%。依法对福建福州港松下港区牛头湾作业区12号、13号泊位工程、闽江水口水电站枢纽坝下水位治理工程跨江大桥、普通国省干线横五线连江安凯至蚜坞段公路工程等112个生产建设项目开展水土保持监督检查，依法征收水土保持补偿费2034.5万元（市本级731.5万元），审批开发建设项目水土保持方案201个（市本级37个）。

表20　列入2014年为民办实事项目6座一般小（2）型水库除险加固工程

项　目	完成投资（万元）	占比（%）
福清马头底水库	110	122
福清丹坑底水库	120	133
连江北斗垅水库	90	100
罗源黄土水库	132.9	147.67
闽清大垅水库	130	108.17
永泰洋头水库	130	108.33

（陈　嘉）

防汛抗旱

【概况】　2014年，福州市洪涝灾害等级总体偏重。1—9月，全市累计平均雨量为1344毫米，与同期多年平均相比基本持平，全年降雨较为集中。4—6月降雨略多于历史同期，其中6月的强降雨过程给福州市带来较为严重的灾害损失，多地不同程度受灾。闽江出现最大流量为1.7万立方米/秒；8月份强降水过程共有4次，累计雨量与常年同期相比平均偏多约80%，水口水库最大出库流量达1.19万立方米/秒，是1995年以来同期最大流量洪水过程。登陆或影响福州市的台风有4个："海贝思""麦德姆""海鸥""凤凰"，其中"麦德姆"在福清市高山镇沿海登陆，对福州市造成较为严重的风、雨、浪、潮灾害的影响。福州市洪涝灾害造成的直接经济损失达5.8256亿元，约占2013年GDP的0.13%。其中：暴雨洪水损失达2.1049亿元，占全年总损失36%；台风造成损失达3.7207亿元，占全年总损失64%。年内启动防暴雨四级响应3次、防台风四级响应3次、防台风三级响应2次、防台风二级响应1次和防台风一级响应1次。

【雨季灾害】　6月19日14—17时，受西南气流和低层切变影响，闽侯南部、长乐中南部和永泰东部局部乡镇发生局部短历时强降雨。19—23日，全市有长乐市、闽侯县、闽清县、永泰县4个县（市）区受灾。受灾人口5.5万人，紧急转移0.54万人，死亡3人，洪涝灾害造成直接经济损失2.089亿元，其中农业直接经济损失0.5254亿元、工业交通业直接经济损失0.2181亿元、水利工程水毁直接经济损失0.5239亿元。8月福州市强降水过程共4次，分别出现在2—3日、8—9日、11—13日和17—20日，其中11—13日强降雨过程最强。20日1时50分水口水库最大出库流量达1.19万立方米/秒，是1995年以来同期最大流量洪水过程。

【台风灾害】　有4个台风影响福州市，分别为第7号"海贝思"（热带风暴级）、10号"麦德姆"（强台风）、15号"海鸥"（台风级）和16号"凤凰"（强热带风暴级），其中"海贝思"为早台风，受其影响，6月16日部分县（市）出现大雨到暴雨；"麦德姆"在福清市高山镇沿海登陆，对福州市造成较为严重的风、雨、浪、潮灾害影响，产生较严重的损失；"海鸥"

(影响时间9月14—16日)和“凤凰”(影响时间9月19—22日)对福州市的主要影响是沿海大风,降水不明显。

第10号台风“麦德姆”于7月18日2时在西太平洋洋面生成,23日15时30分在福清市高山镇登陆,登陆时近中心最大风力11级。台风严重影响期间,福州市沿海最大风力达11~12级,阵风14~15级。23日8时至24日8时,过程雨量达400毫米以上的站点有27个,晋安河水位从23日14时至24日14时处在超警戒状态,致使福州城区出现19处内涝点。全市江河控制站有5个超警戒。全市共12个县(市)区、152个乡镇受灾,受灾人口达17.56万人,全市直接经济损失4.4571亿元,其中,农林牧渔业直接经济损失2.209亿元(含经济作物损失1.0365亿元),工业交通运输业直接经济损失0.6765亿元,水利设施直接经济损失0.5351亿元。

【救灾工作】 全市12个县(市)区、153个乡镇街道受灾,受灾人口23万人,死亡3人,全市直接经济损失达5.8256亿元,其中农林牧渔业直接经济损失2.7425亿元,工业交通运输业直接经济损失0.89亿元,水利设施直接经济损失1.06亿元。全市共转移海上渔船、渔排养殖人员和陆上低洼地带、危房危屋、地质灾害隐患点等受威胁地区的群众8.8219万人,组织回港或就近避风船只1.0455万艘次,解救被洪水围困群众2300余人。

(陈　嘉)

(编辑　吴　燕)

工　业

综　述

2014年，福州工业总产值首次突破8000亿元，同比增长12.3%。其中，规模以上工业完成总产值7500亿元，同比增长12.4%，完成增加值1838亿元，同比增长12.1%，高于全省平均增速，连续5年位居东部沿海省会中心城市前列。工业经济综合效益指数达287%，比2013年提高12.2个百分点。培育形成纺织化纤、轻工食品、机械制造、冶金建材等4个千亿产业和10家百亿企业(集团)。

产业结构优化　新培育华映显示科技、清禄集团2家百亿工业企业；44家省级制造业龙头企业实现产值1742亿元，拉动全市工业经济增长2.5个百分点；301家重点监测企业年新增产值均在5亿以上。全市工业固定资产完成投资1169亿元，总量居全省第一，增长12.7%，高于全省平均增速1.7个百分点。其中，技术改造完成投资755亿元，占工业投资比重的64.6%。福清核电、申远新材料聚酰胺、祥锦实业聚酰胺等13个项目投资超10亿元；核电1号机组、天辰耀隆己内酰胺、天和纺织等63个项目实现投产，达产后年新增产值超600亿元。

产业项目招商　在央企对接上，签约和在谈的央企项目共62项。2010—2014年，完成投资946亿元，其中2014年完成投资281亿元，均居全省第一。在民企对接上，对接民企产业项目157项，总投资1368亿元，位居全省第一。在省企对接上，在榕投资省企项目共有84项，动工18项，总投资539亿元。

企业创新能力　新增8家省级、13家市级企业技术中心；鼓励企业开发新产品，有8项新产品通过省经信委新产品、新技术鉴定；鼓励科技成果转化，依托“6·18”项目对接平台、产学研对接会、“清华行”等活动，实现项目成果对接60项，推进实施119项重点产学研项目；推动工业设计产业发展，首批7家企业工业设计中心通过市级认定，2家企业通过省级认定；加强企业品牌建设，星网锐捷等5家企业列入2014年省级工业企业品牌培育试点。

信息产业发展　创建“中国软件名城”，打造“海峡软件新城”，加速软件园五期建设，争取百度91、中科(福州)数据产业园等一批重点项目落户，培育福大自动化、星网锐捷等4家企业进入全国软件业务收入百强企业，推动闽保信息、索天科技等7家软件企业新三板上市。“国家数字家庭应用示范产业基地”获批，推进“国家安全可靠工业控制系统产业基地”“国家信息消费试点城市”创建工作。全市有92个项目列入省级两化融合重点项目，总投资281亿元。

园区转型　全市23个重点工业园区已开发面积208.8平方公里，福州经济技术开发区等5个园区产值超500亿元，121项园区招大引强项目加快推进，

10月10日，福州市民营企业投资项目推介会在香格里拉大酒店举行

（来源：福州市经信委网站）

其中落地动建42项。包括福清融侨经济开发区的华佳彩面板、嘉捷电子，福州临空经济区的MS760飞机制造，长乐滨海工业区的恒申迈耶高速经编机研发生产，连江经济开发区的万润新能源汽车，江阴工业区的银河国际汽车园等一批项目。推动中心城区工业企业搬迁改造工作，完成98家搬迁改造任务。

节能降耗　2014年全市单位GDP能耗下降3.67%。开展“国家级生态城市”创建活动，抓好连江县、罗源县石板材加工企业综合整治监督工作。淘汰落后产能项目8个，其中：造纸7个，产能8.5万吨；制革1个，产能8万标张。各县（市）区全面落实目标责任制和评价考核制度，完成80家工业企业节能低碳行动的任务与考评。开展高效节能产品推广工作，5家中标企业全年推广高效节能灯200多万只。加强节能宣传，推动全社会绿色消费，促进低碳经济发展。配合省经贸委完成56家重点用能企业能源审计。开展工业锅炉改造、电机系统节能等50项技改项目，实现年节约8万吨标准煤。GDP能耗下降到0.508吨标准煤/万元。推进江阴工业区耀隆化工、东南电化、中软集团、巴陵石化等企业实现原料互供、管道运输。举办“2013年全国节能周活动暨第二届海峡西岸（福州）节能产品博览会”。

拓展区域经济协作　利用“5·18”海峡两岸经贸交易会等合作平台促进区域间经贸发展。开展“21世纪海上丝绸之路市长（高峰）论坛”的筹备工作。加强国内友好城市、闽浙赣皖福州经济协作区城市的交流与合作。组织56家企业参加泛珠网络展销平台，推出网上招商项目73项，总投资853亿元。强化福州市与泛珠其他8个省会城市协作，签署共同宣言。加强对口支援协作，实施援藏项目13个、援疆项目7个。

提升保障能力　先后研究出台推动工业稳增长促转型11条等一系列政策措施。加大惠企政策宣传力度，组织开展“送政策下基层”活动，组成政策宣讲组到各县（市）区开展政策巡回宣讲解读，编纂《工业惠企政策汇编》，免费发放企业。落实稳增长奖励等系列惠企政策2.4亿元。扶持和规范担保业发展，全市132家融资性担保公司为4000多家小微企业提供60多亿元融资担保。推进小额贷款公司发展，全市15家小额贷款公司累计对外投放贷款32亿元。组织实施“企业阳光减负专项行动”，为企业减负2.9亿元。深化审批制度改革，行政职权由28项减少到21项。

9月17日，市经信委举办马尾专场政策宣讲会（来源：福州经信委网站）

存在问题和改进措施　福清、长乐、连江、罗源两翼4县市完成工业增加值931.6亿元，占全市比重50.7%，较2013年提高1.4个百分点，但从发展速度看，除连江（全年规上工业增加值增速15.5%）外，长乐（12.1%）、福清（12%）、罗源（3.1%）均持平或明显低于全市平均增速，工业经济主体部分步入瓶颈亟待转型；全市主要产业发展快慢不均，发展速度差距24.2个百分点，石油化工依托龙头引领累计增速达30.8%，四大千亿传统产业纺织化纤（17.4%）、轻工食品（10.5%）、机械制造（7.6%）、冶金建材（15.4%）等总量虽进一步做大做强，但发展速度明显放缓。特别是食品、钢铁等主要行业由于受到市场需求，资金紧张、成本增加及产能过剩等因素制约，发展陷入困境，必须优化调整产业结构，培育新的经济增长点；从全市主要产品产量情况看，汽车产量同比下降33.2%，水泥产量同比下降11.5%，显示器同比下降7.6%，塑料制品和钢材分别同比下降4%和1.6%，全市主要产品附加值总体偏低，市场销路不畅，高新技术产业尚在起步发展阶段，在外需市场低迷不振，消费潜能激发迟缓的背景下，企业追求产品差异化，提升核心竞争力应是适应新常态的必然选择。

（黄正洪）

机械冶金

【概况】　2014年，福州市机械冶金建材行业规模以上企业完成产值2400.79亿元，其中，机械行业完成产值1214.92亿元，同比增长7.6%，占全省比重达21.77%；冶金行业完成产值773.15亿元，同比增长16.4%，占全省比重达22.38%；建材行业完成产值412.72亿元，同比增长13.3%，占全省比重达15.15%。

【机械行业】　金属制品业　完成产值112.01亿元，同比增长16.3%。其中昇兴集团股份有限公司完成产值12.74亿元，同比增长8.1%；福州德通金属容器有限公司完成产值15.49亿元，同比增长39.7%。

通用设备制造业　完成产值123.15亿元，同比增长9.2%。其中日立数字映像（中国）有限公司完成产值14.92亿元，同比下降1.5%；福建科杰起重机械有限公司完成产值3.27亿元，同比增长20.3%。

专用设备制造业　完成产值111.71亿元，同比增长13%。其中福建乾达重型机械有限公司完成产值8.7亿元，同比增长10.8%；福建省轻工机械设备有限公司完成产值18.79亿元，同比增长9.9%。

汽车制造业　完成产值270.84亿元，同比下降4.1%。龙头企业东南汽车产品销售遭遇合资品牌强力冲击，量价齐跌，完成产值51.6亿元，同比下降

35.1%；奔驰汽车完成产值 58.2 亿元，同比增长 7%。

船舶行业　福州市被认定为国家首批船舶出口基地，订单充足。全年完成产值 132.64 亿元，同比增长 18.8%。其中福建省马尾造船股份有限公司完成产值 35.2 亿元，同比增长 34.5%，并被列入国家第一批船舶行业规范条件企业（50 家）公告名单。福建省东南造船厂完成产值 34.51 亿元，同比增长 14.9%。

电气机械及器材制造业　完成产值 390.53 亿元，同比增长 6.8%。其中福建永强力加动力设备有限公司被认定为省级企业技术中心，完成产值 34.51 亿元，同比下降 7.2%；福建明辉电力系统有限公司完成产值 66.06 亿元，同比增长 27.7%；福州大通机电有限公司完成产值 16.73 亿元，同比下降 16.4%。

仪器仪表制造业　完成产值 51.02 亿元，同比增长 20.8%。其中福建智恒电子新技术有限公司完成产值 4.5 亿元，同比增长 19%。

金属制品、机械和设备修理业　完成产值 23.01 亿元，同比增长 25.9%。其中新增企业福建欣弘机电设备有限公司完成产值 0.32 亿元。

【冶金行业】　黑色金属冶炼及压延加工业　钢铁行业有规模以上企业 37 家，炼钢产能约 1200 万吨，完成产值 606.23 亿元，同比增长 14.6%。钢材价格综合指数达历史最低，钢企资金紧张，经营困难。重点钢企宝钢德盛完成产值 80.67 亿元，同比下降 15.4%；亿鑫钢铁完成产值 53.52 亿元，同比下降 10.4%；三钢小蕉完成产值 63.45 亿元，同比下降 3%。鑫海冶金完成产值 92.1 亿元，同比增长 19.9%；省企三钢集团重组三金钢铁，完成产值 46.56 亿元，同比增长 28.8%。福建亿鑫钢铁有限公司、福建鑫海冶金有限公司、福建罗源闽光钢铁有限责任公司（原三金钢铁）、福建吴航不锈钢制品有限公司、福州吴航钢铁制品有限公司 5 家钢铁冶炼企业入选国家第三批符合《钢铁行业规范条件》企业名单。

有色金属冶炼及压延加工业　完成产值 166.92 亿元，同比增长 24.1%。其中中铝瑞闽铝板带有限公司完成产值 38.65 亿元，同比增长 15.9%；福建奋安不锈钢有限公司完成产值 3.9 亿元，同比增长 53.9%。

【非金属矿物制品业】　完成产值 412.72 亿元，同比增长 13.3%。其中水泥行业因市场需求下滑，多数企业出现减产情况。现有的 8 家水泥企业（粉磨企业，不含水泥制品行业）完成产值 30 亿元，同比减少 6 亿元，出现罕见的负增长，水泥行业占全市建材行业总产值的比重由 2013 年的 10% 下降至 8%。其中福建福清万年青水泥有限公司完成产值 3.35 亿元，同比下降 4%；福州台泥水泥有限公司完成产值 3.4 亿元，同比下降 46.6%；福州金牛水泥有限公司完成产值 9.05 亿元，同比增长 9.8%。福建省大地管桩有限公司被评定为省级企业技术中心，完成产值 5.33 亿元，同比增长 10.5%。福耀玻璃工业集团股份有限公司完成产值 25.42 亿元，同比增长 1.3%。福建省闽清三得利陶瓷有限公司完成产值 2.81 亿元，同比增长 7.3%。

【新能源汽车推广】　根据福建省推出关于加快新能源汽车推广应用 8 条措施，福州市于 12 月开通 126 路、117 路两条纯电动公交试运行线路，每条路线各投入 30 辆电动公交车。纯电动公交车较普通公交车主要采取充电模式运行，一般采取 3 种充电模式：最快充电、一般充电、最慢充电，充电时间分别为 1 个小时、1.5 个小时及 3 个小时。另外车辆增加司机位“安全门”设置，减少乘客对司机的干扰。

【军民融合产业】　2014 年省国防科工办与省经动办面向全省择优遴选一批军队后勤保障优势技术（产品），报总后勤部物资采购管理局审核同意注册加入军队物资供应商库。福州市 29 家企业入选，其中包括福建省马尾造船股份有限公司、金强（福建）建材科技股份有限公司、福建世纪电缆有限公司、福州通尔达电线电缆有限公司、福建明辉机电有限公司等。

（陈少华）

电力工业

【概况】　2014 年，福州电网拥有 220 千伏变电站 32 座，主变 65 台，变电容量 1212 万千伏安，220 千伏输电线路 2041.7 千米，其中电缆线路 30.73 千米。110 千伏变电站 119 座，主变 226 台，变电容量 1009 万千伏安，110 千伏输电线路 2462.99 千米，其中电缆线路 212.46 千米。35 千伏变电站 34 座，主变 62 台，变电容量 49.4 万千伏安，35 千伏输电线路 822.96 千米，其中电缆线路 29.62 千米。年内供区面积 1.19 万平方公里，供电人口 687 万人，供电户数 280 万户。

【电力供应】　福州地区电网依靠省网供电，有 500 千伏、220 千伏两个电压等级主干电网，其中 500 千伏电网拥有可门火电厂（240 万千瓦）、江阴火电厂（120 万千瓦）、水口水电站（80 万千瓦）3 座主力电源，以及洋中（100 万千伏安）、福州北（150 万千伏安）、东台（200 万千伏安）、笠里（100 万千伏安）4 座 500 千伏变电站，500 千伏网架形成三向延伸、南北贯通、布点均匀的链式结构；220 千伏电网以 500 千伏变电站作为主电源点，并有东部福州华能电厂（272 万千瓦）、西部水口水电站（60 万千瓦）作为补充，220 千伏电网双回多环、南北拓展、分区供电、相互支援、网架坚强。

福州地区联网的中小型电厂规模为：总装机容量 1169.7 兆瓦，其中火电容量 43.5 兆瓦、水电容量 598.2 兆瓦、风电容量 528 兆瓦，所占比例分别为 3.72%、51.14%、45.14%。全社会用电量 361.32 亿千瓦时，同比增长 7.1%。第一产业用电 5.46 亿千瓦时，同比增长 7.53%；第二产业用电 217.18 亿千瓦时，同比增长 5.55%；第三产业用电 62.09 亿千瓦时，同比增长 9.79%；城乡居民生活用电 76.59 亿千瓦时，同比增长 9.12%。地区最高用电负荷 594.09 万千瓦时，负荷同比下降 1.16%。

工业用电同比增长 5.52%，其中，轻、重工业用电分别同比增长 9.46%、2.79%。支柱行业纺织业、非金属矿物制品业、黑色金属冶炼及压延加工业、有色金属冶炼及压延加工业用电量同比增长12.26%、-2.08%、-10.98%和-4.67%。

【电网建设】 1000千伏浙北—福州特高压工程顺利投产送电。推进福清核电送出、合福铁路等35个电网建设项目建设,华屏变于12月顺利实现进场施工。完成福州地区固定资产投资20亿元,较2013年增长11%,其中输变电工程投资7.53亿元,配网投资9.34亿元,技改工程投资3.13亿元。投产西皋变、碧里扩建、南通扩建、南屿变、东区变5座变电站,新增变电容量103万千伏安,线路127.89公里。加强县域、中心城镇和产业园区配电网建设,新建、改造10千伏馈线804.16公里,配变1011台,容量36.25万千伏安,消除超重载、单放射、多联络等问题馈线37条,城市、农村电网供电可靠率达99.98%、99.97%。完成110千伏鼓福线以及10千伏斗池路等6条道路缆化电气下地工作,完成电气投资5958万元;完成110千伏南王Ⅰ、Ⅱ路以及10千伏对湖路等6条道路缆化土建施工,完成土建投资3090万元。

【新农村电气化建设】 完成农村电网投资5.01亿元,建成电气化乡镇11个、电气化村86个,新建及改造35千伏及以上变电站10座,容量27.9万千伏安,线路65.2公里;新建、改造10千伏线路319.8公里,配变219台,低压线路281.3公里。工程惠及7县(市)82个乡镇,237个行政村,762个自然村,受益农民达225万人。

【技术创新】 建设81.64平方公里智能配网示范区,完成网架优化、站房设备改造、自动化通信改造等101个重点项目,投运自动化终端1287台,FA环60组,中心城区用户平均停电时间降至10.87分钟,供电可靠率提高至99.98%。推进电动公交车应用,建成齐安公交充电站。配电抢修实现专业化管理,组建"抢修微信群",平均抢修复电时长降低23.8%。

【安全生产】 开展"学安规、懂安规、执行安规"活动,分层级分专业开展安规培训8352人次。各级领导参与安全日活动,解决安全生产重大问题53项;查纠违章197起,约谈37人次,现场违章率同比下降4.35%。梳理重要电力用户128户,开展安全用电检查,督促整改用户数61户、整改隐患数107条。开展高层建筑专项排查,发现隐患433户,逐一发放整改通知书。贯彻落实新《中华人民共和国安全生产法》。成功抵御"麦德姆"台风侵袭。落实保电责任,提前对接2015年青运会执委会,完成91项电网迎峰度夏工程;完成习近平总书记福州考察等251项重要保电任务。年内福州供电公司未发生电网、设备、交通、火灾和恶性误操作事故,连续安全生产2739天。

【客户服务】 深化用电满意提升工程,主动走访重要客户347个,平稳推行取消电费通知单、开通电费短信等措施。建设业扩联合服务中心,推行10千伏业扩项目联合审批机制,实现1000千伏安及以下容量免审批,流程提速30%。低压装表实现"当日受理、次日接电"2.4万户。完成公正新村二期、世欧王庄D区等保障房项目13个、一户一表改造工程34项,居民电表校验、检定平均时间缩至5个工作日内。完成业扩报装接电445.98万千伏安,建成投产33个省市重点建设项目,拉动工业用电增长5.52个百分点。加大工业客户用电保障,结合政府征信体系,指导20家龙头企业开展峰谷分时用电工作,让企业"得实惠、强筋骨";为72家农民创业园提供电价优惠,减轻企业现金流量压力。全面落实"三个十条"要求,规范窗口服务行为,明确1700个网点、供电所、营业厅服务标准。坚持"一停多用",高低压停电计划"一支笔"统筹安排,整改190伏及以下低电压8800户,加装分段开关,改造防雷设备,完成带电作业2658次,减少停电9.54万时户,服务投诉同比下降81.84%。倡导绿色环保,完成分布式光伏发电并网39户,发放光伏补贴共计2.4万元。

(姜 炜)

医药化工

【概况】 2014年,福州市医药化工行业规模以上工业完成产值348.5亿元,同比增长18.91%。其中,医药制造业完成产值80.8亿元,同比增长8.44%;化学原料及化学制品制造业完成228.8亿元,同比增长29.01%;石油加工、炼焦和核燃料加工业完成38.9亿元,同比增长-5.63%。

1月,福建省东南电化股份有限公司PVC装置开始化工投料试车,全年完成产值17.64亿元,同比增长97.1%。福建天辰耀隆新材料有限公司8月开始试生产己内酰胺,完成产值10.31亿元。福州耀隆化工集团公司2013年完成异地搬迁改造,开机试生产,全年完成产值12.74亿元,同比增长377.8%。福建德胜能源有限公司完成产值15.85亿元,同比增长14.5%。福建省长乐市双强化工有限公司完成产值10.22亿元,同比增长15.5%。福州一化化学品股份有限公司完成产值2.67亿元,同比增长0.1%。福州坤彩精化有限公司完成产值9.33亿元,同比增长5.0%。

福建金山医药实业集团有限公司完成产值12.2亿元,同比增长17.0%。福建省福抗药业股份有限公司完成产值福建省12.1亿元,同比增长8.2%。北京同仁堂健康药业(福州)有限公司完成产值7.5亿元,同比增长-0.1%。福州海王福药制药有限公司完成产值6.36亿元,同比增长9.4%。福建南少林药业有限公司完成产值6.25亿元,同比增长4.0%。丽珠集团福州福兴医药有限公司完成产值3.75亿元,同比增长2.3%。福州闽海药业有限公司完成产值3.60亿元,同比增长0.9%。

【重点化工项目建设】 福建天辰耀隆新材料有限公司年产20万吨己内酰胺装置项目进入扫尾阶段,年内完成投资3亿元。903装置于8月1日一次性开车成功,顺利产出合格的硫酸铵。8月4日,年产20万吨己内酰胺装置一次开车成功,装置运行平稳,产品己内酰胺达到优等品质量标准。世界单线产能最

江阴港区5万吨级的10号液体化工码头（福州日报社　供）

大的己内酰胺项目生产线全部投产，其纯度远超过国内装置产品纯度，达到世界一流产品品质。该项目采用国内外先进的己内酰胺生产工艺技术，属于绿色、环保安全的工艺技术，在提高产品质量、节省投资保护环境、节能等方面进行设计创新。

福建申远新材料有限公司年产40万吨己内酰胺项目资金均来自自筹，年内完成投资10.2亿元，项目处于吹砂填海阶段，部分区域开始进行软基处理工作，完成初步勘察并开展详细设计，重要长期大件设备处于采购阶段。

福建美得石化有限公司66万吨/年丙烷脱氢项目二期美得丙烷脱氢装置项目完成投资6.6亿元，并开始土建施工，部分设备进场安装。工程机电维修间、净化水厂、循环水场、地面火炬、消防水站、空分空压等公用工程全面开始设备安装。

福建省中江石化有限公司35万吨/年聚丙烯项目完成投资6.6亿元，完成设备基础及土建工程建设，并开始装置设备安装。包装厂房、机电维修间、净化水厂，循环水场、地面火炬、消防水站、空分空压等公用工程全面开始设备安装。

福建中景石化有限公司35万吨/年聚丙烯项目完成投资6.88亿元，厂房建设基本完成，设备安装工程完成95%，部分设备开始调试。包装厂房、机电维修间、净化水厂，循环水场、地面火炬、消防水站、空分空压等公用工程全面开始设备安装。

巴陵石化20万吨/年己内酰胺项目完成投资3.2亿元。累计完成地下管网土方开挖11.2万立方米，钢管喷砂防腐1.4万平方米，HDPE管铺设2700米，HDPE管道闭水试验1560米，土方回填4.05万立方米，金属管铺设1480米，金属管道闭水试验完成1020米，管桩施工36668米，厂前区、桥梁、围墙正在施工，第三方检测正在进行检测。

【化工企业搬迁技改】　1月8日，东南电化PVC装置开始化工投料试车，产出符合国家标准的优等品PVC树脂，标志着总投资40亿元的东南电化项目一期工程全面完工。该搬迁项目属于江阴经济开发区打造原料互供、热电联产、低碳经济示范园区重要一环，耀隆化工生产的浓硝酸、一氧化碳、氢气与省东南电化对接，生产TDI，TDI装置副产的氯化氢又返回生产PVC树脂。在园区初步形成发展循环经济模式。

【医药企业技术改造】　福建省福抗药业股份有限公司冻干头孢无菌粉与粉针及固体制剂项目完成设备调试，并进行试生产。福建省海欣药业股份有限公司年产2000吨异戊醛生产线项目完工，进行试生产。海王福药、金象中药制药（连江）有限公司生产基地建设购地款全部付清，并进行勘探、设计。福建金山生物制药股份有限公司水针剂、乳膏剂、贴剂、片剂等剂型药品的研发、新版GMP改造注射剂等生产建设项目正进行钻探、施工图设计。福州大北农生物技术有限公司兽药GMP改扩建项目编制完成环保送审本并上报市环保局待审。

【企业安全生产】　落实企业生产责任制，耀隆化工搬迁项目建设安全无事故。鉴定福州一化化学品股份有限公司永泰厂区油洋水库安全等级为二级，督促安全整改，审核转报油洋水库汛期的水位调度计划，监测安全运行。推进安全标准化建设，组织4次企业生产检查。全年因工死亡事故控制在0.1‰，因工重伤人数控制在0.1‰以下。

（翁锦昕）

电子信息产业

【概况】　2014年，福州电子信息制造业完成产值850.8亿元，完成软件服务业收入560亿元。福大自动化、星网锐捷、新大陆科技、瑞芯微电子4家企业分别以第16位、第51位、第54位、第67位的排名，入选“2014年（第13届）中国软件业务收入前百家企业”名单。国家工信部批准福州市创建国家数字家庭应用示范产业基地。《福建（福州）国家数字家庭应用示范产业基地建设三年行动计划（2014—2016年）》编制完成。

【企业技术创新】　锐捷网络、中邮科通信、锐达互动等公司获2014年国家火炬计划重点高新技术企业。福晶科技、安明斯智能等公司的项目入围国家火炬计划。新大陆电脑、星网视易等公司的产品入围国家重点新产品计划。联迪商用“POS文件认证的方法及认证证书的维护方法”获中国专利优秀奖和福建省专利奖一等奖。冠捷集团显示器技术研发中心由台北转移至福清，研发多点触控技术、3D显示技术、医疗显示终端产品等。星网锐捷进入中国工业企业品牌竞争力百强，交换机产品获全球云计算大会年度创新产品奖。

【重点项目建设】　科立视触控显示屏材料器件项目，一期总投资1.7亿美元，用地2.4公顷，新建生产厂房（含库房）、生产办公楼、废料场（仓库）、空压机房、配电房、氧气罐等公用配套设施，总建筑面积为25700.8平方米，第一条生产线投产，产品获得客户认证并出货。嘉捷科技显示触控项目，4月投产，生产显示触控板(屏)，应用于手机、平板电脑、一体机、显示器等产品。兆元光电LED项目，一期总投资10亿元，主要从事高亮度发光二极管、LED外延片、LED芯片的制造和封装及应用产品的研发和生产，厂房建成，办公楼封顶，并试生产。福顺晶圆8英寸芯片生产线项目，一期总投资10亿元，用地5.15公顷，建筑面积44595.6平方米，项目厂房在建。

【战略性新兴产业】 全市经认定有战略性新兴产业企业154家，其中制造业114家、服务业40家。省级战略性新兴产业骨干企业52家，列入省战略性新兴产业重点项目40项，总投资307.3亿元，其中福建新大陆环保公司的“大型臭氧发生器商业化生产线”等22个项目建成投产。

【软件产业】 推动中国软件名城申报，完成《福州市中国软件名城创建试点工作方案》《福州市中国软件名城创建试点评价标准》等文件编制，向工信部提交申报申请。百度91无线、中科(福州)数据产业园等重点项目落户，闽保信息、索天科技等7家软件企业在新三板上市，形成质量和效益并重的产业发展格局。中海创工控系统在台塑集团宁波厂、华能福州电厂等投入使用，与福州地铁公司达成战略合作协议，承接地铁1号线的信息控制系统售后服务，并与福州大学共同设立“轨道交通信息控制系统联合实验室”。创意嘉和、福富软件等公司开发的软件产品分别获得2014年中国国际软博会金奖、创新奖。瑞芯微电子推出的RK3288芯片，成为市场上唯一无需外挂高清屏驱动，支持所有分辨率屏幕的芯片，并与英特尔公司达成战略协议。网龙公司入围中宣部“全国文化企业30强”；天狼星动漫获“中国文化艺术政府奖第二届动漫奖”；神画时代原创形象“逗逗虎”获第六届动漫节“十大卡通金奖”。4月，筹建内设软件服务业处，负责拟订和组织实施软件服务业产业发展规划、政策和措施。

【数字家庭产业】 推广家庭信息应用，启动福建省数字家庭应用暨体验屋展示活动。中国电信福州分公司建成福州信息广场体验点，展示影音娱乐、智慧安防、电气控制、信息服务方面的数字家庭应用。组织参加第二届中国(国际)数字家庭展，展示福州数字家庭产品与应用，星网视易的智能家居、智能楼宇解决方案获数字家庭金凤凰奖年度创新产品奖。星网锐捷、歌航电子、光速达等数字家庭企业入驻福州高新区海西园，形成产业集聚。

【物联网产业】 新大陆电脑的二维码解码芯片获170项专利，承担福州市肉品可追溯体系的建设，识读引擎获国家金卡工程优秀“金蚂蚁”奖。国脉集团旗下的慧翰微电子为上汽集团、奇瑞汽车、江淮汽车、北京汽车等公司提供车联网控制单元，并获得上汽集团股权投资有限公司的战略投资入股。榕基公司等5家企业获国家物联网专项资金支持。

【两化融合】 全市有国家级两化融合示范企业1家、省级两化融合示范企业12家，开展两化融合管理体系贯标工作试点7家。获得国家级、省级专项资金支持31家，获省级两化融合专项资金支持2家。中海创集团“产业链协同管理系统建设”等18个项目列入省两化深度融合五年行动方案重点建设项目，东南电化股份的“聚碳酸酯一体化自动化控制”等92个项目列入《福建省2014年省级两化融合重点项目(第一批)》，项目总投资281.44亿元。

(林　捷)

轻纺塑料

【概况】 2014年，福州市轻纺行业规模以上企业共940家，完成工业总产值2870.79亿元，同比增长14.84%，工业总产值占全市工业比重38.28%，经济总量继续位居6个行业之首。福州市城镇集体工业联合社系统完成工业总产值857.87亿元，同比增长9.24%(现价比增)，完成工业增加值239.53亿元，同比增长9.1%。

【纺织工业】 规模以上企业471家，完成工业总产值1854.97亿元，同比增长15.64%，占全市规模以上企业工业总产值7500.22亿元的24.73%，位列工业八大支柱产业首位，占全省纺织工业总产值4786.96亿元的38.75%，位居全省第二。具体为：纺织业229家企业，产值814.36亿元，同比增长10.98%；化学纤维制造企业29家，产值476.82亿元，同比增长26.22%；毛皮、羽绒制造企业136家，产值435.74亿元，同比增长14.34%；服装企业77家，产值128.05亿元，同比增长14.94%。

【食品业及其他轻工业】 规模以上企业469家，完成工业总产值1015.82亿元，同比增长13.40%，位列工业八大支柱产业第四位。其中，食品业规模以上企业265家，工业总产值778.51亿元，同比增长12.29%。具体为：农副食品加工业586.20亿元，同比增长15.48%；食品制造业97.43亿元，同比下降2.71%；饮料制造业91.59亿元，同比增长10.58%。其他轻工规模以上企业204家，工业总产值237.31亿元，同比增长17.19%。

【塑胶制品业】 完成工业总产值275.45亿元，同比增长1.75%；完成工业增加值66.27亿元，同比增长0.94%，全年保持低速增长态势。塑料配套类受下游市场需求收缩影响，增速减缓。塑料薄膜类企业原材料聚丙烯价格走低，影响产品价格，产值一度滑落明显，直到下半年止跌回升。塑料复合膜制品类企业因国外市场有所复苏，产值稳中有升。塑料管材类受到行业产能过剩、房地产调控和资金链趋紧影响，需求不振，全市约50%的规模以上工业企业产值减少，龙头企业则较为坚挺。日用塑料制品类受消费需求多样化影响，部分企业减产明显。塑料拖鞋类企业特别是仓山一带虽然受到搬迁政策影响慎产，但市场需求较好，产值稳步增长。塑料再生料类生产PET再生料企业价格倒挂(销售价格低于原料进购价),需求萎缩,产值下降;生产PE再生料企业主要供应鞋材企业,产值曾保持较快增长,进入第四季度后受原油价格不断下降,及塑料原生料价格逐渐接近再生料价格影响,也步入困境。其中23家重点跟踪企业完成工业总产值160.67亿元,同比增长1.65%。行业龙头福建亚通新材料科技股份有限公司完成产值23.65亿元,同比增长8.13%。

【鞋类及皮革制品业】 完成工业总产值435.74亿元,同比增长14.34%;完成工业增加值132.70亿元,同比增长13.37%。其中8家重点跟踪企业完成工业总产值217.21亿元,同比增长14.84%。大部分鞋企为贴牌生产商,内销市场需求较好,外销市场与客户关系稳定,全年订单平稳增长,增幅较大。由于受制用工成本高涨及缺工影响,部分出口订单向国外生产基地转移,鞋企利润收窄。全市鞋类行业龙头企业祥龙鞋业订单充足,企业发展平稳,完成产值15.51亿,同比增长8.84%。箱包制造业龙头企业祥兴(福建)箱包集团有限公司完成产值70.92亿,同比增长26.64%。

【家具制造业】 完成工业总产值104.06亿元,同比增长9.98%,完成工业增加值28.76亿元,同比增长9.29%。其中5家重点跟踪企业累计完成工业总产值35.02亿元,同比下降0.50%。全年增速放缓,主要原因有:一是受东北原木垄断影响,家具原材料成本上升,利润收窄;二是主营政府采购、央企采购办公家私订单降幅显著;三是欧美客户提高生产标准和员工人权标准,订单逐渐分流至欧洲各国。

【重点项目】 福州市工业重点项目中,轻纺行业63项,其中纺织工业46项,轻工业17项。长乐恒申合纤科技有限公司年产2万吨差别化化学纤维三期建设项目、福建省鑫东华实业有限公司40万吨差别化直纺涤纶长丝生产项目、福建省长乐市长源纺织有限公司新一代聚酯纤维(超仿棉)纺纱生产技改项目等均实现竣工。

福州市城镇集体工业联合社所属行业共有6家企业的6个项目列入福州市工业转型创新重点项目计划,总投资17.93亿元,其中塑胶类总投资13.05亿元,鞋革类总投资2.5亿元,家具类总投资2.38亿元。其中结转项目5项,计划新开工项目1项。年内计划投资6.41亿元,完成投资7.2亿元。

【技术进步】 培育和认定企业技术中心,海欣食品股份有限公司、闽榕茶叶有限公司被认定为省级技术中心。认定市级技术中心4家,分别为福建省长乐市恒源纺织有限公司、福建省长乐市新华源纺织有限公司、福建省长乐锦源纺织有限公司和福建省鑫东华实业有限公司。培育建立企业工业设计中心,认定福建福田服装集团有限公司为市级工业设计中心。

福州市城镇集体工业联合社所属行业有9家企业的9个项目列入福州市产学研联合开发项目计划:1.祥兴(福建)箱包集团有限公司、福州市福塑科学技术研究所有限公司、福州市塑胶行业技术创新中心《旅行箱脚轮支架系统尼龙复合材料的研制及应用》;2.福建思嘉环保材料有限公司、福州大学—福建省功能材料技术开发基地《TPR环保新材料研发与产业化》;3.好事达(福建)股份有限公司、福建师范大学光电与信息工程学院《三维立体火焰模拟电壁炉的研发》;4.福建博大塑业新材料有限公司、福州大学土木工程学院《新型PVC螺旋排水管材件》;5.福建宝利特集团有限公司、合肥工业大学《新型聚氨酯-聚酰胺复合材料制备技术及在合成革领域中的应用》;6.福建恒杰塑业新材料有限公司、中国石化北京燕山石油化工股份有限公司树脂应用研究所《GXPE热力管道系统的开发与应用》;7.福建亚通新材料科技股份有限公司、福建省产品质量检验研究院《增强抗压聚丙烯双壁波纹管》;8.福建振云塑业股份有限公司、福建师范大学环境材料开发研究所《改性聚丙烯(MPP)非开挖电力电缆护套管研究应用及产业化》;9.福建祥龙塑胶有限公司、福建师范大学《改性PET管道系统的研发及产业化》。福建祥龙塑胶有限公司与福州大学材料科学与工程学院合作项目《高性能聚丙烯/芳纶纤维/高岭土复合材料及关键技术研发》列入2014年福州市科技计划(市校合作)。

【企业服务】 福州茶色服饰有限公司、福建省宏港纺织科技有限公司、福建财茂集团有限公司、福建省长乐市金源纺织有限公司4家企业获“中国纺织服装人才培养基地”称号。

研究集体企业管理机制,组织到上海市工业合作联社、上海市工业合作经济研究所、上海市集体经济研究会、上海市浦东新区集体资产管理委员会及西安市工业合作联社考查学习。草拟《福州市市属集体企业统一管理和深化改革方案(送审稿)》,提交市政府研究。

(方 炜 石美琳)

工艺美术

【概况】 2014年,福州工艺美术行业规模以上企业109家,完成产值176亿元,(现价)增长12.4%,出口交货值80.8亿元,增长9.9%,其中年销售额比增逾30%的企业27家,占24.7%。年内完成福州脱胎漆艺制作中心更名及班子的调整。

【技艺传承与创新】 委托福建省技师学院、福州市旅游职业中专学校定向培养传统工艺美术濒危品种软木画和脱胎漆器专业学生81人,其中2012级46人、2013级21人、2014级14人。并组织2012级学生开始实训工作。

编辑出版《雕坛儒风——一代宗师周宝庭雕刻艺术人生》3000册、《琢石异趣——寿山石文交所青年雕刻师作品集》3000册、《凝香杰韵——林氏三杰雕刻艺术》7000册、闽都巧艺系列丛书《脱胎漆器技艺手册》2000册。

第四批脱胎漆器、软木画大师带徒授艺期终考核共有37名学徒参加,全部通过考核。福州脱胎漆器制作中心高等院校漆艺专业实训基地接收来自云南、湖南、广西、福建师大美术学院等院校漆艺专业52名学生实训,加强校企合作优势互补。

开展2014年度行业专业技术人员职称评定,共评定工艺美术专业技术职称80人,其中高级工艺美术师3人,工艺美术师11人,初级工艺美术师及工艺美术员66人。

【行业重大活动】 举办《雕坛儒风——周宝庭艺术人生》系列活动。活动由中国工艺美术学会石雕艺术专业委员会、福州市工艺美术研究发展中心联合主办,福州寿山石文化艺术品产权交易所承办,活动分4部分,即:周宝庭雕刻技艺学术研讨会;周宝庭雕刻艺术成就展;周宝庭艺术人生图片展;周宝庭雕刻艺术传承展。福州寿山石行业协会募集资金61.43万元解决宁夏固原市营头镇大北山村饮水难题,实现全村户户通自来水。并组团赴浙江临安参加第十届中国名石雕刻艺术展,福州地区30件作品获金奖,74件作品获银奖。

3月21日,第49届全国工艺品交易会在福州海峡国际会展中心开幕

(来源:福州新闻网)

【市场拓展】 福州市寿山石行业协会、福州市脱胎漆器行业协会、福州市工艺美术研究发展中心、福州市工艺美术联社,先后组织行业重点企业和协会会员"抱团"参加第49届全国工艺品交易会、第九届中国(莆田)海峡工艺品博览会、第三届中国(福州)版权博览会、第二届福州海峡创意设计周"福文化"创意设计展、非物质文化遗产——福州手工艺展、参加在台北世贸中心举办的2014海峡两岸宜居城市与生态产品展,其中展品共计300余件,销售产品2000余件。

(林智方)

(编辑　吴　燕)

城市建设与管理

城乡规划

【概况】 2014年,福州市城乡规划工作完成福州市发展战略规划、福州新区空间发展规划纲要等规划编制,组织编制驾校培训场整合、福马铁路沿线土地利用及景观提升、仓山区可开发用地梳理及土地储备等专项规划,继续推进历史文化街区保护修复和城市交通市政设施规划;开展旧屋区改造、宜居环境建设、"两违"整治工作、国际雕塑展等工作;完善规划法规体系,加强规划窗口建设和信息化工作,加强规划管理;对城区144个在建建设项目进行批后跟踪管理,拆除"两违"面积509.66万平方米;推进展示馆建设。

【新区规划】 推进福州城市总体规划审批工作,修改完善后的成果上报国务院待批。编制完成《福州市发展战略规划》《闽江口金三角经济圈规划研究》《福州新区空间发展规划纲要》。

【控制性详细规划】 开展单元控规编制工作,着手启动《福州中心城区闽江北岸片区单元控制性详细规划》编制工作,形成初期成果。推进已编及在编控规的整合、提升及梳理工作,加快部分成果的报批工作。完成《上海东—福机片控制性详细规划》,基本完成《南台岛控制性详细规划》《南台岛(农大—淮安片)控制性详细规划》编制。

【专项规划】 继续推进《"生态福州"总体规划》《福州市城市色彩规划》等专项规划成果的报批工作。组织编制《福州市驾校培训场整合规划》《福州市轨道交通第二轮建设沿线土地利用与交通控制性规划》《福州市滨海快速通道规划选线方案》《福马铁路沿线土地利用及景观提升规划》《福州市仓山区可开发用地梳理及土地储备规划》。完成《福州市五城区现状院校用地调查研究》《福州市五城区现状部队用地调查研究》《市直机关入驻东部办公区原办公用房整合利用规划》。基本完成"多规融合"前期规划成果数据整合工作。联合或配合相关市直部门开展《福州市公共文化设施布局专项规划》《福州市中小学布点专项规划》《福州市中心城区通信基础设施专项规划》《福州市养老设施布局专项规划》及《福州市中心城区邮政设施专项规划》等编制。

【历史文化名城保护规划】 10月,《福州市历史文化名城保护规划》获省政府批复。推进《三坊七巷历史文化街区保护规划》《朱紫坊历史文化街区保护规划》《上下杭历史文化街区保护规划》成果报批。《烟台山历史文化风貌区保护规划》《公园路及马厂街历史建筑群保护规划》获市政府批复实施。《苍霞历史建筑群保护规划》调整规划经市规划委员会审议。开展林浦、阳岐、螺洲名镇名村保护规划及其他历史风貌区保护规划编制工作。在全国城乡规划工作座谈会上,福州市就三坊七巷历史文化街区保护规划工作作经验介绍。

【城市重点地段修建性详细规划与城市设计】 推进重点地段的景观提升工作,组织编制完成《上渡建材市场地块城市设计》《福州市奥体周边区域城市设计》《海峡国际会展中心城市设计》《仓山汽车走廊片区城市设计》,推进《闽江、乌龙江沿岸城市设计深化》《南台岛三江口东部片区樟岚总部基地城市设计》。

【城市交通市政设施规划】 组织编制《第一届青运会交通组织规划专项研究》《轨道交通1、2号线沿线站点交通接驳专项规划》《福州市区重点地段支路街巷整治规划》《福州市旅游综合交通规划》《东部新城商务办公中心区道路交通组织研究》等规划。完成《福州市内河与管网规划指导图册》《华林路西宾区域交通改善方案》项目的编制工作。完成《福州市排水(雨水)防涝规划(江北主城区)》的初步方案。推进《福州市三维地下管线数据库建设》项目的编制工作。牵头成立福州市城市交通研究小组,定期研究城市交通热点和交通拥堵问题,提出改善对策,编制完成9—12月城市交通运行月报。配合相关部门开展福州北部第二通道、城际轨道交通和滨海大通道的规划研究工作。配合有关部门加快城市轨道交通、马尾大桥、东部快速通道、绕城高速公路东南段、道庆洲大桥等重要市政基础设施的建设。参与城市内河综合整治工作,推进凤坂变、黄山变、建新变等的馈线工程及市区道路电力杆线缆化下地工作。严格实施城市地下管线规划管理,完善地下管线测量制度,实时更新地下管线数据库,开展地下管线的综合协调工作。

【各县(市)规划】 会同相关县(市)完成《江阴海港新城总体规划》《长乐滨海行政中心城市设计》《连江琯头控制性详细规划调整论证》等19项规划成果的审查工作。联合罗源县政府审查《罗源县城市总体规划纲要》《罗源县城市总体规划纲要》;督促指导长乐市、闽侯县等有关县(市)启动总体规划修编工作。开展福州市农村住宅建筑设计样式的规划。督促福清市、长乐市、闽侯县、连江县规划主管部门开展"一书三证"(建设项目选址意见书,建设用地规划许可证、建设工程规划许可证、乡村建设规划许可证)备案工作。

【规划管理】 推进《福州市城乡规划条例》出台和《福州市城市规划管理技术规定》修订工作。制定《福州市城乡规划局规划公示办法》《福州市城乡规划局规划听证办法》《福州市建设工程规划条件核实规定》。规范建筑景观审查及建筑单体设计审查,出台《关于进一步规范建筑工程建设规划审查的意见》,规范建筑景观审查表及建筑单体审查标准。试行建设项目建筑方案电子报批。

推进福州新区范围内福清、长乐、闽侯、连江、罗源等县(市)的规划信息联网管理平台建设,完成福州市规划管理信息化平台的前期调研工作,制定工作框架。

驻行政中心对外收出件窗口调整为由审批处统一负责,并增加咨询窗口。制定《关于加强驻行政中心规划窗口管理的通知》,规范服务行为。

推行菜单式、标准化服务,编制城乡规划审批"菜单式"办事指南;相继出台"在总平面审批阶段涉及重点景观控制地区建筑景观审查""总平面审批分块分期报审"等规定;将规划设计条件和选址合并审批;规划条件核实工作改由法制办全面负责。统筹县(市)规划审批,建立重点发展区"一书两证"规划审批备案机制。全年核发"建设项目选址意见书"266件,选址面积约1086.11万平方米;"建设用地规划许可证"204件,用地面积约1503.62万平方米;"建设工程规划许可证"(建筑)206件,建筑面积约1225.97万平方米,各类建筑设计方案及变更审查项目602件次;"建设工程规划许可证"(市政)206件。办理总平面审查97项,规划设计条件198件,规划条件核实案件384件。

【宜居环境建设】 根据《福州市人民政府印发福州市宜居环境建设工作方案》《福州市宜居环境建设信息宣传工作方案》要求,专门成立福州市城乡规划局宜居环境建设工作小组,推进"三边三节点""特色景观带"项目。组织编制重点项目的规划设计方案,组织省厅专家组对省级重点项目进行审查。编制完成《福州市绕城高速北出口周边景区环境整治工程行动计划》《福州市鳌峰大桥—壁头景观带提升规划方案》《福州市绕城高速(新店—贵安段)沿线景观带提升规划方案》,市政府研究并将具体项目分解到各业主单位实施。完成大樟溪(湾边大桥—S203—永泰城关大桥桥头)特色景观带概念性规划设计方案竞标第一阶段工作,《福州市景观风貌专项规划》方案经市规委会研究。推进福清市溪头村等11个村庄美丽乡村示范村规划审查和现场技术指导工作。

【旧屋区改造】 五城区计划开展的旧改项目120个,其中99个项目办理选址工作红线,68个出具初步规划指标,33个项目通过初步方案审核,49个办理正式选址,26个出具规划设计条件。

【清理违法建设】 在市相关勘测机构提供的修测报告基础上,对城区144个在建建设项目进行批后跟踪管理,推动规划顺利实施。

开展违法建设的巡查及案件的规划认定承办工作。规划执法人员与各区市容局配合,参与拆除违法建筑57处,拆除违法建筑面积12.85万平方米,受理数字城管诉求件115件,承办认定是否可以采取改正措施消除对规划实施的影响案件139件,受理并移送各类违法建设案件97件;受理别墅区与高档住宅小组违建产权解冻56起,其中整治到位启动解冻48起,责令重新整改8起。对73项违法建设罚款260万元。

各县(市)区通过媒体公布"六先拆"名单、组织大型拆除行动、集中清理堆场、开展专项整治等方式,集中拆除一批违法建设。全年调查摸底违建面积545.97万平方米,拆除"两违"面积509.66万平方米。

【承办大型活动展会】 城市生态年会　承办2014年中国城市规划学会城市生态规划学术委员会年会,300多名专家共同交流生态规划新理念、新思路、新经验,探讨当前城市生态规划工作中面临的热点、难点问题,探索城市生态治理和生态保护的新方法。

国际雕塑艺术展　承办2014年中国福州国际雕塑艺术展。征集的雕塑作品以"有福之州　蓝色梦想"为活动主题,共征集到全球102个国家和地区的2528件作品,其中包括大陆537位艺术家的1400多件作品,港澳台24位艺术家的48件作品,国外405位艺术家的1000多件作品。经9名国内外专家评审,遴选出100件入围作品,最终50件作品获奖。

【规划宣传】 基本完成福州规划馆一、二层1.5万平方米布展工程。规划馆主体工程项目获"福州市2013年度重点建设项目优胜奖",规划馆布展工程项目获"2014年度中国室内设计优秀公共空间设计金堂奖""第十二届(2014)现代装饰国际传媒奖年度展示空间大奖"。规划馆接待参观者万逾人次,重要团体82个。全年规划网站访问量达21366人次。开展法律进社区活动,在军门社区、光明社区进行普法宣传,制作宣传展板,发放城乡规划方面的法律法规;宣传"生态福州"总体规划、福州海峡奥体绿色生态城区专项规划,分3个专题报道市民关注度较高的福州市中心城区近期道路交通改善方案,召开环南台岛滨江休闲路专家公众咨询会。

(温贵平)

国土资源管理

【概况】 2014年,福州市出让经营性用地459.0798公顷,成交价款242.6853亿元;出让工业用地744.8096公顷,成交价款15.6753亿元,办理划拨国有建设用地使用权143宗,面积1312.1895公顷;协议出让(含划拨转出让)34宗,面积87.8766公顷,出让价款13.1355亿元。其中:市本级累计公开出让土地13宗,面积82.8691公顷,成交价款146.3825亿元;办理划拨国有建设用地使用权14宗,面积33.9249公顷;协议出让(含划拨转出让)15宗,面积35.7260公顷,出让价款9.8831亿。

五区七县批准的农用地转用和土地征收项目190批次,面积2867.906公顷,其中四城区批准农用地转用和土地征收项目30批次,面积379.3074公顷,涉及农用地177.8837公顷(耕地91.9402公顷)、新增建设用地214.0084公顷,确保绕城高速公路东南段、长乐至平潭高速公路、内河综合整治、保障性安居工程等重点项目的用地需求。

【土地利用总体规划】 完成县(市)区建设区调整147批次,规模647.24公顷。完成中心城区建设用地规模边界调整方案编制,涉及78个项目,规模176.2132公顷,上报省厅审核并转报国土部审批;完成闽侯县、闽清县、罗源县、永泰县、晋安区、马尾区6个县(区)的新增城乡建设用地指标调整,编制土地利用总体规划修改方案,上报省政府审批。

市级土地整治规划成果通过省国土资源厅审核,并获市政府批准。6月24日,县级土地整治规划成果审核工作完成。

【农村土地整治】 市政府与各县(市)区政府签订2014年耕地保护目标责任书,将耕地保护任务列为各县(市)区政府第一责任人工作业绩考核的重要内容。2014年,全市批准立项高标准基本农田建设项目29宗,总规模1745公顷,验收规模672.63公顷,完成补充耕地551.46公顷。

全市上报省厅核定实施旧村复垦和城乡建设用地增减挂钩项目29个,合计整治规模90.89公顷,新增耕地86.65公顷;验收旧村复垦项目7个,整治规模21.98公顷,新增耕地19.87公顷。

【国家级开发区土地集约节约利用评价结果更新】 开展2014年度开发区土地集约利用评价工作,福州市各国家级、省级开发区基本完成评价工作,相关成果待省国土资源厅组织审核、验收。

【地籍管理】 全面完成2013年度土地变更调查与遥感动态监测工作,并完成国土资源部外业核查组对福州市的核查任务,全市完成土地变更面积8751.1公顷。根据2013年度土地变更成果,开展福州市城镇土地利用现状的更新、汇总和全市基本农田的调整补划工作。推进地籍信息化工作,对地籍数据库进行补充更新。

全年福州市办理国有土地使用权证87406本,集体土地使用权证7651本。其中市辖区办理国有土地使用权证56570本,集体土地使用权证156本。为社会单位和个人提供查询资料92件,协助各地各级法院土地查封、解封、冻结件35宗;受理各类答复件(包括市领导批转、信访公开、信访复查、信访复核、12345)90宗。为5285户业主办理历史遗留的土地分割登记。

【不动产登记管理】 2月25日,市国土资源局向市政府提交《关于加快推进我市不动产统一登记工作有关情况的报告》,制定《福州市不动产统一登记工作实施方案》,6月4日市政府第9次常务会议对方案进行审议研究。7月14日福州市被列入全国106个不动产统一登记工作试点城市之一。11月14日市政府第20次常务会议再次对不动产统一登记工作进行审议,会议议定:尽快成立不动产统一登记工作联席会议制度,由分管国土的副市长任总召集人,联席会议办公室设在市国土资源局。并由福州市委编办提出不动产统一登记职责整合意见,市国土资源局进一步修改制定不动产统一登记实施方案。

【农村地籍调查】 开展集体建设用地使用权确权登记工作,福州市四城区的集体建设用地使用权确权登记工作完成前期准备工作,其中完成鼓楼区洪山镇和福清市渔溪镇上张村2个省级农村地籍调查试点工作,并通过省国土厅验收,市本级晋安区、仓山区的试点村工作基本完成。

【地质灾害防治】 颁布执行市、县两级年度地质灾害防治方案。落实1004处地质灾害隐患点防灾责任制,确定监测、防灾人,逐点制定临灾避险转移预案,发放防灾明白卡1407份,避险明白卡5049份,更新补充警示牌488个。全年投入防灾资金1150.3587万元,发生地质灾害33处,无人员伤亡。

【矿产管理】 *矿产资源开发利用* 全市有效采矿权43个,其中饰面石材15个,建筑石料13个,叶蜡石3个,高岭土1个,矿泉水8个,地热3个。办理矿产资源储量评审备案26宗;公开挂牌出让3宗建筑用凝灰岩采矿权,采矿权价款5930万元,其中,福清市2宗采矿权价款1130万元,闽侯县1宗采矿权价款为4800万元。

矿产资源开发整合 5月,市政府召开专题会议,协调环保部门受理审批罗源、连江县饰面石材整合矿山的环评报告,推进矿产资源开发整合工作。连江县17个整合矿区完成基础地质工作和开发利用方案编制审查,办理1个整合划定矿区范围审批。罗源县办理1个整合划定矿区范围审批,完成43个整合矿山划定矿区范围审批。闽清县、晋安区按计划推进高岭土、叶蜡石矿山整合工作,闽清县完成2个高岭土、叶蜡石整合矿山审批发证。

采矿审批服务 开展福州地热(温泉)资源及开发利用情况调研,对各地温泉开发规划、勘查、采矿许可进行指导。制定日溪乡东坪湖界甲寿山石挂牌出让方案,推动晋安区寿山石采矿权公开出让工作。修订并经市政府印发实施《福州市采矿权招标拍卖挂牌出让管理办法》,推进净采矿权出让。

【执法监察】 立案查处国土资源违法

案件628宗,涉案土地面积103.12公顷,其中耕地26.39公顷;处罚461宗,涉及土地面积47.94公顷,强制拆除建筑物51.3951万平方米,罚款680.83万元。

完成遥感图斑数执法检查890个,监测总面积490.68公顷。发现卫星遥感监测图斑涉及违法用地569宗,面积183.91公顷(其中耕地74.53公顷),全部予以查处。土地卫片执法检查工作通过福建省国土资源厅验收。

受理上级批办转办件、群众来电、来信投诉件1285件,全部办结;接待群众来访680批2437人次;办理信访复查163件。

【数字城市地理空间框架建设】 6月26日,数字福州地理空间框架建设项目通过国家测绘地理信息局组织的竣工验收。该项目整合福州市现有基础测绘成果,建设覆盖全市的矢量、晕渲、影像3种电子地图,依托政务网和互联网,建立福州市地理信息公共平台(政务版和天地图·福州),实现数据发布、资源浏览、在线开发等功能。

【福州城市地质调查】 10月21日,该项工作以优秀评级通过中国地调局南京中心和国土资源厅组织的专家评审,实现"六个首次一个创新"成果:首次建立重点工作区三维第四纪地质结构、首次建立闽江口地区地质数据库、首次建立重点工作区三维工程地质结构、首次在同一钻孔中发现四次第四纪海侵证据、首次对工作区进行不同深度的地下空间开发利用适宜性评价、首次进行不同潮水位的立体取样,创新性地建立以数据库为核心、技术方法与应用模型层叠式复合的三维地质信息系统结构。

【打击非法违法采矿专项行动】 4月起,市国土资源局应用福建省打击非法违法采矿管理信息系统,督促指导各地按时开展矿山巡查、核查、查处、整改工作,落实非法违法采矿动态巡查记录、报告、举报等制度。8—10月,福州市严厉打击非法违法采矿专项行动领导小组办公室(市国土资源局)制定印发《查处无证无照经营打击非法违法采矿专项行动实施方案》。8—12月,开展非煤矿山打非治违专项行动"六打六治"。对2012—2013年查处整治的149个非法违法矿点,进行重点摸排核查,发现"死灰复燃"矿点8个。年内查处取缔各类违法矿山36个。

【"一张图"建设项目】 2月召开项目验收会,通过专家组的评审、验收。完善"一张图"数据更新维护机制,确保后续数据更新的现势性、准确性、完整性、安全性以及稳定性。4月,制定《福州市国土资源"一张图"数据管理规定(暂行)》,明确"一张图"数据采集、更新、保管、应用职责及具体要求。6月,制定《关于建立"一张图"数据移交工作机制的通知》,明确建立数据移交联络机制、数据定期移交机制、数据实时移交机制、历史数据补充、完善机制、数据格式标准统一机制。

初步构建"一张图"成果展示框架,并发布入库的基础层(2个数据库、8个数据集)、专业层(6个数据库、25个数据集)、管理层(6个数据库、6个数据集)数据。

(陈国微)

市政建设

【概况】 2014年,福州市区完成市政路桥、公用设施等固定资产投资152.8亿元,宜居环境建设完成投资315亿元。城市道路(宽8米以上)总里程达941千米,道路面积达2277万平方米。日集中处理污水74.25万吨,污水处理率达87.5%;自来水厂日供水能力159万吨;气化率达99.6%。

【城区路桥建设】 完成投资75亿元。三环路福泉互通、螺洲大桥南接线、东浦路等19个项目竣工通车。推进马尾大桥、金鸡山隧道拓宽改造、化工路、远洋路改造、金山大桥复线桥等项目建设;开展道庆洲大桥、马鞍山隧道、福泉高速连接线等项目前期工作。至年底,福州市城区宽8米以上道路总长度941千米,道路总面积2277万平方米。

【市政设施维护】 完成维护、建设投资4.83亿元。完成白马路、上三路、三高路等27条道路大修及白改黑、瀛洲桥重建、15条道路路灯整治;推动弱电设施建设;完善破路施工管理责任制及批后监管,指导各区开展区管市政设施维护工作。

【城市景观整治】 完成投资12亿元,指导五城区景观改造工作,东泰路、仙塔街、井大路、斗池路等40条道路沿线景观得到改善;严格户外广告管理,对441面违章广告发出拆除函;加强夜景灯光建设,提升闽江两岸洪山桥至闽江大桥段视觉通廊及"福州名人名言长

拆除户外大型广告 (市城市管理委员会 供)

廊”“福州市历史文化长廊”等夜景灯光。

【内河综合整治】　完成投资24亿元。重点整治新店、奥体、上下杭、火车南站、横屿等片区，光明港全面建成开放，左海西湖连通（一期）工程（左海清淤改造）、龙津河、陆庄河等7条河段完成整治，新增滨河绿道20公里；福州市107条内河水面保洁、54.7万平方米沿河公园广场、42.5万平方米绿地纳入日常管养范围；完善内河管理实施细则、移交导则、标准化工作流程等制度。创新建设管理体制，试行岸线保洁、绿化管养向政府购买服务。

【宜居环境建设】　安排宜居环境建设项目20类593项，计划投资267亿元，实际完成投资315亿元，占年度计划的118%。宜居环境建设工作包括：开展美丽乡村建设，打造美丽乡村景观带，提升城镇“三边三节点”（三边：山边、水边、路边，三节点：城市中心节点、市民活动节电、交通枢纽节电），历史文化名镇名村建设，打造城市完整社区，市政基础设施提升“五千工程”，“两高”（高铁、高速公路）沿线整治，背街小巷及建筑立面整治。还包括小城镇综合改革建设、小流域治理、乡镇垃圾污水处理设施建设、旅游景区周边环境整治、特色景观带（廊道）建设等。　（黄金寿）

【供水】　供水生产能力达142万立方米/日，完成供水量39306.84万吨，同比增长1.77%；全年日均供水量增长1.88万立方米，完成售水量24005.75万吨，同比增长5.18%。完成工业总产值现价4.43亿元，同比增长7.6%。年内出厂水水质合格率达100%，管网水质综合合格率达99.91%。

投资3015.7万元，完成斗池路、下洋路、三江路等22项管网建设工程；投资1218万元，对白马路、环保路、梅坞路等20条小街巷进行管网改造；投资2183.7万元，完成地铁、市政管道改迁工程25项。全年录入给水管道70.3千米，重新对22.3088万条（约2200千米）现役管线的属性进行修改、补充，将管线属性分为市政管线和小区管线两类。至年底，城区管网总长2353.6千米（其中口径100毫米以上1909.9千米），管网平均水压0.244兆帕，压力合格率达99.45%。累计完成市政管网维修任务10439项，维修及时率达98%。

完成居民一户一表改造16680户，小区地面管改造16286户。投资1163万元，完成小区管网及供水设施维修任务3.568万项；投资414万元，清洗消毒小区生活水池、水箱1.8118万个；投资1122万元，完成泵电改造455项。全市152个小区3.1236万户的户内基表安装无线远程抄表装置，实现远程智能化抄表开账、收费。　（桑　莹）

【供气】　新建、改造市区燃气管道77.89千米，建成市区福湾、后坂、鹅峰3座加气站，马尾魁岐高中压调压站及穿越闽江天然气次高压管道建成投运，闽江以北城区形成双条输气主干线供气。开展瓶装液化气市场安全专项整治，全市查处黑气店（点）142处，查扣5490个气瓶和一批违法转充设备，依法行政拘留28人，依法处罚瓶装液化气企业“源头”违法违规行为11起，罚款13.3万元。开展餐饮场所燃气安全专项治理网格化拉网检查和隐患整改；开展燃气管道安全隐患专项排查整治，消除市区燃气管道安全隐患点86处。全年未发生燃气生产安全责任事故。（黄金寿）

【供电】　福州供区面积1.19万平方公里，供电人口687万人，供电户数280万户。拥有220千伏变电站32座，主变65台，变电容量1212万千伏安，220千伏输电线路2041.7千米，其中电缆线路30.73千米。110千伏变电站119座，主变226台，变电容量1009万千伏安，110千伏输电线路2462.99千米，其中电缆线路212.46千米。35千伏变电站34座，主变62台，变电容量49.4万千伏安，35千伏输电线路822.96千米，其中电缆线路29.62千米。　（姜　炜）

【供热】　螺洲温泉资源的勘探取得进展，市区地下热水动态监测网络基本建成；推动桂湖生态温泉城等项目建设，福州温泉博物馆的布展工作基本完成。

【污水处理】　完成投资约11.05亿元。洋里污水厂厂区三期工程建成投用，连坂污水处理厂厂区及厂外管网二期工程办理前期手续；新建污水管道50千米。市区污水处理厂处理污水2.3亿吨，同比增长11.3%。提高管网设计及建设标准，逐步建立健全地下管网信息化管理系统。

（黄金寿）

园林绿化

【概况】　2014年，福州市建成区新增城市园林绿地280万平方米，新建改扩建公园16个，建成区园林绿化三项指标为：绿化覆盖率42.9%，绿地率39.5%，人均公园绿地面积12.9平方米。

【道路绿化】　中心城区绿化　二环沿线省广电前地块、污水处理厂路段、五里亭立交桥下等完成绿化4万多平方米。在二环福飞路口至工业路口两侧行道树下增设花坛，长度3590米，面积5635平方米。完成20多条（段）改扩建道路配套绿化提升工程，主要有群众东路、塔头路、六一中路、斗池路、三八路、鼓西路、道山路、东浦路、甘洪支路、后坂路、金洲南路、长乐南路、长乐中路、闽江北港驳岸整治一期工程先行先试段、美墩路、金康支路等。举办“中国梦·劳动美”福州市园林职工园林小品技能竞赛，在秀峰路、建新南路、乌山西路、南江滨东路、国货路等城区主要交通路口和重要节点建设精致园林小品21个。

三环路绿化　继续实施三环路全线（50千米）两侧30米绿化带及沿线可视区域的绿化建设提升，完成绿化面积43.8万平方米，主要包括仓山福峡路口地块、竹榄村地块、吴山村地块、南港防洪堤周边地块、义井村地块、登云水库堤外地块、李园高架桥边地块等近60处及福泉互通的绿化。至年底，三环绿化完成面积188.8万平方米（含10座互通桥下绿化）。

奥体片区绿化　奥体公园建设完成立项、选址、规划、设计等前期工作。完成奥体片区内，建新大道（金山大道－

南二环)两侧绿地绿化提升工程;完成福湾路两侧15米绿化工程招标工作;盘屿路与凤山路两侧15米绿化工程,进行前期的设计及土地征迁工作;金山大道、闽江大道绿化改造提升工程完成设计招投标工作,进入施工图设计环节。

道路花化　在华林路、乌山路、五一路、五四路等市区30多条重要主干道种植彩叶植物、时花,花化彩化总面积1.7万多平方米,摆花面积8204平方米,摆放时花约520万盆。完成尤溪洲大桥南高架、三县洲大桥南高架、象园高架等20座高架桥、人行天桥的花化工作。至年底,市区共72座高架桥、人行天桥完成花化建设。

【公园风景区建设】　沙滩公园一期工程　位于三环路西北段,洪塘大桥两侧,西邻乌龙江,东望妙峰山。全长约3千米,面积20万平方米。该工程于8月中旬启动建设,10月1日建成并对外开放。主要包括:2.6万平方米大沙滩、2万平方米大草坪、1000平方米大型戏水池、3500平方米木平台,2个观景平台、19个茅草凉亭等。

花海公园二期建设　主要完成景观平台、儿童游乐场、湿地人家、园桥、厕所、道路及广场等设施建设。不同季节种植不同时花品种,播种面积7万多平方米。

金牛山公园改造　改造提升面积约2万平方米,项目总投资800万元。主要建设内容为金牛山公园主入口广场—跌水景观—公园中轴的小溪—中央舞台水景;主要步行道景观修复提升;公园东侧游乐场及配套服务设施的改造等。

黎明湖公园　建设范围包括黎明湖西侧的五口池塘及周边面积近3万平方米,建设内容分为黎明湖生态修复和景观构建两部分,包括拆违清理、排水清污、驳岸打桩、砌石驳岸、建筑景桥、绿化种植等。改造后的黎明湖与乌山景区相辅相成,具有休闲、娱乐、文化、景观等多重服务功能。

江心公园改造项目　该项目包括景观改造、驳岸加固、悬索桥改造和夜景灯光4个专项工程建设。驳岸加固工程,全面完成环岛沿江1105米的驳岸重建及加固的施工任务;景观改造工程,以三县洲大桥为界,根据东西两侧景观及环岛亲水步道建设项目的实际,分二期实施,一期(西侧)建设工程完成;悬索桥改造工程,完成工程招投标程序,进行施工前准备工作;夜景灯光建设工程,进行工程招投标。

金鸡山公园二期栈道　投资约2.1亿元,主要包括2680米揽城观景栈道、相关配套设施建设及山脊观景栈道建设等。栈道净宽达4米,采用全钢框架体系结构与边坡支护相结合,标高80—90米,材料使用毛石干砌挡墙,稳定的结构可承载维护车辆的通行。整个二期栈道种植大量的开花乔灌木与色叶植物,开花植物达20多种。二期栈道配备2个观景茶室,年内建成观晋台,茉莉花台在建。

省内最长的城区高空览城栈道——金鸡山栈道　(杨婀娜　摄)

马尾亭江滨江公园(一期)　总投资2980万元,用地约4.28公顷。位于亭江镇104国道旁,分为A、B、C三段,西起亭江入口,东至右营公园。1月动工,5月竣工后该项目又延伸至亭江炮台,增加公园面积近1万平方米,造价约1000万元。

天马山休闲公园(二期)　项目西起自来水公司,南至渔业公司微波站和海员学校,北接沿山西路,东靠天马山主峰,视线向北延伸至鼓山的山脉。立项投资14765.4万元,用地14.43公顷。完成西入口施工;管理房周边挡墙;左沈二公祠、祠堂、海潮寺、龙舟房主体;管理房钢结构安装80%。

东江滨公园鸭母洲岛项目　位于马尾东江滨公园中段,名城园体外,包括母洲,大、小洲3个岛,鸭母洲岛离岸30—160米,整体呈带状分布,长度约1500米,用地宽度约30—140米(以标高在3.0米以上计算),总用地面积约2.1公顷。5月完工,建设完成600米栈道,3个景观廊架,一幢100多平方米建筑,6个龙舟房及园林绿化等。

公园花化　西湖公园举办“千年历史、百年西湖”2014年迎春百花展、国庆茉莉花展,于山风景区举办2014年“马·兰花开”新春兰花展,茶亭公园引进20个荷花新品种、6个杜鹃花品种。

【园林管理】　园林执法　修订《福州市园林绿化管理条例》,进入市人大二审阶段。开展机动车侵绿、通信基站侵绿、烧烤摊点侵绿、广告牌侵绿等专项整治行动,出动人员16次,查处劝导侵绿机动车212辆次,与交警部门联合出警300余人次,拖车20辆次;拆除侵绿通信基站5座,协调迁移1座,拆除大型侵绿广告牌6面,查处违规摊点12处。

园林绿化宣传服务　联合海峡都市报开展“点靓社区·美丽榕城”活动;联合福建团省委、福建新闻广播开展“鲜花送雷锋”活动;举办“同植一片绿色,共建美丽福州”福州市园林志愿者活动,征集100多个家庭300多人种植树木300余棵;举办“播种春天,收获美丽”送花种活动,向小朋友们送出花种近万份;结合全国科普日活动在福州花海公园开展花种播种活动,通过报纸征集150个家庭参加。在海峡都市报等媒体开展“开花树种、为福州代言”系列报道,向群众征集主打开花树种13种。

苗圃基地建设　罗源苗圃一期交地28.67公顷,种植大规格的袋装苗木约34331株,品种有蓝花楹、丹桂、红叶石楠等;永泰苗圃交地8.67公顷,种植大叶榕、丹桂等树木5865株,杜鹃2000多株,水生植物10个品种9253株;闽侯苗圃15.53公顷,主要作为市区绿地、道路移树屯树基地,完成福马路、湾边路、三环路等多条道路移植近20个品种3100多株树木。

古树名木保护　对发现问题的古树,发出古树养护任务书19份。对遭受台风破坏或倒伏的建中百花场古朴树、鼓山涌泉寺古朴树、城门黄山洋下祠堂古榕树3株古树进行及时清理和抢救性保护。组织实施鼓山镇鼓四村古榕树、于山寿岩榕、福州市环保职业中专学校内古芒果、台江区长乐南路亚亨食品厂内古榕树及台江区双丰新村内古榕树等古树名木的专项保护工作。

（林剑新　王永强）

市容管理与执法

【概况】　2014年,开展市容和环境卫生综合治理,强化专项绩效检查考评。受理“12345”便民呼叫系统投诉2280件,其中噪声类1417件,市容类395件,内河及环卫类135件,其他类333件,反馈率100%,无逾期办理案件;办理省长信箱15件,其中渣土噪声类6件,市容类3件,队伍建设类6件,办结率100%;办理上级交办件22件,其中市容类9件,内河及环卫类9件,其他4件,办结率100%;办理群众来信81件,其中市容类3件,其他类78件,办结率100%;接待来访人员8批次,其中市容类2批次,其他6批次,反馈率100%;“110”社会联动电话接警8450件,反馈率98%;办理数字城管387件、领导批办件1109件,反馈率100%;办理省、市人大代表建议、政协提案62件,反馈率100%。市及五城区有环卫人员7891人(不含社区保洁人员)。全市共有垃圾转运站60座(其中吊装式6座、压缩式54座)、公厕928座(其中环卫部门管理470座,非环卫部门管理公厕458座),日平均转运生活垃圾约2700—3000吨。全市共有各种环卫专用车辆656辆,其中垃圾运输车265辆、粪车12辆、护栏清洗车2辆,洒水车139辆、机械清扫车170辆。五城区共有垃圾坂车2300多辆、保洁车1100多部,路面共布设果皮箱3200个。

拆除违章建筑　　（市城市管理委员会　供）

【市容环境综合整治】　摊点和大排档专项整治　市、区城管部门出动执法人员近11万人次,检查道路2.15万余条次,取缔摊点(含大排档)2万余摊,查扣摊车、烧烤架等1.53万余辆、其他占道物品6240余件,罚款28.1万元。会同公安部门查扣占道销货机动车57部,罚款5.34万元。指导各区规范建设61个早(夜)市、21个大排档疏堵点,引导146个新疆干果摊点进点规范经营,取缔超市门口占道新疆摊点。

落实“门前三包”责任制　与新开业商家签订责任书,并逐步向次要路段、二环路以外区域覆盖,签订“门前三包”责任书3万余户,城区主干道责任书签订率100%,一般道路签订率逾90%。查处违反责任制行为2408起,罚款19.7万元。

规范“两车”停放秩序　开展“两车”(摩托车、自行车)专项整治,重点整治随意停放、占道摆卖电动车、挤占人行道、盲道,以及代管点乱收费、收费不给票据等乱象,采取徒步检查与机动巡查、宣传劝导与执法处罚相结合的方式,对17条禁停道路、9条景观线路及车站、公园等重点线路、重要部位和关键节点强化监管,纠正不规范停放“两车”6.1万辆次,暂扣搬离6929辆次,现场处罚4580辆次,罚款5.84万元。

市容综合治理　开展乱张贴整治,汇总移送通讯部门停机乱张贴电话号码5批次4200部,查处小广告5.48万余件。开展市政违章施工整治,查处占道、无围挡和破路施工等案件106起,罚款15万余元。开展户外宣传展示专项整治,查扣违章设置拱门、帐篷218件,罚款1.66万元。开展学校周边环境整治,查处沿街高声叫卖1.5万起,没收喇叭304件,电子秤和摊车等850件。开展“扫黄打非”工作,市、区累计收缴光碟5.76万张、书籍1.68万本、六合彩报8000多册,其他非法出版物11万余件。开展户外广告牌整治,拆除户外大型广告492面、布幅广告684面。采取政府购买服务方式收容处置流浪犬243只。配合市级老干部督导组开展市容环卫督导工作,召开市容环卫专题座谈会3次,提出建设性意见12条,开展实地检查督导活动4次,发现问题10个,向相关部门提出民生工作意见建议3条,印发督导工作简报5期、督导建议专报1件。

实施市容和环境卫生管理绩效检查

考评　修订《2014年市容管理绩效评估办法》,修改完善评分标准,成立市容管理绩效考评检查组,出动检查人员868人次,检查各区市容管理部门履职情况,印发市容绩效检查月通报11期、周通报50期。成立市容专项督查组,督查43个街镇摊点整治情况,督查37条主干道、43个节点、67个早(夜)市、300余所学校,查纠市容违章1.56万余起,印发督查日报表700多份、通报15份。组织环境卫生绩效评估检查24次,检查道路600条次、公厕600座次、转运站545座次、垃圾运输车8339辆次,印发《环境卫生绩效评估检查情况通报》24期750多份。

渣土专项整治　与市城乡建委、市交巡警支队、市道路运输管理处等部门联合开展,对453辆不具备渣土运输资质的渣土车移送市交通委、交巡警部门查封,对违章工地拒不接受行政处罚的54件案件移送市城乡建委协同处理,对未经审批擅自乱卸倒渣土的98起案件,按属地管理责任移送各区依法查处。依托渣土处置GPS监控平台实行24小时远程监控,建立倒查机制,立案渣土类案件760起,查扣违规车辆525辆,罚款到账447.27万元(含查处工地噪声扰民案件104起)。

【环境卫生管理】　道路清扫保洁市场化　五城区43个街(镇)全面实行道路清扫保洁市场化,市场化率达100%,三环路清扫保洁市场化作业道路长约50千米,面积约457.46万平方米。道路清扫保洁年经费约2.858亿元,较2013年增加经费约1500万元。

道路清扫保洁机械化　市区道路总面积3316.5万平方米,其中647条(段)703.2千米长主干道实行机械化清扫清洗,面积2230万平方米,机械清扫率达85%。

垃圾收运市场化　1月下旬,完成晋安区福马路垃圾转运站垃圾收运市场化运作试点,提高垃圾收运机械化程度。12月下旬,推行中心城区生活垃圾后装式垃圾压缩车直运市场化改革,完成鼓楼区华大、水部、温泉3个街道试点招投标工作,福州东飞保洁公司中标,并接手垃圾收运市场化工作。

垃圾运输车辆滴撒漏整治　加强垃圾运输车驾驶员遵守职业道德教育培训工作,规范驾驶员操作流程;落实垃圾车辆出场清洗保洁制度,红庙岭垃圾综合处理场设置专用洗车场,日平均对360余部各城区环卫处垃圾车辆提供优质的清洗服务。组织各区环卫处每周3次以上在新店设点检查垃圾运输车,检查垃圾运输车辆9007车次,发现违规车辆247辆,对责任心差的驾驶员进行经济处罚,处罚金额2万元,并进行通报批评、限期整改和扣除属地环卫管理绩效考评分值。全年更换垃圾运输车17辆、密封条112个、污水阀门136个,维修垃圾运输车厢体142个,更换垃圾运输车箱体80个,油漆垃圾运输车箱体19个。

城市垃圾处理费征收　征收垃圾处理费7500万元,同比增加260万元。完善居民住户垃圾处理费委托自来水公司代征工作,提高垃圾处理费的征收率。完善搭水收费平台,开发收费管理系统建设,开展垃圾处理费收费方式调整筹备工作,完成垃圾收费方式调整方案;建立全市垃圾处理费应收、已收、歉收等基础资料。

环卫保洁监管及绩效评估检查考评　制定《福州市道路清扫保洁管理检查考核办法与导则》,成立道路卫生检查小组,检查道路5246条次,印发《道路清扫保洁管理检查情况通报》31期920多份。印发《关于道路清扫保洁作业质量考核奖惩规定(试行)》,每月汇总统计各城区道路卫生质量考核平均分,对每月排名后3位的街(镇)进行处罚,5—12月,处罚14个街(镇)、8家次保洁公司,处罚金额66万元。年内举办环境卫生管理业务培训班1期,115人参加。

餐厨垃圾集中处置　委托中国市政工程华北设计研究总院初步编制《福州市餐厨垃圾工程可行性研究报告》,拟采取BOT招标形式,在红庙岭垃圾综合处理场规划用地内建设福州餐厨垃圾和废弃食用油脂处理厂,规划项目日处理餐厨垃圾500吨,计划分两期完成。年内完成《餐厨废弃物处理项目工程环境影响评估报告书》,初步通过专家论证,水土保持方案通过审批。

城区内河保洁和生态补水　在国家模范环保城市、全国文明城市复查迎检和"5·18"海峡两岸经贸交易会、"6·18"海峡项目成果交易会等系列重大活动期间,组织开展全市内河保洁拉网式检查和内河安全隐患排查专项治理活动。组织市、区内河管理部门开展内河保洁调研,安排机械保洁船只在光明港、晋安河、白马河等骨干和景观河道清漂作业。加强泵站运行管理,合理调整开关机时间和开机台数,满足内河生态补水和流量调控需求;加强茶园等5个水闸调控,改善西湖、左海和安泰河水质;完成文山里等3个泵站机组和调控水闸大修,更新改造洪塘泵站4台机组;内河引水5个泵站累计安全运行4.15万小时,顺利完成生态补水任务。

【生活垃圾无害化处理】　红庙岭一期垃圾卫生填埋场、红庙岭二期垃圾卫生填埋场一阶段工程、红庙岭垃圾焚烧发电厂一期项目、红庙岭垃圾填埋气体发电厂、红庙岭垃圾渗滤液处理厂改扩建项目、红庙岭垃圾焚烧飞灰稳定化预处理厂、红庙岭垃圾焚烧炉渣综合利用项目等7个垃圾无害化处理设施建成并投入使用。全年无害化处理城区生活垃圾104.6万吨(日均约2871吨),无害化处理率达100%,其中填埋处理生活垃圾46.1万吨(日均1257吨),焚烧处理生活垃圾约58.5万吨(日均约1614吨),发电1.756亿千瓦时;年飞灰稳定化处理约1.09万吨,年处理炉渣土约1.15万吨;垃圾渗滤液处理约48万吨,日均1576吨;填埋气体处理约1728万立方米,发电337万千瓦时;消纳污泥约5.4万吨,日均约148吨。

【建筑垃圾工程渣土管理】　全市渣土临时受纳场23个、渣土运输企业18家、渣土运输车1036部。所有渣土运输车辆均安装GPS监控系统,对渣土运输车辆每半年组织1次集中审验;组织892名渣土运输企业驾驶员参加培训,经考核合格发给渣土运输资格证。每天出动10名保洁人员、3部保洁车、2部高压水车,对城区突发渣土污染路面事件,及时进行冲洗保洁。落实渣土处置审批报备制度,定期核准渣土临时受纳点,加强受纳场批前现场查勘、核对和批后跟踪,核实新申报工地76家,核实泥浆工地34家次，征收渣土处置费700多万元，征收泥浆处置费400多万元。不定期检查核准选址渣土临时受纳点，对达到临界倒卸量或超范围倒卸的及时停止报备，否决不符合设置条件的渣土临时受纳场4个。

与闽侯、长乐、连江3县（市）开展渣土受纳场选址对接工作，确定长乐罗里、闽侯南屿窗厦2处作为受纳场。闽侯荆溪桐口林场作为渣土受纳场选址，报市政府协调市林业局、闽侯县政府有关部门提出实施意见。推进连江琯头、丹阳及琅岐沿江改造回填项目作为渣土受纳场选址工作。核准报备渣土临时受纳点2个，解决地铁渣土的去向问题。

【环卫基础设施建设】 新建公厕8座、环卫工人休息房23座、垃圾收集房16个，建成鼓楼三环环卫停车场。完成改造提升晋安区南湖转运站、公厕11座。新建仓山区建新镇霞镜等3座转运站，进行甘洪路、杨桥西、天泉路、红星、西庄、后山、连洋7座垃圾转运站和马尾快安环卫公寓改造提升。采购30座单体移动公厕、2座厢式移动公厕及2辆配套车辆、1座车载式移动公厕，购置果皮箱2000个、垃圾桶2000个。

鼓楼区大凤地下垃圾转运站项目建设方案上报市政府研究。联合市城乡规划局、台江区园林局和国土资源局批准推进台江区鳌峰洲大型地下垃圾转运站项目建议，建设方案上报市政府研究同意。项目建设资金和建设相关工作稳步推进。

【法规制度建设】 拟制《福州市市容和环境卫生管理条例（草案）》和《福州市建筑垃圾管理立法调研报告》《福州市建筑垃圾管理条例（初稿）》，并上报市政府和市人大常委会，建议将上述法规规章列入2015年立法计划。草拟《福州市养犬管理办法》（有关流浪犬管理条款的征求意见稿），征求五区七（县）市相关单位意见后送市法制宣传办审核。印发《福州市工地围挡容貌管理标准》，重申城区工地施工围挡标准。

【行政审批和行政处罚】 接受审批咨询1000多人次，受理审批件2300多件；受理、许可建筑垃圾运输申请138件，发放运输卡1.27万张；受理、核准五一广场宣传咨询活动申请3件，办理缴纳建筑垃圾处理费申请74件，代收建筑垃圾处理费820.88万元。将“拆除或改变环卫设施用途”许可下放各区；精简、合并申请材料6项；将五一广场宣传咨询活动核准转为服务类项目；为涉及民生项目开设绿色通道，办理渣土准运证30余件；向相关区县（市）市容（渣土）审批部门发出许可通报1000余份，指导各区县（市）行政审批工作100余次。

重新修订15种行政处罚文书、10种行政强制措施文书并于3月1日启用；将行政主体更名为“福州市城市综合执法局”。开展行政权力清理工作。配合晋安区人民法院城市管理巡回法庭，对拒不履行行政处罚的11个当事人、22个案件（处罚金额共75.4万元）进行快速审理，被执行人按要求全部履行到位。同时，对金额较大或情节复杂的5个行政处罚案件开展集体讨论，举办2场行政处罚听证会。

【关爱环卫工人】 环卫工人每人每月工资2343元，每年每人发放5个月高温津贴1000元，年终奖每人1400元。五城区环卫保洁企业全部落实工资增长机制，其中马尾区每3年工资晋升200元，仓山区实行5年每年增资50元。环卫工人日常加班按双倍工资发放，11天法定假日加班按三倍工资发放。为环卫工人每人每月缴纳养老、失业、工伤、生育、医保及住房公积金共780.52元，同时办理每人每年65元的大病险、100元的意外伤害险。开展困难环卫职工建档工作，75人接受市总工会、市城建工会“两节·春风送暖”活动；组织环卫工人参加年夜饭、金秋助学、医疗互助等活动，3000多人领取免费体检卡；慰问住院、因病致困环卫职工3万多元，启动市慈善环卫专项救济资金，救助1人，金额1万元。建立环卫工人爱心服务点119个，并提供休息点和免费茶水；为环卫工人发放防暑降温物品1800多份9万余元。开展环卫劳动技能竞赛，6—8月开展以“中国梦·劳动美——清洁城市、美丽福州”为主题的全市环卫劳动技能竞赛活动，10月举办庆祝“环卫工人节”道路环卫清扫保洁技能比赛。

（林秀忠）

（编辑　吴　燕）

环境保护

综　述

2014年，围绕生态市创建目标，落实薄弱环节整改，全市省级生态市5项基本条件和18项建设指标已基本达到考核要求，获省级生态市命名；年内福州市永泰县、马尾区、福清市、长乐市通过国家级生态县（区）考核验收；晋安区通过国家级生态县（市）区建设技术评估；鼓楼区、闽侯县、连江县通过省级生态县建设考核验收，全市国家级生态县（市）区创建评估率达50%，国家级、省级生态乡（镇）街道创建率达86.1%和91.5%。生态文明制度改革稳步推进，结合《福州市环境总体规划》编制，着手开展生态红线划定工作，会同市财政局制定《福州市环保生态流域补偿资金管理办法（试行）》和《福州市级生态保护转移支付资金管理办法》。牵头制定《福州市排污权有偿使用和交易工作实施细则》《福州市主要污染物总量指标管理办法》和《福州市排污权指标储备出让办法》等排污权有偿使用和交易的相关配套政策，推进排污权交易试点。

全市环境质量继续保持优良状态。闽江（福州段）、敖江（福州段）水质达标率分别为100%、99.77%，龙江干流水质达标率95.8%，市、县级集中式饮用水源地水质达标率均为100%。环境空气质量达标天数310天，达标率92%，空气质量保持全国重点城市前列。城区区域环境噪声57.8分贝，城市区域环境噪声达标率与上年持平，危险废物按规范得到有效处理，严格危险废物转移审批，规范危险废物管理，办理危废转移报批177件。

环境质量

【大气环境】　福州市城区环境空气达标天数310天，达标率92%（全年有效监测天数337天）。27天超标，超标污染物有：二氧化氮、颗粒物（PM2.5）、细颗粒物（PM10）、臭氧。全市空气质量综合指数为4.11，在74个重点城市中排名第7。全市城区降水pH均值为5.13，酸雨率54.3%。全市各县（市）中，永泰

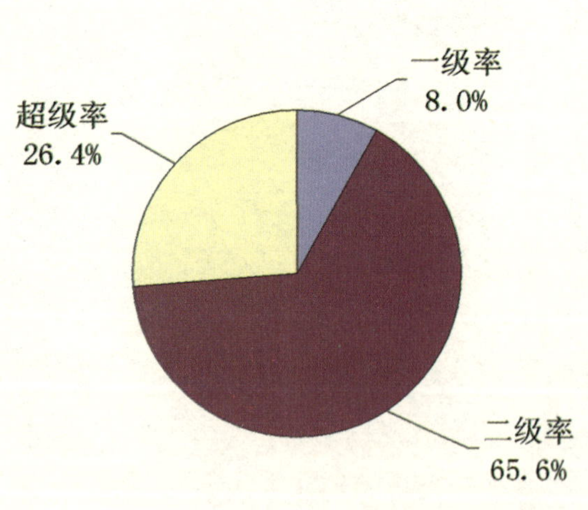

图20　2014年福州市空气质量分级比例

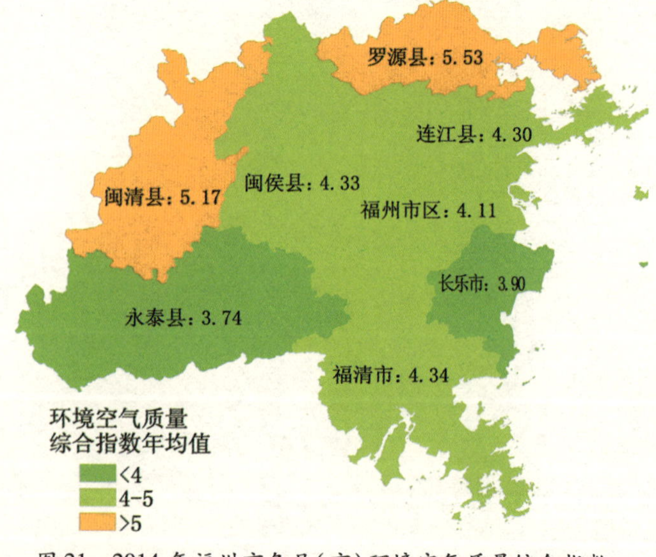

图21　2014年福州市各县（市）环境空气质量综合指数

表 21　　2014 年福州市流域水质达标情况

河流		断面数(个)	水域功能达标率(%)	Ⅰ类~Ⅲ类水质比例(%)
闽江	干流	8	100	100
	梅溪	1	100	50
	大樟溪	3	100	100
	全流域	12	100	95.8
敖江干流		5	100	100
龙江		4	95.8	45.8
合计		21	99.2	87.3

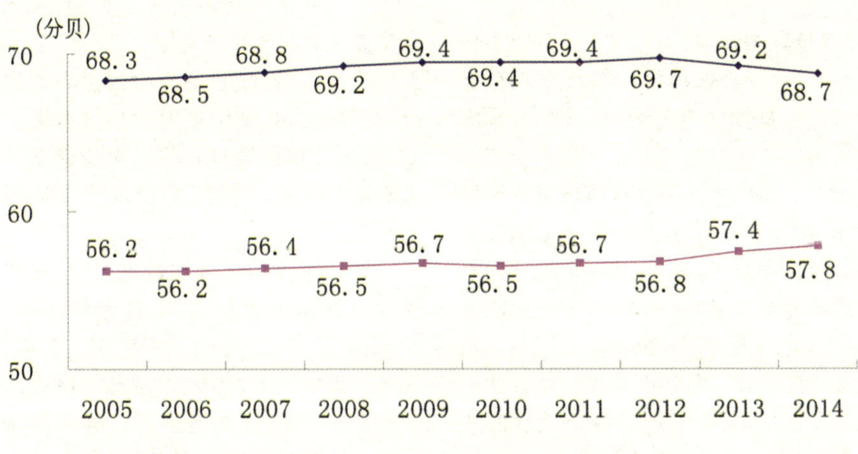

图 22　福州市区域环境噪声、道路交通噪声变化趋势

城关空气质量最好。

【水环境】　闽江流域福州段水质总体为优,全流域水质功能区达标率 100%。敖江全流域水质功能区达标率 100%,干流 5 个断面浊度年均值达到相应标准限值。龙江流域水质功能区达标率 95.8%。龙江倪浦桥断面水质功能区达标率 88.3%,超标因子为氨氮和五日生化需氧量。

福州城区 6 个饮用水水源地水质达标率为 100%。各县(市)城关饮用水水源地水质良好,福清达标率为 99.36%,其余均达 100%。

山仔水库、东张水库除总氮、总磷外各项指标年均值均达到相应功能区标准,水质处于中营养化状态。西湖水质各项指标均达到相应的功能区标准,水质处于轻度富营养状态。

福州城区内河水质达标率为 75%,彬德闸和港头的氨氮年均值超标,城区内河仍以有机污染为主。

福州市近岸海域年均值达标率为 36.4%,主要污染物为无机氮、活性磷酸盐等。

【声学环境】　福州市建成区区域环境噪声年均值 57.8 分贝,处于“一般”水平(55.1~60.0 分贝)。

道路交通噪声年平均值 68.7 分贝,维持在较好水平。

【生态创建】　全市森林覆盖率达 55.3%;80% 的县(市)区相继申报或通过国家级生态县(市)区建设技术评估和考核验收,创建 118 个国家级生态乡(镇)街道和 1919 个市级以上生态村。建立健全市、县、乡、村四级环保管理体系和生态创建联动机制,全市 173 个乡(镇)街道挂牌成立环保工作站(所),并落实专(兼)职人员。

年内建成区园林绿地面积达 10031 公顷,市区公园面积达 3054 公顷(城市公园 84 个),建成区绿化覆盖率 42.9%,绿地率 39.5%,城市人均公园绿地面积达 12.9 平方米;各类自然保护区面积 333.19 平方公里;省级以上森林公园面积 205.05 平方公里;一级、二级水源保护区面积 1147.09 平方公里;风景名胜区面积 216.03 平方公里。

环境专项整治

【重金属污染整治】　组织重点流域、皮革鞣制、电镀行业等环境专项整治。出动人员 1.09 万人次,查处 2780 多家企业,立案 204 件,处罚金额约 468 万元,市级挂牌督办环境问题 14 件。打击非法电镀企业,移送公安机关 23 起。督促医药制造业规范环境管理。继续深化饮用水源保护。推进重点行业治理,全市 8 家皮革鞣制企业全部关闭,10 家铅蓄电池生产经营企业全部停产,其中有 5 家铅蓄电池企业拆除生产设备。福州市所属 2 家涉重矿采选企业均停产。全市被列为省级挂牌督办环境问题 5 批次共计 38 家,其中解挂 34 家。市级挂牌督办环境问题一批次共计 14 家,其中解挂 12 家。

【大气污染防治】　制定实施《福州市大气污染防治行动计划实施细则》,《福州市 2014 年度大气污染防治实施方案》《福州市区机动车污染综合整治等五个专项行动方案》《福州市大气污染防治六项措施》《福州市环境空气质量考核及奖惩暂行办法》等,推进福州市大气污染防治。6 月起,市政府组织开展针对福州市区机动车污染、扬尘污染、焚烧垃圾、餐饮业油烟污染、大排档和烧烤摊点污染和全市范围的重点行业工业企业大气污染专项整治行动(简称“五个专项行动”)。市环保、城建、城管等部门联合巡查,派出 5 组巡查小组对大气综合整治“五个专项行动”情况进行巡查及通报,共发出通报 13 期。专项行动期间,福州市主城区无绿色环保标志机动车限行区域由 17.48 平方公里扩大到 46.15 平方公里,限行区域占主城区比例提高到25.64%。

市环保局和市交巡警支队共查处无绿色环保标志车辆闯禁行368起。环保部门重点针对五城区的企事业单位食堂、大中型餐馆、油烟整治示范街进行油烟污染整治督查,大部分重点餐饮单位按要求安装油烟净化设施;建设部门开展施工工地扬尘染污防治专项检查,共抽查房建及市政在建项目701个,发出责令改正通知书182份,责令停工整改通知书9份,查处不文明施工问题746条;控制道路扬尘污染,落实主次干道每日"一冲洗""两普扫、两降尘"的作业要求,城区道路机械清扫率提高至85%以上;开展重点行业工业企业大气污染防治工作,3家燃煤电厂完成7台机组除尘设施升级改造,建陶行业完成双棱陶瓷公司等21家陶瓷企业锅炉烟气深度治理及烟尘治理。开展储油库、加油站和油罐车油气回收治理工作,共完成154家加油站、4家储油库和46辆油罐车的油气回收治理工作,市区内正常营业的71家加油站100%完成油气治理工作。

【污染减排】 全市化学需氧量、氨氮、二氧化硫、氮氧化物分别比2013年减排1.6%、2.8%、11.4%、6.9%,其中二氧化硫指标提前完成"十二五"减排目标。

福州市从工程项目、产业结构和管理减排三方面开展主要污染物总量减排工作:全市新建并投入运行生活污水处理厂3座,新增污水处理能力12万吨/日,全年累计生活污水处理量3.28亿吨;在提前完成全市所有火电厂的脱硫旁路取消和脱硝治理工程基础上,有2台35万千瓦机组实施低氮燃烧改造,有2台60万千瓦机组先行开展脱硫增容改造;优化火电企业的节能环保调度,提高脱硫脱硝综合效率,全市平均综合脱硫效率从88%提高到95%,平均综合脱硝效率从70%提高到78%。钢铁行业所有烧结机、球团机均配套脱硫设施,4家钢铁企业13条烧结机(球团机)烟气脱硫设施有10条取消旁路。

持续实施机动车氮氧化物减排,全面推广使用国四汽油,着手推广国四柴油,9月1日起将无绿色环保标志机动车限行范围扩大至市区二环。全面启动小锅炉整治,完成175台小锅炉淘汰或清洁能源改造等整治工作;启动元洪工业集中供热工程建设;闽清县整合关闭3家建陶企业,完成7家建陶企业煤改天然气工程。开展主要污染物排污权有偿使用和交易试点工作,出台《福州市排污权有偿使用和交易工作的实施意见》等一系列排污权有偿使用交易政策文件,初步建立排污权交易市场。落实钢铁烧结机和玻璃炉窑脱硫差别电价,根据脱硫设施运行情况,分别实行生产用电每千瓦时加价0.08元、0.1元、0.15元的差别电价。健全污染减排联席会议制度。

【水环境综合整治】 完成福州市飞凤山水厂、罗源县西溪水库等饮用水源保护区划定及连江观音阁、福清东张水库等水源保护区的调整工作。完成全市乡镇级以上集中式饮用水水源地调查评估工作,开展全市集中式饮用水源地环境风险隐患排查,制定《福州市市级饮用水水源地突发环境事件应急预案》《闽江流域(福州段)及两侧道路危险化学品运输管理办法》。定期开展市、县、乡级饮用水源地水质监测,完成县级以上水源地水质111项指标全要素分析以及国、省控断面水质中期、年终抽测。加强水质监测能力建设,闽清雄江段水质自动监测站完成主体建设,马尾白眉水库、城门水厂2处水质自动监测站投运。市效能办、市政府督查室、市流域办开展水源专项督查,建立水源现场督查制度和长效管理机制。

加强敖江塘坂水源生态治理,向山仔水库投放71.5万尾生态鱼苗;加大养殖业污染治理力度,落实《福州市关于进一步加强畜禽养殖污染整治工作的意见》,拆除流域周边2243家畜禽养殖场,约209.44万平方米;重点拆除闽侯县青口镇、竹岐乡、荆溪镇、白沙镇等166家、晋安区寿山乡6家、日溪乡禁养区内全部畜禽养殖场。加大塘坂水源地周边以及福清市东张镇金芝村跨区域污染莆田东方红水库等地的巡查力度,严防养殖污染"回潮";开展禁养区外规模化养殖场全过程综合治理,推广"猪—沼—果—(鱼)"等生态农业养殖模式;闽江流域闽清段按计划清理不符合规划要求的投饵类、施肥类网箱养殖,实现《闽江水口库区闽清段网箱养殖规划》的合理布局。敖江、龙江流域无投饵类、施肥类网箱水产养殖。

加强石材行业专项整治,推进连江、罗源两县石材集中区内企业厂房与污水处理设施规范管理建设。强化对在用堆渣场和废弃堆渣场巡查力度,对存在问题的尾坝进行加固。落实削减饰面石材矿山开采总量任务,按计划完成石材开采总量10%的年度削减量。落实打击取缔无证矿山及非法违法开采行为,继续开展矿山生态环境恢复治理工作;严格控制工业污染排放,强化对建陶、化工、印染等行业污水排放的有效控制,完成闽清新保隆再生资源有限公司含酚废水及煤焦油综合治理、福州协源金属表面处理有限公司、中铝瑞闽铝板带有限公司、长乐市华良染整有限公司及福泰印染有限公司废水深度处理设施改造等项目。

开展城乡污水处理设施建设,建成连江县污水处理厂三期,苔录镇、筱埕镇、闽清云龙乡、下祝乡、罗源县鉴江镇、碧里乡等地污水集中处理设施。解决因工艺调整、管网破损等造成已建成的城镇污水处理厂水量下降的问题,强化对塘坂水源地周边污水和垃圾处理设施社会化运营工作的监管。印发《进一步加强重要流域保护管理切实保障水安全的若干意见》和《福州市"河长制"实施方案》,实现"河长制"(即由各级党政主要负责人担任"河长",负责辖区内河流的污染治理。)全覆盖。开展流域生态补偿工作,建立健全重点流域水环境生态补偿机制。制定出台《福州市环保生态流域补偿资金管理办法(试行)》,补偿资金分配与上年度县(市)区重点流域水环境综合整治考核结果挂钩,加大对流域上游县(区)的扶持力度。强化水电站最小生态下泄流量监管。

【固体废弃物处置】 全年工业固体废物产生量732.90万吨,其中:综合利用量701.62万吨,处置量31.17万吨,贮存量0.11万吨,处置利用达率98.9%;工业危险废物产生总量48444.29吨,其中综合利用量20049.45吨,处置量20116.47吨,贮存量8278.38吨,工业危险废物全部依法安全处置;医疗废物无害化处理量6028.51吨,处置率100%。

【机动车尾气管理】 9月1日起,将无绿色环保标志机动车限行区域扩大至市区二环路(含主辅路)以内的全部道路,限行面积扩大到41.81平方公里。环保标志核发率达82%。开展福州市区机动车污染综合整治工作。加强对公交车、物流公司以及超市配套运输公司等车辆进行停放地的尾气抽检,抽检各类车辆503辆次,抽检公交车线路76条;在路面检测中,会同市交巡警支队、市交通委联合执法,抽测225辆次,查处超标车96辆。配合相关部门,完成17696辆黄标车及老旧车辆淘汰,完成率105%。严格控制新车注册及外地车辆转入标准。经市政府同意,市公安交巡警支队、市质量技术监督局、市环保局联合发布《关于进一步明确新车注册和外地车辆转入排放标准的有关工作的通知》,杜绝老旧车辆及不符合机动车排放标准的外地车转入福州市。升级福州市机动车环保尾气检测方法,年内开始在用机动车简易工况法排气检测站的建设。

环境保护管理

【环境安全保障】 重点排查饮用水源地等敏感区域化工、合成革、印染、造纸、制药、合成氨、涉重金属、尾矿库等重污染行业及工业园区。加强政府应急预案编制,由市政府印发《福州市大气重污染应急预案》《福州市水源地突发环境事件应急预案》。推进环境应急物资储备体系建设,继续依托重点风险企业建立环境应急物资储备库,分别与福州福抗药业股份有限公司等3家企业签订应急救援物资储备合作协议,建立健全环境应急物资的调用、征用、互助机制。加强重污染天气应急管理工作,开展预警信息发布和重污染大气应对等工作,并加强信息公开和舆论引导。全年发生突发环境事件5起,均为一般突发环境事件。

【环境监测】 建成覆盖全市12个县(市)区共27座空气质量自动监测站。完成原厝和龙腰空气站建设,推进金山空气站建设;建成鼓楼区三坊七巷、晋安区森林公园、长乐市滨海工业区、闽侯县青口工业区和罗源金港工业空气自动监测站;推进晋安区、连江县、罗源县、永泰县等5座空气自动监测站建设。对各县(市)区报送的空气质量监测数据及计算方法进行审核、统计,在全省率先发布各县(市)区AQI指数并公布每月排名,完成每月县(市)区环境质量月通报的编报12期。完成全市环境质量状况外网发布工作。完成水质监测站仪器安装,并调试试运行。指导县(市)区监测站完成省环保厅在福州市拟建的7个水质自动监测站的"四通一平"(即通水、通电、通路、通网络和土地平整)工作。开展福州市功能区环境噪声自动监测系统建设。开展功能区监测点位的选点前期工作,完成环境噪声自动监测系统招标前期调研和系统招标工作。年内除永泰县外的11个三级监测站均通过福建省环保厅的监测站标准化达标验收,加上市本级站,全市有12个环境监测机构达到国家级标准化建设要求,达标率为92.3%。

完成国家、省、市重点污染源废水、废气的监督性监测,取得数据3.17万个。4月16日,市环保局与市气象局签署《关于共同推进环境气象业务发展的合作协议》,双方将对污染天气的预报进行会商和联动,联合进行空气质量和空气污染条件预报。5月23日起,市站提供每日日报信息,由福州气象影视中心制作,在福州电视台天气预报时段滚动播出,与市气象台合作建成统计预报模型。

【环保信息化建设】 完成"福州市环保监控中心和信息化能力标准化建设项目"建设,实现市级和部分县区级政务外网和环保专网的有效融合,并在环保专网上完成排污收费、信访投诉、移动执法等应用系统的部署工作。完成市环保局与"福州市数字化综合管理系统"的数据接口和"福州市数字城管系统"在市环保局的部署应用。建设"福州市环保局综合信息平台"和"福州市环境质量综合数据管理系统"。对"福州环境保护网站"进行改版,进一步充实信息公开栏目和内容(如增加政务公开、污染源监管等栏目,县区点位环境空气质量监测数据内容),规范信息公开形式,强化与公众互动功能,完善环境监测数据发布平台。联合媒体加大环保专项行动的宣传力度,全市刊发《环保专项行动工作简报》10期,报送有关信息120条。

【环保科研】 以生态城市创建、空气环境质量提升、闽江水质保护等为环保科研重点,完成《福州市大气重污染应急预案》《福州市六个市级饮用水源保护区突发环境事件应急预案》和《福州市自然保护区发展规划及自然保护区信息系统》等,开展福州市生态红线划定研究,持续开展闽江下游断面DO超标原因研究。与清华大学、复旦大学、河海大学、环保部环境规划院等国内重点高校和科

6月11日,市环保局开展全国节能宣传周活动(梁吉江 摄)

研单位开展交流合作。

【环保宣传教育】 实施环保宣传月活动,围绕大气污染治理、生态市创建等环保重点工作以及重要环保纪念日,开展环保法制宣传进社区、“创生态福州 你我共见证—镜头中的魅力生态福州”主题摄影大赛、“百姓富生态美”环保宣教进乡村主题书画笔会等宣传活动,向社会传递生态文明理念,引导从我做起、践行环保。发挥环保协会等民间环保组织的桥梁纽带作用,促进公众参与环保。

【环保志愿者活动】 8月8日,由百胜餐饮集团必胜客品牌、青年环保志愿者服务中心、福建省青少年生态环保社团联盟、绿闽青年交流服务中心等单位共同举办第五届中国青年环保组织交流合作论坛,该论坛以“企业社会责任”为主题,共同探讨企业家精神与环境保护、台湾环境教育、地区性青年组织发展现状等内容,号召广大青年志愿者、企业家共同参与环境保护,共建宜居宜业家园。9月22日,来自福州必胜客、福州大学绿色联盟的志愿者,在“世界无车日”为福州市麦顶小学的同学上环保课。此外,高校环保志愿者还参与环保宣传月活动启动仪式等有关环保宣传的各项活动。

5月10日,市环保局举行2014年福州市环保宣传月启动仪式

(梁吉江 摄)

【环保信访投诉】 畅通“12369”环保投诉热线、“12345”政府服务热线、群众来信来访、福州环保政务微博等受理投诉渠道,全年受理各类污染投诉7792件,处理率100%。办理答复涉及环保工作的人大代表建议、政协委员提案62件,办结率100%。

(谢冠君)

(编辑 吴 燕)

建筑业管理

【概况】　2014年，福州市全年完成建筑业总产值2254亿元，同比增长23.65%，完成建筑业增加值541.1亿元，占全市GDP的10.5%。在福州市完成产值935.42亿元，占全市建筑业总产值41.5%，福州企业完成市外产值1318.57亿元，占全市建筑业总产值58.5%。

【建筑市场】　引导建筑企业晋升资质等级，中建海峡公司升特级申请获批，福建六建集团公司升特申请报住建部；在省二建、市建工集团等5家企业探索开展房建工程施工总承包一级企业扩大承包范围试点；整顿市场秩序，重点治理未取得施工许可证擅自施工、非法转包等违法行为，发出责令停工整改通知12份，处罚企业41家(次)。协调解决拖欠工程款投诉及合同纠纷，涉及金额约2460万元。

【工程招投标】　依法监督房屋建筑和市政基础设施工程招投标项目499项，完成461项，中标价126.3亿元，节约投资8.96亿元；依规处理违反规定的招标代理从业人员6名、评标专家10名；组织832名工程招标代理机构从业人员参加继续再教育；对已在福州市备案的14家在榕工程招标代理分支机构进行年度考核。

【质量安全监督】　全市受监房建在建工程348项，市政工程49项。发出安全问题责令改正通知书623份，质量问题责令改正通知书4657份。对工地文明施工情况进行量化评分，试行期间对14个项目黄牌警告，6个项目红牌警告，达到警示效果；启动施工扬尘集中整治，对五城区划分19个片区进行网格化检查，实行扬尘污染企业“黑名单”制度。加强地铁工程质量安全监管，开展监督抽查89次，发出质量安全问题联系单31份，要求严格整改质量安全隐患；充分利用社会资源服务地铁建设，建立地铁质量安全专家库，组织开展贯穿地铁全线的质量安全量化考评和风险监控检查。

【绿色建筑与建筑节能】　全市新建政府投资的公益性项目、财政投资的保障性住房、单体2万平方米以上大型公共建筑、建筑面积10万平方米以上的住宅小区，已全面实施绿色建筑标准。福州市市民服务中心等21个列入“福建省绿色建筑行动百项重点示范工程”项目进展顺利，90%以上开工建设。《海峡奥体片区绿色生态城区工作计划》正式实施，核心区在建体育场馆、运动员村等项目已按二星级绿色建筑标准建设。在全省率先出台《绿色建筑施工图审查要点(试行)》；《关于加快推进福州市绿色建筑发展的实施意见》正式颁布执行。

【勘察设计管理】　抽检福州市17项工程的勘察成果、施工图设计文件，对莆田工程地质勘察院等4家单位违反质量管理规定及工程建设标准强制性条文问题进行行政处罚。整理福州市住宅投诉典型问题，制定《福州市房屋建筑工程勘察设计质量专项治理工作方案》。

【工程造价管理】　加强工程造价基础数据积累和指标分析，主办发行《2014年福州市建设工程材料价格信息》专刊和《福州建设工程造价管理信息》月刊；选派技术骨干参与福州地铁、海峡奥体中心、茶亭街地下空间等重点工程合同谈判、结算协调；完成全国资格考试5735人次、造价员变更管理803人次。

【散装水泥管理】　开展福州市逐步推广应用预拌砂浆准备工作；完成新墙材现场核验70项(次)，完成福州市25家新型墙材生产企业的46项(次)产品抽检，完成新型墙体材料生产企业备案4项。

【城建档案管理】　核发“福州市建设项目档案审查意见书”118项，出具市政基础设施工程档案移交清单15项，整理入库档案2311盒、4202卷，输入城建档案卡片2311张，城建档案数据库存有74953条数据可供检索利用。全年接待查档912人次，调阅档案2323卷。

【房地产监管】　加强企业资质差异化管理，市本级完成房地产开发企业资质检查225家,完成资质延续、转正及升级企业104家,完成新申请资质企业45家,不符合规定或自行申请而被注销资质企业20家。推进烂尾楼复工续建,新兴大厦进入办理土地证阶段;福祥楼1号楼正在办理竣工验收;德盛花园设立资金监管账户并备案;建福广场单体基本竣工准备验收。

【公共代建工程】 完成投资21亿元。海峡奥体中心综合体育馆竣工交付使用,主体育场、游泳馆、网球馆、配套用房及室外工程等基本完成;海峡妇女儿童活动中心工程外装饰全部完成;福州规划展示馆地下一层、一层、二层及四层的部分装修竣工验收;海峡图书馆工程主体封顶,进入内外装修工程施工;市老年体育活动中心工程主体封顶,进入外幕墙装饰施工;市儿童医院新病房大楼竣工验收。 (黄金寿)

房地产业管理

【概况】 2014年,福州市房地产开发投资完成1455.07亿元,同比增长15%;房屋施工面积7598.91万平方米,同比增长10.6%。

全市商品房销售8.41万套,同比下降28.9%;面积776.81万平方米,同比下降33.86%;金额905.43亿元,同比下降29.33%;其中住宅5.53万套,同比下降39.98%;面积621.43万平方米,同比下降39.55%;金额685.19亿元,同比下降34.09%。预售批准新增供给商品房1293.67万平方米,同比下降15.5%;其中住宅875.3万平方米,同比下降29.53%。二手房交易2.93万宗,同比下降28.36%;面积294.85万平方米,同比下降27.92%;其中住宅2.34万宗,同比下降30.82%;面积242.27万平方米,同比下降30.52%。房地产抵押贷款登记12.39万宗,同比下降13.09%,抵押房屋价值3785.08亿元,同比下降18.57%,抵押房屋面积4010.81平方米,同比增长1.24%。

市本级商品房销售3.54万套,同比下降19.07%;面积330.58万平方米,同比下降14.36%;金额531.12亿元,同比下降15.28%;其中住宅2.07万套,同比下降18.61%;面积244.66万平方米,同比下降17.87%;金额378.67亿元,同比下降18.24%。预售批准新增供给商品房519.96万平方米,同比增长4.46%;其中住宅273.19万平方米,同比下降29.36%。二手房交易2.37万宗,同比下降25.45%;面积213.32万平方米,同比下降25.45%;其中住宅1.88万套,同比下降28.08%;面积173.91万平方米,同比下降29.22%。房地产抵押贷款登记5.2万宗,抵押价值2310.29亿元,抵押面积1323.68万平方米,分别同比下降24.9%、2.09%、31.77%,房地产抵押登记金融放贷金额1376.79亿元,同比下降26.6%。完成房地产税收203.31亿元,比降3.24%。

(温昌经 曾彩华)

【房地产新政】 出台《关于促进房地产市场平稳健康发展的实施意见》,提出支持首次和改善性购房需求等8条意见,自8月1日起施行,优惠政策有效期1年。《实施意见》取消商品房限购政策,落实差别化住房信贷政策,执行“只认贷不认房”的政策;调整普通商品住房标准为住宅小区建筑容积率在1.0以上、单套建筑面积在144平方米以下(含144平方米);购房实行契税优惠,家庭购买首套普通住房面积在90平方米以下(含90平方米)的契税按1%税率征收,面积在90~144平方米的契税按1.5%税率征收,并对实行货币补偿的被征迁户,购买一套商品住房的给予免征契税,购买多套商品住房的,其购房款与货币补偿金额(含区位补偿、旧房补偿、货币补偿奖励、搬迁奖励等)等额部分给予免征契税。 (温昌经)

【房屋登记业务审批制度改革】 精简房屋登记办证材料37项,简化房屋登记档案查询收件材料2项。合同预告登记、抵押预告登记、房地产抵押注销承诺时限由3个工作日缩短为2个工作日,商品房办证承诺时限由10个工作日缩短为8个工作日。房屋登记查档时限由2个工作日缩短为1个工作日,纸质档案查询复印由2个工作日改为即来即办。 (曾彩华)

【市场管理】 开展房地产在售楼盘及二手房市场检查活动,共检查在售商品房项目73家次,房产中介86家、门店216个,对存在违规的房地产开发企业、中介企业发出整改通知书34份,对其中2家严重违规的企业发出督促责令整改函,依法进行查处。

【住房保障】 保障性安居工程开工14193套,开工率174.32%,超额完成6051套;基本建成10462套,基本建成率为103.78%,超额完成2462套;完成投资143.15亿元,占年度计划投资146.36%。新增配租10296套,其中公共租赁住房(含廉租住房)3134套、限价房(拆迁安置房)7162套。制定出台《关于公共租赁住房和廉租住房并轨运行的实施意见》,将廉租住房并入公共租赁住房建设管理,统一执行公共租赁住房的建设、装修标准,实行统一的准入标准和审核程序,实行与保障家庭收入水平相挂钩的分层次租金减免,对城市低保家庭、享受国家优抚等特殊群体进入轮候配租序列后,优先配租。加强住房补贴审核工作,审核机关事业单位补贴422家单位1313人次,其中一次性发放住房补贴113个单位148人,发放金额413.3万元;市属国企工龄补贴59家851人801.67万元。

【房屋征收】 制定《关于福州市直管公房征收补偿安置若干意见》《关于进一步明确部分房屋征收补偿政策的通知》《福州市房屋征收补偿实施细则补充规定》等文件,完善房屋征收补偿安置政策,提高货币补偿奖励标准,优化提前搬迁奖励办法。推广模拟(协商)征收新模式,在鼓楼区省农业厅宿舍、台江区柔远雅苑、仓山区市二医院塔亭路周边旧屋区等项目试点实施。全年发放国有土地房屋征收决定或集体土地补偿方案告知书项目64个,实施协议、协商征收项目18个,其中年内计划完成房屋征收工作的66个旧改项目全部实施征收,占地468.53公顷,征收房屋面积476万平方米,涉及被征迁户2.42万户。社会关注度高的重点项目,加洋巷人大宿舍周边、太平汀洲、苍霞地块签约期内签约率均逾96%。推进逾期回迁工作,组建专门工作小组,对逾期回迁项目进行梳理,全年解决21个项目6224户群众回迁问题。

【物业管理】 协调推进城区旧住宅小区综合整治,完成小区综合整治326个。加强文明小区创建工作,成立3个督查小组,实行市、区分区包片巡查,检查物业项目2447次,下发整改通知书1099份,约谈企业负责人50多人次,书面通报批评15家企业,并对17家黄牌警告企业,5家红牌警告企业采取限制其参加招投标、评优、资质升级等惩戒。组织开展《福州市物业管理若干规定》执法检查,落实执法检查审议意见提出问题的整改工作。调整城区住宅专项维修资金交存标准:带电梯的小高层及高层商品房为150元/平方米,拆迁安置房、保障房为100元/平方米;不带电梯的多层商品房为100元/平方米,拆迁安置房、保障房为70元/平方米。至年底,城区住宅专项维修资金共归集41.04亿元。

(温昌经)

【历史遗留"两权证"登记】 组织召开4次历史遗留房屋土地"两权证"例会(第94~97次),解决历史遗留问题项目50个,办理48个项目产权初始登记,为7170户群众解决办证难题。

【建设房屋登记电子化服务平台】 4月,市房地产市场信息系统全面上线运行,在市房屋登记中心办事大厅和门户网站推出房屋登记信息自助查询服务。9月,推出房屋登记网上预审,群众可通过网络自助预申请房屋登记业务。12月,开发完成房屋登记信息自助查询系统并在房地产综合大楼一楼大厅试运行,凭居民身份证二代证可自助查询并打印个人房屋登记信息证明,凭房屋所有权证自助查询并打印房屋抵押、冻结信息证明。

表22 **2014年福州市区商品房交易情况**

月份	面积(万平方米)	金额(亿元)	均价(元/平方米)
1月	33.57	60.02	17879
2月	19.95	33.26	16668
3月	31.73	48.33	15230
4月	21.01	35.24	16772
5月	19.31	32.82	16994
6月	20.17	37.04	18368
7月	33.60	46.35	13795
8月	24.74	32.95	13319
9月	26.16	37.93	14499
10月	32.91	55.93	16994
11月	26.17	40.38	15427
12月	41.25	70.87	17180

说明:上述数字为新建商品房网签销售量数字,包括住宅、商业、办公等所有房屋。均价为简单算数平均价,受物业类型结构等因素影响,不反映城市"均价"及其变化情况

(曾彩华)

(编辑 吴 燕)

交通

公路建设与养护

【概况】 2014年,福州市公路总里程10816千米,其中,高速公路489千米,二级以上普通公路815千米。完成交通建设投资92.25亿元。重点项目渔平高速延伸线建成通车,京台高速、沈海高速等项目进展顺利,琅岐闽江大桥及接线工程、新南港大桥竣工通车,全市干线公路网络日趋完善。年内整治市级"黑点"和道路安全隐患路段193处、6项;公路养护实现综合优良路率89.77%、干线优良路率91.01%,管养公路县乡道可实施里程绿化率达89%,养护工程质量合格率100%。

【重点项目建设】 高速公路在建规模198千米,总投资285亿元。渔平高速延伸线建成通车,推进沈海高速复线福州段、京台建闽高速福州段等工程建设,绕城高速东南段、长平高速公路开展临建设施建设。国省干道方面,琅岐闽江大桥及接线工程、新南港大桥全线竣工。

渔平高速公路延伸线(平潭复线桥) 6月建成通车,总投资15.14亿元。工程于2010年9月28日动工建设,项目起于渔平高速公路东瀚互通,建平潭大桥跨越海坛海峡,终于平潭娘宫,与省道305线顺接。路线全长6千米,设计速度为80千米/小时。

琅岐闽江大桥及接线工程 12月30日完成交工验收并通车。项目于2011年4月19日动工建设,分为琅岐闽江大桥、亭江互通立交、琅岐环岛路互通立交、亭江接线。其中,主线为一级公路兼具城市Ⅰ级主干道,设计车速60千米/小时,起于国道104线(2300公里+272米处),向西至亭江互通,向东跨越闽江接琅岐岛环岛路与通和路。琅岐闽江大桥长2675米,主桥长1280米,主桥桥面宽28.7米,按双向4车道加紧急停车带设计,预留双向6车道。

京台线建瓯至闽侯高速公路(福州段) 完成投资51.4亿元。完成路基土石方99%、涵洞通道98%、桥梁桩基95%、桥梁墩柱91%、预制梁片80%、架设梁片70%、隧道主洞掘进97%、隧道主洞二衬90%。

沈海复线宁德漳湾至连江浦口高速公路(福州段) 项目路基部分基本完成,完成投资32.2亿元,房建工程完成35%,路面工程完成14%。

绕城高速公路东南段 完成投资24.02亿元,占概算的17.4%。主线连江洋门至浦口段进入路基土建部分施工,主线连江浦口至闽侯青口段开展路基土建施工招标工作。

长平高速公路 项目起于长乐市古槐镇前塘村西南侧,接福州绕城高速公路东南段前塘枢纽互通,经长乐市古槐、江田、福清市薛田、长乐市松下至海坛海峡,终点与拟建的福州至平潭铁路公铁合建特大桥衔接,路线长度21.767千米,概算总投资32.6亿元。全线采用高速公路标准建设,双向六车道,设计速度100千米/小时,路基宽度34.5米。至年底,完成投资9亿元,占概算的27.6%。完成驻地建设,并开展征迁工作、临时设施及路基土建施工。

4月6日,金山大桥复线桥工程开始试打第一根桩基(俞松 摄)

新南港大桥(旗山大桥) 完成主桥及安保工程、景观绿化工程30%,完成接线路面工程80%、路灯工程70%。

【农村公路建设】 完成农村公路建设222.3千米,总投资1.82亿元;完成农村公路安保工程903.5千米,总投资7898万元;完成危桥改造20座,完成投资6000万元;完成撤渡建桥1座,完成投资835万元。其中,完成131、133县道等农村公路建设12.9千米,实现全市专养公路水泥路硬化全覆盖。

【管理养护】 重点推进324国道、316国道、202省道等线路路面改善工程,改造水泥砼路面44.868千米,完成水泥砼路面"白改黑"85万平方米,其中316国道闽清溪口段、203省道闽侯段完成沥青路面改造,分别实现与福银高速、福永高速相衔接。定期检查全市专养公路491座桥梁、9座隧道,经评定三类桥22座、四类桥8座。加固或改建危(病)桥11座,整治市级"黑点"和道路安全隐患路段193处、6项,实施安保工程质量抽检,检测路线里程572.216千米,抽检砼护栏52451米,砼护栏强度和钢筋间距合格率均为100%。推进202、203省道"美丽交通生态公路"建设,改造203省道南港至永泰段42.7千米,新建青云山服务区;实施福州市宜居环境(绿色通道)建设,完善与提升绿化路段122公里,完成重要旅游景区或交叉口景观16处,管养公路县乡道可实施里程绿化率达89%。启动路网中心建设,建成69个视频监控点、11面可变情报板,并在永泰、福清分局路政巡查车安装路况巡查装备,逐步实现路况巡查智能化。

【路政管理】 正式运行路政综合管理平台,行政审批事项从9项合并精简为两大项,办理路政许可审批412件,办结率100%;推行路域管线、跨路天桥安全检测制度,建立涉路设施台账,开展路域管线专项治理,排查管线等501处,整改隐患点105处;加大公路班站、路政所、路政局三级路政工作的联系,强化执法工作的协作与联动,与综合执法支队、交警等部门开展联合专项整治行动,制止公路违法行为为735处,维护公路路产路权。

(王东曜 王绮萍)

公路运输

【概况】 2014年,完成客运量12699.86万人次、旅客周转量781692.23万人公里,货运量14917.40万吨、货物周转量2164921.93万吨公里(含平潭)。

【客运市场管理】 全市客运企业(含旅游包车客运)61家,其中从事班车客运的37家,从事旅游(包车)客运的24家。客运车辆3711辆、103112座,其中客运班车2915辆、71989座,旅游(包车)客运车辆796辆、31123座。共有45个等级客运站,其中4个一级客运站、6个二级客运站、2个三级客运站、14个四级客运站、19个五级客运站。

道路客运共许可行政审批20项,新增县际客运线路8条(21辆客车),新增客车39辆,更新客车436辆(其中更新新能源LNG客车105辆)。推进客运市场精品工程和公铁客运衔接工程,加快平潭综合试验区、福州长乐国际机场、福州火车南站班线的车辆更新和商务快客的发展。

通过现有班车线路延伸、节点运输、预约客车和周末班车等模式,推动"村村通客车"工程。全市新开通农村客运线路5条,新增更新农村客车79辆。

完成福州新汽车客运南站主体站房建设;福州新客运北站成立业主单位,进入规划手续报批准备阶段。

开展客运站卫生、秩序整顿,完善车站的硬件设施,组织开展志愿者服务,增加保洁人员,设立志愿者服务站,在客运站设立"讲文明树新风""我们的价值观"等公益广告和遵德守礼提示牌,利用LED显示屏不间断进行播放。

考核72家客运企业,评出AAA级企业17家,AA级企业46家,A级企业5家,B级企业4家。

【货运市场管理】 全市共有道路货运企业882家(其中危险货物运输企业30家),个体运输户3.9万户;拥有各类货物运输车辆5.59万辆,总吨位48.66万吨。

在全市范围内开展危险货物运输专项检查,对451辆在用液体危险货物罐车安装紧急切断装置,894辆危货车辆的卫星定位系统全部升级为北斗兼容终端设备。

全面推广道路运输承运人责任保险工作,对承运人责任险做到不漏保、不拖保、不错保,足额投保,按照"一车一保"要求,逐车落实到位。全市危货车辆100%投保道路运输承运人责任险。

福州晋安物流中心、福州华威公路港物流园(二期)、福建高速物流配送中心、福州东南公路港物流园、江阴港口物流中心一期、福建星泰安物流园区、海西(福州)物流集散中心、长乐盛丰物流配送中心、福建盛荣物流园、福建运杰物流园区被列入交通部"十三五"公路货运枢纽建设规划项目。

【城市出租车管理】 全市出租车6345辆,其中公车公营出租车4142辆,占65.28%,个体出租车2203辆,占34.72%。其中CNG双燃料出租车4100多辆,每万人拥有出租车21.15辆;全年载客总车次9324.95万车次,客运量2.24亿人次,运营里程8.47亿公里,其中载客里程5.83亿公里;全市出租车企业19家,其中国有企业6家2784辆,集体企业8家2254辆,有限责任公司性质企业4家1144辆,其他性质企业1家163辆。具有出租车从业资格的驾驶员4.3万多人,在岗出租车驾驶员1.5万多人。

为缓解市区出租车供需不平衡的矛盾,分批分期投放900辆出租车运力。年内组织11批次453人次一次性扣分12分或累计扣分15分的出租车司机到专门的培训机构进行3天的停岗培训,培训考试合格后,方可重新上岗。同时,通过建立不适岗名单制度,将219名拒载、绕道、不按表收费、拼客等严重违章的出租车司机,直接列入不适岗名单,企业在3个月内不得录用,取消20名严重违章的出租车司机的从业资格,3年内不得从事出租车行业。

3月9日起,5家公营出租车企业先

后举行以公开服务承诺、优质服务示范车等为主题的宣传活动,在车辆上张贴服务承诺标识,接受社会监督。在“5·18”“6·18”期间,组织150辆出租车前往海峡会展中心保障嘉宾、乘客出行,共运送乘客6398趟次,载客人数约为17912人次;高考期间华威等5家企业所属的2500多辆出租车开通“高考直通车”活动,共接送考生2834人次。

【机动车维修管理】 全市共有一、二、三类机动车维修企业649家,其中一类企业80家、二类企业261家、三类308家。落实机动车维修合同,执行维修质量保证期制度、维修配件采购、使用登记制度,对机动车整车修理、总成修理和二级维护竣工,督促维修企业按维修管理规定签发“机动车维修竣工出厂合格证”,规范维修企业的经营行为。强化维修技术人员培训工作,促进新知识、新技术、新设备、新工艺的推广应用,并通过实施维修企业质量信誉考核制度,指导运管所按开业条件标准审核其经营资质。对综合性能检测机构开展营运车辆燃料消耗量核查和营运客车类型划分及等级评定复核工作,确保低碳环保的运输车辆准入营运市场。

【运输驾驶从业人员培训管理】 全市驾培机构81家,教练车3636辆,教练员4592名,训练场地总面积170.67万平方米,训练道路长度13.23万米,培训人数近17.5万人。全市共有从业资格培训机构5家,全年通过从业资格培训人数6243人,其中旅客运输3300人、货物运输2794人、危险品货物运输149人。

加强行业监管力度,针对普遍反映的驾培机构和教练员在培训过程中存在的违规行为,制定《驾培管理实施细则》,明确驾培机构和教练员的违规行为的具体表现,并规定相应的处罚;针对教练员吃拿卡要、弄虚作假和教学态度恶劣等问题,7月15日—10月15日,对全地区驾培机构开展为期3个月的行业整治。

完成出租车培训区域科目教材的编写、审核修订、题库汇编、考试软件升级和保密等工作。组织从业资格机构全体

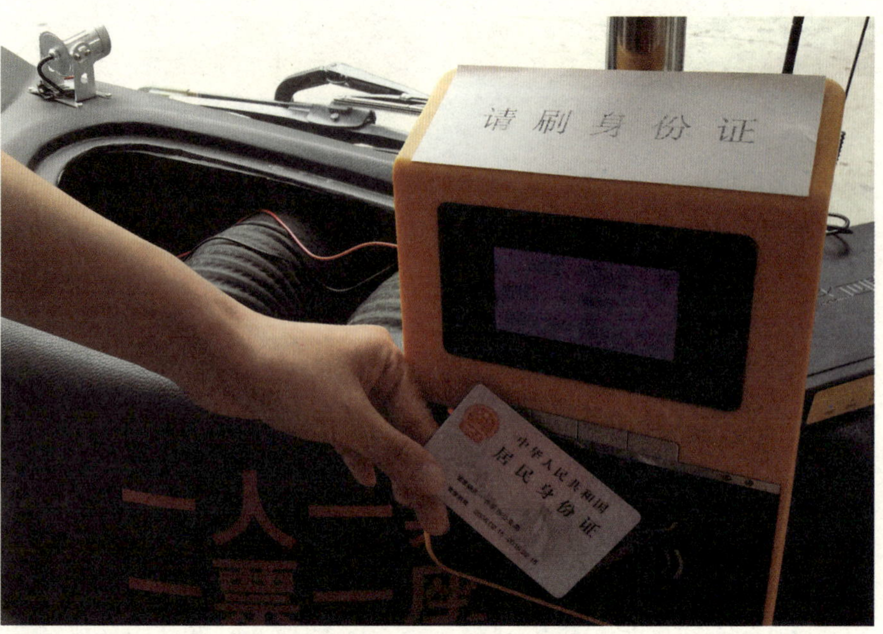

闽运定制公交可刷身份证乘车 (市交通委 供)

教员师资培训,开展考评员和运管人员授课培训。开展第一期出租车新标准试验班,并调整时段和考核员安排、完善考试软件、从业资格点制作模拟题库,推进从业资格培训按规范运行。

【公共交通】 全市有公交3686辆,折合标台数4367.3标台,分别同比增加121辆,88.9标台,其中,新能源和清洁能源公交车1478辆,同比增加214辆;国Ⅲ以上排放标准公交车3543辆,同比增加485辆;国Ⅱ及以下排放标准公交车143辆,同比减少364辆。全市共有营运线路229条,同比增加16条,调整(延伸)线路99条,开通定制公交线路8条,线路长4111.70千米,同比增加433千米。公交主要场站52个,新建公交场站2个,中途站2415个,公交从业人员8388人。车辆及线路分布5家公交企业:福州市公共交通集团有限责任公司车辆2498辆,线路163条;福州闽运公共交通有限公司车辆500辆,线路25条;福州康驰新巴士有限公司车辆525辆,线路32条;福州营达公交有限公司车辆130辆,线路6条;福州华威公交巴士有限公司车辆33辆,线路3条。全年完成公交客运量6.73亿人次,营运里程2.31亿千米,同比分别增加5.66%和1.40%。

至年底,掌上公交累计用户数已达106万人,年访问量达5000多万人次,产品信源包括福州市区及长乐、永泰、连江3个区域,可查到250多条公交线路,3000多辆公交车。

(陈宏威)

地　　铁

【概况】 2014年,福州地铁完成年度投资31.78亿元,其中1号线完成投资20.32亿元,2号线完成投资11.46亿元。

3月20日,福建省发展和改革委员会发文《关于福州市轨道交通1号线工程(二期)初步设计的批复》,通过1号线工程(二期)初步设计方案。7月5日,1号线屏山站至东街口站两块百余平方米大孤石爆破成功,这是福州地铁首次地下爆破孤石,为后续孤石爆破工作提供良好经验。7月30日,1号线白湖亭站(南段铺轨基地)铺下首节轨排,福州地铁1号线进入“铺轨时代”。10月23日,1号线供电系统工程在新店车辆段施工现场举行安全质量宣誓仪式暨1号线供电系统工程开工仪式,开启1号线三通——洞通、轨通、电通的最后一关。11月6日,福州地铁1号线葫芦阵站至黄山站区间旁通道完成冻结法施工,这是1号线首条采用冻结法施工的旁通道。

1号线技术科研成果显著,签订过江段关键技术、孤石探测、洗马桥桩基托换、地铁前期关键技术4项技术科研。孤石探测技术达到国内领先、国际先进水平,在树兜站—屏山站区间、新店车辆基地—象峰站区间成功探测发现多块孤石,对区间盾构施工的顺利实施具有很高价值。

3月19日,福建省发展和改革委员会发文关于福州市轨道交通2号线工程初步设计的批复,通过2号线工程初步设计方案。11月11日,福州地铁2号线工程BT合同正式签订,这是福州市首次采用“建设—移交(BT)”模式加快融资修建地铁。11月28日,福州地铁2号线金祥站举行开工仪式,地铁2号线正式开工。12月23日,地铁2号线金祥站地下连续墙钢筋笼通过首件验收,完成2号线首幅地连墙钢筋笼吊装,2号线工程施工正式开始。

启动福州轨道交通设计院有限公司(暂定名)和物业管理公司前期筹建工作。2月,福州地铁运营分公司成立,福州地铁从建设阶段跨入建设运营并重阶段。　　(黄　威)

【地铁规划】　6月,福州市城市轨道交通第二轮建设规划(含6号线及5、4号线一期工程)上报国家发改委。根据建设规划方案,拟在2015—2020年建设4、5号线一期工程及6号线,总长89.3千米,设站61座,项目总投资为638.16亿元。建设规划主报告通过国家发改委评估;规划社会稳定风险评估报告上报国家发改委;规划环境影响评估报告通过国家环保部函审,并根据函审意见修改完善后提交环保部待审查。委托开展轨道交通6号线工程可行性研究。

(黄宁榕)

【地铁1号线建设】　站点主体工程建设:象峰站、秀山站、罗汉山站、斗门站、屏山站、东街口站、南门兜站、茶亭站、上藤站、白湖亭站、葫芦阵站、黄山站、排下站、城门站、三角埕站、胪雷站、火车南站东西延伸段17个站点车站主体结构封顶;火车站站、树兜站中端、达道站、三叉街站4个站点开展车站主体结构施工。

盾构区间总里程数39.7公里,完成30公里,占比75%;矿山法隧道总里程数2.96公里全部完成。全线22台盾构机下井施工,象峰站—秀山站、秀山站—罗汉山站、斗门站—树兜站、上藤站—三叉街站、三叉街站—白湖亭站、白湖亭站—葫芦阵站、葫芦阵站—黄山站、黄山站—排下站、排下站－城门站、城门站—三角埕站10个区间实现双线贯通;福州火车站站—斗门站下行线、屏山—东街口站下行线、三角埕站—胪雷站上行线、胪雷站—福州火车南站站下行线及清凉山出场线5个盾构区间实现单线贯通。新店车辆基地房建主体结构完成施工,装修完成97%。清凉山停车场房建主体结构完成施工,装修完成40%;运用库内轨道安装完成4股道,库外开展道岔岔枕铺设。白湖亭铺轨基地完成轨道7.5公里正线铺轨。机电系统基本完成设计联络,风机、电动风阀、冷水机组、消声器、多联机、屏蔽门、电扶梯完成样机验收,大部分设备进入批量生产。黄山主变电站完成主体结构封顶和一、二层砌体。茶亭主变电所完成桩基检测。外电源接入一路电源先农到黄山完成73%管沟。1号线南段(福州火车南站站—三叉街站)各车站主体内变电所、通信、信号等主要设备用房砌筑与管线预埋交叉施工。葫芦阵站完成站台变电所砌筑、风管安装、管线开槽及预埋,站厅层风管实施安装。1号线首列车组装完毕,实施车辆型式试验。

新店车辆基地上盖开发地块完成用地性质与规划指标调整。斗门站、达道站、上藤站完成附属用房项目设计。象峰站、东街口站、南门兜站、白湖亭站完成出入口接口项目谈判。站内广告、商铺、自助服务设备完成策划、价值评估及设计布置。公开寻求合作伙伴,共同投资经营地铁PIS系统及灯箱广告。

【地铁2号线建设】　基本完成详勘。根据施工单位进场情况,完成车站主体围护结构设计。完成全线征地拆迁站点现场踏勘及方案优化,减少房屋征收面积,优化管线迁改、交通疏解方案。改进2号线征地及房屋征收模式,经福州市政府批准,鼓楼区、台江区、仓山区、晋安区、闽侯县政府及高新区管委会设立地铁工程建设分指挥部,由主要领导担任总指挥,并指定一名分管领导担任常务副总指挥负责日常事务,专门负责辖区内地铁项目的征地、房屋征收补偿安置、临时租借地及施工期间的民事协调。2号线采用“建设—移交(BT)”模式建设,中标单位是中国交通建设股份有限公司(以下简称中交股份)。4月中交BT项目公司、各标段项目部以及土建监理单位进场。2号线金祥站、厚站庭、橘园洲、福大站启动建设。8月,金祥站施工围挡,12月23日,金祥站地下连续墙钢筋笼完成首件验收和吊装,开展地下连续墙施工。全线梳理2号线可开发用地,向国内外公开征集2号线苏洋站、竹岐停车场上盖开发规划方案。2号线可开发用地正全线梳理。2号线浦口站完成出入口接口项目谈判。　(黄　威)

铁　路

【概况】　2014年,福州市辖区铁路营业里程313.006千米(杭深线157千米、峰福线65.969千米、福州联络线26.973千米、福马线23.402千米、昌福线21.367千米、杭福联络线7.042千米、福州南动车联络线7.005千米、外福疏解线4.248千米)。辖区内铁路线路、桥梁、隧道、路基设备养护维修由福州工务段负责;站(场)信号、道口信号、列车运行监控装置、动车组列车自动防护系统养护维修由福州电务段承担。年内,福州机务段配属机车351台(电力机车220台,内燃机车131台),比2013年减少13台(电力机车减少17台,内燃机车增加4台);福州车辆段配属客车1445辆,同比增加55辆;福州动车段配属动车组72组(同比增加17组),每日上线运行57组,日均入库检修33组;动车组及其他旅客列车乘务工作由福州客运段承担;福州供电段负责牵引供电和电力设备的运营管理、检修维护;福州站每日图定开行126.5对列车(同比增加6.5对),福州南站每日图定开行列车102对(同比增加12对);福州房建生活段负责房产管理及大维修、生产生活用水供给和铁路公寓的经营管理。

年内福州市境内铁路发送旅客2326.17万人,同比增加411万人,增长21.46%;发送货物372.39万吨,同比增加5.33万吨,增长1.45%。福州车站属客运一等站(辖福州站和福州南站),完成运输收入261624.01万元;多元经营其他业务收入2341万元,综合效益1319万元。被中国铁路总公司命名"客货运输窗口用户满意单位"。

【福州站北站房候车大厅投入使用】 1月8日,福州站北站房候车大厅投入使用。福州站北站房于2011年9月经原铁道部批准立项并开工建设,其候车大厅是该站整体改扩建工程的核心部分,面积1.2万平方米,采用钢筋混凝土框架结构加钢结构网架屋面,主要作为动车旅客候车区,兼顾乘坐进京、进沪列车的旅客候车,可容纳万名旅客候车。

【合福铁路建设】 合福铁路(合肥—福州)2009年12月开工建设,其中福建段283千米,投资327.5亿元,设武夷山北站、武夷山东站、建瓯西站、南平北站、古田北站、闽清东站、福州站。年末,该铁路进入静态验收阶段。

【福平铁路建设】 至年末,完成投资35.3亿元,年内完成27.3亿元;路基土石方31.47万立方米,占设计的12.73%;隧道及明洞2376.37成洞米,占设计的6.84%;中桥以上桥梁4894.47成桥米,占设计的11.97%;涵洞38.42横延米,占设计的5.74%。福平铁路(福州—平潭)于2013年10月开工建设,是京福铁路向平潭的延伸。

【福州可门港铁路支线建设】 至年末,完成投资11.4亿元,年内完成1.1亿元。永久征地91公顷,占设计的100%;房屋拆迁1.14万平方米,占设计的81.81%;路基土石方254万立方米,占设计的99%;特大、大、中桥9433成桥米(年内9成桥米),占设计的100%;涵洞559.62横延米,占设计的98.76%;隧道2031成洞米,占设计的100%;电力线路18千米(年内4.3千米),占设计的82.93%;接触网27条千米,占设计的73.3%;铺轨18.9千米(年内3.9千米),占设计的88%;房建工程4368平方米(年内2670平方米),占设计的41.2%。

【福州江阴港区海铁联运启动】 9月1日,江阴港铁路支线开通运营;10月31日,江阴港区海铁联运启动。江阴港站隶属福州车务段,按照重点发展铁路物流园区的定位,车站规划建设53.33公顷的集装箱货场和100公顷的散堆装货场。设计货运量近期(2020年)上行720万吨,下行600万吨;远期(2030年)上行990万吨,下行830万吨。至年末,该站建成货物线4条、仓库4.1万平方米。园区配置跨度40米、起重能力40.5吨的全变频集装箱专用门式起重机4台(含2台40吨集装箱正面吊运机)。运营初期,江阴港铁路支线运行图按每天开行2对货物列车安排,货物输送能力可满足江阴港集装箱物流需求。

(刘　仁)

1月8日,福州火车北站新站房投入使用　(来源:东南网)

水　路

【概况】 2014年,完成客运量150.2188万人次,同比增长1.93%;旅客周转量4821.8256万人公里,同比增长18.02%;货运量8163.5143万吨(含省属企业),同比增长4.10%,货运周转量12411515.0758万吨公里(含省属企业),同比增长23.67%。其中"两马"客货运输:客运直航共运营700航次,其中马尾至马祖351航次,马祖至马尾349航次,完成客运量42201人次(其中大陆17523人次,台胞24678人次)。

【水路运输行业管理】 推进企业安全信用体系建设,全年67家航运企业通过安全诚信达标考核。落实交通运输部对沿海、远洋老旧船舶提前报废和新建造船舶的专项补贴,福建冠海海运有限公司等3家海运企业申请老旧船舶提前报废,共计5艘船舶,总吨16.7269万吨,申请到财政补贴资金11528.64万元。

【闽江游】 年内运送游客165166人次,同比增长10%。举办"灯耀闽江·游母亲河"元宵节水上观灯,"点赞五一节庆·赏闽江秀色""游闽江·听伬唱"重阳节敬老等公益活动,与珍爱网联合举办游艇相亲会。筹备开通黄岐至马祖观光旅游航线。

【内河水上交通安全】 各级交通海事部门完成22次各类内河交通应急救援演练。3月18日,福州亿利达木业有限公司锅炉导热管破裂,矿物油泄漏流入闽江,造成淮安大桥至洪山桥段长达4公里的江面受到不同程度污染。由"新淮安"号功能救助船为主,"闽海巡103""闽运政101"为辅到现场铺设围油栏,开展防油污应急处置工作,成功处置"3·18"闽江永丰取水口溢油污染事件。

【船舶与船员管理】 福州地区在册登记内河各类船舶共979艘、总重287137吨,在册内河适任船员共909人。

全年举办基本安全培训、客船特殊培训、渡工安全培训、小型船舶驾驶员等各类培训36期，培训人员1119人，举办1期快艇驾驶员培训班，培训快艇驾驶员24人。检验发证内河船舶325艘，征收船舶检验费103.5万元。

【行政执法】　组织开展船舶船名号专项整治、旅游客船、渡船专项督查、打非治违等专项执法行动，与福州海事局开展入海口联合执法，举行闽江水上联合执法行动4次。处罚各类违章案件51起，罚款金额24.15万元。

闽江北港禁航进入常态化管理，年内苍霞、淮安禁航点共监控过往船舶1058艘次，没有发现闯禁航现象。水口大坝过共通航122天，802闸次，安全通过船舶1489艘次。

（庄亚辉）

港口管理

【概况】　2014年，完成港航建设投资29.16亿元，占年度计划的132%；完成货物吞吐量1.44亿吨，其中集装箱吞吐量完成223.94万标箱；福州宁德港口一体化改革全面完成；江阴港区集装箱吞吐量首次突破百万标箱，达100.07万标箱，同比增长23.61%；江阴港区完成整车进口9830辆，同比增长130%，其中外贸整车进口量（2294辆）在全国新批6个整车进口口岸中排名第一；江阴港区疏港铁路支线建成并开通至江西横岗海铁联运班列；罗源湾港区完成货物吞吐量4869万吨，同比增长10.93%。

全年水水中转至省外的铁矿量超1060万吨，同比增长逾70.48%；可门作业区华电储运10号泊位、可门物流4号泊位年接卸量均逾1000万吨；马尾港务公司完成吞吐量突破1000万吨，松下港区松下码头完成吞吐量超1200万吨；完成对台客运量16.29万人次，同比增长12.87%。平潭对台客滚航线运输实现两岸船舶双向对开。

【港口规划】　《福州港总体规划》通过省政府办公厅征求军方意见；《罗源湾港区可门作业区规划方案调整》通过交通运输部审查审批；《闽江口内港区琅岐岸段岸线利用规划方案》和《松下港区元洪岸线利用规划补充方案》通过省厅审查；新《福州港总体规划环境影响评价（送审稿）》编制完成。

落实省政府《关于加快港口发展的行动纲要（2014—2018年）》，制定出台20条实施意见。

【项目前期工作】　完成罗源湾港区可门作业区南方石化30万吨级原油泊位、可门作业区8号泊位等9个项目的预审初审，中石油福建LNG配套码头工程、松下港区元洪作业区西1泊位工程等7个项目预审获批；完成罗源湾港区可门作业区6～7号泊位工程11个项目的工程可行性研究报告初审并上报，罗源湾港区狮岐作业区1～4号泊位等8个项目获省、市发改委核准；完成可门作业区9号泊位工程等9个项目的初设初审上报，江阴8～9号泊位、可门9号泊位8个项目初步设计获批。加快松下防波堤二期、福清湾深水航道二期工程等前期工作，其中福清湾深水航道二期工程项目的可行性研究报告与初步设计获省交通运输厅与省发改委批准，上报交通运输部。松下港区防波堤二期工程项目工程可行性研究报告获省交通运输厅批复。

【核心港区建设】　加快罗源湾可门作业区1～3号、6～7号泊位，江阴港区西部10～12号化工码头，平潭金井2～5号泊位，宁德湾坞作业区5～7号、漳湾作业区8～9号等重点项目的建设。其中，湾坞作业区6～7号、漳湾作业区8～9号、金井作业区2号5个泊位工程通过交工验收，新增吞吐能力564万吨。江阴港区进港航道二期工程和罗源湾深水航道一期工程以及平潭港区进港航道工程通过交工验收，宁德三都澳深水航道一期工程基本完工。福建江阴国际集装箱码头有限公司收购华富（福州）江阴码头发展有限公司江阴港区6号、7号泊位100%股权。下店航道管理基地码头维护工程和红山引航基地陆域回填工程及趸船建造均完工。

年内福州港成功申报绿色循环低碳港口主题性项目（2014—2016年），并申请到部专项补助资金。松下港区牛头湾作业区生态修复工程中的湿地修复和渔礁投放大部分完成。

【港口运输】　重新开辟集装箱航线，漳湾作业区8～9号泊位顺利开港并开通宁德至江阴集装箱定期定点海上穿梭航线。宁德完成集装箱吞吐量21854标箱。

"海峡号"随带运载妈祖銮轿金身的台车首次直接换牌入闽。"丽娜轮"从台北港首航平潭，实现两岸滚装船舶双向对开。福州港共完成旅客进出量16.29万人次，同比增长12.87%。

从1月1日起，对江阴港区外贸集装箱航线引航按照基本港标准收费，减轻船公司负担。江阴港区新增一条西非干线，干线共4条。

【港口管理体制改革】　福州宁德一体化整合　省交通厅与宁德市政府签订福州宁德港口改革一体化协议，完成对原宁德市港务局的清产核资，推进人财物交接工作。宁德分局于9月19日挂牌成立。

行政转企改革　新组建的福州港福宁船务有限公司实现扭亏为盈，水上救助中心（含福宁公司）全年实现拖轮经营收入5710万元，超年度计划14.2%；完成福州港航务工程有限公司工商注册登记。

企业脱钩工作　推进港胜物业、港通公司、监理所、试验站、福星公司、福源公司、福宁公司、中联理货8个企业共2批的企业脱钩工作，其中第一批港胜物业、港通公司、监理所、试验站4个企业脱钩工作完成。

【"平安港口"创建】　行政许可审批　新审批1家港口经营企业，并对17家港口企业进行资质核查，对部分港口企业变更换发"港口经营许可证"；审核上报8个项目岸线使用申请，其中可门作业区19号泊位等4个项目获部省批复；完成危险货物作业申报审批6231票次。完成2个规范性文件的报备和现有行政管理职权的梳理、核对、确认工作，重新制定办事指南并向社会公布等。

航道行政执法 加大对江阴、罗源湾进出港航道的行政执法工作。全年开展巡航检查91次(其中联合执法12次),检查船舶144艘次,检查水上单位128家次,航道检测57次,累计巡查航标1764座次,累计巡查航道3885公里,重点保障福州港“一集一散”核心港区超大型船舶进出港的航行安全。

安全生产监管 设立散货、危货平安港口示范点。全港109家企业公开作出安全生产诚信承诺。开展清剿火患战役、港口危险化学品安全专项整治等活动。在全局组织各类安全检查中,累计出动检查人员3946人次,检查企业1487家次,发现安全隐患438处,发出整改通知书44份,提出防范措施368条,整改隐患424处、整改率97%。全港有12家设施保安证书到期企业重新取得符合证书,完成对福州台泥洋屿码头等8家外贸码头企业设施保安符合证书年度核验,组织100余人参加部港口设施保安培训。举办两期《中华人民共和国安全生产法》宣贯培训班,企事业180余人参训。组织港口企业开展“麦德姆”“凤凰”等台风的防范工作。华电储运公司通过一级安全生产达标企业评审,为福建省首家安全生产一级达标散货码头企业。

加强质量监督 辖区内受监工程监督、在建大中型项目安全检查实现全覆盖。全年对福州港辖区22个水运项目开展155次检查,发出69份意见书共计481条整改意见。举办《水运工程质量通病防治手册》宣贯班1期,与省交通质监局联合举办福州港施工标准化及“三个关键人”培训班1期,累计培训230余人。

(符 燕)

机 场

【概况】 2014年,福州长乐国际机场安全保障运输起降8.13万架次,同比增长5.58%;旅客吞吐量935.34万人次,同比增长14.79%;货邮吞吐量12.14万吨,同比增长10.11%。年内,正式实施第二轮扩能建设。通过ISO 9001质量管理体系第三方年度认证;获评2014年福建省“五一劳动奖状”单位。元翔(福州)国际航空港有限公司连续3年获全国“安康杯”竞赛优胜单位称号。

【航空运输】 10月,福州航空进驻福州机场,打破福州仅有1家基地航空公司的市场格局,改变福州市场客票价格水平和客流分布。

全年国际航线旅客吞吐量32.3万人次,同比增长46.96%,运输起降架次5065个,同比增长42.12%,货邮吞吐量1222.5吨,同比增长103.55%。福州—美国越洋航线于11月27日实现首飞;新引进吴哥航空、越南航空及德威航空,开通暹粒、胡志明、首尔国际包机航班,福州机场国际航线运营的中外航空公司达7家,国际航点从2013年8个增至11个。加密福州—台北松山航班,榕台航班每周达32班,其中客运航班27班,货运航班5班,参与运营航空公司增至5家。全年榕台航班起降架次3258个,同比增长19.96%;旅客吞吐量36.4万人次,同比增长20.62%,平均客座率77.33%;货邮吞吐量7716.9吨,同比增长17.06%。

新开国内航线33条,新增国内支线航点6个,成功引进春秋等4家国内航空公司入驻福州机场运营,福州机场航线基本覆盖全国一、二线城市;继续加密北京、上海、成都、昆明、长沙等航线,加快打造“空中快线”;新增过夜运力,幸福航空10月25日在福州机场投放首架飞机,新开福州—义乌—合肥航线,福州机场过夜停场飞机达35架次;12月,联合国航福州营业部,在福州机场推出“畅行地空”产品,旅客在购买国航实际承运的福州进、出港航班机票时,可一次性完成机票和大巴车票的购买,凭个人身份证即可乘坐飞机和大巴,无需再次购票。

【机场安全建设】 完成《福州长乐机场应急救援计划》中不正常航班处置和候机楼紧急疏散处置等内容修订,全年组织完成11项公司级应急单项演练和综合实练。

创建“福州机坪”微信平台,丰富《一周案例警示》《运行日报》《驻场单位周机坪运行情况通报》的形式和内容。课题“缩短靠桥航班登机口变更距离”获2014年“国优”称号,安护部消防分部消防一班获“全国质量信得过班组”及“2014年福建省优秀质量小组”称号、地勤公司“逆风飞行”小组获“2014年福建省优秀质量小组”称号。

【机场服务】 制定“年度服务提升举措推进表”,提出117项提升项;评选10名“服务明星”;新增“爱飞翔”“向日葵”问讯,客舱清洁“空中美容师”“翔韵”货检服务,“翔燕”移动信息告知等10余项精品服务,组建“翔龙”值机保障团队、贵宾通道“翔星”班组等精品岗;推行“节油专家”精品项目,实现海航、祥鹏航等航班节油重心达标率100%,获祥鹏航空全国46家机场配载代理单位服务质量评比年中排名第一。实施“行李管家”精品项目,全年进港首末件行李交付时间符合要求的航班量占比98.49%;“精品卫生间服务”创新保洁管理方式,创设联合值班制度,首创卫生间“定单式保洁”。

美化WIFI验证页面,优化验证方式;完成“一证通关”“移动值机”项目,改造升级国际国内出发厅、到达厅航显设备,新增3台银行自助终端机。调整出租车蓄车点;增补计时停车场照明;完善计时停车场引导设施;增设过夜停车场车岛特色标识,发放车位引导卡、停车场区位图等便民措施。

【基础设施建设】 启动实施第二轮扩能改造项目,年内航站楼桩基工程完成逾80%,通过飞行区工程、航站区工程初步设计评审。推进福州机场二期建设前期工作,10月召开二期预可研报告省内评审会;二期填海工程进入立项报审阶段。

加快配套产业项目建设。10月29日,元翔福州空港医院整体搬迁并投入使用。海景酒店正式动工;福州机场货站改造工程、花园酒店装修等项目继续推进。推进临空商业地产项目,与福州隆祥实业有限公司签订翔汇广场承租合同,开展通用航空“4S”(sale—销售、show—展示、service—服务、sparepart—零配件)商业项目。

安全设施设备方面,元翔福州空港

投入330万元更新候机楼不间断电源，改造1号变电站气体灭火系统，增设候机楼、南北翼扩建区域、安检现场开包台等监控探头，共8项。福州机场候机楼设备更新改造方面，投入600万元配置或更新现场自助值机、航显等设备，自主建设扶梯自动报警系统，实现对候机楼内扶梯、步道的远程监控等。节能减排及设施改造方面，启动登机桥桥载设备替代APU和中央空调组合风柜电控柜改造项目，完成中央空调冷冻循环水系统节能改造，实施照明系统LED灯具改造；完成候机楼吊顶板更换、金属屋面维修、屋面防水处理等工程，共11项。

（黄剑峰　吴　敏）

福州航空首航　　（福州航空有限公司　供）

福州航空

【筹建过程】　2012年8月17日，市政府与海航集团签署战略合作框架协议。1月23日，海南航空股份有限公司、福州国有资产投资控股有限公司、世纪金源投资集团有限公司、宁波瑞通网络科技有限公司申请筹建福州航空有限责任公司，并经民航华东地区管理局初审同意。2月12日获中国民航局筹建许可。4月18日，中国民航福建监管局受理福州航空筹备组递交的运行合格审定预先申请，并预先启动辅导性手册审定；5月26日，中国民航局正式批准福州航空2014—2015年度引进5架波音737-800型飞机；6月1日，福州航空取得ICAO和IATA批准的、富有良好寓意的“FU、FZA”二、三字代码，以及666三位数结算码；6月12日，福州航空完成工商注册，取得营业执照；7月14日，中国民航华东地区管理局正式受理福州航空的经营许可申请。

7月16—17日，民航华东地区管理局完成对福州的运行合格审定现场预先验收，标志福州航空筹建正式进入经营许可。9月26日福州航空经营许可申请完成审批，在中国民航局官网进行公示。10月17日，福州航空正式取得经营许可证，10月22日，获航空承运人运行合格证，标志福州航空正式取得运营资质。10月30日，福州航空顺利完成首航。

【运营服务】　福州航空共执行784班航班，运送旅客102517人次，占福州机场11—12月的7%份额，占福州机场全年增量40万人次的25%，福州航空成为当期占有福州民航市场份额第二名的航空公司。年内福州航空筹备团队获海航集团有限公司授予的“项目团队开拓发展奖”；2014年度福州航空有限责任公司事故征候万时率为零，在民航福建辖区独立运行的6家航空企业中排名第一。

年内开通福州至上海浦东、天津、海口、昆明、西安、合肥、太原、重庆8条精品航线，全部采取点对点不经停直飞的方式组织生产，提高机场的航班时刻利用率。

福州航空以“标准化、规范化、科学化、常态化”为核心，推行海航SKYTRAX五星级服务标准体系，在大部分航线上投入优惠票价与优质服务。

【基础设施建设】　福州航空有限责任公司于福州长乐国际机场候机楼二楼出港厅的4号航空售票柜台设立航空售票点，提供出票办理、客票改期、升舱等业务。

福州航空有限责任公司承租福州长乐国际机场“翔通楼”作为办公使用，该办公楼为坐西北向东南的独立建筑，主体建筑为3层，上部结构体系为钢筋混凝土框架剪力墙结构，另有附楼为1层的连体平房，可用面积为2807平方米，建筑占地面积为1701平方米。

福州航空对AOC（运行控制中心）等运营保障席位区域进行合理设置，先后投资近300万元，采购国内外先进软硬件设备。200平米的大厅内设有卫星电话、ADS—B、甚高频通话、语音记录仪、酒精测试仪等专业设备。

10月，建立标准运行控制体系，推进AOC，飞行、乘务、签派、机务、地服等部门配合，7×24小时保障福州航空的每架飞机顺利飞行。

（许　悦）

（编辑　吴　燕）

邮政通信与政府信息化建设

邮　政

【概况】　2014年，福州市邮政行业业务总量完成34.16亿元，占全省比重21%；业务收入完成27.84亿元，占全省比重23.16%。其中，邮政企业实现业务总收入7.66亿元，同比增长7.77%；规模以上快递服务企业业务量完成1.43亿件，同比增长22.91%；业务收入完成17.31亿元，同比增长17.91%；投递量完成1.49亿件，同比增长28.45%。

全市取得合法经营资质的快递企业、分支机构222家，参与配送的车辆662部，从业人员超1.5万人，处理中心场地总面积近5万平方米。

全市共有邮政网点237个，基本实现村村通邮。全年完成南门支局等26个网点的标准化改造或局部改造，4个空白乡镇局所补建，3个业务库、5个“三农”项目仓储中心建设，13个网点的多媒体终端、LED门楣屏安装；建成邮政集中监控中心，重点场所安防得到强化。全市邮政综合服务平台达2945个网点，其中加盟网点2639个。

年内市政府办公厅印发《关于促进福州市邮政行业发展的实施意见》，主要解决邮政设施规划建设、快递运输车辆便捷通行、快递服务末端投递以及快递与电子商务协同发展4个问题。3月5日“福州市邮政局”正式更名为“福建省邮政公司福州市分公司”，标志着福州市邮政体制政企分开改革全面完成。

【行业发展】　推行“快递配送站为主、智能快件箱为辅”的末端快递投递服务模式，引入第三方运营，实现“8+24”全天候末端投递服务。人工方面引入“易栈”“容驿”两家快递末端服务平台，与各大品牌快递企业网点均有合作。年内建成小区快递配送站30个，日均投递量731件；建成并运行的办公区配送站1个，日均投递量352件；建成校园服务网点8个，日均投递量1359件。投放智能快件箱312组，格口数量18707个，

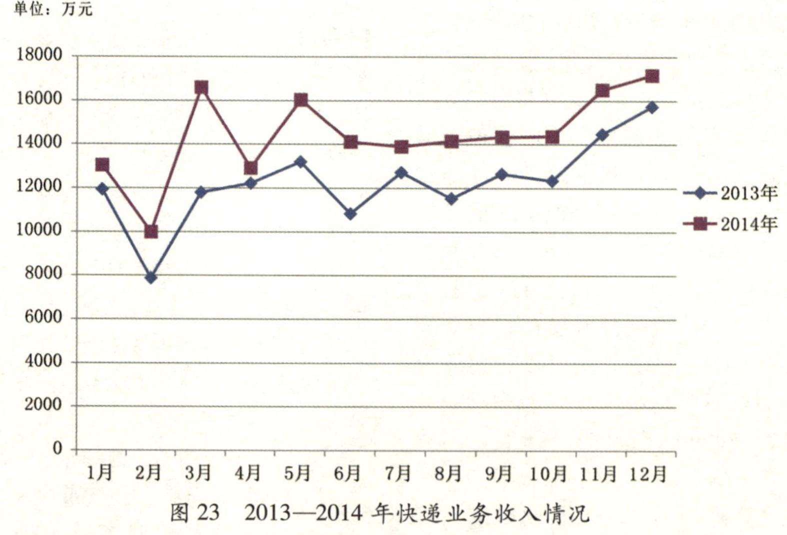

图23　2013—2014年快递业务收入情况

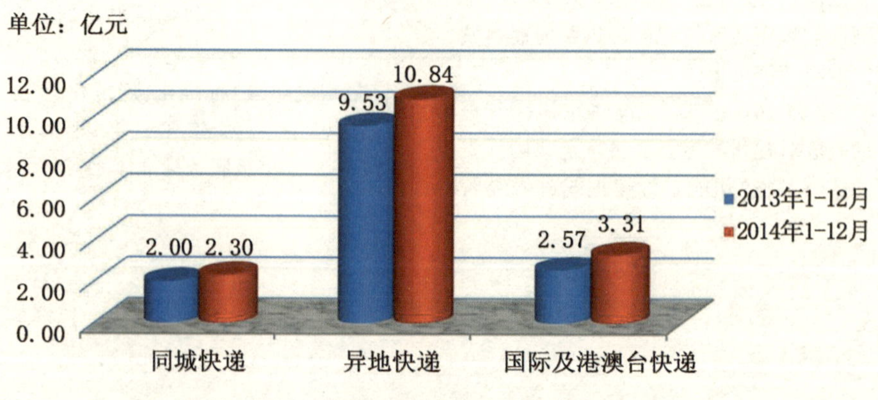

图24　2013—2014年分专业快递业务收入比较

日均投递量超7000件。“双11”日均量创历史新高，11月11—17日福州规模以上快递企业共收寄快件358.42万件，同比增长61%；投递快件498.05万件，同比增长86%；日均收件量51.20万件，日均投递量71.15万件，分别约为1—10月日均收件量和派件量的1.5倍和2倍，日均处理量突破160万件。

邮政国际小包利用台北航空转接，为8个主要邮件出口流向国家打开“台向”通道，运输时效从5—7天缩短到2—3天，推动国际小包标准化产品品质升级，吸引大型跨境电商企业到榕投资。全年实现国际小包收入1.17亿元，同比增长256%。

（刘　琳　张力勤　周炜赟）

中国电信

【概况】 2014年，中国电信福州分公司完成经营收入31.4亿元，同比下降3.78%。年内获“全国安康杯竞赛优胜单位连胜杯”“全国职工教育培训优秀示范点”“福建省科技型企业”称号，福州分公司IPRAN自动化开通技术研究课题为福建省唯一入围中国电信集团科技进步奖评选的项目，并获2014年中国电信集团科技进步三等奖。

【通信业务】 开展“天翼欢享季”等活动，调优套餐发展结构，分市场体系化经营。9月5日，天翼4G正式对外开售，首批“177号段”正式亮相，用户可享受到“最高150兆电信加强版4G网络”。同时打造精品专区专柜、终端直供大厅，提供线上、线下整合的O2O消费服务。持续打造“宽带精品网络”，推行宽带开放受理，扩大宽带销售半径，加快宽带光纤改造进度，光纤宽带全面提速，同时引入民资，解决末梢资源不足、建设受阻等问题。年内天翼用户达192万户，其中4G用户数达12.6万户，宽带用户数达145万户。

【网络运营】 推进4G网络深度覆盖，建设LTE FDD室外站点2296个，室分系统数416个，载扇数6837个；TD－LTE站点246个，载扇数546个。密集城区总体覆盖率达96.8%，八县整体覆盖率达90%。加快光网建设，将建设时长压缩至15天，全年共建设末梢光接入端口16万个，总量达126.5万。推广农村宽带无线化，利用现有光缆、站址资源和TD－LTE RRU，开通60个农村无线化TD站点96个RRU。整合数据、传输、动力等传统专业资源，围绕移动网络从不同切入点加快隐患排查和协同分析，促进重点指标的改善以及客户感知水平的提升。年内实施无线综合代维试点，降低移动专业维护成本，统一维护界面，加强代维管控和市场调节，提升维护质量和障碍抢修及时率。

随着8月14日福州琴亭长途交换机房最后一个TSH2长途交换机机架的电源下电，福建省传统TDM长途交换网全部完成退网，标志中国电信福建公司长途交换网络朝着智能化、IP化发展。

【信息化服务】 以智慧城市为主线，打造智慧企业、智慧政务、智慧交通、智慧街区等板块，树立行业标杆，实施规模复制。第十二届“6·18”中国海峡项目成果交易会，与市旅游局共同开发的智慧旅游电子信息系统项目参展，该系统包含的智慧旅游云平台、手机智慧旅游、旅游APP软件以及福州旅游资讯。翼支付业务的支付环境拓展到永辉、沃尔玛等大型商超，大型商超翼支付覆盖率逾80%，规模全省第一，全国第四。3月18日，福清江镜全省首家翼超市正式开业，至年底建成28家。该业务还融合交费助手和添益宝，打造“能省会赚”的翼支付品牌。

【客户服务】 建立三级投诉服务体系，梳理明确市、区县、分支局等各级投诉处理的职责与界面。实施10000号投诉派单前置流程，制定常见问题投诉处理规范。将服务过程管控指标和投诉源头治理纳入服务考核管控体系，建立涵盖客服部门和各相关专业支撑管控部门齐抓共管的服务责任共同体。对光猫、4G、外呼营销、渠道服务质量、终端维修、公话等热难点问题开展服务稽查，对业务流程中的问题和隐患，要求相关部门进行整改和优化。开展“参与有惊喜，满意服务在身边”服务宣传互动活动，引导客户认知各项服务举措，在互动中提升客户满意度。全年用户满意度上升4.39%，投诉率下降5.12%。

（陈俏彬）

中国移动

【概况】 2014年，中国移动福建公司福州分公司围绕“开创新增长之路”的目标，以“精细运营、转型改革”为主旨，把握4G发展契机，聚焦十大重点工作，保持持续健康发展势头。全区营业收入完成50.99亿元，同比下降7.52%。公司获“第三届全国文明单位”“福建省突出贡献青年文明号活动组织单位”“2013—2014年度中国移动班组建设示范单位”称号。

【市场拓展】 推出“两不一快”便捷服务，实施“终端、换卡、套餐、软件预装”四位一体策略，开展4G进集团、进校园活动，加速4G客户规模提升。全年4G客户规模达73万户。通过实施“10086”“10085”“10088”及各区县外呼资源集中管理、搭建存量客户画像数据及精确营销系统、试点与保险、安防等行业的开展跨界合作、分类分通路精细营销等措施，加强存量客户保有。通过提升新入网客户流量普及率与订购率，完善流量资费价格体系，简化有线宽带办理流程，提升宽带带宽速率等措施，推动流量收入快速增长。无线上网收入同比增长46.15%。创建“精简售前、重塑售中、统一售后”的集团产品管理模式，打造“3＋2”ICT运营体系，增强集团业务竞争能力。推动降本增效。落实“实名制”管控，增强信息安全。

【网络建设】 开展4G网络建设大会战，主城区和县城城关的4G站点规模全面超越2/3G网络。开展2/3G网络百日会战、投诉专项整治等活动，完成346个TD站点、725个2G站点开通，强化2/3G网络深度覆盖，解决优化类问题点3741个，网络投诉总量压降41.6%。创新网络运维模式，推广4G基站集中入网管理,施行“一站清”流程,新入网站点故障率较2013年下降20个百分点。全年建设FP+DP合计1949个,AP计3952个,全面满足2/3/4G基站、集客专线、家庭宽带、WLAN的业务需求;全区新增及优化近200个PTN环网,成环率达91%,有效提升传输网络安全性。

【通信保障】 成立应急保障专项小组,制订应急保障方案,开展模拟演练,不断完善应急演练流程及管理机制。全年完成“5·18”海峡两岸经贸交易会、“6·18”海峡项目成果交易会、平潭两岸接力泳渡台湾海峡活动等13场次重大活动与防讯抗灾的应急通讯保障工作。累计出动应急通信车22车次,其他保障车辆563车次,各级保障人员1017人次,油机总量达317台次。

【信息化建设】 全年投资逾3亿元,重点打造以无线城市、平安城市、智慧城市为内涵的信息化项目。结合行业特性,利用4G LTE-FI技术,为公交、电力、公安等行业部门提供高安全、高带宽的无线专网解决方案,在公交、电力、公安行业部门发放M2M卡近3.5万张,搭建“掌上公交”平台及“公交4G无线应用”项目,创建促进行业应用的电力远程抄表系统,构建便于执法的警务通项目。承建平安福州、平安闽侯、平安罗源、平安福清、平安连江、平安马尾等项目,推动全区平安城市建设。承建福清、闽侯、闽清数字化城市管理平台等多项智慧政府项目、连江综治网格化项目等,促进政府管理与公共服务的精细化、智能化、社会化。承接福州市东部新城中心机房运行维护服务外包项目和福州市政务外网IDC托管项目,为福州市各政府机关事业单位提供云主机服务,助力政府信息化进程。与卫生厅合作医疗认证云平台项目,实现全省医务人员身份电子认证,所有医疗行为集中管理。

【客户服务】 制定全业务产品建设和售后品质管理办法,明确全业务后端支撑部门职责、各流程环节考核时限、售后规范等事项,加强对全业务全流程的服务支撑。针对已建成专线、专线故障集团开展满意度回访调查工作,在成功回访的集团中,集团客户专线整体质量满意度表现值超90%。开展4G网络集团挑刺活动,提高集团客户满意度。根据移动总部调查,福州集团满意度表现值86.67,居全省第一。在“福州移动”官方微信平台开发客户满意度评价专区、服务讲堂及客户意见留言本等客服功能,并在满意度评价专区开展“满意10分微信评价流量加油”主题活动,活动总参与人数达1.3万人,答题总次数达4.5万。组织暗访监测、明查走访、满意度调查和投诉跟踪分析,强化营业厅服务过程管理。加强重要客户网络投诉触点服务,通过上门测试及时发现网络问题并推动解决,月均上门服务180次,上门人员满意度达87%。推行“投诉集中化”,实现“大集中、大支撑、大团队、小流程”的投诉管理模式,促进服务管理精细化。

(刘婷婷)

福州移动开发“4G驾考应用项目”,通过TD-LTE远程传输技术,实现无人监考 (移动福州分公司 供)

中国联通

【概况】 2014年,中国联合网络通信有限公司福州市分公司服务渠道由核心商圈向二、三级商圈,城中村、县区、乡镇村、厂矿区域延伸;在实体渠道之外,拓展网上营业厅、手机营业厅、自助终端和MINI厅等电子商务渠道。全年电渠服务占比提升10.6个百分点,达79.3%,交易额达9亿元。年内实现通信服务收入16.9亿元(增值税口径),同比增长10.4%,纳税额同比增长26.06%。

【市场营销】 6月28日,中国工业与信息化部批准中国电信、中国联通分别在16个城市开展TD-LTE/LTE FDD混合组网试验,福州联通成为福建省唯一一个获批开展该试验的运营商。利用该平台,福州联通4G业务用户数同比增长10.5%,3G+4G收入较2013年同比提升近20个百分点。针对日益增长的上网需求,推出3G/4G一体化套餐,较原3G套餐流量提升资费下降,实现600元费用封顶。用户在同资费情况下享受的单位带宽较2013年提高4兆。

【网络建设】 总投资1.5亿元,启动4G网络建设,新建的联通4G网络覆盖市区、县城城关、高校、机场高速、三环以及26个重点乡镇;覆盖区域同时开通3G网络42兆功能,3G网络能力提升24.5%,实现所有乡镇镇区连续覆盖,行政村覆盖率达68%。年内新建15万个宽带端口,总规模达89万,宽带覆盖率达82%,其中20兆以上端口占比达85%。

【通信保障】 配合有关部门完成2月14日元宵灯会两马闹元宵活动、“5·18”海峡两岸经贸交易会、“6·18”海峡

12 月 3 日，国资委监事会主席杨坚视察联通战略渠道（联通福州分公司　供）

两岸项目成果交易会、10 月 11 日福州超级马拉松接力赛和 11 月 11 日奥体国际羽毛球公开赛等应急通信保障，共出动应急通信车 38 车次，累计投入保障人员逾 300 人次。

【信息化建设】　信息化服务涉及城管、司法、国土、政务、金融、医疗、环保、幼教以及烟草等 12 大行业逾 7.2 万个用户；承建数字城管二期建设，覆盖仓山区、晋安区、马尾区建城区，总计面积 167 平方公里；为各县（市）区的约 10 所小学的 3000 多所班级提供“班班通”业务；为全市 16 个法院单位提供远程调度平台及政务移动 OA 平台，为福州五区七县 15 个安监局所实施视频监控电路项目的建设，配合各安监局延伸对涉及重大危险源企业实施安全管控工作。

【客户服务】　全业务服务满意度年度测评成绩位列全省联通第二。3G 和 2G 业务满意度、宽带业务满意度、3G 网络质量满意度、窗口服务满意度和宽带装移修满意度均居通信行业首位。

（周江航）

政府信息化建设

【概况】　2014 年，安排信息化重点建设项目 181 项，其中，在建项目 84 项，计划新开工项目 89 项，预备、前期建设项目 8 项。建成或基本建成信息化重点建设项目 12 项：福州市政务云计算平台项目、福州市数字化综合管理服务平台、福州市经济地理信息系统、福州市闽江下游防汛信息系统（一期）项目、福州市数字化城市管理服务中心安防信息系统、福州市气象连线直播室、福州市 1:2000 数字线划图（DLG）\数字高程模型（DEM）\数字正射影像（DOM）数据库生产建设项目、福州市 1:500 数字线划图数据库Ⅱ期、福州市市直党政部门办公自动化系统备份项目、福州市农村基层党风网（二期）、福州市政协委员服务与管理平台、福州市行政服务中心基础网络建设项目。新开工建设福州市文化地图综合项目、福州市第一看守所安防技术系统改造工程、福州市区域医学影像信息系统、福州市中院司法集控中心建设项目、自助图书馆监控中心等 42 个项目。11 月，国家行政学院电子政务研究中心首次发布《2014 中国城市电子政务发展水平调查报告》，福州市电子政务发展水平位列北京、上海、广州、深圳之后，排名全国第 5 位。

【机制建设】　一是规范信息化项目管理。修订完善《政府投资的信息化项目管理暂行办法》，规范财政投资的信息化项目建设、管理，提高信息化项目资金使用效率，避免项目重复建设、资源浪费。组织“数字福州”专家组评审福州市文化地图综合项目、福州市数字化城市管理系统市（县）拓展建设项目、福州市第一看守所安防技术系统改造工程、福州市区域医学影像信息系统等信息化项目等 42 项，共核减财政投资概算 4620 万元，资金节约率达 25.4%。

二是强化政务信息资源管理。制定下发《福州市政务信息资源目录编制Ⅱ期实施方案》，组织开展相关培训，指导、督促市城乡建委、市机关局、市园林局、市林业局、市行政服务中心管委会等 35 家市直部门开展政务信息资源目录编制工作。编制完成《福州市政务信息资源交换共享暂行管理办法（初稿）》。

三是开展信息化标准化工作。参与制订地方信息技术标准，对《民政社区数据规范》《基于云计算的电子政务公共平台信息资源安全要求》等 5 项国家和地方信息技术标准提出修订意见。梳理出计算机和基础数据库方面的常用标准目录。

【应用服务】　“中国福州”门户网站建设福州市公共服务信息化统一平台二期（“中国福州”门户网站群二期）项目，对网站页面进行全面改版，网站总体绩效水平有新提升，“中国福州”门户网站位居全国计划单列市及省会城市网站第三名，连续 4 年在福建省政府网站绩效考核中排名第一，在“2014 中国特色政府网站评选活动”中，获“在线服务创新奖”。新建环保、安全生产和三公经费等专栏，主动公开空气质量、水质情况、安全生产、部门财政预决算及“三公”经费等社会公众关注的热点信息。推动网站信息向手机、有线电视等多种媒介公开，政府信息实现“掌中看”“电视播”等功能。重新梳理办事指南、缩减办事事项、取消兜底性条款，并同步在网上审批系统、“中国福州”门户网站、市直部门子网站上公布，提升网上办事服务能力。深化“在线访谈”等互动栏目，举办“在线访谈”43 期，邀请 43 家市直相关单位主要领导与市民沟通交流。每期公众参与人数约 7 万人，共有 12.93 万名群众参与无记名投票及意见征集活动。推进新技术应用，建设“中国福州”手机 APP 门户、网站微信平台及公众版电子地图。开展绩效评估和考核，政府网站建设工作首次纳入市委、市政府对县(市)区及市级机关单位绩效管理指标体系。完成福州市政府网站群运维监管项目的立项与招标工作,实现对全市各级各部门政府网站的更新量、健康度、可用性、安全性、用户访问行为、“中国福州”网站保障情况以及网站绩效考核的全面运维监管。

“数字城管”二期项目建设　完成基础数据普查、硬件建设、网络建设、场地改造、软件开发部署和坐席员、采集员队伍扩建等工作,6月15日数字城管二期项目上线运行,市、区两级167家处置单位接入系统提供服务。覆盖范围由鼓楼、台江区扩展至仓山、晋安、马尾区,实现全市五城区220平方公里全覆盖。全年数字城管系统立案655818件,结案438073件;2013年1月1日项目上线运行以来累计立案775914件,结案571860件。开展《福州市数字化城市管理部件和事件立案、结案规范》修订工作,规范权属不明部件类案件、流动性强的事件类案件的办理处置流程。加强对处置单位经办人员、坐席人员、信息采集员的培训管理,全年举办23场培训班,765人次参加培训。数字城管建设工作继续纳入市委、市政府对县(市)区及市级机关单位绩效管理指标体系,市政府办公厅每月通报工作情况并向社会公布。定期向市效能办提供效能问责线索,对不作为、慢作为的处置单位进行效能问责10人次。推进数字化城市管理向县(市)拓展延伸,下发《福州市人民政府办公厅关于调整县(市)级数字城管系统(含“12319”呼叫平台)建设方式的通知》,9月《福州市数字化城市管理系统市(县)拓展建设方案》通过“数字福州”专家评审。年内长乐市、福清市、连江县建成或基本建成数字城管系统。

“智慧城市”综合管理服务平台　在全省率先启动“智慧城市”综合管理服务平台建设,该平台建成市委市政府应急指挥中心、城市管理服务中心两个中心,“12319”一个呼叫系统,“智慧城市”综合管理服务总平台,数字城管、社会综治管理、应急指挥、生态安全监管、公共场所监管、安全生产监管、特殊车辆监管、经济地理信息、“中国福州”门户网站群、电子证照10个管理服务子系统。年内接待各类参观30余批次,其中省级以上领导参观8次。

电子证照库项目　8月启动建设全市统一的电子证照库项目,初步完成电子证照库在政务云计算平台上的部署准备;对入驻行政服务中心的43家颁证单位开展证照目录梳理、编制及应用培训,其中35家单位完成前期准备,初步具备电子证照应用的条件。项目建成后,将实现在线生成、发放、共享、查验和复用电子证照。通过数字证书,企业和个人可以在互联网上调取自己所有的电子证照,不用提交纸质证明材料,就可以直接在网上申请办事。审批单位可以在网上对电子申报材料进行验证、审批,同步生成纸质和电子证照,实现网上办事服务的全流程电子化。10月17日,省发改委组织召开全省推广电子证照应用创新政务工作模式培训会,会上福州市汇报电子证照项目建设应用进展情况,并现场演示电子证照从申报到生成证照的闭环办理全过程获肯定。

社会保障卡(市民卡)制发卡及应用服务　加强制卡督查管理,在优化市民卡制卡流程基础上开发制卡公示系统,保证市民及时申领,方便各部门查阅并解决制发卡过程中存在的问题。至年底,累计制作市民卡613.4万张。完成市民卡基于PBOC2.0技术标准的系统升级改造工作,为发放新标准的市民卡创造条件。拓展市民卡的应用范围,完善市民卡医保缴费实时查询和批量签约扣款等服务功能,与福州华润燃气公司建立代缴业务合作关系,实现医保缴费、公共事业缴费、医院就诊等项目拓展应用。

【基础设施建设】　一是推进政务网络整合提升。编制完成全市政务外网横向网升级改造方案,加快整合政务网络。规划建设全市统一的、基于4G移动通讯网络的电子政务无线专网平台,推进无线政务应用。建成统一开放的福州市政务外网云计算平台互联网发布区,实现电信、移动、联通3家运营商统一带宽接入,提高全网络负载均衡能力。

二是建成市级政务云计算平台。12月市级政务云计算平台项目通过初步验收,包含政务网云计算平台和政务外网云计算平台两个部分。至年底,市直党政机关办公自动化系统、公共服务统一平台二期、网上审批系统、行政处罚系统、全市域空间地理基础数据库、人口数据库、涉税信息综合管理平台等一批应用系统迁移到政务云平台上开展应用,用户涵盖市财政局、地税局、国税局、国土局、安监局、效能办、住房公积金中心、行政服务中心、数字办、勘测院等多家单位。该平台开通虚拟服务器200多台,有效提高计算机设备的CPU、内存、存储等各类资源的综合利用效能,降低系统建设和运维成本,缩短应用系统的部署周期,提高安全保障能力。

三是完善城市公共基础数据库。推进全市空间地理数据库建设,建成1:500数字线划图数据库Ⅱ期和1:2000数字正射影像〈DOM〉、数字线划图〈DLG〉、数字高程模型〈DEM〉数据库项目。综合利用市级平台成果集约建设市县地理信息共享平台、福州全市域矢量和影像电子地图项目。加快全市地理信息成果汇交步伐,推进地理信息数据在地税、数字城管、安监、统计、综治等部门的共享应用,市统计局、国土局、城乡规划局等12家市直单位共汇交专题信息363类。开展“数字福州”地理空间框架项目建设,并通过国家、省级验收。启动建设福州市人口信息数据库一期项目,项目通过“数字福州”专家评审并完成项目招标,进入实施阶段。

四是建成统一的融合三家运营商的短信服务平台。在福州市政务外网云计算平台互联网发布区部署搭建统一的短信服务平台,统一短信特服号,对接移动、电信、联通3家运营商的短信通道。短信服务平台实现与“中国福州”门户网站、福州民评网、“中国福州”手机APP门户等应用系统的对接。同时为其他政民互动和公益服务类的短彩信(民意征集、数字城管便民诉求、信息公开查询等)应用提供支撑。

五是整合全市机房基础设施。东部办公区中心机房建成并投入试运行,可为全市信息化建设提供280多个各类机柜资源,市公安局、教育局等24家单位的应用系统设备入驻并接受管理。开展市数字办乌山中心机房的升级改造,完成市政府乌山大院政务网网络梳理。通过政府购买服务方式依托福州移动公司马尾IDC机房建立政务托管专区，实现马尾IDC政务托管专区至东部办公区中心机房和乌山中心机房万兆链路连接，有效节约各类应用系统的运行维护费用。完成对市级及县(市)区基础网络及机房运行情况的调研摸底，梳理市数字办管理的信息设备和网络情况，建立信息设备固定资产管理目录，组建机房运行维护管理团队，负责全市市级机房及政务网络设备的日常运维管理。制定下发《关于做好县(市)区数字办机房环境建设的通知》，明确各县(市)区数字办机房建设标准，指导各县(市)区开展机房等基础设施改造。

六是筹备第一届全国青运会福州赛区信息技术保障工作。完成基础网络及数据通讯工程服务，竞赛计时记分及信息系统工程服务，电视转播字幕系统工程服务，硬件设备及系统软件采购及运行管理服务，信息系统工程监理及集成测试与辅助运行服务5个项目招投标工作。制定下发竞赛场馆信息系统基建标准，对福州赛区所有场馆信息系统接口、线路布设和LED显示屏情况进行实地勘察和初步确认，推进福州赛区竞赛场馆信息技术功能用房建设。制订青运会通信保障工作实施方案及海峡奥体一场三馆通信建设方案，10月底开通海峡奥体综合馆的3家运营商分基站。开展中国羽毛球公开赛(11月11—16日)的通信保障工作。依托“中国福州”门户网站开通第一届青运会福州赛区网站，网站以宣传福州、服务青运为宗旨，设置青运新闻、图片新闻、视频中心、赛事与场馆、青运公告、宜居福州六大栏目，印发《第一届青运会福州赛区网站栏目维护分工表》，明确执委会各部室责任分工，及时发布第一届青运会福州赛区的官方信息、新闻动态等内容，让市民及时了解青运会工作进展情况。

七是开展全市电视电话会议系统技术维护。完成98场电视电话会议的技术调试、现场值守工作，其中，政务网电视电话会议系统国家级会议37场、省级会议39场、市级会议14场；应急视频会商系统会议1场、背靠背调试5场；配合省里进行高清视频会议系统调试2场。

(叶伟奇)

(编辑　吴　燕)

口岸

口岸管理

【概况】 2014年,福州市海港口岸完成货物吞吐量12019.34万吨,同比增长15.62%,其中:完成外贸货物吞吐量5406.08万吨,同比增长11.26%;完成集装箱吞吐量221.57万标箱,同比增长12.15%,其中,完成外贸集装箱吞吐量131.72万标箱,同比增长10.32%;"两马"客运直航累计运送旅客42201人次,同比增长2.49%;空港口岸出入境旅客累计1253494人次,同比增长21.54%。

【口岸开放】 一是9月9日国务院批复同意福州港口岸扩大开放罗源湾港区,进入国家级验收前的准备阶段;二是推动黄岐港区扩大开放申报工作,进入征求军方意见阶段;三是罗源湾港区第二十轮临时靠泊国际航行船舶继续获交通运输部批准;四是闽江口内港区福州名成渔业港务有限公司码头新增涉外作业点通过省级验收;五是开展闽江口内港区山水建筑材料有限公司3000吨级散杂货码头、松下港区元载5万吨级散杂货码头两个新增涉外作业点的市级验收前准备工作。

【口岸建设】 总投资6000万元,进行连江县可门查验中心建设,面积1.5万平方米;总投资1016万元,进行福州边检站罗源边检分站综合业务用房建设,面积2593平方米;总投资4200万

表23 **2014年福州口岸客运统计**

类型	出/入境	累计(人次)	同比增长(%)
海港口岸	出境	21065	2.38
	入境	21136	2.60
	合计	42201	2.49
空港口岸	出境	625113	21.75
	入境	628381	21.32
	合计	1253494	21.54

表24 **2014年福州海港口岸对台客货直航统计**

类 别	完成量	同比增长(%)
客运(人次)	42201.00	2.49
货运(万吨)	289.18	-12.00
集装箱(万标箱)	28.04	-11.21

表25 **2014年福州口岸海运统计**

类别	完成量	同比增长(%)	进口累计	同比增长(%)	出口累计	同比增长(%)
货物吞吐量(万吨)	12019.34	15.62	—	—	—	—
外贸吞吐量(万吨)	5406.08	11.26	4212.55	7.89	1193.53	25.05
集装箱(万标箱)	221.57	12.15	—	—	—	—
外贸集装箱(万标箱)	131.72	10.32	63.23	10.97	68.49	9.72

元，进行黄岐港区旅检通关中心以及对台客运码头建设，面积8000平方米。

【口岸航线】　福州海港开辟美西、非洲、西非远洋航线和日本、韩国、东南亚、越南、马尼拉、内支线等35条外贸航线，以及“两马”（福州马尾—台湾马祖）海上直航客运航线。

11月27日，福州空港实现福州—浦东—纽约航班首飞，开启洲际航线新纪元。至年底，共开辟70条航线，其中有16条客运航线和1条至台北货运航线。客运航线分别为台北（桃园）、台北（松山）、高雄、台中、香港、东京、大阪、新加坡、澳门、吉隆坡（经厦门）、首尔、济州、襄阳、暹粒、曼谷、雅加达。

【口岸通关】　福州海关推进关检合作“三个一”，并覆盖至关区所有业务现场。同时对失信企业以外的所有企业进出口货物实行通关作业无纸化，进、出口无纸化通关报关单的海关作业时间分别较全国平均用时少11.93小时和0.55小时。

9月8日起，福州国检在福建口岸全面实施出入境法定检验检疫货物“通关单无纸化”工作（即对关检共同管辖区域的出入境法定检验检疫货物，除特殊情况外，检验检疫机构不再签发纸质“出/入境货物通关单”，海关凭检验检疫机构发送的通关单电子数据实施放行）。11月起，福州检验检疫局在原产地签证业务试点实施新签证模式，包括取消产地证企业年审、实施产地证无纸化申报、简化签证产品备案、放宽异地调查结果单要求、简化一般原产地证签证5项便捷措施，直接惠及企业1858家，年均为企业节省费用约60万元，节省通关时间5万小时。

福州边检自主研发“网上便民服务平台”，推出网上办证、网上报检、网上查询等功能，实现业务随时随地办理。对口岸限定区域实施“一级从严管、二级选择管、三级便利管”的差异化管理。

福州海事推动通航环境管理系统正式应用，初步建成基层船舶动态监控监视平台。同时，福州海关、福州国检局入驻福州市行政服务中心以及开展福州口岸通关便利化满意度测评活动。

（陈　勇）

福州海关

【通关制度改革】　一是实现关检合作“三个一”试点全覆盖。实现所有隶属海关办事处、通关现场、依法需要报关报检货物全覆盖。全年以该模式申报进口标箱1.6万个，货运量19.4万吨，货值5265万美元，节省企业费用约500万元。

二是开展通关作业无纸化改革。与检验检疫、银行等部门配合，实现联网监管证件、涉税非电子支付的报关单无纸化，通关效率较有纸模式提升逾86%，全年无纸化报关单达80%，参与无纸化试点企业7.5万家，其中A类及以上诚信企业逾1万家。

三是实行“属地申报、属地放行”区域通关模式。实现与全国所有海关互为区域合作海关，异地进出口货物、属地海关验放缩短至0.5个工作日，异地企业在福建口岸进出口货运量716.6万吨，货值8.6亿美元。

四是推进水运、空运舱单通关制度改革，实现海关与国际贸易关联方电子信息高速互换，拓展国际转运、多式联运等新型业务。

五是复制推广先进区后报关、智能卡口、区内自行运输等7项创新制度措施，节约企业运营成本达数百万元，节约通关时间8000多小时，其中，平潭综合实验区“先进区、后报关”有120家企业参与，每票货物通关减少约2小时；智能化卡口验放使得从原先的转关运输的48小时到现在3分钟可正常验放车辆，节约企业营运成本441.6万元、节约通关时间5820小时。

【重点项目建设】　*跨境电子商务试点*　设计完善平潭跨境电子商务通关监管模式，完成相关配套监管办法制定，打造对台跨境电子商务平台，并通过“清单核放、汇总申报”模式，实现中小型外贸企业零散订单的结汇、退税功能，让企业享受国家相应的外贸补助。11月5日，福建省首个跨境电子商务试点在平潭综合实验区顺利启动，首票国际邮件通过“丽娜轮”运抵台北，企业物流成本降低30%。

推进汽车进口业务发展　支持江阴整车进口展示和汽车平行进口业务，简化整车证明书签发手续。下放展示汽车留购进口审批权限。年内，共签发汽车“货物进口证明书”1946份，在全国整车进口口岸中位列第七，在新增整车口岸中排名第二。

推进平潭对台小额商品交易市场设立发展　6月10日完成对平潭对台小额商品交易市场组织验收，该市场在“6·18”海峡项目成果交易会前启动试运行，并制订完善相关市场监管办法，优化人行卡口设置、完善市场账册管理等监管环节。

推动陆地港港口建设发展　研究出台支持海铁联运、海陆直通、空路直运等物流新模式的具体措施，货物运抵港区后可直接分流至三明、武夷山陆地港，降低企业中转物流成本。推进平潭综合实验区澳前港区通过国家级验收，促使平潭综合实验区金井港区、福州罗源湾港区、莆田东吴港区、宁德港区水域临时开放获批。

【海关税收】　在大宗商品价格下滑、整车进口数量下降、部分企业受经济形势影响产销困难等不利因素影响下，完成保底税收目标的103%，净入库120.66亿元，同比减少0.64亿元，下降0.52%；税收流量保持增长，转出9.14亿元，税收流量达129.8亿元，同比增长1.8%，列全国海关第21位。加强税收预测和对重点企业、大宗货物的分析监控，强化商品归类质量控制，发布关区《价格风险参数表》，加强风险布控，化验命中率达40.7%。

【闽台口岸合作交流】　继续强化福州口岸作为国内唯一水陆路出口总包邮件交换站的功能，拓展闽台通邮路线，新增“平潭—台中”和“平潭—台北”两条出口高速海运邮路，监管对台邮件2836吨。为“5·18”海峡两岸经贸交易会、“6·18”海峡论坛、平潭台湾商品交易会等涉台展览会提供高效便利的监管通关服务；促进全省居民赴台个人游，全年监管对台旅客53.2万人次，同比增长17.2%。

【海关进出口监管】　对AA类诚信守法企业适用较低随机布控查验率，通过

福州缉私局破获"7·25"走私珍贵动物制品案,查获完整的孟加拉虎皮

(来源:中华人民共和国海关网站)

后续稽查加强管理;通过微信可预约查验,缩短货物查验时间;向海关总署争取到6330万元专项经费,在马尾和江阴港区申请新增H986查验设备,采取非侵入式检查手段,口岸查验量减少约30%。加强违规携带、邮运进境违禁物品监管。实施"清源2014"专项行动,加强对危害国家政治文化安全的违禁印刷品音像制品监管,加强对枪支弹药、涉恐涉爆、毒品、濒危动植物及其制品、反动宣传品和假冒伪劣侵权等货物物品的查缉工作。全年福州海关行邮渠道查获各类违禁印刷品音像品7470件,管制器具案件23起,枪支配件案件23起,毒品案件36起。

(戴志雄)

检验检疫

【概况】 2014年,福州检验检疫局共检验检疫进出口货物7.52万批、货值85.92亿美元,分别同比下降42.11%和16.01%。

检疫出入境船舶3791艘次,出入境人员92467人次,分别同比下降5.23%、19.84%。检出发热及其他相关症状人员23例;截获检疫性有害生物24种、441种次,分别同比增长0%、20.8%,截获率居福建检验检疫局系统前列,多个种次系福建检验检疫局系统首次截获,从进口饲料用大麦中检出地中海白蜗牛,从进口大豆中截获黄顶菊、多年生豚草,从进境集装箱中截获活蜥蜴等,从进口的火龙果中检出杰克贝尔氏粉蚧,总局专门发布警示通报;开展进口矿产品的检疫监管和环保监测,强化入境集装箱、废料、危险化学品的把关,从进口婴幼儿奶粉检出矿物质元素不达标,从进口粮谷中检出国家未批准转基因成分,连续从美国输华苜蓿草中检出转基因成分,均成功实施销毁或退运处置。

完成首次赠台小熊猫出境前的检疫审批和查验,与江苏太仓局协作,促进出口活鲍鱼的快速通关,辖区茶叶、食用菌出口量稳居全省龙头地位;率先设立质量安全监督管理部门。率先开展进口预包装食品集中查验模式改革,促进保税港区进口食品交易中心扩大建设。

年内,获评全国文明单位、全国质检系统首批依法行政示范单位;海港处获全国"工人先锋号"称号。

【进出境货物检验检疫】 受理报检9.24万批、货值99.51亿美元,分别同比下降39.86%和14.09%。检验检疫7.52万批、货值85.92亿美元,分别同比下降42.11%和16.01%。检出不合格2271批、货值32.27亿美元,分别同比增长125.75%、10.74%。

出境货物检验检疫因法检目录调整大幅下降,降幅近50%。全年检验检疫出境货物5.01万批、货值16.49亿美元,分别同比下降47.83%和46.34%。出境动植物及其产品占出口批次逾70%,货值占近50%。出境动植物及其产品检验检疫3.76万批、货值7.83亿美元,分别同比增长5.40%和10.54%。出口食品及化妆品检验检疫8776批、10.91万吨、货值6.85亿美元,分别同比增长0.78%、13.85%和8.50%。共检出不合格出口货物403批、货值2645.83万美元,分别同比增长219.84%、427.36%,批次、货值不合格率分别为0.80%、1.60%。主要不合格产品为食品(147批)、化妆品(13批)、轻工品(98批)、化工品(56批)、纺织品(42批)、机电产品(37批)等。

入境货物共检验检疫进口货物2.52万批、货值69.43亿美元,分别同比下降25.92%和2.99%,其中法检货物1.46万批、54.54亿美元,分别同比下降9.85%和2.11%,非法检货物约占进口货物批次、货值的42%和22%。共检验进口法检工业品8043批、货值35.31亿美元,分别同比下降5.05%、2.83%。共检验检疫进境动植物及其产品3073批、货值16.21亿美元,分别同比下降3.58%和增长0.45%。检验检疫进口食品化妆品3521批、货值3.02亿美元,分别同比下降23.09%、6.76%。进口产品不合格检出率仍然较高,检出不合格1868批、货值32亿美元,分别同比增长112.27%、10.02%,批次、货值不合格率分别为7.43%、46.09%。主要不合格产品为铁矿砂、煤炭、大豆、机电产品、食品等。

【进出境集装箱检验检疫】 受理进出境集装箱报检28.96万标箱,同比下降8.03%;共查验4.14万标箱,同比下降52.18%,查验率为14.31%;对21.89万标箱实施卫生除害处理,同比增长2.43%,卫生除害处理率75.6%。

进境集装箱检验检疫受理报检21.03万标箱,同比增长2.44%,其中进境重箱9.43万标箱,同比下降2.47%,共查验1.55万标箱,查验率16.46%;实施卫生除害处理9.43万标箱，卫生除害处理率99.95%。进境空箱11.59万标箱，同比增长6.82%，共查验1.09万标箱，查验率9.36%；实施卫生除害处理11.59万标箱，卫生除害处理率100%。

出境集装箱检验检疫受理报检7.93万标箱，同比下降27.63%，其中重箱7.86万标箱，同比下降27.54%，空箱689标箱，同比下降36.44%。查验1.51万标箱，同比下降72.11%，查验率18.97%；实施卫生除害处理8697标箱，同比增长0.02%。

检出携带疫情及有毒有害物质等不合格集装箱710标箱，检出率为1.71%，同比增长19.33%，其中重箱104标箱，空箱606标箱。检疫不合格的情况主要是：截获咖啡果小蠹、四纹豆象、双钩异翅长蠹等检疫性有害生物以及其他白腹皮蠹、滑刃属线虫、黑腹果蝇、台湾乳白蚁、长翅黑背蝗、米象、鼠妇、无芒稗、荞麦蔓、狗尾草等80多种非检疫性有害生物、杂草等，均根据实际情况作除害处理。

【卫生检疫】 检疫出入境船舶4417艘次，同比增长-11.48%，其中出境2305艘次，入境2112艘次。

出入境人员检验检疫　查验出入境人员10.96万人次，同比增长7.40%，其中出境5.59万人次、入境5.37万人次。检出发热及其他相关症状人员24例，筛查率21.91/10万，确诊传染病7例，确诊率29.17%。“两马”旅检口岸实施放射性监测22206次，发现1例旅客射性诊疗导致的放射性剂量超标，予以排查放行。

医学媒介疫情　截获并报信息161条；数量829163只，列福建局分支机构前列。入境交通工具上截获医学媒介39052只，同比增长269%。医学生物媒介携带病原体累计检测588项次，开展鼠疫F1抗体、鼠疫F1抗原、汉坦病毒、钩端螺旋体核酸检测，其中检出汉坦病毒阳性7份，其余检测结果均为阴性。

口岸检验检疫　对14家码头供水及外供食品单位实施卫生监督250次。签发卫生许可证书（储存食品生产经营类）7份。开展船舶食品快检70批次，检出3批次农残超标。码头供水监测5批次，均未发现异常。开展湿度、相对湿度、风速、一氧化碳、二氧化碳、细菌总数、照度、噪声、可吸入颗粒物、甲醛等口岸内环境因素微小气候监测，按每3个月2次要求对两马客运站候船厅共监测4次。对货物、集装箱实施核生化有害因子监测，未发现超标案例。

【涉台检验检疫】 海上直航检疫　客轮769艘次，同比增长2.4%，货轮2642艘次，同比增长98.05%，其中，出境客轮385艘次，货轮1023艘次；入境客轮384艘次，货轮1619艘次。出入境人员75734人次，同比增长60.50%，发现有传染病症状4人次。检疫旅客携带物4.70万批，同比增长20.44%，发现问题329批次，同比增长-1.20%。

对台小额贸易检疫　船舶543艘次，同比增长-52.48%，其中出境船舶272艘次，入境船舶271艘次。出入境货物1033批次、货值1062.34万美元，其中，出境36批、132.45万美元，入境997批、929.88万美元。

【产地证签发】 签发各类原产地证书5.83万份、签证金额22.80亿美元，分别同比增长0.21%和2.19%，其中签发普惠制原产地证书3.38万份、签证金额12.23亿美元，分别同比增长-5.73%和-2.21%；一般原产地证1.21万份，签证金额4.67亿美元，分别同比增长11.02%和-1.13%；区域性优惠原产地证书1.24万份，签证金额5.89亿美元，分别同比增长8.88%和16.37%，其中签发ECFA证书112份，签证金额251.90万美元。

（杨晓翔）

边防检查

【概况】 2014年，福州边检站围绕港口自管、勤务运行、联防联控、通关服务，创新服务管理模式，实现边检服务质量、维稳管控水平“双提升”。检查出入境船舶3534艘次，员工51186人次，“两马”旅客46118人次，办理各类证件23324份。先后被公安部评为“先进基层党组织”，被公安部评为“2010至2013年度提高边检服务水平成绩突出单位”，被省政府授予“爱民固边模范边检站”称号。

年内，完成“两会”安保、“埃博拉疫情防控”等重大勤务及安保任务30余次；协助地方政府妥善处置罗源湾口岸群体性事件6起。

【服务口岸经济发展】 创新远洋渔业船舶服务管理机制，开通“远洋渔业船舶专属通道”，为远洋渔业船舶及船员办理有关手续，年内，办理远洋渔业船舶出入境边防手续108艘次，渔货进口量9万余吨。服务保障华能电厂将军帽码头、神华电厂码头、福能万业物流码头和黄岐对台客运码头等重大建设项目。

5月5日，福州边检站完成大型谒祖进香团出境检查任务（王炫晨　摄）

【改革创新社会管理】 无缝衔接限定区域分级管理、口岸风险评估、三方共管、警企联动等现行管理机制,创新融入“颜色”管理(根据船舶颜色进行管理)、定制服务、授权办证等元素,形成海港边检综合管理体系“海盈模式”(即一个勤务指挥平台,三方共管和警企联动机制,限定区域分级管理、口岸诚信管理和风险管理)。扩大警企联动及企业自管工作范围,组建95人的边检协管员队伍,有效缓解执勤警力紧张的现状。年内口岸限定区域违法违规案件同比下降56%。

【口岸管理技术创新】 引入集“高清人像识别、黑白名单比对、语音双向对讲、实时声光报警”等功能为一体的梯口人像智能管控系统,将防攀爬、防抛物等功能模块引入船舶外舷监控系统,并探索旋翼无人飞机和4G单兵图传系统实战应用。

【网上便民服务平台】 自主研发应用“网上便民服务平台”,推出网上办证、网上报检、网上查询等功能,并结合公安部新出台的16项便民举措,专门设置“边检办证电子告知单”,累计办理海港证件3620余份、船舶报检1050艘次。通过设立“零距离、零时差”的意见建议征集、反馈和网上报警功能,构建察民情、畅民意、集民智的“网络问警”平台,根据服务对象需求和关注热点,实时发布、更新天气潮汐、边检要闻等公开类信息及法律法规、出入境指南等业务类信息。

(张　磊)

6月4日,海警第一支队与省海洋渔业执法总队直属一支队联合开展执法行动　　（省公安边防总队海警第一支队　供）

海防管理

【概况】 2014年,福州市涉海机构继续推进海防工作,其中,市海洋与渔业局查处海洋类案件91起,做出处罚决定1.37亿元,收缴罚没款1.20亿元;市公安边防支队查获现行偷渡案件32起149人,接收审查北京、上海、厦门等边检站移送的偷渡案件15起46人,查破成品油走私案件60起3039吨;省公安边防总队海警第一支队接处警54起,出动舰艇627艘次,办理各类案件21起,查获无合法齐全手续成品油723.35吨,总案值578万元;福州海事局组织搜救行动47次,救助遇险人员461人,救助成功率97.3%。　(高晓燕)

【平安海域创建】 全市海洋与渔业部门开展港口执法检查行动842次,检查渔船7252艘次,排查渔船安全风险隐患297艘,现场整改162艘次,发出整改通知书117份,整改到位95艘次;市公安边防支队开展船管站清理整顿工作,整合船管站48个,翻新42个,新建1个,清理船管员46人,新聘船管员37人。市海洋与渔业局开展渔业水上执法行动166次,登临检查渔船1285艘次,查获违规作业渔船137艘。伏季休渔期间开展海上行动52航次,检查渔船475艘次,罚款42.71万元。

市公安边防支队查破各类案件3851起,抓获违法犯罪嫌疑人3886人、网上在逃人员91人。查获香烟、冻品等走(贩)私案件74起,缴获无合法手续香烟18932条、冻品51.38吨。破获各类涉毒案件68起76人,查处吸毒案件347起411人,缴获各类毒品5394克。

省公安边防总队海警第一支队先后部署开展“净海风暴”、“雷霆治爆”、“绿风行动”、休渔期海上治安集中整治等行动,出动舰艇627艘次,航程51391.7海里,航时5665小时5分钟,检查船舶、渔船民141艘858人次。派遣舰艇完成东海、南海方向海上维权执法任务、“海鹰—2014A”海上实兵演习外围警戒、海峡两岸海上联合搜救演练、海峡两岸接力横渡台湾海峡活动海上安保;与福州海事局、福州市海洋与渔业执法支队、中国渔政舰艇开展联合执法行动,查处非法采运砂船舶12艘、违规作业渔船4艘。　(高晓燕　侯永亮)

【军警民联防】 市海洋与渔业局、省公安边防总队海警第一支队建立联勤执法合作机制和案件移送机制。在重点渔业乡、镇、村、渔港召开57场渔业安全生产警示教育宣讲会、渔业安全生产座谈会,参加人数达1.36万人。与海事部门联合开展3次安全宣传活动。全年发放各类宣传材料2.3万份,张贴宣传标语500多张;省海警第一支队与海事、渔政、海军等单位开展海峡两岸海上联合搜救演练、海峡两岸接力横渡台湾海峡、“海鹰-2014A”海上实兵演习等联合执法、搜救演练14次。　(高晓燕)

【参加海峡两岸接力横渡台湾海峡活动海上安保】 8月16日,该活动在台湾新竹至福建平潭海域举行,海警第一支队派遣海警35101舰和官兵30人负责横渡活动右后方1～2海里处全程戒护，共计航时18小时10分钟，航程223.6海里。

【完成2014年海峡两岸海上联合搜救演练】　8月7日，2014年海峡两岸海上联合搜救演练在福州马尾至马祖附近水域举行，支队35001艇作为搜救船、35012艇作为警戒船参加，配合省海上救助中心完成演练任务。

（文军成）

打击走私

【概况】　2014年，福州市反走私综合治理工作，以打击农产品走私"绿风"专项行动和严厉打击大米等农产品走私活动为龙头，以夯实沿海重点镇村反走私综合治理为重点，全年立刑事案件48起，涉案案值81100余万元，偷逃税款16900余万元。查获行政违规案件452起，涉案案值12204.21万元。查获主要物品有成品油、食冻品、卷烟、电子产品以及毒品、濒危动植物及其制品等非涉税品，全市查获案件、案值比2013年大幅上升。

【综合治理】　重点打击农产品走私、毒品走私及"洋垃圾"走私，同时继续打击重点涉税商品走私、出口骗退税违法活动，查处违法携带货币进出境行为。重点监控沿海地区成品油、毒品、电子产品、食冻品、台货、濒危动植物和闽江口及流域、行政区域结合部的走私动态。完善运输渠道私货流通查缉办法；强化对港口、码头、船舶的监管，拆除非法上货码头，取缔"三无"船舶，清理查扣非法改装车辆；加强流通领域贩卖私货的专项清查整治。

【专项行动】　开展打击农产品走私"绿风"专项行动，重点打击谷物粮食类、冻品类、食糖、棉花、食用油以及与农业生产相关的饲料等商品，通过巡查监控、分点驻守、联防布控等措施，监控重点转运通道，阻断海上以及陆路运输渠道私货流通，摧毁走私农产品的团伙和网络。同时对主要交易地、集散地、消费地，开展拉网式排查清理，保障全市农业安全和农民利益。

7—12月，开展打击大米等农产品走私活动，对重点渠道、重点领域、重点区域以打击大米走私为重点，同时兼顾打击小麦、玉米、花生、芝麻、大豆、淀粉等谷物粮食类商品走私活动。

【宣传工作】　7月15日—8月15日，开展反走私宣传月活动，制作反走私宣传手册6000册。沿海各县（市）打私办到重点村镇、港澳口、城区中心广场等开展8场次的反走私宣传活动。8月4日，市公安局信息网开通反走私网页，设置"今日导读""通知通报""工作动态""综合治理""工作例会""缉私战线""法规案例""学习园地""文件资料"等栏目。

【冻库调研】　对全市冻库数量、库容量、分布、所有制、管理模式、主管部门、行业管理机构、经营情况，以及存储、贩卖无合法进口证明冻品行为情况和在经营、管理中存在问题、漏洞、薄弱环节等情况进行调研。全市有冻库111家，其中鼓楼区1家、晋安区4家、台江区10家、仓山区6家、马尾区12家、福清市22家、长乐市18家、连江县28家、罗源县3家、闽侯县5家、闽清县1家、永泰县1家，并形成《福州市沿海反走私防控能力建设的思考》《关于对冻库有关情况开展调研的情况报告》两篇调研报告。

【缉私立案】　马尾海关缉私分局立刑事侦查案件5起，涉案案值28000余万元，涉嫌偷逃税额6998.65万元，刑事拘留17人，取保候审10人，提请逮捕6人；立行政违规案件216起，涉案案值12000余万元，罚没入库148.4万元，补税额16.33万元。

福清海关缉私分局立刑事案件4起，涉案案值1591万元，涉嫌偷逃税额328.5万元；立行政违规案件109起，涉案案值3943.34万元，涉嫌偷逃税额127.77万元；结案107起，涉案案值10317.93万元，执行罚没入库385.61万元，补税入库621.98万元；缴获毒品氯胺酮的白色晶状粉末981.4克、冰毒99.02克；查扣成品油366.29吨、渔网1.5吨、尼龙绳1.43吨。

长乐机场海关缉私分局立刑事案件6起，其中走私大麻进境案件5起，走私冰毒出境案件1起。破案5起，刑事拘留3人，提请逮捕1人，取保候审2人，查获冰毒298.29克，大麻4512.8克；立行政违规案件110起，其中走私案件4起，违规案件106起，涉案案值1247.53万元，涉嫌偷逃税额23.12万元。

省公安边防总队海警第一支队查获无合法、齐全手续成品油案件8起，895.79吨，涉案案值689.5万元。市公安边防支队查获涉嫌走私成品油案件60起162人，缴获成品油3051.72吨，查扣涉案车辆70辆、船舶15艘、无合法手续油罐8个，涉案案值2100余万元；查获走私冻品案件2起3人，缴获冷冻食品51.38吨，涉案案值100余万元；查获烟草案件12起21人（全部移交各辖区烟草专卖部门处理），缴获香烟378.64件，涉案案值320余万元。

福州出入境检验检疫局检验检疫进出口货物7.52万批、货值85.92亿美元，其中出口货物5.01万批，货值16.49亿美元，进口货物2.51万批，货值69.43亿美元；检疫出入境船舶4417艘次，其中出境2305艘次，入境2112艘次；检疫查验出入境人员109552人，其中出境55879人次，入境53673人次。

福州海关驻邮局办事处查获毒品案件31起，其中，冰毒案7起4665.4克，K粉4起4860克，麻黄碱3起11815克，大麻9起7017克，疑似毒品8起12145克；查获濒危物种案件14起，主要为：沉香木及制品1件3340克，象牙块333件18180克，象牙制品124件37274克，红珊瑚及制品51件2850克；查获管制器具案件23起，其中：管制器具案1起查获管制刀具10件，枪支配件案21起查获枪械配件103件，仿真手枪4把查获铅弹4007粒。

市工商局查处涉嫌走私案件13起，结案20起，罚没金额19.47万元。市烟草专卖局查获万元以上走私卷烟案件74起，查获涉案走私卷烟340.6件，涉案案值167.3万元。

（陈明亮）

（编辑　吴　燕）

福州经济技术开发区

【概况】 2014年，福州经济技术开发区完成生产总值404.24亿元，同比增长11%；工业总产值1035.07亿元，同比增长12.8%，其中规模以上工业产值1026.19亿元，同比增长12.8%；地方财政收入33.46亿元；全社会固定资产投资216.97亿元，增长49.4%。

【基础设施建设】 完成琅岐闽江大桥附属工程，琅岐环岛路西北段（二期）快速推进，动工建设琅岐环岛路三期，建成琅岐供水应急管道。建成经一路、建设路天桥等9个市政项目，新建、改造道路约8公里。实施亭江镇主干道亮化工程，改造提升长安投资区市政路网，完成104国道马尾段交通设施改造维护工程。动建闽江防洪堤工程福州段（一期），魁岐片平原河道整治二期工程、六垱海堤固滩工程如期竣工。年内通过国家生态区和生态工业示范园区考核验收。全区环境空气质量优良率为94.8%，饮用水源水质100%达标。

【招商引资】 全年签约对接“三维项目”14项，总投资85.3亿元，“6·18”海峡两岸项目成果交易会对接项目数居全市第一。启动先行先试“先照后证”工商登记制度改革，注册资本认缴登记和外商投资企业直接登记制度改革，新增内资企业877家，同比增长66%。

【项目建设】 科立视一期、兆科智能卡正式投产，金泰纺织二期、欣瑞意食品项目竣工，23项重点技改项目完成投资21.8亿元。全区142家规模以上工业企业完成总产值900亿元，增长13%。全国首个自主研发的高精度硅压力传感器生产线实现量产，新大陆首创“易收银”POS订单平台。上润精密仪器公司获科技部“863”专项补助720万元。新增物联网企业13家。上汽投资公司入股慧翰微电子公司，合作研发车联网技术。建成互联网游戏产业园，入驻企业42家。总部基地二期基本建成，滨江广场、蓝波湾竣工，中建海峡城市广场、大德大厦启动建设，海峡大健康产业园落户开发区，中交集团福建总部入驻世创国隆中心。金科信息、创高安防在“新三板”挂牌，新增南海岸等7家省重点上市后备企业。中环广场、名城城市广场主体封顶，动建三鑫财富中心，亿载金城和新华都观海国际广场。坤兴水产二期、东盛水产二期顺利投产，百鲜二期1.7万吨冷库竣工。

（王公略）

福清融侨经济技术开发区

【概况】 2014年，融侨开发区实现工业总产值756.28亿元，同比增长6.5%；完成固定资产投资119.55亿元，同比增长19.59%，其中工业固定资产投资41.62亿元，同比增长17.46%；财税收入19.35亿元，同比增长12.96%。

年内融侨开发区党工委、管委会合署办公。

【基础设施建设】 基本完成南部片区福前路南路段主车道、桥梁建设及雨、污水管道铺设；完成福耀路、清华路改造工程，缓解企业停车难问题；完善区内主干道路标及指示牌设置，为企业和客商提供区位标识；新开通两条公交线路，增设20个公交站点。

【招商引资】 以光电科技园为主要载体，重点推进电子信息产业向中上游核心技术领域提升。全年新签约项目6项，其中：外资3项，合同外资4905万美元，分别为嘉捷电子、冠威塑料增资和元鸿光电增资等项目；内资3项，总投资6.8亿元，分别为宏宇电子二期和瑞林新材等项目。

【项目建设】 列入福清市“五大战役”及重点项目52项，年度计划总投资26.18亿元，实际完成31.57亿元。其中嘉捷电子一期、鸿德电池一期、宏宇电子、万达物流、易佰特研发中心、福耀天然气三期技改、福耀脱硝除光技改7个项目完成建设，投产使用；友和胶粘、福光光电、诺希新材料、融工海洋、中能电气5个项目部分产线或产房投产使用。

【科技创新】 通过科技部专家组

2014 年，福耀集团实现产值 25.42 亿元，并继续推进年产 48 万吨新能源汽车超薄节能特种玻璃项目 （俞松 摄）

对高新技术产业示范基地复核评审；福耀玻璃工业集团股份有限公司的“一种弯曲玻璃板的方法和装置”发明专利入选第十六届中国专利优秀奖；福耀玻璃、融林塑胶、海壹食品、胜田食品、爹地宝贝、奋安铝业 6 家企业申报福建省名牌产品复评；永强力加新申报福建省名牌产品和福州市产品质量奖；爹地宝贝、三华股份 2 家企业获批福建省著名商标；宏宇电子、融林塑胶、皇家地坪、绿溢农业 4 家企业获批福州市知名商标；宏宇电子入选福州市知识产权示范企业。

【后勤保障服务】 查出各类安全隐患 66 处，发出整改通知书 24 份，整改意见 66 条，对查出的 66 处隐患安排专人负责跟踪督促限期整改；开展“六打六治”专项整治和液氨企业检查整改等活动，液氨企业 100% 达标；排解各类员工与企业劳资纠纷 17 起、企业与企业间纠纷 9 起；协调解决企业反映的热点难点问题，通过校企合作及内地偏远地区的劳务合作等多种方式为企业输送劳务人员 6000 多人，缓解企业用工难问题；通过与教育部门沟通协调，帮助企业员工安排子女就学 349 人；协调捷星、捷联、福耀等企业协调解决员工住宿问题，547 位员工已通过资格审核，其中 175 人入住西环小区公租房。

（陈玲颖）

福州高新技术产业开发区

【概况】 2014 年，福州高新区完成工业总产值 758 亿元、总收入 725 亿元、利润总额 39 亿元、出口总额 42 亿美元、上缴税金 23 亿元，分别同比增长 8%、7.7%、8%、8.9%、6.4%；入驻企业 700 余家，其中产值超亿元企业近百家、上市企业 24 家，经国家认定的高新技术企业 126 家；托管区域完成全社会固定资产投资 160 亿元、工业产值 101 亿元、实际利用外资 5000 美元。

3 月 31 日，福州高新区行政服务中心正式挂牌运行，工商、税务、质监等驻区机构入驻，并获取林业审批职能。

【基础设施建设】 建成或部分建成海西园科技东路、乌龙江大道、高新大道和两园 1 号、2 号、6 号路等道路通车里程 16 千米；完成建平变、南屿变和华润燃气调压站等项目建设，具备日供水 6 万吨、排污 5 万吨能力；基本完成六十份排涝站、厚庭排涝站和葛岐排涝站建设。

规划配套员工公寓约 31.2 万平方米、保障性安居工程近百万平方米，逐步完善清华附中、海西园 1 号地块商住综合配套设施。

【招商引资】 与清华启迪、京东商城、北大工学院等 65 个项目签订意向入驻协议，总投资 264.6 亿元。促成海西研究院、中青创投等 61 个项目建成或入驻投产。至年底，高新区核心园区入驻企业 201 家，总投资 596.94 亿元。

【科技创新】 发掘中科院海西研究院、戴姆勒汽车研发中心等科研机构和力普环境监测、福大百特酶高效表达等国家重点实验室、工程实验室的产业创新源头作用，并以引进中星微电子项目为契机，促进邓中翰等院士（专家）工作站和国家工程技术中心、重点实验室等技术平台落户园区，鼓励和引导企业推进科技创新。与省知识产权局共建高新区知识产权工作服务站，举办知识产权专题培训，宣传普及知识产权保护政策，引进博深、元创 2 家专利代理公司，提供专业化知识产权服务。获批国家级国际创新产业基地、国家软件与集成电路人才国际培训（福州）基地、国家数字家庭应用示范产业基地、国家科技与文化融合发展示范基地等。

与中关村自主创新示范区、渭南高新区等先进园区签订战略合作框架协议；与新竹科技园、内湖科技园以及台湾“清华大学”联系，对接筹备两岸清华交流论坛；主动承接市校重点合作项目，规划建设高校产业园、北大科技园、武大科技园等发展平台，合作共建清华紫光、清华启迪、海西复星、北大工研院、武大地理空间等科技产业园。

【人才引进培育】 挂牌成立高新区人才办；与市公务员局共建福州留学人员创业园、大学生实践基地、创业人员孵化培育基地和人才交流服务中心等。年内培育引进国家“千人计划”专家 2 人、省“百人计划”专家 5 人（团队）；集聚从业人员 8 万人，其中博士 170 多人、硕士 2600 多人，本科以上学历占总数比例近 50%。

（黄 闽）

福州保税港区

【概况】 2014 年，福州保税港区引进项目 312 个，同比增长 55.22%，注册资本折合 6.84 亿美元，同比增长 297.6%，财政收入3.33亿元,同比增长14%,进出口贸易额54.6亿美元。江阴港1—5号泊位集装箱吞吐量100.07万标箱,同比增长25.39%,其中外贸完成63.6万标箱,同比增长27.45%,内贸完成36.47万标箱,同比增长21.57%。

【投资环境建设】 在海关方面实施“批次进出、集中申报”“先进区、后报关”等4项海关监管创新制度;在检验检疫方面实施“检验检疫通关无纸化”“第三方检验结果采信制度”等6项制度;在商事制度改革方面推进“先照后证”“注册资本认缴登记”等9项工商登记制度改革,设立福州保税港区商务秘书有限公司。年内福州保税港区被列为全省外商投资审批改革试点,制定《福州保税港区外商投资企业设立审批流程》,开展“一口受理、综合审批”试点工作。

【福州保税港区封关运作】 4月29日,福州保税港区一期2.43平方公里正式封关运作。区属国有企业保通物流公司与世界500强、日本最大的物流公司日本通运株式会社合作,设立韩国三星电子中国华南区保税分拨中心,全年运作业务521批次,进出区货值1.18亿美元。

【海铁联运业务启动】 10月31日,福州首条疏港铁路——江阴铁路支线正式开通运营,首列载有20个车皮、40个标准集装箱货物班列从福州保税港区开出,直达江西横岗,海铁联运物流模式在福州保税港区正式启动。

【汽车整车进口口岸】 搭建太元行、厦门速传和银河国际3个进口汽车展示及供应链平台,提供全过程供应链服务。协调交巡警和国税部门,设立车辆上牌一站式服务窗口和车辆购置税办税窗口,可实现出省车辆挂临时牌照、本省就地上牌。福州海关下放审单审价权和暂时进境展览汽车留购审批权。48家汽车经销企业入驻,进口汽车通关时间由28天缩短到4—6天,全年到港外贸进口汽车2296辆。江阴汽车整车进口口岸被华晨宝马指定为福建省唯一转运中心,全年操作内贸车7365辆。

【进口食品交易市场】 设立福州市首家进口食品检验检疫查验场所,为进口食品交易市场配套建成4万吨冷库,制定出台《福州保税港区进口食品交易市场发展政策措施(试行)》,推进交易市场建设与招商工作。该市场投入使用展示面积8000平方米,建有1万平方米仓储中心和1个国家级进口食品检测试验室,可实现商品入库即抽检。全区注册进口食品类企业72家,味民控股集团、澳卖客贸易、康品贸易、万国(国际)商品等一批企业入驻,拥有来自泰国、澳大利亚、印尼、法国、美国、智利、德国等20多个国家数百种进口食品种类。

(黎发明)

元洪投资区

【概况】 2014年,元洪区完成规模以上工业总产值156.54亿元,同比增长23.5%;固定资产投资完成24.45亿元,合同外资完成4320万美元,实际利用外资完成3688万美元,税收完成1.53亿元。

年内有投产企业91家,其中规模以上工业企业47家,形成粮油食品、纺织化纤、轻工机械、能源精化四大优势产业。

【基础设施建设】 投入约2.3亿元进行东、西部BT路网建设;东部区域坤彩精化二期及周边9宗项目填方面积91.33公顷,总填方量430万立方米;投入7712.02万元进行污水厂一期改造及二期扩建工程;总投资额4451万元的元洪区第二自来水厂于6月动工建设,一期工程设计供水规模3万吨/日。

【招商引资】 在批在建项目51项,总投资166.82亿元,其中在建项目18项,榕发化工、恒远翔再生资源、志坤能源3家公司建成投产;宇邦纺织一、二期项目总投资约13亿元,完成填方,并进行一期建设。在批项目用地面积320.9公顷,完成农转用审批项目、农转用待批项目、土地预审项目、规划审批项目分别为14项、4项、4项、6项,办理前期相关手续的项目5项。

【项目建设】 列入福清市“五大战役”19个项目,年计划投资22亿元,实际完成投资22.31亿元。其中省重点项目4项,福州市重点项目7项;选定坤彩二期、宇邦纺织、万佳油脂、污水厂二期、创业服务中心、回归园公园等10个项目作为重点跟踪推进项目;完成元洪码头1～2号泊位、万佳油脂项目的海域使用论证、海洋环评编制,并通过专家评审;完成西1号化工油品泊位岸线规划编制,工程可行性报告通过专家评审;加迪尼食品建成投产,产品销往福清各大超市;捷旺食品计划建设14栋厂房,完成10号厂房建设,在建4栋。

【管理服务】 为企业项目代办用地

6月4日,元洪投资区与中国人民银行福清支行在福州坤彩精化有限公司内联合举行银企对接会 (余学立 摄)

报批37项(不含元洪区自备地),总投资82.71亿元,用地总面积332.9公顷;开通途经新福兴玻璃、经纬新纤、宏港纺织等园区重点企业的公交专线并修建沿线15个公交亭;6月4日与中国人民银行福清支行联合举办银企对接会,共有26家银行业金融机构与62家园区企业参加,签约金额约5亿元;组织企业注册市就业服务中心"摇工作"APP平台、市人才中心人事人才网等招聘网站。设立劳动用工服务中心,采取市场化有偿服务的模式运营,解决企业用工难题。针对企业转型升级慢问题,与福清工商局共同成立福清首家商标品牌指导站,提供企业品牌建设服务与指导。年内有省著名商标10个,福州市知名商标16个。

(赖庆明)

青口投资区

【概况】 2014年,青口投资区完成工业总产值338亿元,其中规模以上工业产值321亿元。东南汽车产量68517辆,产值51.6亿元;奔驰汽车产量14385辆,产值58.2亿元。完成税收23.6亿元,完成固定资产投资62.2亿元,完成内资实际到资23.4亿元,汽车4S店累计销售汽车23709辆、销售金额39.4亿元,二手车交易71148辆。

全区落户企业280多家,拥有东南(福建)汽车工业有限公司、福建奔驰汽车工业有限公司2家整车厂及180多家配套厂和海峡汽车文化广场及4S品牌专营区。

【基础设施建设】 以林森大道、污水干管、三港河延伸段工程为重点,完成投资1.72亿元。林森大道、琯前河、虎山村与义溪路路灯工程3个项目新开工,324国道绿化景观改造工程、峡南至青口一桥段道路两侧路灯工程、兰圃至建华管桩厂自来水管工程、澄山路道路工程4个项目竣工。同时推进东南大道三期(高架桥)、东台4号路、海通路、龙琯西路、琯前河、青潭溪上游河道、东台河下游段河道改造工程等项目前期工作。

【招商引资】 增资扩股3项:福建奔驰汽车工业有限公司(增加投资1.786亿欧元)、正道汽车配件(福州)有限公司(增加投资1250万美元)、福州泰全工业有限公司(增加投资800万美元)。新增落地项目有福建中闽泰山汽车部件有限公司(总投资1500万美元)、福建永动泰盛五金工具有限公司(总投资1.1亿元)、福州警声门业有限公司(总投资1亿元)等12家,总投资15亿元。重点开展福建奔驰汽车工业有限公司增资项目VS20新车落地报批等前期工作。

【项目建设】 完成西诚电子、天骏工业、傲多、天工、吉隆、常兴制冷二期、星福轩等16项工业项目审批,总建筑面积162127平方米,基建总投资3.13亿元;土地挂牌4宗,成交面积11.07公顷;供地9宗,面积48.67公顷;土地证登记发放11本,面积26.6公顷。在建企业40家、配套设施(东南汽车公司员工宿舍楼2座)1家,重点开展海峡汽车文化广场、海峡工程机械园、祥鑫铝业、六和机械三期等项目建设,其中,建成投产井原六和、吉隆混凝土等16家企业,建筑面积205147平方米;中瑞铝业、天骏模具车间等13家企业主体建成,建筑面积220889平方米;祥鑫铝业、天工、龙鑫给排水等12家企业主体在建,建筑面积284810平方米。

(青口投资区管委会办公室)

福州软件园

【概况】 2014年,福州软件园完成技工贸总收入360亿元,同比增长20%,税收10.1亿元,同比增长29.49%;入驻企业450家,闽保股份、索天科技、华虹科技3家在新三板上市,九天达在海交所挂牌交易。产值超亿元的31家、超两千万元的52家,全国软件收入百强企业2家,国家重点软件企业10家,集聚各类技术人才2.8万多名。

【重点项目建设】 共3项:软件园五期产业区及配套房建设项目,总建筑面积38.45万平方米,征地面积8公顷。三元达科技园项目,三元达公司拟投资2亿元在福州软件园C区控规地块(原鼓楼区装部地块及其周边山杂地)建设"三元达科技园区"用地面积约4公顷,研发、生产全系列移动通信直放站、室内分布系统、射频模块系列及其配套产品。福州软件园1—4期改造提升项目,总体规划用地面积约80公顷;其中福州软件园一期片区改造提升项目建筑面积约30万平方米,占地面积约20公顷,进入规划审批阶段。

【招商引资】 引进甲子文化、蒲公英信息等126家企业,百度91、福建铁塔公司等无线互联网重点企业。园区动漫游戏企业达34家,其中影视动画类企业14家,游戏类企业11家。青企大厦、海峡广告传媒大厦、宏扬电子等重点项目进入洽谈,其中青企大厦、海峡广告传媒大厦分别由省青年企业家协会、省广告协会牵头整合协会骨干企业入驻。

【人才服务】 依托举办海峡两岸信息服务创新大赛暨福建省计算机软件设计大赛,开展9期大学生就业创业大讲堂。联合海峡人才市场、市软件行业协会组织开展软件园软件人才专场招聘会,吸引37家企业和省内各大院校计算机、通信等相关专业毕业生参加。引进福州市软件行业协会人力资源委员会、广州赛宝认证服务有限公司和中国海峡人才市场等中介机构入驻孵化器,开展人力资源服务。年内引进"千人计划"专家1人,其创办的企业专业从事图像识别技术研发与应用。落实2013年"海创周"人才落地项目2个,研发项目分别涉及电子文档安全、网络安全、大数据等方向。博士后科研工作站吸收5名博士进站开展研究工作。

【百度91无线网络有限公司】 该公司是百度旗下专注于移动互联网的高新技术企业。公司拥有91助手、安卓市场两个智能手机应用分发商店,91桌面第三方桌面应用,91门户、安卓网两个大型手机门户,18183手游论坛等一系列产品和服务,横跨IOS、安卓两大系统,是国内最大、最开放、最具影响力的智能手机应用分发平台。10 月入驻软件园五期,有 1300 名员工。完成营业收入 23.2 亿元,同比增长 28.9%,入库税金 2.4 亿元,同比增长 84.6%。

(叶敏英)

滨海工业集中区

【概况】 2014 年,滨海工业集中区纺织、冶金机械两大产业实现工业产值 740.30 亿元,同比增长 17.37%。松下码头港口货物吞吐量突破千万吨大关,同比增长 39.54%。新增沃力沃机械、常春车厢二期等机械制造企业,推动以元成豆业为龙头的粮油食品加工、以和盛塑业为代表的高新技术等产业发展,加快"数字福建"产业园、翔孚国际物流园、华讯亚太孵化基地等省、福州市重点项目建设。全区规模以上企业 103 家,完成规模以上工业总产值 839.364 亿元,同比增长 18.11%;完成固定资产投资 109.537 亿元,同比增长 18.67%;外资实际到资 4060 万美元,同比增长 20.62%;内资实际到资 31.248 亿元,同比增长 8.46%。年内,安排重点(龙头)项目 34 项,完成投资 45.29 亿元,其中在建项目 19 项,完成投资 34.73 亿元;新开工项目 9 项,完成投资 10.57 亿元。通过"5·18"海峡两岸经贸交易会、"6·18"海峡项目成果交易会、"9·8"厦门国际贸易投资洽谈会等平台,对接并签约项目 27 项,其中内资 19 项,总投资 156.4 亿元;外资项目 8 项,总投资 6.5 亿美元。

【数字福建产业园启动区建设】 数字福建产业园启动区总体规划用地 76.67 公顷,园区用地 57.37 公顷,建筑面积 110 万平方米,总投资 40 亿元。年内启动区海西企业港智慧中心大楼建成并投入使用,大楼占地面积 6670 平方米,承载招商、用户体验等功能;7 幢研发大楼封顶,进入装修阶段,总建筑面积约 8 万平方米;6 栋专家公寓配套住宅封顶。10 月 28 日,东湖悦椿五星级酒店项目开工仪式在数字福建产业园智慧中心广场举行。

正在建设中的翔孚物流 (滨海工业集中区 供)

【翔孚国际物流园一期建设】 "无水港"物流基地翔孚国际物流园位于 201 省道西侧、机场高速路演屿出口南侧,规划用地面积 34.40 公顷,总投资 18 亿元。年内项目一期进入土建施工阶段,运管大楼、海关检疫大楼、物流信息大楼封顶;3 栋仓库竣工投入运行,并获批为全国棉花交易市场指定棉花监管交割仓库,12 月起开展仓储业务。项目一期工程总投资 7.9 亿元,用地面积 28.3 公顷,建筑面积 43.5 万平方米。至年底,完成投资逾 3.9 亿元。

【恒申合纤二期氨纶项目投产】 10 月 18 日,恒申合纤二期 2.5 万吨氨纶生产线正式投产。该项目配有 4 条聚合生产线,12 条纺丝生产线;每台机器纺位由一期的 16 个增至 20 个,共有 330 个纺位。18 万吨锦纶聚合项目进入设备安装调试与电力配套设施建设阶段。恒申合纤项目计划总投资约 100 亿元,总用地面积约 100 公顷,一期 2012 年年底全部投产,年产氨纶纤维 2 万吨、锦纶 6 长丝 12 万吨。

【中储粮松下中转库一期通过验收】 9 月,中储粮松下中转库一期项目完工并通过验收。中储粮松下中转库位于松下镇首祉村,是福建省两个国家级粮食中转库之一,项目总投资约 5 亿元,总用地面积约 26.66 公顷;一期投资 2.2 亿元,建设有 10 万吨浅圆仓、3.2 万吨平房仓、工作塔、提升塔、汽车接发站及机械库、办公楼等生产生活附属配套设施。

【基础设施建设】 滨海二期路网工程完成相关基建审批工作,其中金东路、5 号路、9 号路、金纶大道竣工并完成验收;松下粮食物流园区间道路 2 号路竣工并交付使用,1 号路基本完工,进入收尾阶段。加快松下码头 12 号、13 号及鑫海码头 18 号、19 号泊位建设,推进松下码头 4 号泊位与鑫海码头 16 号、17 号泊位前期工作。滨海污水处理厂一期技改工程启动建设,完成污泥脱水车间、调理池、粗格栅及沉砂池土建工作;二期扩建工程完成项目立项工作。滨海外来工活动中心完成主体工程建设,进入内部装修阶段。新建 110 千伏变电站两座,园区总供电能力 161.6 万千瓦。

【管理服务】 制定下发《滨海工业集中区 2014 年重点(龙头)项目计划及责任分工表》《滨海工业集中区 2014 年管委会领导挂钩联系重点(龙头)项目计划及责任分工表》,指定专人跟踪服务重点(龙头)项目。开展企业走访服务活动,组织行业调研,企业服务月期间协调解决企业反映问题 110 余件;会同经贸局、发改局等部门收集省、市工业稳增长促转型 11 条措施、小企业健康发展 9 条措施等惠企政策,汇编成册向企业发放。组织召开银企、电力座谈会,加强园区企业与金融、供电部门沟通。

全年组织企业安全生产检查 4 次,抽查 60 家企业,当场督促企业整改发现的问题，预防事故发生。成立滨海工业集中区安全生产委员会及安全生产办公室，配备2名专职安监人员。上报审批雪人压缩机、通宇电缆、恒申合纤、福源祥等5批10宗项目用地36.95公顷，获批恒申合纤、福源祥、光捷建材、鸿泽针纺、强鑫针织5个项目14.56公顷；完成恒鑫实业、海盛环球、鼎盛源、棋旺机械扩建和秋胜针织5个项目的选址、会审工作。

（江　航）

罗源湾经济开发区

【概况】　2014年，罗源湾经济开发区完成工业产值293.41亿元，其中规模以上工业产值292.21亿元；完成固定资产投资101亿元（含滨海城），同比增长15.4%；地方级财政收入7.8亿元，同比增长4%；实际利用外资1381万美元；出口总额2918.43万美元，同比增长33%。累计批准投资项目120个，投产项目87家，在建项目33个，合同投资总额近500亿元。

【基础设施建设】　防洪排涝工程：1.2009—2014年，金港工业区防洪排涝工程完成投资约1.59亿元，年内完成投资3800万元。其中土港排洪渠完工验收，完成可湖排洪渠左岸加高和截洪沟及亿鑫排洪渠左岸加高和截洪沟建设，可湖排洪渠右岸工程进行土建施工；亿鑫排涝站电力配套工程进场施工，岐佃排洪渠西闸改造工程完成招标，白水排洪渠和滞洪区防洪工程完成施工图设计和图审。2.松山片区大、小获片防洪排涝工程计划总投资约6亿元，完成投资1214.5万元，完成工程勘测地界报告，小获溪右岸防洪堤基础工程进入施工阶段，小获溪水闸泵站施工图设计报审。

道路建设工程：1.松岐中路道路工程年内完成投资9932万元。2.站前路完成施工图审，进入招投标。3.推进北片区路网工程建设，其中松岐北路进行施工图审，松北路、罗江路和江北路等路网完成环评审批。推进南片污水管网、鹤屿泵站及滞洪区等污水管网工程建设。

【重点项目建设】　列入省市县“五大战役”项目13个，计划总投资82.6亿元，其中苏冶配套机械制造及运作维护保养项目完成投资5000万元、罗源湾开发区松岐中路道路工程完成投资10482万元、罗源旺城明日之星项目完成投资15700万元、弘景木塑复合材料制品完成投资5200万元；罗源湾开发区基础设施建设项目、罗源湾开发区松山片区（大、小获片）防洪排涝工程、海峡西岸软包装（BOPP）第六线3个项目动工建设；宝钢德盛二期镍合金、火车站前广场综合体项目、红苹果环保型涂料生产基地项目3个项目开展前期工作。

【招商引资】　新引进项目5项：三明钢铁（集团）有限公司收购三金钢铁组建罗源闽光钢铁有限责任公司，南平铝业有限公司与华侨实业集团合作投资建设铝材加工项目，福建创隆制冷电器、德盛建材高档墙地砖生产线和年产5万吨新型环保涂料，累计总投资逾30亿元。储备项目4个：推动中航工业集团重组宇星实，对接珠海中润集团建设站前广场综合体项目、绅斯威游艇和数控机械设备项目洽谈。

【罗源湾滨海新城】　2011—2014年，完成项目建设规划、填方造地，出让土地46幅244.33公顷，累计完成固定资产投资223.3973亿元，其中年内完成固投85.512亿元，共完成销售额130多亿，创税收10余亿元。住宅、商业店面分别销售22000多套、1300余套。九年制滨海学校开始招生。五星级酒店、游艇码头均于年内开业。

（罗源湾开发区管委会办公室）

福兴经济开发区

【概况】　2014年，福兴经济开发区实现规模以上工业产值185亿元，新批合同外资1631万美元，实现利用外资3920万美元，自营出口（海关口径）9.9亿美元。

【基础设施】　完成福兴大道、滨河路、福新东路等3条城市一级主次干道拓宽改造建设，其中福兴大道改造投资1.7亿元、福新东路改造投资1.5亿元、滨河路改造投资0.6亿元。福光南路城市一级主干道拓宽改造工程完成投资1.2亿元；湖塘路、后屿路、红光路3条城市一级主干道进行施工方案规划设计。

【招商引资】　新引进内联项目5项，外资项目3项，签约对接科技项目10项。推进中海联汽车文化创意园、大同电子商务平台建设。三明商会、昌吉州商会等楼宇完成前期准备工作。

【项目建设】　福兴经济开发区改造提升列入市级重大项目，钢材市场搬迁全面完成，市场及周边地块收储已启动。打造总部经济，继投资1亿元，建筑面积1.1万平方米的中辉大厦和投资3亿元、高26层、建筑面积3.4万平方米的AAAAA级总部大楼——盛丰大厦建成投入使用后，投资3.5亿元、高32层、建筑面积8万平方米的AAAAA级总部大楼盛辉大厦；以及投资5亿元、高23层、建筑面积5.5万平方米的福晟大厦开始全面招商。支持重点骨干企业改造升级，大北农、天一同益、外贸茶叶加工厂等企业通过技改，新增产值7亿元。组织实施省、市级科技项目8项，4家企业通过高新技术企业认定。

（潘鸿杰）

福州台商投资区

【概况】　福州台商投资区是1989年5月经国务院批准成立，面积1.8平方公里，位于福州经济技术开发区内。2012年1月，国务院批复同意福州台商投资区扩区，继续实行现有国家经济技术开发区政策。根据《国务院办公厅关于福建省福州台商投资区扩区的复函》（国办函〔2012〕21号），福州台商投资区扩区后规划面积为13.26平方公里，分四个区块：区块一为福州经济技术开发区片区(原福州台商投资区),规划面积1.8平方公里。区块二为环罗源湾南岸大官坂片区,规划面积6平方公里。区块三为环罗源湾北岸松山A片区,规划面积3.38平方公里。区块四为环罗源湾北岸松山B片区,规划面积2.08平方公里。

2012年12月,福州市委、市政府正式批准设立福州台商投资区党工委、管委会。

【规划蓝图】 福州台商投资区总体功能定位为:国家级经济开发区、两岸产业合作基地和台资高端产业集聚区。按照这一功能定位,扩区部分重点规划发展六大产业:高新技术产业、先进装备制造业、模具制造业、海洋生物产业、精细化工、现代服务业。加快园区规划设计工作,编制完成福州台商投资区产业规划、城市设计;基本完成扩区总体规划、总规环评、控制性详细规划以及防洪排涝、路网工程可行性研究报告等前期工作,A片区填海工程可行性研究报告已通过专家评审。园区内道路、标准厂房、防洪堤等项目的环评、水保、地灾评估等报告通过审批。福州台商投资区扩区填海造地项目作为整体项目直报国家海洋局审批,于2014年11月获用海审查批复,进入海域使用权申请环节。扩区部分用海征收工作于2013年5月启动,其中松山B片区征收2013年11月完成,A片区3634亩国有塘征收协议签订、补偿款发放等工作于2014年9月完成。

【基础设施建设】 福州台商投资区扩区部分为海域滩涂,主要是填海及市政道路、防洪堤等基础设施建设,其中连江大官坂片区(即区块二)基础设施项目总投资25亿元,建安造价约12.5亿元,由中国葛洲坝集团股份有限公司于2012年11月开工建设。松山片区由福州台商投资区管委会负责建设,估算总投资额约为33.3亿元,包含项目有:A、B片区场地形成约420公顷,防洪堤11千米,路网18.25千米,以及片区内河道等,于2014年1月正式动工建设。

【重点项目建设】 福州台商投资区松山片区基础设施建设启动项目为省重点项目,年内完成40112万元(含前期费用),其中由福州台商投资区开发建设有限公司与福州市交通建设集团以政府购买服务方式合作开发的松山B片区基础设施项目,建设内容为获溪路、岐鹤南路及规划四路路基、场地填方等,建安总投资11921万元,项目于1月正式动工,至年底完成投资9300万元。由福州台商投资区管委会与市建工集团以"PPP"模式合作建设的B片区"道路、防洪堤、标准厂房"项目总投资7.3亿元,于9月正式动工,防洪排涝工程于10月正式动工,至年底,标准厂房、防洪堤合计完成投资15263万元。

【招商引资】 通过土地挂牌出让,租用、出售标准厂房等模式吸引台资企业到园区投资,开展城区"退二进三"和转型升级台资企业转移承接工作,其中大官坂片区已落地项目有申远己内酰胺项目、法国液化空气等项目。松山片区有北京嘉寓玻璃幕墙、汇昌纺织有限公司、天一同益电气股份有限公司、福州创隆电器有限公司4个项目正式签约,合同总投资6.9亿元。10月,在福州市民营企业投资项目推介会上,签订海峡生态光谷(LED)、迪未数视云计算中心2个意向投资项目,投资总额22亿元。

(福州台商投资区管委会办公室)

连江经济开发区

【概况】 2014年,连江经济开发区完成税收2.309亿元,其中国税1.64亿元,地税0.669亿元;完成规模以上工业产值255亿元,同比增长10.86%;完成固定资产投资59.99亿元,同比增长35.72%;新批合同外资9500万美元,同比增长169.88%;实际利用外资2600万美元,同比增长19.26%。

【基础设施建设】 项目6个,总投资3.328亿元,年度计划投资1.242亿元,完成投资1.32亿元,其中粗芦岛环岛公路(塘下至后一段)工程建设进度加快,山岗一期D、E地块平整工程完成总工程量的99%,东湖口(湖坪段)道路桥梁改建工程的主体工程完成建设,粗芦岛防洪排涝工程动工建设。

【招商引资】 签约兴栋机械、吉祥文具、电动工具、汽车工具配件、新型无醛膜状木材胶黏剂、格兰德机械、混凝土搅拌站、隧富消防器械设备等8个项目,总用地21.2公顷,投资总额5.45亿元,其中汽车工具配件项目投资1亿元、隧富消防器械设备项目投资1亿元。

【重点项目建设】 省市县重点项目23个,其中在建重点项目7个、计划新开工重点项目4个、预备前期重点项目12个,总投资119.41亿元,年度计划投资15.91亿元,完成投资19.291亿元,占年度计划投资的121.3%。其中,马尾船政特种船舶、好事达家具、聚春园食品、金山药业、东宙五金交电、粗芦岛防洪排涝及环岛公路(塘下至后一段)、山岗一期D、E地块平整工程等项目完成或超额完成年度投资计划。

(连江经济开发区管委会办公室)

金山投资区

【概况】 2014年,金山投资区实现规模工业产值258亿元,固定资产投资10.01亿元;社会消费品零售额14.47亿元,地方财政收入2.01亿元,财政总收入5.1亿元,新提升规模以上工业企业9家、限上商贸企业22家。

至年底,园区共有企业959家,其中工业企业541家,商贸企业418家,员工8万多人,其中上市企业6家(星网锐捷、中能电气、鸿博股份、联合动力、海欣食品、森达电气),上市后备企业2家(好事达、华威股份),"国家级企业技术中心"企业2家(星网锐捷、福大自动化),"省级企业技术中心"企业8家。引进"飞地"企业177家,员工1.5万。

【基础设施建设】 投资约400万元,完成橘园洲片市本级园消防管网改造;投资约300万元,完成金山片自来水管网主管改造并启动一户一表支管接入;投资约8000万元,完成园区11条道路

"白改黑",总长度近12公里;投资约80万元,完成浦上片市级园危墙改造,总长度约450米。

【项目建设】 在建项目28项,共投入10.01亿元。重点项目有星网锐捷"高端数据交换设备和核心路由器研发及产业化项目"、源盛纺织"年产500万件套服装气动流水线自动化技术改造及品牌车间建设项目"、博能特"二期厂房扩大项目"、金飞鱼"厂房扩建项目"等。

(王 霖)

江阴工业集中区

【概况】 2014年,福州市江阴工业集中区完成规模以上工业产值116.3亿元,同比增长32%;完成固投57.6亿元,占福清市工业固投的20%左右;外资实际到资3676万美元;江阴港区集装箱吞吐量100.07万标箱,同比增长23.61%;税收4.3亿元,同比增长12.6%。新投产企业共8家,分别是天辰耀隆、绿金纸业一期、海欣药业、久策气体、耀达肥料一期、利达化工一期、国电风电、10号建滔码头一期。

【江阴港城总体规划】 6月,《福州市江阴港城总体规划(2012—2030)年》由福州市人民政府批准实施。规划面积158.29平方公里,其中规划建设用地120.2平方公里。在江阴半岛形成六大功能区,分别为西部产业区、东部产业区、东部滨海新区、南部港口物流区、中部居住区及北部生态涵养区;在新厝片区形成中心服务区、配套居住区和高新产业区三大功能区。规划发展功能定位为:"依托江阴港区的强劲动力,发展以港口运输与现代物流、临港石化、电力能源、海洋产业、现代服务业为核心,具备山海港城业独特空间特色的、配套完善的海港新城。"7月18日,市政府批准出台《关于加快福州江阴港区建设的若干意见》,对江阴开发建设提出"以科学发展观为指导,全面融入海峡西岸经济区、闽江口金三角经济圈、福清海港新城等发展大局,主动对接平潭开放开发。

【基础设施建设】 江阴铁路支线建成,投入试运营。动工建设中外运江阴物流中心和隆威仓储项目,总投资9500万元,总长7120米的配套化工码头区的公共化工管廊在建;江阴港区"海上消防站"完成资金拼盘和消防托轮船型选定等工作。完成国盛大道(宽50米,长5.76公里)和高港四期(宽36米,长1.24公里)道路工程建设,总投资2.04亿元;完成西部产业区西河(长3000米,宽22米)、沙塘河(长2756米,宽9—22米)、支河(长1217米,宽8米)和芝港河(长2018米,宽8米)工程建设,总投资13957.84万元;投资400万元,完成港前路、国盛大道等道路绿化和门前山、新江公路国盛大道路路口4个绿化改造提升工程,新增绿化面积约9万平方米。对接省市有关部门加快推进庄前至长乐高速公路、江阴港区连接莆田跨海通道、福泉高速新厝出口建设等前期工作;对接福州市供电公司,加快推进江阴第2座22万伏变电站(第2电源)建设前期工作。完成设立应急救援中心、购置应急救援设备并逐步推进应急救援站规划选址、土地报批和建设方案设计等应急救援中心建设前期工作;完成采取"PPP"合作方式实施基础设施配套工程建设方案(协议);完成高港大道南段工程的招投标工作,推进港区大道西段、港前大道东段、东部片区规划道路和东部填海造地工程等前期工作。

【招商引资】 签约冠信物流园、闽丰物流2项项目,总投资2.56亿元;实现"腾笼换鸟"项目1项,为广西天利恒投资集团公司收储顺捷物流建设纤维板项目,总投资5.17亿元;转型升级项目1项,为正福能源煤棒项目,总投资0.3亿元。对接洽谈的项目14项,分别是天辰耀隆二期、东南电化PC项目、中节能"城市矿产项目、宝利特制革新厝厂区搬迁、康华塑胶搬迁项目、益兴堂卫生制品购置标准厂房、巴陵石化二期、昌德化工、科瑞医药项目、福兴润滑油项目、10号建滔码头扩建、海峡现代城(厦门)城市综合体、阿根廷华联商厦和国电江阴电厂二期项目,计划总投资313.26亿元。

【重点项目建设】 列入福建省重点项目14项、福州市重点项目19项、福清市"五大战役"项目31项。年度计划投资69.76亿元,实际完成投资69.98亿元。其中,续建项目8项,分别是中景石化、中江石化、美得石化、福建巴陵、12号中江码头、天汇物流、11号闽海能源码头、中外运物流中心,总投资128.71亿元;新动工项目4项,分别是银河国际汽车园、德隆鞋业、供热管网、8—9号融港码头,总投资35.92亿元。

【港区建设】 投入14亿元,推进化工码头区建设,完成一期建设规模为1个5万吨级化工液体码头(水工主体按10万吨级设计)与1个3000吨级化工液体泊位以及配套18万立方储罐区的建滔化工码头建设并投入运营;中江化

天辰耀隆己内酰胺项目生产线 YS0_3537 (福州日报社 供)

工码头水工主体及后方罐区2座10万立方米储罐及6座3000立方米球罐基本建成。完成11号泊位(闽海能源化工码头)和12号泊位内港池各建设3000吨级等化工液体小泊位项目的审批核准。推进8号、9号泊位获批,近期按3个件杂货码头,远期按5万吨级和7万吨级集装箱泊位建设,18号、19号泊位按滚装码头开展项目前期报批工作;推进福建江阴国际集装箱码头有限公司增加投资装卸设备,为东南电化30万吨的工业盐原材料装卸堆场提供服务。

【银河国际汽车园】 确定3号地总体区域功能布局,进行总设计平面图的调研及论证;完成3号05、06、07、08地块填方,04地块在填方。总到港车辆2317辆;整车进口贸易量2156辆、贸易额116992万元,完成销售1387辆、销售额68237万元,上缴三税43811万元。

【化工新材料片区】 总投资550.4亿元的大型化工项目完成投资179亿元。继东南电化、耀隆化工建成投产之后,8月4日福建天辰耀隆新材料有限公司实现1次投料成功产出优质己内酰胺产品,填补福建省空白;中景石化科技园第一套年产35万吨聚丙烯装置实现中期验收,福建巴陵全面开始桩基工程和地管工程施工。

(谢宏峰)

闽台(福州)蓝色经济产业园

【概况】 2012年8月,福州市委、市政府成立闽台(福州)蓝色经济产业园开发建设领导小组,启动园区开发建设工作。2013年7月,闽台(福州)蓝色经济产业园管理委员会(筹)正式成立。园区位于福清市东南部、江阴湾北岸、江阴半岛东面,包括江镜华侨农场及江镜镇、港头镇的部分陆域和海域,规划总面积约65平方公里。

【基础设施建设】 建设蓝色大道、江华大道及连接线、滨海大道3条主干道,总长16.3公里、总投资13.3亿元,完成投资6.5亿元,部分路段基本建成;推进480公顷填方一期工程,完成征交地,总计划约1214.8万立方米,完成605.4万立方米;日处理能力2.5万吨的污水厂一期基本完成建设用地"三通一平"。

【招商引资】 完成规划展示馆整体形象改造升级工作;正式开通园区网站;与福建国轩高科动力能源有限公司签订投资协议意向书,与福建上瑞砂石有限公司就海沙淡化项目签订协议;与海峡(台湾)生物科技产业园签订项目合作框架协议。

【项目建设】 推进华侨城一期安置房建设,用地10.07公顷,第一标段11栋798套楼房完成桩基、边坡支护、土方等工程;海洋研发中心一期工程项目立项、总平方案获批,开展"三通一平"、围墙砌筑、临时便设、项目部板房等施工前期工作。

(翁贤勇)

(编辑 吴 燕)

民营经济

综述

2014年,福州市有各类外商投资市场主体4845户,其中外商投资企业4564户,同比增长5.75%;法人企业累计投资总额264.60亿美元、注册资本143.14亿美元、外方认缴额117.61亿美元,分别同比增长6.73%、6.35%、6.24%。实有台资企业785户,同比增长18.76%;投资总额14.97亿美元,同比增长18.67%;注册资本9.74亿美元,同比增长13.42%。实有台湾个体工商户250户,同比增长20.78%;资金数额3499万元,同比增长26.37%。外商投资企业(含分支机构)三大产业实有户数所占比重分别为1.97%、39.81%、58.22%,三大产业注册资本比重分别为3.19%、59.38%、37.43%。从分布情况看,企业法人户数位居前5的国家或地区分别是中国香港地区1237户、中国台湾地区785户、美国202户、日本178户、英属维尔京群岛170户。全市新设各类外商投资市场主体484户,其中外商投资企业482户,同比增长33.15%;法人企业新增投资总额9.59亿美元、注册资本6.15亿美元、外方认缴额4.79亿美元,分别同比下降57.07%、45.12%、51.54%。全市新设台资企业186户,占全市外商投资法人企业新设总数的68.89%,同比增长126.83%。台资企业新增投资总额14383万美元、注册资本14240万美元、外方认缴额7821万美元,分别同比增长40.17%、84.24%、38.25%。

全市有个体工商户20.93万户,同比增长19.17%;资金数额107.98亿元,同比增长40.58%。新开业个体工商户40062户,同比增长16.51%;资金数额34.78亿元,同比增长51.88%;注销、吊销个体工商户6990户。在个体工商户总户数中排名前五位的是批发和零售业、住宿和餐饮业、居民服务和其他服务业、制造业、交通运输、仓储和邮政业,分别为14.64万户、2.31万户、2.26万户、0.6万户和0.32万户,各占总户数的69.95%、11.04%、10.8%、2.87%和1.53%;从事第一、二、三产业个体户分别为1378户、6163户和20.18万户,分别占个体工商户总数的0.61%、2.96%和96.43%。

全市有私营企业11.49万户,同比增长25.84%;注册资金6490.29亿元,同比增长46.71%;从业人员83.75万人,同比增长5.58万人,同比增长7.14%;注册资金亿元以上的私营企业911户,同比增长37.62%;1000万~1亿元的私营企业15605户,同比增长57.84%;500万~1000万元的私营企业14371户,同比增长32.86%,100万~500万元的私营企业28176户,同比增长49.9%。从事第一、二、三产业的户数分别是3351户、20111户和91436户,分别占私营企业总数的2.92%、17.51%和79.57%。

全市有农民专业合作社1676户,同比增长29.03%;出资总额55.61亿元,同比增长45.1%;成员总数25603个,同比增长42.78%,其中农民成员24314人。出资总额1000万~1亿元的有147户,500万~1000万元的有234户,100万~500万元的有676户,分别同比增长51.55%、35.26%、32.29%。

(伍能位)

民营行业

【概况】 2014年,全市规模以上民营工业企业1942家,完成产值6225亿元,同比增长13.4%,占全市规模以上工业总产值的83%。全市有出口实绩的民营企业达2060家,出口总值212.38亿美元,比上年实际数(剔除政策性因素)增长9.9%,其中民营企业出口95.81亿美元,同比增长26.00%,占全市出口额的45.11%。出台《中共福州市委福州市人民政府关于促进民营经济加快发展的若干意见》,给予民营企业公平待遇,为民营企业健康发展创造良好环境,促进民间投资快速增长。至年底,全市成立132家融资性担保机构和15家小额贷款公司,有效缓解民营企业贷款难、担保难问题。全市拥有国家级企业技术中心3家、省级企业技术中心85家、市级企业技术中心130家,民营企业占90%以上。 (黄正洪 陈婉)

【机械制造业】 有规模以上民营企业460家,完成产值1032.12亿元。汽车产业有92家规模以上民营企业,完成产值160.87亿元,龙头企业有福建海越汽车有限公司等。船舶修造行业有6家规模以上民营船舶修造企业,完成产值62.93亿元,龙头企业有福建华东造船厂等。电气机械及器材制造业有112家规模以上民营企业,完成产值390.53亿元,龙头企业有福建联合动力集团、福建永强力加动力设备有限公司等。通用设备制造业有75家规模以上民营企业,完成产值123.15亿元,龙头企业有福建科杰起重机有限公司、蓝卡潞工业有限公司、福州贝石轴承有限公司等。专用设备制造业有73家规模以上民营企业,完成产值111.37亿元,龙头企业有福建乾达重型机械有限公司、福建海源自动化机械股份有限公司、福建雪人股份有限公司、长乐鑫港纺织机械公司等。金属制品业有70家规模以上民营企业,完成产值132.57亿元,龙头企业有昇兴集团股份有限公司、福州德通金属容器有限公司、福州宝井钢材有限公司、福建省祥鑫铝业集团有限公司等。仪器仪表制造业有32家规模以上民营企业,完成产值50.7亿元,龙头企业有福建上润精密仪器有限公司、福建福晶科技有限公司、福光百特自动化设备有限公司等。

重点项目有:宏宇电子科技有限公司年产9.4万件纺织机械零配件项目,福建通用航空制造有限公司长乐MS760飞机零部件生产项目等。

【冶金行业】 有规模以上民营企业55家,完成产值587.84亿元。黑色金属冶炼及压延加工业有39家规模以上民营企业,完成产值420.92亿元,龙头企业有吴航不锈钢有限公司、福建亿鑫钢铁有限公司、福建三金钢铁有限公司等。有色金属冶炼及压延加工业有16家规模以上民营企业,完成产值166.92元,生产的主要产品有铝箔坯料、PS版基、铝幕墙板、铝复合板(卷)、铜排、钼酸铵等,龙头企业有南方铝业(中国)有限公司、福州奋安铝业有限公司等。

重点项目有:奋安铝业有限公司建筑铝型材加工制造项目,泰铭新世纪科技有限公司不锈钢卷板固溶热处理加工项目等。

【医药行业】 有规模以上医药民营企业25家。医药制造业完成产值80.8亿元,其中,产值超亿元的企业15家,超10亿元的企业2家。重点企业福抗药业公司完成产值12.1亿元,同比增长8.2%;北京同仁堂健康药业(福州)有限公司完成产值7.5亿,同比增长-0.1%;海王福药完成产值6.36亿元,同比增长9.4%;金山医药实业集团完成产值12.2亿元,同比增长17.0%;福建南少林药业有限公司完成产值6.25亿,同比增长4.0%;丽珠福兴医药完成产值3.75亿元,同比增长2.3%;福州闽海药业有限公司完成产值3.6亿,同比增长0.9%。

重点项目有:福抗药业股份有限公司冻干头孢无菌与粉针固体制剂项目,海欣药业股份有限公司年产2000吨异戊醛生产线项目,金山生物制药股份有限公司水针剂、乳膏剂、贴剂、片剂等剂型药品的研发、新版GMP改造注射等生产建设项目。

【石化行业】 有规模以上民营企业69家,完成产值255亿元,同比增长24.6%。其中,石油加工及炼焦业完成38.9亿元,同比增长31.5%;化学原料及化学制品制造业完成216.1亿元,同比增长23.4%。产值超亿元的企业有29家,超5亿元的企业有8家。重点企业德胜能源完成产值15.85亿元,同比增长14.5%;双强公司完成产值10.22亿元,同比增长15.5%;一化公司完成产值2.67元,同比增长0.1%。

重点项目有:美得石化有限公司66万吨/年丙烷脱氢项目二期,中江石化35万吨/年聚丙烯项目,申远新材料有限公司年产40万吨己内酰胺工程项目等。

【电子信息行业】 有规模以上民营企业23家,完成总产值268亿元,主要涉及通信终端、电子元器件和软件等行业。重点企业有三元达通讯股份有限公司、国通信息技术有限公司、伊时代信息科技股份有限公司、福州瑞芯微电子有限公司等。国脉集团所属福建慧翰微电子股份有限公司核心团队来自美国贝尔实验室,同上海汽车集团股权投资有限公司携手从事高可靠性、低成本的物联网技术研发。瑞芯微电子推出RK3288芯片,成为市场上唯一无需外挂高清屏驱动,支持所有分辨率屏幕的芯片。科立视触控显示屏材料器件项目,第一条生产线投产,产品获客户认证并出货。新大陆电脑公司的POS机SoC芯片获国家"核高基"重大专项立项,新大陆自动识别公司的识读引擎获2014年国家金卡工程优秀"金蚂蚁"奖。

【轻工纺织行业】 有规模以上民营企业940家,完成工业总产值2870.79亿元,同比增长14.84%,占全市工业比重的38.28%。其中,纺织行业规模以上企业471家,完成工业总产值1854.97亿元,同比增长15.64%,占全市规模工业总产值的24.73%,位居全省第2位。纺织各子行业有纺织业229家企业,产值814.36亿元,同比增长10.98%;化学纤维制造业29家企业,产值476.82亿元,同比增长26.22%;毛皮、羽绒和制鞋业136家企业,产值435.74亿元,同比增长14.34%;服装业77家企业,产值128.05亿元,同比增长14.94%。轻工业中规模以上民营企业469家,完成产值1015.82亿元,同比增长13.40%。食品业规模以上民营企业265家,总产值778.51亿元,同比增长12.29%。

纺织化纤行业重点项目有:经纬新纤科技实业有限公司40万吨差别化涤纶化学纤维项目,长乐恒申合纤科技有限公司年产6万吨差别化锦纶长丝项目,鑫东华实业有限公司40万吨差别化直纺涤纶长丝生产项目等。

轻工食品行业重点项目有:绿金纸业集团有限公司年产12万吨高档生活用纸项目,海壹食品饮料有限公司海壹食品物流园建设项目,万佳油脂工业有限公司年产100万吨棕榈油项目等。

(黄正洪)

【教育】 全市有办学资质的民办学校1516所(不含民办高校),其中民办中学36所,中等职业学校10所,小学25所,幼儿园1022所,非学历高等助学机构10所,文化培训机构413所。学历制民办学校与非学历高等助学机构数量略有减少,民办幼儿园、文化培训机构数量持续上升。开展市属民办学校办学许可证年审评估、收费等专项检查,并向社会公布有关信息,曝光市区70所无证培训机构名单。集中审核民办学校招生简章,举办全市性的初招咨询会。严禁义务教育阶段民办学校通过任何学科考试方式选拔学生,禁止将奥数成绩与入学挂钩。保障民办学校师生合法权益,全市民办学校监控资金账户2000多万元。举办2014年民办学校教师人才招聘会,提供1000多个教育教学岗位。督促民办高校修订完善学校章程,理顺治理结构,依法自主办学。举办4场辅导类教育培训机构教师课标培训以及3场学前教育专题讲座。选派181名民办幼儿园教师参加2014年"国培计划"示范性幼儿园骨干教师远程培训项目。成立市民办教育协会学前专业委员会。2013—2014学年投入民办教育发展专项资金1155多万元,用于市属学历制民办学校改善办学条件。组织民办学校校际交流、名师进民办学校课堂等活动。对部分外来务工人员子弟学校捐赠教学设备,协调民办学校妥善处置办学纠纷。

(陈怀慧)

【医疗】　全市民营医院56家,床位2422张,年门诊量139万人次,年住院人次6.1万人次。8月,市二医院与福州民卫医院缔结帮扶协作关系,开创福州公立三甲医院帮扶民营医院的先河。福州东南眼科医院等知名医院产生良好示范效应。为鼓励和引导社会资本办医,全市规划预留13块用地,选址位于医疗资源相对缺乏的仓山、晋安城市新区和马尾新城区,采取社会办医首选政策,多数用于举办民营医院。引入社会资本建设三级综合医院和特色专科医院,首山片区地块确定用于誉盛投资有限公司建设肿瘤医院,黄山片区地块确定建设福建严复纪念医院,规划床位数共1600张。

(张先玲)

8月,福州市第二医院启动对口帮扶福州民卫医院工作(市卫计委　供)

民营经济服务平台

【商务服务平台】　2014年,通过诉求反映平台,征集企业各类意见建议100多条,在市委与民营企业季谈会等渠道得到有效解决。通过商务服务平台,近1000家企业的产品和服务在福州新闻网上得到持续推介和展示。通过寻机发展平台,在福州新闻网发布政策措施、产业规划、招商项目等信息1000多条;通过商事调解平台,加强与法院在诉前调解方面的合作。通过科技人才对接平台,开展"民营企业家高校(院所)行",先后组织异地商会、农业和制造业会员企业考察武汉华中科技大学光电子重点实验室、省农科院"中以现代农业示范农场"以及国家电子信息产品质监检验中心等,为企业创新转型发展提供科技和人才保障。通过银企合作平台,指导商会与银行以"城市商业合作社""商会宝"等方式,为全市26家行业商会、61家异地商会争取450亿元授信额度。通过技术职称评审服务平台,为民营企业评定各类初、中级专业技术职称337名。

【就业平台】　以促进就业为重点,发挥协调劳动关系三方会议成员单位作用,与市人社局联办"2014年民企招聘周""校企用工对接洽谈会"等活动6场,累计组织401家民营企业、124家省内外职业院校参会,现场达成200多项就业意向,签订100多份校企对接协议,引进技工、职业院校毕业生5600多人。支持市中小企业发展商会等与高校开展大学生预就业的教育指导和职业规划。

【寻机发展平台】　连续15年召开异地商会企业家新春座谈会,市委、市政府向异地榕商通报福州市经济社会发展情况,提供发展机会;组织1200多家企业参与各类招商推介和经贸交流活动。其中,"5·18"海交会期间,市统战部和市工商联组织异地商会企业家参加"中非产业经济合作峰会""千人企业家大会"和福州东部新城总部经济推介会。

【培训平台】　组织1100多人次参加"福州市企业高管培训班""现代企业管理专题培训班"以及"《大改革中的企业生机》青年闽商大讲坛""2014中国企业境内外融资高峰论坛"等专题讲座12场,同时将非公有制经济人士培训培养纳入市委、市政府的人才培训培养计划。

【帮扶平台】　通过"榕商联村"公益帮扶平台,北京福州商会、市建材装饰商会和北京中商天骄国贸有限公司等结合当地特点捐建畲族文化广场等公共文教设施;温州、三明等11家在榕异地商会与福州市11个下派干部驻点村共同开展资金帮扶、项目合作、技术培训等,改善落后乡村村容村貌,带动当地自我发展;做好2013年签约的"榕商联村""百企联百村"项目的对接落实,至年底,首期签约的14项"榕商联村"帮扶项目中,12项项目竣工并交付使用,履约率达90%;11家异地商会通过捐助当地榕籍贫困生圆上学梦,捐建多媒体互动阅读教室等改善当地教育条件;5家在榕异地商会企业家党员参与"百名榕商与百名五老"结对帮扶;三盛集团等企业帮助罹患乳腺癌的贫困女职工申请光彩基金救助。

(余　芳)

(编辑　邱敏佳)

商贸流通与服务业

综　述

2014年，福州市社会消费品零售总额2991.98亿元，同比增长14.6%，累计增幅居全省九地市第一位，比全国增幅高2.6个百分点，比全省增幅高1.7个百分点；实现第三产业增加值2400.92亿元，同比增长9.4%，累计增幅居全省九地市第二位，比全省增幅高1.1个百分点。第三产业增加值占全市GDP比重为46.5%，较上年提高0.7个百分点，比全省高6.9个百分点。

【物流业】　全市实现物流业增加值约295亿元，同比增长8%，占GDP比重5%，占服务业增加值比重12%；港口货物吞吐量完成11942.63万吨，同比增长13.7%；集装箱吞吐量221.76万标箱，同比增长12.1%。福州保税港区一期4月正式封关运作，闽江口内港区集装箱航线转移江阴港区工作全面启动，江阴港区整车进口量为全国新增整车进口口岸第一，港区后方153.3公顷南昌铁路局管辖范围内的铁路货场推进建设，闽侯南通分拨中心将建成全省最大的商贸物流城，闽侯荆溪、上街、青口，福清融侨，长乐鹤上等地形成物流产业聚集群。全市新增或升级A级物流企业11家，有A级物流企业40家，其中AAAAA级4家、AAAA级11家、AAA级22家。

【会展业】　全年举办各类展会69场，其中展览49场、会议20场。“第49届全国工艺品交易会”在展览面积、展品种类及销售、订货额等方面均达历届之最。第十六届中国连锁业会议·中国连锁店展览会展览面积8万平方米，并设立“福建馆”，为省、市地理标志农产品及特色商品供应商提供参展平台。启动海峡会展中心扩建工程，并完成《福州市会展业发展规划（2014—2025）》编撰工作，同时着手对会展业“两个办法”进行修改完善。会展人才培养方面，通过与教育机构、著名会展企业联合办学，提高从业人员整体素质，加快培养高级会展管理人才。

【餐饮业】　年内启动建设美食一条街，在相关部门赴宁波、舟山等地考察特色美食街基础上，委托市规划设计院进行布点专项规划，拟建设6个风味美食园（城），同时推动建设中国闽菜博物馆。

【典当业】　全市有典当经营企业49家，典当总额57.45亿元，同比增长39.14%，其中动产28.55亿元，同比增长33.79%；房地产24.08亿元，同比增长52.99%；财产权利4.82亿元，同比增长14.49%。实收资本14.65亿元，同比增长40.73；典当余额11.75亿元，同比增长43.29%。从业人员664人，增加85人。

【拍卖业】　全市有拍卖企业69家（年内新增7家），分支机构15家（年内新增1家），注册拍卖师152名，拍卖从业人员926名。全年拍卖成交额1634708.21万元，拍卖场次1769场，拍卖企业利润总额59432.66万元。

【副食品商业】　全年蔬菜市场总体量增价稳，整体价格呈现前高后低，相对平稳的运行态势。全年蔬菜总成交量

福州保税港区一期　　（市商务局　供）

4月20日，在福州万象城举办2014年春季福州市家庭服务对接会
（市商务局供）

72.97万吨，同比增长6.28%，蔬菜年平均批发价格为2.55元/公斤，同比下跌4.85%，年平均零售价格为6.93元/公斤，同比上涨6.02%。猪肉市场量减价跌，价格波动较大，生猪收购价格长时间在相对低位附近震荡徘徊。全年屠宰生猪27.93万头，月均2.32万头，同比下降7.82%，生猪平均收购价格为13.7元/公斤，同比下跌9.87%，猪肉年平均批发价格为18.48元/公斤，同比下跌5.23%。禽类市场受禽流感疫情影响，呈量减价涨态势，价格波动较大。全年禽类年平均批发价格为25.18元/公斤，同比上涨10.49%；总成交量1.8万吨，同比下降2.17%。蛋品市场总体量减价涨，鸡蛋价格波动较大。全年蛋品年平均批发价格10.24元/公斤，同比上涨15.06%；成交量1.04万吨，同比下降7.14%。

【家庭服务业】 举办2014年春秋两季家庭服务对接会，成功对接家庭和家庭服务员1254对，其中现场签订合同1176对，家庭服务企业现场招聘970人，接受咨询10520人次。推出“福州市家庭服务业从业人员上岗证”，建立家庭服务员培训情况、年龄、就业年限、企业转籍、诚信评价等信息，促进家庭服务业诚信体系建设，发放上岗证近万张。

（陈俊纬）

粮油贸易

【概况】 2014年，福州市粮食工作围绕“储备要实、市场要稳、价格要优”，推进粮食仓储物流设施建设，落实引粮入榕、储备管理、市场流通和监管工作，确保福州市粮食供应和市场价格的基本稳定。

【粮食储备管理】 新增储备粮规模2万吨，全市粮食储备规模达40万吨，粮油储备总量、人均数达历史最高水平。其中，市级专项储备粮22.5万吨，县级专项储备粮17.5万吨；食用油9000吨（散装油7800吨，小包装油1200吨）；市级储存1.5万吨动态储备粮。全年安排储备粮轮换计划12.36万吨，其中市级6.47万吨、县级5.89万吨。落实储备订单粮食收购计划，全市完成粮食订单收购3620吨。修订出台《福州市市级专项储备粮油管理责任追究办法》《福州市市级专项应急储备成品粮食管理办法》。

【粮食安全保障体系建设】 拓宽产销协作渠道，在省内外粮食产销协作会上签订粮食购销合同149.5万吨。粮食批发市场发挥福州国家粮食交易中心的平台优势，年内交易量达171万吨。开发委托交易客户，委托方客户达41家，地方储备粮竞价交易客户达600余家，覆盖江西、江苏、河南、安徽等粮食主产区。杂粮中心于6月开业，有近30家供应商进驻，经营近600种商品。全市建立666.67公顷省外粮食基地，年可提供稻谷5万吨，上瑞集团获省外粮食基地建设扶持资金126.8万元。全市设立应急供应点226家，对骨干加工企业和粮店，按照政策规定给予扶持资金180.81万元。

【现代粮食流通产业发展】 福州市到2015年要新建储备粮库22万吨。年底，马尾、连江储备库初步验收，具备粮食入库压仓条件；闽侯储备粮库完成招投标；永泰储备库完成勘探设计招标、土石方审计；罗源储备粮库进入详洗勘测阶段；福清储备粮库扩建项目完成总平设计；长乐粮食储备库进入动工前期工作阶段。为适应“退城近郊”趋势，市区东郊粮库、禾福中心油库、洪山粮库拟迁建连江、闽侯，两县均初步画出规划红线。市面粉公司以迁建为契机，与中粮集团洽谈投资合作协议。

【粮食市场监管】 开展粮食质量、粮食科技、爱粮节粮宣传活动，营造全社会爱粮节粮、科学食粮的氛围。开展粮油市场价格监测及预警工作，开展社会粮油供需平衡调查，完善粮油信息数据库。加强对粮食收购、储存、运输、政策性用粮购销活动中粮食质量和原粮卫生监管，全市组织905人次对777家（个次）粮食企业开展277次检查，其中，综合性检查14次，粮食收购资格核查、粮油库存检查、粮食质量检查等专项检查263次。开展“转圈粮”专项整治行动，全市未发现“转圈粮”现象。落实治理“餐桌污染”专项检查，全市粮食系统粮食质量卫生总体情况良好。

（胡艳霞）

烟　草

【概况】 2014年，福州市烟草专卖局（公司）下辖8个县（市）局（分公司）及市区城南、城北局（分公司），1家全资物流公司。资产总额34.8亿元，持证零售客户2.90万户。全市系统现有干部员工1310人。全市系统销售卷烟30.51万箱,同比增长1.4%;销售收入85.67亿元,同比增长6.55%;实现税利18.43亿元,同比增长7.63%。行业28个重点品牌销售27.6万箱,同比增长2.4%,占总销量90.5%。单箱卷烟销售额2.81万元,同比增长5.1%,其中七匹狼系列单箱销售额2.47万元,同比增长1.2%。一至三类卷烟累计销售25.7万箱,同比增长0.8%,占总销量84.2%。

【营销网络建设】 终端建设累计建成现代终端2567户,占卷烟零售客户比重9.2%,其中文化终端291户,优质零售客户280户。全区现代终端客户达标率97%,文化终端和优质零售客户达标率均为100%。

电子商务加快"四网"建设,零售客户网上订货率91%,一机一户率65%。网上配货客户1350户,占零售客户总数5%。现代终端客户的扫码率70%。稳定使用网上结算的客户有1387户,贷记卡使用金额占比达70%。物流建设优化异型烟分拣线自主改造流程,创新"4+1"分拣模式,降低分拣差错率,分拣效率由180件/小时提高到230件/小时。开展烟箱循环利用,全年累计返还工业企业卷烟包装箱103万个,合格率达到83.9%。强化降本增效,单箱物流费用188.2元,物流费用率0.78%。

【专卖市场管理】 打假整规开展"集结号"五期、打击走私烟和"金秋百日会战"专项行动,全年查获案件2493起,其中万元以上案件564起,5万元以上案件66起。查扣各类违法卷烟2000件,其中非法渠道卷烟1275件,非法生产卷烟210件,走私卷烟515件,烟丝2570公斤,涉案案值2211万元。破获国际网络案件6起,市标网络案件4起,刑拘32人,批捕13人,直诉16人,判刑30人。

市场监管出台罚没卷烟收购与销毁、涉烟刑事案件移送、重大案件集体讨论、行政执法行为规范与过错责任追究等制度。应用"APCD"市场检查工作法,升级专卖信息系统,开发"案件调查百问通""涉烟仓库百管通""涉案信息百查通"三通平台,提升精准专卖管理水平。

证件管理建立营销、专卖、物流三线协同机制,调整新证入网流程,提高办证效率和证件覆盖面,全年新办证3928户。开展无证无照经营专项治理,对全区1945户无证户建立档案,纳入日常监管。

【企业管理】 标准化管理完善标准化文件567份。参与全国烟草行业商业企业标准化2个标准的制订。构建标准化管理目标体系、沟通体系、管控体系、队伍体系,获首批"全国烟草行业商业标准化示范企业"。推进规范管理工作,公开招标项目数占比90.7%,金额占比94.2%。

精益管理聚焦精益营销、精益物流、精益财务、精益文化,精简管理环节,改善管理手段,降低管理成本。卷烟单箱税利6045元,同比增加353元,增幅6.2%;单箱利润3533.4元,同比增加262.7元,增幅8%;人均物流配送效率1093.7箱,同比增长1.8%;三项费用率4.6%,同比降低3%。

信息化建设完成新专卖系统、物流批零在途、互动短信平台推广应用;升级APCD平台、移动互联平台和"4321"客户测评系统;探索打造跨行支付模式和手机营销应用"榕烟客",自主研发福州烟草微平台。强化信息化运维安全管理,实施数据库架构调整和性能调优。

法治建设开展全省系统法律风险防控试点工作,推进规范经营、行政执法、财务运营、安全生产、网络舆情等风险"十防"建设。定期开展行政执法案卷评查,在国家局2014年烟草专卖执法评查中取得117.7分的成绩。年内获全国"六五"普法中期先进集体称号。

(林伟民)

石　油

【概况】 2014年,中石化森美福州分公司应对成品油零售市场环境,制定营销策略,有效应对7月下旬至年底国内成品油价格连续11次下调带来的市场变化。全年销售成品油82万吨。开展"从严管理年"和"安全隐患整改年"活动,同时开展"加油站综合服务提升年"活动,通过"营造活动氛围,做好培训示范工作""力推激励机制,掀起'比学赶帮超'热潮""转变思想观念,提升服务品质""领导深入基层,深度服务"等一系列举措,提高加油站服务水平,提升服务质量,为客户营造"快捷、舒适、便利"的消费体验。

【业务拓展】 推进加油站便利店建设,拓展非油品业务。引进生鲜熟食业务,在福州北门加油站开办"生鲜超市",经营生鲜农产品等商品,为周围社区居民生活提供便利。公司有93家易捷便利店对外营业,在福州市场形成一定规模,具备一定的品牌影响力。开展

中石化森美福州分公司在福州北门开办的生鲜超市

(中石化森美福州分公司　供)

"加油送洗车券""关注微信送抽纸""加油送便利店抵扣券"等系列油非互促活动,让利客户的同时提高便利店营业额。加快洗车场改造进度,丰富加油站服务项目,完善服务功能,为客户创造更多便捷服务价值。开展网络发展和形象改造工作,全年完成8座二次油气回收的改造,34座自助和半自助站的改造,10座洗车场的改造,12座加油站增设97号汽油油品改造工作。

【"车e族"APP推广】 中石化森美"车e族"是一款集"服务、优惠、资讯"于一体的APP,让车主尽享银行卡加油、加油站营业状态查询、道路救援服务呼叫、在线购物等八大服务功能,同时对接福建省内近千座加油(气)站的成品油零售和汽车服务业务。引导现有的IC卡客户下载APP并绑定使用,引导客户通过捆绑使用中石化加油IC卡加油,除享受"油中感谢"积分外,还可享受积分回馈,用于兑换便利店及联盟商家的商品和服务。顾客通过"车e族"APP中的积分,可在易捷便利店购买商品时抵扣现金。结合自助加油模式推广宣传,"车e族"24小时在线办理加油卡方便快捷。

【安全管理】 开展加油站"安全隐患整改年"活动,根据加油站检查手册,逐项对照检查,落实责任人,确保不出安全问题。加强安全施工教育,吸取系统内外的各类事故教训,反思典型施工安全事故,避免类似事故发生。强化日常安全监管,对员工进行交通安全教育,通过交通事故视频、新闻和系统内外惨痛教训,强化员工交通安全意识。

【油品数质量管理】 践行"每一滴油都是承诺"主题活动,重视油品质量,严把油品接卸关,实行站长、计量员、司机三到位验收制度;对运输环节,销售环节严格把关,杜绝"问题油""杂质油"。强化数质量管理,全天候专人持续对油罐车、加油站油罐区及接卸油活动过程进行查看,严肃处理对不符操作手册的违规行为,确保油品在进、销、存3个环节零失误。实现全年无数质量责任事故发生。

【油品升级】 成立国Ⅳ车用柴油置换工作领导小组,明确各职能部门的相应职责,列出加油站汽油完成置换时间计划表,制订油品升级应急预案,以确保国Ⅳ车用柴油置换工作顺利进行。在规定时间内对所有国Ⅳ汽油置换合格的加油站统一更换(张贴)油品标识(加油枪、油罐区卸油口、操作井盖及油品价格牌标识)。对所有置换好的国Ⅳ柴油取样送油库质检室检验,并及时上报检验结果。推广使用国Ⅳ柴油,改善城市环境、空气质量。

(陈小丽)

供销合作

【概况】 2014年,全系统商品销售总额92.32亿元,同比增长29.68%,其中售给农民的农业生产资料5.51亿元,同比增长17.74%,消费品零售48.91亿元,同比增长33.58%,农产品购进额48.63亿元,同比上升34.4%,再生资源购进额5.88亿元,同比上升43.72%。全系统利润汇总盈利3069万元,同比增长21.5%。

【烟花爆竹安全经营】 春节期间,全市(含八县)设立1485个烟花爆竹零售网点,销售各类烟花爆竹总量达15.29万件,配送额达2315万元,满足节日市场供应。在城区设立5个零售直营示范点,在引导市民安全燃放、平抑烟花爆竹零售价格方面取得初步成效。

【农资供应服务】 开展化肥冬储和春耕供应服务,完成化肥储备5.28万吨。引导农民科学施肥、合理用药,福清市供销社通过持续开展科技服务"三农"巡回活动,聘请农业技术专家授课,把"农业科技大讲堂"开办到乡村,科技服务农业种植大户"点对点"。福清上迳供销社和福清市农资公司联手为省汇融农业有限公司293.33公顷连片耕地提供优质化肥,每亩至少节约农业生产成本130元。

【"新网工程"建设】 全年建成消费品配送中心2个,完成农资配送中心3个,完成再生资源交易市场(分拣中心)1个。按全国总社行业标准推进13个农资网点改造提升,按全国总社行业标准推进16个消费品网点改造提升,推进22个农资连锁经营网点建设,推进15个日用消费品连锁经营网点建设。

【项目建设】 项目建设实行"四个一"(强化实施好一批重点项目,跟踪落实好一批推进项目,积极跟踪谋划好一批储备项目,建立完善好重点项目一套工作班子)管理机制。分为重点、推进、储备"三个一批"项目。一批重点项目8个,一批推进项目19个,一批储备项目7个。主要项目有:推进原福州大鞋城建筑面积6532平方米的规划转型升级。引进省好莱钨实业有限公司竞标入驻鞋城,旧鞋城打造成时尚文化茶都,对旧鞋城公共空间、外立面景观、道路、水电、消防设施进行全面升级改造,打出"中国供销合作社"标识。回收公司将在晋安区宦溪镇征用土地1.87公顷,建设标准厂房4000平方米及相应配套设施,解决废弃物循环再生利用。市供销社和闽侯县社、祥谦社联合投资3807万元建设青口大厦日用品配送中心。罗源县、闽清县和连江县3家农资配送中心项目总投资达1700万元。闽侯县花茶加工扩建项目,拟改扩建建筑面积1030平方米,项目新增色选机、茶叶烘干机等设备,投资161万元。

【为农服务平台搭建】 年内全市发展专业合作社35个,发展村级综合服务社113个,发展农村社区服务中心7个。罗源县累计创办专业合作社20个以上,入社农户达500多户,扶持农民发展农产品生产基地200多公顷,帮助农民在批发市场和"农超对接"销售农产品300多万元。由罗源县水果蔬菜经营服务中心站牵头组织几个农民专业合作社成立"罗源县双农丰果蔬专业合作社联合社",为全市第一家农民专业合作社联合社。

【农村社区综合维修服务体系建设】 新建乡镇维修站16个,村级维修点21个。全市开展维修服务体系建设的7个县(市)供销社初步构建县、乡、村三级农村社区综合维修服务体系,成立7

个县服务中心,72个乡镇服务站,105个村级维修点(联络点)。

【再生资源回收利用体系建设】 福州物资回收公司按照项目要求,组织规划,基本完成项目所包括的回收站点、分拣中心及网络信息中心。200个回收网点通过清理整顿,完成升级;则徐大道废五金分拣加工中心、黄山废金属分拣中心进行资产并购,实施升级改造;成立回收信息中心,创建福建再生资源回收利用网站,发行信息刊物56期。体系建设项目委托会计师事务所审计,经检查和审计,项目总体布局和建设符合国家商务部相关要求,资金使用合理,工程质量达标,并符合相关环保要求。

【资产管理和运作】 指导下属企业进行资产经营和管理。新店供销社进行旧货市场店面和银山大酒店一层店面、日杂公司进行中正药业店面新一轮招租,招租额均比上一轮有较大增幅。回收公司6月与特艺城房地产公司签订特艺城二期补充协议,争取到额外230平方米的资产效益。市供销社机关办公场所搬进东部办公区,原机关办公场所退还下属企业经营。

(戴　新)

象园携城茶都,由市供销社所属原大鞋城转型而来,核心区总建筑面积6532平方米,分A、B、C三个区,呈王字形展开,拥有135间商铺和1间体验馆

(市供销社　供)

(编辑　邱敏佳)

利用外资及港澳台资

【概况】 2014年，新批准外商及港澳台商投资企业126家(项)，按验资口径，合同外资及港澳台资14.64亿美元，同比下降28.8%；全年实际到资15.47亿美元，同比增长8.1%，增幅比全省(6.5%)高1.6个百分点。其中，引进港澳投资项目57项，合同港澳资10亿美元，实际利用港澳资9.26亿美元；新批台湾直接投资项目36项(不含第三地)，合同台资1.64亿美元，占全市新批合同外资及港澳台资总额的11%，主要分布在批发零售业、信息传输和计算机服务、软件业、制造业。有67家外商及港澳台商投资企业投产开业。至年底，全市累计批准外商及港澳台商投资企业9817家，在业投产的外商及港澳台商投资企业2512家(2014年联合年检参报数)。有93家世界500强企业在榕投资设厂或设立办事处。

【外商及港澳台商投资项目】 外商及港澳台商直接投资的126项中，农、林、牧、渔业6项，合同金额3253万美元；制造业11项，合同金额31223万美元；建筑业1项，合同金额8248万美元；交通运输、仓储和邮政业1项，合同金额4532万美元；信息传输、计算机服务和软件业9项，合同金额8404万美元；批发和零售业51项，合同金额30706万美元；住宿和餐饮业5项，合同金额3107万美元；金融业8项，合同金额21739万美元；房地产业1项，合同金额4675万美元；租赁和商务服务业18项，合同金额18118万美元；科学研究、技术服务和地质勘查3项，合同金额5035万美元；水利、环境和公共设施管理2项，合同金额4622万美元；居民和其他服务业4项，合同金额381万美元；文化、体育和娱乐业2项，合同金额142万美元。投资项目主要来自中国香港、中国台湾、新加坡、萨摩亚、塞舌尔、开曼群岛、美国、瑞典、加拿大、日本、德国、英国、澳大利亚、新西兰、意大利、叙利亚、西班牙、巴基斯坦等18个国家与地区。其中，中国香港100040万美元，中国台湾16440万美元。

【中国(福建)自由贸易试验区(福州片区)】 12月28日，第十二届全国人大常委会第十二次会议通过关于授权国务院在中国(广东)、中国(天津)、中国(福建)自由贸易试验区以及中国(上海)自由贸易试验区扩展区域暂时调整有关法律规定的行政审批的决定。明确福州片区自由贸易试验区的实施面积31.26平方公里，分别是：1、福州经济技术开发区22平方公里，含福州保税区0.6平方公里和福州出口加工区1.14平方公里。2、福州保税港区9.26平方公里(已封关面积2.43平方公里)。

【服务外包】 根据商务部“服务外包业务管理和统计系统”统计，全年全市签订服务外包合同1799份，合同金额5.04亿美元，合同执行4.08亿美元。其中，离岸服务外包执行额1.07亿美元，同比增长37%，在岸服务外包执行额3.01亿美元。至年底，全市在商务部服务外包管理和统计系统中注册企业160家，企业累计获得各项资质认证122项，从事服务外包业务人员3.53万人。离岸服务外包业务涉及中国香港、新加坡、美国、日本、丹麦、德国、加拿大等58个国家和地区。

【重大利用外资项目】 全市新批总投资千万美元以上项目60个，合同外资13.18亿美元，占全市合同外资总量的90.05%，同比下降23.68%。福建省建材(控股)有限责任公司、飞毛腿(福建)电子有限公司增资、福建海西财富融资租赁有限公司、福建通用飞机制造有限公司、福建奔驰汽车工业有限公司增资、福建嘉德实业有限公司增资等一批重大外资项目获批。其中，福建省建材(控股)有限责任公司总投资1.6亿美元，合同外资1.1亿美元；飞毛腿(福建)电子有限公司增资总投资1.8亿美元，合同外资1亿美元。

【招商引资活动】 3月，由俄罗斯鄂木斯克市议会副主席阿列克谢·索金率领的政府及高校、企业代表团到福州市参观访问。同月，市外经贸局举办福州—鄂木斯克经贸对接交流会，20多家企业参加。

3月、6月，市外经贸局先后两次接待香港大昌行物流有限公司董事总经理谷大伟一行。初步达成合作意向：投资汽车快修店，并初步扩展形成连锁店；设立冷链物流企业，与福州市水产品市场配套；参与汽车整车进口合作项目。

5月，市外经贸局组织长乐、连江等有关县(市)区招商小分队赴天津、北京参加2014天津投资贸易洽谈会，并拜访重点客商。

6月，市外经贸局组织鸿博光电、联合动力、中卉生态科技集团等20多家企业参加中德企业对接会，洽谈对接一批项目，获得一些新的项目线索。同月，福州经贸代表团随省商务厅赴台湾开展联合经贸交流活动。重点推进福建严复纪念医院、海钜新能源动力生产基地及研发总部、台湾扬运养老服务等项目，宣传推介省市投资环境和对台招商项目。

7月，市外经贸局联合省商务厅在香港举办福州现代服务业专题招商推介活动，邀请港资企业、在港跨国公司、机构等60多家企业代表参加推介会，涵盖金融、物流、文化创意、商贸服务等领域。期间，拜访香港中华工商总会、香港观塘工商业联合会、香港中小企业总会、旅港福建商会等多家香港知名商协会并与其建立商务合作关系。与相关企业洽谈对接一批项目，谈成意向项目23项，其中包括香港申鑫集团电商综合体、香港大昌行物流公司冷链物流配送和进口汽车整车展示中心、泛华(香港)文化传媒股份有限公司建设海西文化交流中心、香港怡和万宁有限公司在福州地铁一号线投资设立连锁便利店等项目。同月，福州招商代表团随省团赴台开展经贸交流活动，拜访台湾百大企业顶新集团、华映集团、富邦集团、华南商业银行、正崴集团，以及冠捷集团、太古汽车、友顺科技等知名台企，以推进在谈项目，挖掘新项目线索。

8月，随省商务厅经贸团组赴美参加纽约秋季礼品展(华交会境外展)，在休斯敦拜访世界500强的石化企业，在哥斯达黎加首都圣何塞举办"中南美洲福建投资贸易推介会"，并以哥斯达黎加为起点开拓中南美洲国家市场，拓展对美贸易及投资市场。同月，市外经贸局随省商务厅、省侨办赴印度尼西亚、新加坡开展投资贸易促进活动。分别在印尼、新加坡举办1场投资推介会，推出一批重点招商项目；走访新加坡金鹰集团、星桥集团，印尼材源帝集团等跨国龙头企业；拜访新加坡中华总商会、华源会、印尼中华总商会、世界福州十邑同乡总会、黄双安等著名侨商及侨团组织，拜会印尼投资协调委员会、印尼贸易会等当地政府部门及投资促进机构，同时调查两国出口市场。

9月，福州市小分队随省商务厅与德国莱法州经济事务、气候保护、能源以及区域规划部在福州共同举办"莱茵兰—法尔茨州投资推介会"，组织福建同方房屋建造有限公司、福建鑫威杨集团、福建聚能机械制造有限公司等12家企业参加活动，与德方企业进行项目对接，项目涵盖节能建筑、注塑产品、食材供应、精密铸件、国际学校及车用软件等。

11月，市招商人员随省商务厅赴阿联酋、坦桑尼亚、南非开展经贸促进活动，拜会南非非国大经济发展论坛(PBF)、阿联酋沙迦工商会等机构；举办1场经贸推介会，9场座谈会。经过交流，南非非国大经济发展论坛确定于2015年5月组织30多家企业参加福建省商品交易会。南非自由州省省长马格舒勒率领经贸代表团到榕举办贸易投资说明会，重点推荐自由州省的贸易与投资环境。洽谈内容包括农业、建筑、房地产、酒店、医疗设备、工程建设、国际贸易等行业。市外经贸局邀请16家企业参会，部分项目达成合作意向。

【海交会和投洽会】 第十六届"5·18"海峡两岸经贸交易会福州市签约外资及港澳台资项目110项，利用外资及港澳台资28.18亿美元，同比增长5.42%，其中合同项目64项，合同利用外资13.11亿美元，同比增长1.26%。第十八届"9·8"厦门投资贸易洽谈会福州市签约外商及港澳台资投资项目110项，合同利用外资及港澳台资33.64亿美元；合同项目77项，投资总额29.37亿美元，合同外资15.86亿美元。

对外及港澳台投资与劳务合作

【概况】 2014年，福州市新核准境外投资企业项目57个，对外投资总额137771万美元，其中，中方投资总额124923万美元。对外投资总额、中方投资额比上年同期分别增长44.1%、40.5%。至年底，全市经核准设立的对外投资企业项目(含境外机构)267个。在台湾设立企业项目(含机构)20个，协议投资总额14164.22万美元，其中大陆投资额8445.63万美元。

【劳务输出】 新签对外及港澳台劳务合作合同1986份，合同金额9945.35万美元。外派劳务人员4925人次，期末在外劳务人员7260人。年内派出对台渔工121批440人次。主要派往南非等国家以及中国台湾、澳门、香港等地区，从事近、远洋渔业，餐饮业，建筑和制造业等行业。

对外及港澳台贸易

【概况】 2014年，进出口总额346.1亿美元，同比增长10.4%。出口总额212.4亿美元，增长9.9%，占福州市GDP的25.06%(按1美元=6.1元人民币换算)，占全省出口总值的18.72%；出口商品销往207个国家与地区。进口总额133.7亿美元，同比增长11.1%，进口商品来自126个国家与地区。在进出口总额中，对台进出口总额20.38亿美元，同比下降0.9%，其中出口5.15亿美元，同比增长1.56%，占全市出口比重的2.43%；进口15.23亿美元，同比下降1.71%，占全市进口比重的11.39%。港澳进出口总额13.57亿美元，同比下降8.11%，其中出口13.39亿美元，同比下降5.88%；进口0.19亿美元，同比下降66.07%。

【文化产品出口】 全年福州市文化产品出口总值5.14亿美元，同比增长18.88%，占全市出口总值2.42%。增长速度高于全市平均水平。出口市场主要集中在欧美日发达国家,其中出口较大市场有北美洲(1.5亿美元)、欧盟(1.1亿美元),新兴市场拉丁美洲(2053万美元)。主要出口企业有:生产性外贸企业闽侯闽兴编织品有限公司、福州弘博工艺品有限公司、福州常春腾家居制造有限公司;流通性外贸企业福建德艺集团股份有限公司。

表26　　**2014年福州市出口额3000万美元以上商品情况**

金额分类	商品名称	出口金额（万美元）	占出口总额比重（%）
10亿美元以上（1项）	其他彩色监视器	141569	6.67
1亿美元以上（29项）	品目8471自动数据处理系统用液晶监视器、拖轮及顶推船、其他橡胶或塑料外底,纺织材料鞋面的鞋靴、液晶显示板、其他鞋靴、其他木家具、用栓塞法装配鞋底及面的橡、塑鞋、其他液晶显示器彩色电视接收机、其他鞋、其他上釉的陶瓷砖、瓦、块及类似品、塑料或纺织材料作面的提箱、小手袋等、制作或保藏的烤鳗、未列名已加工花岗岩制品、5903、5906或5907的织物制其他男式服装、车辆用层压安全玻璃、其他橡、塑或再生皮革外底,皮革鞋面的鞋靴、机动车辆用点火布线组及其他布线组、灯船、消防船、起重船等不以航行为主的船舶、未列名电灯及照明装置、品目8471所列其他机器的零件、附件、车身(包括驾驶室)的未列名零件、附件、装有点燃式活塞内燃发动机的发电机组、花岗岩碑石或建筑用石及其制品、未列名贱金属雕塑像及其他装饰品、制作或保藏的虾、其他铝板或铝材、其他光学透镜等、6301至6307的未列名制成品,包括服装裁剪样、其他彩色投影机等	835092	39.32
5000万~1亿美元（41项）	橡、塑或革外底,皮革制鞋面的其他运动鞋靴;冻、干、盐腌或盐渍墨鱼及鱿鱼;电子节能灯;未列名化纤男式带风帽防寒短上衣、防风衣等;5903、06或07织物制62011100至1900类型服装;电动的挂钟;塑料制小雕塑品及其他装饰品;其他未搪瓷钢铁餐桌、厨房等家用器具及零件;化纤制机制花边;磷酸氢二铵;标签等其他纸制品;塑料片或纺织材料作面的其他类似容器;其他金属家具;冻各种虾;厨房用木家具;橡、塑外底及鞋面的短统靴(过踝);手持式无线电话机的零件;干香菇;瓷制固定卫生设备;未列名木制品;压燃式内燃机发电机组,P≤75KVA;合成纤维制未漂白或漂白经编织物;5903、5906或5907的织物制其他女式服装;非电气的灯具及照明装置;棉制针织或钩编的女式上衣;其他运动或户外游戏用设备;游泳池或戏水池;未列名塑料制品;枝形吊灯及天花板或墙壁上的电气照明装置;未命名;橡胶或塑料制外底及鞋面的其他运动鞋靴;塑料制餐具及厨房用具;已镶框玻璃镜;塑料制其他家庭用具及卫生或盥洗用具;干木耳;塑料片或纺织材料作面的手提包;棉制针织或钩编的婴儿服装及衣着附件;其他卧室用木家具;天然石料制的长方砌石、路缘石、扁平石;彩色电视机零件(除等离子显像组件及零件);棉制针织或钩编的女裤;活鳗鱼,鱼苗除外	287743	13.55

续表 26

金额分类	商品名称	出口金额(万美元)	占出口总额比重(%)
3000 万～5000 万美元(62 项)	二极管、晶体管及类似的半导体器件;车辆用钢化安全玻璃;其他点燃式活塞内燃发动机的零件;尼龙－6 纱线,未加捻或捻度≤50 转/米;灯座,线路 V≤1000 伏;棉制其他男裤;其他未上釉的陶瓷砖、瓦、块及类似品;多相交流电动机,750 瓦<P≤75 千瓦;化纤制针织钩编套头衫、开襟衫、外穿背心等;电气的台灯、床头灯或落地灯;冻鱼,但品目 03.04 的鱼片及其他鱼肉除外;其他车辆用防抱死制动系统;彩色卫星电视接收机;品目 8443 所列设备用其他零件及附件;其他硅;其他雨伞及阳伞;已加工的碑石或建筑用石(不包括板岩)及其制品;铝板、片有带,厚度超过 0.2 毫米;棉制女裤;压燃式内燃机发电机组,75KVA<P≤375KVA;未列名已装配的光学元件;未列名材料制家具;棉制针织或钩编的男裤;其他带软垫的金属框架坐具;未列名化纤女式带风帽防寒短上衣、防风衣等;其他玩具;其他木制小雕像及装饰品;瓷餐具、厨房器具及其他家用或盥洗用瓷器;其他钢铁结构体;钢结构体用部件及加工钢材;液体泵,不论是否装有计量装置;合成纤维制针织或钩编的女裤;初级形状的乙烯－乙酸乙烯酯共聚物;珠宝或刀具木盒及类似品,第 94 章以外木家具;未列名水泥、混凝土或人造石制品;折叠伞;未列名成卷成张矩形浸涂印花纸,纸板,纤维纸;热轧不锈钢板材,厚<4.75 毫米,宽<600 毫米;未列名柴油机的零件;其他塑料制品及品目 39.01 至 39.14 所列其他材料的制品;单独报验的带齿的轮等;84.83 货品的其他零件;合成纤维制针织或钩编的男裤;8701 至 8704 所列其他车辆用未列名零、附件;其他非工业用铝制品;化纤制未列名狭幅机织物;未列名钢铁制品;含聚酯非变形长丝≥85%的机织物;制作或保藏的甲壳动物、软体动物及其他水生无脊椎动物;其他专用于或主要用于 8501 或 8502 机器的零件;其他色料;经其他加工的未列名宝石或半宝石;棉制针织或钩编的男式上衣;陶制塑像及其他装饰品;电动的闹钟;未列名已加工大理石、石灰华及蜡石制品;木材、软木、骨、硬橡胶等硬质材料加工锯床;未列名手表;合成纤维制其他男裤;集成电路的零件;其他手提式电锯;其他输出功率≤14 千瓦的压燃式活塞内燃发动机;家具的零件;鲜、冷鱼,但品目 03.04 的鱼片及其他鱼肉除外	233874	11.01
合　计	133 项	1498278	70.54

表 27

2014 年福州市主要出口市场情况

国家和地区	出口金额(万美元)	占出口总额比重(%)
美　国	4486851	21.12
欧　盟	368074	17.33
东　盟	339258	15.97
日　本	148842	7.01
中国香港	132695	6.25
中　东	110848	5.22
中国台湾	51510	2.43
韩　国	48297	2.27
印　度	36853	1.74
澳大利亚	34739	1.64
加拿大	32932	1.55
俄罗斯	30434	1.43
墨西哥	26848	1.26
巴　西	21484	1.01
尼日利亚	18818	0.89
智　利	17796	0.84
波　兰	16645	0.78
土耳其	15865	0.75
南　非	13903	0.65
巴基斯坦	12859	0.61
捷克共和国	10797	0.51
马绍尔群岛	10693	0.50
哥伦比亚	10585	0.50
合　计	1959460	92.26

表 28

2014 年福州市进口额 3000 万美元以上商品情况

金额分类	商品名称	进口金额(万美元)	占进口总额比重(%)
10 亿美元以上(3 项)	单项记录价值≤2000 元非税、证进口商品,液晶显示板,非种用黄大豆	647991	48.45

续表28

金额分类	商品名称	进口金额（万美元）	占进口总额比重（%）
1亿美元以上（14项）	处理器及控制器，品目8471所列其他机器的零件、附件，合成纤维长丝纺丝机，仅冷轧铁或非合金钢卷材、厚<0.3毫米，铬铁、按重量计含碳量在4%以上，乙烯聚合物的废碎料及下脚料，未命名，1,2－乙二醇，褐煤、不论是否粉化、但未制成型，其他烟煤，镍矿砂及其精矿、平均粒度≥0.8毫米，<6.3毫米未烧结铁矿砂及精矿，饲料用鱼粉，其他低芥子酸油菜籽	258218	19.31
5000万~1亿美元（23项）	2.5<排量≤3升装点燃往复式活塞内燃发动机越野车（4轮驱动），其他集成电路，船用推进器及桨叶，船舶用柴油机，纵锯切刨或旋切白松（云、冷杉）木材、厚>6毫米，聚对苯二甲酸乙二酯的废碎料及下脚料，6－己内酰胺，甲醇，其他煤，平均粒度≥6.3毫米未烧结铁矿砂及其精矿	66851	5.00
3000万~5000万美元（23项）	未组装或部分组装的完整表芯；液晶显示板的零、附件；偏振材料制的片及板；车身（包括驾驶室）的未列名零件、附件；其他汽油货车，车总重≤5吨；8525至8528所列其他装置或设备用其他零件；其他锂离子蓄电池；含铝量低于99.95%未锻轧非合金铝；其他精炼铜丝；经其他加工的未列名宝石或半宝石；未列名针叶木原木；硫化橡胶制避孕套；天然橡胶乳，不论是否予硫化；聚乙烯醇缩丁醛非泡沫塑料板、片、膜、箔等；聚氯乙烯纯粉（纯指未掺其他物质）；改性的丙烯腈－丁二烯－苯乙烯共聚物（初级形状的ABS树脂）；初级形状的乙烯－乙酸乙烯酯共聚物；其他工业用单羧脂肪酸；精炼所得酸性油；其他含有激素或品目29.37的药品；三乙醇胺；4,4′－异亚丙基联苯酚及其盐；对二甲苯；石油沥青	87112	6.51
合　计	50项	1060172	79.27

表29　**2014年福州市主要进口市场情况**

国家和地区	进口金额（万美元）	占进口总额比重（%）
美　国	176617	13.21
瑞　士	162372	12.14
中国台湾	152281	11.39
东　盟	127645	9.55

续表 29

国家和地区	进口金额(万美元)	占进口总额比重(%)
澳大利亚	119984	8. 97
欧　盟	112710	8. 43
韩　国	83232	6. 23
南　非	77506	5. 80
日　本	68977	5. 16
巴　西	55701	4. 17
加拿大	47298	3. 54
中　东	12373	0. 93
墨西哥	11358	0. 85
合　计	1208054	90. 36

（陈　婉）

（编辑　邱敏佳）

9 月 7 日，副市长姜波会见沃尔玛客人，随后举办沃尔玛山姆购物中心（福州）项目签约仪式　　（市商务局　供）

金融业

综　述

2014年，福州市金融业增加值398.10亿元，同比增长18.10%。占GDP的比重7.70%，占第三产业的比重16.58%。全年金融业实现税性收入200.8亿元，占第三产业全部税收612.75亿元的32.77%。

福州市银行存贷款余额、保费收入、股票和基金交易量等主要经营指标继续稳居全省首位。全市有银行机构53家（含筹建4家）、证券法人公司2家、证券营业部99家、期货法人公司3家、期货营业部23家、保险公司52家。银行业方面，年底全市本外币各项存款、贷款余额分别为9731.03亿元和9766.85亿元，同比增长分别为8.72%和19.69%，占全省的比重分别为30.54%和32.50%。证券业方面，年底证券营业部有99家，占全省（不含厦门）总数的41.77%；手续费收入15.67亿元，占全省（不含厦门）总数的48.60%；利润总额9.19亿元，占全省（不含厦门）总额的44.78%。福州市期货营业部有23家，占全省（不含厦门）总数的39.66%；手续费收入6111.72万元，占全省（不含厦门）总数的49.24%；利润总额为370.12万元。保险业方面，全年保险保费收入179.11亿元，同比增长21.7%，占全省总额的26.12%；福州各财产险公司累计赔款支出约62.66亿元，累计增长23.7%，占全省总额的29.15%。

金融机构资产质量向好，全市银行业不良贷款余额109.96亿元，不良贷款率为1.12%，比全省平均水平低0.69个百分点。全市商业银行全年实现本外币账面利润200.78亿元，同比下降41.94%。

实施"引金入榕"工程，加快建设海西现代金融中心。台湾合作金库银行、彰化银行福州分行获银监会批筹。汇丰银行、华南银行福州分行相继获批筹，东亚银行福州分行、泉州银行福州分行、建信人寿福建分公司正式开业运营，渤海银行开展开业前准备工作。罗源、闽清村镇银行筹备工作进展顺利。

拓宽融资渠道，继续落实福州市与主要金融机构的战略合作关系。先后与14家金融机构签订战略合作框架协议，协议金额超4600亿元。签约后各银行机构累计向福州投放贷款7410亿元。搭建政银企合作对接平台，先后组织国开行福建省分行、农发行福建省分行、五大国有银行等与四大融资平台、福州新区及重大交通基础设施项目各类对接会20场次。

经省政府批准设立15平方千米的海西现代金融中心区，构建以银行、证券期货、保险三大业态为核心，多种业态为辅的金融产业体系集聚区。在建设的海峡金融商务区一期63.46公顷、二期63.33公顷、周边配套23.93公顷，有兴业银行、建设银行福建省分行、台湾富邦金控等19家金融机构入驻，其中12家购地的金融机构中9家机构大楼在建，建设银行、福建海峡银行、进出口银行大楼实现主体结构封顶，恒丰银行购楼冠名基本就绪。

融入国家"一带一路"战略，打造21世纪海上丝绸之路战略枢纽城市，福州市海上丝绸之路基金总规模100亿元，首期20亿元，旨在引导企业进入海上丝绸之路沿线国家的投资领域，促进更多有能力的福州新区企业集群式走出去。

股权投资基金、融资性担保机构、小额贷款公司、融资租赁、财务公司、村镇银行等新型金融组织稳步发展。至年底，全市有融资性担保公司132家，累计为9343家中小企业提供162亿元贷款担保；小额贷款公司获批开业的15家，累计为5882家企业发放贷款80.1亿元。

年末福州市小微企业贷款余额3156.24亿元，占全市企业贷款余额的32.32%；增量352.38亿元。涉农贷款余额2937.52亿元，同比增长25.09%。其中，农户贷款余额450.66亿元，同比增长33.71%；非农户贷款余额32.13亿元，同比增长18.21%；农业企业及各类组织贷款余额2230.98亿元，同比增长22.62%；城市企业及各类组织贷款余额223.75亿元，同比增长35.89%。

全市境内外上市企业有56家，其中境内上市企业29家，境外上市企业27家。境内上市公司直接融资597.78亿元；10家次福州上市公司实施并购重组，其中5家公告方案，涉及金额42.42亿元；15家次福州上市公司着手开展再融资工作，拟融资超过430亿元；2家福州公司向证监会申报IPO，拟融资5.91亿元；福州证券公司通过资产管理、股票质押等业务为福州地区经济建设提供资金74.89亿元。

（林小凤）

银 行 业

【概况】 2014年，银行业实现平稳较快发展。至年末，福州市银行业资产总额达1.5万亿元，同比增长15.1%。各项存款余额9215.5亿元，同比增长8.9%。各项贷款余额9843亿元，同比增长20.6%，高于全省贷款增速4.9个百分点，全年新增贷款1415.8亿元。福州银行业资产总额、存款余额、贷款余额、新增贷款额分别占全省银行业的25%、30%、33%、37%，均位居各设区市首位。存贷比107%，比全省水平高13个百分点。全市银行业不良贷款率1.12%，比全省水平低0.69个百分点。福建海峡银行、福州农商行等地方法人银行的资本充足率、拨备覆盖率和流动性等主要指标均高于监管要求。

福州地区银行业机构组织体系不断完善，"引银入榕"工程成效显著。台湾合作金库银行、华南银行、彰化银行以及汇丰银行、渤海银行等境内外金融机构到福州设立分行，引进外资银行数量为历年之最，尤其是实现台资银行在全省"零的突破"。组建罗源汇融、闽清瑞狮2家村镇银行。推动银行业机构向县域和社区延伸，年内福州地区新设银行业机构支行132家，其中组建社区支行84家。

推动强化金融服务。支持重点项目建设，建立"融资需求沟通、项目融资对接、融资问题协调、工作推进反馈"4项工作机制，引导银行业机构参与福州新区2014年重大项目融资签约活动，支持福州新区重点项目建设。加大"小微""三农"等领域扶持力度，提升金融惠及面，出台《关于缓解企业融资难融资贵问题的实施意见》。至年末，福州银行业小微企业贷款余额2839.1亿元，全年新增贷款325.7亿元，同比增长13%；涉农贷款余额2937.5亿元，全年新增贷款568亿元，同比增长25.1%。

（张 丽）

【中国人民银行福州中心支行】 2014年，传导和落实稳健的货币政策，加强辖内地方法人金融机构信贷调控，制定出台《宏观调控管理办法（试行）》。发挥定向降准优化信贷资源配置功能，直接增加金融机构的信贷可用资金约160亿元。累计调增辖内地方法人金融机构合意新增贷款额度186亿元，全年地方法人金融机构实际新增贷款798.08亿元，同比多增251.78亿元，增量主要投向小微企业、"三农"等实体经济领域。制定下发《关于稳中求进改革创新，进一步深化金融服务实体经济发展的若干意见》，选择重点地区、重点金融机构部署推进各类专项信贷工作。推动银行间市场企业发债，在省内创新发行专项支持保障房的债务融资工具。推进区域金融改革，引进台资金融机构。

服务海西建设 联合省发展改革委先后召开两场辖内重大项目融资对接会，推动金融机构与企业对接。联合省金融工作办公室、省经济和信息化委员会等主办第十二届"6·18"金融创新与服务推介会，支持中小企业、科技创新企业以及重点建设项目、城市基础设施建设等。引导金融机构运用金融手段支持企业通过兼并重组和技术改造实现转型升级。支持高新技术产业、文化产业和节能环保产业等新兴产业加快发展，全省首家科技银行——福建海峡银行福州科技支行累计对科技型企业发放贷款逾21亿元。制定出台《关于信贷支持福建省"三农"重点领域发展的工作意见》，在全国率先建立金融机构涉农贷款投放目标责任制、县域新设金融机构贷款投放承诺制度、新型农业经营主体"主办行"服务机制，年末辖内涉农贷款实现增量和增速"两个不低于"的目标。建立小微企业信贷政策导向效果评估制度，配合省政府制定出台《关于进一步降低企业融资成本，防控企业信贷风险措施的通知》，引导金融机构减费让利，降低企业融资成本；鼓励金融机构设立中小企业金融服务专营机构，优化贷款审批机制，创新小微金融产品和服务，年末小微企业贷款增速回升明显。协调解决福州市保障房建设资金缺口问题，保障房发债融资创新试点落地，市城乡建设发展总公司和市建发集团发行保障房非公开定向债务融资工具30亿元，年末福州市保障房开发贷款余额167.03亿元，同比增长185.63%，同比多增81.34亿元；引导金融机构改善居民购买首套自住房和首套改善性住房的金融服务，

6月13日，由中国人民银行福州中心支行、平潭综合实验区管委会和省金融学会共同主办，福建银监局、福建证监局、福建保监局协办的"第六届海峡论坛·两岸金融合作（平潭）论坛"在平潭综合实验区举行

（中国人民银行福州中心支行 供）

年内商业银行首套住房贷款笔数占比维持在90%以上,年末福州市个人住房贷款余额1788.15亿元,同比增长21.86%,同比多增7.89亿元。推进跨境人民币业务,联合外经贸部门实施“一对一”重点企业帮扶方案,依托石油化工等进出口贸易量较大的行业协会挖掘业务潜力,全年福州市银行业机构办理跨境人民币业务816.38亿元,同比增长89.39%。推动市政府与国家开发银行福建省分行、中非发展基金签订21世纪海上丝绸之路基金战略合作框架协议,共同筹建计划总规模100亿元的海上丝绸之路基金,支持福州打造国家“一带一路”战略枢纽城市。促成省政府批准福州市设立海西现代金融中心区。深化榕台金融合作,台湾合作金库商业银行、彰化商业银行和华南商业银行相继获准筹建福州分行。推动福建自贸试验区福州片区获批,重点建设发展先进制造业基地、“海丝”建设重要平台、两岸服务贸易与金融创新合作示范区。

维护金融稳定　重点加强对辖区大型问题企业、钢贸企业、民间非法金融活动、企业资金链断裂等重要风险点的监测和排查,全年辖内人民银行系统累计报告涉险企业41家,涉及金额91.22亿元。及时向上级行、政府相关部门等预警金融风险26次,涉及信贷资金59.8亿元。完成对辖内13家法人金融机构的同业业务现场督查,并代人民银行总行起草完成全国36家分支机构同业业务督查情况总报告。完成华福证券有限责任公司经营稳健性专项现场评估,选择对福州辖区部分保险分支机构开展稳健性现场评估。开展东亚银行等在福州筹建分支机构的管理与服务,引导新设金融机构完善内控制度、强化内部管理、规范业务行为;加强重大事项报告管理,全年收到各类金融机构重大事项报告118次;完成对辖区31家银行业金融机构的综合评价,督促评价等级较差的机构采取整改措施,并对浙江稠州商业银行福州分行开展综合执法检查。推动金融稳定工作创新,建立完善存款保险制度研究小组,承接人民银行总行布置的有关工作任务;制定《人民银行福州中心支行实施存款保险制度应对预案》。深化金融生态县创建试点,创建试点面不断扩大。

基础金融服务　推进辖内金融统计标准化全面落地,被人民银行总行确定为全国存贷款综合抽样统计试点单位,完成全国金融业综合统计试点并向全省推广。

完成商业银行二代支付系统推广工作,兴业银行等8家法人银行机构成功切换为二代参与者;在全国首批完成中央银行会计核算数据集中系统(ACS)的推广上线,业务成功率达99.22%;银行承兑汇票电子化率达18%,为全国平均水平的2倍;推进农村支付服务环境建设,农村手机支付推广成效显著,年末福州市设立银行卡助农取款服务点3051个,业务金额7855.64万元。加强银行卡收单市场管理,妥善处置辖内利用信用卡预授权类交易套取高额额外信用额度的风险事件。

推进社会信用体系建设,年末福州建成行政区域内的公共信用信息平台。自主开发“福建省征信业务网上服务大厅”,实现征信业务网络化办理和档案电子化管理。小微企业和农村信用体系建设有序推进,年末辖内累计建立小微企业信用档案10.67万户,其中2.26万户企业获银行融资,分别同比增长1.91%和24.86%;建立农户信用档案512.5万户,约占辖内农户总数的75.64%,对建档的195.29万户农户累计发放贷款4011.6亿元。

推动国库信息化建设,联合地税部门、兴业银行开展异地税款电子缴库试点,启动开发国库集中支付业务电子对账系统。在全国率先组织开发国库现场执法检查系统,并在部分省市推广。组织辖内各级国库统一开展对农业银行代理国库业务的执法检查。

落实小面额现金供应主办银行、主办网点制度,实现小面额现金供应主办银行网点乡镇全覆盖,福州市有1365个金融机构营业网点开辟小面额人民币兑换“绿色通道”。推进硬币供应自助服务环境建设,年末福州市投入使用的硬币自助兑换机8台。扩大ATM终端多券别人民币取款便民服务试点,年末福州市银行业机构布设安装10元券ATM机18台,50元券ATM机8台。改善人民币冠字号码查询管理,建立打击假币犯罪警银协调机制。

协助人民银行总行制定《反洗钱监督管理办法》,推进反洗钱“法人监管”改革试点,在全国率先实现省级农村信用社系统按照新标准、通过新系统向反洗钱中心报送数据。作为人民银行总行唯一指定分支行,协助举办全国首期证券(期货)、保险业反洗钱高级管理培训班,并做好全国首期银行业反洗钱合规官颁证。在全国首创构建义务主体洗钱风险“三维”评估体系,被人民银行总行反洗钱局采纳。构建跨部门反洗钱协作长效机制,与公安部门签订《反洗钱合作备忘录》。全年收集重点可疑交易线索431条,立案率同比提高11.46%;上报反洗钱中心研判线索17条,由反洗钱中心移送公安部14条,分别同比增长88.8%、100%;反洗钱调查立项38项,累计开展调查279次,协助破案15起,同比增长25%。

外汇监管服务　开展个人贸易外汇管理改革全国试点,通过简化单证率先提升个人贸易外汇管理便利化水平;巩固货物贸易外汇管理改革成果,独家承办全国货物贸易外汇监测系统三期测试会;深化服务贸易外汇管理改革,参与国家外汇管理局(简称“外汇总局”)组织6个分局进行的新版国际收支交易编码上线后服务贸易系统测试;开展资本项目信息系统“数据质量年”活动,在全国率先探索资本项目信息系统滞留数据处理方式。

推动促成外汇总局赋予平潭综合实验区内企业外债(含人民币)比例自律管理、赴台发行宝岛债、外汇资本金意愿结汇等4项外汇管理试点政策,平潭成为国内唯一实行中资企业外债结汇试点政策的地区;推进位于福州的中国—东盟海产品交易所建设,指导设计配套外汇结算方案,海产品交易所全年交易量约200万吨,交易额逾300亿元;跨国公司总部外汇资金集中运营管理试点获外汇总局批准,首笔境外3000万美元资金划转至境内;支持福州大型台企东南汽车利用外债指标开展人民币“境外直贷”;支持地方法人银行发展,将福建海峡银行融资性对外担保余额指标调增至8000万美元;协调解决福州保税港区外汇业务管辖权问题,便利保税区企业自主就近选择外汇局办理业务。

组织开展外汇业务行为主体监管试点,综合运用跨境资金流动监测与分析系统开展非现场监测;宣传普及新《国际收支统计申报办法》;支持北京联合货币兑换有限公司在福州辖区设立3家机构网点,支持平潭客滚轮外币代兑点向特许兑换机构转型。防范跨境资金异常流动风险,发挥外汇收支形势监测分析机制作用,初步查实异地某公司涉嫌违规办理转口贸易项下结汇业务,涉案金额达2.22亿美元,被外汇总局列为重点督办案件;完成外汇总局《大宗商品进口贸易融资背后的"纯套利"问题及其监管建议》等专题调研报告;开展多种形式的非现场和现场核查;完善防范跨境资金流动风险的政策传导机制。查处外汇违法违规行为,开展转口贸易外汇业务专项检查,草拟的专项检查方案由外汇总局向全国推广;举办福建省首例外汇行政处罚听证会;探索建立与公安部门、税务部门、海关部门的监管合作机制。 (王 勉)

【中国农业发展银行福建省分行营业部】 2014年,围绕保障粮食安全、扶持实体经济、加快新农村建设、推进城乡一体化等工作重点,实施"保粮、建村、扶新城"信贷发展战略,为福州市"三农"发展提供金融支持。年末各项贷款余额130.3亿元,比年初增加22.6亿元,增长21%,各项存款余额26.95亿元,比年初增加2.02亿元,增长8%,多项经营指标排名全省系统第一,保持贷款零不良。

扶持粮油购调销储 围绕"米袋子"工程,落实各项强农惠农措施,发挥粮油资金供应主渠道作用,开展粮食储备、"引粮入闽""北粮南调"信贷资金的供应和管理工作。发放储备粮油贷款11.9亿元,支持各级储备粮食74.3万吨、油脂1.02万吨,确保完成中央、省级、市级、县级四级粮食轮换计划58.86万吨、增储计划15.47万吨;发放粮油调销贷款19.9亿元,促进产销对接,支持调入粮食72.2万吨、油料4.3万吨,基本满足福州市各级粮油购调储所需资金;代理拨付粮食直补资金、农资综合补贴资金等各类财政支农补贴资金1.4亿元。

服务涉农实体经济 扶持畜禽养殖、果蔬种植、食品加工等关系民生的产业以及水产、棉纺等优势特色产业,促进特色产业发展和资源开发;支持实体企业做大做强做优,保证蛋、禽、肉、蔬等农副产品正常供应、价格稳定。发放流动资金贷款33.78亿元,同比多投1.49亿元,支持带动力强的龙头、加工企业36户,满足企业经营资金需要。

推进新农村建设 以农村土地收储整理开发、农民安置房建设、农村公路和水利建设等政府重点项目为着力点,密切政银合作,强化项目服务,实现省、市级平台公司客户零突破,推进福州农业农村基础设施建设。对接中长期贷款项目14个、拟贷金额117亿元,获批马尾魁岐片棚户区改造、福建省"镇镇有干线"乡镇公路建设、永泰县清凉安置房建设、琅岐土地收储整治、罗源湾松山片区防洪排涝等项目7个、贷款金额超60亿元,向10个政府主导项目投放农业农村基础设施中长期贷款23.8亿元,支持收储整治土地1700公顷,提供农民安置房面积120.77万平方米,新建公路2022.84公里,新建防洪堤23.1千米,可实现有效灌溉面积7066.67公顷,新增供水56万立方米/日。 (池家激)

【中国工商银行福建省分行营业部】 2014年,各项业务总体保持稳健发展势头,经营利润突破25亿元,在同业中继续名列首位,存款余额和贷款余额突破1000亿元,资产质量保持基本稳定,实现安全经营无案件无事故。

服务福州开放开发 服务于福州实体经济、重点项目和民生工程建设。多渠道满足项目资金需求。通过行内外银团贷款、并购贷款、理财等方式,对接项目资金,支持优质固定资产支持融资项目、技术改造项目,支持福州地区优势产业升级、技术提升,支持重点产业和新兴产业发展。全年向福州市投放各项融资826.37亿元,有条件承诺公司贷款约448.91亿元(项目类),主要包括:完成国务院批复的《海峡西岸经济区发展规划》和铁路总公司"十二五"规划的2个重点建设项目——福平铁路、南三龙铁路的"行内+行外"银团贷款调评合一直营项目流程;完成全省工行第一笔证券化资产——长乐力恒锦纶科技有限公司总金额1.1亿元存量资产入池;为向莆铁路股份有限公司办理福建省第一笔铁路资产租赁业务5亿元;承销福建六建集团有限公司中期票据2亿元。加大小微企业支持力度,与市经委、市财政局签订三方协议,建立福州市小微企业成长贷款机制和"成长贷"政府增信资金机制。推动"万家小微企业成长计划",核定授信18亿元。推广小微逸贷公司卡缓解小微企业融资难问题,发放40户、贷款额2600万元。全年通过直接信贷资金支持的小微企业客户达281户,融资余额约30.3亿元。服务民生工程建设,为福州市最大棚户区改造项目——王庄拆迁改造项目量身定制金融服务方案,累计向"世欧·王庄城"棚户区项目发放贷款8.8亿元。银医一卡通项目取得实质进展,南京军区福州总院一卡通项目与省市医保系统对接;福州市一医院一卡通项目通过验收。通过投资银行业务多渠道满足客户融资需求,为融侨集团股份有限公司办理特定债权投资业务6.5亿元,为福建阳光科教股份有限公司办理股权收益权融资业务2.89亿元,完成福建华辰股权融资专项资产管理计划9亿元,办理资本市场业务融资31.9亿元。支持"一带一路"建设,发展跨境人民币业务,推出跨境人民币结构性风险参贷、结构性融资、进口信用证双币双期业务等创新产品,为中海福建天然气办理首笔近3000万美元的跨境人民币进口结构性风险参贷业务。开立全省金融系统首笔个人外汇结算账户。办理军人退役养老保险补助资金划转结算及退役金发放划转等业务。与省军区开展军银融合应急资金保障课题研讨,共同打造军银融合区域联保体制。

个人金融业务 为融侨集团高管设计投融资综合方案,实现方案设计型的私人银行服务。缩短房贷审批周期,优先满足居民家庭购买首套普通自住房和改善型自住房的信贷需求,个人按揭贷款项目达150个,全年发放个人住房贷款114.79亿元。优化车贷审批流程,对汽车经销商采取主办支行制度,全面覆盖福州地区汽车3S、4S店,并为第二十

中国工商银行福建省分行营业部以“国际消费者权益日”为契机，组织员工开展“岗位学雷锋，工行在行动”志愿服务进社区宣传活动

（中国工商银行福建省分行营业部　供）

三届福州国际汽车展提供金融服务。推广“融e购”电子商务平台，提供“融e购”在线分期付款服务。投产全市金融系统首台硬币兑换机，推进冠字号码查询管理工作。

网点建设　全年迁址改建网点9个，完成改造网点1个，完成其他改造项目2个。建设离行式自助银行9家，附行式自助银行4家；新增自动柜员机27台。

风险管控　加强存量贷款监测管理，多措并举清收处置不良贷款，保持资产质量稳定。开展“管理人员廉政案防知识专题教育活动”和《员工违规行为处理规定(2014年版)》专题教育活动。开展员工异常行为排查。加强监督检查和违规问责工作。启动重点领域案件和风险事件专项治理活动。持续推进客户信息维护工作，开展反洗钱业务专项检查。加强与公安机关联系交流，开展外部欺诈风险信息系统大检查和防范外部欺诈演练。回馈社会　支持“福清核电一期工程”项目，全年增加节能环保项目贷款5亿元；为金强(福建)建材科技股份有限公司年产2500万平方米硅酸盐纤维保温板生产线项目累计发放节能环保项目贷款2.03亿元。发放助学贷款1648笔，金额831万元。开展金融知识宣传，启动大学生金融实践体验活动，组织首批56名福州大学、福建师范大学学生赴各网点参加金融实践体验活动。福清支行营业室、南门支行营业室创建2014年中国银行业文明规范服务“千佳示范单位”，福清支行营业室在全省银行业协会35家银行评比中获第一名。

（陈　敦）

【中国农业银行福建省分行营业部】

2014年，跟进市委、市政府战略部署，服务实体经济发展，深化“三农”金融服务，推进流程再造和机制创新，强化风险管控和内部管理。获中央文明委表彰的“第四届全国文明单位”称号。

支持主流经济发展　介入省、市重点建设项目、中小企业等领域，助力福州市经济科学发展、跨越发展。全年新增本外币贷款创历史最高水平。服务省、市重点建设项目，配合政府重点关注项目，根据客户需求和项目业主偏好，一户一策，制订本外币、表内外一揽子综合营销服务方案，实行分层级对接，提高对客户综合服务水平。成功营销一批央属、省属重点客户、重点项目及总分行级核心客户，扩大与中建海峡、华润置地、省投资集团、省能源、省公路局、省船舶集团、福建中旅等主流客户合作深度与广度。助力民生经济，加快个人购房贷款业务发展，加大“全国百强”“福建十强”开发商在辖内开发楼盘按揭业务支持力度，深化与“罗源湾滨海新城”“融信湾花园”“闽江世纪城”等重点按揭合作项目合作，累计投放个人住房按揭贷款近70亿元。全面推广消费分期、账单分期、车位分期、汽车分期等分期业务，开展分期业务专项促销活动。全年发展分期业务5亿多元。以“医院一卡通”为抓手，为省妇幼、福州结核病防治院、协和医院等客户提供服务。助力小企业发展，推进小微企业“信贷工厂”运作模式，对产业链、专业市场、优质商圈和产业集群内的同质小微企业群众，探索服务方案项下的批量营销、批量调查、批量审查和审批，提高小微企业运作效率。建立系统性合作联盟，加强与兴业银行、海峡银行、省农信社、市农商银行和合作金库银行(台资)、台资银行上海分行、中国人寿等金融同业联系，密切同业业务往来，找准合作点，搭建业务合作平台。

“三农”服务　加大县域信贷投放，以“千百工程”为抓手，以市政府实施“强龙带动”工程为契机，对接省水利厅、省农业厅、市农办等政府部门，支持省级以上、特别是国家级农业产业化龙头企业，累计与43家省级以上龙头企业建立合作关系。服务省级小城镇建设试点镇“东升新村”旧村改造建设，成功营销小城镇综合改造建设贷款，被总行列为“扶持小微企业，支持新型城镇化建设”先进案例。涉农代理项目稳中有升，介入新农保、财政补贴资金发放等涉农代理项目，获马尾区“城居保”项目唯一代理资格。根据县域产业特色，开通惠农卡支付结算和代理等功能。推进新农保、新农合代理区域服务点建设，同时对存量无效、低效服务点适度调整，提高服务效率。全辖新增“金穗惠农通”服务点400个，累计达1190个。

网点建设　制定出台人工网点及离行式自助银行、智慧型银行规划草案，紧跟政府规划，扩大在新兴区域、成熟社区等网点布局。在全省农行率先提出“智慧网点”建设思路，升格网点25个，建成离行式自助银行7个，累计布放自动柜员机600多台。推进电子银行建设，上线全省首台间联POS移动支付平台，建成全国农行第一家网点互动体验区。

风险管控　调整信贷授权策略，全面上收支行法人授信及单笔用信审批权限，实现信贷审批“一口出”，强化信贷业务集中管控。对优质项目实行平行作业，提高办理贷款效率。加强授(用)信集中管理，根据客户的定价水平统一管理、集中配置、统筹使用。对存量对公信贷客户进行全面摸底，逐户制订信贷管理方案，明确信贷管控策略。加大存量不良贷款清收处置力度，“一户一策”制订清收攻坚方案，灵活运用各种政策，加大清收力度。控制新增大额不良贷款。落实政府、监管部门和上级行出台的加强企业信贷服务各项措施。整章建制，梳理工作流程，明确岗位职责，实现内部事务后台一站化，营销业务系统化。完善内部业务运作机制，简化流程，缩短链条，提高业务办理效率。推进绩效管理和薪酬分配机制改革，建立全面绩效管理体系。加强安全生产管理，开展“平安农行”创建工作，实现一级支行、营业网点“三化三达标”优秀率100%，案件堵截率、隐患整改率100%，网点保安配备率100%，实现全行平安稳定。

（沈冰娟）

【中国银行股份有限公司福州地区直属支行】 2014年，应对利率市场化下资金分流加剧影响，加快产品创新，研发推广智能通、薪利通、惠民通、存贷通等系列“通”类产品，并创新“中银管家”链式服务，方便客户资金归集，同时拓展农村市场、加快农村金融服务点布设，开展存单下乡活动，并配套费率减免、期限优惠等措施，打造惠民产品组合。推广中银单位结算卡、代收费及资金监控类等重点结算产品，通过扩大产品销售，提高客户黏性及产品覆盖率，有效促进低成本存款持续快速增长。全年福州地区单位结算账户和个人有效客户分别净增3016户、6.8万户；人民币各项存款新增19.56亿元，增幅3.72%；外币各项存款减少523万美元，降幅1.01%。

资产通道创新　推进海内外联动，推广海外直贷、内保外贷等产品，公司条线运用海外、表外资金10.53亿元。加快微型金融业务布局，立足产业圈、商业圈、供应链等“圈、链”经济组织，加强小微客户群体行业调研、客户筛选，准入70余类行业，福州地区微型金融业务开办网点数达23家。贴近市场需求推出“福农卡”等创新型分期产品。全年福州地区人民币各项贷款新增21.16亿元，增幅4.82%；外币贷款新增4491万美元，增幅12.95%。

特色金融业务　创新投行业务，拓展多元化融资渠道，推进IPO、债券承销等撮合类业务。推广跨境金融服务，继续为东南汽车下游经销商叙做“票据池融资＋销易达＋国内信用证”业务；加强与旅行社、留学中介等第三方机构合作，组织开展“出国优惠季”“激情夏日、交易有礼”“跨境精彩，一卡尽享”等系列专项客户群营销活动。针对传统侨汇客户打开非洲市场；针对跨境商贸客户，创新推出融结算、融资、理财于一体的“个贸通”产品组合；针对跨境旅游客户，推动线上线下海淘业务推广；针对跨境投资客户，联合券商推广拓展沪港通业务，保持跨境服务领先地位。全年福州地区成功叙做贸易项下国际结算业务109.85亿元，跨境人民币结算业务249.26亿元，中间业务毛收入同同比增长速四大行排名第二，中间业务收入在全辖贡献度达24.20%。

客户服务　重点开展项目源头营销和存量客户升级，加强与中建海峡、省监狱管理局、武警指挥学院、中铝瑞闽、融侨集团、世茂集团、正荣集团、土地中心等重点客户的战略合作。注重客户群体培育，投产运营养老金账户，并在旅游、广电、民生、园区等领域取得突破性进展。与省旅游局建立战略合作关系，联合发行“中银·清新福建旅游卡”。创新广电网络“一对一”联动对接模式，并结合磁条卡换芯、水电煤等生活缴费项目挖掘客户潜力。拓展社保、银医和园区等合作项目，配套结算服务，增强业务黏性。全年福州地区激活千元以上客户12.39万人；各类项目营销带动发卡34.96万张。

渠道建设　启动网点建设“双百工程”，在巩固县域市场份额、压降低产网点的同时，进一步延伸大中型网点建设内涵，推进产品、人员、费用等配套资源下沉，重点打造全功能复合型网点。同时加强电子渠道建设，加快网点业务迁移，强化新增个人客户电子银行开通率及交易引导率，并结合交易情况整合优化自助设备布放，全年福州地区压降低产设备20台。至年底，福州地区有网点99家。

风险管控　完善风险防控体系建设，成立福州地区清收抓降工作小组和催收责任体系，加强主动风险管理，实行逐级负责制，落实到点、责任到人，同时建立分类、分层管理机制，对不良大户实施清单管理、一户一策，对不良冒升重点机构，执行“分片包干”，有效稳定资产质量，并运用现金清收、外包催收、债务重组等手段加快个人授信不良资产清收化解工作。开展内控整改年活动，将问题整改与制度建设、流程再造、指导帮扶、验证评价、严肃问责等结合，把操作风险管理要求嵌入到各层级机构业务经营和管理过程中，严密防控操作风险。

（陈　琼）

【中国建设银行福建省分行】 2014年，将福州地区作为业务发展的重点区域，贴近福州地区经济特色、百姓金融需求，支持福州经济和社会发展。至年底，在福州地区一般性存款余额1366.7亿元，新增61.9亿元；各项贷款余额1465.9亿元，新增205.3亿元，增幅达16.3%，高出全行平均水平3.3个百分点。存贷款余额继续保持当地四行首位。

福州地区2个机构被评为全国文明单位；4家网点被评为“中国银行业文明规范服务五星级营业网点和千佳示范单位”；1人被授予福建金融五四奖章个人；6个机构继续保持全国青年文明号，1个机构被新命名为总行级青年文明号；8个机构被继续认定为总行级青年文明号，“四海一家”和“金丹·银雁”服务品牌入选全国建行20大文化品牌。

支持地方经济增长　将福州地区作为信贷投放重点区域，通过盘活存量、用好增量、合理利用外部资源，最大限度地满足福州客户（项目）信贷需求。全年福州地区各项贷款增幅16.3%，新增额占全行新增总额的51.8%。

支持重点项目建设　建立专家团队，将项目调查、评估、审批等工作前移，为福州地区“三化”“三群”“三维”重点项目和优势产业提供专属服务。至年底，对接福州地区“三维”项目94个，累计为福州地区重点项目审批授信358.5亿元，同时为重点项目建设提供财务管理、造价咨询等全方位金融服务。铁路方面，全年对东南沿海铁路、京福闽赣铁路等2个重点在建项目发放贷款8.6亿元。核电方面,累计为福清核电项目1—2号机组发放贷款6.5亿元,并为5—6号机组出具意向性承诺贷款308亿元。继续支持福州耀隆化工、长乐金纶高纤等重点客户。对福州地区海西天然气管网二期工程、长乐鑫东华纺织等重点项目出具承诺和意向性承诺贷款482.4亿元。

融资渠道拓宽　通过理财产品创新,将社会闲散资金引入实体经济,为包括省投资开发集团、福建华电可门发电等84家优质企业募集资金108.3亿元。通过债券市场为大型企业募集低成本资金,为省投资开发集团、建工集团等企业发行债券融资,累计募集资金35.2亿元。加大与境外机构联动,继续打造"海峡文化产业股权投资基金"平台,该基金与影视制作和旅游管理公司先后成立影视和旅游专业子基金,为民间资本进入文化领域提供可借鉴的模式和通道。

支持小微企业　至年底,福州地区的小微企业贷款余额(含个人经营性贷款)为142.3亿元,年内新增5.5亿元,增幅达4%。福州地区建成7个小企业经营中心,全面覆盖小微企业集中区域。推广"善融贷""信用贷""创业贷""税易贷"及"POS贷"等产品。福州地区累计放贷2.5亿元。小企业客户可申办"助保贷"业务的合作平台达6个,累计向199户小微企业发放"助保贷"7.3亿元。

支持县域特色经济　区别福州地区不同县域经济特点提供个性化服务,加大对农产品种植、果蔬茶叶加工等涉农客户贷款支持力度。至年底,福州地区涉农贷款余额达271.6亿元,年内新增53.1亿元。首家推出城镇化建设贷款产品。累计向琅岐岛雁行江两岸片区土地综合整治、马尾镇棚户区改造安置房等项目发放城镇化建设贷款7.81亿元。

支持科技创新　以产业发展为导向,以科技园区为平台,集中服务科技型企业,为冠捷电子、新大陆、星网锐捷、网龙等大型科技企业提供国际结算、贸易融资及跨境人民币结算、电子支付、电商平台等金融服务逾20种。

服务外向型经济　为企业提供从打包贷款到出口议付等一系列、全流程的融资服务。至年底,福州地区投放出口类表内贸易融资10亿元。利用建行集团海外机构信贷资源,推出出口应收账款风险参与业务等新产品,同时配套提供跨境人民币结算、跨境即期结汇等多种汇率避险产品,帮助企业降低财务成本、规避汇率风险,增强竞争力。至年底,福州地区跨境人民币结算量达675亿元,其中办理跨境即期结汇业务近75亿元。

支持社会民生　开办汽车、家装、旅游等10余种信用卡分期付款业务。年内利用分期直接拉动福州地区消费51亿元,其中购车分期交易22.8亿元,为1.7万客户提供购车信贷支持;安居分期交易4.3亿元。至年底,房地产开发贷款余额264.18亿元,其中,普通住宅项目和保障性住房项目开发贷款占98.44%。与10个福州市区政府主管部门和保障性住房开发机构建立合作关系,支持经济适用房、保障性住房楼盘项目35个,针对这些合作项目发放个人贷款17.4亿元,帮助9429万户中低收入居民购房。福州地区教育行业贷款余额13.17亿元,卫生行业贷款余额1.7亿元,文化行业贷款余额11.1亿元。拓宽个人助业贷款服务渠道,创新支付手段,依托"借贷通"实现产品网上全流程操作。至年底,福州地区经办个人助业贷款机构达10个,全年投放个人助业贷款4.5亿元。

渠道建设　完善福州地区物理网点、客户经理与电子银行共同发展的渠道体系。在物理渠道方面,全年福州地区新增网点5家、装修改造网点11家、升格网点4家;开通自助银行242家、自助设备1350台,自助设备账务性交易量比达86.1%。在客户经理渠道方面,加大各级客户经理评聘力度,健全客户经理考评体系、完善退出机制,强化客户经理专业人员队伍建设,提升专业化服务能力。在电子渠道方面,建立起涵盖网上银行、短信银行、手机银行等完整体系。至年底,福州地区电子银行个人客户达740.3万户,交易额达28608.5亿元;单位客户达4.5万户,交易额达11069.5亿元。推广"善融商务"金融服务平台,为企业提供销售商机,并通过网络贷款、分期等融资业务促进产品销售与企业壮大。年内入驻平台的福州地区企业4093家,交易额达13.3亿元,获得在线融资1.5亿元。

风险防控　对出现风险的客户实施差别化对待,不盲目抽贷,科学、合理、针对性制订风险化解处置方案,确保全省整体金融生态环境稳定。运用法律诉讼、减免息、呆账核销、债权转让以及贷款重组等手段,加快不良资产处置。年内福州地区清收转化处置不良贷款2.6亿元。针对暴露的风险问题和管理薄弱环节,加强对信贷业务全流程风险管控,突出关键领域风险防控,对部分区域、行业、产品、客户实施重点监管和动态监控,重点加强对担保公司、保理业务、贸易型企业、民营企业、小企业等关键领域的风险控制和处置化解。年末福州地区不良贷款额8.32亿元,逾期贷款7.88亿元,表外垫款4267万元;不良贷款率0.71%,保持当地同业四行最好水平。

(周　卉)

【邮储银行福州市分行】　2014年,围绕"稳中求进、创新求变、转型升级"的总基调,转变经营思路,加快创新转型,突出强化落实执行,实现健康较快发展。至年末,全行资产规模达246亿元,同同比增长幅9%;全年自营新增各项存款7亿元,结余67.7亿元,其中个人存款余额42.46亿元,新增5.8亿元;公司存款余额25.27亿元,新增1.23亿元;外币存款结余491万美元。全年新增各项贷款22亿元,结余超107亿元,同同比增长幅26.8%,高于全市同业平均水平10个百分点。分行内设11个部室,下辖148个支行网点,在福州五区八县设有32个自营支行和116个代理支行(网点),300多台银行自助终端。全年未发生资金案件和重大风险事件。获"中国银行业文明规范服务五星级营业网点"和"中国银行业文明规范服务'千佳'示范单位"称号。

服务"大三农"　"大三农"实现归口管理,通过管理、产品、客户的创新升级,实现从服务农户为主向服务农业、农村经济的转型,至年底累计发放小额贷款53.8亿元,其中年内放款金额8.89亿元,结余8.18亿元。此外,通过产品组合和综合服务,对现代农业、纺织行业、海洋渔业等特色行业进行集群开发,其中现代农业实现放款6800万元;针对水产品定点专业批发市场,开发冻品抵押和流量贷2项产品。12月,与市海洋与渔业局、市农业局签订战略合作协议,计划在未来3年内为福州市涉农产业提供累计不低于130亿元的金融支持。

服务“大公司” 把握自贸区和新区建设契机,坚持以项目带动业务发展,以公司信贷为抓手,搭建牢固的政企平台,从侧重负债业务向资产负债业务并举转型,加大公司授信、商业票据、同业以及外币贸易融资等业务的发展,至年末,公司期末总余额48.48亿元,其中全年票据贴现金额65.41亿元,转贴金额58.12亿元,承兑金额4282万元,同业存出结余79.33亿元。同时扶持小微经济,为小企业主提供生产经营过程中的资金,重点开发“蓝色金融”,服务海洋经济,年末个人商务贷款结余43.68亿元,小企业法人贷款结余14.93亿元,海洋渔业行业结余12546万元。以政府和企业两大平台建设为抓手,促进境外纳税人汇款、出口打包、进口TT融资、同业福费廷买入、跨境人民币资本金汇出、出口托收等公司外汇业务发展。

服务“大消费” 把握消费市场,实现个人综合消费贷款、个人房屋按揭贷款、个人留学贷款、个人汽车消费贷款、个人信用消费贷款等业务快速发展,至年底消费信贷业务累计放款量达35.68亿元,其中当年贷款结余27.28亿元。针对信用卡业务,开展“综合分期、积分消费、贵宾服务、特惠商户”四位一体的品牌活动,持续扩大以“10元观影”“10元洗车”“美食半价”为主的信用卡品牌活动口碑,全年累计发卡16304张。深化便民服务,在原有“商易通”“闽惠通”“生意通”业务基础上,推出“生意通2.0”,实现资金T+0到账,所有银联标识借记卡、贷记卡均可受理,且手续费最优惠,可低至0费用。

风险管控 规范风险与内控委员会运行与履职,建立起“横到边、竖到底”的全面风险管理体制,全面完成风险经理、营业主管和独立审批人派驻,强化对风险的集中管控和对支行的全面风险管理;开展营业网点、自助设备线路整治工作,注重消防安全,引入专业外包公司开展火灾隐患排查,全面提升防御火灾事故的能力;强化不良贷款压降目标管控,通过“百日清收”“控新降旧”等活动,全年收回不良贷款3022.83万元,核销呆账122笔,核销金额560.92万元。

(魏芳芳)

【福建省农村信用社联合社福州办事处】 2014年,围绕“转型创新年”“品牌推广年”“三基建设年”“合规控险年”工作思路,指导6家农村信用社、3家农商银行坚持宗旨,转型创新,防范风险。至年末,辖区有334个营业网点2535名职工;总资产764.66亿元;各项存款余额666.99亿元,比年初增加118.90亿元,增幅21.69%,增量居福州市银行业第一;各项贷款余额442.56亿元,比年初增加95.91亿元,增幅27.67%;不良贷款余额4.04亿元,占比0.91%;拨备覆盖率386.59%,拨贷比3.59%,资本充足率14.14%。8家县(市)农村信用社、农商银行存款市场份额居当地之首。

4月15日,长乐市联社开展“金融服务进村入社区”宣传活动

(邮储银行福州市分行 供)

服务实体经济 通过建立信贷支持“绿色通道”、创新金融产品,送贷上门,推广普惠金融卡、“鑫船宝”“连连盈”等多种特色金融产品等方式,满足福州辖区农户、小微企业的信贷需求。年末,全辖涉农贷款280.72亿元,同比增加66.19亿元,增幅31%;小微企业贷款余额105.86亿元,同比增加27.78亿元,增幅35.58%,涉农和小微贷款均实现“两个不低于”目标。全辖布设2080个“小额支付便民点”,新增信用户14131户,信用村91个,信用镇1个;新增农户贷款16985户,农户贷款面达12.10%。

渠道建设 全辖326家网点均完成福万通门楣标识改造,统一对外品牌形象。推进福万通金融中心办公系列、产品应用系列。电子银行发展迅速,12月电子交易占比81.54%,同比增长11.44个百分点;手机银行交易占比28.54%,机具覆盖率356.29%;布设自动取款机(ATM)242台、存取款机(CRS)444台、自助终端300台;布设销售终端(POS)机具2322台,福农通机具5968台;手机银行22.37万户,居家银行989台,电话银行12.31万户;发行贵宾卡2.59万张、贷记卡5.48万张。

异地支行发展 3家农村信用社改制为农商银行后,先后设立福州农商银行长乐支行、连江支行,福清汇通农商银行大学城支行、乌山支行。至年底,4家异地支行各项存款余额9.98亿元,各项贷款余额9.16亿元。

新业务拓展 福州农商行等5家行社开办理财业务,累计发行39期47款理财产品,金额9.23亿元。福州、福清汇通农商行开办自营外汇业务,外汇业务涉及存款、结算、押汇、信用证等。福州农商行、连江联社等4家行社代理速汇金业务。福州农商行开办贵金属代理业务,福州农商行、长乐联社开办第三方存管业务。

风险防控　开发违规清单登记管理系统,加强机构、员工违规信息跟踪管理。开展案件风险排查、新增不良贷款、大额贷款、存款滚动式检查、贷款五级分类、资金业务、内控评价、内控“飞行”检查等11类专项稽核检查工作。全年投入228人次、932个工作日对全辖157个网点开展53项次现场检查工作,发出稽核意见书51份、检查通报2份,发现问题603条。辖区9家农村信用社、农商行全年开展114个专项检查,发现问题2742条,涉及笔数7432笔、金额48.16亿元,收回违规贷款1.23亿元,经济处罚2205人次、金额77.6万元,对996人扣违规积分1308分。全辖投入安防资金4333.83万元,对安防设施相对落后的网点进行改造;开展安全保卫自查4次,检查营业网点1322个(次)。全辖资产质量优良,不良贷款在全省农信系统中占比最低。

服务社会　开展捐资助学活动,为福州地区157名家庭困难、品学兼优大学生捐款78.5万元。累计为5290名学生发放6800.33万元生源地信用助学贷款。开展普及金融知识万里行、金融知识进万家活动,通过92次现场活动、发放39210份材料,送金融服务进村入社区、进高校。（吴美香）

【兴业银行】　2014年,兴业银行福州分行各项业务全面协调发展。至年末,总资产1284.75亿元,本外币各项存款余额846.96亿元,本外币各项贷款余额534.54亿元。次级以下不良贷款余额1.68亿元,不良贷款比率为0.31%。

支持海西建设　调整贷款结构,重点支持城镇化建设、钢铁、交运、纺织、电力等行业发展,发展现金管理、投资银行、供应链金融、绿色金融等重点业务,拓宽企业项目融资渠道;加大集群营销力度,搭建11个集群,创新产品政策与信用条件的个性化设计,年末小企业贷款余额较年初新增10.45亿元。加大绿色专属客户营销,融资余额新增41.5亿元。持续推动“兴业诊疗通”银医合作服务方案,与区域标杆三甲医院签订合作协议。推动组合产品运用及跨境联动业务发展,实现兴业银行首笔与香港分行联动的进口票据保付业务落地,全年跨境人民币结算量达34.64亿元。

网点服务水平提升　加强“美丽厅堂”建设,打造样板网点,增设WIFI、自助发卡机、移动终端、网银体验台,加强营业厅“美丽厅堂”建设工作,强化周末及节假日支行负责人与营业厅主任现场轮值制度,确保周末及节假日服务质量。根据监管部门要求,持续开展金融消费者权益保护及公众金融普及教育服务工作。全国首家社区银行在福州分行落地。年内新增12家社区银行,累计有18家社区银行正式对外营业。加强社区支行运营管理水平,通过客流分析,合理安排错时服务,实践“便民、惠民”。

风险管控　加强重点行业客户市场调研,调整授信政策和授信业务流程。强化政府融资平台贷款风险管控,开展平台客户名单制管理工作。加强新兴业务风险管理,将新兴业务纳入贷后集中检查范围,落实风险排查工作。发布风险提示信息,落实授信后双线管理职责,加强放款环节操作风险管控。组织开展案件防控工作,对全体员工开展异常行为风险排查。（冯　桦）

【中信银行福州分行】　2014年,支持实体经济发展,严控业务风险,业务指标稳步提升,内控管理基础稳固。年末分行总资产744亿元;本外币各项存款余额712亿元,本外币各项贷款余额572亿元;在福州、泉州、莆田、漳州、宁德设立营业网点42家,其中福州23家、泉州10家、莆田4家、漳州4家、宁德1家。

主要业务　公司业务方面,支持省级重点项目、交通能源等基础设施、市政建设、城镇化建设、学校医院、保障房建设、现代服务业等发展;落实“商行+投行”服务模式,为辖内优质企业提供授信、发债等综合金融服务,办理全省首单超短期融资券业务。与国开行福建省分行签署“全面业务合作协议”。年末,对公贷款余额388亿元。零售业务方面,完善客户分层、差异化经营体系,围绕“两卡一金”客户开展爱家观影、健步走、广场舞、“中信红·感恩季”、出国金融培训等活动,针对财富客户推出大额产品定制与全权资产管理计划、会议场所租用等“私人订制”服务。举办网点服务礼仪大赛,树立服务标杆,中信银行福州分行营业部入选全国“文明规范服务千佳示范单位”。国际业务方面,开展外汇清算、跨境人民币等业务,在省内(不含厦门)首家签约跨境人民币资金池业务。获“2010—2014年度福建省银行业机构跨境人民币业务先进集体”称号,连续5年获外汇监管最高评级A级。

风险管控　风险防控方面,面对信用违约严峻形势,严格授信审批,实现有保有压,加强抵押评估管理,防范评估操作风险,强化授信客户风险排查,及时预警和处置风险隐忧,实现信贷结构的调整、优化。内控管理方面,层层签订“合规经营承诺书”,推动案防专项活动、员工行为排查及存款滚动排查等,加强内部审计力度。完善会计管理制度,强化事中、事后监督,严格执行重要岗位轮岗制度,加强押运钞管理和安全检查,保持全年安全无事故。（唐夏芸）

【中国光大银行福州分行】　2014年,各项业务发展良好,年末资产总额达697.01亿元,同比增长2.74%。一般存款余额363.09亿元,同比增长8.19%;各项贷款余额达384.80亿元,较年初增长9.83%;中间业务净收入1.90亿元。实现税后利润2.74亿元,风险调整后利润0.35亿元。年内参加由省政府举办的海峡项目成果交易会。福州国货路支行被评选为2014年“中国银行业文明规范服务千佳示范单位”,福州鼓楼支行杨某某获评腾讯大闽网2014福建银行系统“微笑服务之星”称号。

中小微企业业务　通过退出机制,调整中小微业务结构,在总行开展的对公小微金融业务劳动竞赛报告期内,获定价贡献奖。同时完成省银监局关于小微企业两个不低于的增量和增速任务。

贸易融资业务　至年末,累计实现贸易金融项下非息收入约6554万元;贸易融资余额46.41亿元,较年初增长4.7%;实现传统国际结算收付汇量约37.5亿美元;低风险业务项下存单合计余额31亿元。

零售业务　加大各产品营销力度,带动全行核心存款快速增长发展,信用卡客户规模创新高,全面完成各项考核任务，信用卡连续3季度获总行季度“综合贡献奖”，并获总行年度“十佳分行”“金像俱乐部”称号。电子银行业务以提升客户电子银行活跃率为重点，加大创新力度，扩大客户规模、提升客户质量、提高渠道贡献。社区银行在总行“达标创利”竞赛活动中获分行优胜奖，在“百日百店”活动中获“社区银行全国十佳优秀分行”称号。

风险管控　控制信贷资产风险，调整授信期限结构及担保结构，严把授信准入关，有保有压，推进信贷结构调整。加强风险排查，特别是强化对重点行业、重点区域的风险排查。根据排查结果，开展授信客户分类管理并制定后续授信管理工作方案。加强合规教育，开展廉政教育活动，组织全行各部门、各分支机构重新签订“任期内案件防控目标责任书”“党风廉政建设责任书”和“员工合规承诺及案防责任书”。组织所辖营业网点开展“金融知识进万家”和“反洗钱”宣传活动。

网点建设　新增35个营业机构（莆田二级分行和34家社区支行）；分行新大楼交付；漳州支行扩租，漳州漳浦支行、长乐金峰支行、泉州丰泽支行建设和三明分行开展筹建工作。　（林　磊）

【招商银行福州分行】　2014年，各项业务实现快速发展，成立15年来保持安全运营无案件、无事故。至年末，分行总资产达535.77亿元，各项自营存款余额436.91亿元，各项贷款余额355.17亿元。在省银监局监管评级中，排名当地中小股份制银行首位。

支持海西建设　贯彻招商局集团与省政府签署的“深化战略合作框架协议”，落实与福州、莆田等地市政府签订的战略合作协议以及与省委宣传部签署“金融创新支持文化创新合作备忘录”，加强银政合作，支持地方经济发展；运用债券承销、“助保贷”等新兴产品，利用跨境平台等资源优势，拓宽企业融资渠道，为福建企业客户提供全方位金融支持；加大对全省重点建设项目和优质企事业法人的授信支持力度，在对福州地区能源交通、装备制造、文投旅游、城乡建设与生态环保等产业的重点项目给予资金支持，同时提供财务顾问、信贷融资、资金管理、投资银行、项目股权合作等金融服务。

服务小微企业　结合海西区域市场和产业集群特点，运用生意贷、展翼通、网贷通等产品，创新推广“招行惠结算”网银费用全免活动，为中小企业提供零成本的网银结算服务；针对中小企业缺少固定资产抵押、资金需求频繁的特点，先后推出供应链金融、“随借随还”自助贷款等服务；针对省内新三板挂牌、待挂牌企业逐渐增多情况，推出“三板贷”产品，满足企业挂牌不同时段资金需求。年末行标小企业和小微企业贷款余额达172.71亿元。

网点建设　福州东门支行、仓山支行以及莆田荔城支行正式对外营业，江南水都等7家社区支行的选址租赁工作完成。全面提升网点硬件水平，在全辖所有网点布设苹果三件套，推出手机银行3.0版、掌上生活4.0版、网上银行7.0、微信银行、“一闪通”、“小企业E家”等一系列服务创新，为客户提供便捷互联网金融服务。

客户服务　丰富客户增值服务体系，发挥最佳零售银行优势，发行地产基金、股权质押信托等多期高收益理财产品，为公众提供财富管理、消费金融、跨境金融等服务。多措并举强化服务意识，开展内训师“服务礼仪”送教上门活动，规范网点服务标准。　（李诗婷）

【中国民生银行股份有限公司福州分行】　2014年，下辖2家二级分行（莆田分行、宁德分行）、28家支行营业网点（含福州分行营业部、莆田分行营业部、宁德分行营业部）、21家社区支行营业网点。至年末，各项存款余额296亿元，各项贷款余额241亿元，并保持自建行以来无案件、安全运营无事故。

服务实体经济　重视福建省“一带一路”及自贸区建设的历史发展机遇，在信贷规模资源、重大项目对接、金融产品创新、在闽机构建设等方面加强倾斜，为省内经济建设与社会民生提供更加优质与高效的金融服务。年内推动省重大项目落地，发挥金融服务实体经济优势，提出“构建大公司、大营销、大风险体系”经营思路，专门设立省重大项目融资对接领导小组，与省发改委、省银监局等相关部门保持沟通，关注省内经济发展与重大项目投资新动态。结合总行公司业务支持政策，对省内重点项目、重点后备上市企业进行研究，将其纳入分行2015年业务发展规划，明确规划落地方案，实行“一户一策”战略客户及金融管家开发机制。

服务特色产业　自2012年6月与省政府签订战略合作协议以来，拓展海洋渔业、文化、茶叶等省特色优势产业优质客户，在福州设立海洋产业金融部，在泉州、厦门设立直属总行的石材产业金融事业部、茶叶金融中心，运用“整合金

9月2日，民生银行金融管家客户（平潭）项目推介会在平潭综合实验区召开，总行副董事长梁玉堂、平潭区党工委书记李德金、福州分行副行长（主持工作）吕建波出席　（中国民生银行股份有限公司福州分公司　供）

融”“产业链金融”等先进服务理念及创新型金融工具，从资本、生产经营、品牌等多个层面服务实体经济发展。至年底，为福建近2000家海洋渔业客户和30000多家石材产业客户提供金融服务，总授信逾154亿元，客户涵盖全省各地市，扶持行业涵盖海洋渔业、石材行业和茶行业全产业链。

服务小微企业　针对小微客户，依托集群、商圈、两链等社会与经济网络，创新小微金融批量开发模式，倡导网络化营销，提升营销效率。至年底，小微贷款余额近百亿元，小微客户数2000户。

服务居民　针对居民社区快速发展、邻里关系改变，制定社区居民服务方案，实施网格化销售。即以小区周边1.5公里生活圈为网格，推进社区支行建设，为小区居民提供专属微贷、理财、结算等金融服务和社区医疗、水电代缴、零售产品特卖等非金融服务。年底福州分行建有21家社区支行和170家自助银行。社区支行和全功能自助银行等新型网点在丰富基层金融服务主体、解决居民金融服务“最后一公里”问题上取得显著成效。

风险防控　坚持“全面风险管理意识、风险量化意识、尽职合规意识、主动接受监管意识和客户服务意识”等理念，采取措施切实防范各类风险，保护分行发展成果。年内开展“售后服务进万家”及“调整业务、优化结构”专项活动，针对存量业务实行“一户一策”，加强售后排查，增强风险缓释，构建“风险防火墙”机制。抽调全行业务骨干组建对公及零售条线专业清收团队，严抓资产清收。加强风险排查预警，针对存量业务全方位开展现场及非现场排查，严厉控制新增问题及不良资产。开展案件专项治理、治理商业贿赂及风险教育实践活动，对经营机构实施“穿透式”监管检查。关注员工日常行为，在实现员工异常行为监控全覆盖基础上，加强纪检监察、法律合规、资产监控、售后服务、运营管理、授信评审等机构联动监督，同时对员工入离职、出入境及干部提拔任用实行重点排查与科学管理。加强违规违纪查处力度，对员工经商办企业、违规外部兼职、出租出借账户、涉及民间借贷等行为全面排查整治。

社会责任　设立“民生银行寒门学子助学基金”，捐助福州大学贫困生；向河南、西藏等贫困地区希望工程捐资及捐书助学，等等。获省政府“捐赠教育事业”表彰及福建红十字人道奖。获“2013年度福建省纳税百强”称号及“2012—2013年度福建省内A级纳税信用”企业。（潘广志）

【华夏银行福州分行】　2014年末，资产总额196.1亿元，负债总额194.37亿元；一般性存款余额164.89亿元；各项贷款余额162.46亿元，增长22.1%；不良贷款余额3.21亿元，不良贷款率1.98%。龙岩分行、晋江支行获准筹建，5家社区支行获准开业，所辖分支机构达17家，建有16个自助银行服务区和19个单点自助服务设备，分行营业部被评为“中国银行业文明规范服务五星级营业网点”“中国银行业文明规范服务千佳示范单位”。

解决企业融资难题　面对经济增速放缓，企业生产经营困难，银行信用风险集中暴露形势，贯彻省委、省政府关于缓解企业融资难、融资贵问题系列政策措施，实行信贷审查审批工作前移，严格工作时限，完善内部考核，提高贷款审批效率。坚持“一地一策”“一企一策”思路，对产品有市场、经营正常、资金暂时困难的企业，落实“不减少信贷规模、不釜底抽薪、不提高续贷门槛、不随意抽贷、不随意压贷”的“五不”要求，提前2个月给予企业续授信，扶持企业发展；对生产经营下滑，因资金暂时困难造成贷款临时逾期、欠息的企业，研究确定贷款转化方案，优化担保和贷款期限安排，适度授信、合理用信，帮助企业渡过难关。

支持小微企业　坚持“中小企业金融服务商”发展战略，在福州、泉州设立2家小企业业务专营机构，配置小企业客户经理，为小企业融资提供专业、全面的金融服务。对小微企业建立独立的客户评级体系、小企业信贷评审系统，优化贷款审批流程，提高信贷业务办理效率。创新小企业金融产品，为小企业打造“批量开发贷”“法人房产按揭贷”“网络贷”“信用增值贷”“循环贷”和“年审制”贷款等特色产品。针对长乐当地纺织企业授信需求，推出“针织通”业务，全年为48户纺织企业提供4亿多元贷款。

社区金融活动　组织辖内营业网点开展“四进社区”营销活动216场次，员工利用周末、节假日走进营业网点周边社区，宣传介绍银行卡、理财、电子银行等业务和金融知识980人次，受惠公众近1.23万人次。开展“金融知识伴您同行服务月”“电子银行多元服务宣传月”“珍视个人信用宣传服务月”和“金融知识进万家”等宣传服务月主题活动，组织辖内12家机构近350名员工在各个营业网点摆设宣传点、咨询台，开辟宣传专栏，向4600多人次宣传、讲解金融消费者自我保护知识，向客户发送消费者保护宣传短信近万条。

风险管控　加强合规管理，分层次落实风险防控责任制，编写各专业条线风险底线手册并开展排查；制订外包业务风险管理实施细则，开展第三方风险排查和外包风险评估，加强对服务外包方监督；加强会计条线风险防控，堵截冒用他人身份证件开户等风险事件45次；改造网点安防监控设施和消防系统，配备防暴器械，完善自助设备安全设施，加大安全管理检查监督，实现全年安全无事故；邀请省公安厅法制总队、省人民检察院开展非法集资、廉洁从业等方面的宣传教育，组织干部参观“榕城监狱反腐倡廉警示教育基地”，按季开展以非法集资等为主要内容的员工异常行为排查，全年未发生各类案件。（唐沛钰）

【平安银行福州分行】　2014年，在福州市区、平潭、漳州、福清、长乐、闽侯、连江等地设有14家机构网点及23家社区支行。年末表内资产总额达232.01亿元，各项存款余额202.93亿元，各项贷款余额195.15亿元，表外业务合计98.22亿元，累计实现中间业务收入22282.18万元，税前利润14116.58万元，在福州当地存贷款市场份额上升。向福州市上缴税收1.715亿元，全年保持“三无”，即无重大差错，无责任事故，无经济案件。

服务特色与创新　围绕“医、食、住、行、玩”及“大消费、大物流、大保健、大文化”四大板块，依托总行产品业务创新，提升服务水平。除基础授信业务外，在贸易融资、线上供应链金融、国际结算业务、离岸业务、投资银行、资金托管等业务领域均有产品。初步形成钢贸、纺织、黄金、海产、农茶——“黑、白、黄、蓝、绿”等各色行业领域业务全面覆盖。立足福建区域经济特色和分行的实际情况，围绕“五色”板块，组建专业化团队，对当地特色市场、目标客户群的开发、服务方案等方面提出建设性意见，制订政策方案和明确的业务发展目标，集中力量、组织各业务单位和风险条线，批量开发，实现专业化团队、专业化审批。通过结构化融资、信贷资产证券化托管业务、银债通业务、理财委贷、黄金租赁等担保方式和贸易融资产品创新，多笔业务项目取得全行首发的重大突破，其中融信双杭结构化融资旧城改造项目资金规模位居全国同类项目之首。在传统信贷业务基础上，结合集团综合金融平台，运用债券、信托、基金、租赁、保险等多种金融工具，为企业提供一揽子金融服务方案，以弥补现行信用担保体制在支持融资方面的不足。年内实现多种贸易融资产品的首发和核心企业开发的模式探索，实现首笔离岸开证业务、黄金租赁业务、福费廷业务、打包放款和非标远期结汇业务及国内外贸易融资联动的全流程业务落地。

综合金融　围绕“一带一路”、自贸区、国企改革、城镇化等政策热点，结合福建区域经济特点，加大对全市经济社会发展的金融服务支持。贯彻集团综合金融战略，依托金融全牌照优势，组织推动项目对接、联合集团专业子公司进行项目接洽、项目筛选论证、项目调研和方案设计等一系列前期工作，筛选出涉及险资债、直投、结构化融资、金融租赁、新三板等领域的多个投行及综合金融项目，在新三板业务上挂牌，融资租赁项目多点开花，多个险资债同步推进。

助力小微　以产品多、效率高、服务优三大特色，为小微企业提供各类贷款融资服务。推出贷款产品——“贷贷平安”商务卡，打造包括贷款、支付、结算、理财等多种功能的综合金融平台，满足小微企业生意往来经营贷款“短、频、急”需求。该项业务在福州特艺城珠宝商圈、名城水产商圈、德诚黄金等商圈市场进行商户拓展与营销。全年发放小微贷款2.76万笔，总金额23.2亿元，主要投向衣(医)、食、住、行等民生领域。

信贷投放　年末表内外授信总额293.37亿元，其中保障性安居工程贷款余额0.64亿元，涉农企业贷款余额60.21亿。从年末投向行业的贷款余额增减变化看，批发和零售业贷款全年持续保持增长态势，年末余额比年初增加15.68亿元，较三季度增加3.11亿元。制造业的一般贷款余额比年初增加7.77亿元，但较三季度略减少1.78亿元。房地产业贷款余额比年初减少1.34亿元，较三季度减少3.42亿元，体现房地产行业贷款整体趋于减少。而建筑行业贷款比年初增加1.4亿元，比三季度增加0.58亿元，全年体现增长上升趋势。其他行业如软件和信息技术行业、文体和娱乐业与年初基本持平，小幅变动。

零售平台　创新产品、提升服务、加强网点建设，全面改善一站式综合金融服务能力。产品方面，推出定活通、结构类系列、养老系列、资管系列、贵金属业务、金抵利、生肖金、银保等稳健创新产品。服务方面，推出“平安厅堂，贴心服务”的全行性厅堂一体化项目，提升网点硬件设施与客户服务体验。网点建设方面，探索创新金融服务模式、加快社区金融发展，打造从网点选址、功能定位、人员配备、业务特点各方面都适应便民金融特色的银行网点，为社区居民及中小企业提供财富类、结算类、授信类、特色卡等多样化产品和个性化服务。

信用卡业务　自2008年进入福建市场以来，以白金卡、车主卡为龙头的丰富卡产品为福建地区百万持卡人提供优质的信用卡服务，“加油88折”“10元看电影”等活动形成市场认知度和品牌美誉度。同时推进用科技手段改善用户体验，利用语音识别和互联网技术，实现业内领先的客服热线语音全导航，推出信用卡官方APP——天下通。搭建现代化的风险管理体系，在专业风险管理团队运作下，建立风险预测模型和风险控制系统，保证客户用卡安全。

风险管控　通过定期风险排查、专项风险排查以及合规问题的追踪整改机制，实现“零案件”、无重大操作风险事件和法律风险事件。推动制度梳理及制度管理系统上线、完善《案防合规委员会章程》及反洗钱内控制度等举措规范制度管理，开展常态化的合规培训与宣导，落实案防合规专题培训、反洗钱、制度管理系统等多项培训，围绕监管重点，持续开展不规范经营专项治理活动。遵循总行“主动经营风险”管理理念，加强信贷资产质量监测与风险排查，调整信贷结构，主动防范信贷操作风险。

（王　炜）

【浦发银行福州分行】　2014年，以客户、负债、公司产品、金融资产的协同增长为目标，加大业务结构调整，调整信贷结构，拓展并稳固客户群体，聚焦客户分层分类和各类渠道建设，围绕客户分层，强化各层级客户的维护和提升；围绕客户分类，强化各类客群的经营和服务；推进战略合作，强化中国移动渠道客户获取和经营效用。至年末，资产总额513亿元，各项存款余额339亿元，各项贷款余额276亿元。

支持地方建设　服务支持区域重点和新兴产业。重点对战略新兴产业、先进制造业、区域优势行业、“走出去”企业、小微企业和个人消费领域，加大信贷支持力度；加大对福建海洋主导产业转型升级的支持和服务力度，加强涉海企业的金融服务、支持闽台海洋产业合作等；适应企业和百姓需求多样化、个性化趋势，创新、推广、应用多样化产品，满足企业转型升级和百姓消费的金融需求；通过首创推出的政府、银行、产业基金合作模式，为基础设施建设提供支持；通过“浦发创富闽商”品牌系列信托合作融资产品、中小企业集合债券，解决中小企业融资难题。

普惠金融　自2013年11月26日开业首家社区银行——福州融侨锦江社区支行以来，年底开设有26家社区支行。通过完善服务网络和推动客户服务下沉，提升社区金融服务水平，满足居民日金融服务需求。

风险管控　建立健全风险内控、运营科技、资金财务、合规审计、综合管理五大类若干个具体工作的操作流程及岗位管理办法，重点对资产负债比例管理、资金管理、财务管理、会计管理、稽核监督检查、安全保卫等方面进行具体规范，基本形成风险控制与市场反应互为平衡的内部管理体系。通过建立分工合理、职责明确、报告关系清晰的组织结构,明确决策机构、经营部门、综合管理部门、支持保障部门、监督部门以及所有与风险和内部控制有关的部门、岗位、人员的职责、权限及其相互关系,确保各项管理工作有效运行。

服务社会　主动纳税,被评为"福建省纳税百强"企业。持续与省教育厅关工委联合开展捐款活动,募集现金支持省内贫困中小学开展"爱心图书捐赠"活动,捐赠书籍6000册。开展以"善用金融,幸福生活"为主旨的金融知识万里行活动,引导金融消费者理性使用金融服务。　(蓝晋平)

【福建海峡银行】　2014年,年末资产总额1078亿元,比年初增加235亿元,同比增长27.87%;存款余额635.62亿元,比年初增加61.2亿元,同比增长10.65%;贷款余额459.9亿元,比年初增加60.98亿元,同比增长15.28%;全年实现利润10.29亿元,扣除多核销的利润同比增长24%;缴纳税收5.54亿元,同比增长24%。不良贷款率1.67%,贷款拨备覆盖率170.22%,资本充足率11.42%,资产利润率0.89%,资本利润率13.16%,主要指标符合监管要求。

经营转型　启动大客户营销及主动授信工作,筹措资金,创新金融产品,"输血"实体经济,主动新增省市重点项目授信额度220亿元,发放25亿元;创新与县区政府合作模式,首创以地方命名"海峡长乐贷"产品;对接发放福州市及县区17亿元土储贷款。开发"迷你贷"微贷产品,快速培育微小客户群,发放1083笔,金额2.18亿元;推出智能通知存款、"海峡通"POS产品和基金代销业务;改造升级新标准市民卡;推出微信银行、手机银行。实施零售支行转型和公司金融团队改革,推进实施理财和同业业务专营部门制改革;新设城镇化金融、文化产业金融等特色金融部,支持新型城镇化、特色产业;设立三盛中央公园社区支行、闽侯青口小微专业支行。

创利提升　实现利润10.29亿元,扣除多核销的利润同比增长24%;全年核销4亿元,为上年的2.1倍;重新规划后的资金与同业条线实现考核利润9.6亿元,为上年的2.4倍。发行同业存单12期,累计募集资金60亿元;连续第13年入围"年度银行间本币市场交易量100强",债券交易量位居全国城商行10强;交易类账户实现债券投资收益3.27亿元,同比增长779.14%。加大理财业务创新力度,丰富投资品种,理财产品募集金额132.84亿元,同比增长133.07%。与招商、平安银行和中融信托等同业开展全面战略合作,开辟资金渠道,提升收益水平,全年实现考核口径利润7.28亿元,同比增长96.80%。

风险管控　完善风控体系,按照全面风险管理要求,构建由风险管理部、授信评审部、资产监管部和售后服务部组成的风险管理架构和体系。实施总行集中评审,上收评审权,提高评审专业和效率。创设售后服务,服务重心下沉,实施"双卡"(售后服务卡、授信廉洁卡)工程(对1480个公司和零售客户发放双卡);在全辖范围组织开展"排雷行动"。不良资产集中清收,资产监管部集中清收,有效提高现金收回率和利息收息率;开展风险资产清收处置"雷霆行动",化解风险;落实"五不"要求,分类处理、区别对待企业信贷需求;加大不良贷款核销力度,全年核销4亿元,比计划多核2.1亿元。以合规重塑风险文化,开展为期1年的"合规·发展"主题教育实践活动,围绕"海峡梦""合规心""纪律行"主题开展活动。　(刘新斌)

【浙江稠州商业银行福州分行】　2014年,经济形势不乐观,经济下行趋势明显,银行均面临着较大不良贷款压力。坚持市场银行定位,全行齐心、多措并举,存贷款规模保持增长。至年末,资产总额61.42亿元,负债总额60.56亿元,本外币存款日均38.05亿元,贷款日均29.95亿元,日均存贷比78.71%。

市场定位　明确小微企业做效益,大中企业做规模的市场定位。根据总行年度授信政策,结合省海西经济发展规划、产业政策、特色产业集群、基础客户群等实际情况制定年度授信政策实施细则。

业务工作　依托总行"新春开门红"春季存款竞赛活动载体,策划组织客户经理深入社区、商圈、专业市场、人流密集区等,通过采取价值客户回访、关键节点营销、冠名赞助赛事等宣传方式,宣传营销无缝对接续贷款、流量贷等优势产品,打造"来自市场,更懂市场"的市场银行形象,各项业务得到较好发展。加大对问题授信的催收力度,制定相关办法,完善奖惩机制。争取政府支持,开展蹲点清收。一案一策,多手段灵活实施债务重组。

机构网点建设　2月16日,分行本部完成搬迁工作。7月,台江支行开业,网点总数达6个。闽清支行获总行、银监部门批准筹建,连江琯头支行获总行批准筹建。

(唐炎曦)

证券期货业

【概况】　2014年,福州市(包含平潭)资本市场平稳运行,上市公司质量稳步提升,证券期货经营机构持续发展壮大,直接融资渠道有效拓宽,场外市场建设有效推进。至年底,福州市有A股上市公司29家;有2家证券公司(兴业证券股份有限公司,以下简称兴业证券;华福证券有限责任公司,以下简称华福证券),3家期货公司(兴证期货有限公司,以下简称兴证期货;金友期货经纪有限责任公司;鑫鼎盛期货有限公司),2家基金公司(兴业基金管理有限公司、华福基金管理有限责任公司),2家投资咨询公司(福建天信投资咨询顾问有限公司、福建中讯证券研究有限责任公司);2个期货交割仓库(福建可门港物流有限公司、福州集佳油脂有限公司)。11家证券分公司(含筹建1家,新增2家),2家基金分公司,1家投资咨询分公司;105家证券营业部(含筹建6家,新增18家),23家期货营业部。

【上市公司】　至年底,福州市29家上市公司总股本446.89亿股、总市值6028.27亿元,分别同比增长13.12%、64.92%;截至9月底,总资产42269.97亿元、净资产3151.30亿元,分别同比增长10.97%、17.29%;前三季度实现营业收入1679.30亿元、净利润441.13亿元,分别同比增长13.59%、13.98%。

【证券期货经营机构】 至年底,2家证券公司资产总额827.1亿元、净资产165.48亿元,同比增长107.89%、10.59%;3家期货公司资产总额52.69亿元、净资产5.98亿元,同比增长49.73%、8.63%。年内2家证券公司、3家期货公司分别实现净利润20.33亿元、0.38亿元,同比增长117.35%、8.13%;全市证券营业部全年代理买卖股票、基金27044.70亿元,较上年增长58.81%。

兴业证券取得新三板做市商、互联网证券、权益类互换、港股通等业务资格6项创新业务资格,华福证券取得港股通业务资格;兴业证券、华福证券均被评为A类AA级,兴证期货首次被评为A类A级。新增福州集佳油脂有限公司(菜籽粕)1个期货交割仓库。

【直接融资】 全年福州市有18家上市公司通过资本市场实现直接融资572.78亿元,较同比增长557.01%。其中有3家次上市公司通过非公开增发、发行优先股实现融资158.78亿元;3家次上市公司通过发行公司债券、可转债实现融资68亿元;12家次上市公司通过发行短期融资券等其他债券实现融资346亿元。

至年底,福州市有2家企通过IPO发行审核等待发行、3家企业进入证监会首发审核程序,拟募集资金16.11亿元,有11家企业向省证监局备案辅导。另有9家上市公司提出再融资方案,拟融资130.58亿元。

【场外市场建设】 至年底,福州市有新三板挂牌企业14家,另有5家企业在挂牌审核程序中,60多家企业与主办券商签约启动改制挂牌相关工作。区域性股权市场建设方面,海峡股权交易中心自2013年7月成立以来,2014年年底挂牌企业超过1200家,托管总股本6.08亿股,该中心与省内13家银行签订战略合作协议,合计授信额度达205亿元。

(陈张玲)

保险业

【概况】 2014年,福州市有商业保险公司主体52家〔不含众安产险(虚拟)〕,其中产险公司23家(含政策性保险公司1家)、寿险公司29家。保险专业中介机构主体63家,其中保险代理公司37家、保险经纪公司16家、保险公估公司10家。

全年福州市〔含众安产险(虚拟)〕保费收入179.1亿元,同比增长21.7%,保费收入列全省九设区市首位。保险赔付支出总计62.7亿元,同比增长23.7%。产险公司保费收入65.5亿元,同比增长15.7%,占全部保费收入的36.6%。产险公司赔付支出35.5亿元,同比增长18.8%。人身险公司保费收入113.6亿元,同比增长25.4%,占全部保费收入的63.4%。其中,寿险保费收入89.5亿元,同比增长17.9%,占寿险公司保费收入的78.8%;健康险保费收入20.4亿元,同比增长70.9%,占寿险公司保费收入的17.9%;意外险保费收入3.7亿元,同比增长36.5%,占寿险公司保费收入的3.3%。 (谢言志)

【中国人民财产保险股份有限公司福州分公司】 2014年,以"卓越服务,引领市场,打造福州区域保险第一品牌"为规划,开展"深化基层建设和提升客户服务"2个重点工作,围绕"管理精细,服务提升,队伍发展"的3个关键,坚持"抓数据集中、抓目标落地、抓缺口管理、抓价值导向"工作方法,深化改革和改善管理,助推公司发展方式转变。全年毛保费收入13.67亿元,实收保费13.55亿元,增幅11.36%,综合赔付率63.13%,实现利润总额12292.54万元,缴纳税收7192.19万元,支付保险赔款合计7.03亿元。

业务经营 推进车险团队管理改革,强化经副理责任制,优化团队平台建设,加强支公司车险业务指导力度。落实省市公司开门红、春雷、红五月等竞回推动方案,以竞回完成率为考核指标,制定全区车险业务考核方案。在全区76家驻点车行全面铺开使用省版推修跟踪平台。围绕非车险重点工作,以推进"团队建设"为抓手,侧重加强对新渠道特别是银行渠道的建设投入。争取部分进口车经销商合作意向,非中规车原厂保修责任险项目取得突破。落实项目责任制,承保中海福建天然气、中国建筑第七工程公司、福州交建高速公路养护公司的工程险项目,新增华能(福建)海港、东绕高速及福州开发区水利等工程险。发展分散性业务,引导和鼓励拓展驾意险、家财险等分散性业务,推动效益险种上规模。

春节期间,青年志愿者服务春运

(中国人民财产保险有限公司福州分公司 供)

客户服务　深化“以客户为中心”的全面转型，提高客户接触界面的客户服务能力。创新俱乐部服务举措，服务平台设服务特权、主题活动及积分商城三大板块，涵盖洗车优惠、车务代办、养生美容、车主自驾、惠民服务等服务内容。推出春运期间“规范交通我带头”公益活动、中秋博饼送好礼、车友自驾游、假面单身派对、人保车友年检专场等特色主题活动。关注客户体验，将俱乐部网站与微信平台实现互通，改版升级微信公众号，扩容“保单管理、在线理赔、服务预约、车友助手、保险知识”五大服务功能，结合微信二维码推出“人保微生活会员卡”，支持会员线下活动。推出“员工助手”APP，实现以销售、车商、理赔、客服等运营团队作为后端支撑。

社会服务　年内开展爱心助学，为永泰单亲贫困大学生筹集善款；发起2次爱心助贫行动，捐赠衣物3308件，给马长白慈善社团运费9915元；对18名困难员工、退休老干部进行了慰问及募捐，总计4.61万元。　（肖　涛）

10月14日，中国人寿保险股份有限公司福州分公司总经理叶文椿携市公司个险销售部、银行保险部、客户服务中心等部门负责人走进“政风行风热线”直播间，通过电波和网络与群众交流，回答老百姓关心的中国人寿保险服务问题

（中国人寿保险股份有限公司福州分公司　供）

【中国人寿保险股份有限公司福州分公司】　2014年，实现总保费25.807亿元。其中，长期保险首年保费10.539亿元；长期保险首年期交保费4.349亿元；短期险保费9714.31万元，意外险保费6697.46万元；总保费占福州市场份额的22.12%。

经营管理　加快销售渠道发展，强化销售组织、网点拓展和队伍建设；加强企划创新，调整业务结构、提升经营效益；加大改革创新，深化市场化改革，实行市场化资源配置、建立市场化考核机制。

合规经营　开展以销售误导治理为主题的诚信合规专题教育，开展诚信文化建设各项工作。在全市职场设置“案件防范与风险防控举报信箱”的举措获总公司微创新奖；预防职务犯罪工作得到市检察院肯定；客户服务中心旗舰店获人民银行福州中心支行颁发的反洗钱工作最佳常态化宣传奖。

客户服务　推广信息技术应用平台，深挖数据服务应用价值，运用IT技术为客户服务提供保障；开展高端客户健康体检、“国寿客户节”、“牵手国寿传递爱心”公益捐助、少儿绘画作品选、国寿大讲堂、金银卡客户年会等活动，丰富国寿“1+N”服务品牌内涵。

服务社会　在“3·5”学雷锋志愿服务日、“3·15”国际消费者权益日、“7·8”全国保险公众宣传日”及法定节假日，组织员工进学校、进社区、进农村、进机关、进企业，开展保险知识普及和保险消费者权益维护活动。组织员工到市儿童福利院开展爱心捐赠和慰问活动。开展文明单位贫困户结对子活动，走访经济困难的家庭。　（姚　颖）

【中国太平洋人寿保险福州中心支公司】　2014年，全辖实现保费收入6.94亿元(含宽限期，含储金业务)，公司总保费市场份额占比为11.74%，行业排名第三位；保单13个月继续率、25个月继续率稳步提升。全年发生总给付金额13617万元(包含赔付)。

个人客户营销　坚持“双轮驱动”，全面落实LEAD计划，实现产能提升和人力发展双丰收。在产能提升方面，借助“东方红”“安行宝”新产品上市，创新组织营销模式，开展财富升级会等挖掘老客户资源。

个人客户经营　持续深化TRUST模式转型，推动标准化服务销售行为。以客户为单位开展拜访及常态化服务活动，针对多个类群客户需求，举办健康讲座、理财专题、户外踏青、自驾游、亲子DIY的主题活动等逾60场，全年拜访、服务客户逾18600人次。严格队伍管理，促进业务及产能提升通过严格考勤管理、有效名单服务量考核、“8423”服务交付、服务真实性回访、加保及转介绍牵引5个方面规范客户经理作业流程，实现以过程管理促进业务及产能提升。

客户服务　将移动互联新技术应用到投保、服务、理赔各环节，打造以“神行太保”智能移动客户投保平台和“中国太保”微信平台为支柱的企业级智能移动保险生态系统，实现便捷式、智能化、高效率的保险科技体验服务。基于平板电脑开发的“神行太保”智能移动客户投保平台，实现客户“随时、随地、随心”咨询、投保、交费服务。在智能化的平板电脑上，保险理财顾问可根据客户实际需求量身定制保险产品保障方案，并清晰直观地展示完整的保险保障权益，通过支持六大银行的“实时代扣”，一般15分钟可完成全部投保与交费手续。“神行太保”在全流程中引入“电子签名”“电子回执”等领先技术，为客户带来“投保全程无纸化”体验。基于手机端开发的“中国太保”微信平台，打造一个集服务、销售、社交互动一体化的移动应用平台。通过“中国太保”微信，客户可以随时了解个人和家人的保单信息，自助完成基本信息变更、理赔报案，保单贷款功能解决客户资金问题，还可以微信互动“护身福”“粉红丝带”等社交产品，并尊享公司在不同节日推出的各种客户服务附加值活动。

（陈　娟）

【中国太平洋财产保险股份有限公司福州中心支公司】　2014年，实现保费收入8.5亿元，同比增长20.32%，当地市场份额为12.98%。福州中心支公司近年获得荣誉如下：2011太平洋产险福建示范星级服务门店（福州中心支公司）被中国质量协会授予“全国现场管理星级评价五星级现场”荣誉称号。2013年，福建五星级示范服务门店现场管理团队获中华全国总工会、中国质量协会、全国用户满意工程联合推进办公室授予的“2012年全国用户满意服务明星班组”称号。太平洋产险福州中支门店被福建保险行业协会授予“福建保险业优质服务窗口”称号。太平洋产险福建分公司被市政府授予“2012年度福州市金融创新奖”。

公司经营　作为太保集团转型工作试点基地，将“满足客户需求”作为发展目标。实施产品开发，创新营销手段，保险服务差异化，适应市场需求。举办系列主题门店营销活动，吸引到店客流逾千人；与二手车交易网合作开展“车辆检测责任险”；依据客户特性开展服务，如车险业务针对女性客户，实施差异化服务；客户分群，为中小企业客户提供全面贴心的风险保障计划和一站式保险管家服务，提升客户体验，如财富U保业务涵盖产品设计的制造业、仓储业、批发零售业、商业楼宇、餐饮娱乐等五大行业类别。

（白江燕）

（编辑　邱敏佳）

科学技术

综　述

2014年，福州市科技工作落实3月17日省委常委(扩大)会议、3月20日市委常委(扩大)会议、3月22日市政府第3次常务会议和3月24日全体干部职工大会等市委、市政府关于科技改革创新的系列决策部署。

实施创新驱动发展战略，深化科技体制机制改革，以巩固提升"全国科技进步先进市""国家创新型试点城市""国家知识产权示范城市"和"国家级文化和科技融合示范基地"建设为目标，调整科技资源配置，搭建科技创新平台，完善科技创新体系，培育高新技术企业，加快产业转型升级，推动科技和经济紧密结合。十二五期间，先后制定出台《福州市科学技术进步若干规定》《关于扎实推进创新型城市试点工作的实施意见》《福州市创建国家创新型城市若干配套政策》《关于深化科技体制改革加快创新型城市建设的意见》《福州市科学技术奖励办法》《福州市行业技术创新中心管理办法》《福州市科技企业孵化器管理办法》《福州市扶持福州软件园发展的若干规定》《福州市专利保护与促进若干规定》等一系列政策、法规和意见。

全市拥有省级企业工程技术研究中心56家、市级行业技术创新中心42家、市现代农业技术创新基地57家。福州市依托企业、高校和科研院所组建的行业技术创新中心，覆盖全市大部分的重点行业，集聚一批高素质行业技术带头人和技术骨干。引导设立各具特色的科技型中小微科技企业孵化基地，鼓励各类企业利用闲置场地参与孵化器建设，年内备案5家科技企业孵化器。

首次利用网上申报系统进行科技型企业研发项目申请，有187家企业的714个企业研发项目获确认。安排年度市科技计划项目223项，项目经费2588万元；安排年度市科技型中小企业技术创新资金项目24项，项目经费240万元。全市研究与实验发展(R&D)经费支出74.3亿元，占GDP的1.78%，居全省第二位。

全市有国家级创新型(试点)企业7家，省级创新型(试点)企业186家。年内福州市与清华大学合作成立产学研合作办公室，双方围绕福州市区域发展和产业布局，重点在机械制造、电子信息、新材料和新能源、物联网、生物医药等领域多次开展技术对接，联合举办"福州市省级企业技术中心主任清华行"活动，促成福州市9家企业与清华大学专家教授横向合作项目11项。市校合作专项受理36项，立项20项。推进重点领域的专门人才开发，支持人才创新活动。在省首次"海纳百川人才计划科技创新创业"人才评选中，福州市16人入选省创业领军人才，2人入选省科技创新领军人才，入选人数分别列全省第一、第二。

(李海峰)

科技创新体系建设

【行业技术创新中心建设】　2014年，福州市成立2家行业技术创新中心，分别是依托福建师范大学福清分校海洋与生化工程学院建立的"福州市包装工程行业技术创新中心"，依托闽江学院地理科学系建立的"福州市地理信息行业技术创新中心"，至此全市有42家行业技术创新中心。年内行业中心为企业完成近5.5万批次的检测及成型服务；举办培训班132期，培训各类人员8000多人次；引进、推荐各类人才636人；举办近70场专项研讨会；获市级以上各类奖项129项；同时邀请国内外有关专家进行交流、指导，与国内外高校科研院所建立合作关系。

行业中心依托单位为高校科研院所的有29家。福州市化工新材料行业技术创新中心、福州市材料与模具行业技术创新中心与企业联合申报2014年度省科技重大专项，获3项立项扶持；福州市材料与模具行业技术创新中心与福耀玻璃工业集团合作获2013年度省科技进步奖一等奖1项；福州市数控制造行业技术创新中心项目获全省职业院校技能大赛一等奖；福州市光电子晶体材料与器件行业技术创新中心依托单位海西研究院建立科技特派员制度，帮助企业解决在生产过程中遇到的技术难题，并首次派出科技特派员到企业任职；福州电子政务安全行业技术创新中心与中国科学院计算技术研究所签订战略协议，联合建设“福州大学——中科院计算所网络数据工程研究中心”；工业自动化、电子政务安全、化工新材料、光电信息等20多家行业技术中心获各级各部门扶持资金近4000万元。（叶 巧）

【现代农业技术创新基地建设】 全市有57家现代农业技术创新基地，其中水产企业18家、畜牧企业9家、食用菌与茶叶企业12家、果蔬企业9家、花卉企业2家、粮油制品加工企业2家、其他类型企业5家。年内福州百洋海味食品有限公司等3家企业分别承担国家星火计划项目；福建康宏股份有限公司“大豆油脂高效节能浸出技术研究及产业化应用”获省区域重大专项100万元扶持；福建省新闽科生物科技开发有限公司等3家企业获省星火计划项目55万元扶持；12家企业获市科技计划项目280万元扶持。（林文亮）

【科技企业孵化器建设】 全年全市申请备案的科技企业孵化器分别为留学人员创业园、闽清县陶瓷科技孵化器、索高广场科技企业孵化器、琴声电子商务科技孵化器、福州海峡创意产业园等5家，至年底全市备案的孵化器有11家，总面积近30万平方米，在孵企业427家。金山高新技术企业孵化器、留学人员创业园等2家授予省级科技企业孵化器称号，并获省级科技企业孵化器50万元奖励，金山大道高新技术企业孵化器、留学人员创业园和闽台AD创意园获省科技厅孵化器新增孵化用房补助共150万元。

福州金山科技企业孵化器成立于2003年12月，孵化场地面积6.6万平方米，由福州市高新技术产业创业服务中心负责管理运营，为国家级科技企业孵化器。在孵企业164家，其中高新技术产业企业5家，毕业企业23家，新入驻企业34家，在孵企业拥有授权专利179项，在孵企业总产值4.78亿元，利税7425万元。

国家863软件专业孵化器成立于2005年12月，孵化面积21565.92平方米，为国家级科技企业孵化器。在孵企业60家，年内新增企业16家，在孵企业产值4000万元。

福州海峡工业设计创意园成立于2010年9月，孵化场地面积1万平方米，是市首个重点扶持工业设计与创意产业孵化园区，为市级科技企业孵化器。在孵企业29家，其中高新技术产业企业2家，毕业企业5家，新入驻企业8家，10月考克公司被中国工业设计协会授予“中国工业设计十佳设计公司”、省经贸委授予“福建省省级工业设计中心”称号。在孵企业拥有授权专利58项，其中年内授权25项，在孵企业总产值7556万元，利税657.5万元。

金山高新技术企业孵化器由福州活力孵化器管理公司运营管理，成立于2013年4月，一期孵化场地总面积2.2万平方米，于年底认定为省级科技企业孵化器，是福建省首家民营企业投资建设的科技企业孵化器。年内签约入驻企业13家，在孵企业产值达12243万元。

留学人员创业园成立于2013年9月，面积1.6万平方米，由福州高新区投资控股有限公司运营管理，于年底认定为省级科技企业孵化器。在孵企业57家。

闽台AD创意园成立于2012年5月，孵化面积2.9万平方米，为市级科技企业孵化器。在孵企业26家，其中高新技术产业企业2家，新入驻企业1家，在孵企业拥有授权专利项14项，其中年内授权软件著作权10项，在孵企业总产值3487.7万元，利税435.6万元。

福建工程学院科技创业园成立于2013年5月，孵化面积3.6万平方米。在孵企业19家，其中新入驻企业10家，在孵企业总产值15962万元。

福州海峡创意产业园成立于2012年2月，孵化面积1.5万平方米，由福建红坊文化产业投资管理有限公司投资建设与运营管理。年内列入国家级文化产业试验园区——闽台（福州）文化产业园的产业拓展区，并获“福州市第二批文化创意产业示范基地”与“第八批省级文化产业示范基地”称号。在孵化企业25家，在孵企业产值9000万元。

闽清县陶瓷科技孵化器有限公司成立于2012年10月，孵化面积约10万平方米，2014年一期建设的2万平方米竣工验收。年内与9家企业签订“租赁合同”并入驻。

索高广场科技企业孵化器成立于2014年1月，由福州索高广场置业有限公司运营管理，孵化面积1.5万平方米，年内正式签约入户在孵企业25家，其中新入驻的企业有2家。

琴声电子商务科技孵化器成立于2014年1月，由福州索高广场置业有限公司运营管理，孵化面积1.5万平方米，孵化器处于提升改造阶段。

（叶 巧 陈 军）

【生产力促进体系建设】 全市有生产力促进中心11个，其中市级生产力促进中心1个（系国家级示范生产力促进中心）、县区级生产力促进中心10个。有工作人员58名，其中专职人员52名。

5月29日，举办福州市省级企业技术中心主任清华行项目对接会

（市科技局 供）

年内福州市生产力促进中心被科技部评定为B类国家级示范中心,连续3次获全国生产力促进(发展成就)奖。11月5—6日,由中国生产力促进中心协会主办,福州市生产力促进中心承办的"中国生产力促进中心协会成立20周年活动说明会暨全国生产力促进中心宣传培训工作经验交流会"在福州召开。会上,福州市生产力促进中心被授予"中国生产力学院海西分院"牌子。福州市生产力促进中心与福州市高新技术开发区马尾园管理委员会签订合作协议,在园区内设立福州市生产力促进中心马尾分中心,为园区内高新技术企业、中小企业提供科技服务。为企业开展转型升级服务工作,对福州萱裕金属配套有限公司、福州利菱橡塑有限公司和福州巨昂精密模具科技有限公司进行个性化辅导服务。发挥科技检索平台作用,为省内企事业单位提供科技检索服务28项,其中科技立项检索14项,成果检索13项,科技奖励1项。为7家科技型企业申报国家创新基金项目提供项目申报注册、申报材料形式审查等技术咨询服务,其中1家企业获国家创新基金立项支持,3家企业获市创业资金立项支持。全年编辑和发放《福州市生产力促进协会简报》12期。 (林 东)

【科学技术经费】 根据福州市财政2014年市本级财政专项经费安排,科技事业费用专项预算安排为2.31亿元,增长17.63%;实际支出2.24亿元。组织引导企事业单位申报国家、省级各类科技计划项目,福州市获得国家和省级科技计划项目130项,扶持经费10684万元,其中国家级16项,获扶持经费803万元;省级114项,获得扶持经费9881万元。

(林 硕)

高新技术产业化

【高新技术企业】 2014年,开展高新技术企业认定(复审)的培训和辅导工作,推荐38家企业参与高新技术企业复审,复审通过35家,推荐159家企业参与高新技术企业认定,认定通过153家,至年底,全市有高新技术企业368家。根据《福州市创建国家创新型城市若干配套政策》的通知精神,对福建省2013年新认定的福建信迈科技股份有限公司等59家高新技术企业各奖励10万元,奖励总金额590万元。7家企业被评为2014年国家火炬计划重点高新技术企业。 (谢 辉)

【创新型企业】 推动企业技术创新工程建设,鼓励企业完善创新体制和激励机制,培育富有创新活力的科技型企业群体。在省科技厅、省国资委和省总工会等部门联合开展的2014年度第五批"福建省创新型企业"评价活动中,福建永强力加动力设备有限公司等29家企业新命名为"福建省创新型企业";根据省科技厅等部门的《关于发布第六批省级创新型试点企业的通知》,福州辰

表30 2014年福州市科学技术支出占市本级财政一般预算支出比例

考核年份	本级科学技术支出(万元)	本级财政一般预算支出额(万元)	本级科学技术支出占本级财政决算支出比例(%)
2013	26933	1696359	1.59
2014	22421	1304567	1.72

表31 2014年福州市科学技术支出使用情况

序号	使用领域	经费主管部门	经费额(万元)	
			2013年	2014年
1	科学技术管理事务	市科技局等	527	457
2	基础研究	市科技局等	11	61
3	应用研究	市科技局等	1487	1238
4	技术研究与开发	市科技局等	3097	4136
5	科技条件与服务	市科技局等	9774	8148
6	社会科学	市社科院等	343	276
7	科学技术普及	市科协等	1284	1321
8	科技交流与合作	市科技局等	23	/
9	科技重大专项	市科技局等	40	234
10	其他科学技术支出	市科技局等	10347	6550
合计	—	—	26933	22421

表 32

2014 年福州市获国家火炬计划重点高新技术企业名单

序号	企业名称	序号	企业名称
1	福建星网锐捷网络有限公司	5	福建省福工动力技术有限公司
2	中邮科通信技术股份有限公司	6	福建省鑫港纺织机械有限公司
3	福建天马科技集团股份有限公司	7	锐达互动科技股份有限公司
4	福州大北农生物技术有限公司		

表 33

2014 年福州市新获批省创新型企业名单

序号	企业名称	序号	企业名称
1	福建星网锐捷网络有限公司	16	长乐力恒锦纶科技有限公司
2	福建金源泉科技发展有限公司	17	福州通尔达电线电缆有限公司
3	闽榕茶业有限公司	18	福建天晴数码有限公司
4	福建福光数码科技有限公司	19	新东网科技有限公司
5	福建永福工程顾问有限公司	20	福建省神蜂科技开发有限公司
6	福建四创软件有限公司	21	福建恒锋电子有限公司
7	福建森达电气股份有限公司	22	福州施可瑞医疗科技股份有限公司
8	福建宝利特集团有限公司	23	福建永强力加动力设备有限公司
9	福建锦江科技有限公司	24	祥兴(福建)箱包集团有限公司
10	福州西诚汽车控制系统有限公司	25	爹地宝贝股份有限公司
11	濠锦化纤(福州)有限公司	26	福建福铭食品有限公司
12	福建省苍乐电子企业有限公司	27	福建山亚开关有限公司
13	福建博大塑业新材料有限公司	28	福建金科信息技术股份有限公司
14	福建省闽保信息技术股份有限公司	29	福建新福兴玻璃有限公司
15	中富通股份有限公司		

注:批准文号:闽科政〔2014〕13 号

表 34

2014 年国家级火炬计划项目

序号	项目名称	承担单位
1	高精度硅压力传感器技术研究与产业化开发	福建上润精密仪器有限公司
2	富通网优测试数据管理平台的研发及产业化	中富通股份有限公司
3	社区医疗信息服务平台产业化	福建易联众软件系统开发有限公司
4	基于 AMS 总线技术的智能家居系统	福建安明斯智能科技有限公司
5	MB 数据封存审计系统 V1.0	福建省闽保信息技术股份有限公司
6	基于云计算的企业信息化应用平台	福建天晴数码有限公司
7	新型磷酸盐非线性光学晶体开发	福建福晶科技股份有限公司
8	高性能聚酰胺-6 切片的研发及产业化	福建锦江科技有限公司
9	高性能多缸内燃发电机组研究及产业化	福建永强力加动力设备有限公司
10	新型湿法脱硫烟囱脱水工艺与装置	福建鑫泽环保设备工程有限公司
11	高效臭氧-生物活性炭处理废水技术研究示范	嘉园环保股份有限公司

表 35　**2014 年省级火炬计划项目**

序号	项目名称	承担单位
1	复合功能化车载玻璃关键技术研发及产业化	福耀玻璃工业集团股份有限公司
2	适应福建地质的复合盾构隧道掘进机研发及应用	福建乾达重型机械有限公司
3	高端仪表阀门及管接件关键技术研发及产业化	福建上润精密仪器有限公司
4	纯电动车用锂离子电池系统研发及产业化项目	飞毛腿(福建)电子有限公司
5	基于全新 64 位、8 核处理器的移动互联终端 SoC 芯片的研发与应用	福州瑞芯微电子有限公司
6	超高分辨率显示关键技术开发及产业化	福建捷联电子有限公司
7	基于 4G 网络的智能小蜂窝系统及高速宽带无线接入关键技术研究及产业化	福建三元达通讯股份有限公司
8	可重构网络设备系统研发及产业化	福建星网锐捷网络有限公司，清华大学
9	基于 FTTH 的下一代移动通信网精确覆盖系统研发及产业化	中邮科通信技术股份有限公司
10	城乡商贸流通信息化服务平台的研发及产业化	福建鑫诺通讯技术有限公司，福州大学数学与计算机科学学院
11	100Gbps 集成相干接收机的研发	福州高意通讯有限公司
12	高性能特种视频摄像镜头的研发及产业化	福建福特科光电股份有限公司

星药业有限公司等 65 家企业列入第六批省级创新型试点企业名单。至此，全市有国家创新型企业 3 家，国家创新型试点企业 4 家，省级创新型企业 82 家，省级创新型试点企业 186 家。

在福建省创新型企业年度考评中，福建星网锐捷网络有限公司等 22 家企业获创新型企业奖励，获技术创新成果后补助奖励 220 万元。福州市给予福建思嘉环保材料科技有限公司等 9 家企业 2013 年度认定的省创新型企业配套资助 135 万元。4 项省创新型企业技术创新项目通过省科技厅项目验收。

(方善明)

【火炬计划与高新技术研究开发计划】 年内福州市获科技部国家级火炬计划项目 11 项；省级工业高新技术科技项目 12 项，其中省科技重大专项专题项目 7 项、区域科技重大项目 5 项；市级工业高新技术科技项目 37 项。

(叶　巧)

农业科技推广

【农业科技园区】 2014 年，福州农业科技园区工业总产值 146.32 亿元(规模工业产值 123.25 亿元)，出口交货总值 16614 万美元，粮食总产量 4164 吨，农民人均收入 12847 元。

至年底，园区有台商投资农业项目 31 项，台资农业企业总产值 2.3 亿元，台资农业企业实际到资 2.8 亿元，年内新增投资 2200 万元，新项目 4 个，协议投资额 3200 万元。

园区引进台湾农业新技术，鼓励在园区内中国台湾农民、台资企业与中国台湾和大陆的科研院所开展科技合作与交流。至年底，园区引进国内外农业良种 150 多种，其中台湾良种有 100 种；农业新技术 50 多项，推广面积近 266.67 公顷，受益农户达 3 万多户。年内园区组织实施省、市、县农业科技项目 5 项，新增引种示范基地 2 处，推广面积 40 公顷。其中，雪峰文武茶场引进推广台湾生态自然耕种法先进栽培管理技术，结合现代农业建设标准，建立高品质、无污染、符合国际有机标准的优质高产量高山茶种植生产基地 33.33 公顷，并引种台湾白毫乌龙茶特殊品种“东方美人”6.67 公顷；福州富水食品有限公司引进台湾先进技术、设备，研发生产冷冻速食新产品、脱水果蔬，年加工能力达万吨；巧芳东狮山食品有限公司研发中药材萃取技术新开发咖啡类饮料新产品 6 种；仙岭生态农场选育台湾水果高优品种，改选山地果园 33.33 公顷。

园区发挥紧邻省会中心城市的优势，配合县政府规划，打造“白沙湾—梧桐下—朝阳农场—汤院温泉”等休闲农业精品观光路线。白沙朝阳休闲农场(一期)正式对外营业后，园区特色农业规模有所提升，全年接待赏樱采莓、户外烧烤、农业观光游等游客近 12 万人次，休闲观光农业总产值近 1300 万元。

(陈　巍)

【星火计划】 全市实施星火计划项目52项，扶持金额755万元，其中国家级3项，省级11项，市级38项，项目主要由农业科研与推广机构、农业产业化龙头企业等承担实施。国家星火计划重点支持先进成熟适用的新产品、技术、农艺等在大面积推广应用前的技术示范项目和市场前景广阔、能带动农民创业、实现增收致富、能促进县域经济社会发展的科技创业项目。省级星火计划重点支持优势特色农产品的良种繁育、种养、加工、贮运等农业关键共性技术成果的转化、应用与示范，支撑"高产、优质、高效、生态、安全"的现代农业发展。市级星火计划项目重点扶持福州市具有比较优势的农业产业化关键技术研发和科技成果转化项目，鼓励企业和高校、科研院所合作；促进榕台农业科技合作与交流。

表36 **2014年国家级星火计划项目**

序号	项目名称	承担单位
1	生物发酵型鱼糜制品加工工艺研究及产品开发	福州百洋海味食品有限公司
2	铁皮石斛新型肥料利用及菌根化育苗技术示范	福建新世景园艺有限公司
3	芦荟汁饮料生产及质量控制技术研究与示范	福州金和生物科技有限公司

表37 **2014年省级星火计划项目**

序号	项目名称	承担单位
1	间歇超声波辅助提取紫山药有效成分及饮品的研发与示范	福州金和生物科技有限公司、福建农林大学
2	海峡西岸科技富农视频信息制播	福建省科信影视制作中心
3	花椰菜新品种"福花90天"推广	福州市蔬菜科学研究所、福州市农福种苗有限公司
4	皮馅双滚揉加工技术在速冻调制食品上的应用	海欣食品股份有限公司、福州市食品工业研究所
5	南美白对虾、金鲳鱼、红藻高效综合养殖技术与示范	福建省融盛农业综合开发有限公司、福建师范大学
6	出口虾仁安全生产及现代化加工技术集成创新示范	福清朝辉水产食品有限公司
7	海参加工新技术及产业化示范	胜田(福清)食品有限公司、福建师范大学
8	复合型鱼糜制品加工技术开发与应用	福州旭煌食品有限公司、福建农林大学
9	蘑菇栽培环境智能化监测预警与信息服务技术示范	福建昇达科技成果转化服务中心、福建省科技厅农牧业科研中试中心
10	利用豆渣、木薯渣生产生物活性饲料关键技术研究及应用	福建省新闽科生物科技开发有限公司、福建省农业科学院畜牧兽医研究所
11	金针菇液体菌种生产技术开发	福州科力现代农业科技开发有限公司、福建师范大学

表38 **2014年市级星火计划项目**

序号	项目名称	承担单位
1	营养高效鲍配合饲料的研发与推广	福建大昌生物科技实业有限公司
2	茉莉花茶精深加工关键技术研究及产品开发	福建春伦茶业集团有限公司
3	九峰茉莉红茶优质高效安全加工技术研究	福建九峰农业发展有限公司
4	利用生物技术研制鱼排冷冻调理产品及其产业化	福州大学生物科学与工程学院
5	金柳菇液体菌种生产技术研究	福建师范大学生命科学学院

续表38－1

序号	项目名称	承担单位
6	新型高稳定性乳酸菌饲料添加剂的开发及其在断奶仔猪生产上的应用	福州大学生物科学与工程学院
7	雨生红球藻高产虾青素能力的调控及中试研究	福建师范大学生命科学学院
8	茶薪菇提取物抗氧化特性研究及综合加工技术开发	福建省农业科学院农业工程技术研究所
9	蔬菜害虫黄曲条跳甲的抗药性监测及其综合治理研究	福建省农业科学院植物保护研究所
10	水浮莲高值化综合利用示范工程	福州大学机械工程及自动化学院
11	花秆还田对福州茉莉花农业文化遗产种植系统土壤固碳的调控技术研究	福建师范大学地理科学学院
12	“丽光”黄皮丰产优质高效关键栽培技术研究与示范	福建省农业科学院果树研究所
13	草菇良种引进利用及种质创新研究	福州市农业科学研究所
14	优质旱稻新品种引选及配套特色栽培技术应用研究	福州市农业科学研究所
15	晚抽薹大白菜种质资源收集鉴定研究与利用	福州市蔬菜科学研究所
16	低硝酸盐春菠菜品种选育	福州市蔬菜科学研究所
17	家兔呼吸道传染病综合防治的研究	福州市农业科学研究所
18	实蝇生物防治配套技术在龙台山生态园的推广应用	福建省闽侯延青农业开发有限公司
19	肠道调节性复合益生元微胶囊的制备及在畜禽与水产养殖中的应用	福建省华龙集团饲料有限公司
20	林下套种福建地道药材规范法种植技术示范与推广	福建嘉成现代农业开发有限公司
21	基于废弃菌糠再利用的西瓜育苗基质研发	福州市农业科学研究所
22	研究控制烤鳗加工中过氧化值升高的关键技术及产业化	福建省粮油科学技术研究所
23	即食调味冻干鲍鱼加工方法应用	福州亿达食品有限公司
24	规模化蛋鸡场禽白血病防控技术的研究与应用	福清市文华实业有限公司

续表 38－2

序号	项目名称	承担单位
25	泡泡蜂蜜制作及工艺研究	福建省神蜂科技开发有限公司
26	灵芝多康粉剂现代加工技术研究	福州东星生物技术有限公司
27	脂肪酸优化在哺乳母猪与仔猪的研究与应用	福建光华农牧科技开发有限公司
28	福州设施茄瓜类蔬菜根腐病综合防治技术研究	福州市蔬菜科学研究所
29	不同蛋白来源对断奶仔猪生长性能影响及其对后期生长和肉品形成代谢程序化效应	福清市丰泽农牧科技开发有限公司
30	猪粪渣代料工厂化周年栽培双孢蘑菇技术研发示范推广	福建省星源农牧科技股份有限公司
31	优质鲜食柚优株选育研究	福州市农业科学研究所
32	优质中熟花椰菜新品种选育	福州市蔬菜科学研究所
33	中小花型蝴蝶兰种质创新与种苗工厂化繁育技术研究	福建新世景园艺有限公司
34	大鲵优质苗种关键技术研究及推广	福建福鲵现代农业有限公司
35	脱脂鱼罐头系列产品深度开发	福州百洋海味食品有限公司
36	罗源县食用菌产业升级关键技术示范与推广	福建益升食品有限公司
37	基于膨化软颗粒生产方法的功能性大黄鱼配合饲料的开发	福建天马饲料有限公司
38	用于预防猪传染性胃肠炎、流行性腹泻的二联活疫苗的研发及产业化	福州大北农生物技术有限公司

（丁可锋）

科技成果管理

【科学技术奖励】　2014 年，福州市有 22 项科技成果被授予省科学技术奖。其中，福建新大陆电脑股份有限公司完成的“物联网感知与信息识别芯片”获一等奖，福建星网视易信息系统有限公司完成的“自主高清音视频播放系统及关键件”等 9 项获二等奖，福建星网锐捷通讯股份有限公司完成的“‘星网锐捷’融合通信企业网关”等 12 项获三等奖。

根据《福州市科学技术奖励办法》有关规定，市政府于 12 月 16 日发布《福州市人民政府关于颁发 2014 年度福州市科学技术奖的决定》，决定授予 77 项科技成果为 2014 年度福州市科学技术奖，其中市科技进步奖一、二、三等奖分别为 3 项、13 项和 46 项，市专利奖金奖、优秀奖分别为 2 项和 13 项。获奖的市科技进步奖成果中，按成果类型分：鉴定类 11 项，评审类 5 项，验收类 14 项，发明专利类 20 项（美国专利 1 项），软件著作权 9 项，农业新品种 3 项。获市科技进步奖的成果大都得到推广应用，2011—2013 年，累计新增产值 1037582 万元（新增产值亿元以上的有 17 项），新增利润 104588 万元，新增税收 36684 万元。

表 39

2014 年福州市获省科学技术奖项目

序号	项目名称	奖项类别	获奖等级	主要完成单位	主要完成人员
1	物联网感知与信息识别芯片	技术发明奖	一等奖	福建新大陆电脑股份有限公司	王贤福 蔡强 胡伦育 陈再辉 丁彦郡
2	航标监控终端的关键技术研究及应用	技术发明奖	三等奖	福州闽邮吉星数码科技有限公司、福建师范大学	吴允平 刘华松 李汪彪 苏伟达 蔡声镇
3	锐捷安全计费管理系统（RG－SAM）	科学技术进步奖	二等奖	福建星网锐捷网络有限公司、北京星网锐捷网络技术有限公司、东北财经大学、常熟理工学院	林伟俊 汪奇 赵敏 刘福能 邹鹏 林雁敏 先晓兵
4	自主高清音视频播放系统及关键件	科学技术进步奖	二等奖	福建星网视易信息系统有限公司	刘灵辉 林剑宇 郑维宏 邹应双 陈铮 黄鸿强 许勇
5	XGHF43/1/26 全电脑多梳栉带压纱板高速提花经编机	科学技术进步奖	二等奖	福建省鑫港纺织机械有限公司	郑依福 郑春华 谢春旺 赖秋玉 郑春乐 郑自海
6	大型公共液晶监视器	科学技术进步奖	二等奖	福建捷联电子有限公司	陈旭彪 苏世梁 吕熊 许金龙 丁莉
7	东南 V5 凌致（DN7156/DN7157 系列）轿车	科学技术进步奖	二等奖	东南（福建）汽车工业有限公司	廉小强 许茼 宋名洋 于冯淼 杨一南 李立东 胡红兵
8	经编机贾卡控制系统	科学技术进步奖	二等奖	福建宏宇电子科技有限公司	游雄峰 黄玉明 张英 林雄 吴俊
9	LED 路灯的应用及芯片研发	科学技术进步奖	二等奖	福州市规划设计研究院、厦门三安光电科技有限公司	陈元桂 吴志强 郭燕萍 王笃祥 潘群峰 陈元豹 陈硕
10	75M 平台供应船	科学技术进步奖	二等奖	福建东南造船有限公司	张金香 高登攀 黄礼盛 伍盛杰 李绿琴 吴鹏飞 王鑫
11	带正压装置的封闭型留置针	科学技术进步奖	二等奖	福建省百仕韦医用高分子股份有限公司	陈永曦
12	“星网锐捷”融合通信企业网关	科学技术进步奖	三等奖	福建星网锐捷通讯股份有限公司	林善和 刘寿峰 陈嗣文 高如正 高计丰
13	嵌入式软件系统损坏自动修复技术的研发及在汽车导航系统的应用	科学技术进步奖	三等奖	福建歌航电子信息科技有限公司	高尔登 帅文 张孝才 王健武 陈慧
14	高韧性多功能聚酯纤维/PVC 复合膜结构材料	科学技术进步奖	三等奖	福建思嘉环保材料科技有限公司、福州大学材料科学与工程学院	郑玉婴 林生雄 张宏旺 黄万能 蒋石生
15	87 米平台供应船	科学技术进步奖	三等奖	福建省马尾造船股份有限公司	王浩召 刘立峰 胡裕国 翁康强 林龙
16	基于大数据和能力开放的智慧旅游云服务平台	科学技术进步奖	三等奖	中邮科通信技术股份有限公司	林剑武 李琳 林宇 江秀清 陈立清

续表 39

序号	项目名称	奖项类别	获奖等级	主要完成单位	主要完成人员
17	山洪灾害监测预警系统	科学技术进步奖	三等奖	福建四创软件有限公司	汤成锋 林灿文 陈博嘉 江峰 张凌
18	乌龙江大桥复线桥建设关键技术研究	科学技术进步奖	三等奖	福州市公路局、福州大学、中铁大桥局股份有限公司、南京工业大学	刘发水 卓卫东 刘伟庆 上官萍 叶知义
19	福昕 PDF 开发工具包(Foxit EMB SDK)	科学技术进步奖	三等奖	福建福昕软件开发股份有限公司	熊雨前 林芝 王金明 颜银森 朱俊杰
20	“黄官 1 号”食用海带新品种的培育及养殖推广	科学技术进步奖	三等奖	福建省连江县官坞海洋开发有限公司、中国水产科学研究院黄海水产研究所	王飞久 林哲龙 孙修涛 董志安 邱其樱
21	肝癌瘀毒论及慈丹胶囊治疗肝癌的临床和实验研究	科学技术进步奖	三等奖	福州伟达中医肿瘤防治研究所、福州伟达中医肿瘤医院、北京伟达中医肿瘤医院有限公司、深圳市伟达药业发展有限公司	郑伟达 吴孟超 郑东海 郑东梁 郑伟鸿
22	乙肝肝衰竭临床治疗优化方案及发病机制的研究	科学技术进步奖	三等奖	福州市传染病医院、浙江大学医学院附属第一医院	潘晨 李芹 黄建荣 林明华 甘巧蓉

注:获奖项目按省政府文件排序

表 40　**2014 年福州市科技进步奖项目**

序号	项目名称	获奖等级	主要完成单位	主要完成人员
1	特早芽“榕春早”茶树新品种选育及加工技术研究	一等奖	福州市经济作物技术站、福建农林大学园艺学院、罗源县茶叶技术指导站	许长同 郭雅玲 江月平 陈思聪 黄江
2	乌龙江大桥复线桥建设关键技术研究	一等奖	福州市公路局、福州大学、中铁大桥局股份有限公司	刘发水 卓卫东 刘伟庆 上官萍 叶知义
3	高韧性多功能聚酯纤维/PVC 复合膜结构材料	一等奖	福建思嘉环保材料科技有限公司、福州大学材料科学与工程学院	郑玉婴 林生雄 张宏旺 黄万能 蒋石生
4	自主高清音视频播放系统及关键件	二等奖	福建星网视易信息系统有限公司	刘灵辉 林剑宇 郑维宏 邹应双 陈铮
5	呼出气一氧化氮浓度与儿童哮喘相关性研究	二等奖	福建省福州儿童医院	唐素萍 刘艳琳 董李 陈燊 高虹 华云汉 郭依华
6	基于 0.18 微米工艺的全高清视频处理 SoC 芯片与系统软件	二等奖	贝莱特集成电路(福州)有限公司	陈炳来 涂信梓 潘光辉 曾红沿 黄丽玲
7	VB5(ZN21B)-12 型户内高压交流真空断路器	二等奖	天一同益电气股份有限公司	朱永波 王志高 黄河清 张晓东 危军
8	云计算数据中心三层交换机 RG-S12000	二等奖	福建星网锐捷网络有限公司、北京星网锐捷网络技术有限公司	陈宏涛 黄米青 项小升 邹希勇 姚辉
9	“北斗二代”卫星导航终端与核心器件的研制及产业化	二等奖	福建星海通信科技有限公司、福州大学、厦门大学	邹金仁 商云鹏 陈德金 苏凯雄 游佰强

续表 40－1

序号	项目名称	获奖等级	主要完成单位	主要完成人员
10	超舒适多功能混纺纱线与面料纺织染关键技术	二等奖	福建省长乐市长源纺织有限公司、绍兴中纺院江南分院有限公司	王晓东　崔桂新　程学忠　汪　军　井连英
11	中医药治疗手足口病普通型临床研究	二等奖	福州市传染病医院	李　芹　郑　玲　周　文　潘　晨　刘　路
12	双阳极表面安装型电容器	二等奖	福建国光电子科技股份有限公司	张易宁　何腾云　陈远强　王国平　林俊鸿
13	75M 平台供应船	二等奖	福建省东南造船厂	张金香　高登攀　黄礼盛　伍盛杰　李绿琴
14	网剑涉密电子文件集中安全管控系统	二等奖	福建伊时代信息科技股份有限公司	许元进　李东旭　郑则建　王建中　张永炜
15	纯水溶剂无毒环保合成革	二等奖	福建宝利特集团有限公司	陈炳琪　陈尚泰　苏奕富　杨光军　张启彦
16	低褐变丝瓜新品种“农福丝瓜 801”的选育与应用	二等奖	福州市蔬菜科学研究所	陈　铣　花秀凤
17	欧洲花椰菜改良胞质不育源的引进与创新研究	三等奖	福州市蔬菜科学研究所	陈文辉　方淑桂　朱朝辉　吴元钦　林翩飞
18	高效环境友好型卵形鲳鲹配合饲料的产业化开发	三等奖	福建天马科技集团股份有限公司、厦门大学	陈庆堂　艾春香　张蕉南　胡　兵　李　惠
19	福昕 PDF 开发工具包(Foxit EMB SDK)	三等奖	福建福昕软件开发股份有限公司	熊雨前　林　芝　王金明　颜银森　朱俊杰
20	半干法生产无石棉半金属汽车用盘式刹车片	三等奖	福建冠良汽车配件工业有限公司	王长达　张世绍　何才福　郑元贵　叶立水
21	XGHM43/1(200 英寸)全电脑高速多梳栉提花经编机	三等奖	福建省鑫港纺织机械有限公司	郑依福　郑春华　郑春乐　谢春旺　赖秋玉
22	5052H32LED 背板	三等奖	中铝瑞闽股份有限公司	江忠宇　冉继龙　罗筱雄　黄瑞银　吴永喜
23	城市排水体制研究	三等奖	福州市规划设计研究院、复旦大学	高学珑　陈　奕　唐丽虹　林功波　刘　燕
24	高炉残铁切割金刚石串珠绳	三等奖	福州天石源超硬材料工具有限公司	陈礼干　刘庆峰　陈明华　叶发奋　张建军
25	XRCC3 基因 Thr241Met 和 XPD 基因 Asp312Asn、Lys751Gln 与铅毒性的关联研究	三等奖	福州市疾病预防控制中心	刘祥铨　张晓阳　张　忠　王志勇　刘合焜
26	数字市政综合管理平台关键技术研究	三等奖	福州市勘测院	柯毅峰　魏文飞　黄　磊　段东滨　蔡仁杰
27	070WP03 液晶显示模组产品	三等奖	福建华映显示科技有限公司、中华映管股份有限公司	卓进兴　游敬春　王剑森
28	聚氯乙烯非给水管道低成本化系统技术的研发及产业化	三等奖	福建祥龙塑胶有限公司、福建师范大学(福建省改性塑料技术开发基地)	李基安　薛理德　杨松伟　姚忠亮　陈庆华

续表 40－2

序号	项目名称	获奖等级	主要完成单位	主要完成人员
29	全在线蓄电池组放电测试设备及其应用研究	三等奖	福州福光电子有限公司	石卫涛 林明星
30	工业大型臭氧发生器	三等奖	福建新大陆环保科技有限公司	陈 健
31	功能节水器	三等奖	福建金源泉科技发展有限公司	阮国洪 徐道华 蔡一新 全仰藤 吴衡川
32	一种单孔锦纶 6 全取向细旦丝的制备工艺	三等奖	长乐力恒锦纶科技有限公司	陈立军 陈 魁 陈建龙 朱常兵 吴 兴
33	高品质多功能箱包核心部件的研发	三等奖	祥兴（福建）箱包集团有限公司、福建师范大学福清分校	薛行远 陈 盛 姚忠亮 陈 琼 陈建辉
34	眼科光学相干断层成像技术应用及研究	三等奖	福州东南眼科医院	张汉君 赵广健 童 绎 张宝艳
35	广角高分辨率空间目标探测镜头	三等奖	福建福光数码科技有限公司	林春生 肖维军 汪建平 黄霞霞 林志刚
36	烤鳗鱼内脏产品开发及产业化	三等奖	长乐聚泉食品有限公司	王家恩 翁齐彪 林淑云 马 艳
37	一种铜焊盘断路或残缺修补方法及其修补结构	三等奖	福州瑞华印制线路板有限公司	许秀恋 陈跃生 何华辉
38	可降低能耗的鳗鱼去油装置的工艺技术研究及其应用	三等奖	长乐太平洋食品有限公司	黄建新 陈 宏 何吉山
39	输电线路距离保护、故障类型诊断和故障定位新技术研究	三等奖	国网福建省电力有限公司检修分公司	曾惠敏 林富洪 郑志煜 吴善班 俞书献
40	KYN□－12（Z）/T1250－25（UniGear550－S）铠装移开式交流金属封闭开关设备（小型化）	三等奖	福建森达电气股份有限公司	陈泽银 陈宏杰 吴文萍 林 健 黄永安
41	基于物联网的 CDMA 无线测试数据管理平台	三等奖	中富通股份有限公司	陈融洁 张立达 刘圣峰 陈增铂 林惠聪
42	一种锡钛消音地坪及其制造方法应用研究	三等奖	福州皇家地坪有限公司	苗建成 陈遵厚 杨喜丽 陈宙飞
43	超窄边大型公共监视器	三等奖	福建捷联电子有限公司	陈旭彪 苏世梁 吕 熊 许金龙 丁 莉
44	航标监控终端的关键技术研究及应用	三等奖	福州闽邮吉星数码科技有限公司、福建师范大学	吴允平 刘华松 李汪彪 苏伟达 蔡声镇
45	艺术染整工艺	三等奖	福清洪良染织科技有限公司	叶福地 胡玉权 陈宝坤 谢师锋 刘典鸿
46	城市污泥磁化热解处理处置技术的研发与应用	三等奖	福建庄讯环保科技有限公司	黄家瑶 林秀梅
47	榕基应用支撑平台系统	三等奖	福建榕基软件股份有限公司	靳 谊 马 腾 林利炜 黄俊旸 王小红

续表 40-3

序号	项目名称	获奖等级	主要完成单位	主要完成人员
48	罗非鱼产业化生产关键技术研究与创新	三等奖	福建福铭食品有限公司、集美大学水产学院	杨宗铭　黄大松　纪荣兴　黄永春　严正禀
49	恒锋机房动力环境集中监控系统	三等奖	福建恒锋电子有限公司	魏晓曦　欧霖杰　熊炳中　陈　芳　陶　英
50	一种关于鲍鱼罐头制作工艺的研究	三等奖	福州日兴水产食品有限公司	江铭福　陈宝妹　刘忠明
51	统一日志服务平台	三等奖	福建合诚信息科技有限公司	洪文木　林　皇　朱正珊　王长松
52	物联网在全省高耗能企业能源监控系统的应用	三等奖	福建华拓自动化技术有限公司	阮学斌　肖师荣　夏玉雄　郑　宁
53	锦纶纺丝卷绕设备系统优化研究与改进	三等奖	福建锦江科技有限公司	霍显海　刘建辉　张春雨　廖长宁
54	V-peacock 媒体终端应用软件	三等奖	福建省三奥信息科技股份有限公司	卓　华　邱源峰　王　颖
55	包心海带鱼糜制品及其制作方法	三等奖	福建省连江远嘉冷冻食品有限公司	陈滢增　陈滢华　石红卫　张　云　林碧钗
56	高压卤蛋方法及用于该方法的高压卤蛋装置	三等奖	福州闽台机械有限公司	俞兆志　林玉藤　郭椿龄　林顶雄　刘双莲
57	物联网微型条码识读模组	三等奖	福建新大陆自动识别技术有限公司	刘荣生　陈文传　邱有森　刘继军　耿艳鹏
58	VDI 环境下云接入设备通用的音视频重定向方法及其应用研究	三等奖	福建升腾资讯有限公司	张　辉　杨荣尊　杨　辉
59	一种彩票防伪方法	三等奖	鸿博股份有限公司	刘　飞　刘源海　陈晋杰
60	芦荟汁饮料生产及质量控制技术	三等奖	福州金和生物科技有限公司	肖志勇　郑秋芳　杨志叶　丁娟弟　汪清燕
61	BQ1813/3 数控无卡轴旋切机	三等奖	福州三森机械有限公司	李承华　丁　强　韦芦飞　林　炳　张景南
62	EVECOM 网站群应用管理系统及其应用研究	三等奖	长威信息科技发展股份有限公司	林生基　戴文艳　王伟宗

（郑荣火）

技术市场管理

【产学研活动】 2014年，福州市以市校合作专项为抓手，推动在榕高校科研院所，包括福州大学、福建师范大学、福建农林大学、福建工程学院等承担市级项目。全年受理87项，立项34项。

设立行业技术创新中心平台，在闽江学院地理科学系设立“福州市地理信息行业技术创新中心”、在福建师范大学福清分校设立“福州包装工程行业技术创新中心”。

召开多场技术对接会，5月，市领导率21家企业40余人代表团赴清华大学参加科技项目对接会，就电子信息、机械制造、新材料等领域开展技术攻关、合作建设研究中心，有11家企业与清华大学达成深化合作协议。组织海西研究院专家团到福清市调研企业科研情况，走访福耀玻璃工业集团股份有限公司、诺希新材料科技有限公司等6家企业。

【技术市场建设】 发挥福州市技术转移中心公共技术服务平台作用，在福清市、马尾区、仓山区的协助下，征集企业技术需求23项。福州技术市场协助市科技局开展清华大学优势领域和先进技术在福州市转化落地工作。

承办省首届专利技术现场拍卖会，组织厦门大学、福州大学、福建农林大学、福建省农业科学院土壤肥料研究所等单位8件发明专利进行拍卖，福州市有20多家企业参加专利成果拍卖会，有7件专利成交，成交总金额73万元。承办生物科技领域专利成果对接会，组织福州大学、福建农林大学、福建师范大学、福建医学院、福建省农业科学院的200多项专利成果向企业推介，对接会上有16家企业与高校、科研院所达成合作意向，协议金额923.5万元。

发挥技术经纪人的作用，开展专利交易。年内签约专利转让和许可项目意向10项，实际成交8项。市科技局征集30项"6·18"对接项目、15项技术需求项目。

【技术合同认定】 全年全市完成技术合同认定1876项，合同成交总额18.99亿元。其中，技术开发合同875项，合同金额9.33亿元；技术转让合同136项，合同金额7.51亿元；技术咨询合同692项，合同金额0.81亿元；技术服务合同173项，合同金额1.34亿元。

（詹志勤）

知识产权保护

【知识产权示范城市建设】 2014年，市知识产权局围绕国家创新型试点城市和国家知识产权示范城市建设，实施知识产权战略。福州市在全国25家地级示范城市中期考核中成绩排名第七，在全国41个含副省级城市考核中成绩位居第十，排名全省第一。在全国专利执法绩效考核中，福州市在115家城市中排名第二十，位居全省第一。

推动福州市"国家知识产权局专利审查协作北京中心福建分中心"项目建设，该项目被列为2014年省级重点项目，项目选址高新区海西园，占地5.53公顷，总投资3.8亿元。11月25日，国家知识产权局局长申长雨、省政府省长苏树林、市政府常务副市长陈大强作为三方代表出席在福州举行的共建国家知识产权局专利局专利审查协作北京中心福建分中心合作协议签约仪式，该项目实施为海峡两岸专利事业深度融合发展提供试验区。

5月12—15日，福州市知识产权局举办2014年专利布局初级实战培训班

（市科技局　供）

完善专利技术创新激励机制，4月9日，市政府废止原奖励政策，出台《福州市自主知识产权奖励办法》，加大对企业创新扶持力度。实施提升专利申请质量意见。贯彻落实《福州市专利提升行动计划实施方案（2013－2015年）》，在全市范围内开展企业发明专利"清零"，专利代理人"入园进企"，高校、科研单位、高新技术企业和知识产权示范单位专利"倍增"，创意设计企业专利突破，境外专利申请扶持等五大提升行动。在全市主要高新技术园区、软件园等建立13家省级知识产权服务工作站。有25家企业获省发明专利授权"清零"奖励项目。市知识产权局分别与中国银行福州市市中支行、福建海峡银行科技支行签订战略合作协议，促进企业专利权质押贷款，年内福州市有9家企业获专利权质押贷款2.231亿元，5家企业获省、市专利权质押贷款贴息项目153.5万元。市知识产权局与中国人保财险福建省分公司签订战略合作协议，成立福州市专利保险试点工作小组，出台福州市专利执行保险投保方案，推进专利保险试点工作，有50家企业投保专利322件，缴纳保费27.42万元，保障金额702.9万元。9月1—3日，市知识产权局承办由全国各地200多人参会的全国专利保险试点专题会议。年内专利申请量1.08万件，同比增长17.74%，其中发明申请量4021件，同比增长24.18%，占申请总量37%，申请结构合理；专利授权量6737件，其中发明授权量1340件，同比增长16.12%，占全省发明授权总量的39.11%。至年底，全市有效发明专利拥有量5156件，居全省首位，每万人有效发明专利拥有量7.43件，提前完成示范城市5件目标。高等院校、科研单位及企业发明专利拥有量4488件，同比增长26.21%；全市PCT申请量87件。

【企事业知识产权工作】 推荐全市企事业单位列入各级各类知识产权试点示范（优势）。福建升腾资讯有限公司等17家企业入选"2014年度福建省知识产权优势企业"，市科技局与市知识产权局联合认定福州高意光学有限公司等25家"2014年度福州市知识产权示范企业"，27家知识产权示范企业通过复审。至年底，福州市有1家企业通过《企业知识产权管理规范》国家标准化认定，拥有各级各类知识产权试点示范企业284家，其中国家级30家、省级93家、市级161家。涌现出一批如福耀、新大陆、星网锐捷、高意、飞毛腿、福晶、联迪等依托自主知识产权打造核心竞争力的知识产权优势企业。

【扶持与培育自主知识产权】 市知识产权局受理授权发明专利资助1103件，资助金额约518.47万元；受理发明专利奖励1125件，奖励金额约675.63万元。推荐福建升腾资讯有限公司的"基于实时传输协议的双向音频映射方法等专利技术的产业化运用研究"等17个项目列入2014年省专利技术实施与产业化计划项目,获255万元支持。福耀玻璃工业集团股份有限公司的“一种弯曲玻璃板的方法和装置”和福建联迪商用设备有限公司的“POS文件认证的方法及认证证书的维护方法”等2件专利获第十六届中国专利优秀奖,专利权人获省、市20万元奖励。福建福晶科技股份有限公司的“一种生长大尺寸高质量BBO晶体的特殊工艺方法”等8件专利获2014年省专利奖二等奖3项、三等奖5项,根据《福建省专利奖评奖办法实施细则(试行)》,获特等、一、二、三等奖的专利权人将分别获30万、10万、5万、3万元奖励。组织评选出2014年度市专利奖金奖2项、优秀奖13项,共奖励专利权人38万元。

【专利行政执法】 开展知识产权“护航”专项行动。针对流通和生产环节存在的专利违法现象,联合其他部门出动人员达300多人次,检查涵盖医药、食品、玩具、电器等十几类逾万种商品,调解专利案件9件,查获假冒专利案件81件。在市科技情报研究所加挂成立“市知识产权维权援助中心”,为福州企事业单位和发明人提供有关知识产权法律法规、纠纷处理、诉讼咨询等相关维权服务。

【知识产权宣传与培训】 利用“2·21”福建省知识产权日、“4·26”世界知识产权日、第八届中国专利周期间开展进社区、进企业、进学校知识产权宣传活动,通过移动彩信与短信平台发送10万多条知识产权宣传信息。通过全市社区270多面户外LED大型广告灯箱宣传知识产权法律。推荐专利参加“6·18”优秀专利展,国家专利技术(福建)展示交易中心组织全省首届专利技术现场拍卖会,对28件专利进行拍卖,7件专利达成交易,成交总金额73万元。组织举办全市首届大学生知识产权竞赛,在福建工程学院法学院设立知识产权专业必修课程,在福州大学、福建师范大学、福建农林大学等高校开设知识产权选修课程,鼓楼区探索开展小学知识产权课程开发,由区教师进修学校牵头,组织各学区综合实践教研组长开发“鼓楼区综合实践课程知识产权资源包”,资源包涵盖商标、版权、非物质文化遗产和专利4个方面的内容。实现企业知识产权培训网络化。由国家知识产权培训中心组织的知识产权远程教育绩效考评福州站取得全国第一名。全年面向企业需求设置15门课程,组织4000多人次参加知识产权远程教育培训。组织近百家企业举办专利布局初级实战班、专利分析初级实战班、专利申请与撰写培训班等,143人次获国家知识产权局颁发的结业证书。

【知识产权强县工程】 对县(市)区的绩效考核增加发明专利申请量增长率指标,与每万人发明专利拥有量、专利授权量增长率构成专利考核指数,权重分别占20%、50%、30%。推进实施国家、省知识产权强县工程,全市12个县(市)区全部挂牌成立知识产权局,大部分县(市)区相继出台措施,加大资金投入。年内仓山区、鼓楼区、闽侯县专利申请总量分别为2031、1942、1929件,该3县区的专利申请总量占全市的54.43%。连江县、马尾区、闽侯县专利申请总量增长率分别达89.29%、54.50%、52.85%。仓山区、鼓楼区、闽侯县专利授权总量分别为1311、1240、925件,该3县区的专利授权总量占全市的51.60%。罗源县、长乐市、闽侯县专利授权总量增长率分别达339.29%、57.39%、48.00%。鼓楼区入选国家知识产权强县工程试点县(区)。至年底,有1个县(市)区进入国家知识产权示范城市培育阶段,3个县区列为国家知识产权强县工程试点县(区),7个县(市)区列为省知识产权强县。

表41　**2014年各县(市)区专利申请量与授权量统计**　单位:件

县/市区	专利申请量				专利授权量			
	总数	发明	实用新型	外观设计	总数	发明	实用新型	外观设计
鼓楼区	1942	915	721	306	1240	343	658	239
台江区	664	181	274	209	399	64	205	130
仓山区	2031	868	714	449	1311	380	560	371
晋安区	885	283	458	144	643	110	434	99
马尾区	859	274	433	152	519	90	346	83
闽侯县	1929	1000	772	157	925	232	582	111
长乐市	1068	170	790	108	724	30	632	62
福清市	787	237	286	264	496	70	258	168
连江县	318	27	235	56	208	6	163	39
罗源县	136	21	82	33	123	5	87	31
永泰县	78	15	11	52	28	4	17	7
闽清县	147	30	73	44	121	6	63	52
合　计	10844	4021	4849	1974	6737	1340	4005	1392

说明:1、表中统计数据的原始资料由省知识产权局提供并校正确认,经市知识产权局分离处理后所得

2、各县(市)区数据以省知识产权局年度最终校正公布为准

表 42

2014 年第十六届中国专利奖福州市获奖项目

序号	奖项	专利名称	专利号	专利权人	发明人(设计人)
1	中国专利优秀奖	POS 文件认证的方法及认证证书的维护方法	ZL200910112787. X	福建联迪商用设备有限公司	孟陆强　黄水香　刘世英
2	中国专利优秀奖	一种弯曲玻璃板的方法和装置	ZL201110040971. 5	福耀玻璃工业集团股份有限公司	周遵光　郑宗法　卓光进　陈道鼎

表 43

2014 年获福建省专利奖福州市获奖项目

序号	奖项	专利名称	专利号	专利权人	发明人(设计人)
1	二等奖	一种生长大尺寸高质量 BBO 晶体的特殊工艺方法	ZL200810072363. 0	福建福晶科技股份有限公司	陈　伟
2	二等奖	一种用作捕食螨——胡瓜钝绥螨的人工饲养方法	ZL02110907. 9	张艳璇	张艳璇
3	二等奖	果酒的双效发酵生物降酸酿造方法	ZL201110055096. 8	福建省农业科学院农业工程技术研究所	何志刚　李维新　林晓姿　梁璋成　任香芸　陆东和　魏　巍
4	三等奖	电子装置的资源更新系统及方法	ZL201010619631. 3	福建星网视易信息系统有限公司	刘灵辉　付春启
5	三等奖	一种注射成型模具及制造方法	ZL200410041488. 9	福耀玻璃工业集团股份有限公司	林文强
6	三等奖	一种三层结构的透气抗菌保鲜薄膜的制备方法	ZL200810070936. 6	福建师范大学	张华集　张　雯
7	三等奖	带枝花管引导注浆构建鱼体仿生结构加固软土层的方法	ZL201110230505. 3	福建省建筑科学研究院、福建建工建材科技开发有限公司	郑桂心　龚　义
8	三等奖	压砖机的双向压制机构	ZL200710008580. 9	福建海源自动化机械股份有限公司	李良光　王　琳

表 44

2014 年第三届福州市专利奖项目

序号	奖项	专利名称	专利号	专利权人	发明人(设计人)
1	金奖	报文缓存管理方法、装置及网络设备	ZL201010553882. 6	福建星网锐捷网络有限公司	陈宏涛　马晓靖　黄金思
2	金奖	一种生长大尺寸高质量 BBO 晶体的特殊工艺方法	ZL200810072363. 0	福建福晶科技股份有限公司	陈　伟
3	优秀奖	一种制备盐酸金霉素的工艺	ZL201010218988. 0	福建省福抗药业股份有限公司	陈德福
4	优秀奖	一种防螨聚酰胺纤维及其制备方法	ZL201110400684. 0	福建锦江科技有限公司	甘纯玑　吴道斌
5	优秀奖	实现课堂题目的设计和在放映状态下进行课堂答题的系统	ZL201110225740. 1	锐达互动科技股份有限公司	丁万年　廖　强　何永安　陈日良

续表44

序号	奖项	专利名称	专利号	专利权人	发明人(设计人)
6	优秀奖	多功能综合安全网关系统	ZL200910208894.2	福建伊时代信息科技股份有限公司	黄聪泉　许元进 李鸿培　吴滨华 曾　勇　潘　华 林华斌
7	优秀奖	一种对脉冲数据进行采样的方法	ZL201110009685.2	福建鑫诺通讯技术有限公司	赵进云
8	优秀奖	一种低辐射镀膜玻璃	ZL201110203298.2	福耀玻璃工业集团股份有限公司、福建省万达汽车玻璃工业有限公司	尚贵才　张金树
9	优秀奖	POS机状态检测的方法及装置	ZL201110423212.7	福建联迪商用设备有限公司	洪逸轩　孟陆强
10	优秀奖	灌汤速冻丸及其制备工艺	ZL200810072377.2	海欣食品股份有限公司	滕用庄
11	优秀奖	一种单瓣醇香茉莉花茶的窨制方法	ZL200910044159.2	闽榕茶业有限公司	王德星　骆少君 郭素枝　冯廷佺 陈文辉　严锦华
12	优秀奖	方便拔模的球型监控摄像机专用超半球光学透明球罩	ZL200910112671.6	福州富兰机电技术开发有限公司	潘敏忠
13	优秀奖	基于实时传输协议的双向音频映射方法	ZL201010526952.9	福建升腾资讯有限公司	张　辉
14	优秀奖	手表	ZL201210051223.1	林祥平	林祥平
15	优秀奖	防血液污染的封闭型留置针针导管组件	ZL201010535419.9	福建省百仕韦医用高分子股份有限公司	陈永曦

表45　**2014年福州市新入选福建省知识产权优势企业的名单**

序号	企业名称	序号	企业名称
1	福州高意通讯有限公司	10	福州大北农生物技术有限公司
2	福建福光数码科技有限公司	11	嘉园环保股份有限公司
3	福建升腾资讯有限公司	12	福建省福工动力技术有限公司
4	锐达互动科技股份有限公司	13	福建省福抗药业股份有限公司
5	福建雪人股份有限公司	14	福建鸿博光电科技有限公司
6	福建新大陆环保科技有限公司	15	福建恒杰塑业新材料有限公司
7	祥兴(福建)箱包集团有限公司	16	福建宝利特集团有限公司
8	福建锦江科技有限公司	17	福建省万达汽车玻璃工业有限公司
9	福建天马科技集团股份有限公司		

表 46　　**2014 年福州市知识产权示范企业**

序号	企业名称	序号	企业名称
1	福州高意光学有限公司	14	福建施可瑞医疗科技股份有限公司
2	中建海峡建设发展有限公司	15	福建金钱猫电子科技有限公司
3	福建春伦集团茶业有限公司	16	福建源光电装有限公司
4	长乐恒申合纤科技有限公司	17	福州福光电子有限公司
5	福建省长乐市长源纺织有限公司	18	福建宏宇电子科技有限公司
6	鸿盛家具(福建)有限公司	19	福建富士通信息软件有限公司
7	福建星海通信科技有限公司	20	福建阳谷智能技术有限公司
8	福建永福工程顾问有限公司	21	福建省连江远嘉冷冻食品有限公司
9	光隆精密工业(福州)有限公司	22	大永精机(福州)有限公司
10	德宝雅特(福州)有限公司	23	福州凯普动力机械有限公司
11	福建创高安防技术股份有限公司	24	福州翔隆纺织有限公司
12	茶花现代家居用品股份有限公司	25	福建锐霸机电有限公司
13	福建新农大正生物工程有限公司		

（黄绍梁）

科学普及

【科技政策宣传培训】　2014 年 2 月 13 日，省科技厅、市科技局联合举办企业研发费用加计扣除政策培训班，邀请市国税局、市地税局业务负责人结合国家税务总局《企业研究开发费用税前扣除管理办法》等文件的具体规定，对研发费用加计扣除政策适用范围、企业所得税事先备案管理事项、研发费用归集及研发项目确认等业务内容进行深入讲解，参加培训企业 320 家，人员 570 多人。

2 月 28 日，市科技局在福州举办高新技术企业认定、复审申报培训班，特邀省科技厅、省财政厅和省高新技术创业服务中心有关人员对高新技术企业认定申报工作、高新技术企业认定管理与审计工作及网络申报注意事项等内容进行介绍，200 多家企业 500 多名代表参加培训。　（王庆金）

【科普宣传活动】　5 月 17—23 日，2014 年科技·人才活动周在福州举行，活动周以“科学生活　创新圆梦”为主题，组织举办一系列群众性科技活动。活动周期间，全市组织活动 420 场，参与各项活动总人数达 29 万人。

10 月起，市科技局、市科协、市教育局、市环保局、市关工委联合主办第 30 届福州市青少年科技创新大赛，参赛对象为五区七县中小学，内容包括发明创造、技术创新、科学论文、信息技术、应用成果，涵盖环境科学、医药与健康、社会科学等学科，经初赛、复赛后，产生一等奖项目 59 项。

年内福州市科技系统组织开展科技下乡和科普进校园活动 23 场，其中大中型科技下乡 13 场，科技培训咨询 8 场，科普进校园 2 场。发放各类科普资料和图书 3500 多册，赠送优良蔬菜种子 5500 多包，挂历、春联 500 余本。参加科技下乡的人数达 2.46 万人次，其中参加各类培训人员 200 多人次。

（王庆金　肖登峰）

气象事业

【概况】　2014 年，市气象局下辖气象台、气象信息网络与装备保障中心、气象科技服务中心、农业气象试验站、防雷中心、财务核算中心 6 个事业单位及平潭、福清、长乐、闽侯、连江、闽清、罗源、永泰 8 个县（市）气象局。建有 1428 个 LED 气象灾害预警发布终端，276 个自动气象站、160 个乡镇气象信息服务站，有 2 部风廓线雷达、1 部移动应急指挥车。

【气象防灾减灾】　有效防御 4 个登陆或影响台风、22 场暴雨、3 次强对流以及 4 个连续性高温等灾害性天气过程，启动或提升重大气象灾害应急响应 16 次共 40 天，其中Ⅰ级 1 次。全市发布气象预警信号 1590 次，向政府及各部门决策人员发送短信 1819 条，发布微博近 1.4 万条，推送微信 120 条，服务 900 多万人次。

【公共气象服务】　开通气象微信，丰富气象微博信息。“重大气象预警信息有效覆盖率”首次纳入市、县级政府绩效考评体系，实现全市重大气象预警信息电视全频道覆盖和红色预警信号手机短信全网发布。改版福州天气预报电视节目，升级完善福州市掌上气象台。改版福州气象网站，对外发布0—168小时福州市区及各县(市)天气预报，开展生活气象指数预报，增加天气新闻等版块，网站访问量逾390万人次。召开媒体新闻发布会，通报春节、国庆等重要节假日天气趋势预测。

台风气象服务　台风“麦德姆”登陆福清市，对福州市造成严重影响。“麦德姆”影响期间，市、县气象部门制作地质灾害风险预警服务产品23期、山洪风险预警服务产品20期、中小河流洪水风险预警服务产品21期，报送台风Ⅳ级预警1次、台风Ⅲ级预警4次、台风Ⅱ级预警3次、台风Ⅰ级预警2次，发布台风、暴雨等不同级别预警信号238次、红色13次。其中，23日下午市气象台发布台风红色预警信号，启动预警信息全网发布“绿色通道”，通过中国移动、电信、联通等三大通信运营商，向全市人民发送预警短信，覆盖全市700多万人口。通过全市1428块LED气象信息显示屏实时滚动播发台风最新动向。

重大节日、重大活动气象服务　开展春运、春播期、汛期等重要季节气象服务，“5·18”海交会、世界沙滩排球赛、国际龙舟联合会世界杯赛、横渡台湾海峡、中国羽毛球公开赛、环福州·永泰国际自行车公路赛等重大活动气象服务保障工作。

为农气象服务　建设12个现代农业气象服务示范区和8个气象灾害防御标准化乡镇，完成10套农田小气候站招投标，为台湾农民创业园及示范基地提供直通式气象服务。推进连江“三农”专项实施县建设。完善乡镇气象信息服务平台，实现气象信息与“世纪之村”等网站对接。制定气象信息情报收集奖励机制，发挥农村“六大员”作用。实施人影作业2次，发射人影弹12枚，缓解旱情和净化空气。

【气象现代化建设】　印发《福州市率先基本实现气象现代化建设重点工程及责任分解表》，指导县(市)气象局分步实施主要任务和建设重点工程。完成市级气象现代化指标评估。建成平潭、长乐、连江、闽清、永泰等5个综合气象业务平台。成立青运会气象服务领导机构、办公室及方案编写小组项目，《第一届全国青年运动会气象服务实施方案》通过中国气象局、省气象局、省第一届全国青年运动会组委会和市第一届全国青年运动会执委会专家论证。“青运会及福州城市精细化气象服务保障系统项目监测设备”“反恐应急处置最小作战单元气象保障装备配备”采购完成。开展“青运会及福州城市精细化气象服务保障系统项目软件系统”“福莆宁区域海洋天气预报预警服务平台”和“福州市地质灾害气象风险预警服务平台”招投标工作。

【气象预测报体系建设】　开展县级综合业务全员培训和上岗证考试工作，完成县级综合业务岗位设置和流程调整。“国突”预警信息发布市、县级系统业务试运行。完成福州山洪地质灾害防治气象保障工程建设项目验收工作。完善“福建省市县预报服务平台”等集约化综合气象业务平台。出台《福州市气象局气象服务建设项目验收认定管理办法(试行)》。加强预警信号发布管理。制定《市级环境气象预报和霾预报业务流程》，研发城市空气质量预报模式。

【气象观测网络系统建设】　全市9个国家级地面气象观测站新型自动站业务软件(ISOS)投入使用，能见度自动观测传感器正式启用。年内全市地面气象观测业务质量综合指数为99.832%(设备可用性为99.992%、数据可用率为99.495%、正点数据到报率为99.970%)，位居全省第三名，其中闽侯县、永泰县单站综合指数分别位居全省第三、四名。罗源站新址观测场正式开展对比观测。完成气象台站地面观测业务调整。新建青运会项目大学城共享区、省奥体中心、马尾区体育馆、鼓岭风景区、三江口、福州八中落地自动气象站。新增福清大往高速公路服务区、永泰青云高速公路服务区和闽清云龙互通3个交通气象站。

【气象科技与创新】　成立“福州市城市内涝气象风险预警评估项目”等5个项目创新团队。制定年度科技工作实施计划，制定《福州市气象局气象服务建设项目验收认定管理办法(试行)》，完成5项省气象局课题、8项市气象局课题验收归档工作。获省气象局科研立项7项，市科技局科研立项2项，9项科研成果通过评审或认定，实现向业务服务应用转化。

【部门合作】　与农业、林业、旅游、海渔、环保、交通、国土等部门建立合作和信息共享机制。与市环保局签订“共同推进环境气象业务发展”合作协议，利用LED气象信息显示屏、电视《天气预报》节目发布环保标语和空气质量实况，联合研发空气质量预报预警平台。与市国土局联合开展市级地质灾害气象风险预警平台研发。与市建委共享内涝点信息，与南京信息工程大学开展局校合作，推动区域精细化预报和灾害性天气联防。与厦门市局合作开展城市气象安全社区建设地标编制。

(蓝巧玲)

防震减灾

【概况】　2014年，市地震局围绕地震监测预报、震害防御、应急救援三大工作体系推进各项工作，落实值班制度和重大节假日和全国“两会”等重要时段地震“零报告”制度，召开月、半年和年度地震趋势会商会，启动福州市动物园宏观观测点视频监控系统建设；开展地震安全性评价监督管理工作，完成琅岐岛地震小区划工作，开展地震科普知识“进学校、进社区、进乡村、进机关、进企业”活动，开展防震减灾科普基地前期准备工作；加强地震灾害紧急救援队建设，完善地震应急指挥系统和应急预案建设，加强地震应急避难场所检查维护和管理工作，组建福州市社区地震应急与救援志愿者队伍，开展地震应急演练。

【地震监测预报】　坚持365天24小时不间断值班制度和国庆、春节等重大节假日的地震“零报告”制度，开展常规地震观测、地下流体观测、宏观观测等日常地震监测工作。对闽清县、罗源县和永泰县等地下流体观测台站仪器设备进行巡查维护。完成福州市所有地震监测台站平面图和仪器布设图数据采集和绘制。召开福州市2014年季度、年中和2015年度地震趋势会商会，参加省2014年年中地震趋势会商会和省2015年度地震趋势会商会。5月26日，对福州市民反映的大庆河部分水段河水冒泡现象进行调查，排除地震异常。9月17日，邀请省地震局专业技术人员一起对罗源地下流体观测井水位溢出井口的异常现象进行调查，排除地震异常。

【动物园宏观观测点视频监控系统建设】

启动福州市动物园宏观观测点视频监控系统建设，建立全方位24小时的自动化监测动物园观测点周边环境及动物日常情况的视频监控网络体系。

【地震灾害防御】 开展地震安全性评价监督管理和检查，对重点工程和五大战役工程项目进行筛选，收集项目基础资料。对应当进行地震安全性评价的工程发函告知单跟踪服务。与市发改委等单位联系，在行政审批环节介入重点项目地震安全性评价工作，为重点项目建设单位提供地震安全性评价业务咨询和服务。研究分析地震安全性评价管理工作中存在的问题。完成琅岐岛地震小区划工作。

【防震减灾宣传教育】 开展防震减灾科普知识和法律法规知识“进学校、进社区、进乡村、进机关、进企业”宣传活动。通过现场咨询和举办防震减灾科普知识讲座等形式先后在福建工程学院、永泰县南湖广场、台江区中央第五街、鼓山沃尔玛、五四北泰禾广场和交通路小学等开展防震减灾科普宣传咨询活动；利用广播、电视、报纸、网站等多种媒体，播放专题片、刊发防震减灾科普常识和防震减灾标语；开展防震减灾科普基地建设前期准备工作。

【地震应急救援】 开展地震应急演练，编制地震应急手册，内容包括市抗震救灾指挥部成员单位的通讯录、分级地震响应、地震烈度等级等。配置200个地震应急救援包，供地震应急使用。加强地震应急避难场所检查维护和管理。加强地震灾害紧急救援队建设，市财政支持2支市地震灾害紧急救援队运维费57万元。完善地震应急指挥系统和应急预案建设。组建福州市社区地震应急与救援志愿者队伍。

【地震应急避难场所建设】 市地震局委托市勘测院编制《福州市地震应急避难场所疏散指导》，将市区29处地震应急避难场所周边医院、超市、应急物资及居民疏散线路等编印成册。推进Ⅰ类地震应急避难场所——温泉公园视频监控及公共广播系统的升级改造。市地震局检查福州各县市区地震应急避难场所维护情况，并发函至各区政府要求做好所属地区地震应急避难场所的维护工作。以购买社会服务的方式，委托原标识牌制作公司每两个月对市区391面地震应急避难场所标识牌进行巡检，对缺失或破损标识牌进行修补。对福清、永泰地震应急避难场所建设情况进行跟踪督促和反馈。年内福清市完成8处、永泰县完成6处地震应急避难场所建设，闽侯县建设15处乡(镇)地震应急避难场所，福清市建设16处村级地震应急避难场所。

【社区地震应急与救援志愿者队伍组建】

6月，市地震局发文要求各区政府招募25名社区志愿者组建一支社区地震应急与救援志愿者队伍。8月，组织志愿者参加由市地震局与省地震局联合举办的地震救援志愿者队伍第一响应人培训，学习灾害现场管理、灾害形势评估、现场搜索、现场医疗救护等课程，同时在省地震局地震速报网中加入志愿者手机号码。

【“闽动—2014”地震应急救援联动演练】 5月，市地震灾害紧急救援队40余名消防官兵及福州市地震现场工作队参加由省政府领导，省地震局和武警福建省消防总队主办，武警福建省总队和武警福州指挥学院协办的代号为“闽动—2014”的地震应急救援联动演练，该次演练是市级地震灾害紧急救援队成立以来，参与规模最大、投入兵力最多、科目设置最难、演练流程最接近实战的一次全省警地联动跨区域拉动演练。

(郑彩蝉)

(编辑　邱敏佳)

综述

2014年，福州市社会科学界申报课题1项获国家社会科学基金项目立项，17项获省社会科学规划项目立项，24项获市中国特色社会主义理论体系研究基地课题立项。市委党校、闽江学院、福州职业技术学院、市社会科学院、市政府发展研究中心、市委讲师团等6个理论研究基地全年公开发表研究成果400多项。《福州社会科学》编辑出版6期，发表社科类论文、调研报告75篇；《福州党校学报》编辑出版6期，发表社科类论文、调研报告109篇；《闽江学院学报》编辑出版6期，刊物发表社科类论文、调研报告134篇。对福州市第八届社会科学优秀成果进行表彰，基层社科联、高校社科联组织建设取得进展，仓山区、福清市、晋安区社科联召开成立大会。

表47 **2014年度福州市获国家社会科学基金项目立项课题**

项目名称	项目类型	负责人	所在单位
两岸反洗钱制度比较与司法互助研究	一般项目	林安民	闽江学院

表48 **2014年度福州市获福建省社会科学规划项目立项课题**

项目名称	项目类型	负责人	所在单位
严复研究之检讨与严复思想再认识	重点项目	薛　菁	闽江学院
基于利益相关者理论的我国省域循环经济发展模式研究	重点项目	吴飞美	闽江学院
习近平在福州工作期间的执政思路和执政实践研究	一般项目	林善炜	市委党校
民主政治视域下我国治理体系与治理能力现代化研究	一般项目	俞慈珍	市委党校
流散域外稀见闽人文献搜集整理与研究	一般项目	陈庆元	福州外语外贸学院
明清福州府城文学地图	一般项目	吴可文	福州外语外贸学院
汉日语言对比视域下莫言作品日译本翻译策略研究	一般项目	曾　岚	闽江学院
福建省服务外包业与制造业协调发展研究	一般项目	林海榕	福州职业技术学院
福建省科技创新能力空间分布对贸易增长影响的实证研究	一般项目	林　文	闽江学院
福建省农业保险发展模式创新研究	一般项目	邹　茵	福州职业技术学院
从中国传统文化视域下的中国声乐舞台表演的“意象性”特质	一般项目	陈国东	闽江学院
生态文明视阈下城镇化建设机制研究	一般项目	刘宜君	闽江学院
我国资本市场境外战略投资者的引进研究	一般项目	林　彤	闽江学院
福建省生态文明先行示范区建设中的海域生态补偿法律机制研究	一般项目	陈忠禹	市委党校

续表48

项目名称	项目类型	负责人	所在单位
清代福州女性著述研究	青年项目	郑珊珊	福州外语外贸学院
琉球女性与女神信仰研究	青年项目	林　希	福州外语外贸学院
基于公众满意视角的福建城市政府网站评价研究	青年项目	谢人强	福州外语外贸学院

表49　　2014年度福州市中国特色社会主义理论体系研究基地立项项目

项目名称	项目类型	负责人	所在单位
福州新区文化发展战略研究	重大项目	张兰英	市社科院
福州建设“海丝”战略枢纽城市的潜力、优势与战略重点研究——22个“海丝”城市的比较分析	重大项目	叶钦地	市社科院
推进福州公共文化服务体系建设	重点项目	俞慈珍	市委党校
福州新区开放开发的体制创新研究	重点项目	钟　诚	市委党校
践行习近平同志“马上就办”重要思想研究	重点项目	王春生	市委讲师团
福州发展平台经济研究	重点项目	郑　立	市政府发展研究中心
大学生对社会主义核心价值观的认同与培养路径研究	重点项目	陈承茂	福州职业技术学院
深化改革　加快培育福州开放型经济优势	一般项目	林丽娟	市委党校
福州市生态文化产业培育研究	一般项目	陈登源	市委党校
福州市农村居家养老服务现实需求与发展路径研究	一般项目	林淑周	市委党校
福建省生态文明先行示范区建设中的海域生态补偿法律机制研究	一般项目	陈忠禹	市委党校
加强福州服务型社会组织建设的研究	一般项目	孙占秋	市政府发展研究中心
新型城镇化背景下传统文化传承保护开发利用——以闽江口历史文化名镇名村为例	一般项目	杨济亮	市社科院
福州市文化非营利组织培育与发展研究	一般项目	叶钦地	市社科院
文化传承和发掘文化资源优势研究	一般项目	孙长虹	闽江学院
公共事件中官方舆论场与民间舆论场良性互动机制研究——以福州为例	一般项目	李慧敏	福州职业技术学院
高校思想政治理论课实效性研究——以市属高职院校为例	一般项目	陆　芳	福州职业技术学院
传承闽都文化与创建特色学校研究	一般项目	曾淑煌	福州格致中学
宣传思想工作理念、手段和基层工作创新研究——以鼓楼区为例	一般项目	黄良平	鼓楼区委宣传部
文化生态学视角下的民间工艺传承保护研究——以福州市晋安区为例	一般项目	郭　勇	晋安区委宣传部
发展北峰山区生态旅游业，实现百姓富与生态美有机统一	一般项目	林琳仙	晋安区委党校
闽安古镇文化内涵及价值研究	一般项目	林　宇	马尾区社科联
福清市美丽乡村建设探析	一般项目	王承国	福清市委党校
产城融合与城乡发展一体化发展问题研究——以福清龙田镇为例	一般项目	陈以文	福清市委党校

学 术 活 动

【闽都文化学术研讨会】　4月23日，市闽都文化研究会与台湾“中国文化大学”“实践大学”联合举办的第三届闽都文化学术研讨会在台北开幕，来自海峡两岸的100多名专家学者参会。两岸学者围绕“闽都文化与台湾”主题，就船政文化与台湾关系、闽都文化与台湾教育发展的关系、闽都文化与台湾关系进行深入探讨。这是福州市首次在台湾举办大型学术研讨会，也是两岸学者第一次以闽都文化与台湾为主题进行集体研讨，来自海峡两岸20所高校与研究机构的学者提供31篇学术论文。

【海峡汉服文化节】　4月26日，第二届海峡汉服文化节在福州及台湾高雄同时开幕，包括台湾社团在内的全国近百家汉服社团及与汉服相关传统文化产业单位齐聚榕城,以一系列活动,展现汉服及其所代表的中国传统文化的深厚内涵。活动开幕式表演具有福州历史文化特色的传统技艺、地方音乐戏曲等节目,展示从周至宋的汉服,举行2013年度“汉服风云榜”颁奖盛典,征集到参赛提名300多份,从中选出57份具有代表性的提名社团及人物进行公开投票,产生5大风云汉服社团和5大风云汉服人物。4月27日,汉服展示在三坊七巷举行。

【“诚信福州”建设理论研讨会】 6月16日,市社科联、市委文明办、市诚信促进会联合举办“诚信福州”建设理论研讨会征文活动,发动社会各界共同研究探索加强社会诚信建设的措施和途径,活动征集到论文50多篇。

【“闽都海洋文化”研讨会】 9月19日,市闽都文化研究会、省炎黄文化研究会共同主办“闽都海洋文化”研讨会,与会专家学者围绕闽都文化与海上丝绸之路,明代福州造船历史考证,船政文化研究,发展海洋新兴产业,建设“海上福州”等议题展开研讨。

【海峡两岸联合祭孔典礼】 9月28日,首届海峡两岸联合祭孔大典在福州文庙举行。活动由海峡两岸数十名专家学者、各界贤达担任主、陪祭官,各级领导嘉宾近百人出席。祭祀依三献礼仪依次奠帛献爵,向孔子、孟子、颜子等先贤虔以献祭,龠翟干戚,八佾纵横。400多名来自台湾的祭祀团队成员和自发参与的福州市传统文化促进会成员共同组成祭祀队伍,其中台湾礼生78人、佾舞生70人、乐生80人、歌生64人。他们身着中华传统服饰演奏祭祀音乐,这是福州近60年来首创,首次为福建带来文八佾舞(龠翟之舞)与武八佾舞(干戚之舞)等祭祀乐舞表演。下午,参加首届海峡两岸联合祭孔大典的40多名专家学者,在闽都文化研究会举行海峡两岸祭孔文化座谈会。两岸专家学者,就海峡两岸有关祭孔礼仪文化,孔子文化研究等方面进行交流,为中华优秀传统文化的继承和发扬提出意见建议。 (吴家松)

【第六届中国(福州)船政文化研讨会】 中国(福州)船政文化研讨会首次被纳入市第二届海峡青年节的主活动。8月9日,第六届中国(福州)船政文化研讨会在船政故乡马尾开幕。研讨会由中国太平洋地区合作委员会、《太平洋学报》编辑部、华中师范大学近代史研究所、福建船政交通职业学院、马尾造船股份有限公司、福建社科院文献信息中心联合主办,市社会科学院、市社会科学界联合会、中共马尾区委宣传部、市船政文化研究会、马尾船政文化研究会共同承办。市委常委、宣传部部长何静彦在开幕式上致辞,海峡两岸的140多名专家学者参会,并以“船政文化与海上丝绸之路”为主题展开研讨。

(杨济亮)

社科研究成果

【市委党校研究成果】 全校教职工发表科研论文101篇,其中在省级CN以上期刊上发表58篇,市级CN刊物43篇。全年申报市级以上课题42项,21人立项。其中省社科基金项目立项1项,为陈忠禹《福建省生态文明先行示范区建设中的海域生态补偿法律机制研究》。省中特研究基地课题3人获得立项,分别是俞慈珍《民主政治视域下我国治理体系与治理能力现代化研究》,黄加林《基于公地悲剧视角下的生态文明制度研究》,林善炜《习近平在福州工作期间的执政思路和执政实践研究》。省委党校中特理论基地课题11人获立项,分别是蔡雄杰《“亚腐败”文化影响下党的群众路线践行研究》,李娣《农村基层服务型党组织建设的有益探索》,丁春华《共产党员马克思主义信仰现状调研》,俞慈珍《邓小平国家治理思想及现实意义探析》,陈登源《福州市文化产业品牌培育研究》,徐安勇《新型城镇化与缩小福建城乡收入差距关系研究》,戴鸿《全面深化改革时期公务员的组织公平感研究——基于管理心理学视角》,王卉《公民移动网络政治参与研究》,林淑周《福建省农村居家养老服务模式研究》,林善炜《习近平同志在福州工作期间关于改革开放的思想和观点研究》,陈忠禹《城镇化背景下的邻避设施建设中冲突及解决——基于福州闽侯特高压变电站项目分析》。市中特理论研究基地课题6人获立项,分别是俞慈珍《推进福州公共文化服务体系建设》,陈登源《福州市生态文化产业培育研究》,林丽娟《深化改革 加快培育福州开放型经济优势》,钟诚《福州新区开放开发的体制创新研究》,林淑周《福州市农村居家养老服务的现实需求与发展路径研究》,陈忠禹《福建省生态文明先行示范区建设中的海域生态补偿法律机制研究》。

省党校系统中特理论研究基地2013年优秀课题评审中,市委党校6项成果被评为优秀课题,分别是孙继红《马克思主义社会管理思想对社区服务型党组织建设的启示——基于福州“135”党建工作模式的研究》,陈登源《福州市文化创意产业发展优化研究》,林丽娟《工业化城镇化加速背景下投资对经济增长作用研究》,薛菁《县乡基本财力保障机制现状与完善对策研究——基于福州市的调查》,林淑周《医疗系统与社区协同的城市老龄人口卫生服务模式研究》,陈忠禹《村民自治权基本范畴探析》。

(王鹏丽)

【闽江学院研究成果】 获各级各类社科项目立项158项,其中国家社会科学基金项目1项,省部级社科项目10项、市厅级社科项目49项、政府企事业单位委托社科项目35项、校级社科项目63项,社科项目到校科研经费474.2万元。教师发表的69篇社科学术论文被SCIE、SSCI、EI、CSSCI等系统检索收录;教师主编出版社科学术著作29部。承办省社科联第二期“学而论道”学术茶座、教育部高等学校电子商务类专业教学指导委员会标准组专题工作会议等高层次会议。 (赖仕贤)

【职业技术学院研究成果】 承接部、省、市、厅级人文社科科研项目20项。其中,《高校思想政治理论课教学重点难点问题解答》获教育部立项,《福建省服务外包业与制造业协调发展研究》《福建省农业保险发展模式创新研究》2项获省社科规划项目立项,《重构高职院校产学研协同创新动因模型》获省教育规划重点项目立项,《福州市发展现代职业教育应予重视的问题及对策》获市政府发展研究中心专项项目立项,《大学生对社会主义核心价值观的认同与培养路径研究》获市中国特色社会主义理论体系研究基地重点项目立项;并与相关部门开展6次横向科研项目研究。公开发表的人文社科类学术论文159篇,其中有10多篇论文发表在中文核心期刊或CSSCI核心期刊上;1人获第二届清海杯黄炎培职业教育优秀理论研究奖。

（李 晴）

【市社科院研究成果】 有课题27项,其中院立项课题18项(重点课题6项、一般课题12项)、院管理项目和管理课题9项(福州市中国特色社会主义理论体系研究基地课题4项、横向课题5项)。全年完成课题20项,其中福州市中国特色社会主义理论体系研究基地课题3项,院重点课题1项,院一般课题6项,院管理项目和管理课题7项,其他成果3项。有6项科研成果公开发表,2项科研成果获奖。有多人次参与市委、市政府、市政协和市直有关部门项目的调研和论证工作。

2项科研成果获2013年市优秀调研成果奖,其中市社科院科研人员参与撰写的《关于加快福州市文化创意产业融合发展的对策建议》获2013年市优秀调研成果二等奖,市社科院课题组完成的《第八届城运会对福州经济社会发展的影响》获2013年市优秀调研成果三等奖。

组织专家编撰《船政文化概论》,历时1年多,于8月初由鹭江出版社出版发行,省委常委、市委书记杨岳为该书作序。该书首次以文化学角度对"船政文化"这一产生于近代中国的文化现象进行比较系统的梳理和概括。

编辑出版市社科院《科研成果选编(2013年)》,收录文章17篇,集中展示市社科院2013年科研成果。

编辑出版《福州社会科学》6期,刊出文章75篇,其中特稿2篇,党建研究12篇,经济研究19篇,社会研究21篇,文史研究13篇,还有"女性问题研究""文化研究"等2个专题研究8篇。

（丁琼）

【市政府发展研究中心研究成果】 全年完成市委、市政府各类调研成果60项(篇),其中承接市政府重点调研课题8项;撰写调研报告、署名文章、领导讲话等重要文稿30多篇,其中《大力发展我市传统特色农产品文化的研究》《福州农村养老困境及几点建议》《南京地铁可持续发展的经验和启示》《我市高峰期"打的难"的调查与思考》等获市领导批示;编发《研究报告》24期,其中《专报件》10期,《参阅件》14期;《福州经济》6期;编印《2014年福州发展研究》文集。

（占 星）

【福州大学研究成果】 获批立项417项,总资助经费1198.715万元,其中省部级以上项目93项,资助经费653万元,含国家社科基金项目7项,国家自然科学管理科学部项目7项,国家软科学研究计划出版项目1项,教育部社科研究项目6项(含全国教育科学规划项目),省社科规划项目41项(重大3项),省软科学项目16项。发表论文464篇,其中专著17篇,译著2篇。2013年度EI收录论文3篇、SCI收录论文8篇;在国内顶级期刊(文科)发表2篇、一类核心期刊发表32篇。举办省级以上学术会议15场,其中全国会议7场。优秀建议获国家领导人批示1篇,省领导批示7篇,国家有关部委信息刊物录用1篇,省委、省政府信息刊物录用5篇。

（林生 程龙吟）

【福建师范大学研究成果】 获国家社科基金项目29项,其中重大项目1项,年度项目19项,艺术学单列项目3项,教育学单列项目4项,美术书法摄影创作人才资助项目2项。获教育部人文社科研究项目13项,其他省部级项目100多项。社科到位总经费3143万元,其中横向项目经费约902万元。出版学术著作和教材130多部,在CSSCI收录的核心刊物以上发表论文470多篇,文科A类期刊和SSCI、A&HCI收录论文65篇。部级优秀社科成果奖4项。5件美术作品获第十二届全国美术作品展览提名奖,15件作品获省第七届百花文艺奖,居全省高校首位。被各级政府部门采纳、省级以上领导批示采用的决策咨询报告30多份。

（陈金章）

【福建中医药大学研究成果】 获各级各类社科项目立项116项,其中省部级社科项目7项,市(厅)级社科项目28项,企事业单位委托项目1项,校管科研项目77项,其他项目3项。社科类项目到校科研经费70.4万元,教师发表的185篇论文中被SSCI收录4篇,ISTP收录1篇。主编出版社科学术著作5部。学校闽台中医药文化文献研究中心被评为省高校人文社会科学研究优秀基地。承办福建省百场社科报告会7场。

（吴镇聪）

【福建江夏学院研究成果】 获各级各类社会科学项目立项84项,其中国家级项目2项、省部级项目12项、厅级项目42项。省级社科研究基地"财务与会计研究中心"获批。全年社科类项目到校科研经费104.98万元。学校教师出版专著5本,编著4本;在权威期刊上发表学术论文8篇。学校承办省级学术会议3场。科研成果获省部级奖励2项。

（陈 天）

（编辑 邱敏佳）

教　育

综　述

2014年，全市新建、改扩建公办幼儿园10所，增加学位3150个，学前三年入园率达98.35%。改扩建中小学10所，扩容学位5450个，50%以上县（市）区实施义务教育阶段薄弱学校“委托管理”。全市义务教育教师交流3074人，占应交流人数13.58%，超过省定教师交流指标。有14所中学达标升级，优质普通高中招生占总数比例达89.9%。中等职业教育就业率达96.59%，对口就业率达78.5%。福州市选手获全国青少年科技创新大赛一等奖2项、全国职业技能大赛一等奖3项。福州市高校思政教育教学经验在全省高校党建会交流推广；获部级教学成果26项，在全国技能比赛中获全国一等奖23项，高校毕业生总体就业率达94.1%。福州教育手机报被省委省政府列入文化传媒产业发展重点项目。全年安排下拨免学费资金及家庭经济困难学生的资助资金6.895亿元。

深化教育改革，开展农村薄弱校“委托管理”改革试点，完善“以县为主”的教师管理体制。职业教育“引企入校、入企办学”改革，普通高中多样化、特色化改革由点到面推进。完善义务教育招生机制，推进政府购买学前教育服务等已形成成熟方案上报市政府决策。探索“幸福教育”实践，宣传、倡导“幸福教育”理念，举办“泰禾杯”首届福州市中小学生“我的微幸福”征文活动，全市6万多名师生参与，出版优秀作品集《幸福的河流》。全市确定50个课题分别开展教育教学过程性实践研究，推动幸福教育理念深化落实。与福州日报、海峡两岸儿童文学基金会联合开展“孝亲感恩”为主题的“海峡两岸好文章”活动。

开展“爱学习、爱劳动、爱祖国”“中国梦”“手拉手，文明路上一起走”“我们的节日”等系列主题宣传教育活动。修订完善初中学生综合素质评价实施办法，改进评优评先办法，强化学生日常常规教育管理。建立心理危机干预工作队伍和机制。打造多元化学生“第二课堂”，13所乡村学校少年宫项目获年度中央专项彩票公益金支持建设；15所农村小学、初中校选定为省少儿图书馆首批“流动图书车进校园”活动试点学校。拓展“在线德育”品牌效应，福州数字青少年宫升级为全省网络德育中心站点。

推动“教学点数字资源全覆盖项目”工程在7个县（市）区全面建成。全市所有公办学校实现宽带网“校校通”；市、县（市）区间千兆光纤带宽互联，万兆汇聚，市属学校网络接入带宽增至100M以上。“福州教育区域云学习中心”正式上线运行。拓展福州教育视频联播网应用，福州教育远程研修一体化平台、市属校高清录播系统一期建成并投入使用。开展台湾“智慧教育”项目

7月30日，曾淑煌获评“2014全国拥军模范人物”（市教育局　供）

表 50　**2014 年教育先进人物**

获奖称号	获奖者	工作单位
全国模范教师	张　芸	福州三中金山校区
	王小秋(女)	福州第十九中学
全国优秀教师	陈丽榕(女)	福州屏东中学
	吴晓鹃(女)	福州市儿童学园
	吴翔	福清市东张岭下小学
	张清城	长乐市桥里小学
	包元进	罗源县松山岐后小学
省"五一劳动奖章"	胡孝栋	福州第四中学
	林　育	福州高级中学
	杨春雷	福州市教育工会

试点,加强榕台两地教育信息化研讨交流互访。

推动对外教育合作常态化、规范化发展,开展课堂教学、教学教材、中文学习、艺术文化等多领域交流互访 97 批次 1719 名师生。推动 5 所市属院校与加拿大等国学校结成姊妹校,9 所与英国、加拿大学校签订合作意向书。与台湾新北市政府教育局签订合作与交流备忘录。推动 4 所市属院校与港台学校结成姊妹校。

全年组织各类教师培训 1000 多场次,近 3 万人参加,其中高端讲座 100 多场(在培学员 3158 人),送培下县 400 多场。加强名优骨干教师培养,认定 561 名市级骨干教师,162 名省级第四批学科带头人,32 名教师被授予省特级教师称号,5 名省级教学名师培养人被确定为国培专家。全市教师学历达标率分别提高到小学 99.90%、初中 99.59%、高中 97.57%、幼儿园 98.07%。市属学校全年选派 58 名教师赴农村学校、薄弱学校支教,同时接收安排 16 名县(市)骨干教师到福州市区优质学校跟岗学习。

全年组织各项自学考试 16 次 36 项、56.24 万科次,报考人数 47 万人,占全省总量近 60%;组织全市高中学业基础会考 9.43 万科次,报考人数 7.2 万人;中考报名初三 5.82 万人,初二地理、生物 6.29 万人;完成研究生招生、普通高校招生、成人高考等各项考试工作,报考人数 9.51 万人。

(郑　丹)

学前教育

【概况】　2014 年,全市有幼儿园 1208 所,小学附设学前班 1115 个,全市在园幼儿 24.38 万人,学前三年入园率达 98.35%,农村学前三年入园率 96.89%。全市省、市、县三级示范性幼儿园 313 所,示范园覆盖率 25.9%。

【0—3 岁婴幼儿早期教育】　与劳动部门合作,在福州教育研究院、福州文教职专设立育婴师职业技能鉴定站。申请专项经费,参照育婴师企业直补的标准,将公办幼儿园的教师参加育婴师培训纳入补助范畴。制订 0—3 岁儿童早期教育从业人员培训规划和实施方案。整理汇编《福州市 0—3 岁婴幼儿早期家庭教育指导手册》。设立福州市早教指导中心,指导 50 所早教基地园对社区开展早教指导服务试点。

【片区管理】　以片区为载体,开展共建帮扶活动,探索"优质园带新园、帮弱园、扶民园"模式。全市 65 个片区围绕片区管理申报 45 个子课题,开展省、市、区各级各类片区公开观摩研讨活动 153 场。分别于 6 月、12 月,在长乐市、连江县开展全市片区管理观摩展示活动。

【教育管理】　对部分市级示范性幼儿园开展推门复评,加强示范园带新园、帮弱园、扶民园的帮扶结对活动,推动全市新增 17 所示范性幼儿园。福清、连江以及罗源等部分县区采用电话报名或现场摇号等方式进行招生。推动通过政府购买服务方式,实现全市公、民办普惠性学前教育资源的有效覆盖。编制第二期学前教育三年行动计划(2014—2016 年);研究制定"福州市学前教育师资队伍学历提升五年计划"。

【教科研活动】　开展暑期幼儿教师全员轮训,组织学前教育名优和骨干教师赴农村开展为期 18 天的送培下乡活动,共 36 场次,1300 多名农村幼儿教师参加。开展 4 场"让孩子玩起来"系列研讨活动。举办第三届乡镇幼儿园暨首届民办幼儿园教师教学比武、幼儿园教师优秀论文评选、首届福州市保育员岗位练兵竞赛等活动。

(林　清)

初等教育

【概况】　2014 年,辖区内有小学 951 所,同比增长 5.1%;在校学生 49.93 万人,同比增长 6.4%;专任教师 2.54 万人,同比增长 3.5%。

【小学招生】　完善小学招生政策,对涉及的具体细节问题制订政策解释说明。符合"三证"条件且能提供父母五区内的社保缴费证明、房产证任一材料的进城务工人员随迁子女优先派位。加强招生监管,健全招生摸底、审查、追踪、反馈制度,严格审核"两证"(房产证、户口本)。年内小学一年级招生 9.6 万人。

【初中招生】　年内五区小学毕业生 2.7 万人,其中录取体育、艺术特长生 51 人,录取外国语学校日德法语特色班 15

11 月 7 日，举办福州市儿童歌舞剧展演活动　　（市教育局　供）

0 人，录取民办学校 4030 人，回原籍录取 1445 人，参加对口升学 2.13 万人（安排外地回来学生 258 人）。

【随迁子女教育】　五区和闽侯县符合“三证”条件的进城务工人员随迁子女 1.5 万人申请学位，其中 1.2 万人派位到志愿学校，3756 人统筹安排到暂住地所在区仍有学位的公办学校。全市义务教育阶段随迁子女在校生 17.4 万人（小学 13.4 万人，初中 4 万人），其中 87.7% 在公办学校就读。

【农村薄弱校委托管理试点】　义务教育阶段农村薄弱学校委托管理试点县从晋安、闽侯扩展到福清、长乐、连江、罗源 4 个县（市），覆盖 50% 以上的县（市）区。

【少数民族教育】　秋季，在连江县第三实验小学设置少数民族班，招生 45 人；罗源县进修学校第二附属小学设立民族班，招收民族学生 68 人，其中一年级 33 人单设民族班，其他 35 名学生分布在二至六年级与汉族学生一起上课。

（侯存真）

中等教育

【概况】　2014 年，全市普通中学 348 所，其中完全中学 83 所，高级中学 22 所，初级中学 208 所，九年一贯制学校 25 所，十二年一贯制学校 10 所。在校初中生 19.67 万人，在校高中生 10.14 万人。全市初中毕业生 6.02 万人。

【教育均衡工作】　择校生比例降为 9%，定向生比例提高到 45.5%。七县（市）所有普高学校向非本地户籍的随迁子女开放，市区老八所一级达标普高向学籍条件符合要求的随迁子女开放。强化对初中学校中考报考率、全科及格率、平均分和三年巩固率的考核，并对 2014 年市区各校的教学质量综合成绩纵向增幅进行分析，促进学校关注全体学生，引导全面发展。

【普通高中特色建设】　探索建立对有特殊天赋或潜能学生的录取办法，福州三中、福州八中、福州高级中学和福建师大附中共自主招生 620 人。福州一中“追梦计划”向七县（市）农村初中录取 32 人。福州外国语学校自主招收 48 人。召开推进普通高中多样化特色化建设现场会，总结推广各校创建经验。大部分学校构建多样化、可选择的课程体系，福州八中的“博雅课程”体系，涵盖人文、科技、经济等 7 个方面。分别推动 1 所、7 所、6 所普高学校晋级为省一级、二级、三级达标高中，普通高中达标校数的比例达 75.8%，优质普通高中招生占总招生数的 89.9%。

【普高中外合作办学】　推动福州三中中加班、福州八中中澳班、福州八中中美班和福建师大附中中美班引进国际先进课程体系、教学内容、教育模式和教育方法。福州外国语学校被教育部批准为中国法文国际课程试点学校。

【特殊群体管理】　协调下拨秋季内地新疆高中班定额补助金 480 万元，组织慰问新疆班师生，协调发放新疆班春节慰问金 8 万元。首届新疆高中班毕业生中福清华侨中学 39 名学生全部考上本科院校，录取本一批大学 31 人；长乐华侨中学 19 名学生上本一线，16 名学生上本二线，本科率达 94.6%。协调解决省未管所“福州育萌学校”的师资配备、学籍管理、毕业证书颁发。　（简素玉）

【普通高中会考】　1 月，学业基础会考报考 9.43 万人次，设 60 个考点，3212 个考场；6 月，学业基础会考报考 6.94 万人次，设 46 个考点，1157 个考场。组织 3.74 万名高二学生参加物理、化学、生物实验考查，3.75 万名高三学生参加通用技术课程考查。完成 3.63 万名新生建档工作。

（徐　航）

【科技实践活动】　举办以“生态文明，低碳生活”为主题的“2014 年福州市青少年科学素养竞赛”活动。在国家级和省级青少年机器人竞赛、青少年科技创新大赛、青少年信息学联赛等竞赛中，福州市成绩均在全省前列。其中，在美国举行的第八届“VEX 机器人世界锦标赛”中，福州三中获团体金奖，福州时代中学、福州创未来机器人俱乐部联队获初中组总冠军。福建师大附中代表队获全国 VEX 机器人工程挑战赛高中组冠军。福州八中学生获“2014DI 国际邀请赛探索精神奖”，并晋级 2015 年度全球总决赛。组织科技教育论文评选活动、福州市青少年电脑机器人指导教师培训班及福州市中小学校科技辅导员培训班。年内举办第 30 届福州市青少年科技创新大赛暨第七届“两马”青少年科技创新作品巡回展。

表51　2014年青少年科技创新大赛、机器人比赛及高中学科竞赛获全国三等奖以上名单

姓　名	选送学校	奖　项　名　称
郑小枫	福建师大附中	第29届全国青少年科技创新大赛一等奖
张淑蔚	福州时代中学	第29届全国青少年科技创新大赛一等奖
吴宜全　林松平　徐沛霖	福建师大附中	第29届全国青少年科技创新大赛二等奖
陈崧强　叶梓贤　吴蕙铭	福州第三中学	第29届全国青少年科技创新大赛二等奖
张瑞喆	福州第一中学	2014年全国信息学竞赛(NOI)金牌
林伟鸿	福建师大附中	2014年全国信息学竞赛(NOI)银牌
董克凡	福州第一中学	2014年全国信息学竞赛(NOI)银牌
卓立典	福州第三中学	2014年全国信息学竞赛(NOI)银牌
杨芳斐	福州第三中学	2014年全国信息学竞赛(NOI)铜牌
李泽龙	福州第一中学	2014年全国信息学竞赛(NOI)铜牌
林　挺	福建师大附中	第30届全国数学奥林匹克竞赛一等奖
周家华	福州第一中学	第28届全国化学奥林匹克竞赛金牌
曾沁杉	福建师范附中	第28届全国化学奥林匹克竞赛银牌
郑如昊　陈星合　林心言　刘　寒	福建师大附中	第14届中国青少年机器人竞赛一等奖

（简素玉）

特殊教育

【概况】　2014年，全市残疾儿童少年在校生3078人，其中1406人在特教学校就读，1672人在普通学校随班就读；其中智障学生2103人，视障学生254人，听障学生412人，其他残疾309人。在2014年福建省特殊教育优秀康复教育专题论文评选活动中获奖总数位居全省第一。

【特殊教育试点与评估工作】　在总结首批鼓楼区、台江区重度残疾儿童少年“送教上门”试点工作经验的基础上，年内增加仓山区、晋安区、福清市3个试点工作区(市)。11月24—28日，接受省教育厅专家组对福清市特教学校、闽侯县特教学校、永泰县特教学校进行“福建省特殊教育标准化学校”评估。

【特殊教育提升计划】　调研制定《福州市特殊教育三年(2014—2016)提升计划实施意见》，构建布局合理、学段衔接、普特融合、普职融通、医教结合的特殊教育体系，构建以财政为主、社会支持、全面覆盖、通畅便利的特殊教育服务保障机制，基本形成政府主导、部门协同、各方参与的特殊教育工作格局。

（李财满）

9月28日，开展“终身教育活动日”系列活动　　（市教育局　供）

中等职业教育与成人教育

【概况】　2014年，全市中等职业中专学校37所(不含技工和省属在榕学校)，其中公办校28所(包括行业办4所)、民办校9所。国家级中等职业教育改革发展示范校4所，国家级、省级、市级重点职专学校分别有6所、8所、9所。经省教育厅认定的“福建省达标中等职业学校”17所，标准化县级职教中心6个。全市中等职业学校(不含技工校)全日制在校生3.98万人，非全日制7706人。

【中职招生就业】　联合各媒体举办系列招生宣传和填报志愿咨询活动，组织企业和社会急需专业“送教到企、到乡、到社区”。全市中等职业学校全日制招生1.19万人，非全日制招生4208人，技

工院校全日制招生2009人,非全日制招生2181人。基本完成年初制定的中职教育全日制和非全日制招生计划任务。全市中职学校毕业生(不含技工校)1.28万人,“双证书”发放比例103%,就业人数1.24万人,就业率96.59%,其中对口就业率78.5%。

【职业教育综合改革试点】 推进长乐、罗源省级县域职业教育改革试点和省级“专业规范化建设改革”“面向区域产业的专业改革”试点任务。探索发展“现代学徒制”人才培养模式、“引企入校、入企办学”的办学模式改革试点,推动29所学校与539家企业建立稳定的联合办学、面向企业和社会服务的模式。

【职教基础能力建设】 推进国家示范校和示范县建设,福州建筑职专通过国家中等职业教育改革发展示范校建设项目省级验收。3所国家示范项目学校通过省级中期评估验收。福清市列入第一批创建“国家级职业教育与成人教育示范县”。指导县级职教中心按时完成重点专业实训基地和信息化实训教学项目建设,申报创建一批省级职业教育公共实训基地、改革发展示范校和标准化县级职教中心。

【职业教育内涵发展】 推广福州机电职技校“6S”德育精细化管理模式。优化专业结构,新设15个与福州市经济社会发展紧密相关的专业。强化教学研究和教学管理,开设100节次文化课和专业课的公开教学观摩,全市1865人次教师参加交流研讨活动。坚持以赛促教,以赛促学,办好全市性中职学生技能大赛,参加全国和省级职业院校技能大赛成绩均为全省前茅。

【成人教育】 举办成教专干培训班。全市绿色证书培训2950人,获证2647人;富余劳动力转移培训与就业,培训386期、1.88万人,就业1.51万人;实用技术长中培训323期、1.17万人,短训培训6360期、34.25万人;职业资格证书获证数5179人;初中毕业生职前(3+X)培训2377人;巩固提高班1652人;扫盲班3730人。

【社区教育品牌评选】 开展首批社区教育品牌项目评选活动。福州市社区大学南仙茶摊学习圈、仓山区金洲社区老年文体活动、福清市硋灶新农村文化大院、福清市龙田女性文化学堂、闽侯县南通社区通洲书香小院、连江县下屿社区生态渔业文化、永泰县樟城三状元文化讲坛等7个项目确认为首批“福州市社区教育品牌”。对7个市级社区教育品牌进行后期跟踪检查。

【终身教育活动】 围绕“全民终身学习,创造出彩人生”主题,在台江区茶亭公园广场举办专场文艺演出。在全市范围内开展“9·28”终身教育活动日系列活动,开展论坛、讲座、书画展览、广场活动、文艺演出等多种活动百余场。组织召开福州市社区教育实验项目中期汇报会,并推荐鼓楼区三坊七巷学习圈为国家级“终身教育活动品牌”。

表52　**2014年福州市中职学校教师参加全国教学竞赛获奖情况**

参赛项目	奖　项	姓　名	所在学校	专　业
第十八届全国教育教学信息化大奖赛	一等奖	纪世元　叶　帆 林　炜　吴一红	福州机电工程职业技术学校	电子
2014年全国中等职业学校“创新杯”信息化教学设计和说课大赛	一等奖	江　瑛	福州机电工程职业技术学校	语文
2014年全国中等职业学校“创新杯”信息化教学设计和说课大赛	二等奖	吴秋晨	连江职业中专学校	语文
2014年全国中等职业学校“创新杯”信息化教学设计和说课大赛	二等奖	林文武	福清高山育才中学	语文
2014年全国中等职业学校“创新杯”信息化教学设计和说课大赛	三等奖	郑惠芬	长乐职业中专学校	语文
2014年全国中等职业学校“创新杯”信息化教学设计和说课大赛	一等奖	熊宗芳	连江职业中专学校	数学
2014年全国中等职业学校“创新杯”信息化教学设计和说课大赛	二等奖	王清晶	福州机电工程职业技术学校	数学
2014年全国中等职业学校“创新杯”信息化教学设计和说课大赛	一等奖	吴宣军	福州机电工程职业技术学校	德育
2014年全国中等职业学校“创新杯”信息化教学设计和说课大赛	一等奖	詹晓燕	福州机电工程职业技术学校	德育

续表 52

参赛项目	奖　项	姓　名	所在学校	专　业
2014 年全国中等职业学校"创新杯"信息化教学设计和说课大赛	一等奖	陈锦熙	长乐职业中专学校	学前教育
2014 年全国中等职业学校"创新杯"信息化教学设计和说课大赛	二等奖	周立威	福州机电工程职业技术学校	电子

表 53　**2014 年福州市参加全国职业院校技能赛获奖学生及指导教师名单**

专业类别	参赛项目	奖项	参赛选手	所在学校	指导教师
建筑工程技术	工程测量	一等奖	陈　威　林　宇　林志寰　郑云彪	福州建筑工程职业中专学校	赵崇晖　何伙珍
信息技术	物联网技术应用与维护	一等奖	张　鑫　林龙志　郑　新	福州机电工程职业技术学校	施　璇　林　超
模特表演	模特服装表演	一等奖	赵雅梦	福州文教职业中专学校	陈　怡
美发与形象设计	标准卷杠＋男士无缝推剪造型	二等奖	杨志龙	福州商贸职业中专学校	陈　晴
建筑工程技术	建筑设备安装与调控(给排水)	二等奖	段瑞帅　林彦至	福州建筑工程职业中专学校	陈　锋
医药卫生	护理技能	二等奖	周爱芳	福清卫生学校	叶玉平
	护理技能	二等奖	吴　怡	福清卫生学校	李清凤
美发与形象设计	晚宴化妆	三等奖	陈　芳	福清龙华职业中专学校	陈伟维
汽车运用与维修	车身涂装(涂漆)	三等奖	林成龙	长乐职业中专学校	范振武
	汽车营销	三等奖	陈彬鑫　林　毅	长乐职业中专学校	严丽
信息技术	智能家居安装维护	三等奖	周明焕　薛　祯　曾世铭	福州机电工程职业技术学校	郑存斌　林　梅
服装设计与工艺	女式品牌服装手工纸样制作、剪裁配伍与样衣试制	三等奖	陈宇颖	长乐职业中专学校	陈敏钦
烹饪	冷拼与雕刻	三等奖	付　强	长乐职业中专学校	张雪东
酒店服务	中餐宴会摆台	三等奖	范淑雯	福州旅游职业中专学校	蒋　珂
	中餐宴会摆台	三等奖	陈章城	福州旅游职业中专学校	蒋　珂
	客房中式铺床	三等奖	王闽份	福州旅游职业中专学校	杨　榕
	客房中式铺床	三等奖	林秀芳	福州旅游职业中专学校	张玉佩

(林培斌　吴翛珺)

高等教育

【概况】　2014 年，福州 10 所市属高校全日制在校生逾 6 万人，同比增长 2.4%。市属高校招生 1.9 万人，毕业生 1.57 万人，专任教师总数 3348 人，专业数量达到 279 个。有各类产学研中心 12 个，产学融合人才培养模式改革部分项目领先全省，总体就业率 94.1%。

【高校内涵发展】　重点推进闽江学院和福州外语外贸学院建设高水平应用型本科院校。帮助福州海峡职业技术学院筹建升格以工科为主的福州理工学院。指导福州外语外贸学院通过学士学位授予资格评审。支持闽江师专迎评促建，达到教育部人才培养工作评估要求。推动福州职业技术学院建设国家骨干高职院校。

【市属高校两个协作中心成立】　依托闽江学院成立市属高校思想政治理论课教学协作中心，覆盖 10 所本专科高校的思政课教研指导。依托福州职业技术学院成立市属高校心理健康教育协作中心，服务于高校的心理健康教育教学教研工作。

【民办高校教师养老保险改革试点】　推进福州外语外贸学院完成民办高校教师事业单位养老保险改革试点各项工

作。年内185名教师获得参加首批机关事业单位养老保险试点资格，完成民办高校事业单位养老保险试点第一阶段工作。 (陈 燕)

【高招工作】 研究生入学考试 全年攻读硕士学位研究生招生全国统一考试全市报名9160人。福州大学、福建师范大学、福建农林大学等院校单考生、管理类统考3109人委托福州市组织考试。全市设15个考点，414个考场，所有考点均设在市区中学标准化考点内。

普通高考 福州市普通高考应考人数3.35万人，设12个考区，38个考点，1142个考场。

成人高考 成人高考福州市2.58万人报考，其中免试生5人，“新型农民”(不需参加考试)1408人，实际参加编排考场2.44万人。全市设考点26个，考场823个，其中21个考点设在市区，5个考点设在县城。 (吴陆顺)

【自学考试】 全年组织16次36项考试，报考42.14万人，51.98万科次；审核自考毕业生1680名；各类考试报考人数占全省总量近60%，没有发生试卷保管安全泄密事故、没有发生重大考场集体舞弊事件和其他重大事故；非学历证书考试报考人数增长幅度较大，学历证书考试报考人数呈下降趋势。(沈 洁)

表54 2014年在榕普通高校(34所)一览表

学校类型	院　校	地　址
本科院校(11所)	福建农林大学	仓山区上下店路15号
	福州大学	闽侯县上街镇学园路2号
	福建医科大学	闽侯县上街镇学园路1号
	福建中医药大学	闽侯县上街镇华佗路1号
	福建师范大学	福州市大学城科技路1号
	福建工程学院	闽侯县上街镇学园路3号
	闽江学院	闽侯县上街镇大学城文贤路1号
	福建江夏学院	闽侯县上街溪源宫路2号
	福建警察学院	仓山区首山路59号
	福州外语外贸学院	长乐市首占新区育环路28号
	福建师大福清分校	福清市融城镇校园新村1号
二级学院(5所)	福建农林大学东方学院	福州市琅岐经济区龙鼓度假村1号
	福建农林大学金山学院	福建农林大学金山学院
	福建师范大学协和学院	闽侯县上街大学城学园南路
	福州大学至诚学院	福州市杨桥西路50号
	福州大学阳光学院	福州经济技术开发区(马尾)卧龙山
高职高专院校(18所)	福建商业高等专科学校	鼓楼区新店义井村19号
	福建幼儿师范高等专科学校	仓山区长安路89号
	福建卫生职业技术学院	闽侯县荆溪镇关口366号
	福建信息职业技术学院	鼓楼区福飞南路106号
	福建农业职业技术学院	福州市南郊相思岭
	福建交通职业技术学院	仓山区首山路80号
	福建体育职业技术学院	鼓楼区福飞路151号
	福建对外经济贸易职业技术学院	马尾区亭江镇亭江路8号
	福建生物工程职业技术学院	福州市洪山桥中店42号
	福建艺术职业学院	闽侯县甘蔗镇昙石
	福州职业技术学院	闽侯上街大学城联榕路8号
	闽江师范高等专科学校	闽侯县上街大学城学园南路
	福州英华职业学院	仓山区城门镇浚边村
	福建华南女子职业学院	闽侯上街大学城学府南路66号
	福州黎明职业技术学院	闽侯县南屿镇双龙村
	福州海峡职业技术学院	晋安区鳝溪学园路9号
	福州软件职业技术学院	鼓楼区铜盘软件大道89-1号
	福州科技职业技术学院	仓山区建新镇上下店路60号

【福州大学】 国家“211工程”重点建设高校，省政府与教育部共建高校，拥有福州旗山、怡山、铜盘和厦门集美、鼓浪屿等多个校区，占地346.67多公顷(5200余亩)。办学主体位于福州地区大学新区旗山校区，设有19个以全日制本科生和研究生培养为主的学院以及1个独立学院。

高水平大学建设 高水平大学建设学校与省教育厅签署《福州大学建设高水平大学目标管理责任书(2014-2017年)》，并据此制订《福州大学高水平“211工程”大学建设规划(2014-2017年)》，明确建设高水平大学的目标与任务、方案与举措，全面开启高水平“211工程”大学建设。同时，组织学院围绕《福州大学高水平“211工程”大学建设规划(2014-2017年)》编制学院行动计划，并组织论证会对行动计划建设目标任务的设定、存在的问题、实施的举措等关键问题开展评议。

学科专业建设 实施“学科高峰计划”“学科高原计划”“省级重点学科实力提升计划”等，3个学科总体学术影响力排名进入ESI全球相应学科的前1%。实施“校级重点学科建设计划”，立项外国语言文学、安全科学与工程等10个学科为校级重点学科，投入100万元设立人文社科科研扶持基金。新增机械工程、信息与通信工程、工商管理3个博士后科研流动站，新增交通运输工程、公共管理2个硕士专业学位授权点。

师资队伍建设　成立高层次人才工作办公室，建立高层次人才储备信息库。设立重点人才建设专项经费。修订人才引进暂行办法。启动实施福州大学“旗山学者”奖励支持计划，加大领军人才培育力度。新增“全国专业技术人才先进集体”1个、“全国杰出专业技术人才”1人、国家“万人计划”人选2人、“长江学者”特聘教授1人、“国家杰青”1人、国家“青年千人计划”人选2人、福建省特支人才“双百计划”人选8人、“闽江学者”特聘教授10人、“闽江学者”讲座教授12人，引进具有博士学位以上优秀人才59人。

教学成果　新增2门国家精品资源共享课立项课程、2门国家级精品视频公开课、2门全国大学素质教育精品通选课、2部“十二五”国家级规划教材。以“福州大学积极推进卓越工程师教育培养计划”为题撰写的专题报道，被省教育工委第20期教育工作简报采纳，并向全省高校推广。

人才培养　完成高水平大学本科人才培养专项规划的编制。实施“拔尖创新类人才培养计划”“卓越工程师教育培养计划”“专业结构优化调整计划”“创新创业与实践能力提升计划”等多样化人才培养战略。全面推进研究生教育培养机制改革，完善培养激励机制和构建教育管理信息化平台。学生在学科竞赛活动中获国际级奖项14项、国家级奖项124项、省级奖项283项，其中ACM国际大学生程序设计竞赛、中国教育机器人大赛等9类国家级以上学科竞赛成绩在省内高校位居第一，学生“机械电子科技创新团队”获中国青少年科技创新奖“小平科技创新团队”称号。学校获“2014年度全国高校毕业生就业工作50强”。

科研工作　实施“科研创新团队与创新人才培育建设”“科研创新平台培育建设”“科研成果培育”等计划。成立“海西政务大数据与云服务协同创新中心”。出台《福州大学智库建设实施方案》，成为全省首家启动智库建设的高校。纵向科研总资助经费达1.65亿元，签订横向科技合同342项，横向科研到校经费首次突破亿元大关。获批国家级重点重大项目8项（国家杰出青年科学基金1项，石油化工联合基金重点2项，重大研究计划1项，国家科技支撑计划项目1项，国家973课题4项）。专利转化项目数比上年多2.8倍。科技拥军项目获中国人民解放军总装备部军队科技进步三等奖。学校科技园被科技部正式认定为“国家级大学科技园”。全面落实“福州市人民政府与福州大学战略合作协议”，落实校地合作经费2000万元。加快福州大学石油化工学院（泉港校区）建设进度，拓展学院与泉港企业科研合作。与晋江市政府联合成立晋江研究院及“福州大学国家技术转移示范晋江分中心”。加大福清研究院项目建设力度，与企业合作项目近30项，带动国家、地方政府、学校、企业科技创新资金投入5600多万元。与福州连江县、泉州鲤城区、江苏省如皋国家经济技术开发区、盐城、常州、浙江永康、上虞等建立校地合作关系，开展多方位科技对接交流活动。

对外交流与合作　与中国台湾“国立台湾大学”、日本大阪府立大学、意大利罗马第三大学等多所大学建立友好合作关系。与加拿大曼尼托巴大学共同申请开展的中外合作办学项目获教育部审批通过。学校有80%以上的学院开展与海外高校的学生交换项目，互授学位项目达11个。完善优秀学生海外访学派出机制，投入300万元设立优秀学生海外访学基金，为优秀学生赴海外高校访学提供资助，上年选派200余人次。境外学生招生规模显著增加，全年招收境外学生124人。　（林生　程龙吟）

【福建农林大学】　2014年，设有1个研究生院、23个二级学院，及东方学院、金山学院2个独立学院。有全日制本科生2.3万人，博士生、硕士生4464人。学校是福建省重点建设的3所高水平大学之一，是农业部、国家林业局与省政府共建大学。校园占地320公顷（4800多亩），拥有福州金山、南平、大学城、安溪4个校区，办学主体位于福州金山校区。被国家林业局、教育部、共青团中央授予“国家生态文明教育基地”称号。

年内学校全面启动高水平大学建设，研究制订“三步走”战略构想，立项建设首批62个项目，首期下达经费近亿元。相继推进校院管理体制、人事制度、科研管理体制、招生体制等六大领域改革，其中校院管理体制改革推广到全校具有普通本科专业的学院，全面实施绩效工资，实施人才、学科、平台基地、国际化、信息化“五位一体”总体发展布局。有教职工2300多人，其中中国科学院院士1人、全国杰出专业技术人才2人、中组部“千人计划”专家4人、教育部“长江学者”4人、国家杰出青年基金项目获得者1人，入选国家“百千万人才工程”等各类国家级人才130多人次。有一级学科博士点11个，一级学科硕士点23个，博士后科研流动站11个，本科专业75个；有国家重点学科1个、国家重点培育学科1个、部委重点学科3个、省级优势学科创新平台2个、省级特色重点学科7个、省级重点学科21个；在全国第三轮学科评估中，1个学科进入全国前5名，4个学科进入全国前10名，8个学科进入全国前20名。有国家和部省级平台80个，其中国家工程技术研究中心2个、国家地方联合工程实验室（工程研究中心）2个，与企业共建国家工程技术研究中心1个，在校内外建立一批教学科研实验厂场，其中科教基地78.54公顷，教学林场3060公顷。

实施国际化办学战略，列入教育部中国政府留学生奖学金接受院校，有美国、加拿大、苏丹、泰国等六大洲30个国家的留学生在校学习、研究。率先对台湾开展单独招生，每年选派100名交换生到台湾高校交流学习；与加拿大戴尔豪斯大学、加拿大英属哥伦比亚大学联合举办本科专业教育项目已连续招生12年；与南非德班理工大学合作共建全球第二所农业特色孔子学院；与美国德州农工大学联合培养博硕士研究生项目是全国省属农林院校第一个项目。巴布亚新几内亚总理、圭亚那总统、柬埔寨国王、南非祖鲁国王等外国首脑先后到校访问。

建有国家级新农村发展研究院，连续12年在中国·海峡项目成果交易会上对接并获资助项目数居所有参会高校和科研院所第一。承担国家对口帮扶和技术援外任务,与广西、宁夏、新疆、西藏等地建立合作共建关系,开展技术援助、对口帮扶工作;在斐济、巴布亚新几内亚、南非、卢旺达、莱索托等国建立技术示范基地,并先后承担中国援助卢旺达农业技术示范中心、中国援助斐济政府经济技术项目等援外任务。

教师队伍建设　新引进各类高层次人才77人,其中引进由国家千人计划教授林辰涛领衔的“基础林学与生物技术研究中心”团队和由教授杨贞标领衔的“园艺植物生物学与代谢组学研究中心”团队,吸收包括3名国家“千人计划”专家和3名教育部“长江学者”在内的各类高层次人才近40人。研究出台高层次人才津贴发放办法,设立每年10万元至55万元不等的高层次人才工作津贴,其中近四成项目面向40岁以下中青年高层次人才。有1名教授获“全国杰出专业技术人才”称号,1名教授入选“国家百千万人选”,5名教授当选国务院第七届学科评议组成员,1名教授获省科技重大贡献奖,3名教授入选省“特支计划”科技创新领军人才,13人次入选国务院政府特殊津贴专家、省“特支计划”百千万工程领军人才等各类高层次人才项目。累计受理77位教师办理出国(境)访学研修手续,较上年增长43%,其中有34名教师入选国家、省级海外研修项目,人数较上年增加26%,资助经费较上年同期增长37%。

人才培养　年内录取博士研究生166人、硕士研究生1123人,录取本科生6033人(不含预科),其中本一批次省份增加到17个,占全国招生省份的54.8%;本一批次生源4223人,占文理招生总数的72%。入选国家首批卓越农林人才教育培养计划试点高校,获批拔尖创新型和复合应用型2类项目,其中拔尖创新型项目涉及农学、植物保护、园艺和林学4个专业,复合应用型项目涉及园林、动物医学、木材科学与工程和蜂学4个专业。获省教学成果奖特等奖2项、一等奖8项(合作项目1项)、二等奖10项,获批2门国家级精品资源共享课,有1门国家级精品视频公共课上线教育部“爱课程”网。入选“十二五”普通高等教育本科国家级规划教材主编教材4种、共同主编教材2种。在全国大学生创业大赛中,学生团体总分居全国农林院校和福建省高校第一位,获“优胜杯”和“优秀组织奖”。开展主题教育活动,推进易班建设,构建“六位一体”思想政治教育进宿舍工作格局。举办各类招聘会141场,多种渠道发布就业岗位信息3.85万个,平均每名毕业生获就业岗位信息5.2个,2014届毕业生就业率达95.10%,签约率79.86%。

科研工作　全校获各类纵向项目433项,计划经费首次突破1.5亿元,较上年增长14.7%,其中主持获得“十二五”以来省高校首个国家科技支撑计划项目,获国家自然科学基金项目57项,并首次获数学天元基金项目(2项)。新增国家甘蔗工程技术研究中心、国家茶叶质量安全工程技术研究中心等国家级重大平台,国家工程技术研究中心数量达2.5个,居全国省属农林院校和省属高校第一位,同时新增国家林业局森林公园工程技术研究中心等部省级平台11个。破译香荚兰基因组,是人类首个完成测序的兰科藤本植物和首个重要香料植物的基因组图谱。主持的成果“竹纤维制备关键技术及功能应用”获国家科技进步奖二等奖。获省科学技术奖一等奖2项,二等奖8项(合作1项),三等奖12项(合作4项),获奖总数居省属高校第一位。获授权专利174件,通过新品种鉴(审)定12个,发布地方标准10件。学校在JCR1区、2区发表的高水平论文数量显著提升,其中基因组中心团队、植保团队、作物生态与分子生理学团队、动科团队等相继在国际知名学术期刊上发表高水平论文。

社会服务　首次独立办展参加2014年“6·18”项目成果交易会,对接并获资助项目数稳居首位,连续12年居所有参会单位第一。一批自主创新成果实现产业化,其中由杂交水稻研究团队育成的多个新品种,综合技术指标达福建省10年审定水稻品种最好水平,中国种子集团投入850万元购买相关研究成果,并资助研究;由教授张飞萍团队研发的“松墨天牛高效诱剂及配套技术”,在广西、福建、江西和广东4个省份同时获国家中央财政林业科技推广示范资金立项资助,该成果对松墨天牛的控制效果是同类技术的8~42倍,使松材线虫病造成的年枯死木减少约80%,每年成本仅11.1元/亩,该项技术成果推广到全国15省300多个县市区,推广应用面积超过20万公顷。

合作交流　组建学院、部处层面的涉外工作管理队伍,建立“统一领导、归口管理、分级负责、协调配合”的国际化工作机制,初步形成“大外事”工作格局。与美国伊利诺伊州立大学香槟分校等国外9个科研院校签订合作协议,与英属哥伦比亚大学启动申办第2所孔子学院,与加拿大戴尔豪斯大学合作举办风景园林本科专业和筹建联合实验室。有3类项目获国家留学基金委资助,其中“优秀本科生国际交流项目”(6个项目,覆盖14个学院)和“国家建设高水平大学公派研究生项目”的选派规模均居省属高校第一,“植物保护创新型人才国际合作项目”是省高校唯一,全国仅26个项目获批。新招收各类到华留学生62名,较上年增长3倍,研究生、本科生赴海外留学比例分别达15.91%和1.71%。与“台湾中兴大学”“台湾海洋大学”共同申报“3+1”闽台联合培养本科生项目,首批合作专业初定为环境工程、食品科学与工程、电子科学与技术和机械设计制造及其自动化。

基础建设　福州旗山校区一期工程建设全面启动并取得重大进展,金山校园总体规划完成修订,校园配电增容、供水管网改造工程立项启动,南大门改建工程、西大门配套景观工程等6项工程全面竣工,“智慧校园”项目全面启动,安溪新图书馆对外开放。新增设备1.28多万台(件),价值1.1多亿元,新增房屋建筑面积1.6万平方米,价值4600多万元,财务入账的固定资产总值达35.5亿元。实施学生宿舍公共设施改造项目,为学生宿舍安装电热水器2420台、空调6300余台。推进节能监管平台(二期)建设,启动财政部等部委的高校节能改造示范项目建设,学校被国家发改委、国管局、财政部授予节约型公共机构示范单位称号。　(沈必胜　张发林)

【福建医科大学】　2014年,有25个本科专业,在校博士生、硕士生近3000人,本科生1.3万多人。面向全国招生,并招港澳台和外国留学生。拥有基础医学和临床医学2个一级学科博士学位授权点、27个二级学科博士学位授权点、8个一级学科硕士学位授权点、52个二级学科硕士学位授权点、6个硕士专业学位授权点。有基础医学和临床医学2个博士后科研流动站。有1个教育部重点实验室,2个省部共建重点实验室,9个省级重点学科(一级学科),4个省级重点实验室,7个省高校重点实验室,24个省级研究所(中心)。有1个国家重点培育学科,9个国家临床重点专科,2个省"211"工程重点学科,4个省特色重点学科,13个省一级重点学科,13个省临床重点专科,8个省优先发展学科,5个省领先医疗特色专业。有附属医院(含临床医学院)17所,临床教学医院32所,形成比较完善的临床教学与实践教学基地网络。学校编辑出版学术刊物有《福建医科大学学报》《福建医科大学学报(社科版)》《中华高血压杂志》和《心血管康复医学杂志》等。有上街、台江2个校区,占地100公顷(其中包括新获批12公顷教育用地),校舍建筑面积40多万平方米。年内通过省第十二届文明学校的考核评估。

教育教学改革　获省第七届高等教育教学成果奖12项;获批40项国家级、60项省级大学生创新创业训练计划项目。加强教材建设,学校成为首批"中国医学数字教育项目示范基地",《护理伦理学》被评为"十二五"普通高等教育国家级规划教材。对第二临床医学院等4家临床教学基地进行评估检查。实施研究生教育创新工程,加强研究生教育。制定硕士研究生课程改革方案,调整研究生课程设置和课程内容。获批"应用心理硕士"专业学位授权点。1篇博士学位论文获评"全国优秀博士学位论文提名论文"。加强成人教育和继续教育,获批国家级继续医学教育项目57项、省级继续医学教育项目83项、省级卫生管理/医学培训班5项。临床技能教学中心获国家卫计委批准,成为全省唯一的国家医师资格考试实践技能考试与考官培训基地。学生代表队参加第五届全国高等医学院校大学生临床技能竞赛,获华东赛区一等奖,全国总决赛二等奖。在全国大学生英语决赛C类(非英语专业本科生)中,7名学生获国家特等奖,11名学生获国家一等奖。

师资队伍建设　有在编教职医护员工7141人(含附属医院),有博士生导师及硕士生导师610名,其中两院院士3人(双聘),国家"千人计划"人选1人。年内选送14名中青年教师境外访学研修、15人国内访学研修、5人在职攻读博士学位。2人入选第三批省"百人计划";5人分别入选"闽江学者奖励计划"特聘教授、"闽江学者奖励计划"讲座教授。一批教师入选省第一批特支人才、"福建省高等学校新世纪优秀人才支持计划""福建省高校杰出青年科研人才培育计划"人选。陈国熙教授当选为"2014年度感动福建十大人物"。附属协和医院医生陈建屏为1名南平的老年患者切除脑部多处肿瘤,连续工作32小时,获评全国"最美医生"称号。姜小鹰教授领衔团队的教学成果《以岗位胜任力为导向的护理学本科人才培养模式研究与实践》获2014年高等教育国家级教学成果二等奖。8月1日,省"百人计划"人选陈列平教授获国际肿瘤免疫学界大奖——威廉·科利奖(William B. Coley Award)。

科研工作　获包括36项国家自然科学基金在内的各类项目220项,总资助经费达4126万元。获中央财政支持地方高校建设项目7个,经费2000万元。获省创新抗体药物技术重大研发平台建设项目,经费500万元;新增2个省高校重点实验室。新药安全性评价中心获得国家食品药品监督管理总局的药物GLP(药品非临床研究质量管理规范)认证批件。获中华医学科技奖二等奖1项、省科技进步奖2项、福建医学科技奖7项、第六届紫金科技创新奖1项、第二十一届运盛青年科技奖2项。获国家授权专利18项,其中发明专利13项,实用新型专利5项。发表核心期刊科研论文1412篇,其中SCI收录论文566篇。19篇论文获第十一届省自然科学优秀学术论文奖。参加第十二届中国·海峡项目成果交易会,2个项目对接签约。建设公共技术中心,加强大型仪器设备管理。根据美国基本科学指标数据库(ESI)最新统计结论,学校进入ESI论文被引频次世界前1%机构的行列,位居国内高校第95名,省内高校第4名。其中,临床医学学科在"medical－news"最新ESI排名位居国内高校第33名,省内高校第1名。与第二军医大学建立战略合作关系,由刘景丰教授参与并联合申报的科研成果《提高肝癌外科疗效的关键技术体系的创新和应用》获得2014年度国家科学技术进步奖二等奖。

学生工作　实施校院两级"青年马克思主义者培养工程"。成立学习习近平总书记系列重要讲话学生社团。开展"弘扬社会主义核心价值观""我的中国梦""榜样的力量"主题教育活动。全年发放14项"奖助减免贷"项目,金额达5192.9万元。开展毕业生就业指导和服务工作,2014届毕业生就业率达97.82%。在大学城中心共享区建成福建医科大学学生创业基地。举办第二十四届校园科技文化艺术节。参加第十五届省运动会,获田径、游泳、定向越野、跳绳比赛项目3金7银5铜。学校获2014年全国大中专学生志愿者暑期"三下乡社会实践活动先进单位"。"五四"期间,3个青年集体和6名个人获省级表彰。1名研究生获第九届中国青少年科技创新奖。获第四届全国大学生艺术节征文一等奖1项。

对外合作交流　探索合作共建博茨瓦纳大学医学院的可行性。加入中俄医科大学联盟,开拓与俄罗斯医科院校的交流合作。全年有72批125人次因公出国(境)访问交流、进修学习和开展科研合作、援外医疗活动等。在校留学生达307人,来自31个国家。强化英语授课课程建设,举办3期"英语授课教师英语培训班",75名校本部和临床医学院的教师参加培训。选派24名学生和2名管理教师赴"台湾元培科技大学"和嘉南药理科技大学交流学习1学期。承办第五届台湾学子海西行夏令营活动。

附属医院建设　各附属医院融通过三级综合医院评价。4所直属附属医院开放病床5800张,较上年增长0.71%;门、急诊总量591.17万人次,增长3.62%;出院病人22.19万人次,增长11.23%。协和医院新内科病房楼(原广电楼)装修工程正式动工,门、急诊改扩建工程及心血管病房大楼被列入省预备重点建设项目,平潭协和医院一期工程封顶。福建医大附一医院护养中心正式运营,附属第二医院东海院区开诊,附属第三医院一期项目主体框架结构封顶,推进二期建设。在建附属口腔医院晋江门诊部,新门诊大楼进入设计招标阶段。

(薛昭曦)

【福建师范大学】 学校是省政府与教育部共建高校、省重点建设的高水平大学,有旗山、仓山两个校区,占地面积233.34公顷。2014年,本部有本科专业77个,全日制本专科生2.10万多人,各类研究生6600多人,拥有国家重点学科1个、省高校优势学科创新平台(含培育)3个、省特色重点学科9个、省级重点学科26个,博士后科研流动站19个,博士学位授权一级学科19个,硕士学位授权一级学科37个,硕士专业学位授权点14个,形成文、史、哲、理、工、教、经、法、管、农、艺等多学科协调发展的办学格局。拥有国家重点实验室培育基地1个、国家地方联合工程研究中心1个,国家级“2011”协同创新中心1个(核心协同单位之一),教育部重点实验室2个,教育部工程研究中心2个,国家科学研究和人才培养基地4个。学校与30多个国家和港澳台地区的100多所高校、科研机构和联合国教科文组织建立友好合作关系。为社会输送近50万名各级各类人才,其中两院院士13名。4月29日,杰出校友、客座教授陈志坚博士当选美国国家科学院院士。

人才培养工作 获4项国家教学成果奖,7种9本教材入选“十二五”国家级规划教材,均居省属高校首位。新增国家级实验教学示范中心等一批“国字号”本科教学工程项目,获批国家级卓越中学教师培养改革项目。学生在“挑战杯”等重大赛事中获多个奖项,在全国第四届大学生艺术展演活动中获6个一等奖,均居福建高校首位、全国高校前列。在第十七届仁川亚运会上,体育科学学院学生林清峰在男子举重69公斤级比赛中获金牌;乐慧林获女子花剑银牌;吴景彪获男子举重56公斤级季军;邓薇在女子举重63公斤级决赛中获银牌。2014届毕业生整体就业率达97.64%。

博士后科研流动站新增 学校生态学、统计学、光学工程和艺术学理论4个博士后科研流动站获批准。学校博士后科研流动站总数达19个,继续位居省属高校首位。

科研工作 作为核心协同单位参与的“两岸关系和平发展协同创新中心”获批为国家级中心,标志学校进入“2011计划”高校行列。获国家社科基金项目29项,获国家自然科学基金项目33项。新增2个部级科研创新平台,首获海峡联合基金项目,973项目获批。教师在《Nature》上发表国际合作研究成果,获教育部全国高等学校自然科学奖一等奖1项,部省级科技奖、专利奖13项。

校园民生改善 成立仓山校区师生办事服务中心,开展“校领导接待日”“党委书记与青年学生早餐会”和“校长与学生面对面”活动30次,现场解决问题200多个。资助家庭经济困难学生3万余人次、5000多万元;出台《教职工重大疾病医疗补助实施办法》,在全省率先建立退休教职工自费医疗费补助基金;老年活动场所(地)面积居全省高校前茅。

新媒体工作 由学校报送的《利用新媒体开辟育人新天地——福建师范大学打造社会主义核心价值观教育“微”体系》一文,被国家有关部门的信息刊物录用。中央政治局委员、国务院副总理刘延东作出重要批示。教育部部长袁贵仁,省领导陈桦、叶双瑜、李红等分别作出批示。在第四届全国校园新媒体论坛发布的报告中,校团委官方微博影响力位居全国第二,校学生会、闽南科技学院团委官方微博位列前十,学校获评2014年度“校园微博创新价值奖”。

第十二届中国海峡项目成果交易会参展 “6·18”交易会,学校推介参展项目307项,展示在协同创新、科教结合、科研成果应用转化及服务社会等方面的成果,推介跨学科新型科研机构——福建师范大学南方海洋研究院,承办低碳生态环保主题展。自2013年十一届“6·18”以来,学校与中外企事业单位签订合同112项,合同总金额2400万元。

竞争力研究中心团队受关注 6月9日,《光明日报》头版头条以《“小字辈”释放“大能量”——全国经济综合竞争力研究中心福建师范大学分中心的逐梦故事》为题,报道全国经济综合竞争力研究中心研究团队的成长故事,并配发评论《愿更多“小字辈”成就“大气候”》。6月21日,《光明日报》以《“我们要追逐更大的梦想”——本报福建师范大学竞争力研究团队报道引发强烈反响》为题,报道社会各界对该研究团队的关注与支持。

国际学术研讨会主办 和联合国大学、中国社会科学院社会科学文献出版社共同主办的“利用创新:培育国家创新竞争力以推动全球发展”国际学术研讨会在联合国总部举行。会议主要探讨如何利用创新以推动全球发展并发布由学校承担的首部英文版《世界创新竞争力发展报告(2001—2012)》。多个国际组织、多国常驻联合国代表团外交官,以及多所美国知名大学的专家学者出席会议。

(陈金章)

【福建中医药大学】 2014年,设有13个学院(部)、2个研究院、4所直属附属医院;有20个本科专业,全日制在校生12473人,其中博士生87人、硕士生1272人;有教职医护员工3000多人,其中具有高级职称的专业技术人员500多人;有2个博士后科研流动站,2个博士学位授权一级学科,17个博士学位授权点,6个硕士学位授权一级学科,45个硕士学位授权点,4个硕士专业学位类别;有20个国家中医药管理局重点学科、6个国家临床重点专科,17个国家中医药管理局重点专病专科;有1个教育部重点实验室,3个国家中医药管理局重点研究室,1个国家中医药管理局研究中心,8个国家中医药管理局三级科研实验室;有屏山、旗山两个校区,各类建筑总面积30多万平方米,教学科研仪器设备总值近2亿元,被评为“全国中医药文化建设先进单位”“全国绿化模范单位”和全国第一批“节约型公共机构示范单位”创建单位,连续第7次被省委、省政府授予“文明学校”称号。

师资队伍建设 推进人事制度改革,完成802名编内教职工的第二轮岗位设置与聘用管理工作。出台《中医药学术思想传承工作实施办法》,在全国遴选医术造诣高深的中医名师6人,在校本部遴选8名中青年骨干跟师。新增1名百千万工程国家级人选、1名有突出贡献中青年专家、1 名国务院政府特殊津贴专家、2 名省“百人计划”人选、2 名省优秀教师和 1 名省优秀教育工作者；入选 2014 年福建省高校杰出青年科研人才培育计划人选 4 人，入选 2014 年“福建省高等学校新世纪优秀人才支持计划”3 人。成立教师教学发展中心，推进教师培训、教学咨询服务、教学改革研究、教学质量评估等工作。以举办教师教学基本功竞赛、教案比赛等活动为抓手，提高中青年教师教学水平。在省级以上教学竞赛中获一等奖 5 项。引进高学历、高层次人才 3 人，吸引各类人才 224 人；选派出境进修 9 人次，国内提升学历进修 11 人次。制定《福建中医药大学辅导员队伍建设实施办法》，促进辅导员职业化、专业化发展。1 名辅导员获福建省第三届高校辅导员职业技能大赛二等奖和全国第三届高校辅导员职业技能大赛华东赛区二等奖。

人才培养　推进“本科教学工程”，调整教学内容和课程体系，提高课程建设水平。年内获省教学成果特等奖 2 项、一等奖 4 项、二等奖 7 项；新增教育部国家级“十二五”规划教材 2 部、教育部精品视频公开课 1 门，2 门课程获国家级精品资源共享课立项项目。加强临床实践教学基地建设，提高临床实践教学质量，新增非直属附属医院 1 所、复审或新增教学医院 10 所。鼓励并支持学生参加全国或区域性学科竞赛，获第二届全国康复治疗专业学生技能大赛本科物理治疗学组、本科作业治疗学组 2 项冠军，第二届泛珠三角区域中医大学生临床能力竞赛团体二等奖，全国中医药院校技能大赛——2014 年中医药社杯中医知识技能大赛团体三等奖，2014 年皇甫谧杯全国中医药院校针灸推拿临床技能大赛团体三等奖，第五届全国高等医学院校大学生临床技能竞赛（华东分区赛）团体三等奖。组织实施客观结构化临床考试，建立具有中医特色的多站式技能考核系统，提高学生基本操作技能水平。2014 年公布的《2013 年中医类别医师资格综合笔试院校学科成绩分析报告》，学校中医类通过率 82.78%、中西医类通过率 69.05%，在 23 所独立设置的中医院校中分别排名第 9 和第 13。推进大学生创新创业工作，获第九届“挑战杯”全国大学生创业计划竞赛三等奖 1 项、第四届“天堰挑战杯”全国中医大学生创意设计竞赛三等奖 1 项、第二届“远志杯”全国高等中医药院校大学生课外学术科技作品竞赛三等奖 2 项。推进“易班”建设，设立“易班”发展中心和“易班”工作站。

学科、学位点建设　新增护理学、药学 2 个硕士专业学位授权点，自主设置中医文化学目录外二级学科。加强学位点教育工作，研究生第一志愿报考数创历年新高，较上年增长 6%，较 2012 年增长 70%，其中外校应届生报考人数较上年增长 90%。加强博士后流动站建设工作，1 名博士后获中国博士后科学基金第七批特别资助，1 名博士后获中国博士后科学基金第 56 批面上资助项目二等奖。推进研究生课程教学改革，全面修订 2014 级研究生各专业培养方案，聘请 7 名省内外名、老中医为研究生讲授临床经验。

科研工作　加快中医康复研究中心和医学实验中心、生物医药研发中心等科技基础平台建设。支持省中医药研究院和福建中西医结合研究院建设和发展。年内立项科研课题 542 项，资助经费 2985.2 万元，总投资 8602.68 万元。其中，国家自然科学基金项目 27 项，资助经费 1115 万元；财政部公益性行业科研专项 1 项，资助经费 746 万元。获省科学技术一等奖 1 项、二等奖 1 项（合作）、三等奖 3 项；2 项科研成果获 2014 年度中国中西医结合学会科学技术奖；申请发明专利 15 件，授权专利 6 件（发明专利 4 件，实用新型专利 2 件）；发表 SCI 论文 80 篇。依托省“康复技术协同创新中心”、国家中医药管理局中医康复研究中心等平台，研发康复药品、器械，研究社区康复适宜技术和方案。在研中医康复设备 14 项，其中 9 项设备研发出样机，语言康复平台、认知康复平台等取得医疗器械注册证。

社会服务工作　牵头开展第 4 次中药资源普查省试点工作，在全省 16 个区县开展系统调查或样线调查。对福建省健康服务产业进行调研，起草《福建省健康服务发展调研报告》。在推进“综合医院康复医学科—康复医院—社区卫生服务中心”三级康复医疗服务体系建设方面加强探索，建立分工协作机制，制订双向转诊制度，在福州 31 家社区卫生服务中心铺开，提供预约挂号、转门诊、转检查、转住院与转社区康复等服务。成立国内首家个性化中医健康管理中心，通过拥有自主知识产权的健康管理技术平台和专家团队，运用中医理论动态把握健康状态，建立中医健康档案、制订个性化调理方案，进行全程跟踪管理服务。承办世界中医药学会联合会中医健康管理专业委员会成立暨第一届学术大会。

中医药文化传承与创新　推动珍贵中医药文物资料的收藏、研究和宣传工作，投入 4000 多万元，建设 1 座建筑面积 9976 平方米的中医药文化博物馆。发挥中医药专业优势和特色，开展“中医药文化进院校、进社区、进农村”为主题的科普宣传活动 45 场，志愿服务及社会实践活动 126 场。编纂《画说中医》，探索中医药文化传承、传播的创新之道。1 件作品在第三届全国高校廉政文化作品征集活动中获网络新媒体类作品二等奖。

学生工作　召开年度学生工作会议，探索新形势下学生工作特点和规律。成立党委研究生工作部，加强研究生日常管理和思想政治教育。举办大型校园招聘会，吸引 308 家单位参加，收集 5040 余个各类就业岗位。2014 届毕业生初次就业率为 87.57%。构建“奖、贷、减、免、助”一体化资助体系。年内发放学生奖助资金 2300 多万元，受助学生 19608 人次。

附属医院建设　学校有附属人民医院、附属第二人民医院、附属第三人民医院、附属康复医院等 4 所直属附属医院。学校附属医院实际开放床位规模 2048 张，增长 2.3%；门诊量 327.54 万人次，增长 9.96%；出院病人数 56509 人次，增长 14.06%；实际占用床日数 67.87 万床日，增长 11.01%。附属人民医院、第二人民医院和康复医院通过世界中医药临床研究伦理审查（CPA）评估认证。附属人民医院获“全国文明单位”称号，并被国家中医药管理局确定为全国中医住院医师规范化培训基地、中医类别全科医师规范化培训基地、中医药优势特色教育培训基地（临床）。附属第二人民医院 5 名医师获评福建名中医，在省卫计委组织的第三方问卷调查中,患者满意度位列省属医院第2名。附属第三人民医院依托国家中医药管理局康复研究中心,建立认知康复研究基地;依托国家中医药管理局重点学科中医证研究基地,设立中医健康管理中心。附属康复医院借鉴CARF认证工作模式,建立康复评定一体化诊疗模式;完善三级康复服务体系,研究成果“福建省脑卒中社区康复服务模式的建立与实践研究”获科学技术进步奖一等奖。　　(吴镇聪)

【福建工程学院】　2014年,设有机械与汽车工程学院、信息科学与工程学院、材料科学与工程学院、土木工程学院、建筑与城乡规划学院、生态环境与城市建设学院、交通运输学院、管理学院、人文学院、法学院、数理学院、思想政治理论课教研部、体育教研部等13个院系(部)及继续教育学院。另有国脉信息学院、软件学院、海峡工学院3个经省教育厅批准成立的“校企合作”办学机构。设本科专业49个,涵盖工、管、文、理、经、法、艺等多个学科门类。拥有省级特色重点学科1个,省一级重点学科5个。拥有交通运输工程、材料科学与工程、土木工程3个一级学科硕士学位授权学科,机械工程、电气工程和工程管理3个硕士专业学位授权点。有国家级特色专业3个、国家级工程实践教育中心3个,国家级精品课程2门。获国家高等教育教学成果奖1项,省级教学成果奖14项。有省级本科高校专业综合改革试点项目名单10个,省级实验教学示范中心9个,省级精品课程32门,省级人才培养模式创新实验区13个,省级教学团队5个,省级重点实验室4个,省部级科技创新平台17个。在校生26632人,其中本科生25344人。年内首次招收学术型硕士研究生25人,外国留学生7人。专任教师1221人,其中具有高级职务教师415人,具有硕士及以上学位教师936人。享受国务院政府特殊津贴7人,国家“千人计划”人才1人,闽江学者9人。办学以来,培养14万多名面向基层一线的应用型人才。学校有旗山、鳝溪、铜盘校区,总面积62.24万平方米。固定资产总值近13.68亿元,其中教学科研仪器设备资产值2.47亿元。图书馆藏书近215万册。建成覆盖校园的计算机网络系统和信息化管理平台。

HTK‖师资队伍建设　召开第2次人才工作会议,实施人才强校战略,决定每年投入不低于3000万元用于人才队伍建设。新增享受国务院政府特殊津贴专家1人,新引进国家“千人计划”人才1人,新聘请闽江学者特聘教授1人、苍霞杰出学者2人,苍霞青年学者1人,新引进26名博士。入选福建省杰出青年科研人才培育计划2人。教授蔡雪峰获评全国优秀教师。在省第二届青年教师教学竞赛中,土木学院老师获一等奖,管理学院老师获二等奖。新晋升正高级专业技术职务13人,副高级专业技术职务70人。19名教师考上省内外高校博士研究生,派出18人赴境内外高校进修访学。

人才培养　深化应用技术人才培养模式改革,制定转型发展试点改革方案,启动首批36门课程改革与建设项目,完成校内2014版人才培养方案的制(修)订工作。土木工程专业高票通过住建部评估,成为国内首批以国际认证标准进行专业评估的土木工程专业之一。推进基础课程教学改革,实行大学英语分级教学,针对不同专业实行高等数学模块化教学,加入全国地方高校UOOC(优课)联盟,订置“尔雅”网络通识课程,丰富公选课资源,实行考试考核方法改革。开展“本科教学质量和教学改革工程”建设并取得成绩,《土木工程专业校企深度合作创新人才培养模式研究与实践》获国家高等教育教学成果二等奖,在省第七届高等教育教学成果奖评选中获特等奖1项,一等奖5项,二等奖8项。教授张建勋主编的《砌体结构(第4版)》和教授蔡雪峰主编的《土木工程施工技术》的2门教材入选为第二批“十二五”普通高等教育本科国家级规划教材。年内在各类学科竞赛中,学生获奖项370项,其中国际奖6项,全国类奖项111项,省级奖项253项。在美国大学生数学建模竞赛(MCM)中获一等奖1项,二等奖3项、三等奖2项,在“西门子杯”全国大学生自动化挑战赛获全国特等奖1项。在省第十五届运动会上,获大学生部团体总分第三名。校管乐团演奏节目《阿什兰公园》作为全省器乐类甲组唯一代表,入围全国第四届大学生艺术活动现场展演。校学生艺术团原创舞蹈作品《闽都女学》参加2014全省教育系统教师节文艺晚会会演。

招生就业　16个专业在本科第一批招生,福建省内本科第一批理工类投档线为523分。本科第二批理工类投档线507分,超出本科第一批录取控制线1分。福建省本科第一批文史类投档线568分,超出本科第一批录取控制线7分;本科第二批文史类投档线554分。办学以来第一次停止招收专科生。建立1500平方米创业孵化基地,培训500名

10月11日,福建工程学院主办林纾研究国际学术研讨会
(福建工程学院　供)

有创业意愿的大学生。2014年有毕业生6711人,毕业生初次就业率为98.91%,初次签约率为88.63%,分别比上年提高1.07%和1.53%,初次就业率和签约率继续位居全省高校前列。

学科专业与平台建设　机械工程、电气工程和工程管理3个学位点通过评审,经国务院学位委员会批准为硕士专业学位点。首次招收学术型研究生和国际留学研究生。获批设立微电子科学与工程、城市地下空间工程专业。获批设立首个省级社科研究机构“地方文献整理研究中心”和省级“创新方法研究推广应用基地”,省级科研平台增至17个。“福建省数控装备技术重大研发平台”获省级产业技术重大研发平台项目立项,总资助经费500万元。

科研工作　获得国家自然基金项目6项,教育部人文社科项目2项,科技部国家创新方法工作专项项目1项,产学合作重大项目3项,省科技重点项目3项,软科学项目3项,省社科规划项目10项,市科技计划重点项目3项,省教育厅A类项目31项和B类项目25项。完成专利申报148项,其中发明专利81项、实用新型专利67项;获授权专利61项,其中发明专利14项,实用新型47项。“汽车玻璃塑料包边精密高品质成型关键技术及应用”获省科技进步奖一等奖,“液压行驶驱动系统在工程机械中的产业化应用”获省科技进步奖二等奖。《中国英诗汉译史论》和《福建私营企业主阶层的政治参与》分别获省第十届社会科学优秀成果奖二等奖。《福建文献汇编(第二辑)》共100册正式出版。联合企业立项5个省科技重大专项。联合申报“福建省数控一代创新应用示范工程”国家科技支撑计划项目获立项,是学校首次作为项目负责单位和负责人申报国家重大科技项目的突破。

政产学研合作　与西藏住建厅、平潭综合实验区管委会、平和县政府、广州中海达公司等地方政府、大中型企业签署战略合作协议,与浙江省永康市签约开展“科技架桥”对接活动。与省住建厅联合开展千名乡镇长和村建站站长培训及县级建设行政部门负责人培训,承担全省审计系统新进干部培训等任务。筹建福建工程学院泉州工程技术研究院,组织参加“泉州数控一代”推广工作。2个产学研合作项目获“2014年中国产学研合作创新成果奖”。新增驻福建星海通信科技有限公司和福建永强力加动力设备有限公司专家工作站获市政府认定。组织推动福建科学发展跨越发展优秀建言推荐工作,获二等奖2篇、三等奖1篇。

林纾研究国际学术研讨会　10月11日召开,由福建工程学院与《文学评论》杂志社共同主办、福建教育出版社和正祥集团参与协办。省委常委、宣传部长李书磊,省政协副主席、省社会科学院院长张帆和中国社会科学院文学所所长陆建德,北京大学龚鹏程、陈平原教授,商务印书馆文津阁四库全书工作委员会卢仁龙等来自海内外的近百名专家学者参加会议。与会专家围绕林纾文化研究的历史与现状、林纾文化精神与实质、林纾与五四新文化运动、林纾的翻译成就、林纾的艺术成就、林纾与教育等选题展开讨论。

第三届海峡两岸应用技术类大学校长论坛　12月1—2日举行,由省教育厅主办、福建工程学院承办。1日上午校长蒋新华主持主旨报告会,下午举办“校长沙龙”。2日,60余名台湾地区及省外高校校长和会议代表,参观学校数字化装备重点实验室和土木工程新技术与信息化重点实验室。

对外对台交流　落实“1+2+1中美人才培养计划项目”“优秀本科生国际交流项目”“马来西亚马来亚大学交换生项目”等项目,选送7名学生赴美国交流学习,另有4人进入“中德国际工程师合作项目”。完成首批5名亚非留学生的入学工作。闽台合作项目2012级463人赴台湾学习,另选送校本部12名学生赴台湾高校交流学习。落实国家留学基金委“青年骨干教师出国研修”、德国BSK“赴德国高校短期研修”及学校“教师赴外访学计划”等项目,43名教师(其中赴台9人)通过国家、省级及学校资助获得赴美国、英国、德国等国(境)外知名高校研修机会。

后勤保障　旗山校区三期工程南区项目可行性研究及节能评估报告获省发改委批复,三期工程南区学生公寓项目施工图审核完成,三期工程南区教学实验楼完成设计招标。启动实施校园绿化景观改造提升工程,完成旗山校区校园绿化景观提升设计,募集各方捐款近120万元,新种成树800多棵,移植380多棵。完成南北校区4个食堂社会化改革。学生综合服务中心投入使用。完成校园信息标准框架建设。

(周　邦　刘新波)

【福建江夏学院】　学校主校区坐落在福州地区大学城新校区,新老校区占地面积109.876公顷,建筑总面积42.20万平方米。设12个二级学院和4个教学部,开办24个本科专业涉及6个一级学科门类。牵头组建“环保节能型高性能混凝土协同创新中心”入选省“2011协同创新中心”;牵头组建“财务与会计研究中心”获批为省社科研究基地。2014年,有省级重点学科3个,优势学科创新平台(培育)1个,国家级教学改革项目1个,省级专业综合改革项目3个,省级人才培养创新实验区1个,省级专业类教学示范中心2个,省级校企合作实践教学基地4个,省级公共基础课实验教学平台5个,省级精品课程和优秀课程13门,省级教育教学改革试点项目3个和省级“大学生创新创业训练计划”项目64项。新增本科会计学和土木工程专业,6个本科专业通过省学士学位授权评审。学校有省级重点实验室1个,与清华大学共建“土木工程安全与耐久教育部重点实验室海洋环境土木工程材料研究中心”,有省高校人文社科研究基地1个,省高校工程研究中心2个,省级科研机构1个以及校级科研机构21个。5个省级学会和研究会挂靠学校。主办《福建江夏学院学报》等3个中文学术CN期刊。有全日制在校生15709人,毕业生就业率98.6%。全年资助困难学生5523人次,发放资助款1426.3万元。

师资队伍　学校教职工931人,专任教师697人,其中教授46人,副教授237人,具有博士、硕士学位的教师629人。拥有国家级百千万人才工程人选1人,享受国务院特殊津贴专家4人,教育部高等学校专业教学指导委员会委员1人,教育部职业教育教学指导委员会委员1人,全国优秀教师1人,“闽江学者”特聘教授2人,“闽江学者”讲座教授1

人,省杰出科技人才1人,省第一批6类特支人才“双百计划”人选1人,省优秀人才1人,省级百千万人才工程人选1人,省级教学名师2人,省级优秀教师1人,省级优秀教育工作者1人,省高校新世纪优秀人才4人,省高校杰出青年人才3人,博士生导师5人,硕士生导师15人。年内引进教授、博士等高层次人才17人,入选省科技创新领军人才1人,“闽江学者”讲座教授1人,省优秀教师1人,省优秀教育工作者1人。选派59名教师到清华大学、中国人民大学等大学进修培训。

科研工作　获各级各类社会科学、自然科学项目立项105项,其中国家级项目3项、省部级项目16项、厅级项目49项。省级社科研究基地“财务与会计研究中心”获批。到校科研经费933万元。学校教师出版专著5本,编著4本;在权威期刊上发表学术论文29篇,核心期刊发表87篇,出版专著编著9部;申请发明专利15项,实用新型专利14项。学校承办“国际材料与结构研究所和实验室联合会——确定混凝土裂缝扩展双K准则的试验方法技术委员会第三次全体会议”和第九届全国高强与高性能混凝土学术交流会等国际与全国性学术活动,以及省级学术会议5场。入选福建省特支人才“双百计划”1人,科研成果获省部级奖励2项,获省第十一届自然科学优秀学术论文评选三等奖1项。合作办学　2013年,省政府与清华大学签署战略合作协议,将“共同办好福建江夏学院”作为重要条款之一,明确提出:支持福建江夏学院加快建设有特色高水平应用型本科大学,在项目、资金和政策上给予重点支持。学校与清华大学、中国人民大学、福州大学签订合作办学备忘录,就人才培养、学科建设、科研创新、师资队伍建设、重点实验室与协同创新中心建设、学位与研究生教育等方面开展战略支援合作,全面支持学校办学水平提升。2014年,通过SQA年度外审,与美国麻省大学等国外大学拟定“3+1”合作办学协议书。首批198名学生赴台湾东海大学和万能科技大学学习。

学生工作　开展大学生文化、艺术、科技、体育活动,打造校园文化活动品牌。组织学生参加数学建模比赛、电子设计竞赛、中国大学生动漫游戏创意设计大赛等学科专业竞赛获国家级、省级奖项多项;参加大学生创新创业训练计划大赛获国家级立项20项,省级立项40项。在省第十五届运动会上,获2金3银6铜等45个单项名次,以总分163分获大学生部代表团总分排名榜二等奖,并获体育道德风尚奖。

基础建设　新校区一期工程于2009年竣工,年内新建二期工程2号、3号楼学生公寓建筑面积1.1万平方米,7号楼教学实验楼群建筑面积2.6万平方米。新入库固定资产2152.31万元。新增图书6.4万册,馆藏纸质图书总数达到147万册,人均91.4册。　　(陈　天)

【闽江学院】　2014年,学校确定“东南区域知名的综合性应用型大学”办学定位。全日制在校生2万人,全校教师1100多人,校舍面积58.16万平方米,各类藏书265.66万册(含电子图书)。6月,经省委研究决定,庄毓敏聘任为闽江学院副院长,主持行政工作。年内制定《闽江学院章程》,报省教育厅核准。编制《闽江学院建设应用型大学目标管理责任书(2015—2017年)》,提出今后3年学校和系院在稳定规模、优化结构、提升质量、服务需求、改革创新、党建思政等方面的主要任务。推进信息公开、党务公开和校务公开工作。成立校第二届学术委员会,制定《闽江学院学术委员会章程》。出台《闽江学院重大事项征求意见制度》《闽江学院领导班子定期听取和研究解决干部群众反映突出问题制度》《闽江学院党政领导班子成员联系系院制度》等制度。

学科专业建设　服务海西的纺织科学与工程学科体系建设、对地观测与信息获取教学实验平台建设、高端装备光机电控制研究中心建设、闽台高校教育交流合作人才培养模式与创新团队建设等4个项目获批2014年度中央财政支持地方高校发展专项资金项目立项,获批经费1100万元。新增电气工程及其自动化、导航工程、轻化工程等3个本科专业并首次招生。

师资队伍建设　出台或修订《闽江学院人才引进工作办法(暂行)》《闽江学院教职工进修培训管理办法(修订)》《闽江学院青年教师培养暂行规定》《闽江学院教师、实验、学生思想政治教育、教育管理等专业技术职务任职条件(试行)》等文件。引进调入34人,其中博士研究生7人,具有副高职称1人。

人才培养　学校面向全国招收全日制本专科生5552人(本科5152人)、硕士研究生10人,应届毕业生5657人,年终就业率达98.8%。深化公共必修课程改革,加强校选课开设,推动网络课程建设。获省第七届高等教育教学成果一等奖3项、二等奖4项。组织各系院制(修)订2014级本科专业培养方案。发布《闽江学院2013年度本科教学质量报告》。成立闽江学院福州地区大学新校区大学生创业基地,入驻6个创业团队,其中4个项目注册成立公司。发布2014年毕业生就业质量年度报告。学生在各类学科竞赛活动中,获国家级奖项93项,省级奖项125项;在大学生创新创业训练计划项目立项中,获国家级立项20项,省级立项40项。在“创青春”全国大学生创业大赛中,获全国银奖1项。

研究生教育　出台《闽江学院研究生学籍管理实施细则(试行)》《闽江学院硕士学位授予办法(试行)》等研究生管理制度20余项。开展硕士生导师遴选和硕士毕业论文答辩工作。接受服务国家特需专业硕士项目试点中期考核。13名首届硕士研究生毕业并获硕士学位。

科研与服务地方　修订发布《闽江学院科研奖励条例》《闽江学院科研工作量计算考核意见》《闽江学院横向科技项目经费管理办法》等科研管理文件。整合校企资源,成立闽江学院卫星导航与空间信息工程研究院、互联网创新研究院、五缘文化研究中心、法律社会工作研究所等校级科研机构。闽都历史文化研究中心获评省高校优秀人文社科研究基地。福建省纺织服装产业集群窗口服务平台、福州市地理信息行业技术创新中心经相关主管部门批复依托学院立项建设。新增科研立项国家级5项、省部级20项,新增企事业单位委托项目46项,完成6项技术开发合同认定工作,申报专利23项,获授权专利3项。1个项目获2014年福建省科学技术奖(自然科学奖三等奖)。教师获福建省第十一届自然科学优秀论文奖二等奖2项、三等奖3项。为省统计局、省测绘地理信息局、省特种设备检验研究院等部门提供技术咨询与服务。与省市多家龙头企业开展产学研对接。协助福州市旅游局做好旅游人才培训。

校园文化　校艺术团受国家汉办委派赴加拿大巡演并参加布鲁克大学50周年校庆活动。举办校第十三届运动会、校园文化艺术节、"记者风采节"等品牌活动。邀请省人民艺术剧院到校举办高雅艺术进校园活动。将校园文化活动移植到易班网，实现校园文化活动的网上网下联动，学生易班网注册基本实现全覆盖。组织大学生暑期"三下乡"社会实践队伍164支，有12761人次参与。在全校范围内开展"走下网络、走出宿舍、走向操场"活动。1个基层团委获"2013年度福建省五四红旗团委"称号，3个基层团委获"2013年度福州市先进基层团组织"称号。年内学校通过第十二届省级文明学校复评。

校园建设　规划建设校园第7期工程。新华都商学院大楼投入使用。启动软件学院大楼和学生公寓4区10号楼建设。做好长乐路校区土地盘整和搬迁重置工作。启动新一代"智慧校园"规划，完善校园网基础设施。制订后勤服务外包招投标方案，建成教工餐厅。开展学校安全标准化建设，构建平安和谐稳定校园环境。南、北大门智能交通管理系统建成并投入运行。上街公安分局荷塘派出所在校正式挂牌成立。

（赖仕贤）

【福州职业技术学院】　2014年，福州职业技术学院围绕立德树人核心任务，践行"政校企合作，内涵式发展"办学理念，制定《福州职业技术学院章程》。学院有9个系（电子信息工程系、机械工程系、交通工程系、计算机系、人文系、管理系、财经系、应用外语系、商贸系）、2个部（公共教育部、思想政治理论教学研究部）、2个二级学院（金科网络技术管理学院、国际教育学院）、1个中心（电大与继续教育中心）。在校生18180人，其中全日制高职在校生7090人，应用型全日制本科在校生76人，各类成人学历在校生11014人。年内招聘急需紧缺专业教师22名，选拔3位青年骨干教师进行专项培养，引进台湾留美博士、全国技术能手等优秀高层次人才；推荐6名教师赴国外访学进修，选派2位教师到国内知名高校访学。启动26.67公顷预留用地征迁工作，学院二期工程基本完成；学院占地38.19公顷，建筑总面积19.32万平方米，年内省市拨款2703.51万元，财政生均拨款达8286元。

教学改革获国家级教学成果奖　院长林承超主持的《政校企协同，合作育人机制的创新与实践》项目获2014年全国职业教育教学成果奖二等奖。项目成果视频在教育部"职教优秀教学成果大讲堂"专门网络平台全国播出。在2014年福建省职业教育教学成果奖评审中，学院《基于思科网络技术学院本地化的校企双主体人才培养模式改革与实践》获特等奖，《政校企协同，合作育人机制的创新与实践》获一等奖，《工学结合实践项目创新设计与系统实施》与《数控专业群人才培养教育教学改革探索与实践》获二等奖。

专业建设　经省教育厅评审，学院新增计算机软件技术、数控技术、会计电算化3个省级示范专业，配套专项经费142万元。至年底，学院省级以上办学标志性成果累计达97项。新增电梯工程技术、城市轨道交通控制、汽车制造与装配技术3个工科专业，满足区域产业转型升级过程对技能型人才的需求。

政校企一体化办学　校企共建思科网院实践与创新中心、福建电梯职教集团、国际教育学院、金科网络技术管理学院、长乐纺织学院等重点项目，校企共建专业、共建教学团队、共建技术研究与服务中心，合作开展招生与就业服务等事项。

培养培训一体化特色实践　全年学院开展40多个工种的职业技能鉴定，组织16048人次考生参加职业资格证书考试和职业技能鉴定，其中在校生10873人次（1421人取得高级职业资格证书或职业技能鉴定认证），社会考生5175人次；学院开展农民工培训、摄影基础知识培训、二级建造师培训、酒店服务与管理人员培训、执业药师证考前培训、计算机应用技术培训、电工培训等各种社会化培训，完成培训13128人次，同比增加2298人次。

专兼教师一体化探索　推动专任教师下企业实践，建设"三能"（能教、能练、能开展应用研究）教师团队。暑期，学院72名教师到52家企业进行实践锻炼，16名教师参加省培训。年内学院新增28名"双师型"教师，有"双师型"教师152人，占专任教师的70%。聘请企业兼职专业带头人11名，行业企业兼职教师91名，建成一支合理、稳定、高素质的双师结构专业教学团队。

产学研工作　学院提出构建"产学研"新型高职校园形态，提升学院服务区域经济能力的思路。全年学院投入495.49万元建设实训室，改善集"教学、培训、竞赛、鉴定、技术开发"五位一体的八大实训中心。注册成立资产经营管理有限公司及子公司企业管理咨询有限公司等院级社会服务机构，为企业解决应用研究、开发服务和人员培训等方面的实际难题。开展校企合作，与网龙、时代华奥、天狼星等企业共建10个"校中企工作室"，推动师生结合企业项目进行毕业设计、技术研发和社会服务。承办2014年省职业院校技能大赛（高职组）7个项目；参加2014年福建省职业院校技能大赛（高职组）获团体一等奖，其中13个项目获得一等奖、9个项目获得二等奖、12个项目获得三等奖。11个项目参加全国技能大赛获得1个二等奖、9个三等奖。出台《科研及技术服务机构管理办法（试行）》《横向科研项目经费管理办法（试行）》等科研管理制度，规范学院科研管理工作。2014年度学院获得国家发明专利1项，获院级以上各级各类科研项目立项数36项，其中市、厅级以上纵向科研立项项目27项，省部级科研立项项目5项；横向项目（包括技术服务）9项。学院教职人员公开发表学术论文130多篇，其中发表在核心期刊或被EI收录的论文10多篇。院长林承超获省第二届清海杯黄炎培职业教育杰出校长奖、副院长刘松林获优秀理论研究奖。

全员育人工作　推进第一、二、三课堂活动有机融合活动，围绕学生职业素养提升，巩固与创新二三课堂活动体系。与福州火车站合作开展春运、暑运师生社会实践活动，持续开展4年，成为学院

第二三课堂活动的品牌;召开全国青年运动会志愿者招募大会,学院挂牌成为“第一届全国青年运动会志愿者招募培训基地”。学院在省第十五届大运会中获2项团体冠军、3项团体第三名、1项团体第五名,获单项10金、3银、4铜。学院啦啦操代表队获全国啦啦操冠军赛大学生甲组花球自选动作、花球规定动作2项冠军。

思政课改革 制定关于提升思政课课堂教学质量的若干规定,开展“项目制管理,模块化教学”思政课教学改革试点,组织开展“中国梦、我的梦、大学梦”主题实践教学活动,将思政课第一课堂与第二课堂、理论教学与实践教学相结合,提升思政课授课质量。建设“阳光心理之家”,依托学院成立市属高校心理健康教育协作中心。《如何认识市场在资源配置中起决定性作用》项目获教育部人文社会科学研究专项任务项目。

合作办学 国际教育学院中澳会计电算化专业运行良好,同时引入中加计算机系统技术专业。11月学院与澳大利亚博士山学院合作举办的艺术设计专业获审批通过。加强闽台教育交流与合作办学,闽台合作专业在校生493人,2014届闽台班毕业生平均一次就业率达99%,双证书平均获取率达96.5%。

招生与就业 全年学院计划招生2945人,实际录取2801人,学生报到数2591人(含参军保留学籍),报到率为92.5%。第一志愿录取的考生比例达93.32%,6个专业录取平均分接近本二线,学院全日制在校生7090人。2014届毕业生1968名,年度就业率98.6%,签约率91%,留在福州市就业的达63.8%。

社区大学“南仙茶摊”学习圈 学习圈活动传承与传播福州老传统及闽都习俗文化,吸引众多市民参与,并有媒体长期跟踪报道,获得广泛社会影响,该项目获福州市社区教育优秀品牌,参加茶摊文化学习的市民达4000余人次。

励园文化建设 编印《励园道德规范手册》《励园》简报;开办励园道德讲堂;完善学院、系部、班级三级微博体系;开展“文明餐桌”行动;加强校园文化建设和志愿服务,持续深化共建共创文明社区工作,学院“关爱特教 关注同伴”红十字体验式生命教育社会实践项目作为市属高校唯一项目入围省红十字扶持项目,3个艺术表演类节目和3项艺术作品在省第四届大学生艺术节评比中获奖。学院被评为AAAAA级“平安校园”和“安全标准化建设二级达标学校”。

学生工作 建立为学生办实事制度。2013—2014学年确立的筹建大学生创业园、组建师生工作室、成立阳光心理之家等10个为学生办实事项目完成,9月启动2014—2015学年为师生办实事项目,主要为建设学生课程信息管理子系统、建设学生收费查询系统、学生公寓一期网络改造等14件实事。发挥学生委员会作用,支持学生建立教学质量监督与服务委员会、学生提案委员会、学生公寓监督与服务委员会、学生读者委员会、学生食堂监督与服务委员会,鼓励学生参与学校管理,加强自我服务,提升综合素质。年内学生创业项目获2014年全国职业学校创新创业大赛二等奖,与福建省中小企业商会合作,企业家讲师团入校开展职涯成长对话沙龙,探索并实行职涯导师制;首批9个项目入驻学生创业园开展创业活动,2个项目入选省第三届大学生“创业之星”项目并获团省委创业资金扶持。学院获首届海峡两岸(福州)创业创新大赛优秀组织奖,学生获省第六届职业规划决赛一等奖。7月,“馨声工作室”学生创业项目获全国中高职创新创业大赛二等奖。

(谢群斌)

【闽江师范高等专科学校】 2014年,申报数学教育、英语教育、社会工作等3个新专业,获教育厅批准。加强与澳大利亚塔斯马尼亚理工合作举办学前教育专业专科教育项目,9月23日与塔斯马尼亚政府国际教育和培训部举行第4次合作洽谈会。2014—2015学年,主要面向福建招生,同时向山西、河南、广西、贵州、云南、甘肃等6个省招收部分高中毕业生。计划招生980人,其中五年制高职教育140人,高中毕业生840人。录取学生873人,其中春季高职招考招生182人,普通高考招生551人,五年专高职教育招生学生140人。

校企合作 与福州朗宁家庭服务有限公司、圣安琴文化教育有限公司、福建省中小企业家商会合作。组织两场大型校企合作办学签约仪式暨企业家与大学生对话沙龙、“舞出我青春”国标舞主题沙龙。

实训基地 新增澳洲亲亲袋鼠国际早教中心、卓人潜能培训学校、博杰教育培训中心等。投资200多万元建成14间的校内实训室,分别有网络技术实训室、多媒体技术实训室、网站开发实训室、物联网实训室、进出口业务模拟操作实训室、商务英语仿真情景实训室、少儿英语教学实训室、企业办公仿真实训室、微格教室(一)(二)(三)、数学建模与电子图书资料室、小桔灯阅读指导与推广实训基地、学前模拟实验室、数码钢琴教室、艺术实训室。

学生参赛获奖 5月,在省职业院校技能大赛中,获团体三等奖,其中电子信息类获得1个三等奖和优秀奖,旅游大类获1个二等奖和三等奖,文化教育大类获1个一等奖和2个优秀奖,艺术设计传媒大类获1个三等奖和3个优秀奖。7月,在第三届全国高师、高职小学教育专业语文类师范生片段教学竞赛中,教育系12级初等教育(中文与社会方向)的黄璐和肖剑同学在比赛中获“一等奖”,学校获“优秀组织奖”;艺术系学生在第十一届校园未来星——中国优秀特长生展示(测评)活动福建赛区中获声乐类民族唱法青年组金奖2人、银奖3人、铜奖1人。8月,组织学生参加2014—2015年全国啦啦操联赛(福州站)中,取得大学甲组技巧啦啦操(全女组)冠军,大学甲组花球规定、花球自选啦啦操(全女组)一等奖;在第十五届福建省大学生运动会啦啦操分项的比赛中取得团体总分第六名。12月13—14日,在省首届高校师范生教学技能大赛中,初教系柯跃智、谢燕云等7人获4个二等奖、3个三等奖,学校获最佳组织奖。在全省第四届大学生艺术节中,获优秀组织奖、精神风貌奖,艺术表演类器乐《北管主题随想曲》获甲组一等奖,舞蹈《花语心愿》获甲组三等奖,合唱节目《春晓》《The Battle of Jericho》获甲组一等奖,艺术作品《夜上受降城闻笛唐李益》书法篆刻叶婷婷获甲组一等奖,《文林印稿》印屏篆刻王文林获甲组二等奖、《知止轩印迹》印屏篆刻刘晓芸获甲组二等奖，艺术教育科研论文《论“儿童书法”的名与实》欧键汶获一等奖；《论如何提高学前教育专业声乐课堂教学的有效性》徐丽红获二等奖；《高职院校艺术活动的问题分析及对策》王海波获二等奖；黄耀荣摄影作品《武夷印象》《成行——霞浦海边景观》获校长风采奖；“我和大艺展”征文《三百万像素摄影师》《人可生如蚁而美如神》《脚尖上的绽放》作者赖幼鹤、黄海珊、黄惠婵均获一等奖。在第五届省学生规范汉字书写大赛中，高校硬笔书法组获2个特等奖，1个一等奖，4个二等奖和2个三等奖；高校软笔书法组获2个一等奖，1个二等奖和1个三等奖。

师资队伍建设　制定并执行《闽江师范高等专科学校教职工请假规定》《闽江师范高等专科学校教职工在职进修学习管理暂行办法》。引进38名教职工，其中教研员5人，高校教师17人，辅导员4人，行政管理人员11人，军转人员1人。有30名教师参加进修学习，其中4人报读高校教师在职攻读博士、硕士学位；参加其他研修、进修班23人。先后选送2名教师美国进修，选送2人到全国各知名重点大学作访问学者。福州教育研究院教育科研中心主任、数学教研员、高级教师郑新发获特级教师称号，研究院6名高级教师获省级学科带头人称号。

就业工作　2014届毕业生794人，其中师范生577人，非师范毕业生共217人。举办秋季、夏季大型校园供需见面会招聘会，为毕业生提供200多个就业岗位。专场招聘会和小型招聘会应需举行，举办福州纵腾网络科技公司、福州天路网络公司、福州九色鹿培训学校等专场招聘会15场。初次就业率（截至9月25日）师范生85.3%，非师范生99.5%。全省小学、幼儿园教师招考录用率33.2%。毕业生就业率达97%以上。

创业讲座及比赛　7—9月，校团委组织学生参加全国、全省创业创新赛事，“翰墨书院”创业计划获2014年“挑战杯——彩虹人生”全国职业学校创新创效创业大赛一等奖；省第八届“挑战杯”大学生创业计划竞赛，有4件作品获银奖，4件作品获铜奖，6件作品获优秀奖；在省首届“创青春”公益创业赛中1件作品获铜奖；在省首届青年创新创业大赛中1件作品获三等奖。9月20日—10月12日，举办“圆梦工程”大学生创业培训班集中授课，内容包括：创业意识及团队组建、如何撰写创业计划书、新创企业人力资源与运营管理、创业形势分析与优惠政策解读、商务礼仪与沟通技巧、连锁加盟创业分析与商圈店址、评估创业项目挖掘与评估、创业营销策略、创业沙盘等讲座和活动。

科研工作　整合校际教研员、高中兼职教研员、学科教研中心组成员等多支队伍，组建“学科教研工作室”，发挥名优教师团队优势，开展教育教学研究、学科教学规划、学科教学指导、学科教学质量测评、学科教师专业发展指导等。每个学科教研工作室人员为10～15人，首批成立22个，第二批成立9个，成立31个学科教研工作室，全年开展学科教研工作室活动173场次，约6824人次参加。同时聘请学科教研顾问，借助高校教育专家和省级研训部门专家力量，提升学科教研专业水平，中小学每个学科聘请2～3名学科教研顾问，聘请49名学科教研工作室顾问。教研员主持或参加国家级课题6项、省级课题44项、市级课题36项。教研员的研究论文在CN刊物上发表28篇、在准印刊物发表10篇、收入其他汇编27篇。

教研工作　建立健全由市级教研部门统领，县级教研部门分区域组织，学校教研组具体落实的三级教研网络。基本形成区县教研室例会制度保障机制、区县教研员研讨制度，每学期初召开全市中小学教研室主任例会，部署新学期全市教研工作计划，并组织各县（市）区开展教研经验交流和研讨。全年举办区县中小学教研室主任培训会2场，64人次参加。建立市县两级教研员分学科召开教研工作会议的制度，全年举办区县各学科教研员培训会37场次，820人次参加。

每星期二组织教研员下校听课、调研日。结合课题研究或教学存在问题，有选择、有针对性地开展调研。全年全体教研员下校达1265所次，参加集体备课769场次，听课3145节，评课2138节。根据市质检、中考、高考、小学抽考等质量分析情况，重点选定某些区域或学校开展调研，并集中向学校和教育行政反馈。全年组织专项主题调研167场次，33190人次参加。针对高三毕业班教学，组织教研员和学科教研工作室成员到7个县（市）和平潭综合实验区开展专项教学视导活动17场次，共5320人次参加。

举办全市性教学开放周（日）活动，在42所中、小学举办市级教学开放周（日）活动，涉及中小学所有学科，开设1145节公开课，评课834余场，举办教育教学主题论坛52场，参加活动的省内教师达23450人次。

4月23—25日和9月24—26日，教研中心分别组织2014年春季福州市基础教育教学研究学术论坛高考研究分论坛和2014年秋季福州市基础教育教学研究学术论坛高考研究分论坛。论坛的主要内容有：2014年高考试题分析及经验总结；高三复习教学策略研讨。参加本次论坛的有全市各县（市）、区、民办高中校的语文、数学、英语、物理、化学、生物、历史、地理、政治9个学科的高三学科集备组长；各县（市）、区教师进修学校高中教研员、高中兼职教研员近1300人。

全年举办市区学校学科教研研训、举办高、中考研究论坛活动等475场次，参加研训教师达57033人次。10月中考10个学科分别举办10场中考研究论坛，约1150名初中学科骨干教师参加论坛活动。主要是分析当年全市中考情况，研究初中教学存在的问题，研讨新学年教学策略。

12月，教研中心举办2014年中学教师命题培训，培训分3个阶段进行，举办培训38场，2850人次参训。

小学各学科、学期教育、特殊教育，根据教学重点、热点问题，有针对性地开展主题教研，全年召开大规模的现场教学观摩和研讨活动33场，12560人次参会；开展学科教研活动，全年组织小学各学科教研活动61场，其中语文学科10场，品生品社学科6场，数学学科20场，英语学科10场，科学学科6场，特教9场，培训达15209人次。5名教研员分别开设学科专题讲座39场次，活动6230人次。下校开展教研指导活动，进行指导集备161次，听课593节，评课318节。举办福州市“自闭症儿童的发展特点与教育康复”专题研训、福州市“中小学生学习及情绪障碍的诊断与辅导”专题培训、福州市特殊教育论文写作与教育科研专题研训等专题会议，参会教师510人次。

组织开展体、音、美技能学科教研、观摩活动，3月15日、4月9日、4月15日、5月22日分别在三中金山校区、乌山小学、福州群众路小学举办初中体育教师、高中体育教师、小学体育教师的“武术健身操”“队列口令训练”“拓展游戏训练”培训，400多人参加。4月28日，“2014全国首届基础音乐教育名师福州讲坛”在福州教育研究院旗山校区报告厅开幕，600多人参加。5—6月先后在福州市宁化小学举办“福州市小学书法教学观摩研训活动”；在福州教育学院附属第四小学举行福州市“小学水墨画教学研讨暨构建中小学美术课堂导与学策略研究课题活动”。6月举办福州市中小学美术录像课比赛。6月22日在闽江学院附中举行“福州市体育教师技能大赛”，400多人参赛。11月7日组织福州市小学首届“儿童歌舞剧”展演活动在福州格致中学音乐厅开幕。12月7日由福州教育研究院、福州教育画院、厦门太古可口可乐饮料有限公司芬达品牌联合主办的“2014年福州市中学生漫画大赛”现场命题创作比赛在福州四中举行。

教学比赛活动　7—10月针对优秀青年教师举办为期3个阶段的中小学教师教学技能培训。除教研中心统一开设的公共课程外，分39个学科组开展针对本学段本学科的技能培训。整个培训设470场次，约2400人次参加培训。中小学各学科组织推选优秀青年教师参加全国、全省各种教学大赛，福州市参赛教师获全国一等(特等)奖8人、全国二等奖6人、省一等奖36人、省二等奖24人。开展2014年教育教学论文征集活动，面向中小学、学前教育、特殊教育开展教育教学论文征集活动，评选出教学论文651篇，经审后分学科进行汇编。按每两年开展一届优秀教学论文评选活动，从2013年和2014年两年的论文汇编中，评选出优秀教学论文，分设一、二、三等奖颁发市级优秀教学论文获奖证书。举办2014年优秀“微课”评选活动。在各学校和各区县推荐基础上，教研中心组建各学科专家组，根据教研中心制定的《微课评价标准》对征集到涵盖幼教、小学、中学各学科的872节“微课”进行评审，评出一等奖102节、二等奖190节、三等奖296节，获奖微课占选送微课的68.6%。

教师继续教育　3月，福州市中学第四期(地理、历史)名优教师影子培训开班，小学音乐名师到北京访学办；举办福州市中学第十一期(生物)中学名优教师高级研修班。6月，聘请北京2名国内知名专家学者，为在培的700多名中学骨干、名优高研班学员开设2场专题讲座。10月，举办福州市中学第十二期(政治)中学名优教师高级研修班。11月，福州市中学第五期(化学、生物)、第六期(体育、美术、音乐)名优教师影子培训开班，培训为期半年；举办福州市第二期教师进修院校培训者(教研员)专业素养提升培训；福州市9期幼儿园骨干教师开班。12月，举办福州市中学名师工作室高级研修班。

中小幼教师全员岗位培训，涉及2万名中学教师的岗位培训，继续采用“三位一体”新模式——网络培训、校本培训、集中面授三结合，人均接受50学时培训，年培训量近30万人次。集中培训组织中小幼25个学科，68个班级，开设培训272场。校本培训在专家引领示范校辐射下，在全市70多所中学铺开，各校开展各具特色的校本培训活动675场，参训教师达108万人次，同时福州教育研究院组织市区178名各学科名优教师组建27个校本培训学科指导组，到20所中学，下校指导93人次。送培下县采用分学科送教下县和远程网络培训相结合形式，人均接受72学时培训，全年1万名县(市)中级职务教师及民办中学中级、初级职务教师，初中高级教师参加培训。开展新教师见习期培训，分为岗前集中理论培训和见习期实践跟踪培训两个阶段，有中、小、幼新教师700多人参加培训。每名新教师必须接受120学时培训。

“名师工作室”管理　成立20个中小幼名师工作室，有213名成员和4名顾问。年内组织名师工作室开展各级各类讲座、公开课、示范课、送培送教下县等活动近200场，送培下八县活动近100场。名师工作室网站与福州教育研究院官网站对接，各名师工作室网站平均月点击量约2000次，部分工作室网站每月2万多浏览量。网站逐步完善优质资源共享，传播课改理念，研究中高考，在线答疑解难等功能。组织名师工作室开展课题研究，年内各工作室在研国家级、省市级课题20多项，发表论文100多篇。中学语文、数学、物理工作室通过福州教育研究院向福州市公开“示范讲学菜单”，供各地各学校根据各自需要自主选择约课。

市教师继续教育网　完善“福州市教师继续教育网”，对培训过程中的课程设置、报名、编班、考勤、考核、评价问卷、数据统计、选课、选班、师资库等全部纳入平台管理。同时建立全市教师信息库、专家资源库、学习交流平台、短信群发功能等，将培训工作的各阶段管理全部纳入“福州市教师继续教育培训管理系统”，实现信息化管理。协助开发“福州市名优骨干教师信息管理系统软件”，通过对全市名优骨干教师基础数据采集管理，电子化完成对名优骨干教师常规管理和工作量考核，同时通过年度数据采集，掌握骨干教师成长过程，科学指导全市名优骨干教师专业发展。

心理健康工作　4月29日，未成年人心理健康辅导站辅导人员赴闽侯为“4·28”闽侯撞人事件受到伤害的师生作心理辅导。5月8日，由校学生处、团委、人文社科系联办的校“第六届大学生心理素质拓展月”开幕式暨高校心理健康工作经验交流会在教学楼1018教室举行。5月27—28日，福州市“首届中小学校园心理情景剧大赛”在宁化小学三楼报告厅举行，35所中小学校参加决赛。6月26—28日，举办福州市“萨提亚工作坊”专题培训，来自马来西亚的萨提亚培训导师博士林文采带领学员了解孩子在不同成长阶段心理需求，了解父母和家庭里的其他成员言行对孩子产生的影响。11月1—7日，偕同特教联合举办福州市“自闭症儿童发展特点与教育康复”专题研训活动，活动邀请到浙江师范大学杭州幼儿师范学院特教系的林云强、陈冠杏博士。12月2—4日，举办福州市“中小学生学习及情绪障碍的诊断与辅导”专题培训，中国台湾高雄心理学专家

林培雄做讲座。12 月 19 日，由福州市未成年人心理健康辅导站主办的“大篷车送辅导下乡活动”在永泰实验小学举行。

大学生“校园之星”评选活动　4 月，举办学校首届大学生“校园之星”评选活动，评选出道德之星、智慧之星、专技之星、励志之星、孝敬之星、公益之星、阳光之星、运动之星、才艺之星、服务之星各 1 名。在“五四”表彰大会上，对“校园之星”进行表彰，并颁发荣誉证书及奖品，并将“校园之星”的先进事迹在校园网上公示，在校园橱窗展示。

校园基础建设　11 月 14 日，福州教育学院新校区二期建设项目开招，项目将建设 2 座学生宿舍楼，1 条 400 米跑道及东大门，建筑面积 4578.27 平方米。12 月 11 日，福州教育学院新校区二期建设项目开始动工试桩，施工中标单位是福建省桃城建设工程有限公司，监理单位是福州市广通工程咨询有限公司。

（梁　煜）

（编辑　邱敏佳）

文化 出版 传媒

公共文化

【概况】 2014年，编制完成《福州市中心城区公共文化设施布局专项规划》，海峡图书馆完成主体建筑封顶（局部），市博物馆实施陈列改造更新工程，市艺术学校新校区二期工程正式立项，第一批24台城市街区24小时自助图书馆7月投入试运行，配合推进海峡文化艺术中心和海峡非遗生态园等项目规划建设。县级设施规划建设方面：马尾区图书馆新馆、闽侯县文化馆新馆和图书馆新馆建成并投入使用；鼓楼区博物馆建成并准备对外开放；三坊七巷演艺中心、闽侯县博物馆和福清市图书馆进入内部装修阶段；永泰"六馆一中心"开工建设；长乐市新区文化艺术中心启动前期工作。

结合元旦、春节、"五一"和国庆等重要节庆，组织"我们的节日"文艺演出、福州文化艺术周、"电影欢乐送"、优秀闽剧展演和闽都书场等群众文艺活动，到社区、农村、广场、学校、企业和军营等基层单位，开展社会主义核心价值观宣传教育活动，全年完成闽剧、曲艺和歌舞等文艺演出1300多场。提升"激情广场大家唱"、文化惠民"六进"、新福州人歌手大赛、海峡两岸民俗文化节、福州合唱音乐周、非遗进校园、文化志愿手拉手等品牌，培育"相约九日台"等文化惠民品牌。"激情广场大家唱"国家公共文化服务体系示范项目创建通过文化部中期督查。举办第十二届省音乐舞蹈节比赛福州赛区选拔赛、第二届福州语歌曲大赛、第六届市少儿故事大王比赛、第三届福州市少儿歌手大赛和第三届福州市村级文化协管员技能大赛等赛事。在"海峡杯"首届闽台少儿歌手大奖赛中，获7金9银8铜，居所有分赛区之首。在省第三届村级文化协管员技能大赛上，获1金2银。福州九日台音乐厅爱乐合唱团参加第七届海峡两岸合唱节获"银茉莉奖"。福州市选送的相声《拇指与食指》获省首届"丹桂奖"少儿曲艺大赛三等奖。在第十二届华东六省一市戏剧小品大赛总决赛中，由福州市选送的小品《牙签》《一诺千金》获金、银奖。在省第十二届音乐舞蹈节中，福州市选送的29件作品获4个优秀节目奖（最高奖）、3个节目奖；创作类5个一等奖，9个二等奖，4个三等奖；表演类6个一等奖，2个二等奖，9个三等奖，4个优秀奖；市文广新局获优秀组织奖；3人获指挥、伴奏类奖项；各类奖项总计53项，其中由市群艺馆选送的舞蹈作品《时间去哪儿》斩获舞蹈类（群文组）最高分。各县（市）区因地制宜开展"惠民乐万家"（福清）、"文化走亲"（长乐）、民俗园大戏台（闽侯）、"文化服务百千万工程"（连江）、"一县一品、一乡一品"（闽清）和"周周乐"（永泰）等特色文化活动。

完成68个乡镇综合文化站和18个社区文化活动室文化信息资源共享服务点建设；规范农村有线广播应急预警系统管理，推进高山发射台基础设施改造和乡镇有线数字电视整转。提升各级公共文化场馆免费开放水平。鼓楼区、晋安区与省图书馆合作，设立省图书馆分馆，开展汽车图书馆服务；台江实施市一区一街道三级图书馆（室）"一卡通"服务试点。

加强基层文化队伍培训工作，全年举办文化站长、农家书屋管理员、村级文化协管员等培训约1500场次，培训人数超过10万人次。开展全民阅读活动，组织读书进基层、送书下乡、设立图书流通点及承办"书香中国万里行·福州站"等活动，全年流通图书216.5万册次，接待读者158.3万人次；至年底设立图书流通点538个。仓山和连江通过"全国文化先进县（区）"复查，闽侯列入"全国文化先进县"。

【新福州人歌手大赛】 1月1日，第十四届新福州人歌手大赛决赛在九日台音乐厅举行，26组选手进行角逐。1月5日晚，大赛汇报演出在福州工人文化宫上演。12月，第十五届新福州人歌手大赛报名工作全面铺开，比赛利用社会力量举办赛事，更新定位、创新赛制，启动微信公共平台报名，报名600多人。

【"相约九日台"文化惠民演出】 10月31日晚，由市文新局主办，市群艺馆承办的"相约九日台"文化惠民系列音乐会开幕，首场演出"梅花献瑞"戏曲名家同唱一台戏在九日台音乐厅举办。11月1日晚，举办"琵琶与二胡的对话"；

21 日晚，推出“你是我的眼”慈善音乐会；23 日晚，举办“浪漫琴诗陈珣钢琴音乐会”。12 月 24 日晚，献演精品话剧季——《天堂的风铃》；31 日，演出精品话剧季——爆笑青春怀旧话剧《曾经》首部曲。

【第八届福州市合唱音乐周】 11 月 12—15 日，由市文新局、省合唱协会主办，市群艺馆承办的“第八届福州市合唱音乐周”在九日台音乐厅举行。音乐周为期 4 天，有 46 支优秀激情广场合唱团、室内合唱团、中小学、大中专院校合唱团参加，参演人数近 2500 人。

【非遗校园行】 3—12 月，为期两个学期的公共文化服务校园行——“非遗校园行”活动开始。活动内容涉及非遗摄影展、非遗讲座、非遗知识图片展、传承人进校园互动等。涉及 20 多所全市中小学校与高等院校。此次活动在开展多年的“非遗进校园”活动的基础上，结合互联网等新媒体手段，以学校点击定制的形式实现对口配送，创新公共文化服务形式以及非遗校园行的活动内容。

【乡镇及农村基层文化工作者培训】 11 月 10 日——12 月 10 日，由市文新局主办，市群艺馆及各县区文体局承办的 2014 年福州市乡镇及农村基层文化工作者培训开展。培训分 5 期，分别在闽侯县、连江县、福清市、闽清县、福州市区举行，全市各县（市）区 700 多名村级文化协管员参加培训。

【文化惠民“六进”活动】 “文化惠民·六进”活动每月 1 场，举办第 107 ~ 118 场演出，活动形式由单一的文艺演出扩展到题写楹联、非遗项目展演、艺术辅导培训等。

【“激情广场大家唱”活动】 4 月 11 日晚，经过历时数月的福州语歌曲传唱活动，第二届福州语歌曲激情广场传唱汇报演出在九日台音乐厅举行，有 20 多支激情广场大家唱队伍参加演出。庆祝“七一”建党日，6—7 月全市多个“激情广场大家唱”举行“迎七一”群众文化活动。9 月 30 日晚，“中国梦·我们的梦”福州激情广场大家唱庆祝建国 65 周年系列活动在全市各激情广场大家唱平台分别举行。该项目于 10 月完成第二批国家公共文化服务体系示范项目中期验收。

【市图书馆】 总藏量为 1324944 册/件，其中纸质中文书刊为 740474 册，新增藏量为 118524 册。采购纸质图书 38176 种 140799 册；订报刊 953 种 1113 份，新购同方工具书、超星名师讲坛、爱迪科森网上报告厅、上业百科视频、多元书目信息库、公元集成图片、台湾学术电子期刊库等数字资源，完成 340 万元图书采购任务。接待读者为 175760 人次，书刊外借为 107784 人次、320883 册次；组织各类读者活动 74 次（专题书刊展 9 次，新书、新刊展借 24 次，图片展 10 次，赠阅杂志 1 次，开设讲座 1 场，播放视频讲座 8 次，其他推广活动 21 次），参加活动读者达到 3.6 万人次。

在闽清县桔林乡、杨桥中学等单位设立图书流通点，流通点总数达 102 家。全年送书 30 余次、4 万余册次。

【市少儿图书馆】 图书总藏量 52 万册，年购书款 60 万元，新增图书 3.9 万册，报刊 396 种，电子读物 478 件，年接待读者 14.90 万人次，流通书刊 25.05 万册次，新增读者证 1088 本，新增闽侯县实验小学 1 个阅读基地，新增闽清县池园新星幼儿园、闽清县文定中学、闽清县白中中学和闽侯县鸿尾桥头小学 4 个图书流通点，流动图书 4000 多册，为流通点换书 25 次，流通图书 9600 册。开展文化下乡 3 次，图片图书巡回展出 20 次，读书阅读讲座 1 次，读书征文竞赛 2 次，演讲表演赛 3 次。开展 4 场读书月系列活动分别为在闽侯县实验小学、闽清县坂东中心小学、福州冯宅中心小学、仓山台屿农家书屋举办“点亮中国梦”为主题的中华经典诵读活动；在闽清县白中中学举办以“中国梦 我的梦”为主题“书香校园”读书征文竞赛；在闽清县白樟中心小学举办“雷锋在我心中”读书征文活动；在各图书流通点举办图片资料宣传巡回展览。

承接国家图书馆少儿馆举办的“绘本知识地区巡展”，引进服务品牌，结合文明福州工作，提出“文明福州、照亮童年”福州地“文明福州·照亮童年——绘本发展简史暨中外优秀绘本展”福州地区展区绘本知识巡展，通过数字化等技术方式实现读者服务，在地区公共图书馆中引导各区县馆参与，用网站宣传、馆内现场宣传、馆内活动等方式开展巡展活动。

（李仲才　江艳青）

专业文艺

【概况】 2014 年，闽剧《兰花赋》晋京参加“庆祝新中国 65 华诞·同圆中国

9 月 19 日，福州市闽剧院闽剧《兰花赋》在国家大剧院演出（市文广新局　供）

表 55

2014 年福州市专业文艺省级以上获奖情况分类表

序号	获奖单位及个人	项　目	授奖单位	奖　项
1	福州市曲艺团	《秦楼月春回坊巷》	文化部 财政部	国家艺术基金2014年度资助项目
2	福州市曲艺团	《月白天青》 《孝义巷传奇》	文化部	入围文化部在全国曲艺、木偶戏及皮影戏优秀剧(节)目资金扶持项目
3	福州市艺术学校 陈思琦	闽剧《春江花月夜》	教育部	第十一届全国中职“文明风采”竞赛优秀奖
4	福州市艺术学校 汤文星	闽剧《洗浮山》	教育部	第十一届全国中职“文明风采”竞赛优秀奖
5	福州市艺术学校 冉春燕	闽剧《游湖借伞》	教育部	第十一届全国中职“文明风采”竞赛优秀奖
6	福州市艺术学校 潘玮潇	闽剧《林则徐充军》	教育部	第十一届全国中职“文明风采”竞赛优秀奖
7	福州市艺术学校 陈烘烨	闽剧《八珍汤》	教育部	第十一届全国中职“文明风采”竞赛优秀奖
8	福州市艺术学校 林梦晞、程林晔、徐真	弦乐三重奏《童谣》	教育部	第十一届全国中职“文明风采”竞赛优秀奖
9	福州市艺术学校 林仁冰	闽剧《双枪陆文龙》	教育部	第十一届全国中职“文明风采”竞赛优秀奖
10	福州市艺术学校 林巧凤	闽剧《扈家庄》	教育部	第十一届全国中职“文明风采”竞赛优秀奖
11	福州市艺术学校 杨佳敏	闽剧《红裙记·寻夫》选段饰柳氏	教育部	第十一届全国中职“文明风采”竞赛优秀奖
12	福州市艺术学校 董姣姣	独舞《乡愁无边》	教育部	第十一届全国中职“文明风采”竞赛优秀奖
13	福州市艺术学校 丁雨瑶	舞蹈《轻轻的》	教育部	第十一届全国中职“文明风采”竞赛优秀奖
14	福州市艺术学校 林炀宏	舞蹈《临水》	教育部	第十一届全国中职“文明风采”竞赛优秀奖
15	福州市艺术学校 林叶	舞蹈《红豆》	教育部	第十一届全国中职“文明风采”竞赛优秀奖
16	福州市艺术学校 沈佩瑶	舞蹈《笛中花》	教育部	第十一届全国中职“文明风采”竞赛优秀奖
17	福州市艺术学校 张雨薇	小提琴独奏《海滨音诗》	中视戏曲音乐频道	2014CCTV钢琴·小提琴大赛业余组优胜奖
18	福州市艺术学校颜宝华	独舞《冰心·繁星点点》	华东六省舞蹈家协会	华东六省舞蹈精英展演指导教师奖
19	福州市艺术学校 董姣姣	独舞《冰心·繁星点点》	华东六省舞蹈家协会	华东六省舞蹈精英展演“精英奖”金奖

续表 55－1

序号	获奖单位及个人	项　目	授奖单位	奖　项
20	福州市艺术学校 陈乃春	闽剧《林则徐充军》	福建省教育工委 福建省教育厅	第五届福建省中职学校“文明风采”比赛优秀指导教师奖
21	福州市艺术学校 颜宝华	舞蹈《轻轻的》	福建省教育工委 福建省教育厅	第五届福建省中职学校“文明风采”比赛优秀指导教师奖
22	福州市艺术学校 潘玮潇	闽剧《林则徐充军》	福建省教育工委 福建省教育厅	第五届福建省中职学校“文明风采”比赛一等奖
23	福州市艺术学校 汤文星	闽剧《洗浮山》	福建省教育工委 福建省教育厅	第五届福建省中职学校“文明风采”比赛二等奖
24	福州市艺术学校 冉春燕	闽剧《游湖借伞》	福建省教育工委 福建省教育厅	第五届福建省中职学校“文明风采”比赛二等奖
25	福州市艺术学校 陈烘烨	闽剧《八珍汤》	福建省教育工委 福建省教育厅	第五届福建省中职学校“文明风采”比赛二等奖
26	福州市艺术学校 林梦晞、程林晔、徐真	弦乐三重奏《童谣》	福建省教育工委 福建省教育厅	第五届福建省中职学校“文明风采”比赛二等奖
27	福州市艺术学校 林仁冰	闽剧《双枪陆文龙》	福建省教育工委 福建省教育厅	第五届福建省中职学校“文明风采”比赛二等奖
28	福州市艺术学校 张雨薇	小提琴独奏《苗岭的早晨》	福建省教育工委 福建省教育厅	第五届福建省中职学校“文明风采”比赛三等奖
29	福州闽剧艺术传承发展中心	闽剧《林则徐复出》	福建省政府	福建省第七届百花文艺奖二等奖
30	福州市歌舞剧院 林姝敏、邹洋	舞蹈《青恋》	福建省政府	福建省第七届百花文艺奖二等奖
31	福州市曲艺团 陈峰	《李寄斩蛇》《乡土人情》	福建省政府	福建省第七届百花文艺奖二等奖
32	福州市歌舞剧院 石振华	歌曲《浪花跳到台湾岛》	福建省政府	福建省第七届百花文艺奖三等奖
33	福州闽剧艺术传承发展中心 黄秀春	闽剧《碧玉簪·三盖衣》	福建省文化厅	福建省第八届青年演员比赛金奖
34	福州市歌舞剧院 高菲菲	舞蹈《鹊桥仙》	福建省文化厅	福建省第八届青年演员比赛金奖
35	福州市歌舞剧院 王春黎	歌曲《看天下劳苦大众都解放》 歌曲《千古绝唱》	福建省文化厅	福建省第八届青年演员比赛金奖
36	福州市艺术学校 窦龙人	京剧《汉宫惊魂》饰刘秀	福建省文化厅	福建省第八届青年演员比赛金奖
37	福州闽剧艺术传承发展中心 于晓滢	闽剧《甘国宝·盘答》	福建省文化厅	福建省第八届青年演员比赛银奖
38	福州市歌舞剧院 王雅楠	舞蹈《莲心》	福建省文化厅	福建省第八届青年演员比赛银奖

续表55-2

序号	获奖单位及个人	项目	授奖单位	奖项
39	福州市歌舞剧院 种雨佳	舞蹈《忆》	福建省文化厅	福建省第八届青年演员比赛银奖
40	福州市歌舞剧院 蔡丝露	舞蹈《望雨》	福建省文化厅	福建省第八届青年演员比赛银奖
41	福州市歌舞剧院 演唱:吕郭峰作曲:施惟	歌曲《今夜无人入眠》 歌曲《满江红随想》	福建省文化厅	福建省第八届青年演员比赛银奖
42	福州市歌舞剧院 阮晓玲	歌曲《嫂子颂》 歌曲《Toloveyoumore》	福建省文化厅	福建省第八届青年演员比赛银奖
43	福州市歌舞剧院 程艳	歌曲《凤箫瑟》 歌曲《每逢节日到来》	福建省文化厅	福建省第八届青年演员比赛银奖
44	福州市艺术学校 胡丹	小提琴独奏《丰收渔歌·花儿为什么这样红》	福建省音乐家协会	第三届中国音乐"小金钟"小提琴比赛小提琴教学贡献奖
45	福州市曲艺团 陈峰	《李寄斩蛇》《乡土人情》	福建省文化厅	福建省第八届青年演员比赛银奖
46	福州市艺术学校 翁林森	闽剧《小宴》饰吕布	福建省文化厅	福建省第八届青年演员比赛银奖
47	福州市艺术学校 吴立敏	闽剧《招姐做新妇》饰招姐	福建省文化厅	福建省第八届青年演员比赛银奖
48	福州市艺术学校 林俤俤	闽剧《洗浮山》饰贺天保	福建省文化厅	福建省第八届青年演员比赛银奖
49	福州闽剧艺术传承发展中心 赵芳艳	闽剧《借年》	福建省文化厅	福建省第八届青年演员比赛铜奖
50	福州闽剧艺术传承发展中心 谢婉萍	闽剧《送灯》	福建省文化厅	福建省第八届青年演员比赛铜奖
51	福州闽剧艺术传承发展中心 廖雄威	闽剧《斩金堂》	福建省文化厅	福建省第八届青年演员比赛铜奖
52	福州市歌舞剧院 刘雨旋	舞蹈《乡愁无边》	福建省文化厅	福建省第八届青年演员比赛铜奖
53	福州市歌舞剧院 林莉	舞蹈《傣源》	福建省文化厅	福建省第八届青年演员比赛铜奖
54	福州市歌舞剧院 蔡恩慧	歌曲《海峡之梦》 歌曲《橄榄树》	福建省文化厅	福建省第八届青年演员比赛铜奖
55	福州市艺术学校 张林娜	闽剧《红裙记》饰柳氏	福建省文化厅	福建省第八届青年演员比赛铜奖
56	福州市艺术学校 林特	闽剧《周仁献嫂·踏冠》饰周仁	福建省文化厅	福建省第八届青年演员比赛铜奖
57	福州市艺术学校 黄梦琦	闽剧《挂画》饰叶含嫣	福建省文化厅	福建省第八届青年演员比赛铜奖

续表55－3

序号	获奖单位及个人	项 目	授奖单位	奖 项
58	福州市艺术创作研究中心 周祥光	闽剧《一拂先生》	福建省文化厅	福建省第26届戏剧会演剧本征文一等奖
59	福州闽剧艺术传承发展中心 林颖	闽剧《玉蝉记》	福建省文化厅	福建省第26届戏剧会演剧本征文二等奖
60	福州市歌舞剧院 林姝敏、邹洋作曲：廖克勤	舞蹈《还我一片净土》	福建省文化厅	福建省第十二届音乐舞蹈节创作一等奖
61	福州市歌舞剧院 马世斌	歌曲《山疙瘩里的妹子》歌曲《女儿花》	福建省文化厅	福建省第十二届音乐舞蹈节创作二等奖
62	福州市歌舞剧院 施惟	器乐《闽都春韵》	福建省文化厅	福建省第十二届音乐舞蹈节创作二等奖
63	福州市歌舞剧院 朱强、祖薇、黄章泉、翁晓菲、俞静旸、田殊瑞、吴聿倩	器乐《青橄榄随想曲》	福建省文化厅	福建省第十二届音乐舞蹈节创作二等奖
64	福州市歌舞剧院 马世斌	歌曲《美丽的胡杨》	福建省文化厅	福建省第十二届音乐舞蹈节创作三等奖
65	福州市歌舞剧院 施惟	歌曲《你的背影是最后的温柔》	福建省文化厅	福建省第十二届音乐舞蹈节创作三等奖
66	福州市艺术学校 颜宝华	独舞《木兰·叹》	福建省文化厅	福建省第十二届音乐舞蹈节创作三等奖
67	福州市歌舞剧院 王春黎	歌曲《梦想花开》	福建省文化厅	福建省第十二届音乐舞蹈节表演一等奖
68	福州市歌舞剧院 马世斌	歌曲《山疙瘩里的妹子》	福建省文化厅	福建省第十二届音乐舞蹈节表演一等奖
69	福州市歌舞剧院 陈乃航	歌曲《你是人间四月天》	福建省文化厅	福建省第十二届音乐舞蹈节表演一等奖
70	福州市艺术学校 沈佩瑶	独舞《木兰·叹》	福建省文化厅	福建省第十二届音乐舞蹈节表演一等奖
71	福州市歌舞剧院 朱强、祖薇、黄章泉、翁晓菲、俞静旸、田殊瑞、吴聿倩	器乐《青橄榄随想曲》	福建省文化厅	福建省第十二届音乐舞蹈节表演二等奖
72	福州市歌舞剧院 钟雨佳、刘雨旋等	舞蹈《大河儿女》	福建省文化厅	福建省第十二届音乐舞蹈节表演三等奖
73	福州市艺术学校 董婠婠	独舞《冰心·繁星点点》	福建省文化厅	福建省第十二届音乐舞蹈节表演三等奖

梦——福建戏剧优秀剧目展演”，在中央党校和国家大剧院举办两场演出，并组织全省巡演活动，省直机关700余名党员干部观看演出。围绕“福建当代戏剧名家名作推广工程”，召开陈道贵剧作研讨会和振兴福州地方戏剧（曲艺）研讨会。开展福州市第二十三届戏剧会演暨闽剧优秀剧目与折子戏调演活动。重新修改和排演的福州评话《癫和尚插青记》和福州伬艺《秦楼月春回坊巷》2个书（曲）目参加“2014年度国家艺术基金舞台艺术创作小型剧（节）目和作品资助项目”申报活动。福州伬艺《秦楼月春回坊巷》从参选的全国4000多个作品中脱颖而出成为国家艺术基金2014年度资助

项目之一。在研究、讨论、论证的基础上完成大型歌剧《船政之光》创作的申报工作,通过国家艺术基金委员会初评,并在国家图书馆进行中评答辩。完成“5·18”海丝之夜大型文艺晚会的创作、演出任务。完成第七届海峡两岸合唱节的保障工作及闭幕式颁奖晚会的策划、编创、演出。完成第二届海峡两岸青年节活动文艺晚会的策划、组织、导演以及演出工作。策划、组织、编排舞蹈专场《跟着阳光飞舞》。策划、组织、编排的第十二届省音乐舞蹈节比赛作品进入省决赛。全新编创的音乐会专场,进行慰问部队及走进高校演出15场。复排儿童剧《判官审石头》进行惠民演出7场。1月1日至10月14日,市闽都文化艺术中心完成演出场次85场,其中公益性演出34场,政府性演出7场,商业性演出44场。省财税信息中心授予市歌舞剧院2014—2015年度团体会员单位。4月23日,福州市艺术学校青年教师参加省第八届青年演员比赛,获金、银奖。5月,《攀讲》栏目组入驻市艺校拍摄“艺校之旅——走进福州市艺术学校”节目。11月14日,首届舞蹈班毕业生毕业汇报演出在金山剧场成功举办。12月30日,名誉校长陈乃春一行应邀参加中宣部、文化部主办的“2015年新年戏曲晚会”演出,实现闽剧参加新年戏曲晚会演出“零”突破。全年福州市专业文艺项目获国家级奖4项,省级奖38项。

【廉政闽剧《兰花赋》启动全省巡演】 12月29日晚,闽剧《兰花赋》全省巡演启动仪式暨首场演出(省直专场)在福州大戏院举行,省直机关700余人观看演出。巡演由省纪委、省监察厅和省文化厅主办,各区市纪委、监察局和文化广播新闻出版局承办,福州闽剧院负责演出。

【闽剧文化艺术周】 5月上旬,公开展演《林则徐复出》《杨门奇事》《杨门女将》《兰花赋》4大剧目,并邀请《龙台驸马》《南归梦》等连台演出。至12月,进行105场演出,其中公益性演出80场、商业性演出25场。

【福州美术活动】 1月18日,在福州画院举行“纪念项南同志诞辰九十五周年书画展”,展出的95幅作品是电视纪录片《项南》摄制组结合拍摄过程向各界人士征集的,同时展出项南的10多幅墨宝。4月3—7日,福州画院举办“同舟同行——青年创作室画师作品展”,展出张光卿、裴书鸿、游波3名青年画师作品60余件。福州画院举办陈子奋画展、六庵遗墨展等书画摄影展览及研讨会近60场。福州市美术馆举办“潘主兰书画作品展(三)”,编辑出版文化学术刊物《素心》总第3期、总第4期。

(李仲才　江艳青)

文化市场

【概况】 2014年,加大对非法销售、安装、使用卫星地面接收设施的打击力度,配合工商、公安等部门开展文化市场“查处无证无照八闽出击”“艺术品市场整治”,实现文明城市创建迎检“零失分”。全年出动执法人员28457人次,检查经营单位5475家次,责令整改718家次,立案调查125起,移交公安机关立案侦查4起,有效受理12318举报23起。开展全国文化市场技术监管与服务平台应用推广工作,完成全市1064家文化经营单位的基础信息采集。组织实施中西部地区文化市场综合执法能力提升3年行动计划,与昆明市开展文化市场综合执法能力提升交流协作,并联合举办执法培训班。

【文化市场综合执法】 市、区两级文化部门全年出动文化市场综合执法人员13107人次,出动车辆2701台次,检查网吧10137家次,图书音像店3985家次,电子游戏机店1561家次,娱乐场所1008家,发出整改通知书591份,限期整改198家,检查游商地摊1068处,取缔105处,缴获非法出版物9204份,盗版光盘26851张,罚款2.5万元。开展“查处无证无照经营专项行动”,查处无证无照歌舞娱乐场所10家,移交工商部门超范围经营娱乐场所1家,查缴涉嫌违法经营的歌曲库、电脑主机等6件;查处无证照游艺娱乐场所32家,查扣电子游戏机26台,收缴游戏主板、芯片48件,涉案4台赌博机移送公安机关;配合工商部门查处黑网吧6家,没收专门用于无证无照经营的电脑78台;查处无证经营文具书店11家,缴获盗版图书、报刊及教辅读物250本(册),销毁“三无”和无3C认证玩具156件、三无文具21件;取缔无证出版物摊点54处,缴获非法出版物2631册,非法音像制品4598张,盗版电脑软件36片。

开展“校园周边网吧和娱乐场所专项整治”“社会文化环境专项治理”“艺术品市场整治”“查处无证无照八闽出击”文化市场专项行动等多项整治行动。

(李仲才　江艳青)

2月,举办2014年海峡两岸民俗文化节(市文广新局　供)

非物质文化遗产

【概况】 2014 年,国务院公布第 4 批国家级非物质文化遗产代表性项目名录,福州市咏春拳、花茶制作技艺(福州茉莉花茶窨制工艺)2 个项目上榜。全市有国家级非遗代表性名录 15 项、省级 52 个和市级 71 个。在省政府公布的省第三批非物质文化遗产代表性传承人名单中,全市有 19 人被列入。6 月,拟定《福州市非物质文化遗产项目传承示范基地评选及管理暂行办法》,并公布首批市非遗传承示范基地名单,福州市艺术学校、福建传统咏春拳传承示范基地、福州传统脱胎漆器保护基地、福州茶厂等 25 家单位入选。1—6 月,市非遗中心向文化部申报 2014 年度国家级非遗保护专项资金及国家级传承人经费。文化部公布 2014 2016 年度"中国民间文化艺术之乡"名单,晋安区(寿山石雕)和长乐市(闽剧)2 个区(市)获"中国民间文化艺术之乡"称号。

【海峡两岸民俗文化节】 于 2 月 12—13 日在闽江公园南园举行。活动汇集 26 项传统项目展示、10 个手工技艺集市点、11 个福州民间武术、21 支近千人的民俗巡游队伍和 35 个闽台美食项目,现场演员达 2000 多人,观众逾 2 万人次。

【非遗摄影大赛】 3 月,由市文新局主办,各县(市)区文体局、市群众艺术馆承办的"美在传承——2014 年福州市非物质文化遗产摄影大赛"启动,征集 258 件(330 幅)摄影作品,评选出 130 幅优秀摄影作品,其中一等奖 10 幅、二等奖 20 幅、三等奖 30 幅、优秀奖 70 幅。6 月 15—17 日,"美在传承 · 2014 年福州市非物质文化遗产摄影展"在福州画院举行。

【闽剧艺术指导组成立】 福州闽剧艺术传承发展中心成立福州闽剧艺术指导组,特邀刘小琴、董小狐、李香君、林超平、杨铁城、吴峰生、陈体浩、林培新、倪小玲等 9 位名老艺人为指导组成员,对中心排演的剧目进行艺术指导,并指导、培养青年演员。

7 月 12—15 日,"同圆中华梦"第七届海峡两岸合唱节在福清举行

(市文广新局 供)

【"非遗校园行"活动】 10 月 29 日—12 月 24 日,开展为期两个月的公共文化服务校园行——"非遗校园行"活动。活动内容有非遗摄影展、非遗讲座、非遗知识图片展、传承人进校园互动等,涉及 15 所偏远县区中小学。活动结合互联网等新媒体手段,以学校点击定制的形式实现对口配送。

【非遗网站投入使用】 11 月,非遗网站验收并投入使用。基本完成网站功能规划、版块设计和各类基础信息的补充完善,由市非遗保护中心指定专人实时更新信息、负责网站运营。

(江艳青)

文化交流活动

【概况】 2014 年,文化交流活动有赴斯里兰卡、印度尼西亚、美国、加拿大的海外文化交流活动及中国港台、内地文化交流活动。举办海峡两岸民俗文化节,汇集 26 项传统项目展示、10 个手工技艺互动项目、11 个福州民间武术、21 支近千人的民俗巡游队伍和 35 个美食项目,观众突破 20 万人次。该活动被国台办列为"2014 年度对台交流重点项目"。

【海外文化交流活动】 组织市属文艺院团赴斯里兰卡和印度尼西亚参加"中国福建周"活动。组织市属文艺院团赴美国和加拿大开展"榕情四海 佳节同庆"文化交流活动。

【两岸文化交流活动】 福州闽剧艺术传承发展中心 1 月、4 月分别受邀赴港进行折子戏演出,并与香港福建福州闽剧团签订文化长期交流合作协议书。"同圆中华梦"第七届海峡两岸合唱节在福清举行,有海峡两岸 22 支合唱队伍参加,人数逾 1100 人,是迄今海峡两岸以音乐为载体的最大规模的文化交流活动。举办海峡青年节,开展海峡青年节联欢会和中华传统文化体验之旅等多项文化交流活动。

【内地文化交流活动】 林则徐纪念馆依托林则徐事迹展览,先后赴陕西蒲城、辽宁沈阳及省内宁德、长汀等地办展,宣传林公精神。福州市考古队参与广西、浙江、辽宁及漳州、平潭等地水下考古工作。

(江艳青)

文博事业

【概况】 2014 年,开展朱紫坊、上下杭历史文化街区、烟台山历史文化风貌区文物保护和旧屋区改造中的文物保护工作;加大“海上丝绸之路:福州史迹”文物保护展示和宣传工作;开展文物考古发掘工作;在宜居环境建设中加强名村名镇保护;公布第六批市级文物保护单位;开展新店古城遗址、怀安窑址、金斗桥东侧空地等考古勘探、发掘工作;继续开展全国第一次可移动文物普查工作;福州市博物馆新展正式对外开放。全年全市(包括各县区)博物馆、纪念馆举办展览活动109场,举办道德讲堂、公益讲座、第二课堂等各类活动281场,参观人数达284万人次。

【名城保护】 会同三坊七巷管委会、鼓楼区、台江区、仓山区开展朱紫坊、上下杭历史文化街区、烟台山历史文化风貌区文物保护工作。协调开展苍霞、太平汀州、台屿奥体中心、桂湖、郭宅村、梁厝等旧屋区改造中的文物保护工作。年内国家文物局局长励小捷,副局长董葆华、顾玉才等先后到榕检查文化遗产保护、涉台文物保护工作,实地察看地铁屏山站考古工地、三坊七巷、马尾船政等文物点。

【名村名镇保护】 结合市宜居环境建设,会同市建委、市规划局开展提升历史文化名镇名村工作。制订提升嵩口镇文物保护修复工作年度计划,督促永泰县加强嵩口镇古民居、同安镇寨堡建筑保护工作。7月,永泰县政府将下坂厝、垅口祖厝、下车碓厝、宁远庄、爱荆庄、同安寨、九斗庄等公布为永泰县第八批县级文物保护单位。指导协助马尾区、长乐市开展闽安村、琴江村文物保护工作,参与《闽安村历史文化名村保护规划》《琴江村历史文化名村保护规划》评审。

【入选第三批中国传统村落名单】 12月,经传统保护村落发展专家委员会评审认定,住建部、文化部、国家文物局、财政部、国土部、国家旅游局等联合公布第三批994个中国传统村落名录,福州市有罗源县中房镇深坑村、永泰县嵩口镇月洲村、永泰县嵩口镇中山村、永泰县盖洋乡盖洋村、福清市南岭镇大山村食菜厝村5个村落上榜。

【“福州与海上丝绸之路学术研讨会”召开】 8月,召开“历史名城 海丝门户——福州与海上丝绸之路学术研讨会”,邀请省、市海丝研究专家、学者参加。研讨会收到有关福州与海上丝绸之路学术研究论文50多篇。11月,《历史名城 海丝门户——福州海上丝绸之路论文集》由海峡出版社出版,省委常委、市委书记杨岳作序。

【第六批市级文物保护单位公布】 2013年下半年起,开展第六批市级文物保护单位遴选工作。在多次征求各县(市)区、专家意见后,报经市政府常务会议研究通过。1月,市政府公布第六批市级文物保护单位15处。

【怀安窑址考古勘探】 市考古队于4月开始怀安窑址考古勘探工作。经调查和勘探,怀安窑址分布于淮安地区的石岊山、顶坪岭、翁墓山及后门山等,分布面积8万平方米以上。其中,考古人员在石岊山发现互相叠压的龙窑2条,从出土产品分析,为南朝时期的瓷窑;在翁墓山发现5条龙窑,其中Y1、Y5从窑内倒塌堆积层出土器物来看,与福州城市遗址唐代乃至五代时期地层出土器物一致,基本可断定为该时期窑址。

【金斗桥东侧空地考古发掘】 8月起,省市考古队开始开展三坊七巷西段金斗桥工地东部考古发掘工作,发掘出土晚唐五代城墙,呈东西走向,与2011年发掘的城墙相连,层层夯筑而成,每层厚度5~18厘米,有30层。在城墙南侧发现一组唐代木构建筑。从年代判断,应是唐代建在水边的一组木构建筑。省文物局专门组织专家进行现场论证。

【水下考古】 年初,市考古队参加海南省举办的水下考古培训班授课和实习指导工作。6月,市考古队参加国家文物局水下文化遗产保护中心在湖北丹江口水库的水下考古工作。7月,市考古队参加国家博物馆水下考古中心在平潭岛附近海域水下考古调查工作。11月底至2015年1月,市考古队参加商务部、国家文物局、肯尼亚国家遗产部共同组织的“中国和肯尼亚合作实施拉穆群岛地区考古项目”,赴非洲对肯尼亚拉穆群岛及附近地区水下文化遗存进行科考调查和发掘。

【福州市全国第一次可移动文物普查】 根据省文物局统一部署,按照实施方案要求及步骤,对已调查国有单位所收藏可移动文物进行登录、认定等。9月,组织召开第一次全国可移动文物普查骨干培训班,有文物收藏的市直国有单位、各县(市)区普查办业务骨干约50人参加。

【文博展览】 市博物馆陈列更新布展 市博物馆基本陈列《闽都华章——福州历史文化陈列》《海丝门户 有福之州——福州海上丝绸之路文化遗产专题展》,陈列更新布展总投资2750万元,春节新陈列对外试展。在听取专家和市民意见基础上,经修改,5月18日市博物馆两大基本陈列正式对外展出。

流年似水——外国摄影家眼中的闽江与福州老照片展 该展由市博物馆与省档案馆合作推出,展出照片百余幅,均出自外国摄影师之手,内容涵盖老福州城旧貌、老福州人的日常生活场景等人文信息。

国家非物质文化遗产——福州工艺美术品展 展示福州特色工艺,软木画、牛角梳、脱胎漆器等各门类的工艺精品。

“百寿”贺华诞 金秋献“盒瓶”——“百寿”“百盒”“百瓶”专题展 国庆期间,由市博物馆与省收藏家协会、长乐市文体局联合推出。藏品有中华民族的共性风格,又有福州地方特色。

敦宗睦族蔚然深秀——闽台宗祠楹联书法展 6月14日,由省文化厅主办,省艺术馆、省非物质文化遗产保护中心、市文新局承办,林则徐纪念馆协办,在左海厅开展。本次展览诚邀海峡两岸150名知名书法家参加,征集作品200余幅。

【海上丝绸之路宣传展示工作】 利用市博物馆展陈更新的契机,布置《海丝门户 有福之州——福州“海上丝绸之路”文化遗产专题展》,通过文献资料、文物、场景复原等形式展示福州重要历史时期对海上丝绸之路的发展所起的重要作用。开展《跨越海洋——中国海上丝绸之路九城市文化遗产精品联展》九城市巡展工作，该展览自2012年启动，至2014年底完成宁波、福州、蓬莱、北海、扬州、广州、漳州、泉州巡展活动。配合开展《丝路帆远——海上丝绸之路文物精品七省联展》巡展工作，年内该展览在首都博物馆、山东省博物馆进行巡展。9月，《新华影廊——丝路帆远大型图片展》赴澳大利亚展览；《中国？海上丝绸之路文物精品图片展》赴欧洲展览；12月，《丝路帆远——海上丝绸之路文物精品展》赴美国纽约联合国总部展览。

（王　歌）

新闻出版

【概况】　2014年，福州市有出版物（报刊、图书、电子出版物）发行企业729家，包括出版物批发（连锁）企业102家，零售627家，实现出版物销售总额102879.05万元。有印刷企业498家，其中出版物印刷、出版物（专项）印刷企业100家，包装装潢印刷企业260家，其他印刷品印刷企业138家，注册资本27亿元，资产总额83亿元，工业总产值67亿元，产值1000万以上的102家，销售收入75亿元。开展“知识产权宣传周”“4·26世界知识产权日”等版权宣传活动。联合省“扫黄打非”领导小组举行侵权盗版及非法出版物集中销毁活动，并启动以“拒绝盗版，拥抱梦想”为主题的“绿书签行动”系列宣传活动。牵头组织对80个市直部门和12个县（市）区软件正版化整改情况进行检查验收。完成连续性内部资料出版物、出版物批发（连锁）单位、音像制品批发企业、印刷企业年检等工作。规范书报刊审读制度，加强对市属报刊和连续性内部出版物及侨刊乡讯的审读把关工作。组织全国“两会”前印刷发行专项检查、“3·15”中小学教科书绿色印刷等专项整治行动。组团参加第六届厦门文博会。加强行业协会工作指导，协助企业开展绿色印刷申报。

【出版管理】　完成福州市报纸、期刊、驻榕记者站的年检初审；年检初审侨刊乡讯9家，全部合格。完成出版物批发（连锁）经营单位年检97家，通过90家，缓检7家。4月24日，省市联合开展全省侵权盗版及非法出版物集中销毁主会场（福州）活动。对全市印刷企业进行年检，应检印刷企业498家，通过471家，缓检27家。开展深化少儿出版物市场整治专项行动。建立印刷非法出版物单位黑名单制度，引导企业树立诚信经营的理念。

赴福新路永辉、绿野时代，闽清广宇等6家超市图书批发企业开展超市图书供货商商超经营情况调研，了解纸质图书的销售情况，销售面积分布，纸质图书销售类型的选择、促销方式，并就如何解决因图书批发连锁企业取消后商超图书零售证办理等问题进行探讨。

帮助出版工作者协会开展绿色印刷申报工作。至10月，福州德安彩色印刷有限公司、福州华彩印刷有限公司、福建省金盾彩色印刷有限公司、福州华鑫印刷有限公司、福州兴教印刷有限公司、福州桦榕彩印有限公司等14家企业通过绿色印刷认证，获得证书。

【扫黄打非】　全年全市各级文化执法部门出动人员3567人次，检查出版物市场、店档摊点873家，查获非法出版物119527件，其中违禁出版物16428件，淫秽色情出版物2473件，盗版出版物100597件，非法报纸期刊29件，破获“6·30”盗版（含淫秽）光盘案等案件。3月27日，向各成员单位、县（市）区扫黄办下发《福州市扫黄打非领导小组办公室关于印发“扫黄打非　清源2014”专项行动实施方案的通知》。4月24日，开展集中销毁和“绿书签行动”系列宣传活动。福州主会场销毁13.65万件非法出版物，发放绿书签1万份，宣传画报1000张。5月中旬，“扫黄打非”督查组赴部分县（市）区督导检查“扫黄打非　清源2014”专项行动开展情况，推动查堵反制境外反动出版活动开展。

【文化创意产业】　举办第三届中国·福州海峡版权（创意）产业精品博览交易会，海峡两岸110多家专业协会、知名企业、厂商及众多业内专家参展，参展作品达1773件（组）。展会期间组织开展版权创意精品评选、版权精品拍卖会、原创音乐表演、现场版权登记等版权普及宣传活动。牵头组团参加第七届海峡两岸文化产业博览交易会，福州市企业签约项目57个，拟签约总额为107.85亿元，其中合同签约额为79.36亿元。

【版权管理】　开展打击网络侵权盗版“剑网2014专项行动”和“打击侵犯知识产权和制售假冒伪劣商品专项行动”。巩固政府机关软件正版化工作成果，建立健全软件正版化工作长效管理机制，推进企业软件正版化工作。加强著作权法制宣传教育，开展“4·26”世界知识产

6月18—21日，第三届中国·福州海峡版权（创意）产业精品博览交易会在海峡国际会展中心举办　（市文广新局　供）

权日等系列宣传活动和版权法律知识咨询。（江艳青）

【新华书店】 福建新华发行集团福州分公司开展一般图书和教材的发行工作,并拓展多元产业。全年实现销售收入码洋20929.69万元,实现利润682.21万元,利润比上年增加369.68万元,增长54.2%。其中,教材在教辅发行新政的影响下,全年实现销售码洋7945.10万元,比上年增加710.34万元,增长9.8%。年内参加委宣传部组织的文化“三下乡”活动,向福清市一都镇政府赠送图书、书架合计价值3.4万元;参加市委、市政府组织的“六一”儿童节慰问活动,赠送图书2000册,码洋51565.60元,学习用品20份,金额4000元;持续开展捆绑结对帮扶活动,向闽侯县洋里乡茶苑村提供有关农业、养殖等方面的书籍8239元;组织干部员工向云、贵、川等贫困地区捐衣物1.20万多件;组织开展向身患重病的台江书城员工刘惠香捐款活动,捐款金额4.57万元。

政治读物发行 全年政治理论读物销售294万元,较上年增长167%。其中,《习近平总书记系列重要讲话读本》销售31846册、码洋41.4万元;《摆脱贫困》销售19184册、码洋69.1万元;《贺国强党建工作文集》(上下)销售6933册、码洋68.7万元;《改革热点面对面》销售12878万册、码洋23.2万元;《习近平谈治国理政》销售811册、码洋6.7万元。

教材征订发行 开展教材宣传征订、货源供应、调剂余缺、调退库存等各项业务,确保实现“课前到书,人手一册”服务承诺。教辅材料发行实行“一科一辅”政策,开展评议推荐目录内的教辅材料宣传征订工作。加强对免费教科书的现场发行和管理,确保免费教学用书发行到各个学校。开展目录外教学用书征订发行工作,重点抓目录外教学用书《幼儿操作材料》和《福建省会考纲要》的发行工作,分别实现销售码洋580万元和60万元。受教辅发行新政影响,全区教材教辅销售完成发行码洋7945.1万元,比上年增加710.34万元,增长9.8%。义务教育教辅材料配套率达100%,高中教辅配套率90%以上。

馆配会参与和筹办 组织各大中专院校、公共图书馆和中小学图书馆参加集团公司举办的福建2014年图书订货会暨馆配样采会和筹办第四届福建中小学馆藏图书现采会。在2014年图书订货会暨馆配样采会上邀请110家学校和图书馆等单位参会,其中福州市区单位80家,八县(市)单位30家,报订码洋合计570万元。在第四届福建中小学馆藏图书现采会上邀请75家中小学图书馆到会采购,订货码洋190万元。

网络书店建设 采取网店与实体挂钩,网上网下共同营销的方式,巩固新华书店主渠道。3月,福州新华网店实现新版网页全覆盖,增加7大项板块、5大项功能,以适应读者的网络查询、购物车下单、资讯沟通和交流。至年底,福州新华网店实现拥有图书、音像制品13万多种,月度浏览人数最高达7万多人次。5月21日,创建福州新华书店微信公众号,及时发布各种新书动态、各种业界文化资讯,以及各类别畅销书、各种业务营销活动的宣传。

特色营销活动 尝试24小时营销模式。“4·23”世界读书日,在安泰新华书城试行24小时不打烊营业,其间开展闽版图书的营销和推广活动。与省图并邀请闽籍出版社参加4月20日在正谊书院举办的“阅读点亮心灵,学习成就梦想,闽版图书成就展”。开展书香校园行活动,邀请台湾著名儿童文学作家“花婆婆”方素珍,走进福清海口小学、高山小学,闽清城关小学,签售《创意思考与写作》800余本;邀请作家教授陈慧瑛到福州教育学院附属第四小学及钱塘小学开展教学讲座,以此为学校提供教材配套服务。福州读书月期间开展图书促销活动,与福建科学技术出版社合作邀请福建中医药大学附属第二医院教授到安泰书城开展经络穴位养生保健专题讲座;在安泰书城组织“爱心特卖会”活动,活动结束后选取农民工学校红寮小学、宦溪小学举行“爱心图书捐赠”;组织一批适合大众的图书,举办“图书进社区”活动,送到安泰书城周边20个社区。联合媒体与读者以双向互动方式开展营销活动,“六一”节期间,联合市电视台首次开展少儿百米长卷绘画活动;与电视台、电台共同筹备在暑假期间开展“小书虫社会实践活动”,邀请小读者来书城体验书店营业员工作;与福州人民广播电台左海之声FM90.1《“晚安宝贝”》栏目组合办第七届作文诵读比赛。

（林　云）

福州日报社

【概况】 2014年,福州日报社围绕市委、市政府中心工作,服务发展大局,主动作为,面向基层,服务群众,实现新闻宣传工作提升。提高新闻宣传水平,为推进福州新区开放开发,在更高起点上加快建设闽江口金三角经济圈,率先全面建成小康社会提大舆论力量。同时,报社通过改革创新激发报业发展活力,推进福州报业科学发展新跨越。12月拟定《福州日报社改革创新发展方案》。报社所属“两报一网”组织策划38项重大主题宣传报道活动,推出350多篇重大新闻报道,基本实现“月月有主题策划,天天有重头报道”。

【政治建设宣传报道】 宣传报道全市贯彻落实十八届三中和四中全会精神。“两报一网”开设专栏专版加大宣传力度,日报开设《学习宣传贯彻十八届三中全会精神——在更高起点上加快建设闽江口金三角经济圈》专栏,晚报开设《新征程　新跨越》专版。元旦后、市“两会”期间,推进福州新区开放开发,推出《闽江口起宏图》等5篇“全力推进福州新区开放开发,在更高起点上加快建设闽江口金三角经济圈”特别报道。10月下旬,推出《市委常委(扩大)会议召开——传达学习党的十八届四中全会精神》《市政府党组传达学习十八届四中全会精神》等报道,以及《服务“进村入港”　法治浸润人心——从四中全会公报看公共法律服务体系建设》《用法制为全面深化改革护航》《运用法治思维法治方式推进改革》《推进“三个全面”　迈向伟大复兴——学习贯彻党的十八届四中全会精神述评》等评论。

宣传报道全市学习贯彻习近平总书记来闽考察重要讲话精神。日报发表系列评论员文章《自觉用讲话精神统一思想行动——论认真学习贯彻习近平总书记来闽考察重要讲话精神》《精心谋划再出发 实现美好新愿景——二论认真学习贯彻习近平总书记来闽考察重要讲话精神》《紧密联系实际 推动各项工作——三论认真学习贯彻习近平总书记来闽考察重要讲话精神》《重严治党落在实处 服务发展走在前列——四论认真学习贯彻习近平总书记来闽考察重要讲话精神》。"两报一网"推出《党旗映社区 服务暖民心——福州市社区党建工作亮点频现》《让依伯依姆颐养天年——我市全面构建普惠型养老服务体系》《福州新区综合交通网建设大提速》《福州拟启动编制"榕荫规划" 突出榕城特色》等报道。

宣传报道党的群众路线教育实践活动。开设《深入开展党的群众路线教育实践活动》《转变作风 心系群众——深入开展党的群众路线教育实践活动》《进万家门 知万家情 解万家忧 办万家事》《转变作风 我在行动》《回应关切 马上就办》《立学立行 即知即改》《典型示范 榜样力量》等专栏以及《福州群众路线教育实践活动》专题网页,组织策划"焦裕禄精神在福州"系列报道。重新发表习近平词作追思焦裕禄的《念奴娇·追思焦裕禄》词作,影印当年报样,并组织老编辑回忆当年编排经过,刊发图片新闻《本报采编人员重温习总书记词作》,发表评论员文章《一以贯之的情怀》,接连刊发长篇通讯《此水此山此地 毋改英雄意气》《焦裕禄精神如何内化于心外化于行》。同时报道全市开展党的群众路线教育实践活动情况,对市委领导和各级党员干部集中开展"四个万家"活动进行报道,并推出《"规定动作"不走样 "自选动作"接地气》《"四个万家"打通群众路线》《村民建新房 干部帮跑腿》《市发改委创新审批机制服务重大项目建设——一次申报立项 三个"没有想到"》等文章。

宣传报道"两会"等重要会议。开设《聚焦两会》等栏目,重点开展市"两会"报道,在开展大会程序性报道的同时,围绕群众关心的热点问题做好深度报道。同时开展全省"两会"、全国"两会"的宣传报道。省"两会"期间,日报编委会策划推出《回眸 图说福州2013》视点专版,向全省人大代表、政协委员展示福州发展新成效、城市新形象。先后推出《福州新区 承继谋划》《环境整治 扮靓榕城》《产业发展 壮大夯实》《四个万家 转变作风》《深化改革 激发活力》《强化统筹 城乡一体》《民生优先 实事惠民》《文明福州 持续文明》等8个彩色图文视点专版。

【经济建设宣传报道】 宣传报道全市加快实施福州新区重点区域开发。报社组织"福州新区"拉练采访,由社长鲍闽、晚报总编黄秀泉、日报总编楼卫东等带队,到福清、长乐、仓山、马尾、连江、罗源6个县(市)区,收集新闻素材,策划"福州市加快推进科学发展跨越发展综述"系列报道,先后推出《激发活力突重围》《新区发力强崛起》《转型升级舞龙头》《"海上丝路"谱新篇》《保障民生更给力》《生态文明铸名片》等6篇报道。贯彻省委九届十一次全会和市委十届八次全会精神,日报策划加快推动福州科学发展跨越发展系列报道,推出《主攻方向在新区》《争当生态文明排头兵》《产业升级是关键》《根本动力靠改革》《榕台合作纵深融合》《新型城镇化的福州实践》《幸福之州 温暖民心》《积跬步以致千里》等8篇文章。晚报刊发《福州新区与"3820"工程一脉相承》《福州集六县市区精华建新区》《福州新区发展规划六大焦点详解》《新区今年重点项目超过300项》《借鉴上海自贸区政策 推进福州新区开发》《投160亿元 重点建福州新区路网》《80%签约项目落地福州新区》,用3个版为读者详解福州新区发展规划的六大焦点。福州新闻网推出《福州全力推进新区开放开发》专题网页。"两报一网"报道福州市抓好滨海大通道、马尾大桥、城际轨道交通、东部快速通道等项目。

宣传报道闽江口金三角经济圈。开设《潮涌闽江口 福州新跨越——在更高起点上加快建设闽江口金三角经济圈》《担当尽责 跨越赶超——在更高起点上加快建设闽江口金三角经济圈》《抢抓机遇 加压奋进——》《新征程 新跨越——在更高起点上加快建设闽江口金三角经济圈》等专栏,重点推出《潮涌闽江起宏图》《抓铁有痕聚项目》《为有创意天地宽》《"海上福州"阔步来》《改革勇向潮头立》《闽江口上的执着追求——全力推进福州新区开放开发,在更高起点上加快建设闽江口金三角经济圈特别报道》等系列文章。同时对各县(市)区经济发展给予报道,推出《闽江口上的大跨越——全力推进福州新区开放开发特别报道》《各县(市)区迅速采取措施,认真贯彻市委常委会、市委经济形势座谈会精神——攻坚促发展 实干谋跨越》《规模效应、高新技术、服务推动三管齐下——闽侯挥写优质发展好文章》《罗源高新产业迎来"井喷式"发展》《长乐走进"云时代"》等文章。

宣传报道福州市全面深化改革。开设《全面深化改革进行时》等专栏,推出《全面深化改革 福州打出组合拳》《深化改革增活力 争创省会新优势》《跨越赶超立潮头——福州市加快推进科学发展跨越发展综述》《福州推进"水权交易"立法》《福州出台12条意见推动工业稳增长促转型》等文章,报道全市一系列全面深化改革的新举措。同时,"两报"对福州市发展都市现代农业、工业园区提升和龙头项目建设、持续提高服务业发展水平、统筹推进新型城镇化和城乡一体发展等进行报道。

宣传报道全市成就。10月31日至11月2日,总书记习近平到闽视察,报社推出特稿《永远镌刻在榕城大地——福建日报系列报道在我市广大干部群众中引起热烈反响》,先后推出《历经20多年坚守与传承,一个理念在榕城大地生根开花 马上就办 蔚然成风》《福州航空诞生记》等系列主题报道,以及宜居福州、实力福州、活力福州、幸福福州、丝路福州、生态福州等6个视点专版。

【文化建设宣传报道】 宣传报道福州市建设21世纪海上丝绸之路战略枢纽城市。"两报一网"开设《"海丝"之路 开放之路——建设21世纪海上丝绸之路战略枢纽城市》《丝路福州》《聚焦首届"丝绸之路国际电影节"》《聚集丝路电影节》等专栏,推出《福州谋划"海丝"战略枢纽城市》《福州是中国海上丝绸之路的起点》《福州千年前就是国际商港》《福州:千年港口 "海丝"门户》《千帆云集福州港——寻访"海丝"老地名(上)》《商贾如流福州城——寻访"海丝”老地名(下)》《闽安古镇:福州外贸千年活化石》《“海丝”之路 联通梦想》等文章,报道福州作为海丝起点的人文风貌和文化底蕴。推出福州举办首届丝绸之路国际电影节分会场等系列报道。第16届海交会期间,围绕“海丝”等主题主线,对企业家大会、海丝市长(高峰)论坛等重大活动进行报道。完成“6·18”项交会和“9·8”投洽会报道工作。推出榕商精神解读特别报道,采访报道出席福州市企业家大会的代表人士。

宣传报道全国首届青运会。开设《当好东道主 迎接青运会》等栏目,推出《奥体场馆穿上“蓝外衣”》《福州最大园林苗圃基地落户罗源——为明年青运会提供苗木,将建成2000亩观光苗圃,免费开放》等文章,报道福州市加快首届全国青年运动会海峡奥体中心“一场三馆”和运动员村等场馆建设,并对全市举办的重要体育赛事——世界沙排巡回赛福州公开赛和国际龙舟赛等赛事进行报道。晚报策划启动“迎接青运会,当好东道主——我为福州代言”大型评选活动。先后推出《福州的“体育味”越来越浓了》《生态福州成为运动之城》《青运会带来福州“无形”蝶变》《前世城乡接合部 今生生态商贸城》《青运会招6000名大学生志愿者》《青运会吉祥物“榕榕”亮相》等重头报道。

宣传报道全市繁荣发展文化事业。“两报一网”报道福州市实施文化惠民工程,弘扬闽都文化,加强历史文化名城保护和非物质文化遗产保护以及传统工艺美术传承创新,推进朱紫坊、上下杭历史文化街区,烟台山历史风貌区,船政文化遗址群等保护修复。晚报联合市委文明办、市委农办、市文新局、市社科联、市文联等单位,组织评选第二届福州市最美文化村(社区),评选出福清溪头村、长乐青山村、晋安宜夏村、永泰赤水村、闽清斜洋村、闽侯孔元村、连江天竹村和鼓楼军门社区、鼓楼中山社区、晋安象园社区等10个福州最美文化村(社区)。

【社会建设宣传报道】 “两报一网”开设《文明福州 持续文明》《践行社会主义核心价值观》《践行社会主义核心价值观基层“最美人物”评选》等专栏,推出《一起感受美的力量》等5个专版,以及《小手拉大手 文明路上一起走——我市开展系列文明宣教活动提升市民文明素质》《传承节日文化 培育文明新风——福州市扎实开展“我们的节日”系列主题活动》《筑牢精神高地的文明基石——福州市持续深入推进文明城市建设工作》《两位福州老人的故事》《两摩的司机跳江勇救轻生女》等文章,报道福州市推进以社会主义核心价值体系建设为引领的精神文明建设,巩固文明城市建设成果。“两报”承办“福州好人大家评”大型有奖评选活动,评选启动以来,“两报”先后报道200多名候选人(群体)事迹。

晚报关注民情民生,推出“晚报春运伴你行”系列报道,开设《春运救助》《春运提醒》等小专栏,详细介绍“18个危险路段首次公布”“首批25名外来工领到免费机票车票”等信息。同时联合闽运公司及爱心企业家,向一些有困难的外来务工人员赠送免费车票。“晚报寻工在线”助万人就业。免费发放18万份《寻工地图》,派出4名记者24小时接听务工者及用工企业来电。刊发全市各级人社部门举办的100多场招聘会信息,免费刊登200多家用工企业的2.37万个岗位信息,直接促成近万名务工者与企业对接。“晚报欢乐社区行”活动在各社区举办普法、法律咨询、计生宣传、名医义诊、志愿者行动等为民便民服务。

“两报一网”重点报道福州市改进社会治理方式,推进政府治理和社会自我调节、居民自治良性互动。深化“平安福州”建设,开展全国和谐社区建设示范城市创建活动,提升网格化社会服务管理水平。

【生态文明建设宣传报道】 开设《美丽福州宜居家园——在更高起点上加快建设闽江口金三角经济圈》专栏,推出《我市从12个方面开展宜居环境建设——三座跨江大桥年内全面动建或拓宽》《十万绿树绕三环 美丽榕城更清新》等文章,报道创建国家生态市的举措。此外,报道全市打造“美丽福州”,改变农村面貌,开展新一轮“百村竞赛”活动,打造一批“美丽乡村”精品示范村;报道全市加大节能减排攻坚和环境保护力度。晚报组织“第二届最美文化村(社区)”的征集与评选活动,刊发候选美丽文化乡村(社区)报道26篇,活动相关消息10余篇,计30版、8万多字。

【对台对外宣传报道】 重点报道福州市深化拓展榕台交流合作,推出《福建自贸区福州片区方案初定——将建成两岸全面合作示范区,我市拟制定20项措施推动建设》等报道,并对福州市加快台商投资区建设步伐,完善海峡两岸农业合作实验区、台湾农民创业园等榕台产业合作平台以及榕台空中直航、海上直航、海峡旅游等进行报道。晚报联合省文化经济交流中心、省文史馆等推出纪念沈葆桢赴台驱日保台140周年活动,活动内容包括“寻找戍台将士之后”“福建水师赴台驱日纪念碑揭碑”“沈葆桢保台建台大型学术研讨会”“戍台烈士大型公祭”“戍台烈士祭文、挽诗、挽联征集活动”。

“两报一网”聚焦第七届海峡两岸合唱节和第二届海峡青年节,开设《海丝起点·青春启航——聚焦第二届海峡青年节》《聚焦“海青节”》专栏以及《海峡青年节——海丝起点·青春启航》专题网页,对海青节期间举办的船政文化与海上丝绸之路研讨会、“两岸共圆中国梦”青年联欢会、海峡青年(福州)峰会、两岸青年文化创意展、两岸青年企业家产业发展与合作论坛、海峡两岸大学生实体建构大赛、两岸青少年志愿者“生态保护共同行动”等各项活动进行报道。

7月21—25日,晚报和台湾中华日报等单位在福州联合主办以“跨越海峡,寻找海上丝绸之路福州印记”为主题的第五届榕台大学生新闻营。来自两岸名校的60名大学生参加福州海上丝绸之路文化遗存调查,并参加两岸青年新闻讲习所揭牌仪式和第1期培训班。中央电视台等全球147家媒体刊发新闻营相关新闻报道600余篇。国台办《台湾工作通讯》以4000字篇幅介绍榕台大学生新闻营,向全国对台工作领域推荐。

晚报海外版在澳大利亚和中国台湾落地。5月,福州晚报与澳大利亚《大洋日报》合作推出《今日福州》专版,每周1期,在全澳大利亚发行;与中国台湾《民众日报》合作,推出《看福州》版,每周1期,在台湾发行。12月10起,晚报海外版《今日福州·加拿大版》在加拿大主流华文媒体《加华新闻》上正式出版。晚报在全球四大洲（除非洲外）每周出版14个海外版，周发行量50多万份，成为福州市对外宣传的重要平台。

【上宣工作】 3月1日，日报编委会成立重点报道组。成立以来，参与组织策划30多项重点报道，采写《此水此山此地 毋改英雄意气——焦裕禄精神在福州》《闽江口上的大跨越》等150多篇重点稿件。

全年日报提供各类上宣新闻稿件240多篇，其中《福州服务外包产业"爆炸式"增长》《一个坚守群众路线的好传统》《福州打造高新产业高地》《好一朵美丽的茉莉花》《开放福州再扬帆》等20多篇报道分别在《人民日报》《经济日报》《工人日报》《农民日报》《福建日报》《海峡通讯》《支部生活》等中央和省级媒体刊登。

9月，福州日报社与新华社福建分社建立战略合作关系，派出骨干记者前往跟班学习，并与新华社记者开展联合采访工作，推出《建起广厦千万间 纸褙城市渐远去》《福州向海》等重点报道。

与人民日报福建分社开展联合采访活动，日报协助提供新闻素材，推出《福州：一个理念坚守20年》《马上就办 福州何以坚守》等重点稿件。参加中央媒体联合采访活动，提供新闻素材，推出《林丹的三个"管家锦囊"》《"大姐局长"郭爱莲》等稿件。

晚报提供的上宣作品《过路公交司机追车入内救急》被中央电视台《新闻联播》《焦点访谈》选用，《九旬台湾老翁扎根福州养老业》被中国新闻社选用。

【报业体制改革】 于2013年6月份启动晚报印刷厂自行改制工作。2014年，报社改制领导小组开展职工全员身份置换和全面安置工作。4月底完成职工安置工作，成立福州报业印务有限公司，把原有工厂11个部门精减到4个部门，职工人数从原来的305人减少到84人，其中管理人员由原来的100多人减至9人。福州报业印务有限公司主营"两报"等印报业务。同时，采取股份制形式与社会印刷企业合作成立福州报业鸿升印务有限公司，主营商业印刷等社会业务。6月下旬，通过向社会公开竞聘，产生两家公司的总经理和副总经理人选。年内印刷厂改制工作全面完成。

家园杂志社2012年完成转企改制工作。年内报社寻找合作伙伴，对《家园》杂志进行股份制改革。

【报业机制改革】 围绕全媒体建设探索建立报网融合机制、传统纸媒与新兴媒体融合的用工机制、分配机制、管理机制、信息发布流程机制等一整套运行机制。

围绕提升新闻宣传工作健全完善用工分配机制、版面内容评价机制、新闻宣传四级策划机制、"两报一网"差异表达机制、"走转改"长效机制、网络突发事件处置机制等6项机制。

围绕报业经营工作健全完善资源整合和融合的激励机制、动态的减扩版机制、广告款清欠管理机制、活动办报机制等4项机制。

围绕队伍建设工作健全完善人才引进培养使用机制、报业文化建设机制、创建党建品牌机制等3项机制。

围绕日常管理工作健全完善编印发时效管理机制，经营项目审核机制，经营项目招投标机制，督查落实机制等4项机制。

【单一纸媒传播向全媒体传播转型】 围绕《福州日报》《福州晚报》两家核心纸媒，做强福州新闻网；加快"晚报在线·东街口"网站、"两报"手机报、"两报"官方微博（微信）、手持终端、户外阅报栏、新闻图片走廊等新媒体建设；开发应用手机二维码，探索新的传播方式，实现多渠道传播、全时传播。

推进传统纸媒与新兴媒体融合发展。"两报"分别成立全媒体部，加大新媒体新介质的建设力度，包括客户端、电子报、官方微博微信等。年底，"两报"官方微博、官方微信的粉丝数均达20多万人。日报党报APP于10月上线试运行，日报全媒体部还推出《涨姿势》等小栏目，内容涉及高温费、传统节日习俗、地震常识等，让这些轻松实用的信息，改变普通网友心目中党报过分严肃的印象。晚报微信公众号除与报纸互动外，还开辟本地网络新闻娱乐化播报的《福州一周事》以及视频采访类节目《微福思访》。借助报网融合做强主业，初步实现对新闻事件的多介质即时传播。日报对西洪路永辉超市门口砍人事件、台江区人大代表酒驾事件、鹤林新城杀人事件等本地关注度较高的突发事件，通过官方微博微信、手机报等新媒体进行即时播报，报纸次日跟进，收到单一报纸所达不到的立体传播效果。初步建立围绕报网融合的采编发布新流程、分配新机制。

【报业经营从传统广告发行向多元产业转型】 广告营销方式转型。改变传统的广告运作模式，围绕突出广告的"价值服务"做文章。涵盖资源整合、创意策划、数据营销、活动组织、运作执行等方面。

拓展多元产业，实现报业经营向经营报业的转型。变平媒为平台，通过资源整合利用来实现。跳出单一报纸经营模式，摆脱对传统广告形式依赖。发展报业多元产业，依托报业平台，在报业产业链上寻求发展空间。走出一条"资源变资产、资产变资本、资本变资源"发展的路子。承接住交会、温泉节、渔博会、药博会、版博会等具体项目，同时承接首届青运会火炬传递等在福州举办的各种大型活动（展会）。

借鉴兄弟城市媒体做法，报社与福州地铁公司等有关方面达成初步意向，共同创办地铁报。

【从单一内容服务向多元服务转型】 牵头打造全国晚报读者服务平台，增强报纸对读者的黏性。晚报"绿卡工程"于2013年获"海峡两岸媒体创新金奖"。2014年福州晚报继续整合政府、企业和社会资源，从提升市民生活品质入手，采取"基地直供、网上直销、网下直送"的方式，主推绿色产品来提升读者生活品质的大型读者服务平台——读者绿卡工程。福州晚报牵头搭建全国晚报大型读者服务平台（读者绿卡工程），尝试以1家报社整合的资源服务全国晚协各报社的读者，以全国各报社的丰富资源服务1家报社的读者。9月，全国晚报在榕举行技术培训。年底，由全国184家晚报共同参与的全国首个大型读者服务平台已初步建成。

“两报”发挥各自的资源优势，打造、提升各类读者俱乐部，包括“福州日报小记者团”、“福州晚报小记者团”、“哈楼会”房产俱乐部、“福晚车友会”、“福晚驴友团”、“太太理财团”等，并依托各类读者俱乐部，为读者提供多元服务。日报举办“小记者　大视野——春伦问茶之旅”活动，组织小记者参加“清新福建　茉莉花开”首届春伦茉莉花开采文化节，在福州春伦集团、永泰胜华农业科技发展有限公司建立“福州日报小记者实践基地”。日报联合市教育局、(台湾)海峡两岸儿童文学研究会、泰禾集团共同举办“泰禾杯·海峡两岸好文章”中小学生作文征集活动，征文活动覆盖全市所有中小学，逾10万名学生参与。“晚报小记者团”“小摄影家俱乐部”利用节假日，组织中小学生“首届中小学生当场作文大赛”“福晚小记者励志夏令营”“小记者走进省血液中心”“小记者走进农庄”“小记者畅游闽江”等活动。

(游向东)

广播电影电视

【概况】　2014年，节目创优取得新进展。福州广播电影电视局完成福州市2014年度“广播电视新闻奖广播类”“广播电视新闻奖电视类”“播音与主持作品奖”“广播文艺、电视文艺及少儿节目奖”4次节目评奖工作，评选出一等奖34件，二等奖61件，三等奖105件，并选送优秀作品参加省广播电视节目评奖，获一等奖7件，二等奖12件，三等奖19件。参评论文15篇，其中一等奖2篇，二等奖4篇，三等奖7篇。

广播影视产业稳步发展。全年福州市本级广播电视创收2.76亿元，同比增长18.6%。鼓励引导社会资本进入广播电视非新闻类节目、影视节目的制作生产领域和电影放映产业。全市影院新增8家，达到36家；屏幕新增屏幕19块，总数达199块。其中，城区影院19家，126块屏幕，2.05万个座位，超过全国文明城市每5万人一块屏幕的要求。票房总收入达3.41亿元，同同比增长幅达35.2%，居全省第一。

公共服务水平提升。实施农村电影放映工程，协调财政部门，下拨农村电影放映设备维护费99万元，各县(市)区农村电影放映场次补贴达200元以上。全年放映27406场，占年计划总数的104%，其中商业片13725场，占年计划总数的104.1%，受众人数达212万人次。持续开展公益电影放映活动，中小学生影视教育纳入市级财政预算。市广播电影电视局通过购买电影帐篷，订制折叠椅等办法，解决放映缺场所等问题。组织市电影公司和电影放映队，做好片源的组织和放映技术的保障等工作。“电影进校园”活动到五城区100多所学校放映650多场爱国优秀电影，观影学生达18万多人次。推动“电影欢乐送”活动开展，开展电影进工地、电影进企业、电影助残、电影进社区等活动，累计放映650多场，观影人数达6.5多万人次。

加强行业管理，做好卫星地面设施管理工作，市广播电影电视局与省新闻出版广电局、市文化市场综合执法支队以及公安、工商、安全等部门配合，加大对非法销售、安装、使用卫星地面接收设施的打击力度，查处私自安装卫星接收设施的广播影视违法行为投诉件6起；加强互联网视听节目管理；强化广播电视广告监管，发出5份《广告核查通知书》，整改12个违规广告；开展非法电台清查治理和电视购物频道节目清查和专项整治工作；加强影院管理，每周组织开展文明督导巡查，全年出动400多人次参与督查，下发5份整改通知书；组织《福建省广播电视设施保护条例》宣传周等活动；开展重要节日和重大活动的广播电视安全播出，确保无安全播出事故；规范和完善广播电视节目的报告、报备、报批制度，严格对境外引进剧、群众参与的节目等的引进播出审查；组织全市广播电视播出机构开展以传播先进文化、引领文明风尚为重点的广播电视公益广告集中制作展播活动，先后制作、播出一批以“中国梦”“交通安全”“环保”“消防”等为主题的“讲文明树新风”系列公益广告，平均每天播出公益广告267条，时长近130分钟；年初对上年的阅评工作进行回顾总结，组织阅评员与节目制播人员座谈，到县区进行现场点评、指导，全年编发12期“评议通报”，向电视台、电台相关栏目和频道频率提出130多条意见和建议，并督促整改落实。

【新闻宣传报道】　广播电视媒体全年组织85场重大宣传战役，开展各项主题宣传报道。陆续推出“新春走基层”“全力推进福州新区开放开发　在更高起点上加快建设闽江口金三角经济圈”“聚焦5·18”“海丝之路　开放之路”“深入开展党的群众路线教育实践活动”“两个责任”“中国梦·我的梦”“马上就办”“四个万家”“践行社会主义核心价值观”

11月，福州举办的基层“最美人物”评选活动颁奖晚会在福州电视台一套播出
(市文广新局　供)

“文明福州 持续文明”“海峡青年节”“当好东道主 迎接青运会”“防抗‘麦德姆’强台风”等主题报道，播出《项目集聚为福州新区开放开发增添活力》《市四套班子领导分赴各县(市)区开展“四个万家”联合大接访活动 真情大接访 真心解民忧》等上千条有影响的新闻报道；完成23部各类专题片、申报片、汇报片摄制工作。

推进新闻宣传改革，按照改进文风要求，适应群众收听收视习惯的变化，福州广播电视台以《福州新闻》为重点，对栏目节目进行改版创新，对其节目内容、编排、包装、演播室背景、播音方式等方面进行全面改进。10月18日，改版后的《福州新闻》播出，节目改进会议和领导活动新闻报道，编排突出民生与资讯，主持人调整后播报风格实现重大转变，报道形式多样。改版后收视率明显提升。

【栏目节目创优】 把深化“走、转、改”活动与栏目节目创优结合起来，深入基层挖掘鲜活新闻素材，多出有深度、有影响的节目。实施精品战略，打造栏目节目品牌。加强影视创作，与央视合作拍摄的电视纪录片《马江古堡》获第19届中国电视纪录片十佳短片奖，合作拍摄的电影《黑月》11月7日在全国公演；拍摄反映福州温泉文化的纪录片《福泉天成》，11月21日在央视科教频道首播；神画时代公司动画片《逗逗虎纹章之谜》获杭州动漫节最具潜力奖；福州广播电视台纪录片《和》获2014美国阿拉斯加国际电影节迪纳利奖，纪录片《他的佛》获第47届休斯敦国际电影节最佳短纪录片银雷米奖，电视短消息《海峡号首航台中》获中国广播影视大奖提名奖，广播剧《生日》获得省委宣传部颁发的“五个一工程”贡献奖。10月30日，省委宣传部“宣传信息”增刊，刊登题为“‘小节目传递大能量’——福州广播电视台《聊斋夜话》节目以脱口秀方式加强正面引导”的信息。

【上宣外宣工作】 上宣工作 组织专门策划和实施队伍，向中央台、省台上传更多更好福州声音和福州画面。全年电视新闻节目上央视102条，其中《新闻联播》11条；上省台755条，其中《福建新闻联播》《东南卫视新闻》553条。8月23日晚，央视《新闻联播》播出《福州：审批提速便民利民》，反映福州马上就办，简政放权的亮点和成效。广播上宣工作保持在全省前三，获评中央台优秀供稿台和向省台供稿先进单位。年内电视专题片上宣数量超往年，创新高。与央视中文国际频道《走遍中国》《城市 对一》《流行无限》《华人世界》等栏目合作，完成拍摄的各类专题片中有11部(集)在央视中文国际频道播出。16集大型人物类专题片《海外福州人》陆续在央视中文国际频道《华人世界》栏目播出，系列片《侨乡行》在摄制中。

外宣工作 广播电台“左海之声”频率在春节期间，以“温暖2014”为主题，制作系列对台专题节目在台湾37家广播电台联播，系统向全台湾岛居民宣传介绍福州发展取得新成就、新变化。丰富落地美国纽约、澳洲墨尔本、台湾地区的广播外宣节目内容，扩大覆盖范围。6月，通过台湾非凡音乐广播电台，广播节目落地马祖，每天播出1小时。电视加强海外阵地建设，密切与美国纽约有影响媒体合作，不间断制作特别节目在美国ICN中文电视台播出，宣传福州发展变化。

9月20日，首届“丝绸之路”国际电影节福州分会场活动开幕(市文广新局 供)

【媒体融合发展】 福州广播电视台设立新媒体中心，推动传统媒体和新兴媒体融合发展。12月，国家新闻出版广电总局批复，同意福州开办“福州市电视台移动电视频道”。年内福州建成以互联网传播为核心，以福州明珠网及福州网络电视两大网站为平台，集采集录制、编辑制作、存储播出为一体的新媒体内容生产发布中心，发挥网络媒体反应迅速、形式多元、效果多维、互动性强的宣传优势，加大正面宣传力度，通过开设专题页面，以视频、文字、图片相结合，网络现场直播等多种方式和技术手段，全方位、多层次对外宣传福州。福州明珠网及福州网络电视的日均点击率达10万。

【技术升级改造】 加快技术升级改造，推动广播电视高清化、数字化、网络化发展。福州广播电视台推进电视高清频道建设，完成高清楼项目选址、建筑设计、项目审批工作。与相关部门就设计、代建、施工等问题进行协调会商。先后邀请国内外数十家知名企业的专家到台进行22场技术交流和讲座，组织人员到省广播电视台和厦门广播电视台考察学习。9月2日高清大楼动工，12月中旬封顶，开展设备采购工作。开展电视演播系统升级改造工作。加快推进县级广播电视台数字化改造工作。对基本设备情况进行摸底调研，形成《福州市县级广播电视台数字化情况报告》。指导各县(市)区制订本地广播电视台数字化提升改造方案，报送当地政府和省局争取政策和资金扶持。年内省局将闽清、永泰两县列入省级补助名单，每个县补助20万元。福州广播电视台围绕《福州新闻》全新改版，投入200多万元对80平方米演播室进行技术升级改造，购置LG电视大屏幕作为背景。投入180万元对1000平方米演播厅灯光系统进行升级改造配置，确保“2014让人民满意媒体直播政风行风活动”达到高标准、高质量的要求。

【体制机制改革】 按照市委市政府要

求,撤销福州广电集团建制,开展市电台、市电视台合并的报批工作,8月下旬获国家广电总局批准,福州广播电视台成立。体制改革后的福州广播电视台形成台党委统一领导,宣传事业和产业经营分别运营的管理体制,同时推进内部机制改革,调整内设机构,将产业部门划归企业公司管理,清理整顿原有公司。按照增加投入、转换机制、增强活力、提高效率方针,深化广电媒体劳动、人事和收入分配制度改革,全面推行成本核算,推进频道责任制改革试点工作,启动行政后勤改革,建立激励约束机制,取得初步成效。12月,福州广播电影电视局撤销,并入福州文化广电新闻出版局。

【首届丝绸之路国际电影节福州分会场活动】 国家新闻出版广电总局决定,丝绸之路国际电影节由总局、陕西省和福建省联合主办,西安和福州轮流承办。福州作为分会场开展电影节活动。从4月起,市广电局、广播电视台主动介入,加强与省局、总局电影局及有关部门的沟通和联系,加强与西安主会场的对接,策划组织福州分会场活动方案。10月20日,首届"丝绸之路国际电影节"福州分会场启动仪式在福建大剧院举行。来自世界各地、特别是海上丝绸之路沿线国家的嘉宾以及中国港澳台地区和内地电影界知名人士60多人参加。电影节福州分会场活动历时6天,重点开展电影文化交流、电影展映周、新片签约仪式、明星见面会等活动。参加展映的电影有42部,分别在12家影院放映105场。同时还在全市农村、社区、广场、工地、企业、残疾人体育运动管理中心等组织开展国内外优秀电影展映活动,观影人数达5万余人次。10月25日,在首届举办地陕西的闭幕式上,福州与西安举行交接仪式,播放福州丝路宣传专题片。央视新闻频道同步报道丝绸之路电影节福州分会场和西安主会场盛况。

(陈超俊)

主流媒体看福州

【概况】 2014年,境内外新闻媒体持续关注福州改革开放发展成就,中央、省属媒体正面报道达1.5万多篇(条)。其中,在《人民日报》刊登68篇、在新华社播发660多篇,在中央电视台各频道播出新闻200多条,专题片22部(集);在福建电视台播出新闻1300多条,其中《福建新闻联播》420多条,在《福建日报》头版就刊发130多篇。在境外的中文、英语、世界语多语种新闻报道5700多篇,专题专版131个。

邀请中央驻闽网络媒体和主要商业网站福建站记者开展"网络媒体县区行""网媒记者走基层""聚焦闽江口　跨越进行时""行走新丝路"等11场主题采访活动,在各大网络媒体上刊发原创文字报道200余篇,视频报道30余篇,网站转载量500余次。与人民网福建频道联合推出"书记去哪儿"系列报道,是省内首档以网络纪实拍摄手法报道县区领导践行群众路线。

【春节期间宣传报道】 春节期间,《人民日报》、新华社、《光明日报》、《经济日报》、中央电视台、《福建日报》、福建电视台等中央及省属主要媒体通过文字、图片、视频等各种形式,对福州新春新气象进行报道,中央、省属新闻媒体刊发各类稿件百余篇。

《人民日报》刊发《政府服务上高速》,报道福州市行政服务中心"马上就办"的具体事例等5篇报道;中央电视台《新闻联播》播出《新春走基层　家风是什么》,福州著名企业家曹德旺接受采访并谈出自己的见解,CCTV—1、CCTV—4、CCTV—13播发《三坊七巷品年味足　上演福州传统婚礼习俗》等6条新闻和专题报道。中央人民广播电台播发5篇报道;《新华每日电讯》刊登《政风行风民主评议福州引入媒体直播》等4篇消息;《光明日报》刊发《春节现场:传统民俗婚礼》等3篇报道;《经济日报》刊发《"佛跳墙"里品年味》2篇报道;《福建日报》连续6天在头版刊发春节期间福州新春风貌报道;福建电视台《福建新闻联播》播发《福州:三坊七巷民俗踩街欢腾闹新春》等6条报道。

【全国两会宣传报道】 全国"两会"期间,人民日报、新华社、光明日报、经济日报、中央人民广播电台以及福建日报、福建电视台等中央、省属主要媒体,通过文字、图片、视频、访谈等各种形式,对来自福州的代表委员及福州市工作都进行报道。《人民日报》刊发消息《生态:满目青山相迎送》,报道福州空气好到"爆表"等2条报道;《新华每日电讯》刊发《福州全面推行公务卡结算　从严规范三公消费》等3条新闻;《光明日报》刊发《谢智波代表:为环卫工人代言》等3条报道;《经济日报》刊发《福州打造"马上就办"政务超市》德国3条报道;中央人民广播电台播发《福州:6月起所有公交车都要礼让斑马线》德国2条报道;《福建日报》刊发《马上就办　办就办好》4条报道;福建电视台《福建新闻联播》播发《福州:发出首张新版营业执照》等8条新闻及专题片。

【第十六届海峡两岸经贸交易会宣传报道】 "5·18"海交会期间,邀请中央、省属新闻媒体60多家,200多名记者参与采访报道。据不完全统计,中央、省属新闻媒体刊播各类新闻报道1300多篇(条)。

CCTV—1《新闻联播》播发《海峡两岸经贸交易会在福州开幕》,CCTV—2、CCTV—4播发《第十六届"海交会"在福州开幕》等6条新闻;新华社刊发《共享机遇,"海上丝绸之路"点亮沿线"珍珠"》等3条新闻报道;《光明日报》刊发《福州等城市为"海上丝绸之路"申遗》等报道;《经济日报》刊发《借力"海丝"建设　福州续写新章》等3条报道;中央人民广播电台播发6条新闻;《福建日报》刊发《全国首家"中国—东盟海产品交易平台"将于5月18日在福州正式揭牌》等6条新闻。福建电视台《福建新闻联播》等栏目播出《福州:海交会亮点多　记者提前来探馆》等18条等新闻和专题片。

组织人民网福建频道、新华网福建频道、中国网福建频道、中新社福建新闻网、东南网、新浪网福建频道、腾讯大闽网、凤凰网福建频道、搜狐福建频道、东快网、福州新闻网、福州明珠网等中央级驻闽网络媒体和主流商业网站,共13家网媒参与海交会的宣传报道,刊发海交会相关文字报道500余篇,图片报道300

余幅,视频报道60余条。进百度搜索,关注和转发海交会新闻报道的网络媒体达100余家,相关新闻信息3.4万余条。

【海峡两岸合唱节宣传报道】 7月12—15日,以“同圆中华梦”为主题的第七届海峡两岸合唱节在福清市举行,人民日报、新华社、中央人民广播电台、中央电视台、中新社、中国文化报及福建日报、福建电视台等中央、省属30多家媒体的近百名记者参与采访报道。据不完全统计,各媒体刊播合唱节的各类新闻报道近200篇(条)。

人民日报刊发《第七届海峡两岸合唱节举行,共22支合唱队伍参加》;新华社刊发《第七届海峡两岸合唱节在福建福清唱响》;CCTV—4、CCTV—13播发《第七届海峡两岸合唱节:同圆中华梦 共唱两岸情》等新闻。中央人民广播电台播发《海峡两岸合唱节今天在福建福清开幕 两岸共唱“同圆中华梦”》等新闻;中新社发稿26篇(条);《福建日报》刊发《五支台湾团队 合唱节摘得“茉莉”归》等新闻。

邀请人民网福建频道、新华网福建频道、中新网福建频道、中国网福建频道、东南网、凤凰网福建频道、新浪福建频道、腾讯大闽网、搜狐福建频道、福州新闻网、福州明珠网等10余家中央级驻闽网络媒体和主流商业网站参与合唱节活动现场报道。合唱节期间,邀请的网络媒体共刊发原创新闻报道30余篇,新闻照片近百幅,视频报道5篇,相关报道被100余家网站转载刊发。其中,中新网福建频道刊发的“第七届海峡两岸合唱节在闽开唱”新闻报道被中国台湾《联合报》和印尼《印尼商报》2家海外华文纸媒刊用。

【海峡青年节宣传报道】 8月9—15日,以“中国梦 中华情”为主旋律,围绕“海丝起点·青春启航”主题的第九届两岸青年联欢节暨第二届海峡青年节(简称“海青节”)活动在福州成功举办。人民日报、新华社、中央人民广播电台、中央电视台、光等30多家中央、省属新闻媒体80多名记者参与采访报道。据不完全统计,通过文字、图片、视频、网络等形式,各媒体共刊播各类新闻260多篇(条)。

《人民日报》刊发福州《宣传保护“神话之鸟”》的报道;新华社图文并茂刊发了题为《两岸携手保护“神话之鸟”》的报道;《光明日报》刊发《海峡青年峰会在福州开幕》;《经济日报》刊发《第二届海峡青年节——了解越来越深,朋友越来越多》;CCTV—4播发《第二届海峡青年峰会 聚焦海上丝绸之路沿袭与发展》;中央人民广播电台播发《第九届两岸青年联欢节本周末举行 来自海峡两岸1800名青年将齐聚福州》等新闻;中新社在文字、图片、视频方面发稿28篇(条),其中文字5篇、图片20张、视频3条。

组织人民网福建频道、新华网福建频道、中国网福建频道、中新网福建频道、中国经济网福建频道等中央级驻闽网络媒体和东南网、新浪网福建频道、腾讯大闽网、凤凰网福建频道、搜狐福建频道、东快网、福州新闻网、福州明珠网等主流网站,共计12家媒体30余名记者、编辑参与海青节的采访报道,刊发各类原创新闻报道50余篇,近100家网站进行转载报道。

新华网《船政文化讨论会首次亮相“海青节” 两岸专家聚焦“船政与海丝”》、中国网《海峡青年峰会千余嘉宾共话海丝情 俞正声发来祝福》、中新网《两岸青年齐聚青年峰会 共话21世纪丝绸之路》等重要稿件获得众多网站的转载刊发。《美国侨报》刊载中新网《海峡青年峰会切题“海丝” 聚焦榕台青年机遇》《舌尖见证台湾青年登陆初体验》《2014海峡青年(福州)峰会启幕》等3篇稿件。

(郑 静)

(编辑 邱敏佳)

卫生 体育

卫生事业

【概况】 2014年，全市有各级各类医疗机构1908家（含省属，不含平潭及卫生室，下同），其中医院107家；医疗卫生机构床位3.16万张，同比增长1.47%，其中医院床位2.55万张，同比增长2.28%；专业卫生技术人员4.88万人，同比增长5.09%，其中医生1.78万人，同比增长5.73%，护士1.99万人，同比增长6.71%。每千人拥有卫生机构床位4.51张，每千人拥有卫生技术人员6.97人。全市社区卫生服务中心49个，卫生技术人员1497人；社区卫生服务站120个，卫生技术人员1038人；乡镇卫生院123个，卫生技术人员4794人。市属13家医院门诊量543.2万人次、住院量14.3万人次、业务收入30.1亿元。年内福州市完成市一医院新院选址和市妇幼保健院新院选址工作；完成肺科医院负压病房楼项目和市精神病院病房楼项目建设。年底市卫生局和市人口计生委整合组建成卫生计生委。

【新型农村合作医疗】 全市338万名农民参加新农合，参合率99.9%，年人均筹资水平410元，其中各级政府财政人均补助标准从300元提高至340元。

完善住院统筹，县级住院最高支付限额提高至10万元；落实联合体内转诊取消新农合二次起付线、基层上转的重大疾病参照县级医院补偿比例的优惠扶持政策；坚持重大疾病大额医药费用住院补充补偿制度，补充补偿比例维持在70%，最高支付限额达20万元。五区七县结合当地发病情况，将甲类及部分乙类门诊特殊病种纳入补偿范围，门诊特殊病种扩大至27种以上，并提高各单病种补偿比例及封顶线，对门诊特殊病种实行小目录管理。新增115家村卫生所为村级新农合普通门诊定点，村卫生所定点范围扩大至315家。在试点农村儿童白血病、先心病“定点救治、定额补偿”的基础上，将急性心肌梗塞等21类病种纳入新农合大病保障范围。新增福清市医院等4家县级医院为新农合尿毒症患者免费血液透析治疗定点救治医院。在市一医院率先试行尿毒症患者腹膜透析优惠救治政策。在宁德市医院、宁德明仁医院试点跨设区市即时结报，实现参合农民在省、市、县、乡、村各级定点医疗机构及部分跨设区市定点医疗机构就医即时结算业务。

全年有176.7万参合农民获得新农合补偿，年受益率达52.3%，同比增长5%。补偿基金支出13.13亿元。有2385名参合患者获得尿毒症、重性精神病门诊优惠救治，其中尿毒症患者423人、重性精神病患者1891人，共获得补偿4786.63万元，11651名参合农民符合重大疾病住院补充补偿，有562名参合农民年度住院补偿金额超过10万元。有5.78万人次享受新农合与医疗救助“一站式”服务，占农村医疗救助对象的60.3%。

【基层医疗卫生服务】 开展5家社区卫生服务中心改造提升建设，完成71个空白村卫生所建设。完成128家基层医疗卫生机构数字X光机（DR）配送工作和全自动生化分析仪等5件基层医疗设备的招标工作。推进基层卫生信息化建设，将全省基层医疗卫生机构管理信息系统延伸至村卫生所，全市2193个行政村卫生所均接通村卫生所信息系统，实现村级社保卡就诊一卡通。下发《福州市卫生局关于加强帮扶村卫生所工作，提升基层医疗卫生服务能力的通知》，落实乡镇卫生院、县级医院帮扶村卫生所，市级综合医院帮扶县乡医疗机构的工作任务。开展“建设群众满意的乡镇卫生院”活动，加强乡镇卫生院建设。组织对30年以上工龄的乡村医生在内的农村卫生技术人员颁发“长期从事农村卫生工作30年荣誉证书、证章”，鼓励长期坚守农村医疗卫生岗位的乡村医生。在全省率先组织村医投保村居医疗机构医疗责任保险，与人保财险省榕城分公司签订合作协议，有2370名村医投保医疗责任险。

推广社区卫生服务中心“健康小屋”，首批试点18家社区卫生服务中心投入使用，辖区居民可自助免费进行健康体检、慢病筛查、自主测评等服务。在福州市五城区开展“全科医师签约服务”工作，乡村医生签约服务工作范围从试点的仓山区、晋安区、马尾区扩大到全市,全科医生签约常住人口 9.21 万人,乡村医生签约 2.95 万人。晋安区被确定为基层签约服务工作省级重点联系县区。

开展社区卫生服务中心"中医馆"项目建设。2013—2014 年,市县财政投入 1040 万元用于 26 家社区卫生服务中心试点建设"中医馆"项目。"中医馆"将中医诊室、针灸室、推拿室、理疗室等科室集中布局,形成相对独立的中医药服务区,综合开展基层中医药服务。

加强社区康复医疗体系建设。福州市 90% 以上社区卫生机构开展康复医疗工作。五城区有 27 家社区卫生服务中心作为福建中医药大学社区康复医疗试点单位。省市残联向每家试点单位捐赠价值 15 万元的康复医疗器材。推进医院、社区、家庭三级康复体系建设工作,推广社区康复适宜技术,使患者能在社区和家庭进行康复治疗。

【基本公共卫生服务】　免费为城乡居民提供 11 类 43 项基本公共卫生服务。委托市预防医学会开展基本公共卫生服务第三方考核,提高基层医疗卫生机构实施基本公共卫生服务项目质量。全市城乡居民健康档案累计电子建档率为 82.3%,有效建档率达 72%。开展儿童保健工作,全市纳入规范管理 0～6 岁儿童 39.65 万人,开展儿童体检 65.47 万人次。开展孕产妇保健工作,全市纳入规范管理的孕产妇 7.66 万人,产前随访 24.48 万人次,产后访视 7.79 万人次。开展老人保健工作,65 岁以上老年人纳入规范健康管理 36.73 万人,开展 65 岁以上老人体检 43.90 万人次。开展慢性病管理工作,纳入高血压规范管理 25.48 万人、糖尿病规范管理 7.55 万人,并对 1.12 万人实施重性精神疾病规范化管理。

【公立医疗机构综合改革】　重点推进县级公立医院综合改革试点。10 月 23 日,市政府出台《福州市县级公立医院综合改革实施方案》,明确改革管理体制、建立补偿机制、改革医保支付、完善药品和耗材供应、改革人事分配制度、提升服务能力等 9 个方面改革任务,从试点探索向全面推进转变。县级公立医院取消药品(不含中药饮片)和耗材加成后减少的合理收入,主要通过调整医疗服务价格补偿 82%、财政补偿 15%、医院分担 3% 予以解决。为同步实施相关配套政策,市物价、卫生、人社、财政部门研究制定医疗服务价格调整、医保支付和财政补偿方案。调整医疗服务项目价格 2843 项。调整相应的医保政策,实行以总额控制为基础的复合付费方式改革,调整后的医疗服务收费按政策规定纳入医保、新农合支付范围,并落实差别化支付政策向基层倾斜。加大政府补助力度,明确各县(市)按照不低于上一年度县级公立医院实行药品和耗材零差率减少收入的 15% 安排财政补偿资金,结合医院收支结余减少情况进行二次分配。12 月 28 日起,全市 30 家县级公立医院实行药品和耗材零差率销售,医疗服务价格调整与医保支付、财政补偿方案同步执行。

推进市级公立医院综合改革,出台《关于进一步支持市属公立医院改革发展的若干意见》,支持市属公立医院发展。加快市属公立医院特色化、差异化发展,形成骨科、肝胆外科、肺部疾病等一批专科品牌,开展市属公立医院取消以药补医机制前期有关医疗服务价格调整、医保支付等基础性测算工作。总结推广市一医院医疗联合体经验和市二医院托管马尾区医院经验,以福州神经精神病防治院为牵头单位,成立精神卫生医疗联合体,提高基层医疗服务能力,加快形成分级诊疗、双向转诊的分工协作机制,方便群众就医。

扩充医疗服务资源。委托市规划设计研究院编制《福州市中心城区医疗卫生设施布局专项规划(2014—2020 年)》。争取中央项目建设资金 1840 万元,有 1 个县(市)级中医院项目、8 个乡镇卫生院项目、13 个村卫生所项目等列入建设;争取省级项目建设资金 4468 万元,有 2 个县级精神病院,13 个市县级妇幼保健机构、8 个市县级中医院急诊科和信息化建设以及基层卫生所信息系统等列入建设。完成市第一医院新院选址和市妇幼保健院新院选址工作。完成福州神经精神病防治院病房楼和福州肺科医院负压病房楼项目建设。

【疾病预防与控制】　全年完成霍乱、流感、手足口病、登革热、麻疹、风疹等重点传染病预警监测项目 15 项。及时处置 26 例输入性登革热疫情和 5 例本地感染病例,对 7 例人感染 H7N9 禽流感病例及密切接触者进行现场流行病学调查处理。开展埃博拉出血热防控工作,对疫区来华的 127 人进行追踪管理,对密切接触者进行医学观察。推进免疫规划工作,巩固人群免疫屏障。加强部门合作,将艾滋病纳入市委党校课程,提高领导干部艾滋病防治意识;完善艾滋病抗病毒治疗工作,将符合条件的非福州市籍流动人口纳入免费治疗,加强对全市 10 家抗病毒治疗定点医院的指导培训和实验室能力建设。启动中国——默沙东艾滋病合作项目和第三轮国家艾滋病综合防治示范区工作。在全市开展死因监测工作,掌握居民期望寿命和死因

9 月 20 日,2014 年"服务百姓健康行动"大型义诊活动在宝龙城市广场举行
(市卫计委　供)

顺位情况。成立市慢性病防治中心,推进慢性病防治一体化建设。年内全市未报告重大传染病突发公共卫生事件,传染病疫情呈平稳态势。

【卫生应急】 新制定《福州市雾霾污染应急预案》《福州市水体污染应急预案》《福州市长乐国际机场突发应急预案》等7部预案。开展卫生应急大练兵,增强卫生应急能力。开展元宵灯会、省市"两会"、"5·18"海交会、"6·18"项交会、沙滩排球赛、中国羽毛球赛和国际电影节等数十场重大活动的医疗卫生保障,保障受益人数逾百万人次。

【妇幼保健】 完成市县两级妇幼保健机构基本设备达标建设,落实危重症孕产妇监护救治网络项目工作,开展婚前保健门诊规范化建设工作。建立全市儿童和新生儿转诊救治网络,提高儿童和新生儿抢救能力。严格助产技术服务机构准入和监督管理。在市妇幼保健院设立心理卫生科,试点开展问题儿童早期干预工作。纪念《中华人民共和国母婴保健法》颁布实施20周年,市卫生局、市人口计生委、市总工会于7月在全市联合开展妇幼健康技能竞赛活动,市一医院的林培红、叶健文、王晓钦以及仓山区妇幼所的李玉章,分别获妇女保健组、围产保健组、计划生育组、儿童保健组个人一等奖;福清市卫生局代表队、闽清县卫生局代表队获团体一等奖,并获"五一先锋岗"称号。全年全市孕产妇死亡率16.28/10万,婴儿死亡率3.76‰,5岁以下儿童死亡率5.06‰。

【中医药事业】 推动台江区创建全国基层中医药先进单位,健全基层中医药网络。加强中医药专科能力,开展市级第六期中医专科、8项省级重点专科和农村中医特色专科建设,长乐市中医院完成二级甲等中医医院等级评审。依托区级综合医院,推动晋安、马尾的基层适宜技术推广基地建设。推进中医药传承培养和行业管理,实施省一技之长人员纳入乡医管理人员临床技能考核。

【医疗服务能力】 医疗管理 严格医疗机构、人员准入管理,规范和简化设置审批流程,医疗机构执业登记1家、变更登记12家、年度校验13家、执业许可证有效期延续5家;对28家现场审核合格的医疗机构换发新的"麻醉药品、第一类精神药品购用印鉴卡";落实省卫生计生委《关于下放护士执业注册许可审批项目的通知》文件精神,办理全市护士首次注册、重新注册、延续注册及变更注册2856人次,医师首次注册及变更注册518人次,医师多点执业11人次。在二级以上医院推行临床路径管理及单病种质量控制工作,通过选择合适的病人,按照临床路径表单对病人进行诊疗,规避医生治疗的随意性及超范围用药、检查等现象,全市医疗机构抗菌药物品种和品规基本达标,综合医院抗菌药物使用强度较上年下降10DDD(每百人每天的抗菌药物使用频度),住院患者抗菌药物使用率下降5%,预防使用抗菌药物的疗程从3—4天缩短至1—2天。同时,将医疗机构的合理检查、合理用药、合理治疗列入2014年福州市医院评价标准。12月,组织专家对市属二级医院、市管民营医院41家医疗机构的检查、用药、治疗等方面进行综合评价,发现个别医疗机构存在不合理检查、不合理用药、不合理治疗问题,要求整改。开展医疗广告专项整治工作,对医疗广告发布情况实施全程监控,全年监测医疗广告493条,其中违规医疗广告75条,对发布违规医疗广告的7家医疗单位予以记分并通报全市。与市诚信促进会联合开展全市卫生系统诚信医疗体系建设,评选福州市诚信医疗示范单位。调整充实原有11个医疗专业质控中心组成和挂靠单位,增设妇科、产科、肿瘤化学治疗、脑卒中、精神医学5个质控中心,逐步完善质量控制中心组织机构建设体系。对全市208家公立医院药品集中采购情况进行调查,依托省级药品集中采购平台,开展新一轮药品集中采购工作。

医疗事故技术鉴定 市医学会全年受理医疗事故案件49例(卫生行政部门委托44例,占89.8%,法院委托5例,占10.2%),其中完成鉴定30例,医患双方协商解决7例,在鉴定7例,按规定终止1例,按规定中止4例。鉴定为医疗事故11例(一级甲等轻微责任2例,一级乙等轻微责任1例,二级丁等主要责任1例,三级丙等主要责任1例,三级丁等次要责任1例,四级完全、主要、次要责任各1例,四级轻微责任2例),占36.7%,不属于医疗事故19例,占63.3%。鉴定案例涉及科室前三位:妇产科6例、普通外科5例、骨科和急诊科各3例。鉴定涉及医院级别:省级10例、市级0例、县(市)级11例、卫生院2例、民营(诊所)7例。协助其他设区医鉴办完成医疗事故技术鉴定3例。

全市受理职业病鉴定11例,完成鉴定8例,完成鉴定的案件中职业噪声类5例、职业中毒类2例、职业中暑(热射病)类1例。其中维持原医疗机构诊断结论的病例有6例,改变原诊断结论2例。双方协商解决1例,在鉴定2例。协助其他设区市医鉴办完成职业病诊断鉴定13例。受理并完成预防接种异常反应鉴定1例,改变原诊断1例。协助其他设区医鉴办完成预防接种异常反应鉴定1例。

【卫生人才队伍建设】 全年市属医疗单位向社会公开招聘552名卫生专业技术人员,录用515人。全市各级医疗卫生单位拥有卫生技术人员20691人,其中高级职称2031人,中级职称4961人,初级职称13699人。

市卫生局与市公务员局联合出台《关于进一步加强福州市直卫生系统人才招聘工作的通知》,对引进博士研究生以上学历或具有正高以上专业技术职务任职资格的高层次人员可由招聘单位随时通过直接面试考核方式进行,对国家"985"工程重点建设的高校、卫生部直属高校以及重庆医科大学的应届本科及以上毕业生,可通过校园供需见面当场签订就业协议。与清华大学联合举办现代医院职业化管理培训班,邀请卫生部体制改革司司长梁万年、清华大学教授周生来等多名国内知名顶尖专家学者到福州讲学,组织6期,累计培训600多人次。出台《市属医疗单位医生晋升前到县乡基层卫生院开展技术帮扶的方案(试行)》,下派124名医疗卫生专业人员到社区卫生服务中心和乡镇卫生院进行帮扶;同时落实城市医生晋升中、高级职称前到乡镇卫生院帮扶工作。

开展选派援疆、援藏、援博茨瓦纳及下派驻村干部的服务工作，全年派出援疆、援藏人员3批6人次。全年获各级各类科技项目立项84项。经国家外专局批准，首次组织市卫生系统12名专业技术骨干赴澳大利亚进行医疗管理培训。

【卫生信息化建设】　将民营医疗机构接入居民健康档案信息系统，市属民营医院接入11家，县(市)区管民营医院接入7家。建设妇幼卫生信息系统，在全市基层卫生信息系统原有的妇幼信息管理模块基础上，建立妇幼卫生信息系统平台，该系统有孕产期保健服务管理、产前筛查与诊断管理、新生儿筛查管理、儿童健康体检管理、高危儿童管理、五岁以下儿童死亡报告、妇女病查治管理、婚前保健服务8个模块，于1月1日起在全市各级相关医疗机构启动运行。

【卫生监督执法】　将省卫生计生委下放的食品安全企业标准备案、医疗广告审查及艾滋病、结核病相关样本(含疑似)准运证等审批事项入驻市行政服务中心卫生局窗口，同时修订办事指南，精简办理流程，压缩办理时限。梳理行政审批事项，取消4项有关餐饮消费环节的行政许可与母婴保健技术人员执业许可证变更的行政许可；取消2项非行政许可审批事项，转变为公共服务事项。下放部分医疗机构麻醉药品、第一类精神药品购用印鉴卡核发的审批权限、护士执业注册审批权限到各县(市)区卫生局。9月9日，市卫生局与市食品药品监督管理局正式完成餐饮服务环节食品安全监管职责交接手续，至此，市局即停止餐饮服务环节食品安全监督管理工作相关的行政许可、巡查监督、行政处罚等食品安全监管工作，不再受理涉及餐饮服务环节食品安全监管的投诉、申诉、举报、信访、政府信息公开、行政复议等事项。开展打击非法行医专项行动，出动执法人员1024人次，车辆136车次，检查各级各类医疗机构561家次，取缔无证行医14户次，罚没金额10.3万元。加强公共场所场所监督，开展住宿业、美容美发店、娱乐场所、公共浴室、游泳池等公共场所专项卫生检查工作，监督检查6500多家次，覆盖率均达100%。加强病原微生物实验室生物安全管理工作，组织专家对辖区内病原微生物实验室进行评审验收，确保实验室生物安全。强化放射防护、学校卫生、职业卫生、消毒产品等监管。　(张先玲)

【爱国卫生月活动】　在全市开展以“远离病媒侵害，你我同享健康”为主题的第26个爱国卫生月活动。其间，全市开展大型宣传活动30多场，免费义诊200多人次，健康教育讲座60多课次，张贴宣传标语、墙画约1200处，制作更新宣传栏、电子显示屏300多期，发放宣传材料8万多份、除四害宣传药品3万多份。组织开展全市公共外环境病媒生物防制消杀活动，出动专业消杀人员600多人次。

【健康场所试点项目】　在全面推进第三批健康场所项目实施基础上，推动学校健康食堂申报创建。乌山历史风貌区结合AAAAA景区创建工作，以提高健康素质、创造健康环境、倡导健康生活为核心开展创建健康场所工作；台江区老人公寓、夕阳红公寓改善老人居住环境，加强老人血压、血糖日常监测；各学校也根据自身特点和需求，以营造健康环境、提供健康饮食、培养健康生活、普及健康锻炼、培育健康心理、建立健康保障为主要目标开展创建活动。5月，市爱卫办、市教育局、市食药监局联合制定下发《关于开展学校健康食堂创建试点工作的通知》，根据各学校申报和市教育局推荐，确定福州二中等9所市属学校开展健康食堂创建活动。

【城区除“四害”】　五城区开展12次全市统一外环境消杀活动，包括2次全市统一灭鼠活动、4次外环境下水道热烟雾灭蚊蟑活动、4次外环境药物灭蚊蝇活动和2次外环境蚊虫孳生地药物处理活动。各区组织开展2次室内统一烟熏灭蚊灭蟑活动。5月，在城区部分旧住宅小区、农贸市场和城中村的公共外环境建设灭鼠毒饵站4万多个。6月起，广东省发生登革热暴发流行，福州市陆续有输入性病例，并发生5例本地病例，市、区爱卫办组织人员到有关场所，发动群众，治理蚊虫孳生地并开展消杀工作，有效控制疫情扩散，未发生暴发流行。8月，市爱卫办组织举办1期全市除四害培训班，受训人员158人。

【农村改厕】　年内4个县14个乡(镇)28个项目村建设农村无害化卫生户厕2050户，农村无害化卫生厕所普及率达91.21%。

(袁建新)

体育事业

【概况】　2014年，福州市有城市社区多功能运动场44个、城市社区室内健身房5个、拆装式游泳池3个、健身路径3991条；1个国家级全民健身中心，12个省级青少年校外体育活动中心、130省级青少年校外体育活动场所。福州籍运动员在世界赛场上获得3个世界冠军；韩国仁川亚运会上获得6金；6名青运会适龄运动员参加2014年南京青奥会取得4金2银；适龄柔道运动员在2014年全国柔道锦标赛中获得3个第一、3个第三。市体育局获2014年全国群众登山健身大会最佳组织奖。福州亚峰小学被评为国家射箭训练基地；台江少体校等5所少体校被省体育局评为2014—2017周期体育后备人才基地。

【群众体育】　全民健身　举办全国新年群众登高健身活动福州主会场活动、第一届国际龙舟联合会世界杯、全国徒步大会开幕式暨“中国体彩杯”福建·福州“红红火火过大年”第十届十万人健步行活动、全国群众登山健身大会暨“中国体彩大乐透杯”福建·福州第八届海峡两岸登山活动、全国门球公开赛暨福建·福州第八届海峡两岸门球邀请赛、海峡两岸四地定向越野公开赛、第二届全民健身运动会、第二十九届冬泳比赛、第七届“农村百队千场篮球赛”、第五届省市机关篮球邀请赛暨福州市全民健身运动会篮球比赛等一系列全市性群众体育活动。其中，第一届国际龙舟联合会世界杯由国际龙舟联合会主办，国家体育总局社会体育指导中心、中央电视台体育频道、中国龙舟协会、福建省体育局、福州市政府承办,中视体育娱乐有限公司、福建省社会体育指导中心、福州市体育局、智美集团协办;6月10—12日在福州海峡国际会展中心浦下河段龙舟池举办,比赛有中国、中国香港地区以及关岛、菲律宾、澳大利亚、美国、加拿大、德国、英国、意大利、俄罗斯、捷克等12个积分达到标准的国家和地区参赛;中国队由福州浦下和江苏武进2支俱乐部队员组成;比赛项目有5个,包括1000米团体追逐赛、400米团体接力赛和100米、200米和500米直道竞速赛。整个赛事历时2.5天,总比赛场次达99场。

海峡体育品牌　大型群众体育活动以"海峡"冠名,比如:海峡两岸定向越野公开赛、全国门球公开赛暨福建·福州第八届海峡两岸门球邀请赛、全国群众登山健身大会暨"中国体彩大乐透杯"福建·福州第八届海峡两岸登山活动、全国门球公开赛暨福建·福州第八届海峡两岸门球邀请赛等常规的大型群众体育活动邀请台湾同胞参加。其中海峡两岸定向越野公开赛于8月4—6日在福州鼓岭举行,比赛由国家体育总局航空无线电模型运动管理中心、中国定向运动协会、福建省体育局、福州市政府联合主办,福州市体育局、晋安区政府、福州市勘测院联合承办,海峡两岸的定向运动爱好者300多人参赛。

全民健身设施建设　新建设城市社区多功能运动场20个、城市社区室内健身房5个、拆装式游泳池2个、健身路径328条。探索公共体育设施长效管理新模式,在鼓楼区、台江区开展公共健身设施统一维修试点工作,通过政府购买服务方式聘请1家企业统一维修辖区内的全部公共健身设施,所需经费由市和区政府各出一半。

社会办体育　市体育局与福州日报社在6月14日—7月13日,在福建师大、市体校共同举办"福矛杯"第五届省市直机关篮球邀请赛,有60支省市直机关单位球队参赛;8月23—24日、30—31日在三盛国际公园皇家会所的恒温游泳馆举办第三届短池游泳争霸赛,有500多名群众参与;11月29日,在"三盛·CITY"接待中心广场举办"三盛·CITY"杯平板支撑大赛。

体育社团建设　市属体育协会和体育俱乐部全年开展体育活动和竞赛约55项次,参与人数近100万人次,依托社会筹措经费200多万元。市老体协举办市第九届老健会、首届老年人体育健身创新项目展示交流大会等一系列活动,承办全国友好城市老体协协作会。举办健身气功培训班,市、县两级开展健身气功展示活动达23场,参与人数逾3万人。

社会体育指导员　新培训55名一级、269名二级、1389名三级社会体育指导员。开展国民体质监测工作,样本量达7000多人,基本掌握福州市人口体质状况。

6月10—12日,2014年国际龙舟联合会世界杯在福州海峡国际会展中心浦下河段龙舟池举行
(市体育局　供)

【竞技体育】　参加赛事　福州市代表团有950多名运动员、教练员参加省第十五届运动会的26个大项比赛,获232枚金牌、总分7203分,其中有1人次打破1项省记录、14人次打破10项省少年记录,金牌、团体总分、破纪录数均居全省首位,并获道德风尚奖。

青运会备战和竞赛组织工作　组建13个项目竞委会筹备组,制定《第一届全国青年运动会福州赛区测试赛方案》《福州赛区竞赛器材购置方案》。组织优秀运动员参加全国男女柔道锦标赛、全国青年举重锦标赛、全国青年拳击锦标赛、全国自行车公路场地冠军赛、全国青年摔跤锦标赛、全国青年体操锦标赛、全国青年女子摔跤锦标赛等全国比赛。

后备人才培养　市体育局与市教育局联合命名36所重点体育传统校、85所体育传统校,联合举办第五十届中小学田径运动会和田径、羽毛球、武术套路等9项市级少儿比赛。

大型体育比赛　4月22—27日,在闽江公园沙排场举办2014年国际排联世界沙滩排球巡回赛,比赛由国际排球联合会主办,中国排球协会、省体育局、市政府联合承办。世界沙滩排球巡回赛是国际排联主办的国际顶级赛事,福州市第二次举办该项比赛,有34个国家和地区的136支队伍参赛,有来自全球的沙排顶尖高手、世界排名前列的运动员,其中有十多个奥运会冠军和世锦赛冠军。11月11—16日,在海峡奥体中心体育馆举办2014年中国羽毛球公开赛,比赛由中国羽毛球协会、省体育局、市政府主办,市体育局承办,泰禾集团股份有限公司协办,有来自印尼、丹麦、马来西亚、韩国、日本、德国、印度等23个国家和地区的224名世界排名前列的运动员参赛,有中国运动员林丹、谌龙、傅海峰、田厚威、张楠、赵芸蕾等参赛,每天均有数千观众到场观赛,6天比赛共计观赛人数近30000人次。11月14—16日,在福州市区及永泰县举办2014年环福州国际公路自行车赛,比赛由国家自行车击剑自行车运动管理中心、省体育局、市

4月22—27日，世界沙滩排球巡回赛“融侨杯”福州公开赛在南江滨沙滩排球场举行，福州籍运动员薛晨与搭档夏欣怡获女子组第三名（包华 摄）

政府等多家单位联合主办，市体育局、永泰县政府、上海万胜文化体育产业有限公司承办，有22支队伍参赛，来自14个国家和地区，其中有欧洲的乌克兰阿莫维塔洲际队、捷克杜克拉洲际队等7支高水平洲际队，以及中国香港队、中国台北RTS洲际队和中国恒祥队等高水平车队。

【体育场所】 *体育场馆建设* 海峡奥林匹克体育中心等青运会场馆建设进展顺利，海峡奥林匹克体育中心于11月举办中国羽毛球公开赛。市体校改扩建工程各项前期工作全面铺开，第一期工程动工建设。市老年体育活动中心建设完成地下室施工，在建上部建筑。启动市水上运动训练基地建设工作。

全国第六次体育场地普查 全市拥有各类体育场地12077个，其中体育馆18个、体育场50个，总用地面积1789.71万平方米，总建筑面积120.74万平方米，总场地面积1277.6万平方米，人均场地面积1.84平方米。

游泳场所管理 市体育局与市卫生局、市安监局联合发文，要求各县（市）区在夏季开展经营性游泳场所拉网式大检查。7月27—28日组成联合检查组，对全市经营性游泳场所进行抽查。主要抽查省游泳跳水馆、源脉游泳馆、工人文化宫游泳池、迈瑞达游泳池、金山三中游泳馆、海润尊品游泳馆、大名城游泳馆、师庄宏达游泳馆。市体育局、市安监局工作人员主要对游泳场所是否取得高危险性体育项目许可证（游泳）、按规定配备救生人员、安全设施和标识，市卫生局工作人员主要对是否取得卫生许可证及泳池水质等情况进行检查。从检查的情况来看，抽查的游泳场所情况较为良好，基本都达到各部门的相关规定和要求。

【体育宣传】 CCTV—5对全国新年群众登高健身活动福州主会场活动、第一届国际龙舟联合会世界杯和国际排联世界沙滩排球巡回赛福州公开赛、中国羽毛球公开赛进行直播。CCTV—4、CCTV—5对全国徒步大会开幕式暨“中国体彩杯”福建·福州“红红火火过大年”第十届十万人健步行活动进行报道。CCTV—5对中国羽毛球公开赛从11月12日起连续5天实况转播。每天至少2小时，累计时间达10小时。同时，办好市体育局官网、微博和内部杂志《福州体育》。

（林 英）

首届全国青年运动会

【概况】 至年底，市执委会18个部室组建完成，驻会集中办公人员百余人。组建青运村村委会、开闭幕式和火炬传递活动领导小组、各项目单项竞委会筹备组等机构。成立临时党委、党支部、团委、妇委等，组织开展活动。仓山、晋安、马尾、闽侯、连江、福清、长乐等县（市）区组建分赛区筹备机构，抽调人员集中办公。加强省市对接，牵头组建（省）组委会大型活动部、接待工作部、配套服务保障部、文化教育部和票务部，并开展工作。先后组织10余批工作人员计100多人次分赴沈阳、南京、广州、深圳、漳州等地学习考察或跟班学习组织和办赛经验。竞赛部、安全保卫部、新闻宣传部、志愿者工作部、市场开发部等相关部室先后组织人员参加国际沙排赛福州巡回赛、国际羽毛球公开赛等多项赛事组织筹备工作。依托市法律援助中心成立法律保障处，办理执委会法律服务事项40余项，免费解答法律咨询近千件。

【场馆建设改造】 海峡奥体中心综合体育馆竣工验收并投入使用。马尾体育馆完成工程竣工验收并转入体育工艺的安装与调试阶段，连江县体育馆、福清市龙江体育公园体育场、长乐市体育场等工程竣工。海峡奥体中心一场两馆（体育场、网球馆、游泳馆）、闽侯县青口镇文体中心体育馆、长乐市东湖水上运动中心等7个场馆建设改造处于工程扫尾。长乐市新体育中心综合馆、晋安区体育馆等3个场馆进入内部装修阶段。运动员村22幢运动员公寓全部封顶，进入精装修阶段。聘请北京中体公司，加强场馆体育工艺咨询及现场施工指导。海峡奥体中心、马尾综合体育馆等场馆和青运村基本组建场馆运营保障团队。

【配套建设环境整治】 加快城市基础设施建设。推进各场馆周边道路、地铁、城市重要通道等项目建设。打造海峡奥体绿色生态城区，推进福州市生态化建设。推进宜居环境建设，开展市政道路及管网提升、绿道和内河整治、旅游景区整治、集中成片旧屋区改造、“两违”综合治理等六项重点工程。

【市场开发】 制定颁发定向采购、赞助和社会捐赠管理办法等10多项规范性文件。加快青运会特殊标识注册和版权登记，谋划推进开闭幕式具名权及火炬传递、志愿者冠名权等重大主题活动招商，加大青运会元素市场开发力度，开展特许经营商征集甄选和赞助商回报工作。

策划赞助招商、社会捐赠和特许经营等,借助青运会官网、电视台等媒体,2014年福州市企业家大会、汽车博览会等平台,投放《青运会市场开发合作指南》,走访500多家企业,推介青运会市场资源,签订合作伙伴1家,赞助与定向采购合同2家。成立社会捐赠办公室,设立公布财政专户,开展社会捐赠接收工作。谋划促成"炫动青运"主题即开型青运会体育彩票上市。

【竞赛组织】 竞赛筹备组织工作。成立田径、游泳、体操等15个市属单项竞委会筹备组,确立闽江学院、马尾、福清等单位为责任主体,明确责任人、机构组成与职责分工,抽调相关人员集中办公。学习、研读竞赛规程,印发各单项竞委会工作日程及任务。统一租赁、购置竞赛器材,拟订场馆功能房设置和家具家电配备方案,制订人员流线图。筹划测试赛,拟订试运行演练计划,安排青运会预赛项目、省青少年赛、联赛、锦标赛、邀请赛等对场馆进行试运行演练。对接组委会,赴台走访相关城市并邀请台湾城市组队参赛。

场馆审定整改工作。福州市承办田径、游泳等14个大项、204个小项比赛,各项目场馆均确定。3月起,配合国家体育总局田径、网球、游泳、篮球等运动项目管理中心负责人,对福州赛区海峡奥体中心田径场、游泳馆、网球馆、福清市体育场、晋安新城体育馆、马尾体育馆等承办青运会比赛场馆进行实地考察并完成检查审定工作。承担赛事的15个场馆均经国家体育总局各项目中心评审,并落实各项整改工作。同时购置竞赛器材,拟订场馆功能房设置方案和家具白电配备方案。

参赛队伍建设。组织选拔适龄优秀运动员,进行备战训练。加强省内外优秀运动队合作,联合培养优秀运动员。组织队伍参加全国男女柔道锦标赛、青年举重锦标赛、青年拳击锦标赛、全国自行车公路、场地冠军赛、全国青年摔跤锦标赛、全国青年体操锦标赛等全国性大型赛事。

【活动筹备】 开闭幕式活动筹备工作。确定突出青年特色与海峡特色、展现八闽风采、体现群众参与、节俭办会的开闭幕式主题定位。公开征集开闭幕式策划与运行团队,签订"第一届全国青年运动会开闭幕式文体展示项目服务合同",拟订开、闭幕式文体展示方案。组建评审专家小组,进行开闭幕式方案评审。

火炬传递活动筹备工作。拟定青运会火炬传递活动总体思路,采用"两头实、中间虚"方式。通过网络火炬传递,让更多人参与。组织省内外专家进一步研究论证采火点、采火线路以及火炬传递方式等实施方案,策划虚拟火炬上线测试、火种采集仪式、火炬传递终点汇聚仪式、开幕式火炬点燃仪式和闭幕式火炬熄火仪式等有关工作。

【志愿者服务】 建成三坊七巷、火车北站、东江滨公园、榕城广场和鼓山风景名胜区首批5个一级"青年志愿服务驿站"。全面启用"福州市志愿者信息系统",设立15个"青运会志愿者高校招募培训基地"。制定福州赛区志愿者工作总体方案,成立青运会福州赛区愿者工作协调小组,组建福州赛区志愿者指挥中心。打造青运会志愿者公众微信"悦动福州"平台,进行青运会志愿者报名,吸引粉丝近万名;首播"青运会志愿者招募宣传片",组建首批宣传策划志愿者队伍;设计青运会志愿者招募海报,投放"志愿服务·使福州更美好"户外广告。全年组织约2万名志愿者开展或参与"快乐返乡"春运服务、"首聘(国际)志愿交流信使·为青运会送上万个绿色祝福"、2014年首届"丝绸之路国际电影节"等志愿服务活动。从近5万名报名者中拔出6000名赛会志愿者,600名预备志愿者。

【新闻宣传】 举办福州市动员大会、福州赛区赛会志愿者招募动员大会等倒计时一周年系列活动,青运会新闻发布会等大型专题宣传造势活动。设立青运会福州赛区官方网站,发布各类筹备信息200多条,开通青运会政务微博,制作青运会宣传片《有福之州迎青运》和《青运会向我们走来》。在五一广场等公共场所设置倒计时牌,市内主要媒体开播公益广告,持续播报、张贴青运会图文广告。参加省电视台的政风、行风热线直播,展示"科学办会、节俭办会、廉洁办会"理念和实际行动。市属各媒体开辟"当好东道主,迎接青运会"专栏,与福州晚报联合举办"迎青运会,当好东道主——我为福州代言"活动。全面介入国际沙排赛福州站的新闻宣传工作,40多家海内外新闻媒体发稿1300多篇次。

向社会公开征集青运会会徽、吉祥物等传播元素,全国200多所高校和专业设计机构参与创作。邀请中国美术学院教授宋建民等知名专家组成评委会,历经半年四轮评选、修改、论证,评选出六大类视觉形象标识类作品、主题口号,并公开征求社会各界意见。经各级领导研究审定,国家体育总局批准,10月17日青运会组委会公布青运会会徽、吉祥物、主题口号等标识。

【赛时保障体系】 全面开展城市综合保障、医疗卫生、安全保卫、行政接待、信息技术、食品安全和文化教育等各项保障体系建设,拟订百余项工作预案,制定、细化各项工作方案,编制专业应急预案,并开始工作对接,开展风险防范工作。按照筹备时间节点,完成奥体中心、运动员村与新闻中心等医疗点组建工作;对接省市各医疗单位,协调解决救护车配备、医疗保障专家支持等救援计划。制订评审供水、供电、供气、气象等服务保障方案。综合考评福州辖区内86家宾馆、酒店接待能力;初步完成食谱编制工作;成立青运会民族宗教接待工作领导小组。制订青运村餐饮监理商、餐饮服务商、住宿服务商遴选标准,公开招募服务保障团队。制定福州赛区竞赛场馆、运动员村安保系统建设规范,青运会核心赛区封控方案等。对接组委会,落实信息系统工程招标工作;制订信息系统基础建设标准。

(陆 辉)

(编辑 邱敏佳)

旅游

综述

2014年，福州市旅游接待总人数4114.07万人次，同比增长16.3%，旅游接待人数位居全省首位；旅游收入468.02亿元，同比增长16.1%；接待入境游客90.69万人次，创汇12.45亿美元。其中"十一"黄金周期间，接待游客194.02万人次，同比增长12.22%；实现旅游收入10.91亿元，同比增长11.6%。

全市有国家A级旅游景区35个（其中国家AAAAA级旅游景区1个，AAAA级旅游景区12个）、国家级风景名胜区3个、中国十大历史文化名街1个、国家森林公园5个、全国工农业旅游示范点5个、全国休闲农业与乡村旅游示范点2个、省级旅游度假区1个、星级乡村旅游经营单位19个、温泉旅游度假区13个、国家重点文物保护单位17个。

资源开发

【资源规划】 2014年，指导督促仓山、晋安、长乐、罗源、永泰等县（市）区开展区域旅游总体规划编制（修编）以及重点景区规划编制工作；永泰嵩口大旅游规划、永泰藤山省级自然保护区生态旅游规划、长乐显应宫旅游总体规划、长乐古槐镇青山村旅游创意策划通过专家评审；在编制的有罗源湾旅游区控规、白塔乡隐峰寺旅游区控规、中房镇旅游总体规划。启动仓山区旅游总体规划暨螺洲镇总体规划、阳岐历史风貌旅游区旅游控制性详规编制工作。

【项目建设】 完善旅游项目库，健全"生成一批、落地一批、在建一批、储备一批"的项目管理机制，推进省、市重点旅游项目以及省"六大工程"项目，年内旅游重点在建项目有30项，计划总投资865.69亿元，年度计划总投资82.54亿元。建成开业桂湖温泉城一期汇雅温泉精品酒店、三江口浪浪浪水公园、溪山温泉酒店、东壁岛一期游艇俱乐部项目以及天生海水温泉等。温泉博物馆内部布展基本完成。罗源世纪金源海洋世界项目基本建成。华侨城"欢乐谷"项目进入前期准备工作。

【项目招商】 全市旅游招商项目有五大类26项，项目总投资额623.5亿元，在"5·18"海交会、"9·8"旅游博览会以及文博会上宣传招商。盘整推出烟台山、螺洲、鼓岭、嵩口、东龙湾、黄岐等6个大型项目，计划总投资达342亿元，汇入全省旅游招商项目册进行统一招商。推出鼓岭、嵩口、东龙湾等项目随省领导赴京沪以及斯里兰卡、印度尼西亚等国家招商推介。"9·8"旅博会签约9个项目，总投资达444.17亿元。

【景区管理】 三坊七巷国家AAAAA级景区创建　3月和6月，邀请省旅游局组织专家对三坊七巷景区进行2次全面实地暗访与检查，对照《旅游景区质量等级的划分与评定》国家标准查找问题并提出整改意见，指导和配合三坊七巷景区在游览体验、卫生设施、交通设施、景区环境、旅游购物功能等方面进行整改和完善。10月，三坊七巷以983分通过国家旅游局组织的专家组暗访检查。

国家AAA级旅游景区创建　指导连江青岛啤酒梦工厂、春伦茉莉花文化创意产业园区、灵石山国家森林公园、三叠井国家森林公园、长乐猴屿洞天岩等景点创建，加大资金投入，规范景区管理，提高服务质量，丰富旅游产品，完善接待服务功能。年内上述5家景区均被省旅游局评为国家AAA级旅游景区。

【乡村旅游】 马尾闽安村、长乐青山村、永泰嵩口镇、闽侯孔元村被省旅游局列入"闽台乡村旅游试验基地"，保障项目建设实施，对嵩口镇规划项目补助150万元，对孔元村、青山村、天竹村各补助28万元。3月28日—4月6日，组织闽侯孔元村、长乐青山村、连江天竹村、永泰嵩口镇等闽台乡村旅游试验基地负责人赴台参加由省旅游局组织开展的"百镇千村"乡村旅游人才培训。5月19—23日，委托福建农林大学旅游学院举办福州星级乡村旅游经营单位提升发展培训班。印发《2014年度乡村旅游项目建设专项资金申报指南》，针对福州市辖区内列入省旅游局确定的"闽台乡

表 56　　2014 年福州市 A 级旅游景区名单

评级	景　区
AAAA 级	福州国家森林公园、三坊七巷历史文化街区、于山风景区、鼓山风景区、中国船政文化景区、青云山风景区、永泰天门山风景区、石竹山风景区、福清天生农庄、中国云顶、贵安新天地休闲旅游度假区、溪山温泉、旗山森林人家旅游区
AAA 级	长乐冰心文学馆、长乐显应宫、长乐九龙山庄、董奉山国家森林公园、连江青岛啤酒梦工厂、福州皇帝洞景区、猴屿岩生态景区、灵石山森林公园、福州春伦茉莉花文化创意园、三叠井森林公园
AA 级	福州市博物馆、福州文庙、邓拓故居、绿丰农业生态园、福建省委旧址纪念馆、闇亭寺、陈文龙纪念馆、琴江满族村、汉唐文化城、卧龙谷、桂湖罗汉溪芙蓉温泉景区、陈靖姑故居

村旅游试验基地”名单的村、镇进行资金扶持,扶持重点包括游客服务中心、停车场、旅游公厕、旅游标识等项目,每个项目补助额最高达 50 万元。9 月起,开展乡村旅游休闲集镇、特色村评定工作,根据省旅游局出台的相关标准,指导各县(市)区旅游局和符合条件的村、镇开展申报工作。12 月 5—10 日,省旅游局组织专家对福州市申报成功的 8 个村、镇进行实地走访和验收。

【海峡旅游】　全年经福州口岸赴台旅游 7.81 万人次,同比增长 18.3%。其中旅行社组团本岛游 3.83 万人次(同比下降 11.2%),马祖游 1095 人次(同比下降 75.4%),金门和澎湖游 318 人(同比下降 90.3%);个人赴台湾本岛游 3.35 万人次(同比增长 212.3%),马祖游 3174 人次(同比下降 11.7%),金门和澎湖游 1680 人(同比增长 160.9%)。台湾入榕旅游 26.92 万人次,同比下降 0.3%。首创包船赴马祖旅游奖励政策,鼓励旅行社与航运公司形成合力,提高乘坐率,降低马祖旅游组团成本。

榕台交流与合作　1 月,完善“两马”旅游和环马祖澳旅游区宣传资料。2 月,组织旅游企业赴南昌市参加“第十七届海峡两岸旅行业联谊会”,搭建区域旅游合作平台。同月,组织 30 多名导游赴马祖学习交流。3 月下旬,邀请台湾华信航空公司、雄狮旅行社、旅天下杂志等近 30 名代表到榕参加“美丽福州采风之旅”活动,鼓励台湾航空公司与福州市旅游企业加强市场合作。4 月,组织长乐青山贡果生态园、闽侯龙台山庄等 15 家乡村旅游经营单位,A 级旅游景区、旅游商品企业等代表 43 人到台湾苗栗县参加“两岸乡村休闲旅游嘉年华”活动。5 月,组织旅游企业参加“2014 年台北两岸观光博览会”。6 月,与马祖观光管理机构和旅游企业、航运公司完善联络机制。7 月,赴台洽谈榕台旅游景区市场合作。8 月,安排参加第二届海峡青年节,近 900 名台湾青少年考察福州旅游。同月,随市政府经贸交流团赴马祖,商议福州向马祖投资旅游业。9 月,邀请马祖观光局参加由省旅游局举办的“清新福建”国内旅游——“成都、重庆、武汉、南昌”四地巡回推介活动。10 月,接待台湾嘉义市观光界和宗教、文化界代表团到榕考察。11 月,邀请台湾旅行社、媒体到榕参加第五届福州温泉国际旅游节。12 月,组织福州市旅游景区、乡村旅游经营等单位赴台学习台湾发展旅游业的成功经验和做法。

榕台旅游合作协议　7 月,榕台 5 对景区签订“榕台旅游景区市场合作战略框架协议”。8 月,市旅游协会与马祖观光协会、马祖观光产业升级策进会签订“深化福州与马祖旅游市场合作战略框架协议”。10 月,市旅游协会与台湾妈祖文化协进会签订“福州市与嘉义市旅游市场合作框架协议”。同月,长乐市显应宫与嘉义天玄宫签订“促进福州市与嘉义市旅游与宗教文化交流市场合作框架协议”。

旅游服务

【旅游公共服务】　福州汽车南站旅游集散中心建设　2 月,核查国内城市旅游集散中心二级评定标准的相关条款,对比火车南站现有设计图纸与现场施工情况,确定火车南站配套的汽车南站设计预先考虑旅游集散的相关功能。在汽车南站建筑内部装修设计时根据评定标准完善软件配套,打造福州旅游集散中心。该项目主体建筑完工,于年底正式挂牌。

长乐机场游客咨询中心建设　市委、市政府审定通过后,确定长乐机场游客咨询中心设计方案和运营方案。10 月,完工并投入使用。

市旅游交通道路指引标志项目建设　委托市规划设计研究院对全市旅游交通道路指引标志进行规划设计,将旅游标识系统覆盖范围延伸至 4 个方向进入福州市的各主要通道。福州旅游交通标志工程(二期)计划建设旅游交通标志牌 233 面,至 12 月 15 日,建设单位福建省东安交通完成 219 面,剩 14 面未完成。

【星级旅游饭店】　全市有星级饭店 56 家。其中,市区 42 家,福清市 8 家,长乐市 5 家,闽清县 1 家,罗源县 1 家;有五星 8 家,四星 21 家,三星 23 家,二星 4 家;有客房 1 万间,床位 1.69 万张。年内组织开展《旅游饭店星级的划分与评定》标准宣贯活动,评定福建丽景假日大酒店为四星级饭店。对取得星级资质的饭店,组织开展年度复核和满三年期星级饭店复核。

【旅行社】　全市有旅行社 148 家,其中出境游组团社 28 家,赴台游组团社 7 家,一般社 120 家。年内开展“旅行社服务质量信用等级评定”活动,加强文明示范窗口创建。有 7 家旅行社被评为省旅游行业文明示范点。

【导游队伍】　全市有持证导游 2390 人,其中初级导游 2285 人,中级导游 82 人,高级导游 23 人,中级以上占导游总人数的 4.39%。全市有外语导游 97 人,

表 57　　福州市五星级、四星级饭店名单

星级	饭　　店
五星级（8 家）	福州西湖大酒店、福建外贸中心酒店、福州金源大饭店、福州美伦华美达大饭店、福州香格里拉大酒店、长山湖（长乐）国际酒店、福州万达威斯汀酒店、福州名城豪生大酒店
四星级（21 家）	福州大饭店、福清融侨大酒店、福建金仕顿大酒店、福清兰天大酒店、福州梅峰宾馆、福清冠发君悦大酒店、福建山水大酒店、阿波罗（福州）大酒店、国谊（福建）大酒店、福建阳光假日大酒店、福建省闽江饭店、福州（晋都）戴斯酒店、福清瑞鑫大酒店、福建黄金大酒店、福州新紫阳大酒店、福建国惠大酒店、福建银河花园大饭店、最佳西方财富酒店、福州铭濠酒店、福州景城大酒店、福建丽景假日大酒店

表 58　　福州市金牌和 AAAAA 级、AAAA 级旅行社名单

评级	旅行社
金牌（4 家）	福建省中国旅行社、福建省康辉国际旅行社、福建省旅游公司、福建春秋国际旅行社
AAAAA 级（11 家）	福建省中国旅行社、福建省康辉国际旅行社、福建省旅游公司、福建春秋国际旅行社、福建省康泰国际旅行社、福建省铁路国际旅行社、福建省青旅国际旅行社、福建海外旅游实业总公司、福州建发国际旅行社、中国国旅（福建）国际旅行社、福建省中国青年旅行社
AAAA 级（12 家）	福建省白云旅行社、福建省中旅假日旅行社、福州市国际旅行社、福建省金龙国际旅行社有限公司、中青旅（福建）国际旅行社、福清南方国际旅行社、福清世纪假日旅行社、福清市光大旅行社、福清市信天游航空旅游、福建省假日国际旅行社、福建环球国际旅行社、福清市中信旅行社

3 月 15 日，举办福州 2014 年文明旅游年启动仪式　（陈文水　摄）

其中英语 76 人，日语 5 人，德语 3 人，法语 2 人，印尼语 2 人，朝鲜语 2 人，俄语 1 人。日语、德语、法语等小语种导游有 15 人，占外语导游员人数的 15.46%。

年内组织开展导游年审与提升培训，1585 名导游通过年审，根据新导游上岗要求，组织开展 4 期岗前培训，495 名导游参加，228 名导游通过考核。

宣传营销

【媒体宣传营销】　央视主流媒体宣传　1 月 1 日起，在中央电视台综合频道 1 套、新闻频道 13 套及中文国际频道 4 套投放福州城市旅游形象 15 秒宣传片，通过展示福州以三坊七巷、马尾船政、绿色生态、“金汤”温泉等为代表的旅游品牌和旅游资源，凸显福州“国家级历史文化名城”和“中国温泉之都”的城市形象。2013 年 12 月底起，中央台四套《远方的家》栏目《江河万里行》系列节目福州段的拍摄，宣传福州闽江沿岸民俗风情，该节目有 5 集，于 2014 年 5 月 12—16 日播出。

动车媒体宣传营销　在南昌铁路福州段管内动车 TV 投放福州旅游形象 5 分钟专题片。委托市广电集团对福州旅游形象 5 分钟专题片进行配音合成，增强专题片播出效果。

本地媒体宣传造势　与《福州日报》《福州晚报》、福州电视台等本地主流媒体合作，在“春节”“五一”等重要节点策划不同主题的旅游专题宣传活动，借助其受众、本地知名度、品牌影响力的优势，展示福州以生态游、乡村游、温泉游、文化游、滨海滨江游等为特色的旅游资源与产品，并配有“吃、住、行、游、购、娱”等方面的出行指南。

旅游宣传品开发　编印以“闽东北自助游　感知行走的力量”为主题的《闽东北自助游指南》，于 1 月起正式发行，为游客提供涵盖闽东北主要旅游景点、交通、美食、酒店、购物、娱乐等资讯的一站式旅游服务，同时对闽东北重点旅游景区和精品旅游线路进行推荐，设置交通线路图及景区分布图。

【"走出去、请进来"营销】 开拓国内旅游客源市场。组织各县(市)区旅游局、重点旅游企业赴杭州、绍兴、广州、珠海、徐州、扬州、长沙、湘潭、青岛、潍坊等高铁动车沿线城市开展旅游宣传促销活动,以户外广场活动和室内推介会相结合的形式向各地旅游业界推介福州以温泉、文化、生态、海峡等为代表的重点旅游资源与旅游产品,派发《福州旅游观光手册》《福州精品旅游线路指南》等旅游宣传资料,并推出精品旅游线路,将最具福州特色的景点串联。推介会还发布2014年旅行社奖励政策。拓展境外旅游客源市场。4月,组织福州市重点旅游企业随省旅游局赴香港、澳门两地开展"清新福建"主题宣传推广活动暨厦深高铁旅游线路专题推介会。活动期间,福州旅游推介团向当地旅游界及新闻媒体推介以温泉、文化、滨江滨海、生态、海峡等品牌为特色的旅游资源和产品,并邀请两地旅游企业组织游客到榕观光旅游。注重活动展会营销。组织重点县(市)区旅游局、旅游企业代表参加2014年中国国际旅游交易会和第十届"9·8"海峡旅游博览会。旅博会福州市购买8个展位,其中市旅游局认购展位4个,仓山、晋安、长乐、罗源等4个县(市)区认购展位各1个。市旅游局委托设计单位对4个展位进行创意和设计,主要围绕海上丝绸之路、温泉休闲、闽都文化、绿色生态四大主题,展示福州文化积淀和旅游产业的发展。仓山、晋安、长乐、罗源4个县(市)区也根据自身特点对认购的展台进行设计,凸显地方特色。9月5—7日,在闽都民俗园举办"福州民俗之旅体验周",作为旅博会福州地区配套活动。体验周活动以福州传统民俗文化为主线贯穿始终,设计"月下之旅""八邑之旅""怀古之旅"和"风土之旅"四大版块,展示福州五区八县的传统工艺、民俗表演、特产美食,并设置闽风集萃体验和专家免费鉴宝等特色互动环节,同时借助旅博会的宣传平台,提升活动影响力,向市民和游客推介福州民俗之旅。

【旅游节庆活动营销】 5月18日上午,在三坊七巷举办"5·19"中国旅游日清新福建分会场活动。活动现场推出"行文明·享优惠"活动。市民和游客可以现场贴车标,领取"爱旅游 行文明"优惠卡。同时,青云山、天门山、源脉温泉园、贵安欢乐世界等福州重点旅游景区推出以温泉养生游、清新生态游、乡村体验游、欢乐激情游为主题的519系列旅游优惠活动,优惠折扣最低至5折。11月15日,"清新福建"首届养生温泉旅游季暨第五届福州温泉国际旅游节启动仪式在福州市福清天生海水温泉景区举行。温泉节邀请斯里兰卡驻华大使兰杰特·乌杨高达、世界温泉和气候养生联合会副主席乔瓦尼以及来自美国、俄罗斯、希腊、瑞士、法国、荷兰、西班牙、加拿大、乌兹别克斯坦、菲律宾、印度尼西亚等国家的境外旅行商代表和台湾地区旅行商代表参加。温泉节通过举办"福桶"揭幕和吉尼斯世界纪录授牌仪式、养生温泉旅游发展国际论坛、"天生温泉之夜"联谊晚会、海上丝绸之路沿线城市旅游圆桌会议、温泉集市、"非同一般的温泉"体验、温泉直通车、"想泡就泡的幸福"系列微电影、境内外旅行商考察踩线活动等一系列活动,实现全民参与,全面提升温泉节的规格、规模、知名度和影响力。

11月13日,举办"清新福建"首届养生温泉旅游季暨第五届福州温泉国际旅游节 (陈建国 摄)

【智慧旅游】 初步构建"3+1"福州智慧旅游体系的基本框架,即以智慧旅游公共信息服务、旅游业态智能服务、智慧旅游政务管理三大服务体系为支撑,以延展性的福州旅游(城市形象)全媒体营销推广体系为驱动,形成结构完整、功能强大的智慧旅游系统。打造福州旅游宣传微矩阵。联合市旅游局政务微博、政务微信、"遇见福州"手机APP及"福州欢迎您"宣传短信,全年市旅游局新浪政务微博粉丝数量达310万,比上年增长近10倍。在人民网舆情监测室联合微博发布《2014年上半年新浪政务微博报告》中,市旅游局新浪政务微博影响力位列全国旅游机构微博第五,在全国各市级旅游机构微博排名第二,并位居2014年福州市政务微博影响力排行榜首位。"遇见福州"微信公众号获"2014福建互联网政务实践奖"。开通针对到榕游客的"福州旅游欢迎短信"业务,向到榕游客发送欢迎短信近2800万条。借力国内知名网络平台,创新网络营销。在乐途旅游网搭建福州旅游目的地品牌主页,展示福州旅游资源,打造福州旅游目的地品牌形象。与新浪福建合作,举办"2014遇见福州旅游系列摄影大赛",征集优秀作品达3200多幅。

持续推进福州智慧旅游电子信息系统建设。整合福州城市形象宣传、旅游景区景点介绍、旅游线路组织、食宿服务介绍、新闻资讯、便民服务及咨询等六大类资讯服务,嵌入交通卡、金融卡及手机等快捷支付模块,提供旅游综合信息服务。该系统于第十二届中国·海峡项目成果交易会期间上线,构建福州旅游电子信息屏、“遇见福州”手机APP、福州旅游资讯网(http://www.fztour.gov.cn/)三位一体的福州智慧旅游云服务体系。在全市三星级以上酒店、AAA级以上景区、三星级以上乡村旅游经营单位、游客服务中心、大商业中心、火车站、汽车站、机场、码头等重要节点安装投放一期100台旅游电子信息屏,供游客与市民使用。

旅游管理

【安全管理】　举办全市旅游行业安全生产标准化建设提升工程三年行动及日常安全监管培训班,开展旅游行业安全生产大检查暨“清剿火患”等专项整治活动,组织开展企业安全生产自查和整治工作。发挥福州市旅游产业协调领导小组综合协调作用,加强与安监、整规、公安、工商、交通等相关部门配合,开展旅游安全等专项整治活动。市旅游局获2014年度安全生产标准化建设先进单位,安全生产目标管理责任制考核达标单位等称号。

【服务质量管理】　推动旅游质量监督管理体系建设,提升完善旅游团队服务管理系统、行政执法处罚监察系统、旅游质量监督投诉系统,实现对出境游、入境游、国内游3个旅游市场的有效监管。全市245家旅游企业和各县(市)区旅游局建立旅游质监员制度,实现市、县、企业对旅游质量三级管控与旅游投诉快速反应。畅通旅游投诉渠道,实现“倒逼”检查与执法。年内福州市、县(区)两级旅游质监机构接到各类书面、电话、来访旅游投诉与咨询475起,其中正式书面立案调解83起,办理结案83起,为游客挽回经济损失50.90万元;出动检查人员236人次,检查旅游团队271个,检查导游IC卡243人次,检查旅游企业76家,对3家旅行社作出暂停出境旅游业务的决定,对7家旅游企业下达“整改通知书”督促整改,处理违规导游员1名。

【旅游法治建设】　重新修订完善《福州市旅游局行政处罚自由裁量权标准(暂行)》。开展旅游法宣传。“3·15”期间,在《福州日报》《福州晚报》等主流媒体刊登旅游消费维权提示与案例分析;3月15日在万象城广场开展“旅游消费维权行动”,现场接受市民和游客咨询,宣传旅游法规政策与旅游消费投诉提示;12月4日,参加全市统一组织的国家宪法日暨全国法制宣传日活动,宣传旅游法律法规,现场接受市民和游客法律咨询。旅游法宣传活动累计发放旅游宣传品2万多份。

【国庆黄金周旅游数据监测】　推出2014年“幸福之周”福州国庆黄金周旅游线路及一系列节庆优惠活动。7天接待游客194.02万人次,同比增长12.22%,其中过夜游客和一日游游客分别为35.79万人次和158.23万人次,较上年同期分别增长16.35%和11.33%。

重点监测的4个景区点接待游客239.09万人次,同比增长5.9%。其中三坊七巷接待游客112.4万人次,同比增长1.05%;鼓山接待游客67万人次,同比增长5.8%;森林公园接待游客32.99万人次,同比增长14.5%;青云山接待游客26.7万人次,同比增长19.6%。温泉旅游方面,贵安温泉旅游区接待游客18万人次;永泰温泉旅游接待量为2.89万人次,其中乐峰赤壁温泉接待游客1.07万人次,增长16.3%。文化旅游方面,马尾船政景区接待游客6.86万人次,其中船政文化博物馆接待游客19830人次,同比增长46.50%。公园游方面,市区各大公园接待游客129.36万人次,其中左海公园、西湖公园、闽江公园、温泉公园分别接待游客45.5万人次、47万人次、16.86万人次和14.2万人次。

7天全市累计实现旅游收入10.91亿元,同比增长11.60%。其中,接待过夜游客收入7.07亿元,同比增长10.76%;接待国内一日游游客收入3.84亿元,同比增长13.20%。游客人均花费为577.89元,其中过夜游客人均住宿天数为2.31天,人均花费854.99元;一日游游客人均花费242.77元。

(高　征)

(编辑　邱敏佳)

三坊七巷等历史文化街区

综　述

2014年，三坊七巷管委会和保护开发有限公司围绕国家AAAAA级景区创建，推进三坊七巷、南街、朱紫坊、上下杭等重点项目建设，打造旅游品牌。编制《旅游标准化试点工作实施方案》，推进三坊七巷景区旅游标准体系构建及认证。三坊七巷历史文化街区被列为全国12家“创造未来文化遗产首批示范单位”之一，被省旅游局授予“年度最佳文化景区”称号，被省旅游局、省质量技术监督局确定为首批全省旅游标准化试点企业。

街区项目建设计划完成投资11.8亿元，实际完成投资12.75亿元。其中，三坊七巷历史文化街区完成投资1.59亿元，南街项目完成投资6.47亿元，朱紫坊项目完成投资4.69亿元。计划融资额5.3亿元，实际融资9.4亿元。

利用“海峡两岸交流基地”平台，开展海峡两岸系列交流活动，举办严复诞辰160周年纪念活动；开辟“福建省海峡民间艺术馆”；开设海峡两岸文化讲坛，邀请台湾专家教授罗文坤开办专题讲座。发挥闽台（福州）文化产业园核心区作用，引进国际品牌、文创企业入驻，推出2批20个商铺（院落）项目，引进哈根达斯、米其林餐厅——波士厅、漫咖啡等知名品牌企业，促成苏州同程猫的天空企业管理有限公司、福州市美尚优品商贸有限公司、福州梳语工艺品有限公司等文创企业落地。

街区规划

【上下杭规划】　《上下杭历史文化街区保护规划》于2013年6月27日对外公示征求意见。2014年1月，会同规划编制单位对规划成果报批稿中的传统街巷空间肌理与风貌保护、滨江地区方案、高度控制、建议历史建筑和宗教建筑保护等问题进行修改完善。规划成果在市规划局报批。

（舒伟涛）

【福州历史文化名城保护规划】　10月，省政府原则同意福州市上报的《福州历史文化名城保护规划（2012—2020年）》。福州历史城区保护范围由古城区（7.5平方千米）和城郭外的滨江地区（含台江片区、仓前片区，共2.6平方千米）组成，面积10.1平方千米。

省政府同意划定三坊七巷、朱紫坊、上下杭3片历史文化街区，烟台山、乌山、屏山、于山、冶山、西湖、马尾、洪塘8片历史文化风貌区，苍霞和大桥头台江汛、泛船浦、马厂街、公园路和跑马场、禅臣花园、福建协和大学、晋安鼓岭、南公园8片历史建筑群。

（福州晚报记者　何佳媛）

保护修复

【拆迁工作】　三坊七巷　2014年，重启国防工办搬迁工作，完成8户搬迁，占总数的32%。经反复协商，完成南街100号搬迁工作。协调黄巷71号、宫巷9号、早题巷4号等院落进行整合、置换，提高院落利用价值。办理古建筑房屋所有权证100本，南后街配套服务用房房屋所有权证14本。

朱紫坊　启动朱紫坊历史文化街区项目二期搬迁工作，二期及二期扩征部分收储业主为市土地发展中心。一期尚余14户（成套房13户，民房1户），二期余19户（陈兆锵故居1户、南入口地块6户、东入口地块6户、西入口地块1户、萨氏1户，延安中学东侧1户，方伯谦故居3户），二期扩征项目部分协商签订搬迁协议374户，余77户民房未签。

上下杭　上下杭历史文化街区占地面积约31.83公顷，征收房屋总面积约40万平方米，涉及总户数3642户。其中，居民户3346户，完成搬迁3503户；单位宿舍住户296户，完成搬迁119户；单位产权房90家，完成搬迁51家。

（舒伟涛）

烟台山　烟台山历史风貌区地块项目2月进入征收扫尾阶段。至12月底，该项目签订协议1729户，占总量99.4%，完成拆旧工作11.5万平方米，拆旧率94.6%。该项目位于南台岛北端，仓前山梅坞顶，总征收面积208.68

亩，涉迁面积16.3万平方米，涉迁户数1739户，拆旧面积12.16万平方米，保留安澜会馆、美丰银行、乐群楼等文物及历史建筑55处。

（仓山区烟台山管委会）

【工程建设】　三坊七巷　开展永久性用水用电工程的施工、出让地块的建设等工作。年内，黄任故居项目基本完成（甩项部分除外）；欧阳花厅（衣锦坊29、35号）主体修复完成；完成BT项目等施工任务，金斗桥地块场地清理、试桩等前期进场准备工作及桩基施工，并办理部分项目的选址、指标、立项等前期手续工作。完成三坊七巷第六批历史建筑招投标工作，签订合同并进场展开施工。

南街项目　南街项目一期围护结构全部完成，土方开挖完成98%，主体结构施工完成85%。

朱紫坊项目　芙蓉园一期基本完成；朱紫坊38号大院（原鼓楼区法院片区）综合整治工程1号—4号降层及屋面、墙面施工基本完成，休闲长廊、戏台、水池、假山石等都完成；33号、38号及17号3座历史建筑修复工程完成17号主体、北侧墙体修复工作及33号门头房修复工作

上下杭项目　上下杭历史文化街区保护修复正按照保护规划要求分步组织实施，福州商务总会、采峰别墅、三捷河两岸整治等工作陆续展开，上杭路与隆平路两侧立面整治工程启动。

【主干道景观改造】　三坊七巷　开展坊巷路面升级整治工程、旅游景观等配套工程等工作。　（舒伟涛）

烟台山　仓山区烟台山片区的麦园路、对湖路、梅坞路等主干道沿线景观改造项目主要进行立面改造、道路“白改黑”、杆线迁移及缆化下地，投资约4000万元。景观改造范围为：东起麦园路与梅坞路路口，西至福海路与上三路口，全长约1.1千米，串联烟台山历史文化风貌区各个文物点、重要历史建筑，保护街道英式风格建筑。景观改造风格与烟台山历史风貌区整体相协调，对部分老旧房屋主要按照“修旧如旧”的原则进行保护性维护。该项目于9月1日进场施工，12月底完工。

（仓山区烟台山管委会）

文化宣传

【主题文化活动】　1月9日，严复诞辰160周年纪念活动在三坊七巷举行，海峡两岸近百名专家学者参加纪念活动。同时举办以“严复思想与中华民族的伟大复兴”为主题的研讨会，举行由福州市三坊七巷严复翰墨馆主编的《严复书法》《严复的一生》新书首发式等活动。

7月25日，“国石天工——2014年福建省寿山石雕刻艺术大师精品邀请展”在三坊七巷福建省海峡民间艺术馆开展。展出杨世膺、陈益晶、黄丽娟、陈礼忠、林东、叶林心、郑幼林、刘传斌、刘丹明、江在勋、陈为新、姚仲达、刘文伯13位省寿山石雕刻艺术大师创作的《荷塘秋色》《寒江独钓》《野菊花》《五瑞兽》《一团和气》等127件作品。

8月1日，首届三坊七巷茶礼文化节在南后街展览馆开幕。茶礼文化节首次将福州历史文化街区与福建茶叶文化、茶旅文化相结合。活动向来自全国的游客展示福建各地的名茶和茶文化。

8月13日，第二届福州海峡创意设计周——“福文化”创意设计展在南后街展览馆开幕。创意设计周以“福”为主题，划分成“家有福器”“有福之州”“海纳百福”“世界同福”四大展区，以福州城市为根基，围绕“福文化”走进生活之理念，展现福州“宜居的城市环境”以及福州人“安逸的生活方式”。

8月，与“913”汽车广播、万科集团合作，举办“三坊七巷　咖啡馆里的福州”专题活动，协同《家园》杂志寻找老手艺专题，在景区营造为期1个月的文化专题氛围，展示坊巷文化及福州老手艺。

9月5日，“丝路非遗系列展——漆缘”开幕式暨“丝路寻根·非遗扬帆——漆艺的流转”沙龙活动在省非物质文化遗产博览苑（南后街82号）开展。作为丝路非遗系列的首个展览——“漆缘”，展出时间为9—11月，展览分为漆往事、漆当代、漆生活3部分，汇聚闽台两岸传统与当代漆艺艺术家的近百件漆艺作品。

【民俗节庆活动】　结合民俗节点和社会热点开展2014年“坊巷迎新”新年主题文化活动、“金马贺岁·春暖坊巷”春节文化活动、“坊巷香城香文化节”五一文化活动、坊巷·端午民俗活动、六一儿童节文化活动、传统七夕的文化盛宴、“坊巷中秋”传统文化活动、坊巷国庆系列主题文化活动等系列文化活动。其中“坊巷迎新”新年主题文化活动1月1日在光禄吟台、南后街、叶氏民居举办，活动包括“非遗进社区”非物质文化遗产传统活动展演，“创意在坊巷间”坊巷文化体验活动，“爱心助残”义卖活动等11项活动；“坊巷中秋”传统文化活动包括中秋摆塔、找月华、DIY鲤鱼饼等特色民俗活动。

【宣传活动】　推进三坊七巷官网、官博、官微等模块建设，发布街区新闻。通过举办“三坊喜迎春，七巷送好礼”“作者寻找读者”“坊巷惊喜三月，砸金蛋送好礼”“坊巷爱告白”“刷三坊七巷二维码，送精美旅游纪念品”等多项线上互动活动，吸引网民参与，提高景区宣传效果。配合省、市旅游局及品牌营销中心统一宣传模式工作，举办“带着微博去旅游”“爸爸去哪儿景区评选”等全国互动宣传活动。加入“福州教育公益传播协作体”，协助各宣传媒体、影视剧组的拍摄工作，如协助春节期间央视《关注》《新闻联播》栏目连线三坊七巷的活动和央视节目《焦点访谈》《时间去哪儿》《说吧》《中国·地理》《城市一对一》《最美花园》，日本九州朝日《追溯根源之旅》纪录片、中国教育电视台《大学》、中国台湾《世界我做煮》、泰国电视台《海上丝路》等。

旅游开发

【景区建设】　2014年，完成北口游客中心及澳8游客中心的整改提升，新建并改造景区周边基础设施，更新维护景

区各类标志牌,规范景区周边交通秩序,升级改造乌山北坡生态停车场及营房里地面停车场,完成景区缆线管线下地、墙面整治、路面修补、功能性设备设施隐藏化、坊巷景观化等整改工作;通过加大日常培训与考核、定期开设专题讲座、提升讲解词等方式,提高一线员工旅游服务质量。11 月通过专家暗访,进入明察环节。

启动三坊七巷历史文化街区申报“全国历史文化街区旅游知名品牌创建示范区”工作,成立创建工作领导小组及专项工作组,编制“实施方案”“申报表”等系列材料。通过初审及文审论证答辩环节。

推进三坊七巷智慧景区建设,与相关专业公司沟通,构建“一个中心、十大系统”顶层设计方案,在智慧管理、智慧服务和智慧营销等方面全方位打造三坊七巷智慧景区。根据设计方案,三坊七巷智慧景区建设拟进行分步实施,在建中的有移动手机应用系统。

【旅游营销】 推进景区旅游营销与推广,建立与旅行社、酒店和企事业单位的长期合作关系。至年底,与 82 家旅行社、12 家酒店、110 家企事业单位以及 11 家电商平台签订长期合作协议;参加各种旅游推荐会 11 场,发放宣传资料、纪念品 7 万余份。开展线上营销工作,申请三坊七巷景区天猫旗舰店,借助电商平台,推出暑期优惠线路活动、“1 元飓风”、开展扫码活动、发行旅游纪念扑克等系列活动,进行线上售卖。

【旅游接待】 全年景区游客量达 956 万人次,接待团队游客 6.66 万人次,实现旅游经济收入约 675 万元。参观景区的中外政要名人有原中央政治局委员、常委、国务院副总理李岚清,原中央政治局委员、国务院副总理吴仪,原中央委员、外交部部长唐家璇,中国香港特首梁振英,国家民航总局局长李家祥,吉尔吉斯斯坦共产党主席,东帝汶总理,法国外交部部长,斯里兰卡驻广州总领事,塔吉克斯坦、哈萨克斯坦、乌兹别克斯坦、吉尔吉斯斯坦 4 国驻华大使,印尼能矿部副部长,德国莱法州州长玛卢·德莱尔,德国伯力斯伯爵及夫人等外国政要。

三坊七巷历史名人勤廉馆展示厅 (三坊七巷管委会 供)

新增景点

【历史名人勤廉馆】 三坊七巷历史名人勤廉馆位于安民巷 48、49 号古民居院落,总面积约 595 平方米,9 月 18 日开馆,为省纪委授予的第二批“全省廉政教育基地”之一。历史名人勤廉馆收集以林则徐、王荷波为代表的 23 位历史名人的勤廉事迹、廉政楹联、格言警句等,通过实物、展板、照片、画像、浮雕、蜡像等展示形式,展示三坊七巷源远流长的廉政思想。

【尤氏民居】 位于文儒坊东段南侧旧 74 号、新 17 号,建筑面积 2633 平方米,2013 年辟为福船文化馆,2014 年五一期间试开馆。展馆分为寻索风帆、福至风帆、守望风帆、扬动风帆 4 个展区,通过图文、多媒体、实船、船模等形式,展示福船的演变历史、建造技艺以及精湛的航海技术。

【福建省海峡民间艺术馆】 于 7 月 14 日经省编办批准成立,位于福州三坊七巷南后街 3 号(蓝建枢故居),使用面积 3280 平方米,是集展示宣传、保护传承、研究交流、征集保管等功能于一体的公益性博物馆。主要职能是展示宣传闽台民间艺术瑰宝,弘扬八闽民间艺术文化;保护、拯救濒临艺绝的闽台民间艺术,培养两岸民间艺术人才,发展壮大民间艺术家队伍;为两岸民间艺术家和爱好者提供研究、交流的平台,开展民间艺术展演交流活动;开展两岸民间艺术精品的征集工作。

(舒伟涛)

(编辑 邱敏佳)

社会民生

人民生活和市场价格

【居民收支】 全年居民人均可支配收入25727元，同比增长9.9%，扣除价格因素实际增长8.0%，其中，城镇居民人均可支配收入32451元，同比增长9.4%，扣除价格因素实际增长7.5%；农村居民人均可支配收入14012元，同比增长11.2%，扣除价格因素实际增长9.1%。全体居民人均消费支出19259元，同比增长9.8%，其中，城镇居民人均消费支出23330元，同比增长9.2%；农村居民人均消费支出12166元，同比增长11.1%。

【居民消费价格】 全年居民消费价格总水平平均上涨1.8%。八大类商品价格“七涨一降”：衣着类上涨3.0%，食品类上涨2.9%，居住类上涨2.3%，医疗保健和个人用品类上涨1.2%，娱乐教育文化用品及服务类上涨0.6%，家庭设备用品及维修服务类上涨0.3%，交通和通信类上涨0.1%，烟酒类下降0.9%。其中，食品价格上涨是引起居民消费价格上涨的主导因素。

【工业生产者出厂价格】 受宏观经济形势影响，全年工业生产者出厂价格平均下降1.5%。出厂价格跌幅较大的行业为黑色金属冶炼及压延加工业、化学纤维制造业、纺织业、有色金属冶炼及压延加工业，分别同比下降7.9%、8.1%、2.6%和4.9%。

【房地产价格】 受宏观经济形势及调控政策效应影响，住宅销售市场观望情绪浓厚，住宅销售价格由涨转跌。

（谢美梅）

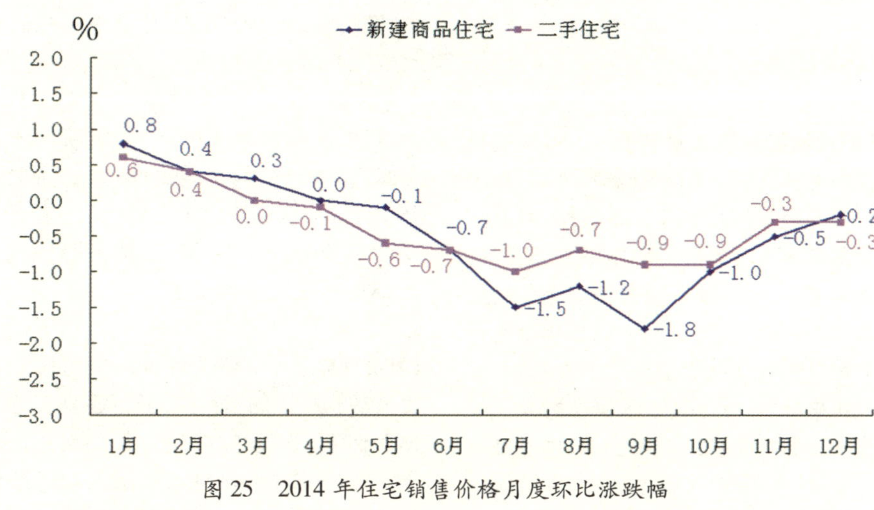

图25　2014年住宅销售价格月度环比涨跌幅

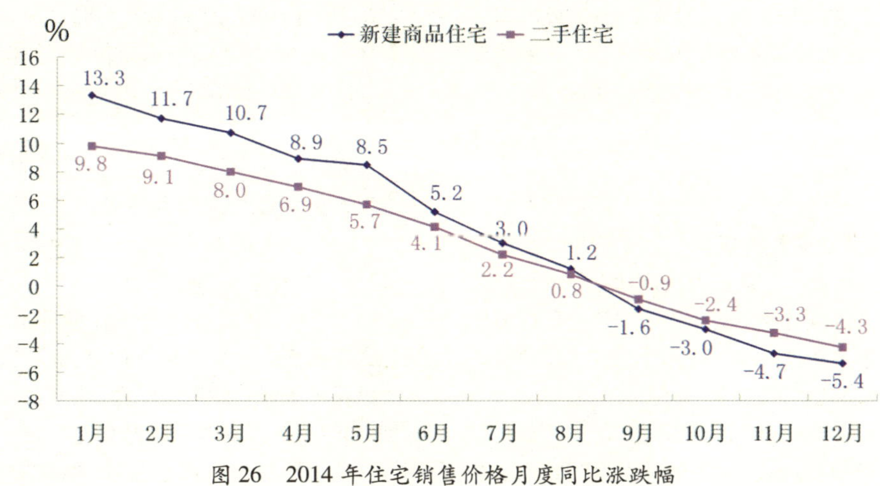

图26　2014年住宅销售价格月度同比涨跌幅

劳动就业

【概况】 全年城镇新增就业14.54万人，完成年任务的105.26%；农业富余劳动力转移就业5.04万人,完成年任务的109.56%;期末城镇登记失业率2.42%,控制在省下达3.5%指标范围以内。

【就业工作】 每周三、五举办大中型公共招聘会,开展“就业援助月”“春风行动”等一系列就业服务专项活动,举办各类招聘会150多场,发布用工岗位信息6万多个。在全省率先出台《公益性岗位开发管理办法》,为3.7万名就业困难人员发放促进就业社保补贴3400多万元,为领取失业金人员发放医保补助5.8万人次1600多万元、物价上涨补贴180多万元。健全完善创业培训和小额担保贷款财政贴息管理办法,举办SIYB(Start&Improve Your Bussiness)创业培训223期5575人,新增发放小额担保贷款299笔2761万元,带动创业就业1288人。在全国建立41个劳务协作基地,13个地区在榕设立劳务工作站。举办技工职业院校与重点企业签约对接活动,为200多家企业引进技术工人9600人。

【职业培训和技工教育】 实施农民工职业技能提升“春潮行动”计划,开展各类职业技能培训4.3万人次、职业技能鉴定8.4万人次。举办“第二届海峡青年节”6个工种职业技能竞赛。制定出台《福州市高技能人才队伍建设暂行办法》,依托龙头企业建立实训基地,组建机电、服务等7类工种高技能人才专家库。新增高级工7274人、技师及高级技师1546人,4人获评首届“省级技能大师”;建成市级“技能大师工作室”10个、省级38个、国家级2个,建成国家级“高技能人才培养基地”2个。开展榕台技工教育师资培训交流合作,市第一、第二高级技工学校获省政府批准建成技师学院。

【劳动关系维权】 完善劳动争议调处机制。开展人力资源社会保障行业性人民调解委员会工作。全市共受理劳动争议案件6448件,结案率达95.8%,调解率达70%。

开展企业薪酬调查、人工成本监测和国有企业工资内外收入监督检查,及时发布2014年企业工资增长指导线和工资指导价位。完善劳动关系三方协调机制。开展三方成员单位定点挂钩联系企业工作,全市各类企业劳动合同签订率达94.3%,集体合同覆盖企业2.78万户、职工112.19万人。2.03万户企业开展用工备案,涉及职工35.86万人。

强化劳动保障监察执法,检查各类用人单位9230户次,受理侵权投诉举报4035起。开展农民工工资支付专项检查,发挥解决企业工资拖欠局际联席会议作用,在建设领域试点“无欠薪项目部”,按照“属地管理”和“谁主管谁负责”的原则及时妥善处置欠薪问题。

社会保障

【概况】 2014年,福州市参加社会养老、医疗、工伤、失业、生育保险人数分别达414.45万人、279.12万人、129.9万人、111万人和106万人,总参保人数同比增长4.21%。

住房公积金共有缴存职工458298人,归集规模扩大2.0%。全年新增缴存职工107584人,净增9396人。住房公积金归集额达50.06亿元,同比增长13.60%;1996—2014年,归集住房公积金283.93亿元,归集余额132.34亿元。

【社会保险】 推进城镇职工与城乡居民基本养老保险制度衔接。在全省首推企业退休人员领取养老金资格属地认定,率先开通上海异地就医医保即时结算试点,率先将公务员和参公事业单位人员纳入工伤保险范畴,率先实现工伤、生育保险经办归口管理,通过继续实施失业保险费减半征收,为全市企业减负2.2亿元。

提高社会保险待遇水平。企业退休人员养老金待遇连续10年调整提高,现月人均养老金2016.92元,同比增长11.17%。城乡居民基础养老金由55元提高至85元。城镇居民医保补助标准从每人每年300元提高到340元。通过扩大医保个人账户使用范围和提高购药额度,出台公立医院改革医保支付方案,制订基层就医降低医保起付线、提高报销比例和封顶线办法,启动福莆宁岚医保服务同城化建设等新举措,缓解参保人员“看病贵、看病难”。

加强社会保险基金监管。开展社保基金社会监督试点和基金专项检查,强化上市企业用工及社会保险缴交情况核查。全面整治定点医疗机构和零售药店及其医务人员违法违规和欺诈行为,冻结违规超量开药医保卡18张,查处违规定点单位56家,暂停医生医保处方权5人,拒付医保基金1000多万元。

(黄彩云)

【住房公积金管理】 提取业务 提取住房公积金29.52亿元,同比增长6.85%,完成年计划的102.48%,其中,购买、建造、翻建、大修自住住房提取7.43亿元;用于偿还购房贷款本息提取13.26亿元;离休、退休提取3.71亿元;与单位终止劳动关系未再就业和职工部分或全部丧失劳动能力造成家庭生活严重困难提取4.38亿元;户口迁出本市或出境定居提取0.57亿元。1996—2014年,累计提取住房公积金151.59亿元。

个人贷款 向6308户家庭发放个人住房贷款29.95亿元。1996—2014年,向55825户家庭发放个人住房公积金贷款161.98亿元,个贷余额122.25亿元,个贷使用率92.38%。规范房屋套数认定标准,允许住房公积金贷款申请人及其配偶的任一方已办理过福州地区住房公积金贷款且贷款已结清的申请住房公积金贷款,取消两地查房,并执行首套房和首改房公积金贷款优惠政策。

增值收益 实现增值收益2.6亿元。提取廉租房补充资金12251.64万元。1996—2014年,实现增值收益11.00亿元,累计上缴廉租房建设补充资金4.88亿元。

简化办事环节 取消住房公积金开户需提供营业执照、单位介绍信的规定,取消住房公积金提取需提供提取凭证及住房公积金委托还贷业务需提供申请表的规定;减少职工提取和账户在本市内转移的单位盖章环节;实现工、建两行办理同行委托冲还贷业务,开展跨管理部委托还贷试点,实行贷款楼盘预报备制度,推出建行住房公积金联名卡。

(梁 瑜)

计 划 生 育

【概况】 2014年,福州市出生人口74893人,出生率12.05‰,同比增长0.12个千分点;出生人口政策符合率90.29%,同比增长2.62个百分点;人口自然增长率为6.9‰,控制在预期水平;出生人口性别比105.93,政策外多孩率1.69%,比2013年略有下降,低生育水平持续稳定。加大计生一票否决力度,对全市4334个申报评先评优单位进行审核把关,否决123个单位;对8706个申报评优评先个人进行把关,否决85人;对市委拟提任转任的205名干部人选进行计生情况审核,未发现问题。

【实施“单独二孩”政策】 制定出台《福州市便民办理生育服务证若干规定》,简化办证程序,压缩审批时限,其中一孩生育证实行登记制、二孩生育证审批时限从20天压缩至12天。鼓楼区在全市率先建立并实施“网上办证”系统。会同发改、卫生、教育等部门进行政策实施后宏观监测和社会资源配置准备工作,加大计划生育防控力度,确保政策平稳实施,未出现人口出生大的波动。年内全市“单独二孩”收件7771件,审批发证7735本,审批数占符合条件对象总数约22.7%。

【宣传教育和计生督查】 在《福州日报》开辟人口计生专版,共刊发12期。在271座户外阅报栏和市区11个人群密集的商业中心大厦通过LED滚动播出人口计生宣传标语,在公交车电视播放计生宣传专题片。各县(市)区建立融当地特色的人口文化公园、人口文化广场、人口文化大院示范点。在全市开展中期及年终专项督查和考评,重点抽查12个县(市)、高新区及30多个乡镇(街道),指导和督促基层提升管理水平。加强政策实施督查,对58个乡镇(街道)和72个社区(村)办证窗口进行明查暗访,督促窗口工作人员改进服务态度,提高办事效率。

【提高计生服务水平】 全市完成免费孕前优检人数67556人,覆盖率84.59%。全年为育龄群众免费发放6万份叶酸片及32万份优生优育手册。配合国家“金人工程”开展信息化建设的基础工作。各县(市)区继续推进出生人口信息与公安、卫生、民政部门的数据共享,完善人口信息资料。开展全市性社会抚养费征管和专项资金检查,严格资金管理,规范征收自由裁量权。

【流动人口服务管理】 实施流动人口节育奖励制度,对在福州市居住并接受管理半年以上,遵守计生政策自觉落实节育措施的流动人口育龄夫妻给予200元~500元的奖励,为324人发放奖励7.35万元。实施“两证一承诺”便民服务机制,方便流动人口办理“一孩生育服务登记”“流动人口婚育证明”。全市办理一孩生育服务登记58例,办理流动人口婚育证明6.5万本。全市流动人口175万人,其中流入127.88万人,流出47.13万人。全市共提交流动人口协查和反馈信息57.86万条,协查反馈率达99.14%。全年举行“关爱流动留守妇女儿童,反邪防拐反性侵”系列活动10场。

【利益导向机制建设】 围绕创建“幸福家庭”活动,加大计生家庭奖扶和救助力度。对城镇年满60周岁的非国家机关、国有企事业单位的独生子女父母每人每月发给100元奖励金;对符合独生子女和农村二女计划生育家庭奖励扶助条件并纳入低保的父母每人每月增加100元奖励金。全市城镇部分共奖励扶助24202人,其中低保户245人。强化对特殊家庭的扶助措施,年内共补助失独家庭871人,市级每人每月补助800元。各县(市)区持续推动利益导向机制增量扩面,闽侯县将城乡部分计生家庭奖励扶助金提高至每人每月200元,将计划生育失独家庭特别扶助金标准提高到每人每月1200元;马尾区在城区拆迁时对计划生育困难家庭每户增加1万元~2万元奖励。

【开展“生育关怀”行动】 投入幸福工程资金3263万元,救助计生贫困母亲2910户,惠及人口10185人。投入资金237.77万元为784户计生困难家庭及失独家庭开展紧急救助。投入资金750.88万元,为3737名计生困难户子女提供闽都助学金。投入资金327.63万元,补助476户失独家庭、二女户和独生子女特困家庭修建房屋。投入小额贷款贴息资金290.2万元,帮助2525户计生家庭发展生产。投入资金547.1万元,帮助106091户计生家庭办理保险。各级生育关怀成员单位节日投入慰问金1486.6万元,慰问人数达27911户。

【综合治理性别比偏高问题】 市人口计生领导小组出台《福州市集中整治“两非”专项行动实施意见》,加强对性别比治理工作的组织领导,严厉整治“两非”行为。从5月下旬起,由市政府牵头组织计生、卫生、公安、药监等部门在全市开展为期3个月集中整治“两非”专项行动,全市共检查各级各类医疗卫生机构657家次。全年(计生年度)共查处两非案件183例,共突破6起重大案件,其中晋安区大要案突破2例。

【行业作风建设】 开展民主评议政风行风上线工作,现场解答群众诉求,全年共接受群众诉求15件,主要涉及单独二孩政策咨询、社会抚养费征收等方面问题。完善“12356”阳光计生服务热线,落实行风监督员、实名有奖举报、社会舆论等监督制度。通过明察暗访、督查检查、入户调查、电话抽查和委托第三方调查等形式开展满意率、知晓率调查,对存在办证推荐扯皮、乱收费和社会抚养费征收自由裁量权过大或不规范等问题的乡镇(街道)予以实名通报,限期整改。

(林 涛)

民 政

【概况】 2014年,福州市完成低保提标等省、市为民办实事项目。贯彻落实《社会救助暂行办法》,推动成立福州市救助申请家庭经济状况核对中心。新建13所农村敬老院,进一步提高农村五保供养标准。按时下达自然灾害生活补助资金、冬春救灾款及防灾减灾资金,开展受灾地区紧急转移安置群众和灾后恢复重建,保障受灾群众生活。推进养老服务业发展,全面铺开社会福利中心建设。开展村委会制度规范化建设,协同相关部门开展村居整合前期调研工作。创建和谐社区,规范社区工作服务站设立,加快社区组织工作服务用房建设,组织开展社区减负工作。开展社会组织直接登记试点工作。加大老区扶持力度,加快老区基础设施建设。落实老龄事业"十二五"规划责任分工,推动建立高龄老人补贴制度,推进居家养老服务工作。开展农村墓地生态建设整治工作,拓展"一站式"殡葬服务。

【优抚安置】 落实伤残抚恤政策,市级共下拨抚恤补助金500.31万元、医疗补助配套资金110.85万元。全面完成散葬烈士纪念设施抢救保护工作,其中散葬烈士墓951座,纪念纪念碑(亭)24处。开展清明期间文明祭扫和9月30日烈士公祭工作。

接收退役士兵2174人(含转业士官100人),通过自主就业、政府安排工作、自谋职业3种方式,安置退役士兵和转业士官2103人。加强退役士兵的服务、管理和培训工作,建立退役士兵资料库,为中央、省两级下拨各类补助经费提供依据。

开展洪山所、上海西所、军休服务中心等单位工休人员房改工作,妥善处置历史遗留的房改问题。加强五凤、凤山、军休服务中心办公楼拆迁后的建设工作。开展第六批无军籍职工和军休干部接收工作。

【社会救助】 推动成立福州市社会救助工作协调小组,统筹开展城乡低保与医疗、教育、住房、临时救助、司法援助等其他社会救助政策有效衔接;成立福州市救助申请家庭经济状况核对中心,建立和完善多部门核对工作机制;实施临时救助制度,临时救助达6818户次,救助资金942万元,有效解决城乡困难群众突发性、临时性生活困难;确定长乐、台江、仓山、马尾分别作为福州市"救急难"工作试点单位和试点地区。

完成为民办实事项目农村低保提标工作,各县(市)区农村低保标准均不低于2100元/年。组织开展全市城市和农村低保对象的复评工作,集中开展"人情保""错保"专项整治活动,确保动态管理下的"应保尽保"和低保金的按时足额发放。城区城市低保标准为多人户430元/月,单人户460元/月;城区农村低保标准为多人户320元/月,单人户350元/月(马尾区城乡低保标准均为多人户430元/月,单人户460元/月)。全市共保障城市低保对象8905户、15538人,发放城市低保金6317.20万元,月人均补助达321元;保障农村低保对象41617户、77805人,发放农村低保金1.701亿元,月人均补助达185元。

新建13所农村敬老院,完成"一乡一镇一敬老院"建设目标的扫尾工作。将城区农村五保供养标准调整为集中供养每人每月825元,分散供养每人每月685元。全市保障农村五保对象7706人,全年发放五保金5148.89万元,人均月补助达588元。

完成为民办实事项目——医疗救助基金筹集标准按当地救助对象每人每年不低于200元的标准筹集,按照新的筹集资金规模实施相应的救助标准。在确保住院和特殊门诊自付医疗费用救助比例不低于60%的前提下,开展定额救助、二次救助和第二类救助对象的救助工作,共救助14.44万人次,发放救助金4255.2万元,资助救助对象参加新农合767万元。完善和规范医疗救助制度,与卫生局联合发文,将农村居民慢性骨髓细胞白血病、血友病纳入重大疾病救治范围,实施新农合报销70%、医疗救助基金支付20%、个人自付10%的救助政策。年内纳入重大疾病救治范围的病种达22种。

实施物价联动机制和残疾人补助政策。实行全市统一的物价联动补助标准,城区对低保、五保、重点优抚对象、革命五老人员共发放物价补助99807人次、439万元。将低保对象中的重度残疾人等三类对象的补助标准,从每人每月100元提高到150元,全年为21852名重度残疾人累计发放生活补助金2277万元。

【救灾工作】 建立健全救灾应急救援体系,修订出台《福州市自然灾害救助应急预案修订》;冬春期间,下拨省级下达福州市的中央自然灾害生活补助资金550万元,救助群众10453户、29942人;加强对全市3200个避灾点的管理,下达96万元市级避灾点建设维护补助资金;全力开展"6·18"暴雨、"麦德姆"台风等自然灾害应急救助工作,下达自然灾害救灾款100万元;4个社区被评为全国防灾减灾示范社区;为919户受灾农户理赔农村住房保险311.85万元;举行核应急演习和第六个"防灾减灾日"活动。

【社会福利】 推动出台《福州市人民政府关于加快发展养老服务业的实施意见》。落实民办养老服务机构床位开办费和运营补贴扶持政策,向市级财政申请拨付一次性开办补助和运营补助218.25万元。每千名老人拥有养老床位数达28.93张。邀请浙江省规划院与福州市规划院联合开展编制《福州市养老机构布局专项规划》,按人均用地不少于0.15平方米的标准规划养老用地,分中心城区和福州市域两个层次,制订2014—2030年养老设施配置规划。开展失能、半失能及空巢、失孤等特殊老人需求调查,摸清养老需求,准确定位各类养老机构发展方向。

落实孤儿基本生活保障制度,为全市孤儿和艾滋病病毒感染儿童等特困儿童发放基本生活费;为全市每名孤儿提供年保额为10万元的重大疾病公益保险,申报"明天计划"孤残儿童手术20例,完成18例;推荐10名贫困家庭学生申请助学计划;完善儿童福利机构设施,对人口50万以上或孤儿数量超过300名以上的县级儿童福利设施建设现状和需求情况进行摸底调查,加强儿童福利设施建设项目储备工作,儿童福利院明天计划脑瘫康复基地通过复检。

全面铺开社会福利中心建设,市级社会福利中心建设稳步推进;连江县、长乐市社会福利中心开展后期装修和建设,永泰县、闽清县社会福利中心开始动建,福清市、闽侯县社会福利中心完成选址。福州市对被列入省级资助的项目按省级资助金额的50%给予资金配套,共配套资金1675万元。

【基层政权和社区建设】 编撰《福州市村委会自治制度规范化建设参考文本》，加强县(市)区民政部门对村民自治制度建设的指导力度。开展村民自治建设相关课题调研活动，协同农口部门开展村居整合前期调研工作。在长乐、闽侯、罗源、闽清、永泰5个县(市)区各确定一个村作为农村社区建设示范点，分别下拨5万元作为开展农村社区便民服务补助经费，总计投入25万元。确定换届选举试点村，指导试点村开展换届选举前期准备工作。

深化“135”社区党建模式，和谐社区建设示范单位创建工作获得民政部评估组充分肯定。指导各城区规范社区工作服务站设立，初步形成社区党组织、社区居委会、社区工作服务站“三位一体”的社区组织架构。加快社区组织工作服务用房建设工作，市级财政投入1675万元，用于建设精品社区14个，达标社区39个，争取省级社区综合服务站建设项目15个，获得省级补助资金420万元，市、县、街各级配套投入约750万元。组织开展社区减负工作，拟以市委办公厅、市政府办公厅名义下发《福州市社区工作准入制度》和《福州市社区工作准入指导性目录》。招募录用19名优秀大学生，分配到闽清县和永泰县。

【老区建设】 下拨扶持福州市革命老区建设专项补助资金1913万元，其中省级266万元，市级600万元，县(市)区1047万元，分别用于老区基础设施建设和促进老区经济社会事业发展及革命遗址维修保护、老区科技示范基地等项目建设。为革命“五老”对象按每月680元~1000元的标准发放定期补助生活金，共下达革命“五老”人员定期生活补助经费204.44万元和医疗补助经费15.97万元。各县(市)区为革命“五老”人员遗偶发放每人每月175元~600元不等的生活困难补助。筹集革命遗址维护补助资金206万元(其中省级45万元、市级20万元、县级141万元)，完成革命遗址遗迹维修保护20处。

【老龄事务】 开展“拗九节”“敬老月”活动，营造敬老爱老助老良好社会氛围。推动建立高龄老人补贴制度，下发《关于建立高龄老人补贴制度的意见》，对年满80~99周岁(含80周岁)高龄老人，发放不低于50元/月标准的高龄补贴；对年满100周岁以上(含100周岁)高龄老人，发放不低于200元/月标准的营养补贴。居家养老服务工作列入市委、市政府为民办实事项目，并将每个站点运营补助标准从4万元提高到5万元。将城区6.3万多名高龄、空巢及生活照料有困难的老年人纳入居家养老呼叫服务保障对象范围，加快“一拨通”居家呼叫服务向广大老年群众推广；加大全市社会服务资源整合对接，发展养老服务组织和规模经营，逐步构建居家和社区养老服务覆盖100%城市社区和50%农村社区。“居家养老扎实推进‘有福之州’”创新实践项目，获中国社会治理创新范例50佳，创新做法入编《大国治理——中国社会治理创新的基层实践》。9月印发的《决策参考》中收录市老龄委主任严可仕副市长采访录及15篇工作材料。

【殡葬管理】 开展农村墓地生态建设整治工作，以市委、市政府两办名义出台《福州市农村墓地生态建设整治实施方案》。全市共迁移、平毁、深埋、绿化坟墓13387台，墓地整治率达92%。根据《关于免除城乡困难群众基本殡葬服务费的通知》要求，免除城乡困难群众基本殡葬服务费。针对清明节祭扫人流高峰问题，开展安全保障工作，引导市民错峰祭扫、文明祭扫，市殡仪馆等8家殡葬服务单位接待祭扫群众100多万人次，未发生安全事故。

【婚姻收养登记】 办理国内结婚67809对、离婚15321对，国内收养209例，涉外及港、澳、台、侨结婚2686对、离婚559对，涉港、澳、台、侨收养9例。婚姻登记场所均符合国家行业A级标准建设，均有独立的对外办证场所，设有结婚登记室、离婚登记室、候登室、档案室、颁证厅。全部实现网络在线登记，启用网络预约系统，开展婚姻登记历史数据补录工作。马尾区婚姻登记处及罗源县婚姻登记处被民政部评为AAA级婚姻登记机关。

【区划地名管理】 开展连江、罗源县乡改镇、镇改街道有关工作；开展《政区大典》福州市本级词条编纂补充完善工作。加强市区路名牌、门牌设置管理，共增设、补设路名牌482面，设置门牌8606面。完成市区25条新建道路命名工作。加强地名规范管理，完善地名数据库建设，提供标准、有效的地名信息服务。开展地名文化建设宣传、地名文化遗产调查登记等工作。完成千年古县、古镇、古村调查登记上报补充完善工作。

【民间组织登记管理】 开展社会组织直接登记试点工作。对行业协会商会、科技类、公益慈善类、社区服务类4类社会组织取消业务主管单位审批，直接申请登记，直接登记的社会组织达46家。放宽行业协会商会准入条件，允许一业多会。开展异地商会登记管理工作，将异地商会的登记范围从省扩大到县(市)区。同时承接省厅下发的非公募基金会的登记管理工作。推动政府购买服务工作，向社会发布具备优先承接政府转移职能和购买服务资质条件的社会组织目录，推动政府购买服务工作的开展。在台江区开展建立社会组织服务中心试点工作，对有发展前景的社会组织进行孵化培育，推动成立一批直接服务社区居民的社会组织。委托福州市新时代社会组织服务与评估中心开展社会组织评估工作，年内全市共评出AAA以上等级社会组织146家。全市社会组织完成年检1560个，年检率达86.1%。至年底，全市含县(市)区民间组织总数3553家，注销的社会组织79家。

【边界管理】 完成界限联检工作，其中完成县级行政区域界线5条、总长126.75公里(市间县级界线2条总长110.48公里，市内县级界线3条总长16.27公里)，乡镇级界线51条、总长515.365公里。开展“平安边界”创建活动，推进界线有效管理。完成市间界线(福州—三明、闽清—尤溪、闽清—延平、永泰—尤溪)、市内界线(晋安—台江、鼓楼—仓山、仓山—长乐)共建平安边界协议签订任务。开展边界联检档案整理工作,将县、乡两级界线勘定成果档案、第一轮县乡两级界线联检成果档案以及第二轮县级界线联检成果档案整理移交至市档案馆。

【福利彩票销售】 拓展中福在线和"刮刮乐"销售市场,新增2个福彩视频票销售厅,10家新华都商超和15家中石化加油站正式开始销售福利彩票刮刮乐。新增电脑站点16家,新建"中福在线"销售厅3个,销售3.34亿元福利彩票。

表59　**2014年福州市新成立社会团体一览**

序号	社会团体名称	行业分类	业务主管
1	福州市老字号协会	职业及从业者组织	
2	福州市智力残疾人及亲友协会	社会服务	残联
3	福州市快递行业协会	职业及从业者组织	
4	福州市邵武商会	工商业服务	
5	福州市装饰建材商会	职业及从业者组织	
6	福州市汽车行业协会	职业及从业者组织	
7	福州市婚庆产业商会	职业及从业者组织	
8	福州市柘荣商会	工商业服务	
9	福州市家居建材商会	职业及从业者组织	
10	福州市硬笔书法家协会	文化	文联
11	福州市锁具行业协会	职业及从业者组织	
12	福州市癌症康复协会	社会服务	
13	福州市松溪商会	工商业服务	
14	福州市石材商会	职业及从业者组织	
15	福州市农业生产资料流通协会	农业及农村发展	
16	福州市比干文化研究会	文化	社科联
17	福州市永春商会	工商业服务	
18	福州市芗城商会	工商业服务	
19	福州市业余无线电协会	社会服务	
20	福州市顺昌商会	工商业服务	
21	福州市鸣鹤拳协会	体育	体育总会
22	福州市剪纸学会	文化	文联
23	福州市陶瓷商会	工商业服务	
24	福州市汽车租赁行业协会	工商业服务	
25	福州市管道建材商会	工商业服务	
26	福州市山地运动协会	体育	体育总会
27	福州市文物考古博物馆协会	文化	文新局
28	福州市建筑机械商会	工商业服务	

续表 59

序号	社会团体名称	行业分类	业务主管
29	福州市中小企业联合会	工商业服务	
30	福州市民营企业商会	工商业服务	
31	福州市定制家具商会	工商业服务	
32	福州市仙游商会	工商业服务	
33	福州市围棋协会	体育	体育总会
34	福州市花卉苗木行业协会	职业及从业者组织	
35	福州市化妆品商会	工商业服务	
36	福州市福州语歌曲协会	文化	文联
37	福州市社会组织联合会	社会服务	
38	福州市东阳商会	工商业服务	

（林志鸿）

（编辑　吴　燕）

鼓楼区

【概况】 鼓楼区区域面积35.7平方公里。辖9个街道、1个镇，有69个社区，户籍人口57.48万人。

2014年，列入市级的重点项目超额完成年度投资20.6个百分点。签约“三维”项目36个。列“中国最具投资潜力百强区”第二十七位和“科学发展百强区”第四十二位。门户网站在2014年度全国区县政府网站绩效评估中位列第十一名，实现全省绩效考核四连冠。

【经济建设】 实现地区生产总值1011亿元，同比增长10.6%；一般公共预算总收入55.5亿元，同比增长12.5%，其中一般公共预算收入34亿元，同比增长12.2%；规模以上工业增加值70.1亿元，同比增长13.1%；城镇以上固定资产投资400.6亿元，同比增长12%；出口总额51.35亿美元，同比增长7.99%；城镇居民人均可支配收入37618元，同比增长10%。

服务业　实现社会消费品零售总额826.6亿元，同比增长14.5%。修订出台《进一步推进国家服务业综合改革试点区域工作实施办法》，编制完成《服务业聚类规划》。试点实施《楼宇经济公共服务规范》，率先推行商务楼宇服务专员制，初步建成楼宇经济网格化管理平台、协税护税平台。推行注册资本登记制、商务秘书服务公司试点等举措，辖区各类市场主体超5万家。基本建成正祥中心、恒力创富中心、融都国际大厦等19.3万平方米5A级智能化商务楼宇，榕城商贸中心、五金大厦等19幢旧商务楼宇提档升级，全区有税收超千万元楼宇93幢，税收亿元楼宇19幢。省六建、中富通等9家企业获批市第三批总部企业。启动大东街口商圈改造提升工程，完成初步规划编制，智慧津泰街区、安泰河商务休闲带初步建成。闽都旅游服务中心、天皇岭旅游文化创意街区、温泉博物馆等项目基本完工，三坊七巷获评“全国首批创造未来文化遗产”称号，朱紫坊入选首批省级历史文化街区，全区接待游客超1000万人次，旅游产值超百亿元。新增10件福建省著名商标和19件福州市知名商标。引进春舞枝集团、智农富丰等知名电商企业，初步建成新华都、心蓝天、永辉等传统企业电商平台，全区新增357家电商企业，年内获省级首批“电子商务示范城区”称号。

招商引资　实际利用外资（按验资口径）2.58亿美元，同比增长7%。“5·18”海峡两岸经贸交易会签约外企项目11项，总投资3.58亿美元，利用外资3.08亿美元；签约民企项目8项，总投资25.08亿元；签约央企项目1项，总投资10亿元。“6·18”海峡项目成果交易会征集对接项目51项，项目总投资约3.52亿元。“9·8”中国国际投资贸易洽谈会签约项目11项，总投资3.88亿美元，协议外资1.8亿美元。福州航空、中海油等企业总部或区域性总部落户鼓楼。

【城区建设与管理】 征迁安置　启动黎明永辉周边、省农业厅宿舍等29个项目、61.5万平方米旧改征迁。完成市商业汽车运输公司、鼓西路互爱巷、八一七路南街段西侧等22个项目征迁扫尾。加洋巷周边旧改项目获评“全省和谐征迁示范项目”。加快推进福大一号地、国棉厂地块等7个保障房项目建设，建成杨桥新苑、观风亭新苑共20.6万平方米保障房，公正二村、灰炉村等28个旧改项目1475户居民实现回迁。

市政建设与管理　改造提升东泰—仙塔街、井大—湖东路等18条道路沿线200余幢楼宇景观，新建、改建环保路等8条道路，完成庆城路、尚宾路等15条道路“白改黑”，精雕细琢红墙巷、三牧坊等9条小街巷，打造竹林境完整社区和井尾宜居新村，整治福日小区、北江新村等90个老旧小区，128个老旧小区实现长效管理。巩固提升10条市容严管示范街和80条“门前三包”完好率达标路段创建成果，拆除违建10.6万平方米。“数字城管”全年办理批转件12万件，按期办结率93.5%。三坊七巷周边等重要节点设立LED停车诱导屏，170家停车场泊位信息源纳入平台管理，建成东方大厦等立体停车库。

基层建设管理　出台联系帮扶、工作准入等制度，健全“一委一居一站”组织架构，全面组建社区工作站，年内获“全国第二届和谐社区建设示范城区”称号。

【社会事业】 科技 年内列入国家知识产权强县工程试点区;全区发明专利申请量、授权量分别为915件、343件,总量均居全省第三;首家"省知识产权服务工作站"挂牌成立,辖区14家企业获省级以上知识产权荣誉;嘉园环保等4家企业通过2014年福州市院士(专家)工作站认定;推进智慧鼓楼"339工程",实现辖区内4G网络基本覆盖,70%的小区实现光纤到户,扩大无线网络免费体验区。

教育 改扩建鼓楼实验幼儿园,学前教育学位超1.8万个,鼓楼籍适龄儿童毛入园率98.8%;延安中学与法海小学合并建成全市首个义务教育九年一贯制学校;全年投入3.88亿元,建成茶园山小学、洪山小学等教学综合楼,动建杨桥中学、铜盘小学等教学综合楼,启动鼓二小、达明小学等约1.6万平方米的教育预留地征迁;中心校向一般校教师校际交流率达15%。年内有幼儿园在校生6725人,小学在校生51104人,初中在校生25459人,高中在校生18090人。

文化体育 建成24小时图书自助点5个,省图书馆社区分馆实现街镇全覆盖,洪山镇综合文化站获评全国乡镇一级文化站。基本完成福州历史文化名城展示馆布展工作。新增福州八音、福州二宜轩裱褙等区级非物质文化遗产项目7个。开展"我的中国梦"元宵民族音乐会、"端午粽香、社区情深"等民俗文化系列活动以及全民健身运动会、"歌漫闽都、舞动鼓楼"等文体活动。

卫生和计划生育 改扩建华大、南街等社区卫生服务中心,改造提升萧治安中医外科医院;21家民办医院启动转型提升工程;建立"首诊在基层"服务模式,落实全科医生签约服务,智慧医疗信息系统全面运行;中医药服务管理全面达标,通过全国基层中医药工作先进单位省级验收;区疾控中心获评"全国疾病防控工作先进集体"。人口自然增长率控制在9.4‰以内。

福州软件园五期的8幢高层综合楼全部封顶 (福州日报 供)

社会保障 新增就业2.7万人,实现下岗再就业2213人。城镇居民社会养老保险参保人数9337人,续保率100%。发放低保户、优抚对象、社区退养干部生活补助和困难群众医疗救助等各类补助资金1725万元。区老年公寓实施"公办民营"模式,改建区老年大学、于山老干部活动中心,向60周岁以上困难老人发放居家养老服务券,为80周岁以上困难老人提供家庭应急救助基础服务,高龄补贴扩面至80周岁以上的社会困难老人。

生态建设 城区慢行系统初步构建,实施西湖左海连通工程和陆庄河、文藻河整治,基本建成黎明湖公园,加快左海—金牛山城市森林步道示范段建设。完成2万平方米重要节点绿化、花化及1万平方米立体绿化工程,铜盘路、天泉路等20多处实现拆墙透绿,造林绿化21.4公顷,新增公共绿地8万平方米。洪山镇通过国家级生态镇验收。

平安建设 办结人大代表意见建议111件、政协委员提案131件,满意及基本满意率分别为100%、99.2%。区"12345"便民服务平台向政务服务功能拓展,受理诉求、政务咨询5.2万件,群众满意率99.6%。区行政服务中心获评省级"马上就办、办就办好"示范点,受理审批21.5万件,160个审批及服务项目办理环节、时限全面压缩精简,10个街道(镇)便民服务中心和66个社区便民服务代办点完成标准化建设。完善区、街镇、社区三级调解网络,设立15个行业性和专业性调解委员会,全年调解矛盾纠纷1451起。建立重大、疑难信访事项专案评审、公开听证机制,化解信访问题687件。深化"平安鼓楼"建设,公众安全感93.3%。

【高新技术产业】 福州软件园累计建成五期产业园,引进百度91、中国铁塔、省海峡人才市场等知名企业、机构,瑞芯微电子入选2014年中国软件业务收入百强企业,园区获评"国家文化与科技融合示范基地福州示范点"和"省服务外包示范园区"称号,实现技工贸总收入360亿元,同比增长20%,税收突破10亿元。加快洪山科技园改造,启动洪山先进技术服务产业园二期征迁,加快建设华润城市综合体,引进中达华实业等16家企业,实现技工贸总收入167亿元,同比增长15%。

表60 **2014年鼓楼区街道(乡镇)基本情况一览**

街道(乡镇)	辖地面积(平方公里)	人口		社区(经合社)(个)	财政总收入(万元)	地方财政收入(万元)	规模以上工业产值(万元)
		户数(户)	人口数(人)				
鼓东街道	1.084	14601	47189	5	93814	54592	74289
鼓西街道	1.837	19207	62456	6	32881	23276	3037

续表 60

街道(乡镇)	辖地面积(平方公里)	人口		社区(经合社)(个)	财政总收入(万元)	地方财政收入(万元)	规模以上工业产值(万元)
		户数(户)	人口数(人)				
温泉街道	2.242	18807	77870	7	89174	51898	15674
东街街道	0.72	10071	32723	4	50142	33335	61749
南街街道	1.544	16590	48325	6	13718	10694	2463
安泰街道	1.588	10288	29402	4	35475	25998	19413
华大街道	3.349	24290	91147	9	56849	30712	67577
水部街道	1.310	11185	32661	5	43765	33086	25157
五凤街道	9.625	24158	68144	11	26283	13935	115150
洪山镇	12.401	28884	84924	12	62216	42041	676483

说明:户籍数、户籍人口数为鼓楼公安分局提供数据

(叶 锋)

台 江 区

【概括】 台江区区域面积18平方公里。辖10个街道,有52个社区,常住人口32.61万人,流动人口9.51万人。

2014年,台江区实施重点项目50项,完成投资221.05亿元,超额完成全年计划,其中列入市级重点项目26项,完成投资121.92亿元,超年度计划22.4个百分点。

【经济建设】 实现地区生产总值342亿元,同比增长10.2%,三次产业结构为0:21.9:78.1;公共财政总收入26.66亿元,同比增长16.1%,其中公共财政预算收入15.29亿元,同比增长0.7%;规模以上工业增加值35亿元,同比增长13%;全社会固定资产投资339亿元,同比增长13.4%;出口总额8亿美元,同比增长10%;城镇居民人均可支配收入3.48万元,同比增长10.8%。

商贸服务业 实现社会消费品零售总额340亿元,同比增长12.5%;实现商品销售额810.77亿元,同比增长16.83%。新增限额以上商贸企业23家,有限额以上商贸企业280家。福州大鞋城、鳌峰洲花鸟市场等搬迁完成。年内台江区入选全省首批电子商务示范县(市、区);海峡电子商务产业基地一期年销售额超40亿元,同比增长33%;基地二期进场施工;"中央第五街"分基地开展招商。海峡金融商务区、闽江北岸中央商务区列入省政府批复设立的"海西现代金融中心区";台湾合作金库银行入驻,为首家在榕设立分行的台资银行。"闽江游"网上自助售票系统正式投用,年接待游客超15万人次;启动上下杭历史文化街区保护修复工程,福州商务总会旧址等首批重点文物修缮基本完成。

年内西环路完成绿化花化 (台江区政府办 供)

招商引资 实际利用外资(按验资口径)1.3亿美元,同比增长32%。"5·18""9·8"期间签约内外资项目30项,总投资79亿元。41个项目落户海峡金融商务区和闽江北岸中央商务区,总投资559亿元,其中恒丰大厦、阳光大厦等9个项目竣工,福建海峡银行、福机新苑限价房等11个项目实现主体结构封顶,三迪·联邦大厦、富力中心等13个项目在建。

【城区建设与管理】 征迁安置 加快旧屋区改造,启动年初安排的11片、56.4公顷、90万平方米旧屋区改造项目,其中6个地块房屋征收工作基本完成。

市政建设与管理 拆除"两违"面积6.7万平方米。达道一、宁化垃圾转运站完成改造,环卫保洁市场化运作实现全覆盖。推进流动摊点、夜市大排档等专项整治,五一路等4条道路创建"市容管理示范街"。首批20个公共便民自行车站点基本建成。7.5公里市政道路、13条小街巷完成维修改造,61个老旧住宅小区基本完成整治。

【社会事业】 科技 组织征集台江区本级科技计划项目26项,并对其中17项予以立项,安排科技计划项目经费

表 61　**2014 年台江区街道基本情况一览**

街道	辖地面积（平方公里）	人口		社区（个）	规模以上工业总产值（万元）	财政总收入（万元）	地方财政收入（万元）	财政支出（万元）
		户数（户）	人口数（人）					
瀛洲	2.20	13457	36864	5	0.00	13236.1	6977.5	1037.97
义洲	0.87	11729	31435	5	6340.60	5616	3597	654.37
洋中	0.88	9732	25781	4	76360.00	14359.9	6673.0	805.68
新港	1.35	13102	38502	5	1379448.00	45170.2	16929.36	818.73
上海	2.65	17386	47611	7	24996.30	17846.5	10946.5	1208.01
宁化	2.90	8711	23293	5	31406.90	18400.9	13405.6	920.32
后洲	0.96	14525	35796	6	15982.60	18497.6	12741.9	931.78
茶亭	0.88	8932	24490	4	9327.50	21361.7	12077.7	974.60
苍霞	1.07	12823	33474	5	2009.60	4746.3	2356.9	1094.00
鳌峰	5.10	10160	28903	6	12344.90	19444.8	13773.3	768.12

说明：数据来自台江区统计局、财政局

238.1 万元；鼎天农业的“海西新农村物联网系统研制及创新推广应用”项目获得国家工信部物联网专项支持经费 300 万元。全区高新技术企业达 15 家；全区专利申请量 664 件，专利授权量 399 件。

教育　全年投入教育事业经费 3.48 亿元。洲边小学与台一小、工业路小学与交通路小学、三十四中与八中鳌峰初级中学完成整合，十四中一号楼、十五中综合楼封顶，新增教育用地约 0.91 公顷。组织 91 名教师参加校际交流。年内获评“全国义务教育基本均衡县”。年内有小学在校生 22344 人，初中在校生 4618 人，高中在校生 819 人，中等职业技术学校在校生 489 人，特殊教育在校生 99 人。

文化体育　推进“道德讲堂”、文化惠民“六进”活动，5 个城市街区自助图书馆实现全天开放。新建健身路径 10 条，培育激情广场群众文化活动示范点 7 处。新增市级非物质文化遗产示范培训基地 4 个，保护项目 9 个。

卫生和计划生育　瀛洲、茶亭社区卫生服务中心完成改造，社区卫生服务中心“中医馆”实现全覆盖，“全国基层中医药特色先进区”创建工作通过国家级评估验收。全年出生人口 2371 人，人口出生率 8.24‰，出生人口性别比 103.52，人口自然增长率 2.11‰。

社会保障　全区财政用于民生支出 6.67 亿元，占公共财政支出比例的 47.03%，同比增长 8.1%。落实年初确定的 29 项为民办实事项目，完成年度投资 2.22 亿元。新增城镇就业 7386 人，安置下岗失业人员 2261 人。城镇居民基本医疗保险参保人数达 7 万人。发放低保金、医疗补助金、救济金等 3000 余万元，帮扶救助生活困难群众 3.63 万人次。

生态建设　新增绿道与慢行系统 3 公里、公共绿地约 13.33 公顷。完成国货西路、斗池路、西洋路等景观整治工程，西二环路等 5 条主次干道完成绿化花化；推进茶亭河、光明港一支河等重点水系综合治理。

平安建设　深化“平安台江”建设，人民群众对社会治安的满意率达 90.63%，安全生产事故总量同比下降 27.3%。网格化社会综合服务管理信息平台投入使用，“商圈网格”“消防网格”子系统启用。金斗社区获评全国和谐社区建设示范社区。台江区在全国 111 个试点县（市、区）政府透明度测评中位列第四名，政府门户网站获评“中国政务网站领先奖”。“数字城管”系统投诉件结案率达 91.6%。

（郑　尧）

仓 山 区

【概况】　仓山区区域面积 142 平方公里。辖 8 个街道、5 个镇，有 64 个社区、102 个行政村，户籍人口 520214 人。

2014 年，仓山区实施市级重点项目 17 项，完成年度投资 98.6 亿元，6 项福州新区重点项目完成年度投资 55.9 亿元，均提前 2 个月完成全年任务。

【经济建设】　实现地区生产总值 396.04 亿元，同比增长 11.1%，三次产业结构为 0.7∶56.9∶42.4；一般公共预算总收入 36.56 亿元，同比增长 19.5%，其中一般公共预算收入 24.13 亿元，同比增长 15.8%；固定资产投资 428.81 亿元，同比增长 14.4%；城镇居民人均可支配收入 29913 元，同比增长 9.6%；农村居民人均可支配收入 17460 元，同比增长 11.2%。

农业　推动茉莉花茶、花卉、食用菌和农产品加工等农业特色产业发展，全区有市级以上农业产业化龙头企业 20 家。国艺花鸟市场建成开业，建新国际花卉城启动规划建设。加快茶叶产业园集中区、茶叶批发市场以及浦口茉莉花生态观光园建设，春伦茉莉花茶文化创意产业园获评 AAA 级景区。

工业　实现规模以上工业增加值 186.51 亿元，同比增长 13%。开展“园区提升”攻坚行动，研究制订金山投资区、仓山高新园区改造提升具体实施意见。鼓励符合条件的园区企业通过加层改扩建、购买厂房、“腾笼换鸟”等方式转型升级、扩大产能，引导5家企业完成厂房转让，批准2家企业实施厂房加层改扩建。投入资金8710万元，实施园区消防管网、自来水管网、区间道路等提升改造。通过旧厂房改造提升的福州海峡创意产业园、橘园时尚设计创意园年内签约入驻企业189家，年产值22亿元。帮助博能特、中能电气等5家企业申报市级技改和循环经济项目，累计获得扶持资金356万元；支持鸿博股份申报国家级企业技术中心，仙芝楼申报国家技术创新示范企业。

服务业　实现服务业增加值168亿元，同比增长9.3%；社会消费品零售总额326.36亿元，同比增长15.7%。推进商贸大项目建设，三江口文化旅游城(一期)开业运营，红星国际(一期)主体竣工，闽江世纪城、利嘉海峡国际商贸城部分商业综合体主体竣工，帝封江旅游综合体项目用地完成土地报批，全省规模最大的电子商务产业园——福州电子商务产业园在福湾工业园正式动建。推进樟岚总部基地和东扩企业3号安置地块的土地报批和招商对接工作，对接意向项目65项。推进会展中心周边汽车走廊、上渡建材市场等专业市场改造提升。

招商引资　新批合同外资3987万美元，实际利用外资14000万美元。对接沃尔玛、瑞典宜家等"三维"项目32项，其中外资总投资额127195万美元，同比增长30.8%；内资总投资额5348115万元，同比增长20.7%；对接回归项目4项，总投资额13.9亿元。

【城乡建设与管理】　城乡规划　配合推进福州国际金融中心、海峡文化艺术中心等新区重大项目建设。配合推进奥体中心主场馆及其周边配套设施建设，奥体中心主场馆建成投入使用；飞凤山水厂、飞凤山公园在建，奥体片区道路、凤山路、盖山西路等项目在建。推进全长60公里、总投资105亿元的环南台岛滨江休闲路建设。新建垃圾转运站2座、垃圾收集点32个、公厕7座。

征迁安置　开展"征迁交地"攻坚行动，推动南江滨东大道、林浦一期二期、潘墩一期二期、环岛路、螺城路等52个征迁项目扫尾工作，启动飞凤山水厂、南台大道南段等33个征迁项目，完成后坂小学、东部2号地块等22个征迁项目的前期工作，年内完成南台大道北段、地铁清凉山停车场、铅笔厂北侧地块、东部15号B地块等27项共538.6公顷的征迁交地任务。开展"安置回迁"攻坚行动，建成东浦新苑、东部7号地块等14项、85.1万平方米的安置房项目，安置回迁35.82万平方米；推进金闽二期西地块、东部新城9号地块等21项、428.35万平方米的安置房项目建设；启动兰花园、临江新天地8号地块(二期)等4项、36.14万平方米的安置房项目建设。在全市首创采取政府统购商品房补充安置现房的模式，统购504套商品房作为安置房源。

橘园时尚设计创意园全年签约入驻企业189家，年产值22亿元
(仓山区政府办　供)

市政建设与管理　完善市容管理、违建清理、渣土整治"三位一体"网格化、常态化监管机制，开展占道摊点、夜间大排档等专项整治行动。加大"两违"打击力度，全年拆除违法建筑525处，面积53.15万平方米。完成信平路、复园支路等小街巷提升改造16条，金环路、长埕路等道路"白改黑"18条，万乐小区、鸿城小区等旧住宅小区综合整治31个，建筑物立面整治83栋，建成江滨社区、马厂社区等精品社区5个。

社会管理　全区1368名党员干部挂钩联系394家基层单位，对接帮扶困难群众4711人，协调解决基层和群众实际困难问题1532个。招录社区工作服务站专职人员718人，新增社区办公用房8个，总面积3045平方米。

【社会事业】　科技　年内专利申请量和授权量分别为2031件、1311件。新认定省级高新技术企业7家，省、市级战略性新兴产业企业14家。全区高新技术企业达61家。全年组织实施上级各类科技计划项目38项。

教育　年内通过国家"义务教育发展基本均衡区"考核；建成金源浦下小学、仓山区第七中心小学等3所小学，新增学位4190个；建成金山中心幼儿园、东浦新苑幼儿园等3所公办幼儿园，新增学位840个；协调推进福湾保障房小学、螺洲中心小学等12个保障房、安置房配套学校建设；完成校舍安全工程6项、总面积2.3万平方米；实行增班扩容45个，新增学位2000多个；实施电脑派位政策，接纳约3.2万名进城务工人员随迁子女免费接受义务教育。年内有幼儿园在校生36759人，小学在校生63450人，初中在校生22269人，高中在校生9023人，中等职业技术学校在校生3.56万人。

文化体育　年内通过"全国文化先进区"复评；举办区第三届元宵灯会、第七届闽台陈靖姑民俗文化旅游节等大型活动；陈靖姑信俗、中医正骨疗法等3项被列入国家级非物质文化遗产保护名录。完成国际沙滩排球赛、中国羽毛球公开赛等重大赛事活动的保障工作，浦下龙舟队作为国家代表队参加国际龙舟

表 62　**2014 年仓山区街道(乡镇)基本情况一览**

街道(乡镇)	辖地面积(平方公里)	人口		社区(村)(个)	财政总收入(万元)	地方财政收入(万元)	财政支出(万元)
		户数(户)	人口数(人)				
下渡街道	1.700	10979	31152	5	3029	1967	1370.75
仓前街道	1.900	9875	29399	5	3080	2047	1063.77
上渡街道	2.000	10685	30454	5	3406	2582	1189.95
临江街道	1.980	7372	20769	4	3266	1750	1104.62
对湖街道	2.500	11823	34130	5	2553	1973	1694.87
三叉街街道	0.597	10350	29003	4	2900	1723	782.21
东升街道	1.200	—	—	3	1564	1305	836.00
金山街道	13.090	40096	114400	22	21381	16394	3716.20
仓山镇	5.800	—	—	11	20261	14033	4120.31
城门镇	55.000	26566	89954	25	30949	18802	5270.88
盖山镇	36.000	27676	88698	32	40095	24933	10723.15
建新镇	30.000	11820	34991	37	61496	46518	7812.55
螺洲镇	6.400	3787	12168	8	8660	5167	1874.65

说明:1. 仓山镇人口分别在对湖、仓前、上渡和下渡街道中统计;
2. 东升街道人口在三叉街街道中统计;
3. 淮安人口(户数 1362 户、人口数 5096 人)指农大及周边飞地人口,属建新镇辖区;
4. 数据来自仓山区公安局、统计局、财政局

联合会世界杯赛获金牌 3 枚、银牌 1 枚、铜牌 1 枚;建成城市多功能运动场 2 个,健身路径 35 条,24 小时自助图书馆 5 个。

卫生和计划生育　在全市实施基层中医药服务能力提升工程建设考评中位居第一;东升、临江社区卫生服务中心等 8 家单位的"中医馆"建成投入使用,其中 6 家社区卫生服务中心列入福州市中医适宜技术进社区试点单位;上渡、下渡社区卫生服务中心列入全市第一批"健康小屋"试点单位;开展居民健康管理、预防接种、孕产妇保健等 12 项免费公共卫生服务,落实登革热、H7N9 型禽流感等重大疫病防控工作;新引进卫技人员 36 人。全年出生人口 6331 人,人口出生率 13.54‰,出生人口性别比为 107.03,人口自然增长率 7.61‰。

社会保障　新增城镇就业人数 17128 人,转移农村富余劳动力 3085 人,免费开展被征地农民及进城务工农民的转岗再就业培训 1508 人次,在全省率先实现全区各行政村劳动保障工作站全覆盖。3017 户、5868 人纳入城乡低保,发放低保金 2085 万元,被征地村的 11.38 万人纳入被征地农民养老保险范围。新办房屋"两权证"2017 户。为被征地农民对接购买商业资产 20.83 万平方米。

生态建设　开展"生态仓山"创建活动,全区 5 个镇全部通过"省级生态镇"验收,46 个村获得"市级生态村"称号。推进重点领域污染整治,关停取缔污染企业 62 家。城门、义序、建新等 3 个饮用水源保护区水质达标率连续 5 年保持 100%。推进"四绿"工程,完成造林绿化约 108.73 公顷,新增绿地 108 公顷,人均公园绿地面积 13 平方米。推进南三环、高速沿线及奥体周边等重要区域的环境综合整治,完成 105 项环境综合整治项目,绿化提升面积 28.1 万平方米;完成江心公园提升改造一期工程及 13 项拆墙透绿工程;完成吴山河、林浦河等 6 条内河整治。

平安建设　开展"信访积案"攻坚行动,梳理重点信访积案 301 件,化解办结或息访息诉 140 件,化解办结率 46.5%;在省下达的 26 件行政类历史积案中,化解办结或息访息诉 24 件,化解办结率 92.3%;全年接待初信初访事项 1658 件,协调化解 1370 件,化解办结率 82.6%。启用区社会服务管理中心和群众信访接待中心,全年排查各类纠纷 307 件,调处成功 300 件,调处成功率 97.7%。查处违法生产经营 328 起,关闭违法企业 12 家,督促整改各类安全隐患 966 处;取缔非法充气站 21 处,缴获非法气瓶 1611 个。

(郑鑫欣　陈迎旭)

晋　安　区

【概况】　晋安区区域面积约 552 平方公里。辖 3 个街道、4 个镇、2 个乡,有 68 个社区(其中,西庄社区、万科社区为 2014 年底新成立社区)、113 个行政村,常住人口 82.65 万人。

2014 年,晋安区 28 个市级重点项目完成投资 136.9 亿元,超年度计划 37.2 个百分点;完成 59 项区级为民办实事项目;通过国家生态区技术评估验收。

【经济建设】　实现地区生产总值

447.1亿元,同比增长10.3%,三次产业结构为1:37.4:61.6;公共财政总收入31.8亿元,同比增长18.5%,其中地方公共财政收入20.6亿元,同比增长15.9%;全社会固定资产投资415.7亿元,同比增长18.5%;自营出口(海关口径)15.6亿美元,同比增长15.7%;城镇居民人均可支配收入33163元,农民人均可支配收入14482元。

农业　实现农业总产值8.402亿元,同比增长0.9%。延长北峰农业农村发展扶持政策时限。发展都市现代农业,国际合作项目中以示范农场正式开园,满堂香品牌注册成为中国驰名商标。

工业　实现工业总产值393.6亿元,同比增长13.1%,其中规模以上工业总产值357.03亿元,同比增长13.3%。推进福兴经济开发区、金城投资区等工业园区改造提升,对符合产业政策的工业企业实施就地升级。兑现各类企业帮扶资金6957万元。思嘉环保注册成为中国驰名商标。

服务业　实现服务业增加值275.3亿元;社会消费品零售总额494.1亿元,同比增长13.6%。世欧王庄商业广场建成开业,立洲弹簧总部大楼竣工招商,盛辉物流等3家企业新认定为总部企业。实现旅游总收入53.8亿元,同比增长12.3%;接待游客517.24万人次,同比增长12%。闽台AD创意园通过国家级广告创意产业园核心区验收。

招商引资　新批合同外资7904万美元,同比增长50.1%;实际利用外资(验资口径)9755万美元,同比增长10.4%。11个总投资160多亿元的重大招商项目落地动工,钱隆大第等楼宇完成招商18.8万平方米。

【城乡建设与管理】　城区改造　全市最大、占地70公顷的连潘棚户区征收协商期内签约99%;火车北站收储地L地块、安置地G地块征收协商期内签约100%;完成历年结转征收项目14个。福兴经济开发区钢材市场启动搬迁,宁德核电高压输变电(晋安段)、洋里污水处理厂改扩建、温泉公园—金鸡山生态廊道等省市重点项目完成征收工作。

市政建设　火车北站北广场投入使用,光明港公园主景区对外开放;三环路、高速公路、动车沿线景观整治建筑立面226栋、新增绿地22.5万平方米;“两纵两横”主干道沿线217栋建筑景观整治完成;实施洋里溪、浦东河、凤坂河等内河整治提升,内河沿岸绿化24万平方米。投入1.24亿元完成116个旧住宅小区整治;投入1000万元完成磐石路等11条小街巷改造。

社会管理　新成立2个社区居委会,组建66个社区工作服务站,完成秀峰社区城市完整社区试点建设,王庄鼎屿等社区组织工作用房投入使用。“12345”便民呼叫中心受理2.45万件诉求件,处理满意率99.4%。

【社会事业】　科技　新增高新技术企业3家,全区高新技术企业增至30家;建成科技企业孵化器4家,总面积近10万平方米;新认定省级企业技术研究中心2个、创新型企业1家、发明专利“清零”企业4家。

教育　投入4.1亿元促进教育优先发展;城乡低保家庭幼儿园保教费补助由1000元增至2000元。新扩容中小学学位1900个,接纳外来务工人员随迁子女3.6万人;新增市级示范幼儿园3所。年内有幼儿园在校生31991人,小学在校生45811人,初中在校生11101人,高中在校生3040人,特殊教育在校生52人。

文化体育　新建街头图书馆、社区电子阅览室、健身路径等文体设施;举办第四届闽王文化节、首届白马王文化节。年内通过省级文明城区考评;寿山乡通过全省宣传思想文化示范乡镇考评验收;宜夏村、象园社区获评第二届福州十佳最美文化村(社区)。

卫生和计划生育　投入1230万元实施区医院改造,新建王庄社区卫生服务中心,建成区医疗联合体,113家村卫生所完成信息化建设。免费实行12类43项基本公共卫生服务,补助标准从年人均30元提高到35元。全年出生人口(常住人口口径)3907人,人口出生率9‰,出生人口性别比108.82,人口自然增长率4.91‰。

社会保障　全区财政用于民生支出10.1亿元,占公共财政支出的70.15%。新增城镇就业2.45万人,城镇失业人员再就业1570人,城镇登记失业率1.53%。4.55万人参加城乡居民社会养老保险;3.94万名被征地农民纳入养老保障范畴,发放养老补助金2630万元。发放城乡低保金1205万元。扩大高龄老人补贴覆盖面,80~99周岁老年人每人每月补贴100元。

生态建设　实施吾洋村、日溪村农村土地承包经营权确权试点工作。完成汶洋河、峨嵋溪、点洋溪整治改造。建成宦溪黄土岗应急水源。造林绿化约74.67公顷,森林覆盖率连续10年居全市第二。投入9490万元完成山区畜禽养殖污染整治,拆除养殖场所68万平方米。

平安建设　推进平安建设,在主次干道新安装高清技防探头。开展“六打六治”打非治违专项行动,推进企业安全生产标准化建设,完成道路交通安全综合整治“三年行动”。

琴亭湖全景　(周新建　摄)

表 63　　**2014 年晋安区街道(乡镇)基本情况一览**

街道(乡镇)	辖地面积(平方公里)	人口		社区(村)(个)	规模以上工业总产值(万元)	财政总收入(万元)	财政总支出(万元)
		户数(户)	人口数(人)				
鼓山镇	50.0	35651	99451	38	2018600	41053	13547
新店镇	48.3	35625	91513	41	815804	24300	9280
岳峰镇	11.3	17020	59109	16	79210	27421	7275
宦溪镇	133.0	3473	12380	24	429486	6798	3492
寿山乡	170.8	3346	11719	22	180055	3532	3648
日溪乡	130.6	2196	7230	12	13832	2251	2297
茶园街道	4.7	11839	48124	12	12502	24851	7482
王庄街道	3.6	19738	42127	9	20837	12170	5116
象园街道	1.6	9377	26710	7	—	4661	3189

说明:数据来自晋安区统计局、财政局、卫计局　　(林良池)

马尾区

【概况】　马尾区总面积 275.58 平方公里,其中开发区面积 23 平方公里。辖 1 个经济区、3 个镇,1 个街道,有 12 个社区、62 个行政村,户籍人口 17.13 万人。

2014 年,马尾区实施重点项目建设 190 项,完成投资 150.65 亿元,占年度计划的 110.3%。全社会固定资产投资、实际利用外资、出口总额提前 1 年完成“十二五”规划任务。

【经济建设】　实现地区生产总值 373.92 亿元,同比增长 11%,三次产业结构为 1.5∶67.6∶30.9;财政收入 28.61 亿元,同比增长 16.3%,其中地方财政收入 16.83 亿元,同比增长 14.6%;出口总值 32.82 亿美元,同比增长 14.1%;全社会固定资产投资 216.97 亿元,同比增长 49.4%;城市居民人均可支配收入 35465 元,同比增长 9.2%;农村居民人均可支配收入 18280 元,同比增长 11.4%。

农业　全市首个水产养殖物联网应用示范基地落户琅岐,“琅岐红蟳”通过国家地理标志商标注册,设施蔬菜种植保险实现零突破。加快林权制度改革,完成琅岐镇林地划分。

工业　全区 142 家规模以上工业企业实现总产值 925.11 亿元,同比增长 12.8%;实现规模以上工业增加值 242.81 亿元,同比增长 12.5%。万元国内生产总值能耗同比下降 7.5%。全国首个自主研发的高精度硅压力传感器生产线在马尾区实现量产,新大陆首创“易收银”POS 订单平台。上润精密仪器公司获科技部“863”专项补助 720 万元。筹建区级科技企业孵化园,30 个项目获省、市科技立项,马尾区通过全省知识产权强区考核验收。上汽投资公司入股慧翰微电子公司,合作研发车联网技术;全年新增物联网企业 13 家,物联网产业发展规划通过专家论证。建成互联网游戏产业园,入驻企业 42 家。

服务业　实现第三产业增加值 115 亿元;实现社会消费品零售总额 133.96 亿元,同比增长 27.1%。中国—东盟海产品交易所试运营,中国—东盟渔业产业合作配套园区落户出口加工区。总部基地二期基本建成,滨江广场、蓝波湾项目竣工,中建海峡城市广场、大德大厦启动建设,海峡大健康产业园落户马尾区,中交集团福建总部入驻世创国隆中心。金科信息、创高安防在“新三板”挂牌,新增南海岸等 7 家省重点上市后备企业。引进奥迪、宝马汽车 4S 店。中环广场、名城城市广场主体封顶,动建三鑫财富中心,亿载金城和新华都观海国际广场。发展冷链物流产业,坤兴水产二期、东盛水产二期顺利投产,百鲜二期 1.7 万吨冷库竣工。

招商引资　实际利用外资 2.15 亿美元。签约对接“三维项目”14 项,总投资 85.3 亿元,“6·18”项目成果对接数居全市第一。与台湾电机电子同业公会签订两岸战略合作协议。试点“先照后证”工商登记制度改革,启动注册资本认缴登记和外商投资企业直接登记制度改革,新增内资企业 877 家,同比增长 66%。

【城乡建设与管理】　城乡规划　完成闽安村旅游发展、文物保护、文化名村保护等规划的编制和修订。完成魁岐片区金融中心规划。

征迁安置　完成旧住宅小区整治 28 个。实施快洲、协洲、建坂村等 8 片、67 万平方米旧屋区改造。配合开展东部快速通道、马尾大桥等项目征迁工作。开展“两高”违法建设专项整治,拆除违法建筑 9.8 万平方米。

市政建设与管理　建成经一路、建设路天桥等 9 个市政项目,新建、改造道路约 8 公里。完成琅岐闽江大桥附属工程,推进琅岐环岛路西北段(二期),动工建设琅岐环岛路三期,建成琅岐供水应急管道。实施亭江镇主干道亮化工程,改造提升长安投资区市政路网,完成 104 国道马尾段交通设施改造维护工程。重点水利工程有序推进,动建闽江防洪堤工程福州段(一期),魁岐片平原河道整治二期工程、六垱海堤固滩工程竣工。

基层建设管理　开展社区工作服务站规范化建设,建设马限、罗星“城市完整社区”。完成村部改造 10 个。

年内马尾区启动34项宜居环境建设项目,通过国家生态区和生态工业示范区考核验收　(刘述先　摄)

【社会事业】　科技　年内全区发明专利申请量、授权量分别为859件、519件。有高新技术企业50家。

教育　实施14个中小学标准化建设项目,建成师大二附小新校区、亭江中心小学(二期)等12个新建项目。城市义务教育生均公用经费较上年提高60元,实现城乡统一标准。深化中小学、幼儿园教师职称制度改革,建立职业教育、民办教育机构政府补偿机制。全区一本上线288人,上线率21.7%。年内有幼儿园在校生7505人,小学在校生15191人,初中在校生6045人,高中在校生3540人,中等职业技术学校在校生1447人。

文化体育　图书馆新馆投入使用,新青少年活动中心、档案馆主体封顶,马尾综合体育馆竣工。举办第十二届“两马同春闹元宵”、第九届“两马”体育联谊赛、“万人游马祖”等“两马”特色活动,马尾马祖旅游服务中心投入运行。推进船政文化城项目,左沈二公祠正式揭匾,船政衙门及前后学堂封顶,完成船政文化博物馆改造及昭忠祠修缮工程,船政文化景区全年接待游客约120万人次,同比增长10%。开展公祭福建戍守台湾将士及纪念甲申马江海战130周年、甲午海战120周年活动,《船政学堂》系列纪录片在央视播出并获国家“五个一工程奖”。组织赴法国举办船政文化主题展和赴台举办《船政与台湾》特展。完成闽安村旅游发展、文物保护、文化名村保护等规划的编制和修订。戍守台湾将士墓群抢修工程竣工,建成亭江炮台公园,协台衙门对外开放。闽安村入选中国传统村落。完成首次全国可移动文物普查工作。“福州·琅岐葡萄旅游文化节”累计接待游客10.3万人次,同比增长11.6%。

卫生和计划生育　开发区医院与福建中医药大学开展全方位合作并设立中医馆,体检中心投入使用,开发区医院新增床位131张,引进卫生紧缺人才4人,新增卫技人员25人;罗星社区卫生服务中心完成搬迁改造,62个村卫生所完成信息化建设;琅岐闽江口医院主体封顶,琅岐镇卫生院与市一医院实现医联体对接。全年出生人口1084人,人口出生率7.34‰,出生人口性别比103.76,人口计划生育年度考核综合排名全市第一。

社会保障　新增城镇就业8873人,转移农村劳动力2015人。城镇居民医保补助金、新型农村合作医疗标准分别提高至340元、410元,企业退休职工人均退休费标准提高206元,被征地农民老年生活补助金标准提高至215元。城乡居民实现养老保险全覆盖,新农合参保率100%。投入146万元购买文澳老年公寓36个床位,为全区农村五保对象和“三无”老人提供集中供养。全年发放低保金76万元、高龄补贴897万元。实施外来务工人员困难临时救助办法。建成9个农村幸福院。

生态建设　通过国家生态区和生态工业示范园区考核验收。全面完成年度主要污染物减排任务。划定无绿色环保标志机动车限行区域,启动琅岐岛生态保护红线划定工作,全区环境空气质量优良率为94.8%,饮用水源水质100%达标。启动34项宜居环境建设,完成君竹明渠、君西支渠整治,建成亭江滨江公园(一期)、东江滨公园鸭母洲岛、天马山休闲公园(二期)。

平安建设　深化“平安马尾”创建,投入760万元完善技防监控系统。组建公安巡特警、网安队伍和区级治安巡逻队,建成网格化社会服务管理体系。调处各类矛盾827件,群众来信来访事项办结率为100%。司法所规范化建设100%达标,全年完成法律援助案件701件。

表64　**2014年马尾区街道(乡镇)基本情况一览**

街道(乡镇)	辖地面积(平方公里)	人口		社区(村)(个)	规模以上工业总产值(亿元)	财政总收入(不含基金)(万元)	财政总支出(一般预算)(万元)
		户数(户)	人口数(人)				
罗星街道	28.08	10809	34812	10	297.65	1927	2025
马尾镇	53.62	10698	34221	16	498.86	3575	2156
亭江镇	105.60	10135	28247	20	128.60	13554	2937
琅岐镇	88.28	21537	74023	28	—	13405	14492

说明:数据来自马尾区公安局、民政局、统计局、财政局　(王公略)

福 清 市

【概况】 福清市区域面积2430平方公里。辖7个街道、17个镇,有46个社区、438个行政村,常住人口127.5万人。另有旅居海外华侨和新移民近90万人,遍布世界近120个国家和地区。

2014年,福清市安排418项“五大战役”项目,完成投资572.06亿元,占年度计划投资的124.65%。年内位居福建省县域经济实力“十强”、中国中小城市综合实力“百强县市”第二十八位。

【经济建设】 实现地区生产总值728.68亿元,同比增长9.7%,三次产业结构为12.1∶51.8∶36.1;公共财政总收入73.72亿元,同比增长15.5%,其中地方公共财政收入48.85亿元,同比增长13.1%;固定资产投资642.93亿元,同比增长17%;出口总额53.2亿美元,同比增长14.1%;城镇居民人均可支配收入3.23万元,同比增长8.7%,农村居民人均可支配收入1.64万元,同比增长11.3%。

农业 实现农业生产总值151.11亿元,同比增长5.2%。推进国家现代农业改革与建设试点工作,整合各级财政资金近1亿元,带动民间资金和各类贷款50亿元,加快推进以“一区三园”为重点的国家现代农业示范区建设。新培育省级示范性家庭农场7家、县级以上示范性合作社27家、福州市级农业产业化龙头企业2家。实施高标准农田建设约666.67公顷,完成标准化水产养殖池塘改造建设133.33公顷,建设封闭式循环水养殖基地2万平方米,全市土地流转面积1.26万公顷。设施农业面积约1.33万公顷,位居全省第一。

工业 实现工业总产值1480.8亿元,同比增长12.4%,其中规模以上工业总产值1400亿元,同比增长12.4%。实施工业重点产业项目54项,完成投资297.8亿元,天辰耀隆、嘉捷电子、旭成科技等11个项目建成投产。福清核电1号机组投入商业运行,5、6号机组取得“路条”,天辰耀隆己内酰胺、嘉捷电子、旭成科技等项目建成投产。新增高新技术企业5家,院士工作站2个,福州市级以上企业技术中心3个,中国驰名商标1个,省重点上市后备企业9家。

服务业 实现服务业增加值262.98亿元,同比增长8%;社会消费品零售总额274.88亿元,同比增长16.5%。万达广场、红星美凯龙、裕荣汇等城市综合体建成开业,江阴港区外贸整车进口量位居全国新批整车进口口岸首位。江阴港铁路支线开通运营,江阴港区集装箱年吞吐量突破百万标箱。全市本外币存贷款余额分别达785.6亿元和606.7亿元,全年新增贷款117.9亿元。承办“清新福建”首届养生温泉旅游季暨第五届福州温泉国际旅游节,加快建设永鸿文化旅游城等项目。全年接待游客330万人次,旅游业收入13亿元。

招商引资 全年合同利用外资2.87亿美元;实际利用外资2.42亿美元,同比增长14%。签订“三维”项目50项,总投资412.5亿元。新引进3个总投资1.42亿美元的台资项目。

【城乡建设与管理】 城乡规划 推进全省首批县(市)城乡总体规划暨“多规合一”试点工作,完成4个片区控规编制,江阴港城总体规划获批实施。

市政建设 投资16.94亿元,实施市政项目160项,推进环城路狮山隧道贯通,大埔大桥、龙江南路C段以及汽专线二、三期建设;滨海大通道元洪区至东阁农场段、滨江大道北江滨路A段动建。完成清荣大道、向高街等道路改造,打通清展路、南华路等断头路,动建福俱大道北段、洪宽大道千面山段、清昌大道A段、东塘大道等27条主次干道,新、拓建城市道路21.7公里;动建福清市第二污水处理厂和龙田、高山、渔溪污水处理厂,新增污水管网14公里,雨水管网10.5公里;完成江阴水厂扩建工程,推进元洪第二水厂建设,新建市政供水管道19公里,改造20公里,新增燃气管道18公里。

小城镇和新农村建设 完成小城镇项目183个、总投资85.7亿元,加速推进龙田镇滨海新城、高山镇邱厝片区改造提升工程、渔溪镇小流域整治等小城镇试点建设。江阴镇被列为首批省级“小城市”培育试点。实施新农村“百村竞赛”活动和“百十一”工程,推进溪头、洋梓等40个“美丽乡村”建设。实施141个新农村建设项目,总投资3.5亿元,新改建农村公路24.8公里,新增18个自然村通水泥路,实施涉及8.17万农村人口的饮水安全工程,完成21户92人“造福工程”危房修缮及改造工作。

【社会事业】 科技 年内5家企业通过高新技术企业认定,全市高新技术企业达41家。出台《福清市自主知识产权奖励办法》。全年专利申请量787件,专利授权量496件;获省级科技计划项目立项6项,获福州市级科技项目立项23项,实施福清市级科技计划项目37项。

江阴港区化工码头设备安装调试 (郭成辉 摄)

教育　投入2.75亿元实施中小学、幼儿园扩容工程,新建、改扩建校舍13万平方米,新增学位3750个,瑞亭小学新校区、龙田中心幼儿园等28个项目建成投入使用。北师大福清附校、百合小学等学校启动建设。福清二中获评省一级达标高中,石门小学获评省行知实验学校,市职工文化教育活动中心获评全国职工教育培训示范点,福清市获评全国义务教育发展基本均衡市、第三批全国社区教育示范区。年内有幼儿园在校生51619人,小学在校生110940人,初中在校生42437人,高中在校生22966人,中等职业技术学校在校生7271人。

文化体育　加快推进"青运会"场馆建设,改造提升5个镇(街)文体中心和32个村(社区)农家书屋。承办全国青少年武术套路锦标赛、第七届海峡两岸合唱节、第三届海峡舞蹈节,举办福清市第十四届运动会,开展"每周一戏"优秀闽剧展演、"惠民乐万家"文艺下乡演出、民俗文化节等活动,福清市被中国音乐家协会授予"侨乡音乐创作基地"称号。

卫生和计划生育　福清市医院一期、市妇幼保健院新院开展内部装修和智能化系统建设,全市村卫生所信息化网络接通率达100%。启动县级公立医院综合改革,推行乡村医生签约服务工作,115家村卫生所开展村级普通门诊新农合补偿工作,基本药物制度覆盖到全市各级医疗机构。全年出生人口15969人,人口出生率11.83‰,出生人口性别比104.86,人口自然增长率6.96‰;开展"百家企业情暖计生户"活动,建立"福清市计划生育特殊家庭心理辅导中心"。

社会保障　新增城镇就业人数2.9万人,转移农村富余劳动力6221人。城镇居民基本医疗保险参保率和新农合参合率分别达95%、99.99%,城乡居民养老保险参保率提高至99.5%。全年发放慈善捐助资金3191万元,临时困难补助406万元。推进石井小区等保障性安居工程和东环路、千面山等拆迁安置区建设,新建成保障性住房508套。

生态建设　年内获全国县级文明城市福州地区唯一提名,通过环保部组织的国家级生态市创建工作验收。开展环境保护和节能减排工作,实施重大节能项目20项、减排项目15项,浩伦生物等产能落后企业停产淘汰,54家企业通过清洁生产审核。加快实施119个宜居环境建设项目,加强高铁、高速公路沿线环境整治、"三边三节点"整治提升、集中成片棚户区和危旧房改造、小流域治理,完成投资63.4亿元。推进城乡环境综合整治,完成总长15公里的环龙江、环大北溪等城市绿道建设,启动玉融山环山栈道、天宝陂公园建设,建成大北溪西园,新增建成区绿地97万平方米,植树造林1286.67公顷,治理水土流失753.33公顷;拆除"两违"建筑面积70.28万平方米、畜禽养殖场面积64.64万平方米。

平安建设　建成数字化城市综合管理服务平台,在玉屏、音西、宏路3个街道投入试运行。推进公安警务改革创新,建立社会治安"三率"镇街与派出所捆绑考核机制,组建全省首支县级公安防恐特警专业队伍,全年破获各类刑事案件4528起、查处治安案件9322起。

【园区建设】　推进融侨光电科技园二期基础配套建设。江阴港城总体规划获批实施,东部733.33公顷区域建设用海规划通过国家海洋局审批,启动环保隔离带项目搬迁和公共化工管廊建设,化工应急救援中心正式成立。江阴港区10号泊位投入试运营,福州保税港区一期封关运作。元洪投资区完成总体规划修编,东部"一横四纵"路网基本形成。推进闽台蓝色经济产业园480公顷填方一期工程和3条主干道建设。出口加工区和洪宽工业村完成相关片区控规编制。

【福清核电】　11月,福清核电1号机组完成试运行,正式投入商业运行。福清核电站2号机组进入调试高峰;3号机组处于安装高峰阶段;4号机组完成土建主体工程;5、6号机组获得国家能源局批准,开展前期工作。全年福清核电项目入库地税税费收入1.44亿元。

表65　**2014年福清市街道(乡镇)基本情况一览**

街道(乡镇)	辖地面积(平方公里)	人口		社区(村)(个)	规模以上工业总产值(万元)	财政总收入(万元)	地方财政收入(万元)	财政支出(万元)
		户数(户)	人口数(人)					
玉屏街道	7.30	24628	71183	18	0	21801.32	13232.62	2417.64
龙山街道	34.00	19070	56472	18	69187	14877.42	11977.15	2458.47
龙江街道	31.10	11389	37452	12	768572	6673.50	4282.25	1483.20
音西街道	51.10	16592	52330	17	412492	78494.98	64626.69	6128.50
宏路街道	36.60	10611	34715	13	640774	36763.69	27383.30	3148.59
石竹街道	15.40	5232	15720	10	4470547	38046.89	15185.99	1188.89
阳下街道	69.00	13251	41813	23	2385252	25061.67	15345.28	2128.43
镜洋镇	88.60	8598	26710	17	877138	12146.78	4658.99	1354.28
东张镇	128.50	9573	31619	19	23656	2573.23	1503.66	1359.36
一都镇	108.00	3611	11912	7	0	242.75	195.21	1011.54
渔溪镇	115.30	15728	50598	22	205938	5693.63	3602.82	2388.11

续表65

街道（乡镇）	辖地面积（平方公里）	人口		社区(村)（个）	规模以上工业总产值(万元)	财政总收入（万元）	地方财政收入（万元）	财政支出（万元）
		户数(户)	人口数(人)					
上迳镇	52.53	9402	33377	16	224834	4134.97	1836.35	1133.67
江阴镇	69.75	25220	86718	23	1163404	24824.21	7465.50	2550.09
新厝镇	73.60	8049	26987	16	193086	3775.94	2803.98	1774.27
海口镇	52.64	23935	77348	20	181386	3818.83	2346.73	1161.37
南岭镇	34.30	2214	7366	8	0	534.02	443.64	746.61
城头镇	70.50	17681	61859	26	1427915	10582.74	5159.46	2245.75
龙田镇	88.00	36094	135263	42	746238	7538.14	4301.69	1959.22
江镜镇	56.70	26126	101821	26	54369	2051.12	1809.15	1642.39
港头镇	45.00	25012	84404	31	35942	909.61	598.48	1529.12
三山镇	102.00	36028	123063	36	76217	6510.66	5284.94	3316.14
高山镇	40.50	20532	70925	24	53586	5628.85	3743.88	2543.08
东瀚镇	74.00	12337	43654	17	0	678.75	539.28	1059.45
沙埔镇	40.00	13217	51849	22	15220	1057.63	759.44	1730.40

说明：数据来自福清市公安局、统计局、财政局、民政局　　　　（何　琛）

长　乐　市

【概况】　长乐市区域面积约723平方公里。辖4个街道、12个镇、2个乡，有22个社区、231个行政村，户籍总人口715790人。有海外华人、华侨及港澳同胞50余万人，遍布世界近百个国家和地区，是福建省著名侨乡和台胞祖籍地。

2014年，安排长乐市本级重点项目280项，总投资2902.7亿元，全年完成投资281.5亿元，完成年计划的102.9%。其中，72项龙头项目完成投资169.4亿元，完成年计划的105.3%；列入福州市重点项目67项，完成投资234.72亿元，完成年计划的102.1%；列入省重点项目39项，完成投资60.38亿元，完成年计划的125.01%。经济综合实力继续位居全国县域经济"百强"、福建省县域经济实力"十强"行列。

【经济建设】　实现地区生产总值533.08亿元，同比增长10.3%，三次产业结构为8:67.4:24.6；公共财政总收入（不含基金）50.08亿元，同比增长5.5%，其中地方财政收入31.49亿元，同比增长11.1%；全社会固定资产投资394.84亿元，同比增长17.6%；出口总值5.72亿美元，同比增长16.1%，进口总值13.2亿美元，同比增长5%；城镇居民人均可支配收入34041元，同比增长9.4%；农民人均纯收入16005元，同比增长11.7%。年内市本级财政投入资金2.6亿元，落实各项税费减免和补助政策，减轻企业负担5.04亿元。

农业　实现农林牧渔业总产值81.48亿元，增长4.5%。加快省级农民创业示范基地等"一基地四园区"建设，有福州市级以上农业产业化龙头企业23家。

工业　实现工业总产值1963.84亿元，同比增长12.5%，其中规模以上工业总产值1877.82亿元，同比增长12.5%。规模以上纺织业、冶金工业分别实现产值1255.42亿元和216.16亿元，同比增长15.3%和11.3%，金纶高纤入选2014中国民营企业500强。网龙海西动漫创意之都正式开园，博那德钢构、德诚黄金等项目动工建设。

服务业　实现社会消费品零售总额146.42亿元，同比增长17.4%。中天恒基商业广场、大润发商业中心动工建设，航空港物流园、翔孚物流等现代物流项目在建。

招商引资　内资实际到资173.55亿元，同比增长34.3%；实际利用外资11620万美元，同比增长32.5%；合同利用外资11173万美元，同比增长6.4%。"5·18"海交会签约内资项目30项，总投资491.80亿，签约外企项目13项，总投资10.72亿美元，利用外资5.16亿美元；"6·18"第四届民营企业产业项目洽谈会，民营企业产业对接合同项目41项，总投资333.36亿元，合同项目投资额列福州市第一。

【城乡建设与管理】　重点区域开发建设　加快7个重点区域建设，"数字福建"产业园智慧中心投入使用，云计算中心等项目落户园区；临空经济区引进MS760通用飞机制造、高性能航空航天电缆等临空产业项目；首占营前新区"四纵四横"路网框架基本形成；鹤上商贸物流园钢贸市场一期及五金、建材市场建成，承接福州南方钢材市场搬迁；松下港区年货物吞吐量1200万吨，跻身千万吨级大港行列；瀛洲炎山片区旧城改造启动拆迁工作；海湾新城完成控制性详细规划编制，推进配套设施建设。

市政建设与管理　文浮路、金滨路、漳湖路改造基本建成，滨江滨海路和营滨路、两港路等工程在建，福平铁路及长平高速、福州东绕城高速长乐段动工建设。

开展13项重点区域控制性详细规划编制。推进高速路沿线景观整治,完成解放路、郑和东路提升改造,实施香江公园二期等5处城区公园和海峡路、和谐路等重要路段绿化提升,完成奎桥至朝阳中学段内河清淤。试行城区部分路段保洁市场化运作,开展交通秩序、占道经营、户外广告、市容环境等综合治理。拆除违法建设394处,面积49.3万平方米。

城镇化建设　实施城镇化项目294项,完成投资171亿元,被列入省级新型城镇化试点县(市),金峰镇入选全国重点镇。推进旧城改造实施,吴航下橹桥至西关片区改造完成规划设计、入户丈量等工作。

【社会事业】　科技　发布《2014年度长乐市科技计划项目申报指南》,征集长乐市本级科技计划项目45项,并对其中25项予以立项,安排科技计划项目经费440万元;恒申合纤科技等2家企业获得高新技术企业认定,全市高新技术企业达15家;至11月,全市专利申请量976件,专利授权量666件。

教育　年内投入1.36亿元实施48项校安工程,新改扩建校舍4.5万平方米,一中一分校、附小一分校、实验幼儿园分园和金峰、潭头等4所乡镇中心幼儿园投入使用,通过省"义务教育发展基本均衡县"验收。年内有幼儿园在校生23824人,小学在校生49576人,初中在校生16973人,高中在校生8129人,特殊教育在校生109人。

文化体育　开展纪念撤县设市二十周年和宣传思想文化"一镇一品"等系列活动,举办纪念马江海战130周年公祭活动。新区体育中心、东湖水上运动中心等第一届全国青运会场馆建设基本完成;长乐籍运动员陈时伟获得仁川亚运会男子4×100米田径接力金牌并打破亚运会纪录。

卫生和计划生育　妇幼保健院办公楼建成,长乐市第二医院新院投入使用。全年出生人口7957人,人口出生率10.80‰,出生人口性别比108.9。

社会保障　长乐市财政用于民生领域支出26亿元,占公共财政支出比重达72.2%。10大类31项为民办实事项目完成投资11.94亿元。城镇新增就业9986人,转移农业富余劳动力7805人,城镇登记失业率1.9%。开展医疗救助、扶贫济困、老区帮扶等活动,累计救助金额2800多万元,受益群众13万余人次。新建保障性住房256套,解决247户低收入群众住房问题。实施城乡公交一体化,延伸公交线路30公里,覆盖鹤上、玉田、猴屿等8个乡镇(街道)。市社会福利中心和7所乡镇敬老院建成,椿萱乐老年公寓在建,社区居家养老服务站实现全覆盖。

生态建设　吴航不锈钢煤改LNG和鑫海冶金脱硫工程投入运行,完成年度减排任务。潭头污水处理厂动工建设,完成18公里污水管网铺设,建成松下、潭头等9座乡镇垃圾中转站。加强东湖、洞江、莲柄港等重点流域整治,拆除未达标畜禽养殖场69家,开展青山挂白和墓地生态整治。完成造林绿化663.13公顷。加强炎山及乡镇饮用水源监测保护,完成古槐、玉田等6个乡镇农村安全饮水工程,实施城区10个小区和2条主干道旧供水管网改造。通过国家生态市考核验收和国家环保模范城市省级预评估、省级文明城市总评,获评"福建省十大醉美县城"称号。

平安建设　加强行政复议、法律援助、社区矫正等工作,解决一批信访积案和关系群众切身利益的热点难点问题,人民群众对社会治安满意率96%。

【数字福建(长乐)产业园】　该产业园位于长乐市文武砂东湖北侧,规划总面积9.07平方公里,为全省大数据产业重点园区和长乐市重点推动的七大区域之一,重点发展云计算、大数据、物联网、电子商务、北斗地理信息、海洋文化数字内容等新兴信息技术服务业。园区一期启动区用地面积76.67公顷,总投资约46亿元。至年底,园区相关产业发展规划通过评审;智慧中心项目主体工程投入使用,研发大楼主体工程完成,智慧社区人才公寓项目进行主体工程施工;福建省经济信息中心云计算中心、福建省数字福建云计算运营有限公司和网讯软件(福建)有限公司入驻园区;东湖路、智慧路等配套道路实现通车。

长乐市首占营前新区　　(欧有志　摄)

表 66　**2014 年长乐市街道(乡镇)基本情况一览**

街道(乡镇)	辖地面积(平方公里)	人口		社区(村)(个)	农林牧渔业总产值(万元)	规模以上工业总产值(万元)	财政总收入(万元)
		户数(户)	人口数(人)				
吴航街道	8.25	21139	53729	13	446	28851	53732
航城街道	57.00	13585	42197	20	16433	1146543	59861
营前街道	34.56	11347	36504	12	23187	743592	11093
首占镇	30.90	7835	28761	13	20895	67102	19148
玉田镇	54.50	11370	42123	11	40334	77437	1870
罗联乡	21.50	3431	11582	8	18696	45990	437
松下镇	38.60	7090	26956	9	39404	2233044	18279
江田镇	86.40	15795	58585	17	44219	3102377	25581
古槐镇	51.80	17233	61732	23	30869	435474	8743
文武砂镇	32.00	6538	23368	9	70017	1451868	14750
鹤上镇	48.50	18065	61011	22	49682	1573370	20109
漳港街道	42.40	17050	55396	19	67728	2709522	26756
湖南镇	32.80	9740	30150	11	40483	1653957	26504
金峰镇	29.88	20006	71462	21	22816	1011105	28506
文岭镇	28.80	10365	35048	12	91040	841972	15819
梅花镇	5.80	6046	15857	6	144811	116883	1080
潭头镇	56.00	17329	56168	23	81634	545811	6102
猴屿乡	19.60	2015	5161	4	12073	—	297

说明:数据来自长乐市统计局　　(陈于庭)

闽侯县

【概况】　闽侯县区域面积 2136 平方公里,辖 1 个街道、8 个镇、6 个乡,有 324 个行政村(居)。常住人口 75 万人(含上街大学新校区学生数)。

2014 年,闽侯县实施重点项目 300 项,完成投资 334.78 亿元,占年度计划的 104.6%,其中完成市级重大项目 31 项 95.24 亿元,超计划的 9.5%,完成省级重大项目 7 项 8.73 亿元,超计划的 1.5%。全国县域经济基本竞争力"百强县(市)"位次升至第七十一位,连续 5 年成为全省县域经济实力"十强县"、经济发展"十佳县"。

【经济建设】　实现地区生产总值 412.73 亿元,同比增长 9.7%,三次产业结构为 8.1:62.3:29.6;公共财政总收入(不含基金)86 亿元,同比增长 16.1%,其中地方公共财政收入 57.03 亿元,同比增长 19.1%;完成固定资产投资 535.77 亿元,同比增长 19.1%;出口 13.21 亿美元,进口 4.72 亿美元;城镇居民人均可支配收入 30999 元,同比增长 9.1%;农民人均纯收入 13393 元,同比增长 11.9%。

农业　实现农业总产值 57.46 亿元,同比增长 5%。落实农林水资金投入 5.6 亿元,同比增长 20.9%。新提升市级以上龙头企业 3 家,新增蔬菜大棚设施农业约 53.33 公顷、花卉 80 公顷。"林下经济"实现产值 1.5 亿元,金鱼产业实现产值 0.8 亿元,福州(闽侯)金鱼产业园规划编制完成。6 家企业获评省、市级休闲农业示范点。投入 2062 万元实施国家农业综合开发,完成约 473.33 公顷高标准良田建设;投入 2940 万元,完成 6 个乡镇(农场)小农水项目建设;开发复垦补充耕地约 94.67 公顷;实施农业"五新"项目 80 项。

工业　实现工业总产值 868.87 亿元,同比增长 13.1%。汽车、机电、建材、工艺品、轻纺、食品六大支柱产业分别实现产值 212.11 亿元、153.82 亿元、101.83 亿元、79.47 亿元、67.61 亿元、61.93 亿元。新增亿元以上企业 7 家、规模以上工业企业 21 家。兑现各类补助和奖励 1.4 亿元。青口投资区实施工业项目 40 个,项目建成投产 16 个,全区实现工业产值 347 亿元。闽侯经济技术开发区实现工业产值 120 亿元,一期、二期新投产企业 7 家,三期入驻企业 5 家。加快上街海西园、南屿"两园"区建设,兆元光电建成投产。福州(闽侯)中科数据应用技术研究院挂牌成立。投入 9000 万元支持企业创新发展,新建院士(专家)工作站 4 个,落实产学研项目 60 个,东南、海源获中国驰名商标。

服务业　实现社会消费品零售总额 173.76 亿元,同比增长 23.4%。实施东南·国际建材城(一期)等 20 个项目,高速物流(二期)、苏宁物流等 5 个项目投入运营。加快荆溪光明旅游温泉小镇等项目建设,白沙朝阳休闲农场(一期)建成开业,五虎山获批成为国家森林公园。实现旅游总收入5.8亿元,同比增长14%。新增民生银行上街支行等5家银行网点,县金融中心基本建成。根雕创意产业园建成投用,年内举办中国海峡两岸(闽侯)首届根艺美术博览会。

招商引资　实际利用外资(验资口径)2.02亿美元,同比增长6.3%。引进福建永动工具等超千万美元外资项目14项,总投资16.17亿美元;引进万润新能源等民企项目72项,总投资289.75亿元。推进“闽侯县高层次人才集聚工程”,4名人才入选省“海纳百川”高端人才聚集计划。

【城乡建设与管理】　县城建设　完成县城总体规划修编。甘蔗旧城改造(一期)28幢安置房基本建成,加快县石山大道“新亮绿”景观工程建设,新区中路等3条市政道路建成投用。推进竹岐新区316国道(竹岐苏洋至闽侯大桥段)拓宽改造、金水湖旅游综合体等项目,荆溪新城江滨路(荆溪段)景观工程等项目基本建成,白沙小城镇旧街景观改造、新坡古民居修复等项目在建。

新城镇建设　青口镇列入全省“小城市”试点,推进东南大道(三期)、林森大道建设,青口中央公园、尚干农贸市场、祥谦江中安置房(一期)等项目基本建成。推进南通物流城建设,加快芹洲路、兴腾路、聚福路建设,旗山大桥建成通车。加强上街大学新城区服务功能,上街实验学校(九年一贯制)办班招生,医大附三医院主体完工。南屿“两园区”安置房(一期)、五都大道(一期)等项目基本建成。

新农村建设　完成“造福工程”搬迁460户,新建改建农村公路85公里,新开通县内公交线路2条,完成农村饮水安全工程、无害化卫生户厕建设、冬春修水利等年度任务。推进甘蔗流洋、荆溪永丰等17个美丽乡村建设,白沙孔元村入选中国最美休闲乡村。

【社会事业】　科技　全县有省、市级高新技术企业11家,获福建省科技型企业认定22家,获福州市现代农业创新基地认定8家,获“2013年度福州市知识产权示范企业”认定1家,获院士(专家)工作站企业认定4家。

教育　实施校园建设项目43个,东南学校小学教学楼、鸿尾中心幼儿园等14个项目竣工,增加学位1300个。1.3万名外来务工人员随迁子女实现就近入学。年内有幼儿园在校生20111人,小学在校生42328人,初中在校生17247人,高中在校生5925人,中等职业技术学校在校生1063人,特殊教育在校生114人。

文化体育　年内获评全国文化先进县,县城公益性数字影院及县图书馆、文化馆、档案馆实现免费开放,方氏福船制造技艺、闽侯喜娘文化入选市级非遗名录。青橄榄合唱团获第六届“中国(南充)嘉陵江合唱节”比赛金奖。

11月3日,全省首座特高压变电站——1000千伏特高压榕城站500千伏系统完成启动。该站位于闽侯县大湖乡南侧、新塘村西侧,为1000千伏浙北—福州特高压交流输变电工程的终点站　(杨婀娜　摄)

卫生和计划生育　县级公立医院改革列入国家第二批改革试点,县乡两级医疗机构全面实施药品零差率销售,减轻群众医药负担2407万元。小箬卫生院建成投用,新建和改造提升村卫生所31个。全年出生人口7345人,人口出生率12.23‰,出生人口性别比105.34,人口自然增长率7.08‰。

社会保障　全年财政用于民生支出43.4亿元,占公共财政预算支出的73.5%。新增城镇就业1.1万人,转移农村富余劳动力6100人。新农合和城镇居民医保支出2.4亿元,8.7万人受益。被征地老龄农民生活补助支出9800万元,惠及5.6万人。建立完善80周岁以上高龄老人生活补贴制度,惠及1.2万人。建成保障性住房852套。

生态建设　实施宜居环境建设项目79项,完成投资11.6亿元。完成造林绿化和森林经营约1.05万公顷,新增公园绿地约46.67公顷。洋里、大湖污水处理站基本建成,青口新区、荆溪及县城污水处理厂(二期)投入运营,新铺设污水管网34.7公里。实施11个垃圾转运站项目,荆溪溪下垃圾转运站建成投用。拆除“两违”面积71.6万平方米,拆除禁养区畜禽养殖场104万平方米,实施2个重点节能项目,完成奔驰汽车“油改气”等16个重点减排项目。尚干等3个乡镇获“国家级生态乡镇”命名,上街、廷坪等8个乡镇上报环保部复核。

平安建设　投入1820万元实施道路黑点整治和安保工程。加强食品药品安全监管,开展“打非治违”专项行动。

【中科(福州)数据产业园】　12月15日,中国科学院计算技术研究所福州分所暨福州(闽侯)中科数据应用技术研究院正式落地闽侯荆溪镇。园区总占地面积约15.13公顷,总建筑面积约70万平方米,计划投资40亿元,分两期建设,由中科总部基地(暨研发展示中心)、云商中心、大数据中心、孵化中心、商业配套中心等功能组合,其中一期占地约6.6公顷,规划总建筑面积约35万平方米,主要建设数据产业园;二期规划建设相关配套设施。

表 67　　2014 年闽侯县街道(乡镇)基本情况一览

街道(乡镇)	辖地面积(平方公里)	人口		社区(村)(个)	农林牧渔业总产值(万元)	规模以上工业总产值(万元)	财政总收入(万元)
		户数(户)	人口数(人)				
青口镇	127	26730	85113	40	74236	2280103	199724
尚干镇	5	5927	17637	13	9696	185622	11794
祥谦镇	89	19379	64112	20	54091	744767	24249
南通镇	112	16749	47504	17	63838	152952	16804
南屿镇	171	20534	61917	24	35213	947050	130138
上街镇	157	21046	84071	23	16542	333381	74489
竹岐乡	224	8503	29588	22	41893	177724	6416
鸿尾乡	157	9617	33671	20	37861	247401	7386
荆溪镇	131	15078	47092	19	57788	1232517	46963
甘蔗街道	47	16674	45577	17	14594	1010079	130784
白沙镇	175	10263	33875	25	30992	143734	10864
洋里乡	151	8796	30654	23	46752	12985	964
大湖乡	282	9307	33779	23	47488	13256	939
廷坪乡	217	10006	36299	25	22956	3267	668
小箬乡	46	2750	10221	8	13309	—	585

说明:数据来自闽侯县统计局

(施理光)

连 江 县

【概况】　连江县区域总面积 4280 平方公里。辖 22 个乡镇,有 277 个村居,人口约 65 万人。

2014 年,实施重点项目 216 项,完成投资 237.86 亿元,占年度计划投资的 109.1%。在 2014 年度福建省县域经济评价中,连江县进入经济实力“十强”县、经济发展“十佳”县行列。

【经济建设】　实现地区生产总值 325.35 亿元,同比增长 8%,三次产业结构为 34.2:40.3:25.5;财政总收入(不含基金)46.31 亿元,同比增长 22.3%,其中地方财政收入 33.49 亿元、同比增长 17.1%,上缴中央收入 12.82 亿元、同比增长 38.2%;财政支出 46.44 亿元,同比增长 15.4%;进出口总额 4.54 亿美元,同比增长 6.5%,其中出口总额 4.04 亿美元、同比增长 18.6%,进口总额 0.5 亿美元、同比下降 29.8%;固定资产投资 424.71 亿元,同比增长 24.1%;城镇居民人均可支配收入 26889 元,同比增长 8.7%;农民人均纯收入 12707 元,同比增长 11.2%。

农业　实现农林牧渔业总产值 196.39 亿元,同比增长 5.7%,其中渔业产值 175.62 亿元,增长 6.9%;实现农林牧渔业增加值 111.35 亿元,同比增长 5.8%。年内日兴水产等龙头企业申报国家农业综合开发产业化项目。“江船长”成为连江首个中国驰名商标。省级农民创业园逐步完善,长龙茶叶标准示范基地等 6 个农业重点项目落地园区。青芝农业休闲山庄、天竹“畲家乐”风情园、贵安开心农场成为省市休闲农业示范点。北茭二级渔港等 6 个渔港项目启动建设,定海浮筏式消波堤项目建成投用。新改建农村公路 29 公里,完成公路安保工程 160 公里。罗山、合山安置区加快建设,改造农村危房 800 余户。实施水利重点工程 8 项,解决 84 个行政村 14.7 万人饮水安全问题。推进敖江下游防洪排涝等 8 项水利重点工程建设。

工业　实现工业增加值 131.18 亿元,同比增长 14.3%;规模以上工业增加值 126.75 亿元,同比增长 15.5%。实现规模工业产值 460.62 亿元,同比增长 15.8%;规模以上工业销售产值 455.57 亿元,同比增长 19%。工业产品销售率 98.9%。落实企业发展专项扶持资金 7600 余万元,5 家企业列入福建省工业化、信息化融合重点项目库。恒捷化纤一期、好事达家具等项目竣工投产,聚春园食品、中石油可门钢管制造一期等项目基本建成,申远聚酰胺等项目动工建设。可门港一类口岸开放获国务院批准,可门港年货物吞吐量 4645 万吨。

服务业　实现服务业增加值 82.81 亿元,同比增长 1.1%。实现社会消费品零售总额 89.6 亿元,同比增长 17.4%,其中限额以上企业零售额 34.07 亿元,同比增长 31.4%;大个体零售额 3.49 亿元,同比增长 38.3%;限额以下零售额 52.03 亿元,同比增长 8.6%。君豪大酒店、溪山温泉度假酒店、璟江大酒店、国惠大酒店正式开业,万家城市广场投入运营,世纪金源奥特莱斯广场启动招商。贵安儿童成长体验馆、海洋世界建成。贵安新天地休闲旅游度假区、贵安溪山休闲旅游度假村获评国家AAAA级景区,青岛啤酒梦工厂获评国家AAA级景区,全县游客接待量突破200万人次。黄岐对台旅检大楼和浮动码头建成投用。

招商引资　新批合同外资2329万美元,同比增长-87%;实际利用外资9094万美元,同比增长6.1%;实际内资到资97.95亿元,同比增长71.63%。组织参加"5·18"海峡两岸经贸交易会、"亲情回归"恳谈会、民营企业产业项目对接会、"9·8"中国国际投资贸易洽谈会等招商活动。签约对接"三维"项目74项,总投资490亿元。

【城乡建设与管理】　城乡规划　第五轮城市总体规划、县城核心区和连江经济开发区青塘片区控制性详细规划、敖江两岸景观规划启动编制,县域绿道网总体规划等专规编制完成。

市政建设与管理　推进敖江路征迁改造,傲江景城段、莲荷东路至玉荷东路段竣工通车。八一六路街景改造二期、城区北江滨慢道景观一期工程完成,推进可门港杉塘迁建区周边路网、文笔东路三期等项目。完成104国道可门路至东湖口段绿化景观改造、通港大道二期绿化、人民广场绿化提升等项目,新增绿地7.2万平方米。实施城区建筑垃圾和工程渣土企业准运管理,规范防盗安全网设置,建成城市管理服务中心。通过福建省文明县城考评验收。

【社会事业】　科技　企业与高校、科研院所开展市级"产学研"项目7项,全年专利申请量381件,专利授权量208件,其中发明专利6件,实用新型专利163件,外观专利39件。

教育　新建校舍24栋,拆除和改造危旧校舍34栋,完善校园附属配套工程17项。新改扩建农村幼儿园14所,开设第三实验小学"少数民族班",全县扩容中小学学位1650个、幼儿学位600个。年内有幼儿园在校生26086人,小学在校生39469人,初中在校生15609人,高中在校生7831人,中等职业技术学校在校生1993人,特殊教育在校生203人。

文化体育　年内通过全国文化先进县复查;完成22个乡镇文化站信息资源共享工程,改造提升农家书屋30家。开展"三月三畲族文化节"等民俗文化活动50余场,"仁山拉线狮"成为连江首个国家级非物质文化遗产。建成健身路径40套。承办第十六届世界华人"炎黄杯"名人围棋邀请赛和首届"海峡杯"城市围棋队际赛。

卫生和计划生育　县医院病房大楼14~19层装修工程竣工,潘渡卫生院等病房综合楼建成投用,全县新增住院床位200张;县医院与福州市第二医院开展医疗协作,县中医院、琯头中心卫生院加盟福州市第一医院医疗联合体。全年出生人口9011人,人口出生率13.19‰,出生人口性别比104.98,人口自然增长率7.74‰。

社会保障　县财政用于民生支出28.02亿元,占公共财政支出的61%。新增就业3359人,转移农村富余劳动力6702人。实施乡村医生和村主干养老保险,80周岁以上高龄老年人养老补助、城乡困难居民重特大疾病医疗救助等制度。居民消费价格指数涨幅1.7%。建成保障房270套、新增公租房70套,实施棚户区改造项目200余户。

生态建设　累计18个乡镇通过国家级生态乡镇验收,年内获评福建省生态县称号。治理小流域800公顷。开展敖江流域水环境综合整治工作,矿山覆土绿化基本完成。实施重点减排项目10项,拆除禁养区内养殖场64家。实施宜居环境建设项目44项,开展梅洋、桂林、官坞等18个村(居)美丽乡村建设。完成改造立面27.2万平方米,拆除"两违"42万平方米。全县造林绿化780公顷。

平安建设　深化"平安连江"建设,推进城乡网格化服务管理和"大调解"体系建设。人民群众安全感达92%以上,群众对平安建设知晓率达65%以上,群众对执法工作满意率为88%。

贵安欢乐世界建成开业　(连江县政府办　供)

表 68　**2014 年连江县乡镇基本情况一览**

乡镇	辖地面积(平方公里)	人口		社区(村)(个)	农林牧渔业总产值(万元)	规模以上工业总产值(万元)	财政总收入(万元)
		户数(户)	人口数(人)				
凤城镇	6.19	22796	74154	14	805	1722	18588
敖江镇	41.54	10760	38686	14	6535	445299	30800
江南乡	75.18	7613	25849	16	12464	9193	7088
东湖镇	45.85	5021	17061	10	13200	34887	2675
浦口镇	52.40	10744	38227	14	71821	7209	2955
东岱镇	24.73	10096	36026	9	94042	22262	2373
晓澳镇	20.08	11218	37814	7	157779	63862	4849
琯头镇	61.09	18468	57618	28	202693	129725	11450
潘渡乡	142.87	5923	20679	14	50828	—	19617
小沧乡	65.24	1196	4475	5	2588	—	149
丹阳镇	111.53	8524	29348	19	26475	40692	2102
蓼沿乡	124.57	8302	30441	23	11023	22237	1326
长龙镇	66.51	3783	13013	7	19654	—	1733
透堡镇	25.81	6162	22604	8	38975	2218	5474
马鼻镇	38.82	12629	46967	15	74360	3359	19304
官坂镇	49.44	8898	33774	16	79496	4939	2092
坑园镇	39.33	6197	24312	8	114281	11320	3564
下宫乡	32.36	3998	15508	9	45995	15153	1003
筱埕镇	32.99	8312	28665	11	132800	52776	2204
黄岐镇	13.43	7388	24495	11	279824	22534	1630
安凯乡	30.87	5023	17973	11	111165	26769	661
苔菉镇	8.30	7887	26887	8	298834	12930	1227
其他	—	—	—	—	118280	277057	320270

说明:数据来自连江县统计局　(陈　鸿)

闽　清　县

【概况】　闽清县区域面积 1466 平方公里。辖 11 个镇、5 个乡,有 20 个社区、271 个行政村,户籍人口 32.2 万人。有 20 余万侨胞旅居新加坡、马来西亚、印尼等 12 个国家和地区。

2014 年,闽清县组织实施省市重点项目 6 个,总投资 59.23 亿元,完成年度投资 13.95 亿元。

【经济建设】　实现地区生产总值 130.3 亿元,同比增长 10.3%,三次产业结构为 17.7∶56.9∶25.4;财政总收入 11.24 亿元(不含基金,下同),同比下降 3.2%,其中地方级财政收入 6.87 亿元,同比增长 8.7%;全社会固定资产投资 49.4 亿元,同比增长 27.1%,其中工业固定资产投资 17.3 亿元,同比增长 31%;海关出口总值 1.27 亿美元,同比增长 9.3%;城镇居民人均可支配收入 23230 元,同比增长 9%;农民人均纯收入 10579 元,同比增长 10.2%。新成立、引进建筑施工企业 36 家,提升资质等级 25 家;实现建安产值 227 亿元,同比增长 72.72%。

农业　实现农业总产值 38.8 亿元,同比增长 5%。发放粮食直补等各类补贴资金 1154.9 万元,完成粮食播种面积 1.22 万公顷。21 家市级以上龙头企业销售收入同比增长 18%,新登记农民专业合作社 17 家,带动 4.03 万名农民增收。完成四大类小农水项目建设;实施冬春水利及水毁工程修复,除险加固水库 4 座,新解决 5.73 万农村人口饮水安全问题;开发复垦补充耕地约 91.68 公顷,新发展钢架大棚设施农业 10 公顷。推进葫芦门水库等重大水利项目建设。开展闽江防洪工程福州段(二期)和闽江岸线规划前期工作。

工业　实现工业总产值 172.4 亿元,同比增长 11.9%,其中规模以上工业产值 152.6 亿元,同比增长 12%。新增规模以上工业企业 11 家,新增产值 7.7 亿元。大连电瓷(一期)、金华龙等 17 个项目竣工投产,宏电电瓷、中南重工等35个项目动工建设,实施蓝天、佳美陶瓷等技改扩产项目。白金工业园区全年会审工业项目21个,总投资15.23亿元。东桥表业园工业一期实质性启动。推进中建(福建)绿色产业园基础设施前期工作和占地13.33公顷的PC构件厂建设。新增省著名商标4件、市知名商标8件。

服务业　实现服务业增加值32.1亿元,同比增长10%,占地区生产总值比重提高至24.7%。实现社会消费品零售总额36.5亿元,同比增长15.6%。完成4个农贸市场升级改造,新培育限额以上商贸企业10家,新增物流企业3家。银行业金融机构各类贷款余额50.24亿元,同比增长17.58%,小微企业贷款余额同比增长10.53%,涉农贷款余额同比增长14.66%;瑞狮村镇银行、稠州银行等入驻闽清县。接待游客72.39万人次,实现旅游收入8722万元,分别同比增长11.18%和11.2%。

招商引资　年内内资实际到资36亿元,同比增长146.8%;实际利用外资450万美元,同比增长6%。参加"5·18"海交会、"9·8"投洽会等招商活动,共签约项目83项,总投资约38.14亿元。引进中建海峡等"三维"项目15项,总投资17.6亿元。实施"回归工程",全年有"回归企业"13家。

【城乡建设与管理】　新城开发和中心城区建设　梅溪新城建设投入8.8亿元,其中11项新城重点项目完成投资5.2亿元,基本完成新城一期安置房、梅埔安置房等项目建设。完善城乡基础设施、景观环境等专项规划编制。

市政建设　福银高速闽清(梅溪)互通口正式通车,实现闽清纳入福州半小时交通经济圈。推进城北猴山、洋桃等片区开发建设,完成城镇公馆等房地产项目开发和闽清一中公交停车场、南岸休闲步道、洋桃公园等城市基础设施建设,实施梅溪路城关小学新校区段改造和台山公园景观提升。完成"三中心"综合楼、进城路等主要建筑和路段亮夜工程。改造解放大街等6条道路沿线960余幢建筑景观。实施316国道雄江大桥、石潭溪大桥等两座危桥改造。完成316国道溪口商贸街至202省道白樟白洋段道路"白改黑"。推进合福高速铁路闽清北站站前广场、"镇镇有干线"白中里洋至池园潘亭段及东桥溪沙至朱山段、北溪闽江大桥等项目建设。硬化农村公路25.75公里,实施农村安保工程45.4公里。梅溪新城至中心城区第二快捷通道、横五线梅溪新城至云龙段、联一线坂东楼下至云龙台鼎段等"十三五"规划项目前期工作提前实施。

宜居环境建设　投入6.97亿元实施69个整治项目,基本完成福银高速公路、合福高速铁路、316国道沿线景观改造。新建改建农村无害化卫生户厕439户,新培育形成美丽乡村15个,坂东镇入选全国重点镇。

【社会事业】　科技　全年落实产学研项目4项。陶瓷科技孵化器(二期)主体工程基本建成,筹建福建省陶瓷电瓷产品质量检验中心。年内专利申请量147件,专利授权量121件。

教育　实施校安工程、全面改薄工程、扩容工程和寄宿制学校建设,新建校舍6.45万平方米;新建和改扩建16所公办幼儿园,城关小学新校区、第一幼儿园、塔庄中心小学新校区等重大项目建成并投入使用;东桥初级中学获"全国教育系统先进集体"称号,闽清一中通过省级一级达标校评估验收,教育两项督导通过省级评估考核。年内有幼儿园在校生9351人,小学在校生19769人,初中在校生9047人,高中在校生4053人,中等职业技术学校在校生1265人。

文化体育　文化馆、图书馆、博物馆、美术馆免费开放,全面启动第一次可移动文物普查工作。承办省文化科技卫生"三下乡"活动,放映农村公益电影3280场,开展全民健身、激情广场、文艺下乡巡演等群众性文体活动。闽清一中女篮获省中学生篮球联赛桂冠,实现"八连冠"。

卫生和计划生育　启用下祝卫生院门诊楼,建成县医院综合大楼和白中卫生院医技综合楼,新建空白村卫生所17个,全县新增医疗用房面积1775.81平方米,人均基本公共卫生服务经费提高到35元。全年出生人口4626人,人口出生率13.82‰,出生人口性别比105.97。

社会保障　新增城镇就业2197人,转移农村富余劳动力5683人。城镇居民医保财政补助标准、新农合人均筹资标准分别提高至340元、410元,城镇居民医保和新农合支出1.09亿元,惠及5.93万人。开展医疗救助、扶贫济困活动,救助金额669.38万元,受益群众2.54万人次。基本建成各类保障性住房827套,公租房、廉租房实施并轨运行管理。完成286户贫困残疾人危房修缮和822户"造福工程"危房改造。

生态建设　14个乡镇和255个行政村分别通过省级、市级以上生态创建验收。开展创建省级园林县城、省级森林县城活动,完成造林约1173.33公顷,综合治理水土流失面积约873.33公顷。推进大气污染"六个专项"整治,整治锅炉烟气尘企业20家,取缔非法经营企业13家,推进建陶企业"煤改气"9家,关停

美丽乡村建设试点村——闽清云龙后垅村　(刘建新　摄)

表 69

2014 年闽清县乡镇基本情况一览

乡镇	辖地面积（平方公里）	人口		社区(村)（个）	农林牧渔业总产值(万元)	工业总产值（万元）	地方财政收入(万元)	地方财政一般预算支出(万元)
		户数(户)	人口数(人)					
梅城镇	9.27	13961	40640	12	3914	63565	10041.83	1340.02
梅溪镇	144.13	6903	23080	21	30198	29495	4115.14	1587.07
云龙乡	40.42	3709	11676	10	31929	369973	1741.28	620.54
白樟镇	80.78	5650	18875	14	27796	306938	2363.67	768.50
金沙镇	156.67	4274	14408	19	24594	63476	376.16	665.11
白中镇	41.80	5521	19115	14	16873	341062	3192.70	918.49
池园镇	89.47	7099	24469	20	21616	171359	1613.22	979.44
上莲乡	122.68	3791	13562	18	25927	6660	139.69	769.02
坂东镇	58.53	13209	44339	28	38357	70868	1408.94	1619.96
三溪乡	47.00	2990	9818	12	14333	1075	42.83	531.81
塔庄镇	73.27	7622	26102	25	32873	19364	1507.43	866.60
省璜镇	116.67	5565	20084	27	29950	2222	2026.35	809.66
雄江镇	111.20	2137	6215	13	14622	12037	185.84	795.71
桔林乡	107.20	2128	6919	13	15637	5739	789.94	489.56
东桥镇	187.34	6022	22458	23	29208	40174	699.27	964.82
下祝乡	80.14	5424	20636	22	29052	2218	129.26	636.73
其他	—	—	—	—	2132	217934	—	—

说明：数据来自闽清县统计局、财政局

重建建陶企业5家。加强水流域综合治理，新建雨污管道9.5公里，建成4个乡镇污水处理站和3个乡镇垃圾中转站，拆除“两违”建筑面积36万平方米，关闭并拆除禁养区畜禽养殖场122家，综合治理禁养区外规模化畜禽养殖场5家，省控梅溪口断面水质达标率达100%。

平安建设　推进“平安闽清”建设，公众安全感达95.19%。强化安全生产基层基础规范化建设，推进企业安全生产标准化建设，各类事故发生起数和死亡人数分别同比下降48%、57.9%。坂东消防站基本建成。年内化解各类矛盾纠纷1949件。

（何　云）

罗　源　县

【概况】　罗源县区域面积1187平方公里。辖6个镇、5个乡，有7个社区、189个行政村。户籍人口26.4万人，其中畲族人口占8.1%，为福建省畲族主要聚居区和老区县之一。

2014年，罗源县56项重点项目完成投资121.25亿元，超年度计划16.5个百分点，21项市级（福州新区）重点项目完成投资92.7亿元，超年度计划19.3个百分点。

【经济建设】　实现地区生产总值172.7亿元，同比增长5.6%，三次产业结构为17.7∶66.1∶16.2；公共财政总收入19.2亿元，同比增长11.7%，其中地方公共财政收入13.6亿元，同比增长10.7%；固定资产投资154.2亿元，同比增长15.2%；建筑业产值15亿元，同比增长54%；出口总值4639万美元，同比增长31.4%；城镇居民人均可支配收入24408元，同比增长9.7%；农民人均纯收入11068元，同比增长10.6%。

农业　实现农业总产值54.8亿元，同比增长5%；农业增加值30.6亿元，同比增长4.9%。实现食用菌产量9.8万吨，水产品产量13.1万吨。新增市级水产品加工龙头企业3家；新登记农民专业合作社30家；登记注册家庭农场8个，新增认证农产品29个。建设生态茶园约2866.67公顷，丰产毛竹基地4000公顷，油茶基地约126.67公顷，花卉苗木基地约63.33公顷。

工业　实现工业总产值399.5亿元，同比增长4.2%，其中规模以上工业产值370.7亿元，同比增长3.7%；实现工业增加值114.1亿元，同比增长4.5%。实现工业固定资产投资36.8亿元，同比增长36.2%。建成宝钢德盛不锈钢冷轧线，推进华能火电厂一期、南铝铝材加工一期、时代包装六线、福亮玻璃二期、益升食品二期、苏冶机械等项目建设。“红苹果化工”获中国驰名商标，实现国家级品牌零的突破。

服务业　实现服务业增加值28亿元，同比增长11%。实现社会消费品零售总额39.9亿元，同比增长15.6%。罗源湾世纪金源大饭店、游艇俱乐部、霍口畲山水景区等建成运营，罗源湾海洋世界、海上搏斗城项目主体完工，时代大厦、游轮餐厅、海上高尔夫等项目在建。苏宁电器、居然之家等入驻滨海新城购物中心,限额以上零售企业由28家增至32家。罗源湾一类口岸对外开放获国务院批复,全年港口货物吞吐量1009万吨。年末金融机构本外币各项存款85.05亿元,同比增长10.83%;本外币各项贷款119.48亿元,同比增长49.67%;新增存贷比为4.89。

招商引资　年内签约和对接项目93项,实际利用外资3221万美元,同比增长3%。新增登记内资企业20户,同比增长150%,注册资本17.83亿元,同比增长34.58倍;新增登记私营企业258户,同比增长63%,注册资本12.64亿元,同比增长130%。智能电网设备、创隆电器、汇昌纺织等项目落地,引进三钢集团重组三金钢铁并成立闽光钢铁公司,引进南平铝业公司动建南铝罗源铝材加工基地项目,引进明通建设集团、江海苑园林两家建筑工程类一级资质企业。

【城市建设】　城乡规划　《罗源县城市总体规划(2012—2030)》经福州市政府2014年第21次常务会议审议原则通过。松山镇、碧里乡、凤山镇、起步镇被列入福州新区总体规划范围。

征迁安置　年内涉及重点项目卫生防护距离内搬迁的有碧里乡梅花主村、先锋村、碧里村长基自然村、新澳村将军帽、后洋里自然村和松山镇白水主村、可湖坂沙自然村等5个行政村、1092户、3900人,签订征迁协议905户,3258人,签约率82.9%。

市政建设与管理　滨海新城建完成年度投资85亿元,动建以来累计投资230亿元,建成商住楼530万平方米。推进旧城改造,完成渡头新区路网一期等6条市政道路和孝巷路等12条背街小巷新改建,实施北大路至南大路综合整治、新东方酒店至五里桥景观工程,建成渡头桥至余家塘排涝站江滨公园,渡头湿地公园、雨污分流管网改造等工程在建。

小城镇和新农村建设　建成西兰至霍口沿线景观带、霍口凤凰公园、白塔排连湾公园等项目,新建重建桥梁6座,建设农村公路31.7公里,乡村路灯亮灯率97%。推进西兰乡洋坪村、起步镇上长治村等"美丽乡村"示范村建设成效明显,霍口乡福湖村、中房镇深坑村、起步镇下长治村被列为省级绿色村庄,中房镇深坑村入选中国传统村落名录。完成松山围垦大型水闸和4座水库除险加固,建成余家塘段防洪堤一期以及鉴江柴桥头水库主体工程,完成4个乡镇饮水安全工程。

【社会事业】　科技　全年专利申请量136项,授权量123件。罗源县食用菌协会被评为全国"基层科普行动计划"先进单位。全县有省级高新技术企业1家,省级科技型企业1家,市级农业技术创新基地1家。

教育　建成进修校二附小、第二实验幼儿园、职业中学实训基地一期和福州三中罗源校区并开班办学;实行城区公办中小学、幼儿园招生电脑派位招生;实施"全面改善贫困地区义务教育薄弱学校基本办学条件"项目。年内有幼儿园在校生7623人,小学在校生13331人,初中在校生5717人,高中在校生2814人,中等职业技术学校在校生1790人。

文化体育　罗源县博物馆、图书馆、文化馆通过国家三级达标认定。霍口乡福湖村、松山镇竹里村和名匠工艺品厂被评为福州市首批非遗项目传承保护示范基地。改造各乡镇文化共享工程建设和44个村"农家书屋";举办县第七届"畲族·凤"民俗文化节和"秀美罗川"安后石创作大赛;编辑出版《扪虱新话评注》并被收录福建文史丛书和国家图书馆;完成1.2万户有线数字电视整转;罗源县运动员在2014年亚残会获盲足项目铜牌,在全国技巧冠军赛获金牌3枚,在第十五届省运会获金牌11枚、银牌4枚、铜牌4枚;表演项目《山哈藤阵》《铃卜情》获福建省第八届少数民族运动会金奖。

卫生和计划生育　建成精神病防治院综合楼和11所空白村卫生所、9所示范村卫生所,完成县医院内科三区建设和中医院改造,县级医院床位同比增长12%。年内出生人口3919人,人口出生率为14.30‰,出生人口性别比为102.74,人口自然增长率为7.89‰。

社会保障　全年县财政用于民生支出13.6亿元,占公共财政预算支出的70.16%。新增城镇就业2855人,城镇登记失业率1.31%,转移农业富余劳动力7166人。在全市率先实现"新农合"省内跨设区市即时结算,"新农保"参保率保持在90%以上。完成县光荣院修缮,建成慈善安居楼6座。完善价格补

罗源湾滨海新城夜景　(刘其燚　摄)

表70 **2014年罗源县乡镇基本情况一览**

乡镇	辖地面积（平方公里）	人口		社区（村）（个）	农林牧渔业总产值（万元）	规模以上工业总产值（万元）	财政总收入（万元）
		户数（户）	人口数（人）				
凤山镇	32.2	17576	55039	16	5942.75	56691	12876
松山镇	146.0	10125	38367	22	184631.95	1580	4761
碧里乡	199.0	7294	25460	12	131743.74	0	2819
鉴江镇	70.0	3889	13490	9	41957.33	14802	567
起步镇	71.7	8391	28520	21	47078.67	25959	1410
洪洋乡	80.0	4087	13616	18	16544.79	79448	967
中房镇	134.0	7377	24699	23	34373.85	7223	447
白塔乡	77.0	4417	15258	15	17354.28	106370	1923
西兰乡	78.4	4152	13783	17	19540.16	197735	1808
飞竹镇	119.0	4679	16161	19	20915.97	43191	585
霍口畲族乡	198.0	5935	20219	24	27150.36	0	416

说明：数据来自罗源县统计局

贴联动机制，受益群众1.3万人。年内有179个行政村（居）设立小额助农取款服务便民点。基本建成保障性住房253套，开工建设搬迁安置房和公租房329套；完成197户744人“造福工程”和105户残疾人危房改造。

生态建设　实施石材乡镇公共环境整治项目67项，完成石材加工企业新一轮规范化建设和废弃渣场覆土绿化，拆除禁养区生猪养殖场3.2万平方米。实施疏港公路华能码头至亿鑫钢铁段道路粉尘污染专项整治行动，完成金港工业区钢铁企业环境问题整改项目91项。造林绿化约1266.67公顷，超年度计划82.7个百分点。起步镇、白塔乡通过国家级生态乡镇创建验收。

平安建设　完善治安防控体系建设，组建公安巡特警队、应急处突队，全面推行网格化服务管理。年内处置碧里乡鲍鱼死亡引发的群体性事件。

【基础设施工程】　104国道五里至白塔段改线工程和滨海大通道碧里至鉴江段动工建设，沈海高速复线罗源段基本完工，将军帽15万吨码头、碧里作业区6号泊位水工主体工程完工，霍口大型水库、敖江供水项目和城区东区、滨海新城、将军帽等输变电工程在建。完善园区配套设施建设，开发区松岐中路进度过半，防洪排涝工程分步实施；台商投资区松山A片区垦后塘收回工作全面完成，B片区土地填方、标准厂房等工程在建。

【“畲风海韵”旅游产业】　霍口畲山水景区于3月9日正式营业，为畲族文化自然景区，年内接待游客2.43万人次。推进罗源湾滨海旅游系列项目建设，其中音乐喷泉水幕电影于2013年建成投用，海洋世界、海上搏斗城、游艇俱乐部、海上钓鱼台等项目于年内基本完成主体建设，豪华游轮餐厅和海上高尔夫练习场项目在建。福州罗源湾海洋世界项目在建。年内乡村旅游经营单位12家，其中“三星级乡村旅游经营单位”1家，为霍口福湖畲族文化村，并获“特色旅游村”称号；“水乡渔村”2家；福州市科普惠农兴村示范基地1家。

（杜武义　康高艳）

永泰县

【概况】　永泰县区域面积2230平方公里。辖9个镇、12个乡，有11个社区、255个行政村，户籍人口37.97万人。有畲、傣、蒙、回等12个少数民族，人口6000多人。

2014年，永泰县实施重点项目77项，开工43项，完成投资77.4亿元，其中34项在建结转项目完成投资60.6亿元，竣工14项，完成或超额完成年度投资计划的有25项，带动全社会固定资产投资（不含铁路、高速公路）完成76.1亿元，同比增长42.8%，超过预期目标19.7个百分点。

【经济建设】　实现地区生产总值123.8亿元，同比增长10.2%，三次产业结构为32.2∶37.3∶30.5；财政总收入（不含基金）8.89亿元，同比增长24.7%，其中地方财政收入6.3亿元，同比增长25.3%；城镇居民人均可支配收入22406元，同比增长8.2%；农村居民人均可支配收入10222元，同比增长10.1%。实现建筑业总产值230.09亿元，同比增长36.7%；房地产及建筑业入库税收4.48亿元，同比增长52.1%；新增房建施工一级总承包企业4家，二级2家。

农业　实现农林牧渔业总产值61.88亿元，同比增长5%。建立水稻“五新”集成技术推广示范片12个。实施青梅种植示范推广等市级农业科研项目3项。完成水库除险加固5座，改造低产果园1000公顷，新建蔬菜、茉莉花、中药材等基地110公顷，推广种草养鱼200余公顷。10家企业被确定为市级农业产业化龙头企业,其中省级龙头企业2家。

工业　实现工业总产值58.06亿元,同比增长12.9%,其中规模以上工业总产值44.35亿元,同比增长13.3%。推进清凉纺织服装园、中海创(永泰)生态型智慧科技园项目。十方大数据智慧园等项目签约落地。华尔锦一期、胜华农业、朗宇环保等项目正式投产。完成县建筑大厦规划选址。

服务业　实现社会消费品零售总额42.35亿元,同比增长15.5%。全县金融机构人民币存款余额98.05亿元,同比增长10.6%;个人储蓄存款56.96亿元,同比增长9.6%;各项贷款余额62.53亿元,同比增长34.2%。出口总额4224万美元,同比增长8.1%。义乌小商品超市、好又多购物中心、全友家居等连锁经营企业开业。新增注册商标363件。全年接待游客433万人次,实现旅游产值13.5亿元,分别同比增长20%、25%。

招商引资　内资到资32.8亿元,同比增长9%;实际利用外资1958万美元,同比增长13.6%。全年签约项目6项,总投资51亿元;推进对口协作,达成意向项目48项,计划总投资8829万元。

【城乡建设与管理】　城乡规划　完成葛岭镇李花洲、北部片区、东南片区、信息产业园(中海创小镇)核心区等地块控制性详细规划修编,开展塘前一都溪片区、界竹口库区周边等地块控规及梧桐镇总体规划编制。

征迁安置　获批农转用和土地征收14批次170.92公顷。实施重点项目房屋征收15宗,其中国有土地上房屋征收6宗,集体土地上房屋征收9宗,总计征收房屋390户,完成拆迁面积76426平方米。打击"两违"建设,清理整治违章搭盖彩钢板,拆除违法建设1150宗,面积37.4万平方米。

市政建设与管理　建成刘岐大道、北江滨路及其景观工程,完成下林地块安置房、刘岐大桥南侧安置房主体工程,启动环城北路、仙佛路和县城三环路建设,谋划南门街片区旧屋区改造项目,推进沙浮路、县府路、北江滨、塔山西路周边、城南小学周边等地块旧屋区和棚屋区改造,"三溪六岸"景观改造和环大樟溪自行车道、塔山公园南区扩建工程等项目在建。

宜居环境建设　创建省级宜居环境建设示范县,实施行动计划项目103项,完成投资11.8亿元;25个"美丽乡村"建设完成投资1.86亿元。嵩口镇被列为全省重点名镇名村整治试点镇和闽台乡村游试验基地,启动保护性修复工程。月洲村、中山村、盖洋村入选第三批"中国传统村落"名录。

【社会事业】　科技　实施市级农业科研项目3项,县本级农业科研项目6项;与福建省农业科学院农业工程技术研究所、福州大学生物科学与工程学院签订课题研究合作协议;上报专利申请78件,获得专利授权28件;省选派6名科技服务团成员和14名专家教授到永泰开展科技扶贫开发工作。

教育　全年投入教育事业经费4.3亿元;推进福州市中小学生实践基地、福建农林大学东方学院项目建设,完成城关中学、霞拔中学、葛岭中心小学和东洋中学综合楼加固等工程;城关中学被确认为"福建省三级达标高中"学校;年内以优秀等级通过国家三类城市语言文字工作评估验收。年内有幼儿园在校生6958人,小学在校生17775人,初中在校生8784人,高中在校生5305人,中等职业技术学校在校生3266人,特殊教育在校生48人。

文化体育　完成名山室、樟坂乡贤第保护规划,推荐张圣君信俗、永泰山歌申报福州市第四批非物质文化遗产项目名录;下坂厝、同安寨等7处文物列为县级文物保护单位;举办中国·永泰2014世界温泉小镇及养生发展论坛;开展旅游文化嘉年华系列活动,举办第六届海峡两岸电视主持新人大赛、福建省首届民间菜肴烹饪大赛暨第二届永泰美食节、2014年环福州·永泰国际公路自行车赛和第九届亚洲国际青少年电影节。组织参加国际国内武术比赛,获得金牌16枚;永泰籍体操运动员姚金男在第十七届亚运会、第四十五届体操世锦赛上分获4枚金牌和1枚金牌。

卫生和计划生育　县医院门诊综合大楼、县精神病院新病房大楼建成投入使用,启动县妇幼保健院和中医院迁建工程;实行药品耗材零差价销售,建立县级医院医务人员定期到乡镇卫生院帮扶巡诊制度。全年出生人口5620人,人口出生率14.61‰,出生人口性别比108.92,人口自然增长率8.7‰;年内县财政投入计生经费5100万元,人均130元;完成免费孕前优生健康检查1716.5对;查处"两非"案件10例。

社会保障　全年民生支出14亿元,占公共财政预算支出的72%。"六馆一中心"、社会福利中心、沙浮路栈道、电网改造、天门山水厂等11项为民办实事项目完成投资3.8亿元。新增城镇就业2453人,转移农村富余劳动力4806人。

1月12—14日,2014世界温泉小镇及养身发展论坛在永泰县举办
(林致实　摄)

发放困难群众最低生活保障金3662万元。城乡居民养老保险参保率和新农合参合率分别达99%和99.9%。成立县慈善总会,建成10座乡镇慈善幸福院、7个乡镇敬老院和8个社区居家养老服务站。出台城区个人危房改造管理暂行规定和公共租赁住房实施方案,配建廉租房和公租房137套。

生态建设　编制完成生态文明建设规划。国家生态县创建通过环保部复核验收,列入国家主体功能区建设试点示范县。启动重点生态区位非国有商品林赎买,完成林地保护利用规划,造林绿化2253.3公顷。实行大樟溪及其支流"河长制"。完成长庆溪流域治理,启动闽江防洪工程福州段(三期)建设,推进富泉溪(大洋段)流域治理。继续实施农村环境连片整治,城镇污水集中处理率和垃圾无害化处理率分别达83.7%和96.2%。完成15个乡镇生态墓地或树葬区建设,基本建成大境陵园一期工程。

平安建设　推进城乡网格化管理,成立公安巡特警大队,升级改造校园视频监控探头。永泰县赤锡派出所所长郑伯武当选公安部第五届"我最喜爱的人民警察",并获"一级英模"称号。落实安全生产责任制,开展安全生产大检查和"六打六治"专项整治行动。

【中国·永泰2014世界温泉小镇及养生论坛】　1月12—14日举办。论坛以"温泉与养生产业发展"为主题,来自世界温泉联合会、台湾、香港、广州的相关专家参会。"国际温泉养生"常年论坛会址、国际温泉小镇等2个项目在现场签约。

【2014年永泰旅游文化嘉年华活动】　9月19日举行启动仪式。嘉年华活动由第六届海峡两岸电视主持新人大赛、福建省首届民间莱肴烹饪大赛、第二届永泰美食节、2014年环福州·永泰国际公路自行车赛等四大主题活动构成。其中,2014年环福州·永泰国际公路自行车赛于11月14—16日举行,邀请22支全球洲际职业自行车队参赛,第一赛段为"捷安特杯"福州绕圈赛,全程122.1公里,起点和终点皆为马尾;第二赛段为"桂盟传动杯"福州—云顶赛,全程133公里,起点位于永泰站前广场,终点位于永泰县嵩口镇;第三赛段为"建大轮胎杯"永泰绕圈赛,全程115.5公里,途经永泰县区主干道。

【第九届亚洲国际青少年电影节】　11月27日,以"青春·梦想"为主题的未来影像——第九届亚洲国际青少年电影节暨首届海峡两岸文创嘉年华系列活动开幕式在永泰举行。电影节设置"亚洲国际青年影像盛典""亚洲国际青少年影像作品""海峡两岸微电影"3个单元,62部电影作品入围,最终评审出3个单元13个奖项,获奖作品27部。

表71　**2014年永泰县乡镇基本情况一览**

乡镇	辖地面积(平方公里)	人口		社区(村)(个)	农林牧渔业总产值(万元)	工业总产值(万元)	财政总收入(万元)	财政总支出(万元)
		户数(户)	人口数(人)					
富泉乡	64.52	2217	7097	9	17893	9177	710	693
岭路乡	114.63	2273	8224	10	24308	1286	1032	888
赤锡乡	98.70	4556	16383	15	22989	14173	741	813
梧桐镇	171.92	11617	39972	22	50238	22870	1114	1187
嵩口镇	248.82	10433	32586	21	51895	23576	2206	1954
伏口乡	133.12	4157	13699	10	18702	12688	641	607
盖洋乡	114.54	2902	9642	10	19383	15584	536	500
长庆镇	160.72	8287	25368	15	41132	44239	683	737
东洋乡	48.57	2954	8960	10	16619	6710	866	845
霞拔乡	59.54	5348	17639	11	18206	456	542	529
同安镇	138.90	9813	32207	23	43785	13553	1303	1289
大洋镇	107.71	9853	34883	18	42002	11041	1341	1349
盘谷乡	30.28	3240	10516	6	16926	9731	497	453
红星乡	46.17	2957	8813	8	19346	6919	478	456
白云乡	105.17	4276	13597	13	37109	9176	631	648
丹云乡	59.80	1234	3943	6	17506	4265	346	355

说明:数据来自永泰县统计局、公安局、财政局　　(汪文波)

(编辑　黄　铭)

2014年在榕工作的院士

姓名	出生年月	籍贯	当选年度	职务 职称	毕业院校	研究领域
谢联辉	1935.3	龙岩	1991	中国科学院院士，福建农林大学学术委员会主任、病毒研究所所长	福建农学院	植物病理学
魏可镁	1939.8	福清	1997	中国工程院院士，福州大学教授、原校长	福州大学	化学催化剂工程
吴新涛	1939.4	晋江	1999	中国科学院院士，福建省科协主席、中国科学院福建省物质结构研究所研究员	厦门大学	物理化学（结构化学）
洪茂椿	1953.9	莆田	2003	中国科学院院士，中国科学院福建物质结构研究所所长、研究员	福州大学	无机化学
谢华安	1941.8	龙岩	2007	中国科学院院士，福建省农科院研究员、原院长	龙岩农校	杂交水稻育种
付贤智	1957.7	邵武	2009	中国工程院院士，中共福州大学委员会常委、副书记，福州大学校长、教授、博士生导师	北京大学	光催化

（苏燕铃）

2014年福州市先进人物

全国“五一劳动奖章”获得者（6人）

姓名	工作单位	职务（职称）
曾小玲（女）	福州市蔬菜科学研究所	副研究员
林心淦	福清市公安局	副局长
王建铭	福州万山电力咨询有限公司	设计师
范一平（女）	福州新琪美妇幼用品有限公司开发部	业务主办
陈元仲	福建医科大学、福建医科大学附属协和医院	校长兼院长
胡明华	福州市公共交通集团有限责任公司	驾驶员

福建省“五一劳动奖章”获得者(35人)

姓　名	工 作 单 位	职务(职称)
刘志江	神华(福建)能源有限责任公司	总经理、党委书记
胡孝栋	福建省福州第四中学	党委书记
林爱光	福清市住房和城乡建设局	副局长
许景强	福州市晋安区医院	院长、内科副主任医师
林　斌	中共闽侯县青口镇委员会	党委副书记、纪委书记
王锦萍	福清市城头镇吉钓岛	乡村医生
徐宝梅	长乐市漳港街道办事处社会事务办	副主任
罗　勋	闽侯县甘蔗街道办事处、企业办	主　任
江晓英(女)	连江清禄鞋业有限公司	见习课长
许久平	闽清县云龙乡人民政府计划生育流动人口管理站	站　长
乔元付	福州市公路局罗源分局	道路养护工
郑亚男(女)	福建省永泰县实验幼儿园	园　长
汪勇军	福建瑞聚通信科技有限公司设计部	经　理
陈进雄	福州市台江区人民法院刑庭	副庭长
刘　航	福州福民茶叶有限公司	车间主任
李建华	福州沃尔玛百货有限公司	行政部经理
梁艳红(女)	福州开发区钜联鞋业有限公司	职　工
郑升尉	福建博思软件股份有限公司福建博思软件股份有限公司	财务总监
徐　菁(女)	中国电信福州分公司	政企客户经理
朱惠华(女)	福州海王福药制药有限公司	财务经理
江　航(女)	中国平安财产保险福建分公司	人力资源部经理
游振严	福州东飞环卫工程有限公司	环卫工人
倪小芳	福州市公共交通集团有限责任公司	驾驶员
肖兆麟	福人集团有限责任公司福州公司	生产部副经理
刘应碧(女)	福州雪品保洁服务有限公司	保洁主管
刘必坤	福建盛丰物流集团有限公司	部门经理
王峻高	福州路信公路设计有限公司	桥梁专业技术骨干
林　育	福州高级中学	教务处主任
林　敏(女)	福州神经精神病防治院	护士长
戴　晖(女)	福州市文物考古工作队	副队长
王为敏(女)	中国福万(福建)玩具有限公司	管理部课长
姚林塔	福州市气象局气象台	首席预报员
林　津	市发改委	综合处处长
李东明	福州市公安局指挥中心	情报信息科科员
郭进贤	福清市公安局上迳派出所	所　长

(余荣发)

福州市荣誉市民

姓　名	国籍	授予时间	职务(身份)
伊丽莎白·嘎登勒	美　国	1994.9.17	美国友好人士(已故)
谢国民	泰　国	1994.9.17	正大集团总裁(泰)卜蜂集团负责人
山科直治	日　本	1994.10.14	日本万代株式会社顾问(已故)
黄双安	印　尼	1994.10.27	印尼材源帝集团主席、总裁
林同春	日　本	1994.11.01	日本神户华侨总会会长(已故)
郭鹤韬	马来西亚	1994.11.27	嘉里贸易有限公司副董事长
刘太格	新加坡	1994.11.29	新加坡雅思柏设计事务所董事
亲泊康晴	日　本	1995.1.19	那霸市市长(已故)
本岛等	日　本	1995.2.15	日本长崎市市长
陈　霖	美　国	1995.11.8	美国金门集团董事会主席(已故)
佐藤明雄	日　本	1996.1.21	日本甲南大学哲学教授
塚本幸司	日　本	1996.4.5	日本东海租赁会社社长
林镇源	美　国	2000.11.6	中华映管(福州)有限公司董事长
孙吉丞	韩　国	2001.3.19	SK 集团会长
崔东一	韩　国	2001.3.19	SKC 代理理事及社长
宣建生	美　国	2001.12.7	冠捷电子(福建)有限公司总裁
约瑟夫·斯特劳斯	加拿大	2002.12.10	JDSU 公司总裁
伊藤一长	日　本	2004.10.26	长崎市市长(已故)
翁长雄志	日　本	2005.1.13	那霸市市长(现任)
森本宏	日　本	2006.2.10	福州住电装有限公司董事长
葛国瑞	美　国	2006.2.10	福州麦当劳餐厅食品有限公司总经理
贝茨·里韦特	美　国	2006.2.10	福建华南女子职业学院英语教师兼顾问(文教专家)
田上富久	日　本	2010.8.24	长崎市市长
埃德蒙·费尔普斯	美　国	2011.6.9	新华都商学院院长、教授 2006 年度诺贝尔经济学奖获得者
张易宁	美　国	2012.5.4	福建国光电子科技股份有限公司副总经理兼福建国光新型电子元件与材料技术研究院院长
方国伟	美　国	2012.5.4	福州艾迪康医学检验所有限公司技术总监
赵　锰	美　国	2012.5.4	福建慧翰微电子有限公司总经理
施　林	美　国	2012.5.4	福建慧翰微电子有限公司副总经理
冯成丰	马来西亚	2012.5.4	福建青口科技有限公司技术总监
福原康太	日　本	2012.5.4	福耀集团玻璃工程研究院副院长
孙　安	美　国	2012.5.4	福建省优艾迪网络信息有限公司董事长兼总经理
贾　力	美　国	2014.4.3	福州大学化学化工学院教授、预警和预防研究所所长
卢坤平	美　国	2014.4.3	福建医科大学教授、副校长
布鲁诺·布里斯杰拉	意大利	2014.4.3	福州大学土木工程学院教授
布兰卡·武切蒂奇	澳大利亚	2014.4.3	福建格通电子信息科技有限公司首席技术官

姓　名	国籍	授予时间	职务(身份)
斋藤裕	日　本	2014. 4. 3	福建省农业科学院植物保护研究所名誉教授
李伟启	美　国	2014. 4. 3	福州高意通信有限公司研发副总裁
刘秀铭	澳大利亚	2014. 4. 3	福建师范大学地理科学学院特聘教授
李光普	美　国	2014. 4. 3	福建农林大学植物保护学院教授
陈树强	美　国	2014. 4. 3	中科院海西研究院(福建物构所)研究员
蔡伟文	美　国	2014. 4. 3	福州大学生物科学与工程学院教授、应用基因组学研究所所长
张俊一	美　国	2014. 4. 3	福建新大陆电脑股份有限公司发展研究中心兼适知识产权管理中心主任
陈　健	加拿大	2014. 4. 3	福建新大陆环保科技有限公司总经理兼总工程师
蒋　莘	中国(香港居民)	2014. 4. 3	福建瑞达精工股份有限公司董事长
曹　晖	中国(香港居民)	2014. 4. 3	福建玻璃工业集团股份有限公司总裁
黄训松	中国(香港居民)	2014. 4. 3	福建上润精密仪器有限公司董事长
林允武	美　国	2014. 4. 3	福建捷联电子有限公司副总裁兼营运长(福建冠捷电子)公司

福州公共文明建设八项“十佳”

十佳警辅

姓　名	工　作　单　位
陈　英	福州市公安局台江交巡警大队
张福生	福州市公安局晋安交巡警大队
杨雨辰	福州市公安局鼓楼交巡警大队
叶李端	福州市公安局鼓楼交巡警大队
陈雯琼	福州市公安局晋安交巡警大队
林正新	福州市公安局台江交巡警大队
蒋清云	福州市公安局台江交巡警大队
林治钢	福州市公安局鼓楼交巡警大队
谢春俤	福州市公安局鼓楼交巡警大队
黄品森	福州市公安局仓山交巡警大队

十佳导游(讲解员)

姓　名	工　作　单　位
王庆文	福建省旅游有限公司
毛宜峰	福州建发国际旅行社
苏　红	福州建发国际旅行社
林　鸿	福建省旅游有限公司
郑　宪	福州南国风旅行社
翁俊泳	福州市文旅导服公司
黄玉麟	福建省中国旅行社
黄美容	福州市文旅导服公司
黄韵文	福州市文旅导服公司
潘　敏	福州建发国际旅行社

十佳环卫工人

姓　名	工　作　单　位
郑利强	红庙岭垃圾综合处理场
张　伟	马尾环卫处东飞环卫公司
郑贞盛	红庙岭垃圾综合处理场
邓丑六	环卫处晋安河保洁班组
张雪琴	台江环卫处福州泓欣保洁公司
林秀珍	晋安环卫处福建宏利德公司
谭有华	马尾环卫处深圳先达威清洁公司
陈敏霞	仓山环卫处
高大龙	鼓楼区环卫处应急中队
郑立林	五一广场管理处

十佳园林工

姓　名	工　作　单　位
江学淡	福州市白马河公园管理处
张其恩	福州市闽江公园管理处
赵　文	福州市绿化工程处
林　燕	福州华艺生态园林有限公司
陈康华	福建粤晖园林建筑工程有限公司
陈　浩	福州市鼓楼区园林局
翁发顺	福州市台江区园林局
江贤进	福州市仓山区园林局
于廷祥	福州市晋安区园林局
陈元东	福州市马尾区园林局

十佳公交驾驶员

姓 名	工 作 单 位	职务(职称)
李仁泉	福州市公共交通集团有限责任公司 80 路	闽 AY6187 驾驶员
林 琴	福州市公共交通集团有限责任公司 K1 路	闽 AY8921 驾驶员
李九贤	福州市公共交通集团有限责任公司 K3 路	闽 AY9093 驾驶员
姚 东	福州市公共交通集团有限责任公司 17 路	闽 AYA169 驾驶员
潘鸿晓	福州市公共交通集团有限责任公司 23 路	闽 AY6882 驾驶员
林星燕	福州市公共交通集团有限责任公司 42 路	闽 AYA599 驾驶员
欧阳农艺	福州康驰新巴士有限责任公司 27 路	闽 AYA888 驾驶员
郑晓东	福州康驰新巴士有限责任公司 165 路	闽 AYA759 驾驶员
戈振清	福州闽运公共交通有限责任公司 306 路	闽 AY8367 驾驶员
陈 娟	福州闽运公共交通有限责任公司 301 路	闽 AYA301 驾驶员

十佳出租车司机

姓 名	工 作 单 位	职务(职称)
张建佾	福州市公交出租汽车公司	闽 AT5561 司机
邱欣龙	福州市公交出租汽车公司	闽 AT7463 司机
唐火煅	福州海峡出租车有限责任公司	闽 AT8883 司机
林校正	福州海峡出租车有限责任公司	闽 AT9188 司机
陈顥棋	福州华威出租汽车有限公司	闽 AT9198 司机
金德健	福州华威出租汽车有限公司	闽 AT8588 司机
林久圣	福州市华榕清洁能源发展有限公司	闽 AT8050 司机
吴 椿	福州世纪风出租车有限公司	闽 AT7693 司机
江香莲	福州市台江客运联合公司	闽 AT8664 司机
黄道勇	福州市鼓楼运输公司	闽 AT2512 司机

十佳新福州人

姓 名	工 作 单 位	职务(职称)
田云超	福州华威公交巴士有限公司	司机
王昱尧	福建新代实业有限公司	业务经理(经济师)
马世斌	福州市闽都文化艺术中心	声乐(国家二级演员)
林兴荣	福建春伦茶业集团有限公司	茶叶加工师
刘德文	福州尚德物业管理有限公司	物业处主任
丁闪明	长乐力恒锦纶科技有限公司	前纺厂厂长
叶拥成	福州市公安局刑事侦查支队六大队	大队长
张海荣	福州市城市地铁有限责任公司	业主代表(高级工程师)
何 鑫	元翔福州国际航空港安检护卫部旅检分部	旅检班长(高级安检员)
周宝藏	福建福光数码科技有限公司	机械设计师(中级工程师)

十佳供电工人

姓　名	工　作　单　位	职务(职称)
冯振波	国网福州供电公司运维检修部带电室带电作业一班	班长
余海泳	国网福州供电公司运维检修部变电检修室电气试验二班	班长
张文杰	国网福州供电公司郊区客户服务分中心金山供电所	所长
陈　斌	福州电业工程有限公司安装试验中心	班长
林　旻	国网福州供电公司营销部计量室	计量质检综合技术高级师
林晓菁	福州亿力电力工程有限公司	安装班班长
林　强	国网闽侯县供电公司荆溪供电所	所长
梁芙蓉	国网福州供电公司电力调控中心	配网调控班长
黄　颂	国网福州供电公司运维检修部配电运维一班	班长
潘鸿斌	国网福州供电公司马尾客服分中心亭江供电所	所长

（陈乙鼎）

（编辑　苏　颖）

福州市2014年地方法规、规章政策(选录)

编者按

本栏目选录2014年福州市人大制定并颁布的3件地方性法规和市政府出台的2件政府规章(政府令),同时,从238件政府规范性文件中选录21件涉及经济社会发展全局、事关人民群众切身利益、需要社会公众广泛知晓或参与的规范性文件。

地方法规

福州市茉莉花茶保护规定

2014年4月25日福州市第十四届人民代表大会常务委员会第十八次会议通过

2014年5月22日福建省第十二届人民代表大会常务委员会第九次会议批准

第一条 为了加强茉莉花茶的保护,传承福州茉莉花茶文化,促进茉莉花茶产业健康可持续发展,根据《福建省促进茶产业发展条例》等有关法律法规,结合本市实际,制定本规定。

第二条 本市行政区域内用于制茶的茉莉花种植、茉莉花茶加工制作、茉莉花茶品牌保护等适用本规定。

第三条 市人民政府和茉莉花茶产区的县(市、区)人民政府应当将茉莉花茶的保护和产业发展工作纳入国民经济和社会发展规划,并安排专项资金用于茉莉花种植基地建设、茉莉花茶标准的制定和推广实施、品牌文化宣传等。

第四条 市农业行政主管部门和茉莉花茶产区的县(市、区)农业行政主管部门负责辖区内茉莉花茶的保护管理工作。

国土资源、城乡规划、财政、文化、工商、质量技术监督、环境保护、人力资源、旅游等行政主管部门应当按照职责分工,共同做好茉莉花茶的保护工作。

第五条 市农业行政主管部门应当会同市城乡规划、国土资源、文化、质量技术监督等行政主管部门根据相关规划和茉莉花茶保护需要,就茉莉花种植、茉莉花茶制作工艺、品牌保护等内容编制茉莉花茶保护专项规划,报经市人民政府批准后实施。

第六条 市人民政府应当在适宜种植茉莉花的区域内划定种植基地,并发布公告。茉莉花种植基地实行分级保护,分为一级种植基地和二级种植基地。

茉莉花种植基地由市人民政府统一设立保护标志。

第七条 茉莉花一级种植基地,除涉及公共利益的省级以上重点建设项目外,不得征收;茉莉花二级种植基地,除涉及公共利益的市级以上重点建设项目外,不得征收。征收茉莉花种植基地的,应当征求市农业行政主管部门意见,依法办理征收手续。

征收茉莉花种植基地,应当先按照基地相应等级补足种植面积,方可征收。

第八条 鼓励茉莉花茶生产经营企业对茉莉花种植基地的基础设施进行建设和改造,并可以建设与茉莉花茶生产经营相关的配套附属设施,其用地面积不超过基地面积的百分之三,且最多不超过一公顷。

第九条 在茉莉花种植基地内禁止下列行为:

(一)破坏或者擅自移动茉莉花种植基地保护标志;

(二)倾倒、堆放和处置废弃物;

(三)挖沙、取土;

(四)侵占或者损坏茉莉花植株;

(五)侵占或者损坏茉莉花种植基地的基础设施;

(六)其他侵占、破坏茉莉花种植基地的行为。

禁止在茉莉花种植基地及其周边建设污染环境、损害茉莉花种植的项目。

第十条 市农业行政主管部门负责古茉莉花植株的保护

管理工作,组织资源调查,建立档案,对有代表性的古茉莉花植株实行挂牌保护。

第十一条 支持对茉莉花种质资源进行挖掘、征集、保护和研究。

支持建设茉莉花良种繁育基地,加强引进和推广茉莉花优良品种资源的工作。

第十二条 茉莉花种植应当推广使用生物有机肥和病虫害综合防治技术,禁止使用剧毒、高毒、高残留农药。

第十三条 鼓励茉莉花茶生产企业设立科技研发、推广机构,推进茉莉花茶科技创新研发和成果转化项目。

第十四条 支持依法成立的茉莉花茶行业协会开展相关活动,规范行业行为,加强行业自律和人才培养,引导茉莉花茶生产经营者依法诚信经营。

第十五条 市农业行政主管部门、教学科研机构和茶叶技术推广机构应当加强茉莉花茶制作技艺传承人的培养。

农业行政主管部门应当会同人力资源行政主管部门开展茉莉花茶加工、评茶、茶艺等职业技能培训及鉴定。

第十六条 鼓励茉莉花茶传统制作技艺申报非物质文化遗产、重要农业文化遗产,对列入非物质文化遗产、重要农业文化遗产名录的茉莉花茶制作技艺给予保护,对传承人给予奖励和资助。支持传承人通过带徒授艺等方式传承优秀的茉莉花茶制作技艺。

第十七条 鼓励茉莉花茶品牌建设,对被认定为中国驰名商标、福建省著名商标、中华老字号的,以及获得国家地理标志产品保护、农产品地理标志、证明商标的,应当给予保护、奖励。

第十八条 以福州所产茉莉花和烘青绿茶为原料,按照福州传统工艺经四窨一提及以上加工制作而成的茉莉花茶,可以依照相关规定申请使用“福州茉莉花茶”地理标志产品专用标志。

获得国家地理标志的福州茉莉花茶产品应当统一标识。禁止任何单位和个人伪造、冒用专用标志,或者使用与专用标志相近的名称和标志。

福州茉莉花茶国家地理标志产品专用标志的使用单位,应当按照地理标志产品有关标准加工制作福州茉莉花茶,确保原料产地、加工工艺、场所、产品质量符合标准要求,并建立原料收购和产品生产、销售台账。

第十九条 茉莉花茶生产者和销售者应当建立进货查验制度,禁止销售假冒伪劣产品,进货时应当验明产品质量检验合格报告及防伪标志等相关证明材料,获得国家地理标志产品的,还应当验明专用标志证书。

第二十条 农业及其他行政主管部门应当建立茉莉花茶交易平台和信息平台,完善茶叶物流基础设施,为茉莉花茶生产经营者提供政策咨询和信息服务。

第二十一条 文化、旅游、农业等行政主管部门,应当挖掘、整理、传播茉莉花茶文化,开发推广茉莉花茶文化旅游,加强茉莉花茶文化对外宣传与交流。

第二十二条 违反本规定,破坏或者擅自移动茉莉花种植基地保护标志的,由农业行政主管部门责令恢复原状,并处五百元以上一千元以下的罚款。

第二十三条 违反本规定,在茉莉花种植基地挖沙、取土的,由国土资源行政主管部门责令恢复原状,赔偿损失,并按照被毁坏茉莉花种植基地面积处每平方米十元以上三十元以下的罚款。

第二十四条 违反本规定,在茉莉花种植过程中使用剧毒、高毒、高残留农药的,由农业行政主管部门给予警告,并处三千元以上三万元以下的罚款,对使用剧毒、高毒、高残留农药的茉莉花茶予以没收。

第二十五条 违反本规定其他内容的,由国土资源、城乡规划、工商、质量技术监督、环境保护等行政主管部门按照有关法律法规规定进行处罚。

第二十六条 本规定自 2014 年 8 月 1 日起施行。

福州市行政服务条例

2014 年 8 月 29 日福州市第十四届人民代表大会常务委员会第二十一次会议通过

2014 年 9 月 26 日福建省第十二届人民代表大会常务委员会第十一次会议批准

第一章 总 则

第一条 为了规范行政服务,提高行政效能和服务水平,推进法治政府和服务型政府建设,根据《中华人民共和国行政许可法》、《福建省机关效能建设工作条例》等有关法律法规,结合本市实际,制定本条例。

第二条 本条例所称行政服务是指行政服务部门在行政服务场所为公民、法人和其他组织(以下统称申请人)依法办理行政许可和公共服务等事项的活动。

本条例所称行政服务部门是指市、县(市、区)人民政府有关行政主管部门,乡镇人民政府(街道办事处),法律法规授权的组织。

本条例所称行政服务场所是指市、县(市、区)人民政府及有关行政主管部门,乡镇人民政府(街道办事处),法律法规授权的组织设立的集中开展行政服务的工作场所。

第三条 各级人民政府应当加强对本行政区域内行政服务工作的领导,并将行政服务的工作经费列入本级人民政府财政预算。

市、县(市、区)人民政府设立的行政服务管理机构负责协调、指导和监督本行政区域内行政服务场所的行政服务。

第四条 行政服务部门及其工作人员应当树立和践行“马上就办”的工作理念,遵循规范、便民、廉洁、高效的原则。

行政服务场所应当建设成为政务创新的样板、便民利商的平台、政府形象的窗口。

第二章 申请与办理

第五条 申请人申请办理行政服务事项,享有以下权利:

(一)咨询行政服务的申请要件、办理程序、办理进度、办理结果等;

(二)对行政服务部门工作人员的工作提出意见、建议、投诉和举报;

(三)对行政服务部门作出的行政决定有异议的,可以依法申请行政复议或者提起行政诉讼。

第六条 申请人提出行政服务申请,应当依法向行政服务部门提交相关材料,保证材料真实合法。

第七条 申请事项依法不需要取得行政许可或者不属于本部门职权范围的,收到申请的部门应当当场书面告知申请人。

第八条 申请事项属于行政服务部门职权范围、材料齐全、符合法定形式的,行政服务部门应当当场受理并向申请人出具书面凭证。

第九条 申请材料不齐全或者不符合法定形式的,行政服务部门应当当场一次性告知申请人需要补正的全部材料,并出具书面凭证,未履行告知义务的,自收到申请材料之日起即为受理。

第十条 依法只需要对申请材料的形式要件进行审查的,行政服务部门应当当场作出书面决定。

依法需要对申请材料的实质内容进行审查的,行政服务部门应当在规定期限内完成。对符合法定条件和要求的申请,应当作出准予的书面决定;对不符合法定条件和要求的申请,应当作出不予准许的书面决定,并说明理由。

第十一条 通过网络服务系统提出的行政服务申请,行政服务部门应当在三个工作日内完成对该申请的形式审查并答复申请人。对材料不齐全的、形式要件不符合法定要求的,行政服务部门应当通过网络服务系统一次性告知申请人需要补正的材料清单和形式要件的规范要求。

第十二条 申请事项涉及两个以上部门的,行政服务管理机构应当协调相关行政服务部门推行并联审批。并联审批的操作规范由行政服务管理机构负责制定,并经本级人民政府批准。涉及不同行政层级的申请,由行政服务管理机构决定是否在本行政区域内实行跨级联网审批。

第十三条 除法律、行政法规规定外,行政服务部门提供行政服务不得收取任何费用。

需依法收取费用的,行政服务部门应当公布收费依据和收费标准,使用统一印制的票据,所收款项按规定缴入国库。

第三章 建设与管理

第十四条 市、县(市、区)人民政府、乡镇人民政府(街道办事处)应当建立完善本级行政服务场所,统一场所名称、形象标识,规范服务设施。

行政服务管理机构应当制定行政服务的标准和规范,健全办理机制,公开办理事项,优化办理程序,明确办理时限。

第十五条 各级人民政府应当加强行政服务信息化建设,将其纳入本级电子政务建设总体规划,建立电子网络服务系统和电子监察系统,构建跨行政区域、跨部门、跨层级运行的行政服务网络数据交换平台,做到行政服务信息共享,提高行政服务的科学化水平。

第十六条 各级人民政府应当加强行政服务队伍的建设。行政服务场所承办行政服务事项的工作人员应当是行政服务部门行政编制人员或者依法承担行政服务事项的事业编制人员。

行政服务管理机构和行政服务部门对进驻行政服务场所的工作人员实行轮岗和培训制度,对进驻市、县(市、区)人民政府设立的行政服务场所的工作人员实行双重管理。

第十七条 行政服务事项实行目录管理。行政服务部门应当向行政服务管理机构提出列入目录的行政服务事项。

行政服务事项目录由行政服务管理机构会同相关部门组织编制,报本级人民政府决定,并根据调整或者变更情况及时更新。

第十八条 行政服务事项的法定依据、申请要件、办理程序、办理时限由行政服务管理机构会同相关部门进行审查;依法变更的,行政服务部门应当及时公告。

第十九条 行政服务部门应当按照下列规定开展行政服务工作:

(一)将行政服务事项的办理集中到一个内设机构,代表本部门集中进驻本级行政服务场所,行政服务事项集中到网络服务系统;

(二)授予相关负责人承担审批职责,派驻办理行政服务事项的人员在本级行政服务场所办公。

行政服务部门可以委托村(居)民委员会设立的便民服务代办点,集中办理各类便民服务事项。

第二十条 除涉及国家秘密、商业秘密、个人隐私外,行政服务工作应当依法向社会公开。

行政服务场所应当设置专门的政府信息公开查阅平台,通过电子显示屏、网站、信息公开栏等方式集中公布进驻的行政服务部门、行政服务事项及其办事指南等信息。

第二十一条 行政服务部门在办理行政服务事项过程中,除依法应当使用单位正式印章外,可以使用审批专用章,审批专用章仅限于行政服务场所使用。

第四章 考核与监督

第二十二条 各级人民政府应当建立行政服务的绩效管理、目标考核和责任追究制度。行政服务管理机构应当会同有关部门对行政服务质量进行考评,考评情况作为对本级行政服务部门和下级人民政府的绩效考核内容。

第二十三条 行政服务管理机构和行政服务部门应当建立健全内部监督机制,提高服务质量。

第二十四条 行政服务管理机构应当设立投诉窗口,公布举报电话,自觉接受社会公众的批评、建议和监督。

行政服务管理机构和监察机关根据投诉或者举报进行调查,被调查部门及其人员应当予以配合。

第二十五条 对在行政服务工作中作出显著成绩的单位和个人,各级人民政府及其行政服务管理机构应当给予表彰和奖励。

福州市志愿服务条例

2014年8月29日福州市第十四届人民代表大会常委会第二十一次会议通过

2014年9月26日福建省第十二届人民代表大会常委会第十一次会议批准

第一章 总 则

第一条 为了鼓励和规范志愿服务活动,倡导奉献、友爱、互助、进步的志愿服务精神,保障志愿者及志愿服务组织的合法权益,促进志愿服务事业发展,根据有关法律法规,结合本市实际,制定本条例。

第二条 本市行政区域内开展志愿服务活动适用本条例。

第三条 本条例所称志愿服务,是指不以获取报酬为目的,自愿奉献时间、智力、体力和技能等,帮助他人、服务社会的公益行为。

本条例所称志愿服务组织,是指依法登记,从事志愿服务活动的非营利性社会组织。

本条例所称志愿者,是指经登记或者注册从事志愿服务的自然人。

第四条 志愿服务活动应当遵循自愿、平等、无偿、互助的原则。

第五条 市、县(市、区)人民政府应当将志愿服务事业纳入国民经济和社会发展规划,支持、引导并促进志愿服务事业的发展。

第六条 市、县(市、区)精神文明建设指导机构负责指导、协调本行政区域内志愿服务工作。

民政部门负责开展志愿服务组织登记、志愿服务记录规范等工作,并会同有关部门推行志愿者统一注册制度。公安、工商、人力资源和社会保障、城市管理等部门应当在各自职责范围内,对志愿服务活动给予支持和保障。

工会、共青团、妇联等单位应当在各自职责范围内,指导志愿服务活动的开展。

第七条 市、县(市、区)志愿者联合会是由各类志愿服务组织和个人组成的志愿者联合组织,应当对会员加强自律管理,维护志愿服务组织、志愿者的合法权益。

第八条 任何单位和个人应当尊重志愿者和志愿服务组织,不得阻碍和干扰志愿服务活动。

第九条 国家机关、企事业单位、社会团体和其他组织应当宣传志愿服务精神,鼓励和支持志愿服务活动。

广播、电视、报刊和网络等新闻媒体应当对志愿服务活动进行公益性宣传,提高公民志愿服务意识,推动志愿服务活动广泛深入开展。

鼓励将志愿服务精神纳入市民公约、村规民约、行业规范和学生守则。

第二章 志愿服务组织

第十条 申请成立志愿服务组织的,应当依法向民政部门登记。

民政部门应当公开依法办理社团登记的志愿服务组织基本信息。

第十一条 志愿服务组织应当依据章程,组织志愿者开展志愿服务活动。

第十二条 志愿服务组织履行下列职责:

(一)制定志愿服务各项制度;

(二)招募、登记、培训、考核、奖励志愿者;

(三)组织实施志愿服务活动;

(四)开展志愿服务记录,如实记录志愿者服务时间、内容及质量;

(五)建立志愿者服务档案,并根据志愿者申请,如实出具相关证明;

(六)开展志愿服务的宣传、合作、交流活动;

(七)为志愿者提供必要的帮助,维护其合法权益;

(八)志愿者参加志愿服务活动,因不可抗力或者第三人原因受到损害,给予适当补偿或者依法协助向第三人索赔;

(九)志愿服务组织章程规定的其他职责。

志愿服务组织应当通过适当方式公示其服务范围、具体职责和联系方式。

第十三条 志愿服务组织应当对注册志愿者发放志愿者证。

第十四条 志愿服务组织应当对志愿者的个人信息保密,未经志愿者本人同意,志愿服务组织不得公开或者向第三方提供。

第十五条 志愿服务组织应当依法筹集、使用和管理志愿服务活动资金、物资。对筹集的资金、物资应当建立接收、登记、管理制度,并向社会公开使用情况。对捐赠资金、物资的支配和使用应当尊重捐赠者的意愿,并向其通报使用情况。

志愿服务经费应当设立专户,专款专用。

第十六条 志愿服务组织安排志愿者参加志愿服务活动时,应当与志愿者的年龄、健康状况等条件相适应,与志愿服务项目所要求的知识技能相适应,不得安排志愿者从事超出其自身能力的志愿服务活动。

第三章 志愿者

第十七条 志愿者从事志愿服务活动应当具备相应的民事行为能力。

限制民事行为能力人,经其监护人同意,可以参加与其年龄、智力状况相适应的志愿服务活动。

第十八条 志愿者享有下列权利:

(一)自愿参加或者退出志愿服务组织;

(二)自主选择参加志愿服务活动;

(三)获得所参与志愿服务活动真实、准确、完整的信息;

(四)获得从事志愿服务活动所必要的物质条件和安全保障;

(五)获得志愿服务所需的知识和技能培训;

(六)对志愿服务活动提出建议,对志愿服务组织进行监督;

(七)自身遇到困难时优先获得志愿服务;

(八)法律法规规定的其他权利。

第十九条 志愿者应当履行下列义务:

(一)提供志愿服务时应当征得志愿服务对象的同意;

(二)履行志愿服务承诺;

(三)维护志愿服务对象的合法权益,保守志愿服务对象的个人隐私等信息;

(四)维护志愿者、志愿服务组织的形象和声誉;

(五)法律法规规定的其他义务。

第四章 志愿服务

第二十条 志愿服务范围包括助老扶弱、扶贫济困、社区服务、公共文明引导、大型社会活动、科教服务、环境保护、文化传播传承、抢险救灾、人道服务等关爱他人、关爱社会、关爱自然的社会公益活动。

第二十一条 需要志愿服务的组织或者个人,可以向志愿服务组织提出申请。申请时必须提供与志愿服务有关的真实、准确、完整信息,说明潜在的风险,并按照志愿服务组织的要求提供相关材料。

志愿服务组织应当及时答复,不能提供服务的应当予以说明。

第二十二条 在开展志愿服务活动时,志愿服务组织应当使用统一的志愿服务标识。

第二十三条 志愿服务组织在组织志愿服务活动时,应当公布志愿服务活动真实、准确、完整的信息,并告知志愿者注意事项。

第二十四条 接受志愿服务的组织和个人,应当为志愿者提供必要的物质、安全保障。

组织抢险、救灾等可能存在高风险的志愿服务活动时,志愿服务组织应当为参加志愿服务的志愿者办理相应的人身保险。

第二十五条 除抢险救灾、应急援助活动外,志愿服务组织举行重大的志愿服务活动,应当提前将志愿服务计划报送精神文明建设指导机构备案,并在活动结束之日起二十个工作日内将志愿服务活动情况报送精神文明建设指导机构。

第二十六条 有下列情形之一的,志愿者、志愿服务组织和志愿服务对象之间应当签订书面协议,明确志愿服务内容、要求以及三方权利义务:

(一)可能危及志愿者人身安全和身心健康的志愿服务;

(二)为大型社会活动提供的志愿服务;

(三)服务时间长达三个月以上的志愿服务。

第二十七条 任何组织和个人不得利用志愿服务组织、志愿者、志愿服务标识或者以志愿服务组织、志愿者的名义进行营利性活动及与志愿服务无关的活动。

任何组织和个人不得强行指派志愿服务组织、志愿者提供服务。

第五章 保障和激励

第二十八条 各级人民政府应当将志愿服务工作经费列入年度财政预算,支持和保障本行政区域内的志愿服务活动的正常开展,对志愿服务活动中作出重大贡献的,给予表彰和奖励。

第二十九条 各级人民政府应当鼓励基层群众自治组织设立志愿服务站,并为志愿服务站的设立及活动开展提供必要的经费与场所支持。

志愿服务站负责收集志愿服务需求信息、实现志愿服务需求对接、记录志愿服务情况等工作。

第三十条 学校、家庭和社会应当将志愿服务意识纳入青少年思想道德教育中,鼓励和支持青少年参加力所能及的志愿服务活动。

第三十一条 建立志愿者服务星级评定和激励制度。星级评定和激励制度由市人民政府制定。

第三十二条 文明单位、文明行业、文明村镇等创建活动应当将开展志愿服务活动的成效作为考核的重要内容。

第六章 法律责任

第三十三条 志愿服务组织及其工作人员在记录志愿服务或者出具志愿服务证明时弄虚作假的,由有关主管部门责令改正,并予以通报;情节严重的,依法追究法律责任。

第三十四条 利用志愿服务组织、志愿者、志愿服务标识或者以志愿服务组织、志愿者的名义进行营利性活动或者非法活动的,由公安、民政、工商、人力资源和社会保障等部门按照职责依法追究法律责任。

第七章 附 则

第三十五条 志愿服务组织组织志愿者到本市行政区域外从事志愿服务活动,参照本条例的有关规定执行。

第三十六条 本条例自2014年12月1日起施行。

政府规章及政策

福州市人民政府令

第61号

《福州市机动车驾驶员培训管理办法》已经2014年4月8日市人民政府第4次常务会议通过,现予发布,自2014年6月1日起施行。

市长:杨益民

2014年4月18日

福州市机动车驾驶员培训管理办法

第一章 总 则

第一条 为加强机动车驾驶员培训管理,保障各方的合法权益,促进机动车驾驶员培训行业的健康发展,根据有关法律、法规,结合本市实际,制定本办法。

第二条 本市行政区域内从事普通机动车(专门的摩托车驾驶培训机构除外)驾驶员培训的机构(以下简称"驾培机构")和接受机动车驾驶员培训的人员(以下简称"学员"),应当遵守本办法。

本办法所称机动车驾驶员培训,是指以培训学员的机动车驾驶技能,为社会公众有偿提供驾驶培训服务的活动。

第三条 市交通运输行政主管部门负责全市机动车驾驶员培训管理工作。

县级交通运输行政主管部门负责本行政区域内的机动车驾驶员培训管理工作。

各级道路运输管理机构依照本办法规定,具体负责实施本行政区域内的机动车驾驶员培训管理工作。

国土资源、公安交通、价格、人力资源和社会保障等有关部门应当按照各自职责,做好机动车驾驶培训行业的管理工作。

第四条 市交通运输主管部门应当根据驾培市场供求情况制定行业发展规划。市道路运输管理机构按照行业发展规划对驾培机构发展规模实施调控。

驾培机构训练场地纳入交通基础设施用地范畴,列入城乡总体规划。

第五条 机动车驾驶员培训管理应当遵循公平、公正、公开和便民的原则。鼓励驾培机构实行规范化、公司化经营。

鼓励支持社会力量投资举办机动车驾驶员培训教练场。鼓励支持驾培机构推广使用新能源教学车辆。

第六条 驾培机构应当遵纪守法、诚信经营、文明服务。各级道路运输管理机构和驾培机构应当建立投诉处理制度,接受投诉和监督。

第七条 驾培机构应当公布培训费用标准并报市道路运输管理机构备案。市价格、交通行政主管部门应当加强对驾培机构的培训费用管理。

第二章 资质管理

第八条 申请从事机动车驾驶员培训的,应当符合交通运输部的有关规定,具备独立企业法人资格,教学场地、教学车辆、教学人员、管理人员符合相关规定。

申请从事机动车驾驶员培训的,应当符合交通运输部的有关规定,具备独立企业法人资格,教学场地、教学车辆、教学人员、管理人员符合相关规定。

第九条 驾培机构的教学场地应当符合以下要求:

(一)新申办的驾培机构,其教学场地应为自有土地;

(二)本办法实施前设立的驾培机构,在已取得的许可期限届满后重新申请许可的,其教学场地应当为自有土地或者依法租赁的土地,租赁土地的,租赁期不得少于六年;

(三)教学场地规模应当与本办法第十条规定的教学车辆相适应。

第十条 驾培机构的教学车辆应当符合以下要求:

(一)新申办的驾培机构应当配备自有教学车辆100辆以上;

(二)本办法实施前已设立的驾培机构应使自有教学车辆逐步达到规定的数量;已取得的许可期限届满后,城区及福清市、长乐市、闽侯县、连江县的驾培机构应当配备自有教学车辆100辆以上,永泰县、罗源县、闽清县的驾培机构自有教学车辆数标准由市道路运输管理机构结合各县实际情况另行确定;

(三)教学车辆应当取得市道路运输管理部门核发的《教学车辆证》,并随车携带;

(四)符合国家规定的车辆技术标准,装有副后视镜、副制动器、培训计时装置、灭火器及其他安全防护装置,并具有统一标识,各驾培机构车身颜色符合规定,色调统一,车门两侧标明驾培机构名称和监督电话;

(五)教练车每半年实行一次二级维护,每年实行一次综合性能检测,确保车辆性能完好,符合教学和安全行车的要求。

第十一条 驾培机构经理人应当持有省级道路运输管理机构核发的道路运输经理人从业资格证。

学员科目结业考核人员应当具备二级机动车驾驶教练员职业资格。

信息化管理人员应当具有计算机相关专业大专以上学历或持有计算机等级考试二级证书。

第十二条 符合本办法规定的驾培机构,由道路运输管理机构依照法定程序实施机动车驾驶员培训业务的行政许可。

市道路运输管理机构应当对驾培机构培训规模进行核定,核定结果通报公安机关交通管理部门。

第十三条 市道路运输管理机构对驾培机构实行等级管理,对其资质等级、基本条件、经营行为、培训质量、安全生产、履行责任和管理水平等方面进行综合考评,定期向社会公布考核结果,并按考核结果予以奖惩。具体考核办法由市道路运输管理机构制定。

第三章 经营管理

第十四条 驾培机构应当严格履行企业主体管理责任,加强对教练员的继续教育,落实文明教学、文明服务、安全生产、车容车况检查等各项管理制度。

对学员的投诉,驾培机构应当及时调查处理,在受理之日起5日内作出答复。

第十五条 驾培机构应当聘用取得从业资格证的人员担任教练员,并按照教练员从业资格证核定的范围安排教学活动。

驾培机构应当依法与教练员签订劳动合同,依法为教练员办理社会保险费用缴纳手续,维护教练员的合法权益。

驾培机构在分配教学任务过程中,应当做到公平、公正;教练员应当遵守驾培机构的各项管理规定,不得影响教学秩序。

驾培机构应当制定和落实突发性事件的应急预案,对扰乱社会秩序的行为及时劝阻和制止。

第十六条 驾培机构应当在市道路运输管理机构核定的教学场地和公安机关交通管理部门指定的路线、时间进行培训。禁止使用未取得《教学车辆证》的车辆从事机动车驾驶员培训活动。

驾培机构应当建立教练车档案。教练车档案包括车辆基本情况、维护和检测情况、技术等级记录、行驶里程记录等内容。档案保存至车辆淘汰后一年。

第十七条 驾培机构应当与学员签订机动车驾驶员培训合同,载明双方的权利和义务,并为学员办理培训期间的相关保险。

培训费由驾培机构收取,向学员出具收款凭证。驾培机构在与学员约定的有效培训期限内不得变相向学员加收培训费或其他费用,

第十八条 驾培机构应当配置机动车驾驶员培训学时管理系统,并按照规定使用。

驾培机构培训学员实行学时制,建立学时预约制度。学员理论培训时间和实际操作培训时间每天不得超过规定学时。

第十九条 驾培机构应当按照规定的教学大纲对学员进行培训。

学员培训结业时,驾培机构应当向学员颁发机动车驾驶员培训结业证书。

第二十条 驾培机构应当建立学员档案。学员档案应当包括学员登记情况、培训合同、教学日志、培训记录、学员保险单和结业证书复印等内容。

由驾培机构培训的学员,驾培机构应当建立学员科目结业考核制度,如实填写学员培训记录,并报道路运输管理机构核查备案。公安机关交通管理部门在受理经驾培机构培训的机动车驾驶证考试申请时,应当按照国家有关规定查验并收存驾培机构出具的培训记录。

学员档案自学员结业之日起至少保存四年。

第四章 学员与教练员

第二十一条 教练员不得以任何名义向学员收取培训费用。

第二十二条 在驾培机构规定的培训时间内,学员有权选择培训时间和教练员,对驾培机构及教练员违反本办法规定的行为可进行投诉、举报。学员科目结业考核合格后,可自主或通过驾培机构向公安机关交通管理部门预约考试,公安机关交通管理部门应当及时安排考试。

学员应当遵守驾培机构的管理制度,爱护教练车、教学设施和设备。

第二十三条 教练员应当遵守下列执教规范:

(一)遵守法律、法规和职业道德;

(二)按照统一的教学大纲规范施教,并如实填写教学日志和培训记录;

(三)不得为非本驾培机构学员提供机动车驾驶员培训;

(四)从事教学活动时,应统一着装,佩戴工作监督牌,携带教练员证;

(五)不得转让、出租、出借或涂改、伪造教练员证;

(六)随车教学,与教学无关的人员不得乘坐教练车辆;

(七)应当在许可的本驾培机构教练场地和公安机关交通管理部门指定的路线、时间从事教学活动;

(八)不得酒后从事教学活动;

(九)不得索取、收受学员财物,或者向学员谋取其他利益;

(十)法律、法规、规章规定的其他执教规范。

第二十四条 驾培机构教练员教学质量信誉考核内容应当包括教练员的基本情况、教学业绩、教学质量排行情况、参加教育情况、奖惩记录等。

第二十五条 道路运输管理机构应当加强对教练员的管理,建立教练员档案,依法向社会公开相关信息。

第五章 监督检查

第二十六条 交通、公安机关交通管理等部门应当督促驾培机构加强机动车驾驶员培训管理的信息化建设,实现信息共享。

第二十七条 交通运输主管部门、道路运输管理机构应当依法对驾培机构的培训活动进行监督检查,不得滥用职权、徇私舞弊,不得妨碍驾培机构的正常工作秩序。

驾培机构及其管理人员、教练员、学员和其他相关人员应当积极配合接受检查,如实提供有关资料,不得拒绝、妨碍、阻挠。

第二十八条 道路运输管理机构应当公开举报投诉电话号码和通信地址,受理投诉和举报,接受投诉的机构或部门在受理投诉之日起15日内将处理结果告知投诉人。

道路运输管理机构和公安机关交通管理部门的工作人员不得参与或变相参与机动车驾驶员培训经营。

第六章 法律责任

第二十九条 违反本办法规定,驾培机构有下列情形之一的,由道路运输管理机构责令限期改正,并处5000元以上10000元以下罚款:

(一)未与学员签订培训协议或未出具培训收款凭证的;

(二)不履行培训协议的约定,向学员变相加收培训费用的;

(三)不按规定使用学时系统的;

(四)未按规定组织培训的;

(五)未制定和落实突发性事件的应急预案,或者未对扰乱社会秩序的行为及时劝阻和制止的。

第三十条 违反本办法规定,驾培机构有下列情形之一的,由道路运输管理机构责令限期改正,并处2000元以上5000元以下罚款:

(一)聘用未取得教练员从业资格证的人员担任教练员;

(二)未按照教练员从业资格证核定的范围安排教学活动的;

(三)未按规定对教练车进行维护和检测的;

(四)未按规定装置教练车的;

(五)使用未取得《教学车辆证》的教练车进行机动车驾驶员培训的;

(六)未按规定建立学员档案、教练车档案的;

(七)未如实填写培训记录的;

(八)未按规定报送培训记录备案的;

(九)对学员每天培训时间超过规定学时的;

(十)在本驾培机构许可外的教练场地从事教学活动的。

违反前款第(一)、(四)、(五)、(十)项规定之一,情节严重的,由道路运输管理机构依据《福建省道路运输条例》规定暂扣经营许可证。

第三十一条 违反本办法规定,教练员有下列情形之一的,处1000元以上2000元以下罚款;情节严重的,由道路运输管理机构将其列入不适岗名单,停止其教学工作:(一)伪造、涂改、转让、出租、出借教练员证的;

(二)擅自收取培训费用的;

(三)为非本驾培机构学员提供机动车驾驶培训的;

(四)未按统一的教学大纲施教学的;

(五)酒后教学的;

(六)索取、收受学员财物,或者谋取其他利益的;

(七)其他严重影响教学秩序的行为。

第三十二条 违反本办法规定,教练员有下列情形之一的,由道路运输管理机构责令改正,并处500元以上1000元以下的罚款:

(一)未如实填写教学日志;

(二)从事教学活动时,未随身携带教练员从业资格证的;

(三)未随车教学的。

第三十三条 违反本办法其他规定的行为,由交通、公安交通、工商、税务、价格、人力资源和社会保障等部门按照有关法律、法规处理。

第三十四条 违反本办法规定,道路运输管理机构的工作人员有下列情形之一的,依法给予行政处分;构成犯罪的,依法追究刑事责任:

(一)违法实施行政许可的;

(二)参与或者变相参与机动车驾驶员培训经营的;

(三)索取、收受他人财物,或者谋取其他利益的;

(四)有其他滥用职权、徇私舞弊行为的。

第七章 附 则

第三十五条 市交通运输主管部门可以根据本办法制定实施细则。

第三十六条 本办法自2014年6月1日起施行。

福州市人民政府令

第62号

《福州市人民政府关于修改〈福州市民用船舶和船员民兵动员征用暂行规定〉的决定》已经2014年11月14日市政府第20次常务会议通过,现予公布,自公布之日起施行。

市长:

2014年12月5日

福州市人民政府关于修改《福州市民用船舶和船员民兵动员征用暂行规定》的决定

(附:修正本)

现决定对《福州市民用船舶和船员民兵动员征用暂行规定》作如下修改:

一、第十五条第一款修改为:"持有《民船征用登记证》的民船发生所有权转移、抵押、船只租赁、变更登记和注销登记的,船舶登记机关在办理完相应手续后,应在每个月的15日内将汇总数据情况报船籍注册地国防交通主管机构备案。"

二、第十五条第二款修改为:"对已编入海上民兵组织并且安装有军事装备器材的船舶,发生船舶所有权转移、抵押、船只租赁、变更登记和注销登记情形的,船舶登记机关在办理相应手续时,应当要求船舶所有权人将军事机关安装、配备的装备和器材,上交船舶所编民兵组织地的县(市)区人民武装部,并通知当地人民武装部,由当地人民武装部负责收回。"

三、第二十七条修改为:"民船动员征用经费支出范围包括:(一)海上动员力量年度组织整顿、教育训练和日常管理等事业经费;(二)民船征集动员、训练、演习、执行海上应急任务所需经费;(三)对所征用的民船进行技术改造,配备报知设备及报知设备日常使用、维护、保养,加装其他特殊专用设备等所需经费;(四)民船征用时使用港口、码头、仓库及配套设施的补偿经费;(五)动员征用民船的海上损失的合理赔偿;(六)经各级国防交通主管部门审查,并报同级人民政府同意开支的民船动员征用中的其他相关项目经费。"

四、第二十九条修改为:"经费筹集由政府立项,遵循均衡负担、多种渠道筹集的原则,分别列入各级各部门年度财政预算计划。(一)民兵海上动员力量年度组织整顿、教育训练、日常管理等经费列入组建单位所在县(市)区年度财政预算;(二)动员征用保障部队训练、演习的民船,补偿费和赔偿费由使用部队承担;(三)用于战备训练项目的技术改造及加装特殊专用设备所需经费,由赋予任务的单位负担。(四)用于加装报知设备及报知设备日常使用、维护、保养的经费由县(市)区年度财政支出。(五)动员征用民船使用港口、码头、仓库的补偿经费依据国家军事运输有关规定,由当地人民政府协调港口企业解决。"

五、删除第三十条第二款。

六、在第三十条之后增加一条作为第三十一条,后续条文顺序相应调整。

第三十一条:"符合本办法规定被动员征用的民船和人员可以获得下列补偿费用:(一)船舶油料费;(二)误工补贴费;(三)基本生活费;(四)损失补偿费;(五)其他应当给予合理补偿的费用。"

七、个别文字修改:

1. 将《规定》中涉及的名词"民兵船运团"统一修改为"海上民兵组织","海监和渔政"统一修改为"渔业"。

2. 将第七条第一款第(三)项中的"国民经济动员部门"修改为"国防交通主管部门"

3. 将第十二条第一款第(二)项中的"船舶年审"修改为"船舶证书年审"。

本决定自公布之日起施行。

根据本决定对《福州市民用船舶和船员民兵动员征用暂行规定》作相应的修改,重新公布。

福州市民用船舶和船员民兵动员征用暂行规定

(2004年7月20日福州市人民政府令第32号公布
根据2014年12月5日福州市人民政府令
第62号公布的《福州市人民政府关于修改
〈福州市民用船舶和船员民兵动员征用暂行规定〉的决定》修正)

第一章 总 则

第一条 为做好我市民用船舶和船员民兵动员征用工作,提高被动员征用民船的应急保障能力,满足战时及平时特殊情况下民船动员征用的需要,根据《中华人民共和国国防法》、《国防交通条例》、《民用运力国防动员条例》等有关法律法规,制定本规定。

第二条 本市行政区域内拥有或者管理民用船舶的单位和个人都应当遵守本规定,依法履行民用运力国防动员义务。

本规定所称的民用船舶和船员民兵动员征用(以下简称民船动员征用),是指战时及平时特殊情况下,各级人民政府依法采取行政措施,统一组织征用单位和个人所拥有的民船及其设备和操作人员的活动。

第三条 民船动员征用工作实行统一领导、分级负责、平战结合、依法管理的原则。

第四条 民船动员征用的主要任务:

(一)准确掌握民船动员潜力;

(二)研究制定民船动员预案;

(三)开展海上民船编组;

(四)建立健全民船动员征用机构,加强对民船的管理;

(五)组织船员民兵进行军事和专业训练;

(六)动员征用民船保障部队训练、演练和作战任务需要;

(七)组织民船进行加(改)装;

(八)执行海上应急任务等活动;

(九)完成当地人民政府和军事指挥机关赋予的其他任务。

第五条 民船动员征用工作是国防动员工作的重要组成部分,各级政府必须加强领导,军地各有关部门应密切配合,切实履行职责。

第二章 组织领导和职责分工

第六条 市、县(市)区国防交通主管机构在同级国防动员委员会的组织领导下,负责本地区民船动员征用工作,履行下列职责:

(一)组织民船调查、统计和登记,建立档案和数据库;

(二)检查指导本级民船动员征用准备工作的落实,协调研究解决有关问题;

(三)协调、组建海上民兵组织;

(四)负责动员征用民船的日常管理、专业勤务训练;

(五)负责制定民船动员征用的预案和实施计划;

(六)负责被动员征用民船的复员归建和补偿评估等工作;

(七)战时组织实施全市民船的动员征集工作;

(八)承办与民船动员征集有关的工作,完成上级国防交通主管机构和本级国防动员委员会赋予的其他职责。

第七条 有关部门在民船动员征用工作中的主要职责是:

(一)海事、渔业等部门准确掌握并及时提供民船资料以及民船更新改造、买卖、出租、转让、报废等有关情况;负责船舶的登记、统计和船员管理、教育工作;协助海上民兵组织搞好船舶编组和船员训练工作;主动做好情况通报;完成与民船动员征用有关的其他工作。

(二)公安边防部门准确掌握并及时提供船舶户籍和船民证变更、注销等有关情况;协助做好船舶登记、统计工作;完成与民船动员征用有关的其他工作。

(三)财政、民政和国防交通主管部门要搞好民船动员征集的经费保障;制定本单位民船动员征用保障计划;搞好民船动员征用物资储备;落实执行作战、应急和战备训练等任务伤亡人员的抚恤优待工作;协助做好民船动员征用有关工作。

第八条 警备区、人民武装部在民船动员征用工作中的主要职责是:

(一)会同国防交通主管机构等有关部门组织实施民船的运力调查摸底、登记统计和核对工作;

(二)落实海上民兵组织的组建和编组,开展海上民兵年度组织整顿、军事训练和政治教育;

(三)积极向地方党委、人民政府提出完成民船动员征用任务的意见和建议,会同有关部门拟制动员征用计划,组织指挥民船收拢集结;

(四)拟制经费保障计划,请领、管理和使用各项经费,会同国防交通主管机构等有关部门对征用民船进行损失评估,承办动员征用民船的赔偿补偿,做好经费保障的其他工作;

(五)负责武器装备和物资的请领、接收、配发,会同有关部门办理征用船舶、人员交接的有关手续,配合有关部门处理好民船动员征用相关事宜。

第九条 沿海各乡镇认真执行民船动员征用方案和实施计划,做好各项保障工作,完成本单位民船动员征用任务;负责本单位海上民兵组织的训练、管理和征用工作。

第十条 各级国防交通主管机构、土地、港务、船舶属地管理单位、企业主管部门和乡镇人民政府应对海上民兵组织在船舶维修、土地使用、码头扩(改)建等方面给予优先安排,对被征用期间的船舶适当减免企业管理费、港务费等费用。

第十一条 拥有民船的单位和个人,应依法履行民船动员征用和参加民兵组织的责任与义务,保证被动员征用民船及其设备技术状况良好,并保证随同船员具有相应的技能。

第三章 征用登记和管理

第十二条 下列民船,必须进行征用登记:

(一)适航于Ⅱ类以上海区的客船、高速客船(气垫船、水翼船)、客滚(渡)船、杂货船、散货船、滚装船、多用途船、集装箱船、半潜船、成品油船、散装(液体)化学品船、挖泥船、打桩船、起重船、泥(石)驳、方驳、拖轮、100千瓦以上的交通船、供水(油)船(驳)、测量船、修理船、潜水工作船、消防船等船舶。

(二)50总吨以上的海上机动渔船。

征用登记工作由市级国防交通主管机构统一组织实施。征用登记的民船必须按照有关规定进行登记注册,其船员也必须持有中华人民共和国海事、渔业和其他管理机关颁发的适任证书或其他合法证书。征用登记工作可结合每年船舶证书年审或由国防交通主管机构统一时间进行。

第十三条 对登记民船发给市国防交通主管机构统一制作的“民船征用登记证”。县(市)区人民武装动员办公室应在“民船征用登记证”上签署履行国防义务意见并加盖专用印章,或委托县(市)区国防交通主管机构负责。

第十四条 登记的民船由市国防交通主管机构按照战备专业保障队伍的要求、规模、制度,按船籍港属进行战备编队。

海上民兵组织每年应结合民兵整组和船舶变化情况,及时调整组织结构,组织船员民兵政治审查,搞好干部调配,组织集结点验,进行总结验收。

第十五条 持有“民船征用登记证”的民船发生所有权转移、抵押、船只租赁和注销事项的,船舶登记机关在办理完相应手续后,应在15日内将情况报船籍注册地国防交通主管机构备案。

对已编入海上民兵组织并且安装有军事装备器材的船舶,发生船舶所有权转移、抵押、船只租赁、变更登记和注销登记情形的,船舶登记机关在办理相应手续时,应当要求船舶所有权人将军事机关安装、配备的装备和器材,上交船舶所编民兵组织地的县(市、区)人民武装部,并通知当地人民武装部,由当地人民武装部负责收回。

第十六条 各级国防交通主管机构必须会同军事部门和担负任务的部队组织征用登记的船舶和船员专业勤务训练,并按军事部门和担负任务部队的要求,进行军事训练和船舶加(改)装。

第十七条 领有“民船征用登记证”船舶的船员及其管理指挥人员,必须按规定时间参加相关的训练和演练。

编入海上民兵组织的外地船员,由县(市)区人民武装部与其户籍地武装部建立联系制度,随船征用;对解除合同和工作变动的,及时进行调整。

第十八条 县(市)区人民武装部和国防交通主管机构、海事、渔业和军事部门,应当根据分工,加强对民船训练的指导,解决训练中的困难和问题,确保训练质量。

第四章 动员与征用组织实施

第十九条 当国家发布总动员令、局部动员令或有其他需要动员征用民船时,市、县(市)区国防交通主管机构按照国家或本级国防动员委员会下达的民船动员征用任务,组织实施民船动员征用。

第二十条 军队需要民船的,向所在地的军区国防交通主管机构提出申请;武装警察部队和民兵组织需要民船的,向当地国防交通主管机构提出申请。

第二十一条 民船动员征用需要使用港口、码头、装卸设备、仓库、加油站等设施的,有关单位必须给予保障。

市国防交通主管机构应当及时制定民船动员实施计划,报市国防动员委员会和市人民政府批准。

第二十二条 国防交通主管机构和有关单位,应当及时向被动员征用单位下达民船动员征用通知,并督促做好船舶集结准备。对海上民兵组织实施动员征用时,由县(市)区人民武装部、编队干部会同国防交通主管机构按照民船集结收拢方案,实施动员征集。

第二十三条 国防交通主管机构应当会同交通、海事、渔业等主管部门确定集结水域、时间、方法。被动员征用民船单位和个人,必须按指定的时间、水域和方法,组织民船迅速隐蔽地进入集结水域。编入海上民兵组织的船舶,必须在接到动员征用通知后10天内起程返回,20天内完成收拢集结。

第二十四条 被动员征用民船必须进行整备。整备可在集结前或集结后进行,情况紧急时,也可边集结边整备或到指定水域整备。整备内容包括:检查船舶的技术状况和相关设备的配套情况,补充燃料、淡水、物资和器材,配备加固捆绑器材和救助设备,根据任务需要配备武器。

第二十五条 国防交通主管机构统一组织被动员征用民船的交接。交接后民船及相关设备的有关安全防护、后勤保障和船舶维修等由使用单位负责。

第五章 民船动员征用经费保障

第二十六条 民船动员征用经费应当依照国家有关规定,分别列入市、县、区财政年度预算计划及企业收支计划。

第二十七条 民船动员征用经费支出范围包括:

(一)海上动员力量年度组织整顿、教育训练和日常管理等事业经费;

(二)民船征集动员、训练、演习、执行海上应急任务所需经费;

(三)对所征用的民船进行技术改造,配备报知设备及报知设备日常使用、维护、保养,加装其他特殊专用设备等所需经费;

(四)民船征用时使用港口、码头、仓库及配套设施的补偿经费;

(五)动员征用民船的海上损失的合理赔偿;

(六)经各级国防交通主管部门审查,并报同级人民政府同意开支的民船动员征用中的其他相关项目经费。

第二十八条 财政、交通、海事、港务、渔业、民政等相关部门应当积极协助人民武装动员办公室、海上民兵组织做好民船动员征用的损失评估和补偿赔偿工作。

第二十九条 经费筹集由政府立项,遵循均衡负担、多种渠道筹集的原则,分别列入各级各部门年度财政预算计划。

(一)民兵海上动员力量年度组织整顿、教育训练、日常管理等经费列入组建单位所在县(市)区年度财政预算;

(二)动员征用保障部队训练、演习的民船,补偿费和赔偿费由使用部队承担;

(三)用于战备训练项目的技术改造及加装特殊专用设备所需经费,由赋予任务的单位负担。

(四)用于加装报知设备及报知设备日常使用、维护、保养的经费由县(市)区年度财政支出。

(五)动员征用民船使用港口、码头、仓库的补偿经费依据国家军事运输有关规定,由当地人民政府协调港口企业解决。

第三十条 对海上民兵组织在编人员和船只及临时动员征用的民船,有下列情形之一的,可以得到补偿:

(一)民船及船员参加教育、训练、演习的;

(二)战备集结待命的;

(三)处理突发事件和应急保障的;

(四)民船因战备需要进行技术加(改)装的;

(五)其他用于民船动员征用的事项。

第三十一条 符合本办法规定被动员征用的民船和人员可以获得下列补偿费用:

(一)船舶油料费;

(二)误工补贴费;

(三)基本生活费;

(四)损失补偿费;

(五)其他应当给予合理补偿的费用。

第三十二条 有下列情形之一的,被动员征用的船舶和设施可以得到赔偿:

(一)因训练、演练、集结、执行应急任务造成船舶损坏的;

(二)在动员征用期间遭遇不可抗拒或意外事件引起损失的;

(三)其他经批准可以赔偿的。

第三十三条 被动员征用民船的指挥管理人员、操作人员和其他人员,因执行作战、应急和战备训练等任务负伤致残、牺牲、病故的,由民船动员征用单位和军事机关、市国防交通主管机构出具证明,经市民政部门依据有关规定批准后,按国家优抚政策有关规定给予抚恤优待。

第三十四条 补偿标准既要充分照顾民船利益,又要服务服从国防建设需要,紧密结合征、用双方实际,比照市场价格,由县(市、区)人民政府牵头,军事机关会同财政局、国防交通主管机构研究确定。

(一)海上民兵组织在编人员参加年度教育训练,其误工补助费和生活费参照当地民兵训练的标准,按照现行的差旅费管理制度报支;

(二)动员征用参加演练期间的人员误工补助及生活费补助标准,以实际参演人数为准,每人每天按照本人日工资标准给予补偿;

(三)油料补偿费根据实际消耗油料量和市场油价而定;

(四)民船损失补助,渔船在捕鱼期参照同类船只相同时间段

平均利润,运输船参照年平均利润,由使用单位和民船拥有者协商确定适当补助;

(五)船舶损坏赔偿标准视损坏程度而定,由国防交通主管机构所指定的船舶修理单位进行评估;

(六)船舶技术改造、加装特殊专用设备和技术储备经费的补助,由交通、科技、船舶修理等单位鉴定评估,比照市场价格而定。

第三十五条 海上民兵组织经费使用和管理必须严格遵守国家和军队的财务管理制度,统一划拨警备区、人民武装部账户集中管理,专款专用,并接受地方和军队财政审计部门的双重财务审计监督。

第六章 奖励与罚则

第三十六条 动员征用工作中做出显著成绩的单位和个人。由各级人民政府、国防交通主管机构和军事机关根据《中国人民解放军纪律条令》等有关规定给予表彰和奖励。

第三十七条 有下列表现之一的,可以实施奖励:

(一)模范执行国家和各级国防交通主管机构民船动员征用命令,表现突出的;

(二)完成民船动员征用或作战保障任务表现突出的;

(三)完成海上民兵组织赋予的战备执勤任务表现突出的;

(四)参加军事训练、演练等军事活动表现突出的;

(五)执行海上应急任务事迹突出的;

(六)其他符合国家奖励标准的。

第三十八条 对违反本规定,逃避或者拒不履行民用运力国防动员义务的单位主管人员、直接责任人和民船拥有者,根据《民用运力国防动员条例》第四十六条的规定予以处罚。

第三十九条 违反本规定,有下列情形之一的,对负有直接责任的主管人员和其他责任人员,由国防交通主管机构提请其所在单位或者上级主管机关按照有关规定给予行政处分;构成犯罪的,依法追究刑事责任:

(一)未经主管部门批准,擅自动员征用民船的;

(二)未按规定的时限、地点和要求集结民船,或者不服从指挥,给军事行动或其他应急保障造成严重损失的;

(三)故意破坏被征用民船致使其不能完成动员征用任务的。

第七章 附 则

第四十条 本暂行规定所称的特殊情况,是指局部战争、武装冲突和其他突发事件。

第四十一条 本规定由福州市国防动员委员会交通战备

办公室和人民武装动员办公室负责解释。

第四十二条 本规定自2004年7月20日起施行。

福州市人民政府关于地铁2号线工程征地拆迁和管线迁改的公告

榕政〔2014〕4号
(2014年5月22日)

为加快福州地铁2号线工程征地拆迁和管线迁改工作,保证工程建设按计划顺利进行,早日造福全市人民,现将有关事项公告如下:

一、地铁2号线工程概况:地铁2号线工程整体呈东西走向,西起闽侯县苏洋村,东至晋安区鼓山风景区,沿线设苏洋站、沙堤站、上街站、浦口站、福大站、董屿站、厚庭站、桔园洲站、洪湾站、金山站、金祥站、祥坂站、宁化站、西洋站、南门兜站、五一广场站、水部站、紫阳站、五里亭站、前屿站、上洋站、鼓山站等22座车站,以及董屿110kV主变电站、竹岐车辆段、鼓山下院停车场,正线线路长26.5公里。

二、地铁2号线工程建设所涉及的土地房屋征收工作由沿线区(县)政府和高新区管委会分别组织实施。各区(县)政府、高新区管委会要设立地铁工程建设分指挥部,作为专门负责地铁工程建设和土地房屋征收工作的常设机构,具体组织实施本辖区范围内地铁项目的土地房屋征收,以及工程涉及的民事协调工作,接受福州市地铁工程建设指挥部的统一指挥和协调。各地铁工程建设分指挥部要严格按照国家、省、市土地房屋征收的有关法律、法规和政策规定制订征收实施方案,在土地房屋征收过程中要遵循公平、公正、公开的原则,做到组织到位、宣传到位、政策到位、安置到位、补偿到位。

地铁2号线土地房屋征收范围内的土地所有权人以及建(构)筑物的产权单位或个人,要从全局、大局利益出发,服从安排,按照城市公益性建设的需要,积极配合,在征收公告期限内与征收人协商签订征收补偿安置协议,完成搬迁工作。

三、地铁2号线管线迁改所涉及的各管线权属单位要切实按照我市有关规定,认真做好管线迁改工作,在市地铁工程建设指挥部统一协调下,按照市政府已确定的管线迁改时间表有序推进,确保现场施工安全、质量和进度,做到精心组织、合理安排、文明施工。

四、市地铁公司在地铁站点及管线迁改施工前应将各站点的交通疏解、施工便道方案和施工范围、施工时间等有关事项登报告知市民。市地铁公司及市直相关部门要切实做好地铁施工的交通疏解工作,尽量减少对市民日常出行的影响。对市民日常出行造成的不便,应做好沟通解释工作,争取广大市民的谅解与支持。

五、地铁建设是社会公益事业,建成通车后将惠及沿线单位、商户和广大市民,在地铁2号线工程建设施工期间需要临时借用沿线行政机关、企事业单位、私营业主土地时,各单位(业主)应积极配合与支持,不得以任何理由、任何形式干扰影响工程施工。

六、对在地铁2号线工程建设过程中,阻挠破坏工程建设、影响正常施工秩序、妨碍公务的单位或个人,由公安机关根据《中华人民共和国治安管理处罚法》等法律法规予以处理;情节严重,构成犯罪的,依法追究刑事责任。

七、欢迎广大市民对地铁2号线工程提出意见和建议,联系单位:市地铁公司,联系电话:88110033。

八、本公告自公布之日起施行。

特此公告。

福州市人民政府关于公布规范性文件清理结果的决定

榕政〔2014〕7号
(2014年10月22日)

各县(市)区人民政府,市直各委、办、局(公司),闽江学院、福州职业技术学院、福州保税港区管委会:

根据商务部、国务院法制办、国家发改委、国家税务总局联合发布的《关于集中清理在市场经济活动中实行地区封锁规定的通知》(商秩发〔2013〕468号)和省商务厅、省政府法制办、省发改委等六部门《关于印发福建省集中清理在市场经济活动中实行地区封锁规定工作实施方案的通知》(闽商务秩序〔2014〕5号)的要求,结合规范性文件两年清理制度,我市将规范性文件的专项清理工作调整扩大为全面清理。市政府对2014年8月31日前现行有效的市政府及市政府办公厅发布的规范性文件进行了清理,清理结果已经2014年10月16日市政府第18次常务会议审议通过,现予以公布。废止或宣布失效的规范性文件,自本决定公布之日起不再执行。

一、《福州市人民政府关于进一步加强气象事业发展的实施意见》(榕政综〔2007〕136号)等229件规范性文件继续有效(具体目录详见附件1)。

二、《福州市人民政府关于印发加快推进商标发展战略若干意见的通知》(榕政综〔2012〕220号)等52件规范性文件继续有效并需适时修改(具体目录详见附件2)。

三、《福州市人民政府办公厅转发市财政局关于加强对已改制、关闭(终止经营)、撤销国有企事业单位未处置资产的管理意见的通知》(榕政办〔2005〕87号)等18件规范性文件予以废止或宣布失效(具体目录详见附件3)。

附件:1. 继续有效的市政府及市政府办公厅规范性文件目录(共229件)

2. 继续有效并需适时修改的市政府及市政府办公厅规范性文件目录(共52件)

3. 废止或宣布失效的市政府及市政府办公厅规范性文件目录(共18件)

福州市人民政府关于印发《福州市人民政府重大行政决策若干规定》的通知

榕政〔2014〕8 号

(2014 年 10 月 28 日)

各县(市)区人民政府,市直各委、办、局(公司),市属各高等院校、福州保税港区管委会:

《福州市人民政府重大行政决策若干规定》已经市政府 2014 年第 14 次常务会议审议通过,现予以印发施行。

福州市人民政府重大行政决策若干规定

第一条 为了规范市政府重大行政决策行为,推进民主决策、科学决策、依法决策,提高市政府重大行政决策的质量和效率,根据国务院《全面推进依法行政实施纲要》、《国务院关于加强法治政府建设的意见》、《福建省人民政府重大行政决策十条规定》等有关规定,结合福州实际,制定本规定。

第二条 市政府的重大行政决策适用本规定。

市政府各部门、各县(市)区政府应当参照本规定并结合实际建立重大行政决策制度。

第三条 市政府重大行政决策包括下列事项:

(一)讨论贯彻党中央、国务院和省委、省政府重要会议、文件精神和国家法律法规、方针政策,以及市委、市人民代表大会及其常务委员会的决议、决定的措施和意见;

(二)制定涉及全市经济和社会发展的重大政策措施;

(三)编制全市国民经济和社会发展中、长期规划和年度计划;

(四)制定和调整各类总体规划、重要的区域规划和专项规划;

(五)市级财政预决算、财政重要资金安排、政府重大项目投资建设、国有重大资产处置、事业单位改制;

(六)制定行政管理体制改革的重大措施;

(七)关系民生和群众切身利益的社会保障、劳动就业、文化卫生、科技教育、环境保护、城市建设、住房保障、交通管理、食品药品安全等重大政策措施;

(八)为扶持产业发展或引进重大招商项目制定的涉及财税扶持、用地方面的政策;

(九)其他需要提请市政府决定的重大行政决策事项。

第四条 提出地方性法规议案、制定政府规章,突发事件的应急处理,按照《立法法》、《突发事件应对法》等有关法律、法规执行,不适用本规定。

第五条 需作出重大行政决策的事项,由市政府按相关规定报请市委研究确定后启动决策调研等程序。

重大行政决策一般应当经过下列程序:

(一)决策调研论证;

(二)公众参与;

(三)方案协调;

(四)合法性审查;

(五)集体讨论决定;

(六)决策结果公开。

法律、法规、规章对决策程序另有规定的从其规定。

第六条 重大行政决策前,决策承办单位应当开展调查研究,重点调研重大行政决策事项的现状、必要性、可行性,必要时进行社会稳定风险评估,掌握决策所需的相关情况。

调查研究工作完成后,决策承办单位应当拟订决策备选方案。对需要进行多方案比较的重大行政决策事项,应当拟订两个以上可供选择的决策备选方案,并提出倾向性的意见和理由。

第七条 对技术性、专业性强的重大行政决策事项,决策承办单位应当组织研究咨询机构或者专家对决策备选方案的可行性、必要性和科学性进行论证评估,形成评估报告,评估报告作为决策的重要参考资料。

第八条 涉及人民群众切身利益的重大行政决策事项,决策承办单位应当通过当地的报纸、电视或政府门户网站等向社会公布决策备选方案,可以采取座谈会、听证会、发征求意见函等方式,充分征求各民主党派、社会团体、人大代表、政协委员、专家学者和公民、企业法人等方面的意见和建议。公开征求意见的时间不少于五个工作日。

决策承办单位应当将征集的意见和建议进行归类整理,采纳合理的意见和建议,形成决策征求意见情况说明,提交有关会议研究。

第九条 决策承办单位应当根据重大行政决策事项涉及的范围,将决策备选方案征求本级政府有关部门和下级政府的意见。被征求意见的单位应当在规定的期限内书面回复。

被征求意见的单位对决策备选方案有重大分歧的,由决策承办单位的主要负责人进行协调;无法达成一致意见的,提请市政府办公厅进行协调,由相关的副秘书长或者副主任主持协调,必要时由分管副市长主持协调。

第十条 决策承办单位应当分析整理各方提出的意见和建议,采纳合理的意见和建议并对决策备选方案进行修改,形成决策方案草案及说明。

第十一条 重大决策事项提请市政府集体讨论决定前,应当进行合法性审查,未经合法性审查或者经审查不合法的,不得作出决策。

市政府法制机构应当对决策方案草案是否超越法定职权、是否违反法定程序、是否符合法律法规规定等进行合法性审查,并出具法律审查意见。

第十二条 重大行政决策事项经市政府常务会议或市政府全体会议讨论通过,并报请市委研究审定后,由市长作出通过、原则通过、修改后再次讨论、不予通过或者暂缓等决定。作出暂缓决定超过一年的,方案草案退出决策程序。

对依法应当报请市人大及其常委会审议的决策事项,按照程序提请市人大及其常委会审议决定。按照相关规定纳入政协协商范围的重大行政决策事项,应事先提请市政协进行事前协商。

第十三条 市政府重大行政决策的审议结果,由市政府根据会议决定形成纪要或者制发文件,按程序报市长审定签发后,印发各有关部门和有关县(市)区政府执行。

第十四条 除依法应当保密的以外,重大行政决策的结果应当及时向社会公开。

第十五条 重大行政决策所确定的决策执行主办单位和配合单位应当密切配合,全面、及时、正确地执行决策。

第十六条 市政府办公厅负责重大行政决策执行情况的监督检查,通过检查、督办、考核等措施,确保重大行政决策全面、及时、正确实施。

第十七条 市政府办公厅可以根据重大行政决策实施情况组织有关部门对决策实施效果进行评估,并向市政府提交决策实施效果评估报告。

市政府根据决策实施效果评估报告,及时发现并纠正决策制定和执行中存在的问题,适时调整或者完善决策。

第十八条 行政机关及其工作人员违反本规定,或者在重大行政决策过程中有滥用职权、玩忽职守、徇私舞弊等违法违纪行为的,依照《行政监察法》、《行政机关公务员处分条例》等有关规定给予行政处分;构成犯罪的,移送司法机关依法追究刑事责任。

第十九条 本规定自颁布之日起施行。

福州市人民政府关于印发福州市大气污染防治行动计划实施细则的通知

榕政综〔2014〕27号

(2014年2月7日)

各县(市)区人民政府,市直各委、办、局(公司):

现将《福州市大气污染防治行动计划实施细则》印发给你们,请认真贯彻执行。

福州市大气污染防治行动计划实施细则

为持续改善我市环境空气质量,根据国务院《大气污染防治行动计划》(国发〔2013〕37号)及《福建省大气污染防治行动计划实施细则》(闽政〔2014〕1号),结合我市实际,制定本实施细则。

一、总体要求和主要目标

大力推进生态文明建设,坚持政府调控与市场调节相结合、全面推进与重点突破相配合、区域协作与属地管理相协调、总量减排与质量改善相同步,形成政府统领、企业施治、市场驱动、公众参与的大气污染防治新机制,推动产业结构优化、科技创新能力增强、经济增长质量提高,实现环境效益、经济效益与社会效益多赢。力争到2017年,全市环境空气质量得到巩固和提升,可吸入颗粒物浓度比2012年下降4%以上,其中:鼓楼区、台江区、仓山区、晋安区、马尾区、福清市、长乐市、闽侯县、连江县、罗源县、永泰县可吸入颗粒物浓度下降至57微克/立方米以下,闽清县可吸入颗粒物浓度控制在60微克/立方米以下。

二、重点工作

(一)加大综合治理力度,减少多污染物排放

1. 加强工业企业大气污染综合治理

全面整治城市燃煤小锅炉。加快推进集中供热、“煤改气”、“煤改电”等清洁能源替代工程建设。到2017年,除必要保留的以外,各县(市)区建成区、大气污染源头敏感区、大气聚集敏感区基本淘汰每小时10蒸吨及以下的燃煤、重油、渣油锅炉及直接燃用未加工生物质锅炉,禁止新建每小时20蒸吨以下的燃煤、重油、渣油锅炉及直接燃用未加工生物质锅炉;其他地区原则上不再新建每小时10蒸吨以下的燃煤、重油、渣油锅炉及直接燃用未加工生物质锅炉。

淘汰分散型工业燃煤锅炉。在化工、印染、造纸、制药等产业集聚区,通过集中建设热电联产机组或大型集中供热设施或实施清洁燃料替代工程,逐步淘汰分散燃煤锅炉。到2015年,基本淘汰工业园区内燃煤锅炉,予以保留的集中供热区域内的燃煤锅炉必须按规范建设投运除尘、脱硫和脱硝设施,确保污染物稳定达标排放。新建建筑陶瓷业项目原则上要使用天然气,闽清建陶业至2014年基本完成清洁能源替代、2015年全面完成。长乐印染集中区、福清江阴经济开发区集中供热工程2015年全面完成。

深化二氧化硫污染治理。加强燃煤电厂脱硫设施运行管理,公用燃煤电厂综合脱硫效率应达到95%以上;钢铁烧结机、球团竖炉应全部建成投运脱硫设施或实施提效技改,综合脱硫效率达到80%以上;有色冶炼窑炉、玻璃生产线应进一步规范脱硫设施运行,综合脱硫效率达到80%以上。

持续开展氮氧化物污染防治。燃煤电厂应进一步提高脱硝效率和投运率,综合脱硝效率达到70%以上,氮氧化物稳定达标排放,尚未全部建成脱硝设施的要按规定时限建成投运,无法稳定达标的必须实施低氮燃烧改造。福耀集团等玻璃企业生产线应规范运行管理,综合脱硝效率达到70%以上且氮氧化物排放稳定达到《平板玻璃工业大气污染物排放标准》(GB26453-2011)要求。

强化工业烟粉尘治理。燃煤发电机组严格执行《火电厂大气污染物排放标准》(GB13223-2011),配套高效除尘设施;钢铁行业现役烧结(球团)设备机头应于2014年底前完成除尘设施升级改造,并稳定达到颗粒物排放的行业标准。燃煤工业锅炉、工业炉窑、水泥企业破碎机、磨机、包装机、烘干机、冷却机、水泥仓及其他通风设备均应安装高效除尘设备,确保颗粒物达标排放。

推进挥发性有机物综合治理。按照国家部署,在包装印刷、表面涂装、石化、有机化工等行业实施挥发性有机物综合整治。石化企业应全面推行“泄漏检测与修复”技术改造。有机化工行业企业排放挥发性有机物的生产工序要在密闭空间或设备中实施,产生的含挥发性有机物废气净化效率应不低于90%。包装印刷业烘干车间应安装吸附设备回收有机溶剂,车间有机废气净化效率应达到90%以上。鼓励生产、销售

和使用低毒、低挥发性有机溶剂。推进青口投资区汽车制造与维修行业、马尾、连江等地区造船厂等船舶制造业表面涂装工艺挥发性有机物的污染控制,全面提高水性、高固份、粉末、紫化光固化涂料等低挥发性有机物含量涂料的使用比例,汽车制造企业的使用比例达到50%以上。2014年底完成加油站、储油库、油罐车的油气回收治理,在成品油码头积极开展油气回收治理,并要求达标运行。

2. 深化面源污染治理

综合整治城市扬尘。各县(市)区人民政府应建立由建设、房管、市容管理、环保、园林等部门组成的协调机构,开展城市扬尘综合整治,加强监督管理。积极创建扬尘污染控制区,并不断扩大扬尘污染控制区面积。

强化施工和拆迁工地扬尘监管。建委、房管、环保以及相关部门应加强房屋建筑和市政基础设施工程施工现场和房屋拆迁现场的扬尘监管,积极推进绿色施工和拆迁。施工现场和拆迁现场应采取围挡、喷淋等切实有效的压尘措施,严禁敞开式作业,施工现场道路及材料加工区应进行地面硬化。建委、市容管理、交通运输管理等相关部门分别加强道路施工、城市道路临时挖掘占用施工、公路施工的扬尘监管,施工现场必须采取压尘措施。各县(市)区人民政府、市直各有关单位应加强对商品混凝土、预拌砂浆的推广应用,除必要情况外禁止在各县(市)区建成区内现场搅拌砂浆和混凝土。

控制城市道路扬尘污染。到2014年年底前所有渣土运输车辆全部采取密闭措施,并全部安装卫星定位系统。加强渣土运输车辆监督管理,所有渣土运输车辆出场上路前必须清洗,并对重点路段的渣土运输车辆实施全面监控。推行城市道路机械化清扫,提高机械化清扫率,增加城市道路冲洗保洁频次,切实降低道路积尘负荷。

推进堆场扬尘综合治理。加强露天堆场的扬尘监管,要求所有露天堆放的煤堆、料堆场2015年底前全部采取覆盖或建设自动喷淋装置等防风抑尘设施,电厂、港口的大型煤堆、料堆应安装视频监控设施,并与属地扬尘视频监控平台联网;加强煤堆、料堆的监督管理,对违反以上规定的予以处理处罚。

加强城市绿化建设。园林、林业部门应结合城市发展,推行城市及周边绿化建设,扩大城市建成区绿地规模,努力提高城市绿化水平,增强环境自净能力。

严格餐饮业油烟污染治理。规划、环保、市容管理、工商、卫生等相关部门应加强规划审批及日常监督管理,严厉查处餐饮业油烟污染行为。城区餐饮服务经营场所均应使用清洁能源,安装高效油烟净化设施,定期清洗,保证油烟净化装置正常有效运行,禁止向人行通道、河道、地下排水管网排放油烟;严禁无油烟净化设施露天烧烤。

强化生物质焚烧面源污染治理。加强垃圾无害化处置管理,严禁城市及周边地区违规露天焚烧清扫废物、园林废物、建筑废弃物、农作物秸秆等生物质,严厉查处垃圾露天焚烧行为。市容管理部门应加强城乡垃圾清运管理,增加城乡接合部垃圾转运站数量及覆盖面,街、乡(镇)政府应加强环境卫生管理,禁止垃圾随意露天堆放,杜绝垃圾露天焚烧现象。林业部门应推广不炼山造林技术,逐步取消炼山造林。

3. 强化移动源污染防治

加强城市交通规划管理。交通、规划等相关部门要优化城市功能和布局规划,推广智能交通管理,科学设置机动车单行道,缓解城市交通拥堵。实施公交优先战略,大力发展公共自行车系统,结合公交车、地铁站点网络就近设置公共自行车站点,将公共自行车站点覆盖范围扩大到城区三环,构建低碳生活圈,提高公共交通出行比例。倡导和鼓励绿色出行,加强步行、非机动车交通系统建设,设置非机动车专用道并提高建设标准,在城市主干道优先考虑设置机动车道与非机动车道隔离带,形成通畅的非机动车通行网络。根据城市发展规划,合理控制机动车保有量,综合采用政策、经济等措施,降低机动车使用强度。

提升燃油品质。商贸部门要推动油品升级工作。全市所有加油站2014年1月1日起,全面供应国家第四阶段标准的车用汽油;2015年1月1日起,全面供应符合国家第四阶段标准的车用柴油;2017年底前,全面供应符合国家第五阶段标准的车用汽油、柴油。工商、质监等部门要加强油品质量的监督检查,严厉打击非法生产、销售不符合国家和地方标准要求车用油品的行为,全面保障油品质量。商贸、规划部门要加快柴油车车用尿素供应体系建设统一规划,推进配套尿素加注站建设,2015年底前全面建成尿素加注网络。

加快淘汰黄标车和老旧车辆。采取逐步扩大划定禁行区域、经济补偿等方式,逐步淘汰黄标车和老旧车辆。对达到国家强制报废标准的机动车,逾期不办理注销登记的,由公安机关交通管理部门依法办理注销登记,公告机动车登记证书、号牌、行驶证作废,并加强路面巡查。公安部门应对达到国家强制报废标准的机动车,一律强制报废,依法办理注销登记手续;逾期不办理注销登记的,强制注销档案,并公告牌证作废。市交通委要在2015年底前,全面淘汰2005年底前注册营运的黄标车。公安部门要加大黄标车淘汰力度,到2017年底,基本淘汰黄标车。

加强机动车环保管理。环保、经委、质监、公安、工商等部门要联合严厉打击生产、销售、使用环保不达标车辆行为。加强在用机动车年度检验,对不达标车辆不得发放环保合格标志。全面实行机动车环保标志管理,划定并逐步扩大非“绿标车”限行范围。到2015年底,市区至少20%的主城区不得通行非“绿标车”。严格机动车转入限制,对污染物排放水平达不到国Ⅳ排放标准和机动车环保车型核准目录规定,或者在用车尾气检测不合格的车辆,以及使用年限距强制报废年限不足一年的机动车,不得转入福州地区;摩托车、微型载客汽车、中型(含)以上载客汽车及所有载货汽车和挂车禁止转入。研究缩短公交车、出租车强制报废年限,鼓励出租车每年更换高效尾气净化装置。开展工程机械等非道路移动机械和船舶的污染控制。

加快推进低速汽车升级换代。质监、经委、环保部门应不断提高低速汽车(三轮汽车、低速货车)节能环保要求,减少污染排放,促进相关产业和产品技术升级换代。自2017年起,新生产的低速货车执行与轻型载货车同等的节能与排放标准。

大力推广新能源汽车。加快天然气加气站、充电站、充电桩配套设施建设。公交、环卫等行业和政府机关要率先使用新能源汽车,公安、财政等部门应采取直接上牌、财政补贴等措施鼓励个人购买。

(二)调整优化产业结构,推动产业转型升级

1. 严控"两高"行业新增产能。发改、经委部门应严格执行国家产业政策和《产业结构调整指导目录(2011年本)(修正)》,严控高污染高耗能和产能过剩行业新增产能,新、改、扩建项目实行产能等量或减量置换。制定符合当地功能定位、严于国家要求的产业准入目录。海关应依法严控高耗能、高排放产品出口。

2. 加快淘汰落后产能

经委部门应牵头明确落后产能淘汰任务,倒逼产业转型升级。按照《部分工业行业淘汰落后生产工艺装备和产品指导目录(2010年本)》、《产业结构调整指导目录(2011年本)(修正)》,采取经济、技术、法律和必要的行政手段,至2014年底,全面完成"十二五"落后产能淘汰任务,争取在2015年年底前超额完成淘汰落后产能任务。对未按期完成淘汰任务的县(市)区,严格控制国家、省、市安排的投资项目,暂停对该地区重点行业建设项目办理审批、核准和备案手续。2016年至2017年,结合产业发展实施和空气质量改善方案,制定范围更宽、标准更高的落后产能淘汰政策,再淘汰一批落后产能。

经委部门应牵头对布局分散、装备水平低、环保设施差的小型工业企业进行全面排查,制定综合整改方案,实施分类治理。

3. 压缩过剩产能。环保、经委、安监部门要加大环保、能耗、安全执法处罚力度,建立以节能环保标准促进高污染高耗能行业过剩产能退出的机制。

发挥优强企业对行业发展的主导作用,通过跨地区、跨所有制企业兼并重组,推动过剩产能压缩。发改、经贸等部门严禁核准备案产能严重过剩行业新增产能项目。

4. 坚决停建产能严重过剩行业违规在建项目。发改、经委等部门要认真清理违规在建项目,分类妥善处理各类违规项目,遏制产能严重过剩行业盲目扩张。

(三)加快企业技术改造,提高科技创新能力

1. 强化科技研发和推广。科技部门应加大大气污染防治关键、共性技术攻关力度,重点支持脱硫、脱硝、高效除尘、挥发性有机物控制等技术的研发,支持大气污染治理技术研发企业与高校、科研机构共建工程技术研究中心,重点实验室等科技创新平台,创新产学研合作研发机制,推动重大节能减排技术联合攻关。

2. 重点行业全面推行清洁生产。经委、环保部门应按照各自职责积极推进钢铁、水泥、化工、石化、有色金属冶炼等大气污染物排放重点行业清洁生产,针对节能减排关键领域和薄弱环节,督促企业采用先进适用的技术、工艺和装备,实施清洁生产技术改造。到2017年年底,力争钢铁、水泥、化工、石化、有色金属冶炼等大气污染物排放重点行业排污强度比2012年下降30%以上。

3. 大力发展循环经济。经委部门应牵头大力发展循环经济,鼓励产业集聚发展,实施园区循环化改造,推进能源梯级利用、水资源循环利用、废物交换利用、土地节约集约利用,促进企业循环式生产、园区循环式发展、产业循环式组合,构建循环型工业体系。推动钢铁工业窑炉、高炉实施废物协同处置。大力发展机电产品再制造,推进资源再生利用产业发展。积极推进省级循环经济试点园区的改造升级,实施产业链链接延伸、物料闭路循环、能源梯级利用、水的循环利用等项目建设,逐步将一批有条件的省级园区打造提升为国家级循环经济园区。推进华闽再生资源产业园、福建海西再生资源产业园国家"城市矿产"示范基地建设,加强监督和督促示范基地严格按照国家批复的实施方案开展项目建设工作。

4. 大力培育节能环保产业。经委部门应牵头制定有关鼓励政策,大力培育节能环保产业,着力把大气污染治理的政策要求有效转化为节能环保产业发展的市场需求,促进重大环保技术装备、产品的创新开发与产业化应用。切实贯彻落实《国务院关于加快发展节能环保产业的意见》,大幅增加全市节能环保产业产值,培育节能环保产业龙头企业。

(四)加快调整能源结构,增加清洁能源供应

1. 控制煤炭消费总量。合理控制煤炭消费总量,耗煤项目要实行煤炭减量替代。

2. 加快清洁能源替代利用。加大天然气供应与利用,加快海西天然气二期及中石油西气东输三线工程管网、福清LNG接收站项目建设,到2015年,输气管道达400公里左右,全市天然气用量达25.7万吨。

优化天然气使用方式,新增天然气应优先保障居民生活或用于替代燃煤;鼓励发展天然气分布式能源等高效利用项目,限制发展天然气化工项目;有序发展天然气调峰电站,原则上不再新建天然气发电项目。

在确保安全的前提下发展核电,稳步推进福清核电建设,到2017年运行核电机组装机容量达到400万千瓦。

继续推进陆上风电规模化开发和管理,积极推进海上风电项目。因地制宜发展太阳能、生物质能、潮汐能、波浪能、地热能等非化石能源。促进天然气、光伏等分布式能源系统的推广应用。

3. 推进煤炭洁净高效利用。扩大城市"高污染燃料禁燃区"范围,逐步由城市建成区扩展到近郊,至2015年,除鼓楼区、台江区、仓山区以外的县(市)区要将"高污染燃料禁燃区"扩大至建成区的80%以上,禁止民用蜂窝煤进入禁煤区。

4. 提高能源使用效率。经委、发改部门应严格落实节能评估审查制度,协同物价部门,对能源消耗超过国家和省级规定的单位产品能耗(电耗)限额标准的企业和产品,实行惩罚性电价。到2015年,规模以上企业单位工业增加值能耗比2010年下降16%。

建委、房管部门应大力发展绿色建筑,2014年起,全市政府投资的公益性项目、大型公共建筑(指建筑面积2万平方米以上的公共建筑)、10万平方米以上的住宅小区以及市财政性投资的保障性住房全面执行绿色建筑标准。新建建筑要严格执行强制性节能标准,推广使用太阳能热水系统、地源热泵、空气源热泵、光伏建筑一体化等技术和装备。

(五)严格节能环保准入,优化产业空间布局

1. 调整产业布局。各县(市)区人民政府应认真执行《福

建省石化等七类产业布局的指导意见》(闽政〔2013〕56 号),统筹考虑区域环境承载能力、大气环流特征、资源禀赋,结合城市产业规划、城市总体规划、主体功能区划要求,合理确定重点产业发展布局、结构和规模。加强对各类产业发展规划的环境影响评价。

2. 强化节能环保指标约束。发改、经委、环保部门严格执行国家节能环保准入门槛。

严格实施污染物排放总量控制,根据国家统一部署,将二氧化硫、氮氧化物、烟粉尘和挥发性有机物排放符合总量控制要求作为建设项目环境影响评价审批的前置条件。

全市新建排放二氧化硫、氮氧化物等大气污染物项目,实行污染物排放减量替代,各县(市)区建成区、大气污染源头敏感区、大气聚集敏感区新建项目实行区域内现役源2倍削减量替代,其他地区新建项目实行1.5倍削减量替代。

全市新建火电、钢铁、石化、水泥、有色、化工等企业以及燃煤锅炉项目要执行大气污染物特别排放限值。现有企业要根据国家标准要求按时执行特别排放限值。市政府可根据环境质量改善的需要,扩大特别排放限值实施的范围。

对未通过能评、环评审查的项目,有关部门不得审批、核准、备案,不得提供土地,不得批准开工建设,不得发放生产许可证、安全生产许可证、排污许可证;金融机构不得提供任何形式的新增授信支持;有关单位不得供电、供水。

3. 优化空间布局。科学制定并严格实施城市规划,强化城市空间管制要求和绿地控制要求,规范各类产业园区和城市新城、新区设立和布局,禁止随意调整和修改城市规划,形成有利于大气污染物扩散的城市和区域空间格局。研究开展城市环境总体规划试点工作。

石化、冶金等产业应选择大气扩散条件好、远离城镇发展区、生态环境敏感度不高、排水条件较理想的沿海地区布局。内陆山区的钢铁、建材等行业以调整结构、技术升级为主,逐步引导产业向条件较好的地区集中发展。

结合化解过剩产能、节能减排和企业兼并重组,有序推进位于城市主城区的重污染企业搬迁、改造,到2017年基本完成。

三、保障措施

(一)发挥市场机制作用,完善环境经济政策

1. 发挥市场机制调节作用。财政、税务、经委、环保等部门应全面落实“合同能源管理”的财税优惠政策,完善促进环境服务业发展的扶持政策,推行污染治理设施投资、建设、运行一体化特许经营。完善绿色信贷和绿色证券政策,将企业环境信息纳入征信系统,严格限制环境违法企业贷款和上市融资。

环保部门牵头推进排污权有偿使用和交易试点工作。

2. 完善价格税收政策。物价部门严格执行国家脱硫、脱硝、除尘电价政策;逐步完善天然气价格形成机制,理顺天然气与可替代能源的比价关系;认真落实国家关于成品油油品质量升级加价政策;研究制定机动车尾气简易工况法检测收费政策。根据国家发改委要求,对国家明确要求需要重点治理的污染物,提高排污费征收标准,研究制定挥发性有机污染物等不在国家规定范围内的污染因子排污费征收标准。

经委部门要在重点用能行业开展与国内外同行业先进水平进行能效、质量、效益、环保、综合利用、管理等方面的全面对标,根据综合对标考核评优情况实行奖优罚劣的综合对标差别电价。

环保部门要加大排污费征收力度,做到应收尽收。

税务部门应认真落实国家关于“两高”行业产品消费税、出口退税政策和资源综合利用税收政策。配合推进煤炭等资源税从价计征改革。符合税收法律法规规定,使用专用设备或建设环境保护项目的企业以及高新技术企业,可以享受企业所得税优惠。

3. 加大政策资金引导。各县(市)区人民政府、市直各有关单位要对涉及民生的“煤改气”项目、黄标车和老旧车辆淘汰、轻型载货车替代低速货车等加大政策支持力度,对重点行业清洁生产示范工程给予引导性资金支持。要将空气质量监测站点建设及其运行和监管经费纳入各级财政预算予以保障。

在环境执法到位、价格机制理顺的基础上,财政部门应统筹整合主要污染物减排等专项,设立大气污染防治专项资金,对重点区域、重点治理项目按治理成效实施“以奖代补”。

(二)健全规章制度体系,严格依法监督管理

1. 完善规章制度。结合地方实际,进一步健全总量控制、排污许可、机动车污染防治、应急预警、法律责任等方面的制度。

2. 提高环境监管能力。加快实施省政府批转的《福建省环境监管能力建设三年行动方案(2013—2015年)》(闽政〔2013〕41号)。加强各级环境监测站标准化建设,在仪器设备、业务用房、人员配备上予以保障。进一步完善大气背景值监测站、建设大气区域站和城市超级站;推进市、县(市)区两级环境监察执法能力、环境应急能力标准化建设,完善机构和人员编制建设。

做好市级空气质量新标准的监测和信息发布工作。各县(市)区于2014年开始公布空气质量监测数据。

加强重点污染源监控能力建设。环保部门全面加强国控、省控重点污染源二氧化硫、氮氧化物、颗粒物在线监测能力建设,按期完成年度新增国、省控污染源在线监控设备安装联网任务,并实现各级监控中心联网。

3. 加大环保执法力度。环保部门牵头推进联合执法、交叉执法等执法机制创新,严厉查处环保设施不正常运行、超标超总量排污、偷排漏排等环境违法行为。对偷排偷放、屡查屡犯的违法企业,要依法停产关闭。对涉嫌环境犯罪的,要依法追究刑事责任。

落实执法责任,对监督缺位、执法不力、徇私枉法等行为,监察机关要依法追究有关部门和人员的责任。

4. 实行环境信息公开。市环保局要牵头在当地主要媒体及时发布空气质量监测信息。

各级环保部门和企业要主动公开新建项目环境影响评价、企业污染物排放、治污设施运行情况等环境信息,接受社会监督。涉及群众利益的建设项目,应充分听取公众意见。严格执行重污染行业企业环境信息强制公开制度。

(三)建立协作机制,统筹环境治理

1. 分解目标任务。市人民政府将与各县(市)区人民政府签订大气污染防治目标责任书,将目标任务分解落实到各县(市)区人民政府和企业。将可吸入颗粒物指标作为经济社会发展的约束性指标,构建以环境质量改善为核心的目标责任考核体系。

每年初对各县(市)区上年度治理任务完成情况进行考核;2015年进行中期评估,并依据评估情况调整治理任务;2017年对行动计划实施情况进行终期考核。考核和评估结果向社会公布。

2. 加强责任追究。对未通过年度考核的,由环保部门会同组织部门、监察机关等部门约谈县(市)区人民政府及其部门相应负责人,提出整改意见,予以督促。

对因工作不力、履职缺位等导致未能有效应对重污染天气的,以及干预、伪造监测数据和没有完成年度目标任务的,监察机关要依法依纪追究有关单位和人员的责任,环保部门要对有关地区和企业实施建设项目环评限批。

(四)建立监测预警应急体系,妥善应对重污染天气

1. 建立监测预警体系。加快重污染天气监测预警体系建设,增强重污染天气监测预警能力;建立重污染天气监测预警会商制度,加强重污染天气过程的趋势分析,并健全预警信息发布机制。到2015年年底,福州市要建成重污染天气监测预警系统。

2. 制定完善应急预案。将重污染天气应急响应纳入福州市人民政府突发事件应急管理体系,实行政府主要负责人负责制。市环保局应牵头在建立大气污染源清单的基础上,参照《城市大气重污染应急预案编制指南》(环办函〔2013〕504号),于2014年3月前完成福州市市级应急预案编制,并通过演练和应对实践修改完善。各县(市)区应于2014年6月前制定和完善重污染天气应急预案并向社会公布。福州市市级应急预案应当与各县(市)区应急预案统筹衔接,重点强调组织、协调和联防联动内容。政府各相关部门要按照职责分工制定专项设施方案,包括企业限产停产方案、机动车限行方案、扬尘控制方案、气象干预方案、停办大型户外活动方案以及中小学校和幼儿园停止户外活动和停课方案等。企事业单位要将应对重污染天气的相关内容纳入本单位突发环境应急预案。

3. 及时采取应急措施。重污染天气出现时,各级政府按照应急预案迅速启动应急响应。政府及相关部门要收集、研判相关信息,根据事态发展,增加和强化相关措施;组织对专项实施方案中的各项应急措施的落实情况进行现场监督检查;增加空气质量信息和预警信息发布频次,方便公众了解污染现状和采取应急措施。市环保部门做好信息报送工作,将辖区重污染天气出现原因、污染程度、污染方位、已采取的措施等内容书面报送省环境保护厅。

(五)明确政府企业和社会责任,动员全民参与环境保护

1. 明确地方政府统领责任。各级人民政府对辖区大气环境质量负总责,要根据我市总体部署及控制目标,制定各自辖区的实施细则,确定工作重点任务和年度控制指标,完善政策保障措施,并向社会公开。

2. 加强部门协调联动。各有关部门要密切配合、协调力量、统一行动,形成大气污染防治的强大合力。环境保护部门要加强指导、协调和监督,有关部门要制定有利于大气污染防治的投资、财政、税收、金融、价格、贸易、科技等政策,依法做好各自领域的相关工作。

3. 强化企业施治。企业是大气污染治理的责任主体,要按照环保规范要求,加强内部管理,增加投入,采用先进的生产工艺和治理技术,确保达标排放,甚至达到“零排放”;要自觉履行环境保护的社会责任,接受社会监督。

4. 广泛动员社会参与。要积极开展多种形式的宣传教育,普及大气污染防治的科学知识。加强大气环境管理专业人才培养。倡导文明、节约、绿色的消费方式和生活习惯,引导公众从自身做起、从点滴做起、从身边的小事做起,在全社会树立起“同呼吸、共奋斗”的行为准则,共同改善空气质量。

大气污染防治任务繁重艰巨。全市各级政府、各有关部门和企业要坚定信心、综合治理,突出重点、全面推进,按照实施细则的要求,结合实际、狠抓落实,确保如期实现空气质量改善目标。

福州市人民政府关于印发《福州市自主知识产权奖励办法》的通知

榕政综〔2014〕68号

(2014年4月9日)

各县(市)区人民政府,市直各委、办、局(公司),闽江学院、福州职业技术学院、福州保税港区管委会:

新修订的《福州市自主知识产权奖励办法》已经2014年第3次市政府常务会议审议通过,现印发给你们,请认真贯彻实施。

福州市自主知识产权奖励办法

第一章 总 则

第一条 为了大力扶持和培育自主知识产权,充分发挥知识产权制度在福州市技术创新和经济发展中的作用,提升国家知识产权示范城市建设水平,根据《福州市人民政府关于印发福州市创建国家创新型城市若干配套政策的通知》(榕政综〔2011〕54号)和《福州市开展国家知识产权示范城市工作方案》(榕政综〔2012〕194号)的要求,对原《福州市扶持和培育自主知识产权奖励办法》(榕政综〔2008〕63号)进行修订,制定本办法。

第二条 福州市知识产权专项资金(以下简称专项资金),纳入财政预算安排,由福州市知识产权局具体负责专项资金的管理和使用,福州市科学技术局、福州市财政局对专项资金的管理和使用进行监督和检查。

第三条 专项资金主要用于扶持和奖励知识产权示范企业、专利申请的资助和奖励、专利产业化实施、专利权质押贷款贴息、专利保险资助、专利奖的奖励及知识产权保护、宣传培训与战略研究以及表彰与奖励先进等。

第二章 知识产权示范企业的奖励

第四条 对福州市组织申报被列入国家级、省级和市级知识产权示范的企事业单位分别奖励30万元、20万元和10万元,以上奖励执行最高额度或补足差额。

第五条 福州市知识产权示范企业每年评审一次,示范期限为三年,由市知识产权局发布《福州市知识产权示范企业申报指南》,期满复审合格企业,可继续授予市知识产权示范企业称号,不再给予资金奖励。

第六条 对福州市推荐的列入福建省专利技术实施与产业化计划的项目按照省项目扶持经费的30%予以资金配套,每项配套资金总额不超过30万元。

第七条 对福州市推荐的列入福建省专利权质押贷款贴息项目的同一笔贷款给予贴息,贴息比例为同期银行贷款基准利率的30%,贴息时间从计算贴息之日起最长不超过1年,每家企业享受贴息总额最高不超过30万元。

第八条 对企业购买专利保险所支付的保险费用进行补贴,按实际支出保费的50%给予补贴,每个企业单年获得的补贴资金总额不超过1万元。

受补贴专利保险企业主要指市级以上(含市级)知识产权示范企业、高新技术企业。企业在购买专利保险满一年后,每年6月就已到期的专利保险提出补贴,根据福州市知识产权局发布的申报指南递交相关文件资料。

第三章 专利申请的资助和奖励

第九条 对申请人地址在福州市辖区内的专利申请和授权的专利进行资助与奖励,资助和奖励经费由福州市财政局预先拨付,福州市知识产权局每季度集中发放。申报的单位或个人应在专利授权后一年内申请办理资助与奖励手续,逾期视为放弃。

第十条 专利申请的资助,按福建省知识产权局规定的范围予以资助与配套;专利授权的奖励,对企业获得国内授权的发明专利,每件奖励5000元,对事业单位或个人获得国内授权的发明专利,每件奖励2500元;对企业获得美国、欧盟、日本授权的发明专利,每件奖励1万元,同一授权专利奖励不超过两个国家。

第四章 专利奖的设立与奖励

第十一条 福州市专利奖列入福州市科学技术进步奖序列,每一年评审一次,分为专利金奖和优秀奖两档,由福州市科学技术局和福州市知识产权局发布《福州市专利奖申报指南》,评奖办法参照《福州市科学技术进步奖办法》规定进行。对获得福州市专利金奖和专利优秀奖的专利权人分别给予一次性奖励6万元和2万元。

第十二条 对福州市组织申报获得国家专利奖的单位或个人进行奖励。对获得中国专利金奖和中国专利优秀奖的专利权人分别给予一次性奖励30万元和10万元。

第五章 附 则

第十三条 申报单位或个人应提供真实的材料和凭证,如有弄虚作假者,一经发现,已发放的费用全数退回,3年内不受理其申报,情节严重的依法追究其责任。

第十四条 本办法由福州市科技局、福州市知识产权局负责解释。

第十五条 本办法发布之日起施行,原《福州市扶持和培育自主知识产权奖励办法》(榕政综〔2008〕63号)文件同时停止施行,符合原办法规定的项目应自本办法实施之日起六个月内申请办理手续,逾期视为放弃。

福州市人民政府印发关于培育发展龙头企业促进经济稳定增长的实施意见(试行)的通知

榕政综〔2014〕126号
(2014年6月13日)

各县(市)区人民政府,市直各委、办、局(公司),闽江学院、福州职业技术学院、福州保税港区管委会:

《关于培育发展龙头企业促进经济稳定增长的实施意见(试行)》已经市委、市政府研究同意,请你们结合实际,认真遵照执行。

关于培育发展龙头企业促进经济稳定增长的实施意见(试行)

为贯彻落实《福建省人民政府关于产业龙头促进计划实施方案的通知》(闽政文〔2014〕26号)和《福建省人民政府关于支持龙头企业加快发展促进工业稳定增长七条措施的通知》(闽政〔2014〕18号),进一步发挥龙头企业在促进我市经济结构调整、产业优化升级、增产增效、劳动就业、财政增收等方面的引领带动作用,全力推进福州新区开放开发,在更高起点上建设闽江口金三角经济圈,实现我市经济科学发展、跨越发展,现制定本实施意见。

一、指导思想

按照福州新区产业发展重点要求,结合全市产业转型升级、结构调整,培育发展一批有行业代表性、规模和经济实力处于行业前列、带动能力强的龙头企业。通过实施政策扶持,推动龙头企业做大做强,形成一批规模大、经济效益好、市场占有率高、自主研发能力强、技术装备先进的企业(集团),使之成为我市经济发展的主导力量和产业结构优化升级的重要支撑,推动福州新区开放开发,实现全市产业经济跨越发展。

二、发展目标

(一)做大做强龙头企业，带动产业发展壮大。龙头企业年产值(交易额或营业额)增速高于全市行业平均增速，规模实力不断跃上新台阶。到2015年，力争龙头企业年产值(交易额或营业额)超50亿元企业达50家以上，其中超100亿元企业10家以上，超200亿元企业2家以上。

(二)带动产业链和相关产业发展。农业方面，培育发展特色农业、生态农业，壮大一批农业产业化示范基地，带动农业增效、农民增收和农村劳动力转移成效显著；工业方面，通过龙头企业带动产业链不断延伸和完善，壮大产业集群，培育生成5个千亿产业；服务业方面，不断增强社会服务能力，降低服务成本，打造福州宜居宜业的人居环境。

(三)企业自主创新能力和技术水平明显提高。龙头企业每年的研发投入比重逐年提高，拥有自主研发的专利技术和产品，技术水平明显提高。

三、实施重点

围绕稳增长、调结构、促改革，加快推进结构调整、布局优化、并购重组、科技创新、技术改造、两化融合、市场开拓，在先进制造业、现代农业和现代服务业等重点领域，培育壮大一批关联度大、主业突出、创新能力强、带动能力强的产业龙头。

(一)电子信息产业。以捷联电子、华映光电为龙头，着力突破面板前段工艺、驱动和控制IC设计封装、整机模组一体化设计等关键技术，提高关键零组件的自制率和良品率。大力开发3D显示、柔性显示等新型显示技术，整合资源引进OLED生产线。推动与台湾面板、集成电路制造企业合作，保持新型显示整机制造全国优势地位。以星网锐捷为龙头，加快推进新型智能移动信息终端产品研发和产业化，壮大产业规模。以飞毛腿公司为龙头，拓展新型锂离子电池应用。

(二)机械制造产业。重点发展装备制造、汽车、船舶、航空等行业。装备制造业要依托罗源湾大型港口优势，引进大型装备制造企业入驻，以龙头项目带动装备制造业产业发展；汽车业以东南汽车、奔驰汽车为龙头，推进福建奔驰二期、东南汽车三期及发动机等项目建设，突破整车设计、发动机、变速箱、汽车电子等关键技术，加快新能源汽车及其动力电池、电控电机等研发和产业化步伐。同时充分发挥福州保税港区整车进口优势，打造海峡两岸汽车整车及零部件进出口最便捷的通道和集散地；船舶业重点以粗芦岛船舶基地为依托，以马尾造船厂搬迁为契机，发展专业化的为大型船厂总装配套的船舶模块、钢结构、甲板、船舶机电、船舶物流等船舶配套专业厂，并推动海洋装备产业发展；航空业重点建设福清通用航空产业园和长乐临空经济区，加快推进长乐MS760飞机零部件生产项目一期建设，培育发展飞机及零部件制造业。

(三)石化产业。加快建设江阴石化专区，以东南电化、耀隆化工等企业为龙头，推进申远己内酰胺、东南电化聚碳酸酯、天辰耀隆己内酰胺、中国软包装集团丙烷脱氢及聚丙烯等项目建设，带动石化中下游产业发展。

(四)纺织服装产业。以金纶、力恒、锦江、经纬、金源、长源、景丰等企业为龙头，推进锦纶及上游原料、聚酯差别化纤维项目建设，延伸合成纤维上游产业链，着力发展功能性差别化纤维、高档针织面料及高性能产业用纺织品，带动长乐化纤、纱线及经编织造等后加工产业升级，建成全国重要的纺织化纤生产基地。

(五)冶金建材产业。以宝钢德盛为龙头，加快宝钢二期项目建设，带动不锈钢复合材及深加工、标准和非标配件以及成套设备、厨卫设备、建筑装饰等精深加工发展；以福耀玻璃为龙头，推进福耀超薄节能特种汽车玻璃及配套项目，推动玻璃深加工等产业链配套企业发展，打造具有国际先进水平的汽车安全玻璃产业基地；提高闽清陶瓷企业技术装备水平和工艺水平，提升自主创新能力，加大自主品牌建设。

(六)轻工食品产业。支持明一国际、海壹食品、百洋海味、台福食品、聚泉食品、海欣食品等企业开展加工技术改造升级，保持水产加工全国领先水平。加强闽台食品产业合作，推进现代先进加工技术应用和标准化生产，健全食品生产企业内部质量控制网络和质量可追溯体系，构建绿色食品先进配送体系，提高食品安全保障能力。鼓励龙头企业建立无公害原料基地，带动农林牧渔业发展。以亚通塑胶、祥兴箱包等企业为龙头，加快企业自主创新步伐，大力开发具有自主知识产权的产品，加强自主品牌培育，支持优势品牌企业联合兼并重组、技术改造和创新能力建设，增强品牌企业的市场控制力。

(七)医药产业。加快引进国内外药品生产高端企业，鼓励专家、专利拥有者进入市内投资创业。支持福抗药业、海王福药等骨干企业加快发展。鼓励新药开发生产，重点推进疫苗等生物技术药物加快发展，支持开发缓释、靶向等新剂型药物。支持梅生医疗、泰普生物等企业，发展口腔治疗设备、人工骨、体外诊断试剂及配套仪器等系列产品，继续保持全国优势地位。

(八)商贸业。以永辉、东百等连锁商贸企业为龙头，发挥品牌和上市企业优势，通过并购重组、产业链延伸等方式，在省内二、三线城市及北京、重庆、安徽等省市发展更多的连锁企业门店，布局物流配送，发展电子商务，示范带动本市其他连锁零售企业跨行业跨区域扩张，拓展连锁经营，统筹内外贸经营，打造流通品牌，创新营销模式，提升技术与管理水平，持续做优做强做大。以海峡汽车文化广场、海峡水产品交易中心、海峡农副产品物流中心等为龙头，发挥市场群与产业群的互动效应，加快实施一批年交易额上百亿元的大市场建设提升项目，重点推进福州海峡商贸城、长乐鹤上钢铁物流园、闽侯东南国际建材城等一批大型批发市场建设。

(九)现代物流业。鼓励发展第三方物流，着力培育盛辉物流、盛丰物流、汇丰物流、邮政速递、顺丰速运等一批主营业务大、服务水平高、具有不同核心竞争力的大型物流企业，引进国内外具有区域或全球物流网络体系的跨国公司。重点推进东西南北物流分拨中心建设，着力推进一批以港口物流服务平台、工业物流服务平台、商贸物流服务平台、城市配送服务平台、区域物流联动平台和对台中转物流平台建设为中心的重点物流项目建设。

(十)旅游业。依托三坊七巷历史文化街区、中国船政文化景区等旅游资源，完善旅游基础设施，大力培育建设一批历史文化、生态温泉、滨海度假等特色旅游品牌。提升产品开发水平，推动观光旅游向休闲度假旅游转型。拓展海峡旅游线路和品牌,打造两岸旅游黄金通道和集散中心。

(十一)信息服务业。推动国家电子商务示范城市、信息消费试点城市和信息惠民试点城市建设,加快推进海峡电子商务产业基地二期、福清盛荣电子商务与物流园等项目建设。以国脉科技、三元达通讯、榕基软件、富士通、瑞芯微电子等企业为龙头,推进软件服务、平板显示、信息安全、物联网、下一代通信网络等信息消费关键领域核心技术自主创新研发和产业化,重点推进安全可靠自动化控制系统集成等专项,支持基于智能终端的应用产品开拓市场。

(十二)文化产业。充分发挥闽台(福州)文化产业园、福州文化和科技融合示范基地等5个国家级园区的示范带动作用,积极实施项目带动战略,培育壮大龙头企业,推动文化与科技、旅游的融合发展,提高文化产业规模化、集约化、专业化水平,推动我市文化产业健康有序发展。加快推进中国船政文化城、海峡非物质遗产生态园、海西动漫创意之都等项目建设;积极推动网龙公司、汇源会展、蔚蓝广告等龙头企业进一步做大做强;强力推动动漫游戏、工艺美术、创意设计等产业快速发展;不断提升文化产业园区建设管理水平,鼓励建设一批产权交易、技术支撑、金融服务等公共服务平台,积极提升我市文化产品竞争力,推动实施文化走出去工程。

(十三)现代农业。以仙芝楼、火麒麟食用菌等企业为龙头,进一步加强提升农业现代化水平,发展设施农业、都市观光休闲农业和生态农业,促进农业可持续发展。加快推进农业产业化经营,扶强做优龙头企业,延伸农业产业链,提高农产品精深加工水平。深化榕台农业交流合作,引进重要品种和关键技术,集成推广台湾农业良种及其配套技术,建设两岸农业高端研发基地、区域农业高新科技成果转化中心和海峡两岸农业技术合作中心。

(十四)海洋产业。大力发展海洋生物医药、海洋装备、海洋新材料、海洋可再生能源、海洋文化创意产业等海洋新兴产业。以海洋生物药物、生物制品、功能食品和海洋生物酶制剂为重点,促进传统海洋渔业结构调整和优化升级。大力培育海洋文化产业,推进马尾·中国船政文化城建设。做大做强现代渔业,通过新建和改造远洋渔船、建立境外远洋捕捞综合基地和养殖基地,增强远洋捕捞业发展后劲。推进深水抗流抗风浪大网箱养殖示范基地、封闭式循环水工厂健康养殖基地、规模化水产苗种繁育基地等现代渔业产业园区建设,提升福州烤鳗、福州鱼丸、福州金鱼、连江海带等优势品牌。

着力建设闽台(福州)蓝色经济产业园等海洋产业聚集区。建设海洋产业科技创新孵化平台和海洋技术服务平台,促进海洋生物产业技术研发、转化与产品生产,重点发展临海装备制造产业,扶持发展海洋生物产业,配套发展海洋服务产业。突出榕台合作和海洋特色,全力推进“一区一带两园”建设,形成以涉海高新技术产业和现代海洋服务业为支撑的蓝色经济密集区,努力打造福州蓝色硅谷。

四、扶持政策

(一)加大财政扶持力度。对企业年产值(交易额或营业额)首次突破200亿元的,且三税(增值税、营业税、企业所得税,下同)地方留成部分不少于1000万元的,一次性给予500万元奖励;对企业年产值(交易额或营业额)首次突破100亿元的,且三税地方留成部分不少于500万元的,一次性给予300万元奖励;对企业年产值(交易额或营业额)首次突破50亿元的,且三税地方留成部分不少于200万元的,一次性给予100万元奖励。农业产业化龙头企业不受税收条件限制。

〔责任单位:市财政局、市委宣传部、市经委、市委农办、市商贸服务业局、市农业局、市海洋与渔业局、市旅游局〕

(二)推动龙头企业有效投资。支持重点产业项目投资,通过政府投资引导、上市公司平台、股份合作等方式引导保险、社保等资金重点对海洋装备、面板等产业项目进行股权投资。支持引进先进设备,对龙头企业投资鼓励类项目引进国外先进技术设备,市级财政资金按其进口环节增值税的5%给予补助,市重点技术改造项目优惠政策可予叠加。

(责任单位:市国资委、市投资促进局(金融办)、市财政局、福州海关)

(三)推动科技创新和品牌建设。鼓励龙头企业加强与国内外高校、科研院所、产业化经营主体的合作,对龙头企业新获批国家级、省级企业技术中心、研发中心、工程中心、行业检验检测中心、行业技术创新中心以及重点实验室的,按我市出台的《福州市创建国家创新型城市若干配套政策》等相关政策规定予以扶持奖励;支持龙头企业申报、创建国家级、省级商标和名牌,对新获得国家、省、市名牌产品、驰名商标等荣誉的,由相关部门按规定予以扶持奖励。支持龙头企业申请高新技术企业认定,对被认定为高新技术企业的,执行15%的企业所得税税率;加强企业研发费用税前加计扣除政策宣传、指导,对龙头企业为开发新技术、新产品、新工艺发生的研发费用计入当期损益未形成无形资产的,允许再按当年研发费用实际发生额的50%直接抵扣当年的应纳税所得额,各级财政按企业实际加计扣除的所得税额予以同量资金奖励。

〔责任单位:市财政局、市科技局、市质监局、市工商局、市地税局、市国税局、各县(市)区人民政府〕

(四)帮助龙头企业拓展市场。落实福州市《关于进一步支持工业产品开拓市场的若干意见》,龙头企业产品优先列入福州市工业产品推荐使用目录。龙头企业参与省外项目招投标中标并完成合同货物验收,单个中标合同金额1000万元以上的,按合同金额3%给予奖励,同一项目累计奖励金额不超过300万元,单个企业年度最高奖励金额500万元。

(责任单位:市经委、市财政局)

(五)加大金融支持力度。强化银企合作,创新金融产品和服务方式,鼓励和引导各金融机构根据龙头企业生产经营的特点,合理确定贷款期限、偿还方式,增加龙头企业的资金供给。建立龙头企业信贷审批绿色通道,提升放贷效率。支持龙头企业改制上市,对已上报首发申请的龙头企业要促进尽快通过审核;推动已上市龙头企业通过配股、公开增发、定向增发等方式再融资;达不到再融资条件的龙头企业,加快通过资产重组、股权转让、并购重组等方式帮助其恢复再融资功能。引导各类股权投资基金加大对龙头企业投资力度。

〔责任单位:市投资促进局(金融办)、市发改委、市经委,人行福州中心支行、各县(市)区人民政府〕

(六)加强用地保障。龙头企业建设投资项目全部纳入重点项目管理,享受相关政策,优先保障其用地、用林、用海;对"退城入园"异地改造企业实行"三旧改造"政策,在土地盘活、资金补偿、工业用地以及基础设施配套等方面给予重点支持;在确定土地出让底价时,可按不低于所在地土地等别相对应的市工业用地出让最低价标准的 70% 执行;对通过压缩非生产性用地、厂房加层改造、利用地下空间等提高土地利用率的,不再增收土地出让金;在符合城市规划的前提下,对利用原有存量土地和房产从事与主业相关的生产性服务业的,在不改变用地主体、不进行重新开发建设等前提下,土地用途仍视为工业用地,不再征收土地出让价款。

(责任单位:市国土资源局、市林业局、市海洋与渔业局)

(七)强化人才和住房保障。对龙头企业引进的各类人才符合《福州市引进高层次优秀人才暂行办法》规定的,经市政府认定后发放住房补贴、给予科研经费等支持。其子女在入园、义务教育阶段,由教育行政主管部门按其居住地就近统筹安排优质学校入学入园。对龙头企业引进拥有核心技术的创新项目和创新团队,给予"一事一议"特别支持和资金资助。

(责任单位:市公务员局、市科技局、市经委、市人力资源和社会保障局、市教育局)

(八)加强企业用工服务。加大农村富余劳动力转移就业培训经费直补企业力度,支持龙头企业与职业院校开展"订单式"办学,培养符合龙头企业需要的实用型人才。推动公共就业服务信息系统向龙头企业全覆盖,为龙头企业招用工提供及时有效服务。

(责任单位:市人力资源和社会保障局、市财政局)

(九)加大舆论宣传。市属媒体要加大对龙头企业的宣传报道力度,围绕福州新区开发建设总体目标,创新新闻报道的内容和形式,持续聚焦我市致力培育和发展龙头企业,促进产业结构转型升级、推动产业经济跨越发展的新思路、新举措、新亮点、新成效。龙头企业新获得中国名牌产品、中国驰名商标、中国名牌农产品、福建名牌产品、福建省著名商标、福州市产品质量奖、福州市知名商标及地理标志产品保护、地理标志证明商标、农产品地理标志等荣誉的,市属媒体应进行广告宣传,并给予广告优惠。

(责任单位:市委宣传部、市工商局、市质监局、福州电视台、福州日报)

(十)进一步优化发展环境,畅通"绿色通道"。对龙头企业投资项目核准(备案)、生产许可、用地、环保、外贸、资质资格认定等审批核准手续全部纳入网上审批、限时办结;加强跟踪服务,形成工作合力,及时协调解决龙头企业提出的困难和问题;规范涉企收费行为,行政事业性收费按照省物价局、省财政厅和省企业减负办联合编印的《福建省涉及企业行政事业性收费手册》规定收取,凡未列入该《手册》的行政事业性收费项目,相关企业有权拒缴。进一步理和取消不合理的涉企收费项目,并接受社会监督。

〔责任单位:市行政服务中心管委会、市发改委、市经委、市国土资源局、市环保局、市商贸服务业局、市质监局、市物价局、市财政局、各县(市)区人民政府〕

五、保障机制

(一)各级各部门要把促进龙头企业做大做强摆上重要议事日程,加强组织领导,建立健全协调联动机制,强化分级管理、分类指导。市里重点培育发展 50 亿元以上企业,县(市)区重点培育发展 10 亿元以上企业,形成梯度发展态势,培育产业龙头后备力量。各县(市)区要结合实际,进一步细化落实龙头企业激励支持政策,做大做强龙头企业。

(二)强化责任落实,健全监督机制。各责任单位要确保龙头企业各项政策落实到位,及时向市政府报告落实情况;市效能办要加强对龙头企业政策落实情况的检查监督。

(三)龙头企业可在享受《福建省人民政府关于支持龙头企业加快发展促进工业稳定增长七条措施的通知》(闽政〔2014〕18 号)的同时,叠加享受上述政策。

(四)龙头企业获得除中央专项补助以外的奖励〔即省、市、县(市)区三级政府的财政补助总额〕,不能超过其当年入库的三税(增值税、营业税和企业所得税)地方留成收入总额。对企业的奖励资金,按现行财政体制规定,城区的企业由市本级、企业所在区各承担 50%,县(市)企业由各县(市)自行承担。

(五)上述政策适用范围为已列入《福州市龙头企业及项目实施计划表》的龙头企业。龙头企业可根据企业成长情况适时增补和退出。本意见自颁布之日起试行,有效期至 2015 年 12 月 31 日。

附件:福州市龙头企业及项目实施计划表

福州市人民政府关于贯彻省政府推动工业稳增长促转型十一条措施的实施意见

榕政综〔2014〕131 号

(2014 年 6 月 20 日)

各县(市)区人民政府,市直各委、办、局(公司),闽江学院、福州职业技术学院、福州保税港区管委会:

为推动全市工业经济稳定增长,促进产业转型升级,提高经济质量和效益,现就贯彻落实《福建省人民政府关于进一步推动工业稳增长促转型十一条措施的通知》(闽政文〔2014〕1 号),提出如下实施意见:

一、鼓励先进制造业增产增效。市财政年度安排 8000 万元资金,对符合产业政策并列入国家、省、市重点监测服务对象的制造业企业,工业产值比上年度增长 1 亿元及以上(闽清、永泰企业增长 5000 万元及以上),当年实际纳税(所得税、增值税、营业税)总额较上年度增长的,产值每增长 1000 万元给予 2 万元奖励,最高不超过 150 万元,且不超过企业当年度税收地方留成部分。

二、支持企业技术改造。市财政年度安排 5000 万元资金,优先支持扩大先进产能重点技术改造项目、新建投产重点项目，对工业企业技术改造及新建投产项目固定资产(厂房、设备)投资达3000万元及以上(五城区和闽清、永泰达2000万元及以上)，给予项目投资额的2%资金补助，最高不超过150万元，且不超过企业当年度税收地方留成部分(新建投产项目除外)。

三、支持企业技术进步。市财政年度安排1230万元资金，支持产学研工业重点项目，对上年度实际纳税(所得税、增值税、营业税)总额30万元及以上的规上工业企业与高等院校、科研院所共同承担，已签订合作合同或协议，项目处于中试阶段或基本完成中试，具有良好的产业化前景的重点产学研项目分别给予50万元、30万元、10万元的资金补助。通过国家级、省级、市级企业技术中心或工业设计中心认定的分别给予100万元、30万元、10万元奖励。企业技术中心或工业设计中心的奖励不重复享受。

四、扶持中小微企业加快发展。市财政年度安排2000万元资金，对为福州市中、小微工业企业年度提供贷款担保总额5000万元及以上、平均年担保费率不超过银行同期贷款基准利率50%的融资性担保机构，按担保发生额的8‰、1%给予风险资金补助，最高不超过100万元。鼓励个体工商户转为企业，对“个转企”的小微企业给予不低于5年的过渡期，在过渡期内，对账证不健全的转型企业税收实行核定征收方式，企业社会保险缴费方式5年不变。对新增的规模以上工业企业，以上年缴纳的省以下地方级税收收入为基数，3年内增量部分的60%奖励给企业扩大再生产，地方水利建设基金当年减半征收。

贯彻落实《关于进一步推进万家小微企业成长贷款有关工作的通知》(闽经信中小〔2014〕86号)精神，扎实推进万家小微企业成长贷款业务工作。市财政安排增信资金1500万元，为小微企业融资增信提供保障。

五、支持企业拓展市场。市财政年度安排500万元资金，对电子信息、环保设备、工程机械、输变电设备等行业企业首次采购《福州市工业产品推荐使用目录》中终端产品，且采购金额100万元及以上，按采购总价的2%给予采购单位资金补助，最高不超过50万元。对列入《福州市工业产品推荐使用目录》的名优产品首次进入实行全国统一采购配送的国内外大型连锁经营零售企业，且第一年度销售总金额超过500万元的，奖励名优产品生产企业20万元。在政府投资的工程项目采购中，同等条件下优先使用本地产品。对市政府及上级主管部门要求组织抱团(参展5家企业以上)参展以及友好协作城市邀请我市参展，给予牵头单位组织管理费及参展企业展位费补助。

六、鼓励企业兼并重组。落实鼓励企业兼并重组的财政、税收、金融和土地等优惠政策，充分利用并购金融产品，支持行业龙头企业、优势企业围绕产业链延伸拓展开展跨地区、跨行业、跨所有制的兼并重组，对重大兼并重组项目按照“一事一议”、“一企一策”制定扶持措施。

七、促进项目对接落地。充分利用“6·18”“9·8”等招商平台，促进先进制造业项目对接落地。对与世界1000强、台湾百强企业、全国500强企业以及全国500强民营企业对接的制造业龙头项目，纳入省、市重点项目管理，实行全过程跟踪服务，简化审批审核手续，强化要素保障。

八、加强工业节能降耗。市财政年度安排3000万元资金，鼓励工业企业开展节能降耗工艺、技术、设备更新改造和扶持闽清县陶瓷产业煤改气工程，优先支持列入全国万家实施节能低碳行动的企业和列入全省循环经济示范试点企业。对以提高企业能源使用效率为目的的工业锅炉改造、电机系统效率提升、能量系统优化、余热余压利用、节约和替代能源、区域热电联产以及应用先进技术、工艺和使用高效节能产品等项目，按项目改造后所形成的年节能量给予300元/吨标准煤的资金补助，最高不超过100万元，且不超过企业当年度税收地方留成部分。

九、推动工业集约节约用地。落实省政府《关于促进工业项目节约集约用地八条措施的通知》(闽政文〔2013〕246号)，对符合规划和安全要求、不改变用途，在原有建设用地上进行厂房加层改造，增加用地容积率的，不再增收土地价款，免收城市基础设施配套费用；对新建或通过改建达到工业项目建设用地控制指标的，涉及的房产税、土地使用税至2018年底实行“即征即奖”；对投资新建4层及以上标准厂房或将原有厂房改造升级为4层及以上厂房的，市级技改专项资金对其新增的货梯给予购买价格20%的资金补助，最高不超过150万元，且不超过企业当年度税收地方留成部分(新建投产项目除外)。

十、扶持信息产业加快发展。市财政年度安排5200万元资金，重点支持软件产业、两化融合率先发展。对软件产业年收入5000万元及以上、年度实际纳税(所得税、增值税、营业税)总额500万元及以上的软件企业(含数据处理、交换和网络运营服务、增值服务和软件服务企业)，按企业当年实际纳税地方留成较上年增量部分的50%给予奖励，最高不超过150万元。对信息产业重大项目采取“一企一议”的政策扶持发展。支持中国软件名城、国家数字家庭应用示范产业基地创建工作。

十一、保护发展传统工艺美术。市财政年度安排250万元资金，给予传统工艺美术行业公共服务平台建设，技能人才培养，技艺的传承和创新，拓展市场，工艺美术精品的征集和馆藏等资金补助。

十二、发挥企业资金应急处置机制作用。加强对重点企业资金运行异常情况监测，研究、协调、处置可能对区域经济金融产生重大影响的企业资金问题，防范重点企业资金链断裂。建立由经委、财政局、人行、银监、金融办等部门参与的企业资金应急处置联席会议，完善企业资金应急处置会商机制，按照“属地负责、分级管理、企业自救、协调联动”原则，帮助资金困难企业开展自救，协调相关金融机构帮助企业渡过难关。对生产经营困难的行业龙头企业，按“一企一议”的方式给予最高不超过150万元的贷款贴息补助；对欠发达县的工业园区基础设施建设给予适当资金补助。

以上政策涉及企业的工业产值以市统计局数据为准，实际纳税总额以国税、地税部门认定的数据为准，税收地方留成部分、固定资产投资额、贷款担保总额、地产品销售额、节能量、货梯价格、软件产业年收入等以有资质的中介机构认定的数据为准。技术改造、产学研、节能、货梯、信息产业补助政策按照就高执行,不重复享受。

福州市人民政府关于印发福州市农副产品平价商店管理实施办法的通知

榕政综〔2014〕139号
(2014年6月26日)

各县(市)区人民政府,市直各委、办、局(公司),闽江学院、福州职业技术学院、福州保税港区管委会:

《福州市农副产品平价商店管理实施办法》已经市政府研究同意,现印发给你们,请结合各自实际,认真遵照执行。

福州市农副产品平价商店管理实施办法

第一条 为推进农副产品平价商店(以下简称平价商店)建设和健康有序发展,发挥平价商店稳价控价作用,根据国家发展和改革委员会《关于充分发挥价格职能作用进一步推进农副产品平价商店建设的指导意见》(发改价格〔2012〕644号)和省政府办公厅《福建省农副产品平价商店管理暂行办法》(闽政办〔2012〕70号)的有关规定,结合本市实际,现制定本办法。

第二条 本办法所称平价商店是指在政府引导、扶持下,通过产销衔接,在价格平稳时期低于市场平均价销售群众生活必需农副产品,在价格异动时期按照政府要求承担保障供应、平抑价格等社会责任的各类商业载体。

第三条 本市范围内进行平价商店建设、经营和管理适用本办法。

第四条 价格主管部门负责所辖区域内平价商店的建设指导和日常监管,依法对平价商店执行价格法律、法规和政策情况进行监督检查,财政、商贸等有关部门应当在各自的职责范围内积极配合做好相关工作。

第五条 平价商店建设应坚持政府引导、企业运作、产销对接、稳价惠民的原则。

第六条 平价商店建设要综合考虑当地人口密度、农副产品需求程度、交通便利情况等因素,在城镇大中型社区或交通相对便利、中低收入群体相对集中的城区做好规划布点,在此基础上向小型社区和乡镇延伸,基本形成覆盖城市社区的平价商店网络。

第七条 平价商店设立形式可以是固定平价商店或是流动平价商店。

第八条 设立平价商店,应当具备以下条件:

(一)取得工商营业执照,具有合法的经营资格,有相对独立固定、达到一定规模的连锁经营场所,其中设立流动平价商店的经营者应配备一定规模的配送中心和一定数量的售卖车;

(二)平价商店以粮、油、肉、禽、蛋、菜等群众基本生活必需的农副产品为主营项目,主营项目收入占总销售收入80%以上;

(三)愿意按照政府的要求承担稳价惠民义务;

(四)价格主管部门规定的其他条件。

第九条 平价商品实行目录管理。平价商店经营者可以结合实际情况在价格主管部门公布的平价商品目录内选择具体经营品种,可随不同季节适时调整品种。

仅经营蔬菜或者含蔬菜在内的其中几类农副产品的,一般销售目录品种不得少于20种,其中蔬菜类目录品种不得少于10种;经营除蔬菜以外的其他某一类或者几类农副产品的,经营品种不得少于平价商品目录所列的该类别销售品种的80%。

第十条 在市场价格平稳时期,原则上经营的蔬菜类目录品种价格应低于市场平均价格20%以上,肉、禽、蛋类目录品种价格应低于市场平均价格10%以上,粮、油类目录品种价格应低于市场平均价格5%以上。市场平均价格是指市价格主管部门监测发布的同类商品市场价格。

价格异动时期,平价商店应按市政府价格协商机制有关规定承担稳价惠民工作。

第十一条 平价商店的申请设立应当经过申请、受理和认定程序:

(一)申请:经营者申请设立平价商店的,应当向价格主管部门提出书面申请,并按照要求提交营业执照、承诺书等相关材料。

(二)受理:价格主管部门对申请材料进行形式审查,材料齐全并符合条件的,予以受理。价格主管部门受理后应当对经营者的经营资格、经营场所、经营商品种类等进行现场审核,自受理之日起15日内提出审核意见,并作出是否认定的决定;不予认定的,应及时向申请人反馈意见,并说明理由。

(三)认定:价格主管部门决定认定平价商店后,自认定之日起15个工作日内,由价格主管部门向社会公布该平价商店的名称、地址等信息,并与经营者签订协议,允许其在显著位置悬挂"福州市农副产品平价商店"牌匾。

第十二条 平价商店经营者应依照承诺书和协议依法诚信经营,并履行下列义务:

(一)严格履行协议约定的保障供应和价格义务;

(二)按规定在平价商店内的醒目位置张贴或悬挂承诺书、设立公示栏,公示平价商品价格、12358价格举报电话、商店服务电话、食品检测报告等;

(三)按规定使用统一标识牌和标价签;

(四)按规定用途使用政府补贴资金,做到专款专用;

(五)建立健全内部价格管理制度,配备专(兼)职采报价员,协助价格主管部门做好价格监测、监管工作;

(六)按规定向价格主管部门报告经营情况;

(七)建立独立的平价农副产品商品进销和财务台账并如实记录,进行信息化管理,台账保存期限不得少于2年。

第十三条 政府通过资金支持、政策扶持、信息服务、推介宣传等手段,引导市场主体积极、平等地参与平价商店建设。鼓励平价商店与农产品流通企业、专业合作社、种养大户、生产基地对接,减少流通环节,增加零售网点。

市级价格调节基金用于支持平价商店建设的资金规模原则上不应低于上年度征收基金总额的15%,纳入年度预算安排。主要用于扶持平价商店的初期建设、租金补贴,补助经营者执行政府调控协议价而产生的经营费用和价差损失,以及支持蔬菜等副食品冷链建设、开展专项价格监测工作等。具体补贴办法由价格主管部门会同财政部门另行制定,报市人民政府批准后施行。

第十四条 符合条件的平价商店可优先获选为节日食品券供应商。

第十五条 价格主管部门应协调有关部门清理整顿平价商店经营管理过程中涉及的行政事业性收费、社团收费,取消不合理的收费项目,降低偏高的收费标准。

第十六条 参加蔬菜政策性保险的生产者优先列为平价商店采购对象;与平价商店签订订单的生产者参加蔬菜政策性保险的,可以给予适当保费补贴。

第十七条 平价商店经营者因执行平价商品销售方案等稳价控价政策措施而产生的正当损失,应当按照"先控后补"的原则给予适当补贴。

第十八条 价格主管部门应根据本实施办法第十二条的要求对平价商店实行年度综合考核和平时动态考核,建立档案记录考核情况。平价商店考核情况可以与信用等级评定挂钩。

第十九条 对年度综合考核合格的平价商店,可以继续签订平价商店经营协议;对稳价惠民贡献突出的,应给予表彰或者奖励。

第二十条 平价商店有下列行为之一的,由价格主管部门责令改正,并给予批评教育:

(一)不按规定明码标价的;

(二)不按要求建立健全内部价格管理制度、设立专(兼)职采报价员的;

(三)不按规定向价格主管部门报送价格信息资料和经营情况的;

(四)其他违反平价商店管理规定行为轻微的。

第二十一条 平价商店有下列行为之一的,取消平价商店资格,收回牌匾,停止执行各项扶持政策,存在骗取扶持资金的,追回已发放的扶持资金,其经营者2年内不得申请设立平价商店:

(一)违反国家法律、法规、规章经营的;

(二)年度综合考核不合格的;

(三)不履行有关约定或者已不具备平价经营群众基本生活必需农副产品条件的;

(四)1年内因违反平价商店管理规定被查处三次以上的;

(五)弄虚作假骗取价格调节基金补贴的;

(六)擅自将平价商店转租或改变经营主体的。

第二十二条 平价商店违反有关法律、法规、规章经营的,由有关行政主管部门依法查处,构成犯罪的,依法追究刑事责任。

第二十三条 价格主管部门每年4月前应当对平价商店工作进行总结,通报平价商店建立、经营管理、质量安全、价格调节基金扶持等方面的情况。

第二十四条 各县(市)人民政府可根据本办法制定实施细则。

第二十五条 本办法自发布之日起执行。

福州市人民政府关于完善价格补贴联动机制的补充通知

榕政综〔2014〕140号

(2014年6月26日)

各县(市)区人民政府,市直各委、办、局(公司),闽江学院、福州职业技术学院、福州保税港区管委会:

根据省物价局等6部门《关于进一步完善我省社会救助和保障标准与物价上涨挂钩联动机制的通知》(闽价综〔2014〕70号)精神,经市政府研究同意,决定对《福州市人民政府关于修订价格补贴联动机制的通知》(榕政综〔2013〕61号)进行修改完善,明确价格补贴联动机制的启动条件,统一市、县价格补贴标准。现将有关事项补充通知如下:

一、联动机制的启动和中止

在居民基本生活费用价格指数未发布前,以全市月度居民消费价格指数(CPI)结合食品类消费品价格指数和粮食价格指数作为衡量指标,确定启动联动机制的标准。

当CPI同比涨幅达到2%或食品类消费价格同比涨幅达到5%或CPI中粮食价格指数超过10%时,启动联动机制,对补助对象每人价格补贴50元;同期食品类消费价格涨幅超过5%的,每超过1个百分点,每人增加补贴10元。但每人每月补贴总金额以100元为限。食品类消费价格同比涨幅连续3个月超过10%,另行研究补助标准和方法。

CPI同比涨幅未达到2%且食品类消费价格涨幅回落到5%以下且CPI中粮食价格指数未超过10%时不启动联动机制。

二、价格补贴的资金发放和保障

低收入群体的价格补贴每季度发放一次,每季度头一个月份发放上季度价格补贴。市属高校家庭经济困难学生实行按学期定额补贴,补贴标准按价格涨幅另行确定。

价格补贴资金纳入同级财政预算。领取失业保险金人员价格补贴所需资金由失业保险基金支付;市属高校家庭经济困难学生的价格补贴资金由市级价格调节基金支付;其他人员价格补贴资金扣除省级补助资金后五城区由市级价格调节基金支付,闽清县、永泰县由市、县财政各承担50%,其余各县(市)由各县(市)财政足额安排。

三、确保工作落实到位

各县(市)政府要充分认识完善联动机制是落实保基本、

托底线要求的重要举措,加强统筹协调,强化责任分工,组织实施好联动机制完善工作。市物价局将会同相关部门进行跟踪落实,并向市政府和省物价局报告相关情况。各县(市)政府要广泛宣传联动机制完善工作,引导社会各方面特别是困难群众全面、理性地看待联动机制作用,保障联动机制方案平稳实施。

本补充通知自2014年7月1日起执行。《福州市人民政府关于修订价格补贴联动机制的通知》(榕政综〔2013〕61号)相关内容与本补充通知不一致的,以本补充通知为准。

福州市人民政府关于印发加强农村金融服务若干意见的通知

榕政综〔2014〕152号

(2014年7月4日)

各县(市)区人民政府,市直各委、办、局(公司),闽江学院、福州职业技术学院、福州保税港区管委会,在榕各金融机构:

《福州市人民政府关于加强农村金融服务的若干意见》已经市政府研究同意,现印发给你们,请结合各自实际,认真组织实施。

关于加强农村金融服务的若干意见

为贯彻落实中央、省关于加强农村金融服务的有关精神,进一步缓解农村融资难、担保难等问题,提升"三农"金融服务和保障水平,增强农村发展活力,现提出如下意见:

一、加强政策支持与引导

健全信贷扶持农业的绩效考核机制,推动在榕各银行机构切实加大涉农信贷投放力度,进一步扩大农户小额信贷和联保贷款业务覆盖面,确保涉农贷款余额持续增长。[人行福州中心支行、福建银监局协调支持]

对实现涉农贷款增速高于各项贷款平均增速的在榕银行业金融机构,优先办理再贴现。积极运用支农再贷款、支小再贷款等货币政策工具手段,支持引导福建海峡银行、各县(市)农信社、农商银行、村镇银行等地方法人银行机构加大对"三农"和农村地区小微企业贷款投放力度。[人行福州中心支行协调支持]

在强化涉农业务全面风险管理的基础上,鼓励商业银行下放贷款审批权限,优化绩效考核机制,推行尽职免责制度,对符合条件的涉农小微企业贷款和农户生产经营性贷款,按75%的比例计算风险权重。[福建银监局协调支持]

支持农村商业银行等金融机构发行专项用于"三农"的金融债。加强信贷政策窗口指导,支持商业银行单列涉农信贷计划,引导在榕主要涉农银行增加涉农信贷投放。农村中小银行机构每年新增涉农贷款不低于全部新增贷款的50%。对支农成效较好的农行"三农金融事业部"执行比该银行低2个百分点的存款准备金率政策;下调县域农村商业银行存款准备金率2个百分点,支持其进一步增加涉农贷款投放。[人行福州中心支行协调支持]

二、完善农村金融服务体系

支持农业政策性银行、大型商业银行、股份制商业银行、城市商业银行向福州县域延伸营业网点;支持在榕银行设立农业、渔业、林业等专业支行。鼓励各涉农银行机构增加在人口密度较大乡(镇)、村的网点密度。推动福州地方法人银行机构以及现有村镇银行在乡(镇)、村设立分支机构。[牵头单位:市金融办;责任单位:各县(市)区人民政府、在榕相关银行机构;福建银监局协调支持]

鼓励建立农业产业投资基金、农业私募股权投资基金和农业科技创业投资基金,规范发展小额贷款公司。探索设立涉农企业直接债务融资发展基金,为涉农企业发行债券提供风险缓释和增信支持。[牵头单位:市农业局;责任单位:市委农办、市发改委、市经委、市财政局、市金融办]

推动未组建村镇银行的县(市)加快组建步伐,力争"十二五"末我市实现村镇银行县(市)全覆盖。[牵头单位:福清市、长乐市、闽清县、罗源县、永泰县人民政府;福建银监局协调支持]

继续推进福州辖区未改制的农信社改制成农商行。[牵头单位:省农信联社福州办事处;责任单位:相关县(市)人民政府;福建银监局协调支持]

加大对福州农村地区金融基础设施的投入力度,推动农村中小银行业金融机构按照每年不低于2%的增长率在县域布设自动存取款设备、POS机等服务终端。确保每个乡(镇)拥有自动存取款设备,实现"十二五"期间小额支付便民服务行政村全覆盖,力争"十二五"期间实现邮政便民金融服务点村村全覆盖。宣传和推广网上银行、电话银行、手机银行等现代金融服务方式。[牵头单位:市金融办;责任单位:农业银行省分行营业部、邮储银行福州分行、省农信联社福州办事处、福州农商银行;人行福州中心支行、福建银监局协调支持]

三、提升农村融资担保服务

推动各县(市)区立足自身农业优势产业,依托具备法人资格的行业组织,发展行业性、互助性担保公司。支持农业产业化龙头企业牵头组建行业性担保公司或设立互助担保基金。规范发展由村级组织和农户共同出资或农户出资的担保公司和担保基金。鼓励现有各类担保机构进入农村市场,积极规范开展涉农担保业务。积极引导各类融资性担保公司或担保基金规范运作,推动其创新担保产品和服务,满足涉农企业、农户的需求。推动我市涉农融资性担保业务纳入省级中小企业信用再担保公司再担保范围。推动涉农融资性担保业务纳入市级融资性担保机构风险补贴范围。[牵头单位:市经委;责任单位:市农业局、各县(市)区人民政府]

在榕各涉农银行机构主动倡导、参与和建设农村信用共同体,积极为参加增信的农业企业和农户提供贷款。推广"农户信用评级+担保基金+信贷"融资模式。对纳入省级中小企业信用再担保体系、运作规范的福州县域融资担保机构适当放大抵押担保倍数。[责任单位:在榕相关银行机构;人行

福州中心支行、福建银监局协调支持]

鼓励保险公司与地方政府、银行业金融机构、农村融资性担保机构及相关中介机构加强合作,开发各类具备贷款担保性质的保险产品,防范和分散“三农”借款主体的运营风险和金融机构的业务风险。引导保险机构努力提升为农村金融机构及个人提供风险管理、损失赔付等的服务水平。[责任单位:在榕相关保险机构;福建保监局协调支持]

四、支持涉农金融产品创新

推行“一次核定、随用随贷、余额控制、周转使用、动态调整”的农户信贷模式,合理确定贷款额度、放款进度和回收期限。加快在农村地区推广应用微贷技术。开发农业订单、仓单、应收账款、可转让股权等质押贷款,开展农产品以及设施棚舍、大中型农机具等农业设施设备抵押贷款,通过“龙头企业+农户”、“龙头企业+基地+农户”、农户联保等模式,拓展对农户的信贷支持。推动符合城镇化发展需要的金融产品创新,推广统规统建农房建设项目贷款业务,开展农民购建房按揭贷款、农村住房装修贷款试点,稳妥开展农村土地承包经营权抵押贷款、审慎稳妥开展农民住房财产权抵押贷款业务。进一步推广水域滩涂使用权、海岛使用权、渔船抵押贷款等符合我市实际的抵质押产品,支持将渔船贷款最高抵押率提高至50%以上。扩大林(茶、果)权抵押贷款规模,推广高优特色品种为抵押物的林(茶、果)权抵押贷款,林业种植业贷款期限可延长至15年以上,林权抵押贷款最高抵押率可提高至70%以上,逐步扩大免评估小额林(茶、果)权抵押贷款,对30万元以下的林(茶、果)权抵押信贷业务可采用银行内部评估。[责任单位:在榕相关银行机构;人行福州中心支行、福建银监局协调支持]

探索开展涉农资产证券化试点。积极开发推广适合农户的证券资产管理产品,并为农户提供优质的证券投资服务。[责任单位:在榕相关证券机构;福建证监局协调支持]

鼓励保险机构创新各类涉农险种,针对农村客户开办小额贷款借款人意外伤害保险、农村小额信贷保证保险与保单借款等业务。推动保险机构扩大农、林、牧、渔等保险覆盖面。[责任单位:在榕相关保险机构;福建保监局协调支持]

加强与金融机构的协调配合,探索农村集体经营用地使用权以及农机具等涉农贷款担保抵押资产的评估、登记、流转和处置方式。慎重稳妥开展农民住房财产权抵押试点。[牵头单位:市国土资源局、市农业局、市住房保障和房产管理局等相关职能部门]

完善林权配套服务和平台建设,继续做好林权抵押登记服务,完善抵押林权采伐管理政策,履行“一个确认、两个承诺”制度。探索建立林权收储机制,对林农林权抵押贷款进行担保,并对出险的抵押林权进行收储,有效化解金融风险。[牵头单位:市林业局;责任单位:各县(市)区人民政府]

支持中心渔港及一、二、三级渔港开发建设,探索开发对冷库建设、冷藏车辆及设备、冷链物流仓储等的金融产品。探索开展水域滩涂使用权抵押担保方式。沿海各县(市)区探索财政与金融机构共同出资建立海洋渔业养殖风险基金及运作模式。积极开展水产养殖保险试点工作,降低水产养殖贷款风险。[牵头单位:市海洋与渔业局;责任单位:各县(市)区人民政府]

按照中央、省关于新农合、城镇医保经办机构职能整合的部署,推进商业保险公司经办新农合业务和承保新农合大病保险业务。加强与社保卡合作银行协作,探索通过社保卡金融账户代收参合个人缴费、代发新农合补偿款等业务,完善新农合基金收缴、发放方式,逐步拓展新农合社保卡金融应用业务,进一步提高便民利民服务水平。[牵头单位:市卫生局;责任单位:福建海峡银行]

五、扩大涉农企业直接融资规模

将具有较大发展潜力的农业产业化龙头企业和各类涉农企业列为上市后备企业,推动其尽快上市融资。支持涉农上市公司通过增发、配股、发行公司债券等方式再融资,鼓励符合条件的涉农企业发行中小企业私募债等融资产品。鼓励农业龙头企业到全国中小企业股份转让系统或海峡股权交易中心挂牌融资。支持涉农企业发展股权融资,积极引导股权投资企业、创业投资企业投资、参股农业产业化龙头企业和成长型农业中小企业。推动符合条件的农业龙头企业和农村中小企业发行短期融资券、中期票据、中小企业集合票据、区域中小企业集优票据、企业债等。[牵头单位:市委农办;责任单位:市金融办、市农业局;人行福州中心支行、福建证监局协调支持]

六、加强“三农”金融财税扶持

加大财政资金投入,设立专项资金,采取补助、贴息、奖励等办法专项扶持农村经济发展。进一步落实农户生产性贷款担保风险补偿政策,为农户提供贷款担保服务的担保基金,按年度担保额的1.6%给予风险补偿。对银行机构发放的免担保农户小额信用贷款给予风险补偿政策。按年度,对银行机构向福州辖区累计发放的金融监管部门认定的免担保农户小额信用贷款,参照农户生产性贷款担保风险补偿标准,按贷款额的1.6%给予风险补偿。[牵头单位:市金融办;责任单位:市农业局、市财政局等相关职能部门;人行福州中心支行、福建银监局协调支持]

拓展农村中小金融机构农户联保贷款业务,农户联保贷款额度可在10万元以上。对大学生“村官”或自主创业的高校毕业生创建农民合作社,给予小额担保贷款和其他形式小额贷款贴息政策,贴息贷款额度最高5万元,按人行公布的同期贷款基准利率上浮3个百分点以内给予全额贴息。[牵头单位:市农业局,责任单位:市财政局、市人力资源和社会保障局]

大力推动农村金融便民服务,对在福州辖区内偏远山区、海岛新设立的营业网点、自动存取款设备、小额便民支付点的金融机构,由市金融业发展专项资金给予适当的奖励。从2014年1月1日起,对银行机构新设小额便民支付点每个给予一次性奖励500元,原则上每个行政村每家银行只能申请一个小额便民支付点,每个行政村小额便民支付点总数不超过4个;新设自动存取款设备每台给予一次性奖励3万元;新设营业网点每个给予一次性奖励5万元。[牵头单位:市金融办;责任单位:市财政局、市民政局、各县(市)区人民政府]

对年末涉农贷款余额较上一年增加的辖区内县域银行机构，可给予一定的奖励。对当年涉农贷款平均余额同比增长超过15%的部分，按2%的比例给予奖励。［牵头单位：财政局；责任单位：市金融办；人行福州中心支行协调支持］

加快建立财政支持的农业保险大灾风险分散机制，增强对重大自然灾害风险的抵御能力。扩大政策性农业保险覆盖面，逐步将规模化、设施化生产的特色农产品纳入政策性保险范围。支持有农业保险资质的保险公司参与开展设施蔬菜政策性保险工作，对参保的设施蔬菜（含食用菌）在省财政给予20%保费补贴的基础上，市财政给予20%保费补贴，鼓励县（市、区）财政给予适当的配套保费补贴。［牵头单位：市农业局；责任单位：市财政局、市金融办、各县（市）区人民政府，在榕相关保险机构；福建保监局协调支持］

七、推进农村金融信用体系建设

建立健全农村征信机制。以人民银行福州中心支行为主导，各在榕涉农银行农村服务网点为基础，各级政府（村级自治组织）为支持保障，加快完善我市农村信用体系建设。按照“先建档、后评级、再授信”的原则，积极开展农业产业化龙头企业、农民专业合作社、休闲农业企业、家庭农场、专业种养大户、农户的信用评级，建立健全农村目标客户信用档案数据库，力争2014年末实现我市农村地区目标客户建档和信用评级全覆盖。［责任单位：市各级政府、农发行省分行营业部、农业银行省分行营业部、邮储银行福州分行、省农信社福州办事处、福州农商银行；人行福州中心支行、福建银监局协调支持］

各级各有关部门要加大对诚实守信观念的宣传力度，营造良好社会氛围。县、乡级政府及村级组织要积极支持配合金融监管部门和金融机构采集农户、涉农企业的信用信息，建立统一的信用信息管理、查询和共享服务平台以及相应的信息共享、查询服务机制。支持人民银行县（市）区征信窗口建设，引导入驻县级行政服务中心。［牵头单位：各县（市）区政府；责任单位：在榕相关银行机构；人行福州中心支行协调支持］

大力推进“信用乡（镇）”、“信用村”、“信用户”以及“信用企业”评定与创建。2014—2015年每个县（市）、区要力争新创建2个及以上信用乡（镇），每个乡（镇）要力争新创建3个以上信用村。将单户信用贷款最高额度提高到10万元。对诚实守信、按时还贷的农户和企业给予下调贷款利率、扩大贷款额度等优惠政策。对获评的“信用乡（镇）”、“信用村（居）”、“信用户”、“信用企业”，由各县（市）区政府结合自身财力给予适当的奖励或补助，并与所涉金融机构联合给予授牌表彰。［牵头单位：各县（市）区政府，责任单位：市金融办、市委农办、市农业局、省农信社福州办事处、其他涉农银行机构］

八、维护农村金融稳定

加强对福州农村地区金融运行的监测、分析，及时化解农村金融风险隐患，防范区域性金融风险发生。［牵头单位：市金融办；责任单位：市防范和处置金融风险工作领导小组成员单位；人行福州中心支行、福建银监局、福建证监局、福建保监局协调支持］

各级人民政府要高度重视农村金融稳定工作，按照属地管理原则，建立健全农村金融风险的监测、预警和联合处置机制，制定风险应急处置预案，及时化解本地区金融风险隐患。［牵头单位：各县（市）区人民政府］

各级经贸部门加强对融资性担保公司、小额贷款公司资本金运用、人员管理、经营及风险状况进行持续动态监测。［牵头单位：市经委；责任单位：相关职能部门］

各级农业行政主管部门要加强农民合作社资金互助业务的检查和指导，促进农民合作社资金互助业务规范发展。［牵头单位：市农业局；责任单位：相关职能部门］

各级工商行政管理部门及相关部门负责依法对投资咨询公司进行监管。［牵头单位：市工商局；责任单位：相关职能部门］

加大对农村贷款诈骗、骗取贷款、高利贷、非法集资、地下钱庄、非法证券等非法金融活动的打击和防范力度，及时化解农村金融风险，维护区域金融稳定。［牵头单位：市公安局；责任单位：在榕各金融机构］

进一步加强对农民和农村企业金融知识、金融法律法规的宣传和教育，保护农村金融消费者合法权益。［人行福州中心支行、福建银监局协调支持］

九、开展农村金融试点工作

探索推动农村各类权属的市场化、商品化。创新农业投融资体系，在福清、长乐、连江、罗源等县（市）开展农业投融资体系创新试点。支持闽侯县开展省级信贷扶贫试点县工作，将闽侯县作为市级农村金融试点县，并选取若干个有条件的村开展村级担保基金试点工作。［牵头单位：各相关县（市）区人民政府；责任单位：相关职能部门］

福州市人民政府印发关于加快福州江阴港区建设的若干意见的通知

榕政综〔2014〕163号

（2014年7月18日）

各县（市）区人民政府，市直各委、办、局（公司），闽江学院、福州职业技术学院、福州保税港区管委会：

《关于加快福州江阴港区建设的若干意见》已经市政府2014年第10次常务会议研究通过，现印发给你们，请认真贯彻实施。

关于加快福州江阴港区建设的若干意见

福州江阴港历经十多年的开发建设，产业集聚、港口建设初具规模，已成为我市乃至全省重要的经济新增长区域和重要港区，为更好更快组织实施《福州市江阴港城总体规划》，推动江阴港口、产业、城市互相促进，统筹发展，加快江阴港建设，特提出如下意见：

一、指导思想

以科学发展观为指导,全面融入海峡西岸经济区、闽江口金三角经济圈、福清海港新城等发展大局,主动对接平潭开放开发,围绕“跨越发展、现代港城”的总体目标,坚持“建大港、兴产业、造新城”的发展理念,深化改革开放,创新发展方式,全力推进江阴港开发建设,为推动福州新区开放开发做出更大贡献。

二、规划定位与发展目标

江阴港城总规划面积约158.29平方公里,分4个功能区:江阴岛东、西部的产业区;南部的港口物流区;中东部和新厝的综合配套区以及北部生态涵养区。

江阴港要充分发挥港城互动的独特优势,经过努力建成港口功能更加发达、产业体系更加完整、配套设施更加完善、生态环境更加优美,成为助推福州新区南翼腾飞的临港产业基地、服务海西产业发展的航运枢纽、兼具自然山水与港城人文特色的福州新区滨海新城。到2020年,实现工业产值超1000亿元,商贸服务营收超200亿元;港口集装箱吞吐量超300万标箱。

三、工作举措与政策扶持

(一)加快港区建设步伐

1. 加快提升港口吞吐能力。由江阴工业区管委会负责,加快推进港口码头建设,在2015年前完成6-12号码头建设;在2020年前基本完成13-19号码头建设。

2. 加快打造海西航运枢纽。由市投资促进局牵头,市外经贸局和福州港口管理局配合,引入投资集团参与港口建设。由福州港口管理局负责,巩固现有航线,加快新航线开辟,鼓励扶持国内外船公司多开远洋航线、近洋支线和内贸航线并加密航班,逐步将江阴港区打造成为海峡西岸集装箱航运枢纽。

3. 加快培育货源集聚能力。由福州港口管理局负责,市财政局配合,认真宣传、兑现市政府鼓励福州港口生产发展的补贴及优惠政策,鼓励船公司和码头公司加大揽货力度,大力发展海铁联运、公水联运、水水中转等多式联运,吸引省内外箱源向江阴港区集聚。市政府统一协调各口岸部门和航运公司,立即着手各项准备工作,2015年开始用一年时间,将闽江口内港区集装箱业务全部移到江阴港区。市陆地港建设领导小组负责协调市直各相关职能部门,力争在2—3年内,在省内和江西、湖南等地各形成2—3个与江阴港对接紧密的陆地港,将福州港腹地辐射范围延伸至周边省市,形成江阴港区全方位竞争优势。

4. 加快完善口岸通关服务。市外经贸局(口岸办)牵头协调口岸联检单位,加强江阴口岸查验设备配套,实施口岸通关全年365天24小时监管服务,开展口岸通关评价工作,结果纳入市政府对驻榕口岸查验单位行风建设和精神文明建设考核体系,努力使江阴港区通关环境和通关效率尽快达到国内一流水平。

(二)大力培育临港产业

1. 港口运输业及现代物流业:南部港口物流区要依托江阴港区、保税港区和大型铁路物流货场,发展国际中转、国际配送、国际采购、转口贸易、整车进口等现代物流产业。要引导传统运输、仓储企业向第三方物流企业转型,大力推动制造业与现代物流业联动发展,提高产业信息化水平和集约化管理,构建先进物流体系。

2. 临港化工及临港制造业:西部产业区加快建设以天辰耀隆、巴陵己内酰胺、东南电化为龙头的化工新材料专区和以福抗药业为龙头的医药产业基地。发挥临港优势,以链式发展、资源循环利用的模式,构建集约、先进、规模的石化中下游产业链临港化工产业。东部产业区加快建设以国电为龙头的电力能源产业,推动高档、智能化汽车玻璃研发及产业化,布局石化产业链下游配套项目、进口汽车销售服务和临港加工制造业。福州出口加工区要充分利用“境内关外”的特殊政策优势,积极引进“两头在外”出口加工型企业。

3. 现代服务业:依托江阴港城区位、资源以及特色产业优势,突出发展商贸流通、金融服务、商务服务、旅游休闲、公共服务等生产性、生活性以及公共性服务业,加快培育现代服务业集聚区,促进临港产业与现代服务业有机融合,推动服务业转型升级,提升江阴港城综合服务能力和竞争力。要加大整车进出口政策扶持,对在江阴港城总体规划范围内从事整车进出口销售服务企业实行扶持政策。对在江阴注册从事整车进出口贸易及相关业务的企业,从营业之日起,其第1年内税收地方留成部分,按100%等额奖励给企业,第2年至第3年按50%等额奖励。

(三)完善港口基础设施配套

市发改委牵头加快推进江阴铁路支线连接向莆铁路专运线建设。市交通委牵头,加快推进庄前至长乐高速公路、江阴港区连接莆田跨海大桥以及福泉高速新厝开口建设。福清市政府负责加快推进融港大道、沿海大通道、联十一线和中部新城项目建设。福州供电公司负责加快江阴第2座22万伏变电站建设。江阴工业区管委会负责尽快实施东部区域填海造地和防洪排涝工程建设,并按照江阴港城发展要求,结合江阴旧镇区提升改造建设,完善中部居住区、服务区、生活区路网配套建设;加快口岸联检部门办公及生活设施配套建设;加快配套公寓、公租房、周转房建设,引进并动建大型商住、商贸等生活公共配套项目,促进人口集聚,提高港区城市化发展水平。

(四)优化产业结构,鼓励企业转型升级

1. 鼓励区内企业转型升级、腾笼换鸟。经江阴工业区管委会批准,符合国家产业政策及江阴工业区产业规划要求的优势企业对园区内落后企业实施兼并或控股,企业注册地仍在江阴工业区的,自股权变更工商登记之日起3年内,除进口相关税收之外,企业年缴税地方留成部分总额(不含建设期的建安税收)超过被兼并企业最后一年度基数的,当年地方留成增量部分返还给企业作为技改等补贴,补贴总额不超过企业兼并或控股价格与当年土地基准价格的差额。

2. 鼓励不符合国家产业政策及园区规划的低效高耗落后产能的工业企业,按江阴工业区管委会要求主动退出,对被收储的工业企业所涉及的土地增值税、营业税等地方留成部分予以等额奖励。

(五)加大资金投入力度

1. 自2014年起3年内,江阴工业区内产生的各项收益

(含建安税收、企业税收地方留成及非税收入等部分)全额返还,园区外迁入的企业除所得税外其他税收按属地征管(财力归园区所有),园区内产生的海域使用金涉及市县两级分成部分全额返还,用于园区开发建设和支持产业发展。

2. 自2014年起3年内,江阴工业区基础设施配套建设新增贷款利息,由福州市、福清市两级财政各承担50%予以贴息。

3. 江阴工业区规划范围内所有土地出让收益及市级集中涉及园区土地出让金收益部分,全额返还园区用于基础设施配套建设。同时,积极争取中央代发行的地方债券,用于园区建设,2014年安排1亿元。

4. 充分发挥融资平台作用。福州市、福清市财政2014年各安排2亿元扶持江阴工业区建设与发展,可优先用于追加福州市江阴工业区开发建设有限公司注册资本金。

(六)推进管理体制改革

理顺江阴港区管理体制,核定福州市江阴工业集中区管理委员会机构为行政正处级单位,强化管理职能并明确"三定"方案和公务员编制,负责江阴港城总体规划范围内的港口、临港产业和城市规划建设有关工作。

四、保障措施

(一)组织保障。成立以福州市主要领导为组长,市分管领导为副组长,市直相关职能部门、福清市及管委会主要领导为成员的福州江阴港建设发展领导小组,统筹负责协调江阴工业区管委会提交的重要事项。领导小组下设办公室,由福清市政府主要领导兼任办公室主任,负责督促检查并通报相关工作推进情况等日常事务。

(二)制度保障。建立福州江阴港开发建设工作联席会议制度,定期召开会议,协调解决江阴港建设发展领导小组议定事项推进过程中存在的困难和问题。健全目标责任考核体系,层层细化量化任务目标,分解落实工作责任,形成"人人有任务、事事有人抓"的工作局面;同时建立定期通报制度,实现督查、奖惩常态化,对重点项目推进有力的单位、部门予以表彰奖励,对重点项目推进无力、进度严重滞后的单位、部门,给予批评问责。

(三)服务保障。结合党的群众路线教育实践活动和"作风建设年"活动,倡导求真务实的工作作风,立说立行,令行禁止,敢闯敢干,狠抓工作落实,提高工作效率与服务质量。

本意见自2014年1月1日起施行,期限为3年。

福州市人民政府关于印发《福州市市场主体信用信息征集及公示办法》的通知

榕政综〔2014〕165号

(2014年7月20日)

各县(市)区人民政府,市直各委、办、局(公司),闽江学院、福州职业技术学院、福州保税港区管委会:

《福州市市场主体信用信息征集及公示办法》已经市政府2014年第12次常务会议审议通过,现印发给你们,请认真贯彻实施。

福州市市场主体信用信息征集及公示办法

第一章 总 则

第一条 为规范市场主体信用信息征集及公示行为,促进社会信用体系建设,根据有关法律、法规和规章,结合本市实际情况,制定本办法。

第二条 本办法所称市场主体,是指在我市辖区内经工商机关依法登记的有限责任公司、股份有限公司、非公司企业法人、合伙企业、个人独资企业及其分支机构,农民专业合作社,个体工商户,在中国境内从事生产经营活动的外国(地区)企业以及其他经营单位。

本办法所称市场主体信用信息,包括市场主体登记、许可、备案、年度报告、资质资格等市场主体基本信息,以及市场主体因违法违规或获得奖励荣誉等产生的能够反映市场主体信用状况的其他信息。

第三条 本办法适用于本市行政区域内各级市场主体登记机关、行政许可机关、依法接受委托承担行政管理职能以及对市场主体进行信用评估或监管的组织(以下简称"各有关单位")对市场主体信用信息的征集与公示。

第四条 建立统一规范的市场主体信用信息平台(以下简称"信息平台"),作为各成员单位之间信息推送、数据共享及信息公示的法定载体。

第五条 市场主体信用信息征集及公示应当遵循"真实、合法、及时、完整"和"谁主管、谁征集、谁公示、谁负责"的原则。

第六条 成立福州市市场主体信用体系建设领导小组,由市政府分管副市长任组长,市数字办、市监察局及市工商局主要领导任副组长,领导小组负责协调处理全市市场主体信用体系建设及信用信息征集、公开、使用及管理中的重大事项。领导小组下设办公室(以下简称"市信用办"),挂靠市工商局,负责领导小组日常工作。

第七条 各有关单位应当根据本办法建立健全本系统市场主体信用信息征集、提交、维护、管理、使用,以及公示的内部工作程序、管理制度和相应的行政责任追究制度,并指定专门机构和人员负责向信息平台推送及公示相关信息,保证市场主体信用信息提交和使用的及时、准确、规范。

第二章 信用信息征集与共享

第八条 各有关单位对市场主体基本信息应当实时征集并推送至信息平台,对市场主体其他信用信息应当在信息产生之日起5个工作日内征集并推送至信息平台,实现政府及其职能部门间的信息资源共享。

第九条 市场主体基本信息包括:

(一)市场主体登记信息;

(二)市场主体经营许可信息;

(三)市场主体资质评定信息；

(四)市场主体年度报告信息；

(五)与市场主体登记、备案相关的其他信息。

第十条 市场主体其他信用信息包括：

(一)市场主体优良信誉信息。市场主体及其法定代表人(负责人)在经营过程中获得县级(含县级,下同)以上人民政府及同级职能部门、有关机构褒扬、评比、认证等方面的信息；

(二)市场主体不良信息。市场主体因违法而受到行政处罚或刑事处罚,因违约、侵权诉讼被人民法院判决败诉而未主动履行生效法律文书确定的义务,以及拖(逃)欠费、税及员工工资等不良信息;市场主体法定代表人与市场主体相关的经营活动中的违法违规信息；

(三)市场主体警示信息。市场主体因违反国家法律、法规、规章,需要采取限制性监管或向有关单位及公众提供警示的信息(包括市场主体身份信息中的各种警示信息,如许可证到期信息以及各种涉案未果信息等)；

(四)市场主体经营异常名录信息；

(五)市场主体严重失信信息(黑名单)；

(六)与市场主体信用监管相关的其他信息。

第十一条 社会评估机构可对市场主体信用进行评估,并对评估结果负责。

第十二条 各有关单位在信息共享系统内,应当建立联动响应机制,对被载入经营异常名录或"黑名单"、有其他违法记录的市场主体及其相关责任人,要采取有针对性的信用约束措施,形成"一处违法,处处受限"的局面。

第三章 信用信息公示

第十三条 各有关单位对市场主体基本信息及市场主体其他信用信息必须自征集之日起5个工作日内通过信息平台予以公示。

第十四条 市场主体信用信息公示内容包括：

(一)市场主体基本信息；

(二)市场主体优良信誉信息；

(三)市场主体经营异常名录和严重失信信息；

(四)对市场主体发生法律效力的责令停产停业、吊销许可证或执照、较大数额罚款、没收等重大行政处罚的信息；

(五)市场主体因偷税、逃税、骗税、抗税、走私骗汇、逃废银行债务、经济诈骗等违法活动而受到行政处罚或追究刑事责任的信息；

(六)市场主体因违反消费者权益保护法、制售假冒伪劣商品和侵犯知识产权被行政处罚的信息；

(七)其他依照相关法律、法规,各相关单位应当向社会主动公开的市场主体信息。

第十五条 除法律、法规、规章另有规定外,市场主体信用信息的公示期限如下：

(一)市场主体登记事项、按规定应当公示的备案事项、年度报告及市场主体经营异常名录等信息长期公示；

(二)行政许可、资质评定等有有效期限的信息,公示期限与其有效期限一致；

(三)市场主体优良信誉信息、市场主体的一般违法信息公示期限为3年；

(四)市场主体注销、被吊销许可证或执照的信息公示期限为5年；

(五)市场主体破产信息、市场主体逃废债信息公示期限为10年；

(六)市场主体法定代表人、董事、主要股东或其他高级管理人员被处禁止从事某行业的处罚信息,公示期限为禁入期限届满后2年；

(七)其他不良信用信息公示期限由各有关部门按不良信息的类别、性质、情节轻重自行审定。

第十六条 信用信息公示期限届满的,各有关单位应当及时终止公示,并将公示的信用信息转为档案保存。

第四章 信用信息管理

第十七条 市场主体认为其被公示的信用信息与实际情况不符的,可向公示单位提出书面异议申请,并提交相关证据。

各有关单位收到书面异议申请后,暂停公开该异议信息,并在接到异议申请之日起3个工作日内进行核实并书面答复申请人,公示信息确实存在错误、遗漏的,应当自书面答复申请人之日起3个工作日内更正公示。经核实,异议不成立的应恢复公示。

第十八条 已征集并公示的信用信息变更或失效的,各有关单位必须在信息变更或失效之日起10个工作日内录入修改、删除意见。

第十九条 市场主体信用信息的删除、修改应在信息平台保留历史记录,所有信用信息都应在信息平台数据库中长期保存。

第五章 监督和纪律

第二十条 市监察及效能部门依法对各有关单位信用信息征集、公示中相关法律法规、管理制度及业务操作规程的执行情况、异议信息处理情况等进行监督检查。

第二十一条 任何单位和个人认为信用信息公示活动侵犯其合法权益的,可向市信用办或市监察部门投诉。

第二十二条 有以下情形之一的,提请市监察部门处理。

(一)提供虚假或者错误信息；

(二)擅自更改市场主体信用信息；

(三)未在规定时限整合、更新或者更正市场主体信用信息；

(四)未按规定处理和答复异议信息；

(五)利用市场主体信用信息谋取不正当利益；

(六)造成市场主体信用信息失密、泄密；

(七)违反国家有关计算机信息系统安全保障工作规定；

(八)责任不明确,推诿扯皮；

(九)其他违法违纪情形。

第二十三条 本办法自颁布之日起施行。

福州市人民政府关于印发福州市市场主体住所(经营场所)经营条件若干意见的通知

榕政综〔2014〕172号

(2014年7月25日)

各县(市)区人民政府,市直各委、办、局(公司),闽江学院、福州职业技术学院、福州保税港区管委会:

《福州市市场主体住所(经营场所)经营条件若干意见》已经市政府2014年第11次常务会议审议通过,现印发给你们,请认真贯彻实施。

福州市市场主体住所(经营场所)经营条件若干意见

根据《福建省市场主体住所(经营场所)登记管理办法》(闽政〔2014〕25号)相关规定,结合我市城市管理实际,现对我市市场主体住所(经营场所)经营条件提出以下若干意见:

一、市场主体住所(经营场所)经营条件设定和管理的基本原则

我市市场主体住所(经营场所)经营条件具体规定的设定,以"安全、环保、不扰民"为基本原则。在此原则下,各职能部门根据自身职责分工,对涉及影响公共安全、污染环境、油烟噪音扰民、影响历史风貌和城市景观等问题的住所(经营场所)的经营条件实行严格监管。

二、下列场所不得作为市场主体住所(经营场所)

(一)违法建筑;

(二)本市城区范围内的住宅;

(三)依法征收范围内的房屋;

(四)鉴定为D级危屋的;

(五)法律、法规、规章规定的其他不得作为市场主体住所(经营场所)的。

三、下列场所限制作为市场主体住所(经营场所)

(一)根据城市商业网点规划布局:

1. 不得在本市鼓楼、台江、仓山、晋安区范围内新设立汽车销售网点;

2. 不得在本市二环路范围内新设立汽车维修网点;

3. 不宜在本市二环路范围内新设立批发市场。

(二)市场主体经营涉及影响公共安全、污染环境、油烟噪音扰民、影响历史风貌和城市景观等问题,有关职能部门应当对其须具备的特定条件进行梳理,制作市场主体住所(经营场所)的"禁设区域"或"负面清单",报市政府批准后,向社会公布,进行投资指引。

四、涉及前置许可项目的审查。对于申请前置许可项目的市场主体,其住所(经营场所)经营条件依法需经相关部门审查的,应当经相关部门审查后,向工商机关申请营业执照。

五、不涉及前置许可项目的审查。对于申请非前置许可项目的市场主体,其住所(经营场所)经营条件依法需经相关部门审查的,应当在领取营业执照后,向相关部门提出申请,经审查后方可开展经营活动。

六、关于部门监管职责

(一)工商机关根据《福建省市场主体住所(经营场所)登记管理办法》对住所(经营场所)登记材料进行审查时,应要求市场主体作出相应的书面承诺,并对所登记的住所(经营场所)是否属于本意见第二条第(二)项和第三条第一款第(一)、(二)项规定的情形提供相关证明材料。

(二)工商机关根据投诉举报,发现市场主体登记住所(经营场所)与实际情况不符的,依法予以列入经营异常名录并在工商登记监管系统给予警示,督促整改。凡被纳入经营异常名录逾三个月仍未主动改正的,由监管部门负责抄告银行、法院、税务等部门,实施信用联动约束。

(三)对于应当具备特定条件的住所(经营场所),或者利用违法建筑、擅自改变房屋用途等从事经营活动的,由规划、建设、国土、房屋管理、公安、环保、安全监管等部门根据各自职责依法监督管理;对应当需要许可审批的经营场所而未经许可审批擅自从事经营活动的,由负责许可审批的行政管理部门依法监管。

(四)政府各相关监管部门应当建立监管信息共享机制,对发现违反市场主体住所(经营场所)条件规定的行为互相抄告并依法予以处理。

七、其他事项

市政府将根据区域发展规划和城市管理的需要,对市场主体住所(经营场所)经营条件适时进行补充、修改,并及时向社会公布,做好投资指引。

福州市人民政府关于贯彻《福建省非机动车管理办法》的实施意见

榕政综〔2014〕178号

(2014年8月1日)

各县(市)区人民政府,市直各委、办、局(公司),闽江学院、福州职业技术学院、福州保税港区管委会:

省政府规章《福建省非机动车管理办法》(以下简称省《办法》)已于今年4月17日省人民政府第21次常务会议通过,将于8月1日起施行。为加强我市非机动车管理,维护道路交通秩序,保障交通安全,保护人民群众的合法权益,现就贯彻实施省《办法》提出如下意见:

一、关于电动自行车管理

(一)电动自行车生产和销售

1. 在本市生产电动自行车产品必须符合国家标准,销售电动自行车产品继续实行产品目录管理制度。五城区电动自行车产品目录管理制度维持不变,各县(市)电动自行车产品

目录按照五城区颁布的目录实施。

2. 禁止生产不符合国家标准的电动自行车,质量技术监督主管部门应当加强生产环节监管,依法查处违法生产的电动自行车,确保产品质量符合国家标准。

3. 禁止销售未列入电动自行车产品目录的电动自行车,工商行政管理部门应当加强销售环节监管,核定电动自行车经营者的营业执照经营范围。自今年8月1日起,在本市销售的电动自行车一律实行带牌销售,具体实施办法由市公安机关会同市工商行政主管部门颁布实施。

4. 电动自行车废旧铅酸蓄电池应当回收利用。铅酸蓄电池生产经营者、使用铅酸蓄电池产品的电动自行车经营者应当负责回收铅酸蓄电池,没有利用能力的,应当委托有资质的危险废物处置单位进行利用;不按规定回收利用的,由环境保护主管部门依法处罚。

(二)电动自行车注册登记和通行管理

1. 在五城区已经注册登记的电动自行车,不重复登记,可以继续沿用原先核发的牌证上路行驶。今年8月1日后销售的列入电动自行车产品目录的电动自行车,按照省交警总队颁布的规定注册登记。未列入电动自行车产品目录的电动自行车一律不得登记报牌。

2. 在五城区继续推行"限超电"工作,即限制超标准和未注册登记的电动自行车通行。从今年8月1日起至12月31日,将市区"限超电"的区域扩大至三环路(含主辅路)以内,禁止"超标电动车"和未注册登记电动自行车通行;从2015年1月1日起,在市区所有道路上全面限行"超标电动车"和未注册登记电动自行车。

3. 今年4月24日前在各县(市)购买的符合国家标准的电动自行车,应当在今年8月1日至9月30日进行登记;已购买的"超标电动车"给予三年过渡期(即2014年8月1日至2017年7月31日),但不予注册登记,由各县(市)公安机关交通管理部门采取分阶段实施限制道路通行的措施进行管理。今年8月1日后在各县(市)购买的未列入电动自行车产品目录的电动自行车,一律不得注册登记。

4. 为缓解城区道路交通压力,自今年8月1日起,在各县(市)登记报牌的电动自行车不得在五城区通行。

二、关于其他非机动车管理

对残疾人机动轮椅车等其他非机动车,按照省《办法》规定均实行生产销售产品目录管理、带牌销售、登记报牌上路行驶等制度,由市公安机关会同市质量技术监督、工商、交通等主管部门提出具体贯彻意见,报市政府审定后颁布实施。

福州市人民政府印发关于推动非上市企业进入场外市场挂牌融资工作若干意见的通知

榕政综〔2014〕195号

(2014年8月13日)

各县(市)区人民政府,市直各委、办、局(公司),闽江学院、福州职业技术学院、福州保税港区管委会,在榕各金融机构:

《关于推动非上市企业进入场外市场挂牌融资工作的若干意见》已经市政府研究同意,现印发给你们,请结合各自实际,认真组织实施。

关于推动非上市企业进入场外市场挂牌融资工作的若干意见

为贯彻落实《国务院关于全国中小企业股份转让系统有关问题的决定》(国发〔2013〕49号)和《福建省人民政府办公厅关于推进海峡股权交易中心建设的若干意见》(闽政办〔2014〕22号)文件有关精神,有效缓解中小微企业融资难问题,进一步推动非上市企业进入场外市场挂牌融资工作,现提出如下意见:

一、目标任务及适用范围

(一)按照"后备一批、股改一批、挂牌一批、上市一批"培育企业上市梯队,着力优化上市后备企业资源库,通过资本市场做大做强,促进全市经济快速发展。

(二)本意见适用于在福州地区工商注册、税务登记、具有独立法人资格,合法规范经营未发现违法违规行为,最近一个会计年度缴纳企业所得税额100万元(含)以上或被认定为高新技术企业,并在全国中小企业股份转让系统或海峡股权交易中心挂牌交易的企业。

二、扶持奖励政策

(一)实施财政资金奖励

对进入全国中小企业股份转让系统、海峡股权交易中心挂牌交易的企业,一次性奖励每家企业60万元。

上述财政资金奖励兑现办法为:税收在市、区两级的,由市、区财政各承担50%;福州高新区托管区域范围的企业奖励,由市、福州高新区财政各承担50%,其中福州高新区承担的部分由其管委会兑现,由福州高新区与闽侯县财政按照收益分成按比例共同承担;税收在各县(市)、福州保税港区的,由所在县(市)、福州保税港区财政全额承担。

(二)实施股改优惠政策

1. 企业股改重组涉及土地使用权证、房屋所有权证变更、过户且实际控制人未发生变化的,可依法依规办理变更手续。

2. 企业因历史原因未办理土地使用权证、房屋所有权证且权属无争议的,可依法依规补办土地使用权证、房屋所有权证。

3. 企业在股改过程中涉及补办土地使用权出让手续的，原土地使用功能不改变，土地出让金(地段差价)按规定的标准收取。

(三)建立“一企一议”制度

企业启动挂牌融资工作应向所在县(市)区政府、福州保税港区管委会、福州高新区管委会和市金融办报备企业基本情况资料。遇到困难和问题可提出书面申请，所在地县(市)区政府、福州保税港区管委会、福州高新区管委会应及时召开专题会议，采取“一企一议”办法解决企业挂牌过程中遇到的困难和问题。

企业在全国中小企业股份转让系统或海峡股权交易中心成功挂牌交易后，自动列入市重点上市后备企业。

三、其他事项

(一)本《意见》相关扶持奖励政策的兑现，属于企业所在县(市)、福州保税港区应兑现的政策，由企业提出书面申请，报所在县(市)、福州保税港区企业上市工作部门；属于市、区(含福州高新区)两级共同应兑现的政策，由企业提出书面申请，送各区(含福州高新区)企业上市工作部门初审后报市金融办。

(二)企业从海峡股权交易中心转板到全国中小企业股份转让系统挂牌交易的，只享受一次财政资金奖励。在场外市场挂牌交易的企业成功转板到主板、中小板、创业板上市或境外上市的，按《福州市人民政府关于进一步推进企业上市的意见》(榕政综〔2010〕94号)奖励标准执行，但应扣除政策重叠部分奖励资金。

扣除政策重叠部分奖励资金后，剩余部分奖励资金兑现办法为：税收在市、区两级的，剩余部分奖励资金由市、区两财政各承担50%；福州高新区托管区域范围的企业，剩余部分奖励资金由市、福州高新区财政各承担50%，其中福州高新区财政承担的部分，由福州高新区与闽侯县财政按照收益分成按比例共同承担；税收在各县(市)、福州保税港区的，剩余部分奖励资金由市财政承担。

(三)本《意见》自发布之日起施行，有效期五年。《福州市人民政府关于鼓励福州高新区企业进入代办股份转让系统的暂行办法》(榕政综〔2010〕187号)同时废止。

本《意见》施行前，在全国中小企业股份转让系统、海峡股权交易中心已经挂牌交易的企业，参照本《意见》执行。

(四)市金融办、市财政局负责制定实施细则。

福州市人民政府关于加快发展养老服务业的实施意见

榕政综〔2014〕215号

(2014年9月10日)

各县(市)区人民政府、市直各委、办、局(公司)，闽江学院、福州职业技术学院、福州保税港区管委会：

为贯彻落实《国务院关于加快发展养老服务业的若干意见》(国发〔2013〕35号)、《福建省人民政府关于加快发展养老服务业的实施意见》(闽政〔2014〕3号)精神，积极应对人口老龄化，大力发展养老服务业，满足老年人养老服务需求，保障老年人合法权益，结合我市实际，现就加快发展养老服务业提出以下实施意见。

一、目标任务

到2020年，全面建成以居家养老为基础、社区服务为依托、机构养老为支撑，布局合理、规模适度、功能完善、覆盖城乡的适度普惠型养老服务体系。实现养老服务与医疗康复、文化教育、家政服务、旅游休闲、金融保险等相关领域互动发展，形成养老服务多元化、产业化。居家生活老人得到养老服务全面支持，社区养老服务设施配套不断完善，机构养老床位逐步满足需求。失能、半失能、失独、高龄和特殊困难老人得到相应的福利保障。养老法规政策、人才培养、标准评估、监督管理等各项体系不断健全完善。发挥省会中心城市和侨乡以及闽江口金三角区域发展优势，合作开发以老年食品、用品、用具、服务、旅游等为主的养老产业。到2015年底，市级和七个县(市)福利中心全面动工建设，同时，实现一乡一镇一敬老院的目标；稳步推进农村幸福院建设，到2020年底，以农村幸福院为主的养老设施应覆盖全市60%以上村；民办养老机构有序发展，实现每千名老年人拥有养老床位数35张以上。

二、具体措施

(一)强化政府主导和引领作用

1. 推进公办养老服务机构改革。各级政府要发挥主导作用，加大财政投入力度，统筹安排建设资金。发挥公办养老服务机构托底保障作用，重点为政府供养老年人、低收入老年人、经济困难的失能老年人提供无偿或者低收费的供养、护理服务。逐步推行评估入院制度。优化公办养老服务机构资源，完善服务功能，发挥其示范引领、专业培训、品牌输出作用。同时，积极探索制订社会资本运营公有产权养老服务设施管理办法，通过委托管理、合作经营等公建民营的方式，实行社会化运营。

2. 推进农村养老服务设施建设。进一步做好敬老院事业单位法人登记工作，将乡镇敬老院管理运行经费纳入财政预算。在满足五保供养需求的前提下，采取多种方式盘活剩余床位，提高运营效益，使之成为区域性养老服务中心。要稳步推进幸福院建设，农村养老服务设施要纳入农村公共服务设施统一规划，优先建设。每个行政村或人口较多的自然村要充分利用农家大院、闲置校舍等建设一处互助性质的农村幸福院，为农村老年人提供日间照料服务，并逐步向文化娱乐、精神慰藉等服务延伸，使之成为农村养老服务的有效场所。

3. 完善养老公共服务设施功能。将各类养老服务设施建设用地纳入城镇土地利用总体规划和年度用地计划，民政、规划部门据此组织编制专项规划，指导并合理安排用地需求，养老设施建设应适宜老年人的生活，并满足其对医疗卫生、文化体育等的需求。相关道路、楼宇等与老年人生活密切相关的公共基础设施应实施无障碍改造。明确各级政府建设与管理责任，推进社区养老服务设施配置标准化。新建商品住宅小区要根据规划要求和建设标准,结合相关规划配套建设养老服务设施,列入土地出让条件,与居住项目同步规划、同步建设、同步验收,建成后由建设单位将产权无偿移交给民政部门统一调配使用;老旧小区没有养老服务设施或现有设施不能满足需要的,要限期通过购置、置换、租赁等方式按专项规划要求完成达标建设,养老服务设施不得挪作他用。支持和引导各类社会主体参与社区养老服务设施建设、运营和管理,各类具有为老年人服务功能的设施都要向老年人开放。

(二)支持社会力量进入养老服务领域

1. 引导社会资本投资养老机构。鼓励社会力量根据专项规划要求举办规模化、连锁化的养老服务机构;鼓励社会资本对企业厂房、商业设施及其他可利用的社会资源进行整合和改造,用于养老服务,并纳入专项规划;鼓励境外资本开设养老服务组织和机构。加大财政投入和社会筹资力度,重点支持供养型、养护型和医护型养老服务机构发展。对社会资本投资建设的非营利性养老服务机构,给予一次性开办补助和床位运营补贴。采用公建民营方式的养老服务机构,运营期间享受社会资本投资建设非营利性养老服务机构的床位运营补贴政策。社会资本举办的非营利性养老服务机构,可采取划拨方式供地;社会资本举办的营利性养老服务机构,应采取有偿方式供地。落实国家支持养老服务业的税费优惠政策。养老机构用水、用电、用气价格按照本市相应居民收费价格标准执行。境内外资本举办的养老服务组织和机构享有同等的税费优惠政策。

2. 大力发展居家和社区养老服务。建立健全以家庭为核心、以社区为依托、以专业化服务为依靠的居家养老服务体系,引导专业化社会组织、家政和物业等企业和机构,参与社区居家养老服务,开展全托、日托、临托等多种形式的老年人社区照料服务,并积极拓展居家养老服务领域,实现从基本生活照料向医疗健康、辅具配置、精神慰藉、法律服务、紧急救援、临终关怀等方面延伸。加快居家养老服务信息系统和服务平台的建设,建立紧急呼叫服务系统,与110、120、119公共平台对接,为老年人提供应急救援服务。同时,以卫生部门居民健康档案信息系统为基础,以基层医疗卫生机构为依托,建立全市城乡65岁以上老年人的电子健康档案,为老年人提供便捷实用的养老健康信息服务。

3. 培育养老服务组织。通过简化登记注册程序、向社会组织转移职能和购买服务、落实社会组织税收优惠政策等方式,着力培育福州市养老服务行业协会、养老服务企业商会、专业人员协会等养老服务社会组织,接受政府委托。依托专业院校开展培训、研究、交流、评估、咨询、认证等服务。支持公益慈善组织参与养老事业建设,培育为老服务公益慈善组织,推行志愿服务制度,探索建立热心慈善的社会各界人士与养老机构帮扶机制,积极打造福州慈善养老品牌。

4. 推进养老服务队伍建设。鼓励和引导专业社会工作者和社工专业的高等院校毕业生从事养老服务工作。支持社会资本创办养老服务培训机构,加强养老服务从业人员职业技能培训和职业技能鉴定,对符合条件参加职业技能培训和职业技能鉴定的人员按相关规定进行补贴。建立社会工作者人才引入机制,将符合条件的非营利性养老服务机构护理员岗位纳入政府公益性岗位开发。

5. 促进养老产业发展。发挥我市地域、侨乡以及闽江口金三角区域发展优势,探索养老服务产业园建设。依托我市现有的科技园、开发区,鼓励有意向企业利用现有资源升级改造或进行产业转型,建设一批集老年产品研发、生产、物流配送等为一体的养老服务产业园区,涵括休闲养生、老年教育、特色医疗养老服务基地、海峡两岸养老产业合作开发及康复护理技术培训交流示范点,吸引国内外养老服务领域知名企业入驻,培育养老产业集群,扶持中小型养老服务企业连锁经营,推动养老服务市场快速发展。

(三)完善养老服务政策保障

1. 政策扶持

(1)科学规划养老设施布局。市级和各县(市)人民政府规划部门应配合本级民政部门编制本辖区的养老机构建设专项规划,规划面积按人均用地不少于0.15平方米的标准,用地计划指标应优先保障养老服务设施建设用地。在确定地块规划设计条件、总平面规划审批、核发《建设工程规划许可证》阶段严格按规范确定设置养老院、托老所、老年人活动中心及社区居家养老服务中心(站)规模,保障老年人活动设施建设。民政部门对养老设施的实施进行监督管理。

(2)优先提供养老用地。各相关部门要把各类养老服务设施建设用地纳入土地利用总体规划和年度用地计划,用地计划指标优先保障,同时做好养老服务用地储备。要按照专项规划要求,将土地指标落实到空间布局上,积极盘活存量,合理确定建设项目用地规模。科学安排新增用地,允许在办理农转用和土地征收手续时单独报批。对已经供应的建设用地,经审批允许改变用途用于养老服务项目建设。乡镇(村)兴办的公益性养老服务机构建设用地,经依法批准可以使用集体所有的土地;涉及使用农用地的,应依法办理农用地转用和土地征收审批;涉及改变林地用途的,应依法办理林地审核审批手续。

供地方式。对公办养老服务机构及经民政部门认定的非营利性民办养老服务机构,其养老服务设施用地可采取划拨方式供地;对营利性民办养老机构建设用地,可采取协议出让方式供地。同一宗养老服务机构用地有两个或两个以上用地者的,应采取拍挂方式出让土地,用途界定为“医卫慈善用地”。对征收集体所有土地建设的,可按国家和省政府有关规定免收征地管理费、土地登记费等行政事业性收费。利用集体所有的山坡荒地或其他不影响城市规划建设用地建设并运营的民办非营利性养老服务机构,应当优先给予办理土地、林地使用审批手续。市土地发展中心或其他具收储资质的单位,应及时开展项目用地的报批工作。养老服务设施用地不得擅自改变土地用途。养老服务机构一旦停办,土地使用权即由政府按原土地取得成本并对地面建筑物评估后折价收回。

项目建设配套用房用地指标。对于建设项目配套用房的用地标准,根据中华人民共和国住房和城乡建设部、中华人民共和国国家发展和改革委员会《关于批准发布〈老年养护院建设标准〉的通知(建标144-2010)》的要求。

地价优惠。协议出让的养老服务机构用地价格，基准地价已覆盖的地区，按不低于出让地块所在级别相同用途基准地价的 70% 比例确定土地出让底价；基准地价未覆盖的地区，按不低于新增建设用地的土地有偿使用费、征地（拆迁）补偿费用以及按照国家规定应当缴纳的有关税费之和确定土地出让底价。对采取招拍挂方式出让的，可通过双向竞价、综合评标等方式，合理控制地价。

(3)明确消防审批程序。新建(办)养老服务机构的，依法办理消防设计审核、消防验收手续或消防设计备案、竣工验收备案手续。利用闲置的厂房、学校、社区用房以及村民自建住宅改变建筑用途设立养老服务机构的，应先取得规划部门同意变更建筑用途为养老服务机构的规划许可证明文件后申报消防设计审核或消防设计备案。消防部门受理养老服务机构申报后应优先予以办理，根据有关消防法律法规和消防技术标准对养老服务机构进行审查后出具相关法律文书。

(4)推进医养服务。积极探索医养结合的发展模式，大力发展医养型养老服务机构，积极推进医疗卫生与养老服务相结合，促进医疗卫生资源进入养老服务机构、社区和居民家庭。鼓励和支持社会力量重点发展医养结合，以收养失能、半失能、失智老年人为主，并提供长期照护服务（含临终关怀型）的医养型养老服务机构。人力资源和社会保障部门应根据养老服务机构行业特点，制订符合养老服务机构所属医疗机构纳入医保定点标准，将符合条件的养老服务机构所属医疗机构纳入医保定点范围。

(5)优惠税收规费。各类养老服务机构。对各类养老服务机构提供的育养服务免征营业税，提供的养老服务适当减免行政事业性收费；用电、用水、用气按居民生活类价格执行，并免收相应配套费；免收餐饮许可、卫生许可和卫生监测费；优惠或减免初次安装固定电话收取的一次性费用；优惠或减免收取通信费(国内固定电话)。

非营利性养老服务机构。对非营利性养老服务机构自用的房产、土地免征房产税、城镇土地使用税；符合财政部、国家税务总局《关于非营利组织免税资格认定管理有关问题的通知》(财税〔2014〕13 号)等相关规定的，经财税部门认定后，对符合《企业所得税法》及其《实施条例》和有关规定免税条件的收入免征企业所得税。对企事业单位、社会团体和个人通过公益性社会团体和政府部门，向非营利性养老服务机构的捐赠支出，在计算应纳税所得额时按照规定准予税前扣除。对非营利性养老服务机构建设要免征房屋所有权登记费、环境监测服务费、防洪费、无害化净化池工程材料费、排污费（按程序报批后免征）、垃圾和粪便清运费、市政公用设施建设费、申请卫生防疫部门验审相关设施设备时的费用等有关行政事业性收费。对非营利性养老服务机构有线（数字）电视“建设费”和基本收视维护费按物价部门制定的收费标准的 50% 收取，主终端基本型机顶盒按基准价的 50% 收取，优惠部分所需经费由当地政府承担。

营利性养老服务机构。对营利性养老服务机构建设减半征收前述建设非营利性养老服务机构的有关行政事业性收费。享受国家、省、市扶持发展服务业的相关税费优惠政策。

除国家法律法规和财政、物价部门规定的收费项目外，任何部门和单位不得向养老服务机构强制收取任何费用，不得以任何理由强行要求养老服务机构提供各种赞助或接受有偿服务。

(6)拓宽金融渠道。鼓励和引导金融机构创新金融产品和服务方式，对利用自有房产、土地开办养老服务的机构，积极通过房产、土地抵押等各类贷款满足合理融资需求。积极探索开展住房反向抵押贷款业务，鼓励开发以子女担保或子女作为共同借款人的老年金融消费新模式。各级政府出资建立的担保机构和担保中心要优先为养老服务机构提供贷款担保服务。对租用土地、房产开办养老服务机构提供担保保证贷款服务。探索开展社会养老服务机构信用等级评定工作，对信用等级评定高的养老服务机构加大支持力度，合理确定服务价格，降低养老服务机构融资成本。

金融机构在符合市场原则的前提下，对养老服务机构及其建设项目积极提供融资及优惠利率，扶持养老服务业的发展。加大对民办养老服务机构及其建设项目的信贷投放，凡符合小额担保贷款条件的自谋职业、自主创业人员和合伙经营、组织就业的人员兴办养老服务机构，可按照我市有关规定申请小额担保贷款。

(7)建立意外保险制度。建立为入住养老服务机构老年人购买意外伤害保险或养老机构责任保险制度，采用统一招标的方式，根据险种性质并结合入住老人的意愿，探索采取政府、养老服务机构和个人按比例出资的方式，为入住养老服务机构的老年人购买意外伤害保险或责任保险，降低养老行业管理风险。农村五保老人和城市“三无”老人购买意外伤害保险或责任保险所需费用由同级财政部门负担。

2. 资金补助

(1)非营利性民办养老服务机构一次性开办补助和床位运营补贴。2014 年起，一次性开办补助为：用房属自建且核定床位 50 张及以上的，每张床位一次性补助 10000 元；用房属租房(租用期限 5 年以上)且核定床位 50 张及以上的，每张床位补助 5000 元，分 5 年拨付。床位运营按年平均实际入住床位数给予每年每床不低于 2000 元补贴。公建民营养老服务机构享受非营利性民办养老服务机构的床位运营补贴政策。所需资金除省级补助外，按照谁许可谁补助的原则，由审批同级政府财政或福利彩票公益金安排。许可前原审批的养老服务机构补助按原规定执行。

(2)社区居家养老服务中心(站)运营补贴。各级政府对已建成的城市社区居家养老服务中心(站)，给予每个每年不低于 20000 元的运营补贴；对农村社区居家养老服务中心(站)给予每个每年不低于 5000 元的运营补贴。经费由同级财政安排。

(3)提高养老护理员待遇。实施护理员职业资格制度，逐步推进持证上岗、技术等级评定制度，建立养老护理员工资待遇与专业技能等级、从业年限挂钩制度。人力资源社会保障部门应定期发布初级、中级、高级养老护理员工资指导价位。

(4)贫困家庭失能老年人护理补贴。鼓励有条件的地方建立贫困家庭失能老年人护理补贴制度。贫困家庭失能老年人护理补贴与重度残疾人生活补贴不重复享受。

有下列情况之一的,不享受相关优惠政策:

未经依法许可登记的;

未经批准,擅自变更机构名称、地址、负责人的;

未经批准,擅自合并,或改为他用的;

④屡次违反养老服务行业规定、职业道德和管理服务质量差,入住老年人及亲属投诉率高,造成负面影响的。

三、组织领导

(一)健全养老服务业发展机制。成立福州市发展养老服务业工作领导小组,由分管民政和老龄工作的副市长任组长,分管副秘书长、民政局长任副组长,财政、发改、人社、房管、城乡规划、建设、消防、卫生、工商、国土资源、税务、老龄等部门负责人为成员,领导小组办公室设在市民政局,由市民政局分管副局长任办公室主任。各县(市)也要成立相应的领导小组和工作机构。要合理制定养老事业发展规划,切实将养老服务机构的数量、布局、规模、用地等纳入城市发展总体规划。各级财政要根据财力的不同,安排专项经费,根据管理和发展的需要,安排一定的养老服务扶持和工作经费。加强督促检查,及时研究解决养老服务业发展的实际问题。

(二)健全监督机制。民政部门要建立健全养老服务机构行业规范、行业标准、等级评定等制度,探索建立养老服务业定价机制和考核机制,加强对全市养老服务机构行业管理,确保养老服务市场有序发展。民政、建设、国土资源、规划等部门要定期检查民办养老服务机构的建设和运营,对未达标的养老服务机构要责令限期整改,对违反有关规定的要依法予以处罚。同时要加强对养老服务机构用房和用地的监督管理,养老服务设施用地不得以集资建设等名义和形式变相用于房地产开发或分割转让。

(三)营造加快养老服务业发展的社会环境。在全社会广泛开展尊老、爱老、助老思想道德教育,转变社会养老观念,倡导新型孝道文化。表彰先进,树立典型,大力营造关心支持养老服务业发展的良好社会氛围。

福州市人民政府关于公共租赁住房和廉租住房并轨运行的实施意见

榕政综〔2014〕221 号

(2014 年 9 月 24 日)

各县(市)区人民政府,市直各委、办、局(公司),闽江学院,福州职业技术学院,福州保税港区管委会:

为进一步健全和完善保障性住房分配与使用管理制度,充分发挥保障性住房资源,不断扩大住房覆盖面,结合我市实际,现就我市公共租赁住房和廉租住房并轨运行管理提出如下意见:

一、规划建设

(一)我市廉租住房(含购改租等方式筹集,下同)建设计划调整并入公共租赁住房年度建设计划。以往年度已列入廉租住房年度建设计划的在建项目建成后统一纳入公共租赁住房管理。廉租住房并入公共租赁住房后,统称“公共租赁住房”。

(二)廉租住房并入公共租赁住房后,原有资金列支渠道不变,原用于廉租住房建设的资金来源渠道调整用于公共租赁住房(含以往年度在建的廉租住房)建设。原用于廉租住房租赁补贴的资金,继续用于补贴在市场租赁住房的低收入住房保障对象。今后新增的中央、省级补助资金按中央、省级有关规定使用;享受的各项优惠政策按中央、省级有关规定执行。

(三)公共租赁住房建设标准仍执行《福州市公共租赁住房管理办法》规定标准不变,套型建筑面积分为 45 平方米、55 平方米和 65 平方米三种,并统一按照《福建省公共租赁住房建设导则》的要求进行规划、建设和装修。

(四)已建成未入住的廉租住房以及在建的廉租住房项目建成后,要优先解决 2014 年以前年度按廉租住房申请条件审核、登记的廉租住房轮候配租对象,剩余房源统一按公共租赁住房分配。已分配入住的廉租住房和原经济租赁房统一纳入公共租赁住房管理。

二、准入分配

(五)家庭人均收入在上年度当地城镇居民人均可支配收入线以下,家庭总财产在上年度当地城镇居民户均(按户均 3 人计算)可支配收入线 6 倍以下,符合一定住房困难条件且在当地工作、生活的家庭(含单身家庭)可以申请公共租赁住房。上述收入和财产准入条件由市住房保障主管部门会同市民政主管部门根据统计部门公布的数据,每年测算一次报市政府审定后公布。其他具体申请条件按《福州市公共租赁住房管理办法》的规定执行。

(六)鼓楼、台江、仓山、晋安区公共租赁住房申请对象的资料受理和准入审核按照《福州市人民政府关于进一步加强保障性住房配租配售和管理工作的意见》及《福州市公共租赁住房管理办法》的规定程序执行,由各区人民政府负责组织各街道办事处(乡、镇政府)、区住房保障部门、区民政部门会同相关部门开展审核,经审核符合条件的,由各区住房保障部门汇总上报市住房保障主管部门。市住房保障主管部门会同市民政部门、市监察部门及各区住房保障、民政部门召开联席会议,进行程序合规性审议。经联席会议认定审核程序合规的,由市住房保障主管部门对相关申请人在“中国·福州门户网”公示 15 日,公示无异议或异议不成立的,转市国有房产管理部门列入轮候配租。

各县(市)和马尾区自行按规定组织配租。市国有房产管理部门和各县(市)、马尾区要在本级政府门户网站及时公布配租结果并报市住房保障主管部门备案。

(七)各级财政要按年度拨付审核、复查工作经费,为公共租赁住房年度受理审核及配后定期复查工作提供资金支持。鼓楼、台江、仓山、晋安四城区准入审核经费按审核合格每户 200 元的标准拨付,配后复查按实际复查户数每户 150 元的标准拨付,上述经费由市、区财政各承担一半。各县(市)和马尾区自行确定经费标准,由本级财政承担。

三、租赁标准

(八)本意见出台前已受理的廉租住房和公共租赁住房申请家庭,仍执行原定的配租程序、配租面积和租金标准。

(九)本意见出台后受理的申请家庭,实行统一的配租面积标准,并按其家庭收入情况实施差别化租金、分档计租、梯度保障。

1. 配租面积标准统一为:一人户配租 45 平方米户型(建筑面积 40—49 平方米);二人户配租 55 平方米户型(建筑面积 50—59 平方米);三人及三人以上户配租 65 平方米户型(建筑面积 60—69 平方米)。

2. 统一执行公共租赁住房租金标准,并根据承租家庭收入水平,实行如下分档租金:

(1)根据家庭人均收入在上年度当地城镇居民人均可支配收入的百分比,按对应比例缴交租金;

(2)民政部门认定的分散供养的"三无人员"和享受全额低保金的家庭免收租金。

(十)按照保障家庭自愿的原则,一人户及夫妻二人户家庭可以选择承租实际建筑面积不足 40 平方米的住房(即未达到一人户配租面积标准下限的住房),公共租赁住房产权人应按其扣除第九条所规定的租金减免后实际应承担租金的一定比例作进一步的租金减免,其中:一人户再减免 20%、二人户再减免 30%。

二人户、三人及三人以上户家庭还可以自愿选择承租下靠一个户型档次的住房(即二人户承租 45 平方米户型、三人及三人以上户承租 55 平方米户型),其租金参照本条前述做法,再减免 20%。

四、优先保障

(十一)以下几类人员进入轮候配租序列后,应优先配租:城市低保家庭;享受国家定期抚恤补助的优抚对象;年满 60 周岁老年人家庭;二级以上重度残疾人家庭;独生子女发生意外死亡、其父母不再生育和收养子女的失独家庭;获得市级以上见义勇为表彰、特殊贡献奖励、劳动模范称号的人员;经房屋征收实施单位认定的房屋被征收人。

一线环卫工人、公交司机和环卫、公交行业从事设备维护、给养等后勤保障的工勤人员,地铁建设、运营一线人员,以及在我市城区范围内部队服役满 10 年以上(含)的现役专业士官(须已婚且家属在我市城区生活),继续按照《福州市人民政府关于进一步加强保障性住房配租配售和管理工作的意见》的有关规定,经市政府确定每年提供一定数量的公共租赁住房定向供应。

已拆迁未回迁的项目,若符合保障条件的房屋被征收人(或与其同住的直系亲属)年满 70 周岁且在我市五城区范围内无他处住房(不含拟回迁安置房),予以单列保障以缓解其阶段性住房困难。具体由征收项目所在地的区政府组织审核,经认定符合上述情形的,统一报送市国有房产管理部门配租。其配租户型和租金标准按公共租赁住房的统一标准执行(不执行分档租金),租金直接从被征收人的安置过渡费中抵扣。在安置房具备回迁条件后,由所在区政府负责,市国有房产管理部门配合,办理解除租赁合同、腾退住房等手续,拒不办理退房手续的被征收人,不予安排回迁选房并停发安置过渡费。

五、租后监管

(十二)公共租赁住房产权人或其委托的运营管理机构要根据本意见的规定,进一步完善合同文本。房屋租赁合同期限一般为 3 年,统一按建筑面积计租。本意见实施以前已与保障家庭签订的租赁合同,仍按原合同的约定执行,其租金标准等合同约定事项维持不变;合同有效期截止后需要续租的应当按本意见调整并重新签订租赁合同。

(十三)加强公共租赁住房分配和使用的信息公开。公共租赁住房产权人要在本级政府门户网站及有关公共租赁住房小区公告栏及时公布房源分配情况(含小区名称和楼号、房号以及屏蔽部分身份证号码的承租人信息),并公布举报电话、电子邮箱等,畅通举报渠道。

(十四)强化日常监督和管理。公共租赁住房产权人或受其委托的运营管理机构要以合同约定的方式委托物业服务机构履行如下管理和服务职责:建立日常巡查制度,及时掌握公共租赁住房使用情况及小区内配套设施、道路、水电管网及公共活动场所的状况;每月动态了解并记载承租人信息及小区长期停靠车辆车主信息,发现闲置或转租、转借公共租赁住房、承租家庭成员购置车辆以及小区内相关设施、场所需要修缮、维护的,及时报告公共租赁住房产权人或其委托的运营管理机构。

(十五)公共租赁住房产权人或其委托的运营管理机构要按年度组织承租家庭申报家庭人口、住房和收入、财产情况。对距租赁期满不足一年,需要复审认定续租资格的家庭,由市住房保障主管部门会同市民政部门牵头组织,市国有房产管理中心和原申请受理地的区住房保障部门、区民政部门具体开展保障资格复审工作,相关复审程序和职责分工参照本意见的区级准入审查规定执行。具体实施细则由市住房保障主管部门会同市民政部门、市国有房产管理中心另行制定。各县(市)和马尾区可自行制定相关实施细则。

(十六)根据上述巡查、复核结果,按以下几类情形办理:

1. 存在闲置或违规使用公共租赁住房情形的,由公共租赁住房产权人或其委托的运营管理机构要求限期整改直至收回公共租赁住房。

2. 不再符合保障条件的,由县、区住房保障部门取消保障资格;由公共租赁住房产权人或其委托的运营管理机构限期收回住房。

3. 存在瞒报、虚报家庭人口、收入、财产、住房等相关情况或伪造、篡改相关证明材料骗取住房保障资格的,由县、区住房保障部门取消保障资格;由公共租赁住房产权人或其委托的运营管理机构限期收回住房。有关家庭成员自取消保障资格之日起 5 年内不得申请当地各类保障性住房。

4. 仍符合保障条件的,租赁期内维持租赁合同约定事项不作调整。租赁期满时仍符合保障条件的应续签租赁合同(不限续租次数),按照届时有关规定及承租家庭变化情况,在合同中对配租面积、租金(减免)标准等事项酌情调整。

5. 有关承租家庭拒不执行上述处理决定的,公共租赁住房产权人或其委托的运营管理机构依法申请人民法院强制执行。

六、附则

(十七)马尾区及各县(市)可以按本意见执行或结合当地实际出台具体实施细则。企业等社会力量投资建设的公共租赁住房,按原有规定管理。

(十八)本意见自颁布之日起实施,我市原有住房保障政策规定与本意见不一致的,以本意见为准。

福州市人民政府关于进一步优化建设工程招标投标工作的通知

榕政综〔2014〕233号

(2014年10月16日)

各县(市)区人民政府,市直各委、办、局(公司),闽江学院、福州职业技术学院、福州保税港区管委会:

为进一步规范建设工程招标投标程序,提高办事效率,根据《中华人民共和国招标投标法》、《中华人民共和国招标投标法实施条例》和《福建省招标投标条例》等法律法规,经研究,现将有关事项通知如下:

一、总体要求

按照建设"职能科学、结构优化、廉洁高效、人民满意"的服务型政府的要求,遵循"提速、优化、服务"的原则,通过进一步规范和优化建设项目招标投标前置环节、招标投标程序和工作职责,营造良好的招标投标环境,推动项目建设提速,助力福州科学发展、跨越发展。

二、适用范围

总投资5000万元以上列入"进一步加快福州科学发展跨越发展的行动计划"的重大项目,及省、市级重点建设项目。

三、优化措施

(一)招标投标前置环节

1. 财政评审中心对资料齐全、设计图纸达到深度的项目,10个工作日内完成财政评审。

2. 建设单位应严格按照《福州市财政局关于规范工程招标控制价审核有关问题的通知》(榕财建〔2013〕251号)规定提供送审资料,并根据《关于规范房屋建筑和市政基础设施工程施工招标预算造价编制和审核的通知》(闽建筑〔2005〕9号)提供相关询价资料,同时把好清单控制价编制质量关。

3. 建设单位应规范内业资料管理,优化项目设计及施工方案,为财政评审提供达到施工图纸设计深度的设计材料。设计部门应按照合同约定一次性提交设计成果。

4. 建设单位应严格执行建设程序,杜绝先发布公告后送审的现象,严格控制概算;确需调整概算的,应按规定完成调概的编制、审查和审批。

5. 对列入《福建省建设项目环境影响评价豁免管理名录(试行)》的项目,项目单位应尽快报环保部门确认,环保部门自收到申请的1个工作日内应出具确认意见。

6. 临近区域的若干条市政道路建设项目,根据规定需要办理环评审批且项目业主为同一主体的,可捆绑编制环评报告书并报环保部门审批。

7. 属于政府投资的项目,建设单位可根据项目的实际需要,在报批项目建议书的同时,申请先行核准勘察、设计招标事项。发改部门在3个工作日内批复项目建议书,并先行核准项目勘察、设计招标事项。

(二)招标投标程序

1. 项目招标人、招标代理应在发出招标文件之前将招标文件报有关行政监督部门备案。材料齐全的,招投标监督部门应在4个工作日内出具备案意见。

2. 项目的监理招标应在勘察设计之后、施工招标之前进行,或与施工招标同步进行。

3. 勘察、设计招标环节仅需提供规划部门出具的建设用地规划设计条件的函件或《总平面规划技术审查批复》,即可进入招标投标程序,不再要求提供《建设用地规划许可证》;施工招标环节不需要提供建筑工程消防设计审核意见书或备案凭证、建设工程规划许可证,即予以进入招标投标程序;监理招标环节比照施工招标环节进行简化,在此基础上,再取消提供施工图审查合格书,仅需提供正式的设计图纸,即予以进入招标投标程序。

四、其他事项

(一)项目咨询论证、环评编制、概念性规划以及海域使用论证等前期环节,依法不在工程建设强制招标范围内的,可不进入工程招投标程序,财政、审计等部门从使用财政性资金或国有资金方面进行监管。

(二)对财政性资金或国有资金投资的建设项目招标规模标准进行调整:

1. 对于财政性资金投资的工程建设项目,包括项目的勘察、设计、施工、监理以及与工程建设有关的重要设备、材料等的采购,达到下列标准之一的,必须进行招标:

(1)施工(含土建施工、设备安装、装饰装修、拆除、修缮等)单项合同估算价在100万元人民币以上的;

(2)重要设备、材料等货物的采购,单项合同估算价在50万元人民币以上或者单台设备估算价在30万元人民币以上的;

(3)勘察、设计、监理等服务的采购,单项合同估算价在30万元人民币以上的。

2. 对于国有企业使用自有资金投资,并且国有资产投资者实际拥有控制权的项目,达到下列标准之一的,必须进行招标:

(1)施工(含土建施工、设备安装、装饰装修、拆除、修缮等)单项合同估算价在200万元人民币以上的;

(2)重要设备、材料等货物的采购,单项合同估算价在100万元人民币以上的;

(3)勘察、设计、监理等服务的采购,单项合同估算价在50万元人民币以上的;

3. 对于未达到上述标准的,可由项目单位按照公开、公平、公正的原则,自主选择适合项目建设自身需要并满足经济合理性要求的队伍组织实施。

(三)除国有企业使用自有资金投资,并且国有资产投资者实际拥有控制权的房地产项目以外,其他房地产项目按照《福建省住房和城乡建设厅关于促进房地产市场平稳健康发展的若干意见》和《福州市人民政府办公厅关于促进房地产市场平稳健康发展的实施意见》(榕政办〔2014〕138号)的规定,由开发企业自主直接发包,选择勘察、设计、施工、监理等单位,且不再进行招标事项核准。

五、有关职责分工

(一)发展改革部门负责指导和协调全市招投标工作,规范新出台招标投标规范性文件程序,与有关行政监督部门建立招标投标政策规定的会商机制。对省级行政监督部门已有政策规定的,市级有关行政监督部门不再制定;确需制定的,经会商发改部门后印发,报市政府备案,以维护招标投标制度的统一。

(二)发展改革等项目审批部门要严格执行法律、法规规定的招标事项核准程序,依法核准招标方案。

(三)对于建设、水利、交通等行业和产业项目的招投标活动的监督执法,分别由各相关行政主管部门负责;对于招投标过程(包括招标、投标、开标、评标、中标)中泄露保密资料、泄露标底、串通招标、串通投标、歧视排斥投标等违法活动的监督执法,按现行的职责分工,分别由行政主管部门负责并受理投标人和其他利害关系人的投诉。

(四)建设主管部门要加强对从事各类工程招标代理业务的招标代理机构的监管,加大执法力度,规范市场管理,促进代理机构业务能力提升,培育提升壮大中介市场力量和水平。

(五)建设主管部门要加强设计行业市场的业态监管,严格质量督查,定期、不定期地抽查设计成果质量,对市场行为不规范、成果违反强制性规定的企业采取通报批评或清出市场等措施。

(六)环保主管部门要加强环评机构的日常指导和监管,督促项目单位及时开展环评编制报批等相关工作。

(七)建设单位(项目招标人)要主动作为,加快招投标前期审批工作;要防止因前期工作拖沓,影响建设项目进度,导致无法依法开展招投标活动的现象发生;要建立相应的绩效考核办法,促进项目高效实施。同时,应当加强工程建设前期中介服务合同管理,完善中介服务合同条款,详细列明双方的权利义务,对中介服务成果作出具体明确的要求,以满足办理相关业务的需要。要加强相关业务学习,强化建设责任意识,熟悉建设项目基本建设程序与报批,高效保质,依法实施项目招标投标等活动。

六、监察和问责

加强行政监察,对相关部门及有关人员不履行职责,造成重大损失或恶劣影响的,按照有关规定追究责任人的责任。

本通知自发布之日起试行,试行期一年。

福州市人民政府关于推进排污权有偿使用和交易工作的意见

榕政综〔2014〕250号

(2014年10月17日)

各县(市)区人民政府,市直各委、办、局(公司),闽江学院、福州职业技术学院、福州保税港区管委会:

为贯彻落实《中共福州市委关于贯彻党的十八届三中全会精神全面深化改革的若干意见》(榕委发〔2013〕11号)精神,优化环境资源配置,加快建设生态文明,根据《福建省人民政府关于推进排污权有偿使用和交易工作的意见(试行)》(闽政〔2014〕24号,以下简称"省政府《意见》"),现就推进我市排污权有偿使用和交易工作提出如下意见:

一、明确排污权有偿使用和交易的实施范围

实施排污权有偿使用和交易的污染物为国家实施总量控制的主要污染物,现阶段包括化学需氧量、氨氮、二氧化硫、氮氧化物。2014年先行在造纸、水泥、皮革、合成革与人造革、建筑陶瓷、火电、合成氨、平板玻璃等8个行业试点推行,并将集中式水污染治理设施形成的减排量纳入储备交易范畴,逐步扩大试点行业范围,力争2016年在所有工业排污企业全面推行。试点期间,其他行业新(改、扩)建项目主要污染物排放指标无法调剂解决的,可通过排污权交易获得。鼓励现有排污单位通过工程减排措施,实施污染深度治理降低主要污染物排放总量,参与交易获利。

二、依法科学确定排污权属

(一)现有工业排污单位的初始排污权

环境保护行政主管部门根据现行国家和地方污染物排放标准、环境影响评价批复、总量控制要求及企业实际产能规模等情况对工业企业进行初始排污权的核定。2014年底前应完成试点行业初始排污权分配和核定工作,其他行业力争在2015年底前完成。

(二)现有工业排污单位的可交易排污权

环境保护行政主管部门根据国家主要污染物总量减排核算细则所认可的减排措施以及减排措施完成时的国家和地方污染物排放标准进行确认。

初始排污权和可交易排污权的核定应由第三方咨询机构进行评估和技术核算,并经环保部门审核、公示后确定。

(三)新(改、扩)建项目排污权

试点行业新(改、扩)建项目自2014年7月1日起不再实行总量指标调剂,应根据有审批权限的环保部门出具的新增主要污染物排放指标审查意见,通过市场交易取得相应的排污权,并作为环境影响评价审批的前置条件。

(四)全面推行排污许可证制度

全面推行排污许可证制度,并将排污许可证作为排污权登记确认的有效凭证。排污权核定后,其有效期统一为5年,现有企业自核定初始排污权当年起计算,新(改、扩)建项目自试生产排污当年起计算。排污单位应严格按照排污许可证的规定依法排放污染物,未取得排污许可证的不得排放。新(改、扩)建项目应在试生产前,提供有效的交易凭证申领(变更)排污许可证。环保部门应结合排污权核定,同步开展排污许可证核发(换发)工作,国家或地方污染物排放标准有更新的,应重新核定排污权,变更排污许可证。暂未核定排污权但应申领排污许可证的企业,其排污许可证上登载的总量排放许可指标不得用于交易;如需交易,应先申请排污权核定。

三、建立排污权有偿使用和交易工作机制

(一)规范排污权交易程序

排污权有偿使用和交易的主体包括排污单位和各级政府储备管理机构等。全市所有排污权交易行为均应在海峡股权交易中心排污权交易平台进行。

交易程序包括四个主要环节:一是定量。由交易双方按管理权限向环保部门提出申请,环保部门及时对拟交易排污权指标进行核定,并明确排污权申购量和来源条件。二是申请。由交易主体向交易机构申请进行交易,交易机构及时对交易主体的资格进行审核确认。三是交易。交易主体按申购量和来源条件,在交易机构交易平台进行交易;交易达成后,交易机构及时向交易双方出具交易凭证并转相关环保部门备案。四是登记。交易生效后,排污单位应按规定及时办理排污权变更登记手续。

(二)建立总量控制机制

国家和省实行总量控制的重点排污行业建设项目所需排污权指标,原则上应从本行业内交易获得。省内审批的项目所需排污权指标,实行重点区域和行业总量倍量调剂,倍量调剂方案依省环保厅文件规定执行。项目建设单位应优先在本区域内购买排污权指标,在本区域确无法达成交易的,方可跨区域购买。跨县级及以上行政区域交易排污权的,需符合受让区域环境功能达标和总量控制要求。福州市政府储备的排污权原则上不得跨地市转让,本地企业可交易排污权优先用于本市的新(改、扩)建项目。未完成上年度总量减排任务的行政区域,暂停该区域所有排污单位相应的主要污染物排污权的购买与租赁。各县(市)区应储备一定数量的排污权,用于保障区域重大项目的排污总量指标需求。

(三)制定排污权有偿使用费标准

由市价格行政主管部门会同市财政、市环保行政主管部门,参照全省收费标准,制定我市初始排污权指标有偿使用费标准,并报省级价格、财政、环保部门备案。排污权交易、租赁价格以市场调节为主,但不得低于初始排污权有偿使用费。

(四)有偿获取排污权指标

区别对待新老企业排污权指标有偿获取。现有排污单位全面征收初始有偿使用费的时间和标准,按照省政府统一部署和规定执行。现有排污单位出售、出租排污权指标的,须缴纳出让部分的初始有偿使用费后方可进行交易。出售排污权的有效期限统一为5年,期限不足的,应先行延续。试点行业新(改、扩)建项目新增的排污权指标,应通过市场购买、政府出让等方式有偿获取。实行排污权有偿使用和交易的排污单位,不免除其环境保护的其他法定义务。

(五)建立排污权指标储备

排污单位自愿放弃的排污权以及因排污单位破产、关停、取缔、迁出其所在行政区域的,其无偿取得的排污权,由属地政府无偿收储。5年内未开工建设的新(改、扩)建项目或停止建设放弃使用的已购排污权指标,属政府出让的应由当地排污权储备管理机构原价回购;通过市场交易获得的,由项目建设单位通过排污权交易机构出售,出售价格高于原价部分作为排污权有偿使用收入收归建设项目所在地同级国库。在完成主要污染物减排任务的前提下,由地方政府投入集中式水污染治理设施、工业污染深度治理工程获得的富余排污权,按相应的投资比例纳入储备。政府通过公开竞价或协议出让的方式出让储备的排污权,并向国家产业政策鼓励发展的产业倾斜。

(六)健全排污权出让租赁机制

排污单位通过实施技术改造、清洁生产、工程减排、结构减排和管理减排等措施,在完成污染减排任务的基础上,获得的可交易排污权,排污单位可依程序自主交易处置排污权;对因生产波动或污染治理设施不稳定导致排污总量超出允许排放量的,允许短期租赁排污权,有效期不超过1年,且在排污权有效期内最多租赁1次。

四、落实排污权有偿使用和交易的保障措施

(一)健全管理机构

成立市级排污权储备和管理技术机构,负责排污权收储、出让等日常事务和技术支持。各县(市)区政府也应落实省政府《意见》的要求,组建相应的工作机构,抽调精干技术力量,具体负责排污权收储交易等相关工作。

(二)保障经费投入

各级财政部门要保障排污权交易的工作经费,支持排污权储备管理机构日常运转以及涉及排污权交易关键技术、共性技术的研发应用。研究建立排污权储备资金管理制度,并积极向省、市有关部门争取有利于排污权交易的相关税收政策,明确排污权交易在商品目录所属的项目。

(三)完善监管体系

结合我市环境监管能力建设实际情况,加快完善重点污染源在线监测监控系统,科学核定企业排污权、监控实际排污量。构建污染源基础数据库信息平台、排放指标有偿分配管理平台,确保排污权有偿使用和交易的顺利进行。严查企业超标排污行为,对无排污许可证排放污染物的、应当重新申领而未申领并继续排污的、未按规定排放污染物等行为,依法依规加大处罚力度。

(四)加强资金管理

排污权有偿使用收入属政府非税收入中的国有资源有偿使用收入,由地方政府授权排污权储备管理机构委托交易机构代为执收,全额上缴同级国库,实行收支两条线管理。各地排污权有偿使用收入由市、县按一定比例分成。排污权有偿使用收入应专款专用于减排工程建设、重点污染源治理以及排污权储备和管理,主要污染物排放总量监测监控技术研究和基础设施建设,排污权指标核定工作及排污权交易技术应用研究等方面的支出。

(五)完善配套政策

环保部门会同有关部门研究制定我市排污权有偿使用和交易工作的政策框架,牵头制定总量指标管理、排污权储备和出让管理等相关政策;财政部门牵头制定排污权专项资金收支管理办法;价格主管部门牵头制定排污权有偿使用费和交易价格管理办法。

(六)加强组织领导

各县(市)区政府主要负责人要亲自研究部署,分管领导具体推进,负责组建环保、财政、物价、法制等有关部门共同参与的工作协调机制。各部门应依照职责和分工,协同推进试点工作。环保部门对排污权核定、分配的信息,以及交易机构的排污权供求、交易信息等,要及时向社会公开,接受社会监督。同时,各县(市)区还应广泛通过各种方式开展排污权有偿使用和交易工作的宣传,引导排污企业增强生态文明意识,理解支持并积极参与排污权有偿使用和交易工作。

福州市人民政府关于印发福州市引进高层次优秀人才办法的通知

榕政综〔2014〕303号

(2014年12月3日)

各县(市)区人民政府,市直各委、办、局(公司),市属各高等院校,福州保税港区管委会:

《福州市引进高层次优秀人才办法》已经市政府研究同意,现印发给你们,请认真贯彻执行。

福州市引进高层次优秀人才办法

第一章 总 则

第一条 为深入实施闽都人才集聚工程,构建福州大都市区人才高地,吸引更多海内外高层次优秀人才来榕创业创新,结合我市实际,制定本办法。

第二条 本办法所称引进的高层次优秀人才,是指为促进我市经济社会发展、优化产业结构、推进科技创新、繁荣文化事业,从福州市外经办理有关手续到福州市企事业单位工作的以下人员:

(一)中国科学院院士、中国工程院院士。

(二)国家有突出贡献的中青年专家;“新世纪百千万人才工程”国家级人选;“长江学者”;国家级教学名师;获得国家自然科学奖、国家技术发明奖、国家科学技术进步奖或相当奖项一、二等奖的主要完成人(排名前3位);国际知名实验室、工程技术研究中心和国家重点实验室、工程技术研究中心的学术、技术带头人;享誉国内外的经济学家、法学家(主要是知识产权法、环境与资源保护法、国际法、国际经济法等学科)、心理学家等知名学者;在国际知名艺术团队、文化机构、大型文化企业担任重要职务,近五年策划、组织、推广过国际性文化项目或具有较大国际影响的文化活动的大师级文化艺术名家;在国际著名高校、科研院所、文化机构担任高级研究职务,从事文物保护、图书馆学、舞台技术等专业研究运用的知名专家。

(三)具有担任世界500强或国内500强企业高级管理人员3年以上经历的人员;享受政府特殊津贴人员;“闽江学者”;省级学科带头人;获省科学技术奖等相当省部级奖项一等奖的主要完成人(排名前2位);获得中华技能大奖或全国技术能手的高技能人才;培养出奥运会冠军或世锦赛冠军的国家级教练员。

(四)“新世纪百千万人才工程”省级人选;一级演职人员;中小学特级教师;具有博士学位且具有副高以上职称的人员;具有硕士学位且具有正高职称的人员;拥有独立知识产权且其科技成果具有市场潜力,来榕实施成果转化的创新型人才。

(五)市级重大项目、支柱产业、新兴产业发展需要,具有突破关键技术或掌握核心部件制造工艺的专业技术人员,以及其他经济建设和社会发展特别急需的紧缺人才。

第二章 引进措施

第三条 经我市申报,入选国家“千人计划”、“万人计划”、省“海纳百川”高端人才聚集计划的引进高层次优秀人才,我市给予配套奖励。

第四条 拓宽引进人才渠道,发挥用人单位主体作用,鼓励用人单位灵活采用调动、聘用、合作等多种方式引进国内外高层次优秀人才。

第五条 鼓励和支持留学归国人员来榕创业。对来榕发展的留学归国人员,经认定,给予5万元—30万元的创业启动资金支持;对特别优秀并带项目、带资金、带团队来榕发展的,经认定,给予50万元—200万元的创业启动资金支持。

第六条 鼓励和支持企业设立博士后科研工作站、省级博士后创新实践基地。对建立博士后科研工作站、省级博士后创新实践基地的企业,一次性分别给予30万元、15万元建站(基地)资助;对进站(基地)开展科研的博士后,每年每人分别资助5万元、3万元,发放两年。

第七条 人员编制或专业技术岗位数已满的单位,在引进高层次优秀人才时,经过编制或人事部门统筹,可先引进再逐步调整。具有特殊才能的特别需要的人才,引进时不受学历和职称的限制。

第八条 对引进到高新技术企业工作,年缴纳工薪个人所得税不低于3万元的高层次优秀人才,市财政按其上一年度所缴工薪个人所得税地方留成部分的50%返还,返还期不超过5年。

第九条 引进高层次优秀人才生活津贴按照以下规定发放:

(一)符合第二条第(一)项的,每月发给10000元,发放5年;

(二)符合第二条第(二)项的,每月发给6000元,发放5年;

(三)符合第二条第(三)项的,每月发给3000元,发放5年;

(四)符合第二条第(四)、(五)项的,每月发给800元,发放5年。

事业单位所需经费由市财政列支,其他单位自行发放。

第十条 市政府按照以下规定为引进高层次优秀人才提供人才配套补贴:

(一)符合第二条第(一)项的,补贴200万元;

(二)符合第二条第(二)项的,补贴60万元;

(三)符合第二条第(三)项的,补贴40万元;

(四)符合第二条第(四)项的,补贴30万元;

(五)符合第二条第(五)项的,补贴20万元。

享受人才配套补贴的引进人才,必须与用人单位签订不低于5年的聘用合同,每年在榕工作时间不少于6个月。人才配套补贴分5年发放。人才配套补贴每个家庭只享受一次,夫妻双方均为引进优秀人才的,按一方全额、一方半额标准发放。

第十一条 市政府为引进高层次优秀人才提供人才公寓、租房补贴、购房补贴。

第十二条 引进高层次优秀人才配偶及随迁子女,以组织安置、单位协助和个人联系相结合的方式予以妥善安置:

(一)符合第二条第(一)、(二)、(三)项的,其配偶按照身份或专业对口原则,由市政府职能部门负责安置;

(二)符合第二条第(四)、(五)项的,其配偶按照身份或专业,由各职能部门协助安置;

(三)义务教育阶段及学龄前随迁子女由市教育部门安排优质学校入学入园。随迁子女入学入园的优惠政策只享受一次。

第三章 管理制度

第十三条 引进高层次优秀人才工作,在市委、市政府和市委人才工作领导小组的领导下进行。引进高层次优秀人才的评价认定和管理服务工作,由市公务员局负责。

第十四条 建立引进人才业绩评估制度。市公务员局负责组织专家对引进高层次人才进行综合评估,对业绩达不到聘用要求或违反合同的人员,取消其相应待遇,并由用人单位负责追缴有关款项。

第四章 附则

第十五条 各县(市)区、市直有关单位可根据本办法,结合实际制定相应的人才引进政策规定。

第十六条 本办法由福州市公务员局负责解释。

第十七条 本规定自发布之日起实施,同时《福州市引进高层次优秀人才暂行办法》(榕政综〔2009〕66号)停止执行。

福州市人民政府关于贯彻福建省人民政府“创建农产品质量安全示范省”意见的通知

榕政综〔2014〕324号

(2014年12月25日)

各县(市)区人民政府,市直各委、办、局(公司),市属各高等院校,福州保税港区管委会:

为贯彻落实《福建省人民政府关于创建农产品质量安全示范省的意见》(闽政〔2014〕32号)精神,切实加强我市农产品质量安全监管工作,转变农业发展方式,现就有关事项通知如下:

一、严格保护产地环境

1. 开展农业面源污染调查。从今年起每2年开展一次全市农业面源污染调查,对全市80个种植业典型地块、45个典型畜禽养殖场开展全面调查工作,根据调查数据进行科学分析与整改,确保农产品质量安全。扎实开展农业面源污染监测,在连江县、闽清县开展南方山地丘陵和湿润平原区农田面源污染监测工作,每个监测点开展定位监测工作,掌握农产品主产区、主要地形、气候类型和主要种植模式下农田氮、磷等主要面源污染物的排放数量及变化趋势,为农产品质量检测提供科学依据。

2. 严格控制养殖污染。按照《福州市“十二五”畜牧业发展规划》,合理划定禁养区、禁建区和可养区,对禁养区内的养猪场坚决予以拆除;对禁养区外生猪养殖总量超标的,根据辖区环境承载能力和养殖场污染防治水平,合理缩减生猪养殖规模;对可养区内予以保留的规模养猪场,指导其按期完成符合环保要求的全过程综合治理,逾期不治理的养殖场予以强制拆除取缔,到2015年全市生猪年出栏量控制在216万头左右。新建、改建、扩建生猪养殖场和养殖小区需以环境影响评价达标为前提,并符合畜牧业发展规划和畜禽养殖污染防治规定以及动物防疫条件,到2020年,每年创建10个省级以上畜禽养殖标准化示范场。鼓励推广规模适度的生猪标准化生态养殖,重点推广漏缝地面—免冲洗—减排放、猪—沼—果(草、林、菜、茶等)生态型、达标排放环保型等生态养殖模式。建设循环型养猪业,支持使用生猪粪便有机肥,通过种养结合达到粪污减量化、无害化和资源利用化,到2016年底前,完成存栏500头以上的生猪规模养殖场标准化改造,2018年底前完成存栏250-500头的生猪养殖场标准化改造,实现废弃物综合处置利用和废水达标排放。

3. 加强水产品产地环境管理。鼓励发展渔业新型养殖模式,重点推进海带、紫菜、鲍鱼、海参、金鱼等种业工程建设,到2016年,认定市级水产良种场20-30家。同时,开展海湾水体监测调查,摸清水产品养殖区水质状况,开展常态化渔业增殖放流活动,严厉打击破坏渔业水域环境行为,努力修复闽江水系和近海渔业资源。

二、规范农业投入品使用

1. 加强农药管理。严格遵守有关农药安全使用标准和规定,开发和推广使用高效、低毒、低残留和无残留毒性的无公害农药。采用正确的施药方法,科学选用农药品种,注重轮换用药以及药剂品种的安全间隔期用药,严格控制用药量和用药次数。推广绿色防控技术,综合应用生态、农业、物理、生物和化学方法治理病虫害。鼓励农民使用有机肥,每年指导测土配方施肥技术应用面积100万亩。积极扶持有一定规模的专业化统防统治组织,引导农作物病虫害防治向专业化、市场化方向发展。

2. 加强兽药管理。严格依照《兽药管理条例》和《兽药经营质量管理规范(GSP)》,加强兽药经营企业资质审查,对经营生物制品的,严格许可程序、执行产品授权和备案制度。贯彻实施《饲料和饲料添加剂管理条例》及相关配套法律规定,加强饲料生产企业资质审查,重点推动饲料生产企业设备改造和技术升级,提升饲料质量安全控制和自检能力,2015年7月1日起全面执行《饲料质量安全规范》,切实建立饲料质量安全可追溯制度。

3. 推进农药监管平台建设。完善农业投入品管理制度,在2014年开展现代农业项目县农药监管平台建设试点的基础上,2015年进一步扩大示范点,2016年实现县(市)区全覆盖,真正将全市农药销售与使用情况纳入监管范围。

三、提升农产品质量水平

1. 提升农业标准化水平。围绕农业主导产业区域布局,开展以大宗作物区域化布局、畜牧规模化养殖、农业产业化经营为重点的各级农业标准化示范区建设,实施以水产、园艺、畜产品等为重点的覆盖生产、加工、流通全程的行业标准、操作规程和技术规范。积极开展GAP、HACCP认证,集中创建一批种养殖标准化示范区,到2015年全市建成10个国家级、15个省级标准示范区,到2020年全市建成15个国家级、25个省级标准示范区。

2. 培育优质农产品品牌。积极培育一批影响力大、竞争力强、知名度高、具有福州特色的农产品优质品牌,充分发挥示范带动作用。鼓励农业龙头企业、农民合作社、家庭农场等经营主体开展"三品一标"认证,到2016年,力争全市认证"三品一标"产品320个,到2020年,全市有10项国家级农产品区域公用品牌、25项地理标志、20个中国驰名商标、10个国家级加工技术研发分中心。

3. 推进可追溯体系建设。引导农业企业和农民合作社将信息化管理手段引入生产环节,推进农产品质量安全可追溯体系建设,扩大并提升可追溯管理覆盖面和水平。全市每年培育8-10家市级农产品质量安全可追溯试点企业,对全市涉及蔬菜、水果、茶叶、食用菌、畜禽等22家国家级、省级农业产业化龙头企业、农民合作社示范社全部纳入省级可追溯系统管理;到2016年,实现全市市级农业产业化龙头企业和农民合作社示范社生产的食用农产品全部纳入省级可追溯系统管理。

四、加强农产品质量安全监管

1. 完善畜禽定点屠宰与检疫监管制度。引导定点屠宰企业开展升级改造,2016年底前建成定点屠宰企业标准化示范厂(场)1家。加强定点屠宰企业信息化管理,抓好畜禽屠宰厂(场)质量安全主体责任落实,规范畜禽产品进厂(场)检查登记。

2. 深入开展专项治理。各级农业部门要积极开展农药及农药使用、"瘦肉精"、生鲜乳违禁物质、兽用抗菌药、病死猪违法销售和农资打假等六大类专项整治,严厉查处违法违规使用高毒农药、"瘦肉精"、禁用兽药等非法添加、制假售假案件。各级海洋渔业部门要强化水产品质量安全监督抽检力度,加强原良种场、现代渔业苗种生产基地和苗种生产重点企业监管,严厉打击养殖环节非法添加硝基呋喃、孔雀石绿等禁用药物的违法行为。食品药品监管、农业、海洋渔业、商贸等部门要加强信息沟通,加大对制售假冒伪劣和有毒有害食品违法犯罪活动打击力度,及时移送有关农产品质量安全违法行为的线索和案件。

3. 强化监管和执法能力建设。加强农产品质量安全监管体系和检验体系建设,形成市、县、乡三级监管和监测检验网络,确保完成农产品质量安全监管工作任务。积极利用中央预算内农业投资补助资金,进一步完善市级农产品质量安全检验检测中心的设备配套,提高检测能力。加快罗源、永泰、闽侯、闽清等县级质检站建设进度,并抓紧竣工验收。加快配备全市各涉农乡镇农残快速检测仪,提高检测效率。进一步完善市、县两级食品安全监管体系,在特大镇建立食品安全监管派出机构,一般镇(街)按区域设立食品药品安全监管派出机构。

五、落实管理责任

1. 落实属地管理责任。各级政府要对本地区农产品质量安全负总责,加强组织领导和工作协调,把农产品质量安全监管纳入重要议事日程,在规划制订、力量配备、条件保障等方面加大支持力度。要将农产品质量安全纳入绩效考核范围,明确考核评价、督查督办等措施。

2. 落实部门管理责任。各有关部门要各负其责,密切配合,明确工作分工,落实行业监管责任,统筹建立食品和农产品质量安全监管工作衔接机制,共同推进农产品质量安全监管工作的开展。

3. 落实农产品质量安全主体责任。严格落实市场开办者和入场经营者质量安全责任,加强食用农产品入市查验与抽查检测,及时公布质量安全信息,保障消费安全。严格落实农产品生产者主体责任,完善农产品质量安全生产管理制度,加强生产档案记录管理,保障生产安全。

4. 加强责任追究。对农产品质量安全监管中的失职渎职、徇私枉法等行为,要依法依纪严肃追究相关责任人的责任。

(编辑 苏 颖)

表 72

2014 年福州市经济社会主要指标完成情况

项目	单位	2014 年	2013 年	2014 年比 2013 年增长(%)
一、人口与就业				
年末常住总人口	万人	743.00	734.00	1.2
年末户籍总人口	万人	674.94	665.49	1.4
#市区人口	万人	197.43	194.76	1.4
全社会从业人员	万人	483.54	462.66	4.5
#城镇非私营单位年末从业人员数	万人	149.17	142.75	4.5
#城镇非私营单位年末在岗职工人数	万人	132.28	128.87	2.6
城镇私营个体从业人员	万人	105.39	94.30	11.8
二、经济总量				
地区生产总值	亿元	5169.16	4685.02	10.1
第一产业	亿元	415.91	387.62	4.6
第二产业	亿元	2352.15	2134.83	11.5
第三产业	亿元	2401.10	2162.57	9.4
工业增加值	亿元	1816.87	1654.51	11.7
人均地区生产总值	元	69995.00	64134.00	8.9
三、工业				
规模以上工业总产值	亿元	7495.26	6786.33	12.4
#轻工业	亿元	3551.96	3113.75	14.6
重工业	亿元	3943.29	3672.58	10.6
#国有企业	亿元	203.09	222.30	25.6
集体企业	亿元	34.91	30.05	14.6
外商及港澳台商投资企业	亿元	3140.79	2991.43	7.7
#大中型工业企业	亿元	5281.06	4738.94	12.6
规模以上工业销售产值	亿元	7284.43	6515.25	12.8

续表 72 - 1

项目	单位	2014 年	2013 年	2014 年比 2013 年增长(%)
#出口交货值	亿元	1523.71	1415.54	7.8
四、农林牧渔业				
农林牧渔业总产值	亿元	730.77	682.75	4.7
#农业产值	亿元	200.48	176.16	3.9
林业产值	亿元	22.93	18.85	12.8
牧业产值	亿元	72.68	73.78	-2.1
渔业产值	亿元	412.44	392.97	5.9
农林牧渔业主要产品产量				
粮食总产量	万吨	55.37	55.53	-0.3
水果产量	万吨	49.64	45.46	9.2
蔬菜产量	万吨	342.23	323.67	5.7
茶叶产量	万吨	2.48	2.19	13.1
食用菌产量	万吨	15.35	14.50	5.9
肉类总产量	万吨	26.26	27.56	-4.7
禽蛋总产量	万吨	10.21	10.63	-4.0
水产品总产量	万吨	218.74	207.70	5.3
农业机械总动力	万千瓦	142.98	140.01	2.1
五、固定资产投资				
全社会固定资产投资	亿元	4427.59	3869.84	14.9
#固定资产投资(不含农户)	亿元	4388.62	3834.22	14.9
#项目投资	亿元	2933.54	2569.43	14.9
#房地产开发投资	亿元	1455.07	1264.79	15.0
施工房屋建筑面积	万平方米	7598.91	6871.04	10.6
#住宅	万平方米	5108.45	4961.57	3.0
竣工房屋建筑面积	万平方米	833.86	832.55	0.2
#住宅	万平方米	600.12	605.83	-0.9
商品房销售额	亿元	1035.01	1411.79	-26.7
六、交通运输、邮电				
客运				
公路旅客运输量	万人	12700.00	12144.00	4.6
公路旅客周转量	万人公里	14917.00	12718.00	17.3
水路旅客运输量	万人	150.00	147.00	2.0
水路旅客周转量	万人公里	8164.00	7842.00	4.1
旅客出港量(航空)	万人	480.76	458.90	4.8
货运				
公路货物运输量	万吨	781692.00	770216.00	1.5
公路货物周转量	万吨公里	2164922.00	1825706.00	18.6

续表72－2

项目	单位	2014年	2013年	2014年比2013年增长(%)
水路货物运输量	万吨	4822.00	4086.00	18.0
水路货物周转量	万吨	12411515.00	10035995.00	23.7
货邮出港量(航空)	万吨	7.04	6.50	8.3
沿海港口货物吞吐量	万吨	11942.63	10504.87	13.7
集装箱吞吐量	万标箱	221.76	197.79	12.1
年末邮电局(所)	处	237.00	232.00	2.2
年末固定电话用户	万户	194.60	203.50	-4.4
年末移动电话用户	万户	894.60	893.30	0.1
七、贸易旅游、物价				
社会消费品零售总额	亿元	3062.94	2681.72	14.6
接待境外旅游人数	万人次	90.69	90.50	0.2
居民消费价格指数(以上年为100)		101.80	102.60	
八、对外经贸				
进出口总额	亿美元	346.63	314.29	10.3
出口总额	亿美元	212.38	193.37	9.8
进口总额	亿美元	134.25	120.92	11.0
新批外资项目	项	126.00	135.00	-6.7
合同外资金额	亿美元	14.64	20.57	-28.8
实际利用外资(验资口径)	亿美元	15.47	14.31	8.1
九、财政、金融				
财政总收入(不含基金收入)	亿元	780.48	689.12	13.3
财政一般预算收入	亿元	510.87	453.97	12.5
财政一般预算支出	亿元	574.81	533.84	7.7
金融机构年末存款余额(本外币)	亿元	9731.03	8950.14	8.7
金融机构年末存款余额(人民币)	亿元	9439.39	8746.76	7.9
#储蓄存款余额	亿元	3393.72	3215.33	5.5
金融机构年末贷款余额(本外币)	亿元	9766.85	8159.89	19.7
金融机构年末贷款余额(人民币)	亿元	9331.49	7773.64	20.0
十、教育				
学校数				
高等院校	所	32.00	32.00	0.0
中等职业技术学校	所	53.00	56.00	-5.4
高中	所	94.00	94.00	0.0
初中	所	269.00	268.00	0.4
小学	所	905.00	905.00	0.0
在校学生数				
高等院校	人	320844.00	318343.00	0.8

续表 72－3

项目	单位	2014 年	2013 年	2014 年比 2013 年增长(%)
中等职业技术学校	人	122777.00	166265.00	-26.2
高中	人	101435.00	105037.00	-3.4
初中	人	196698.00	193086.00	1.9
小学	人	499302.00	469174.00	6.4
专任教师数				
高等院校	人	19639.00	19248.00	2.0
中等职业技术学校	人	4690.00	4697.00	-0.1
高中	人	8095.00	8378.00	-3.4
初中	人	16082.00	15898.00	1.2
小学	人	26303.00	25394.00	3.6
招生数				
普通高校招生数	人	90196.00	96502.00	-6.5
中等职业学校招生数	人	38029.00	39886.00	-4.7
高中	人	33409.00	33428.00	-0.1
初中	人	65300.00	65819.00	-0.8
小学	人	95993.00	88700.00	8.2
成人高校在校生数	人	101092.00	93413.00	8.2
十一、文化				
文化馆	个	12.00	12.00	0.0
博物馆、纪念馆	个	15.00	15.00	0.0
博物馆、纪念馆收藏文物	万件	3.25	3.25	0.0
艺术表演团体	个	9.00	9.00	0.0
艺术表演团体演出场次	场	2629.00	2402.00	9.5
公共图书馆	个	13.00	13.00	0.0
公共图书馆图书藏量	万册	399.10	352.91	13.1
广播综合人口覆盖率	%	98.36	98.33	
电视综合人口覆盖率	%	99.08	99.06	
有线电视用户	万户	174.25	176.16	-1.1
十二、卫生				
卫生机构数	个	1908.00	1959.00	-2.6
#医院	个	107.00	107.00	0.0
卫生机构床位数	张	31632.00	31175.00	1.5
#医院	张	25495.00	24926.00	2.3
卫生技术人员数	人	48830.00	46466.00	5.1
#医生	人	17847.00	16880.00	5.7
每千人拥有卫生机构床位数	张	4.51	4.49	0.4
#医院	张	3.64	3.59	1.4

续表 72-4

项目	单位	2014 年	2013 年	2014 年比 2013 年增长(%)
每千人拥有卫生技术人员数	人	6.97	6.70	4.0
#医生	人	2.55	2.43	4.9
十三、人民生活				
在岗职工工资总额	亿元	772.07	699.80	10.3
在岗职工年平均工资	元	58839.00	53333.00	10.3
城镇居民人均可支配收入	元	32451.00	32265.00	9.4
城镇居民人均消费支出	元	23330.00	21695.00	9.2
城镇居民恩格尔系数	%	32.60	36.90	
农村居民人均可支配(纯)收入	元	14012.00	12910.00	11.2
农村居民人均生活消费支出	元	12166.00	9311.00	11.1
农村居民恩格尔系数	%	37.60	43.10	
十四、城市基本情况				
城市道路长度(8 米以上)	公里	941.50	901.50	4.4
城市道路面积(8 米以上)	万平方米	2277.00	2245.00	1.4
建成区绿化覆盖面积	公顷	10894.00	10594.00	2.8
建成区绿化覆盖率	%	42.90	42.70	0.5
建成区绿地面积	公顷	10031.00	9750.00	2.9
年末公园绿地面积	公顷	3054.00	2954.00	3.4
年末人均公园绿地面积	平方米	12.90	12.80	0.8
年末公交营运车辆	辆	4351.00	4310.00	1.0
年末公交营运线路	条	331.00	313.00	5.8
市区自来水厂	座	15.00	15.00	0.0
市区自来水综合生产能力	万吨/日	230.50	230.50	0.0
市区供水总量	万吨	47000.00	46888.70	0.2
#生活用水量	万吨	7600.00	7571.80	0.4
市区液化气供气总量	吨	57103.00	56305.00	1.4
#家庭用气	吨	21324.00	23501.00	-9.3
市区天然气供气总量	万立方米	18895.00	16318.00	15.8
#家庭用气	万立方米	4778.00	4849.00	-1.5

说明:1. 空格为当年无统计数据或无法取得数据;

2. 工业部分数据因企业登记注册类型变更,2014 年与 2013 年分类口径不一致,表中增速为依据可比口径计算得到的增速

表 73

全国 26 个省会城市主要经济指标

城市	常住人口（万人）	户籍总人口（万人）	地区生产总值		第一产业增加值	
			绝对数（亿元）	比上年增长（%）	绝对数（亿元）	比上年增长（%）
福州	743.00	674.94	5169.16	10.1	415.91	4.6
广州	1308.05	842.42	16706.87	8.6	218.70	1.3
成都	1442.75	1210.74	10056.59	8.9	370.83	3.6
南京	821.61	648.72	8820.75	10.1	223.96	3.5
哈尔滨	—	987.30	5340.10	6.9	626.50	6.8
沈阳	828.70	730.84	7098.71	6.0	325.29	3.2
长春	—	754.55	5382.00	6.6	340.10	4.7
济南	706.69	621.61	5770.60	8.8	290.30	4.1
武汉	1033.80	827.31	10069.48	9.7	350.06	5.0
西安	862.75	815.29	5474.77	9.9	214.55	5.1
杭州	889.20	715.76	9201.16	8.2	274.36	1.8
石家庄	1061.62	1024.93	5170.30	7.9	487.50	2.6
太原	429.89	369.74	2531.09	3.3	38.93	4.3
合肥	769.60	712.81	5157.97	10.0	257.63	4.8
南昌	524.02	517.73	3667.96	9.8	166.10	4.7
郑州	937.80	794.10	6776.98	9.4	147.14	3.0
长沙	731.15	671.41	7824.81	10.5	311.90	4.4
南宁	691.38	729.66	3148.30	8.5	355.09	4.3
贵阳	455.60	382.91	2497.27	13.9	108.02	6.6
昆明	662.60	550.50	3712.99	8.1	187.56	6.2
兰州	366.49	321.64	1913.50	10.4	53.60	6.3
西宁	229.07	202.64	1077.14	13.5	37.75	5.4
银川	212.89	176.00	1395.67	9.5	56.66	5.3
海口	220.07	165.31	1005.51	9.2	54.58	-2.4
乌鲁木齐	353.00	266.91	2510.00	10.5	29.00	5.8
呼和浩特	303.06	237.98	2894.05	8.0	125.46	3.1

续表73-1

城市	第二产业增加值		第三产业增加值		工业增加值	
	绝对数（亿元）	比上年增长（%）	绝对数（亿元）	比上年增长（%）	绝对数（亿元）	比上年增长（%）
福州	2352.15	11.5	2401.10	9.4	1816.87	11.7
广州	5590.97	7.4	10897.20	9.4	5070.63	7.8
成都	4561.05	9.8	5124.71	8.6	3855.43	11.2
南京	3671.45	8.8	4925.34	11.5	3165.78	9.3
哈尔滨	1784.00	5.1	2929.60	8.3	1239.40	7.4
沈阳	3541.41	5.3	3232.02	6.9	3163.23	5.0
长春	2862.80	6.9	2179.10	6.6	2415.80	6.8
济南	2261.70	8.8	3218.60	9.1	1822.10	8.9
武汉	4785.66	10.2	4933.76	9.5	3942.75	10.3
西安	2205.37	11.3	3054.85	9.0	1523.12	10.7
杭州	3858.90	8.1	5067.90	8.5	3426.42	8.6
石家庄	2417.50	7.1	2265.20	9.9	2160.90	7.4
太原	1012.31	1.0	1479.85	5.1	702.81	0.8
合肥	2872.01	11.4	2028.33	8.5	2293.91	12.0
南昌	2017.01	11.5	1484.85	7.8	1500.70	11.3
郑州	3487.13	10.0	3142.70	9.0	3066.78	10.7
长沙	4241.25	11.4	3271.66	9.7	3574.93	11.4
南宁	1251.54	9.9	1541.67	8.2	923.49	10.3
贵阳	976.59	13.9	1412.66	14.3	678.00	12.1
昆明	1642.03	8.2	1883.40	8.1	1150.36	6.9
兰州	829.20	9.1	1030.70	11.8	594.30	8.2
西宁	560.73	16.7	478.66	9.7	476.85	17.3
银川	760.27	11.6	578.74	7.2	562.64	9.3
海口	215.67	5.6	735.26	11.3	134.59	3.7
乌鲁木齐	928.00	12.4	1553.00	9.3	780.00	12.7
呼和浩特	848.19	8.2	1920.40	8.3	667.29	9.3

续表 73 - 2

城市	农林牧渔业总产值		社会消费品零售总额		全社会固定资产投资额	
	绝对数（亿元）	比上年增长（%）	绝对数（亿元）	比上年增长（%）	绝对数（亿元）	比上年增长（%）
福州	730.77	4.7	3062.94	14.6	4427.59	14.9
广州	398.30	0.1	7144.45	12.5	4889.50	14.5
成都	613.00	3.7	4468.88	12.0	6620.40	1.8
南京	384.63	9.2	4167.19	13.0	5460.03	3.7
哈尔滨	1171.50	7.1	3070.90	12.6	4176.00	12.2
沈阳	655.39	3.8	3570.11	12.1	6564.06	2.8
长春	626.90	5.8	2217.55	12.6	3924.50	15.1
济南	524.22	4.2	2964.40	12.6	3063.40	16.1
武汉	559.44	5.0	4369.32	12.7	7002.85	16.7
西安	367.21	5.1	2872.90	12.8	5903.98	15.0
杭州	419.41	5.0	3838.73	8.7	4952.70	16.2
石家庄	885.20	2.7	2423.50	12.5	5109.52	16.1
太原	76.04	4.9	1411.13	10.1	1746.09	4.5
合肥	450.32	4.8	1666.75	12.9	5385.17	18.1
南昌	283.63	4.7	1429.21	12.5	3463.21	19.2
郑州	269.89	3.3	2913.60	12.7	5355.30	18.8
长沙	490.59	4.5	3162.07	12.9	5435.75	18.3
南宁	609.33	4.6	1616.90	12.1	2933.87	18.5
贵阳	170.68	6.8	888.58	13.1	3489.41	15.1
昆明	316.77	6.0	1905.89	12.0	3138.17	7.0
兰州	87.01	9.2	944.90	12.7	1610.68	22.3
西宁	69.95	5.6	412.86	13.3	1776.61	27.1
银川	106.83	6.0	382.47	9.9	1392.76	21.2
海口	92.99	-2.4	541.27	10.5	821.53	26.5
乌鲁木齐	63.21	5.0	1069.96	10.3	1526.31	20.0
呼和浩特	213.40	2.3	1256.08	10.0	—	—

续表 73－3

城市	房地产开发投资额		进出口总额		#出口总额	
	绝对数（亿元）	比上年增长（%）	绝对数（亿美元）	比上年增长（%）	绝对数（亿美元）	比上年增长（%）
福州	1455.07	15.0	346.63	10.3	212.38	9.8
广州	2230.01	15.1	1305.90	9.8	727.13	3.2
成都	2220.80	5.2	558.43	10.4	338.18	6.1
南京	1125.49	0.5	572.21	2.6	326.28	1.1
哈尔滨	673.60	－20.7	68.10	4.1	34.44	18.8
沈阳	1975.82	－9.5	158.00	10.6	71.43	2.1
长春	534.40	－12.9	207.19	1.7	24.67	－24.7
济南	917.40	27.2	104.95	9.6	60.60	10.5
武汉	2353.63	23.5	264.29	21.4	137.91	15.5
西安	1761.88	10.4	249.83	38.9	119.61	41.1
杭州	2301.08	24.2	679.98	4.5	491.66	9.8
石家庄	1025.33	10.5	143.00	2.1	77.90	9.5
太原	772.45	21.5	106.71	16.5	65.70	24.1
合肥	1127.36	1.9	200.87	10.5	125.14	5.2
南昌	414.07	2.0	122.26	25.9	84.17	15.2
郑州	1743.50	20.6	464.31	8.6	266.57	6.4
长沙	1310.50	13.6	772.52	26.0	538.48	41.0
南宁	789.32	31.7	48.14	9.0	26.17	11.3
贵阳	1017.60	3.5	78.42	24.1	72.72	30.3
昆明	1492.62	15.6	177.87	5.3	116.08	14.7
兰州	336.54	17.3	45.60	12.2	40.07	11.4
西宁	246.86	26.4	15.97	28.7	10.84	39.2
银川	388.90	17.6	45.00	86.7	36.00	55.2
海口	298.97	16.6	34.00	－33.3	12.30	－34.9
乌鲁木齐	529.43	31.7	82.85	6.3	72.17	12.8
呼和浩特	563.13	3.2	21.95	37.5	12.42	69.5

续表73－4

城市	实际利用外资		财政一般预算收入		年末金融机构人民币存款余额(亿元)	年末金融机构人民币贷款余额(亿元)
	绝对数(亿美元)	比上年增长(%)	绝对数(亿元)	比上年增长(%)		
福州	15.47	8.1	510.87	12.5	9413.24	9287.76
广州	54.39	7.1	1243.10	8.7	34170.66	22688.33
成都	87.63	0.1	1025.17	14.1	26798.00	19779.00
南京	32.91	－18.4	903.49	8.7	20161.85	16328.58
哈尔滨	27.20	20.3	423.50	5.3	8884.00	7257.50
沈阳	44.62	－23.2	785.50	－1.9	12309.60	10026.90
长春	50.03	12.7	397.30	4.1	8723.40	7475.50
济南	14.35	8.7	543.10	12.7	11744.40	8508.30
武汉	61.99	18.1	1101.02	15.6	16004.89	14463.40
西安	37.03	18.3	583.76	16.3	15166.78	11668.14
杭州	63.35	20.1	1027.32	8.7	23950.05	20356.17
石家庄	10.20	4.2	343.47	13.0	9124.60	5098.92
太原	10.77	14.0	258.85	4.7	10011.26	7945.33
合肥	21.82	15.4	500.34	14.1	9142.68	8169.64
南昌	32.14	8.4	342.21	17.2	7296.23	6329.26
郑州	36.30	9.3	833.90	15.2	13955.60	10868.30
长沙	39.69	16.7	632.80	17.9	11145.43	10377.71
南宁	6.52	6.4	274.85	7.3	7064.49	7091.46
贵阳	7.62	20.9	331.59	19.6	6992.20	6560.51
昆明	22.37	24.4	477.97	6.0	10582.22	10201.32
兰州	—	—	152.33	22.4	6617.51	5612.72
西宁	—	—	83.88	25.0	3104.76	3328.22
银川	0.66	－48.9	153.60	14.1	2608.97	3185.93
海口	3.30	－35.5	100.12	15.4	3152.59	2945.41
乌鲁木齐	2.58	15.7	340.62	12.8	6233.97	4502.33
呼和浩特	—	—	211.54	16.2	4723.75	5145.89

续表73－5

城市	城镇居民人均可支配收入		城市居民消费价格指数（以上年为100）	农民人均纯收入	
	绝对数（元）	比上年增长（%）		绝对数（元）	比上年增长（%）
福州	32451	9.4	101.8	14012	11.2
广州	42955	8.9	102.3	17663	10.3
成都	32665	9.0	101.3	14478	11.5
南京	42568	8.8	102.6	17661	10.3
哈尔滨	28816	9.3	102.0	12125	12.2
沈阳	31720	9.1	102.2	15945	10.2
长春	27299	9.7	102.2	11259	10.8
济南	38763	8.7	102.2	14726	11.2
武汉	33270	9.9	101.9	16160	12.3
西安	36100	9.1	101.4	14462	11.9
杭州	44632	9.1	102.0	23555	11.1
石家庄	26071	8.3	102.0	10542	10.4
太原	25768	7.9	102.2	12616	10.4
合肥	29348	9.4	102.0	14407	12.2
南昌	29091	10.0	102.5	12414	11.0
郑州	29095	9.3	102.0	15470	10.4
长沙	36826	9.4	102.7	21723	10.2
南宁	27075	9.1	101.6	8576	11.6
贵阳	24961	9.4	102.7	10826	12.7
昆明	31295	8.9	103.1	10366	12.1
兰州	23030	10.9	102.2	8067	13.4
西宁	21291	9.5	102.8	10097	12.1
银川	25940	9.1	102.1	10275	10.0
海口	26530	8.5	102.2	10630	12.4
乌鲁木齐	26890	11.6	102.8	13335	16.0
呼和浩特	34723	8.5	101.2	12538	10.0

表 74 **2014 年福建省及九个设区市主要经济指标**

指标	单位	全省		福州市	
		绝对数	比上年增长（%）	绝对数	比上年增长（%）
年末常住总人口	万人	3806.00	0.8	743.00	1.2
城镇化率	%	61.80	1.0	66.90	1.0
地区生产总值	亿元	24055.76	9.9	5169.16	10.1
第一产业	亿元	2014.80	4.4	415.91	4.6
第二产业	亿元	12515.36	11.9	2352.15	11.5
第三产业	亿元	9525.60	8.1	2401.10	9.4
农林牧渔业总产值	亿元	3522.31	4.5	730.77	4.7
规模以上工业总产值	亿元	38405.32	12.3	7495.26	12.4
全社会固定资产投资	亿元	18449.48	18.8	4427.59	14.9
#固定资产投资（不含农户）	亿元	18141.37	19.0	4388.62	14.9
财政总收入	亿元	3828.40	11.6	780.48	13.3
地方财政收入	亿元	2362.21	11.5	510.87	12.5
社会消费品零售总额	亿元	9346.74	12.9	3062.94	14.6
居民消费价格环比指数	%	102.00	2.0	101.80	1.8
实际利用外资（验资口径）	亿美元	71.15	6.5	15.47	8.1
出口总额	亿美元	1134.52	6.6	212.38	9.8
城镇居民人均可支配收入	元	30722.39	9.0	32450.86	9.4
农村居民人均可支配收入	元	12650.19	10.9	14012.12	11.2
城镇非私营单位在岗职工平均工资	元	54235.00	9.9	58839.00	10.3

续表 74－1

指标	单位	厦门市		莆田市	
		绝对数	比上年增长（%）	绝对数	比上年增长（%）
年末常住总人口	万人	381.00	2.1	285.00	0.7
城镇化率	%	88.80	0.1	55.30	1.7
地区生产总值	亿元	3273.58	9.2	1502.07	11.1
第一产业	亿元	23.73	2.9	109.85	3.1
第二产业	亿元	1460.34	7.7	866.76	11.9
第三产业	亿元	1789.50	10.9	525.46	11.4
农林牧渔业总产值	亿元	44.31	2.4	199.93	3.5
规模以上工业总产值	亿元	4894.93	10.8	2315.01	13.3
全社会固定资产投资	亿元	1572.95	16.7	1452.44	21.9
#固定资产投资（不含农户）	亿元	1562.16	16.8	1423.68	22.3
财政总收入	亿元	921.55	10.4	175.08	14.3
地方财政收入	亿元	556.21	11.1	110.30	16.2
社会消费品零售总额	亿元	1072.28	10.0	498.03	12.1
居民消费价格环比指数	%	102.20	2.2	102.00	2.0
实际利用外资（验资口径）	亿美元	19.71	5.3	3.41	13.0
出口总额	亿美元	531.61	1.6	33.12	4.5
城镇居民人均可支配收入	元	39625.09	8.2	26870.83	9.0
农村居民人均可支配收入	元	16219.55	10.6	12828.79	10.7
城镇非私营单位在岗职工平均工资	元	60729.00	8.7	51001.00	16.0

续表 74－2

指　　标	单位	三明市		泉州市	
		绝对数	比上年增长(%)	绝对数	比上年增长(%)
年末常住总人口	万人	251.00	持平	844.00	1.0
城镇化率	%	55.10	1.5	62.90	1.3
地区生产总值	亿元	1621.21	9.6	5733.36	10.1
第一产业	亿元	244.84	4.6	172.35	2.6
第二产业	亿元	850.98	11.5	3553.25	11.4
第三产业	亿元	525.39	8.3	2007.75	8.2
农林牧渔业总产值	亿元	399.75	4.8	308.88	2.7
规模以上工业总产值	亿元	3016.64	12.4	10699.43	12.2
全社会固定资产投资	亿元	1632.16	19.9	2940.25	17.5
#固定资产投资(不含农户)	亿元	1603.08	20.2	2874.33	17.6
财政总收入	亿元	134.96	－1.4	723.12	11.2
地方财政收入	亿元	90.92	1.2	380.11	9.6
社会消费品零售总额	亿元	404.85	12.3	2189.43	12.5
居民消费价格环比指数	%	102.00	2.0	102.00	2.0
实际利用外资(验资口径)	亿美元	1.40	12.3	14.90	7.1
出口总额	亿美元	17.78	29.4	181.78	10.4
城镇居民人均可支配收入	元	25197.04	10.1	34819.52	9.0
农村居民人均可支配收入	元	11665.18	10.8	14586.03	10.5
城镇非私营单位在岗职工平均工资	元	52087.00	11.9	48823.00	8.7

续表 74－3

指　　标	单位	漳州市		南平市	
		绝对数	比上年增长(%)	绝对数	比上年增长(%)
年末常住总人口	万人	496.00	0.6	262.00	持平
城镇化率	%	53.80	0.8	53.40	0.8
地区生产总值	亿元	2506.36	11.3	1232.56	9.6
第一产业	亿元	350.51	4.6	271.61	5.1
第二产业	亿元	1247.53	14.3	543.65	11.5
第三产业	亿元	908.32	9.4	417.31	9.2
农林牧渔业总产值	亿元	644.29	4.8	462.85	5.3
规模以上工业总产值	亿元	4042.14	16.7	1537.61	12.1
全社会固定资产投资	亿元	2134.84	21.2	1481.30	22.0
#固定资产投资(不含农户)	亿元	2081.86	21.5	1451.07	22.3
财政总收入	亿元	263.84	11.0	118.30	10.9
地方财政收入	亿元	168.99	9.1	80.99	13.1
社会消费品零售总额	亿元	692.20	12.0	452.00	12.9
居民消费价格环比指数	%	102.00	2.0	102.00	2.0
实际利用外资(验资口径)	亿美元	10.12	7.0	1.20	14.3
出口总额	亿美元	81.32	14.4	14.65	－4.3
城镇居民人均可支配收入	元	25741.42	9.6	24074.28	8.8
农村居民人均可支配收入	元	12690.15	10.5	11251.54	11.5
城镇非私营单位在岗职工平均工资	元	51495.00	10.5	48562.00	10.4

续表 74－4

指　　标	单位	龙岩市		宁德市	
		绝对数	比上年增长（%）	绝对数	比上年增长（%）
年末常住总人口	万人	259.00	0.4	285.00	0.4
城镇化率	%	51.60	0.7	52.90	1.1
地区生产总值	亿元	1621.58	9.7	1376.09	10.8
第一产业	亿元	187.80	3.9	238.19	5.5
第二产业	亿元	873.26	11.6	705.63	14.1
第三产业	亿元	560.51	8.0	432.28	7.8
农林牧渔业总产值	亿元	313.84	4.0	417.67	5.7
规模以上工业总产值	亿元	1682.31	12.8	2721.99	15.5
全社会固定资产投资	亿元	1590.00	22.4	1157.99	23.9
#固定资产投资（不含农户）	亿元	1558.45	22.7	1131.18	24.3
财政总收入	亿元	261.69	5.0	140.37	11.6
地方财政收入	亿元	119.84	2.2	98.92	11.5
社会消费品零售总额	亿元	559.99	14.1	415.02	12.1
居民消费价格环比指数	%	101.90	1.9	101.90	1.9
实际利用外资（验资口径）	亿美元	2.41	11.5	1.75	21.0
出口总额	亿美元	24.15	14.0	36.79	29.6
城镇居民人均可支配收入	元	26153.07	9.9	23956.36	9.1
农村居民人均可支配收入	元	12054.43	11.2	11301.88	11.7
城镇非私营单位在岗职工平均工资	元	49541.00	8.1	50103.00	6.6

（市统计局综合处）

（编辑　苏　颖）

说　　明

一、本索引采用主题词分析法，按主题词首字汉语拼音字母（同音字按声调）顺序排列。

二、栏目、分目标题用黑体字。“特载”“专文”“大事记”“人物”“福州市2014年地方法规、规章政策（选录）”“统计资料”内容不作索引。

三、索引主题词后的数字表示页码，数字后的a、b、c表示栏别左中右。

四、空一字起排的款目为上一主题的“附见”。

A

爱国卫生月　331b
安全工作部署　160a
安全生产　37c
安全生产标准化　160a
安全生产管理　160a　184a
安全生产事故信息公开　78a
安置帮教　138c
案件查办　50b
案件稽查　157b
案件审查　129c
案件执行　127c
案例举要　116c

B

版权(创意)产业精品博览会　319c
版权管理　319c
办公区集中管理　81b
保健食品监管　157a
保密工作　60a
保密管理　60a
保密技术防护　60a
保险业　36c　**263b**
保障性住房信息公开　77b
报社多元产业服务　323c
报社工作　323a
报业改革　323ab
暴雨　30c
边防管理　137b
边防检查　223c
边界管理　347c
滨海工业集中区　230a
殡葬管理　347b
博爱基金　111b
不动产登记管理　191b

C

财政　164
财政收入　164a
财政收支审计　162a
财政体制改革　165b
财政支出　164a
财政资金信息公开　77a
参政议政
　工商联　101c
　九三学社　100a
　民革　94a
　民建　97b
　民进　101a
　民盟　95b
　农工党　96b
　台盟　99a
　致公党　98b
餐饮服务监督　155c
餐饮业　238b
残疾权益保障　113c
残联　112c
仓山区　353b
茶礼文化节　341b
拆迁
　三坊七巷　340c
　上下杭　340c
　烟台山　340c
　朱紫坊　340c
产地证业务　223b
产学研活动　278a
长乐机场游客咨询中心　336c
长乐市　361a
“车e族”APP　241a
成品油价格　152c
成人教育　294b

诚信福州研讨会 288a
城建档案管理 203c
城市地质调查 192a
城市管理 189
城市管理行政审批 127c
城市规划管理 190a
城市规划宣传 190c
城市建设 189
城市建设维护税教育费附加 169c
城市交通规划 189c
城市景观 192c
城乡规划 189a
城乡规划条例 124b
城乡基本公共服务均等化专题
询问 66c
城乡建设 35c
城镇保障性安居工程审计 161c
冲锋舟操作手训练 141a
稠州银行 262b
出版 310
出版管理 319b
出版物发行经营单位 319a
出口额3000万美元以上
商品(表) 245
出口市场(表) 247
出口退税 167a
出入境管理 133c
出租车 207c
初等教育 291c
初中招生 291c
除"四害" 331b
传媒 310
传统村落 318a
船舶业 183a
船员管理 210c
船政文化研讨会 288b
创先争优活动 116a
创新型企业 268c
创新型企业(表) 269
创优评先工作 105b
"春风·春雨·光彩"行动 54c
春节期间宣传 326b
慈善"一日捐"活动 112a
"慈善医疗救助"行动 112b
慈善助老工作 112a
慈善总会 111c

D

打非治违 160c
打拐 131c
"打黑除恶" 131b
打黄扫非 319c
打击走私 225a
大部制建设 81c
大企业税收 167a
大气环境 198c
大气污染防治 199c
大气污染防治办法 69a
代办审批 125c
"单独二孩"政策 345a
党的群众路线教育实践活动 51c
党的群众路线教育实践活动
动员大会 48b
党的群众路线教育实践活动
总结大会 49b
党风廉政建设 57b
党建品牌建设 57b
党派团体工作 92c
党史研究 60c
党史专著 60c
党史资政 61a
党外代表人士队伍建设 55b
党校工作 59a
党校教学 59a
党校科研 59a
党员队伍建设 52b
党员志愿服务活动 57c
党政代表团赴陕西渭南、江西吉安
学习考察 48b
档案服务工作 62b
档案工作 61b
档案监督管理 61c
档案库管建设 62c
档案宣传 62c
档案资源建设 62a
导游队伍 336c
道路保洁 196a
道路交通安全整治 160a
道路交通管理 135c
道路绿化 193c
低温天气过程 31b
地方立法 124a
地方税务 167c
地方志 86c
地方志工作会议 87c
地方志信息咨询服务 87c
地籍管理 191b
地理 28a
地理标志产品 159b
地名管理 347c
地情网 87c
地区生产总值(GDP)及其
增速(图) 33
地铁 208c
地铁1号线 209a
地铁2号线 209b
地铁规划 209a
地震监测预报 284c
地震演练 285c
地震应急避难场所 285b
地震应急救援 285b
地震灾害防御 285a
地质灾害预防 191c
典当业 238c
电价 152c
电力工业 183c
电力供应 183c
电气机械及器材制造业 183a
电梯安全监督管理工作情况报告 67b
电网建设 184a
电信 215a
电子信息产业 185c
电子证照库项目 218b
电子政务 80c
调研工作 115c
东江滨公园 194c
冬春水利 178c
动物疫病防控 175c
动物园宏观观测点视频监控
系统 285a
督查领导批办件 75c
督查人大代表建议 76a
督查政协委员提案 76a
督查综合性工作 75c
队伍建设
党校工作 59b
公安 138a
检察 130c
审判 129a
统战工作 55b
政法综治 127a
对台对外宣传 322c
对台工作会议 48c
对外妇女儿童工作 106a
对外及对台交流 96c
对外及港澳台经济贸易 243
对外及港澳台贸易 244c

对外及港澳台投资与劳务合作　244c
对外教育合作　291a
对外经济　36a
多党合作　54b

F

发展改革工作　145a
发展研究　86b
发展研究中心社科成果　289b
法律援助　139b
法律援助条例　124b
法院　38b
法院队伍建设　129a
法制建设　165c
法制宣传教育　109c
法治　124
饭店(表)　337ab
防洪救灾　180b
防汛抗旱　179b
防震减灾　284c
防震减灾宣传教育　285a
房产税　169c
房地产价格　153b　343b
房地产开发和销售主要指标(表)　35
房地产市场管理　204c
房地产新政　204b
房地产业　203
房地产业管理　204a
房地产业管征　168c
房屋登记电子化平台　205c
房屋登记业务　204b
房屋征收　204c
纺织业　186c
非公有制经济工作　54b
非金属矿物制品业　183b
非商品收费　153c
非物质文化遗产　317a
非遗摄影大赛　317a
非遗网站　317b
非遗校园行　311a　317b
分行业固定资产投资(表)　35
风险管理　166a　168c
扶残助学　113c
扶贫济困工作　116a
扶贫开发　171c
服务外包　243b
服务业发展　146a
福建工程学院　302a
福建江夏学院　289c　303c
福建农林大学　297b
福建师范大学　300a
福建师范大学社科成果　289b
福建医科大学　298c
福建中医药大学　300c
福建中医药大学社科成果　289c
福利彩票销售　348b
福平铁路　210a
福莆宁同城化推进　147a
福清核电　360c
福清市　359a
福兴经济开发区　231b
福州保税港区　227c
福州大学　296a
福州大学社科成果　289b
《福州港总体规划》　211a
福州高新技术产业开发区　227b
福州海关　221b
福州航空　75a　**213a**
福州金鱼　177a
福州经济技术开发区　226a
福州历史名城保护规划　340b
福州日报社　320c
福州软件园　229b
福州市·平潭综合实验区座谈会　74b
福州市交流考察团赴马祖考察
　　洽谈　75a
福州台商投资区　231c
福州新区　147a
福州站北站房　210a
福州职业技术学院　305a
妇联　105a
妇女儿童权益　105c
妇女就业创业　105b
妇幼保健　330a
副食品商业　238c

G

干部监督管理　52b
干部教育培训　52a
干部人事制度改革　52a
港澳事务　122b
港澳台联谊工作　55a
港口管理　211a　211c
港口运输　211c
高等教育　295a
高温　31b
高校(表)　296bc
高校毕业生就业　86a
高校内涵发展　295b
高校协作中心　295c
高校信息公开　77b
高新技术产业　268b
高新技术产业投入　164c
高新技术企业　268b
高新技术研究开发计划　270a
高中会考　292c
高中特色建设　292b
革命遗址保护　61a
个体工商户　235b
个体劳动者协会私营企业协会　102b
耕地保护情况审计　161b
工程建设
　南街　341a
　三坊七巷　341a
　上下杭　341a
　朱紫坊　341a
工程建设项目及信用信息公开　77b
工程造价管理　203c
工程招投标　203a
工勤人员岗位考核培训　86b
工商登记制度改革　67c　148c
工商机构改革　148b
工商联　101c
工商行政管理　148a
工商银行　253b
工业　34a　**181**
工业产业结构　181a
工业产业招商　181a
工业存在问题　182b
工业企业项目　146a
工业企业主要产品产量(表)　34
工业生产者出厂价格　343a
工业增长值及其增速(图)　33
工艺美术　187c
　参展赛事　188a
　市场拓展　188b
工资收入分配制度改革　85c
公安　130c
公安队伍建设　138a
公安法制　134a
公安科技信息通信　138a
公共场所控制吸烟条例　124c
公共代建项目　204a
公共法律服务体系建设　138b
公共服务信息公开　77b

公共机构节能　81c
公共监管信息公开　77c
公共交通　208b
公共气象服务　283c
公共文化　310a
公共预算收入及其增速(图)　33
公共资源交易服务中心　80a
公共资源配置信息公开　77a
公立医疗机构改革　329ab
公路管理养护　207a
公路建设　206a
公路养护　206a
公路运输　207b
公民道德教育建设　55c
公务车辆管理　81b
公务员管理　85a
公用经费审计　162a
公园景区　194a
公证工作　139b
供电　193b
供气　193b
供热　193b
供水　193a
供销合作　241b
供销社项目建设　241c
供销社资产管理　242b
鼓楼区　350a
鼓楼区高新技术产业　351c
固定资产投资　34a
固体废弃物处置　200c
关爱军人困难家庭救助　112a
关工委　109b
光大银行　258c
广播电视台技术升级　325c
广播电影电视　324a
广电体制机制改革　325c
广告创意产业园　149a
归侨侨眷权益　122a
规费征收　169c
国Ⅳ车用柴油　241b
国防动员　141b
国防动员指挥演练　141c
国防教育　141b
国际税收　166c
国际友城缔结活动　120b
国家安全和社会稳定　126a
国家税务　165b
国民经济　32c
国企改革发展　151b
国庆黄金周旅游数据监测　339bc
国税稽查　166a
国税收入　165b
国土资源管理　191a
国外重要代表团访问福州　118a
国有企业财务信息公开　78a
国有企业审计　162b
国有土地上房屋征收与补偿信息公开　77b
国有资本运作　152a
国有资产监督管理　150c
国资履职监管　151a
国资重点项目　151c

H

海防管理　224a
海港口岸对台客货直航统计(表)　220
海关进出口监管　221c
海关税收　221c
“海上福州”建设　176a
海上民兵力量建设　141a
海上丝绸之路　318ac
海丝战略规划　145b
海铁联运　210b
“海外福州人”系列专题片　121b
海外交流协会海外联络站　120c
海外联谊　55a　99a
海外文化交流　317c
海西现代金融中心区　250b
海西引智试验区建设　84b
海峡创意设计周　341b
海峡股权交易中心　263a
海峡两岸合唱节宣传　327a
海峡两岸经贸交易会　74b　120b　326c　244b
海峡两岸联合祭孔　288a
海峡两岸青年联欢节暨海峡青年节　49a　104a　123a
海峡旅游　336a
海峡民间艺术馆　342c
海峡青年节宣传　327b
海峡体育品牌　332a
海峡银行　362a
海洋环境保护　176b
海洋监察　177c
海洋与渔业　175c
海洋资源　28c
海洋综合管理　176a
海域资源　176a
寒潮　31b
汉服文化节　287c
行业技术创新中心　266c　278ab
航空安全　212b
航空运输　212b
航运业管理　210c
合唱音乐周　311a
合福铁路　210a
核心港区建设　211b
红色文化开发　61b
红十字会　110b
后勤保障　142a　144c
户籍人口(表)　32
花海公园二期　194a
华福证券　263a
华侨到榕定居　122a
华侨农场体制改革　122a
华夏银行　260b
化工　184c　185b
化妆品监管　157a
怀安窑址　318b
环保科研　201c
环保信访　202c
环保信息化　201c
环保宣传教育　202a
环保志愿者活动　202b
环境保护　198
环境保护管理　201a
环境检测　201a
环境空气质量综合指数(图)　198
环境卫生　196a
环境信息公开　77c
环境质量　198c
环境专项整治　199c
环卫工人　197c
环卫基础设施建设　197a
“回归工程”　54c　101c
会议会务管理　81b
会员服务　102b
会员企业服务　115c
会展业　238a
婚姻收养登记　347b
火炬计划项目(表)　269　270
火炬计划重点高新技术企业(表)　269
火灾案例　136c
货物劳务税　166b
货运市场　207b

J

机场　212a
机场服务　212c
机场建设　212c
机动车安检　159c
机动车维修　208a
机动车尾气治理　201a
机构编制　81c
机构编制监督管理　83b
机构编制资源配置　84a
机构及负责人　37c
机关办公用房管理　81b
机关财务管理　81a
机关党的工作　56c
机关事务管理　81a
机械冶金　182c
基本公共卫生服务　329a
基层党组织建设　52b
基层科普行动计划　108b
基层社科联建设　107c
基层医疗卫生　328c
基层政权　347a
基层组织建设　57a　104a　106a
绩效管理　51a
缉枪　131c
缉私立案　225b
激情广场大家唱　311a
疾病防控　329c
集体林权制度改革　174b
计划生育　345a
计量器具监管　159b
计生督查　345a
纪检监察　50b
纪律检查体制改革　50c
纪委十届五次全会　48a
技术创新
　电力　184a
　工艺美术　187c
　轻纺塑料　187b
技术合同认定　279a
技术市场管理　278a
技术职称评定　115c
继续教育　85c
加油站业务拓展　230c
家具制造业　187a
家庭服务业　239a
家庭工作　105b
价格补贴　152b
价格成本调查　154b
价格成本监审　154b
价格服务　154b
价格管理　152a
价格监督　154a
价格认证　154b
价格总水平调控　152a
监督工作　66c
监督管理
　保密　60b
　档案工作　61c
　机构编制　83b
　纪检监察　50c
　检察　130c
　审判　128c
　政府法治　125c
　组织工作　52b
监管活动监督　130b
监所管理　137c
监所检察工作情况报告　68b
减刑假释　128a
检察　129a
检察队伍建设　130c
检察院　38b
检验检疫　222a
简政放权　125b
建设银行　255c
建设用地使用权信息公开　77a
建言献策　114b
建筑　203
建筑工程质量监管　203b
建筑节能　203b
建筑垃圾管理　196c
建筑市场监管　203a
建筑业　34a　168c
建筑业管理　203a
建筑业增加值及其增速(图)　34
“剑盾”行动　131a
健康场所试点　331b
健身设施　332b
江心公园　194b
江洋农场　174b
江阴工业集中区　233a
交流合作　122b
交流联谊工作　92c
交通　36a　**206**
交通安全设施　136a
交通安全综合整治　135c
交通事故案例　136a
交通运价　154a
教材征订发行　320a
教师(表)　36
教师培训　291a
教学点数字资源全覆盖项目　290c
教学竞赛获奖(表)　294
教育　36c　**290**
教育法实施情况检查　67a
教育费　154a
教育均衡　292b
教育先进人物(表)　291ab
街区规划　340b
节能降耗　182a
金斗桥东侧空地考古　318b
金鸡山公园　194b
金牛山公园　194a
金融业　36b　168c　**250**
金融业增加值　250a
金山投资区　232c
金属制品业　182c
进出境货物检验检疫　222b
进出境集装箱检验检疫　222c
进出口总额　244c
进口额3000万美元以上
　　商品(表)　247
进口市场(表)　248
晋安区　355c
禁毒工作　133a
经济犯罪要案　132c
经济犯罪侦查　132b
经济工作会议　49c
经济建设宣传　321b
经济普查　147b
经济运行情况　145c
经济责任审计　162b
经济作物　173b
经贸代表团赴美国、加拿大
　　考察活动　49c
经贸团组访问福州　118c
精神文明建设　55b
景点　342b
景区(表)　336ab
景区管理　335b
景区建设　341c
警卫工作　135b
竞技体育　332c
九三学社　99c
旧屋区　190b

旧屋区改造专题询问　66c
旧志整理出版　87a
救灾　346c
就业　344a
就业服务　113b
就业平台　237c
就业信息公开　77c
居民收支　343a
居民消费价格　343a
居民消费价格月度涨跌幅度(图)　33
居民消费价格涨跌幅度(表)　33
居民消费价格涨跌幅度(图)　33
卷烟销售　240a
卷烟营销网络　240a
卷烟专卖市场　240a
军工产业　183b
军警民联防　224c
军事　140
军转干部安置　86a

K

勘察设计管理　203b
康复工作　113a
抗震募捐　112c
科技　37a
科技成果管理　273a
科技创新体系建设　266c
科技企业孵化器　267abc
科技实践　292c
科技下乡　108c
科技项目成果　159a
科技政策宣传　283a
科技支出使用情况(表)　268
科技支出占财政预算支出
　　比例(表)　268
科普创先争优　108b
科普工作　107a
科普设施建设　108a
科普宣传　283a
科协　107c
科学技术　266
科学技术奖(表)　274　275
科学技术奖励　273a
科学技术经费　268b
科学普及　283a
可门港铁路支线　210b
客户服务
　电信　215b
　联通　217a
　移动　216b
　电力工业　184b
客运市场　207b
课题调研　59b
空气质量天数比例(图)　198
控制性详细规划　189a
口岸　220
口岸管理　220a
口岸海运统计(表)　220
口岸航线　221a
口岸建设　220a
口岸开放　220a
口岸客运统计(表)　220
口岸通关　221a
矿产管理　191c
矿产资源　28a
矿业权出让信息公开　77a

L

垃圾无害化处理　196c
《兰花赋》巡演　316a
栏目节目创优　325a
劳动就业　343c
劳动维权　344a
劳务输出　244c
老干部待遇保障　58c
老干部发挥作用　58c
老干部工作　58b
老干部活动中心　58c
老干部学习活动阵地建设　58c
老龄事务　347a
老年大学　59a
老区建设　347a
黎明湖公园　194b
理论工作　53a
历史名人勤廉馆　342b
历史文化名城保护规划　189b
立法调研项目　124c
立法工作　125b
立体化社会治安防控体系　126c
利用外资及港澳台资　243a
连江经济开发区　232b
连江县　365a
联合接访　58b
联络联谊　115a
联通　216c
梁振英率香港经贸考察团到榕
　　调研考察　74b
粮食安全保障　239b
粮食产量及其增速(图)　33
粮食储备管理　239b
粮食流通产业　239c
粮食生产　173b
粮食市场监管　239c
粮油贸易　239b
两岸文化交流　317c
两车停放管理　195b
“两纲”实施　105a
两化融合　186b
“两计划一意见”　145b
两权证　205b
“猎狐捕鼠”行动　131b
林业　174b
林业产业　175a
林业科技　175a
流动人口服务　345b
流域水质达标情况(表)　199
路桥项目　192c
路政管理　207a
旅行社　336c
旅行社(表)　337ab
旅游　36a　**335**
旅游安全管理　339a
旅游法制建设　3339b
旅游服务　336c
旅游管理　339a
旅游交通道路指引标志项目　336c
旅游接待　342a
旅游开发　341c
旅游媒体宣传营销　337c
旅游文化宣传　341b
旅游项目建设　335b
旅游宣传营销　337c
旅游业发展工作情况报告　68b
旅游营销　342a
旅游招商项目　335b
旅游质量监管体系　339a
旅游资源规划　335a
律师工作　139b
罗源湾经济开发区　231a
罗源县　369a

M

“马上就办”　51a
“马上就办”理论与实践研讨会　49a

马尾区　357a
矛盾纠纷预防化解　126b　129c
贸易　35c
媒体交流　123c
媒体融合发展　325c
美术活动　316a
民办高校教师养老保险改革试点　295c
民办学校　236c
民兵高炮分队训练　141a
民兵工作　140b
民兵基层党组织建设试点　140c
民兵思想政治建设　140c
民兵武装存储布局调整　142a
民兵训练　141a
民革　94a
民间组织登记　347c
民建　97a
民进　100c
民盟　95a
民商事审判　127b
民生保障　37b
民生银行　259c
民生支出　164c
民生资金审计　162b
民事行政检察　130b
民俗节庆活动　341b
民俗文化节　317a
民营电子信息行业　236b
民营机械制造业　235c
民营经济　235
民营经济帮扶平台　237c
民营经济服务平台　237b
民营经济培训平台　237c
民营经济寻机发展平台　237c
民营轻工纺织行业　236c
民营石化行业　236b
民营行业　235c
民营冶金行业　236a
民营医疗　237a
民营医药行业　236a
民政　345c
民主党派　81
民主党派和工商联机构及负责人　41c
民主监督　91c
民主监督员　91c
民族工作　54c　**63a**　93b
民族团结进步创建　63c
闽菜文化保护条例　69a
闽东北自助游指南　337c
闽都海洋文化　288a
闽都文化　53c
闽都文化学术研讨会　287a
闽侯县　363a
闽江河口湿地自然保护区管理办法实施情况检查　67a
闽江师范高等专科学校　306b
闽江学院　304b
闽江学院社科成果　288c
闽江游　210c
闽剧文化艺术周　316a
闽剧艺术指导组　317a
闽清县　367a
闽台(福州)蓝色经济产业园区　210b
闽台乡村旅游试验基地　335c
名城保护　318a
名牌发展战略　158c
名镇名村保护　318a
茉莉花茶保护规定　124a

N

内部审计　163b
内地文化交流　317c
内河交通安全管理　210c
内河整治　193a
纳税服务　167b
年鉴　87b
年鉴开编　87b
年鉴培训班　87c
农产品质量安全监管　171c
农村薄弱校委托管理　292a
农村地籍调查　191c
农村电气化　184a
农村电影放映　324b
农村改厕　331c
农村公路　207a
农村集体“三资”　171a
农村经济　171
农村经济组织　171b
农村精神文明建设　56b
农村社区综合维修服务体系　241c
农村事业投入　165a
农村土地(用海)承包经营权流转信息公开　77b
农村土地承包　171b
农村土地整治　191a
农村信用社　257b
农村饮水工程　178c
农工党　96a
农工商集团　174a
农垦业　174a
农民专业合作社　235b
农田水利　178c
农业　34a
农业发展情况报告　68b
农业发展银行　253a
农业服务　172c
农业技术创新基地　267a
农业科技　270b
农业科技培训　172c
农业科技与服务　172c
农业科技园区　270b
农业龙头企业　172b
农业银行　254b
农业园区　172a
农资供应　241b

P

拍卖业　238c
排水设施建设与管理工作情况报告　68a
派遣研修生　121b
皮革制品业　187a
品牌渔业　177a
平安创建　126a
平安法制宣传　127a
平安港口　211c
平安海域创建　224b
平安银行　260c
平价商店　152b
浦发银行　261c
普查　147b
普法宣传工作　139a

Q

企事业单位知识产权　279c
企业登记制度改革　149b
企业科技工作　107c
企业所得税　166c　169a
企业用工情况调查　147b
企业注册登记　149b
企业自主创新　181b
气候　29b
气价　152c

气温　29c
气温(图)　29
气象防灾减灾　283c
气象干旱　31c
气象观测网络系统　284b
气象事业　283b
气象探测环境和设施保护规定实施情况检查　67b
气象现代化建设　284a
气象业务合作　284c
气象预报　284b
汽车南站旅游集散中心　336c
汽车制造业　182c
汽油柴油最高零售价格(表)　153
强对流天气　31a
强冷空气过程　31b
强农惠农　171a
抢险救灾　141b　144b
侨胞捐赠兴办公益事业　122b
侨胞权益维护　114c
侨法宣传及社区侨务工作　122b
侨联　114a
侨务联谊工作　121c
侨资企业帮扶　122b
侨资侨智引进　114c　121b
青口投资区　229a
青年婚恋交友平台　105a
青年就业创业　104c
青年文明号　104b
青年运动会　333b
青少年电影节　373c
青少年科技大赛、机器人大赛及学科竞赛获全国奖名单(表)　293
青少年科技活动　108c
青少年科技教育与培训　110b
青少年身心健康　109c
青少年思想道德教育　104b
青少年维权工作　104c
青运会
　保障体系　334c
　场馆建设　333c
　活动筹备　334b
　竞赛组织　334a
　配套建设　333c
　市场开发　333c
　新闻宣传　334b
　志愿者服务　334b
青运会倒计时一周年福州市动员大会　49b
青运会组委会成立　75a
轻纺　186b
轻工业　186c
清华大学研究生到榕社会实践　74b
清新福建分会场　338a
全国两会宣传　326b
全面深化改革　59c
全民健身　331c
权力清单公开　83b
群团组织工作　57c
群众路线教育实践活动　57a
群众体育　331c

R

人才队伍建设　52b
人才高地建设　85a
人才工作　109a
人才中介机构管理　86a
人大常委会机构及负责人　39a
人大常委会及"一府两院"副职以上领导任免名单(表)　70
人大常委会领导班子　38a
人大常委会组成人员和工作机构负责人任免名单(表)　70
人大代表工作　68c
人大代表建议办理　69b
人大调研宣传　69b
人防法制　143c
人防工程　143b
人防指挥通信　143c
人口　32a
人口抽样调查　147b
人口机械变动　32b
人口自然变动　32a
人民代表大会　65
人民调解　138c
人民防空　143a
人民陪审员工作情况报告　68b
人民生活　343a
人民银行　251b
人民政府　73
人民政协　90
人事人才　84b
人事人才公共服务　85c
人事任免　69c
人事争议仲裁　86a
日照时数　30a
日照时数(图)　29
榕籍在沪企业服务　88c
"榕情四海·佳节同庆"系列文艺演出　121a
榕台交流　102c　111b
　科协　109b
　民革　95a
　台联　115b
　台盟　99c
　宣传工作　54a
　宗教　64b
榕台经贸合作　122c
榕台旅游合作协议　336b
榕台旅游交流　336ab
榕台文化交流　123a
榕台直航　123b
融侨经济技术开发区　226b
软件产业　186a

S

"3·15"消费者权益日活动　116b
"331"慈善救助工作　112b
三坊七巷保护修复　340c
三坊七巷等历史文化街区　340
"三维"战略合作　151c
散装水泥管理　203c
森林城市　175b
森林城市动员部署大会　74c
森林公安　136c
森林资源　28c
森林资源保护　174c
沙滩公园　194a
"善情暖万家"活动　112b
商标品牌战略　149a
商会工作　89c
商会建设　102a
商贸流通与服务业　238
商品价格改革　152c
商品价格监督　152c
商品质量抽检　116c
商务服务平台　237b
上市公司　250c　262c
上下杭规划　340b
上宣外宣　325b
少儿图书馆　311b
少数民族教育　292a
少数民族乡村发展　63a
"畲风海韵"旅游产业　371b
设备修理业　183a

设备制造业　182c
社会办体育　332b
社会保险　344b
社会保障　112c　344b
社会保障卡项目　218b
社会保障信息公开　77c
社会服务
　工商联　102b
　台盟　99c
　致公党　99a
　九三学社　100c
　民革　95a
　民建　98a
　民进　101c
　民盟　95c
　农工党 97a
社会福利　346c
社会建设宣传　322a
社会救助　346a
社会科学　286
社会民生　343
社会事业　32c
社会体育指导员　332b
社会团体　103
社会团体机构及负责人　42a
社会团体一览(新成立)(表)　348
社会消费品零售　238a
社会消费品零售总额及其
　　增速(图)　35
社会治安管控　126a
社会治安管理　134c
社会治理创新　126c
社科基金项目立项课题(表)　286
社科联　106c
社科普及宣传　107a
社科研究成果　288b
社科院社科成果　289a
社区地震应急救援队　285c
社区红十字服务　111a
社区建设　347a
社区矫正　138c
社区教育　294c
社区警务　135a
社区康复医疗　329a
涉港澳台案件审判　127b
涉侨失依儿童　122a
涉诉信访化解工作　128b
涉台检验检疫　223b
涉外案件审判　127b
涉外事务　120b
审计　161a
审计结果分析　163a
审计信息　162c
审计信息化　162c
审判　127a
审判监督　127c
审判科技建设　128c
生产力促进体系　267c
生命工程　111a
生命教育进校园　111a
生态创建　199b
生态环保　37b
生态市建设考核验收汇报反馈会　74c
生态文明建设　146b
生态文明建设宣传　322b
生物多样性保护　175b
声学环境　199b
湿地保护　175b
十四届人大常委会会议　65b
十四届人民代表大会第三次会议　65a
石油　240c
石油安全管理　241a
石油数质量管理　241a
实兵演习　141c
实验室资质认定　158c
食品流通监督　155a
食品生产监督　155a
食品药品安全监管工作电视
　　电话会议　74c
食品药品安全信息公开　78a
食品药品监督　154c
食品药品宣传　158a
食品业　186c
使领馆官员团组访问福州　118c
市场价格　343a
市场监管执法　150a
市场营销
　移动　215c
　联通　216c
市领导出访活动　119b
市民服务中心　80b
市情概貌　28
市容管理与执法　195a
市容和环境卫生管理条例　124c
市容环境整治　195b
市委常委(扩大)会议　49b
市委党校社科成果　288b
市委工作会议　48a
市委机构及负责人　38b
市委领导班子　37c
市委十届八次全会　49b
市委十届九次全会　50a
市委市政府工作检查活动　49a
市委务虚会议　49c
市政府常务会议　73a
市政建设　192b
市政设施维护　192c
市直属副处级以上事业单位机构
　　及负责人　42b
示范职业学校　294a
事业单位登记管理　83b
事业单位分类改革　83b
事业单位人事管理　85c
寿山石雕刻艺术大师精品展　341b
数字城管　218a
数字城市地理空间框架建设　192b
数字福建(长乐)产业园　362c
数字家庭　186b
双拥共建　142a
水产加工业　176c
水产品监管　177a
水产养殖业　176b
水环境　199a
水环境整治　200b
水价　152c
水力资源　28b
水利　178a
水利工程　178b
水利设施加固　179a
水路　210c
水权交易实施办法　68c
水上执法　211a
水土流失治理　179a
水下考古　318b
水行政工作　178a
税收优惠　165c　168a
税务　164
丝绸之路国际电影节　326a
司法服务　128a
司法服务保障　126a
司法改革　128c
司法公开　128c
司法鉴定　139c
司法考试　139c
司法品牌建设　128b
司法所规范化建设　138c
司法行政　138b

私营企业　235b
思想道德教育　109b
思想理论建设　57a
　九三学社　100b
　民革　94b
　民建　97c
　民进　101b
　民盟　95c
　农工党　96c
　台盟　99b
　致公党　98c
诉讼监督　130b
塑胶制品业　186c
塑料　186b
随迁子女教育　292a

T

台胞参政议政　115b
台胞服务　123c
台胞权益维护　115b
台风　30b　179c
台港澳侨工作　93b
台江区　352a
台联　115a
台盟　99a
台湾事务　122c
太平洋财产保险　265a
太平洋人寿　264b
特警工作　133b
特殊教育　293a
特殊教育三年提升计划　293a
特殊教育试点　293a
特殊困境儿童　105c
特种设备监察　159c
提案工作　92b
体育　37a　**328**
体育比赛　332c
体育场馆建设　333a
体育后备人才　332c
体育社团　332b
体育事业　331c
体育宣传　333b
体制改革　146c
天马山公园二期　194c
铁路　209c
通关制度　221b
通信保障
　电信　215a
　联通　216c
　移动　216a
统计法制　148a
统计改革　147c
统计与调查　147a
统战工作　54a
图书馆　311b
土地出让收支审计　161b
土地利用规划　191a
土地使用税　169c
土地增值税　169b
土地资源　28a
团市委　104a
团组织建设工作　105a
退休干部管理服务　86b

W

外商及港澳台商投资项目　243a
外事侨务　118a
外资企业　235a
网格化服务管理体系　127a
网络安全监察　135b
网络建设
　电信　215a
　联通　216c
　移动　215c
网上追逃　131c
为农服务平台　241c
卫生　37a　**328**
卫生机构　328a
卫生监督执法　331a
卫生检疫　223a
卫生人才队伍　330c
卫生事业　328a
卫生信息化　331a
卫生应急　330a
未成年人思想道德教育　56c
温泉小镇及养生论坛　373b
文博事业　317c
文博展览　318c
文化　36c　**310**
文化产品出口　244c
文化产业调查　147b
文化创意产业　54a
文化工作者培训　311a
文化惠民六进活动　311a
文化活动　106c　341b
文化建设宣传　321c
文化交流活动　54a　**317b**
文化教育交流　119a
文化市场　316b
文化市场综合执法　316c
文化事业　53b
文化体制改革　53c
文联　106a
文明城市建设　55c　66b
文史信息工作　92c
文史资料　92c
文物保护单位(市级)　318b
文艺惠民　106b
文艺活动　106b
文艺获奖(表)　312
文艺精品创作　106b
污染减排　200a
污水处理　193c
无居民海岛管理　176a
“五好”活动　110a
五新技术推广　172c
武警政治思想教育　144a
武装警察　143c
物联网　186b
物流业　238a
物业管理　205a
物业管理若干规定实施情况检查　67a

X

习近平总书记来闽考察重要讲话
　　精神专题调研　49c
厦门投资贸易洽谈会　244b
县(市)平均气温、雨量、日照
　　评价(表)　30
县(市)区　315
县(市)区机构及负责人　44a
县(市)区街道(乡镇)基本情况
　　一览(表)
　仓山区　355
　长乐市　336
　福清市　360
　鼓楼区　351
　晋安区　357
　连江县　367
　罗源县　371
　马尾区　358
　闽侯县　365
　闽清县　369
　台江区　353

永泰县 373
县(市)区政府信息公开工作
测评(表) 80
县(市)区专利申请量与授权量
(表) 280
县市区规划 190a
现代服务业投入 164b
现代农业发展模式 172a
现代设施农业 172b
乡村旅游 335c
乡镇干部队伍 52c
“相约九日台”文化惠民演出 310c
消防工作 136b
消费监督检查 116b
消费维权 150c
消费宣传教育 116c
消委会 116a
小微企业投入 164b
小学招生 291c
效能督查 51b
效能投诉办理 51c
效能问责 51b
校地合作 108a
鞋业 187a
新福州人歌手大赛 310c
新华书店 320a
新疆高中班 292c
新能源汽车 183b
新农村建设 171a
新区规划 189a
“新网工程” 241b
新闻出版 319a
新闻宣传 53a
新闻宣传报道 324c
新型农村合作医疗 328ab
信访工作 58a 134b
信访渠道 58a
信访首办责任制 58a
信访秩序 58b 88b
信息产业发展 181c
信息工作
人民政协 92c
驻北京联络处 88b
信息公开 76b
信息化服务
电信 215b
联通 217a
移动 216a
信息化建设
党校工作 52c
档案工作 55c
国防动员 141c
信用信息公开 78a
兴业银行 258a
兴业证券 263a
星火计划 271a
星火计划项目(表) 271
星级旅游饭店 336c
刑事犯罪侦查 131b
刑事技术手段 131c
刑事检察 129b
刑事审判 127b
刑事诉讼监督 130b
刑事要案 132a
行政处罚
市容管理 197b
信息公开 76c
行政服务标准化 80b
行政服务法治建设 80a
行政服务条例 124a
行政服务中心建设 80a
行政服务中心审批制度改革 80b
行政复议 125b
行政机关透明度报告 78c
行政机关政府信息公开工作
测评(表) 79
行政区划 31c
行政区划一览(表) 31
行政权力运行信息公开 76c
行政审判 127c
行政审批代办服务 80c
行政审批信息公开 76c
行政审批制度改革 82a 125b
行政事业收费 153c
行政执法监督 125c
性别比偏高问题治理 345c
休闲农业 172b
休闲渔业 158c
畜牧业 175b
宣传工作 52c
保密 60b
党史研究 60c
档案工作 62c
人民代表大会 69b
人民防空 143a
司法行政 139a
征兵工作 140a
宗教 64b
宣传文体活动 114a
选调生工作 52a
学会工作 107b
学前教育 291b
学前教育片区管理 291b
学生(表) 36
学术活动 106c 109a
学术活动 287a

Y

烟草 239c
烟草企业管理 240b
烟花爆竹经营 241b
烟台山主干道景观改造 41a
严复诞辰纪念活动 341b
养生温泉旅游节 338b
药监局机构设置 154c
药品检验 157c
药品流通监督 156b
药品生产监管 156a
药械检测 157c
冶金行业 183a
“110”指挥中心 137c
“12348”法律服务专线 139c
“一带一路” 146c
一季度经济形势分析暨绩效管理和
五大战役工作表彰会 49a
“一张图”项目 192b
医患纠纷调解处置 139a
医疗管理 330ab
医疗器械监管 156c
医疗事故鉴定 330b
医药 184c
医药价格 152c
医药行业 185b
依法行政 125a
依法行政类信息公开 76c
仪器仪表 183a
宜居环境建设暨旧屋区改造和“两违”
整治行动电视电话会议 48c
移动 193c
因公出国(境)管理 120b
银行存贷款余额 250a
银行业 251a
应急救援 160c
应急救助培训 110c
婴幼儿早期教育 291b
营改增 169a

拥军优属　142b
拥军支前　142b
拥政爱民　142c
永泰旅游文化嘉年华　373b
永泰县　371b
用海管理　176a
优抚安置　346a
尤氏民居　342bc
邮电　36b
邮政　214a
邮政储蓄银行　256c
邮政通信　214
邮政业务　214ab
游泳场所管理　333a
幼儿教师培训　291c
幼儿园管理　291c
渔博会　177c
渔船燃油补贴　177b
渔业保险　177b
渔业博览会　75a
渔业惠民政策　177b
渔业科技　177b
渔业周　75a
渔政渔监　177c
雨季灾害　179c
雨量　30a
雨量(图)　29
预防腐败　51a
预算执行情况报告　67c　68a
元洪投资区　228b
园林管理　194c
园林绿化　193c
园林绿化管理条例　124c
园区管理机构及负责人　46c
园区建设　226
援助帮扶　110c
远洋渔业　176c
院士专家工作站建设　107c
运输驾驶从业人员培训　208a

Z

灾害性天气　30a
再生资源回收利用体系　242a
造林绿化　174c
噪声变化(图)　199
噪声声源比例变化趋势(图)　199
渣土管理　196c
占道摊点整治　195b
招商银行　259b
招商引资　243c
　驻北京联络处　88a
　驻沪办　88c
　驻深(广)办　88c
招生工作
　成人高考　296a
　普通高考　296a
　研究生　296a
　中职　293c
征兵工作　140a
征兵廉洁　140a
征兵宣传　140a
征地信息公开　77a
征管改革　168b
证券　36b
证券期货经营机构　263a
证券期货业　262c
政策研究　59b
政策研究平台　59c
政策咨询服务　86b
政法队伍建设　127a
政法综治　126a
政府采购　81c
政府采购信息公开　77b
政府法制　125a
政府工作部门主要负责人任免
　　名单(表)　71
政府机构改革　81c
政府机构改革前后机构对比
　　情况(表)　82
政府机构及负责人　39b
政府领导班子　38a
政府投资审计　162a
政府信息公开　76a
政府信息公开渠道　78b
政府信息化建设　214　217a
政府信息解读　76b
政府职能转变　81c
政府职能转变和机构改革
　　工作会议　75b
政务督查　75b
政务微博　78c
政务舆情处置　76b
政协福州市第十二届常委会　90b
政协福州市第十二届委员会
　　第二次会议　90a
政协机构及负责人　41b
政协领导班子　38b
政协委员工作　92a
政治建设宣传　320c
政治协商　54b　91b
知识产权案件审判　127c
知识产权保护　279a
知识产权强县工程　280c
知识产权示范城市建设　279a
知识产权示范企业(表)　283
知识产权宣传　280b
知识产权优势企业(表)　282
执勤处置突发事件　144a
直接融资　263a
职称评审　85b
职工帮扶服务　103ca
职工技能竞赛　103a
职工权益维护　103b
职工素质教育　103b
职务犯罪查办　130a
职务犯罪预防　130a
职业病鉴定　330c
职业技术学院社科成果　288c
职业教育内涵发展　294b
职业教育综合改革试点　294a
职业培训　344a
职业院校技能赛获奖名单(表)　295
植物病虫害防控　174a
志书　87a
志书业务辅导　87a
志愿服务　56b　104a　111b
志愿服务条例　124a
质量创新示范奖　158b
质量技术监督　158b
质量技术监督标准化建设　159a
质量强市示范城市　158b
致公党　98a
智慧城市　218a
智慧旅游　338bc
智能交通　136a
中等教育　292b
中等职业教育和成人教育　293b
中共福州市委　48
“中国·福州”门户网站　217c
“中国福建周”　120c
中国人保　263b
中国人寿　264a
中国特色社会主义理论体系研究
　　基地立项(表)　287
中国银行　255a
中科(福州)数据产业园　364c

中外合作办学　292c
中小河流治理　179a
中信银行　258b
中学小学幼儿园建设用地若干规定
　　实施情况检查　67b　69a
中医馆　329a
中医药事业　330a
终身教育　294c
种禽项目　175b
种植业　173b
重大利用外资项目　243c
重点调研课题　86b　109a
重点行业(领域)整治　160b
重点项目建设
　电子信息产业　185c
　公路　206a
重金属污染整治　199c
重要接待　50a
主流媒体看福州　326a
住房保障　204c
住房公积金　344c
助残工程项目　112c
驻北京联络处　88a
驻沪办　88c
驻深(广)办　88c
专利奖(表)　281
专利行政执法　280a
专武干部训练　141a
专项调查　114a　147b
专项规划　145b　189b
专业技术人员管理　85b
专业文艺　311c
专志编修　87a
资源　28a
资源环境审计　162b
资源开发　335a
自贸区　146b
自然资源　28a
自学考试　296a
自由贸易试验区　243b
自主知识产权　279c
宗教工作　54c　**63a**　93b
宗教事务管理　63c
宗教文化宣传交流　64b
综合经济管理　145
总工会　103a
“走出去、请进来”旅游营销　338a
组织工作　51c
组织机构代码证　159b
组织建设
　台盟　99b
　致公党　98c
　九三学社 100c
　民革　94c
　民建　98a
　民进　101b
　民盟　95c
　农工党 96c
作风建设　50c

《福州年鉴（2015）》优秀撰稿人

（20 名）

撰稿单位	撰稿人
市委组织部	陈剑雄
市委党史研究室	吕南勋
市委编办	李宣庆
市政协	李　伟
共青团福州市委	齐　娟
市侨联	唐　宜
市法院	陈　洪
市道路运输管理处	陈宏威
市国资委	王学兴
市财政局	林　敏
市公安局（市打击走私办公室）	陈明亮
市国土资源局	陈国微
市水利局	陈　嘉
市商务局	陈　婉
工行福建省分行营业部	陈　敦
市气象局	郑颖青
闽江学院	赖仕贤
市体育局	林　英
市三坊七巷管委会	舒伟涛
马尾区政府办公室	王公略

《福州市志（1995—2005年）》图片征集启事

《福州市志（1995—2005)》是市委、市政府主持编纂的系统记述福州行政区域自然、政治、经济、文化和社会的历史与现状的资料性文献。志书表述方式以文为主，辅以图片。为使志书更好地彰显时代特色和地方特色，现特向全市社会各界广泛征集图片。图片的选材范围涵盖自然风光、城市建设、体制改革、经济建设、政治文明、文化艺术、对外开放、社会发展等各个方面，既能反映福州1995—2005年的历史变迁和城市风貌，也能反映各行业和各项事物的发展历史与现状。不收录广告图照。

图片说明文字要求简练、准确，应包含时间、地点、人物、事件等要素，涉及的人物应标出主要人物位置、职务，注明拍摄时间、拍摄者或供稿人（单位），入志图片除刊登拍摄者姓名外，将付予一定稿酬。请社会各界摄影爱好者予以大力支持，积极参与，造福社会，留名青史！征稿截止时间：2016年5月31日。

联系人：黄凯端　黄　铭

电　话：0591—83344494　0591—87115965

福州市地方志编纂委员会

2015年9月

《福州史志》征稿启事

《福州史志》是由福州市地方志编纂委员会、福州市地方志学会主办的综合性内部期刊，定于2016年复刊（拟为季刊）。办刊宗旨是为广大志鉴工作者和文史爱好者提供交流经验、探讨理论、纵述古今、研究地情的窗口平台，构建精神家园。为了进一步办好《福州史志》，充分发挥其“广征博采、资政教化”的作用，现面向修志编鉴人员、各方面专家、学者及社会各界人士征稿。

一、征稿范围及内容

1、志鉴论坛：地方志、年鉴理论研究；

2、编纂研究：编纂志书、年鉴的经验做法；

3、史海钩沉：福州历史上重要事件的记述；

4、三山人物：福州历史名人、当代人物研究；

5、专题研究：如三坊七巷、海上丝绸之路、榕台交流等；

6、文化纵谈：介绍福州的历史、文化；

7、地情民俗：介绍福州地理、建筑、民俗、掌故等；

8、榕城随笔：对福州文化的体验、感受，非学术性；

9、方志动态：地方志系统工作动态。

二、有关要求及说明

1、来稿内容选题以新颖为佳，如果选题重复，最好要有不同的记述角度、新鲜的史料运用、新颖的观点评价等。

2、编辑部对稿件有权删改，不同意删改的请在来稿中声明。

3、稿件请注明作者姓名、工作单位、通讯地址、联系电话等。文稿一经采用付给稿费，并寄送当期样刊。

三、注意事项

1、邮寄地址：福州市仓山区南江滨西大道193号东部办公区4号楼8层　福州市方志委《福州史志》编辑部　邮编：350007　（纸质稿件请自留底稿）

2、网络投稿：fzsdfz@126. com

3、联系人：黄凯端　郭进绍

4、联系电话：0591—83344494

福州市地方志编纂委员会

2015年9月